Lehrbuch der Klinischen Kinderpsychologie

D1695453

Lehrbuch der Klinischen Kinderpsychologie

Erklärungsansätze
und Interventionsverfahren

herausgegeben von
Franz Petermann

3., korrigierte Auflage

 Hogrefe · Verlag für Psychologie
Göttingen · Bern · Toronto · Seattle

Prof. Dr. Franz Petermann, geb. 1953. Studium der Psychologie in Heidelberg, 1975 Diplom. Wissenschaftlicher Assistent an der Universität Heidelberg und Bonn. 1977 Promotion; 1980 Habilitation. 1983-91 Leitung des Psychosozialen Dienstes der Universitäts-Kinderklinik Bonn, gleichzeitig Professor am Psychologischen Institut. Seit 1991 Lehrstuhl für Klinische Psychologie an der Universität Bremen und seit 1996 Direktor des Zentrums für Rehabilitationsforschung. Arbeitsschwerpunkte: Psychologie in der Kinderheilkunde, Behandlung von Entwicklungs- und Verhaltensstörungen im Kindes- und Jugendalter.

Die Deutsche Bibliothek - CIP-Einheitsaufnahme

Lehrbuch der klinischen Kinderpsychologie : Erklärungsansätze und Interventionsverfahren / hrsg. von Franz Petermann. -
3., korrigierte Aufl. - Göttingen ;
Bern ; Toronto ; Seattle : Hogrefe, Verl. für Psychologie, 1998
    ISBN 3-8017-1086-6
NE: Petermann, Franz [Hrsg.]

© by Hogrefe-Verlag, Göttingen · Bern · Toronto · Seattle 1995, 1996 und 1998
    Rohnsweg 25, D-37085 Göttingen

Druck: Dieterichsche Universitätsbuchdruckerei
W. Fr. Kaestner GmbH & Co. KG, D-37124 Göttingen-Rosdorf
Printed in Germany
Auf säurefreiem Papier gedruckt

ISBN 3-8017-1086-6

Vorwort zur dritten Auflage

Erst in den 90er Jahren erwacht im deutschsprachigen Raum das Interesse an einem neuen Lehrgebiet, das man in Anlehnung an den anglo-amerikanischen Sprachraum als Klinische Kinderpsychologie bezeichnen kann. Dieses Lehrgebiet könnte auch einer Vielzahl anderer neuer Disziplinen, wie der Pädiatrischen Psychologie, der Entwicklungspsychopathologie, der Neuropsychologie des Kindes- und Jugendalters, eine Plattform bieten. Alle diese Disziplinen sind ebenfalls in den letzten 15 Jahren entstanden und kaum im deutschen Sprachraum verbreitet.

Die dritte, korrigierte Auflage des Lehrbuches, die 2½ Jahre nach der ersten Auflage erscheint, verdeutlicht, daß der beschriebene internationale Trend sich auch im deutschen Sprachraum durchsetzte. Offensichtlich konnte die Publikation des Lehrbuches zu einer intensiveren Diskussion über den Stellenwert der Klinischen Kinderpsychologie beitragen. Die Zeitschrift „Kindheit und Entwicklung” – als Fachzeitschrift für Klinische Kinderpsychologie (seit Juli 1995 im Hogrefe-Verlag) – schafft ein weiteres wichtiges Forum für diese Diskussion.

Die Entwicklung der Klinischen Kinderpsychologie wurde auch möglich, da unser Wissen über die Klassifikation kinder- und jugendpsychiatrischer Störungen in den letzten zehn Jahren fundiert wurde. Hierzu tragen die differenzierten Diagnosesysteme (ICD-10, DSM-III-R bzw. DSM-IV) bei. Die damit verbundene komplexere Sicht psychischer Störungen und die bessere Erforschung der psychosozialen Folgen körperlicher (chronischer) Krankheiten begründete neue Erklärungsansätze und Interventionsverfahren. Diese Entwicklungen fundieren das Fach „Klinische Kinderpsychologie”.

Der Anspruch meines Vorhabens bestand darin, eine Vielzahl von Kollegen aus den Bereichen der Klinischen Psychologie, der Kinder- und Jugendpsychiatrie, der Kinderheilkunde und der Soziologie als Mitautoren zu gewinnen. Die Bemühungen um die Klassifikation, Prävention und Behandlung psychischer Störungen und ausgewählter chronischer Krankheiten im Kindesalter sollte immer als interdisziplinäre Aufgabe begriffen und umgesetzt werden. Dies drückt die Konzeption des Buches und Auswahl der Mitautoren aus.

Der Lehrbuchcharakter sollte vor allem durch den einheitlichen Aufbau der Beiträge unterstrichen werden. Sieht man von den einleitenden Grundlagenbeiträgen ab, so gehen die symptombezogenen Beiträge jeweils auf die folgenden vier Bereiche ein:

● Beschreibung der Störung,
● Klassifikation, Epidemiologie und Verlauf,
● Erklärungsansätze und
● Interventionsverfahren.

Weiterführende Literaturhinweise und ein ausführliches Literaturverzeichnis erleichtern den weiteren Einstieg in die Teilgebiete.

Bei der Auswahl der Symptome sollten die psychiatrischen Störungsbilder genauso berücksichtigt werden, wie psychosomatische und rein körperliche Krankheiten (mit psychosozialen Folgen). Des weiteren wurden Störungen mit Intelligenzminderung, Teilleistungs-, neuropsychologische und neurophysiologische
Störungen berücksichtigt. Unter dem Blickwinkel der modernen verhaltensmedizinischen Intervention in der Kinderheilkunde wird besonders auf Ansätze zur
Patientenschulung und Schmerzbehandlung eingegangen.

Die dritte Auflage des Lehrbuches erscheint zeitgleich mit dem Fallbuch der Klinischen Kinderpsychologie (ebenfalls im Hogrefe-Verlag), womit eine umfassende Dokumentation klinischen Handelns im vorliegenden Gebiet möglich wird.
Lehr- und Fallbuch können dazu beitragen, daß die Förderung, Behandlung und
Betreuung von auffälligen bzw. beeinträchtigten Kindern und Jugendlichen effektiver, humaner und interdisziplinärer wird.

Bremen, im März 1997

Franz Petermann

Inhalt

Vorwort V

I. Allgemeine Überlegungen

Grundlagen psychiatrischer Klassifikation und Psychodiagnostik,
H. Remschmidt, Marburg 3

Konzepte und Ergebnisse der Entwicklungspsychopathologie,
M. Kusch und F. Petermann, Bonn/Bremen ....,,,,,,,,,,,,,,, 53

Prävention und Gesundheitsförderung,
K. Hurrelmann und W. Settertobulte, Bielefeld 95

II. Modelle psychischer Störungen

A. Emotionale und Verhaltensstörungen

Aggression, *F. Petermann und P. Warschburger, Bremen* 127

Hyperkinetische Störungen, *M. Döpfner, Köln* 165

Angststörungen, *C. A. Essau und U. Petermann, Bremen/Dortmund* 219

Depression, *C. A. Essau und U. Petermann, Bremen/Dortmund* 241

B. Kognitive und Entwicklungsstörungen

Umschriebene Entwicklungsstörungen, *G. Esser, Potsdam* 267

Umschriebene Lese-Rechtschreibstörung, *A. Warnke, Würzburg* 287

Tiefgreifende Entwicklungsstörungen,
M. Kusch und F. Petermann, Bonn/Bremen 325

Psychische Störungen infolge von Intelligenzminderungen,
M. H. Schmidt, Mannheim 351

Neuropsychologische Störungen, *G. Neuhäuser, Gießen* 381

Neurophysiologische Störungen, *G. Neuhäuser, Gießen* 403

C. Psychosomatische Störungen

Psychosomatische Störungen, *C. H. Steinhausen, Zürich* 423

Eßstörungen, *M. Fichter und P. Warschburger, Prien/Bremen* 455

Störungen der Ausscheidung: Enuresis und Enkopresis,
U. Petermann und C. A. Essau, Dortmund/Bremen 485

D. Chronische Krankheiten

Körperlich-chronisch kranke Kinder: Psychosoziale Belastungen und Krankheitsbewältigung, *M. Noeker und F. Petermann, Bonn/Bremen*   517

Interventionsverfahren bei chronisch kranken Kindern,
F. Petermann und S. Wiedebusch, Bremen   555

Schmerz, *D. Breuker, S. Mühlig und F. Petermann, Göttingen/Bremen* ...   587

Sachregister   627

Autorenverzeichnis

Dagmar Breuker, Dr. phil.
Klinische Psychologie der Universität Göttingen, Goßlarstraße 14,
37073 Göttingen

Manfred Döpfner, Dr. sc. hum.
Klinik für Kinder- und Jugendpsychiatrie der Universität Köln,
Robert-Koch-Str. 10, 50931 Köln

Cecilia Ahmoi Essau, Dr. rer. soc.
Zentrum für Rehabilitationsforschung der Universität Bremen,
Grazer Str. 2, 28359 Bremen

Günter Esser, Prof. Dr. phil.
Institut für Psychologie der Universität Potsdam, Postfach 601 553,
14415 Potsdam

Manfred Fichter, Prof. Dr. med.
Klinik Roseneck, Am Roseneck 6, 83209 Prien

Klaus Hurrelmann, Prof. Dr. phil.
Sonderforschungsbereich 227, Universität Bielefeld, Postfach 100 131,
33501 Bielefeld

Michael Kusch, Dr. phil.
Zentrum für Kinderheilkunde der Universität Bonn,
Abt. Hämatologie/Onkologie, Adenauerallee 119, 53113 Bonn

Stephan Mühlig, Dr. phil.
Zentrum für Rehabilitationsforschung der Universität Bremen,
Grazer Str. 6, 28359 Bremen

Gerhard Neuhäuser, Prof. Dr. med.
Zentrum für Kinderheilkunde der Universität Gießen,
Abt. für Sozial- und Neuropädiatrie, Feulgenstr. 12, 35392 Gießen

Meinolf Noeker, Dr. phil.
Zentrum für Kinderheilkunde der Universität Bonn, Adenauerallee 119,
53113 Bonn

Franz Petermann, Prof. Dr. phil.
Zentrum für Rehabilitationsforschung der Universität Bremen,
Grazer Str. 6, 28359 Bremen

Ulrike Petermann, Prof. Dr. phil.
FB Rehabilitation und Sonderpädagogik der Universität Dortmund,
Emil-Figge-Str. 50, 44227 Dortmund

Helmut Remschmidt, Prof. Dr. med. Dr. phil.
Kinder- und Jugendpsychiatrie der Universität Marburg,
Hans-Sachs-Str. 6, 35039 Marburg

Martin Schmidt, Prof. Dr. med. Dr. rer. nat.
Zentralinstitut für Seelische Gesundheit, J 5, 68159 Mannheim

Wolfgang Settertobulte, Dr. phil.
Universität Bielefeld, Fakultät für Gesundheitswissenschaften,
Postfach 100 131, 33501 Bielefeld

Hans-Christoph Steinhausen, Prof. Dr. med. Dr. phil.
Kinder- und Jugendpsychiatrie der Universität Zürich,
Freie Str. 15, CH-8028 Zürich

Andreas Warnke, Prof. Dr. med.
Universitätsklinik für Kinder- und Jugendpsychiatrie, Füchsleinstr. 15,
97080 Würzburg

Petra Warschburger, Dr. phil.
Zentrum für Rehabilitationsforschung der Universität Bremen,
Grazer Str. 6, 28359 Bremen

Silvia Wiedebusch, Dr. phil.
Zentrum für Rehabilitationsforschung der Universität Bremen,
Grazer Str. 6, 28359 Bremen

I.

Allgemeine Überlegungen

Grundlagen psychiatrischer Klassifikation und Psychodiagnostik

Helmut Remschmidt

1. Epidemiologie psychiatrischer Störungen und Erkrankungen im Kindes- und Jugendalter

1.1 Zum Krankheitsbegriff

Epidemiologische Studien zeigen, daß psychische Störungen und Erkrankungen im Kindes- und Jugendalter bei 7—15% aller Kinder und Jugendlichen bis zum 18. Lebensjahr auftreten. Einleitend muß in einem Kapitel, das sich mit der Klassifikation von psychischen Erkrankungen und Störungen beschäftigt, die Frage gestellt werden, wann eine Störung überhaupt vorliegt und wann sie behandlungsbedürftig ist. In der Praxis hilft man sich vielfach damit, daß Krankheit oder Störung durch „Behandlungsbedürftigkeit" definiert wird. Dies ist für schwerwiegende psychische Erkrankungen (z.B. ausgeprägte Anorexien, schwere Zwangsneurosen, schizophrene Erkrankungen) unstreitig. Problematisch wird ein derartiger Krankheitsbegriff aber, wenn man übersteigerte „Varianten des Normalverhaltens" mit dem Begriff „Krankheit" belegen will. Hier stellt sich dann oft die Frage des fließenden Übergangs von Verhaltensweisen, die im allgemeinen noch als normal angesehen werden können, zu solchen, die bereits als pathologisch definiert werden müssen. Mit dieser Frage verknüpft ist ferner das Problem, ob eine derartige „Verdünnungsreihe", die vom extrem Pathologischen bis zur Normalität reicht, für alle psychischen Störungen und Erkrankungen im Kindes- und Jugendalter gültig sein kann. Diese Überlegung betrifft die Frage, ob man hier von einem „kategorialen" oder eher von einem „dimensionalen" Krankheitsbegriff in der Kinder- und Jugendpsychiatrie und der klinischen Psychologie ausgehen soll. Ersterer impliziert eine qualitative Andersartigkeit psychiatrischer Erkrankungen bei Kindern und Jugendlichen gegenüber der Norm, letzterer läßt fließende Übergänge zu.

Gegenüber dem Erwachsenenalter treten bei der Definition von psychischen Erkrankungen oder Störungen im Kindes- und Jugendalter folgende zusätzliche Schwierigkeiten (Remschmidt, 1988b) auf:

(1) Die Entwicklungsdimension wirkt als prägender Faktor auf allen Altersstufen und führt zu einer stärkeren Variabilität der Krankheitserscheinungen.

(2) Das Wechselspiel zwischen pathogenen und protektiven Faktoren ist angesichts der Vielgestaltigkeit und der Geschwindigkeit von Entwicklungsvorgängen im Kindes- und Jugendalter ebenfalls bedeutsamer als im Erwachsenenalter.

(3) Die Einsichtsfähigkeit in Symptomatik und Auswirkungen psychiatrischer Erkrankungen ist bei Kindern und Jugendlichen anders zu betrachten als bei Erwachsenen. Vielfach existiert, auch bei schwerwiegenden Symptomen, kein Krankheitsgefühl bzw. keine Krankheitseinsicht, während von der Umgebung das Verhalten als eindeutig krankhaft angesehen wird.

Häfner (1983) hat vorgeschlagen, zwischen einem „allgemeinen Krankheitsbegriff" und „speziellen Krankheitsbegriffen" in der Psychiatrie zu unterscheiden. Diese Differenzierung ist auch für psychiatrische Erkrankungen im Kindes- und Jugendalter sinnvoll. Während der *allgemeine Krankheitsbegriff* den Unterschied zu Gesundheit, Verhaltensauffälligkeiten und anderen Formen gestörter Gesundheit wie Behinderungen zu definieren versucht, gehen *spezielle Krankheitsbegriffe* von der Definition „eines bestimmten krankhaften Zustandes und der Gesetzmäßigkeit seines Verlaufes im Unterschied zu anderen Krankheiten" aus.

In dieser Konzeption hat also der spezielle Krankheitsbegriff, zum Beispiel im Hinblick auf eine bestimmte Erkrankung und ihren typischen Verlauf, den allgemeinen Krankheitsbegriff auszufüllen. Es besteht kein Zweifel, daß ein Krankheitsbegriff, der auf einer nachgewiesenen Ätiologie aufbauen kann, der befriedigendste und weitreichendste ist. Bei vielen organischen Erkrankungen (von Infektionen bis Tumoren) ist dieser an der Ätiologie orientierte Krankheitsbegriff anwendbar. In der Psychiatrie steht man jedoch vor vielen schwierigen Problemen, die sich in der Kinder- und Jugendpsychiatrie noch steigern. Auch für dieses Fachgebiet hat man versucht, ätiologisch orientierte Krankheitsbegriffe abzuleiten im Sinne der Kahlbaum-Kraepelinschen These, wonach sich aus Symptomatik, Topologie und Ätiologie „natürliche Krankheitseinheiten" erschließen lassen. Diese Bedingungen lassen sich jedoch nur für eine begrenzte Zahl organisch verursachter Erkrankungen definieren, weshalb der Kahlbaum-Kraepelinsche Ansatz auf vielfältige Kritik gestoßen ist und neuere Klassifikationssysteme (z. B. DSM-III-R und ICD-10) auf die ätiologische Komponente für die Klassifikation von psychiatrischen Erkrankungen bewußt verzichten. Dieser Verzicht steht jedoch nicht für ein Programm, sondern spiegelt lediglich den derzeit noch zu geringen Wissensstand wider, der eine auf Ätiologie beruhende Klassifikation noch nicht ermöglicht. Von daher gibt es derzeit zwei Wege, psychiatrische Erkrankungen im Kindes- und Jugendalter durch angemessene Krankheitsbegriffe zu umschreiben (Remschmidt, 1988b): Durch die Definition

— verschiedener Ebenen, auf denen Krankheitsbegriffe in Form von „Konstrukten" angesiedelt sind, und
— verhältnismäßig grober Bereiche, in denen sich krankhafte Organveränderungen, krankhaftes Verhalten und krankhaftes Erleben abspielen.

Beide Vorgehensweisen erstrecken sich auf spezielle Krankheitskonzepte. Während auf dem zuerst genannten Weg versucht wird, auf der Ebene von Symptomen und Syndromen Krankheitseinheiten voneinander abzugrenzen — wenn möglich, bereits unter Berücksichtigung der Ätiologie —, bietet der zweite Weg ein gröberes Raster der Einteilung psychiatrischer Erkrankungen im Kindes- und Jugendalter. So unterschied Tramer (1949), dem damaligen Wissensstand Rechnung tragend, zwischen Störungen und Erkrankungen, die er in folgende Gruppen einteilte:

(1) Somatische Störungen und Erkrankungen (bei ihnen dominiert das Somatische, während das Psychische untergeordnet ist),
(2) somatopsychische Störungen und Erkrankungen (bei ihnen liegt eine organische Störung vor, und die psychischen Auswirkungen sind sekundär),
(3) psychosomatische Störungen und Erkrankungen (hier ist die Hauptursache im Psychischen, während das Somatische sekundär ist) und
(4) psychische Störungen und Erkrankungen (bei ihnen dominiert eindeutig das Psychische, „während das Somatische mehr an der Peripherie liegt").

Unter Berücksichtigung dieser Gesichtspunkte und in Abwandlung einer Definition von Häfner (1983) haben wir folgenden Krankheitsbegriff für die Kinder- und Jugendpsychiatrie vorgeschlagen (Remschmidt, 1988b, S. 146):

„Als kinder- und jugendpsychiatrische Erkrankung bezeichnen wir einen Zustand unwillkürlich gestörter Lebensfunktionen, der durch Beginn, Verlauf und ggf. auch Ende eine zeitliche Dimension aufweist und ein Kind oder einen Jugendlichen entscheidend daran hindert, an den alterstypischen Lebensvollzügen aktiv teilzunehmen und diese zu bewältigen".

Diese Definition enthält zweifellos eine Reihe von Bestimmungsstücken, die relativ allgemein sind und die auf die jeweilige Störung bzw. Erkrankung hin spezifiziert werden müssen. Geht man jedoch von konkreten Störungen aus, so wird sie relativ klar. So ist zum Beispiel ein Kind, das aufgrund einer Schulphobie monatelang die Schule nicht besucht, eindeutig daran gehindert, „an den alterstypischen Lebensvollzügen aktiv teilzunehmen". Auch ein Kind mit einer ausgeprägten Legasthenie und einer daraus entstandenen Verhaltensstörung weist diese Beeinträchtigungen auf, während ein Kind mit geringfügigen Dunkelängsten zwar nicht allein in den Keller geht, doch im allgemeinen (wenn keine weiteren Störungen vorliegen) seine altersentsprechenden Lebensvollzüge und Entwicklungsaufgaben bewältigen kann.

Auf verschiedene weitere Vorstellungen zum Krankheitsbegriff kann hier nicht weiter eingegangen werden (s. hierzu Remschmidt, 1988b); vielmehr soll vor einer Ausweitung des Krankheitsbegriffes gewarnt werden, die man im diagnostischen und therapeutischen Bereich findet. *Diagnostisch* gesehen, liegen Ausweitungen überall dort vor, wo jede soziale Störung und jede Lebensschwierigkeit mit dem Begriff einer psychiatrischen Erkrankung bzw. einer seelischen Störung belegt werden. Dies hat natürlich auch Auswirkungen auf den *therapeutischen Bereich*. So kann eine psychotherapeutische Behandlung nicht für alle Störungen bei Kindern und Jugendlichen gefordert werden; und es ist eben-

sowenig berechtigt, alle Bemühungen um ein psychisch krankes oder behindertes
Kind als Psychotherapie zu bezeichnen. Ausweitungen im therapeutischen Bereich kommen auch dort zustande, wo zwischen Psychotherapie und Pädagogik
nicht mehr abgegrenzt wird. Begriffe wie „pädagogische Therapie" oder „therapeutische Pädagogik" sind verwirrend und nicht angebracht.

1.2 Methoden der Falldefinition

Eine große Schwierigkeit in der Epidemiologie psychiatrischer Erkrankungen im
Kindes- und Jugendalter besteht darin, psychiatrische Krankheit bzw. Àuffällig-
keit zu definieren. Die Mehrzahl der Verhaltensweisen oder Symptome, auf
denen eine psychiatrische Diagnose basiert, sind auch bei gesunden Kindern —
allerdings in geringerer Häufigkeit und Intensität — anzutreffen, so daß eher ein
quantitativer, fließender Übergang als ein qualitativer Sprung vom Normalen ins
Pathologische zugrundegelegt werden muß. Diese Schwierigkeit wird noch durch
drei Faktoren akzentuiert:

(1) Den Entwicklungsaspekt; so sind viele Verhaltensweisen von Kindern auf
    einer bestimmten Entwicklungsstufe normal (z.B. Einnässen, Daumenlut-
    schen, Trennungsängste), ab einer gewissen Altersstufe treten sie jedoch zu-
    nehmend seltener und schließlich überhaupt nicht mehr auf. Das gleiche
    Verhalten kann also sowohl normal als auch abweichend i.S. einer statisti-
    schen Norm sein, wenn man Alter und Entwicklungsstand des Kindes be-
    rücksichtigt. Dieser Gesichtspunkt sowie auch die Längsschnittperspektive ist
    in den gängigen Klassifikationssystemen bislang nicht hinreichend berück-
    sichtigt. Deshalb fordern Graham & Skuse (1992) eine stärkere Einbeziehung
    der Entwicklungsperspektive in die Klassifikationsbemühungen psychischer
    Störungen sowohl in der Erwachsenenpsychiatrie als auch in der Kinder- und
    Jugendpsychiatrie.
(2) Die Situationsbedingtheit des Verhaltens; viele Verhaltensweisen sind von
    äußeren Bedingungen (Situation, Personen) abhängig, sie treten nicht gene-
    rell auf. In der Schule, zu Hause oder beim Spielen mit anderen Kindern kön-
    nen Kinder unterschiedlich „auffallen", da sie ihr Verhalten nur in einer ganz
    bestimmten Umgebung zeigen (z. B. Konzentrationsstörungen in der Schule,
    Eß- oder Schlafstörungen zu Hause, Störungen des Sozialverhaltens mit
    Gleichaltrigen).
(3) Eine unterschiedliche Krankheitswahrnehmung; Kinder verfügen nicht in
    gleichem Maße wie Erwachsene über eine eigene Krankheits- oder Problem-
    wahrnehmung, selbst einen Leidensdruck können zumindest jüngere Kinder
    oft nicht artikulieren. Gleiches bezieht sich aber auch häufig auf ihre Eltern.
    Es gibt durchaus Eltern, die es nicht erkennen, daß ihr Kind verhaltensgestört
    ist.

Eingedenk dieser Gesichtspunkte hat man versucht, in der psychiatrischen Epidemiologie mehrere Methoden der Falldefinition zu entwickeln (Remschmidt &
Walter, 1990). Innerhalb dieses Ansatzes werden Auftreten und Häufigkeit ein-

zelner Symptome in einem bestimmten Zeitraum untersucht. Daraus lassen sich sowohl Aussagen über die Verbreitung einzelner Symptome bzw. klinisch relevanter Verhaltensweisen als auch über den Grad der Symptombelastung ableiten. Kritisch ist jedoch anzumerken, daß der Schluß von Symptomen auf zugrundeliegende psychische Störungen nicht ohne weiteres zulässig ist (Rutter et al., 1970; 1981). Die über Symptome ermittelte Prävalenz ist ferner abhängig von der Anzahl der erfragten Symptome und ihrer Formulierung. Die Raten, die mit Hilfe dieser Methode gefunden werden, sind daher nicht gleichzusetzen mit psychiatrischen Morbiditätsraten, die auf psychiatrischen Einzeluntersuchungen und Diagnosen basieren.

1.2.1 Der klinisch-diagnostische Ansatz

Diese Methode entspricht dem traditionellen Vorgehen in der klinischen Alltagspraxis und wird daher von den meisten Autoren als die optimale angesehen. Sie beruht darauf, daß ein Fachmann (Kinder- und Jugendpsychiater oder klinischer Psychologe) aufgrund von Informationen über ein Kind zu einem klinischen Urteil kommt, das nun nicht mehr nur eine Zuordnung nach den Kategorien „psychiatrisch auffällig" oder „unauffällig" erlaubt, sondern darüber hinaus eine Diagnose des Krankheitsbildes ermöglicht. Mit der Einführung diagnostischer Klassifikationssysteme war es möglich, eine verbindliche Nomenklatur herzustellen, die eine Vergleichbarkeit von Ergebnissen verschiedener Autoren und Länder zuläßt.

Der klinisch-diagnostische Ansatz unterliegt hinsichtlich der Gütekriterien Reliabilität, Validität und Objektivität den gleichen Problemen wie andere Methoden. Untersuchungen diesbezüglich haben gezeigt, daß die Reliabilität eines diagnostischen Urteils eher niedrig ist, sofern die Experten nicht auf die Anwendung des diagnostischen Klassifikationsschemas trainiert werden (Remschmidt et al., 1983).

Die unbestreitbaren Vorteile dieser Methode müssen mit dem Nachteil eines ungemein hohen Aufwandes bei der Anwendung an großen Stichproben erkauft werden. Daher ist es verständlich, daß mit dieser Methode relativ wenig Untersuchungen durchgeführt wurden.

1.2.2 Die Fragebogenmethode

Ähnlich wie bei der Methode der Symptomprävalenz werden über einen Fragebogen oder im Rahmen eines Interviews eine Anzahl von Symptomen oder Verhaltensweisen abgefragt und die Antworten zu einem Gesamt-Score aufsummiert. Hierbei können die Antworten entweder ungewichtet (es zählen nur die Ja-Antworten) oder gewichtet (entsprechend vorgegebene Häufigkeitskategorien) verarbeitet werden. Man erhält auf diese Weise ein quantitatives Maß, ähnlich wie bei einem Intelligenztest, wobei sich das Problem ergibt, wie man zu einem kategorialen Urteil (z. B. gesund vs. krank oder psychiatrisch auffällig) kommt. Es ist in jedem Fall notwendig, einen kritischen Wert zu definieren, dessen Überschreitung das Vorliegen einer Erkrankung anzeigt. Dieses Verfahren hat jedoch den Nachteil, daß Personen fehlklassifiziert werden: entweder werden Kinder zu Unrecht als psychisch auffällig klassifiziert (falsch positiv) oder zu Unrecht als unauffällig (falsch negativ). Die Fehlklassifikationsrate läßt sich jedoch ermitteln, indem man eine Stichprobe sowohl mit der Fragebogenmethode als auch individuell psychiatrisch untersucht oder unbehandelte Personen mit Patienten vergleicht.

Bei einer optimalen Diskrimination wird der Cut-off-Wert so liegen, daß alle Patienten bzw. Personen mit Diagnosen einen höheren Wert aufweisen und somit richtig als Fälle identifiziert werden und umgekehrt alle unauffälligen Personen richtig unterhalb des kritischen Wertes klassifiziert werden.

Ein weiterer Nachteil der Fragebogenmethode besteht darin, daß ihre Anwendung nicht zu psychiatrischen Diagnosen führt. Man erhält allenfalls ein generelles Maß für die psychische Gestörtheit, das in der Literatur treffend als ,,Clinical maladjustment" (Gould et al., 1981) bezeichnet wird. Selbst daran ist aber zu kritisieren, daß die Schwere der psychischen Auffälligkeit mit der Anzahl der Symptome gleichgesetzt wird und ein Fall erst dann als solcher definiert ist, wenn er eine bestimmte Anzahl von Symptomen aufweist. Auf diese Weise werden monosymptomatische Krankheitsbilder schlechter erfaßt. Es konnte allerdings nachgewiesen werden, daß sehr wohl ein Zusammenhang zwischen klinischer Auffälligkeit und Symptombelastung, wie sie mit Fragebögen erfaßt wird, besteht (Achenbach & Edelbrock, 1983; Verhulst et al., 1985a, b).

Die Fragebogenmethode ist das am häufigsten angewandte Verfahren zur Bestimmung von Prävalenzraten. Am bekanntesten sind die Child-Behavior-Checklist (CBCL) von Achenbach & Edelbrock (1981, 1983), der Youth-Self-Report (YSR) von den gleichen Autoren (1987) und die Conners-Fragebögen (1970, 1973). Weitere Instrumente sind in den umfassenden Übersichten von Poustka (1988) und Remschmidt (1988c) angeführt.

1.2.3 Der faktorenanalytische Ansatz

Auf der Grundlage von Fragebögen werden mittels der Faktorenanalyse Krankheitskategorien definiert. Die Symptome und Verhaltensweisen werden hierbei einzelnen Dimensionen oder Faktoren zugeordnet, die somit übergeordnete Kategorien repräsentieren. Entsprechend der Anzahl der extrahierten Faktoren erhält jede Person auf jedem Faktor einen Wert. Dieser setzt sich aus den Aussagen zusammen, die auf dem jeweiligen Faktor hoch laden. Eine Person gilt als Fall, wenn sie auf irgendeinem der Faktoren einen Wert aufweist, der statistisch von der Norm abweicht. Somit ist es denkbar, daß ein Kind nur auf einer Dimension das Kriterium eines Falles erfüllt (z. B. hyperkinetisches Syndrom), auf allen übrigen hingegen nicht. Der Gesamtwert des Fragebogens spielt bei dieser Art der Falldefinition keine Rolle.

Der faktorenanalytische Ansatz gilt als die eleganteste der bisher beschriebenen Methoden und erfreut sich zunehmender Beliebtheit. Umfangreiche Untersuchungen liegen aus neuerer Zeit vor allem aus den USA (Achenbach & Edelbrock, 1981; Achenbach et al., 1987) und Holland vor (Verhulst et al., 1985a,b). Allerdings ist neben der bekannten Kritik an der Methode der Faktorenanalyse (Stichprobenabhängigkeit, Anzahl und Verrechnung der Aussagen, Wahl des Analyseverfahrens usw.) als Nachteil zu erwähnen, daß große repräsentative Stichproben von behandelten und unbehandelten Kindern erforderlich sind, um zu brauchbaren Ergebnissen zu gelangen. Es ist nicht zulässig, die Ergebnisse ausländischer Faktorenanalysen ohne weiteres zu verwenden, da Untersuchungen an einheimischen Stichproben theoretisch zu anderen Faktorenstrukturen führen können. Ferner sind die Gütekriterien des verwendeten Fragebogens (Reliabilität, Validität, Objektivität) nach erfolgter Übersetzung erneut zu überprüfen.

1.2.4 Kombination verschiedener Methoden

Die bislang genannten Methoden der Falldefinition sind in verschiedenen Untersuchungen miteinander kombiniert worden. Der Sinn eines solchen Vorgehens besteht darin, die Nachteile der einen mit den Vorteilen der anderen Methode zu kompensieren. Dies führt aber zwangsläufig zu dem Problem, die verschiedenen Informationen für die Definition eines Falles zu gewichten. Bewährt hat sich ein *zweistufiges Vorgehen* in folgenden Schritten: In der *ersten* Stufe wird in einer großen Repräsentativstichprobe ein Screening-Verfahren (Lehrer- oder Elternfragebogen) angewandt, in der *zweiten* Stufe werden nur noch die als auffällig definierten Kinder genauer untersucht, in der Regel mittels eines klinischen Interviews der Eltern und der Kinder. Der Schwellenwert beim Screening-Verfahren wird so angesetzt, daß mehr Fälle als erwartet selegiert werden — die Selektionsrate ist höher als die Prävalenzrate — und keine wirklichen Fälle unerkannt bleiben. Es werden also falsch-positive Fälle in Kauf genommen, um falsch-negative zu vermeiden. Demnach dürften sich in einer Stichprobe der durch das Screening als unauffällig definierten Kinder wenige oder gar keine Fälle mehr befinden, wenn man diese klinisch untersucht. Tatsächlich ist dies aber nicht völlig zu verhindern. Es wird daher in der zweiten Stufe zusätzlich eine Stichprobe von im Screening unauffälligen Kindern untersucht, um die vorläufig ermittelte Prävalenzrate zu korrigieren. Der Vorteil dieses zweistufigen Verfahrens ist unbestreitbar: Nur ein Bruchteil der ursprünglichen Stichprobe braucht klinisch-diagnostisch untersucht zu werden, und gleichzeitig werden die Nachteile der Fragebogenmethode eliminiert. Voraussetzung ist allerdings, daß das Screening-Instrument eine ausreichend hohe Validität und Reliabilität besitzt.

1.3 Prävalenzraten in auslesefreien Stichproben

Die Prävalenzraten für psychische Störungen und Verhaltensauffälligkeiten in deutschsprachigen Untersuchungen an nicht-klinischen Populationen schwanken zwischen 13 und 49%, der Mittelwert liegt bei etwa 22%. Diese Angaben beziehen sich aber nicht auf psychiatrische Erkrankungen im engeren Sinne, sondern schließen auch Verhaltensauffälligkeiten, Leistungsstörungen und emotionale Störungen ein. Es ist nicht zulässig, die gefundenen Auffälligkeitsraten im Sinne psychiatrischer Erkrankungen zu interpretieren. Denn in den meisten Studien wurde eine psychiatrische Diagnostik gar nicht durchgeführt. Als besonders sorgfältige Studie kann die Erhebung von Castell et al. (1980a,b; 1981) hervorgehoben werden. Diese Autoren untersuchten eine repräsentative unausgelesene Stichprobe von 375 Kindern in Oberbayern und ermittelten einen Anteil von 18% mit einem positiven Befund; 5% wurden im engeren Sinne als psychisch krank definiert (nach Maßgabe klassischer psychiatrischer Diagnosen), und 13% wiesen Verhaltensauffälligkeiten auf. Die Prävalenzraten bezogen sich jeweils auf den Zeitraum eines Vierteljahres. Bezogen auf ein Jahr, betrug die Gesamt-Prävalenzrate sogar 20,7% (Weyerer et al., 1988). Remschmidt & Walter (1990) ermittelten in einer repräsentativen Schülerstichprobe von 1.969 Schülern und Schülerinnen im Alter von 6—17 Jahren eine Prävalenzrate für psychische Störungen von 12,7%. Diese Rate basiert auf den Informationen der Eltern, die mit Hilfe der Child-Behavior-Checklist befragt worden waren. Die Falldefinition wurde aufgrund eines Experten-Ratings behandlungsbedürftiger Symptome festgelegt. Wurden zusätzlich die Selbsturteile der Schüler herangezogen mit Hilfe des Youth-Self-Report, so erhöhte sich der Anteil für die Altersgruppe der 10—17jährigen von 10,7 auf 20,6%. Alle Angaben beziehen sich auf den Zeitraum eines halben Jahres. Nur 3,3% aller Schüler (64 von 1.969) befanden sich wegen einer psychiatrischen Symptomatik oder eines Entwicklungsrückstandes in Behandlung.

Gould et al. (1980, 1981) analysierten 25 amerikanische und 10 britische Studien, die zwischen 1928 und 1975 durchgeführt wurden und schlüsselten die Ergebnisse entsprechend der angewandten Methodik auf. Für die amerikanischen Untersuchungen ermittelten die Autoren einen Median von 11,8% (Gould et al., 1981), für die britischen einen Median von 13,2%, woraus sie den Schluß zogen, daß in den USA die Rate der ,,clinical maladjusted" Kinder nicht unterhalb dieser Grenze liegt. Die von Rutter et al. (1970) erhobenen Befunde in der Isle-of-Wight-Studie bei 10- und 11jährigen Kindern lagen bei 6,8%. Diese Prävalenzrate wird neuerdings als sehr konservative Schätzung der wahren Verhältnisse angesehen.

Zu den hier referierten Untersuchungen lassen sich verschiedene kritische Anmerkungen machen, die die bekannten Schwierigkeiten in der psychiatrischen Epidemiologie widerspiegeln. Sie beziehen sich auf die Stichprobenrekrutierung, Falldefinition, Auswertungsprobleme, Bezug zu soziobiographischen Variablen usw. Aber auch eingedenk derartiger Probleme kann davon ausgegangen werden, daß die Auffälligkeitsrate für psychische Störungen und Erkrankungen bei Kindern und Jugendlichen bis zum 18. Lebensjahr zwischen 7 und 15% liegt.

1.4 Häufigkeitsraten in klinischen Stichproben

Untersuchungen zur administrativen Prävalenz, die sich auf die Häufigkeit psychischer Störungen und Auffälligkeiten in Einrichtungen beziehen, haben den Nachteil, daß nur ein Teil der psychisch Kranken fachspezifische Beratungs- und Behandlungsangebote in Anspruch nimmt und daß diese Stichprobe aufgrund selektiv wirksamer Faktoren zudem nicht repräsentativ ist. Es ist ferner zu berücksichtigen, daß die „Nutzerstruktur" vom jeweiligen Einrichtungstyp abhängt. So weisen zum Beispiel Klienten von Erziehungsberatungsstellen oder Frühberatungen zwangsläufig eine andere Zusammensetzung auf als Patienten von kinder- und jugendpsychiatrischen Kliniken oder therapeutischen Ambulanzen. Zusätzlich sind noch die jeweiligen Versorgungsstrukturen als Einflußfaktoren in Rechnung zu stellen. Vergleiche zwischen verschiedenen Einrichtungstypen werden zudem noch dadurch erschwert, daß die erhobenen Merkmale nicht nach gleichen Kriterien definiert werden. Dies trifft insbesondere auf Diagnosen zu. Neuerdings werden jedoch am häufigsten das ICD-Klassifikations-

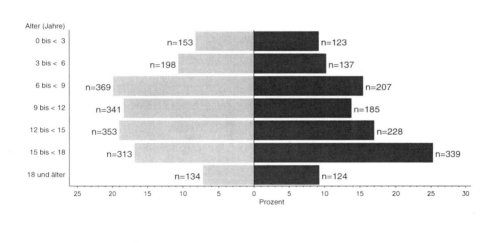

Abbildung 1:
Alter und Geschlecht einer nahezu vollständigen Inanspruchnahmepopulation von Kindern und Jugendlichen (n = 3.280), die im Zeitraum eines Jahres (Juli 1983 — Juli 1984) in den in einer Modellregion (Marburg-Biedenkopf und umliegende Landkreise) vorhandenen Versorgungseinrichtungen vorgestellt wurden.

schema benutzt (ICD-9 bzw. ICD-10) und das amerikanische Klassifikationssystem DSM-III-R. Diese Systeme haben zu einer Vereinheitlichung der
Diagnostik und damit zu einer besseren Vergleichbarkeit von Inanspruchnahmepopulationen unterschiedlicher Einrichtungen beigetragen.

Im Rahmen des Modellprogramms Psychiatrie der Bundesregierung konnten in
der damaligen Modellregion Marburg umfangreiche Erhebungen zur Inanspruchnahme von Einrichtungen durch Kinder und Jugendliche bzw. deren Eltern
durchgeführt werden. Für den Zeitraum eines Jahres konnten dabei die Störungen
aller Kinder und Jugendlichen, welche eine Vielzahl von Einrichtungen (Frühberatungsstellen, Erziehungsberatungsstellen, psychologische Praxen, kinder- und
jugendpsychiatrische Ambulanzen und Kliniken etc.) aufsuchten, nahezu lückenlos dokumentiert werden. Abbildung 1 gibt die Alters- und Geschlechterverteil-
lung einer vollständigen kinder- und jugendpsychiatrischen Inanspruchnahmepopulation in der Modellregion Marburg und den umliegenden Landkreisen
wieder.

Die Abbildung zeigt ein deutliches Überwiegen der Jungen vor der Pubertät und
der Mädchen nach der Pubertät, ein Ergebnis, das in verschiedenen epidemiolo-

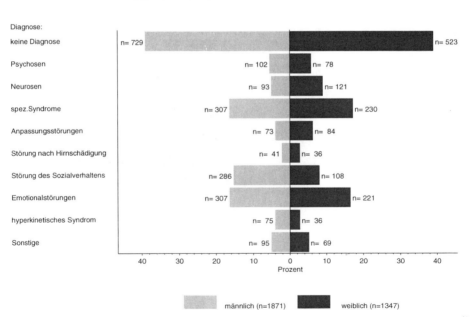

Abbildung 2:

Klinisch-psychiatrisches Syndrom (1. Achse des MAS) und Geschlecht in einer nahezu
vollständigen Inanspruchnahmepopulation psychisch kranker und behinderter Kinder und
Jugendlicher (n = 3.280).

gischen Untersuchungen zutagegefördert wurde. Die Abbildung zeigt ferner, daß auch über 18jährige die genannten Einrichtungen noch aufsuchen.

Abbildung 2 gibt eine Übersicht über die *psychiatrischen Diagnosen* (1. Achse des Multiaxialen Klassifikationsschemas) für die gleiche vollständige Inanspruchnahmepopulation der Modellregion Marburg und umliegende Kreise, wiederum aufgeschlüsselt nach dem Geschlecht. Die hohe Zahl der Kinder und Jugendlichen in der Rubrik „Keine Diagnose" erklärt sich daraus, daß unter ihnen zahlreiche Kinder mit Entwicklungsstörungen sind, die auf der zweiten Achse des Multiaxialen Klassifikationsschemas („Umschriebene Entwicklungsrückstände") klassifiziert werden, und auch aus der Tatsache, daß Patienten mit neurologischen Erkrankungen nicht auf der ersten Achse auftauchen. Aus der Abbildung wird deutlich, daß emotionale Störungen, Störungen des Sozialverhaltens und spezielle Syndrome (monosymptomatische Störungen) am häufigsten vorkommen. Störungen nach Hirnschädigungen spielen eine relativ untergeordnete Rolle.

Abbildung 3 zeigt die Häufigkeit von *Entwicklungsstörungen* (umschriebene Entwicklungsrückstände, 2. Achse des Multiaxialen Klassifikationsschemas) für

Diagnosen auf der 2. Achse und Geschlecht

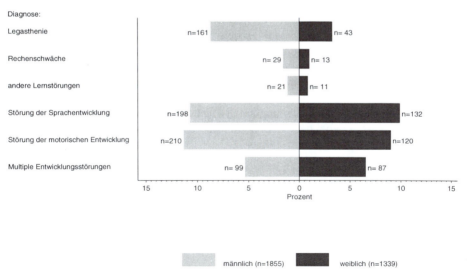

Abbildung 3:
Umschriebene Entwicklungsrückstände (2. Achse des MAS) und Geschlecht in einer nahezu vollständigen Inanspruchnahmepopulation psychisch kranker und behinderter Kinder und Jugendlicher (n = 3.280).

Jungen und Mädchen der gleichen Stichprobe. Sie verdeutlicht die große Bedeutung der Entwicklungsdimension in einer kinder- und jugendpsychiatrischen Inanspruchnahmepopulation. Sie zeigt aber auch, daß ein Teil dieser Entwicklungsstörungen, zum Beispiel die Legasthenie, bei Jungen rund viermal so häufig ist wie bei Mädchen.

1.4.1 Merkmale ambulanter Patienten

Über 95 % aller hilfesuchenden Patienten bzw. Eltern suchen ambulante Einrichtungen auf. Stationär untersucht und behandelt werden weniger als 5 %. Nahezu alle Untersuchungen an Inanspruchnahmepopulationen stellen bis zur Pubertät ein Überwiegen der Jungen in ihrem Klientel fest. Die Prozentangaben für männliche Patienten schwanken zwischen 58 und 69 %. Mit zunehmendem Alter verschiebt sich das Geschlechterverhältnis zu Lasten der Mädchen. Dies gilt vor allem für Jugendliche nach der Pubertät.

Kinder unter sechs Jahren, aber auch Jugendliche ab 15, sind in den meisten Inanspruchnahmestudien unterrepräsentiert. Nach der Einschulung steigt die Vorstellungsrate deutlich an, die Altersgruppe der 6—14jährigen ist mit etwa zwei Drittel am stärksten vertreten. Sowohl in Poliklinikpopulationen als auch in der Klientel von Erziehungsberatungsstellen ist seit den letzten 15 Jahren ein verstärkter Trend zu höheren Altersgruppen erkennbar, der mit dem Geburtenrückgang sowie mit der vermehrten Einrichtung von Frühberatungsstellen im Zusammenhang stehen dürfte.

Was die soziale Schicht betrifft, so waren in der umfangreichen Erhebung des Modellprogramms Kinder aus der oberen Mittelschicht und Oberschicht überrepräsentiert, Kinder der unteren und mittleren Mittelschicht jedoch unterrepräsentiert (Remschmidt & Walter, 1989). Für Kinder aus den unteren sozialen Schichten ließ sich keine Unterrepräsentanz nachweisen. Schlüsselt man das Klientel der Einrichtungen nach der sozialen Schicht auf, so ergeben sich jedoch zwischen den einzelnen Einrichtungen teilweise erhebliche Unterschiede. Die soziale Schicht wurde dabei nach dem Schichtmodell von Kleining & Moore (1968) festgestellt.

Was die psychiatrischen Diagnosen betrifft, so überwiegen in ambulanten Einrichtungen neurotische Störungen (35 %), gefolgt von speziellen Syndromen (25 %), Störungen des Sozialverhaltens (13 %), Anpassungs- und Belastungsreaktionen (7 %). Die übrigen 20 % der Diagnosen verteilen sich auf hyperkinetische Syndrome, psychische Störungen nach Hirnschädigungen, Psychosen und eine Reihe seltenerer Erkrankungen (Remschmidt & Walter, 1990).

1.4.2 Merkmale stationärer Patienten

Auch im stationären Bereich sind Jungen überrepräsentiert. Die Geschlechterdifferenz ist jedoch nicht so ausgeprägt wie bei ambulanten Patienten, was im wesentlichen auf die zunehmende Vorstellungsrate der Mädchen ab der Pubertät zurückzuführen ist. In den meisten stationären Einrichtungen hat in den letzten Jahren die Zahl der Jugendlichen zugenommen. Parallel zu dieser Entwicklung hat die Zahl der Vorschulkinder abgenommen. Diese Altersverschiebung hat mehrere Ursachen: Geburtenrückgang, Ausbau ambulanter Versorgung, vor allem Frühberatungsstellen und neuropädiatrische Abteilungen, möglicherweise auch eine Zunahme psychiatrischer Erkrankungen bei Jugendlichen.

Was den sozioökonomischen Status betrifft, so zeigen neuerdings stationäre Einrichtungen keine Abweichungen mehr zur Normalbevölkerung, während früher Kinder aus den unteren sozialen Schichten dominierten (Remschmidt et al., 1974; Schmidt et al., 1978). Was das Diagnosenspektrum betrifft, so ist die Zahl der Patienten mit einem psychiatrischen Befund (1. Achse des Multiaxialen Schemas) häufiger als in ambulanten Stichproben und liegt deutlich über 90 % (Remschmidt & Walter, 1989). Stationäre Patienten sind ferner außer im Hinblick auf das klinisch-psychiatrische Syndrom (1. Achse des MAS) auch noch hinsichtlich ihrer Intelligenz (3. Achse des MAS) und hinsichtlich abnormer psychosozialer Umstände (5. Achse des MAS) auffälliger als Patienten in ambulanten Einrichtungen.

Im Hinblick auf das *Diagnosenspektrum* stellen Störungen des Sozialverhaltens mit 26 % die größte Diagnosengruppe dar (Remschmidt & Walter, 1989), gefolgt von emotionalen Störungen und Neurosen (21 %) und speziellen Symptomen und Syndromen (16 %). Aber auch Psychosen kommen im stationären Bereich deutlich häufiger vor als im ambulanten.

1.5 Übergeordnete biopsychosoziale Zusammenhänge

1.5.1 Alter, Geschlecht und psychische Störung

Art und Häufigkeit psychischer Störungen sind sowohl vom Alter als auch vom Geschlecht abhängig. Bei *jüngeren Kindern* überwiegen naturgemäß entwicklungsabhängige Störungen (z. B. Störungen der Ausscheidungsfunktionen, Störungen der motorischen Entwicklung und der Sprachentwicklung), umschriebene Entwicklungsstörungen schulischer Fertigkeiten (Lese-Rechtschreibstörung, Rechenstörung), autistische Störungen, hyperkinetisches Verhalten, Tics und manche Störungen des Sozialverhaltens. Im *Jugendalter* nähern sich die Krankheitsbilder in ihrer Symptomatik vermehrt dem Erwachsenenalter an. Dementsprechend werden verschiedene Formen der Angststörungen häufiger (z. B. Panikattacken, Agoraphobie), ferner Zwangssyndrome, dissoziale Verhaltensweisen (die allerdings eine hohe Persistenz zeigen und oft im Kindesalter beginnen) und Psychosen aus dem schizophrenen und dem affektiven Formenkreis.

Betrachtet man den Zeitraum vom frühen Kindesalter bis zur Adoleszenz und ins frühe Erwachsenenalter, so lassen sich im Hinblick auf psychische Störungen drei Verlaufstypen herausstellen (Rutter et al., 1970; Remschmidt, 1975a,b):

(1) Ein *kontinuierlicher bzw. zweigipfliger* Verlauf (Typ A), der sich auf psychische
    Störungen bezieht, die bereits in der frühen Kindheit auftraten und sich entweder kon-
    tinuierlich in der Adoleszenz fortsetzen oder aber nach einer mehr oder weniger aus-
    gedehnten stummen Phase in der Adoleszenz wieder aktualisiert werden (z. B. Schul-
    phobie, dissoziale Störungen). Störungen mit diesem Verlauf werden als *persistieren-
    de* Störungen bezeichnet.

(2) Ein zweiter Verlaufstyp (Typ B) ist gekennzeichnet durch einen deutlichen *Häufig-
    keitsabfall* der Störungsmuster, die in der Kindheit als behandlungsbedürftig ange-
    sehen wurden, sich aber in der Adoleszenz zurückbilden. Hierzu gehören viele in der
    Kindheit geläufige Verhaltensauffälligkeiten (Enuresis, Enkopresis, Hyperaktivität,
    manche aggressiven Verhaltensweisen) sowie einige neurotische Reaktionen, insbe-
    sondere manche Angstzustände und Tierphobien. Bei diesem Störungsmuster handelt
    es sich also um *nicht-persistierende* Störungen.

(3) Der dritte Verlaufstyp (Typ C) ist durch einen deutlichen *Häufigkeitsanstieg* in der
    Adoleszenz gekennzeichnet nach weitgehender psychischer Unauffälligkeit im Kin-
    desalter. Hierzu zu rechnen sind Störungen, deren Erstmanifestation in der Adoles-
    zenz liegt, entweder weil in dieser Phase erstmalig die typischen Ausdrucksmittel zur
    Verfügung stehen oder weil zu diesem Zeitpunkt, begünstigt durch exogene Einflüsse,
    genetische Dispositionen sich manifestieren. Dies ist der Fall bei depressiven Syndro-
    men verschiedener Genese, bei Zwangssyndromen, bei der Anorexia nervosa sowie
    bei schizophrenen und manisch-depressiven Psychosen. Die unter dem Verlauf des
    Typ C zusammengefaßten Störungen bezeichnen wir auch als *neuauftretende* Er-
    krankungen.

Im Hinblick auf die *Geschlechterrelation* ist ein deutliches Überwiegen des männ-
lichen Geschlechtes bei folgenden Störungen mehrfach beschrieben worden (vgl.
Steinhausen, 1992): Bei verschiedenen Formen der geistigen Behinderung (Geschlechterverhältnis zugunsten der Jungen etwa 1,6:1), bei autistischen Störungen (Relation: 2,5:1 bis 5,7:1), beim hyperkinetischen Syndrom (3:1 bis 9:1),
bei dissozialem Verhalten (6:1 bis 9:1).

Für diese Geschlechterunterschiede werden vorwiegend biologische Faktoren
verantwortlich gemacht, die einerseits im genetischen Status der Jungen und zum
anderen in hormonellen Einflüssen (Testosteron) gesehen werden. Es ist allerdings fraglich, ob eine derartige konstitutionelle Vulnerabilität der Jungen tatsächlich existiert.

Umgekehrt konnte festgestellt werden, daß zumindest nach der Pubertät emotionale Störungen (unter ihnen Angstzustände, Suizidversuche und Depressionen)
bei Mädchen deutlich häufiger werden als bei Jungen. Für Suizidversuche in der
Adoleszenz wurden z. B. Geschlechterrelationen zugunsten der Mädchen von 3:1
bis 9:1 beschrieben. Ein noch stärkeres Überwiegen findet sich bei den Eßstörungen (Anorexia nervosa, Bulimia nervosa). Diese Erkrankungen betreffen
in 90—95% aller Fälle Mädchen. Im Hinblick auf die Adipositas trifft dies
jedoch nicht zu. Sie ist bei Jungen und Mädchen etwa gleich häufig (Dietz,
1986).

1.5.2 Hirnschädigung und psychische Störung

Hirnfunktionsstörungen sind bedeutsame Risikofaktoren für die Manifestation zahlreicher psychischer Auffälligkeiten und Erkrankungen im Kindes- und Jugendalter. Wenn man von lokalisierten Hirnschädigungen absieht, so ist der Zusammenhang jedoch weniger direkt als indirekt. Die Zusammenhänge zwischen Hirnfunktionsstörungen und psychiatrischen Erkrankungen lassen sich für das Kindes- und Jugendalter wie folgt zusammenfassen (Remschmidt, 1984, 1992a):

(1) Kinder und Jugendliche mit Hirnschädigungen bzw. Hirnfunktionsstörungen sind gehäuft psychiatrisch auffällig. Dabei ist die Quote der psychiatrischen Auffälligkeiten um so höher, je schwerwiegender die zerebrale Schädigung ist. So kommen psychopathologische Auffälligkeiten in einer unausgelesenen Stichprobe von Kindern nur in 7 % der Fälle vor, bei Kindern mit körperlichen Erkrankungen ohne Beteiligung des Gehirns in 12 %, bei Kindern mit gesicherten lokalisierten Hirnverletzungen in 62 % und bei Kindern mit lokalisierten Hirnverletzungen und einer Spätepilepsie sogar in 83 % der Fälle (Rutter, 1977b).
(2) Umgekehrt finden sich bei Kindern und Jugendlichen mit psychiatrischen Erkrankungen häufiger als in unselektierten Stichproben Hirnfunktionsstörungen. Allerdings variiert deren Quote sehr stark mit der Art der Erkrankung. So findet man zum Beispiel bei autistischen Störungen Raten zwischen 50 und 60 %, während die Prozentsätze bei der kindlichen Schizophrenie und bei neurotischen Störungen wesentlich geringer sind.
(3) Umschriebene Hirnschädigungen können zu recht eindeutigen psychischen Funktionsausfällen führen, die wir als neuropsychologische Störungen bezeichnen (z. B. Aphasien oder Apraxien). Bei diffusen Hirnfunktionsstörungen gibt es eine solche Zuordnung nicht. Vielmehr scheinen diese (z. B. Sauerstoffmangel während der Geburt) ein Kind vulnerabler für schädigende Umwelteinflüsse zu machen.
(4) Wenn man von den neuropsychologischen Störungen absieht, so spricht unser derzeitiges Wissen dafür, daß der Zusammenhang zwischen diffuser Hirnschädigung und psychiatrischer Auffälligkeit eher indirekt ist. Indirekt heißt in diesem Zusammenhang, daß die Hirnschädigung oder Hirnfunktionsstörung ein Individuum vulnerabler macht für belastende Umwelteinflüsse jedweder Art.
(5) Der Zusammenhang zwischen Hirnfunktionsstörung und intellektueller Beeinträchtigung ist vielfach nachgewiesen.
(6) Vorschädigungen des Gehirns sind nicht selten wesentliche Voraussetzungen für die gravierenderen Auswirkungen einer zweiten Schädigung. So kann man bei Kindern und Jugendlichen, die ein Schädel-Hirn-Trauma erleiden, damit rechnen, daß bis zum einem Drittel bereits vor dem Trauma eine zerebrale Schädigung aufweisen, die vielfach wiederum eine Schrittmacherfunktion im Hinblick auf das zweite Schädel-Hirn-Trauma hat (Remschmidt & Stutte, 1980). Mit den neuen bildgebenden Verfahren (Computertomographie, Magnetresonanztomographie, Positronenemissionstomographie) er-

geben sich weitreichende Möglichkeiten, den Zusammenhang zwischen Hirnschädigung und psychischer Störung auch im Kindes- und Jugendalter genauer abzuklären (vgl. Neuhäuser in diesem Buch).

1.5.3 Familie und psychische Störung

Der Zusammenhang zwischen psychischen Störungen im Kindes- und Jugendalter
und Familieneinflüssen kann in zweifacher Weise betrachtet werden: einerseits
unter dem Aspekt genetischer Faktoren, zum anderen unter dem Gesichtspunkt
der direkten psychosozialen Auswirkungen, die über Lerneinflüsse manifest werden. Beide Einflußgrößen müssen natürlich auch in gegenseitiger Wechselwirkung gesehen werden. Ausgangspunkt für beide Wege der Erkenntnis ist die
Tatsache, daß eine Reihe kinder- und jugendpsychiatrischer Erkrankungen
familiär gehäuft vorkommen. Dies trifft auf eine Vielzahl von Störungen zu:
auf autistische Störungen, die Schizophrenie im Kindes- und Jugendalter,
Angstsyndrome, Ticerkrankungen und Gilles de la Tourette-Syndrom, auf
depressive Syndrome und auch auf dissoziales Verhalten und Delinquenz. Mit
dieser familiären Häufung ist natürlich noch nichts darüber ausgesagt, ob der
Vermittlungszusammenhang ein überwiegend genetischer oder überwiegend psychosozialer ist. Dies ist auch bei den verschiedenen Störungen unterschiedlich.
Für die klinische Praxis stellt sich immer wieder die Frage, ob eine psychische
Störung eines Kindes durch familiäre Einflüsse verursacht, ausgelöst oder aufrechterhalten wird. Nach Maßgabe aller verfügbaren Untersuchungsmethoden
versucht man im Hinblick auf diese Frage eine Hypothese zu bilden, nach der
man dann in der Behandlung vorgeht.

Im Hinblick auf die Auswirkungen familiärer Faktoren auf Art und Häufigkeit
psychischer Erkrankungen bei Kindern kann folgendes herausgestellt werden:

(1) Die Häufigkeit psychischer Auffälligkeiten von Kindern wächst proportional
    zum Desorganisationsgrad der Familie. Dies zeigen mehrere Untersuchun-
    gen, die mit einem einfachen Maß, dem Family Adversity Index (Rutter &
    Quinton, 1977), durchgeführt wurden. Dieses Maß besteht lediglich aus der
    Summierung folgender Familienmerkmale: Vater ist ungelernter oder an-
    gelernter Arbeiter, beengte Wohnverhältnisse, Depression oder andere psy-
    chische Störungen der Mutter, ständiger Streit zwischen den Eheleuten,
    Kriminalität des Vaters. Ab zwei Merkmalen wird die Familie als benach-
    teiligt angesehen. Mit zunehmender Häufigkeit der genannten Merkmale in
    der Familie wächst die Häufigkeit psychischer Störungen und Erkrankungen
    bei den Kindern, die in diesen Familien aufwachsen. Dabei trennt der Schwe-
    regrad der psychiatrischen Erkrankung der Mutter am besten zwischen be-
    handelten und unbehandelten Kindern (Esser et al., 1986). Auch für das
    Auftreten kriminellen Verhaltens, von Alkoholismus und einer Reihe anderer
    Störungen ist dieser familiäre Zusammenhang nachgewiesen, wobei anzuneh-
    men ist, daß genetische und psychosoziale Faktoren sich entweder addieren
    oder in gegenseitiger Wechselwirkung stehen.

(2) Die Belastung mit psychosozial wirksamen Familieneinflüssen ist bei den einzelnen psychiatrischen Störungen und Erkrankungen der Kinder unterschiedlich ausgeprägt. So zeigen Kinder, die auf der ersten Achse des Multiaxialen Klassifikationsschemas keine Diagnose haben, lediglich in 25% der Fälle eine Diagnose auf der fünften Achse (Familienachse), während dies für emotionale Störungen in über 70% und für Störungen des Sozialverhaltens in über 80% der Fälle zutrifft (Remschmidt, 1992c). Bei Störungen nach einer organischen Hirnschädigung beträgt die Rate rund 45%.

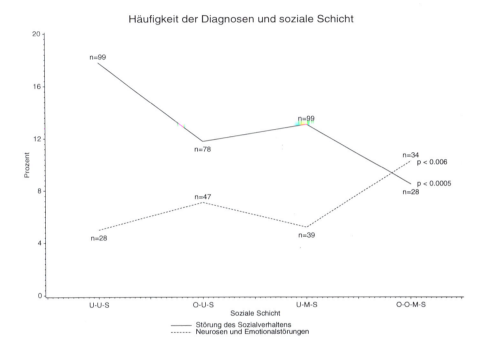

Abbildung 4:
Soziale Schichtzugehörigkeit und psychiatrische Diagnose am Beispiel zweier Störungen: Störung des Sozialverhaltens sowie Neurosen und emotionale Störungen in einer nahezu vollständigen Inanspruchnahmepopulation psychisch kranker und behinderter Kinder und Jugendlicher (n = 3.280). Die Schichtbestimmung erfolgte nach dem Schichtmodell von Kleining und Moore (1966): U-U-S: untere Unterschicht; O-U-S: obere Unterschicht; U-M-S: untere Mittelschicht; O-O-M-S: Oberschicht und obere Mittelschicht.

(3) Auch zwischen der sozialen Schichtzugehörigkeit und der psychiatrischen Erkrankung von Kindern besteht ein Zusammenhang. Die soziale Schicht wird ja in der Regel durch Familienmerkmale definiert (z. B. den Beruf des Haupternährers der Familie). Dieser Zusammenhang ist aber ebenfalls differentiell zu sehen. Er ist nicht bei allen Störungen gleichermaßen ausgeprägt, sondern

variiert zwischen den Störungsmustern. Dies ist in Abbildung 4 dargestellt. Sie zeigt den Zusammenhang zwischen sozialer Schicht und Störung des Sozialverhaltens einerseits und Neurosen und emotionalen Störungen andererseits in einer vollständigen Inanspruchnahmepopulation, die alle Patienten im Zeitraum eines Jahres in einer umschriebenen Modellregion umfaßt. Es zeigt sich ein sehr klarer und inverser Zusammenhang zwischen der sozialen Schicht und den beiden Störungsmustern in dem Sinne, daß Störungen des Sozialverhaltens deutlich häufiger mit den unteren sozialen Schichten und neurotische und emotionale Störungen deutlich häufiger mit den oberen sozialen Schichten assoziiert sind (Remschmidt, 1992c).

(4) Schließlich beeinflussen psychiatrische Erkrankungen der Eltern auch das Identifikationsverhalten der Kinder. Dies konnte in einer Untersuchung an Kindern schizophrener Eltern, die mit Kindern endogen-depressiver Eltern verglichen wurden, gezeigt werden. Die Kinder schizophrener Eltern konnten sich deutlich schlechter mit ihren Eltern identifizieren. Dabei spielte die Mutter eine Schlüsselrolle. Kinder, die sich mit der Mutter nicht identifizieren konnten, hatten auch große Schwierigkeiten, sich mit dem Vater zu identifizieren (Remschmidt & Mattejat, 1994). Die Fähigkeit zur Identifikation mit einer erwachsenen Bezugsperson ist aber von entscheidender Bedeutung für die weitere Entwicklung eines Kindes.

1.6 Inanspruchnahmeverhalten

Der überwiegende Teil der psychisch Kranken nimmt die bestehenden Einrichtungen und Hilfsangebote nicht in Anspruch. Dies gilt auch für psychisch kranke und auffällige Kinder und Jugendliche bzw. deren Eltern. Die Erhebungen im Rahmen des Modellprogramms Psychiatrie (Remschmidt & Walter, 1989) ergaben, daß in der kinder- und jugendpsychiatrischen Modellregion Marburg und Umgebung eine Inanspruchnahme von nur 2,9% für die Altersgruppe der 0—17jährigen im Zeitraum eines Jahres festzustellen war. Die Inanspruchnahmeraten, die sich in verschiedenen Studien im Hinblick auf psychiatrische bzw. psychotherapeutische Institutionen ergaben, liegen ausnahmslos erheblich unter den gefundenen Erkrankungshäufigkeiten. Wenige Untersuchungen haben sich jedoch mit der Frage befaßt, welche Faktoren für die geringe Nutzung von Einrichtungen generell bestimmend sind. Da psychisch auffällige Kinder zum überwiegenden Teil unbehandelt bleiben, wurde vermutet, daß die behandelten Kinder bestimmte Merkmale aufweisen, die die Behandlungswahrscheinlichkeit erhöhen. Daneben wurde aber auch die Bedeutung von institutionellen Merkmalen (Versorgungsdichte, Entfernung, Überweisungsverhalten) gesehen. Psychisch auffällige Kinder, die sich nicht in Behandlung begeben und trotzdem gesund werden, entwickeln offensichtlich Strategien der Problembewältigung oder haben ein entsprechendes protektives soziales Umfeld, das Fremdhilfe nicht notwendig macht. Ob ein Kind zum Patienten wird, hängt nicht nur vom „nucleus of pathology" (Lavik, 1976) ab, sondern auch von dem Zusammenbruch von Problembewältigungsstrategien des Individuums, der Familie und des sozialen

Netzes. Es ist daher wichtig, die Ressourcen von Familien aus sozialen Rand-
gruppen und Risikopopulationen durch präventive Maßnahmen im schulischen
und im Freizeitbereich zu stärken.

2. Klassifikation

Psychiatrische Klassifikations- und Dokumentationssysteme haben seit den 70er
Jahren ganz wesentlich zum Fortschritt der Kinder- und Jugendpsychiatrie und
der Klinischen Psychologie des Kindes- und Jugendalters beigetragen. Sie haben
nicht nur zu einer Vereinheitlichung der Nomenklatur geführt und damit zu einer
besseren Verständigung über die Grenzen der Fachdisziplinen, der Länder und
Kulturen, sondern sie haben sich auch als wichtiges Schulungsinstrument in der
Aus-, Weiter- und Fortbildung von Psychiatern und Psychologen erwiesen. Darüber hinaus hat die empirische Weiterentwicklung der Klassifikationssysteme
auch epidemiologische Studien und multizentrische klinische Studien angeregt,
die wichtige Erkenntnisse zur Ätiologie, zur Therapie und zum Verlauf psychischer Erkrankungen beigetragen haben.

2.1 Klassifikation und Dokumentation

Unter *Klassifikation* verstehen wir die Einteilung von Gegenständen, Begriffen
und Merkmalen, die einige Eigenschaften gemeinsam haben, sich jedoch in anderen unterscheiden. Die Klassifikation im Bereich psychischer Störungen und Erkrankungen verfolgt das Ziel, einzelne Störungsmuster voneinander abzugrenzen
und nach übergeordneten Gesichtspunkten der Ähnlichkeit zu gruppieren.

Die im psychiatrischen Bereich angewandten Klassifikationssysteme gehen letztlich auf Kraepelin zurück, haben aber in der Zwischenzeit wesentliche Weiter-
entwicklungen erfahren. Parallel zur Klassifikation psychischer Störungen und
Erkrankungen haben sich auch *Dokumentationssysteme* entwickelt, die eine
standardisierte Niederlegung von Daten und ihre computergestützte Auswertung
erlauben. In der Kinder- und Jugendpsychiatrie haben sich folgende Arten von
Dokumentationen bewährt:

(1) Die Anamnesendokumentation; sie bezieht sich auf die standardisierte Er-
    fassung anamnestischer Daten, die in der Regel von den Eltern und Angehöri-
    gen erhoben werden.
(2) Die Befunddokumentation; sie hat eine standardisierte Erfassung des aktuel-
    len psychischen, neurologischen und internen Befundes zum Ziel. Sie beruht
    also stets auf einer aktuellen Untersuchung des Patienten.
(3) Die Diagnosendokumentation; sie erstreckt sich auf die standardisierte Erfas-
    sung diagnostischer Kategorien, die in der Regel einem Klassifikationssystem
    entstammen.
(4) Die Therapiedokumentation; sie beschäftigt sich mit der standardisierten Nie-
    derlegung der Therapieindikationen, durchgeführten therapeutischen Maß-
    nahmen und ihrer Folgen.

(5) Die Verlaufsdokumentation; sie erfaßt Merkmale der jeweiligen Störung über die Zeit. Sie muß in besonderem Maße mit der Veränderung der erfaßten Merkmale rechnen und ist daher besonders schwierig.

Klassifikation und Dokumentation sind wesentliche Bestandteile der klinisch-psychiatrischen und klinisch-psychologischen Arbeit und stellen Grundvoraussetzungen für die interdisziplinäre Verständigung im klinischen Bereich dar.

2.2 Grundprobleme bei der Klassifikation von Diagnosen

Die Notwendigkeit und Zweckmäßigkeit der Abgrenzung verschiedener psychiatrischer Störungen ergibt sich aus einer Vielzahl von Gründen. Schon aus Gründen der Logik und der Individualität des einzelnen Patienten muß seine Störung genau beschrieben und von derjenigen anderer Patienten abgegrenzt werden. Darüber hinaus ermöglicht die Klassifikation eine Verständigung zwischen Wissenschaftlern und Klinikern, die Erfahrungen über ihre Patienten austauschen wollen. Viele Diagnosen geben auch Hinweise auf die jeweils angemessenste Behandlungsform. Es ist ein wichtiges Ziel der Forschung, zu diagnostischen Klassifikationen zu kommen, die zugleich ,,therapierelevant" sind. Schließlich ergeben viele Diagnosen auch Hinweise zur Prognose und zur Einleitung längerfristiger Maßnahmen, die geeignet sind, den Krankheitsverlauf positiv zu beeinflussen.

Einwände gegen klassifikatorische Bemühungen lassen sich nach Schmidtke (1981) differenzieren in solche, die grundsätzlicher Art sind und die Klassifikation an sich betreffen, und solche, die spezifische gebräuchliche Klassifikationssysteme kritisieren. Insgesamt hat sich jedoch international die Meinung durchgesetzt, daß eine verantwortliche klinische und wissenschaftliche Arbeit ohne das Bemühen um eine sorgfältige Klassifikation und Dokumentation psychischer Störungen und Erkrankungen nicht möglich ist.

Klassifikatorische Bemühungen erfordern zahlreiche *methodische Überlegungen.* Hierzu gehören die Stichprobenprobleme, die Auswahl von Markier-Variablen zur zuverlässigen Kennzeichnung der Krankheitsbilder, die Schwierigkeit der Klassifikation in Abhängigkeit vom Komplexitätsgrad der Störung, die Einbeziehung ätiologischer Kategorien sowie die Art der Ableitung derartiger Schemata (zum Beispiel auf der Grundlage von klinisch oder statistisch erhobenen Daten).

Nach Rutter (1977b) muß man an ein Klassifikationssystem für psychiatrische Erkrankungen im Kindes- und Jugendalter folgende Anforderungen stellen:

(1) Die Klassifikation soll nicht auf Konzepten, sondern auf Fakten beruhen. Die verwendeten Begriffe müssen *operational definiert* sein. Ein Glossar muß vorliegen, in welchem diese eindeutig definiert sind.

(2) Es werden lediglich *Störungen bzw. Probleme* klassifiziert, nicht Menschen oder Patienten als solche. Die Klassifikation der Störungen und nicht der Kinder selbst ist schon deshalb sinnvoll, weil sich Störungen im Verlaufe der Entwicklung erheblich verändern können. Dies führt zwangsläufig auch zu einer Veränderung der diagnostischen Klassifikation.

(3) Klassifikationen psychiatrischer Störungen und Erkrankungen von Kindern und Jugendlichen müssen einerseits die Entwicklungsperspektive berücksichtigen, dürfen aber zum anderen nicht auf verschiedenen Altersstufen zu sehr unterschiedlichen Aussagen kommen. Die Einbeziehung des Entwicklungsaspektes erfolgt in manchen Klassifikationsschemata (z. B. dem Multiaxialen Klassifikationsschema) über eine eigene „Entwicklungsachse".

(4) Die Klassifikation muß *reliabel* sein, d.h., sie muß von verschiedenen Klinikern mit dem gleichen Ergebnis nachvollzogen werden können. Hierfür ist ein Glossar unerläßlich.

(5) Die Klassifikation muß eine angemessene Differenzierung der Störungen ermöglichen.

(6) Sie muß dabei das gesamte Feld der Störungen abdecken und dadurch ausschließen, daß wichtige Störungen oder Krankheitsbilder nicht erfaßt werden. Im Idealfall umfaßt das System alle in Frage kommenden Störungsmuster und definiert die Kategorien so, daß sie sich nicht gegenseitig ausschließen.

(7) Klassifikationen und Abgrenzungen sollten valide sein. Diese Forderung setzt voraus, daß sich die Kategorien voneinander unterscheiden und das erfassen, was sie zu erfassen vorgeben.

Die Lösung des Validitätsproblems gehört zu den schwierigsten Aufgaben bei der Entwicklung von Klassifikationssystemen. Man unterscheidet diesbezüglich verschiedene Arten von Validität. Die Augenscheinvalidität ist oft der erste Schritt zur Abgrenzung diagnostischer Kategorien. Die *deskriptive* Validität ist der nächste Schritt. Von großer Bedeutung ist die Ableitung von Kriterien, welche der prädiktiven Validität entsprechen, d.h. auch Aussagekraft im Hinblick auf den weiteren Verlauf von Erkrankungen besitzen.

(8) Das Klassifikationssystem soll logisch konsistent sein und auf Prinzipien und Regeln beruhen, die eindeutig definiert und erlernbar sind.

(9) Die Klassifikation sollte Informationen enthalten, die für die klinische Situation bedeutungsvoll sind und eine Hilfestellung für klinische Entscheidungen (möglichst auch in therapeutischer Hinsicht) ermöglichen.

Eine Entscheidungshilfe kann ein Klassifikationssystem umso eher sein, je mehr es der mehrdimensionalen Ätiologie psychischer Störungen und Erkrankungen Rechnung trägt. Dies wird vor allem in den multiaxialen Klassifikationssystemen versucht, die eher zu einer „therapierelevanten Diagnostik" beitragen können.

(10)Das Klassifikationssystem muß in der Alltagssituation praktikabel sein und darf nicht auf Informationen beruhen, die in der üblichen klinischen Routineuntersuchung nicht erhoben werden können. Die *Praktikabilität* ist ein sehr wichtiger Gesichtspunkt, weil diagnostische Systeme nur dann durchsetzbar sind, wenn sie vom Kliniker bei seiner alltäglichen Arbeit nicht als zu kompliziert oder unbrauchbar empfunden werden.

2.3 Eindimensionale, multikategoriale Klassifikationssysteme

Ein Prototyp für ein solches System ist die „International Classification of
Diseases" (ICD) der WHO, die derzeit in der 10. Revision vorliegt. In vielen
klinischen Einrichtungen wird noch die 9. Revision verwendet, die 1978 von der
WHO herausgegeben wurde. Deshalb wird in kurzer Form auch auf diese eingegangen.

2.3.1 ICD-9

Die ICD-9 hat gegenüber ihrer Vorläuferversion, der 8. Revision (WHO, 1965),
einige entscheidende Verbesserungen erbracht (Remschmidt, 1992b): So wurde
die Klassifikation depressiver Zustandsbilder deutlich verbessert, für psychische
Störungen im Kindes- und Jugendalter wurde eine größere Zahl von Kategorien
vorgesehen, die psychogenen Reaktionen als akute Belastungsreaktion und als
Anpassungsstörung wurden neu definiert und differenziert, die Verschlüsselung
psychosomatischer (psychophysiologischer) Erkrankungen wurde verbessert, die
Klassifikation organisch bedingter Psychosen wurde vereinfacht, eine Doppel-
klassifikation wurde zugelassen, und schließlich wurde die Möglichkeit eingeführt, *Zusatzklassifikationen* zu benutzen, um für das Krankheitsbild bedeutsame,
nicht-medizinische Faktoren erkennbar zu machen.

Aus kinder- und jugendpsychiatrischer Sicht kann an der ICD-9 jedoch bemängelt
werden, daß die Entwicklungsdimension als eigene Kategorie fehlt, daß das intellektuelle Funktionsniveau nicht regelhaft und getrennt von der psychiatrischen
Störung erfaßt wird und daß die psychosozialen Umstände, die ja auch von ätiologischer Bedeutung sein können, zu wenig berücksichtigt sind. Diese Aspekte
sind allerdings im Multiaxialen Klassifikationsschema auf der Basis der ICD-9
enthalten (Remschmidt & Schmidt, 1986).

2.3.2 ICD-10

Die 10. Revision der International Classification of Diseases (WHO, 1991) unterscheidet sich in ihrem psychiatrischen Teil von der ICD-9 bei in etwa gleichge-
bliebener Grundstruktur durch folgende Merkmale (Cooper, 1989; Schmidt,
1987):

● Es wurde ein neues Kodierungssystem eingeführt, das den psychiatrischen
  Bereich mit den Buchstaben der Sektion F kennzeichnet.
● Die Zahl der Kategorien wurde wesentlich erhöht, damit ist das System diffe-
  renzierter als das der ICD-9.
● Die Differenzierung zwischen Psychosen und Neurosen als grundlegendes
  Einteilungsprinzip wurde fallengelassen. Darüber kann man sich streiten.
  Diesbezüglich stand der Gedanke Pate, daß man zu stark ätiologisch vorbe-
  lastete Begriffe nicht weiter mitschleppen wollte. Die Begriffe „Psychose"
  und „Neurose" wurden durch den Begriff der „Störung" ersetzt.

● Symptomatologisch verwandte Störungen wurden gemeinsam gruppiert. Dies trifft zum Beispiel für depressive Syndrome zu, die nicht mehr als psychotische und neurotische Depression in unterschiedlichen Rubriken klassifiziert werden, sondern unter der Sammelbezeichnung der „affektiven Störungen" zusammengefaßt werden. Gleiches gilt zum Beispiel auch für die Eßstörungen.

● Die klinischen Beschreibungen und die diagnostischen Richtlinien sind genauer und differenzierter gefaßt worden als in der ICD-9.

Tabelle 1 gibt eine Übersicht über die Hauptkategorien der ICD-10. Diese Hauptkategorien sind in den einzelnen Abschnitten teilweise stark differenziert worden. Die Übereinstimmungsraten verschiedener Untersucher liegen jedoch nicht höher als bei der ICD-9 (Blanz & Schmidt, 1990; Remschmidt et al., 1983). Eine multiaxiale Version des ICD-10-Systems ist in Vorbereitung (Remschmidt & Schmidt, 1994).

Tabelle 1:
Kategorien der ICD 10.

F0 Organische, einschließlich symptomatischer psychischer Störungen . . . .

F1 Psychische und Verhaltensstörungen durch psychotrope Substanzen . . . .

F2 Schizophrenie, schizotype und wahnhafte Störungen . . . .

F3 Affektive Störungen . . . .

F4 Neurotische, Belastungs- und somatoforme Störungen . . . .

F5 Verhaltensauffälligkeiten mit körperlichen Störungen oder Faktoren . . . .

F6 Persönlichkeits- und Verhaltensstörungen . . . .

F7 Intelligenzminderung . . . .

F8 Entwicklungsstörungen . . . .

F9 Verhaltens- und emotionale Störungen mit Beginn in der Kindheit und Jugend . .

F99 Nicht näher bezeichnete psychische Störungen . . . .

2.4 Multiaxiale Klassifikationssysteme klinischen Ursprungs

Psychiatrische Diagnosen enthalten teilweise recht unterschiedliche Elemente. Daher ist ihre Reduktion auf einen Symptom- oder Syndrombereich, auf eine Achse oder Dimension, wie diese auch immer lauten mag, eine starke Vereinfachung, die über das zugrundeliegende Störungsmuster wenig aussagt. Mit Hilfe multiaxialer Klassifikationssysteme versucht man diesen und anderen Mängeln beizukommen.

Diese Systeme haben manches gemeinsam: Alle enthalten eine Achse, die das klinisch-psychiatrische Syndrom erfaßt; die älteren Systeme enthalten darüber hinaus auch eine Achse, die sich auf die Ätiologie bezieht. Daneben ziehen die meisten multiaxialen Klassifikationssysteme noch andere Gesichtspunkte zur Klassifikation heran wie die Schwere der Störung, körperliche Symptomatik, Anpassungsverhalten, Aspekte des Verlaufs usw. Neuere Systeme verzichten bewußt auf eine ätiologische Achse, offenbar deshalb, weil man nicht voreilig zu ätiologischen Schlußfolgerungen kommen will, die unzureichend abgesichert sind.

Zwei multiaxiale Klassifikationssysteme sind für die Kinder- und Jugendpsychiatrie und die Klinische Psychologie relevant: das in Europa entwickelte multiaxiale Klassifikationssystem für psychiatrische Erkrankungen bei Kindern und Jugendlichen, dessen 9. Version seit 1975 in Gebrauch ist und dessen 10. Version gerade vorbereitet wird, und das in den USA entwickelte multiaxiale Klassifikationssystem DSM-III (American Psychiatric Association, 1980), das jetzt in der revidierten Form DSM-III-R (American Psychiatric Association, 1987) vorliegt und an dessen vierter Version bereits intensiv gearbeitet wird.

2.4.1 Multiaxiales Klassifikationssystem für psychiatrische Erkrankungen im Kindes- und Jugendalter (MAS)

Dieses Klassifikationsschema wurde ursprünglich als triaxiales System entwickelt (Rutter et al., 1969), dann auf vier Achsen erweitert (Rutter et al., 1975a) und schließlich in eine Version mit fünf Achsen übergeführt (Rutter et al., 1975b). Diese Version wurde von Remschmidt & Schmidt (1977, 1986) für den deutschen Sprachraum bearbeitet. Das MAS (9. Revision der ICD) wird in der Version mit fünf Achsen in zahlreichen kinder- und jugendpsychiatrischen und klinisch-psychologischen Einrichtungen in Europa angewandt.

Es liegen umfangreiche empirische Erprobungs- und Reliabilitätsstudien zum MAS vor (Rutter et al., 1975; Remschmidt et al., 1983), die als zufriedenstellend angesehen werden können. Das Klassifikationsschema ist in der klinischen Praxis gut anwendbar, und nach einiger Übung kann eine hinreichende Übereinstimmung unter verschiedenen Beurteilungen erreicht werden. Darüber hinaus hat der tägliche Umgang mit dem Klassifikationsschema einen hohen didaktischen Wert. Unabhängig von diesen Gesichtspunkten ist die Einbeziehung der Entwicklungsdimension, des Intelligenzniveaus, der körperlichen Symptomatik und der psychosozialen Umstände von allergrößter Bedeutung für das Verständnis psychischer Erkrankungen im Kindes- und Jugendalter.

Inzwischen ist, nach Erscheinen der ICD-10, eine Bearbeitung des Multiaxialen Klassifikationsschemas auf der Basis der ICD-10 in Vorbereitung (Remschmidt & Schmidt, 1994). Dieses Klassifikationsschema, welches in einigen kinder- und jugendpsychiatrischen Kliniken bereits eingeführt wurde, umfaßt sechs Achsen, die aus der rechten Spalte von Tabelle 2 ersichtlich sind. In Tabelle 2 ist eine Gegenüberstellung der wichtigsten Kategorien des MAS auf der Basis der 9. und der 10. ICD-Version wiedergegeben.

Tabelle 2:
Gegenüberstellung der wichtigsten Kategorien des MAS auf der Basis der ICD-9 und der ICD-10-Version.

Multiaxiales Klassifikationsschema (MAS) auf der Basis von ICD-9 (Rutter et al., 1975; Remschmidt & Schmidt, 1977, 1986)	**ICD-10** (WHO, 1991; Remschmidt & Schmidt, 1994)
I. Klinisch-psychiatrisches Syndrom	**I. Klinisch-psychiatrisches Syndrom**
Kategorien der ICD-9 unter Einbeziehung spezifischer kinderpsychiatrischer Kategorien: *299* typische Psychosen des Kindesalters; *300* neurotische Störungen; *307* spezielle Symptome; *309* Anpassungsstörung; *312* Störungen des Sozialverhaltens; *313* spezifische emotionale Störungen des Kindes- und Jugendalters; *314* hyperkinetische Syndrome	Kategorien der ICD-10 unter Einbeziehung spezieller kinderpsychiatr. Kategorien, die überwiegend in Abschnitt F9 zusammengefaßt sind: *F90* hyperkinetische Störungen; *F91* Störungen des Sozialverhaltens; *F92* kombinierte Störungen des Sozialverhaltens und der Emotionen; *F93* emotionale Störungen; *F94* Störungen sozialer Funktionen mit Beginn der Kindheit und Jugend; *F95* Ticstörungen; *F98* andere Verhaltens- und emotionale Störungen mit Beginn in Kindheit und Jugend.
II. Umschriebene Entwicklungsrückstände	**II. Umschriebene Entwicklungsstörungen**
0 kein Rückstand; *1* umschriebene Lese-Rechtschreibschwäche; *2* umschriebene Rechenschwäche; *3* andere umschriebene Lernstörungen; *4* umschriebene Störungen der Sprech- und Sprachentwicklung; *5* umschriebene Rückstände der motorischen Entwicklung; *6* multiple Entwicklungsrückstände	*F80* umschriebene E.-störungen des Sprechens und der Sprache; *F81* umschriebene E.-störung schulischer Fertigkeiten; *F82* umschriebene E.-störung d. motorischen Funktionen; *F83* kombinierte motorische E.-störung
III. Intelligenzniveau	**III. Intelligenzniveau**
Maßstab ist der IQ, gemessen oder geschätzt; 9 Kategorien, die auch die überdurchschnittlichen Intelligenzgrade berücksichtigen	Maßstab ist der IQ, gemessen oder geschätzt; 9 Kategorien, die auch die überdurchschnittlichen Intelligenzgrade berücksichtigen
IV. Körperliche Symptomatik	**IV. Körperliche Symptomatik**
Entspr. Kategorien der ICD-9 mit besonderer Berücksichtigung der neurologischen Symptomatik	Entspr. Kategorien der ICD-10 mit besonderer Berücksichtigung der neurologischen Symptomatik
V. Abnorme psychosoziale Umstände	**V. Aktuelle abnorme psychosoziale Umstände**
18 inhaltlich heterogene, jedoch für die psychosoziale Situation bedeutsame Kategorien wie z.B. *01* psychische Störungen bei anderen Familienmitgliedern; *02* Disharmonie in der Familie; *03* Mangel an emotionaler Wärme; *07* unzureichende Lebensbedingungen	Neun inhaltlich unterschiedliche Bereiche zur Erfassung bedeutsamer psychosozialer Belastungen, z.B. *1* abnorme intrafamiliäre Beziehungen; *2* psychische Störungen/abweichendes Verhalten (Elternteil); *3* inadäquate oder verzerrte intrafamil. Kommunikation; *9* belastende Lebensereignisse des Kindes
	VI. Globalbeurteilung der psychosozialen Anpassung
	Neunstufige Skala zur Einschätzung des individuellen psychosozialen Adaptionsniveaus

2.4.2 DSM-III-R und DSM-IV

Die verschiedenen Versionen des Diagnostic and Statistical Manual of Psychiatric Disorders (DSM) wurden primär für psychiatrische Erkrankungen des Erwachsenenalters konzipiert, haben jedoch in zunehmendem Maße kinder- und jugendpsychiatrische Krankheitsbilder einbezogen. Im DSM-III-R wird darüber hinaus erstmals ein multiaxialer Zugangsweg gewählt, sowohl für psychiatrische Erkrankungen des Erwachsenenalters als auch für solche des Kindes- und Jugendalters. Vom Aufbau her und hinsichtlich einer großen Zahl von Kategorien hat das DSM-III-R viel Ähnlichkeit mit dem multiaxialen Klassifikationsschema auf der Basis von ICD-9.

Seine *erste* Achse umfaßt das klinisch-psychiatrische Syndrom, die *zweite* Achse konzentriert sich im Kindes- und Jugendalter auf Entwicklungsstörungen und im Erwachsenenalter auf Persönlichkeitsstörungen. Die *dritte* Achse erfaßt körperliche Störungen und Zustände, die *vierte* den Schweregrad psychosozialer Belastungsfaktoren, und die *fünfte* beinhaltet eine Globalbeurteilung des psychosozialen Funktionsniveaus.

Im DSM-III-R wurden gegenüber dem DSM-III eine Reihe von Veränderungen vorgenommen, die nicht alle als Verbesserung angesehen werden können. Die für das Kindes- und Jugendalter wichtigsten Veränderungen sind:

● Die Erweiterung der zweiten Achse (Entwicklungsstörungen), die nun neben der geistigen Behinderung auch tiefgreifende Entwicklungsstörungen (z. B. Autismus), umschriebene Entwicklungsstörungen und Persönlichkeitsstörungen umfaßt;
● die Veränderung der fünften Achse, die anstelle des höchsten Funktionsniveaus der Adaptation nun eine neunstufige Skala zur Globalbeurteilung des psychosozialen Funktionsniveaus enthält;
● die Differenzierung, mitunter auch Vereinfachung, verschiedener Einzelkategorien. So wurde die Unterteilung der ,,Aufmerksamkeitsdefizitstörungen'' aufgehoben zugunsten der Kategorie ,,Aufmerksamkeitsdefizit-Hyperaktivitätsstörung''. Es wurde der Begriff der ,,expansiven Verhaltensstörungen'' eingeführt, die Einteilung der ,,Störung des Sozialverhaltens'' wurde vereinfacht. Die Ticstörungen sind als eigene Kategorie enthalten und werden nicht mehr den stereotypen Bewegungsstörungen zugeordnet.
● Als unglücklich angesehen werden müssen Klassifikationskriterien, die auf zeitlichen oder zahlenmäßigen Festlegungen basieren. So gilt für die Anorexia nervosa ein Gewichtsverlust von 15% als obligat. Kriterienlisten zu anderen Störungen verlangen eine bestimmte Anzahl von Merkmalen aus einem umfangreicheren Merkmalskatalog. Derartige Festlegungen lassen vergessen, daß eine psychiatrische Diagnose etwas Strukturelles darstellt, was nicht durch derartige ,,Grenzmarken'' oder Einzelmerkmale hinreichend definiert werden kann.
● Ein weiterer Nachteil des DSM-III-R ist das Fehlen einer eigenen Achse für das Intelligenzniveau.

Insgesamt kann das DSM-III-R jedoch als Fortschritt in der Entwicklung der Klassifikation kinder- und jugendpsychiatrischer Krankheitsbilder angesehen werden.

Seit einigen Jahren beschäftigen sich verschiedene Arbeitsgruppen der American Psychiatric Association mit der Entwicklung der nächsten Version des Diagnostic and Statistical Manual, DSM-IV. Es wird, ebenso wie das DSM-III-R, wiederum fünf Achsen umfassen, die in ihrer Bezeichnung mit jenen des DSM-III-R weitgehend übereinstimmen werden.

Die American Psychiatric Association sieht in dem multiaxialen Zugangsweg eine besonders gute Möglichkeit der Einbeziehung biologischer, psychologischer und sozialer Variablen und stellt ausdrücklich heraus, daß das DSM-IV einem *biopsychosozialen Modell* folgt.

Die ersten drei Achsen werden als *diagnostische Achsen* bezeichnet, die letzten beiden als *zusätzliche* Achsen zur Erfassung psychosozialer Probleme und der Anpassung des Patienten in seinem alltäglichen Lebensraum. Im Hinblick auf die einzelnen Kategorien ergeben sich verschiedene Veränderungen im Vergleich zum DSM-III-R. Nach bisherigem Stand (Januar 1994), der sich vermutlich nicht mehr wesentlich ändern wird, umfaßt die erste Achse des DSM-IV die in Tabelle 3 angeführten klinischen Syndrome.

Tabelle 3:
Klinische Syndrome und andere Störungen von klinischer Bedeutung nach DSM-IV.

— Störungen, die gewöhnlich im Säuglingsalter, im Kindesalter und in der Adoleszenz diagnostiziert werden
— Delirium, Demenz, amnestische und andere kognitive Störungen
— Psychische Störungen im Zusammenhang mit körperlichen Erkrankungen
— Stoffgebundene Abhängigkeitserkrankungen
— Schizophrenie und andere psychotische Störungen
— Affektive Störungen
— Angststörungen
— Somatoforme Störungen
— Demonstrative Störungen
— Dissoziative Störungen
— Störungen des Sexualverhaltens und der Geschlechtsidentität
— Eßstörungen
— Schlafstörungen
— Störungen der Impulskontrolle
— Anpassungsstörungen
— Andere Störungen von klinischer Bedeutung

Auf Einzelheiten, die das DSM-IV betreffen, soll hier nicht weiter eingegangen werden, da noch Änderungen möglich sind.

2.5 Statistisch abgeleitete mehrdimensionale Klassifikationssysteme

Diese Klassifikationssysteme stützen sich in der Regel auf Interview- oder Fragebogendaten, die mit Hilfe multivariater Verfahren analysiert werden und die auf statistischem Wege zu abgeleiteten „Verhaltensdimensionen" führen. Eine Übersicht über derartige Darstellungen findet sich bei Quay (1979, 1986) und Achenbach (1980). Die meisten dieser Untersuchungen stützen sich auf Symptomerhebungen, Ergebnisse von Einschätzungsskalen oder anamnestische Daten und unterwerfen diese multivariaten statistischen Verfahren.

Die *Merkmalsbereiche oder Dimensionen*, die in diesen Untersuchungen gefunden wurden, stimmen teilweise recht gut überein (Quay, 1979, 1986):

● Störungen des Sozialverhaltens; Quay (1979) hat zu diesem Merkmalsbereich nicht weniger als 37 empirische Arbeiten gesichtet und tabellarisch zusammengestellt;
● Angst- und Rückzugssymptomatiken;
● Syndrome der Unreife;
● sozialisiertes aggressives Verhalten;
● psychotische Störungen und Autismus;
● Hyperaktivitätssyndrome.

Diese Verhaltensdimensionen haben sich auch im *transkulturellen Vergleich* als zutreffend erwiesen. Dies gilt insbesondere für die Störungen des Sozialverhaltens, die Angst- und Rückzugssymptomatik, in geringerem Maße auch für Syndrome der Unreife und weniger für das sozialisierte aggressive Verhalten, das meist ein Kennzeichen der Subkultur großer Städte ist.

Ein interessanter taxonomischer Klassifikationsansatz stammt von Achenbach und Edelbrock (1978, 1979; Achenbach, 1980). Die Autoren kamen aufgrund der faktoren- und clusteranalytischen Auswertung einer umfangreichen Verhaltenscheckliste, deren Daten von den Eltern erhoben wurden, zu acht Verhaltensdimensionen (ängstlich-zwanghaft, körperliche Klagen, schizoid, Depression und Rückzug, Unreife und Hyperaktivität, delinquentes Verhalten, aggressives Verhalten, Grausamkeit), die sich wiederum aufgrund einer Faktorenanalyse drei übergeordneten Syndromen zuordnen ließen: internalisiertes Verhalten, gemischtes Verhalten und externalisiertes Verhalten.

Tabelle 4 zeigt eine Zuordnung dieser drei Syndrome zu verschiedenen Altersgruppen sowie zum Geschlecht, wobei die Rangfolge für die einzelnen Gruppen bei den internalisierten und externalisierten Syndromen sich nach der Höhe der Faktorenladungen richtet. Damit ist zugleich etwas über die Bedeutsamkeit des jeweiligen Syndroms für die entsprechende Altersstufe ausgesagt.

Für manche dieser statistisch abgeleiteten Störungsmuster wie Unreife, Störungen des Sexualverhaltens, Schlafstörungen oder depressive Symptomatik sind in den gängigen Klassifikationsschemata (ICD-9, ICD-10, DSM-III-R und DSM-

Tabelle 4:
Durch Faktorenanalyse gefundene Syndrome der „Child Behavior Checklist" in Abhängigkeit von Geschlecht und Lebensalter (nach Achenbach, 1982).

Gruppe	Internalisierungssyndrome*	Gemischte Syndrome	Externalisierungs-syndrome
Jungen Alter 4—5 J.	1. sozialer Rückzug 2. somatische Beschwerden 3. Unreife/Entwicklungsrückstand 4. depressiv/niedergeschlagen	1. sexuelle Probleme	1. delinquent 2. aggresiv 3. schizoid
Jungen Alter 6—11 J.	1. schizoid 2. depressiv/niedergeschlagen 3. unkommunikativ/verschlossen 4. Zwangssymptome 5. somatische Beschwerden	1. sozialer Rückzug	1. delinquent 2. aggressiv 3. hyperaktiv
Jungen Alter 12—16 J.	1. somatische Beschwerden 2. schizoid 3. unkommunikativ/verschlossen 4. Unreife 5. Zwangssymptome	1. feindseliger Rückzug	1. hyperaktiv 2. aggressiv 3. delinquent
Mädchen Alter 4—5 J.	1. depressiv/niedergeschlagen 2. somatische Beschwerden 3. schizoid 4. sozialer Rückzug	1. sexuelle Probleme	1. Übergewicht 2. aggressiv 3. hyperaktiv
Mädchen Alter 6—11 J.	1. depressiv/niedergeschlagen 2. sozialer Rückzug 3. somatische Beschwerden 4. schizoid/zwanghaft		1. grausam 2. aggressiv 3. delinquent 4. sexuelle Probleme 5. hyperaktiv
Mädchen Alter 12—16 J.	1. ängstlich/zwanghaft 2. somatische Beschwerden 3. schizoid 4. depressiver Rückzug	1. unreif und hyperaktiv	1. grausam 2. aggressiv 3. delinquent

* Syndrome in absteigender Folge ihrer Ladungen auf Internalisierungs- und Externalisierungsfaktoren zweiter Ordnung.

IV) keine angemessenen Kategorien vorgesehen. Die auf empirisch-statistischem Wege ermittelten Kategorien sollten für die künftige Weiterentwicklung der Klassifikationssysteme jedoch nutzbar gemacht werden.

2.6 Klassifikation von Behinderungen

Die in den letzten Jahren weiterentwickelten Klassifikationsschemata für psychiatrische Erkrankungen gehen in der Regel von Querschnittsdiagnosen aus und erstrecken sich zum überwiegenden Teil auf akute psychiatrische Syndrome. Nur ein Teil der Kategorien umfaßt auch chronifizierte und dauerhafte Störungen (z. B. Oligophrenien, chronifizierte Schizophrenien). Für den Bereich der Behinderungen stehen jedoch die *dauerhaften Folgen von Krankheiten* einschließlich der Folgewirkungen, die sich aus der psychischen Verarbeitung der jeweiligen Erkrankung und der gesellschaftlichen Reaktion darauf ergeben, im Vordergrund. Die WHO hat eine *Internationale Klassifikation der Behinderungen* vorgelegt (WHO, 1980), die von der Sequenz Krankheit → Behinderung → Einschränkung von Fähigkeiten → Beeinträchtigung ausgeht.

Auf die wichtigsten dieser Begriffe soll kurz eingegangen werden:

(1) *Behinderung* bezieht sich auf Abnormitäten im körperlichen Bereich und Auffälligkeiten in der äußeren Erscheinung, einschließlich der Störungen von Organfunktionen. Leitendes Prinzip ist, die Störungen auf der Organ- bzw. Funktionsebene zu definieren.

(2) *Einschränkungen von Fähigkeiten* (funktionelle Einschränkungen) beziehen sich auf die Konsequenzen der Behinderungen, wie sie sich im funktionellen Bereich und in den Aktivitäten des Individuums äußern. Eingeschränkte Fähigkeiten repräsentieren also Störungen auf der *Ebene der Person*.

(3) *Soziale Beeinträchtigungen* (Handicaps) erstrecken sich auf Benachteiligungen, die ein Mensch aufgrund seiner Behinderungen und Unfähigkeiten erlebt. Soziale Beeinträchtigungen repräsentieren also Adaptationen und Interaktionen eines Individuums mit seiner Umgebung.

Tabelle 5 gibt die wichtigsten Kategorien dieser drei Dimensionen wieder. Eine genaue Aufschlüsselung sowie die entsprechenden Definitionen finden sich im Handbuch der WHO (1980). Das Klassifikationsschema der WHO geht nicht von ausschließlich krankheitsbezogenen Kategorien aus, sondern betrachtet das Individuum im Kontext seiner alltäglichen Umgebung und bezieht somit Aktivitäten des täglichen Lebens und deren Einschränkung sowie das berufliche und soziale Feld ein. Auf diese Weise lassen sich die individuellen Behinderungen sehr genau beschreiben und, was noch wichtiger ist, Maßnahmen für die Rehabilitation und Integration ableiten. In diesem Schema konnte die häufig gestellte Forderung nach einer therapie- und interventionsrelevanten Klassifikation annähernd erfüllt werden.

Tabelle 5:
Internationale Klassifikation der Behinderungen (WHO 1980).

Behinderungen, Schädigungen (impairments)

1. Intellektuelle Behinderungen
2. Andere psychische Behinderungen
3. Sprachbehinderungen
4. Hörbehinderungen (Hörschäden)
5. Sehbehinderungen (Sehschäden)
6. Behinderungen im Bereich der inneren Organe
7. Behinderungen des Skelettsystems und Bewegungsapparates
8. Behinderungen durch körperliche Entstellungen
9. Generalisierte, sensorische und andere Behinderungen

Funktionelle Einschränkungen (disabilities)

1. Funktionelle Einschränkungen im Verhaltensbereich
2. Funktionelle Einschränkungen im Bereich der Kommunikation
3. Funktionelle Einschränkungen in der Fähigkeit, sich selbst zu versorgen
4. Funktionelle Einschränkungen im Bewegungsbereich
5. Funktionelle Einschränkungen verschiedener Art im körperlichen Bereich
6. Funktionelle Einschränkungen der manuellen Geschicklichkeit
7. Funktionelle Einschränkungen des situativen Verhaltens
8. Funktionelle Einschränkungen im Bereich der Geschicklichkeit
9. Andere funktionelle Einschränkungen

Soziale Beeinträchtigungen (handicaps)

1. Beeinträchtigungen der Orientierung
2. Beeinträchtigungen durch Abhängigkeit
3. Beeinträchtigungen im Bewegungsbereich
4. Beeinträchtigungen im Bereich der Beschäftigung
5. Beeinträchtigungen im Bereich der sozialen Integration
6. Beeinträchtigungen in der Selbstversorgung und der persönlichen Unabhängigkeit
7. Andere soziale Beeinträchtigungen

2.7 Klassifikation von Beziehungen

Bislang ging es fast ausschließlich um die Klassifikation von Störungen, meist in Form von Diagnosen. So wichtig dieser Gesichtspunkt ist, so greift er doch dort zu kurz, wo die individuelle Psychopathologie nicht ausreicht, um das Störungsmuster umfassend zu beschreiben. Was zu kurz kommt, ist dabei der Beziehungsaspekt. Viele psychische Störungen und Erkrankungen von Kindern sind ohne eine genaue Beschreibung ihrer Beziehungen zu den nächsten Bezugspersonen kaum zu erfassen. Nun ist auch der Beziehungsaspekt differentiell zu betrachten.

Bei manchen Störungen ist er weniger bedeutsam, andere hingegen sind mehr oder weniger durch den Beziehungsaspekt definiert. Dies trifft zum Beispiel auf Trennungsangst und Schulphobie und auch auf das Mißhandlungssyndrom zu. Trennungsangst und Schulphobie sind geradezu durch die pathologische Mutter-Kind-Beziehung definiert, zum intrafamiliären Mißhandlungssyndrom tragen sowohl kindliche als auch elterliche Faktoren bei. Es sind mehrere Versuche unternommen worden, derartige Beziehungsaspekte zu erfassen und für Diagnostik und Therapie nutzbar zu machen. Ausgehend von einer modernen Familienpsychologie hat Schneewind (1991) ein familiendiagnostisches System worfen, welches die intrafamiliären Wechselbeziehungen anhand von Familienprofilen, die über eine Befragung gewonnen werden, einzuschätzen erlaubt. Für den klinischen Bereich haben Remschmidt und Mattejat (1993) in Form der Marburger Familiendiagnostischen Skalen eine Methode entwickelt, die es ermöglicht, gerichtete intrafamiliäre Wechselbeziehungen einzuschätzen. Grundlage ist dabei das gemeinsame Familieninterview, das über Video aufgezeichnet und nach Maßgabe der Skalen eingeschätzt wird. Bereits 1979 haben Tseng und McDermott eine triaxiale Klassifikation von Familienproblemen vorgeschlagen, deren drei Achsen sich an folgenden Bereichen orientieren:

● Dysfunktion der familiären Entwicklung (Achse 1),
● Dysfunktion familiärer Subsysteme (Achse 2) und
● Dysfunktion der Familie als Gruppe (Achse 3).

Die Klassifikation von Beziehungen steckt noch in den Anfängen. Sie stellt jedoch einen wichtigen Ansatz dar, der weitergeführt werden muß und der mit Sicherheit zu einem besseren Verständnis des psychisch kranken Kindes und seiner Familie führen wird.

3. Psychodiagnostik

Es kann nicht Sinn dieses Abschnitts sein, eine umfassende Übersicht über alle relevanten Fragen der Psychodiagnostik zu geben. Statt dessen soll eine problemorientierte und konzentrierte Darstellung erfolgen, die nur die wesentlichsten Gesichtspunkte hervorhebt.

3.1 Anamnese und Exploration

Anamnese und Exploration sind die wichtigsten Methoden zur Erfassung der psychiatrischen Symptomatik bzw. Problematik. Sie sind weitaus wichtiger als die Vielzahl von Zusatzmethoden, die zur Ergänzung herangezogen werden, jedoch Anamnese und Exploration nie ersetzen können. Rund 70% aller Diagnosen können bereits aufgrund der Anamnese und Exploration gestellt werden.

3.1.1 Anamnese

Die Anamnese umfaßt die Vorgeschichte des Patienten und seiner Familie. Unterschieden werden die *Familienanamnese* von der *Eigenanamnese*, die *aktuelle Anamnese* (jetzige Anamnese) und die *biographische Anamnese*. Werden die Angaben vom Patienten selbst erhoben, so spricht man von einer *subjektiven Anamnese*, stammen sie von Angehörigen oder Außenstehenden, die den Patienten gut kennen, so spricht man von einer *objektiven Anamnese*. Diese Bezeichnungen sind eigentlich unangemessen, denn auch Angehörige können sehr subjektive Angaben über die Entwicklung eines Kindes oder Jugendlichen und mögliche Erkrankungen machen. Angaben Dritter sind zwar in der Kinder- und Jugendpsychiatrie und der Klinischen Psychologie des Kindes- und Jugendalters unverzichtbar. Sie müssen aber entsprechend in ihrer Wertigkeit eingeschätzt werden.

Tabelle 6 gibt ein einfaches Anamneseschema wieder, das Familienanamnese, Eigenanamnese und wichtige Sicherungsfragen hinsichtlich körperlicher Erkrankungen enthält.

Bei der Erhebung von Anamnesen im Bereich kinder- und jugendpsychiatrischer Erkrankungen sollte man sich stets folgende Probleme vor Augen halten:

● Angaben über psychiatrische Krankheiten in einer Familie oder über Familienkonflikte werden sowohl von Kindern und Jugendlichen als auch von deren Angehörigen gern verschwiegen, da diese Krankheiten im Bewußtsein der Gesellschaft immer noch mit dem Makel der Schande behaftet sind.
● Falls man dennoch Angaben erhält, so sind diese oft diagnostisch schwer zu verwerten, da sie teilweise ungenau und infolge der Unkenntnis der Materie häufig auf unwichtige Details ausgerichtet sind. Es bleibt daher dem Geschick des Untersuchers überlassen, durch gezielte Fragen zu verläßlicheren und präziseren Angaben zu kommen.
● Angaben über zurückliegende Ereignisse sind naturgemäß ungenau. Deshalb sollten die anamnestischen Angaben stets durch dokumentierte Angaben ergänzt werden (z. B. Geburtsberichte, Vorsorgeuntersuchungen, Zeugnisse, Tagebuchaufzeichnungen; vgl. Petermann, 1996).
● Eine besondere Schwierigkeit stellt die anamnestische Erfassung von Konfliktkonstellationen dar. Solche erfährt man oft erst im zweiten oder dritten Gespräch, häufig erst im Laufe einer fortgeschrittenen Therapie. Nähere Ausführungen zur Anamneseerhebung finden sich bei Remschmidt (1992a).

3.1.2 Exploration

Während die Anamnese zur Aufgabe hat, die für die Diagnose wichtige „Vergangenheit" des Patienten in seiner Familie zu ermitteln, befaßt sich die Exploration gezielt mit den *derzeitigen Krankheitserscheinungen*. Sie vermittelt dem Untersucher ein Bild von Aufmerksamkeit, Gedächtnis, Denken, Aktivität, also von der Art und Weise der psychischen Abläufe.

Tabelle 6:
Einfaches Anamneseschema für die klinische Praxis (aus Remschmidt, 1992a).

I. Aufnahmemodus

Tag, Zeit, Begleitung, einweisender Arzt, Einweisungsgrund, Unterbringungsmodus
(evtl. Hinweis auf das Unterbringungsgesetz), evtl. Verhaltensbeobachtungen in der Auf-
nahmesituation

II. Anamnese

A. Familienanamnese

1. Standardangaben zu den Verwandten (Großeltern, Eltern, Geschwister des Patienten):
   Alter, Krankheiten (Mißbildungen, chronische Krankheiten, psychiatrische Krankheiten, Klinikaufenthalte), aktueller Beruf
2. Persönlichkeit und Entwicklung der Eltern und Geschwister, Geschwisterkonstellation
3. Sozioökonomische Lage der Familie
4. Gesprächseindruck von den Eltern bzw. Referenten

B. Eigenanamnese

1. Frühe Entwicklung: Schwangerschaftsverlauf, Geburt, Neugeborenenperiode, Säug-
   lings- und Kleinkindentwicklung, Entwicklung im Vorschulalter, Primordialsympto-
   matik
2. Schule und Beruf: Einschulung, Schulstand, Leistungen, Schularbeitssituation, Be-
   rufspläne, Ausbildung in Lehre und Beruf
3. Sexualität: Sexueller Entwicklungsstand, Einstellung zur Sexualität, sexuelle Aktivitäten
4. Frühere Krankheiten: Beginn, Maßnahmen, Verlauf
5. Soziale Situation: Freundschaftsbeziehungen, soziale Stellung in der Gleichaltrigengruppe, Interaktionen und Aktivitäten außerhalb der Familie, soziale Auffälligkeiten,
   Freizeitunternehmungen
6. Primärpersönlichkeit, Hobbys und Interessen
7. Genußmittel, Drogen und Medikamente: Koffein, Nikotin, Alkohol, Rauschmittel
   und Arzneimittel; jeweils gekennzeichnet hinsichtlich Art, Dosis, Frequenz und Dauer
   der Einnahme
8. Familiendynamik: Beziehungen des Patienten zu den übrigen Familienmitgliedern,
   Interaktionen und Aktivitäten innerhalb der Familie
9. Aktuelle Symptomatik: Beginn, situativer Kontext, Intensität, Maßnahmen, Verlauf

C. Sicherungsfragen

1. Kardiale Dekompensation: Dyspnoe, Ödeme
2. Appetit: Widerwille gegen bestimmte Speisen, Unverträglichkeiten
3. Erbrechen, Brechreiz
4. Durst
5. Wasserlassen
6. Stuhlgang
7. Gewichtsverlauf
8. Schlaf
9. Regelmäßig eingenommene Medikamente: Verträglichkeit, Mißbrauch

Die Exploration ist die häufigste psychiatrische und klinisch-psychologische Erhebungstechnik und verlangt vom Untersucher Erfahrung und Taktgefühl. Sie darf nicht nach einem starren Schema ablaufen, sondern muß sich der Situation und Eigenart des Patienten und seiner Familie so anpassen, daß ein Vertrauensverhältnis zwischen dem Untersucher und den Ratsuchenden entsteht. Schon aus der Vorgeschichte und der Beobachtung des Patienten muß sich die Reihenfolge und die Richtung ergeben, in die die Exploration geht, aber auch Untersuchungen, die man tunlichst unterläßt. Die Exploration soll ein geschickt geführtes Gespräch sein, in das Fragen nach den psychischen Einzelfunktionen mehr oder weniger unauffällig eingeflochten werden. Für die psychopathologische Exploration ist wesentlich, daß Normalfunktion und psychopathologische Abweichung jeweils gemeinsam betrachtet werden. Diese Vorgehensweise trägt auch dem dimensionalen Ansatz in der Psychopathologie Rechnung, wonach zwischen krankhaftem Verhalten und Normalverhalten eher ein gradueller quantitativer statt ein qualitativer Unterschied besteht. Dies gilt zwar nicht für alle kinder- und jugendpsychiatrischen Erkrankungen, jedoch für viele von ihnen.

3.2 Verhaltensbeobachtung

Die Verhaltensbeobachtung bei Kindern und Jugendlichen erstreckt sich auf folgende Bereiche; und zwar auf die Beobachtung:

- während der Untersuchungssituation (zum Beispiel Exploration)
- der Interaktion mit den Eltern
- in Leistungs- und Anforderungssituationen (zum Beispiel bei der Durchführung psychologischer Tests)
- des Verhaltens gegenüber Mitpatienten und dem Personal und
- des schulischen Verhaltens bzw. des Verhaltens in anderen Situationen.

Die beiden zuletzt genannten Beobachtungsmöglichkeiten hat man in der Regel nur in der Klinik bzw. der Klinikschule.

Was die *Beobachtungstechnik* betrifft, so kann man die Gelegenheitsbeobachtung von der systematischen Beobachtung unterscheiden. Die *Gelegenheitsbeobachtung* erfolgt mehr oder weniger zufällig und ist daher nicht repräsentativ. Gleichwohl kann sie wichtige Informationen vermitteln. So kann die Beobachtung eines versteckten Zwangsrituals, das der Patient von sich aus nicht berichtet, einen wichtigen Einblick in seine Erkrankung (z. B. Zwangsstörung, Schizophrenie) geben.

Bei der *systematischen Beobachtung* versucht man, bestimmte Verhaltensweisen ausführlich und oft unter Zuhilfenahme von vorher entworfenen Hilfsinstrumenten (z. B. Beobachtungsskalen, Merkmalskatalogen) zu beschreiben. Eine Sonderform der systematischen Beobachtung ist die *teilnehmende Beobachtung*. Diese hat sich vor allem beim Studium von Gruppenprozessen bewährt. *Sonderformen* der Beobachtung, die man im Gegensatz zu den bisher geschilderten unmittelbaren Formen als mittelbare bezeichnet, sind die Auswertung von Tagebüchern, Biographien und Krankengeschichten.

Der Stellenwert der Verhaltensbeobachtung ist je nach Störungsmuster bzw. Problematik und Auftretenshäufigkeit unterschiedlich. Während motorische Störungen wie Tics und Stereotypien unmittelbar sichtbar sind, auch manchmal recht häufig auftreten und demzufolge in der Untersuchungssituation gut beobachtet werden können, trifft dies auf *intrapsychische Vorgänge* (wie bestimmte Konflikte, Entfremdungserlebnisse oder Störungen des Sexualverhaltens) nicht zu. Sie können daher nur vom Patienten selbst oder seinen Eltern erfragt werden, wobei deren Kooperationsbereitschaft relevant ist. Von daher ergeben sich naturgemäß Einschränkungen in der Verhaltensbeobachtung.

Abgesehen von diesen mit der Störung zusammenhängenden Schwierigkeiten gibt es zahlreiche Probleme, die beim *Untersucher und seiner Methodik* liegen. Verhaltensbeobachtungen, bei denen eine Vielzahl von Kategorien gleichzeitig zu erfassen sind, sind relativ unzuverlässig, weil der Untersucher schon bei acht bis zehn Beobachtungskategorien überfordert ist. Dementsprechend sind die Reliabilitätskoeffizienten derartiger Beobachtungen gering. Allerdings läßt sich die Reliabilität durch eine sorgfältige Beobachterschulung deutlich anheben. Diese Schwierigkeiten haben dazu geführt, daß man mit verschiedenen Hilfsmitteln die Beobachtung sowohl valider als auch zuverlässiger zu gestalten versucht.

Das wichtigste Hilfsmittel dieser Art ist die *Videotechnik*. Sie hat sich sowohl in der Auswertung von Einzelexplorationen von Patienten als auch in der Familien- und Interaktionsdiagnostik bewährt. Ihr Vorteil liegt darin, daß man die Szenen beliebig häufig abspielen und sie dadurch recht detailliert, auch unter Mitwirkung mehrerer Beobachter (Bestimmung der Inter-Rater-Reliabilität), auswerten kann. Der Einwand, wonach die Durchführung einer Videoaufnahme das Verhalten des Patienten oder die Familieninteraktion entscheidend verändert, kann als mittlerweile widerlegt gelten. Insbesondere auf bestimmte aktuelle Situationen (z. B. stationäre Aufnahme des Patienten, Diskussion über aktuelle Problemlagen) trifft dies nicht zu.

3.3 Strukturierte Interviews

Strukturierte Interviews, die im Kindes- und Jugendalter angewandt werden können, sind relativ neue Untersuchungsinstrumente. Entsprechend sind sie durchweg noch nicht sehr ausgereift. Dies zeigt sich auch in den bislang vorliegenden psychometrischen Kennwerten dieser Verfahren. Dennoch ist die Entwicklung strukturierter Interviews eine wichtige Aufgabe in dem langfristig zu verfolgenden Prozeß, psychiatrische Diagnosen im Kindes- und Jugendalter valider und reliabler zu machen und auf diese Weise von stark subjektiven Einschätzungen wegzukommen.

Das Prinzip der strukturierten Interviews besteht darin, daß die für einen Merkmalsbereich relevanten Aussagen im Rahmen einer mehr oder weniger strukturierten Verfahrensweise vom Patienten oder von seinen Eltern im persönlichen Gespräch erhoben werden. Der *Strukturierungsgrad* kann dabei sehr unterschiedlich sein. Hochstrukturierte Interviews schreiben genau die Art der Frage vor.

Tabelle 7:
Einige strukturierte Interviews für das Kindes- und Jugendalter (aus Remschmidt, 1992a).

Bezeichnung	Alters-bereich	Infor-mant	Erfaßter Merkmals-bereich	Psychometrische Kennwerte	Struktu-rierungs-grad
Child Screening-Inventory (CSI) (Langner et al., 1976)	6—18	Eltern	emotionales Verhalten Verhaltens-auffälligkeiten	Reliabilität: k.A. Validität: r=0,33 mit Psychiaterurteil	halb-strukturiert
Kiddie-SADS (Puig-Antich & Chambers, 1978)	6—16	Eltern u. Kind/ Jugend-licher	Schwerpunkt: Affektive Erkrankungen	Reliabilität: Retest 0,55 Validität: hoch bezüglich depressiver Erkrankungen	halb-strukturiert
Diagnostic Interview for Children and Adolescents (DICA) (Herjanic & Reich, 1982)	ab 6 J.	Eltern oder Kind bzw. Jugend-licher	ganzer psy-chopatho-logischer Merkmals-bereich	Reliabilität: Inter-Rater-Über-einstimmung: 85—89 % Validität: gute Trennung zwischen psychiatrischen u. pädiatrischen Fällen	hoch-strukturiert
Interview Sche-dule for Children (ISC) (Kovacs, 1985)	8—17	Eltern und Kind/ Jugend-licher	Schwerpunkt: Depression, Angstzu-stände	Reliabilität: r=0,89 für Symptom-Über-einstimmung zweier Rater Validität: hoch für Depression	halb-strukturiert
Diagnostic Interview Sche-dule for Children (DISC) (Costello et al., 1982)	6—18	Eltern oder Kind bzw. Jugend-licher	breiter psy-chopathol. Merkmals-bereich	Retest-Reliabilität: 0,43—0,76 Validität: gute Trennung zwischen psych-iatrischen u. pädiatrischen Fällen	hoch-strukturiert

Halbstrukturierte Interviews lassen dem Untersucher Raum, den jeweiligen Merkmalsbereich durch ad hoc-Fragen abzuklären. Die meisten strukturierten Interviews wurden im anglo-amerikanischen Raum entwickelt. In Tabelle 7 sind einige in klinischen Einrichtungen und in Forschungsprojekten verwendete Interviews wiedergegeben.

Übersichten zu strukturierten Interviews geben Edelbrock und Costello (1988) und Poustka (1988).

3.4 Fragebogenmethoden und Skalen

Im Vergleich zu den strukturierten Interviews sind Fragebogenmethoden und Skalen in der Kinder- und Jugendpsychiatrie und der Klinischen Kinderpsychologie bereits gut eingeführt. Tabelle 8 gibt eine Übersicht über einige gebräuchliche Fragebogenmethoden und Skalen zur Erfassung psychopathologischer Auffälligkeiten bei Kindern und Jugendlichen. Die angeführten Methoden sind ausdrücklich für das Kindes- und Jugendalter entwickelt worden. Ihr Altersbereich reicht über das 18. Lebensjahr nicht hinaus. Am bekanntesten geworden sind die Conners-Skalen und die von Achenbach und Edelbrock entwickelten Instrumente Child Behavior Checklist (CBCL; Achenbach & Edelbrock, 1983) und der Youth Self Report (YSR; Achenbach & Edelbrock, 1987). Die zuletzt genannten Instrumente haben sich bei Screening-Untersuchungen im Hinblick auf psychopathologische Auffälligkeiten bei Kindern und Jugendlichen sehr bewährt (Remschmidt & Walter, 1990) und ermöglichen sowohl die Einbeziehung verschiedener Informanten (Eltern, Lehrer, Kinder und Jugendliche) als auch Auswertungen nach bestimmten Verhaltensdimensionen (z. B. introversive vs. extraversive Störungen). Für beide Instrumente existieren mittlerweile auch deutsche Normen (Remschmidt & Walter, 1990; Walter et al., 1994).

Die Fragebogenmethodik hat den Nachteil, daß die Interaktionen zwischen Patienten und Untersucher am geringsten ausgeprägt sind; sie sind am deutlichsten bei der psychopathologischen Exploration und bei der Anamneseerhebung. Die Methoden ergänzen sich jedoch wechselseitig. Entscheidend für den Einfluß der verschiedenen Methoden ist die jeweilige Fragestellung. Während man im klinischen Alltag auf den psychopathologischen Befund den größten Wert legt und Screening- bzw. Fragebogenmethoden lediglich der Ergänzung dienen, wird bei vielen wissenschaftlichen Fragestellungen infolge der Quantifizierungsmöglichkeit den standardisierten Untersuchungsmethoden der Vorzug gegeben.

3.5 Testverfahren und experimentelle Methoden

Einen *Test* können wir definieren als standardisierte Verhaltensstichprobe oder (in Anlehnung an Lienert, 1969) als wissenschaftliches Routineverfahren zur Untersuchung eines oder mehrerer empirisch abgrenzbarer Persönlichkeitsmerkmale mit dem Ziel einer nach Möglichkeit quantitativen Aussage über den Grad

Tabelle 8:
Einige gebräuchliche Fragebogenmethoden und Skalen zur Erfassung psychopathologischer Auffälligkeiten von Kindern und Jugendlichen (aus Remschmidt, 1992a).

Bezeichnung	Items	Alters-be-reich	Infor-mant	Erfaßter Merkmalsbereich	Psychometrische Kenn-werte
Conners Parent Rating Scale (CPRS) (Conners 1970)	93	6−14	Eltern/ Lehrer	verschiedene Verhaltens-auffälligkeiten Furchtsamkeit/Ängstlichkeit Unruhe/Desorganisiertheit Hyperaktivität, externalisier-tes Verhalten	Reliabilität: Retest-Rel. 0,85 Validität: zufriedenstellend bezüglich Trennung von klini-schen und nichtklinischen Gruppen
Revised Conners Parent Rating Scale (CPRS-R) (Goyette u. Mitarb. 1978)	48	3−17	Eltern/ Lehrer	Hyperaktivität/Impulsivität Lernprobleme, Verhaltens-auffälligkeiten	Reliabilität: Retest-Rel. Ø Interrater-Rel.: Eltern: 0,46−0,57 Validität: zufriedenstellend bezüglich Trennung von klini-schen und nichtklinischen Gruppen
Abbreviated Symp-tom Questionnaire (ASQ) (Goyette u. Mitarb. 1978)	10	3−17	Eltern/ Lehrer	Hyperaktivität, allgemeine Psychopathologie	Reliabilität: Retest-Rel. Ø Interrater-Rel.: Eltern: 0,55−0,71 Eltern−Lehrer: 0,49
Child Behavior Checklist (CBCL) (Achenbach u. Edel-brock 1983; deut-sche Version: Rem-schmidt u. Walter 1990)	138	4−16	Eltern	soziale Kompetenz verschiedene psychopatho-logische Auffälligkeiten: Aggressivität, Hyperaktivi-tät, Angst, Depression faktorenanalytische Dimen-sionen: internalisierte und externali-sierte Störungen sowie Nar-row-band-Faktoren (Hyper-aktivität, Depressivität, De-linquenz usw.)	Reliabilität: Retest-Rel. (1 Wo.): 0,95 Retest-Rel. (3 Mon.): 0,84 0,97 Validität: zufriedenstellend (Diskrimination zwischen Pa-tienten u. Nicht-Patienten)
Youth Self Report (YSR) (Achenbach u. Edelbrock 1987; deutsche Version: Remschmidt u. Wal-ter 1990)	118	11−18	Ju-gend-liche	soziale Kompetenz psychopathologische Auf-fälligkeit	Reliabilität: Retest-Rel.: (5 Wo.): 0,89 Validität: zufriedenstellend (Diskrimination zwischen Pa-tienten u. Nicht-Patienten)
Louisville Behavior Checklist (LBCL) (Miller 1984)	164	4−17	Eltern	verschiedene psychopatho-logische Auffälligkeiten: Aggressivität, Hemmung, Hyperaktivität, sozialer Rückzug, Ängstlichkeit	Reliabilität: Retest-Rel.: (3 Mon.): 0,60 0,92 Validität: gute Trennung zwi-schen klinischen u. nichtklini-schen Gruppen

der individuellen Ausprägung des untersuchten Merkmals. Definitionsgemäß müssen an Tests neben der Standardisierung hohe Anforderungen an Validität, Reliabilität und Objektivität gestellt werden (vgl. Jäger & Petermann, 1992).

Unter *experimentellen Methoden* versteht man die Überprüfung psychischer Funktionen mit Hilfe einer eigens für die geplante Prüfung hergestellten Versuchsanordnung (z. B. Reaktionszeitmessung in einem Wahl-Reaktions-Experiment). Das Experiment stellt einen Sonderfall der Beobachtung unter kontrollierten Bedingungen dar. Bei manchen experimentellen Anordnungen ist eine Standardisierung möglich und durchführbar. In diesem Falle liegen Daten vor, die wie beim Test einen Vergleich ermöglichen. In vielen Fällen trifft dies jedoch nicht zu, insbesondere bei Experimenten, die ad hoc für eine umschriebene und spezielle Fragestellung entwickelt wurden. In diesem Falle sind eine Kontrollgruppe bzw. eine Untersuchung von Kontrollpersonen erforderlich.

Im Rahmen dieses Kapitels können wir nicht auf einzelne Testverfahren, ihren Einsatzbereich und ihre Gütekriterien eingehen. Verwiesen sei hier auf unsere anderweitigen Darstellungen (Remschmidt, 1988c; Remschmidt & Niebergall, 1994). Es sollen vielmehr die wichtigsten Bereiche benannt werden, deren Erfassung bei psychiatrischen und neuropsychiatrischen Erkrankungen im Kindes- und Jugendalter wesentlich ist. Es sind dies:

● *Motorik und Lateralität*. Bei letzterer müssen zwei unterschiedliche Funktionen, die Präferenz- und die Leistungsdominanz, unterschieden werden. Erstere zeigt sich im überwiegenden Spontangebrauch einer Hand oder eines Beines bei Verrichtungen des täglichen Lebens, letztere bezieht sich auf Tätigkeiten, bei denen Genauigkeit, Schnelligkeit und Kraft eine Rolle spielen.

● *Wahrnehmung und Informationsverarbeitung*. Die bekanntesten Verfahren konzentrieren sich auf die visuelle Wahrnehmung und die Visuomotorik (Benton-Test, Bender-Gestalttest, Göttinger Formreproduktionstest, Diagnosticum für Cerebralschädigung), aber auch die Prüfung der akustischen und taktil-kinästhetischen Wahrnehmung und Informationsverarbeitung sind insbesondere bei Entwicklungsstörungen und Hirnfunktionsstörungen außerordentlich wichtig.

● *Überprüfung des Körperschemas*. Unter Körperschema versteht man eine zusammenfassende Bezeichnung für Vorstellungen, Wissen und Orientierung in bezug auf den eigenen Körper. Es wird durch taktile, kinästhetische und optische Reize der Körperperipherie als Anschauung oder „Konzept" gebildet und in der Hirnrinde repräsentiert. Eine klinische Bedeutung des Körperschemas besteht nicht nur bei hirnorganischen Schädigungen und Funktionsbeeinträchtigungen, sondern auch bei der Anorexia nervosa und der Bulimia nervosa.

● *Aufmerksamkeit und Konzentration*. Die bekanntesten Testverfahren hierzu sind die sogenannten Durchstreichtests; es existieren aber auch apparative Methoden, neuerdings mit Hilfe der Videotechnik.

● *Lernen und Gedächtnis*. Die Prüfung dieser Funktionen ist insbesondere bei hirnorganischen Beeinträchtigungen, Entwicklungsstörungen, Intelligenzminderungen und Teilleistungsschwächen von Bedeutung.

● Tests zur Erfassung des *Sprechens und der Sprache.* Verfahren zur Überprüfung dieser Funktionen sind unter zwei führenden Gesichtspunkten
  relevant: unter dem Aspekt der *Entwicklung* (Vorschulalter: Sprachentwicklungsstörungen) und unter dem Aspekt der *Hirnfunktionsstörung bzw. Hirnpathologie* (Ausfälle sprachlicher Funktionen durch primäre oder sekundäre
  Schädigungen des Gehirns, z. B. Aphasien, Apraxien). Störungen des *Sprechens* (Stottern, Poltern) können im Rahmen der direkten Beobachtung am
  besten erfaßt und im Zusammenhang mit anamnestischen Angaben ätiologisch
  einigermaßen sicher eingeordnet werden (vgl. Remschmidt & Niebergall,
  1981, 1985).
● Untersuchungen der *Intelligenz und kognitiver Teilfunktionen.* Neben den gängigen Verfahren zur Intelligenzmessung richtet sich das Augenmerk neuerer
  Untersuchungen auf die Diagnostik von *Teilleistungsstörungen* (z. B. Legasthenie, Rechenstörungen, umschriebene Ausfälle sprachlicher und motorischer Funktionen), auf die Erfassung des *kognitiven Stils* und die Objektivie-
  rung *kreativer Fähigkeiten* (vgl. Schmidt & Voll, 1985).
● Testpsychologische Untersuchungen *affektiver Funktionen.* Diese sind einer
  direkten Testung nur schwer zugänglich. Sie lassen sich auf drei Ebenen betrachten (Birbaumer, 1975): der verbal-subjektiven Ebene, der Verhaltensebene und der physiologischen Ebene. Dementsprechend beziehen sich Methoden zur Erfassung affektiver Vorgänge auf die drei Bereiche, wobei auf der
  physiologischen Ebene meist ein experimenteller Zugang gewählt wird.
● Testpsychologische Untersuchungen der *Persönlichkeit.* Man unterscheidet
  hier objektive Persönlichkeitstests von projektiven Persönlichkeitstests. Derartige Verfahren sind sowohl für das Kindes- als auch für das Jugendalter
  vorhanden (vgl. Remschmidt, 1992a; Remschmidt & Niebergall, 1994).
  Projektive Testverfahren dienen allerdings vorwiegend der Hypothesenbil-
  dung und müssen jeweils durch objektive Testverfahren sowie durch Anamnese und Exploration ergänzt werden.

3.6 Familiendiagnostik

Im Gegensatz zu den bislang genannten Verfahren, die sich auf den jeweiligen
Patienten und ggf. noch auf seine Interaktion mit dem Untersucher bezogen,
kommt es der Familiendiagnostik darauf an, die Interaktionen des Patienten mit
seinen nächsten Bezugspersonen zu objektivieren. Mit ihrer Hilfe versucht man
abzuklären, ob und in welcher Weise die präsentierte Symptomatik mit familiären
Interaktions- und Beziehungsformen zusammenhängt. Diese Aufgabe kann, je
nach theoretischem Hintergrund, auf sehr unterschiedliche Weise angegangen
werden (Mattejat & Remschmidt, 1985).

Familiendiagnostische Verfahren können nach den Gesichtspunkten *Durchfüh-
rungssetting, diagnostische Prozedur,* untersuchter *Merkmalsbereich* und *Aus-
wertungsverfahren* geordnet werden. In Tabelle 9 sind die ersten drei Aspekte
angeführt.

Tabelle 9:
Ordnungsschema für familiendiagnostische Verfahren (aus Remschmidt, 1992a).

Durchführungssetting	Diagnostische Prozedur				Betrachteter Merkmals-bereich
Einzeldiagnostik mit einem oder mehreren Familien-mitgliedern	Frage-bogen	Tests	Interview	Andere Methoden	Kognitive Funktionen Affektive Funktionen Persönlichkeit Gemeinsame oder unter-schiedliche Problembereiche der Familienmitglieder
Gemeinsame Familien-diagnostik mit dem Ehe-paar, mit Familiendyaden, -triaden oder der ganzen Familie (Zweigenerationen-Familie, Dreigenerationen-Familie)	Gemeinsame Familien-Interviews		Interaktionsaufgaben (Familienaufgaben)		Affektive Beziehungen Aspekt der Kontrolle Kommunikation Systembesonderheiten

Was die *Vorgehensweise* betrifft, so können wir *Befragungsmethoden* und *Beobachtungsmethoden* unterscheiden. Als dritte Kategorie führten Weiss und Margolin (1986) den Begriff „*Quasi-Beobachtungsmethoden*" ein. Diese nehmen insofern eine Zwischenstellung zwischen Befragungs- und Beobachtungsmethoden ein, als mit ihrer Hilfe ein spezieller Aspekt der Familieninteraktion erfaßt wird, der in hohem Maße von dessen Beobachtung (z. B. Eltern-Kind-Interaktion) abhängt. Auch das strukturierte Interview hat eine Zwischenstellung zwischen Befragungs- und Beobachtungsmethoden. Die Beobachtung kann in natürlichen oder in Laborsituationen stattfinden. Für beide Bereiche existieren jeweils spezielle Methoden.

Sowohl für das strukturierte Interview als auch für die Beobachtungsmethoden hat sich die *Videoaufzeichnung* als wichtige Technik bewährt, die eine beliebige Reproduktion und Einschätzung anhand von Skalen oder anderen Beurteilungsinstrumenten ermöglicht.

3.6.1 Familiendiagnostik mit einzelnen Familienmitgliedern

Das *Einzelinterview* gewinnt seine familiendiagnostische Qualität durch die Fokussierung auf den Bereich der intrafamiliären Interaktion und Beziehungen. Diesem Ziel können auch Fragebogenverfahren dienen, die sich auf folgende Bereiche beziehen (vgl. eine Übersicht über verschiedene Verfahren in Remschmidt, 1992a):

● auf die eigene Person (Selbstdarstellung),
● auf andere Familienmitglieder (Fremddarstellung) oder

● auf die wahrgenommenen Interaktionen der familiären Beziehungen (eigenes Interaktionsverhalten, Interaktionsverhalten der anderen Familienmitglieder, Beschreibung des Familienlebens insgesamt).

In diesem Bereich sind an erster Stelle Fragebögen zum Erziehungsverhalten zu nennen, die sich auf die eigene Person (selbstperzipierter Erziehungsstil) oder auf andere Personen (fremdperzipierter Erziehungsstil) richten können.

Zur Erfassung der ehelichen Beziehungen oder auch der Beziehung zwischen den Kindern und ihren Eltern werden häufig beziehungszentrierte Fragebögen verwendet wie zum Beispiel der im deutschsprachigen Raum bekannte Gießen-Test (Beckmann & Richter, 1975), der als Persönlichkeitsfragebogen ebenso verwendet werden kann wie zur Beziehungsdiagnostik. Im Fragebogen zur Erfassung der familiären Adaptivität und Kohäsion (FACES; Olson et al., 1979, 1982) werden nicht einzelne Interaktionen oder Beziehungsmuster erfragt, sondern Beschreibungen des Familienlebens, um zu einer systemtheoretischen Charakterisierung der Familie insgesamt zu gelangen.

Eine originelle familiendiagnostische Methode hat Mattejat (1993) mit dem „subjektiven Familienbild" entwickelt. Dabei schätzt jedes Familienmitglied anhand eines Polaritätenprofils (wie verhält sich A gegenüber B) die gerichteten Beziehungen in der Familie ein. In der Standardanordnung wird die Familientriade Vater-Mutter-Kind auf diese Weise eingeschätzt. Dabei werden die intrafamiliären Beziehungen nach den zwei Aspekten der emotionalen Verbundenheit und der individuellen Autonomie beschrieben. Das Ergebnis kann graphisch dargestellt werden.

3.6.2 Gemeinsame Familiendiagnostik

Die klinisch bedeutsamste familiendiagnostische Methode in dieser Hinsicht ist das *gemeinsame Familiengespräch*, in dem, ausgehend von der präsentierten Problematik, die familiären Beziehungen und Interaktionen einerseits erfragt, andererseits beobachtet werden können. Neben der diagnostischen Aufgabe werden im Erstinterview mit der Familie die Weichen für die Therapie gestellt: die zentrale Aufgabe des Therapeuten besteht darin, die Kooperationsbereitschaft und Motivation der Familie aufzugreifen und zu fördern (Therapiebündnis; zum Erstinterview s. Mattejat, 1981; vgl. hierzu auch Overbeck, 1980).

Das gemeinsame Familieninterview kann durch Interaktionsverfahren oder „Familienaufgaben" ergänzt werden. Dabei werden der Familie Aufgaben gestellt, die es dem Diagnostiker ermöglichen, die Familieninteraktion unter diesen spezifischen Bedingungen zu beobachten. Wir können zwischen problem- und familienspezifischen und problem- und familienunspezifischen (standardisierten) Familienaufgaben unterscheiden. Zu den ersteren gehören solche Aufgaben oder Instruktionen, in denen typische Familieninteraktionen reproduziert werden sollen. Die gemeinsame Eßsituation mit Familien anorektischer Kinder und Jugendlicher (Minuchin et al., 1975, 1978) gehört in diesen Bereich, ebenso wie die

Beobachtung der Mutter-Kind-Interaktion beim Erledigen der Hausaufgaben (Innerhofer, 1977).

Problemunspezifische Aufgaben werden bei allen Familien in gleicher Weise durchgeführt. Damit werden die Familien vergleichbar; Erfahrungen mit anderen Familien können genutzt werden. Eine der bekanntesten standardisierten Familienaufgaben dieser Art ist der gemeinsame Rorschach-Versuch (Willi, 1973) und der gemeinsame TAT-Versuch, wie er von Singer und Wynne (1966) entwickelt wurde. Zu den Verfahren, die der gemeinsamen Familiendiagnostik zuzuordnen sind, gehören auch die Marburger Familiendiagnostischen Skalen (MFS), die eine Einschätzung der Familieninteraktion nach verschiedenen Gesichtspunkten erlauben und recht brauchbare Gütekriterien aufweisen (Remschmidt & Mattejat, 1993).

4. Schlußfolgerungen

Die Klassifikation und Psychodiagnostik psychischer Störungen wurde in den letzten Jahren bedeutsam weiterentwickelt. Dazu beigetragen haben folgende Entwicklungen:

● die Vereinheitlichung der diagnostischen Kategoriensysteme auf empirischer Grundlage
● die Durchführung multizentrischer Studien über Länder- und kulturelle Grenzen hinweg
● die Aufgabe von Konzepten und diagnostischen Instrumenten, die stark subjektiv orientiert waren und empirisch nicht verifiziert werden konnten.

Gleichwohl bleiben Klassifikation und Diagnostik gleichermaßen am *Verhalten* und *Erleben* orientiert und können auf die *subjektive* Dimension nicht verzichten.

Viele Befragungsinstrumente stützen sich auf diese subjektiven Angaben von Patienten — freilich in mehr oder weniger standardisierter Form.

Derzeit stellen sich für die künftige Weiterentwicklung von Klassifikation und Psychodiagnostik folgende wichtige Fragen:

● stärkere Einbeziehung der Entwicklungsperspektive; sie ist für das Verständnis psychischer Störungen und Erkrankungen im Kindes- und Jugendalter von allergrößter Bedeutung. Dieser Fragestellung widmet sich in besonderer Weise die Entwicklungspsychopathologie (vgl. Remschmidt, 1992d).
● stärkere Berücksichtigung des Beziehungsaspektes in der Diagnostik und Klassifikation. Manche Störungen (wie zum Beispiel die Schulphobie) sind ohne diesen Beziehungsaspekt nicht verstehbar.
● Weiterentwicklung der mehr statischen Psychodiagnostik in Richtung eines dynamischen Testens (zum Beispiel im Rahmen einer Computerdiagnostik), welche aufgrund von Rückkopplungsprozessen erlaubt, die getesteten Personen an ihr Leistungsoptimum heranzuführen (Warnke, 1990). Diese Art des Testens ist natürlich nur im Rahmen von Leistungstests möglich.

● Was die Klassifikationssysteme betrifft, so sollte darauf geachtet werden, daß der Wechsel von einer Version zur nächsten nicht zu rasch erfolgt und mehr durch sorgfältig erhobene Daten als durch übergeordnete Konzepte gestützt wird.

Weiterführende Literatur

Jäger, R.S. & Petermann, F. (Hrsg.) (1992). *Psychologische Diagnostik.* Weinheim: Psychologie Verlags Union, 2. völlig veränd. Aufl.

Remschmidt, H. & Schmidt, M. (Hrsg.) (1994). Multiaxiales Klassifikationsschema für psychiatrische Erkrankungen im Kindes- und Jugendalter nach ICD-10. Bern: Huber.

World Health Organization (Hrsg.) (1991). *Internationale Klassifikation psychischer Störungen.* Bern: Huber.

Literatur

Achenbach, T.M. (1980). DSM-III in light of empirical research on the classification of child psychopathology. *Journal of the American Academy of Child Psychiatry, 19,* 395—412.

Achenbach, T. M. (1982). *Developmental Psychopathology.* New York: Wiley, 2. Aufl.

Achenbach, T.M. & Edelbrock, C.S. (1978). The classification of child psychopathology. A review and analysis of empirical efforts. *Psychological Bulletin, 85,* 1275—1301.

Achenbach, T.M. & Edelbrock, C.S. (1979). The Child Behavior Profile. II. Boys aged 12—16 and girls aged 6—11 and 12—16. *Journal of Consulting and Clinical Psychology, 47,* 223—233.

Achenbach, T.M. & Edelbrock, C.S. (1981). Behavioral problems and competencies reported by parents of normal and disturbed children aged 4—16. *Monographs of the Society for Research in Child Development, 46,* Serial no. 188.

Achenbach, T.M. & Edelbrock, C.S. (1983). *Manual for the Child Behavior Checklist and Revised Child Behavior Profile.* Burlington: University of Vermont.

Achenbach, T.M. & Edelbrock, C.S. (1987). *Manual for the Youth Self Report and Profile.* Burlington: University of Vermont.

Achenbach, T.M., Verhulst, F.C., Baron, G.D. & Althaus, M. (1987). A comparison of syndromes derived from the Child Behavior Checklist for American and Dutch boys aged 6—11 and 12—16. *Journal of Child Psychology and Psychiatry, 28,* 437—453.

American Psychiatric Association (1980). *Diagnostic and Statistical Manual of Mental Disorders.* 3rd edition (DSM-III). Washington: American Psychiatric Association (dt. Bearbeitung von Koehler, K. & Saß, H. (1984). Diagnostisches und Statistisches Manual psychischer Störungen [DSM-III], Weinheim: Beltz).

American Psychiatric Association (1987). *Diagnostic and Statistical Manual of Mental Disorders.* 3rd edition, revised (DSM-III-R). Washington: American Psychiatric Association (dt. Bearbeitung von Wittchen, H.-U., Saß, H., Zaudig, M. & Koehler, K. (1989). Diagnostisches und Statistisches Manual psychischer Störungen [DSM-III-R]. Weinheim: Beltz).

American Psychiatric Association (1993). *DSM-IV.* Draft criteria. Task force on DSM-IV. Washington: American Psychiatric Association.

Beckmann, D. & Richter, H.-E. (1975). *Gießen-Test (GT).* Ein Test für Individual- und Gruppendiagnostik. Handbuch. Bern: Huber, 2. Aufl.

Bender, L. (1938). *A visual motor gestalt test and its clinical use.* American Orthopsychiatric Association Research Monographs No. 3, New York.

Benton, A.L. (1968). *Der Benton-Test*. Bern: Huber.

Birbaumer, N. (1975). *Physiologische Psychologie*. Berlin: Springer.

Blanz, B. & Schmidt, M.H. (1990). Reliabilität kinder- und jugendpsychiatrischer Diagnosen in der ICD-10. *Zeitschrift für Kinder- und Jugendpsychiatrie, 18*, 78—86.

Castell, R., Biener, A. & Artner, K. (1980a). Häufigkeit psychischer Störungen bei Kindern und Jugendlichen. *Münchner Medizinische Wochenschrift, 122*, 591—592.

Castell, R., Biener, A., Artner, K. & Kleeberger, E. (1980b). Die Inanspruchnahme von niedergelassenen Ärzten durch Kinder und Jugendliche mit psychischen Störungen und Verhaltensauffälligkeiten. *Monatsschrift für Kinderheilkunde, 128*, 602—605.

Castell, R., Biener, A., Artner, K. & Dilling, H. (1981). Häufigkeit von psychischen Störungen und Verhaltensauffälligkeiten bei Kindern und ihre psychiatrische Versorgung. Ergebnisse einer repräsentativen Querschnittsuntersuchung 3- bis 14jähriger. *Zeitschrift für Kinder- und Jugendpsychiatrie, 9*, 115—125.

Conners, C.K. (1970). Symptom patterns in hyperkinetic, neurotic, and normal children. *Child Development, 41*, 667—682.

Conners, C.K. (1973). Rating scales for use in drug studies with children. *Psychopharmacology Bulletin, 9*, special issue, 24—84.

Cooper, J.E. (1989). An overview of the prospective ICD-10 classification of mental disorders. *The British Journal of Psychiatry, 154*, Suppl. no. 4, 21—23.

Costello, A.J., Edelbrock, C., Kalas, R., Kessler, M.D. & Klaric, S.H. (1982). *The NIMH Diagnostic Interview Schedule for Children (DISC)*. Pittsburgh: University of Pittsburgh.

Dietz, W.H. (1986). Prevention of childhood obesity. *The Pediatric Clinics of North America, 33*, 823—824.

Edelbrock, C.S. & Costello, A.J. (1988). *Structured psychiatric interviews for children*. In M. Rutter, A.H. Tuma, & I.S. Lann (Eds.). *Assessment and diagnosis in child psychopathology* (87—112). New York: Guilford.

Esser, G., Lahnert, B. & Schmidt, M.H. (1986). Determinanten der Inanspruchnahme kinderpsychiatrisch/-psychologischer Behandlung und ihr Erfolg. *Zeitschrift für Kinder- und Jugendpsychiatrie, 14*, 228—244.

Gould, M.S., Wunsch-Hitzig, R. & Dohrenwend, B.P. (1980). Formulation of hypotheses about the prevalence, treatment and prognostic significance of psychiatric disorders in children in the United States. In B.P. Dohrenwend, M.S. Gould, B. Link, R. Neugebauer & R. Wunsch-Hitzig (Eds.). *Mental illness in the United States* (9—44). New York: Praeger.

Gould, M.S., Wunsch-Hitzig, R. & Dohrenwend, B.P. (1981). Estimating the prevalence of childhood psychopathology. A critical review. *Journal of the American Academy of Child Psychiatry, 20*, 462—476.

Goyette, C.H., Conners, C.K. & Ulrich, R.F. (1978). Normative data on Revised Conners Parent and Teacher Rating Scales. *Journal of Abnormal Child Psychology, 6*, 221—236.

Graham, P. & Skuse, D. (1992). The developmental perspective in classification. In Remschmidt, H. & Schmidt, M.H. (Eds.). *Developmental psychopathology* (1—6). Lewiston: Hogrefe & Huber Publishers.

Häfner, H. (1983). Allgemeine und spezielle Krankheitsbegriffe in der Psychiatrie. *Nervenarzt, 54*, 231—238.

Herjanic, B. & Reich, W. (1982). Development of a structured psychiatric interview for children. Agreement between child and parent on individual symptoms. *Journal of Abnormal Child Psychology, 10*, 307—324.

Innerhofer, P. (1977). *Das Münchner Trainingsmodell*. Berlin: Springer.

Jäger, R.S. & Petermann, F. (Hrsg.) (1992). *Psychologische Diagnostik*. Weinheim: Psychologie Verlags Union, 2., völlig veränd. Aufl.

Kleining, G. & Moore, H. (1968). Soziale Selbsteinstufung (SSE). Ein Instrument zur Messung sozialer Schichten. *Kölner Zeitschrift für Soziologie und Sozialpsychologie, 20*, 505—552.

Kovacs, M. (1985). The Interview Schedule for Children (ISC). *Psychopharmacology Bulletin, 21*, 991—994.

Langner, T.S., Gersten, J.C., McCarthy, E.D., Eisenberg, J.G., Greene, E.L., Herson, J.H. & Jameson, J.D. (1976). A screening inventory for assessing psychiatric impairment in children aged 6 to 18. *Journal of Consulting and Clinical Psychology, 44*, 286—296.

Lavik, N.J. (1976). Adolescents in the community and service contacts. In F. Poustka & W. Spiel (Hrsg.), *Therapien in der Kinder- und Jugendpsychiatrie, Bd. II*, 5. Kongreß der Union Europäischer Pädopsychiater (1135—1145). Wien: Egermann.

Lienert, G.A. (1969). *Testaufbau und Testanalyse*. Weinheim: Beltz. 3. Aufl.

Mattejat, F. (1981). Familienpathologische Merkmale in einem Mutter-Kind-Erstinterview. Ansatzpunkte zu einer praxisnahen Familiendiagnostik. In H. Bommert & H. Hockel (Hrsg.), *Therapie-orientierte Diagnostik* (171—193). Stuttgart: Kohlhammer.

Mattejat, F. (1993). *Subjektive Familienstrukturen*. Göttingen: Hogrefe.

Mattejat, F. & Remschmidt, H. (1985). Interaktionsstörungen in Familien. In H. Remschmidt & M.H. Schmidt (Hrsg.), *Kinder- und Jugendpsychiatrie in Klinik und Praxis, Bd. III* (377—406). Stuttgart: Thieme.

Miller, L.C. (1984). *Louisville Behavior Checklist Manual*. Los Angeles: Western Psychological Services.

Minuchin, S., Rosman, B. & Baker, L. (1978). *Psychosomatic families*. Cambridge: Harvard University Press.

Minuchin, S., Baker, L., Rosman, B., Liebman, R., Milman, L. & Todd, T. (1975). A conceptual model of psychosomatic illness in children. *Archives of General Psychiatry, 32*, 1031—1038.

Olson, D.H., Sprenkle, D.H. & Russell, C.S. (1979). Circumplex model of marital and family systems. I. Cohesion and adaptability dimensions, family types, and clinical applications. *Family Process, 18*, 3—28.

Olson, D.H., McCubbin, H.I., Barnes, H., Larsen, A., Muxen, M. & Wilson, M. (1982). *Family inventories:* Inventories used in a national survey of families across the family life cycle. St. Paul: Family Social Science.

Overbeck, A. (1980). *Beziehungsstrukturen und Interaktion bei familientherapeutischen Interviews*. Gießen: Phil. Diss.

Petermann, F. (1996). *Einzelfalldiagnostik in der klinischen Praxis*. Weinheim: Psychologie Verlags Union, 3. Aufl.

Poustka, F. (1988). Kinderpsychiatrische Untersuchungen. In H. Remschmidt & M.H. Schmidt (Hrsg.), *Kinder- und Jugendpsychiatrie in Klinik und Praxis, Bd. I* (478—511). Stuttgart: Thieme.

Puig-Antich, J. & Chambers, W. (1978). *Schedule for affective disorders and schizophrenia for school-aged children (6—16 years)*. Kiddie-SADS (K-SADS). New York: New York State Psychiatric Institute.

Quay, H.C. (1979). Classification. In H.C. Quay & J.S. Werry (Eds.), *Psychopathological disorders of childhood*. New York: Wiley, 2. Aufl.

Quay, H.C. & Werry, J.S. (Eds.) (1986). *Psychopathological disorders of childhood*. New York: Wiley, 3. Aufl.

Remschmidt, H. (1975a). Neuere Ergebnisse zur Psychologie und Psychiatrie der Adoleszenz. *Zeitschrift für Kinder- und Jugendpsychiatrie, 3*, 67—101.

Remschmidt, H. (1975b). Psychologie und Psychopathologie der Adoleszenz. *Monatsschrift für Kinderheilkunde, 123*, 316—323.

Remschmidt, H. (1984). Psychische Erkrankungen im Kindes- und Jugendalter. Risikofaktoren und protektive Faktoren. In G.A.E. Rudolf & R. Tölle (Hrsg.), *Prävention in der Psychiatrie* (16—29). Berlin: Springer.

Remschmidt, H. (1988a). Klassifikation und Dokumentation. In H. Remschmidt, & M.H. Schmidt (Hrsg.), *Kinder- und Jugendpsychiatrie in Klinik und Praxis, Bd. I* (588—606). Stuttgart: Thieme.

Remschmidt, H. (1988b). Der Krankheitsbegriff in der Kinder- und Jugendpsychiatrie. In H. Remschmidt & M.H. Schmidt (Hrsg.), *Kinder- und Jugendpsychiatrie in Klinik und Praxis, Bd. I* (142—151). Stuttgart: Thieme.

Remschmidt, H. (1988c). Psychiatrie und Psychopathologie. In H. Remschmidt & M.H. Schmidt (Hrsg.), *Kinder- und Jugendpsychiatrie in Klinik und Praxis, Bd. I* (74—86). Stuttgart: Thieme.

Remschmidt, H. (1992a). *Psychiatrie der Adoleszenz*. Stuttgart: Thieme.

Remschmidt, H. (1992b). Klassifikation und Dokumentation. In H. Remschmidt, *Psychiatrie der Adoleszenz* (133—145). Stuttgart: Thieme.

Remschmidt, H. (1992c). The interaction of biological and psychosocial influences in developmental psychopathology. In H. Remschmidt & M.H. Schmidt (Eds.), *Developmental psychopathology* (17—25). Lewiston: Hogrefe & Huber Publishers.

Remschmidt, H. (1992d). Die Bedeutung der Entwicklungspsychopathologie für das Verständnis psychischer Störungen und Erkrankungen im Kindes- und Jugendalter. *Zeitschrift für Klinische Psychologie, Psychopathologie und Psychotherapie, 40*, 1—19.

Remschmidt, H. & Stutte, H. (1980). *Neuropsychiatrische Folgen nach Schädel-Hirn-Traumen bei Kindern und Jugendlichen*. Ergebnisse klinischer, neuropsychologischer und katamnestischer Untersuchungen. Bern: Huber.

Remschmidt, H. & Niebergall, G. (1981). Störungen des Sprechens und der Sprache. In H. Remschmidt & M.H. Schmidt (Hrsg.), *Neuropsychologie des Kindesalters* (248—279). Stuttgart: Enke.

Remschmidt, H. & Niebergall, G. (1985). Störungen des Sprechens und der Sprache. In H. Remschmidt & M.H. Schmidt (Hrsg.), *Kinder- und Jugendpsychiatrie in Klinik und Praxis, Bd. III* (20—37). Stuttgart: Thieme.

Remschmidt, H. & Schmidt, M. (Hrsg.) (1977). *Multiaxiales Klassifikationsschema für psychiatrische Erkrankungen im Kindes- und Jugendalter nach Rutter, Shaffer und Sturge*. Bern: Huber (2. Aufl. 1986).

Remschmidt, H. & Walter, R. (1989). *Evaluation kinder- und jugendpsychiatrischer Versorgung*. Analysen und Erhebungen in drei hessischen Landkreisen. Stuttgart: Enke.

Remschmidt, H. & Walter, R. (1990). *Psychische Auffälligkeiten bei Schulkindern*. Göttingen: Hogrefe.

Remschmidt, H., Schmidt, M.H. (Hrsg.) (1994). *Multiaxiales Klassifikationsschema für psychische Störungen des Kindes- und Jugendalters nach ICD-10 der WHO. Mit einem synoptischen Vergleich von ICD-10 mit ICD-9 und DSM-III-R*. Bern: Huber 3., revid. Aufl.

Remschmidt, H. & Mattejat, F. (1993). Interaktion in Familien mit psychisch gestörten Jugendlichen. Ergebnisse zur Inter-Rater-Reliabilität der Marburger Familiendiagnostischen Skalen (MFS). *Zeitschrift für Klinische Psychologie, 22,* 170—191.

Remschmidt, H. & Mattejat, F. (1994). *Kinder psychotischer Eltern.* Göttingen: Hogrefe.

Remschmidt, H. & Niebergall, G. (1994). Diagnostik psychischer Störungen im Kindes- und Jugendalter. In R.G. Stieglitz & U. Baumann (Hrsg.), *Psychodiagnostik psychischer Störungen* (245—261). Stuttgart: Enke.

Remschmidt, H., Schmidt, M.H. & Goebel, D. (1983). Erprobungs- und Reliabilitätsstudie zum multiaxialen Klassifikationsschema für psychiatrische Erkrankungen im Kindes- und Jugendalter. In H. Remschmidt, H. & M.H. Schmidt (Hrsg.), *Multiaxiale Diagnostik in der Kinder- und Jugendpsychiatrie* (43—75). Bern: Huber.

Remschmidt, H., Reimann, P., Mewe, F. & Merschmann, W. (1974). Zur sozialen Schichtung eines kinder- und jugendpsychiatrischen Krankengutes. In G. Nissen & P. Strunk (Hrsg.), *Seelische Fehlentwicklung im Kindesalter und Gesellschaftsstruktur* (61—70). Neuwied: Luchterhand.

Rutter, M. (1977a). Classification. In M. Rutter, M. & L. Hersov (Eds.), *Child psychiatry. Modern approaches.* (359—384). Oxford: Blackwell.

Rutter, M. (1977b). Brain damage syndromes in childhood. Concepts and findings. *Journal of Child Psychology and Psychiatry, 18,* 1—21.

Rutter, M. & Quinton, D. (1977). Psychiatric disorder — ecological factors and concepts of causation. In M. McGurk (Ed.), *Ecological factors in human development.* Amsterdam: Elsevier.

Rutter, M., Tizard, J. & Whitmore, K. (1970). *Education, health and behaviour.* London: Longmans. (Reprint 1981. Huntington: Krieger).

Rutter, M., Shaffer, D. & Shepherd, M. (1975a). *A multi-axial classification of child psychiatric disorders.* Geneva: WHO.

Rutter, M., Shaffer, D. & Sturge, C. (1975b). *A guide to a multiaxial classification scheme for psychiatric disorders in childhood and adolescence.* London: Institute of Psychiatry.

Rutter, M., Graham, P., Chadwick, O.F.D. & Yule, W. (1976). Adolescent turmoil: fact or fiction? *Journal of Child Psychology and Psychiatry, 17,* 35—56.

Rutter, M., Lebovici, S., Eisenberg, L., Sneznevskij, A.V., Sadoun, R., Brooke, E. & Lin, T.-Y. (1969). A tri-axial classification of mental disorders in childhood. *Journal of Child Psychology and Psychiatry, 10,* 41—61.

Schlange, H., Stein, B., v. Boetticher, I. & Taneli, S. (1972). *Göttinger Formreproduktionstest (GFT).* Zur Diagnose von Hirnschädigungen im Kindesalter. Göttingen: Hogrefe.

Schmidt, M.H. (1987). Klassifikation kinder- und jugendpsychiatrischer Störungsbilder in der ICD-10. Zum Stand der Diskussion. *Zeitschrift für Kinder- und Jugendpsychiatrie, 15,* 208—223.

Schmidt, M.H. & Voll, R. (1985). Intelligenzminderungen und andere Varianten der Intelligenz. In H. Remschmidt & M.H. Schmidt (Hrsg.), *Kinder- und Jugendpsychiatrie in Klinik und Praxis, Bd. II* (29—140). Stuttgart: Thieme.

Schmidt, M.H., Armbruster, F., Günzler, G. & Stober, B. (1978). Veränderungen in einer kinder- und jugendpsychiatrischen Inanspruchnahmepopulation durch die Eröffnung stationärer Behandlungsmöglichkeiten. *Zeitschrift für Kinder- und Jugendpsychiatrie, 6,* 76—86.

Schmidtke, A. (1981). Klassifikation psychischer Störungen. In W. Wittling (Hrsg.), *Handbuch der klinischen Psychologie, Bd. III.* Hamburg: Hoffmann & Campe.

Schneewind, K.A. (1991). *Familienpsychologie.* Stuttgart: Kohlhammer.

Singer, M.T.L. & Wynne, C. (1966). Principles for scoring communication defects and deviances in parents of schizophrenics. Rorschach and TAT scoring manuals. *Psychiatry, 29,* 260—288.

Steinhausen, H.C. (1992). Sex differences in developmental psychopathology. In H. Remschmidt & M.H. Schmidt (Eds.), *Developmental psychopathology* (7—16). Lewiston: Hogrefe & Huber Publishers.

Tramer, M. (1949). *Lehrbuch der allgemeinen Kinderpsychiatrie.* Basel: Schwabe (3. Aufl.)

Tseng, W.S. & McDermott, J.F. (1979). Triaxial family classification. *Journal of the American Academy of Child Psychiatry, 18,* 22—43.

Verhulst, F.C., Akkerhuis, G.W. & Althaus, M. (1985a). Mental health in Dutch children. I. A cross-cultural comparison. *Acta Psychiatrica Scandinavica, 72,* Suppl. no. 323.

Verhulst, F.C., Berden, G.F.M.G. & Sanders-Woudstra, J.A.R. (1985b). Mental health in Dutch children. II. The prevalence of psychiatric disorders and the relationship between measures. *Acta Psychiatrica Scandinavica, 72,* Suppl. no. 324.

Walter, R., Remschmidt, H. & Deimel, W. (1994). Gütekriterien und Normierung einer deutschen Version des Youth Self-Report. *Zeitschrift für Kinder- und Jugendpsychiatrie, 22,* 23—38.

Warnke, A. (1990). *Legasthenie und Hirnfunktion.* Bern: Huber.

Weidlich, S. & Lamberti, G. (1980). *DCS.* Diagnosticum für Cerebralschädigung nach F. Hillers. Handbuch. Bern: Huber, 2. Aufl.

Weiss, R.L. & Margolin, G. (1986). Assessment of conflict and accord. A second look. In A. Ciminero (Ed.), *Handbook of Behavioral Assessment, Vol. II.* New York: Wiley.

Weyerer, S., Castell, R., Biener, A., Artner, K. & Dilling, H. (1988). Prevalence and treatment of psychiatric disorders in 3 to 14-year-old children. Results of a representative field study in the small town rural region of Traunstein, Upper Bavaria. *Acta Psychiatrica Scandinavica, 77,* 290—296.

Willi, J. (1973). *Der gemeinsame Rorschach-Versuch.* Diagnostik von Paar- und Gruppenbeziehungen. Bern: Huber.

World Health Organization (Ed.) (1965). *International Classification of Diseases.* 8th edition (ICD-8). Geneva: WHO.

World Health Organization (Ed.) (1980). *International Classification of Impairments, Disabilities and Handicaps.* A manual of classification relating to the consequences of diseases. Geneva: WHO.

World Health Organization (Hrsg.) (1991). *Internationale Klassifikation psychischer Störungen,* deutsche Bearbeitung v. H. Dilling, W. Mombour und M.H. Schmidt. Bern: Huber.

Konzepte und Ergebnisse der Entwicklungspsychopathologie

Michael Kusch und Franz Petermann

1. Grundlagen der Entwicklungspsychopathologie

1.1 Der Ansatz der Entwicklungspsychopathologie

Die Entwicklungspsychopathologie hat eine lange Vergangenheit, jedoch erst eine relativ kurze Geschichte. Obwohl ihre Vorläufer bis weit in das letzte Jahrhundert reichen, wurden die Charakteristika dieser Disziplin erst in den letzten zwei Jahrzehnten ausdrücklich formuliert. Als eine eigenständige wissenschaftliche Disziplin hat sich die Entwicklungspsychopathologie spätestens im Jahre 1989 etabliert (Cicchetti, 1989).

Aufgrund ihrer Betonung von Entwicklungsaspekten besitzt die Entwicklungspsychopathologie eine enge Verbindung zur Entwicklungspsychologie, ihr Schwerpunkt liegt jedoch auf dem Vergleich normativer und abweichender Entwicklungsverläufe (Achenbach, 1991). Sie beschäftigt sich mit den Ursachen und dem Verlauf individueller Muster fehlangepaßten Verhaltens, unabhängig vom Alter bei Störungsbeginn, von den einzelnen Ursachen, den Verhaltensänderungen und der Komplexität entwicklungsrelevanter Faktoren (Sroufe & Rutter, 1984). Dabei werden innerpsychische Kompetenzen und Performanzen des Kindes vor dem Hintergrund integrierter biologischer, psychologischer und psychosozialer Ansätze berücksichtigt.

Einen wichtigen Beitrag zum Verständnis psychischer Störungen leistet die Entwicklungspsychopathologie in folgenden Bereichen:

— Symptomgenese und Entwicklung von Vulnerabilitäten,
— Zusammenhänge zwischen der normalen und abweichenden Entwicklung,
— Kontinuität und Diskontinuität im Entwicklungsverlauf,
— Risiko- und Schutzfaktoren psychischer Störungen und
— altersabhängige Äußerungsformen psychischer Störungen.

1.2 Der Ursachenbegriff in der Entwicklungspsychopathologie

Im Rahmen der Entwicklungspsychopathologie ist es nicht notwendig, sich auf die Beschreibung von mechanistischen Ursache-Wirkung-Zusammenhängen zu beschränken. Ein Phänomen läßt sich sowohl auf Grundlage von Beobachtungsdaten als auch begründbaren Interpretationen erklären. Aussagen über ursächliche Zusammenhänge anhand von Beobachtungen geben Auskunft darüber,

— woraus ein Phänomen besteht (materielle Ursache). Hierzu zählen neurobiologische Faktoren wie Gene, physiologische und neurologische Aspekte aber auch das Vorhandensein bestimmter Umweltbedingungen. Die Beachtung beider Faktoren ist insofern sinnvoll, als die Entwicklung des Menschen nicht allein genetisch determiniert ist, sondern aus der Wechselwirkung organischer Bedingungen und speziesspezifischer Umweltfaktoren hervorgeht (Gottlieb, 1991; Scarr, 1992).

— welche Einflüsse auf ein Phänomen einwirken (einwirkende Ursache). Hierzu zählen beispielsweise vom Kind wahrgenommene Einflüsse, kulturelle und situative Faktoren, oder das Verhalten der Bezugsperson. Entwicklungseinflüsse lassen sich weder ausschließlich durch die einwirkende Umwelt noch durch die biologische Reifung erklären, sondern durch die aktive Auseinandersetzung des Kindes mit beiden Faktoren (Horowitz, 1991; Scarr, 1992).

Materielle Ursachen werden als die Rahmenbedingungen eines fortlaufenden Entwicklungsprozesses angesehen (Gottlieb, 1991). Aussagen über ursächliche Zusammenhänge, die nicht direkt beobachtbar sind, sondern sich erst aus der Interpretation von Beobachtungsdaten ergeben, beziehen sich darauf,

— welche Form oder welches Muster ein Phänomen hat (formale Ursache). Hierzu zählen kognitiv-emotionale Strukturen, wie zum Beispiel das Selbst, Objektbeziehungen oder kognitive Operationen. Diese Strukturen repräsentieren die kognitiven und emotionalen Fähigkeiten einer Person während unterschiedlicher Entwicklungsabschnitte, wobei entsprechende Erfahrungen sowohl in Wissens- als auch in Handlungsstrukturen gespeichert sind (Dodge, 1993).

— in welche Richtung sich das Phänomen verändert (finale Ursache). Hierzu zählen die Prozesse, die einem Phänomen zugrunde liegen, wie zum Beispiel das Equilibrationsprinzip und das orthogenetische Prinzip (Cicchetti, 1990) oder die Selbst-Organisation (Tucker, 1992). Diese Prozesse sind nicht genetisch festgelegt und auf einen spezifischen Endpunkt ausgerichtet, sondern durch die biologischen und sozialen Rahmenbedingungen nahegelegt, so daß vielfältige Entwicklungsausgänge möglich werden (Hay & Angold, 1993).

Solche Sichtweisen werden von entwicklungspsychologischen Theorien zusätzlich zu den Ursache-Wirkung-Erklärungen vertreten. Für die Entwicklungspsychopathologie gelten sie in besonderem Maße, da die Entwicklung und ihre Abweichungen nur verstanden werden, wenn man erklärt,

— auf welcher Grundlage die Entwicklung beruht,
— welche Kräfte auf die Entwicklung einwirken,
— welche Formausprägung die Entwicklung zu bestimmten Zeitpunkten hat und
— welchen Verlauf und Ausgang die Entwicklung nimmt.

1.3 Erklärungsansätze – Hardware, Kompetenzen, Performanzen

Nach dem von Overton und Horowitz (1991) vorgeschlagenen komplexen Ansatz müssen Erklärungen der normalen und abweichenden Entwicklung sowohl neurobiologische (Hardware) als auch Umweltgegebenheiten berücksichtigen. Die Fähigkeiten, die ein Kind während einer Entwicklungsperiode zeigt, und ihre Veränderungen im Entwicklungsverlauf werden anhand der kognitiv-affektiven Strukturen des Kindes (Kompetenzen) erklärt. Die Prozesse, die am Zustandekommen einer beobachtbaren Verhaltensweise beteiligt sind und das Kind befähigen, mit seiner Umwelt zu interagieren, werden dabei als Mediatoren oder Fertigkeiten (Performanzen) beschrieben.

Als „Hardware" werden neurobiologische Mechanismen bezeichnet, die den internen Entwicklungskontext bilden. Der externe Kontext wird hingegen von ökologischen (physikalischen und sozialen) Gegebenheiten der Umwelt gebildet (Kusch, 1993a). Neben diesen Einflußfaktoren wird zunehmend die zentralnervöse Entwicklung selbst erforscht (Gunnar & Nelson, 1992), da sie zu verschiedenen Zeitpunkten von beiden – also sowohl von genetischen als auch von Umwelteinflüssen – kontrolliert werden kann (Greenough & Black, 1992).

Derzeit existieren zwei Auffassungen darüber, wie die Neurobiologie die psychische Entwicklung und ihre Abweichungen beeinflußt. Die eine geht davon aus, daß die Neurobiologie einen direkten, kausalen Effekt auf die Entwicklung ausübt, beobachtete Störungen also unmittelbar auf die Neurobiologie zurückgeführt werden können (Quay, 1993, vgl. Abb. 2). Andererseits läßt sich aber auch zeigen, daß biologische Gegebenheiten erst indirekt die Entwicklung beeinflussen, indem sie (z.B. als physiologische Regulation) durch die Wechselwirkung des Organismus mit den externen Kontextbedingungen in psychologische Gegebenheiten (z.B. kognitive Spannungsregulation) überführt werden (Cicchetti et al., 1991; Tucker, 1992). Eine beobachtete Störung wird hierbei als das Resultat multipler Wechselwirkungen gesehen (Goodman, 1993).

Die dem Verhalten eines Kindes zugrundeliegenden Strukturen nennen wir Kompetenzen (Kusch & Petermann, 1993). Hierbei handelt es sich um die Fähigkeit, für eine Aufgabenbewältigung notwendige Verhaltensweisen in geordneter und angemessener Weise hervorzubringen. Beispielsweise ist die Artikulation aggressiver Empfindungen mit bestimmten motorischen Aktionen verbunden, die mit einer gewissen Häufigkeit, Dauer und Intensität auftreten (Petermann & Petermann, 1993). Zudem kann man nicht gleichzeitig wütend-aggressiv und ängstlich-gehemmt sein (Achenbach, 1993), da unterschiedliche emotionale Zustände sich wechselseitig ausschließen. Dauer, Intensität und Häufigkeit verschiedener Verhaltensweisen schränken zwar die Verhaltensalternativen für eine bestimmte Situation ein (Fentress, 1989; Thelen & Ulrich, 1991), sorgen jedoch auch für eine gewisse Form und Struktur.

So wie in der Aufgabenbewältigung, treten auch in der Entwicklung des Kindes neurobiologische Abläufe, Wahrnehmungsleistungen und motorische Aktivitäten gemeinsam auf und beeinflussen sich wechselseitig. Dieses Zusammenspiel gibt dem Verhalten und Denken eine innere Struktur, die weder allein in der Neurobiologie, noch in der Umwelt des Kindes vorliegt (Pratt & Garton, 1993), sondern sich erst aus der selbstregulativen und -organisierenden Aktivität des Kindes ergibt (Fentress, 1989; Thelen & Ulrich, 1991; Tucker, 1992). Da derartige zusammenwirkende und selbstorganisierende (synergetische) Prozesse (Thelen, 1989) von Geburt an wirksam sind, kann ein Kind verschiedene physiologische, Bewegungs- und Wahrnehmungsleistungen gleichzeitig verarbeiten und bereits früh im Leben seine Verhaltensweisen während identischer Ereignisse in kognitiv-affektiven Wissensstrukturen speichern (Cicchetti & Beeghly, 1990; Pratt & Garton, 1993). Diese kognitiv-affektiven Strukturen differenzieren sich im weiteren Entwicklungsverlauf und werden zu immer komplexeren Kompetenzen hierarchisch integriert (Cicchetti, 1990). Sie werden im Gegensatz zu den Reiz-Reaktionsverknüpfungen (Mediatoren) in zunehmendem Maße von einer konkreten Situation oder einem bestimmten zeitlichen Ablauf unabhängig (Tulving, 1985) und repräsentieren Kategorien, das heißt hierarchisch integrierte Erfahrungen der Bewältigung biopsychosozialer Anforderungen (Cicchetti, 1989; Pratt & Garton, 1993). Dabei kann es sich um Erfahrungen mit Bewegungs- oder Wahrnehmungsmustern, Personen, Situationen, Aufgaben, Beziehungen oder komplexen, sozialen Umwelten handeln.

Die Verknüpfung der sensorischen Reizbedingungen mit motorischen Reaktionen führen zur Ausbildung von sensumotorischen Repräsentationen oder Mediatoren. Wir nennen die damit verbundenen Fertigkeiten eines Kindes Performanzen. Die im Entwicklungsverlauf beobachtbaren Fertigkeiten zur Aufgabenbewältigung reichen vom einfachen Greifakt (Thelen & Ulrich, 1991) bis zu komplexen Reiz-Reaktionsverknüpfungen oder geistigen Problemlösestrategien, die beobachtbaren Leistungen zugrundeliegen (Barnard & Teasdale, 1991). Diese Prozesse sind konkret, situationsspezifisch und hängen von internen und externen Bedingungen des Kindes ab. Performanzen liefern Erklärungen dafür, wie:

— wahrgenommene interne (physiologisches Erregungsniveau) und externe (elterliche Erziehung) Bedingungen sowie
— psychische Prozesse (kognitiv-emotionale Informationsverarbeitung) und
— motorisches Verhalten (beispielsweise Aggression oder Angst) oder
— physische Veränderungen (neuropsychologische Funktionsstörungen) miteinander interagieren.

Die Mediatoren verbinden in einem gegebenen Kontext die kognitiv-affektiven Strukturen und Erfahrungen einer Person, das heißt ihre Kompetenzen, mit ihrem aktuellen Verhalten. Mediatoren bewirken beispielsweise, daß ein Kind seine Wissensstrukturen äußern kann (Dodge, 1993). So treten die sozial-kognitiven Informationsverarbeitungsprozesse in einer Folge von fünf Schritten auf:

— Enkodieren sozialer Hinweisreize der Umwelt,
— Repräsentation und Interpretation der Reize,
— Suche und Aufbau verschiedener Verhaltensalternativen,

— Entscheidung für ein bestimmtes Verhalten und
— Ausführung des gewählten Verhaltens.

Während jeder dieser Sequenzen wird Wissen abgerufen (vgl. Abb. 1), um zum Beispiel zu entscheiden, ob eine bedrohliche oder eine Verlustsituation vorliegt.

Die Kompetenz-Performanz-Debatte, die lange Zeit die behaviorale von der entwicklungspsychologischen Forschung getrennt hat, führt mittlerweile zur Überzeugung, daß man weder die zugrundeliegenden Kompetenzen des Verhaltens auf ihre Performanzen reduzieren, noch die Funktion des Verhaltens allein auf Grundlage ihrer Struktur erklären kann (Overton & Horowitz, 1991). Entsprechende Ansätze werden erstmals im Rahmen der Entwicklungspsychopathologie externalisierender Störungen beschrieben (Dodge, 1993; Greenberg et al., 1993; Kusch & Petermann, 1993).

Abbildung 1:
Stellenwert von Kompetenzen und Performanzen in der Entwicklungspsychopathologie; dargestellt am Beispiel externalisierender Störungen (mod. nach Dodge, 1993).

Dodge (1993) konnte beispielsweise zeigen, daß die Überzeugungen aggressiver Kinder, sich vor einer bedrohlichen Welt schützen zu müssen, nicht allein durch ihre Lernerfahrungen mit aggressiven Auseinandersetzungen zu klären sind. Aggressives Verhalten kann jedoch auch nicht ausschließlich durch die altersabhängige Einschätzung einer Bedrohung erklärt werden. Kinder scheinen vielmehr aufgrund ihrer frühen Erfahrungen bestimmte Wissensstrukturen und Erwartungshaltungen aufzubauen, die ihre Informationsverarbeitung während sozialer Situationen wesentlich beeinflussen.

2. Entwicklungspsychopathologie: Das ätiopathogenetische Modell

Ätiopathogenetische Modelle befassen sich mit der Ursache und Entstehung einer psychischen Störung. Die Entwicklungspsychopathologie fragt zudem, welchen Verlauf die Störung nimmt, nachdem sie entstanden ist (Cicchetti, 1989). Die verschiedenen ätiologischen Modelle der Psychiatrie und Klinischen Psychologie haben sich lange Zeit nur auf die Erklärung von materiellen und einwirkenden Ursachen begrenzt (Hay & Angold, 1993). Beide Ursachen erklären Störungen durch einen Faktor, der:

– der Störung zugrundeliegt; es handelt sich zumeist um neurobiologische „Vorschädigungen" (materielle Ursache);

– die Störung auslöst und aufrechterhält; wobei zumeist schädigende Erfahrungen des Kindes mit der Umwelt gemeint sind (einwirkende Ursache).

Einen verbreiteten, genetischen Ansatz bildet das Vulnerabilitäts- bzw. Diathese-Streß-Modell (Rolf et al., 1990). Dabei wird davon ausgegangen, daß zum Beispiel der Angst und Depression eine gemeinsame, jedoch unspezifische genetische Vulnerabilität des Kindes zugrundeliegt, die mit spezifischen Umweltfaktoren interagiert und entweder zu Ängstlichkeit oder Depression führen kann (Kusch & Petermann, 1993). Auch derart komplexe Modelle sprechen der Veranlagung (G) eine prädisponierende Bedeutung zu und der Umwelt (U) lediglich eine schädigende Wirkung im Hinblick auf die Hirnentwicklung (ZNS; Pennington & Ozonoff, 1991).

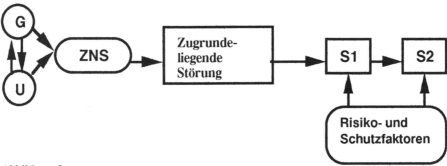

Abbildung 2:
Komplexes Ätiologiemodell der Neurowissenschaften (mod. nach Pennington & Ozonoff, 1991).

Genetische und Umweltfaktoren erhöhen oder reduzieren das Risiko für eine psychische Störung, wobei die Vulnerabilität im Entwicklungsverlauf verschiedene Vorformen der Störung annehmen kann (S1, S2, vgl. Abb. 2); dies hängt davon ab, welche Auslöser oder kritischen Lebensereignisse vorliegen. Den Lebensereignissen kommt auch eine schädigende oder schützende Funktion zu, insofern diese das Vollbild einer Störung oder nur bestimmte Erscheinungsformen davon auslösen. Nach ihrem Ausbruch können weitere Risiko- oder Schutzfaktoren das Störungsbild beeinflussen, das heißt aufrechterhalten oder mildern. Auch in diesen komplexen Diathese-Streß-Modellen bestimmen die genetisch-biologischen Bedingungen die materielle Ursache und die Umweltfaktoren die einwirkende Ursache der Störung. Die psychische Entwicklung des Kindes wird kaum berücksichtigt, da davon ausgegangen wird, daß ausschließlich die kritischen Lebensereignisse Veränderungen im Störungsbild hervorrufen können.

Erst wenn man den zeitlichen Verlauf angemessen berücksichtigt, wird der tatsächlichen Bedeutung des Entwicklungsprozesses Rechnung getragen (vgl. Abb. 3).

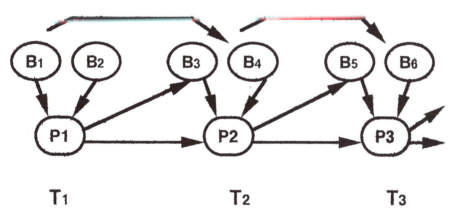

Abbildung 3:
Reziproke Kausalität in der Ätiopathogenese (mod. nach Pennington & Ozonoff, 1991).

Im Modell der reziproken Verursachung können neurobiologische Faktoren (B1, B2) eine psychische Störung (P1) bedingen. Diese beeinflußt jedoch im weiteren Entwicklungsverlauf (T2 und T3) die Neurobiologie reziprok (z.B. P1 zu B3 und P2 zu B5). Denkbar ist auch, daß Lernerfahrungen (P1) die neurobiologische Entwicklung beeinträchtigen (B3) und eine Entwicklungsabweichung verursachen (Susman, 1993). Die Wechselwirkungen zwischen Neurobiologie und Verhalten bzw. Lernen werden Gen-Umwelt-Korrelationen genannt (Plomin et al., 1991). Sie erklären jedoch höchstens 50 % der phänotypischen Varianz im Störungsbild, da auch Lernerfahrungen (P1 zu P2) und genetische Effekte (B1/B2 zu B3/B4 zu B5/B6) den Entwicklungsverlauf beeinflussen.

Moffitt (1993) führt verschiedene Untersuchungen an, die einen ätiologischen Effekt genetischer/biologischer Einflüsse (B) für dissoziale Störungen in Form einer umschriebenen Störung im Frontalhirn nachweisen. Dieser Effekt ist jedoch nicht prototypisch für die Entwicklung dissozialer Störungen (Loeber, 1990; Pennington & Bennetto, 1993). Es muß daher neben einer ausgeprägten und anatomisch nachzuweisenden, eine neuropsychologische Form vorliegen, die auf kognitivem Niveau wirkt (Grattan & Eslinger, 1991) und verschiedene Lernprozesse beeinflußt (B zu P). Die erstere Störung wäre in einem direkten, die zweite in einem indirekten Ursachenmodell beschreibbar (Richards et al., 1993). Subtile Störungen im Frontalhirn können jedoch auch einen indirekten Effekt auf die Entwicklung anderer neuronaler Strukturen (B1/B2 zu B3/B4) ausüben (Damasio et al., 1991) und somit erst während späterer Entwicklungsperioden (T2, T3) verhaltenswirksam werden (entwicklungsabhängiges Ursachenmodell).

Viele Studien belegen die Bedeutung der Umwelt in der Ätiopathogenese und erforschen, wie Lernerfahrungen zur Entwicklung dissozialer Störungen beitragen können (P1 zu P2 zu P3; Loeber, 1990). Auch hierbei werden direkte, indirekte und entwicklungsbedingte Ursachenmodelle vertreten (Kusch & Petermann, 1993). Erst in jüngster Zeit werden zudem Untersuchungen durchgeführt, die sich mit dem Effekt von Lernerfahrungen auf die neurobiologische Entwicklung von Kindern mit Betragensstörungen befassen (P zu B). Susman (1993) betrachtet den Effekt von negativen Eltern-Kind-Interaktionen und einem konflikthaften familiären Umfeld auf die Ausbildung der Dendritendifferenzierung und Synapsenverbindungen des sensumotorischen Nervensystems während kritischer postnataler Entwicklungsperioden. Der Einfluß von Lernerfahrungen auf die neurobiologische Entwicklung des Zentralnervensystems kann die Entwicklung des neurochemischen, Hemmungs- und Verstärkersystems verändern und in externalisierende Verhaltensstörungen münden (Quay, 1993). Diese nach der Geburt auftretenden Wechselwirkungen zwischen Lernerfahrung und Neurobiologie werden anhand neurobiologischer Erklärungsmodelle erforscht (Greenough & Black, 1992). Anhand derartiger Modelle wird nachgewiesen, daß neben genetisch-biologischen (Plomin et al., 1991; Quay, 1993) und psychosozialen Ursachen psychischer Störungen (Loeber et al., 1993) auch die biopsychosozialen Wechselwirkungen im Entwicklungsverlauf relevant sind (Greenberg et al., 1993; Susman, 1993). Die Erfahrungen und die Umwelt des Kindes lösen demnach nicht ausschließlich eine biologisch begründete psychische Störung aus (einwirkende Ursache), sondern können diese auch primär verursachen (materielle Ursache).

Zur Beschreibung und Erklärung einer Entwicklungsabweichung (EA) werden komplexe Ätiologiemodelle herangezogen, in denen eine Störung als Folge der „Haupt-Effekte'' aus genetischen (G) und Umweltbedingungen (U), aus deren Interaktionen (GxU) und deren Transaktionen (G-U) verstanden wird (Pennington & Ozonoff, 1991):

$$EA = G + U + GxU + G\text{-}U$$

Betrachtet man die Bedeutung der reziproken Kausalität und der komplexen Erklärungsmodelle der Ätiopathogenese psychischer Störungen, so muß neben dem

Ursachenmodell zusätzlich ein Verlaufsmodell der Entwicklungsabweichung erarbeitet werden. Die damit verbundene zeitliche Perspektive berücksichtigt formale und finale Erklärungsmuster psychischer Störungen. Sie fragt:

a) zu welchem Zeitpunkt liegen welche Verhaltens- oder Störungsmuster vor?
   Hierbei handelt es sich zumeist um die Frage nach den bio-psycho-sozialen
   Kompetenzen eines Kindes, das heißt nach der formalen Ursache.

b) welche Richtung nimmt die Entwicklungsabweichung? Hierbei handelt es
   sich um die Funktionen und Prozesse, die einem normalen oder abweichenden Entwicklungsverlauf zugrunde liegen, das heißt die finale Ursache.

Kusch und Petermann (1993) haben in ihrem Ursachen- und Verlaufsmodell
sowohl das komplexe Ätiologiemodell der Neurowissenschaften als auch die
reziproke Kausalität in der Ätiopathogenese berücksichtigt.

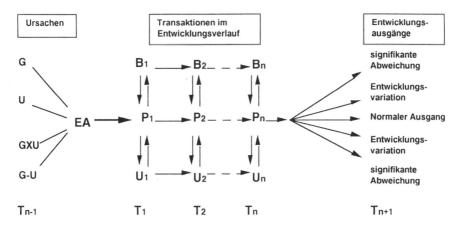

Abbildung 4:
Ätiopathogenetisches Modell der Entwicklungspsychopathologie (mod. nach Kusch,
1993a).

Die Beschreibung einer psychischen Störung ist in diesem Modell immer mit
einem Akt verbunden, der eine umschriebene Zeitdimension im Entwicklungsverlauf dieser Störung herausschneidet (T1, T2, Tn). Die Beschreibung bezieht
sich immer auf eine Entwicklungsperiode (z.B. T1) und die darin stattfindenden
bio-psycho-sozialen Wechselwirkungen (B1, P1, U1). Die Ausdehnung des Zeit-
rahmens anhand von Längsschnittstudien kann retrospektiv (Tn-1) und prospektiv
(Tn+1) erfolgen (Loeber, 1991), wobei die genetische und soziale Perspektive
durchaus generationsübergreifend ausfallen kann (Jacobvitz et al., 1991; Patterson et al., 1989; Plomin et al., 1991).

Neben der Zeitdimension ist auch die Auswahl der Beschreibungskategorien
relevant. Eine vollständige Beschreibung der Ursachen einer Entwicklungsabweichung (EA) muß dabei sowohl die genetisch-biologischen (G), die Umweltfakto-

ren (U), die Gen-Umwelt-Interaktion (GxU) als auch die Gen-Umwelt-Transaktion berücksichtigen (G-U; Plomin et al., 1991). Gleiches gilt für den Entwicklungsverlauf, in dem jedoch zunehmend den Gen-Umwelt-Transaktionen (Scarr, 1992) bzw. der aktiven Auseinandersetzung des Kindes mit seiner Umwelt (Sameroff, 1989) eine entscheidende Rolle zukommt. Vollständigkeit bedeutet hierbei, sich nicht allein auf die Beschreibung der ursächlich verantwortlichen Faktoren zu beschränken, sondern die Bedingungen anzugeben, die:

a) auf Seiten der Person (P) für kompetentes bzw. inkompetentes Verhalten verantwortlich sind sowie

b) auf Seiten der Umwelt (U) und

c) der Neurobiologie (B) das Risiko für eine Abweichung erhöhen oder mindern.

Das ätiopathogenetische Modell berücksichtigt zudem, daß eine Entwicklungsabweichung im Verlauf (Tn + 1) sowohl zu einer Normalisierung als auch zu einer klinischen Abweichung führen kann, da ein vorprogrammierter Entwicklungsausgang unwahrscheinlich ist (Oyama, 1989) und das beeinträchtigte Kind zu jedem Zeitpunkt die Möglichkeit besitzt, sich der normalen Entwicklung anzunähern (Cicchetti & Toth, 1991a,b). Dem Ursachen- und Verlaufsmodell liegen weitere Annahmen zugrunde:

— Jeder einzelne Ursachenfaktor oder eine Kombination daraus kann eine Entwicklungsabweichung (EA) nahelegen, aber nicht festlegen (Oyama, 1989).

— Die biopsychosozialen Transaktionen im Entwicklungsverlauf entscheiden darüber, welcher zwischenzeitliche Entwicklungsausgang (Tn+1) beobachtbar ist (Loeber et al., 1993).

— Da eine Entwicklungsabweichung nur zwischenzeitliche Ausgänge hat, wird jeder zeitlich stabile Zustand im Störungsverlauf als Entwicklungsausgang bezeichnet (O'Connor, 1987).

— Die Entwicklung weicht erst allmählich vom normalen Verlauf ab (T1 bis Tn). Daher müssen Vorläufer eines klinisch signifikanten Störungsbildes identifizierbar sein (Hay & Angold, 1993).

— Es müssen Ursachenkonstellationen unterschieden werden, welche die Erstmanifestation des Vorläufers einer Störung bedingen (Tn-1 zu T1), und solche, die für die sukzessive Abweichung (T1 zu T2; Tn zu Tn + 1) verantwortlich sind (Cicchetti et al., 1991; Susman, 1993).

— Während der einzelnen Perioden im Entwicklungsverlauf (T1; T2; Tn) kann die Manifestation einer Störung von verschiedenen biopsychosozialen Faktoren kontrolliert werden. Hierzu zählen die neurobiologischen (internen) und sozialen (externen) Bedingungen des Kindes sowie seine Kompetenzen und Performanzen oder eine Kombination dieser Faktoren (Pickels, 1993).

3. Risiken, Ursachen und Vorläufer von Entwicklungsabweichungen

Risikokonzepte psychischer Störungen beruhen auf sehr komplexen Annahmen, die die Einflußfaktoren und die Wahrscheinlichkeit angeben, mit der eine Störung Y auftritt, wenn zuvor X beobachtbar war (Pickles, 1993). Damit ist noch nichts über die Ursache von Y ausgesagt, das heißt darüber, daß X notwendig und hinreichend für das Auftreten der Störung Y ist. Selbst bei nachweisbaren Hirnveränderungen sind unterschiedliche Entwicklungsabweichungen beobachtbar (Goodman, 1993). Dennoch, je weniger Risikofaktoren für das Auftreten einer Störung nachweisbar sind und je spezifischer diese sind, desto größer ist die Wahrscheinlichkeit, sie als Ursache der Störung anzusehen.

Nur selten genügt ein Risikofaktor, der dann mit der Ursache gleichzusetzen wäre. Zumeist addieren sich unabhängige Risikofaktoren oder sie stehen in komplexen wechselseitigen Beziehungen zueinander (Rutter & Pickles, 1991). Neben diesen additiven und transaktionalen Risikomodellen werden intermediäre Modelle diskutiert. Diese Modelle beschreiben Faktoren, die zwar nicht den Ausbruch einer Störung erklären, jedoch die Vulnerabilität, das heißt die Anfälligkeit einer Person für die Entwicklung dieser Störung (Pickles, 1993). Die Vulnerabilität umschreibt einen zeitlichen Vorläufer oder eine milde Form einer Störung. Die beobachtbaren Aspekte des Vorläufers bzw. der Vorform werden Vulnerabilitätsmarker genannt. Dem Vorläufer wird häufig der Status einer eigenständigen Störung zugesprochen, wie zum Beispiel den Angstzuständen in der Kindheit (Rubin et al., 1991). Es kann aber auch sein, daß es sich nicht um einen Vorläufer handelt, sondern um zwei unabhängige Störungen, die lediglich zu verschiedenen Zeitpunkten auftreten (Loeber, 1990).

Es ist schwierig zu klären, welcher Status einem „Vorläufer" zugesprochen werden soll, da dieser sich oft völlig von dem resultierenden Störungsbild unterscheidet (Le Blanc & Loeber, 1993). So wird beispielsweise die ängstlichabwehrende Bindung als ein sehr früher Vorläufer bestimmter, später auftretender aggressiver Störungen angesehen (Greenberg et al., 1993). Dies bedeutet, daß zwischen den Risiken und dem „endgültigen" Störungsbild ein Prozeß stattfindet, den man als Pathogenese oder Entwicklungsabweichung bezeichnet. Das Konzept der Entwicklungsperioden (Sroufe, 1989) beschreibt diesen Sachverhalt. In diesen Modellen wird immer dann von einer erhöhten Wahrscheinlichkeit einer Störung ausgegangen, wenn bestimmte Risiken während „sensibler Perioden" auftreten (Nash & Hay, 1993) und wenn diese sich im Entwicklungsverlauf summieren (Rutter, 1989). Daneben ist entscheidend, ob und wie eine Person vergangene Risiken und Entwicklungsaufgaben bewältigt hat und ob zusätzliche Schutzfaktoren mildernd auf den aktuellen Bewältigungsprozeß einwirken. So kann das Zusammenwirken vergangener und aktueller Risiko- und Schutzfaktoren zu einer Vulnerabilität führen oder die Person widerstandsfähig gegen schädigende Einflüsse machen (Rolf et al., 1990). Die Vulnerabilität und die Widerstandsfähigkeit eines Kindes ist ebenfalls als Vorläufer einer Entwicklungs-

abweichung oder einer normalen Entwicklung trotz widriger Umstände anzusehen. Sie werden Vorläufer genannt, da sie ursprünglich durch das Zusammenwirken der externen Risiko- und Schutzfaktoren verursacht wurden und nun im Kind
wirken und den Störungsverlauf mitbedingt (Cicchetti, 1990; Pickles, 1993). In
Abbildung 5 werden die diskutierten Annahmen dargestellt:

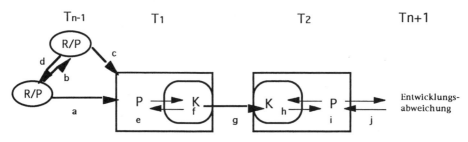

Abbildung 5:
Risiko- und Vulnerabilitätsmodell der Entwicklungspsychopathologie.

Legende:

Tn-1   = Zeitpunkt, zu dem keine psychische Störung vorliegt
T1   = Zeitpunkt, zu dem ein Vorläufer der psychischen Störung vorliegt
T2   = Zeitpunkt, zu dem die psychische Störung beobachtbar ist
Tn+1   = Zeitpunkte der weiteren Entwicklungsabweichung
R/P   = Risiko- und protektive oder Schutzfaktoren
P   = Performanzen
K   = Kompetenzen
a—j   = Einflüsse und Wechselwirkungen zwischen R/P, P und K

Abbildung 5 verdeutlicht einen Erklärungsansatz zur Ätiopathogenese psychischer Störungen (vgl. auch: Greenberg et al., 1993; Pickles, 1993). Ob eine
psychische Störung entsteht, hängt davon ab, welche neurobiologischen und ökologischen Risiken (R) und Schutzfaktoren (P) im Kontext der Entwicklung auftreten. Ein Risiko kann eine Entwicklung direkt beeinflussen (a) oder indirekt,
mittels weiterer Risiken (a,b,c). Ebenso können zwei unabhängige Risiken addi-
tiv (a,c) oder als Folge ihrer Wechselwirkungen (b,d) schädigend wirken. In
jedem Falle führen die Risiken über das gezeigte Verhalten des Kindes (P) zu seiner Vulnerabilität. Bleibt diese nur auf die Verhaltensfunktionen des Kindes begrenzt (e), so ist das Kind lediglich belastet und seine Verhaltensprobleme sind
vom biosozialen Kontext abhängig. Die Probleme des Kindes stellen eine Funktion der Risikofaktoren dar und können nur beobachtet werden, wenn die entsprechenden Risiken vorliegen. Beeinträchtigen die Performanzen (P) über vielfältige
Lernerfahrungen auch die Kompetenzen (K) des Kindes (e zu f), so wird das Problemverhalten dekontextualisiert, das heißt, von den konkret wirkenden biosozialen Einflüssen unabhängig und in Form von kognitiv-affektiven Strukturen
(Kompetenzen) gespeichert. Diese kompetenzabhängige Vulnerabilität des

Kindes muß sich nicht zum Zeitpunkt T1 direkt in Verhaltensproblemen (P) äußern (f zu e). Sie kann erst über vielfältige Lernerfahrungen (g) zu einem späteren Entwicklungszeitpunkt T2 verhaltenswirksam werden (h zu i) und zu einer Entwicklungsabweichung führen (j). Lediglich über diesen Mechanismus können die Risiken zum Zeitpunkt T1 Störungen zum Zeitpunkt T2 verursachen, das heißt als entwicklungsabhängige Ursachen wirken.

Natürlich kann das erneute Vorliegen von Risiko- und Schutzfaktoren während T2 das Ausmaß der Störung mildern oder steigern. Welche biopsychosozialen Kontextbedingungen (T1, T2) als Ursache einer Störung anzusehen sind, hängt davon ab, ob sich eine Verhaltensstörung zum Zeitpunkt T2 verändert, wenn entsprechende Kontextbedingungen anders ausgeprägt sind. Dies ist beispielsweise dann beobachtbar, wenn zwei hyperaktive Kinder nach der Grundschule (T1) zwar gemeinsam auf eine Realschule wechseln, jedoch unterschiedliche Lehrer bekommen (T2) und der eine Schüler seine Hyperaktivität behält, während sie bei dem anderen nicht weiter vorliegt. Die Risikofaktoren des Zeitpunktes T1 sind wahrscheinlich für eine Störung zum Zeitpunkt T2 verantwortlich, wenn eine Änderung im Erscheinungsbild der Störung nur durch die Veränderung der kognitiv-affektiven Wissensstrukturen des Kindes (K) erreicht werden kann. Hier liegt eine sogenannte kompetenzbedingte Vulnerabilität vor, da die vergangenen Risikofaktoren (T1) über die Kompetenzen des Kindes (f) und seine weiteren Lernerfahrungen (g) das Erscheinungsbild zum Zeitpunkt T2 verursacht haben. Dies trifft beispielsweise dann zu, wenn beide Schüler in der Realschule den gleichen Lehrer haben, der eine Schüler seine Hyperaktivität jedoch behält, während der andere diese verliert.

Diese Konzeption erlaubt auch die Analyse der Übergänge von biosozialen (externen) zu kognitiv-emotionalen (internen) Kontrollparametern abweichender Entwicklung. Unter dem Begriff Kontrollparameter sind diejenigen biopsychosozialen Merkmale der Entwicklung zu verstehen, die den größten Anteil der Varianz im beobachtbaren Verhalten erklären, das heißt die die Verhaltensstörung eines Kindes zu einem bestimmten Zeitpunkt aufrechterhalten. Zum Beispiel wird im Vorschulalter die Eltern-Kind-Interaktion als ein wichtiger Kontrollparameter aggressiven Verhaltens angesehen und eine gestörte Kommunikation mit den Eltern oder deren ungenügende Verhaltenskontrolle als Risiko für externalisierende Störungen gewertet (Patterson & Bank, 1989). Während dieser Zeit und im Schulalter übernehmen jedoch andere Faktoren die Kontrolle darüber, ob eine Störung des Vorschulalters bestehen bleibt. Hierzu zählt vor allem der innere Monolog (= handlungsbegleitendes Sprechen des Kindes), der den sozialen Umgang mit Gleichaltrigen lenkt (Greenberg et al., 1991; Shantz & Hartrup, 1992). Der Erwerb, die Speicherung und die Repräsentation der gestörten Interaktionsmuster in der inneren Sprache und der Kommunikation des Kindes, wird daher zu einem wichtigen Vulnerabilitätsmarker (Prizant et al., 1990) und Kontrollparameter während der Schulzeit. Über die Beeinträchtigung des handlungsbegleitenden Sprechens während der Eltern-Kind-Interaktion (Dunn & Brown, 1991) können auch Störungen der sozialen Informationsverarbeitung entstehen (Dodge, 1993), die eine indirekt schädigende Wirkung ausüben. Dies trifft beispielsweise zu, wenn das Kind vermehrt Konflikte mit Gleichaltrigen und Schulprobleme bekommt oder einer dissozialen Jugendlichengruppe beitritt (Petermann & Kusch, 1993).

Die Klärung der Frage, wie Risiken die Vulnerabilität eines Kindes erhöhen, gibt auch eine Antwort auf die Frage, ob eine psychische Störung stabil bleibt und während verschiedener Entwicklungsperioden vorliegt oder ob während dieser Zeitpunkte voneinander unabhängige Störungen auftreten. Es lassen sich insgesamt vier Bereiche unterscheiden, in denen Risiko-/Ursachenfaktoren auf die Entwicklung von Störungen einwirken (Plomin et al., 1991). Diese sollen im folgenden am Beispiel externalisierender Störungen verdeutlicht werden (vgl. Greenberg et al., 1993):

3.1 Genetisch-biologische Einflüsse

Genetische Einflüsse sind für aggressive Betragensstörungen, Devianz oder Hyperaktivität nachgewiesen worden (Plomin et al., 1991). Peri- und pränatale Schädigungen können ebenfalls vorliegen (Greenberg et al., 1993). Kruesi et al. (1992) konnten in einer Verlaufsstudie über zwei Jahre einen Serotonin-Metaboliten (5-hydroxyindoleacetic acid) als Vorläufer offen-aggressiven Verhaltens nachweisen. Neurologische Studien bringen drei Hirnsysteme in Verbindung mit aggressiven Störungen, insbesondere mit der mindersozialisierten aggressiven Betragensstörung (vgl. Quay, 1993). Neben organisch nachweisbaren Beeinträchtigungen in neurophysiologischen Systemen, die direkt auf die Entwicklungsabweichung einwirken sollen, werden anatomisch nicht identifizierbare, jedoch neuropsychologisch analysierbare Beeinträchtigungen untersucht. Diese spiegeln Indikatoren einer Störung im Frontalhirnbereich und entsprechenden limbischen Strukturen wider (Moffitt, 1993), zum Beispiel Störungen des Sprachverständnisses und der verbalen Ausdrucksfähigkeit sowie die Impulsivität (Greenberg et al., 1993). Ein schwieriges Temperament wird ebenfalls mit der Entwicklung aggressiver Störungen verbunden (Belsky et al., 1989), obwohl dieses nur in Wechselwirkung mit anderen, sozialen Faktoren möglich ist (Bates et al., 1991).

3.2 Umwelteinflüsse

Vor allem die Quantitative Genetik (Plomin et al. 1991) konnte nachweisen, daß auch Umwelteinflüsse für die Ätiopathogenese sehr bedeutsam sind. Für die meisten psychischen Störungen beträgt der genetische Einfluß weniger als 50 %. Für die anderen 50 % werden diejenigen Erfahrungen verantwortlich gemacht, die zum Beispiel ein aggressives Kind von seinem nicht-aggressiven Geschwister unterscheiden. Diese sogenannten nicht-gemeinsamen Umwelteinflüsse können sich in Temperaments- oder Geschlechtsunterschieden (Zoccolillo, 1993), unterschiedlichen Erziehungspraktiken oder Erwartungen an das einzelne Kind äußern (Belsky et al., 1989). Zu beachten ist jedoch, daß gemeinsame familiäre Erfahrungen nicht ausschließlich Folge der genetischen Übereinstimmung zwischen

Familienmitgliedern sind (Scarr, 1992), sondern ebenso aus generationsübergreifenden familiären Erziehungspraktiken herrühren können (Jacobvitz et al., 1991). Gemeinsame Erfahrungen werden im Rahmen direkter Ursachenmodelle diskutiert. Die hier beobachteten Einflüsse werden auf die gesamte Familie bezogen oder als Einzelrisiken beschrieben ("Family-Adversity-Index"; Sameroff et al., 1987). Zu den negativen Risiken zählen:

● Elternmerkmale, wie ein geringer Ausbildungsstand, psychiatrische Störungen, Kriminalität oder Drogenmißbrauch,
● familiäre Einflüsse, wie Erziehungsstreß, familiäre Gewalt oder nachteilige familiäre Kommunikationsstrukturen,
● Rahmenbedingungen der Familie, wie geringes Einkommen, unzulängliche Wohnverhältnisse, geringe soziale Bindungen, Arbeitslosigkeit, Ehescheidung oder Erkrankung/Tod eines Familienangehörigen.

Fast alle dieser Faktoren können im Entwicklungsverlauf externalisierender Verhaltensstörungen beobachtet werden (Loeber, 1990). Keiner dieser Risikofaktoren kann für sich allein den Ausbruch, das Vorliegen oder die Entwicklung dieser Störungen erklären. Im familiären Bereich sind direkte Einflüsse von indirekten zu unterscheiden; einen direkten Einfluß besitzt das Erziehungsverhalten der Eltern, ein indirekter ist gegeben, wenn der familiäre Streß auf die elterlichen Erziehungspraktiken wirkt und diese die Verhaltensprobleme des Kindes verstärken (vgl. Patterson & Bank, 1989).

In der Erforschung des elterlichen Disziplinierungsverhaltens konnten die Effekte beider Einflüsse bestätigt werden (Kusch & Petermann, 1993). Da jedoch nicht jedes Kind einer Familie eine externalisierende Störung entwickelt, sind die Bedingungen zu erforschen, über die diese Effekte bei einem Kind zu externalisierenden Verhaltensstörungen führen, während sie bei einem anderen Familienmitglied möglicherweise internalisierende Störungen zur Folge haben können. Dies erfolgt anhand der Eltern-Kind-Interaktionen und -Transaktionen.

3.3 Eltern-Kind-Interaktionen

Stehen Gene und Umwelt in einer multiplikativen Beziehung, spricht man von einer Gen-Umwelt-Interaktion (Plomin et al., 1991). Bei delinquentem Verhalten mag eine genetische Komponente die Kinder gegenüber Umweltstressoren empfindsamer machen (Plomin et al., 1991), jedoch konnten nur wenige dieser Effekte nachgewiesen werden. Rutter (1989) fordert, daß neben den genetischen viele andere interaktive Modelle heranzuziehen sind. So konnten "Goodness-of-Fit"-Ansätze (Shantz & Hartrup, 1992) zeigen, daß Beeinträchtigungen in der Abstimmung zwischen Kind und Umwelt sowohl zu internalisierenden (Rubin et al., 1991) als auch zu externalisierenden Störungen (Petermann & Warschburger, 1997) führen können. Als wichtige Risikofaktoren der externalisierenden Störungen wurden dabei identifiziert:

- inkonsistentes elterliches Verhalten während verschiedener Disziplinie-rungssituationen und
- übermäßige Strenge (McMahon & Forehand, 1988),
- Erpressungsversuche des Kindes, in denen ein übermäßiges Quengeln und Drängen des Kindes die Eltern dazu bringt, ein ausgesprochenes Verbot rück-gängig zu machen, was rückwirkend das Quengeln des Kindes verstärkt (Patterson & Bank, 1989) oder ein
- gestörtes, emotionales Eltern-Kind-Verhältnis (Pettit & Bates, 1989).

Zwar sind die Langzeitfolgen derartiger Beziehungsstrukturen hinlänglich be-legt (Le Blanc & Loeber, 1993), unklar ist jedoch, ob sie Ursache oder Folge des problematischen Verhaltens dieser Kinder sind. Eine Antwort auf diese Frage versuchen Ansätze zu geben, die sich mit den alltäglichen, wechselseiti-gen Einflüssen zwischen Eltern und Kind und den damit verbundenen Rück-wirkungen, den sogenannten Eltern-Kind-Transaktionen, befassen.

3.4 Eltern-Kind-Transaktionen

Unter dieser Fragestellung analysiert man die Einflüsse von Anlage und Umwelt auf die weitere Entwicklung des Kindes. Unterschieden werden die:

- passive Gen-Umwelt-Transaktion. Diese ist möglich, da alle Kinder einer Familie ähnlichen Anlagen- und Umweltfaktoren ausgesetzt sind und sie daher eine Umwelt vorfinden, die zu ihren genetischen Dispositionen paßt;
- reaktive Gen-Umwelt-Transaktion. Diese ist denkbar, da ein Kind auf Grundlage seiner Anlagen bestimmte Reaktionen seiner Umwelt hervorru-fen kann;
- aktive Gen-Umwelt-Transaktion. Diese entsteht, wenn Kinder sich aktiv Umweltbedingungen suchen oder herstellen, die zu ihrer Veranlagung passen.

Im Verlauf der Entwicklung nimmt die aktive Gen-Umwelt-Transaktion an Bedeutung zu, in der sich das Kind aktiv seine persönlichen Umweltbedingun-gen schafft (Scarr, 1992). Auditiv begabte Kinder bevorzugen beispielsweise musische Aktivitäten, während sich mathematisch begabte lieber mit formalen Problemen befassen. Aufmerksamkeitsgestörte Kinder lassen sich verstärkt von Umweltreizen ablenken, während sozial unsichere Kinder sich eher aus sozialen Kontakten zurückziehen. Die Kinder schaffen sich mit ihrem Verhalten spezifi-sche Entwicklungsbedingungen. Diese Bedingungen wirken wiederum auf die biopsychosoziale Entwicklung des Kindes. So kann das aufmerksamkeitsgestörte Kind bestimmte neuropsychologische oder neurochemische Störungen erwerben, die in einer späteren Entwicklungsperiode nicht mehr ohne weiteres kompensiert werden können. Das sozial unsichere Kind sammelt zum Beispiel unzurei-chende Sozialkontakte und soziale Erfahrungen und entwickelt eine depressi-ve Störung. Neben genetischen (Moffitt, 1993) können durchaus auch Umweltfaktoren einen solchen abweichenden Wechselwirkungsprozeß in Gang setzen (Susman, 1993).

Wie die Beispiele verdeutlichen, beschreiben die Kind-Umwelt-Transaktionen den gemeinsamen biopsychosozialen Effekt auf ein bestimmtes Merkmal. Hierbei wird das Ausmaß angegeben, in dem

- ein Kind aufgrund seiner Kompetenzen und Performanzen in einer spezifischen Umwelt lebt, das heißt, wie ein Kind zum Beispiel aufgrund seiner feindseligen Bewertung der Umwelt und seiner Neigung zu aggressivem Verhalten einer bestimmten Gleichaltrigengruppe beitritt,
- die soziale Umwelt auf ein solches Kind reagiert und es beispielsweise als „Störenfried" ablehnt oder nur noch bestimmte Erwartungen hegt und
- sich das Kind und/oder seine soziale Umwelt aufgrund der stattfindenden Transaktionen verändern. Zwei Herangehensweisen sind denkbar: Zum einen kann untersucht werden, wie sich eine dem Kind gegenüber „neutral" eingestellte Umwelt verändert, da das Kind aggressiv ist oder, wie ein "vulnerables" aggressives Kind zunehmend aggressiver wird, weil es von seiner sozialen Umwelt abgelehnt wird (Cicchetti & Toth, 1991 b).

3.5 Entwicklung psychischer Störungen

Die Frage nach der Entwicklung psychischer Störungen beginnt naheliegenderweise mit der Analyse der frühen Kindheit. So unterscheiden Belsky et al. (1989) die Frage, ob neurobiologische Risiken auf Seiten des Kindes (z. B. ein schwieriges Temperament) oder soziale Risiken im familiären Umfeld zu einer unsicheren Eltern-Kind-Bindung führen und externalisierende Störungen begünstigen. Beide Annahmen wurden bestätigt (Greenberg et al., 1993), so daß festzustehen scheint, daß sowohl biologische als auch soziale Risiken bei einem Kind zu einer kompetenzbedingten Vulnerabilität führen können. Loeber (1990) fragt zudem, ob allein die Vulnerabilität des Kindes mit einem stabilen externalisierenden Entwicklungsverlauf verbunden ist oder ob zusätzliche Risikofaktoren die Wahrscheinlichkeit dieses Verlaufes erhöhen. Er konnte zeigen, daß bei Kindern mit einem stabilen externalisierenden Verlauf in den einzelnen Entwicklungsperioden zusätzliche familiäre Risiken vorliegen.

Erklärt werden diese Befunde zum einen durch ein additives Vorhersagemodell (Lyons-Ruth et al., 1989), welches externalisierende Störungen auf Grundlage einer Kombination aus Bindungsstörung und hohem "Family-Adversity-Index" während spezifischer Entwicklungsperioden beschreibt. Ein anderes, transaktionales Modell geht davon aus, daß sich das Kind und seine Umwelt wechselseitig beeinflussen und daher zu verschiedenen Entwicklungszeitpunkten unterschiedliche Risiken und Schutzfaktoren bedeutsam sind (Greenberg et al., 1993).

Interessanterweise belegen neue Studien, daß es keineswegs eine unüberschaubare Zahl möglicher Kombinationen von Risiko- und Schutzfaktoren gibt (Cicchetti & Toth, 1991 b). Vielmehr zeigen sich beispielsweise drei prototypische Kombinationen von Risikofaktoren für den frühen Beginn externalisierender Verhaltensstörungen (Greenberg et al., 1993). Hierzu gehört eine Kombination, in der neurobiologische und Umweltrisiken sowohl allein als auch in Verbindung miteinander einen frühen Störungsbeginn und stabilen Entwicklungsverlauf mit ungünstiger Prognose verursachen (Rubin et al., 1991). Ein zweites Entwicklungsmuster ist dadurch gekennzeichnet, daß ein ungünstiges Temperament oder andere biologische Vulnerabilitätsmarker das Kind zwar nur gering beeinträchtigen, jedoch mittels der Eltern-Kind-Transaktionen im Vorschul- und Schulalter zunehmend problematische Erziehungs- und Disziplinierungsmethoden der Eltern und Verhaltensstörungen des Kindes nach sich ziehen (Belsky et al., 1989; Patterson & Bank, 1989). In einer dritten Kombination äußert sich eine massive Umweltbeeinträchtigung beispielsweise in Form psychischer Kindesmißhandlung und führt bereits während der frühen Kindheit zu einer gestörten Eltern-Kind-Bindung (Kusch & Petermann, 1993).

Neben den bekannten Risikofaktoren ist letztlich zu klären, welche Vulnerabilitätsmarker auf Seiten des Kindes mit stabil abweichenden Entwicklungsverläufen einhergehen. Störungen der Selbstregulation, der Kommunikation, des handlungsbegleitenden Sprechens sowie der sozial-kognitiven Informationsverarbeitung sind hier von Bedeutung (Dodge, 1993; Greenberg et al., 1991; Prizant et al., 1990)

4. Biopsychosoziale Transaktionen im Entwicklungsverlauf

Die Pathogenese einer Störung beschreibt den Prozeß, über den die Störung hervorgerufen, aufrechterhalten und in ihrer Äußerungsform verändert wird, beispielsweise den gestörten Reifungs-, Entwicklungs- oder Lernprozeß. Während die Risikofaktoren vieler psychischer Störungen weitgehend bekannt sind, ist immer noch unklar, welche Zusammenhänge zwischen den ätiologischen Bedingungen und der Pathogenese bestehen (Hay & Angold, 1993). Wie Abbildung 5 zeigt, sind die an der Entstehung einer Störung beteiligten Faktoren nicht gleichzusetzen mit ihrer Veränderung im Entwicklungsverlauf. Loeber (1990) hat den Nachweis geführt, daß im Entwicklungsverlauf externalisierender Störungen bei einer Person unterschiedliche Störungsbilder auftreten können (vgl. Petermann & Warschburger, 1997).

Gegenwärtig werden diese ätiologischen und pathogenetischen Prozesse nicht getrennt voneinander diskutiert, sondern man ist bemüht, sie miteinander zu verbinden (Nash & Hay, 1993; Susman, 1993). Dies geschieht, in Anlehnung an die Systemtheorie (Ford, 1987), anhand dynamischer Netzwerkmodelle (Fentress, 1989), die die Struktur und Organisation eines Systems beschreiben, und anhand von Regulationssystemen (Garber & Dodge, 1991; Karoly, 1993), die sich mit den Funktionsmechanismen des Systems befassen. Insgesamt können drei große Gruppen dieser Netzwerke und ihre entsprechenden Regulationssysteme unterschieden werden:

- Neurobiologische,
- psychische und
- soziale Systeme.

4.1 Neurobiologische Systeme

Die neurobiologische Entwicklung verläuft nach einem festgelegten Zeitplan, das heißt, bestimmte Hirnstrukturen sind früher reif bzw. aktiv als andere (Gunnar & Nelson, 1992). Dieser Zeitplan und der entsprechende neurobiologische Zustand des Organismus hat enorme Auswirkungen auf die psychische Entwicklung (Davidson, 1991) und auf die möglichen Effekte sozialer Einwirkungen. So hat zum Beispiel die Reifung der Strukturen im Frontalhirn einen Einfluß auf die kognitive Entwicklung, wie etwa den Erwerb der Objektpermanenz (Pasqual-Leone & Johnson, 1991). Die Reifungsunterschiede zwischen der rechten und linken Hirnhemisphäre sowie den subkortikalen und höherkortikalen Hirnbereichen bewirken deutliche Unterschiede in der Wahrnehmung, Verarbeitung und Speicherung von Umweltreizen (Tucker, 1992). Der Entwicklung von Hirnstrukturen liegt ein Reifungsmechanismus zugrunde, der den Zeitraum bestimmt, in dem die Umwelt auf diese Entwicklung einwirken kann. Nach Greenough und Black (1992) folgt der anfänglichen Überproduktion von Dendriten und Synapsenverbindungen eine selektive Auswahl derjenigen Verbindungen, die sich in der Interaktion der Nervenzellen untereinander als effektiv erwiesen haben, während sich ineffektive Synapsenverbindungen zurückbilden. Da die soziale Umwelt die synaptische Aktivität mitbestimmt, kann sie über diesen Mechanismus Einfluß auf die Organisation und Funktion neuronaler Netzwerke ausüben. Der Beginn und das Ende der Synapsenentwicklung bestimmen die Dauer sensibler Entwicklungsperioden. Diese Zeitabschnitte werden als kritisch oder sensibel bezeichnet, weil sie die Spanne festlegen, in der spezifische Entwicklungsprozesse stattfinden müssen. Finden sie nicht statt oder werden sie gehemmt, so kann dieser Entwicklungsabschnitt nicht wiederholt werden und auch die nachfolgende Entwicklung ist verändert (Bornstein, 1987).

Greenough und Black fanden einen genetisch festgelegten Mechanismus der Synapsenentwicklung, der bestimmt, welche Aspekte der Umwelt für das Individuum zu welchen Zeitpunkten relevant sind. Die neurologische Entwicklung fördert dabei spezifische Dendriten und Synapsenverbindungen in „Erwartung" bestimmter Umwelteinflüsse, die für alle Individuen einer Spezies im Laufe der Entwicklung auftreten, wie zum Beispiel Licht, Wärme, Bewegung etc. (erfahrungserwartende Synapsenentwicklung). Andere Prozesse der Dendritendifferenzierung und Synapsenbildung werden durch die Umwelteinwirkungen hervorgerufen und werden daher als erfahrungsabhängig bezeichnet (vgl. Tab. 1).

Die Unterscheidung in Tabelle 1 zeigt zwei Wege auf, wie die Anforderungen der sozialen Umwelt vom Organismus beantwortet/bewältigt werden können. Umwelteinwirkungen können die neurologischen Netzwerke verändern, die wieder-

Tabelle 1:
Erfahrungserwartende und erfahrungsabhängige Synapsenentwicklung.

	erfahrungserwartend	erfahrungsabhängig
Genetische Kontrolle	stark; eher durch einzelne Gene	schwach; eher durch viele Gene
Synapsenbildung	genetisch gesteuert; in Erwartung spezifischer Informationen	abhängig von den eintreffenden Informationen
Art der Information	universell, d. h. für alle Individuen gleich	idiosynkratisch, d. h. für jedes Individuum anders
Art des Ereignisses	sehr reliabel, d. h. die Umwelt muß dem Kind angemessene Informationen bieten	eher variabel, d. h. das Kind kann zwischen mehreren Informationen auswählen
Synapsenselektion und -elimination	eher durch physiologische Mechanismen bedingt	eher durch soziale Einflüsse bedingt
Sensible Periode	zeitlich eng begrenzt, Wochen bis Monate	keine spezifischen Altersbegrenzungen
Auswirkungen	Veränderungen im weiteren Entwicklungsverlauf sind kaum möglich	Veränderungen sind im Entwicklungsverlauf möglich
Entwicklungskonzepte	Prägung	Lernen und Gedächtnis

um Grundlage der kognitiv-emotionalen Strukturen und des Verhaltens sind. Sehr früh in der Entwicklung auftretende soziale Interaktionen können daher den gesamten Entwicklungsverlauf prägen, indem sie sehr spezifische neuroanatomische Veränderungen herbeiführen oder aber die neurophysiologischen Grundlagen der Selbstregulation verändern. Unterschieden werden frühe prägende Effekte (Nash & Hay, 1993) und spätere Lern- und Gedächtniseffekte (Dodge, 1993). Die Zeitspanne, in der die frühen Effekte eine prägende Wirkung ausüben, bezeichnet Cicchetti (1990) als Entwicklungsperiode; diejenige, in der die späteren Effekte auftreten, nennt man kritische Lebensereignisse.

4.2 Psychische Systeme

In der Entwicklung psychischer Systeme wird zum einen untersucht, wie ein Individuum sein Verständnis der Welt während verschiedener Entwicklungsperioden organisiert und seine Beziehung zu dieser Welt abbildet. Man interessiert sich andererseits auch dafür, wie sich ein Individuum in bestimmten Situationen (Karoly, 1993) und über die Lebensspanne hinweg mit seiner Welt auseinander

setzt (Garber & Dodge, 1991). Die psychische Entwicklung basiert auf Lernerfahrungen (Horowitz, 1991), die:

a) für alle Individuen typisch sind, während relativ kurzer Entwicklungsperioden
   erworben werden und relativ unabhängig von sozialen Kontextbedingungen
   sind (beispielsweise sensorische und motorische Kompetenzen);
b) ebenfalls für alle Individuen typisch sind, jedoch während einer relativ langen
   Entwicklungsperiode erworben werden und in hohem Maße von spezifischen
   Erfahrungen im sozialen Kontext abhängen (beispielsweise die Kommunikation) und
c) aus den universellen Lernerfahrungen zwar hervorgehen, jedoch sehr stark
   variieren, über die gesamte Lebensspanne hinweg erworben und wieder verlernt werden können und vom spezifischen sozio-kulturellen Kontext des Individuums abhängen (beispielsweise schulische oder soziale Fertigkeiten).

Die ersten beiden Lernerfahrungen prägen die weitere Entwicklung. Die sensumotorische, sprachliche und kognitiv-emotionale Entwicklung der ersten Lebensjahre erfolgt während sensibler Perioden; sie ist von spezifischen neurologischen
Reifungsprozessen und Umwelteinwirkungen abhängig. Die in dieser Phase erworbenen Fähigkeiten bleiben ein Leben lang erhalten. Entsprechende Performanzen, wie die Imitation oder die Perspektivenübernahme, zählen ebenfalls zur
Grundausstattung des Menschen (Cicchetti & Beeghly, 1990). In relativ kurzen
Entwicklungsperioden entstehen ebenfalls die homöostatische Regulation, die
kognitiv-affektive Spannungsregulation, die soziale Bindung und die Differenzierung zwischen Selbst und Anderen (Cicchetti, 1990).

Die sensible Periode, in der diese universellen Lernerfahrungen gemacht werden,
ist durch die Zeitspanne der Synapsenentwicklung definiert (Greenough & Black,
1992). Ist diese abgeschlossen, so wird die grundlegende Organisation dieses Bereiches des neurologischen Systems festgelegt (Pasqual-Leone & Johnson, 1991;
Tucker, 1992). Neue Lernerfahrungen sind nur noch schwer möglich (Nash &
Hay, 1993), da die Periode für eine prototypische Entwicklung vorüber ist
(Greenough & Black, 1992). Die dritte Art der Lernerfahrung scheint dagegen
von einem komplexen Zusammenwirken verschiedener Fähigkeiten des Kindes
und den aktuellen Bedingungen des sozialen Umfeldes abhängig zu sein (Horowitz, 1991). Die Aspekte der Erfahrung, die hierbei zu Veränderungen der
neurologischen Organisation führen, sind erfahrungsabhängige Lern- und Spei-
cherungsprozesse (Greenough & Black, 1992; Tucker, 1992). Es können mehr
und zeitlich frühere Leistungen von Kindern auf diese Art des Wissenerwerbs zurückgeführt werden als bisher vermutet (Pratt & Garton, 1993).

Die wichtigsten Einschränkungen für das Ausmaß und den Zeitpunkt dieser Erfahrungen ergeben sich aus den Lern- und Gedächtnisfähigkeiten des Kindes, die
einem spezifischen Entwicklungsverlauf folgen. Unterschieden werden drei Systeme des Wissens: prozedurale, semantische und episodische Systeme (Tulving,
1985). Das prozedurale System repräsentiert Wissen, welches das Kind nur in
seinem konkreten Verhalten äußern kann. Semantisch repräsentiertes Wissen

kann vom Kind verbal berichtet werden, und episodisch gespeichertes Wissen zeigt sich in der Fähigkeit von Kindern, über persönlich bedeutsame Geschehnisse zu berichten. Im Entwicklungsverlauf gehen die episodischen Wissensstrukturen aus den semantischen und diese aus den prozeduralen hervor. Tabelle 2 gibt einige Merkmale der drei Systeme wieder (Crittenden, 1992; Tulving, 1985).

Tabelle 2:
Merkmale prozeduraler, semantischer und episodischer Wissenssysteme.

| | Repräsentiertes Wissen | | |
	prozedural	semantisch	episodisch
Wissenserwerb durch	Konkrete Verhaltens- reaktionen	Kognitive Operationen oder Beobachtung	
Lernmodus:	Verhaltensanpassung Imitation	Rekonstruktion von Erfahrungen	Anhäufung von rele- vantem Wissen
Repräsentations- modus:	Reiz-Reaktions- verbindungen Die sensumotorischen und physiologischen Bedingungen zukünf- tigen Verhaltens betreffend.	beschreibend Das Ereignis betref- fend, ohne an ein bestimmtes Ver- halten gebunden zu sein.	beschreibend Die Beziehungen zwischen dem Ereignis und der Person betreffend.
Reaktions- modus:	Direkte Reaktion, durch Raum- und Zeitbedingungen festgelegt.	Indirekt nur über das prozedurale System möglich. Flexibel, da eine Reaktion in verschiedenen Verhaltensmustern geäußert werden kann.	
Bewußtseins- modus:	automatisch	Bewußtsein der Welt notwendig	Bewußtsein des Selbst notwendig

Der Zeitpunkt, zu dem die drei Formen des Wissens erstmals vorliegen, ist durch die Neurobiologie vorgegeben. So sind wahrscheinlich von Geburt an stattfindende sensumotorische und zentralnervöse Prozesse für das prozedurale System bedeutsam. Der Sprachbeginn und Symbolgebrauch (um den zwölften bis achtzehnten Lebensmonat), ist mit dem semantischen System verbunden. Die Metarepräsentation, die sich um das zweite bis vierte Lebensjahr entwickelt, ermöglicht es, das eigene Handeln kritisch zu betrachten (Pratt & Garton, 1993). Sie ist eine Voraussetzung, um das episodische System darzustellen. Zukünftig wird nicht mehr ausschließlich gefragt, in welchem chronologischen Alter oder auf welcher Stufe der kognitiven Entwicklung bestimmte Kompetenzen und Performanzen erworben werden, sondern wie ein Kind:

a) verschiedene Arten des Wissens erwirbt,
b) während bestimmter Entwicklungsperioden sein Wissen organisiert und kognitiv-emotional repräsentiert,

c) die verschiedenen Wissensbereiche miteinander verknüpft und

d) sich selbst in der Auseinandersetzung mit seiner ·Umwelt reguliert.

Man kann mindestens drei auf die Entwicklungsperioden bezogene Modelle unterscheiden, die zur Analyse derartiger Wissens- und Handlungsstrukturen eines Kindes herangezogen werden.

Das „innere Handlungsmodell". Dieses Modell schließt positive und negative Gefühle sowie physiologische Regulationsmechanismen ein, die die Interaktion mit der Bezugsperson begleiten (Cicchetti & Beeghley, 1990). Das innere Handlungsmodell des Kindes entwickelt sich aus den unzähligen Interaktionen des Säuglings mit seiner sozialen Umwelt während des ersten Lebensjahres und des Vorschulalters und ist für die gesamte Lebensspanne bedeutsam (Waters et al., 1993)

Das „sozial-kognitive Informationsverarbeitungsmodell". Hiermit werden kognitiv-emotionale Repräsentationen und die damit verbundenen Informationsverarbeitungssequenzen (vgl. Abb. 1) beschrieben, die den normalen und abweichenden Wissens- und Handlungsstrukturen zugrundeliegen (Dodge, 1993). Repräsentiert werden in der frühen Entwicklung weniger die psychophysiologischen als die sensorischen und motorischen Regulationsmechanismen, die eine soziale Interaktion begleiten (Gewirtz & Peláez-Nogueras, 1992). Im Vorschulund Schulalter werden Bewertungen, Einstellungen und Absichten repräsentiert, die sprachlich vermittelt werden und der Reflexion prinzipiell zugänglich sind. Die sozial-kognitive Informationsverarbeitung soll sich bereits im Säuglingsalter entwickeln, ist jedoch erst ab dem Vorschulalter, insbesondere aber dem Schulund Jugendalter, für sozial kompetentes und inkompetentes Verhalten (Petermann & Petermann, 1993) und die normale und abweichende Selbstregulation von Bedeutung (Garber & Dodge, 1991). Neuere Konzepte der sozial-kognitiven Informationsverarbeitung stellen die Bedeutung kognitiver und emotionaler Prozesse heraus.

Bemerkenswert an diesem Modell ist, daß die eher kognitiven Sequenzen der Enkodierung, Interpretation, Reaktionssuche, Reaktionsbewertung und Verhaltensausführung abhängig sind vom kognitiv-emotionalen Zustand (Kusch, 1993a), in dem sich eine Person gerade befindet, und daß ihnen ein veränderter emotionalkognitiver Zustand folgt (Dodge, 1991). Die Wahrnehmung sozialer Situationen ist vom Ausgangszustand des Organismus gewissermaßen gefärbt, das heißt, daß der Erregungszustand, die emotionale Stimmung und die kognitive Zielvorstellungen, Erinnerungen und Einstellungen des Kindes die Auswahl und Verarbeitung sozialer Reize beeinflussen. Der Informationsverarbeitung folgt nicht allein eine beobachtbare Verhaltensweise, sondern zudem eine Veränderung des kognitivemotionalen Folgezustandes.

Das „selbst-bewertende Modell". Hiermit wird die Repräsentation der eigenen Person, die Bewertung des Selbst, seiner sozialen Beziehungen, seiner Wünsche und Absichten beschrieben (Connell, 1990) und zudem die Bewertungen des Selbst durch andere Personen und die damit verbundenen emotionalen Reaktionen

(Connell, 1990). Die für dieses Modell notwendige Selbstreflexion entwickelt sich zwischen dem zweiten und vierten Lebensjahr (Metarepräsentation; Pratt & Garton, 1993). Im Schul- und Jugendalter erlangt die Selbst- und Fremdbewertung Bedeutung für das schulische Leistungsverhalten und die Sozialbeziehungen eines Kindes. Wichtige, mit der Selbstbewertung verbundene Entwicklungsabweichungen liegen sowohl im externalisierenden (Dodge, 1993; Selman et al., 1992) als auch internalisierenden Verhaltensbereich (Gotlib & Hammen, 1993).

Die drei Modelle der geistigen Repräsentation sozialer Erfahrungen stehen miteinander in Beziehung. Die Entwicklungspsychopathologie greift auf sie zurück, um die Erlebens- und Verhaltensweisen von Kindern unterschiedlichen Alters, und entsprechende normale und abweichende Störungsverläufe zu untersuchen. Erst dadurch können die entwicklungsabhängigen Ursachen und die kompetenzbedingte Vulnerabilität psychischer Störungen identifiziert werden.

4.3 Soziale Systeme

Die soziale Umwelt ist neben der Neurobiologie und den Kompetenzen/Performanzen der dritte Faktor, der auf die psychische Entwicklung eines Kindes einwirkt, da sie:

● auf die Neurobiologie des Kindes während der einzelnen Entwicklungsperioden abgestimmt ist und
● die kognitiv-emotionalen Kompetenzen und die emotionale und Selbstregulation des Kindes fördert und lenkt.

Das Passen zwischen dem Kind und seinem sozialen Kontext kann entwicklungsfördernd und -hemmend wirken. Es scheint einerseits auf die einzelnen Entwicklungsperioden und andererseits auf die Lern- und Gedächtnisfähigkeit des Kindes (Pratt & Garton, 1993) abgestimmt zu sein. Störungen dieser Anpassung haben stets Entwicklungsabweichungen zur Folge (Field, 1992; Greenberg et al., 1993). Während der frühen Entwicklung kommt dem sozialen Kontext eine prägende Wirkung zu. Er ist daher in sehr spezifischer Weise auf das Kleinkind abgestimmt:

● Affektive Abstimmung; damit ist die spontane neurophysiologische, sensumotorische und affektive Anpassung der Bezugsperson(en) an den Säugling gemeint (Sameroff & Emde, 1989).
● Kontingenz; das heißt, die soziale Umwelt muß während der sozialen Interaktion angemessen und eindeutig reagieren (Donovan & Leavitt, 1992; Gewirtz & Peláez-Nogueras, 1992).
● Geschlossenheit; damit ist ein charakteristischer Verlauf der sozialen Interaktion gemeint (Kusch & Petermann, 1991).

Die mikroanalytische Beobachtung von frühen Eltern-Kind-Interaktionen zeigt, daß im täglichen Umgang eine enorme Anzahl von Moment-zu-Moment-Interaktionen auftritt, die auf die biologischen Kompetenzen des Kindes abgestimmt ist. Einerseits zeigen Kinder mit Entwicklungsbeeinträchtigungen bereits in dieser Entwicklungsperiode deutliche Schwierigkeiten (Kusch & Petermann, in diesem Buch) und andererseits können Eltern mit familiären Problemen oder psychiatrischen Störungen diese automatisch ablaufenden Eltern-Kind-Interaktionen nur ungenügend durchführen (Field, 1992), so daß die Kinder wichtige Entwicklungsaufgaben dieser Periode nicht angemessen bewältigen.

Auch während des Vorschul- und frühen Schulalters ist der soziale Kontext an die Lern- und Gedächtnisfähigkeiten des Kindes angepaßt (Pratt & Garton, 1993). Wesentlich während dieser Zeitspanne ist beispielsweise die:

a) Gestaltung sozialer Situation, in der spezifische Spiel-, Lern- und Kommunikationsprozesse auftreten; dabei kommt den Konflikten und ihrer Bewältigung ein wichtiger entwicklungsfördernder oder -hemmender Charakter zu (Shantz & Hartup, 1992).

b) bedeutungsvolle Kommunikation und die Feinabstimmung während sozialer Interaktionen (Crittenden, 1992). Eltern und Kind verhandeln zum Beispiel in angstauslösenden Situationen oder beim Einkaufen über Verhaltensziele (im Schlafzimmer das Licht anlassen, Spielzeug kaufen) und über entsprechende Voraussetzungen (das Licht wird erst ausgeschaltet, wenn das Kind schläft; der Kauf wird zugunsten eines anderen Spielzeugs verschoben).

c) Erweiterung des sozialen Interaktionsfeldes auf die Gleichaltrigengruppe und andere Erwachsene (Erwin, 1993).

In dem Maße, in dem ein Kind zur Selbstregulation fähig und unabhängig von den konkreten Gegebenheiten der sozialen Interaktion wird, kann es sich in verschiedenen sozialen Kontexten bewegen (Erwin, 1993) und sein Sozialverhalten an selbstgewählten sozio-kulturellen Gruppen ausrichten (Tolan & Cohler, 1993).

4.4 Entwicklungsabhängige Ursachen psychischer Störungen

Das dargestellte Risiko- und Vulnerabilitätsmodell der Entwicklungspsychopathologie geht von mehreren formalen Voraussetzungen der Entwicklung psychischer Störungen aus. Im folgenden soll dies am Beispiel externalisierenden Störungen verdeutlicht werden.

Störungsbeginn. Zunächst ist der Zeitpunkt entscheidend, zu dem Risiken auftreten und Wirkung zeigen. Entscheidend ist ein früher Störungsbeginn, der durch neuropsychologische Risiken (= frühe Starter), und ein später, der vor allem durch psychosoziale Risiken charakterisiert ist (= späte Starter). Frühe Starter zeigen einerseits Störungen des autonomen und neuroendokrinen Systems (Quay, 1993) sowie im Frontalhirnbereich (Moffitt, 1993) und andererseits bereits während der ersten drei Lebensjahre eine gestörte Bindung an ihre Eltern (Bates et al., 1991). Die psychosozialen Risiken der späten Starter beziehen sich auf die Zurückweisung durch Gleichaltrige und die Bindung dieser Kinder an eine Subgruppe dissozialer Gleichaltriger sowie auf fehlende Betreuung der Kinder durch die Eltern (Patterson et al., 1989). Ein weiterer Risikofaktor für einen unterschiedlichen Störungsbeginn ist das Geschlecht. Während bis zum elften Lebensjahr vorwiegend Jungen externalisierende Störungen aufweisen, sind um das fünfzehnte Lebensjahr mindestens ebenso viele Mädchen auffällig (McGee et al., 1992). Fälschlicherweise wurde lange Zeit der Störungsbeginn mit der Erstmanifestation auffälliger neurobiologischer oder Verhaltenssymptome oder entsprechender Syndrome gleichgesetzt. Erst Längsschnittstudien zeigten, daß der Störungsbeginn nicht mit der beobachtbaren oder berichteten Erstmanifestation gleichzusetzen ist (Loeber, 1990, 1991; Rutter, 1989).

Schutz- und Risikofaktoren. Die neurobiologischen Risiken der frühen Starter können beispielsweise durch eine sichere Eltern-Kind-Beziehung gemildert werden (Greenberg et al., 1991), ebenso positiv kann eine förderliche Erziehung (Pettit & Bates, 1989) oder ein kindgerechtes Disziplinierungsverhalten der Eltern wirken (Patterson & Bank, 1989). Die späten Starter sind schon dadurch geschützt, daß sie bis zum Störungsbeginn eine relativ ungestörte Entwicklung durchlaufen haben (Moffitt, 1993); ein Effekt, der nach dem Jugendalter noch offensichtlicher wird (Hinshaw et al., 1993).

Rutter (1989) sieht im Zusammenspiel biopsychosozialer Faktoren die Bedingungen dafür, daß ein Kind gegen Risiken geschützt oder vulnerabel ist. Das zeitliche Zusammenspiel ist wesentlich, da ein Säugling beispielsweise gegen die Trennung von seinen Eltern geschützt ist, so lange er noch keine stabile Bindung erworben hat. Hier übt die Neurobiologie eine wichtige schützende Kontrollfunktion aus. Vorschulkinder sind ebenfalls gegen die Trennung von ihren Eltern geschützt, da sie die Entwicklungsperiode der Eltern-Kind-Bindung bewältigt haben und stabile Beziehungen aufrechterhalten sowie kognitiv-emotional repräsentieren können. Hier üben diese kognitiv-emotionalen Kompetenzen des Kindes eine schützende Kontrollfunktion aus und machen die Kinder invulnerabel. Das größte Risiko und die deutlichste Vulnerabilität liegt während kritischer Perioden vor, zum Beispiel wenn das Kind die Entwicklungsaufgabe der Bindung gerade bewältigt. Hier geht das Kind von der biologischen Regulation seiner Bedürfnisse zur sozialen Regulation über (Cicchetti & Beeghley, 1990). Die mit diesem Übergang verbundenen Lernerfahrungen sind insofern kritisch, als die weitere Entwicklung durch sie geprägt wird (Nash & Hay, 1993). Der Übergang von kritischen Perioden mit prägender Wirkung zu kritischen Lebensereignissen, die mit stabilen Lern- und Speicherungsprozessen einhergehen, kann als ein Übergang von der biologischen zur sozialen und zur Selbstregulation des Kindes angesehen werden.

Performanz-Kompetenzstörungen. Psychische Störungen sind mit spezifischen Lern- und Kompetenzdefiziten verbunden. Es wird angenommen, daß ein Kind während der ersten, eher konflikthaften Bewältigung von Entwicklungsaufgaben oder kritischen Lebensereignissen spezifische Fertigkeiten erwirbt und in weiteren, eher spielerischen oder wiederholten Bewältigungsprozessen entsprechende Fähigkeiten entstehen. Greenberg, Kusche und Speltz (1991) konnten zeigen, daß eine gestörte Entwicklung kognitiv-emotionaler Fähigkeiten sowohl die aktuelle Informationsverarbeitung und entsprechendes Verhalten (Performanzen) als auch die Kompetenzen beeinträchtigt, die für eine erfolgreiche Bewältigung der folgenden Entwicklungsaufgaben notwendig sind (vgl. Abb. 5). Bei Verhaltensstörungen geht man davon aus, daß Kinder ursprünglich psychisch gesund gewesen sind und im Entwicklungsverlauf entweder biologischen oder sozialen Risiken ausgesetzt waren, die zu Störungen ihrer Fertigkeiten oder ihres Verhaltens führen (Performanzstörungen). Erst die Ausdifferenzierung dieser gestörten Verhaltensweisen und ihre hierarchische Integration in die kognitiv-emotionalen Strukturen des Kindes hat Kompetenzstörungen zur Folge. Dies erklärt, warum die Lernerfahrungen der frühen Starter mit umfassenderen Kompetenzdefiziten einhergehen als diejenigen der späten Starter (Dodge, 1993) und die Verhaltensstörungen bei ihnen schwerwiegender ausfallen als bei den späten Startern (Hinshaw et al., 1993). Bei frühen Startern liegt darüber hinaus ein höheres Risiko für Schulprobleme vor, da sie das notwendige schulische Lernverhalten nur unzureichend erwerben (Patterson & Bank, 1989).

Kompetenz-Performanzstörungen. Die psychischen Störungen von Kindern können auch als Ausdruck gestörter kognitiv-emotionaler Kompetenzen des Kindes angesehen werden. Man kann beispielsweise feststellen, daß sich die Verhaltenssymptome von Kindern mit psychischen Störungen in den Altersbereichen von 4 bis 5, 6 bis 11 und 12 bis 17 voneinander unterscheiden, auch wenn die Art der Verhaltensstörung (Delinquenz oder Depression) in jedem dieser Altersbereiche gleich bleiben kann (Achenbach, 1991, 1993). Verschiedene Langzeitstudien konnten zudem zeigen, daß aggressive Störungen eine enorme Stabilität aufweisen (Petermann & Warschburger, in diesem Buch), die nicht allein durch äußere Umwelteinwirkungen oder neurobiologische Defizite des Kindes erklärbar ist (Le Blanc & Loeber, 1993). Vielmehr scheint die Stabilität vieler Verhaltensstörungen auch durch gestörte kognitive und emotionale Fähigkeiten des Kindes aufrechterhalten zu werden (Greenberg et al., 1991; Selman et al., 1992).

Generell gilt, daß die Kontrollparameter für performanzbedingtes Verhalten in den aktuellen biologischen und sozialen Risiko- und Schutzfaktoren vorliegen, da das Verhalten hierbei von diesen Reizeinflüssen abhängig ist. Kompetenzbedingtes Verhalten ist dagegen unabhängiger von aktuellen biologischen und sozialen Einflüssen, da es ein Ausdruck der kognitiv-emotionalen Selbstregulation des Kindes ist. Mit dem Übergang von performanz- zu kompetenz- oder selbstgesteuertem Verhalten ist daher auch eine Veränderung der entsprechenden Kontrollparameter verbunden. Während in der frühen Entwicklung beispielsweise das schwierige Temperament eines Kindes ein biologischer Auslöser einer Entwicklungsabweichung sein kann (Rubin et al., 1991), kann bereits im Vorschulalter das innere Sprechen des Kindes eine Verhaltensstörung begünstigen (Greenberg et al., 1991). Ebenso kann im Jugendalter der soziale Druck einer Gleichaltrigengruppe delinquentes Verhalten begünstigen oder ein Gefühl der Minderwertigkeit depressives Verhalten hervorrufen.

Die Erforschung der bio-psycho-sozialen Transaktionen während einzelner Entwicklungsperioden bildet das zweite wichtige Anliegen der Entwicklungspsychopathologie. Ihre Ergebnisse sollen Aufschluß über die Frage geben:

- wann eine psychische Störung erstmals vorliegt,
- welche biologischen und sozialen Risiken im Zusammenwirken mit welchen Vulnerabilitätsmarkern des Kindes diese Störung verursacht haben,
- wie diese Einflüsse die Performanzen und daraufhin auch die Kompetenzen des Kindes beeinträchtigt haben,
- welche Fehler für eine Störung während sensibler Perioden und kritischer Lebensereignisse verantwortlich sind und
- wie störende Einflüsse während einer Entwicklungsperiode in gestörte Kompetenzen (Wissensstrukturen) eines Kindes überführt werden und auf die aktuellen Performanzen (Verhaltensweisen) während einer darauffolgenden Entwicklungsperiode störend einwirken.

Das dritte Anliegen der Entwicklungspsychopathologie ist es, die verschiedenen Wege zu identifizieren, die eine psychische Störung von ihrem Startpunkt bis zu ihrer Verfestigung durchläuft.

5. Entwicklungsverläufe und -ausgänge

In den siebziger und frühen achtziger Jahren stagnierte die Ursachen- und Verlaufsforschung, da vorwiegend Querschnittstudien durchgeführt wurden, die sich mit interindividuellen Unterschieden befaßten (Le Blanc & Loeber, 1993). Die mit diesen Ansätzen verbundenen Risiko- und Ursachenmodelle konnten keine wesentlichen Fortschritte der Klinischen Kinderpsychologie herbeiführen, da Ursachen:

- als eine unabhängig vom Alter, Störungsbeginn und -verlauf wirkende, konstante Größe angesehen wurden,
- nicht weit vor dem Störungsbeginn (distal) auftreten können, sondern unmittelbar davor (proximal) und
- unabhängig von der Dauer ihrer Wirkung oder anderen Merkmalen, wie Schwere und Häufigkeit, in identischer Weise (uniform) schädigend wirken.

Entwicklungspsychologische Überlegungen sind bislang nie konsequent berücksichtigt worden (Loeber, 1991). Über eine Alternative haben wir bereits berichtet: Die Strategie, bio-psycho-soziale Wechselwirkungen während verschiedener Entwicklungsperioden zu identifizieren (Dodge, 1993; Greenberg et al., 1993; Sroufe, 1989). Eine andere Strategie bezieht sich auf die Analyse der Wirkungsweise differentieller Ursachenfaktoren. Hierbei wird die Wirkung von Ursachen über den Störungsverlauf hinweg untersucht, wobei Längsschnittstudien herangezogen werden, um intraindividuelle Veränderungen zu betrachten. Beide Strategien gehen davon aus, daß auch bei psychischen Störungen vorhersagbare Veränderungen während einzelner Entwicklungsperioden auftreten und bestimmte Ursachen:

- für manche, jedoch nicht für andere psychische Störungen in der Kindheit relevant sind, auch wenn diese zu identischen Ausgängen im Jugendalter führen (Equifinalität);
- zwar während der frühen Kindheit zu identischen Störungen führen, diesen jedoch folgen sehr unterschiedliche Entwicklungsverläufe und -ausgänge (Multifinalität);
- bei Kindern, die vergleichbare Entwicklungsausgänge haben, einmal mit einem sehr rasanten und ein anderes Mal einem verlangsamten Entwicklungsverlauf verbunden sind (Progredienz),
- anfänglich mit identischen Verläufen, später aber zu unterschiedlichen Ausgängen des Störungsbildes führen (Distraktion). Das heißt, daß manche Kinder einen
  — stabilen Verlauf aufweisen, andere ein
  — bestimmtes Störungsniveau erreichen und auf diesem stabil verharren, und bei anderen wiederum
  — die Störung zeitweilig oder überdauernd verschwinden kann.

Die Entwicklungspsychopathologie bemüht sich um eine Integration beider Ansätze. Während einer Entwicklungsperiode werden psychische Störungen anhand innerpsychischer Mechanismen untersucht; ihre Veränderungen zwischen den Entwicklungsperioden anhand der biosozialen Kontrollparameter. Diese Sicht geht davon aus, daß sich während spezifischer Zeitpunkte und Perioden in der Entwicklung einer psychischen Störung verschiedene Merkmale des Störungsbildes ebenso verändern können wie die einwirkenden Kontrollparameter. Für eine umfassende Erforschung von Entwicklungsabweichungen sind daher die Merkmale der Störung und ihre Kontrollparameter sowohl während einzelner Zeitpunkte und Perioden als auch über den gesamten Entwicklungsverlauf hinweg zu bestimmen.

5.1 Störungsmerkmale

Es ist bekannt, daß das Verhaltensmuster einer psychischen Störung der Entwicklung unterliegt. Zu unterscheiden sind die Intensität, Häufigkeit, Dauer und Form der Verhaltensweisen. Ebenso können im Entwicklungsverlauf einer Störung unterschiedliche andere Störungen beobachtet werden (entwicklungsbezogene Komorbidität, Petermann & Kusch, 1993). Zu unterscheiden sind die:

- **Komorbidität.** Während einer oder in aufeinanderfolgenden Entwicklungsperioden liegen zwei Syndrome vor, die ansonsten unabhängig voneinander sind (vermutlich beim Autismus und der geistigen Behinderung), eine kausale Beziehung (vermutlich bei der Aggression und Depression) oder eine gemeinsame zugrundeliegende Ätiologie aufweisen (vermutlich beim oppositionellen Trotzverhalten und der Betragensstörung; Petermann & Kusch, 1993).
- **Breitband-Syndrome.** Aktuell oder im Entwicklungsverlauf gemeinsam auftretende psychische Störungen, die aufgrund eines Kriteriums zusam-

mengefaßt werden; beispielsweise externalisierende Verhaltensstörungen wie Hyperaktivität, oppositionelles Trotzverhalten, Betragensstörung und dissoziales Verhalten, deren gemeinsames Merkmal sind Konflikte des Kindes mit seiner sozialen Umwelt.

● **verwandten Syndrome.** Häufig miteinander einhergehende Störungen, die aktuell oder im Entwicklungsverlauf auftreten, wie Angst und Depression oder Hyperaktivität und Betragensstörungen.

● **komorbiden Symptome.** Im Rahmen eines Syndromes treten verschiedene Symptome gemeinsam oder in einer bestimmten Entwicklungssequenz auf.

Kriterien der entwicklungsbezogenen Komorbidität
(nach Angold & Costello, 1991)

Ein Störungszustand (S1) zum Zeitpunkt 1 (T1) ist zum Zeitpunkt 2 (T2) wahrscheinlich eher eine Manifestation derselben Störung (S1) als Ausdruck eines anderen Störungszustandes (S2), wenn:

a) die gleichen Kinder zum Zeitpunkt T1 die Störung S1 aufweisen und zum Zeitpunkt T2 die Störung S2 und
b) andere Kinder zum Zeitpunkt T1 und T2 weder S1 noch S2 aufweisen;
c) der Risikofaktor für S1 und S2 vergleichbar ist (z. B. wenn sowohl S1 als auch S2 gehäuft in Familien mit spezifischen Störungsbildern der Eltern auftreten);
d) S2 spätere Störungsbilder vorhersagt und diese auch von S1 vorhersagbar sind;
e) die gleiche Behandlungsmethode bei S1 und S2 wirksam ist;
f) S1 und S2 eine vergleichbare Beziehung zu anderen Störungsbildern aufweisen und
g) S1 und S2 einen vergleichbaren Entwicklungsverlauf haben.

Darüber hinaus konnte nachgewiesen werden, daß die Wirkung von biologischen und sozialen Kontextbedingungen nicht nur von der Entwicklungsperiode abhängt, sondern der Kontext eines Kindes sich ebenfalls in geordneter Weise verändert (entwicklungsabhängige Risiko- und Schutzfaktoren; vgl. Greenberg et al., 1993). Neurobiologische Entwicklungsbedingungen sind in Form der Entwicklungsperioden vorgegeben und verändern sich beispielsweise im Sinne der reziproken Kausalität. Ebenso sind die sozialen Bedingungen vorgegeben und der Veränderung unterworfen. Letztlich verändert sich auch die Vulnerabilität und Widerstandsfähigkeit eines Kindes im Entwicklungsverlauf (kompetenzabhängige Vulnerabilität).

5.2 Kontrollparameter

Alle Störungsmerkmale können zu einem Zeitpunkt der Entwicklung die Ursache einer weiteren Störung sein und zu einem anderen ihre Wirkung darstellen (Le Blanc & Loeber, 1993; Waters et al., 1993). Kann beispielsweise der motorischen

Unruhe oder der Unaufmerksamkeit eines Vorschulkindes eine verursachende Wirkung für seine Aggressionen zugeschrieben werden, so kann im Schulalter die motorische Unruhe und Unaufmerksamkeit eine Folge unzureichender Schulleistungen oder schulischen Desinteresses sein. Unterschieden werden daher:

- **konstante Kontrollparameter,** die während einer bestimmten Zeitspanne eine dauerhafte verursachende Wirkung ausüben, wie das Geschlecht, die Rassen- oder Kulturzugehörigkeit, der soziale Status der Eltern oder die Beschulung des Kindes.
- **diskrete Kontrollparameter,** die eine spezifische Veränderung eines anderen Faktors bewirken, wie beispielsweise ein Wechsel vom Kindergarten in die Schule, vom Schulalter ins Jugendalter, ein stituationsabhängiger Wechsel vom Spielen mit Gleichaltrigen zum Erledigen der Schularbeit oder ein interaktionsabhängiger Wechsel vom Fragen-stellen zum Antwortabwarten.
- **variable Kontrollparameter,** die eine instabile Veränderung eines anderen Faktors bewirken, wie beispielsweise die Wirkung der Eltern-Kind-Beziehung, die Einstellung zu Gleichaltrigen, der elterliche Alkoholkonsum oder psychische Störungen der Eltern.

5.3 Entwicklungsverläufe

Nach Le Blanc und Frechette (1989) können Kontrollparameter die Entwicklung eines beeinträchtigten Kindes auf unterschiedliche Weise beeinflussen:

- Kontrollparameter können einen bestehenden Entwicklungsverlauf verstärken, wodurch nach dem Störungsbeginn die Kontinuität, Häufigkeit, der Schweregrad und die Vielfalt der Störungsmerkmale beeinflußt wird. Sie bewirken:
  Akzeleration. Anstieg der Häufigkeit der Störungsmerkmale im Verlauf, wie etwa zunehmend häufiger werdende kriminelle Handlungen.
  Stabilisierung. Anstieg der Kontinuität der Störungsmerkmale im Verlauf, wie etwa zunehmend längere depressive Perioden der Mutter oder Verfestigung feindseliger Erwartungen des Kindes.
  Diversifikation. Anstieg unterschiedlicher Störungsmerkmale, wie etwa hinzukommende komorbide Symptome und Syndrome oder eine um fassendere Vulnerabilität im Entwicklungsverlauf.
- Ebenso kann sich eine Symptomatik verschlimmern. Dies führt dazu, daß die Entwicklungssequenz der einzelnen Störungsmerkmale einen zunehmend problematischer werdenden Störungsverlauf mit sich bringen. Für jede psychische Störung scheint es einen prototypischen Verlauf zu geben, auf den bezogen man schwerwiegendere oder mildere Verlaufsformen unterscheiden kann.
- Es ist weiterhin denkbar, daß Störungsmerkmale sich vermindern oder völlig zurückgehen. Unterschieden wird die:
  Deklaration (Rückgang der Häufigkeit der Merkmale)

Spezialisation (Rückbildung auf eine oder wenige Merkmale) und
Deeskalation (Reduktion der Merkmalsausprägung)

5.4 Zeitpunkte und Perioden

Auch die Parameter, die den Verlauf einer Entwicklung kontrollieren, unterliegen einer permanenten Veränderung (Bornstein, 1987; Greenough & Black,
1992; Loeber, 1990). Während eines Zeitpunktes können biologische Mechanismen, während eines anderen soziale Einflüsse oder etwa vom Kind selbst
herbeigeführte Lernerfahrungen die weitere Entwicklung beeinflussen. Zu unterscheiden sind:

- **genetisch determinierte Perioden.** Hier sollen sich die Kontrollparameter aufgrund genetisch festgelegter, neurobiologischer Reifungsprozesse
  verändern, wie etwa während der Hirnreifung, der Geschlechtsreife oder
  der Senilität. Während die biologischen Parameter für den Beginn und das
  Ende der kritischen Perioden entscheidend sein sollen, scheint das Zusammenwirken biologischer und sozialer Einflüsse für die darin stattfindenden
  Lernprozesse und deren Effekte wesentlich.
- **erfahrungserwartende Perioden.** Hier verändern sich die Kontrollparameter aufgrund des Zusammenwirkens von neurobiologischen und Umwelteinflüssen, wie etwa der homöostatischen Regulation, der Bindung und
  Sprachfähigkeit. Biologische und soziale Parameter sind für den Beginn
  und die Dauer der kritischen Periode verantwortlich. Während dieser Perioden entwickeln sich die psychologischen Grundlagen des Kindes durch
  die Wechselwirkungen mit seiner Umwelt.
- **erfahrungsabhängige Perioden.** Hier verändern sich die Kontrollparameter aufgrund folgender Effekte:
  Kritische Lebensereignisse die eine erhöhte Anforderung an die Bewälti-
  gungsprozesse eines Kindes stellen und denen spezifische kognitive und emotionale Regulationsmechanismen folgen.
  Kritische Lebensentscheidungen sind vom Kind aktiv herbeigeführte kognitiv-emotionale Entschlüsse, Bewegungen und Einstellungen, denen spezifische Verhaltensweisen folgen. Diese Entscheidungen sind für die weitere Entwicklung relevant, unabhängig davon, ob sie vom Kind bewußt oder unreflek-
  tiert getroffen wurden oder ob es sich der Konsequenzen bewußt ist. Beispiele
  sind die Wahl von Freunden (Patterson et al., 1989), die Selbstbewertung (Connell, 1990) oder die Berufswahl.

5.5 Analyse von Entwicklungsverläufen

Die Entwicklungspsychopathologie hat in den letzten Jahren nicht nur dazu
geführt, daß entwicklungspsychologische Konzepte zur Erklärung psychischer

Störungen herangezogen werden. Sie hat auch Methoden der klinisch-psychologischen Forschung hervorgebracht, die geeignet sind, die komplexen Wirkmechanismen in der Entstehung psychischer Störungen zu untersuchen (Loeber, 1991). Unterschieden werden Längsschnittstudien, die geeignet sind, einfache und komplexe Entwicklungsverläufe zu analysieren. Die Unterschiede in der Analyse eines einfachen beziehungsweise komplexen Entwicklungsverlaufes beziehen sich einerseits auf die Anzahl der zu berücksichtigenden (abweichenden) Verhaltensmanifestationen einer Störung und andererseits auf die Grundannahmen zum Entwicklungsverlauf dieser Verhaltensweise.

Einfache Entwicklungsverläufe. Man geht von einer Verhaltensabweichung aus und beschränkt sich auf die Annahme homogener, das heißt unveränderter Kontinuität bzw. Diskontinuität der Entwicklung dieser Störung (Petermann, 1989; 1996).

Eine Studie zu einfachen Entwicklungsverläufen führten Loeber und Mitarbeitern durch (Loeber, 1991). Sie untersuchten aus einer Gruppe von 1161 Vorschulkindern 34 Kinder mit deutlichen Betragensstörungen über einen Zeitraum von vier Jahren. Anhand einer für das aggressive Verhalten im Vorschulalter entwickelten Klassifikation wurden die Kinder zu vier Zeitpunkten eingeschätzt und in die Gruppen stabile, verminderte, variable, beginnende bzw. keine Aggression eingeteilt. Nach vier Jahren zeigten sich folgende Ergebnisse:

- 42 % der überdauernd aggressiven,
- 8 % der Kinder mit verminderter und
- 64 % der Kinder mit variabler und beginnender Aggression mußten eine Schulklasse wiederholen.
- 75 % der stabil-aggressiven,
- 17 % der Kinder mit abnehmender Aggression und
- 46 % mit variablem oder beginnendem aggressiven Verhalten lebten mit einem allein erziehenden Elternteil.

Komplexe Entwicklungsverläufe. Diese Ansätze gehen davon aus, daß mehrere abweichende Verhaltensweisen berücksichtigt werden müssen und deren Entwicklung nicht unbedingt kontinuierlich verläuft. Baicker-McKee (vgl. Loeber, 1991) untersuchte in einer Studie zur Delinquenzentwicklung sechs altersbezogene Formen delinquenten Verhaltens bei Jungen. Diese wurden jeweils auf ein Zwei-Jahresintervall während des achten bis 19. Lebensjahres bezogen. Im achten bis neunten und zehnten bis elften Lebensjahr der Kinder wurden ein Lehrerurteil (schwieriges Verhalten) und das Urteil eines Sozialarbeiters (Betragensstörung) herangezogen. Bei den Zehn- bis Elfjährigen kam eine mögliche Überführung wegen eines Deliktes oder ein Schuldspruch hinzu. Bei Kindern zwischen zwölf und dreizehn Jahren wurde Delinquenz aufgrund des schwierigen Verhalten (Lehrerurteil) und einem Delikt/Schuldspruch in diesem alter definiert. Bei Kindern zwischen vierzehn und fünfzehn Jahren wurde Delinquenz anhand des Lehrerurteils und Selbstberichten der Jugendlichen über Straffälligkeit oder einem Delikt/Schuldspruch erfaßt. Im Alter zwischen sechzehn und siebzehn wurden lediglich Selbstberichte über eine Straffälligkeit während des 15. oder 16. Lebensjahres zugrundegelegt und letztlich, zwischen 18 und 19 Jahren, wurden Selbstberichte über Delinquenz oder Straffälligkeiten gewählt. Die Ausprägung der Verhaltensweisen wurde für jede Verhaltensform und jede Altersgruppe getrennt erhoben.

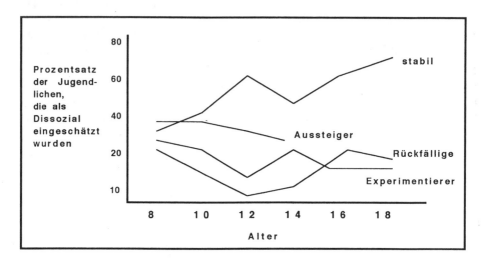

Abbildung 6:

Prozente dissozialen Verhaltens bei Kindern und Jugendlichen, die vier Subgruppen dissozialen Verhaltens zugeordnet wurden (nach Loeber, 1991).

Baicker-McKee (vgl. Loeber, 1991) konnte vier Subgruppen des Entwicklungsverlaufes delinquenten Verhaltens nachweisen (vgl. Abb. 6). Auch diese Studie zeigte, daß Kinder, die früh als delinquent eingeschätzt wurden, mit zunehmendem Alter vermehrt straffällig werden. Dieses Vorgehen zeigt besonders deutlich differentielle Verläufe, in denen eine kontinuierliche (stabile) und diskontinuierliche Entwicklung der Delinquenz (= Experimentierer) vorliegt. Zudem können diskontinuierliche Verläufe aufgezeigt werden, das heißt eine Delinquenzentwicklung, die in einer späteren Phase rückläufig ist (= Aussteiger) bzw. eine erneut auftretende Delinquenz aufweist (= Rückfällige). In einer Nacherhebung der Jugendlichen zwischen dem zwanzigsten und vierundzwanzigsten Lebensjahr zeigte sich, daß 41,4 % der stabil delinquenten Jugendlichen als junge Erwachsene weiterhin dissoziales Verhalten aufwiesen, wogegen nur 19,2 % der Rückfälligen, 11,7 % der Aussteiger und 10,4 % der Experimentierer auch im jungen Erwachsenenalter straffällig wurden. In der Erforschung von Entwicklungsabweichungen sind daher kontinuierliche und diskontinuierliche Verläufe zu beachten.

6. Zusammenfassung und Ausblick

Die Entwicklungspsychopathologie ermöglicht eine begründbare Integration der verschiedenen erkenntnistheoretischen Positionen der Klinischen Kinderpsychologie. Ihr Ansatz erlaubt eine biopsychosoziale Betrachtung normaler und abweichender Entwicklungsverläufe, da neben den biologischen und sozialen Rahmenbedingungen auch die innerpsychischen Kompetenzen und Performanzen des Kindes zur Beschreibung und Erklärung herangezogen werden. Im ätiopathogenetischen Modell der Entwicklungspsychopathologie wird zwischen den Ursachen, den Wechselwirkungen im Entwicklungsverlauf und den Entwicklungsausgängen differenziert. So können für spezifische psychische Störungen die Risiko- und Schutzfaktoren bestimmt werden, die eine Störung direkt oder einen Vorläufer verursachen, das heißt eine kompetenzabhängige Vulnerabilität. Es können in spezifischer Weise fehlerbehaftete biopsychosoziale Wechselwirkungen während aufeinanderfolgenden Entwicklungsperioden erforscht und die Kontrollparameter angegeben werden, die für das jeweilige Störungsbild verantwortlich sind.

Die Entwicklungspsychopathologie verfolgt neben einer Optimierung der Beschreibung und Erklärung psychischer Störung selbstverständlich auch eine Verbesserung der Diagnostik und Intervention. Ihre Ergebnisse beeinflussen bereits jetzt die klinisch-psychologische Diagnostik und Klassifikation. In der klinischen Diagnostik muß bei jeder psychischen Störung die gesamte Bandbreite möglicher Risiken und schützender Faktoren und der Zeitpunkt sowie die Zeitspanne berücksichtigt werden, während der die Einflüsse wirken. Die klinische Forschung konnte zumindest bei Verhaltensstörungen zeigen, daß neben biologischen auch soziale und transaktionale Ursachen wirksam sind, und daß diese unterschiedliche Bedeutung für einen frühen im Gegensatz zu einem späten Beginn und für den Prozeß einer abweichenden Entwicklung haben.

Weiterführende Literatur

Cicchetti, D. & Toth, S.L. (Eds.). (1991a). *Rochester symposium on developmental psychopathology, Vol. 3*. Rochester: University of Rochester Press.

Hay, D.F. & Angold, A. (Eds.). (1993). *Precursors and causes in development and psychopathology*. Cichester: Wiley.

Kusch, M (1993a). *Entwicklungspsychopathologie und Therapieplanung in der Kinderverhaltenstherapie*. Frankfurt: Peter Lang.

Petermann, F., Kusch, M. & Niebank, K. (1997). *Entwicklungspsychopathologie. Eine Einführung*. Weinheim: Psychologie Verlags Union.

Literatur

Achenbach, T.M. (1991). The derivation of taxonomic constructs: A necessary stage in the development of developmental psychopathology. In D. Cicchetti & S.L. Toth

(Eds.), *Rochester symposium on developmental psychopathology, Vol. 3* (43—74). Hillsdale: Erlbaum.

Achenbach, T.M. (1993). Taxonomy and comorbidity of conduct problems: Evidence from empirical based approaches. *Development and Psychopathology, 5,* 51—64.

Angold, A. & Costello, J.J. (1991). Developing a developmental epistemiology. In D. Cicchetti & S.L. Toth (Eds.), *Rochester symposium on developmental psychopathology, Vol. 3* (75—96). Hillsdale: Erlbaum.

Barnard, P. J. & Teasdale, J.D. (1991). Interacting cognitive subsystems: A systemic approach to cognitive-affective interactions and change. *Cognition and Emotion, 5,* 1—39.

Bates, J. E., Bayles, K., Bennett, D.S., Ridge, B. & Brown, M.M. (1991). Origins of externalizing behavior problems at eight years of age. In D. J. Pepler & K. H. Rubin (Eds.), *The development and treatment of childhood aggression* (93—120). Hillsdale: Erlbaum.

Belsky, J., Rovine, M. & Fish, M. (1989). The developing family system. In M. R. Gunnar & E. Thelen (Eds.), *Systems and development* (119—186). Hillsdale: Erlbaum.

Bornstein, M. H. (Ed.). (1987). *Sensitive periods in development: Interdisciplinary perspectives.* Hillsdale: Erlbaum.

Chandler, M. & Chapman, M. (1991). *Criteria for competence: Controversies in the conceptualization and assessment of children's abilities.* Hillsdale: Erlbaum.

Cicchetti, D. (Ed.). (1989). *Rochester symposium on developmental psychopathology, Vol. 1.* Hillsdale: Erlbaum.

Cicchetti, D. (1990). The organization and coherence of socio-emotional, cognitive and representational development: Illustrations through a developmental psychopathology perspective on Down's Syndrome and child maltreatment. In R. A. Thompson (Ed.), *Nebraska symposium on motivation: Socio-emotional development* (275—382). Lincoln: University of Nebraska Press.

Cicchetti, D. & Beeghly, M. (1990). *The self in transition: Infancy to childhood.* Chicago: University of Chicago Press.

Cicchetti, D. & Toth, S.L. (Eds.). (1991a). *Rochester symposium on developmental psychopathology, Vol. 3.* Rochester: University of Rochester Press.

Cicchetti, D. & Toth, S.L. (Eds.). (1991b). *Rochester symposium on developmental psychopathology, Vol. 2.* Hillsdale: Erlbaum.

Cicchetti, D., Ganiban, J. & Barnett, D. (1991). Contributions from the study of high risk populations to understand the development of emotion regulation. In K. Dodge & J. Garber (Eds.), *The development of emotion regulation* (15—48). New York: Cambridge University Press.

Connell, J.P. (1990). Context, self and action: A motivational analysis of self-system processes across the life span. In D. Cicchetti, & M. Beeghly (Eds.), *The self in transition: Infancy to childhood* (61—98). Chicago: University of Chicago Press.

Crittenden, P. M. (1992). Quality of attachment in the preschool years. *Development and Psychopathology, 4,* 209—242.

Damasio, A. R., Tranel, D. & Damasio, H. (1991). Somatic markers and the guidance of behavior: Theory and preliminary testing. In H. S. Levin, H. M. Eisenberg & A. L. Benton (Eds.), *Frontal lobe function and dysfunction* (217—229). New York: Oxford University Press.

Damon, W. (1991). *Child development today and tomorrow.* San Francisco: Jossey-Bass.

Davidson, R.J. (1991). Cerebral assymetry and affective disorders: A developmental perspective. In D. Cicchetti & S. L. Toth (Eds.), *Rochester Symposium on developmental psychopathology* (123—154). Hillsdale: Erlbaum.

Dodge, K. A. (1991). Emotion and social information processing. In K. Dodge & J. Garber (Eds.), *The development of emotion regulation* (pp. 159—181). New York: Cambridge University Press.

Dodge, K. A. (1993). Social-cognitive mechanisms in the development of conduct disorders and depression. *Annual Review of Psychology, 44,* 559—584.

Donovan W. L. & Leavitt, L. A. (1992). Maternal self-efficacy and response to stress: Laboratory studies of coping with a crying infant. In T. M., Field, P. M., McCabe & N. Schneiderman (Eds.), *Stress and coping in infancy and childhood* (47—68). Hillsdale: Erlbaum.

DSM-III-R (1989). *Diagnostisches und Statistisches Manual Psychischer Störungen.* Weinheim: Beltz

Dunn, J. & Brown, J. (1991). Relationship, talk about feelings, and the develpoment of affect regulation in early childhood. In K. Dodge & J. Garber (Eds.), *The development of emotion regulation* (89—110). New York: Cambridge University Press.

Erwin, P. (1993). *Friendship and peer relations in children.* New York Wiley.

Fentress, J. C. (1989) Developmental roots of behavioral order: Systemic approaches to the examination of core developmental issues. In M. R. Gunnar & E. Thelen, E. (Eds.), *Systems and development* (35—76). Hillsdale: Erlbaum.

Field, T. M. (1992). Infants of depressed mothers. *Development and Psychopathology, 4,* 49—66.

Ford. D. H. (1987). *Humans as self-constructing living systems: A developmental perspective on behavior and personality.* Hillsdale: Erlbaum.

Garber, J & Dodge, K. A. (1991). *The development of emotion regulation and dysregulation.* Cambridge: Cambridge University Press.

Gewirtz, J. L. & Peláez-Nogueras, M. (1992). Infants' seperation difficulties and distress due to misplaced maternal contingencies. In T. M., Field, P. M. McCabe & N. Schneiderman (Eds.), *Stress and coping in infancy and childhood* (19—46). Hillsdale: Erlbaum.

Goodman, R. (1993). Brain abnormalities and psychological development. In D. F. Hay & A. Angold (Eds.), *Precursors and causes in development and psychopathology* (51—86). Cichester: Wiley.

Gotlib, I. H. & Hammen, C. (1993). *Psychological aspects of depression: Toward a Cognitive Interpersonal Integration.* New York: Wiley.

Gottlieb, G. (1991). Experiental canalization of behavioural development: I. Theory. *Developmental Psychology, 27,* 4—13.

Greenberg, M.T., Kusche, C.A. & Speltz, M. (1991). Emotional regulation and psychopathology: The role of relationships in early childhood. In D. Cicchetti & S. L. Toth (Eds.), *Rochester symposium on developmental psychopathology, Vol. 2.* (21—56). Hillsdale: Erlbaum.

Greenberg, M. T., Speltz, M. L. & DeKlyen, M. (1993). The role of attachment in the early development of disruptive behavior problems. *Development and Psychopathology, 5,* 191—214.

Greenough, W. T. & Black, J. E. (1992). Induction of brain structure by experience: Substrates for cognitive development. In M. R. Gunnar & C. A. Nelson (Eds.), *Developmental behavioral neuroscience* (155-200). Hillsdale: Erlbaum.

Gunnar, M. R. & Nelson, C. A. (1992). *Developmental behavioral neuroscience.* Hillsdale: Erlbaum.

Hay, D. F. & Angold, A. (1993). Introduction: Percursors and causes in development and psychopathology. In D. F. Hay & A. Angold (Eds.), *Precursors and causes in development and psychopathology* (1—22). Cichester: Wiley.

Hinshaw, S. P., Lahey, B. B. & Hart, E. L. (1993). Issues of taxonomy and comorbidity in the development of conduct disorder. *Development and Psychopathology, 5,* 31—50.

Horowitz, F. D. (1991). Behavioral development: Universals and nonuniversals training for a universalized developmental perspective. In J. Cantor, C. Spieker & L. Lipsitt (Eds.), *Child behavior and development: Training for diversity* (151—174). Norwood: Ablex.

Jacobvitz, D. B., Morgan, E., Kretchmar, M. D. & Morgan, Y. (1991). The transmission of mother-child-boundry disturbances across three generations. *Developmental Psychopathology, 3,* 513—528.

Karoly, P. (1993). Mechanisms of self-regulation: A systems view. *Annual Review of Psychology, 44,* 23—52.

Kazdin, A.E. (1993). Treatment of conduct disorder: Progress and directions in psychotherapy research. *Development and Psychopathology, 5,* 277—310.

Kruesi, M. J., Hibbs, E. D., Zahn, T. P., Keysor, C. S., Hamburger, S., Bartko, J. J. & Rapoport, J. L. (1992). A 2-yr prospective follow-up study of children and adolescents with disruptive behavior disorders. *Archives of General Psychiatry, 49,* 429—435.

Kusch, M (1993a). *Entwicklungspsychopathologie und Therapieplanung in der Kinderverhaltenstherapie.* Frankfurt: Peter Lang.

Kusch, M. (1993b). Eltern-Kind-Interaktions-Training in vivo mit verhaltensgestörten Vorschulkindern. *Kindheit und Entwicklung, 2,* 43—46.

Kusch, M. & Petermann, F. (1991). *Entwicklung autistischer Störungen* (2. erweiterte Auflage). Bern: Huber.

Kusch, M. & Petermann, F. (1993). Entwicklungspsychopathologie von Verhaltensstörungen im Vorschulalter. *Kindheit und Entwicklung, 2,* 6—16.

Le Blanc, M. & Frechette, M. (1989). *Male criminal activity from childhood through youth.* New York: Springer.

Le Blanc, M. & Loeber, R. (1993). Precursors, causes and the development of criminal offending. In D. F. Hay & A. Angold (Eds.), *Precursors and causes in development and psychopathology* (233—264). Cichester: Wiley.

Lewis, M. & Miller, S. M. (Eds.), (1990). *Handbook of developmental psychopathology.* New York: Plenum.

Loeber, R. (1990). Development and risk factors of juvenile antisocial behavior and delinquency. *Clinical Psychology Review, 10,* 1—41.

Loeber, R. (1991). Questions and advances in the study of developmental pathways. In D. Cicchetti & S. L. Toth (Eds.), *Rochester symposium on developmental psychopathology, Vol. 3* (97—116). Hillsdale: Erlbaum.

Loeber, R., Wung, P., Keenan, K., Grioux, B., Stouthamer-Loeber, M., VanKammen, W. B. & Maughan, B. (1993). Development pathways in disruptive child behavior. *Development and Psychopathology, 5,* 103—134.

Lyons-Ruth, K., Zoll, D., Connell, D. & Grunebaum, H. V. (1989). Family deviance and family disruption in childhood: Associations with maternal behavior and infant maltreatment during the first years of life. *Development and Psychopathology, 1,* 219—236.

McGee, R., Feehan, M., Williams, S. & Anderson, J. (1992). DSM-III disorders from age 11 to age 15 years. *Journal of the American Academy of Child and Adolescence Psychiatry, 31,* 50—59.

McMahon, R.J. & Forehand, R. (1988). Conduct disorders. In E.J. Mesh & L.G. Terdal (Eds.), *Behavioral assessment of childhood disorders (2nd Ed.),* (105—153). New York: Guilford.

Moffitt, T.E. (1993). The neuropsychology of conduct disorder. *Development and Psychopathology, 5,* 135—152.

Nash, A. & Hay, D. F. (1993). Relationships in infancy as precursors and causes of later relationships and psychopathology. In D. F. Hay & A. Angold (Eds.), *Precursors and causes in development and psychopathology* (199—232). Cichester: Wiley.

Overton, W. F. & Horowitz, H. A. (1991). Developmental psychopathology: Integrations and differentiations. In D. Cicchetti & S. L. Toth (Eds.), *Rochester symposium on developmental psychopathology, Vol. 3* (1—42). Hillsdale: Erlbaum.

Oyama, S. (1989). Ontogeny and the central dogma: Do we need the concept of genetic programming in order tho have an evolutonary perspective? M. R. Gunnar & E. Thelen, E. (Eds.), *Systems and development* (1—34). Hillsdale: Erlbaum.

O'Connor, B. (1987). A note on final causes and their role in contextualism. *Developmental Review, 7,* 145—148.

Pasqual-Leone, J. & Johnson, J. (1991). The psychological unit and its role in task analysis: A reinterpretation of object permanence. In M. Chandler & M. Chapman (Eds.), *Criteria for competence: Controversies in the conceptualization and assessment of children's abilities* (153—188). Hillsdale: Erlbaum.

Patterson, G. R. & Bank, C. L. (1989). Some amplifying mechanisms for pathologic processes in families. In M. R. Gunnar & E. Thelen, E. (Eds.), *Systems and development* (167—210). Hillsdale: Erlbaum.

Patterson, G. R., DeBaryshe, B. D. & Ramsey, E. (1989). A developmental perspective on antisocial behavior. *American Psychologist, 44,* 329—335.

Pennington, B.F. & Ozonoff, S. (1991). A neuroscientific perspective on continuity and discontinuity in developmental psychopathology. In D. Cicchetti & S. L. Toth (Eds.), *Rochester symposium on developmental psychopathology, Vol. 3.* (117—160). Hillsdale: Erlbaum.

Petermann, F. (Hrsg.). (1989). *Einzelfallanalyse* (2. völlig veränderte Auflage). München: Oldenbourg.

Petermann, F. (1996). *Einzelfalldiagnostik in der klinischen Praxis* (3. Auflage). Weinheim: Psychologie Verlags Union.

Petermann, F. & Kusch, M. (1992). Klinische Diagnostik. In R. S. Jäger & F. Petermann (Hrsg.), *Psychologische Diagnostik: Ein Lehrbuch* (2. völlig veränderte Auflage), (510–533). Weinheim: Psychologie Verlags Union.

Petermann, F. & Kusch, M. (1993). Entwicklungspsychopathologie von Verhaltensstörungen im Kindes- und Jugendalter. In F. Petermann & U. Petermann (Hrsg.). *Angst und Aggression bei Kindern und Jugendlichen* (31—54). München: Quintessenz

Petermann, F. & Petermann, U. (1993). *Training mit aggressiven Kindern* (6. veränderte Auflage). Weinheim: Psychologie Verlags Union.

Petermann, F. & Warschburger, P. (1997). Verhaltenstherapie mit aggressiven Kindern und Jugendlichen. In F. Petermann (Hrsg.), *Kinderverhaltenstherapie* (127–153). Baltmannsweiler: Schneider.

Pettit, G. S. & Bates, J. E. (1989). Family interaction patterns and children's behavior problems from infancy to 4 years. *Developmental Psychology, 25,* 413—420.

Pickles, A. (1993). Stages, precursors and causes in development. In D. F. Hay & A. Angold (Eds.), *Precursors and causes in development and psychopathology* (23—50). Cichester: Wiley.

Plomin, R., Rende, R. & Rutter, M. (1991). Quantitative genetics and developmental psychopathology. In D. Cicchetti & S. L. Toth (Eds.), *Rochester symposium on developmental psychopathology, Vol. 2* (155—202). Hillsdale: Erlbaum.

Pratt, C. & Garton, A. F. (Eds.), (1993). *Systems of representation in children: Development and use.* New York: Wiley.

Prizant, B., Audet, L. R., Bruke, G. M., Hummel, L. K., Maher, S. R. & Theadore, G. (1990). Communication disorders and emotional/behavioral disorders in children and adolescents. *Journal of Speech and Hearing Disorders, 55,* 179—192.

Quay, H. C. (1993). The psychobiology of undersocialized aggressive conduct disorder: A theoretical perspective. *Development and Psychopathology, 5,* 165—180.

Richards, M. H., Abell, S. N. & Petersen, A. C. (1993). Biological development. In P. H. Tolan & B. J. Cohler (Eds.), *Handbook of clinical research and practice with adolescents* (21—43). New York: Wiley.

Richters, J. E. & Cicchetti, D. (1993). Mark Twain meets DSM-III-R: Conduct disorder, development, and the concept of harmful dysfunction. *Development and Psychopathology, 5,* 5—30.

Rodning, C., Beckwith, L. & Howard, L. (1991). Quality of attachment an home environments in children prenatally exposed to PCP and cocaine. *Development and Psychopathology, 3,* 351—366.

Rolf, J., Masten, A., Cicchetti, D., Nuechterlein, K. & Weintraub, S. (Eds.). (1990). *Risk and protective factors in the development of psychopathology.* New York: Cambridge University Press.

Rubin, K. H., Hymel, S., Mills, R. S. L. & Rose-Krasnor, L. (1991). Conceptualizing different developmental pathways to and from social isolation in childhood. In D. Cicchetti & S. L. Toth (Eds.), *Rochester symposium on developmental psychopathology,* Vol. 2 (91—122). Hillsdale: Erlbaum.

Rutter, M. (1989). Pathways from childhood to adult life. *Journal of Child Psychology and Psychiatry, 30,* 23—51.

Rutter, M. & Pickles, A.M. (1991). Person-environment interactions: Concepts, mechanisms and implications for data analysis. In T. D. Wachs & R. Plomin (Eds.), *Conceptualization and measurement of organism-environment interaction* (105—136). Washington, DC: American Psychological Association.

Sameroff, A.J. (1989). Models of developmental regulation: The environtype. D. Cicchetti (Ed.), *Rochester symposium on developmental psychopathology, Vol. 1.* (41—68). Hillsdale, NJ: Erlbaum.

Sameroff, A. J. & Emde, R. N. (Eds.). (1989). *Relationship disturbances in early child-hood: A developmental approach.* Basic Books.

Sameroff, A. J., Seifer, R., Zax, M. & Brocas, R. (1987). Early indicators of developmental risk: Rochester longitudinal study. *Schizophrenia Bulletin, 13,* 383—394.

Scarr, S. (1992). Developmental theories for the 1990's: Development and individual differences. *Child Development, 63,* 1—19.

Selman, R. L., Schultz, L. H., Nakkula, M., Barr, D., Watts, C. & Richmond, J. B. (1992). Friendship and fighting: A developmental approach to the study of risk and prevention of violence. *Development and Psychopathology, 4,* 529—558.

Shantz, C. U. & Hartrup, W. W. (1992). *Conflict in child and adolescent development.* Cambridge: Cambridge University Press.

Sroufe, L. A. (1989). Pathways to adaptation and maladaptation: Psychopathology as developmental deviation. In D. Cicchetti (Ed.), *Rochester symposium on developmental psychopathology, Vol. 1* (13—40). Hillsdale: Erlbaum.

Sroufe, L. A. & Rutter, M. (1984). The domain of developmental psychopathology. *Child Development, 55,* 17—29.

Susman, E. J. (1993). Psychological, contextual, and psychobiological interactions: A developmental perspective on conduct disorder. *Development and Psychopathology, 5,* 181—190.

Thelen, E. (1989). Self-organization in developmental processes: Can systems approaches work. In M. R. Gunnar & E. Thelen, E. (Eds.), *Systems and development* (77—118). Hillsdale: Erlbaum.

Thelen, E. & Ulrich, B.D. (1991). Hidden skills: A dynamic systems analysis of treadmill stepping during the first year. *Monographs of the society for research in child development,* Serial No. 223, 1—106.

Tolan, P. H. & Cohler, B. J. (1993). *Handbook of clinical research and practice with adolescents.* New York: Wiley.

Tucker, B. M. (1992). Developing emotions and cortical networks. In M. R. Gunnar & C. A. Nelson (Eds.), *Developmental behavioral neuroscience* (75—128). Hillsdale: Erlbaum.

Tulving, E. (1985). How many memory systems are there? *American Psychologist, 40,* 385—398.

Waters, E., Posada, G., Cornwell, J. & Lay, K.-L. (1993). Is attachment theory ready to contribute to our understanding of disruptive behavior problems? *Development and Psychopathology, 5,*215—224.

Zoccolillo, M. (1993). Gender and the development of conduct disorder. *Development and Psychopathology, 5,* 65—78.

Prävention und Gesundheitsförderung

Klaus Hurrelmann·und Wolfgang Settertobulte

Prävention ist, von ihren Ursprüngen an, mit dem Ziel der Krankheitsvermeidung betrieben worden. Historisch richteten sich die ersten Präventionsmaßnahmen gegen die Ausbreitung von Seuchen. In diesem Zusammenhang entstand ein öffentliches Gesundheitswesen, das sich im Laufe der Geschichte zunehmend institutionalisierte und die Fortschritte medizinischer Erkenntnisse in ihren Maßnahmen nutzte. Originäre Elemente dieses öffentlichen Gesundheitswesens sind von je her die Epidemiologie, die Prävention von potentiellen Gesundheitsgefährdungen und die Behandlung von Erkrankungen.

Der in diesem Beitrag zugrundegelegte Gesundheitsbegriff umfaßt sowohl somatophysische wie auch psychosoziale Aspekte des individuellen (Wohl-)Befindens der Person sowie das Vorhandensein eines ausreichenden kognitiven und verhaltensmäßigen Repertoires zur individuell ,,gesunden'' Lebensgestaltung und zur Bewältigung aktueller Lebenskrisen. Wir folgen damit einem Gesundheitsbegriff, der eine erfolgreiche Anpassung des Individuums auf biologischer, physiologischer und immunologischer, aber auch auf sozialer, psychischer und kultureller Ebene thematisiert (Beutel, 1989; Haisch & Zeitler, 1991).

Prävention ist kein abgegrenztes Handlungsfeld, sondern eher eine Sammelbezeichnung für Eingriffshandlungen zur Sicherung der Gesundheit. Sie richtet sich dabei nicht auf diagnostizierbare manifeste Erscheinungen, sondern versucht, spezifisch oder unspezifisch das Auftreten von Störungen und Erkrankungen zu verhindern. Dies geschieht unter der grundlegenden Annahme, daß Erkrankungen durch pathogene Entwicklungsverläufe bedingt sind, die sich nicht mit naturgesetzlicher Zwangsläufigkeit vollziehen, sondern als interaktive Prozesse zwischen Umwelt und Person beeinflußbar sind.

Prävention muß daher eng mit Annahmen über die Ursachen und über Risikofaktoren für das Auftreten von Störungen im Lebenslauf verbunden sein. Aus den Annahmen über die Ursachen ergibt sich dabei generell das konkrete Handlungsziel und die Methode der präventiven Bemühung. Aus den Annahmen über Risikofaktoren und Risikogruppen ergibt sich die Auswahl der Zielgruppen. Der Begriff der ,,Annahme'' ist hier bewußt gewählt, da in vielen Bereichen noch

nicht auf gesicherte Erkenntnisse über die Ursachen psychischer und psychosomatischer Störungen zurückgegriffen werden kann (vgl. Brandtstädter, 1982,
S. 28).

Es ist in diesem Zusammenhang viel darüber diskutiert worden, wie gesichert das
theoretische und empirische Wissen über die Ursachen und die Entwicklungsverläufe des präventiv Tätigen sein muß, um Erfolge zu erzielen. Historische Beispiele zeigen, daß auch naive Vorstellungen über Krankheitsursachen durchaus
zu erfolgreichen Interventionen geführt haben. So konnte, zum Beispiel im England des 18. Jahrhunderts, Edward Jenner eine erfolgreiche Immunisierung gegen
die Pocken erreichen, ohne die erst viel später durch Pasteur entwickelten theoretischen Grundlagen der modernen Impftechnologie zu kennen. Diese und ähnliche Beispiele zeigen, daß effizientes Handeln nicht notwendigerweise eine nach
wissenschaftstheoretischen Kriterien angemessene Theorie erfordert.

Dies kann aber nicht bedeuten, daß Prävention letztlich ohne theoretischen Hintergrund auskommen kann. In Anbetracht der Tatsache, daß Interventionen Eingriffe in familiale, personale und soziale Strukturen zur Folge haben, erscheint
ein naives Vorgehen nach dem Prinzip „Versuch und Irrtum" oft ethisch nicht
vertretbar. Einen möglichen Ausweg aus diesem Dilemma kann eine verantwor-
tungsvolle Evaluation der präventiven Maßnahmen, zum Beispiel in Form von
quasi-experimentellen Designs, bieten, die eine Erfolgsbewertung der durchgeführten Intervention nach strengen methodischen Regeln ermöglichen soll
(Brandtstädter, 1982; Koch & Wittmann, 1990).

Die bisherigen allgemeinen Überlegungen gelten speziell für das Kindes- und Jugendalter. Wie die bisherige Forschung zeigt, sind gesundheitsgefährdende Verhaltensweisen im Kindes- und Jugendalter Teil der lebensgeschichtlichen
Entwicklung. In diesem Alter werden verschiedene Verhaltensmuster, Fähigkeiten und Einstellungen erworben, die auch in späteren Lebensabschnitten beibehalten werden. In gleicher Weise ist die Jugendphase auch bedeutsam für die
Entwicklung selbstwertrelevanter Einstellungen. Charakteristisch für die Entwicklung zum Erwachsenen ist dabei, daß mit verschiedenen, auch gerade risiko-
behafteten Verhaltensweisen experimentiert wird. Diese Tatsache wird in der
Sozialisationsforschung als originäre Entwicklungsaufgabe im Jugendalter bewertet (Franzkowiak, 1986; Hurrelmann, 1988; Fend, 1990).

Die meisten Verhaltensweisen, die objektiv als gesundheitsgefährdend eingeschätzt werden müssen, lassen ihre schädigende Wirkung erst in erheblich späteren Lebensabschnitten deutlich werden. Dies gilt besonders für das Sucht-,
Ernährungs- und Bewegungsverhalten, wobei die Folgen in Gestalt von Kreis-
laufkrankheiten, Krebskrankheiten, degenerativen Schädigungen usw. typischerweise erst im mittleren oder späten Erwachsenenalter erkennbar werden, dessen
routinemäßige Verankerung in den Bahnen eines mehr oder weniger verfestigten
Lebensstils dagegen aber oft schon sehr früh einsetzt. Dasselbe gilt auch auf der
kognitiven Ebene in Form von Einstellungen zur eigenen Person, von generalisierten Bewertungsmustern und im Erwerb von Bewältigungsfähigkeiten für die
in späteren Lebensabschnitten auftauchenden Krisen durch Krankheit, Schicksals-
schläge oder andere kritische Lebensereignisse.

Hier liegt der wesentliche Grund dafür, mit Maßnahmen der Prävention und Gesundheitsförderung in die für den Lebenslauf formative Phase des Kindes- und Jugendalters einzutreten und nicht erst in späteren Lebensabschnitten, in denen sich bereits die schädigenden Auswirkungen dieser Verhaltensweisen zeigen. Gelingt es, wesentliche Ursachen für Gesundheitsprobleme schon in frühen Entstehungsstadien auszuräumen oder einzudämmen, dann sind die Auswirkungen für spätere Lebensphasen positiv, weil es nicht zu einem „Aufschaukeln" von Effekten kommt. Die bisherige Wirkungsforschung weist ebenso darauf hin, daß durch die Konzentration präventiver Bemühungen auf die ersten beiden Lebensjahrzehnte in vielen Bereichen eine besonders gute Wirksamkeit und auch eine hohe Effektivität von Maßnahmen sichergestellt werden kann.

1. Theoretische und konzeptionelle Grundlagen

1.1 Der Begriff Prävention

Eine konzeptionelle Unterscheidung verschiedener Interventionsstrategien im Bereich psychischer Störungen geht zurück auf Gerald Caplan (1964). Caplan definierte *Primärprävention* als Strategie, um das Auftreten psychischer Störungen zu reduzieren, *Sekundärprävention* als Reduzierung der Dauer bestimmter Störungen und *Tertiärprävention* als Strategie, um Beeinträchtigungen, die durch die Störungen hervorgerufen werden, zu minimieren (Caplan, 1964, S.16). Diese konzeptionelle Einteilung präventiven Vorgehens wurde in den folgenden Jahren in verschiedenen Publikationen aufgegriffen und erweitert.

In Hinblick auf die Wirkungsrichtung präventiver Maßnahmen kann zwischen *spezifischer und unspezifischer Prävention* unterschieden werden. Eine spezifische Prävention richtet sich dabei an bestimmte Risikogruppen und an eng umschriebene Phänomene, wie etwa Tabak- und Alkoholmißbrauch, Lese-Rechtschreibschwächen oder aggressives Verhalten. Programme zur primären Prävention sind jedoch in den meisten Fällen unspezifisch auf allgemeine Bedingungen der Entstehung psychischer Störungen und Gesundheitsbeeinträchtigungen gerichtet.

1.2 Der Begriff Gesundheitsförderung

Für die Bezeichnung primärpräventiver Maßnahmen hat sich seit den 80er Jahren auch der Begriff „Gesundheitsförderung" durchgesetzt. Von der Weltgesundheitsorganisation (WHO) in den 80er Jahren entwickelt, wird es als ein integratives Präventionskonzept verstanden, das die einseitige Betonung verhaltensbezogener Maßnahmen überwinden soll und auf die Entwicklung gesunder Lebensbedingungen abstellt. Institutionell gesehen, setzt Gesundheitsförderung eine enge Verflechtung von medizinischen und psychologischen Einrichtungen, Einrichtungen der Bildungs- und Familienarbeit und ähnlichem voraus. Gesundheitsförderung bezeichnet zusammenfassend die vorbeugenden, präventiven

Zugänge zu allen Aktivitäten und Maßnahmen, die die Lebensqualität von Menschen beeinflussen, wobei hygienische, medizinische, psychische, psychiatrische, kulturelle, soziale und ökologische Aspekte vertreten sein müssen (vgl. Green & Johnson, 1983).

Die WHO betont, daß Gesundheitsförderung eine gesundheitsgerechte Gestaltung der sozialen und natürlichen Umwelt erreichen will und zugleich jedem einzelnen Menschen die notwendigen Kompetenzen zu vermitteln hat, um seine persönliche Gesundheit zu verbessern. Gesundheit wird als eine von mehreren Voraussetzungen für eine optimale Lebensqualität gewertet. Träger der Gesundheitsförderung können nicht nur professionelle Anbieter und Institutionen, sondern auch informelle und selbstorganisierte Systeme sein. Die Verankerung der Gesundheitsförderung soll über institutionelle Grenzen hinweg angelegt sein und sowohl die frei praktizierenden Ärzte, die Krankenhäuser, Krankenkassen, den öffentlichen Gesundheitsdienst als auch die Sozialarbeit, die Erwachsenenbildung und die schulische und die Kindergartenerziehung einbeziehen. Es geht um eine gleichberechtigte und konstruktive Arbeitsteilung und Zusammenarbeit auf mehreren Ebenen und über mehrere Berufsgruppen hinweg.

1.3 Interventionsmodelle

Alle Konzepte der Prävention und Gesundheitsförderung gehen davon aus, vorbeugend (prophylaktisch) zu wirken, um möglichen Störungen der Persönlichkeitsentwicklung und Beeinträchtigungen der Gesundheit schon in einem frühen Stadium zuvorzukommen. Je früher Unterstützung und Hilfe einsetzen — so die leitende Idee — desto eher kann der Verfestigung einer Störung und Beeinträchtigung und ihren möglichen Spätfolgen vorgebeugt werden. Diese können z. B. aus zunehmender Verschlimmerung der Leiden und nachfolgender sozialer Isolierung und Stigmatisierung bestehen.

Greifen wir auf die Unterteilung von Caplan und sein Verlaufsmodell von Belastungs-Bewältigungs-Prozessen zurück: Dort ist in einer idealtypischen Betrachtung eine Sequenz von ökologischen und sozialen Lebensbedingungen, Risiken und Belastungen für die Persönlichkeitsentwicklung, gelungenen oder mißlungenen Bewältigungsprozessen, Störungs- und Krankheitsmanifestationen und biopsychosozialen Folgen und Spätfolgen entwickelt worden. Die von Caplan benannten Präventionsschritte beziehen sich auf dieses Modell: Je nachdem nämlich, zu welchem Zeitpunkt ein Eingriff einsetzt, wird er als primär, sekundär oder tertiär bezeichnet.

In den letzten Jahren wird als analytischer Leitbegriff statt „Prävention" vermehrt auch der Begriff *Intervention* verwendet. Eingriffe können so unabhängig von der verwendeten Methodik als vorbeugende, präventive oder als eine korrigierende, heilende oder aber als rehabilitative Intervention bezeichnet werden. Insgesamt ergeben sich folgende idealtypische Interventionsschritte:

— Die *präventive Intervention* (entsprechend der „primären Prävention") bezieht sich auf die frühe und völlige Verhinderung des Auftretens von für die weitere Entwicklung negativ zu bewertenden Ereignissen, wie z. B. körperlichen Krankheiten, psychosomatischen Beschwerden, psychosozialen Störungen, Drogenkonsum usw.

— Die *kurative Intervention* („sekundäre Prävention") bemüht sich darum, eingetretene Störungsereignisse zu korrigieren, abzuwenden oder zu heilen, um negative Folgen des Ereignisses für die weitere Entwicklung zu vermeiden. Diese negativen Folgen können in körperlicher Gebrechlichkeit, in psychischem Leiden und in sozialer Desintegration bestehen. Ziel der Intervention in diesem Stadium ist die Wiederherstellung einer guten Ausgangssituation für die Bewältigung von Risiken und Belastungen im Alltag.

— Die *rehabilitative* bzw. *kompensatorische Intervention* („tertiäre Prävention") ist die Anpassung an und der Ausgleich von Spätfolgen des negativ zu bewertenden Ereignisses. Hier geht es darum, daß sich Beeinträchtigungen und Störungen nicht weiter verfestigen, die auf den gesamten weiteren Lebensrhythmus ungünstige Auswirkungen haben können und den Gesamtzustand immer weiter verschlechtern. Auch geht es um einen Ersatz für den Ausgleich für die Schäden, die bereits eingetreten sind, und um Hilfe, trotz der Störungen und Beeinträchtigungen noch ein erträgliches Leben zu führen.

Phase	1	2	3	4	5
Interventions-zeitpunkt	Gesundheit	erkennbare Risikofaktoren	erste Störungs-anzeichen, Frühzeichen von Krankheit	manifeste Störungen und Krankheiten	langfristige Krankheits-folgen
Zielgruppe	Gesamt-population	potentielle Risikogruppen	(akut) Erkrankte	(chronisch) fortgeschrittene Erkrankte	Genesende Behinderte
Zielsetzung	Verhütung der Entstehung von Störungen und Krankheiten, Stärkung der Schutz- und Abwehrkräfte	Gezielte Vorbeugung durch Beein-flussung von früh identifizierten Risikofaktoren	Frühzeitiges Zurückdrängen der Störungs- und Krankheits-auslöser	Behandlung und Heilung der fortgeschrittenen Störungen und Krankheiten	Verhinderung von Rückfällen, Vermeidung von Folgeerkran-kungen, Siche-rung der ver-bleibenden Lebensqualität
Art der Intervention	primordial	primär	sekundär	tertiär	quartär
Bezeichnung der Maßnahme	generelle (unspezifische) Prävention / Gesundheits-förderung	spezifische Prävention	Kuration, Therapie	Kuration, Therapie	Rehabilitation Kompensation
Beispiele für Maßnahmen	Schutzimpfungen Gesundheits-erziehung Ernährungs-beratung Verbesserung der Wohn-bedingungen Umweltschutz	Früherkennungs-tests (Screening) Selbstunter-suchungen gezielte Kom-petenz- und Leistungsför-derung bei sozial Benachteiligten	medizinische Behandlung psychologische Therapie Verhaltenstraining		Dauermedikation Kompensation verlorener Funk-tionen Verhaltens-training soziale Wieder-eingliederung

Abbildung 1:
Übersicht über Phasen und Schritte von Interventionshandlungen.

Um eine noch differenziertere und genauere Darstellung der Interventionsschritte zu ermöglichen, schlagen wir ein erweitertes Modell vor, das nicht von drei, sondern von fünf Phasen ausgeht, indem die präventive und die rehabilitative Intervention in jeweils zwei Phasen untergliedert werden. Dadurch wird die Systematik der heute in der Praxis geläufigen Maßnahmen noch mehr gerecht.

In Abbildung 1 sind die fünf Phasen und Schritte der Intervention im Überblick dargestellt. Sie werden im folgenden noch kurz erläutert:

1. Bei den *primordialen Interventionen* handelt es sich um Maßnahmen, die sich unspezifisch an eine gesamte Altersgruppe oder eine Region richten. Diese generelle Prävention ist vorrangig durch bevölkerungs-, sozial- und gesundheitspolitische Maßnahmen allgemeiner Art gekennzeichnet, also Maßnahmen, die sich auf die Verbesserung der Lebensbedingungen in den Bereichen Hygiene, Lebensstandard, Bildung, Wohnung, Ernährung usw. richten. So kann es beispielsweise Absicht einer solchen Intervention sein, durch Reihenimpfungen die Schutz- und Abwehrkräfte ganzer Bevölkerungsgruppen zu stärken.

2. Bei der *primären Intervention* handelt es sich um Maßnahmen, die speziell auf Risikogruppen zugeschnitten sind. Diese Gruppen sind aufgrund des Herkunftsmilieus, kritischer Lebensumstände oder Lebensereignisse oder anderer Kriterien als besonders anfällig zu bezeichnen. Ziel dieser Programme ist es dabei, Wissen, Kompetenzen, Bewältigungsfähigkeiten und das Selbstbewußtsein der Betroffenen zu fördern und allgemein Entwicklungsdefizite zu kompensieren.

3. Die *sekundäre Intervention* setzt das Auftreten erster Störungsanzeichen voraus. Diese Intervention bezieht sich auf Adressierung hoch risikobehafteter Personen, mit denen gezielt das sich ankündigende Problem bearbeitet werden kann. Merkmal der sekundären Intervention ist eine problemzentrierte Arbeit, deren Zielsetzung und Methodik entsprechend spezialisiert ist.

4. Die *tertiäre Intervention* richtet sich an Personen, bei denen eine manifeste Störung und deren fortgeschrittene Symptome bereits aufgetreten sind. Die verwendeten Methoden sind problemzentriert und therapeutisch. Ziel ist hier eine Behebung der aufgetretenen Störung sowie eine Schadensbegrenzung hinsichtlich der Spätfolgen.

5. Der Bereich der Rehabilitation und Kompensation wird als *quartäre Intervention* bezeichnet. Ziel der Rehabilitation ist es, nach Abschluß einer kurativen Behandlung den Genesenden in den alltäglichen Lebensablauf zurückzuführen und seine Vulnerabilität hinsichtlich des Wiederauftretens der Erkrankung zu mindern. Behinderten soll ein möglichst störungsfreier Lebensrhythmus trotz der Beeinträchtigung ermöglicht werden.

Die fünf Phasen und Schritte interventiven Handelns unterscheiden sich nicht nur nach dem Zeitpunkt, zu dem sie auf einem hypothetischen Ereigniskontinuum eintreten, sondern auch nach ihrer Eingriffsintensität und nach der Größe der Zielgruppe: Die Intensität nimmt von Phase 1 bis 5 schrittweise zu, die Größe der Zielgruppe nimmt schrittweise ab (Abb. 2).

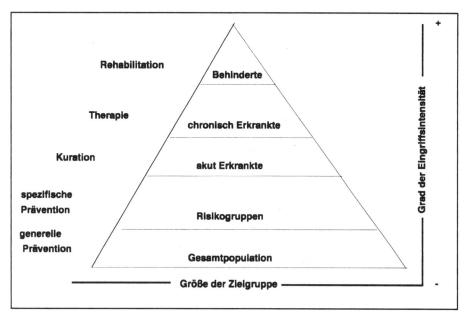

Abbildung 2:
Darstellung von Interventionshandlungen nach Größe der Zielgruppe und Eingriffsintensität.

Schließlich lassen sich alle Interventionsmaßnahmen, außer nach dem Stadium ihrer Wirkung im Verlaufsprozeß, auch nach ihrer Zielebene, nämlich nach distalen bzw. proximalen Programmzielen unterscheiden: Distale Ziele von Interventionen konzentrieren sich auf die ökologischen und sozialen Lebensbedingungen sowie auf den institutionellen und sozialen Kontext und auf die sozialen Ressourcen (Netzwerke und Beziehungen). Die Verwirklichung dieser Ziele ist erst mit einer gewissen zeitlichen Verzögerung meßbar. Proximale Ziele sind dagegen auf die direkte subjektive Lebenswelt, den biographischen Kontext und die individuellen Ressourcen (persönliche Fertigkeiten, Handlungskompetenzen) eines Menschen gerichtet. Fortschritte innerhalb dieser Zielvorgaben sollten bereits während der Intervention erkennbar werden.

Interventionsprogramme unterscheiden sich oft in der Wertung dieser Zielaspekte. Beide Zielebenen verlangen unterschiedliche Zugangsweisen, die in einem Fall die soziale und natürliche Umwelt einbeziehen muß und sich im anderen Fall in erster Linie auf die Persönlichkeitsmerkmale und das manifeste Verhalten der Person orientiert. Dennoch sind in der Bewertung von Interventionen proximale und distale Programmeffekte relevant.

1.4 Ethische Probleme unterschiedlicher Interventionsschritte

Anhand des Rasters in Abbildung 1 lassen sich unterschiedliche ethische Probleme aufzeigen: Maßnahmen der primordialen und primären Intervention müssen sachlich und ethisch meist intensiver begründet werden als solche der folgenden Phasen, die sich fast immer aus dem Leidensdruck der Betroffenen legitimieren. Ein solcher Leidendruck herrscht in Phase 1 und 2 noch nicht. Die generelle Prävention richtet sich an alle Angehörigen einer Population, um das Auftreten eines bestimmten Ereignisses (z. B. Suchtverhalten, Infektionskrankheit) bei allen Adressaten noch zu vermeiden. Die spezifische Prävention unterscheidet sich hierdurch, weil sie sich auf die Teile der Population konzentriert, bei denen ein kalkulierbares Risiko im Sinne einer Wahrscheinlichkeit des Auftretens des Problemverhaltens besteht.

Während es sich bei kurativen und rehabilitativen Maßnahmen in der Regel um solche handelt, die von den Betroffenen gewollt und meist sogar herbeigeführt worden sind, ist der Einsatz von Maßnahmen der primordialen und präventiven Intervention im Normalfall zunächst fremdbestimmt. Er bedarf daher einer besonders sorgfältigen Begründung. Das gilt vor allem im Bereich der generellen Prävention, die sich an eine Population richtet, die noch in keiner Weise auffällig wurde. Die Wahrscheinlichkeit für das Auftreten eines Störungs- und Krankheitssymptoms in dieser Gruppe ist zunächst sehr klein. Die Maßnahmen, die ergriffen werden, richten sich aber an die gesamte Population — unabhängig davon, ob eine hohe oder niedrige Wahrscheinlichkeit für ein Problemverhalten besteht. Es ist deswegen sorgfältig abzuwägen, ob eine solche Maßnahme ergriffen werden soll. Die Präventionsmaßnahme darf auf keinen Fall zu Benachteiligungen und Schädigungen führen. So darf eine Reihenuntersuchung zur Identifizierung von möglichen Risikogruppen nicht ihrerseits Stigmatisierungen oder Schädigungen zur Folge haben.

Dem Einsatz von Präventionsmaßnahmen ist immer ein intensiver Abwägungsprozeß vorzuschalten, bei dem die Vorteile und die Nachteile des Eingriffes genau zu überprüfen sind. Es müssen strenge Kriterien angelegt werden, um legitimerweise primordial oder präventiv tätig zu werden. Es handelt sich gewissermaßen um eine ethische ,,Kosten- Nutzen-Analyse''. Keine Maßnahme darf als Nebeneffekt den Spielraum einer großen Gruppe von Menschen und ihre gesunde Entwicklung beeinträchtigen, nur um für einige Personen ein günstiges Ergebnis zu erzielen.

Gut ist in der Regel die Bilanz für kompetenzerweiternde Maßnahmen, insbesondere Erziehungsmaßnahmen und soziale bzw. kognitive Trainings (Schneider & Byrne, 1985). Hierzu zählen Maßnahmen der materiellen und sozialen Chancenverbesserung für alle Bevölkerungsgruppen. Problematisch wird es dann, wenn Maßnahmen mit einem Eingriff in das seelische und leibliche Wohl verbunden sind. Beispiele aus dem medizinischen Bereich sind hier etwa klinische Untersuchungen und Bluttests, um bestimmte Krankheiten zu prognostizieren, oder im psychologischen Bereich Screeningmaßnahmen, die unbeabsichtigte Stigmatisierungseffekte haben können. Hier besteht die Gefahr, daß präventive Maßnahmen zu einer zusätzlichen Belastung beitragen.

Vor allem bei auffälligem Verhalten, das stark von sozialen Normen abhängig ist (z. B. Dissozialität, Delinquenz, etc.) sind ˙alle Maßnahmen, die nur auf einer vagen Risikoeinschätzung beruhen, ethisch äußerst problematisch, denn sie können zu einer Stigmatisierung der entsprechenden Personen führen. Auch ist sehr wichtig, von welcher Institution oder welcher Person aus die Kontrollen für die Durchführung der Maßnahmen gesteuert und überwacht werden. Ein weiterer wichtiger Aspekt ist, ob eine Zustimmung und ein Einverständnis zur Durchführung der Maßnahme vorliegt oder nicht. Informiertheit und Einverständnis der Betroffenen und der Eltern sind immer dann zu fordern, wenn die Maßnahmen Eingriffe in die persönliche oder die familiäre Autonomie beinhalten.

2. Ansätze und Beispiele für Präventions- und Gesundheitsförderprogramme im Kindes- und Jugendalter

Unter dem Stichwort „Präventionsprogramme" oder „Programme der Gesundheitsförderung" werden meist solche Maßnahmen und Aktivitäten zusammengefaßt, die sich auf die primordiale und primäre Stufe von Intervention beziehen. Der Zugang von Kindern und Jugendlichen zu präventiven Maßnahmen ist jedoch nicht lückenlos gewährleistet. So ist es bereits schwierig, Risikogruppen zu identifizieren, da die Teilnahme an Vorsorgeuntersuchungen heute nur noch bei der Einschulung obligatorisch ist. Alle weiteren Untersuchungen sind der Freiwilligkeit anheim gestellt.

Prävention und Gesundheitsförderung kann nur in öffentlichen Institutionen Erfolg haben, in denen sich Kinder und Jugendliche in bestimmten Lebensphasen und/oder Lebenslagen gewöhnlich aufhalten. Die Träger der Programme können Kommunen, Kindergärten, Schulen, Jugendbildungseinrichtungen, Einrichtungen der Jugendarbeit und auch private Organisationen sein. Die meisten Programme haben einen thematischen Schwerpunkt, entscheiden sich also für einen zentralen Bereich der Prävention bzw. Gesundheitsförderung, etwa den Bereich Hygiene, Sucht, Sexualität, Unfälle und Verletzungen, Bewegung, Ernährung und andere. Fast allen Programmen ist eine gemeinsame konzeptionelle Basis eigen. Diese richtet sich in der Regel auf die aktive Beeinflussung von Kognitionen und Verhalten oder auf die Rahmenbedingungen für Verhalten (Kontext, Umwelt, Verhältnisse). Wir können also zwischen Programmen unterscheiden, die sich als person- oder als kontextzentriert begreifen.

2.1 Personzentrierte Programme

Der Begriff „personzentriert" hat in diesem Zusammenhang keine direkte Beziehung zur klientenzentrierten Psychotherapie, sondern soll ausdrücken, daß die gemeinten Interventionen sich an das Individuum richten. Es handelt sich um Maßnahmen, die Personmerkmale (wie etwa spezifische Verhaltensweisen und individuelle Kompetenzen von Kindern und Jugendlichen) beeinflussen wollen. Dabei kann der Schwerpunkt auf instrumentellen Fertigkeiten im kognitiven oder motorischen Bereich liegen oder auch auf sozialen Kompetenzen der zwischenmenschlichen Kommunikation. Es geht darum, bei Kindern und Jugendlichen die Fähigkeiten zu wecken, Situationen analysieren zu können, eigene Ziele für das Handeln aufzubauen, sowie die Handlungen zu planen, durchzuführen und zu bewerten. Es geht um die Entwicklung von Fähigkeiten zur Problemlösung, Fertigkeiten zur Bewältigung belastender Lebenssituationen, Streßbewältigung und auch um die Förderung von Kompetenzen zur Vermeidung von Belastungen und Störungen.

Durch diese Programme sollen Kinder und Jugendliche zu einem reflektierten Vorgehen bei Lösungen interpersonaler Probleme angehalten werden. Hierzu werden verschiedene Trainingsverfahren entwickelt. Im Bereich Suchtverhalten/Drogenmißbrauch, Leistungsüberforderung und Selbstmordgefährdung — um nur drei Beispiele zu nennen — haben sich diese Ansätze in den letzten Jahren als durchaus effektiv erwiesen. Um das Selbstwertgefühl bzw. die erfahrene Selbstwirksamkeit zu steigern, hat sich der Einbau von Trainingselementen zur Erweiterung der sozialen Kompetenz bewährt, oft auch in der Form des Gruppentrainings.

Das gilt auch für Programme mit spezifischem Zuschnitt, etwa solchen, die auf die Bewältigung von Scheidungsfolgen oder die Verarbeitung von Leistungsversagen abzielen, bestimmte psychische Störungen abzuschirmen versuchen, Angstgefühlen vorbeugen oder Drogenmißbrauch und Delinquenz vermeiden wollen. Auch zur Vorbeugung von körperlichen und psychosomatischen Erkrankungen werden Programme dieser Art eingesetzt, wobei im Vordergrund Versuche stehen, durch Aufklärung, gezieltes Training, Vermittlung von Wissen über Risikofaktoren und Strategien zur Streßbewältigung veränderte persönliche Kompetenzen zu entwickeln.

Die Programme variieren nach Lebensalter und alltäglichen Zusammenhängen. Sie berücksichtigen damit besonders den jeweiligen persönlichen Entwicklungsstand und sind insofern Bestandteil einer „Entwicklungsförderung". Ein Beispiel hierfür sind die Programme zur Förderung der vorschulischen, schulischen und sozialen Kompetenzen, die auf Stärkung des Selbstwertgefühls, verbessertes Schulverhalten, höhere intellektuelle Leistungen, kommunikative Fertigkeiten und ein geringeres Maß an Delinquenz abzielen (Cowen, 1983; Becker, 1990; Dusenbury & Botvin, 1990).

2.2. Kontextzentrierte Programme

Unter diesem Begriff werden Präventionsprogramme zusammengefaßt, die auf die Lebensverhältnisse von Kindern und Jugendlichen abzielen. Sie streben die

Veränderung von Umwelten an, sind also nicht nur ausschließlich auf die Person und das persönliche Verhalten direkt gerichtet. Eine kontextzentrierte bzw. umweltzentrierte Prävention ist darauf gerichtet, störende Einflüsse aus dem sozialen und ökologischen Kontext zurückzudrängen und Handlungsmöglichkeiten der Kinder und Jugendlichen in einem bestimmten Lebensraum zu stärken. Die in den sozialen Umwelten vorliegenden Risiko- und Schutzfaktoren müssen hierzu identifiziert sein.

Diese Programme sollen beispielsweise soziale Beziehungen in Familien und sozialen Netzwerken verbessern, Selbsthilfegruppen initiieren und wichtige Bezugspersonen (Schlüsselfiguren) im sozialen Umfeld stützen. Durch netzwerkorientierte Verfahren, die sich an das direkte soziale Umfeld der Betroffenen richten, werden soziale Beziehungen stabilisiert und wieder aufgerichtet. Dies geschieht mit dem Ziel, möglichst viele unterstützende Komponenten im unmittelbaren sozialen Nahbereich zugänglich zu machen.

Neben den informellen Unterstützungskontakten wird auch die Inanspruchnahme von professionellen Unterstützungs- und Beratungsangeboten gefördert. Eine flexible und den Bedürfnissen von Kindern und Jugendlichen entsprechende Versorgungsstruktur von medizinischen, psychologischen und pädagogischen Diensten wird als gute Voraussetzung angesehen, um frühe und, im wahrsten Sinn des Wortes, primäre Unterstützung, Hilfe und Beratung anzubieten.

Ein weiterer Schwerpunkt von Maßnahmen in diesem Bereich liegt auf der Veränderung von Organisationsstrukturen in Kindergärten und Schulen. Hier geht es um die Verbesserung des sozialen Klimas einer Institution und um die Optimierung von Kommunikations- und Problemlöseprozessen mit dem Ziel, alle Beteiligten an der Gestaltung und dem Ablauf von sozialen Kontakten zu beteiligen. Im schulischen Bereich gehören hierzu Einführung von Tutorensystemen, gruppendynamische Maßnahmen, Verbesserung der Arbeitsbedingungen in den Schulklassen, bauliche Veränderungen, Stärkung der Partizipationsmöglichkeiten der Schülerinnen und Schüler und Stärkung von gemeinsamen Problemlösekapazitäten auf allen Ebenen der schulischen Organisation.

Programme dieser Art erweisen sich dann als besonders wirksam, wenn soziale Benachteiligungen abgebaut werden können und zugleich echte Mitgestaltungsmöglichkeiten, z. B. von Schülerinnen und Schülern, erreicht werden. Hierdurch wird die Identifikation der Schülerinnen und Schüler mit der Organisation gestärkt und zugleich ein Schritt in Richtung einer „politischen Stärkung" (Empowerment) getan. Denn den Schülerinnen und Schülern werden hierdurch Möglichkeiten an die Hand gegeben, sich selbst zu artikulieren und ihre Interessen und Bedürfnisse einzubringen. Hierin scheint ein besonders effektives Mittel der Prävention zu liegen, das selbstverständlich auch den personbezogenen Sektor der Prävention berührt, weil unmittelbar kompetenzfördernde Aspekte ins Spiel kommen (Connell et al., 1985).

2.3 Begründung und Konzeption der Gesundheitserziehung

Ein wichtiges Ziel der Gesundheitsförderung ist es, über Gesundheitserziehung das gesundheitsrelevante Verhalten von Kindern und Jugendlichen zu beeinflussen. Die meisten Ansätze in diesem Bereich gehen von der Annahme aus, daß das Gesundheitsverhalten durch die Überzeugungen und das Wissen geprägt wird, die ein Mensch über Gesundheit und über die Möglichkeiten der Verhinderung von Krankheit zur Verfügung hat. Den meisten Ansätzen der Gesundheitserziehung liegt eine sozialpsychologische Theorie des intentionalen Handelns zugrunde, nach der jedes Verhalten, ob gesundheitsförderlich oder -schädlich, auf einer vorsätzlichen Absicht beruht, die auf bestimmte persönliche und normative Überzeugungen zurückzuführen ist. Um Verhaltensänderungen zu bewirken, müssen dieser Theorie zufolge die Überzeugungen und die subjektiven Normen geändert werden, um auf die Absicht Einfluß zu nehmen. Als gesundheitsförderliches Verhalten wird im wesentlichen schädigungsvermeidendes und Vorsorgeverhalten gewertet, das im Aufsuchen medizinischer Beratung und Behandlung sowie im Befolgen ärztlicher Ratschläge besteht.

3. Theoretische Konzeptionen von Präventions- und Gesundheitsförderprogrammen

Die theoretischen Grundlagen für Programme der Prävention und Gesundheitsförderung stammen überwiegend aus der Verhaltenstheorie und der Sozialisationsforschung. Verhaltenstheorien stehen dabei vor allem für personzentrierte und die Sozialisationstheorien für kontextzentrierte Ansätze als Hintergrundkonzepte zur Verfügung.

3.1 Verhaltenstheoretische Ansätze

Verhaltenstheoretische Positionen gehen oft von einem ,,Health-Belief-Model'' aus. Dabei wird die Verbindung von einer subjektiv wahrgenommenen Anfälligkeit für eine Erkrankung und die wahrgenommene Schwere und Bedrohlichkeit dieser Krankheit für die eigene Person als Ausgangspunkt für gesundheitsrelevantes Verhalten unterstellt. Grundannahme ist, daß bei einer solchen wahrgenommenen Anfälligkeit für eine Krankheit auch die empfundene Bedrohung durch diese Krankheit steige und als Folge ein vorsorgliches und den ärztlichen Anweisungen Folge leistendes Verhalten eintrete. Nach dieser Theorie unterschätzen viele Menschen ihre Anfälligkeit für Krankheiten, fühlen sich durch sie nicht bedroht und unterlassen aus diesem Grund die erwünschten positiven Verhaltensweisen.

Die Rolle der Gesundheitsförderprogramme wird im wesentlichen darin gesehen, diese Menschen auf die Gefahren von Krankheiten nachdrücklich hinzuweisen, vor allem durch Aufklärung und Information, aber auch durch abschreckende Impulse für die eigene Einstellungsbildung. Dieser Denkansatz vertraut darauf, daß eine umfassende Information über gesundheitsgefährdende Faktoren und gesundheitsabträgliche eigene Verhaltensweisen auch das tatsächliche Verhalten eines Menschen beeinflußt (Becker, 1974).

Dieser Denkansatz setzt auf die Rationalität des menschlichen (Gesundheits-)Verhaltens und vertraut darauf, daß kognitiv vermittelte Informationen verhaltenssteuernd wirken. Diese Annahmen sind aber nur teilweise realistisch. Deshalb werden in den letzten Jahren vielfältige Bemühungen unternommen, diese Theorie zu erweitern. Dabei geht es um die Frage, welche kognitiven, motivationalen und emotionalen Vorgänge die Einleitung und Aufrechterhaltung gesundheitsrelevanten Verhaltens in sozialen Situationen beeinflussen.

Das Verhaltensmodell von Schwarzer (1990) berücksichtigt explizit die motivationale Dimension. Die Entscheidung für eine bestimmte Verhaltensweise oder die Korrektur einer bisherigen Verhaltensgewohnheit muß demnach die aktuelle individuelle Motivationslage, d. h. die persönliche Valenz des Risikoverhaltens berücksichtigen: Zum Beispiel verfehlt der Hinweis an Jugendliche, die Fortsetzung des Risikoverhaltens „Rauchen" würde in einer späteren Lebensphase zu gesundheitlichen Belastungen führen, die erwünschte Wirkung, da dieser Hinweis mit den aktuellen, attraktiveren Verhaltensalternativen nicht konkurrieren kann.

Gesundheitsrelevantes Verhalten kann nach Schwarzer nicht alleine durch Veränderung von Einstellungen bewirkt werden, sondern muß selbstbildrelevante Aspekte des eigenen Handelns mit einbeziehen. Bei Kindern und Jugendlichen können wir noch nicht von expliziten gesundheitsbezogenen Selbstbildern ausgehen. Vielmehr stehen Aspekte des psychosozialen Wohlbefindens im Sinne der Bewältigung von Entwicklungsaufgaben im Zentrum der Selbstdefinition. Ob gesundheitsrelevante Einstellungen auch wirklich verhaltenswirksam werden, entscheidet sich danach, ob sie als wichtiger Bestandteil der Selbstdefinition wahrgenommen werden und inwieweit sie mit anderen Selbstschemata konkurrieren. Unter einem Selbstschema wird dabei die kognitive Repräsentation von bestimmten Aspekten der eigenen Person verstanden, also ein Bestand an selbstbezogenen Wahrnehmungen, die im Laufe des Lebens aufgrund von Erfahrungen und Bewertung dieser Erfahrungen erworben werden. Die geordnete Menge der gesundheitsrelevanten Selbstschemata wird als eine implizite Theorie, als eine subjektive Gesundheitstheorie verstanden, als ein System zur Verarbeitung gesundheitsrelevanter Informationen und zur Steuerung entsprechender Handlungen (Schwarzer, 1990).

Kindern und Jugendlichen geht es in ihrem Lebensalltag vor allem um soziale und individuelle Handlungskompetenzen. Es geht ihnen darum, beliebt, durchsetzungsfähig, erwachsen, stark, unabhängig, sicher, gut aussehend und intelligent zu sein. Verhaltensweisen, die die physische Gesundheit schädigen, wie z. B. Rauchen oder Drogenkonsum, werden in diesem Zusammenhang nach ihrem sozialen Einfluß als „Mittel zum Zweck" eingesetzt, um z. B. bei den wichtigen Bezugsgruppen bestimmte Anerkennungen zu forcieren. In der Kosten-Nutzen-

Abwägung fällt die Entscheidung für eine bestimmte Verhaltensweise oft zugunsten der gesundheitsschädlichen, da das aktuelle seelische und soziale Wohlbefinden von den Jugendlichen höher gewertet wird als die potentielle Beeinträchtigung der physischen Gesundheit. Die Jugendlichen streben eine ideale Erfüllung ihres Selbstbildes an und orientieren sich dabei an den unmittelbaren Anforderungen, die sie vor sich sehen (Perry & Jessor, 1985; Hurrelmann & Lösel, 1990).

Gesundheitserziehung bei Kindern und Jugendlichen muß diesen Überlegungen zufolge von einem sehr breiten Gesundheitskonzept ausgehen. Gesundheit darf nicht allein über die Abwesenheit von Krankheitssymptomen definiert werden, sondern muß positive Konnotationen besitzen. Gesundheitsschädliches Verhalten muß mit solchen negativen Konsequenzen verknüpft werden, die nicht nur im biologischen, sondern auch im sozialen und psychischen Bereich liegen („Zu viel Essen macht dick; Rauchen bringt unangenehme Begleiterscheinungen für Aussehen und Geruch mit sich" usw.). Gleichzeitig müssen Verhaltensalternativen angeboten werden, die den gleichen psychosozialen Zweck erfüllen wie die gesundheitsschädlichen Verhaltensweisen, also ebenfalls zu sozialer Akzeptanz und zur Verbesserung des Selbstwertgefühls führen. Die Folgen des gesundheitsbewußten Verhaltens müssen positiv bewertbar sein: Körperliche Attraktivität, Vitalität, erhöhte Streßresistenz und größerer Lebensgenuß (Schwarzer, 1990).

Da Jugendliche sehr stark gegenwartsorientiert sind, muß Gesundheitserziehung vor allem auf körperliche Attraktivität und aktuelles Wohlbefinden und nicht so sehr auf spätere Lebenserwartung abstellen. Auch ist zu bedenken, daß das gesundheitsangemessene Verhalten starke Anforderungen an die eigene Steuerung des Verhaltens und das Ertragen von Unlustzuständen (z. B. bei körperlicher Beanspruchung, beim Durchhalten eines Konfliktes, beim Einhalten einer Diät usw.) verlangt. Das problembezogene und nicht-ausweichende Bewältigungsverhalten verspricht also in einer konkreten Situation nicht unbedingt die schnelle und streßfreie Lösung, sondern kann genau das Gegenteil bedeuten. Auch hieraus erklärt sich, warum die gesundheitsschädigenden Verhaltensweisen aktuell so attraktiv sein können (Hurrelmann, 1990; Silbereisen, 1990).

3.2. Sozialisationstheoretische Ansätze

Sozialisationstheoretische Ansätze, die den Hintergrund für die kontextzentrierten Präventionsprogramme anbieten, gehen von der Hypothese aus, daß Zusammenhänge zwischen sozialen Lebens- und ökologischen Umweltfaktoren einerseits und körperlichen, psychischen und sozialen Beeinträchtigungen der Gesundheit andererseits zu identifizieren sind. Nach dieser Hypothese ist es offensichtlich, daß auch Risikofaktoren und Belastungskonstellationen aus dem sozialen und zunehmend auch aus dem ökologischen Umfeld direkt und indirekt das Immunsystem von Kindern und Jugendlichen schädigen und beeinträchtigen können.

Wie anfällig ein junger Mensch für bestimmte Beeinträchtigungen der Gesundheit ist, richtet sich demnach nach dem Verhältnis zwischen den Risiko- und Belastungsfaktoren und den zur Verfügung stehenden sozialen und individuellen Ressourcen, die den Bewältigungsprozeß tragen und steuern. Sind diese Ressourcen unzureichend, dann werden ganz offensichtlich hierdurch die Bewältigungskapazitäten beeinträchtigt; sie reichen nicht aus, um mit sozialen, psychischen und physiologischen Anpassungsprozessen zurechtzukommen. Ein Übermaß an Belastungsfunktionen aus der sozialen und ökologischen Umwelt kann — so lautet die Kernannahme — zu einer so starken Strapazierung der Bewältigungskapazitäten eines Kindes oder Jugendlichen führen, daß die Anpassungsleistungen nicht nur im sozialen und psychischen, sondern auch im physiologischen Bereich unzureichend werden.

Gesundheit läßt sich in sozialisationstheoretischer Tradition definieren als Zustand des objektiven und subjektiven Befindens einer Person, der gegeben ist, wenn diese Person sich in den physischen, psychischen und sozialen Bereichen ihrer Entwicklung in Einklang mit den eigenen Möglichkeiten und Zielvorstellungen und den jeweils gegebenen äußeren Lebensbedingungen befindet. Gesundheit ist beeinträchtigt, wenn sich in einem oder mehreren dieser Bereiche Anforderungen ergeben, die von der Person in der jeweiligen sozialen Situation und der jeweiligen Phase im Lebenslauf nicht erfüllt und bewältigt werden können. Die Beeinträchtigung kann sich in Symptomen der sozialen, psychischen und physisch-physiologischen Auffälligkeit manifestieren (Hurrelmann, 1988).

Gesundheit ist demnach kein passiv erlebter Zustand des Wohlbefindens, sondern ein aktuelles Ergebnis der jeweils aktiv betriebenen Herstellung und Erhaltung der sozialen, psychischen und körperlichen Aktionsfähigkeit eines Menschen im gesamten Lebenslauf. Soziale, ökonomische, ökologische und kulturelle Lebensbedingungen bilden den Rahmen für die Entwicklungsmöglichkeiten von Gesundheit für jede einzelne Person. Der Zustand „Gesundheit" spiegelt in diesem Sinne immer auch die subjektive Verarbeitung und Bewältigung gesellschaftlicher und sozialer Verhältnisse wider. Gesundheit ist dann gegeben, wenn eine Person konstruktiv Sozialbeziehungen aufbauen kann, sozial integriert ist, die eigene Lebensgestaltung an die wechselhaften Belastungen des Lebensumfeldes anpassen kann, dabei individuelle Selbstbestimmung sichern und den Einklang mit den biogenetischen, physiologischen und körperlichen Möglichkeiten herstellen kann. Gesundheit kann deshalb auch als das jeweils aktuelle Resultat einer „gelungenen" Sozialisation verstanden werden.

Mit diesem theoretischen Zugang stellt die Sozialisationstheorie stark auf Kontext- und Umweltgegebenheiten ab. Sie verweist darauf, daß Kinder und Jugendliche in ihren Lebensbereichen außerhalb der Familie und der institutionalisierten Erziehungs- und Bildungseinrichtungen heute eine teils zwar äußerst anregende, in vielerlei Hinsicht aber auch einseitig stimulierende und in vielen Aspekten direkt und indirekt gesundheitsgefährdende Umwelt vorfinden. Risiken für eine gesunde Entwicklung können — außer im familialen und schulischen Nahbereich — auch in folgenden Lebensbereichen liegen:

- Durch die Belastung von Wasser, Boden, Luft und Nahrungsmitteln sind die natürlichen Lebensbedingungen von Kindern und Jugendlichen in den Industriegesellschaften erheblich beeinträchtigt. Hier liegen die Ursachen für viele der sich schnell ausbreitenden gesundheitlichen Beeinträchtigungen, vor allem für Allergien der Haut und der Schleimhäute, aber zunehmend auch für andere Krankheiten verschiedenster Art.
- Die alltäglichen Verkehrsräume Wohnung und Straße sind heute alles andere als den Bedürfnissen der Kinder entsprechend gestaltet, sie müssen vielfach geradezu als kinderfeindlich und damit auch als für die gesunde Entwicklung abträglich eingestuft werden. Außerdem bergen sie lebensgefährliche Risiken. Unfälle sind die häufigste Todesursache im Jugendalter.
- Die Welt der Kinder und Jugendlichen ist heute sehr stark von Medien geprägt; diese bieten einen Überschuß an visuellen und akustischen, meist elektronisch vermittelten Informationen, während emotionale und motorische Sinnesbereiche zuwenig stimuliert werden. Auch hier liegen erhebliche Risiken für die Entwicklung, weil spontane und alle Sinne ansprechende Aneignungsprozesse der sozialen und der natürlichen Umwelt gestört sind.
- Der Freizeitbereich ist sehr stark kommerzialisiert und zusätzlich durch die schwer vorhersagbare Dynamik der Freundschaftsbeziehungen in der Gleichaltrigengruppe geprägt. Dadurch herrschen in ihm verdeckte Wettbewerbs- und Prestigedynamiken, die Kinder und Jugendliche in für ihre Gesundheitsentwicklung riskante Situationen hineinmanövrieren können. Hinzu kommen erhebliche Verunsicherungen der psychosozialen und moralischen Wertorientierung, die im Zuge einer voranschreitenden Individualisierung und Pluralisierung von Lebensmustern zu psychischen Orientierungsschwierigkeiten und psychosozialen Störungen führen.

Präventions- und Gesundheitsförderprogramme müssen diese Ausgangskonstellationen berücksichtigen. Im strukturellen ,,Makro-Bereich'' gehören insofern allgemeine Verbesserungen der Bildungs- und Entfaltungsbedingungen von Kindern und Jugendlichen dazu. Auch im ,,Mikro-Bereich'', der unmittelbar verhaltensrelevante Maßnahmen anspricht, sind die sozialen Kontextbedingungen zu beachten. So sind etwa Maßnahmen zur Förderung von aktiven Bewältigungsstrategien nicht nur mit einem hohen Maß von Selbststeuerung und Selbstsicherheit verbunden. Sie setzen auch voraus, daß Kinder sich von bestimmten Bezugsgruppen unabhängig machen können. Die Fähigkeit, solche Bezugsgruppen zu aktivieren, die dem eigenen Bewältigungsverhalten entgegenkommen, gehört mit zum Bewältigungsrepertoire (Shure & Spivack, 1982; Schwarzer & Leppin, 1989). Gruppendruck, Machtbeziehungen, Prestige und Einflußmotive, Neugierverhalten, Suche nach Erlebnis und Anregung können bei Kindern und Jugendlichen dazu führen, daß ein schädigendes Verhalten das attraktivere gegenüber dem nicht-schädigenden Verhalten ist. Diese Bedingungen müssen in den Präventionsprogrammen beachtet werden.

4. Bisherige Erfahrungen mit Programmen

Aus den voranstehenden Erörterungen lassen sich vereinfacht die folgenden Kriterien für die Gesundheitsförderung ableiten:

● Eine Konzeption der Gesundheitsförderung läßt sich nur dann aussichtsreich begründen, wenn sie an den Erfahrungen und Erlebnissen von Lebensfreude bei Kindern und Jugendlichen ansetzt und nicht etwa als „Attacke auf die Lebenslust" angesehen wird. Gelingt dieser Zugang nicht, dann hat jede Gesundheitsförderung den Status des unattraktiven, lustlosen, lusttötenden und restriktiv-disziplinierenden Vorgehens, und ist damit gleich von vornherein zum Scheitern verurteilt. Gesundheitsförderung darf nicht als ein Aufzwängen von Erwachsenenverhaltensweisen empfunden werden, denn gerade im Jugendalter gehört es ja zu den wichtigsten Verhaltensimpulsen, sich gegen die vorherrschenden Erwachsenennormen aufzulehnen und sich von ihnen abzusetzen. Setzt hier die Gesundheitsförderung falsch an, so kann sie von Jugendlichen negativ besetzt werden und richtet damit mehr Schaden an als Nutzen (Dlugosch & Schmidt, 1990).
● Die Konzepte der Gesundheitsförderung müssen die vorherrschenden normativen und sozial-strukturellen Rahmenbedingungen berücksichtigen. Es wäre z. B. wirklichkeitsfremd, die objektiv gesundheitsfeindlichen Wertorientierungen, die in weiten Bereichen des Erwachsenenlebens dominieren, in der Gesundheitsförderung gegenüber Kindern und Jugendlichen zu verheimlichen. Dazu gehört insbesondere eine Analyse der Mechanismen der kommerziellen Werbung, die ja eindeutig und mit ausgeklügelten sozialpsychologischen Einflußmethoden zugunsten gesundheitsgefährdenden Verhaltens (Rauchen, Alkoholkonsum, kalorienhaltige Speisen usw.) betrieben wird. Auch dürfen die strukturellen Belastungskomponenten des täglichen Lebens nicht ausgeklammert werden: Dauerbelastung durch hohe schulische Leistungsanforderungen, lange Ausbildungszeiten und Verunsicherung von Jugendlichen und jungen Erwachsenen durch einen anforderungsreichen und strukturell schwierigen Arbeitsmarkt.
● Effektive Gesundheitsförderung muß den alltäglichen Lebensstil von Kindern und Jugendlichen, wie er durch soziale und kulturelle Einflüsse geprägt wird, in ihren Ansatz einbeziehen. Das Bestreben gerade junger Menschen, Selbständigkeit und Selbststeuerung zu erlangen, kann ein wichtiger Anknüpfungspunkt für die Gesundheitsförderung sein, der sie für die junge Generation interessant macht. Verstanden als Hilfe bei der Unterstützung eines individuellen Lebenskonzeptes, das sich von eingefahrenen Pfaden des Erwachsenenlebens unterscheidet, ist Gesundheitsförderung für Kinder, Jugendliche und junge Erwachsene ein interessantes und attraktives Konzept der Stärkung von Selbstentfaltung und Selbstfindung.

Die meisten der heute in Kindergärten und Schulen praktizierten Konzepte der Gesundheitserziehung in der Bundesrepublik sind von diesen Idealvorstellungen noch weit entfernt. Zwar existieren zu den Themenkomplexen

— Natürliche Umwelt und Gesundheit
— Seelische und soziale Gesundheit
— Körperliche Gesundheit
— Ansteckende und nicht-ansteckende Krankheiten
— Tabak, Alkohol und illegale Drogen
— Arzneimittel und Medikamente
— Ernährung
— Sexualität
— Körperhygiene
— Streß
— Bewegung
— Mund und Zahnhygiene
— Körperliche Fitneß
— Verbraucherverhalten und Verbraucherschutz
— Öffentliche Gesundheit und Sozialpolitik
— Unfallverhütung

jeweils gut ausgearbeitete Programme, aber ihre Umsetzung und Evaluation ist noch völlig unzureichend. Im deutschen Sprachraum besteht besonders im Vergleich zu den angelsächsischen Ländern und einigen europäischen Nachbarländern ein erheblicher Nachholbedarf an Forschung und Praxis. Bisher existieren nur in wenigen Bundesländern der Bundesrepublik Deutschland fertig ausgearbeitete Programme, und diese beziehen sich in der Regel nur auf Teilbereiche der Gesundheitsförderung. Es fehlt an wissenschaftlich abgesicherten umfassenden konzeptionellen Modellen und darauf aufbauenden Programmen.

5. Beispiele für gelungene Programme

Als Beispiele für gelungene Konzepte der umfassenden Prävention und Gesundheitsförderung greifen wir ein deutsches und ein ausländisches Programm heraus.

5.1 Sucht- und Drogenvorbeugung in der Schule

Das erste Beispiel ist das nordrhein-westfälische Programm der Suchtprävention, das vom Landesinstitut für Schule und Weiterbildung (1988) entwickelt wurde. Es geht von der Prämisse aus, daß Präventionsmaßnahmen im Jugendalter den Drogenkonsum als psychosozialen und funktionalen Bestandteil des Lebens ansehen müssen, mit dem die Herausforderungen der Lebensphase Jugend bewältigt werden. Der Schwerpunkt aller Maßnahmen wird entsprechend an den psychosozialen Funktionen angesetzt, die die Nutzung von Drogen im Kontext kultureller und sozialer Bedingungen der Lebensbewältigung im Jugendalter hat. Der Schule als Bildungsinstitution und als wichtiger sozialer Erfahrungsraum im Jugendalter kommt hierbei eine Schlüsselrolle zu. Das Programm bemüht sich um Konzepte, die den Prozeß der aktiven Aneignung von Informationen und Wissensbeständen sowie der produktiven Auseinandersetzung mit ihnen in das Zentrum der unterrichtlichen Bildungsprozesse rücken und zugleich die Lerninteressen und persönlichen Bedürfnisse der Schülerinnen und Schüler ansprechen.

Als didaktisches Ziel wird die Kombination von Informations- und Einstellungsveränderungsstrategien gewählt. Maßnahmen, die Wissen über die rechtlichen, physiologischen und psychologischen Voraussetzungen und Folgen von Drogenkonsum und -mißbrauch vermitteln, werden Informationsstrategien genannt. Maßnahmen zur Förderung von Kommunikations- und Entschlußfähigkeit, von Selbstbehauptung und Fähigkeit zur Definition von Werthaltungen sowie Versuche, positive emotionale Erlebnisse zu vermitteln, werden als affektive Strategien bezeichnet.

Die Materialien und Medien des Landesinstituts für Schule und Weiterbildung sind als Praxishilfen für den schulischen Alltag konzipiert. Sie sollen suchtprophylaktischen Unterricht unterstützen, indem sie soziale, affektive und kognitive Lernziele aufeinander beziehen und Lebensbewältigung, Problemlösungsfähigkeit sowie das Erlernen sozialer und personaler Handlungskompetenzen als zentrale Ziele definieren. Es wird eine auf Theorie und Praxis abgestimmte Konzeption zur Sucht- und Drogenprävention in der Schule und zugleich ein Modell zur Fortbildung von Lehrern für Suchtvorbeugung und Drogenfragen vorgelegt.

Die Materialien mit jeweils unterschiedlichen Schwerpunkten für Unterrichtsreihen, sind wie folgt gegliedert:

● *Kognitive Inhalte und Sachinformationen* — Informationen über Sucht und Suchtmittel (Nikotin, Alkohol, Tabletten, illegale Suchtmittel), Wirkungsweisen, Möglichkeiten der Therapie und Beratung, Drogen und Gesellschaft;
● *Übungen zur Entwicklung psychosozialer Identität* — Bewußtmachen von Gruppendruck, Widerstehen und „Nein-Sagen" lernen, Bewußtmachen der Interaktionen in einer Gruppe, Unsicherheit, Angst, Frustration, Mißerfolg, Ablehnung aushalten können, Möglichkeiten der Entscheidungsfindung, der Verbesserung der Kommunikations- und Problemlösungsfähigkeit, Verbesserung der Ich-Kompetenz;
● *Übungen zur Verbesserung der Selbstwahrnehmung* — Anspannungs- und Entspannungsübungen, Gefühle und Befindlichkeiten wahrnehmen, verbalisieren und akzeptieren, Sinneswahrnehmungen trainieren;
● *Bewußtmachen von Werten und Normen* — Kennenlernen unterschiedlicher Normen und ihrer Bedeutung für das Verhalten, Entstehung und Veränderung von Normen und Werten, Bewußtmachen persönlicher Werteskalen;
● *Übungen und Spiele zur Körpererfahrung* — Erfahrungen des eigenen Körpers, der Reaktionen auf Gefühle, Erfahrung von Reaktionen im emotionalen Bereich auf körperliche Signale, Wahrnehmung und Überwindung von körperlichen Berührungsängsten.

Schulische Suchtprophylaxe wird nicht nur als Aufgabe einiger ausgewählter Fächer gesehen. Die Materialien sollen allen Lehrerinnen und Lehrern helfen, solche Ansätze in den Unterricht aufzunehmen. Großer Wert wird ebenso auf die über den unterrichtlichen Bereich hinausgehenden Freiräume des Schullebens gelegt. Durch den Wahlpflichtunterricht, Arbeitsgemeinschaften oder Neigungsgruppen können methodische Arbeitsformen und Sozialformen stärker akzentuiert werden, die die unterrichtliche Arbeit organisatorisch ergänzen und bereichern. Durch das Zusammenwirken von unterrichtlichen und außerunterrichtlichen Aktivitäten einer Schule entsteht erst ein ,,Schulleben'', durch das die unterschiedlichen Maßnahmen, die eine Schule im Hinblick auf die Suchtprävention ergreifen kann, eine sinnvolle Abrundung und Abstimmung erfahren.

5.2 Minnesota Kreislauf-Programm

Das zweite Beispiel ist das Minnesota Kreislauf-Programm aus den USA. Es handelt sich um ein Langzeit-Projekt, das über einen Zeitraum von über zehn Jahren angesetzt ist und sich auf die Prävention von Zigarettenrauchen und die Prävention von falscher Ernährung und unzureichender körperlicher Bewegung bei Kindern und Jugendlichen konzentriert. In diesem Programm werden neben der Schule die Gleichaltrigengruppe, die Familie und die Gemeinde als Adressaten mit einbezogen. Das Interventionsprogramm besteht aus einem Paket von aufeinander abgestimmten Erziehungs- und Fördermaßnahmen, die über einen längeren Zeitraum eingesetzt werden (Perry, Klepp & Shultz, 1988).

Das Minnesota-Programm unterscheidet zwischen zwei sich ergänzenden Strategien der Gesundheitsförderung:

— Aktivitäten und Maßnahmen, die darauf gerichtet sind, gesundheitsbeeinträchtigendes Verhalten zu reduzieren oder zu vermeiden und
— Aktivitäten, die darauf gerichtet sind, gesundheitsförderndes Verhalten zu stärken und zu bestätigen.

Beide Strategien ergänzen sich und gehen gleichgewichtig in die Gesamtkonzeption ein. Die erste Strategie konzentriert sich unter anderem darauf, die Häufigkeit von Drogenkonsum zu verringern, ungesundes Eßverhalten zu beeinflussen und verkehrsgefährdendes Verhalten zu reduzieren. Die zweite Strategie konzentriert sich darauf, sportliche Aktivitäten einzuleiten, umfassende soziale Geschicklichkeiten und Kompetenzen aufzubauen und Strategien der Empfängnisverhütung einzuüben.

Diese beiden Strategien, die im Sinne der oben entwickelten Begrifflichkeit auch als primordiale und präventive Intervention bezeichnet werden können, richten sich auf die Veränderung des individuellen Verhaltens und der Umweltgegebenheiten. Auf der Verhaltensebene sind hier alle Ansätze angesiedelt, die auf den systematischen Abbau von gesundheitsbeeinträchtigendem Verhalten (etwa Zigaretten- und Alkoholkonsum) gerichtet sind. Sie zielen damit ganz direkt auf das tatsächliche Verhalten und versuchen, es zu modifizieren. Der Aufbau gesundheitsförderlicher Verhaltensweisen bezieht sich darauf, alternative Aktivitäten zu ermöglichen, z. B. die Förderung von Jogging, Freizeitsport, neuen

Hobbies, neuen soziale Aktivitäten usw., die die gleichen psychosozialen Funktionen wie gesundheitsgefährdendes Verhalten haben können.

Auf der Ebene der Umweltstrukturen richtet sich das Programm auf die Zugänglichkeit von Nahrungs- und Genußmitteln, die gesundheitsbeeinträchtigend wirken können (z. B. legale und illegale Drogen und ungesunde Nahrungsmittel) und es konzentriert sich darauf, negative soziale Modelle für das eigene Gesundheitsverhalten abzubauen und durch positive Modelle zu ersetzen. Wichtig ist es dabei, soziale Unterstützung durch zentrale Bezugspersonen aus dem Beziehungsnetz sicherzustellen.

Das Minnesota-Herz-Gesundheits-Programm stellt somit eine Mischung aus mehreren Interventionskomponenten dar, nämlich

a) öffentlichen Aufklärungskampagnen zur Beeinflussung gesundheitsrelevanten Verhaltens,

b) pädagogischen Erziehungsmaßnahmen zum Aufbau von gesundheitsrelevanten Kompetenzen und

c) regionalen Organisationsmaßnahmen zur Stärkung sozialer Unterstützung aus verschiedenen Feldern der Gemeinde.

Diese drei Komponenten der Interventionsprogramme werden eng miteinander verzahnt. Die öffentlichen Aufklärungskampagnen werden zeitgleich mit den Erziehungsprogrammen durchgeführt, und die kommunalpolitischen Aktivitäten werden ebenfalls inhaltlich und zeitlich mit diesen Vorgängen abgestimmt. Auf diese Weise verstärken sich die Aktivitäten in den verschiedenen Zielbereichen gegenseitig und sorgen für eine öffentliche Bestätigung der jeweiligen Einzelmaßnahmen (Perry, Klepp & Shultz, 1988).

6. Kriterien für die Entwicklung und Durchführung von Maßnahmen der Prävention und Gesundheitsförderung

Die genannten Beispiele von Programmen zur Gesundheitsförderung zeigen, daß zur Gestaltung effektiver Maßnahmen der Prävention verschiedene Kriterien herangezogen werden sollten. Die wesentlichen Komponenten und Kriterien werden im folgenden zusammenfassend dargestellt.

6.1 Programmbausteine

Das Design eines Präventionsprogramms sollte sich in der Auswahl seiner Elemente nicht auf die naheliegenden Programmziele beschränken, auch wenn diese allgemein als Fähigkeiten im Rahmen psychischer Gesundheit gesehen werden. Erfahrungen mit Gesundheitsförderprogrammen haben gezeigt, daß Programmpakete, die aus mehreren Komponenten bestehen und dabei auf verschiedene

Bereiche abzielen, effektiver sind als Programme, die lediglich einen Faktor berücksichtigen (Durlak, 1983). Gesundheitsförderung sollte immer ein Paket von Interventionen beinhalten, die verschiedene Verhaltens- und Einstellungsbereiche berühren. Dabei sollten sowohl die individuellen Kompetenzen gesteigert wie auch die unmittelbare Umwelt der Betroffenen einbezogen werden.

Die Forschung zur Wirksamkeit von Prävention hat gezeigt, daß Programme nur dann erfolgreich sind, wenn sie neben der Vermittlung von Wissen auch Elemente enthalten, die auf die Veränderung und Förderung der Persönlichkeit sowie auf einen verantwortlichen Umgang mit dem eigenen Körper ausgerichtet sind. Ebenso sollte eine erfolgreiche Prävention sich nicht auf einen kurzen, kritischen Zeitpunkt beschränken. Die Wirksamkeit der Intervention erhöht sich durch das wiederholte Üben der gelernten Fähigkeiten. Dazu muß aber eine beständige Motivation gewährleistet sein. Gesundheitsförderung sollte sich lebensbegleitend vollziehen, da auf die Betroffenen mit zunehmendem Alter wechselnde Anforderungen zukommen. Faktoren wie ökonomische oder persönliche Prädispositionen sowie akute Lebenskrisen können — ebenso wie eine Überforderung — den Präventionerfolg verhindern.

6.2 Merkmale der Zielgruppe

Die Präventionsprogramme sollten sich vor allem an Gruppen mit hohem oder multiplem Risiko richten. Diese Gruppen sind aufnahmebereiter für die Interventionen als Gruppen mit niedrigem Risiko. Da in den Evaluationen meist Kriterien von Fortschritt oder Veränderungen in den beabsichtigten Problemlösungsfähigkeiten beleuchtet werden, ist die Wirkungsweise der Intervention lediglich in defizitären Gruppen zu beobachten. Bei Vorhandensein eines kritischen Minimums an Fähigkeiten in dem focussierten Bereich, ist es möglich, daß weitere Fortschritte in der summativen Erfolgsbewertung nicht adäquat dargestellt werden können.

Homogenität in der Zielgruppe fördert die erwarteten Effekte. An homogene Gruppen, z.B. in Alter, Fähigkeitsdefizit und Lebenserfahrung, kann ein Programm leichter angepaßt werden. Die Intervention kann nur erfolgreich sein, wenn sie auf den jeweiligen Entwicklungsstand abgestimmt ist und dabei einsetzt, bevor größere, unerwünschte Schädigungen eingetreten sind.

6.3 Programmentwicklung und Implementation

Effektive Prävention ist erst dann wirklich möglich, wenn ein Programm gleichermaßen von den betroffenen Kindern oder Jugendlichen, deren Eltern sowie beteiligten Dritten akzeptiert wird. Wird ein Programm aus einer genauen Analyse der Faktoren heraus entwickelt, die Kompetenz und psychische Gesundheit in der Zielgruppe bedingen, so steigert sich die Annahme des Programms durch die Beteiligten. Die verwendeten Interventionstechniken sollten genau auf den Entwicklungsstand, aber auch auf den soziokulturellen Hintergrund und andere Faktoren, die die Motivation der Beteiligten bedingen, abgestimmt werden (Tones, Tilford & Robinson, 1990). Zur Bestimmung der genannten Faktoren bieten sich unter Umständen Vortests bzw. Screeningverfahren an, soweit diese für die entsprechenden Bereiche zur Verfügung stehen. Sie können zur Abstimmung der Programminhalte vor einer letztlichen Implementierung dienen.

Die Implementierung eines Programms bedarf der besonderen Aufmerksamkeit, da die bestgeplante Maßnahme erfolglos bleibt, wenn sie nicht adäquat in die Lebenszusammenhänge der Betroffenen eingepaßt wird. So nehmen zum Beispiel viele personzentrierte Programme in ihrer Struktur nicht genügend Rücksicht auf die speziellen Umstände des Settings, in denen sie eingesetzt werden, und sind aus diesem Grunde in ihrer Effektivität beeinträchtigt.

Insbesondere schulische Maßnahmen der Gesundheitsförderung sind hier betroffen. So erkennen beispielsweise Lehrer zwar die Bedeutung sozialer Kompetenz als Schutzfaktor, sie machen sich gleichzeitig aber zu wenig bewußt, daß sie selbst — ebenso wie die Schule allgemein — Verhaltens- und Kompetenzmodelle darstellen und als solche besonders zur Entwicklung sozialer Kompetenz beitragen. Die klassische Lehrerrolle ist im normalen Schulsetting wenig geeignet, soziale Kompetenzen zu vermitteln, da sie sich hauptsächlich an akademischen Leistungen orientiert (Rundall & Bruvold, 1988).

Widerstände gegenüber Maßnahmen der Gesundheitsförderung beruhen bei den Beteiligten häufig auf Befürchtungen zusätzlicher zeitlicher Beanspruchung, Ängsten vor der Aufdeckung mangelnder Fähigkeiten oder Beeinträchtigungen des Selbstbewußtseins. Die Programme sollten aus diesen Gründen nicht zu Pflichtveranstaltungen werden, denn nur mit positiv motivierten Beteiligten ist Effektivität gewährleistet.

Nicht nur die Betroffenen und deren Eltern, sondern auch das nähere Umfeld sollte gut über die Programme informiert sein, um unterstützend wirken zu können. Gerade die Eltern sind dadurch zu höherer Verpflichtung dem Programm gegenüber und zu förderndem Verhalten auch zu Hause motiviert. Ebenso sollte den Eltern Gelegenheit gegeben werden, die Werte und Ziele, die das Programm vermittelt, in Diskussionen in Frage stellen zu können.

7. Strukturen der medizinischen und psychosozialen Primärversorgung für Kinder und Jugendliche

Die Struktur der Versorgungsdienste stellt einen wichtigen Teilbereich der Gesundheitsförderung für Kinder und Jugendliche auf Gemeindeebene dar. Die regionale Versorgungsdichte stellt einen wichtigen präventiven Faktor dar. Eine gute Erreichbarkeit von institutionellen Beratungs- und Hilfemöglichkeiten ergänzt das wichtige persönliche Netzwerk und ermöglicht Hilfestellung dann, wenn dieses versagen sollte.

Studien zeigen jedoch, daß die Altersgruppe der etwa 10- bis 20jährigen im Vergleich zu anderen Altersgruppen relativ wenig mit medizinischen und psychosozialen Beratungs- und Behandlungsinstitutionen in Berührung kommt. Der Anteil von Arztbesuchen liegt bei Jugendlichen deutlich unter dem Durchschnitt anderer Altersgruppen der Bevölkerung (Kerek-Bodden, 1989). Viele Jugendliche haben über mehrere Jahre hinweg keinen Kontakt zu einer ärztlichen oder psychologischen Beratungs- und Behandlungseinrichtung. Schätzungen aus den USA rechnen mit bis zu 15 % Jugendlichen, die nicht die medizinische und/oder psychologische Betreuung erhalten, die sie eigentlich unbedingt nötig hätten (Millstein, 1988). In Bevölkerungsgruppen, die unter ökonomisch ungünstigen Bedingungen leben, ist die Unterversorgung besonders groß.

Diejenigen Erkrankungen, bei denen relativ häufig der Arzt aufgesucht wird, sind durch eine starke Beeinträchtigung des täglichen Lebens gekennzeichnet. So werden Asthma, Bronchitis und Heuschnupfen sowie Neurodermitis, Hautausschläge und Allergien relativ häufig beim Arzt vorgestellt. Im allgemeinen ist jedoch festzustellen, daß die Vermeidung des Arztbesuchs überwiegt: Bei Vorliegen einer Erkrankung läßt sich im Durchschnitt nur etwa jeder dritte Jugendliche im Alter von 13 bis 16 Jahren von einem Arzt behandeln (Settertobulte & Hurrelmann, 1993).

Die Problematik ergibt sich aus der allgemein gesundheitspolitischen Notwendigkeit, in diesem Entwicklungsalter beratend und vorsorgend auf alterstypische Gesundheitsrisiken eingehen zu können, die sich weniger als konkrete Morbiditäten manifestieren, sondern vielmehr in der Entwicklung riskanter gesundheitsrelevanter Einstellungen und Verhaltensweisen bestehen (Daniel, 1991). Das Defizit in der Versorgung Jugendlicher stellt sich vorrangig als qualitatives Problem dar: Zwar werden akute, Leiden verursachende Erkrankungen dem Arzt oder der Ärztin vorgestellt, wenn diese eine gewisse Beeinträchtigung des täglichen Lebens darstellen. Häufig ist dann der Facharzt der Ansprechpartner, der schnelle Linderung verspricht. Der Zugang Jugendlicher zum Arzt ist in dieser Weise als konsumatorisch zu beschreiben. Der regelmäßige Arztbesuch im Zusammenhang mit kontinuierlicher Vorsorge wird jedoch von den Jugendlichen vermieden.

Für viele Ärztinnen und Ärzte stellt sich das Problem als mangelnde gesundheitliche Aufklärung in der Öffentlichkeit dar. Nach unserer repräsentativen Ärztebefragung sehen 75,6 % der befragten Ärzte einen generellen Mangel an Informationen über das bestehende Angebot an Behandlungs- und Beratungsmöglichkeiten als Erklärung für das Fernbleiben problembelasteter Kinder und Jugendlicher von Hilfeangeboten. Ebenfalls sehr häufig wurde die Unsicherheit über Sinn und Wirkung fachlicher Behandlung (71,0 %) genannt. Gleich nach diesen Informationsdefiziten werden von den Befragten psychische Barrieren genannt: Scham vor Bekanntwerden des Problems (70,2 %) sowie mangelndes Problembewußtsein und mangelnder Leidensdruck bei betroffenen Kindern und Jugendlichen und deren Eltern (70,0 %; Settertobulte & Hurrelmann, 1993).

Angesichts der besonderen gesundheitlichen Situation Jugendlicher ergibt sich die Notwendigkeit einer Erweiterung des Konzeptes der Primärversorgung für diese Altersgruppe. Insbesondere in den qualitativ neuen Krankheitsbildern bei den

Jugendlichen, die sich neben den körperlichen Beeinträchtigungen häufig in psychischen und lebensweltlichen Problemstellungen äußern, ist für den Bereich der Primärversorgung dieser Altersgruppe ein neuartiger dringender Handlungsbedarf zu sehen. Es stellt sich geradezu als unabdingbar dar, daß neben einer rein kurativen Tätigkeit, eine Intensivierung der Prävention oder Gesundheitsvorsorge sowie eine eingehende, altersspezifische Gesundheitsberatung stattfindet. Diese muß insbesondere auch den lebensweltlichen Bereich der Jugendlichen miteinbeziehen (Palentien & Hurrelmann, 1993).

Ein Ansatzpunkt zur Verbesserung des beklagten Informationsdefizits sowie ein erster Schritt zur Überwindung des beschriebenen Zugangsproblems könnte darin bestehen, daß sich Ärzte und Lehrer kooperativ zusammenschließen, um Gesundheitserziehung im Unterricht anzubieten sowie eine Gesundheitsberatung in der Schule zu etablieren. Auf diese Weise könnte im Rahmen der Schule den Jugendlichen das Angebot an Hilfen vermittelt werden. Letztlich erscheint in diesem Sinne ein verstärktes Zugehen auf das jugendliche Klientel notwendig und möglich.

7.1 Reformmodelle für primäre Versorgungsstrukturen

In verschiedenen Ländern werden Überlegungen und Versuche angestellt, den besonderen Gesundheitsbedürfnissen von Kindern und Jugendlichen dadurch gerecht zu werden, daß Schulen ärztliche Beratungsstellen angegliedert werden. In diesen Einrichtungen soll sich Fachpersonal mit den Krankheitsbildern und Gesundheitsbeeinträchtigungen befassen, die charakteristischerweise in den Lebensabschnitten Kindheit und Jugend auftreten. Durch die Nähe zu Erziehungs- und Bildungseinrichtungen soll vor allem das Zugangsproblem vermindert werden, indem die sozialen, psychischen und auch räumlichen Barrieren überwunden werden, die heute bei Kindern und vor allem Jugendlichen gegenüber helfenden Institutionen zu beobachten sind.

In den Vereinigten Staaten existieren seit 1970 „Gesundheitszentren" an Schulen, oft in Zusammenarbeit mit medizinischen oder psychologischen Fachbereichen der örtlichen Universität, Krankenhäusern und Ärzteorganisationen. In vielen Fällen war der Auslöser zur Gründung solcher Gesundheitszentren die hohe Schwangerschaftsquote bei weiblichen Jugendlichen in der Altersgruppe von 13 bis 17 Jahren. Inzwischen sind weitere Arbeitsschwerpunkte hinzugekommen, die den Bereich von sexuell übertragenen Krankheiten, Immunschwächekrankheiten, Suchtproblemen, Krebskrankheiten und anderen Symptomatiken umfassen. 1988 gab es in den Vereinigten Staaten schon über 125 Gesundheitszentren an Schulen (Millstein, 1988).

Die Zentren konzentrieren sich vorwiegend auf präventive Gesundheitsförderung und -beratung sowie auf Krisenhilfe bei akuten Krankheiten und Problemen. Die Erfahrung zeigt, daß vor allem die 14- bis 18-Jährigen die Dienste der Gesundheitszentren in Anspruch nehmen. Mädchen besuchen die Einrichtungen häufiger als Jungen. Als besonders wichtig hat sich eine Verbindung der Aktivitäten des Gesundheitszentrums mit der schulischen Gesundheitserziehung erwiesen. Der Anteil der Schüler, der die Dienste eines Gesundheitszentrums in Anspruch nimmt, schwankt zwischen 5 und 30 %. Hauptanlaß hierfür sind akute Krankheiten und Unfälle, erst dann folgen die komplexeren Probleme im Bereich von sozial und sexuell gesundheitsriskantem Verhalten (Millstein, 1988).

Ohne diese Konzeption genau übernehmen zu können — dazu ist die institutionelle Verfassung des Schulwesens im Vergleich zu den USA zu unterschiedlich — liegen in diesen Modellversuchen interessante Anregungen auch für die bundesdeutsche Situation. Ambulante Versorgungseinrichtungen der dargestellten Art können in vielen Bereichen flexibler und informeller auf Gesundheitsprobleme bei Kindern und Jugendlichen eingehen als das heutige System.

Die Einrichtungen sollten allgemein als „Beratungsstellen" charakterisiert sein und für alle relevanten Fragen aus den Bereichen Familie, Freundeskontakte, Sexualität, Schule, Arbeit und Gesundheit Anlaufstationen bilden. Wichtig ist eine flexible Öffnungszeit und ein absolutes Minimum an administrativen Formalitäten. Die Beratungsstellen sollten sowohl bei sozialen als auch bei psychischen und gesundheitlichen Problemen zuständig sein. Wichtig ist, daß Jugendliche schnell und ohne komplizierte Überweisungssysteme in einen Beratungsprozeß einbezogen werden und nicht in einen bürokratischen Erfassungs- und Überweisungsprozeß hineingeraten.

Neben den psychosozialen Beratungsstellen sollte dem öffentlichen schul- und jugendärztlichen Dienst und dem Früherkennungsprogramm der niedergelassenen Kinderärzte und Kliniken eine wichtige Rolle zukommen. Es sind dringend Erkenntnisse darüber nötig, wie die wichtigsten Aufgaben des jugendärztlichen Dienstes (ärztliche Hilfe, Impfungen, sozialpädiatrische und sozialpsychiatrische Betreuungsangebote, ärztliche Einflußnahme auf schulische Maßnahmen, Gesundheitserziehung usw.) zum einen den tatsächlichen Beratungsbedürfnissen von Kindern und Jugendlichen gerecht werden und zum zweiten auf die institutionellen Voraussetzungen und Bedingungen der Schule abgestellt werden können. Insbesondere muß geklärt werden, welche Rolle der jugendärztliche Dienst im Bereich der Gesundheitserziehung spielen kann und ob er möglicherweise die oben angesprochenen systemspezifischen Grenzen der schulischen Gesundheitserziehung durch Lehrerinnen und Lehrer überwinden kann. Über die Wirksamkeit der Früherkennungsprogramme sind ebenfalls dringend evaluative Studien nötig.

Besonders wichtig sind die Einwirkungen solcher Dienste auf informelle Systeme der sozialen Unterstützung. Die in der alltäglichen Lebenswelt angesiedelten Ressourcen dürfen nicht durch unangemessene Interventionen geschwächt werden. Das Selbsthilfepotential von Familien, Verwandtschaft, Nachbarschaft und Freundeskreis muß konsequent in die Analyse von Ausgangsbedingungen und Verläufen von Gesundheits- und Krankheitsentwicklungen einbezogen werden. Wegen der sich dramatisch veränderten Familienstruktur (hohe Trennungs- und Scheidungsquote der Eltern, hoher Anteil von Alleinerziehenden, hoher Anteil von Berufstätigkeit beider Elternteile) kommt der flexiblen Angebotsstruktur der informellen Unterstützungsysteme im psychosozialen und medizinischen Versorgungssystem in Zukunft eine wachsende Rolle zu. Versorgungsstrukturen müssen möglichst gemeindenah organisiert sein und dürfen neben der medizinischen, psychatrischen und psychologischen Kompetenz auch die sozialpädagogische und sozialarbeiterische Kompetenz nicht ausblenden.

7.2 Die Notwendigkeit interdisziplinärer Kooperation

In den nächsten Jahren stellt sich als zentrale Forschungsaufgabe im Bereich Prävention und Gesundheitsförderung die Notwendigkeit interdisziplinärer Zusammenarbeit. Eine Ausweitung der Gesundheitsforschung über den bereits gut etablierten biomedizinischen Bereich hinaus ist dringend notwendig, um allen Determinanten der Gesundheitsbeeinträchtigungen im Kindes- und Jugendalter gerecht zu werden. Zur Berücksichtigung der individuellen Determinanten für den Gesundheits- und Krankheitsstatus kommen den psychologischen und die verhaltenswissenschaftlichen und zur Beachtung der ökologischen Determinanten den umweltwissenschaftlichen und systembezogenen Ansätze eine große Bedeutung zu.

Für eine effektive Forschungsstruktur fehlt noch eine gleichberechtigte Kooperation zwischen Medizin, Biologie, Psychologie, Soziologie, Ökonomie, Ökologie und möglicherweise weiteren Grundlagenwissenschaften. Um ein neues Gebiet im Wissenschaftsbereich zu konstituieren, bedürfte es eines für alle beteiligten Disziplinen geeigneten und akzeptablen grundlagentheoretischen Orientierungspunktes. Als solcher zeichnet sich ein „bio-öko-psycho-soziales Modell" der Gesundheits- und Krankheitsentwicklung ab, das biomedizinische, ökologische, sozial-strukturelle und psychosoziale Komponenten als gleichberechtigte, konstitutive Elemente enthält.

Dieses neue Wissenschaftsgebiet wird im angelsächsischen Bereich als „Public-Health" bezeichnet und könnte im Deutschen „Gesundheitswissenschaften" benannt werden. Zentrales Ziel der Gesundheitswissenschaften sollte es sein, in Abgrenzung und als Gegenpol zur biomedizinischen und klinischen Forschung, die sich schwerpunktmäßig auf die Entstehung von Krankheiten und ihre Heilung konzentriert, den Blick auf die somatischen, psychischen, sozialen und ökologischen Bedingungen der Gesunderhaltung und der Vermeidung von Krankheit zu richten. Es besteht dringender Bedarf an einer Entwicklung dieses interdisziplinären Gebiets (Hurrelmann & Laaser, 1992).

Weiterführende Literatur

Hurrelmann, K. (1988). *Sozialisation und Gesundheit*. Weinheim: Juventa.
Schwarzer, R. (Hrsg.) (1990). *Gesundheitspsychologie*. Göttingen: Hogrefe.

Literatur

Albee, G. W. (1987). Powerlessness, politics, and prevention. In K. Hurrelmann, F. X. Kaufmann & F. Lösel (Eds.), *Social intervention: Potential and constraints* (37—52). Berlin: Walter de Gruyter.

Becker, P. (1990). Prävention. In R. Schwarzer (Hrsg.), *Gesundheitspsychologie* (429—438). Göttingen: Hogrefe.

Becker, M. H. (1974). *The health belief model and personal health behavior.* Thorefare: L. A. Slack.

Beutel, M., (1989). Was schützt Gesundheit? Zum Forschungsstand und der Bedeutung von personalen Ressourcen in der Bewältigung von Alltagsbelastungen und Lebensereignissen. *Psychotherapie, Psychosomatik, Medizinische Psychologie, 39,* 452—452.

Bond, L. A. & Compas, B. E. (Eds.) (1989). *Primary prevention of psychopathology.* Volume XII: Primary prevention and promotion in the schools. Newbury Park: Sage.

Brandtstädter, J., (1982). Prävention als psychologische Aufgabe. In J. Brandtstädter & A. von Eye (Hrsg.), *Psychologische Prävention: Grundlagen, Programme, Methoden.* Bern, Stuttgart, Wien: Huber.

Caplan, G. (1964). *Principles of preventive psychiatry (16).* New York: Behavioral Publications.

Connell, D. B., Turner, R. K. & Mason, E. F. (1985). Summary of findings of school health education evaluation. *Journal of School Health, 55,* 316—321.

Cowen, E. L. (1983). Primary prevention in mental health: Past, present, and future. In R. D. Felner, L. A. Jason, J. N. Moritsugu & S. S. Farber (Eds.), *Preventive psychology. Theory, research and practice* (11—30). New York: Pergamon.

Daniel, W.A. (1991). Meeting the Health Service Needs of Adolencents. In W. R. Hendee, (Ed.), *The Health of Adolescents.* San Francisco, Oxford: Jossey-Bass Publishers.

Dlugosch, G. & Schmidt, L. (1990). Psychological aspects of health education. In K. Hurrelmann & F. Lösel (Eds.), *Health hazards in adolescence.* Berlin: De Gruyter.

Durlak, J. A. (1983). Social problem-solving as a primary prevention strategy. In R. D. Felner, L. A. Jason, J. N. Moritsugu & S. S. Farber (Eds.), *Preventive psychology. Theory, research and practice* (31—49). New York: Pergamon.

Dusenbury, L. & Botvin, G. (1990). Competence enhacement and the prevention of adolescent problem behavior. In K. Hurrelmann & F. Lösel (Eds.), *Health hazards inadolesence.* (459—478). Berlin: De Gruyter.

Engel, U. & Hurrelmann, K. (1989). *Psychosoziale Belastung im Jugendalter.* Berlin: De Gruyter.

Felner, R. D., Jason, L. A., Moritsugu, J. N. & Farber, S. S. (Eds.). (1983). *Preventive psychology: Theory, research and practice.* New York: Pergamon Press.

Fend, H. (1990). *Vom Kind zum Jugendlichen. Der Übergang und seine Risiken.* Bern: Huber.

Franzkowiak, P. (1986). *Risikoverhalten und Gesundheitsbewußtsein bei Jugendlichen.* Berlin, Heidelberg: Springer.

Gottlieb, B. H. (1981). Preventive interventions involving social networks and social support. In B. H. Gottlieb (Eds.), *Social networks and social support* (201—232). Beverly Hills: Sage.

Green, L. W. (1984). Health education models. In J. D. Matarazzo, S. M. Weiss, J. A. Herd, N. E. Miller & S. M. Weiss (Eds.), *Behavioral health. A handbook of health enhacement and disease prevention* (181—198). New York: Wiley.

Green, L. W. & Johnson, K. (1983). Health education and health promotion. In D. Mechanic (Ed.), *Handbook of health, health care, professions* (744—765). New York.

Haisch, J. & Zeitler,H.P. (Hrsg.) (1991). *Gesundheitspsychologie: Zur Sozialpsychologie der Prävention und Krankheitsbewältigung.* Heidelberg: Asanger.

Holler, B. & Hurrelmann, K. (1990). Gesundheitliche Beschwerden und soziales Netzwerk bei Jugendlichen. In I. Seiffge-Krenke (Hrsg.), *Krankheitsverarbeitung bei Kindern und Jugendlichen* (59—79). Berlin: Springer.

Hurrelmann, K., Kaufmann, F. & Lösel, F. (Eds.) (1987). *Social intervention: Potential and constraints.* Berlin: Walter de Gruyter.

Hurrelmann, K. (1990). Health promotion for adolescents: Preventive and corrective strategies against problem behavior. *Journal of Adolescence, 13,* 231—250.

Hurrelmann, K. & Lösel, F. (Eds.) (1990). *Health hazards in adolescence.* Berlin: De Gruyter.

Hurrelmann, K. (1988). *Sozialisation und Gesundheit.* Weinheim: Juventa.

Hurrelmann, K. & Laaser, K. (Hrsg.) (1992). *Handbuch Gesundheitswissenschaften.* Weinheim: Beltz.

Kerek-Bodden, H. E. (1989). Ausgewählte Aspekte der Inanspruchnahme und der Versorgung. In: Zentralinstitut für die kassenärztliche Versorgung in der Bundesrepublik Deutschland (Hrsg.), *Die EVaS-Studie.* Eine Erhebung über ambulante medizinische Versorgung in der Bundesrepublik Deutschland (94—110). Köln: KVB.

Koch, U. & Wittmann, W. W. (Hrsg.) (1990). *Evaluationsforschung. Bewertungsgrundlage von Sozial- und Gesundheitsprogrammen.* Berlin: Springer.

Laaser, U., Sassen, G. Murza, G. & Sabo, P. (Eds.) (1987). *Prävention und Gesundheitserziehung.* Berlin: Springer.

Landesinstitut für Schule und Weiterbildung (Hrsg.) (1988). *Sucht und Drogenvorbeugung in der Schule. Materialien und Medien.* Soest: Lehrerfortbildungsinstitut.

Leppin, A. (1985). Social support: A literature review and research integration. In R. Schwarzer (Eds.), Stress and social support (83—210). Research Report 4. Department of Psychology. Educational Psychology. Berlin: Freie Universität.

Millstein, S. G. (1988). *The potential of school-linked centers to promote adolescent health and development.* Washington: Carnegie Council on Adolescent Development.

Millstein, S. G. & Irwin, C. E. (1987). Concepts of health and illness: Different constructs or variations on a theme? *Health Psychology, 6,* 515—524.

Nöldner, W. (1990). Evaluation in der Gesundheitspsychologie. In R. Schwarzer (Hrsg.): *Gesundheitspsychologie* (475—487). Göttingen: Hogrefe.

Nordlohne, E., Hurrelmann, K. & Holler, B. (1990). Jugendspezifische Belastungen und die Rolle des Arzneimittelkonsums. In H. C. Steinhausen (Hrsg.). *Das Jugendalter* (87—103). Bern: Huber.

Palentien, Ch. & Hurrelmann, K., (1993). Gesundheitsprobleme und Strukturen medizinischer und psychosozialer Versorgung im Jugendalter. *Das Gesundheitswesen, 56,* 181—186.

Perry, C. L. & Jessor, R. (1985). The concept of health promotion and the prevention of adolescent drug abuse. *Health Education Quarterly, 12,* 169—184.

Perry, C. L., Klepp, K. I. & Shultz, J. M. (1988). Primary prevention of cardiovascular disease: Communitywide strategies for youth. *Journal of Consulting and Clinical Psychology, 56,* 358—364.

Petermann, F., Noeker, M. & Bode, U. (1987). *Psychologie chronischer Krankheiten im Kindes- und Jugendalter.* München: Psychologie Verlags Union.

Price, R. H., Bader, B. C. & Ketterer, R. F. (1980). Prevention in community mental health: The state of the art. In R. H. Price, R. F. Ketterer, B. C. Bader & J. Monahan (Eds.), *Prevention in mental health: Research, policy, and practice* (9—20). Beverly Hills: Sage.

Remschmidt, H. (Hrsg.) (1987). *Kinder- und Jugendpsychiatrie.* Stuttgart: Thieme.

Röhrle, B. (1989). Soziale Netzwerke: Ansatzpunkte psychiatrischer Hilfen. In M. C. Angermeyer & D. Klusmann (Hrsg.), *Soziales Netzwerk. Ein neues Konzept für die Psychiatrie* (249—270). Berlin: Springer.

Rundall, T. G. & Bruvold, W. H. (1988). A meta-analysis of school-base smoking and alcohol use prevention programs. *Health Education Quarterly, 15,* 317—334.

Schneider, B. H. & Byrne, B. M. (1985). Children's social skills training: A meta-analysis. In B. H. Schneider, K. H. Rubin & J. E. Ledingham (Eds.), *Childrens peer relations: Issues in assessment and intervention* (157—192). New York: Springer.

Schwarzer, R. (Hrsg.) (1990). *Gesundheitspsychologie.* Göttingen: Hogrefe.

Schwarzer, R. & Leppin, A. (1989). *Sozialer Rückhalt und Gesundheit.* Eine Metaanalyse. Göttingen: Hogrefe.

Settertobulte, W. & Hurrelmann, K. (1994). Sind Jugendliche adäquat medizinisch versorgt? Hemmschwellen Jugendlicher gegenüber ärztlichen Beratungs- und Behandlungsangeboten. *Pädiatrie, 7,* 95—105.

Shure, M. G. & Spivack, G. (1982). Interpersonal problem-solving in young children: A cognitive approach to prevention. *American Journal of Community, 10,* 341—356.

Silbereisen, R. K. (1990). Konsum von Alkohol und Drogen über die Lebensspanne. In R. Schwarzer (Hrsg.), *Gesundheitspsychologie* (169—184). Göttingen: Hogrefe.

Sommer, G. & Ernst, H. (Hrsg.) (1977). *Gemeindepsychologie.* München: Urban und Schwarzenberg.

Spivack, G. & Shure, M. B. (1989). Interpersonal Cognitive Problem Solving (ICPS): A competencebuilding primary prevention program. *Prevention in Human Services, 6,* 151—178.

Tones, K., Tilford, S. & Robinson, Y. K. (1990). *Health education: Effectiveness and efficiency.* London: Chapman & Hall.

II.

Modelle psychischer Störungen

A. Emotionale und Verhaltensstörungen

Aggression

Franz Petermann und Petra Warschburger

Unter dem Begriff „Aggression" werden nicht nur negative Eigenschaften wie streitsüchtig, dominant, laut und rücksichtslos verstanden, sondern auch positive wie selbstsicher, tatkräftig, bestimmt und willensstark. Die positive Form der Aggression, die *angemessene Selbstbehauptung*, muß von den beiden negativen Formen, der *zielgerichteten Schädigung (instrumentelle Aggression)* und der *angstmotivierten Aggression (expressive Aggression)* unterschieden werden (Petermann & Petermann, 1993a). Im weiteren wird unter Aggression ein Verhalten verstanden, mit dem entweder einer bzw. mehreren Person(en) oder einem Gegenstand Schaden zugefügt wird. Zentrales Merkmal ist die Schädigungsabsicht des „Täters". Da aggressives Verhalten meist in sozialen Kontakten auftritt, wird von einer Verhaltensstörung gesprochen. Damit dieses Verhalten jedoch als „pathologisch" oder „normabweichend" bezeichnet und somit als behandlungsbedürftig betrachtet wird, muß es deutlich häufiger, ausgeprägter und ausschließlicher als bei anderen Personen auftreten.

1. Beschreibung der Störung

1.1 Symptomatik

Aggressives Verhalten äußert sich auf vielerlei Arten. Das Spektrum reicht von „leicht wütend werden" oder häufigem Lügen bis zur Tierquälerei und kann schließlich in delinquentes Verhalten wie Diebstahl oder Brandstiftung münden. Der ICD-10 (Dilling, Mombour & Schmidt, 1993) weist ausdrücklich darauf hin, daß es sich um schwerwiegendere Tatbestände als „gewöhnlicher kindlicher Unfug oder jugendliche Aufmüpfigkeit" (S. 297) handelt. Bei der Bewertung des Verhaltens ist es wichtig, das beobachtbare Verhalten mit dem jeweiligen Entwicklungsstand des Kindes zu vergleichen. So kann man von einem Jugendlichen durchaus erwarten, daß er nicht unkontrolliert in Wut ausbricht, wenn er in einem Spiel verloren hat, während ein Kleinkind eine solche Selbstkontrolle erst noch erwerben muß.

Björkqvist, Lagerspetz und Kaukiainen (1992) unterscheiden bei einer Gruppe von 15-jährigen Jungen und Mädchen folgende Erscheinungsformen aggressiven Verhaltens:

● *Direkte physische Aggression* wie andere stoßen, schlagen oder treten,
● *Indirekte Aggression* wie über andere tratschen oder boshafte Gerüchte verbreiten,
● *Direkte verbale Aggression* wie jemanden beschimpfen oder über ihn lästern und
● *Rückzug* wie vorgeben, die andere Person nicht zu kennen, oder schmollen.

Petermann und Petermann (1993a) beschreiben aggressives Verhalten anhand der folgenden fünf Dimensionen:

1. offen-gezeigt versus verdeckt-hinterhältig,
2. körperlich versus verbal,
3. aktiv-ausübend versus passiv-erfahrend,
4. direkt versus indirekt und
5. nach außen-gewandt versus nach innen-gewandt.

Allein anhand dieser beiden Gliederungsversuche wird deutlich, auf wieviele unterschiedliche Arten sich aggressives Verhalten im Alltag äußern kann.

1.2 Klassifikation

Die Entwicklungspsychopathologie unterscheidet zwischen primären und sekundären Verhaltensstörungen. Sie geht davon aus, daß ein Kind im Entwicklungsverlauf bestimmte soziale, kognitive und emotionale Kompetenzen erwerben muß. Sind diese Fertigkeiten vorhanden, verhalten die Kinder sich aber altersunangemessen, wird von einer primären Verhaltensstörung gesprochen; sind diese Kompetenzen beeinträchtigt, entsteht eine primäre Entwicklungsstörung, die eine sekundäre Verhaltensstörung nach sich ziehen kann (Kusch & Petermann, 1993).

Verhaltensstörungen werden in zwei sogenannte Breitbandsyndrome — externalisierende (unterkontrollierte) und internalisierende (überkontrollierte) Störungsbilder — eingeteilt. Unter den internalisierenden Verhaltensstörungen werden Ängste, Depression oder sozialer Rückzug verstanden, Verhaltensweisen also, die von der Umwelt eher nicht oder nur kaum wahrgenommen werden. Externalisierende Störungen hingegen umfassen Verhaltensweisen, die von der Umwelt meist als störend empfunden werden, wie zum Beispiel Aggressivität oder Hyperaktivität (Achenbach & Edelbrock, 1978).

Im ICD-10 (Dilling et al., 1993) wird aggressives Verhalten unter den ,,Störungen des Sozialverhaltens" (F91) klassifiziert; diese lassen sich durch ein ,,wiederholendes und andauerndes Muster dissozialen, aggressiven oder aufsässigen Verhaltens" (S. 297) kennzeichnen. Folgende Typen werden unterschieden:

● *Störungen des Sozialverhaltens, die auf den familiären Kontext beschränkt sind (F91.0):* Das aggressive Verhalten ist fast vollständig auf den häuslichen Kontext oder die Interaktion mit den Familienmitgliedern begrenzt.

- *Störungen des Sozialverhaltens bei fehlenden sozialen Bindungen (F91.1):* Die Beziehung des betroffenen Kindes zu Gleichaltrigen und Erwachsenen ist deutlich beeinträchtigt.
- *Störungen des Sozialverhaltens bei vorhandenen sozialen Bindungen (F91.2):* Es besteht eine gute soziale Integration; häufig gehören die betroffenen Kinder einer delinquenten Gruppe an.
- *Störungen des Sozialverhaltens mit oppositionellem, aufsässigem Verhalten (F91.3):* Diese Form tritt bevorzugt bei jüngeren Kindern (unter neun Jahren) auf und äußert sich in deutlich trotzigem Verhalten; schwerwiegende Verletzungen der Rechte anderer fehlen.
- *andere sowie nicht näher bezeichnete Störungen des Sozialverhaltens (F91.8 und F91.9):* Hier werden die Kriterien für eine Störung des Sozialverhaltens erfüllt, eine Zuordnung zu einer der Subgruppen kann jedoch nicht erfolgen.

Weiterhin kann eine Störung des Sozialverhaltens in Kombination mit einer emotionalen Störung (F92; z. B. Depression) diagnostiziert werden.

Der DSM III R (Wittchen, Saß, Zaudig & Koehler, 1991) grenzt bei den expansiven Verhaltensstörungen zwei Kategorien mit aggressiven Verhaltensweisen voneinander ab:

- Störung des Sozialverhaltens mit den Untertypen:
  Gruppentypus,
  aggressiver Einzelgänger-Typus,
  undifferenzierter Typus sowie
- Störung mit Oppositionellem Trotzverhalten.

Für die Diagnose einer „*Störung des Sozialverhaltens*" nach dem DSM-III-R (Wittchen et al., 1991) muß es sich um ein mindestens sechs Monate anhaltendes Verhaltensmuster handeln, bei dem die Rechte anderer sowie gesellschaftliche Normen nicht akzeptiert werden. Dieses Verhalten tritt dann gleichzeitig in verschiedenen Situationen auf (zu Hause, in der Schule, am Arbeitsplatz oder im Umgang mit Gleichaltrigen). Die Diagnose einer Störung des Sozialverhaltens ist nur dann gerechtfertigt, wenn drei der folgenden 13 Kriterien für die Diagnose erfüllt werden (S. 85):

„Der Betroffene
(1) hat mehr als einmal gestohlen, ohne unmittelbare Begegnung mit dem Opfer (einschließlich Betrug)
(2) lief mindestens zweimal über Nacht von zu Hause fort, während er noch bei den Eltern oder einer anderen Bezugsperson wohnte (oder nur einmal ohne Rückkehr)
(3) lügt häufig (außer um körperliche Mißhandlung oder sexuellen Mißbrauch abzuwenden)
(4) beging vorsätzlich Brandstiftung
(5) schwänzt häufig die Schule (bei älteren Personen Abwesenheit vom Arbeitsplatz)
(6) brach in fremde Wohnungen, Gebäude oder Autos ein
(7) zerstörte vorsätzlich fremdes Eigentum

(8) quälte Tiere
(9) zwang andere Personen zu Sexualkontakten
(10) benutzte in mehr als einer Schlägerei eine Waffe
(11) zettelt häufig Schlägereien an
(12) hat in der Gegenwart des Opfers gestohlen (z. B. Raubüberfall, Taschendiebstahl, Erpressung, bewaffneter Raubüberfall)
(13) war körperlich grausam zu anderen''.

Je nach Anzahl der vorliegenden Symptome wird die Störung als leicht, mittel oder schwer eingestuft. Achenbach (1993) weist darauf hin, daß sich die Diagnose der Störung des Sozialverhaltens aus zwei Subkategorien — delinquentes und aggressives Verhalten — zusammensetzt. Kinder mit einer solchen Störung zeigen entweder:

● nur aggressive Verhaltensweisen (wie Lügen oder Tierquälerei) oder
● nur delinquentes Verhalten (wie Diebstahl oder Brandstiftung) oder
● sowohl aggressives als auch delinquentes Verhalten. Somit können sich hinter einer Störung des Sozialverhaltens sehr heterogene Verhaltensweisen verbergen.

Differentialdiagnostisch muß die Störung des Sozialverhaltens im DSM-III-R (Wittchen et al., 1991) von der „Störung mit Oppositionellem Trotzverhalten" abgegrenzt werden. Im Gegensatz zur „Störung des Sozialverhaltens" werden hier die grundlegenden Rechte anderer akzeptiert. Die Betroffenen zeigen eine ablehnende, feindselige und trotzige Haltung, vor allem gegenüber vertrauten Personen. Für die Diagnose müssen mindestens fünf der folgenden neun Merkmale zutreffen (S. 88):

„Der Betroffene
(1) verliert oft die Nerven
(2) streitet sich oft mit Erwachsenen
(3) widersetzt sich häufig den Anweisungen oder Regeln der Erwachsenen, weigert sich beispielsweise, Hausarbeiten zu machen
(4) tut vorsätzlich etwas, was andere verärgert, greift z. B. nach den Mützen anderer Kinder
(5) schiebt oft anderen die Schuld für eigene Fehler zu
(6) ist oft reizbar und durch andere verärgert
(7) ist oft wütend und beleidigt
(8) ist oft boshaft und nachtragend
(9) flucht oft oder benutzt obszöne Wörter''.

Diese Verhaltensweisen müssen mindestens über einen Zeitraum von sechs Monaten und beträchtlich häufiger als bei Gleichaltrigen auftreten.

Die enorme Komorbidität von Oppositionellem Trotzverhalten und der Störung des Sozialverhaltens (vgl. Frick et al., 1991c) legt nahe, Oppositionelles Trotzverhalten als Vorläufer einer Störung des Sozialverhaltens aufzufassen (Achenbach, 1993; Hinshaw, 1987). Eine solche Sichtweise wird auch dadurch gestützt, daß Kinder mit Oppositionellem Trotzverhalten vergleichbare, wenn auch weniger stark belastete, familiäre Muster aufweisen (Frick, Lahey, Loeber, Stouthamer-Loeber, Christ & Hanson, 1992).

Das Ziel einer situationsspezifischen Diagnostik aggressiven Verhaltens verfolgen Petermann und Petermann (1992) mit dem Erfassungsbogen für aggressives Verhalten in konkreten Situationen (EAS). Der Test setzt sich aus 22 Situationen zusammen, in denen ein Konflikt beschrieben und zusätzlich mit einer Abbildung verdeutlicht wird. Das Kind soll nun aus drei vorgegebenen Antworten diejenige auswählen, die am besten sein Verhalten in einer solchen Situation wiedergibt. Die Reaktionsmöglichkeiten bestehen jeweils aus sozial erwünschtem, leicht und schwer aggressivem Verhalten. Der Vergleich des Testergebnisses mit alters- und geschlechtsspezifischen Normen erlaubt dann Aussagen darüber, ob es sich um klinisch auffälliges Verhalten handelt. Zudem läßt sich anhand eines Schemas der genaue Reaktionsstil differenzieren,

- ob es sich um sozial erwünschtes oder unerwünschtes Verhalten handelt,
- ob das Kind aktiv in das Situationsgeschehen eingreift oder als parteiergreifender Beobachter das Geschehen lenkt,
- auf wen (die eigene oder eine andere Person) oder was sich das Verhalten richtet,
- in welchen Situationen (zu Hause, in der Schule oder in der Freizeit außerhalb des Elternhauses) das Verhalten bevorzugt auftritt,
- ob es sich bei den sozial unerwünschten Reaktionen um leicht oder schwer aggressive Formen handelt und
- ob es sich um verbales (z. B. beschimpfen) oder nonverbales Verhalten (z. B. treten) handelt. Bei den aggressiven Reaktionen gegenüber anderen Personen wird zusätzlich unterschieden, ob sie hinterhältig oder direkt erfolgen.

Eine solche situations- und verhaltensbezogene Klassifikation erlaubt eine auf den konkreten Fall zugeschnittene Therapieplanung.

2. Epidemiologie, Verlauf und Nosologie

2.1 Epidemiologie

In jüngerer Zeit wurden einige Studien durchgeführt, die die Verbreitung aggressiver Verhaltensstörungen in der Allgemeinbevölkerung schätzen. Bevor näher auf diese Ergebnisse eingegangen wird, wollen wir einige methodische Anmerkungen vorausschicken. Die Untersuchungen unterscheiden sich in ihrer Stichprobenzusammensetzung, den diagnostischen Kriterien und ihrem methodischen Vorgehen sehr stark voneinander; dadurch wird die Vergleichbarkeit der Ergebnisse teilweise erheblich eingeschränkt.

Allgemein läßt sich festhalten, daß etwa 1,8% (Esser et al., 1992) bis 10,1% (Offord, Boyle & Racine, 1991) der Kinder und Jugendlichen aggressives Verhalten an den Tag legen. Die starken Schwankungen lassen sich auf eine Reihe von Einflußfaktoren zurückführen: So zeigte sich in zahlreichen Studien eine deutlich höhere Anzahl männlicher Betroffener (Esser et al., 1992; Esser, Schmidt & Woerner, 1990; Offord et al., 1991; Weisz, Sigman, Weiss & Mosk, 1993). Laut DSM-III-R leiden ungefähr 9% der Jungen im Vergleich zu 2% der Mädchen unter 18 Jahren an einer Störung des Sozialverhaltens. Möglicherweise können solche *geschlechtsspezifischen* Unterschiede auf die unterschiedlichen Erscheinungsformen aggressiven Verhaltens zurückgeführt werden. Jungen bevorzugen mit direkter körperlicher Aggression (wie sich prügeln) Verhaltensweisen, die dem Beobachter direkt ins Auge springen; bei Mädchen hingegen ist das aggressive Verhalten weniger gut beobachtbar: Es erfolgt in erster Linie indirekt, indem die Mädchen beispielsweise Gerüchte über andere verbreiten (Björkqvist et al., 1992).

Mit zunehmendem *Alter* nimmt die Häufigkeit aggressiven Verhaltens unter Kindern und Jugendlichen zu. Während bei Kleinkindern der Anteil der Betroffenen bei ca. 2% liegt (Koot & Verhulst, 1991), wird bei Jugendlichen von bis zu 10% gesprochen (Offord et al., 1991). Diese Angaben können Längsschnittstudien belegen (Esser et al., 1992; McGee, Feehan, Williams & Anderson, 1992): In der Mannheimer Studie von Esser und seinen Mitarbeitern vervierfachte sich der Prozentsatz der aggressiven Kinder zwischen dem achten und dem 13. Lebensjahr.

Die enormen Unterschiede in den ermittelten Prävalenzzahlen können sicherlich auch dadurch zustande kommen, daß die Diagnosen auf dem Bericht verschiedener Gruppen (Eltern, Lehrer oder Selbstbericht der Kinder bzw. Jugendlichen) beruhen. Offord et al. (1991) konnten eindrucksvoll zeigen, wie sich die *Informationsquelle* in den Häufigkeitsschätzungen niederschlagen kann. Die Eltern beurteilten ihre vier- bis elfjährigen Kinder seltener als deren Lehrer als verhaltensgestört; zwölf- bis 16-jährige Jugendliche schätzten sich selbst als aggressiver und delinquenter ein als dies ihre Eltern taten. Die fehlende Übereinstimmung in der Bewertung aggressiven Verhaltens seitens verschiedener Beurteiler konnte in anderen Studien bestätigt werden (Andrews, Garrison, Jackson, Addy & McKeown, 1993; Hinshaw, Han, Erhardt & Huber, 1992; Loeber, Green, Lahey & Stouthamer-Loeber, 1989; Stanger & Lewis, 1993). Zudem soll noch auf *kulturelle Einflüsse* hingewiesen werden: Externalisierende Störungen treten im westlichen Kulturkreis häufiger als im asiatischen oder afrikanischen Raum auf (Weisz et al., 1993).

Neben diesen epidemiologischen Studien zur Verbreitung psychisch auffälligen Verhaltens geben Kriminalstatistiken Auskunft über die Häufigkeit delinquenten Verhaltens, das im engen Zusammenhang mit aggressiven Störungen steht (vgl. Stattin & Magnusson, 1989). In der Bundesrepublik Deutschland wurden im Jahr 1990 im Rahmen begangener Straftaten anteilsmäßig 4,3% Kinder (bis 13 Jahre), 9,8% Jugendliche (bis 17 Jahre) und 10,4% Heranwachsende (18 bis 21 Jahre) verdächtigt. In der Regel handelte es sich bei den Delikten mit einer hohen

Beteiligung von Kindern oder Jugendlichen um geringfügigere Vergehen wie Ladendiebstahl oder Sachbeschädigung. Seit 1984 fielen die Häufigkeitszahlen leicht ab. Inwieweit bei einer solchen Entwicklung demographische Veränderungen eine Rolle spielen, kann nicht geklärt werden. Generell muß jedoch festgehalten werden, daß gemessen am prozentualen Anteil an der Gesamtbevölkerung Jugendliche, Heranwachsende sowie junge Erwachsene bis 23 Jahre die höchste Delinquenzrate aufweisen (Polizeiliche Kriminalstatistik, 1990).

2.2 Verlauf

Aggression ist ein sehr stabiles Verhaltensmuster (Dumas, 1992; Kazdin, 1991), das sich von der Kindheit bis ins Erwachsenenalter fortsetzen kann (Eron, 1987; Robins, 1991). Positive Beziehungen zwischen aggressivem Verhalten in der Kindheit und kriminellem Verhalten in der Jugend und im Erwachsenenalter weisen darauf hin, daß Aggression in delinquentes Verhalten münden kann (Kupersmidt & Patterson, 1991; Roff, 1992; Stattin & Magnusson, 1989). Die langfristige Prognose ist schlecht: Die Mehrzahl der ,,gesundeten'' Kinder erleidet einen Rückfall oder wird durch eine andere psychische Störung auffällig (Keller et al., 1992).

Wieviel Prozent der Kinder zeigen dauerhaft aggressives Verhalten? Besonders aussagekräftig sind Längsschnittstudien, die die Verhaltensstabilität an einer Stichprobe über einen längeren Zeitraum hinweg erfassen. Solche Studien deuten darauf hin, daß ca. die Hälfte der aggressiven Kinder dieses Verhalten über mehrere Jahre hinweg beibehalten (McConaughy, Stanger & Achenbach, 1992; Rose, Feldman, Rose, Wallace & McCarton, 1992), Esser und Mitarbeiter (1990, 1992) konnten dies sogar über den Zeitraum von zehn Jahren (zwischen dem 8. und 18. Lebensjahr) beobachten.

Tendenziell berichten Eltern über eine höhere Verhaltensstabilität als dies Lehrer tun (Verhulst, Eussen, Berden, Sanders-Woudstra & van der Ende, 1993; Verhulst & van der Ende, 1991, 1992). In bezug auf geschlechtsspezifische Unterschiede liegen widersprüchliche Befunde vor: Es wurde sowohl für Mädchen (Verhulst & van der Ende, 1992; Verhulst & van Wattum, 1993) als auch für Jungen (Esser et al., 1992; McGee et al., 1992) berichtet, daß sie aggressives Verhalten im Entwicklungsverlauf seltener aufgeben.

Therapeutisch steht die Frage im Vordergrund, welche Kinder einen chronischen Verlauf aufweisen und bei welchen damit gerechnet werden kann, daß sich die Verhaltensprobleme mit dem Alter wieder ,,auswachsen''; auf dieser Grundlage kann dann eine spezielle Therapiezuweisung erfolgen. Nach Loeber (1988, 1990) weisen Kinder und Jugendliche eine ungünstige Entwicklung auf, wenn sie

- seit ihrer frühen Kindheit durch aggressives Verhalten auffallen,
- dieses Verhalten sehr häufig und
- vielfältig sowie
- in vielen Lebensbereichen (wie Elternhaus, Schule, Freundschaften) äußern.

Die prognostische Relevanz dieser Faktoren konnte in zahlreichen Studien gezeigt werden (Campbell, 1991; Moffit, 1990; Prior, Smart, Sanson, Pedlow, & Oberklaid, 1992). Dumas (1992) unterscheidet anhand des Alters beim erstmaligen Auftreten des Störungsbildes zwei unterschiedliche Entwicklungsverläufe. Bei Kindern „mit einem frühen Beginn" („early starters") lassen sich die Verhaltensauffälligkeiten oft bis ins Vorschulalter zurückverfolgen. Nach der Einschulung werden diese frühen Verhaltensprobleme meist als Interaktionsschwierigkeiten (im Umgang mit Lehrern, Mitschülern etc.) sichtbar. Mit zunehmendem Alter entwickeln sie zahlreiche neue und immer schwerwiegendere Verhaltensprobleme; ein Großteil wird in der Jugend straffällig und behält das Verhalten bis ins Erwachsenenalter bei. Für den Erwerb und die Stabilität ihres Verhaltens werden in erster Linie widrige familiäre Gegebenheiten, wie eine gestörte Mutter-Kind-Interaktion, verantwortlich gemacht. Bei Kindern „mit einem späten Beginn" („late starters") hingegen treten die aggressiven Verhaltensweisen typischerweise erst in der späten Kindheit oder im Jugendalter auf. Im allgemeinen sind diese Kinder besser angepaßt, ihr aggressives Verhalten beschränkt sich auf nicht-aggressive Delikte wie Diebstahl, Betrug oder Drogenmißbrauch. Bei der Aufrechterhaltung ihres Verhaltens spielen die Gleichaltrigen eine zentrale Rolle. Im Gegensatz zu den Kindern mit einem frühen Beginn wird ihr aggressives Verhalten als vorübergehender Zustand betrachtet.

Auch Loeber (1990) betont, daß nicht alle delinquenten Jugendlichen auf die gleiche Entwicklungsgeschichte zurückschauen. Er sieht im Gegensatz zu Dumas (1992) drei verschiedene Entwicklungsverläufe:

● *Aggressiv-flexibler Entwicklungsverlauf:* Diese Kinder und Jugendlichen zeichnen sich durch einen frühen Beginn (im Vorschulalter) aus. Sie sind aggressiv und trotzig, verheimlichen vieles vor ihren Eltern, sind unaufmerksam und hyperaktiv. Die Kontakte zu Erwachsenen und Gleichaltrigen sind gestört, in der Schule kommt es oft zu Leistungsproblemen. Auffällig ist vor allem die große Vielfalt der zu beobachtenden Verhaltensprobleme. Mit einer solchen Entwicklung ist ein chronischer Verlauf und ein verringerter Behandlungserfolg verbunden.

● *Antisozialer Entwicklungsverlauf (ohne aggressives Verhalten):* Die Verhaltensprobleme treten erst in der späten Kindheit oder frühen Jugend auf und beschränken sich meist auf nicht-aggressive Verhaltensweisen wie Diebstahl, Lügen oder Betrug. Diese Kinder werden von Gleichaltrigen anerkannt und sind sozial integriert; ein Großteil der delinquenten Verhaltensweisen tritt im Beisein von Gleichaltrigen auf. Die Prognose ist günstiger als beim aggressiv-flexiblem Entwicklungsverlauf.

● *Ausschließlich Drogenmißbrauch:* Ein beträchtlicher Teil der drogenabhängigen Jugendlichen wies in früheren Entwicklungsabschnitten keine schwerwiegenden aggressiven Verhaltensweisen auf. Der Drogenmißbrauch begann meist in der späten Kindheit.

Wie aus den Beschreibungen ersichtlich wird, stimmen die Kategorien „früher Beginn" von Dumas (1992) und „aggressiv-flexibler Entwicklungsverlauf" von

Loeber (1990) weitgehend überein. Beide Autoren kommen zu dem Schluß, daß Kinder, die schon in jungen Jahren verhaltensauffällig sind, meist auch zahlreiche, schwerwiegende und vielfältige Verhaltensprobleme mit einem chronischen Verlauf entwickeln und somit eine besondere Risikogruppe darstellen. Patterson, DeBaryshe und Ramsey (1989) erstellten ein Modell des „entwicklungsbedingten Fortschreitens dissozialen Verhaltens": Die in der frühen Kindheit gezeigten Verhaltensprobleme können zu einer Zurückweisung durch Gleichaltrige und schulischem Versagen führen; solche Jugendliche schließen sich dann leicht devianten Gleichaltrigen an und zeigen delinquentes Verhalten.

Loeber (1990) teilt die Ansicht, daß sich dissoziales Verhalten über verschiedene Altersstufen hinweg in sehr unterschiedlichen Verhaltensweisen äußern kann, es sich jedoch immer um das gleiche, zugrundeliegende negative Verhaltensmuster handelt. Er entwickelte ein Risikomodell dissozialen Verhaltens, das schon bei prä- und perinatalen Faktoren ansetzt. Abbildung 1 soll diesen Ansatz verdeutlichen; dargestellt wird der ungünstigste Entwicklungsverlauf, der beim delinquenten Verhalten des Jugendlichen endet.

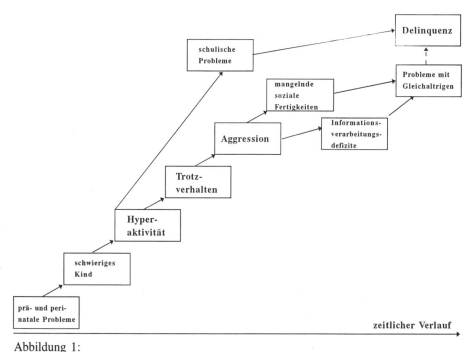

Abbildung 1:
Entwicklungsmodell aggressiven Verhaltens (modifiziert nach: Loeber, 1990).

Eine solche „Karriere" kann schon vor der Geburt des Kindes beginnen, wenn beispielsweise die Mutter ihr Ungeborenes durch Alkohol- oder Drogenmiß-brauch schädigt. Bei Kleinstkindern nehmen die Eltern ein schwieriges Tempera-ment wahr, das sich mit zunehmendem Alter in hyperaktiven, trotzigen und aggressiven Verhaltensweisen bemerkbar macht. Zusätzlich können Schul-leistungsprobleme sowie soziale und kognitive Defizite entstehen, die wiederum zu Problemen im Umgang mit Gleichaltrigen und Delinquenz führen können. Nicht alle Kinder durchlaufen die gesamte „delinquente Karriere", da der „Ein-" und „Ausstieg" in jedem Alter erfolgen kann. Ein delinquenter Jugendlicher muß auch nicht die ganze „Störungspalette" mit sozialen Interaktionsproblemen und schulischen Schwierigkeiten aufweisen.

2.3 Nosologie

Wie bereits erwähnt, zählen Aggressionen zu den expansiven Verhaltenssto-rungen. Der DSM-III-R (Wittchen et al., 1991) unterscheidet drei verschiedene expansive Verhaltensstörungen: Aufmerksamkeits- und Hyperaktivitätsstörung, Oppositionelles Trotzverhalten und Störungen des Sozialverhaltens, wobei bei den beiden letztgenannten aggressives Verhalten im Vordergrund steht. Die Dia-gnose aggressiven Verhaltens schließt jedoch nicht das Auftreten weiterer psychi-scher Probleme (Komorbidität) aus. So weisen 59% der aggressiven Kinder gleichzeitig eine Aufmerksamkeits- und Hyperaktivitätsstörung auf (Dumas, 1989), dies trifft vor allem auf jüngere Kinder zu (Costello, 1990). Trotz enormer Überschneidungen legen empirische Studien den Schluß nahe, daß sich beide Stö-rungsbilder sinnvoll voneinander abgrenzen lassen (Hinshaw, 1987). Mit einer zusätzlichen Aufmerksamkeits- und Hyperaktivitätsstörung gehen schlechtere Schulleistungen (Frick et al., 1991a), mehr Arreste (Forehand, Wierson, Frame, Kempton & Armistead, 1991) und eine früher beginnende delinquente Laufbahn (Moffit, 1990) einher.

Nicht nur externalisierende, sondern auch internalisierende Störungen können gleichzeitig mit aggressivem Verhalten auftreten. Als Begleiterscheinungen bei Delinquenz nennen Wierson, Forehand und Frame (1992) Depressionen und Angststörungen. Treten Aggression und Depression kombiniert auf, dann sind

● größere Schulschwierigkeiten (Capaldi, 1991),
● Drogenmißbrauch (Capaldi, 1992),
● eine höhere Suizidgefährdung (Capaldi, 1992),
● ein ausgeprägterer depressiver Affekt (Sanders, Dadds, Johnston & Cash, 1992) und
● eine höhere Rate langandauernder Probleme (Capaldi, 1992; Garber, Quig-gle, Panak & Dodge, 1991)

zu erwarten. Capaldi (1992) sieht die Depression als sekundäres Problem an, ent-standen durch die negativen Rückmeldungen in bezug auf die schulischen Lei-stungen und deren schädlichen Auswirkungen auf die Selbstachtung.

Robins (1991) unterstreicht, daß Schüchternheit gepaart mit aggressivem Verhalten eher zum Drogenmißbrauch und zur Delinquenz führt. Petermann und Petermann (1993a) sprechen von angstmotivierter Aggression als Mittel, um sich bei anderen Respekt zu verschaffen und die eigene Unsicherheit zu verringern. Dementsprechend wird auch von solchen Kindern aggressives Verhalten als extrem positiv, selbstbehauptendes Durchsetzen ohne Aggression als extrem negativ bewertet (Garber et al., 1991). Nicht alle Untersuchungen bestätigen den nachteiligen Einfluß einer Angststörung; so berichten Walker et al. (1991), daß überängstliche verhaltensgestörte Jungen weniger und nicht so schwerwiegende Aggressionssymptome zeigen als Jungen ohne Angstsymptomatik. Es läßt sich allgemein festhalten, daß das Auftreten eines weiteren Störungsbildes die therapeutische Arbeit erschwert und deren Erfolg gefährdet (Dumas, 1992; Wierson et al., 1992).

3. Erklärungsansätze

3.1 Genetische Faktoren

In jüngster Zeit wird verstärkt die Rolle genetischer Faktoren bei der Entstehung von Aggression diskutiert (Dumas, 1992); so konnte immer wieder eine familiäre Häufung von externalisierenden Störungen beobachtet werden. Eltern von Kindern mit einer Störung des Sozialverhaltens blicken überzufällig häufig auf eine ähnliche Entwicklungsgeschichte zurück (Frick, Lahey, Christ, Loeber & Green, 1991b), Frick et al. (1992) diagnostizierten bei 40% der untersuchten Kinder eine antisoziale Persönlichkeitsstörung beim Vater.

Insgesamt scheint jedoch der genetische Einfluß bei jugendlicher Delinquenz relativ gering zu sein (Hawkins, Catalano & Miller, 1992). Befunde aus der Studie von Walsh (1992) deuten auf einen differentiellen Einfluß genetischer Faktoren in Abhängigkeit vom sozioökonomischen Status hin. Gehörten die delinquenten Jugendlichen einer priviligierten sozialen Schicht an, bestimmten vor allem genetische Einflüsse ihr aggressives Verhalten. Ein umgekehrtes Bild zeichnete sich für die Angehörigen einer benachteiligten Schicht ab: Negative Umwelteinflüsse prägten hier überwiegend das Sozialverhalten der Jugendlichen. Somit können genetische Faktoren zwar die Entwicklung delinquenten Verhaltens vorantreiben, dessen Entstehung jedoch nicht vollständig erklären.

3.2 Lerntheoretische Ansätze

Die Befunde von Frick et al. (1992) schließen neben einer genetischen Erklärung nicht aus, daß Kinder von ihren Eltern bestimmte Verhaltensmuster übernommen haben. Lerntheoretische Ansätze gehen davon aus, daß aggressives Verhalten durch Lernen erworben und aufrechterhalten wird. Laut Petermann und Petermann (1993a) sind vor allem zwei Lernprozesse entscheidend: Verstärkungs- und Modellernen. Die Umwelt (Eltern, Lehrer, Gleichaltrige etc.) kann aggressives Verhalten auf drei verschiedene Arten verstärken (vgl. Ross & Petermann, 1987):

- *positive Verstärkung:* das Kind erreicht durch sein aggressives Verhalten ein bestimmtes Ziel (z. B. die Anerkennung durch Gleichaltrige),
- *negative Verstärkung:* dem Kind gelingt es mit seinem aggressiven Verhalten, unangenehme oder bedrohliche Ereignisse zu meiden oder zu beseitigen (z. B. traut sich niemand mehr, es anzugreifen) und
- *Duldung* (nicht zu verwechseln mit Ignorieren): dem Verhalten der Kinder wird tatenlos zugeschaut, wobei dies von den Kindern als stillschweigende Zustimmung aufgefaßt wird.

Diese Reaktionen erhöhen die Auftretenswahrscheinlichkeit aggressiven Verhaltens und stabilisieren so das Verhaltensmuster. Für den Erwerb von Verhaltensmustern reicht auch die stellvertretende Erfahrung durch das Beobachten von Modellen (Modellernen), zum Beispiel der Eltern, aus.

3.3 Risikofaktoren

Eine große Anzahl von Studien beschäftigt sich mit der Frage, welche Faktoren Entstehung und Stabilität aggressiven Verhaltens begünstigen. Risikofaktoren dürfen nicht mit kausalen Wirkgrößen verwechselt werden; sie stellen keine notwendigen oder hinreichenden Bedingungen dar, sondern erhöhen die Wahrscheinlichkeit, daß bei einer bestimmten Person mit einem spezifischen Risikomerkmal aggressives Verhalten auftritt. Die einzelnen Faktoren sind nicht völlig unabhängig voneinander, sondern bestimmte Konstellationen treten gehäuft auf (z. B. die Kombination früher Beginn mit Intensität des Störverhaltens). Die Wahrscheinlichkeit für einen ungünstigen Verlauf steigt mit der Zahl der nachteiligen Bedingungen, die eine Person mitbringt oder in ihrem Umfeld erfährt. Um eine Prognose zu erstellen, reicht allerdings die alleinige Betrachtung ungünstiger Bedingungen nicht aus. Ihnen müssen mögliche Schutzfaktoren gegenübergestellt werden (Hawkins et al., 1992).

Prä- und perinatale Einflüsse. Inwieweit perinatale Einflüsse — wie im Modell von Loeber (1990) postuliert — sich negativ auf den weiteren Entwicklungsverlauf auswirken, kann nicht definitiv beantwortet werden. Retrospektive Studien erzielten in dieser Hinsicht widersprüchliche Ergebnisse (vgl. Campbell et al., 1991; Moffit, 1990) und sind zudem von geringer Aussagekraft. Prospektive Arbeiten legen eine höhere Prävalenz (Werner & Smith, 1977, zitiert nach Campbell, 1991; Rose et al., 1992) sowie Stabilität von Verhaltensproblemen (Rose et al., 1992) bei Kindern mit einer schwierigen Geburt nahe.

Familiäre Einflüsse. Ross und Petermann (1987) sehen im **elterlichen Erziehungsverhalten** eine unmittelbare Ursache aggressiven Verhaltens. Folgende Faktoren spielen ihrer Ansicht nach eine wichtige Rolle:

- Die Eltern stellen entweder zu viele oder zu wenige soziale Regeln auf,
- achten nicht konsequent auf die Einhaltung dieser Vereinbarungen,
- bilden selbst Modelle für aggressives Verhalten,
- verstärken das aggressive Verhalten ihres Kindes, indem sie dem Kind ihre Aufmerksamkeit zuwenden (positive Verstärkung), es von unangenehmen Aufgaben befreien (negative Verstärkung) oder
- stillschweigend dieses Verhalten dulden.

Eine Vielzahl von neueren Studien wandte sich dem Interaktionsverhalten von Eltern und Kind zu. Übereinstimmend wird das familiäre Klima als konfliktgeladen und aggressionsfreundlich beschrieben (Buhrmester, Camparo, Christensen, Gonzalez & Hinshaw, 1992; Dadds, Sanders, Morrison & Rebgetz, 1992; Sanders et al., 1992). Insgesamt verhalten sich die Eltern aggressiver Kinder negativer, ungeduldiger und kontrollierender als die Eltern verhaltensunauffälliger Kinder (Campbell, March, Pierce, Ewing & Szumowski, 1991; Sanders, Dadds & Bor, 1989). Auseinandersetzungen mit ihren Kindern rufen bei ihnen mehr negative Gedanken (z.B. Schuldzuweisung oder Kritik) hervor als bei Eltern unauffälliger Kinder (Sanders & Dadds, 1992). Mit einem solchen Verhalten tragen sie zur Stabilität aggressiven Verhaltens bei. So behalten beispielsweise die Kinder, deren Mütter ein ausgeprägtes negatives Kontrollverhalten (das Kind wird für sein Verhalten getadelt, erhält negative Rückmeldung oder wird aufgefordert, sich weniger impulsiv zu verhalten) zeigen, eher ihre Verhaltensauffälligkeiten bei (Campbell & Ewing, 1990). Inkonsequente und negative Erziehungspraktiken begünstigen in der weiteren Entwicklung den Anschluß an eine deviante Gleichaltrigengruppe (Dishion, Patterson, Stoolmiller & Skinner, 1991).

Neben dem konkreten Umgang mit dem Kind wirkt sich bereits die elterliche **Erziehungseinstellung** auf das kindliche Verhalten aus. Die fehlende Bereitschaft der Mutter, die Verantwortung für die Folgen ihres Handelns zu tragen und selbst Einfluß auf den Verlauf ihres Lebens zu nehmen, kann Nährboden für aggressives Verhalten des Kindes sein (Keltikangas-Järvinen, 1990). Loeber und Stouthamer (1986; zitiert nach Loeber, 1990) berücksichtigten eine Reihe von familiären Faktoren gleichzeitig. Ein Erziehungsstil, der abweichendes Verhalten der Kinder begünstigt, läßt sich nach Ansicht der Autoren durch folgende Verhaltensweisen beschreiben:

- Die Eltern wissen wenig darüber, was ihr Kind den Tag über unternimmt,
- kontrollieren das Verhalten ihres Kindes nicht ausreichend und
- sind nicht sonderlich an dessen Aktivitäten interessiert.

Daneben sind eine Reihe von strukturellen Aspekten, wie beispielsweise eheliche Schwierigkeiten, geringer sozioökonomischer Status und schlechter Gesundheitszustand sowie aggressives oder kriminelles Verhalten der Eltern von Bedeutung. Welche überragende Bedeutung gerade dem elterlichen Erziehungsverhalten zukommt, zeigt die Studie von Loeber und Dishion (1983). Danach konnte delinquentes Verhalten am besten durch das gleichzeitige Auftreten verschiedener negativer Erziehungsweisen der Eltern (z.B. inkonsequenter Umgang mit Regeln und gleichzeitig mangelndes Interesse an den kindlichen Aktivitäten) prognostiziert werden.

In der Regel kommen verschiedene negative Einflüsse in einer Familie zusammen, wobei das elterliche Erziehungsverhalten ein Merkmal darstellt. So untersuchten Frick et al. (1992), inwieweit unangemessene elterliche Erziehungspraktiken und psychische Anpassungsprobleme der Eltern unabhängig voneinander zu kindlichen Verhaltensstörungen beitragen. In ihrer Studie zeichnete sich folgendes Bild ab: Liegt eine antisoziale Persönlichkeit beim Vater vor, so hatten die Jungen unabhängig vom mütterlichen Erziehungsverhalten ein erhöhtes Risiko für eine aggressive Verhaltensstörung. Generell beaufsichtigten Mütter aggressiver Kinder deren Verhalten weniger und waren inkonsequenter in Erziehungsfragen als Mütter unauffälliger Kinder. Darüber, wie solche unangemessenen Erziehungseinstellungen und -weisen zustande kommen, kann nur spekuliert werden. Wahler und Dumas (1989) betonen in diesem Zusammenhang, daß von aktuellen Erziehungsschwierigkeiten nicht auf eine fehlende oder mangelhafte Erziehungskompetenz geschlossen werden darf. Vielmehr könne es sich auch um eine streßbedingte mangelnde Aufmerksamkeit handeln, die sich in einer dysfunktionalen Eltern-Kind-Interaktion äußert. Ein wichtiger Aspekt bei der Bewertung dieser Befunde ist die Reziprozität in den Eltern-Kind-Interaktionen: Nicht nur die Eltern beeinflussen ihre Kinder, die Kinder wirken ihrerseits auf das Erziehungsverhalten ihrer Eltern ein (Vuchinich, Bank & Patterson, 1992). Diesen Prozeß kann man sich als eine wechselseitige Verstärkung des unangepaßten Verhaltens vorstellen (Campbell et al., 1991; Patterson & Bank, 1989). So kann ein Teufelskreis aus geringen Erziehungsfertigkeiten der Eltern und aggressivem Verhalten des Kindes entstehen (=Erpresserspiele in Familien; s. auch Ross & Petermann, 1987).

Die Ergebnisse von Frick et al. (1992) deuten darauf hin, daß sich neben dem elterlichen Erziehungsverhalten weitere familiäre Faktoren negativ auf das kindliche Verhalten auswirken können. Eltern aggressiver Kinder weisen häufig selbst aggressive Verhaltensmuster auf (Frick et al., 1991a, 1992), die unter Umständen von den Kindern übernommen werden. Aber nicht nur ähnliche Störungsbilder der Eltern, sondern auch die allgemeine Belastung durch eine **psychische Erkrankung**, kann negativ auf die kindliche Entwicklung wirken. Abidin, Jenkins und McGaughey (1992) untersuchten, wie das psychische Wohlbefinden der Mutter die frühkindliche Entwicklung (von Geburt bis zum 4. Lebensjahr) beeinflußt. Kinder, deren Mütter depressiv und wenig von ihren eigenen Fähigkeiten überzeugt waren, entwickelten eher gestörtes Sozialverhalten und Aggressionen; unabhängig davon, ob die Frau ihren Ehemann als Hilfe wahrnahm oder nicht. **Geringe Zufriedenheit und Schwierigkeiten in der Partnerschaft** erwiesen sich jedoch in anderen Untersuchungen als nachteilig für die kindliche Entwicklung (Jouriles, Bourg & Farris, 1991; Reid & Crisafulli, 1990). Beide Autorengruppen betonen, daß Jungen und klinisch-auffällige Kinder stärker unter derartigen Verhältnissen leiden. Möglicherweise beeinflußt die problematische Partnerschaft nicht direkt das Verhalten des Kindes; dies jedenfalls legt die Studie von Abidin et al. (1992) nahe. Die Autoren kamen zu dem Schluß, daß die fehlende Unterstützung durch den Ehepartner in erster Linie den depressiven Gemütszustand der Ehefrau verschlimmert. Aber auch die depressive Stimmung der

Mutter schlägt sich nicht direkt auf das kindliche Verhalten nieder. Miller, Cowan, Cowan, Heringhton und Clingempeel (1993) analysierten, wie depressive Stimmung, geringe Zufriedenheit in der Ehe sowie der Erziehungsstil der Eltern auf das Kindverhalten wirken. Depressiv-gestimmte Eltern brachten ihrem Kind weniger Wärme und Interesse entgegen und trugen auf diesem Weg zum aggressiven Verhaltensmuster des Kindes bei.

Die referierten Studien deuten insgesamt darauf hin, daß widrige familiäre Umstände aggressives Verhalten aufrechterhalten und hervorrufen können. Ein Erziehungsstil, der durch unklare Erwartungen an das Kindverhalten, schlechte soziale Kontrolle, wenige und inkonsistente Belohnungen für positives sowie übertrieben schwere und inkonsistente Bestrafung für unerwünschtes Verhalten geprägt ist, erwies sich in diesem Zusammenhang als ungünstig. Neben dem familiären Umgang scheint auch der erlebte Streß in der Familie — bedingt durch eine schlechte sozioökonomische Lage, eheliche Konflikte oder psychische Störungen der Eltern — von Bedeutung zu sein. Dabei sollte davon ausgegangen werden, daß auch die Kinder ihrerseits durch ihr aversives Verhalten die elterlichen Verhaltensweisen verstärken und so ein Teufelskreis aus unangemessenem elterlichen Erziehungsverhalten und kindlichem Problemverhalten entsteht.

Informationsverarbeitung. Bei aggressiven Kindern und delinquenten Jugendlichen wurde eine verzerrte und unangemessene Informationsverarbeitung beobachtet. Das Modell der sozialen Informationsverarbeitung nach Dodge (1986) geht davon aus, daß Umwelteindrücke schrittweise verarbeitet werden. Folgende Stufen der Informationsverarbeitung werden durchlaufen:

(1) Wahrnehmung der Situation,
(2) Interpretation,
(3) Suche nach Handlungsalternativen,
(4) Bewertung der Lösungsmöglichkeiten und
(5) Auswahl einer Reaktion und deren Umsetzung.

Ein Beispiel soll verdeutlichen, wie sich die Informationsverarbeitung auf die konkrete Handlung auswirken kann: Andreas steht in der U-Bahn und spürt plötzlich einen Stoß von der Seite. Andreas nimmt diesen Stoß wahr und sondiert die Situation. Direkt neben ihm steht ein anderer Junge, etwas weiter entfernt eine ältere Frau. Der Stoß kam wahrscheinlich von dem Jungen. Andreas denkt: „Warum rempelt mich der denn an, was soll das? Will der mich etwa anmachen? Was mach' ich denn jetzt? So was kann man sich doch nicht gefallen lassen! Ich remple zurück, nein besser: Ich trete ihm mal ganz unabsichtlich ans Schienbein." Und genau das tut er dann auch. Wieviel anders könnte diese Situation verlaufen, wenn Andreas registriert hätte, daß der Junge sich nicht richtig festgehalten hatte und beim kleinen Ausweichmanöver des Busfahrers den Halt verloren hatte. Andreas hält dann den Stoß wahrscheinlich für eine unabsichtliche Berührung, auf die man am besten überhaupt nicht reagiert oder nur ein verständnisvolles Lächeln zeigt.

Aggressive Kinder und Jugendliche unterscheiden sich auf allen Stufen der Informationsverarbeitung von unauffälligen Kindern (Akhtar & Bradley, 1991). Solche Wahrnehmungsverzerrungen resultieren dann in einer erhöhten Aggressionsbereitschaft. Die Informationsverarbeitung aggressiver Kinder und Jugendlicher läßt sich wie folgt charakterisieren: Sie unterstellen anderen Personen eher eine feindselige Absicht (Dodge, Price, Bachorowski & Newman, 1990b; Guerra & Slaby, 1989), besonders wenn sie sich bedroht fühlen (Dodge & Somberg, 1987) oder die Situation mehrdeutig ist (Fondacaro & Heller, 1990). Diese verzerrte Situationswahrnehmung geht mit vermehrt aggressivem und gewalttätigem Verhalten einher (Dodge et al., 1990b; Guerra, Huesmann & Zelli, 1990). Die Kinder bieten weniger alternative Konfliktlösungen an (Evans & Short, 1991; Guerra & Slaby, 1989; Sanders et al., 1992), und bevorzugen direkte Aktionen gegenüber verbaler Beschwichtigung (Lochman & Lampron, 1986) oder nicht-aggressiven selbstbehauptenden Reaktionen (Joffe, Dobson, Fine, Marriage & Haley, 1990). Aggressive Reaktionen werden von ihnen häufig als positiv und leicht in die Tat umsetzbar bewertet (Quiggle, 1988, zitiert nach Garber et al., 1991); mögliche Hindernisse in der Umsetzung der Handlung werden nicht wahrgenommen (Joffe et al., 1990). Sie entscheiden sich für eine Verhaltensweise, von der sie glauben, daß sie nicht-erfolgreich sein wird, statt eine erfolgversprechende Strategie zu wählen (Guerra & Slaby, 1989).

Weiterhin weisen delinquente Jugendliche eine verminderte Fähigkeit auf, sich in andere Personen hineinzuversetzen (Lee & Prentice, 1988); eine Beobachtung, die schon bei aggressiven Vorschulkindern gemacht werden konnte (Minde, 1992). Dieses fehlende Einfühlungsvermögen führt sicherlich auch dazu, daß sie sich schneller angegriffen fühlen und Situationen falsch bewerten. Selbst wenn sie diese Fertigkeit erwerben und mit dem Entwicklungsstand unauffälliger Kinder gleichziehen, reduziert sich nicht parallel dazu ihr aggressives Verhalten (Minde, 1992). Ihre moralische Urteilsfähigkeit ist gegenüber verhaltensunauffälligen Jugendlichen entwicklungsverzögert (Nelson, Smith & Dodd, 1990). Sie sind weniger fähig, soziale Konventionen nachzuvollziehen, sich in die Perspektive eines anderen hineinzuversetzen und sich mit Situationen auseinanderzusetzen, in denen es gilt, verschiedene moralische Gesichtspunkte gegeneinander abzuwägen (Chandler & Moran, 1990). Diese Unterschiede werden besonders deutlich, wenn sie ihr Handeln in von ihnen erlebten Ereignissen überdenken sollen (Trevethan & Walker, 1989).

Wie kommt es zu solchen verzerrten Attributionen bei aggressiven Kindern? Möglicherweise spielt hier das Modellverhalten der Eltern eine wichtige Rolle. In der Studie von Dix und Lochman (1990) sahen sich Mütter aggressiver und nicht-aggressiver Kinder Videofilme mit gespielten Mutter-Kind-Interaktionen an. Die Mütter aggressiver Kinder nahmen das Kindverhalten eher als beabsichtigt, als Ergebnis der kindlichen Persönlichkeit (der Situation kommt keine oder nur eine untergeordnete Rolle zu) wahr und regten sich stärker als Mütter unauffälliger Kinder auf; unter Umständen übernehmen aggressive Kinder dieses Muster.

Soziale Fertigkeiten und Selbstachtung. Nicht nur im Bereich der Informations-verarbeitung, sondern auch beim konkreten Umgang mit anderen Personen, zeigten sich Defizite aggressiver Kinder. So charakterisierte Willner (1991) verhaltensauffällige im Vergleich zu unauffälligen Jungen wie folgt: Sie spielten seltener mit anderen Kindern, unterhielten sich weniger mit ihnen und ignorierten deren Fragen, reagierten häufiger feindselig aggressiv, verhielten sich egozentrisch und insgesamt weniger positiv. Diese defizitäre, kommunikative und soziale Kompetenz zeigten sie auch, wenn sie Bewältigungsstrategien für einen Konflikt beschreiben sollten. Aggressiv-zurückgewiesene Kinder schlagen vor allem indirekte Aggressionsstrategien vor (z. B. über andere tratschen; Spetter, La Greca, Hogan & Vaughn, 1992). Nähern sich aggressive Kinder einer Gruppe spielender Kinder, versuchen sie in erster Linie, deren Aufmerksamkeit auf sich zu ziehen (z. B. mit den Worten: ,,Fangt wieder von vorne an.''), während beliebte Kinder eher versuchen, sich über das Spiel zu informieren (Tyron & Keane, 1991).

Im Verlauf der Interaktionen werden aggressive Kinder in ihrem Verhalten zunehmend aversiver und verstärkt von anderen abgelehnt (Dodge et al., 1990b; Willner, 1991). Stößt ein aggressives Kind zu einer Gruppe spielender Kinder, verschlechtert sich die Spielqualität zunehmend; der Umgang miteinander wird negativer (Tyron & Keane, 1991). Solche negativen Interaktionsmuster treten nicht nur im Umgang mit Gleichaltrigen, sondern auch im familiären Rahmen auf (Sanders et al., 1992). Des weiteren berichten aggressive Kinder über eine vergleichsweise geringe Selbstkontrolle (Spetter et al., 1992) und Selbstachtung (Lochman & Lampron, 1986); die Selbstachtung sinkt mit der Stärke des aggressiven Verhaltens (Kolko & Kazdin, 1991).

Entwicklung sekundärer Probleme. Die bei aggressiven Kindern und Jugendlichen immer wieder beobachteten mangelnden sozialen Fertigkeiten und Informationsverarbeitungsdefizite können **Probleme im Umgang mit Gleichaltrigen** bedingen. Aggressive Kinder werden verstärkt durch Gleichaltrige zurückgewiesen (Dishion, 1990; Willis & Foster, 1990). Noch nicht geklärt ist, ob die Aggression Ursache oder Folge der Zurückweisung ist. Die Untersuchung von Willner (1991) deutet darauf hin, daß diese Kinder infolge ihres unangemessenen Sozialverhaltens zurückgewiesen werden. Aggressive Kinder äußerten auch gegenüber ihnen unbekannten Personen vermehrt Aggressionen bei der Kontaktaufnahme; das gleiche Verhalten konnte auch bei unbeliebten Kindern beobachtet werden (Dodge, Coie, Pettit & Price, 1990a). Möglicherweise sind aggressive Kinder einfach nicht sensibel genug für sich verändernde Normen. Während vier- bis fünfjährige Kinder aggressives Verhalten eher tolerieren, wird ein solches Verhaltensmuster von Schulkindern abgelehnt (Coie, Belding & Underwood, 1988). Die Zurückweisung durch andere mündet schließlich in einen Teufelskreis aus Aggression und Ablehnung, der die Verhaltensprobleme der zurückgewiesenen Kinder weiter verschlimmert (Dodge et al., 1990a).

Neben Problemen im Umgang mit Gleichaltrigen kann es zu **schulischen Schwierigkeiten** kommen. Das Auftreten von Schulleistungsproblemen besitzt vor allem prognostische Bedeutung: Geringe Schulleistungen und wenig Interesse am schulischen Geschehen verfestigen aggressives Verhalten (Hawkins et al., 1992). Die Befunde von Tremblay, Masse, Perron, Leblanc, Schwartzman und Ledingham (1992) deuten darauf hin, daß delinquentes Verhalten nicht unbedingt die Ursache schlechter Schulleistungen ist. Die Autoren fanden keine kausale Beziehung zwischen delinquentem Verhalten und geringen Schulleistungen bei 147 Kindern zwischen dem siebten und 14-ten Lebensjahr. Möglicherweise lassen sich die schlechten Schulleistungen durch die defizitäre selektive Aufmerksamkeit jugendlicher Delinquenter erklären. Sie haben Schwierigkeiten, sich auf wenige Reize zu konzentrieren (Hurt & Naglieri, 1992) und können dadurch dem Unterricht nicht folgen. Dissoziales Verhalten und Schulleistungsprobleme verstärken sich gegenseitig (Dishion, 1990), so daß die Jugendlichen immer stärker in ihre delinquente Karriere verstrickt werden. Weiterhin haben zahlreiche Studien gezeigt, daß aggressive bzw. delinquente Kinder und Jugendliche einen geringeren Intelligenzquotienten (IQ) als unauffällige Kinder besitzen (Frick et al., 1991a; Forehand et al., 1991; Moffit, 1990). Ein hoher IQ kann andererseits verhaltensauffällige Kinder vor einer delinquenten Entwicklung bewahren (White, Moffit & Silva, 1989).

Hinshaw (1992) weist auf entwicklungsbedingte Unterschiede in der Beziehung zwischen Schulschwierigkeiten und Verhaltensproblemen hin: Unter den schlechten Schülern befinden sich im Kindesalter vermehrt aufmerksamkeitsgestörte Kinder, im Jugendalter Delinquente.

4. Interventionsverfahren

Laut Baer und Nietzel (1991) kann man bei aggressiven Kindern nur schwer langfristig stabile Verhaltensänderungen erreichen; so brechen 50 bis 55% der Kinder die Therapie frühzeitig ab oder beginnen sie erst gar nicht (Kazdin, 1990a). Je jünger die Kinder und je geringer die Anzahl der betroffenen Lebensbereiche, desto erfolgversprechender ist eine Therapie (Cicchetti, Toth & Bush, 1988; Loeber, 1988, 1990). Behandlungsverfahren sollten deshalb möglichst früh ansetzen, da im weiteren Verlauf zum einen schwerwiegendere Verhaltensprobleme auftreten und zum anderen sekundäre Probleme entstehen können (Loeber, 1988, 1990). Infolge der vielfältigen aufrechterhaltenden Bedingungen sollten komplexe Behandlungsstrategien angewandt werden (Luiselli, 1991). Da bei der Behandlung aggressiver Störungen verhaltenstherapeutische Ansätze die besten Erfolge zeigen (Kazdin, 1990b, 1991; Petermann & Petermann, 1993a,b), stehen diese im weiteren im Vordergrund.

4.1 Elterntrainingsprogramme

Elterntrainings zählen zu den effektivsten Behandlungsverfahren aggressiven Verhaltens im Kindes- und Jugendalter (vgl. Dumas, 1992; Robins, 1991), wobei ihr Vorteil vor allem darin liegt, daß sie auch primär-präventiv eingesetzt werden können. So berichten Fulton, Murphy und Anderson (1991) positive Effekte einer präventiven Beratung bei schwangeren Jugendlichen; bei dieser Gruppe, bei der Kindesmißhandlung besonders häufig auftritt, konnten zu erwartende Straftaten dieser Art verringert werden.

Elterntrainings haben sich aber nicht nur als präventive Strategie bewährt, sondern auch bei der Behandlung massiver Verhaltensauffälligkeiten. Sutton (1992) führte Eltern aggressiver Kinder in die Grundlagen der sozialen Lerntheorie ein; sie sollten lernen:

● das Verhalten ihres Kindes genau zu beobachten, zu beschreiben und zu protokollieren,
● sich nicht einseitig auf die problematischen Verhaltensweisen zu konzentrieren, sondern auch angemessenes Betragen wahrzunehmen und
● dieses zu verstärken,
● alternativ zu körperlicher Bestrafung Belohnungsentzug und Wiedergutmachung (z. B. Ersetzen der umgeworfenen Vase) einzusetzen,
● eindeutige und klare soziale Regeln aufzustellen und
● diese Fertigkeiten generell, nicht nur im Zusammenhang mit aggressivem Verhalten, anzuwenden.

Diese Kenntnisse wurden auf drei verschiedene Arten vermittelt: die Eltern wurden zu Hause besucht und erhielten eine individuelle Beratung, sie nahmen an Gruppensitzungen teil oder wurden telefonisch informiert. Allen Gruppen wurden schriftliche Ausarbeitungen des Lernmaterials zur Verfügung gestellt. Unabhängig von der konkreten Vorgehensweise profitierten alle drei Trainingsgruppen von dem neu erworbenen Wissen: Sie gaben an, sich weniger belastet zu fühlen, daß ihr Kind häufiger direkt ihren Anweisungen nachkomme und weniger Situationen im häuslichen Umfeld vorkommen, in denen das Kind unangemessenes Verhalten zeige. Langfristig erwiesen sich die Ergebnisse der Telefonkontaktgruppe als am wenigsten stabil.

Graziano und Diament (1992) weisen in ihrer Überblicksarbeit darauf hin, daß sich die besten Erfolge bei klar umschriebenem kindlichen Problemverhalten und günstigen familiären Bedingungen erzielen lassen. Ungünstige Konstellationen, wie soziale Benachteiligung, psychische Störungen eines Familienmitglieds, ein hohes Ausmaß an Streß und geringe soziale Unterstützung, gehen mit geringeren Erfolgen einher (Dadds, Schwartz & Sanders, 1987; Dadds & McHugh, 1992; Webster-Stratton & Hammond, 1990), lassen sich aber mit speziell zugeschnittenen Programmen erfolgreich angehen. So boten beispielsweise Dadds et al. (1987) Eltern aggressiver Kinder zusätzlich zum Elterntraining eine Paartherapie an. Innerhalb des Elterntrainings wurden sie instruiert, angemessenes Verhalten ihres Kindes konsequent und direkt zu loben sowie auf unangemessenes Verhalten mit Belohnungsentzug oder „time-out" zu reagieren; die Paartherapie diente dazu, die gegenseitige Unterstützung der Ehepartner und allgemeine Problemlösefertigkeiten zu stärken. Beobachtet wurde, wie sich Mutter-Kind-Interaktionen verändern (z. B. aversives Verhalten der Mutter oder kommt das Kind mütterlichen Anweisungen nach). Bei Eltern mit Partnerproblemen war das kombinierte

Vorgehen dem alleinigen Elterntraining überlegen; Eltern ohne solche Schwierigkeiten profitierten nicht von diesem zusätzlichen Angebot.

Pfiffner, Jouriles, Brown, Etscheidt und Kelly (1990) kombinierten bei alleinerziehenden Müttern ein Eltern- mit einem allgemeinen Problemlösetraining. Das
Elterntraining entsprach dem bereits beschriebenen Vorgehen; das Problemlösetraining beinhaltete ein strukturiertes Herangehen an Problemsituationen, wie
dies auch von Dodge (1986) in seinem Informationsverarbeitungsmodell beschrieben wird:

● Problemorientierung,
● Problemdefinition,
● Suche nach Handlungsalternativen,
● Entscheidungsfindung und
● Umsetzung in konkretes Handeln.

Dieses Vorgehen wurde an Beispielen geübt, die sich nicht speziell auf Schwierigkeiten in der Kindererziehung bezogen (Schwierigkeiten am Arbeitsplatz oder
mit dem geschiedenen Mann). In beiden Gruppen verminderte sich das aggressive
Verhalten der Kinder; dieser Effekt trat in der Gruppe der Mütter mit Problemlösetraining aber deutlicher zu Tage.

Für welche Altersgruppen sich ein Elterntraining besonders eignet, überprüften
Dishion und Patterson (1992). Sie schulten Eltern aggressiver Kinder und untersuchten, ob jüngere Kinder zwischen zwei und sechs Jahren mehr von der Therapie profitierten als ältere Kinder (6 bis 12 Jahre). Die Eltern lernten mit Hilfe des
Programms, das Verhalten ihres Kindes genau zu protokollieren, angemessen zu
belohnen und zu bestrafen, Verhaltenskontrakte abzuschließen und an Probleme
strukturiert heranzugehen. Die Befunde sprechen dafür, daß Elterntrainingsverfahren auch bei älteren Kindern noch wirksam sind; Eltern mit älteren Kindern
brachen allerdings häufiger die begonnene Therapie vorzeitig ab (d. h. sie nahmen
maximal am ersten Viertel der Sitzungen teil und kamen danach nicht mehr zu
den Terminen).

4.2 Trainings mit Kindern und Jugendlichen

Es liegen kognitive und soziale Fertigkeitstrainings vor, wobei zunächst auf kognitive Fertigkeitstrainings eingegangen werden soll. Empirische Studien legen
den Schluß nahe, daß verzerrte Selbst- und Fremdwahrnehmung bei aggressiven
Verhaltensweisen eine wichtige, wenn nicht sogar zentrale Rolle spielen. Kognitive Fertigkeitstrainings versuchen, unangemessene Wahrnehmungs- sowie Denk-
prozesse zu ändern und Problemlösefertigkeiten aufzubauen. Diese Fertigkeiten
werden möglichst verhaltensnah eingeübt (z. B. mit Hilfe von Rollenspielen), um
die Übertragung in den Alltag zu erleichtern.

Guerra und Slaby (1990) erzielten mit einem zwölfstündigen Programm zur Veränderung aggressionsfördernder kognitiver Prozesse gute Erfolge. Inhaftierte

Jugendliche übten, in folgender Weise an Konfliktsituationen heranzugehen: Nachdem sie ein Problem wahrgenommen hatten, sollten sie darüber nachdenken, wie diese Situation zustande gekommen sein könnte. Darauf aufbauend sollten verschiedene Reaktionsmöglichkeiten gefunden und in ihren Konsequenzen beurteilt werden. Erst dann wurde eine Handlungsmöglichkeit ausgewählt, in die Tat umgesetzt und in einem letzten Schritt nochmals die Folgen bewertet. Mittels eines solchen Vorgehens sollten die Jugendlichen lernen, Konfliktsituationen systematisch zu überdenken, bevor sie handeln. Parallel zum Aufbau angemessener Problemlösestrategien reduzierte sich infolge dieses Trainings das aggressive Verhalten der Jugendlichen. Bei Jugendlichen, die an einer Diskussionsgruppe teilnahmen oder solchen, die keinerlei Behandlung erhielten, konnten weder Einstellungs- noch Verhaltensänderungen beobachtet werden.

Kognitiv-behaviorale Verfahren erwiesen sich auch im Vergleich mit anderen Interventionen als erfolgreicher. Kendall, Reber, McLeer, Epps und Ronan (1990) boten in einer psychiatrischen Tagesklinik zusätzlich zu einer unterstützenden (psychodynamischen) Therapie ein kognitiv-behaviorales Training an. Die Kinder übten, sich verbal selbst zu instruieren und für angemessenes Verhalten zu belohnen. Zusätzlich führten die Trainer ein „Punkte-Belohnungssystem" für die Erledigung von erteilten Aufgaben sowie für eine genaue Selbsteinschätzung ein. Den Kindern wurden aber auch Punkte für zu schnelles Arbeiten, falsche Antworten und die inkorrekte Anwendung der Selbstinstruktionsschritte in den Übungssitzungen abgezogen. Die verdienten Punkte konnten die Kinder dann gegen bestimmte Belohnungen eintauschen. Die unterstützende Therapie diente dazu, daß die Kinder über ihre Probleme im Elternhaus und in der Schule reden konnten und miteinander spielten; außerdem wurden sie für ihre regelmäßige Anwesenheit und dann, wenn sie destruktives Verhalten unterließen, belohnt. Laut Lehrerurteil waren die Kinder selbstkontrollierter und störten seltener den Unterricht. Längerfristige Erfolge (über einen Zeitraum von 4 Monaten) konnten leider nicht erzielt werden.

Kazdin, Bass, Siegel und Thomas (1989) verglichen drei verschiedene Ansätze miteinander; 112 Kinder im Alter von sieben bis zwölf Jahren mit massiv- aggressivem Verhalten wurden per Zufall einer der folgenden drei Gruppen zugeteilt:

- Problemlösetraining,
- Problemlösetraining mit Verhaltensaufgaben für den Alltag („in-vivo"-Gruppe) oder
- klientzentrierter Ansatz.

In beiden Problemlösetrainings lernten die Kinder, systematisch an Konfliktsituationen heranzugehen (erst das Problem definieren, dann nach Alternativen suchen etc.), und übten soziale Fertigkeiten ein (z. B. sich in die Lage des anderen hineinzuversetzen). Zuerst wurde das Vorgehen anhand von Spielen und Schulaufgaben verdeutlicht und dann in Rollenspielen zu sozialen Konfliktsituationen eingeübt. Außerdem wurden den Kindern Punkte abgezogen, wenn sie sich nicht an das vorgestellte Vorgehen hielten. Die „in-vivo-Gruppe" hatte zusätzlich Gelegenheit, die neuerworbenen Fertigkeiten in realen Problemsituationen (z. B. bei

Mathematikaufgaben oder Auseinandersetzungen mit Eltern oder Lehrern) auszuprobieren. In der klientzentrierten Arbeit lag der Fokus darauf, den Kindern Empathie, Wärme und uneingeschränkte positive Wertschätzung entgegen zu bringen. Die Kinder in beiden Problemlösegruppen reduzierten sowohl kurz- als auch langfristig ihr aggressives Verhalten mehr als die Kinder der klientzentrierten Gruppe; die größten Therapieerfolge wies die Problemlösegruppe mit Verhaltensübungen auf. Die Verhaltensänderungen wurden nicht nur im häuslichen Kontext von den Eltern, sondern auch in der Schule von den Lehrern beobachtet.

Schneider (1991) stellte zwei verhaltensorientierte Therapieverfahren gegenüber: Desensibilisierung und kognitiv-behaviorales Training. Die Desensibilisierungsgruppe erlernte zuerst die Progressive Muskelentspannung. Im Entspannungszustand sollten sich die Kinder dann eine Konfliktsituation und ihre eigene ruhige Reaktion in dieser Situation genau vorstellen. Zusätzlich wurden sie aufgefordert, dieses Vorgehen auch einzusetzen, wenn sie sich zu Hause oder in der Schule provoziert fühlen. Die Kinder im kognitiv-behavioralen Training erwarben Problemlösefertigkeiten, übten Einfühlungsvermögen und sahen Videos mit Kindern, die diese Verhaltensweisen zeigten. Nach Trainingsende stellten unabhängige Beobachter in freien Spielsituationen fest, daß die kognitiv-behaviorale Gruppe ihr aggressives Verhalten (z. B. treten oder mit einem Gegenstand nach jemanden werfen) nachhaltiger reduzierte als die Entspannungsgruppe; kooperatives Verhalten (z. B. einem anderen Kind helfen oder warten, bis man beim Spielen an die Reihe kommt) konnte mit beiden Verfahren gleich gut aufgebaut werden.

Häufig hat sich die mangelnde Selbstkontrolle aggressiver bzw. delinquenter Kinder und Jugendlicher als problematisch erwiesen (Petermann & Petermann, 1993a). Etscheidt (1991) evaluierte die Wirksamkeit eines Verhaltenstrainings zur Verbesserung der Selbstkontrolle an 30 verhaltensgestörten Jugendlichen. Das Programm setzte sich aus folgenden Bausteinen zusammen:

● motorische Hinweisreize für aufkommenden Ärger kennenlernen und Impulsverzögerung anwenden (z. B. sich sagen: „Tue es nicht" oder einfach die Arme verschränken)
● problematische Situationen erkennen,
● alternative Lösungsmöglichkeiten finden (z. B. indem man die Augen schließt und sich entspannt),
● sich die Konsequenzen der verschiedenen Lösungswege vor Augen führen und
● eine angemessene Strategie in die Tat umsetzen.

Kernstück und Voraussetzung strukturierten Problemlösens war es, daß die Jugendlichen zuerst lernten, ihren Ärger in Konfliktsituationen zu unterdrücken. Im Vergleich zu einer nicht-behandelten Kontrollgruppe gelang es diesen Jugendlichen nach Ansicht der Lehrer besser, sich zu kontrollieren; weiterhin reduzierte sich ihr aggressives Verhalten.

Kognitiv-behaviorale Verfahren können nicht nur kurzfristig, sondern auch langfristig aggressives Verhalten reduzieren; dies legt eindrucksvoll die Studie von Lochman (1992) nahe. 63 massiv verhaltensgestörte Jungen wurden per Zufall einer der beiden Gruppen — Ärgerkontrolltraining oder Wartekontrollgruppe ohne Behandlung — zugeteilt; zusätzlich nahm eine Gruppe unauffälliger Jungen an der Studie teil. Das Ärgerkontrolltraining fand über drei bis vier Monate wöchentlich in Gruppen zu zehnt statt; folgende Inhalte wurden behandelt:

- Gruppenregeln aufstellen und deren Einhaltung kontingent verstärken,
- Selbst-Aussagen einsetzen, um impulsives Verhalten zu vermeiden,
- die Probleme, Perspektiven und Absichten anderer erkennen,
- alternative Lösungswege finden und deren Konsequenzen bewerten,
- Modelle beobachten, die aufkommenden Ärger durch Selbstinstruktionen (z. B.: leise „Stop!" sagen) kontrollieren und strukturiert an Problemsituationen herangehen,
- selber ein Video mit aggressionshemmenden Selbstinstruktionen aufzeichnen und
- die erlernten Problemlösestrategien festigen (z. B. in Diskussionen oder Rollenspielen).

Nach Ende des fünfmonatigen Trainings störten diese Kinder im Vergleich zu einer unbehandelten Kontrollgruppe weniger den Schulunterricht. Drei Jahre nach Trainingsende mißbrauchten die trainierten Jungen weniger Alkohol und Drogen als die Kontrollgruppe; die trainierten Jungen unterschieden sich in dieser Hinsicht nicht von der unauffälligen Vergleichsgruppe. Präventive Effekte auf delinquentes Verhalten (z. B. Diebstahl) konnten infolge des Trainings leider nicht beobachtet werden.

Generell hat sich dieser Ansatz bei der Behandlung aggressiver Kinder und Jugendlicher bewährt (Kendall, 1993), wenn auch nicht alle von einer solchen Vorgehensweise gleich gut profitieren. Kognitiv-behaviorale Verfahren eignen sich nach einer Übersicht von Durlak, Fuhrman und Lampman (1991) vor allem für Kinder ab dem elften Lebensjahr. Für die erzielten Veränderungen seien in erster Linie die verhaltensbezogenen Elemente verantwortlich, nicht die kognitiven Veränderungen.

Soziale Fertigkeitstrainings basieren auf der Tatsache, daß aggressive Kinder oft Defizite im Umgang mit anderen besitzen; diese Fertigkeiten werden dann schrittweise vermittelt. Während solche Programme bei der Behandlung sozial isolierter Kinder zu einer Verhaltenserweiterung führen (vgl. auch Petermann & Warschburger, 1997), werden sie als alleinige Intervention zum Abbau aggressiven und delinquenten Verhaltens als wenig erfolgversprechend betrachtet (Dumas, 1989); daher werden sie häufig mit kognitiven Ansätzen zu Programmpaketen kombiniert. So trainierten beispielsweise Chalmers und Townsend (1990) verhaltensauffällige Mädchen im Alter von zehn bis 16 Jahren in der Fähigkeit zur sozialen Rollenübernahme. Folgende Inhalte wurden bearbeitet:

- mimisches und nonverbales Ausdrucksverhalten verstehen und deuten,
- uneindeutige Mitteilungen entschlüsseln und „zwischen den Zeilen lesen",
- die Absichten anderer erkennen, ihre Gefühle und Einstellungen wahrnehmen und verstehen,

● die Bedeutung der physischen Erscheinung wie Rasse oder Alter erkennen,
● um die Wirkung der eigenen Erscheinung und seines Verhaltens wissen,
● sich respektvoll gegenüber anderen verhalten,
● sich klar ausdrücken und dementsprechend nonverbal verhalten sowie
● sich in andere Personen durch Fragen hineinversetzen.

Die Stundeninhalte wurden zuerst vom Trainer vorgestellt und dann in Rollenspielen eingeübt. Auf diese Weise reduzierte sich störendes und erhöhte sich
kooperatives und konstruktives Klassenverhalten. Im Vergleich zu einer unbehandelten Kontrollgruppe, konnten die Mädchen sich besser in andere einfühlen und
waren eher bereit, individuelle Unterschiede zu akzeptieren. Kolko, Loar und
Sturnick (1990) wandten ein vergleichbares Vorgehen bei zehnjährigen Kindern
an, die aufgrund expansiver Verhaltensauffälligkeiten in eine psychiatrische Klinik eingeliefert wurden. Die Kinder wurden per Zufall zwei verschiedenen Gruppen zugeteilt: Sozial-kognitives Training oder Diskussions- und Spielgruppe. Das
Training sollte den Kindern helfen, soziale Situationen besser zu verstehen und
Konsequenzen besser abzuschätzen, eine angemessenere eigene Reaktion auszuwählen und deren Umsetzung zu bewerten. Hierzu stellten die Trainer die einzelnen Fertigkeiten kurz vor, anschließend übten die Kinder in Rollenspielen die
Umsetzung in konkretes Verhalten; für ihr Rollenspielverhalten wurden die Kinder ihren Leistungen entsprechend belohnt. In der Spielgruppe wurden altersgemäße Aktivitäten, wie Poster für die Brandschutz-Woche malen, angeboten. Im
Vergleich zur Spielgruppe verbesserten die trainierten Kinder ihre sozialen Fertigkeiten: In freien Spielsituationen konnten ein verbesserter Blickkontakt, die
verstärkte Nutzung von Fragen oder Komplimenten zur Einleitung einer Interaktion oder die Einhaltung einer angemessenen physischen Distanz (den anderen
nicht „zu nahe kommen") beobachtet werden. Für die Spielgruppe ergaben sich
keinerlei positive Veränderungen.

Für den deutschsprachigen Raum entwickelten Petermann und Petermann
(1993b) ein verhaltenstherapeutisches Training zur Verbesserung des Arbeits-
und Sozialverhaltens bei Jugendlichen. Innerhalb von Einzel- und Gruppensitzungen sollen die Jugendlichen lernen, Probleme in verschiedenen Lebensbereichen
bewußt anzugehen, anstatt apathisch oder gar aggressiv zu reagieren. Folgende
Ziele werden angestrebt:

● die Selbstwahrnehmung,
● Selbstkontrolle und Ausdauer der Jugendlichen zu verbessern,
● ihr Einfühlungsvermögen in andere zu stärken,
● ein stabiles Selbstbild aufzubauen,
● mit dem eigenen Körper und Gefühlen angemessen umzugehen,
● auf Kritik sowie Lob angemessen zu reagieren und
● mit Mißerfolgen leben zu lernen.

Diese Fertigkeiten werden in Diskussionen erarbeitet, in anschließenden Rollenspielen eingeübt und mittels Verhaltensübungen im Alltag vertieft. Ausschlaggebend für den Erfolg dieses Programms ist das Gruppentraining, wobei die Jugendlichen in einem vorangestellten Problemlösetraining bereits für neue Sichtweisen sensibilisiert werden.

4.3 Programmpakete

Aggressives Verhalten ist multifaktoriell bedingt. Zu den Risikofaktoren, die die Kinder selbst mitbringen (z. B. verzerrte Wahrnehmung ihrer Umwelt), kommen solche aus ihrer näheren Umwelt (z. B. ungünstiges Erziehungsverhalten ihrer Eltern) hinzu. Dementsprechend versuchen Programmpakete, nicht nur die Einstellungen und das Verhalten des Kindes oder der Eltern zu verändern, sondern integrieren kindzentrierte Arbeit und Elternberatung. Kazdin, Esveldt-Dawson, French und Unis (1987) stellten folgendes Programm zusammen: Die Kinder erhielten ein kognitiv-behaviorales Problemlösetraining und den Eltern wurden Erziehungsfertigkeiten vermittelt. Nach der Intervention wurden diese Kinder von ihren Lehrern als weniger aggressiv und besser angepaßt eingeschätzt; vergleichbare Einschätzungen gaben auch die Eltern ab. Die erzielten Veränderungen konnten noch ein Jahr später beobachtet werden; leider waren sie jedoch für die meisten Kinder zu keinem Zeitpunkt ausreichend, um klinisch unauffällig zu werden.

Goldstein und Keller (1987) legten eine ausführliche praktische Anleitung für die therapeutische Arbeit mit aggressiven Kindern vor. Ihr Programm beinhaltet folgende Elemente:

- **Ärgerkontrolltraining**
  Hier lernen die Kinder mit Hilfe von Selbstinstruktionen, ihren Ärger zu kontrollieren und sich ruhig zu verhalten (z. B.: ,,Ich spüre, daß meine Muskeln total verkrampft sind. Es ist Zeit, sich zu entspannen und die Dinge ruhig angehen zu lassen'').
- **Entspannungstraining**
  Die Kinder reduzieren ihre affektive Erregung und sind so besser in der Lage, mit kritischen Situationen fertig zu werden.
- **Kommunikationstraining und Aushandeln von Verhaltenskontrakten**
  Die Kinder sollen lernen, sich in andere Personen einzufühlen, Kompromißbereitschaft zu zeigen und sich an ausgehandelte Verhaltensregeln zu halten.
- **Verstärkungstraining**
  Positives, angemessenes Kindverhalten wird systematisch belohnt, negatives ignoriert oder bestraft.
- **Aufbau prosozialer Fertigkeiten**
  In Rollenspielen sollen die Kinder selbstbehauptendes nicht-aggressives Verhalten in kritischen Situationen üben (z. B.: ,,Wie beschwere ich mich?'' ,,Wie kann ich mit Gruppendruck umgehen?'').
- **Aufbau prosozialer Werthaltungen**
  Die moralische Urteilsfähigkeit der Kinder soll dadurch verbessert werden, daß sie entsprechende Konfliktsituationen diskutieren (z. B.: ,,Die Ehefrau hat Krebs, ein Apotheker hat ein neues wirksames Medikament entwickelt. Der Ehemann kann sich nicht genügend Geld leihen, um dieses Medikament zu bezahlen; der Apotheker gibt sich aber nicht mit einem niedrigeren Preis zufrieden. Soll der Ehemann in die Apotheke einbrechen, um das Leben seiner Frau zu retten?'') und ihren Standpunkt begründen.

Auch für den deutschsprachigen Raum liegen kognitiv-behaviorale Verhaltenstrainings vor, die kindzentrierte Therapie mit Elternberatung und -schulung verknüpfen. Das konkrete Vorgehen soll hier anhand des Trainings für aggressive Kinder von Petermann und Petermann (1993a) beschrieben werden. Das Training mit den Kindern setzt sich aus bis zu acht Einzel- und mindestens sechs bis zehn Gruppensitzungen zusammen. Inhaltlich werden folgende Ziele angestrebt:

Die Kinder sollen lernen,

● sich zu entspannen (vgl. auch Petermann & Petermann, 1993c),
● ihre Umwelt differenzierter wahrzunehmen,
● sich angemessen selbst zu behaupten, ohne aggressiv zu reagieren,
● sich kooperativ und hilfsbereit zu verhalten,
● Ärger- und Wutreaktionen zu kontrollieren und
● sich in andere Personen einzufühlen.

Diese Fertigkeiten werden mit den Kindern in den einzelnen Sitzungen systematisch anhand von entsprechenden Materialien (wie beispielsweise Selbstbeobachtungsbögen, Selbstinstruktionskarten oder Videofilmen mit Konfliktsituationen) und in Rollenspielen eingeübt. Um den Alltagstransfer zu erleichtern, werden Verhaltensaufgaben erteilt. Darüberhinaus werden die Eltern im Aufbau angemessenen Verhaltens unterstützt, indem sie Informationen über die Entstehung von Aggression erhalten und lernen, wie sie selbst dazu beitragen können, das Verhalten ihres Kindes zu verändern.

Am Beispiel des Einübens von Einfühlungsvermögen soll das konkrete Vorgehen verdeutlicht werden. Hierzu wird ein Rollenspiel, das sogenannte Igelspiel, durchgeführt; der Therapeut leitet mit folgender Geschichte das Rollenspiel ein (Petermann & Petermann, 1993a, S. 123):

Rollenspiel: Das Igelspiel. „Ich werde Euch heute zuerst kurz eine Geschichte erzählen, die ich erlebt habe und ihr vielleicht auch schon. Hört gut zu. Vor einigen Tagen ging ich im Wald spazieren. Es war schon etwas dämmrig. Plötzlich raschelte etwas im Laub, und ich sah einen Igel vor mir auf dem Boden. Er suchte vermutlich Futter. Ich wollte mir den Igel etwas genauer betrachten. So nah hatte ich noch keinen gesehen. Als ich näher kam . . . was ist da wohl passiert? — Richtig, der Igel hat sich zusammengerollt. Warum wohl? — Jawohl, weil der Boden durch meine näherkommenden Schritte erschüttert wurde. Glaubt Ihr, daß Menschen sich manchmal auch in sich zurückziehen, so wie ein Igel sich einrollt und dann niemanden an sich heranlassen? — Wie sieht das denn bei Menschen aus? Was machen Menschen dann und was machen sie nicht? — Wenn man dann versucht, an sie heranzukommen, piksen sie einen auch so, wie der Igel das mit seinen Stacheln kann? — Was haben Menschen wohl für Gründe, sich so einzuigeln?

Heute wollen wir das Igelspiel zusammen spielen. Es spielen immer nur zwei Kinder zusammen. Der eine soll sich einrollen wie ein Igel; der andere muß versuchen, ihn hervorzulocken. Derjenige, der sich zusammenrollt, muß sich vorstellen, daß ihn etwas sehr geärgert hat. Jemand hat ihn beleidigt und verletzt. Deshalb zieht er sich wütend und vielleicht auch traurig zurück. Das macht er, indem er sich wie ein Igel einrollt, abkapselt und manchmal seine Stacheln aufstellt."

Als Hilfe für die Übung werden standardisierte Instruktionskarten eingeführt. Derjenige, der den Igel hervorlockt, soll sich eine Instruktionskarte aussuchen, die ihm hilft, keine Gewalt anzuwenden und Geduld zu haben (s. Abb. 2).

1. Instruktionen zur Selbstberuhigung
1 a. Direkte verbale Beeinflussung

1 b. Indirekte verbale Beeinflussung durch künstliche Reaktionsverzögerung

Abbildung 2:
Selbstinstruktionskarten (aus Petermann & Petermann, 1993a, S. 125).

Die Rollenspiele werden nachher ausführlich besprochen; die Kinder sollen erzählen, ob es schwer war, den Igel hervorzulocken, was ihnen dabei geholfen hat, welche Bedeutung es hatte, den Grund für sein Verhalten zu erfahren oder was sich der ,,Igel" vom anderen gewünscht hat. Dieses Einfühlungsvermögen sollen die Kinder in Alltagssituationen übertragen und erhalten hierfür dementsprechende Verhaltensaufgaben.

Alle Ergebnisse sprechen dafür, daß die Verhaltensübungen in der Gruppe und die familienbezogene Intervention bei dem beschriebenen Vorgehen für den Therapieerfolg entscheidend sind (vgl. Petermann & Bochmann, 1993).

Aufgrund der enormen Stabilität aggressiven Verhaltens und der Gefahr, daß im weiteren Verlauf sekundäre Probleme entstehen, richtet sich das Augenmerk verstärkt auf sehr junge Kinder. Tremblay et al. (1991) konzipierten eine präventive Intervention für verhaltensauffällige Kinder in den ersten Schuljahren. Die Autoren wählten drei verschiedene Strategien: Elternarbeit, soziales Fertigkeitstraining sowie Selbstkontrollübungen für die Kinder. Die Eltern erhielten schriftliche Informationen zu folgenden Aspekten: genaue Beobachtung und Beschreibung des Kindverhaltens, Einführung in lerntheoretische Grundlagen (positive Verstärkung für prosoziales, Belohnungsentzug für aggressives Verhalten) und Umgang mit kritischen Familiensituationen. Die Kinder lernten, wie sie Kontakte knüpfen und ihren Ärger durch Selbstinstruktionen kontrollieren können (z. B. wenn andere Kinder sie nicht mitspielen lassen wollen oder sie ärgern). Noch zwei Jahre nach der insgesamt zweijährigen Behandlung berichteten die Kinder über weniger aggressives und delinquentes Verhalten als die unbehandelte Kontrollgruppe. Inwieweit dieser präventive Effekt in bezug auf die Delinquenz stabil bleibt, soll in weiteren Nachuntersuchungen überprüft werden.

4.4 Bewertung

Insgesamt konnte mit verhaltenstherapeutischen Verfahren kurzfristig aggressives und delinquentes Verhalten vermindert werden; die langfristigen Erfolge sind aber eher gering. So befinden sich die meisten Kinder nach der Therapie immer noch im klinisch-auffälligen Bereich (Dumas, 1989).

Von welcher Therapieform profitieren welche Kinder am meisten? Als eine relevante Größe hat sich die *kognitive Entwicklung* des Kindes erwiesen: Erst ab der formal-operationalen Stufe profitieren Kinder von einem kognitiven Therapieansatz (Durlak et al., 1991). Unterschiedliche Therapieeffekte ergaben sich auch in Abhängigkeit vom *Störungsbild:* Selbstinstruktionen eignen sich anscheinend besser dafür, delinquentes als impulsives oder aggressives Verhalten abzubauen (Dush, Hirt & Schroeder, 1989). Jüngere Kinder (bis zu 12 Jahren) profitieren generell mehr von einer Intervention als Jugendliche (Kazdin, 1990b). Auf einen ähnlichen *Alterseffekt* deuten die Ergebnisse von Dishion und Patterson (1992) hin: Eltern mit älteren Kindern brachen häufig das Elterntraining vorzeitig ab. Im Rahmen von Elterntrainingsverfahren hat sich generell der Einsatz von *„time-out"-Verfahren* bewährt, besonders wenn sich die Eltern vorher für angemessenes Verhalten dem Kind konsequent zuwandten (Graziano & Diament, 1992).

Insgesamt finden sich einige Anzeichen für eine differentielle Therapiezuweisung (vgl. auch Warschburger & Petermann, 1997); weitere Untersuchungen sind jedoch dringend erforderlich.

5. Ausblick

Es wurde deutlich, daß eine Vielzahl verschiedener Faktoren die Entstehung und Stabilität aggressiven Verhaltens begünstigen können. Dabei spielen neben störungsspezifischen Aspekten wie früher Beginn in der Kindheit, häufiges Auftreten in zahlreichen situativen Kontexten (Schule, Familie, Clique etc.) und eine große Bandbreite der gezeigten Problemverhaltensweisen (lügen, stehlen, Tierquälerei etc.), Verhaltensmerkmale der Kinder selbst sowie Umweltfaktoren eine wichtige Rolle:

● familiärer Streß (Arbeitslosigkeit, psychische Belastung der Eltern, Schwierigkeiten in der Ehe),
● ungünstige Erziehungspraktiken der Eltern,
● komorbide Störungsbilder,
● Schulleistungsprobleme und geringe Intelligenz,
● Ablehnung von Gleichaltrigen und
● mangelnde kognitive und soziale Kompetenz.

Einem solchen Störungsbild mit einer Vielzahl von Risikobereichen können nur komplexe Interventionsstrategien gerecht werden; eine Veränderung isolierter Problembereiche verspricht wenig Erfolg. Dementsprechend weisen auch komplexe Verhaltenstrainings die besten Therapieerfolge auf. Hier werden die speziellen Defizite aggressiver Kinder in den verschiedensten Bereichen (z. B. Informationsverarbeitungsdefizite oder mangelnde Selbstkontrolle) systematisch bearbeitet. Wichtig für die Übertragung in den Alltag ist es, die zu erwerbenden Fertigkeiten schrittweise und möglichst realitätsnah einzuüben; die Durchführung in Gruppen kann diesen Prozeß noch weiter erleichtern (Petermann & Petermann, 1993a). Zusätzlich zur Arbeit mit dem Kind erfolgt eine Beratung und Schulung der Eltern; sie sollen lernen, wie sie den Veränderungsprozeß ihres Kindes unterstützen und stabilisieren können.

Interventionen weisen kurzfristig Erfolge auf, die langfristig leider nur schwer Bestand haben. Im Vergleich zu anderen Störungsbildern fallen die Behandlungseffekte aggressiver/delinquenter Kinder und Jugendlicher deutlich geringer aus (Kazdin, 1991). Die zukünftige Forschung sollte sich nach Ansicht von Loeber (1990) viel stärker darauf konzentrieren, Risikogruppen ausfindig zu machen und frühzeitig zu behandeln; gerade auch auf dem Hintergrund der steigenden Prävalenzzahlen (Weissberg, Caplan & Harwood, 1991). Primär-präventive Konzepte könnten kostengünstig an Schulen und in Kommunen zahlreiche Kinder und Jugendliche erreichen; sie bieten zudem den Vorteil, daß sie unter Umständen Chronifizierung und Entwicklung sekundärer Problembereiche verhindern können. Laut Boyle und Offord (1990) ist es ausreichend, zwei Risikofaktoren — Fehlen in der Schule und widrige familiäre Umstände — bei der Auswahl von Risikogruppen zu berücksichtigen. Eine intensivere Intervention bliebe den Gruppen vorbehalten, die besonders massive Entwicklungsrisiken aufweisen (Loeber, 1990).

Weiterführende Literatur

Dumas, J.E. (1992). Conduct disorder. In S.M. Turner, K.S. Calhoun & H.E. Adams (Eds.), *Handbook of clinical behavior therapy* (285—316). New York: Wiley.
Loeber, R. (1990). Development and risk factors of juvenile antisocial behavior and delinquency. *Clinical Psychology Review, 10*, 1—41.
Petermann, F. & Petermann, U. (1997). *Training mit aggressiven Kindern. Einzeltraining, Kindergruppen, Elternberatung.* Weinheim: Psychologie Verlags Union, 8. veränderte Auflage.

Literatur

Abidin, R.R., Jenkins, C.L. & McGaughey, M.C. (1992). The relationship of early family variables to children's subsequent behavioral adjustment. *Journal of Clinical Child Psychology, 21*, 60—69.

Achenbach, T.M. (1993). Taxonomy and comorbidity of conduct problems: Evidence from empirically based approaches. *Development and Psychopathology, 5*, 51—64.

Achenbach, T.M. & Edelbrock, C.S. (1978). The classification of child psychopathology: A review and analysis of empirical efforts. *Psychological Bulletin, 85*, 1275—1301.

Akhtar, N. & Bradley, E.J. (1991). Social information processing deficits of aggressive children: Present findings and implications for social skills training. *Clinical Psychology Review, 11*, 621—644.

Andrews, V.C., Garrison, C.Z., Jackson, K.L., Addy, C.L. & McKeown, R.E. (1993). Mother-adolescent agreement on the symptoms and diagnoses of adolescent depression and conduct disorders. *American Journal of the Academy of Child and Adolescent Psychiatry, 32*, 731—738.

Baer, R.A. & Nietzel, M.T. (1991). Cognitive and behavioral treatment of impulsivity in children: A meta-analytic review of the outcome literature. *Journal of Clinical Child Psychology, 20*, 400—412.

Björkqvist, K., Lagerspetz, K.M.J. & Kaukiainen, A. (1992). Do girls manipulate and boys fight? Developmental trends in regard to direct and indirect aggression. *Aggressive Behavior, 18*, 117—127.

Boyle, M.H. & Offord, D.R. (1990). Primary prevention of conduct disorder: Issues and prospects. *Journal of the American Academy of Child and Adolescent Psychiatry, 29*, 227—233.

Buhrmester, D., Camparo, L., Christensen, A., Gonzalez, L.S. & Hinshaw, S.P. (1992). Mothers and fathers interacting in dyads and triads with normal and hyperactive sons. *Developmental Psychology, 28*, 500—509.

Chalmers, J.B. & Townsend, M.A.R. (1990). The effects of training in social perspective taking on socially maladjusted girls. *Child Development, 61*, 178—190.

Campbell, S.B. (1991). Longitudinal studies of active and aggressive preschoolers: Individual differences in early behavior and outcome. In D. Cicchetti & S.L. Toth (Eds.), *Internalizing and externalizing expression of dysfunction* (57—90). Hillsdale: Erlbaum.

Campbell, S.B. & Ewing, L.J. (1990). Follow-up of hard to manage preschoolers: Adjustment at age 9 and predictors of continuing symptoms. *Journal of Child Psychology and Psychiatry, 31*, 871—889.

Campbell, S.B., March, C.L., Pierce, E.W., Ewing, L.J. & Szumowski, E.K. (1991). Hard-to-manage preschool boys: Family context and the stability of externalizing behavior. *Journal of Abnormal Child Psychology, 19*, 301—318.

Chandler, M. & Moran, T. (1990). Psychopathy and moral development: A comparative study of delinquent and nondelinquent youth. *Development and Psychopathology, 2*, 227—246.

Capaldi, D.M. (1991). Co-occurrence of conduct problems and depressive symptoms in early adolescent boys: I. Familial factors and general adjustment at grade 6. *Development and Psychopathology, 3*, 277—300.

Capaldi, D.M. (1992). Co-occurrence of conduct problems and depressive symptoms in early adolescent boys: II. A 2-year follow-up at grade 8. *Development and Psychopathology, 4*, 125—144.

Cicchetti, D., Toth, S. & Bush, M. (1988). Developmental psychopathology and incompetence in childhood. Suggestions for intervention. In B.B. Lahey & A.E. Kazdin (Eds.), *Advances in clinical child psychology* (Vol. 11, 1—71). London: Plenum.

Coie, J.D., Belding, M. & Underwood, M. (1988). Aggression and peer rejection in childhood. In B.B. Lahey & A.E. Kazdin (Eds.), *Advances in clinical child psychology* (Vol. 11, 125—158). London: Plenum.

Costello, E.J. (1990). Child psychiatric epidemiology: Implications for clinical research and practice. In B.B. Lahey & A.E. Kazdin (Eds.), *Advances in clinical child psychology* (Vol. 13, 53—90). London: Plenum.

Dadds, M.R. & McHugh, T.A. (1992). Social support and treatment outcome in behavioral family therapy for child conduct problems. *Journal of Consulting and Clinical Psychology, 60*, 252—259.

Dadds, M.R., Sanders, M.R., Morrison, M. & Rebgetz, M. (1992). Childhood depression and conduct disorder: II. An analysis of family interaction patterns in the home. *Journal of Abnormal Psychology, 101*, 505—513.

Dadds, M.R., Schwartz, S. & Sanders, M.R. (1987). Marital discord and treatment outcome in behavioral treatment of child conduct disorders. *Journal of Consulting and Clinical Psychology, 55*, 396—403.

Dilling, H. Mombour, W. & Schmidt, M.H. (Hrsg.) (1993). *Internationale Klassifikation psychischer Störungen:* ICD-10, Kapitel V (F). Bern: Huber, 2. Auflage.

Dishion, T.J. (1990). The family ecology of boys' peer relations in middle childhood. *Child Development, 61*, 874—892.

Dishion, T.J. & Patterson, G.R. (1992). Age effects in parent training outcome. *Behavior Therapy, 23*, 719—729.

Dishion, T.J., Patterson, G.R., Stoolmiller, M. & Skinner, M.L. (1991). Family, school, and behavioral antecedents to early adolescent involvement with antisocial peers. *Developmental Psychology, 27*, 172—180.

Dix, T. & Lochman, J.E. (1990). Social cognition and negative reactions to children: A comparison of mothers of aggressive and nonaggressive boys. *Journal of Social and Clinical Psychology, 9*, 418—438.

Dodge, K.A. (1986). A social information processing model of social competence in children. In N. Perlmutter (Ed.), *Minnesota symposium on child psychology* (Vol. 18, 77—125). Hillsdale: Erlbaum.

Dodge, K.A., Coie, J.D., Pettit, G.S. & Price, J.M. (1990a). Peer status and aggression in boys' groups: Developmental and contextual analyses. *Child Development, 61*, 1289—1309.

Dodge, K.A., Price, J.M., Bachorowski, J.A. & Newman, J.P. (1990b). Hostile attributional biases in severely aggressive adolescents. *Journal of Abnormal Psychology, 99*, 385—392.

Dodge, K.A. & Somberg, D.R. (1987). Hostile attributional biases among aggressive boys are exacerbated under conditions of threats to the self. *Child Development, 58*, 213—224.

Dumas, J.E. (1989). Treating antisocial behavior in children: Child and family approaches. *Clinical Psychology Review, 9*, 197—222.

Dumas, J.E. (1992). Conduct disorder. In S.M. Turner, K.S. Calhoun & H.E. Adams (Eds.), *Handbook of clinical behavior therapy* (285—316). New York: Wiley.

Durlak, J.A., Fuhrman, T. & Lampman, C. (1991). Effectiveness of cognitive-behavior therapy for maladapting children: A meta-analysis. *Psychological Bulletin, 110,* 204—214.

Dush, D.M., Hirt, M.L. & Schroeder, H.E. (1989). Self-statement modification in the treatment of child behavior disorders: A meta-analysis. *Psychological Bulletin, 106,* 97—106.

Eron, L.D. (1987). The development of aggressive behavior from a perspective of a developing behaviorism. *American Psychologist, 42,* 435—442.

Esser, G., Schmidt, M.H., Blanz, B., Fätkenheuer, B., Fritz, A., Koppe, T., Laucht, M., Rensch, B. & Rothenberger, B. (1992). Prävalenz und Verlauf psychischer Störungen im Kindes- und Jugendalter. *Zeitschrift für Kinder- und Jugendpsychiatrie, 20,* 232—242.

Esser, G., Schmidt, M.H. & Woerner, W. (1990). Epidemiology and course of psychiatric disorders in school-age children — Results of a longitudinal study. *Journal of Child Psychology and Psychiatry, 31,* 243—263.

Etscheidt, S. (1991). Reducing aggressive behavior and improving self-control: A cognitive-behavioral training program for behaviorally disordered adolescents. *Behavioral Disorders, 16,* 107—115.

Evans, S.W. & Short, E.J. (1991). A qualitative and serial analysis of social problem solving in aggressive boys. *Journal of Abnormal Child Psychology, 19,* 331—340.

Fondacaro, M.R. & Heller, K. (1990). Attributional style in aggressive adolescent boys. *Journal of Abnormal Child Psychology, 18,* 75—89.

Forehand, R., Wierson, M., Frame, C., Kempton, T. & Armistead, L. (1991). Juvenile delinquency entry and persistence: Do attention problems contribute to conduct problems? *Journal of Behavior Therapy and Experimental Psychiatry, 22,* 261—264.

Frick, P.J., Kamphaus, R.W., Lahey, B.B., Loeber, R., Christ, M.A.G., Hart, E.L. & Tannenbaum, L.E. (1991a). Academic underachievement and the disruptive behavior disorders. *Journal of Consulting and Clinical Psychology, 59,* 289—294.

Frick, P.J., Lahey, B.B., Christ, M.A.G., Loeber, R. & Green, S. (1991b). History of childhood behavior problems in biological relatives of boys with attention-deficit hyperactivity disorder and conduct disorder. *Journal of Clinical Child Psychology, 20,* 445—451.

Frick, P.J., Lahey, B.B., Loeber, R., Stouthamer-Loeber, M., Green, S., Hart, E. & Christ, M.A.G. (1991c). Oppositional defiant disorder and conduct disorder in boys: Patterns of behavioral covariation. *Journal of Clinical Child Psychology, 20,* 202—208.

Frick, P.J., Lahey, B.B., Loeber, R., Stouthamer-Loeber, M., Christ, M.A.G. & Hanson, K. (1992). Familial risk factors to oppositional defiant disorder and conduct disorder: Parental psychopathology and maternal parenting. *Journal of Consulting and Clinical Psychology, 60,* 49—55.

Fulton, A.M., Murphy, K.R. & Anderson, S.L. (1991). Increasing adolescent mothers' knowledge of child development: An intervention program. Adolescence, 26, 73—81.

Garber, J., Quiggle, N.L., Panak, W. & Dodge, K.A. (1991). Aggression and depression in children: Comorbidity, specificity, and social cognitive processes. In D. Cicchetti & S.L. Toth (Eds.), *Internalizing and externalizing expression of dysfunction* (225—264). Hillsdale: Erlbaum.

Goldstein, A.P. & Keller, H. (1987). *Aggressive behavior. Assessment and intervention.* New York: Pergamon.

Graziano, A.M. & Diament, D.M. (1992). Parent behavioral training. An examination of the paradigm. *Behavior Modification, 16,* 3—38.

Guerra, N.G., Huesmann, L.R. & Zelli, A. (1990). Attributions for social failure and aggression in incarcerated delinquent youth. *Journal of Abnormal Child Psychology, 18,* 347—355.

Guerra, N.G. & Slaby, R.G. (1989). Evaluative factors in social problem solving by aggressive boys. *Journal of Abnormal Child Psychology, 17,* 277—289.

Guerra, N.G. & Slaby, R.G. (1990). Cognitive mediators of aggression in adolescent offenders. 2. Intervention. *Developmental Psychology, 26,* 269—277.

Hawkins, J.D., Catalano, R.F. & Miller, J.Y. (1992). Risk and protective factors for alcohol and other drug problems in adolescence and early adulthood: Implications for substance abuse prevention. *Psychological Bulletin, 112,* 64—105.

Hinshaw, S.P. (1987). On the distinction between attentional deficits/hyperactivity and conduct problems/aggression in child psychopathology. *Psychological Bulletin, 101,* 443—463.

Hinshaw, S.P. (1992). Externalizing behavior problems and academic underachievement in childhood and adolescence: Causal relationships and underlying mechanisms. *Psychological Bulletin, 111,* 127—155.

Hinshaw, S.P., Han, S.S., Erhardt, D. & Huber, A. (1992). Internalizing and externalizing behavior problems in preschool children: Correspondence among parent and teacher ratings and behavior observation. *Journal of Clinical Child Psychology, 21,* 143—150.

Hurt, J. & Naglieri, J.A. (1992). Performance of delinquent and nondelinquent males on planning, attention, simultaneous, and successive cognitive processing tasks. *Journal of Clinical Psychology, 48,* 120—128.

Joffe, R.D., Dobson, K.S., Fine, S., Marriage, K. & Haley, G. (1990). Social problem-solving in depressed, conduct-disordered, and normal adolescents. *Journal of Abnormal Child Psychology, 18,* 565—575.

Jouriles, E.N., Bourg, W.J. & Farris, A.M. (1991). Marital adjustment and child conduct problems: A comparison of the correlation across subsamples. *Journal of Consulting and Clinical Psychology, 59,* 354—357.

Kazdin, A.E. (1990a). Premature termination from treatment among children referred for antisocial behavior. *Journal of Child Psychology and Psychiatry, 31,* 415—425.

Kazdin, A.E. (1990b). Psychotherapy for children and adolescents. *Annual Review for Psychology, 41,* 21—54.

Kazdin, A.E. (1991). Effectiveness of psychotherapy with children and adolescents. *Journal of Consulting and Clinical Psychology, 59,* 785—798.

Kazdin, A.E., Bass, D., Siegel, T. & Thomas, C. (1989). Cognitive-behavioral therapy and relationship therapy in the treatment of children referred for antisocial behavior. *Journal of Consulting and Clinical Psychology, 57,* 522—535.

Kazdin, A.E., Esveldt-Dawson, K., French, N.H. & Unis, A.S. (1987). Effects of parent management training and problem-solving skills training combined in the treatment of antisocial child behavior. *Journal of the American Academy of Child and Adolescent Psychiatry, 26,* 416—424.

Keller, M.B., Lavori, P.W., Beardslee, W.R., Wunder, J., Schwartz, C.E., Roth, J. & Biederman, J. (1992). The disruptive behavioral disorder in children and adolescents: Comorbidity and clinical course. *Journal of the American Academy of Child and Adolescent Psychiatry, 31*, 204—209.

Keltikangas-Järvinen, L. (1990). Attributional style of the mother as a predictor of aggressive behavior of the child. *Aggressive Behavior, 16*, 1—7.

Kendall, P.C. (1993). Cognitive-behavioral therapies with youth: Guiding theory, current status, and emerging developments. *Journal of Consulting and Clinical Psychology, 61*, 235—247.

Kendall, P.C., Reber, M., McLeer, S., Epps, J. & Ronan, K.R. (1990). Cognitive-behavioral treatment of conduct-disordered children. *Cognitive Therapy and Research, 14*, 279—297.

Kolko, D.J. & Kazdin, A.E. (1991). Aggression and psychopathology in matchplaying and firesetting children: A replication and extension. *Journal of Clinical Child Psychology, 20*, 191—201.

Kolko, D.J., Loar, L.L. & Sturnick, D. (1990). Inpatient social-cognitive skills training groups with conduct disordered and attention deficit disordered children. *Journal of Child Psychology and Psychiatry, 31*, 737—748.

Koot, H.M. & Verhulst, F.C. (1991). Prevalence of problem behavior in Dutch children aged 2—3. *Acta Psychiatrica Scandinavica, 83*, 1—37.

Kusch, M. & Petermann, F. (1993). Entwicklungspsychopathologie von Verhaltensstörungen im Vorschulalter. In F. Petermann & U. Petermann (Hrsg.), *Angst und Aggression bei Kindern und Jugendlichen* (9—30). München: Quintessenz.

Kupersmidt, J.B. & Patterson, C.J. (1991). Childhood peer rejection, aggression, withdrawal, and perceived competence as predictors of self-reported behavior problems in preadolescence. *Journal of Abnormal Child Psychology, 19*, 427—449.

Lee, M. & Prentice, N.M. (1988). Interrelations of empathy, cognition, and moral reasoning with dimensions of juvenile delinquency. *Journal of Abnormal Child Psychology, 16*, 127—139.

Lochman, J.E. (1992). Cognitive-behavioral intervention with aggressive boys: Three-year follow-up and preventive effects. *Journal of Consulting and Clinical Psychology, 60*, 426—432.

Lochman, J.E. & Lampron, L.B. (1986). Situational social problem-solving skills and self-esteem of aggressive and non-aggressive boys. *Journal of Abnormal Child Psychology, 14*, 605—617.

Loeber, R. (1988). Natural histories of conduct problems, delinquency, and associated substance abuse. In B.B. Lahey & A.E. Kazdin (Eds.), *Advances in clinical child psychology* (Vol. 11, 73—124). London: Plenum.

Loeber, R. (1990). Development and risk factors of juvenile antisocial behavior and delinquency. *Clinical Psychology Review, 10*, 1—41.

Loeber, R. & Dishion, T. (1983). Early predictors of male delinquency: A review. *Psychological Bulletin, 94*, 68—99.

Loeber, R., Green, S.M., Lahey, B.B. & Stouthamer-Loeber, M. (1989). Optimal informants on childhood disruptive disorders. *Development and Psychopathology, 1*, 317—337.

Luiselli, J.K. (1991). Assessment-derived treatment of children's disruptive behavior disorders. *Behavior Modification, 15*, 294—309.

McConaughy, S.H., Stanger, C. & Achenbach, T.M. (1992). Three-year course of behavioral/emotional problems in a national sample of 4- to 16-year-olds: I. Agreement among informants. *Journal of the American Academy of Child and Adolescent Psychiatry, 31*, 932—940.

McGee, R., Feehan, M., Williams, S. & Anderson, J. (1992). DSM-III disorders from age 11 to age 15 years. *Journal of the American Academy of Child and Adolescent Psychiatry, 31*, 50—59.

Miller, N.B., Cowan, P.A., Cowan, C.P., Hetherington, E.M. & Clingempeel, W.G. (1993). Externalizing in preschoolers and early adolescents: A cross-study replication of a family model. *Developmental Psychology, 29*, 3—18.

Minde, K. (1992). Aggression in preschoolers: Its relation to socialization. *Journal of the American Academy of Child and Adolescent Psychiatry, 31*, 853—862.

Moffit, T.E. (1990). Juvenile delinquency and attention deficit disorder: Boys' developmental trajectories from age 3 to age 15. *Child Development, 61*, 893—910.

Nelson, J.R., Smith, D.J. & Dodd, J. (1990). The moral reasoning of juvenile delinquents: A meta-analysis. *Journal of Abnormal Child Psychology, 18*, 231—239.

Offord, D.R., Boyle, M.H. & Racine, Y. (1991). Ontario child health study: Correlates of disorder. In S. Chess & M.E. Hertzig (Eds.), *Annual progress in child psychiatry and child development 1990* (194—204). New York: Brunner/Mazel.

Patterson, G.R. & Bank, L. (1989). Some amplifying mechanisms for pathologic processes in families. In M.R. Gunnar & E. Thelen (Eds.), *Systems and development. The Minnesota symposium on child psychology* (Vol. 22, 167—209). Hillsdale: Erlbaum.

Patterson, G.R., DeBaryshe, B.D. & Ramsey, E. (1989). A developmental perspective on antisocial behavior. *American Psychologist, 44*, 329—335.

Petermann, F. & Bochmann, F. (1993). Metaanalyse von Kinderverhaltenstrainings: Eine erste Bilanz. *Zeitschrift für Klinische Psychologie, 22*, 137—152.

Petermann, F. & Petermann, U. (1993a). *Training mit aggressiven Kindern. Einzeltraining, Kindergruppen, Elternberatung.* Weinheim: Psychologie Verlags Union, 6. veränderte Auflage.

Petermann, F. & Petermann, U. (1993b). *Training mit Jugendlichen. Förderung von Arbeits- und Sozialverhalten.* Weinheim: Psychologie Verlags Union, 4. veränderte Auflage.

Petermann, F. & Petermann, U. (1992). *Erfassungsbogen für aggressives Verhalten in konkreten Situationen.* Göttingen: Hogrefe, 2. veränderte Auflage.

Petermann, F. & Warschburger, P. (1997). Verhaltenstherapie mit aggressiven Kindern und Jugendlichen. In F. Petermann (Hrsg.), *Kinderverhaltenstherapie* (127–153). Baltmannsweiler: Schneider.

Petermann, U. & Petermann, F. (1993c). Entspannungsverfahren bei Kindern und Jugendlichen. In D. Vaitl & F. Petermann (Hrsg.), *Handbuch der Entspannungsverfahren. Band 1: Grundlagen und Methoden* (316—334). Weinheim: Psychologie Verlags Union.

Pfiffner, L.J., Jouriles, E.N., Brown, M.M., Etscheidt, M.A. & Kelly, J.A. (1990). Effects of problem-solving therapy on outcomes of parent training for single-parent families. *Child and Family Behavior Therapy, 12*, 1—11.

Polizeiliche Kriminalstatistik (1990). Wiesbaden: Bundeskriminalamt.

Prior, M., Smart, D., Sanson, A., Pedlow, R. & Oberklaid, F. (1992). Transient versus stable behavior problems in a normative sample: Infancy to school age. *Journal of Pediatric Psychology, 17*, 423—443.

Reid, W.J. & Crisafulli, A. (1990). Marital discord and child behavior problems: A meta-analysis. *Journal of Abnormal Child Psychology, 18*, 105—117.

Robins, L.N. (1991). Conduct disorder. *Journal of Child Psychology and Psychiatry, 32*, 193—212.

Roff, J.D. (1992). Childhood aggression, peer status, and social class as predictors of delinquency. *Psychological Reports, 70*, 31—34.

Rose, S.A., Feldman, J.F., Rose, S.L., Wallace, I.F. & McCarton, C. (1992). Behavior problems at 3 and 6 years: Prevalence and continuity in full-terms and preterms. *Development and Psychopathology, 4*, 361—374.

Ross, A.O. & Petermann, F. (1987). *Verhaltenstherapie mit Kindern und Jugendlichen.* Stuttgart: Hippokrates.

Sanders, M.R. & Dadds, M.R. (1992). Children's and parents' cognitions about family interaction: An evaluation of video-mediated recall and thought listing procedures in the assessment of conduct-disordered children. *Journal of Clinical Child Psychology, 21*, 371—379.

Sanders, M.R., Dadds, M.R. & Bor, W. (1989). Contextual analysis of child oppositional and maternal aversive behaviors in families of conduct-disordered and nonproblem children. *Journal of Clinical Child Psychology, 18*, 72—83.

Sanders, M.R., Dadds, M.R., Johnston, B.M. & Cash, R. (1992). Childhood depression and conduct disorder: I. Behavioral, affective, and cognitive aspects of family problem-solving interactions. *Journal of Abnormal Psychology, 101*, 495—504.

Schneider, B.H. (1991). A comparison of skill-building and desensitization strategies for intervention with aggressive children. *Aggressive Behavior, 17*, 301—311.

Spetter, D.S., La Greca, A.M., Hogan, A. & Vaughn, S. (1992). Subgroups of rejected boys: Aggressive responses to peer conflict situations. *Journal of Clinical Child Psychology, 21*, 20—26.

Stanger, M. & Lewis, M. (1993). Agreement among parents, teachers, and children on internalizing and externalizing behavior problems. *Journal of Clinical Child Psychology, 22*, 107—115.

Stattin, H. & Magnusson, D. (1989). The role of early aggressive behavior in the frequency, seriousness, and types of later crime. *Journal of Consulting and Clinical Psychology, 57*, 710—718.

Sutton, C. (1992). Training parents to manage difficult children: A comparison of methods. *Behavioural Psychotherapy, 20*, 115—139.

Tremblay, R.E., Masse, B., Perron, D., Leblanc, M., Schwartzman, A.E. & Ledingham, J.E. (1992). Early disruptive behavior, poor school achievement, delinquent behavior, and delinquent personality: Longitudinal Analyses. *Journal of Consulting and Clinical Psychology, 60*, 64—72.

Tremblay, R.E., McCord, J., Boileau, H., Charlebois, P., Gagnon, C., Le Blanc, M. & Larivée, S. (1991). Can disruptive boys be helped to become competent? *Psychiatry, 54*, 148—161.

Trevethan, S.D. & Walker, L.J. (1989). Hypothetical versus real-life moral reasoning among psychopathic and delinquent youth. *Development and Psychopathology, 1*, 91—103.

Tyron, A.S. & Keane, S.P. (1991). Popular and aggressive boys' initial social interaction patterns in cooperative and competitive settings. *Journal of Abnormal Child Psychology, 19*, 395—406.

Verhulst, F.C., Eussen, M.L.J.M., Berden, G.F.M.G., Sanders-Woudstra, J. & van der Ende, J. (1993). Pathways of problem behaviors from childhood to adolescence. *Journal of the American Academy of Child and Adolescent Psychiatry, 32*, 388—396.

Verhulst, F.C. & van der Ende, J. (1991). Four-year follow-up of teacher-reported problem behaviours. *Psychological Medicine, 21*, 965—977.

Verhulst, F.C. & van der Ende, J. (1992). Six-year developmental course of internalizing and externalizing problem behaviors. *Journal of the American Academy of Child and Adolescent Psychiatry, 31*, 924—931.

Verhulst, F.C. & van Wattum, P.J. (1993). Two-year stability of self-reported problems in an epidemiological sample of adolescents. *Acta Psychiatrica Scandinavica, 87*, 322—328.

Vuchinich, S., Bank, L. & Patterson, G.R. (1992). Parenting, peers, and the stability of antisocial behavior in preadolescent boys. *Developmental Psychology, 28*, 510—521.

Wahler, R.G. & Dumas, J.E. (1989). Attentional problems in dysfunctional mother-child interactions: An interbehavioral model. *Psychological Bulletin, 105*, 116—130.

Walker, J.L., Lahey, B.B., Russo, M.F., Frick, P.J., Christ, M.A.G., McBurnett, K., Loeber, R., Stouthamer-Loeber, M. & Green, S.M. (1991). Anxiety, inhibition, and conduct disorder in children: I. Relations to social impairment. *Journal of the American Academy of Child and Adolescent Psychiatry, 30*, 187—192.

Walsh, A. (1992). Genetic and environmental explanations of juvenile violence in advantaged and disadvantaged environments. *Aggressive Behavior, 18*, 187—199.

Warschburger, P. & Petermann, F. (1994). Kinderverhaltenstherapie: Neue Trends am Beispiel der aggressiven Störungen. In F. Petermann (Hrsg.), *Kinderverhaltenstherapie* (86–126). Baltmannsweiler: Schneider.

Webster-Stratton, C. & Hammond, M. (1990). Predictors of treatment outcome in parent training for families with conduct problem children. *Behavior Therapy, 21*, 319—337.

Weissberg, R.P., Caplan, M. & Harwood, R.L. (1991). Promoting competent young people in competence-enhancing environments: A systems-based perspective on primary prevention. *Journal of Consulting and Clinical Psychology, 59*, 830—841.

Weisz, J.R., Sigman, M., Weiss, B. & Mosk, J. (1993). Parent reports of behavioral and emotional problems among children in Kenya, Thailand, and the United States. *Child Development, 64*, 98—109.

White, J.L., Moffit, T.E. & Silva, P.A. (1989). A prospective replication of the protective effects of IQ in subjects at high risk for juvenile delinquency. *Journal of Consulting and Clinical Psychology, 57*, 719—724.

Wierson, M., Forehand, R.L. & Frame, C.L. (1992). Epidemiology and treatment of mental health problems in juvenile delinquents. *Advances in Behavior Therapy and Research, 14*, 93—120.

Willis, L.M. & Foster, S.L. (1990). Differences in children's peer sociometric and attribution ratings due to context and type of aggressive behavior. *Journal of Abnormal Child Psychology, 18*, 135—154.

Willner, A.H. (1991). Behavioural deficiencies of aggressive 8—9 year old boys: An observational study. *Aggressive Behavior, 17*, 135—154.

Wittchen, H.-U., Saß, H., Zaudig, M. & Koehler, K. (Hrsg.) (1991). *DSM-III-R. Diagnostisches und statistisches Manual für psychische Störungen*. Weinheim: Beltz, 3. korrigierte Auflage.

Hyperkinetische Störungen

Manfred Döpfner

1. Beschreibung der Störung

Externalisierende Verhaltensstörungen — aggressive, dissoziale und hyperkinetische Verhaltensauffälligkeiten — zählen zu den häufigsten Vorstellungsanlässen in Erziehungsberatungsstellen, schulpsychologischen Diensten und kinderpsychiatrischen Einrichtungen (Döpfner et al., 1993b). Kernsymptome der hyperkinetischen Störung sind Aufmerksamkeitsstörungen, Impulsivität und Hyperaktivität.

Störungen der Aufmerksamkeit zeigen sich darin, daß Aufgaben vorzeitig abgebrochen und Tätigkeiten nicht beendet werden. Dies wird vor allem bei Beschäftigungen beobachtet, die einen kognitiven Einsatz verlangen. Meist sind die Störungen bei Tätigkeiten, die fremdbestimmt sind (z. B. Hausaufgaben), stärker ausgeprägt. Die Kinder wechseln häufig von einer Aktivität zur anderen, wobei sie anscheinend das Interesse bezüglich einer Aufgabe verlieren, weil sie zu einer anderen hin abgelenkt werden. Diese Aspekte mangelnder Aufmerksamkeit und Ausdauer sollten nur dann als Störung diagnostiziert werden, wenn sie im Verhältnis zum Alter und Intelligenzniveau des Kindes sehr stark ausgeprägt sind. Aufmerksamkeit ist ein komplexes und schlecht definiertes Konstrukt. Es gibt mehrere Versuche, verschiedene Formen von Aufmerksamkeitsleistungen zu differenzieren. Im Zusammenhang mit hyperkinetischen Störungen ist die Unterscheidung zwischen selektiver Aufmerksamkeit und Daueraufmerksamkeit von Bedeutung. Selektive Aufmerksamkeit bezieht sich auf die Fähigkeit, die Aufmerksamkeit auf aufgabenrelevante Reize zu fokussieren und irrelevante Reize zu ignorieren. Ablenkbarkeit ist ein Zeichen verminderter selektiver Aufmerksamkeit. Daueraufmerksamkeit bezieht sich auf die Fähigkeit, die Aufmerksamkeit auf eine Aufgabe über die Zeit aufrechtzuerhalten.

Impulsivität, das plötzliche Handeln ohne zu überlegen oder auch die Unfähigkeit abzuwarten und Bedürfnisse aufzuschieben, ist meist eng mit Aufmerksamkeitsschwächen verbunden. Der Begriff der kognitiven Impulsivität bezeichnet die Tendenz, dem ersten Handlungsimpuls zu folgen und eine Tätigkeit zu beginnen, bevor sie hinreichend durchdacht ist oder bevor sie vollständig erklärt worden ist. Daneben besteht häufig eine motivationale Impulsivität: Die Kinder haben enorme Schwierigkeiten, Bedürfnisse aufzuschieben und abzuwarten, bis sie an der Reihe sind.

Hyperaktivität bezeichnet eine desorganisierte, mangelhaft regulierte und überschießende motorische Aktivität, exzessive Ruhelosigkeit, die besonders in Situationen auftritt, die relative Ruhe verlangen. Situationsabhängig kann sie sich im Herumlaufen oder Herumspringen äußern oder im Aufstehen, wenn dazu aufgefordert wurde sitzenzubleiben, in ausgeprägter Geschwätzigkeit und Lärmen oder in Wackeln und Zappeln, während es ruhig ist. Als Beurteilungsmaßstab sollte gelten, daß die Aktivität im Verhältnis zu dem, was in der gleichen Situation von gleich alten Kindern mit gleicher Intelligenz zu erwarten wäre, extrem ausgeprägt ist. Dieses Verhaltensmerkmal zeigt sich am deutlichsten in strukturierten und organisierten Situationen, die ein hohes Maß an eigener Verhaltenskontrolle erfordern (Weltgesundheitsorganisation, 1991).

Tabelle 1 gibt eine Übersicht über die diagnostischen Kriterien der Aufmerksamkeits- und Hyperaktivitätsstörungen nach DSM-III-R, dem Diagnostic and Statistical Manual der American Psychiatric Association (Wittchen et al., 1989), die eine Operationalisierung der genannten Leitsymptome darstellen.

Tabelle 1 :
Diagnostische Kriterien der Aufmerksamkeits- und Hyperaktivitätsstörung
nach DSM-III-R (Wittchen et al., 1989).

Der Betroffene
(1) zappelt häufig mit Händen oder Füßen oder windet sich in seinem Sitz (bei Adoleszenten kann sich dies auf subjektive Empfindungen von Rastlosigkeit beschränken)
(2) kann nur schwer sitzen bleiben, wenn dies von ihm verlangt wird
(3) wird leicht durch externe Reize abgelenkt
(4) kann bei Spiel- oder Gruppensituationen nur schwer warten, bis er an der Reihe ist
(5) platzt oft mit der Antwort heraus, bevor die Fragen vollständig gestellt sind
(6) hat Schwierigkeiten, Aufträge anderer vollkommen auszuführen (nicht bedingt durch oppositionelles Verhalten oder Verständnisschwierigkeiten), beendet beispielsweise die Hausaufgaben nicht
(7) hat Schwierigkeiten, bei Aufgaben oder Spielen länger aufmerksam zu sein
(8) wechselt häufig von einer nicht beendeten Aktivität zu einer anderen
(9) kann nur schwer ruhig spielen
(10) redet häufig übermäßig viel
(11) unterbricht oft andere oder drängt sich diesen auf, platzt z. B. ins Spiel anderer Kinder hinein
(12) scheint häufig nicht zuzuhören, wenn andere mit ihm sprechen
(13) verliert häufig Gegenstände, die er für Aufgaben und Aktivitäten in der Schule oder zu Hause benötigt (z. B. Spielzeug, Bleistifte, Bücher, Anweisungen)
(14) unternimmt oft ohne Rücksicht auf mögliche Folgen körperlich gefährliche Aktivitäten (nicht aus Abenteuerlust), rennt z. B. ohne zu schauen auf die Straße

Mindestens acht der genannten 14 Kriterien müssen für die Diagnose erfüllt sein, wobei die beschriebenen Verhaltensweisen beträchtlich häufiger auftreten müssen, als dies bei den meisten Personen mit gleichem Entwicklungsalter der Fall ist. Zusätzlich wird gefordert, daß die Störung mindestens sechs Monate andauert und vor Vollendung des siebten Lebensjahres begonnen hat. Die Gewichtung der einzelnen Störungen, der Grad der Generalisierung der Störungen über verschiedene Lebensbereiche hinweg (Familie, Schule, Gleichaltrigengruppe) und die Abgrenzung von Subkategorien werden in der Literatur und in den verschiedenen Diagnosesystemen kontrovers behandelt. Konsens besteht jedoch darin, daß Störungen der Aktivität (Hyperaktivität) und der Aufmerksamkeit (inklusive Impulsivität) die Kernsymptome darstellen.

Die Störungen können in den verschiedenen Lebensbereichen unterschiedlich stark auftreten. Typischerweise treten die Symptome verstärkt in solchen Situationen auf, in denen von den Kindern oder Jugendlichen eine längere Aufmerksamkeitsspanne vorausgesetzt wird, z. B. im Unterricht, bei den Hausaufgaben oder beim Essen. Anzeichen der Störung können in sehr geringem Maße oder gar nicht auftreten, wenn sich das Kind in einer neuen Umgebung befindet, wenn es nur mit einem Gegenüber konfrontiert ist oder wenn es sich einer Lieblingsaktivität widmet, selbst wenn diese in vermehrtem Maße Aufmerksamkeit erfordert (z. B. beim Computerspiel). Das Fehlen von Symptomen in der Untersuchungssituation ist daher auch kein eindeutiger Hinweis darauf, daß die Störung nicht vorliegt.

Neben diesen Kernsymptomen können verschiedene Auffälligkeiten zusätzlich auftreten. Vermutlich aufgrund ihrer erhöhten Impulsivität, die auch den affektiven Bereich mit einbezieht (emotionale Impulsivität), neigen hyperkinetisch auffällige Kinder zu einer deutlich verminderten Frustrationstoleranz, die sich dann in Wutausbrüchen entlädt. Gehäuft treten **oppositionelle Verhaltensstörungen** mit aktivem Widersetzen gegenüber Anweisungen und Regeln von Erwachsenen auf und in der weiteren Entwicklung auch aggressive **Störungen des Sozialverhaltens** mit dissozialen Verhaltensauffälligkeiten (vgl. Petermann & Warschburger in diesem Buch).

Gegenüber Gleichaltrigen verhalten sich hyperkinetisch gestörte Kinder oft zudringlich und kaspernd-albern zugleich. Sie unterbrechen die Aktivitäten anderer und wirken wie Plagegeister. Nicht was sie tun, sondern wie sie es tun, führt sie häufig in soziale Schwierigkeiten. Viele hyperkinetische Kinder versuchen, andere zu dominieren und zu kontrollieren (u.a. Cunningham & Siegel, 1987). Ein großer Anteil zeigt zusätzlich erhebliche Aggressivität auch gegenüber Gleichaltrigen. Andere versuchen, sich Aufforderungen zu entziehen und verletzen Grenzen und Regeln in einer sehr verdeckten Weise; wieder andere wirken im Sozialverhalten eher klammernd und unreif. Hyperkinetisch gestörte Kinder haben Schwierigkeiten, ihr Sozialverhalten den situativen Anforderungen und Rollenerwartungen anzupassen (u. a. Landau & Milich, 1988). Das negative Interaktionsverhalten gegenüber Geschwistern ist bei hyperkinetischen Kindern um das vierfache erhöht (Mash & Johnston, 1983).

Es wundert daher nicht, daß hyperkinetisch gestörte Kinder angesichts des auffälligen Sozialverhaltens von ihren Gleichaltrigen in aller Regel abgelehnt werden. Die negative soziometrische Position dieser Kinder gehört tatsächlich zu den am besten belegten Befunden (u. a. Whalen et al., 1987a). Dies ist wohl auch deshalb so, weil ihre Anwesenheit ansteckend wirkt: Ansonsten unauffällige Kinder zeigen ein erhöhtes Maß an kontrollierenden und unerwünschten Verhaltensweisen, wenn sie mit hyperkinetischen Kindern zusammen sind (u. a. Cunningham & Siegel, 1987).

Die **Intelligenzleistungen** von Kindern mit hyperkinetischen Störungen sind um etwa sieben bis 15 IQ-Punkte vermindert (u. a. Ackerman et al., 1986). Es liegen Hinweise dafür vor, daß sich diese Differenz mit zunehmendem Alter vergrößert (Loney, 1974). Ob diese Diskrepanzen hauptsächlich durch verminderte Aufmerksamkeitsleistungen in der Testsituation verursacht werden, ist bislang nicht geklärt. Taylor et al. (1991) weisen nach, daß Kinder mit ausgeprägter Hyperaktivität keine verminderten Intelligenztestwerte aufweisen, wohl aber Kinder mit ausschließlicher Aufmerksamkeitsstörung ohne Hyperaktivität.

Nahezu alle Studien belegen **Schulleistungsdefizite**: Hyperkinetisch gestörte Kinder wiederholen häufiger eine Klasse, haben schlechtere Schulnoten und erreichen geringere Leistungen in Sprach-, Lese-, Rechtschreib- und Rechentests (u. a. McGee et al., 1984). Die Schulleistungsprobleme von Kindern mit hyperkinetischen Störungen sind stärker ausgeprägt als die von Kindern mit aggressiven Verhaltensauffälligkeiten (McGee et al., 1984). Diese Beziehung kehrt sich im Jugendalter um; dann sind Schulleistungsdefizite stärker mit aggressiv-dissozialen als mit hyperkinetischen Störungen assoziiert (vgl. Hinshaw, 1992). Als Ursachen für diese Defizite kommen Aufmerksamkeitsstörungen in Betracht, die die Lernleistung der Kinder beeinträchtigen (Douglas, 1983). Rowe und Rowe (1992) können nachweisen, daß Aufmerksamkeitsstörungen die Leseleistung, die Einstellung zum Lesen und die Leseaktivitäten in hohem Maße negativ beeinflussen. Allerdings konnte auch gezeigt werden, daß zwischen Leseleistung und Aufmerksamkeitsstörungen eine reziproke Beziehung besteht: Geringe Leseleistungen ziehen erhöhte Aufmerksamkeitsstörungen nach sich. Aufmerksamkeitsdefizite sind aber nicht ausschließlich für die verminderte Leistungsfähigkeit verantwortlich. In Therapiestudien mit Psychostimulantien wurde nahezu durchweg nachgewiesen, daß sich trotz einer mitunter erheblichen Verminderung der motorischen Unruhe und der Aufmerksamkeitsstörungen die schulische Leistungsfähigkeit und die Leistungen in Schulleistungstests nicht verbessern (z. B. Aman, 1980). Mit zunehmendem Alter dürften jedoch auch Sekundärstörungen, vor allem ein vermindertes Selbstwertgefühl und schulische Mißerfolgserfahrungen eine Verminderung der schulischen Leistungsmotivation bewirken und damit Leistungsdefizite verursachen (Loney, 1974).

Es ist nicht verwunderlich, daß Kinder, die seit dem Kindergartenalter negative Rückmeldungen, Ablehnungen und Mißerfolge in sozialen und in Leistungssituationen erleben, auch vermehrt **emotionale Auffälligkeiten** zeigen. Sie fallen durch ein mangelndes Selbstvertrauen in die eigenen Fähigkeiten, soziale Unsicherheiten, Ängste und depressive Befindlichkeit auf. Ein deutlich erhöhter Anteil an emotionalen Störungen konnte in mehreren Studien nachgewiesen werden (u. a. Taylor et al., 1991; Pliszka, 1992).

2. Epidemiologie, Verlauf und Nosologie

2.1 Epidemiologie

Hyperkinetische Störungen gehören zusammen mit den Störungen des Sozialverhaltens zu den in kinder- und jugendpsychiatrischen Einrichtungen am häufigsten gestellten Diagnosen. In einer kinderpsychiatrischen Inanspruchnahmepopulation wurden 18,5 % aller vorgestellten Kinder und Jugendlichen als hyperkinetisch gestört diagnostiziert, wobei die Hälfte der Patienten zusätzlich eine Störung des Sozialverhaltens aufwiesen. Fast genauso häufig, nämlich in 17,4 % der Fälle wurde eine Störung des Sozialverhaltens ohne hyperkinetische Störung diagnostiziert. Die Leitsymptome der hyperkinetischen Störung — Aufmerksamkeitsstörung, Impulsivität und motorische Unruhe — gehören nach oppositionellen und aggressiven Verhaltensweisen zu den in der klinischen Population am häufigsten festgestellten Einzelsymptomen. Sie werden vom Untersucher in über 30 % der Fälle aufgrund der Exploration der Eltern und der Patienten selbst festgestellt. In der Untersuchungssituation direkt beobachtbar sind diese Symptome jedoch nur bei etwa 15 % der Fälle (Döpfner et al., 1993b). Unkonzentriertheit und Aufmerksamkeitsstörung sind Sammelbegriffe, die auch dazu dienen, Unzufriedenheit mit dem Kind und Probleme im Umgang mit ihm auszudrücken. Daher wundert es nicht, daß Erzieherinnen und Eltern solche Symptome bei drei- bis sechsjährigen Kindern von allen Verhaltensproblemen bei weitem am häufigsten zu beobachten glauben. 12,8 % aller Kinder, die einen Kindergarten besuchen, werden von Erzieherinnen global als hyperaktiv oder aufmerksamkeitsschwach beurteilt; weitere 1,3% zeigen diese Auffälligkeiten in besondererem Ausmaß. Dagegen treten die anderen Auffälligkeiten, nämlich aggressives Verhalten (insgesamt 4,7 %) und emotionale Probleme (insgesamt 2,5 %) geradezu selten auf. Genauer bei Eltern und Erzieherinnen nachgefragt, ergibt sich das gleiche Bild. Emotionale Auffälligkeiten und oppositionelles oder aggressives Verhalten liegen von wenigen Ausnahmen abgesehen allenfalls um 5%, meist deutlich darunter. Symptome der hyperkinetischen Störung erreichen Raten von bis zu 30 % und darüber. Am häufigsten beobachten die Eltern von Vorschulkindern motorische Unruhe: ,,Kann nicht stillsitzen" in 34 % und ,,ist ständig auf Achse" in 38 % der Fälle; Erzieherinnen sehen diese Verhaltensweisen bei den gleichen Kindern nur bei 12-17 % (Döpfner, 1993c). Dies weist auf zwei Probleme hin: Erstens treten sämtliche genannten Symptome auch als völlig normale Entwicklungsphasen in früheren Altersstufen auf. Die Abgrenzung zwischen Normvariation und Auffälligkeit bereitet deshalb vor allem im Vorschulalter Schwierigkeiten. Zweitens belegen die unterschiedlichen Prävalenzraten im Kindergarten und der Familie, daß das Verhalten situationsspezifisch ausgeprägt sein kann.

Da über die diagnostischen Kriterien für hyperkinetische Störungen keine Einigkeit besteht, verwundert es nicht, daß in der Literatur ein breites Spektrum an Prävalenzraten zu finden ist. Neben den Diagnosekriterien sind die ermittelten Prävalenzraten von der untersuchten Population und den Untersuchungsmethoden abhängig. Epidemiologische Studien in Nordamerika haben bei Schulkindern Prävalenzraten zwischen 3 % und 15 % ermittelt, in manchen Studien wurden Prävalenzraten von 20–24 % errechnet (Pelham et al., 1992). Vergleichbare Prävalenz-Spannweiten liegen auch aus anderen Nationen vor (u. a. Holborow & Berry, 1986b; Szatmari et al., 1989). Wird bei der Beurteilung eines Kindes als hyperkinetisch eine Übereinstimmung zwischen Eltern, Lehrern und Experten gefordert, dann fällt die Prävalenzrate unter 1 % (Lambert et al., 1987) bzw. auf 1,7 % bei Jungen (Taylor et al., 1991). Demgegenüber benutzten Trites et al. (1982) ausschließlich das Lehrerurteil und fanden 14,3 % aller Kinder als hyperkinetisch auffällig. Jede Festlegung von Grenzwerten, anhand deren Kinder auf einem kontinuierlich verteilten Merkmal in auffällige und unauffällige getrennt werden, muß suspekt bleiben. Insgesamt herrscht die Tendenz vor, die Prävalenz bei etwa 3—5 % festzulegen (Whalen, 1989; Barkley, 1990).

Die deutlich erhöhte Rate hyperkinetischer Störungen bei Jungen ist in allen Studien belegt worden. Die Jungen-Mädchen-Relation liegt zwischen 3:1 und 9:1 (u. a. Anderson et al., 1987; Holborow & Berry, 1986a). Einige Studien weisen darauf hin, daß die extremeren Relationen dann ermittelt werden, wenn eine engere Definition für die hyperkinetische Störung gewählt wird. Hyperkinetisch gestörte Mädchen wurden insgesamt relativ selten untersucht. Mehrere Studien zeigen, daß hyperkinetisch gestörte Mädchen im Vergleich zu den Jungen in stärkerem Maße kognitive Defizite, Sprachdefizite und neurologische Störungen aufweisen (u. a. DeHaas, 1986; Taylor, 1986a).

2.2 Verlauf

Kleinkinder mit schwierigen Temperamentsmerkmalen, mit extrem hohem Aktivitätsniveau, mit Schlafproblemen, Eßschwierigkeiten und gereizter Stimmungslage sind mit einem größeren Risiko behaftet, später eine hyperkinetische Störung zu entwickeln als Kinder mit ausgeglichenem Temperament (vgl. Ross & Ross, 1982). Die Mehrzahl der hyperkinetisch auffälligen Kinder fallen durch Überaktivität, eine geringe Aufmerksamkeitsspanne und oppositionelles Verhalten bereits im Alter von drei Jahren auf (Hartsough & Lambert, 1985), wobei die Abgrenzung von einer noch altersgemäßen Aufmerksamkeitsspanne und motorischen Unruhe oft schwerfällt.

Bei Kindern im **Vorschulalter** zeigen sich als deutlichste Merkmale allgemeine Anzeichen von motorischer Unruhe und extremer Umtriebigkeit. Die relativ hohe Stabilität der Symptomatik vom Vorschulalter bis ins Grundschulalter hinein ist in mehreren Studien nachgewiesen worden. Durch eine Kombination von Verhaltensbeobachtung und Elternurteil, erhoben im Alter von drei Jahren, konnten hyperkinetische Störungen im Alter von vier und sechs Jahren in hohem Maße vorhergesagt werden (multiple Korrelation R = .81 bzw. R = .80). Auch das von den Müttern beurteilte Ausmaß an Aggressivität ihrer sechsjährigen Kinder ließ sich durch das Urteil und das Verhalten der Mütter in Interaktionssituationen ein bis drei Jahre zuvor vorhersagen (multiple Korrelation R = .81 nach einem Jahr, R = .65 nach drei Jahren: Campbell et al., 1986a). Die Hälfte der im Alter von drei Jahren auffälligen Kinder zeigten mit sechs Jahren weiterhin hyperkinetische Auffälligkeiten (Campbell et al., 1986a,c). Kinder mit stabilen Störungen unterschieden sich von jenen, deren Aufmerksamkeitsdefizite sich in diesem Zeitraum verminderten, durch stärker ausgeprägte Hyperaktivität und Aufmerksamkeitsschwäche und durch erhöhte Aggressivität im Alter von drei Jahren (Campbell, 1987). Eine weitere Nachuntersuchung wurde im Alter von neun Jahren durchgeführt: 67 % der Kinder, bei denen die Hyperaktivität im Alter von sechs Jahren weiterhin bestand, wurden mit neun Jahren erneut als externalisierend auffällig diagnostiziert. Im Vergleich dazu wurde eine solche Diagnose im Alter von neun Jahren nur bei 29 % der Kinder gestellt, bei denen sich die Symptomatik mit sechs Jahren gebessert hatte (Campbell, 1990).

Diese neueren Untersuchungen bestätigen die Ergebnisse früherer Studien, in denen im Alter von vier Jahren auffällige Kinder mit sechs und sieben Jahren nachuntersucht und hohe Stabilitäten nachgewiesen wurden: Drei Jahre nach der Erstuntersuchung zeigen hyperaktiv auffällige Kinder ein geringeres Selbstwertgefühl und häufiger aggressive und hyperaktive Verhaltensweisen als die im Alter von vier Jahren unauffällige Kontrollgruppe. Dabei ließ sich bei Kindern, die ursprünglich sowohl zu Hause als auch im Kindergarten als hyperaktiv auffielen, ein weniger günstiger Verlauf als bei ausschließlich in der Familie auffälligen Kindern nachweisen. Weitere Längsschnittstudien zeigen, daß hyperkinetisch auffällige Zweieinhalbjährige fünf Jahre später weiterhin hyperkinetisch auffällig sind und geringere Intelligenzleistungen erzielen, daß hyperkinetisch auffällige Vorschulkinder nach fünf Jahren schlechtere Leistungen in der Schule erbringen, häufiger eine Klasse wiederholen und von den Lehrern als verhaltensauffälliger beurteilt werden und nach sieben bzw. zwölf Jahren häufiger stabile Lernstörungen aufweisen (vgl. Döpfner, 1993c; McGee et al., 1991).

Die größten Probleme im **Grundschulalter** betreffen die kurze Aufmerksamkeitsspanne, oppositionelles Verhalten in Familie und Schule sowie motorische Überaktivität, besonders in strukturierten und stärker fremdbestimmten Situationen. In diesem Altersbereich treten häufig auch Störungen in den Beziehungen zu Gleichaltrigen auf (Pelham & Bender, 1982), relative Leistungsschwächen in der Schule, beginnende dissoziale Verhaltensweisen (Lügen, Stehlen), Wutausbrüche in Gruppensituationen und — vor allem in den späteren Jahren — verminderte Selbstwertgefühle. In der Familie haben die Kinder häufig enorme Schwierigkeiten, Routinetätigkeiten und Pflichten zu Ende zu führen (Hausarbeiten, Zimmer aufräumen). Möglicherweise veranlassen diese Verhaltensprobleme die Eltern dazu, sehr viel Zeit für die Beaufsichtigung ihrer Kinder aufzuwenden. Psychische Belastungen der Eltern und das Risiko der Mütter, depressive Störungen zu entwickeln, scheinen in dieser Altersspanne erhöht zu sein (Mash & Johnston, 1983).

Viele Kinder mit hyperkinetischen Störungen zeigen auch im **Jugendalter** die Kernsymptome Hyperaktivität, Aufmerksamkeitsstörungen und Impulsivität. Allerdings führten verschiedene Studien zu sehr divergenten Ergebnissen, die Rate der weiterhin Auffälligen liegt zwischen 30 % (Gittelman et al., 1985) und 70 % (Lambert et al., 1987). In einer epidemiologischen Längsschnittstudie wurden 40 % der im Alter von acht Jahren als hyperkinetisch gestört diagnostizierten Kinder mit 13 Jahren als unauffällig beurteilt. Bei einer weiteren Nachuntersuchung im Alter von 18 Jahren stieg die Rate der Unauffälligen auf 60 % und 40 % zeigten dissoziale Störungen (Schmidt et al., 1991). Jugendliche, bei denen als Kinder eine hyperkinetische Störung diagnostiziert wurde, haben ein erhöhtes Risiko zum Alkoholmißbrauch (Gittelman et al., 1985), wenngleich dies nicht in allen Studien belegt werden konnte (Weiss et al., 1979). Außerdem sind diese Jugendlichen häufiger in Autounfälle verwickelt (Weiss et al., 1979), haben ein erhöhtes Risiko, die Schule ohne Abschluß zu verlassen (Weiss et al., 1985), zeigen ein erhöhtes Maß an Minderwertigkeitsgefühlen und sind weniger sozial akzeptiert (Weiss et al., 1978).

Die jüngste Nachuntersuchung wurde von der Arbeitsgruppe um Barkley an 123 Kindern durchgeführt, bei denen im Alter von vier bis zwölf Jahren eine hyperkinetische Störung diagnostiziert worden war (Barkley et al., 1990a; Fischer et al., 1990). Es handelt sich dabei um Kinder, die bei der Erstuntersuchung eine ausgeprägte hyperkinetische Störung zeigten (Prozentrang größer 98 auf einem Fragebogen zur Erfassung hyperkinetischer Störungen) und gehäuft zusätzlich eine Störung des Sozialverhaltens aufwiesen. Die Nachuntersuchung erfolgte acht Jahre nach Erstvorstellung, das Durchschnittsalter lag bei 14;9 Jahren. Die bei der Erstvorstellung hyperkinetisch gestörten Kinder (Auffälligen-Stichprobe) wurden mit einer bei der Erstuntersuchung unauffälligen Kontrollgruppe aus dem gleichen sozialen Milieu verglichen. 71 % der Auffälligen-Stichprobe erhielt bei der Nachuntersuchung erneut die Diagnose einer hyperkinetischen Störung (nach DSM-III-R) im Vergleich zu 3 % in der Kontrollgruppe. Bei 59 % der Auffälligen-Stichprobe wurde eine oppositionelle Verhaltensstörung und bei 43 % eine Störung des Sozialverhaltens diagnostiziert, während dies nur bei 11 % bzw. 1,6 % der Kontrollgruppe der Fall war. Bei den einzelnen dissozialen Verhaltensweisen wurden um ein vielfaches erhöhte Prävalenzraten festgestellt (Prävalenzraten der Kontrollgruppen in Klammern):

● Knapp 50 % (7 %) hatten einen Diebstahl begangen,
● bei 14 % (1,5 %) wurden Haftstrafen wegen Diebstahls verhängt,
● 27 % (0 %) hatten Feuer gelegt,
● 21 % (4,5 %) hatten fremdes Eigentum zerstört und
● 14 % (0 %) der Jugendlichen gaben an, Drogen besessen, mißbraucht oder mit ihnen gehandelt zu haben.

Große Unterschiede wurden auch in den Schulkarrieren nachgewiesen:
● Klassenwiederholung bei 29 % (11 %),

- Suspensionen vom Unterricht bei 46 % (15 %),
- Schulverweise bei 11 % (1,5 %) und
- Schulabbruch bei 10 % (0 %).

Sonderklassen für Kinder mit Lernstörungen besuchten 33 % (3 %) und Sonderklassen für Kinder mit Verhaltensstörungen besuchten 36 % (6 %).

Kinder mit hyperkinetischen Störungen ohne zusätzliche aggressive Verhaltens- oder Beziehungsstörungen zu Gleichaltrigen sind im Jugendalter mit einem erhöhten Risiko für Aufmerksamkeitsstörungen und Impulsivität behaftet, die geringere schulische Leistungen bedingen (Paternite & Loney, 1980). Sie zeigen auch eine erhöhte Rate von Störungen des Sozialverhaltens, wenngleich nicht in dem Ausmaß, wie dies bei Kindern mit zusätzlichen aggressiven Verhaltensstörungen der Fall ist (Klein & Mannuzza, 1991). Kinder, die neben der hyperkinetischen Symptomatik aggressive Verhaltensauffälligkeiten zeigten, haben im Jugendalter ein deutlich erhöhtes Risiko, wesentlich ernsthaftere psychische Störungen zu entwickeln: Neben verminderten Schulleistungen fallen diese Kinder im Jugendalter gehäuft durch delinquentes Verhalten auf (u. a. Lambert et al., 1987; Fischer et al., 1993) und Beziehungsstörungen zu Gleichaltrigen bleiben bestehen oder verschlimmern sich.

Die beschriebenen Verhaltensformen setzen sich bis ins **Erwachsenenalter** hinein fort. Die meisten Nachuntersuchungen an Erwachsenen, die im Kindesalter als hyperkinetisch auffällig diagnostiziert wurden, zeigen, daß diese sich ungünstig entwickeln. Dies betrifft sowohl ihre soziale Einbindung und ihr psychisches Wohlbefinden als auch den Beschäftigungsstatus (u. a. Thorley, 1984; Weiss et al., 1985). Es gibt ein spezifisch erhöhtes Risiko zur Entwicklung einer antisozialen Persönlichkeitsstörung sowie zur Entwicklung von Alkoholismus, Drogenmißbrauch und interpersoneller Beziehungsstörungen (u. a. Gittelman et al., 1985; Mannuzza et al., 1991).

Diese Entwicklung ist glücklicherweise nicht für alle Kinder mit hyperkinetischen Störungen vorgezeichnet. Längsschnittstudien haben verschiedene Risikofaktoren isolieren können, die mit einem ungünstigeren Verlauf der Symptomatik in Beziehung stehen. Dazu zählen vor allem geringere Intelligenz, aggressives und oppositionelles Verhalten im Kindesalter, schlechte Beziehungen zu Gleichaltrigen, emotionale Instabilität und das Ausmaß der psychischen Störungen bei den Eltern (u. a. Hechtman et al., 1984; Fischer et al., 1993). Eine intensive multimodale Langzeitbehandlung bis in die Adoleszenz hinein, scheint den Verlauf der Störung günstig zu beeinflussen (Satterfield et al., 1987). Bei geringerer Behandlungsintensität konnten bislang keine eindeutigen Effekte auf den Verlauf im Jugend- und Erwachsenenalter nachgewiesen werden (Hechtman et al., 1984). Diese Ergebnisse legen es nahe, hyperkinetische Störungen als eine Entwicklungsstörung der Selbstkontrollprozesse und des Sozialverhaltens mit einem chronischen Verlauf und mit begrenzten Heilungschancen aufzufassen. In der Therapie steht deshalb die Bewältigung der Störung im Vordergrund.

2.3 Nosologie

Die beiden am meisten verbreiteten Klassifikationssysteme, das DSM-III-R (Wittchen et al., 1989) und das ICD-10 (WHO, 1993) unterscheiden sich nicht nur in der Definition hyperkinetischer Störungen, sondern auch in der Benennung der Störung. Im DSM-III, dem Vorläufer des zur Zeit gültigen amerikanischen Klassifikationssystems, wurde der Begriff der Aufmerksamkeitsstörung (Attention Deficit Disorder, ADD) eingeführt und zwischen der Aufmerksamkeitsstörung mit Hyperaktivität (ADDH) und der Aufmerksamkeitsstörung ohne Hyperaktivität unterschieden. Diese Differenzierung wurde jedoch in der Revision wieder aufgegeben, da nicht geklärt werden konnte, ob es sich dabei tatsächlich um zwei voneinander abgrenzbare Gruppen handelt. Dennoch konnten beispielsweise Barkley et al. (1990b) zeigen, daß Aufmerksamkeitsstörungen plus Hyperaktivität mit massiveren Störungen und erhöhter Aggressivität einhergehen, während Aufmerksamkeitsstörungen ohne Hyperaktivität mit höherer Ängstlichkeit, Verlangsamung, Tagträumen und visumotorischen Defiziten korreliert. Im DSM-III-R wird mit der Einführung des Begriffs der Aufmerksamkeits- und Hyperaktivitätsstörung (Attention Deficit Hyperactivity Disorder, ADHD) der Aufmerksamkeitsstörung weiterhin die zentrale Rolle zugeschrieben. Die einzelnen Diagnosekriterien sind in Tabelle 1 wiedergegeben.

Die vom DSM-III-R eingeführte Bezeichnung wird in der ICD-10 nicht übernommen, weil sie erstens die Kenntnis psychologischer Prozesse impliziert, die noch nicht verfügbar ist, und zweitens den Einschluß verängstigter oder verträumt-unbeteiligter Kinder nahelegt, deren Schwierigkeiten wahrscheinlich unterschiedlicher Art sind. Gleichwohl wird auch in der ICD-10 betont, daß Aufmerksamkeitsprobleme ein zentrales Merkmal einer hyperkinetischen Störung sind. Die Kernsymptome der hyperkinetischen Störung sensu ICD-10 sind beeinträchtigte Aufmerksamkeit und Überaktivität. Für die Diagnose sind — im Gegensatz zum DSM-III-R — beide Symptome notwendig. Darüber hinaus müssen beide Symptome in mehr als einem Lebensbereich in Erscheinung treten (z. B. zu Hause, in der Schule oder in der Untersuchungssituation). Eine hyperkinetische Störung kann nach ICD-10 also erst dann diagnostiziert werden, wenn das Kind in zwei von drei Lebensbereichen sowohl durch Störungen der Aktivität (motorische Unruhe) als auch durch Störungen der Aufmerksamkeit auffällt.

Das von der ICD-10 geforderte gemeinsame Auftreten von Aktivitäts- und Aufmerksamkeitsstörungen wurde in einer eigenen Studie an 44 Kindern mit hyperkinetischer Störung nach ICD-10 bzw. DSM-III-R untersucht (Döpfner & Lehmkuhl, 1993b). Nur bei 13 von 44 Patienten (30 %) konnten Aktivitäts- und Aufmerksamkeitsstörungen von den Eltern in der Familie beobachtet werden, während in der Schule immerhin 28 von 39 Lehrern (72 %) in beiden Bereichen Auffälligkeiten feststellten.

Die Unterscheidung zwischen situationsübergreifender (in Schule/ Kindergarten und Familie) und situationsspezifischer hyperkinetischer Störung (nur in Schule/ im Kindergarten bzw. in der Familie) wird kontrovers diskutiert (vgl. Rutter,

1989). In mehreren Studien konnten bei Kindern mit situationsspezifischer und situationsübergreifender Störung Unterschiede in der Stärke und im Verlauf der Störung belegt werden: Situationsübergreifend hyperkinetische Kinder wurden anhand von Verhaltensbeobachtungen in der Klinik als auffälliger eingeschätzt und zeigten in Nachuntersuchungen auch mehr Verhaltensprobleme in der Schule (u. a. Cohen & Minde, 1983; Gillberg & Gillberg, 1988). Auf eine ausgeprägte Situationsspezifität hyperkinetischer Störungen weisen Studien hin, die allenfalls mittlere Korrelationen zwischen Eltern- und Erzieherurteil bei Vorschulkindern bzw. zwischen Eltern- und Lehrerurteil bei Schulkindern belegen (Achenbach, 1991; Döpfner et al., 1993a). In der bereits erwähnten Studie an hyperkinetischen Kindern wurden unter Anwendung der ICD-10-Kriterien ebenfalls geringe Überschneidungen im Eltern- und im Lehrerurteil nachgewiesen. Sowohl in der Schule als auch in der Familie wurden die ICD-10-Kriterien nur bei 26 % der Patienten erfüllt (Döpfner & Lehmkuhl, 1993b). Vergleicht man nun beide Diagnosesysteme miteinander, so ist eine sehr geringe Übereinstimmung festzustellen — lediglich 26 % der Patienten werden sowohl nach DSM-III-R als auch nach ICD-10 als hyperkinetisch diagnostiziert, während 98 % der Patienten eine entsprechende Diagnose nach DSM-III-R erhalten. Alle Patienten, die nach ICD-10 als hyperkinetisch gestört diagnostiziert werden, erhalten diese Diagnose auch nach DSM-III-R.

Die ICD-10-Forschungskriterien sind somit im Vergleich zu den DSM-III-R-Kriterien wesentlich strenger definiert, wobei andererseits die DSM-III-R-Kriterien als zu leicht formuliert gelten. Deshalb wird in dem in Vorbereitung befindlichen DSM-IV eine strengere Definition der Einzelkriterien angestrebt. Die Störung muß in der strukturierteren Umgebung, das heißt in der Schule oder am Arbeitsplatz auftreten (American Psychiatric Association, 1991). Kinder, die ausschließlich in der Familie als hyperkinetisch auffällig beschrieben werden, aber in der strukturierteren Umgebung der Schule keine Auffälligkeiten zeigen, ließen sich dann nicht als hyperkinetisch auffällig klassifizieren. Dies erscheint durchaus sinnvoll, weil die Störung in diesem Fall möglicherweise hauptsächlich durch situative familiäre Bedingungen ausgelöst und aufrechterhalten wird.

In der ICD-10 wird zwischen der hyperkinetischen Störung (F90) und der hyperkinetischen Störung des Sozialverhaltens (F90.1) unterschieden. Bei der Letztgenannten müssen sowohl alle Kriterien für die hyperkinetische Störung (F90) als auch die für die Störung des Sozialverhaltens (F91) erfüllt sein. Diese Kategorie wurde eingeführt, weil Untersuchungen zeigen, daß der Verlauf bis ins Jugend- und Erwachsenenalter stark davon beeinflußt wird, ob Aggressivität, Delinquenz oder antisoziales Verhalten begleitend vorhanden sind oder nicht (siehe 2.1). Bei DSM-III-R werden zwei Diagnosen vergeben, wenn beide Störungen vorliegen. In der Abgrenzung der hyperkinetischen Störungen von Störungen des Sozialverhaltens liegen auch die differentialdiagnostischen Hauptprobleme. Nach ICD-10 wird eine hyperkinetische Störung mit Priorität vor einer Störung des Sozialverhaltens diagnostiziert. Geringere Ausprägungen von Überaktivität und Unaufmerksamkeit sind bei Störungen des Sozialverhaltens aber üblich. Die erhebliche Überschneidung von oppositionellen/aggressiven Verhaltensstörungen und hyperkinetischen Störungen hat eine kontroverse Diskussion über die Abgrenzbarkeit der beiden Störungsformen ausgelöst. In einer Untersuchung einer kinderpsychiatrischen Inanspruchnahmepopulation konnten Stewart et al. (1981) zeigen, daß drei von vier Kindern mit aggressiven Verhaltensstörungen auch die Merkmale einer hyperkinetischen Störung zeigten und daß zwei von drei Kindern mit hyperkinetischer Störung auch aggressiv auffällig waren. Hinshaw (1987) faßte die Ergebnisse mehrerer Studien zu diesem Thema zusammen und kam zu der Schlußfolgerung, daß 30—90 % der Kinder, die in einer der beiden Störungskategorien klassifiziert waren, auch in der anderen klassifiziert wurden. Vergleichbar hohe Überschneidungen konnten auch in einer deutschen Studie festgestellt werden. Von 44 Kindern im Alter von sechs bis zehn Jahren, die nach ICD-10 oder DSM-III-R als hyperkinetisch gestört diagnostiziert wurden, zeigten 84 % eine oppositionelle Verhaltensstörung nach DSM-III-Kriterien; nach den härteren ICD-10-Kriterien waren es 42 %. Eine Störung des Sozialverhaltens zeigten zusätzlich 33 % (nach DSM-III-R) bzw. 35 % (nach ICD-10) der Kinder (Döpfner & Lehmkuhl, 1993b).

Angesichts der hohen Überschneidungen dieser Diagnosegruppen haben manche Autoren eine Differenzierung in Frage gestellt (z. B. Prior & Sanson, 1986); andere haben für eine Differenzierung in drei Gruppen plädiert: hyperkinetische Störungen, Störungen des Sozialverhaltens und gemischte hyperkinetische Störungen mit Störungen des Sozialverhaltens (z. B. Loney, 1987; Werry et al., 1987b). Eine solche Differenzierung ist zu rechtfertigen, wenn sich für jede Gruppe eine Spezifität der Ätiologie, der Verhaltensmuster, des Verlaufs und der Behandlungsindikation ergeben würde. Hinweise auf eine spezifische Ätiologie sind spärlich, mit Ausnahme der mehrfach replizierten Befunde, daß aggressiv auffällige Kinder häufiger unter ungünstigen familiären Bedingungen aufwachsen als hyperkinetisch auffällige (z. B. Reeves et al., 1987). Dies legt die Vermutung nahe, daß bei hyperkinetischen Störungen biologische und entwicklungsneurologische Faktoren eine größere Rolle spielen als bei aggressiven Verhaltensstörungen (Werry et al., 1987a). In einer Vielzahl empirischer Studien konnte belegt werden, daß in diesen Diagnosegruppen tatsächlich voneinander differenzierbare Verhaltensmuster zu finden sind. Faktorenanalysen bestätigen meist, daß sich ein Hyperaktivitätsfaktor von einem Aggressionsfaktor abgrenzen läßt (z. B. Atkins et al., 1989). Hyperkinetisch gestörte Kinder zeigen im Vergleich zu Kindern mit aggressiven Verhaltensauffälligkeiten stärkere kognitive Beeinträchtigungen und vermehrt entwicklungsneurologische Auffälligkeiten (u. a. Reeves et al., 1987; · Taylor et al., 1991). Die Jungen-Mädchen-Relation ist bei hyperkinetischen Störungen wesentlich extremer als bei Störungen des Sozialverhaltens (McGee et al., 1985; Werry et al., 1987b). Hinweise auf spezifische Verläufe liegen ebenfalls vor. Patienten, die ausschließlich hyperkinetische Störungen zeigen, nehmen einen günstigeren Verlauf als Patienten mit Störungen des Sozialverhaltens, unabhängig davon, ob zusätzlich hyperkinetische Störungen vorlagen (u. a. Loney, 1987). Insgesamt weisen die Ergebnisse darauf hin, daß Kinder mit hyperkinetischen plus aggressiven Störungen psychisch stärker gestört sind und die ungünstigste Prognose haben (Anderson et al., 1987; Hinshaw, 1987; Werry et al., 1987a).

Die für hyperkinetische Störungen charakteristischen Symptome werden häufig auch bei **autistischen Störungen** (tiefgreifenden Entwicklungsstörungen) beobachtet. Sowohl nach DSM-III-R als auch nach ICD-10 wird in diesem Fall die umfassendere, das heißt die autistische Störung diagnostiziert. Bei einer **geistigen Behinderung** können aufgrund der allgemein retardierten intellektuellen Entwicklung viele Merkmale einer hyperkinetischen Störung auftreten. Nach ICD-10 wird die Diagnose einer hyperkinetischen Störung bei Kindern mit einem IQ unter 50 nicht gestellt. Die zusätzliche Diagnose einer hyperkinetischen Störung wird sowohl nach ICD-10 als auch nach DSM-III-R bei retardierten Kindern dann gestellt, wenn die entsprechenden Symptome, bezogen auf den kognitiven Entwicklungsstand, übermäßig stark auftreten. Bei **affektiven Störungen und Angststörungen** können psychomotorische Erregung und Konzentrationsstörungen auftreten, die sich nur schwer von der Hyperaktivität und den Aufmerksamkeitsstörungen einer hyperkinetischen Störung unterscheiden lassen. Ein Unterscheidungsmerkmal kann der Verlauf sein: Hyperkinetische Störungen haben einen kontinuierlichen Verlauf mit Beginn im Vorschulalter, affektive Störungen können später auftreten und weniger kontinuierlich verlaufen. Liegen die Symptome einer affektiven Störung vor, dann werden diese vorrangig diagnostiziert. Akutes Einsetzen hyperaktiven Verhaltens bei einem Kind im Schulalter ist wahrscheinlich auf eine **reaktive Störung** (entweder psychogenen oder organischen Ursprungs), einen manischen Zustand, eine Schizophrenie oder eine neurologische Erkrankung zurückzuführen.

DuPaul et al. (1991) weisen zurecht darauf hin, daß ein fixer Grenzwert für die Diagnose dem Entwicklungsaspekt der Störung nicht gerecht werden kann. So mag für jüngere Kinder ein höherer Grenzwert notwendig sein, also statt der im DSM-III-R definierten acht von 14 vielleicht zehn von 14, während bei älteren Kindern bereits sechs von 14 Kriterien für die Diagnose genügen müßten. Die Kontroversen um Grenzwerte, um die Binnendifferenzierung der Störung und um die Abgrenzung von anderen Störungen werden sich im Rahmen von Klassifikationssystemen, die auf diskreten Diagnosekategorien aufgebaut sind, letztendlich nicht klären lassen. Dem Phänomen angemessener erscheint eine dimensionale Klassifikation, da es sich bei Aufmerksamkeitsstörungen und motorischer Unruhe ebenso wie bei Aggressivität und oppositionellem Verhalten um kontinuierlich verteilte Merkmale handelt, die in unterschiedlichem Maße miteinander korrelieren: Hyperaktivität und Aufmerksamkeitsstörung korrelieren enger miteinander als mit Aggressivität und oppositionellem Verhalten, die beide wiederum untereinander enger korrelieren. Da diese Merkmale in Abhängigkeit vom sozialen Kontext unterschiedlich stark ausgeprägt sein können, muß situationsspezifisch differenziert werden. In einer dimensional begründeten Klassifikation, die die Situationsspezifität der Störung berücksichtigt, ließe sich ein hyperkinetisch auffälliges Kind beispielsweise als ausgeprägt aufmerksamkeitsgestört, mittelgradig hyperkinetisch und nicht oppositionell auffällig in der Schule und als ausgeprägt hyperkinetisch, oppositionell auffällig und mittelgradig aufmerksamkeitsschwach in der Familie einordnen (vgl. Döpfner & Lehmkuhl, 1994).

3. Erklärungsansätze

In den letzten 50 Jahren wurde eine Vielzahl von Ursachen für hyperkinetische Störungen vermutet und untersucht. Allerdings konnte bislang kein zentraler Faktor nachgewiesen werden, der für die Genese der Störung verantwortlich ist, so daß gegenwärtig die Meinung überwiegt, daß ein multifaktorielles Geschehen der Genese zugrundeliegt und die hyperkinetische Störung aus einer Vielzahl ätiologischer Ereignisse hervorgeht, etwa vergleichbar der Pathogenese von geistigen Behinderungen. Insgesamt überwiegt die Vorstellung, daß biologische und konstitutionelle Merkmale eine entscheidende Rolle bei der Genese der Störung spielen und psychosoziale Faktoren den Verlauf der Störung wesentlich beeinflussen können. Psychologische Modelle versuchen, erstens zentrale psychische Prozesse der Störung und zweitens Faktoren aufzudecken, die zur Aufrechterhaltung der Störung beitragen und den weiteren Verlauf beeinflussen. Als pathogenetische Faktoren hyperkinetischer Störungen wurden neurologische Störungen, Störungen des Immunsystems, genetische Einflüsse und psychosoziale Bedingungen untersucht und diskutiert.

Neurologische Störungen. Am stärksten wurde die ätiologische Bedeutung neurologischer Variablen untersucht. Tatsächlich wurde viele Jahrzehnte lang angenommen, daß alle Kinder mit hyperkinetischen Störungen eine strukturell bedingte Störung der Hirnfunktionen aufweisen, selbst dann, wenn klare Hinweiszeichen dafür fehlen. Der Begriff des minimalen Hirnschadens oder der minimalen cerebralen Dysfunktion (MCD; minimal brain dysfunction; Wender, 1971) wurde dafür gewählt. Als Ursachen einer minimalen Hirnfunktionsstörung werden prä-, peri- und postnatale Komplikationen betrachtet, die eine Verzögerung der frühkindlichen Entwicklung bewirken. Neben diesen anamnestischen Angaben werden neurologische und neurophysiologische Auffälligkeiten, Teilleistungsschwächen bei zumindest durchschnittlicher Grundintelligenz und spezifische Verhaltensauffälligkeiten, u. a. Konzentrationsschwächen, für die Diagnosestellung hinzugezogen (Lempp, 1980).

Viele Studien lassen diese Hypothese jedoch als nicht haltbar erscheinen. Im deutschen Sprachraum konnten Esser und Schmidt (1987) zeigen, daß zwischen den verschiedenen Hinweisen auf eine cerebrale Dysfunktion nur sehr geringe Überschneidungen vorhanden sind und keine eindeutigen Beziehungen zu hyperkinetischen Störungen vorliegen. Die Autoren schlußfolgern, daß die Diagnose einer MCD im bislang praktizierten Sinne klinisch unbedeutend und irreführend sei. Zu einem ähnlichem Ergebnis kommen Shaffer und Greenhill (1979): Die Kriterien sind zu breit und unspezifisch, um hilfreich bei der Identifikation einer gemeinsamen Ätiologie, einer spezfischen Reaktion auf eine Behandlung und bei der Prognose des Verlaufs zu sein.

Allerdings weisen neuere Studien darauf hin, daß zwar keine strukturelle Schädigung des Gehirns, wohl aber eine verminderte cerebrale Durchblutung des Frontalhirns bei hyperkinetisch auffälligen Kindern im Vergleich zu Kindern mit Dysphasien vorliegt (Lou et al., 1984). Dies läßt vermuten, daß die zerebrale

Aktivität bei hyperkinetisch auffälligen Kindern in diesen Regionen vermindert ist (Fox & Raichle, 1985). Andere Studien konnten Auffälligkeiten im Neurotransmitter-System nachweisen, wenngleich die Ergebnisse nicht einheitlich sind (Shaywitz et al., 1983). Zametkin und Rapoport (1987) sowie Greenhill (1990) fassen die Literatur dazu zusammen und schlußfolgern, daß offensichtlich nicht ein Neurotransmitter-System alleine gestört ist, sondern es sich eher um eine Imbalance der Systeme handelt.

Störungen des Immunsystems. Feingold (1975) vermutete, daß bei der großen Mehrzahl der Kinder mit hyperkinetischen Störungen eine allergische Reaktion auf bestimmte synthetische Nahrungsmittelzusätze (z. B. Farbstoffe) vorliegt. Eine spezifische Diät, so die Schlußfolgerung, müßte die Symptomatik nachhaltig vermindern. Mehrere relativ gut kontrollierte Studien belegen jedoch, daß eine diätetische Behandlung in den meisten Fällen keine Wirkung erzielte (vgl. Conners, 1980). Eine Minderheit von etwa 5 % der Kinder zeigt relativ geringe Verhaltensänderungen. In ähnlicher Weise wurde vermutet, daß Phosphat- oder Zuckerzusätze die Störung hervorrufen (Hafer, 1986). Doch konnten diese Hypothesen in empirischen Studien nicht gestützt werden (u. a. Rosen et al., 1988; Milich et al., 1986b).

In mehreren Untersuchungen wurde das gehäufte Auftreten von allergischen Reaktionen auf Milcheiweiß, Pollen, Staub, Lösungsmittel, Farb- und Aromastoffen bei hyperkinetischen Kindern beschrieben. Roth et al. (1991) und Egger et al. (1985) berichten von einer Häufung von atopischen Störungen (atopische Dermatitis, Heuschnupfen, Asthma) bei hyperkinetisch gestörten Kindern. Tryphonas und Trites (1979) stellten bei 47 % der untersuchten hyperkinetisch gestörten Kinder eine Nahrungsmittelallergie auf zumindest ein Nahrungsmittel fest. Blank et al. (1992) fanden bei hyperkinetisch gestörten Kindern ohne Störung des Sozialverhaltens im Vergleich zu hyperkinetisch gestörten Kindern mit Störungen des Sozialverhaltens eine deutlich erhöhte Belastung mit Allergien. In Studien von Egger et al. (1985) und Trites et al. (1980) konnten mittels spezifischer Diäten Verminderungen der hyperkinetischen Störungen erzielt werden. Diese Studien weisen allerdings mehrere methodische Schwächen auf (vgl. Marshall, 1989). Methodisch besser fundierte Studien sind notwendig, um die Beziehung von Nahrungsmittelallergien und hyperkinetischen Störungen zu klären und die Wirksamkeit diätetischer Behandlungen zu überprüfen. Marshall (1989) legt ein neurochemisches Modell vor, in dem angenommen wird, daß allergische Reaktionen ein Ungleichgewicht im cholinergen/adrenergen System verursachen und dadurch hyperkinetische Störungen auslösen können.

Genetische Faktoren. In letzter Zeit rückten genetische Faktoren als Ursachen hyperkinetischer Störungen stärker in den Mittelpunkt des Interesses. Generell ist die Rate psychiatrischer Störungen bei Verwandten von hyperkinetisch gestörten Kindern erhöht (Befera & Barkley, 1985; Biederman et al., 1987). Dieser auch bei anderen Störungsbildern nachgewiesene Befund gibt jedoch allenfalls einen sehr schwachen Hinweis auf eine mögliche genetische Disposition. Darüber hinaus ist aber eine erhöhte Rate an hyperkinetischen Störungen bei den biologischen

Eltern und den Geschwistern hyperkinetisch gestörter Kinder festgestellt worden (vgl. Deutsch & Kinsbourne, 1990). Antisoziale Persönlichkeitsstörungen und Alkoholismus lassen sich bei den leiblichen Vätern von adoptierten hyperkinetischen Kindern deutlich häufiger nachweisen als bei deren Adoptivvätern (u. a. Cadoret & Gath, 1980).

Psychosoziale Bedingungen als primäre Ursachen hyperkinetischer Störungen wurden relativ selten untersucht. Eine Häufung hyperkinetischer Störungen in Familien mit geringerem sozioökonomischen Status wurde nur in einigen Studien nachgewiesen, andere konnten keinen Zusammenhang finden (z. B. Campbell et al., 1986a,b; McGee et al., 1984). Deutlichere Zusammenhänge konnten mit ungünstigen familiären Bedingungen, u. a. unvollständigen Familien, überbelegten Wohnungen und einer psychischen Störung der Mutter nachgewiesen werden (z. B. Barkley et al., 1993). Allerdings gehen ungünstige familiäre Bedingungen stärker mit aggressiven und dissozialen Verhaltensauffälligkeiten einher als mit hyperkinetischen Störungen (u. a. McGee et al., 1985; Taylor et al., 1986a). Es überrascht daher nicht, daß die Eltern von Kindern mit hyperkinetischen plus aggressiven Störungen am häufigsten unter psychischen Störungen leiden (Lahey et al., 1988). Insgesamt weist die Forschung eher darauf hin, daß die psychosozialen Faktoren bei der Genese eine begrenzte Rolle spielen. Willis und Lovaas (1977) haben die These vertreten, daß hyperkinetische Störungen das Ergebnis inkonsistenter oder geringer elterlicher Kontrolle sein könne. Tatsächlich geben die Mütter von Kindern mit hyperkinetischen Störungen häufiger Aufforderungen und sie äußern sich häufiger in negativer Weise. Dies scheint jedoch zumindest teilweise eine Funktion der Aufgabe (Tallmadge & Barkley, 1983) und des Alters der Kinder (Barkley et al., 1985) zu sein. Darüber hinaus vermindern sich diese negativen Mutter-Kind-Beziehungen infolge von Stimulantienbehandlung (u. a. Barkley et al., 1985). Das Verhalten der Mütter scheint daher eher eine Reaktion auf die hyperkinetische Störung als deren Ursache zu sein. Psychosoziale Bedingungen sind nach dem gegenwärtigen Wissensstand zwar keine primäre Ursache, aber sie tragen entscheidend zum Schweregrad der Störung bei.

Das von Barkley (1981) entwickelte Interaktionsmodell (siehe Abb. 1) gibt Hinweise darauf, wie Verhaltensauffälligkeiten bei hyperkinetischen Kindern sich durch Eltern-Kind- (und Lehrer-Kind-) Interaktionen verschlimmern können.

Aufforderungen und Grenzsetzungen von Eltern werden von aufmerksamkeitsgestörten und impulsiven Kindern aufgrund dieser Störungen häufig nicht beachtet. Im allgemeinen wiederholen Eltern ihre Aufforderungen dann mehrfach. Die Wahrscheinlichkeit, daß aufmerksamkeitsgestörte Kinder die Aufforderung wiederum nicht beachten, ist erhöht. Kommt es aber einmal dazu, daß das Kind eine Aufforderung befolgt, dann beachten die Eltern dies nicht, entweder weil sie meinen, das folgsame Verhalten ihres Kindes sei schließlich mehr als selbstverständlich oder weil sie einfach endlich das tun wollen, was durch die Auseinandersetzungen mit dem Kind liegengeblieben ist. Auffälliges, nämlich nicht folgsames Verhalten des Kindes, hat jedenfalls vermehrte, wenn auch negativ getönte, Aufmerksamkeit zur Folge, während angemessenere Handlungen kaum beachtet werden. Die Spirale des familiären Konfliktes dreht sich noch weiter: Die Eltern beginnen zu drohen, das Kind reagiert wieder nicht, die Eltern werden schließlich ratlos und geben entweder nach oder werden ungezielt aggressiv. Beides hat zur Folge, daß mangelnde Regelbefolgung und oppositionelles wie aggressives Verhalten des Kindes eher noch zunehmen. Das Kind wird durch das Nachgeben der Eltern für sein oppositionelles Verhalten belohnt (negativ verstärkt) oder durch das Vorbild der Eltern zu aggressivem Verhalten (zumindest außerhalb der Famile) angeregt.

Integrative Modelle. In verschiedenen theoretischen Ansätzen werden Störungen der Selbstregulation als Kernproblem hyperkinetisch gestörter Kinder interpretiert. Douglas (1980) legt ein Störungsmodell vor, das die hyperkinetische Symptomatik als Störung der Selbstregulation interpretiert, bei der es dem Kind auf verschiedenen Ebenen, nämlich der physiologischen, der Verhaltensebene und der kognitiven Ebene nicht gelingt, sich situativen Anforderungen anzupassen. Dieses Modell wurde mehrfach revidiert (Douglas, 1988; 1989).

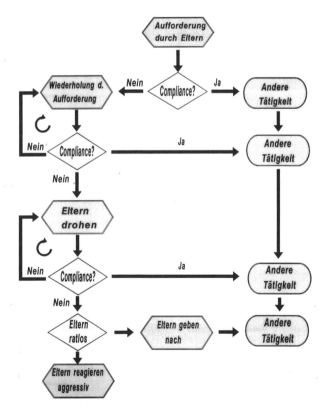

Abbildung 1:
Oppositionelle Interaktionen nach Barkley (1987; aus Döpfner & Schmidt, 1993, S. 104).

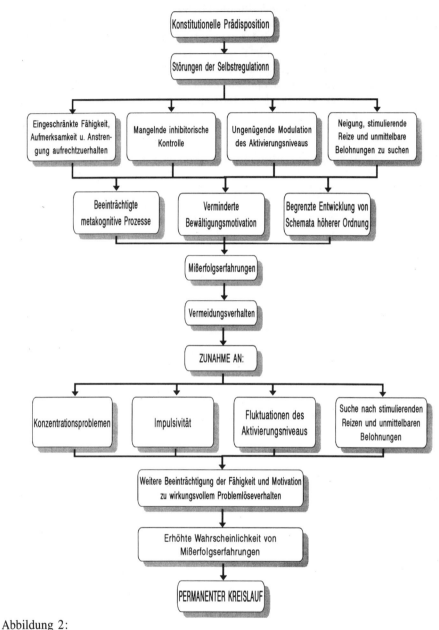

Abbildung 2:

Modell zur Entstehung von Aufmerksamkeitsstörungen nach Douglas (1980, 1983).

Vier Aspekte kennzeichnen nach Douglas diesen zentralen Defekt der Selbstregulation, der auf einer konstitutionellen Prädisposition beruht. Hyperkinetisch auffällige Kinder besitzen

● erstens eine verminderte Fähigkeit, andauernd Aufmerksamkeit und Mühe in anfordernde Aufgaben zu investieren; sie sind
● zweitens weitgehend unfähig, impulsives Reagieren zu hemmen; es gelingt ihnen
● drittens nicht, Aktivierung oder Wachheit den situativen Anforderungen jeweils anzupassen und sie neigen
● viertens dazu, ständig nach Stimulierung und unmittelbarer Belohnung zu suchen und auf hervorstechende Umgebungs- und Aufgabenmerkmale zu reagieren.
● Weitere Folgen dieser Selbstregulationsstörung sind nach Douglas (1989) motorische Unruhe und störendes, aggressives Verhalten.

Die Auswirkungen dieser Probleme verhindern, daß das Kind lernt, über sein Denken nachzudenken, geplant vorzugehen und Probleme seinem Alter entsprechend zu lösen. Eine altersgemäße metakognitive Entwicklung findet nicht statt. Die Motivation, bestimmte Situationen zu bewältigen (Schulaufgaben, Zimmer aufräumen), vermindert sich und kognitive Schemata höherer Ordnung werden nicht hinreichend entwickelt. Die Kinder erlernen übergeordnete Wissens-, Begriffs- und Regelsysteme nur unzureichend. Die Folgen dieser sekundären Störungen sind vermehrte Mißerfolgserlebnisse im kognitiven wie im sozialen Bereich. Diese Erfahrungen stärken die Tendenz, entsprechende Situationen zu vermeiden, wodurch die Problematik sich insgesamt verschärft. Konzentrationsschwächen, Impulsivität, die Fluktuation des Aktivierungsniveaus und die Suche nach stimulierenden Ereignissen nehmen zu. Damit wird die Fähigkeit und Motivation zu effektiven Problemlösungen weiter beeinträchtigt und die Wahrscheinlichkeit von Mißerfolgserlebnissen erhöht sich weiter — ein permanenter Kreislauf entsteht.

Das Modell versucht, die kognitiven Störungen bei hyperkinetisch auffälligen Kindern zu erklären. Auf andere Aspekte, etwa die motorische Unruhe oder aggressive Verhaltensstörungen, geht es nur am Rande ein. Bei einer solchen Dynamik treten schnell weitere Schwierigkeiten auf. Eine erhöhte Impulsivität zusammen mit vermehrten Mißerfolgserlebnissen und Frustrationen unterstützen die Entwicklung von oppositionellem Verhalten gegenüber Erwachsenen und aggressiven Verhaltensweisen gegenüber Kindern.

Es liegt nahe, daß die von Douglas beschriebenen kognitiven Störungen auch soziale Problemlöseprozesse beeinträchtigen und Störungen im Sozialverhalten auslösen. Modelle der sozialen Informationsverarbeitung, die den Prozeß zwischen der Wahrnehmung einer sozialen Situation und der Reaktion darauf beschreiben, geben genauere Hinweise auf die kritischen Punkte (siehe Döpfner 1989; 1993b). Bereits bei der Wahrnehmung und Interpretation einer sozialen Situation können Fehler auftreten: Mangelnde Aufmerksamkeit erhöht das Risiko, relevante soziale Hinweiszeichen nicht wahrzunehmen. Im weiteren Prozeß der Verarbeitung von Informationen schleichen sich weitere Fehler ein: Handlungsalternativen werden nicht berücksichtigt, Entscheidungen für Handlungsalternativen werden impulsiv gefällt, die notwendigen Handlungs-

schritte nicht sorgfältig genug geplant. Dieses Modell bedarf weiterer empirischer Prüfung, denn die bisherigen Ergebnisse bei Kindern mit Störungen des
Sozialverhaltens sind widersprüchlich (vgl. Döpfner et al., 1989b). Grenell et al.
(1987) konnten nachweisen, daß hyperkinetische Kinder im Vergleich zu unauffälligen Kindern Defizite im sozialen Wissen (zur Aufrechterhaltung von Beziehungen und zur Konfliktlösung) aufweisen.

Roth et al. (1992) sowie Lauth und Schlottke (1993) legen ein modifiziertes Modell nach Douglas (1980) vor. Barkley (1989) stellt das von Douglas entwickelte
Modell in mehreren Punkten in Frage. Vor allem kritisiert er die Annahme basaler Defizite in der Aufmerksamkeit und der Impulskontrolle, die sich nicht mit
empirischen Ergebnissen vereinbaren lassen. Störungen der Aufmerksamkeit und
der Impulskontrolle werden nämlich nicht beobachtet, wenn Aufmerksamkeitsleistungen bei Routinetätigkeiten kontinuierlich verstärkt werden, wenn das Arbeits-
tempo selbst bestimmt werden kann und wenn die Aufgabenstellungen häufig
wiederholt werden (u. a. Douglas & Parry, 1983; Goldberg & Konstantareas,
1981). Darüber hinaus zeigen sich Verhaltensauffälligkeiten wesentlich stärker in
Beschäftigungs- und Leistungssituationen und meist überhaupt nicht während des
freien Spiels (u. a. Barkley et al., 1984; Cunningham & Barkley, 1979). Barkley
schlußfolgert, daß Verhaltensstörungen unter einer starken Kontrolle von Um-
weltkontingenzen stehen müssen, wenn sie sich in wechselnden Situationen so
dramatisch ändern können. In seinem alternativen Modell werden hyperkinetische Störungen als **Störungen des regelgeleiteten Verhaltens** beschrieben (siehe
Abb. 3).

Auch Barkley (1989) nimmt eine neuropsychologische Disposition an, er definiert als grundlegende Defekte nicht Verhaltens- oder kognitive Defizite, sondern
Störungen in der Beziehung von Umweltereignissen (Hinweisreizen, Regeln,
Konsequenzen) und dem Verhalten. Basale Störungen bestehen in einer verminderten Verhaltenskontrolle durch diskriminative Reize und Regeln (z. B. Anweisungen, Testinstruktionen), die vor allem bei verzögerter, partieller oder
minimaler Verstärkung des Verhaltens auftreten. Barkley zeigt, daß die unscharfen Begriffe der Aufmerksamkeitsstörung und Impulsivität durch das Konzept der
verminderten Reizkontrolle eines Verhaltens ersetzt werden kann. Unter massiven Verstärkerbedingungen kann aufmerksam und reflexiv gearbeitet werden, ist
also eine Reizkontrolle vorhanden, bei weniger intensiver Verstärkung treten
Aufmerksamkeitsstörungen und Impulsivität auf. Als dritte basale Störung wird
eine schnelle Sättigung durch Konsequenzen angenommen, so daß Extinktionen
früher einsetzen als bei unauffälligen Kindern. Hiermit ließe sich z. B. der häufige
und schnelle Wechsel bei Spielmaterialien erkären. Diese basalen Störungen
führen

● erstens zu kürzeren Beschäftigungsdauern, höheren Fehlerzahlen und kürzeren Reaktionszeiten bei Aufgaben, also zu Störungen der Aufmerksamkeit und Impulskontrolle.
● Zweitens wird die Steuerung des Verhaltens durch die Situation (und Auf-
   gabenstellung) vermindert und
● drittens nimmt die Häufigkeit von Aktivitätsänderungen zu.

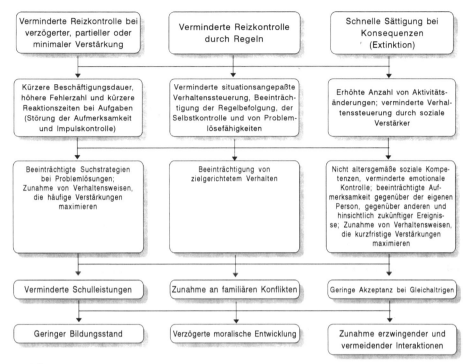

Abbildung 3:
Modell zur Entstehung hyperkinetischer Störungen nach Barkley (1989).

Weitere Störungen betreffen die Problemlösefähigkeit, die Beeinträchtigung von zielgerichtetem Verhalten und die Zunahme von Verhaltensweisen (u. a. von aggressivem und dissozialem Verhalten), die häufige und unmittelbare Verstärkungen maximieren. Diese Störungen haben Auswirkungen auf verschiedene Lebensbereiche: Verminderte Schulleistungen, eine Zunahme an familiären Konflikten und eine geringe Akzeptanz durch Gleichaltrige sind die Folge.

Die Persistenz und Intensivierung der Störung im Jugend- und Erwachsenenalter werden

● von der Intelligenz des Kindes,
● dem Ausmaß aggressiven Verhaltens des Kindes,
● dem sozioökonomischen Status der Familie,
● dem Ausmaß psychischer Störungen bei den Eltern
● sowie der Ansprechbarkeit auf eine Therapie beeinflußt.

Sowohl das Modell von Douglas als auch das von Barkley haben Auswirkungen auf die Interventionsplanung. Das Modell von Douglas stellt Aufmerksamkeitsstörungen und Selbstregulationsprozesse, also interne Prozesse, in den Mittelpunkt, während sich das Modell von Barkley an externen Reizen und Kontingenzen und deren Einfluß auf das Verhalten orientiert. Dementsprechend legen beide Autoren auch unterschiedliche Schwerpunkte auf den Aufbau von Selbstregulationsprozessen bzw. auf die Kontrolle des Verhaltens durch externe Bedingungen bei der Therapie hyperkinetischer Störungen.

4. Interventionsverfahren

4.1 Überblick über Interventionsansätze

Die Therapie von Kindern mit hyperkinetischen Störungen gehört gegenwärtig zu den größten Herausforderungen für die kinderpsychologische Praxis und Forschung - erstens wegen der Häufigkeit der Problematik und zweitens wegen ihrer erschreckend hohen Stabilität.

Kindzentrierte Verfahren zielen darauf ab, Verhaltensauffälligkeiten durch direkte Interventionen des Therapeuten beim Kind zu vermindern. Zu den kindzentrierten Verfahren zählen neben der medikamentösen Therapie die Methoden des Selbstinstruktionstrainings, Selbstmanagementverfahren und spielbezogene Interventionen bei Vorschulkindern. Neben diesen Interventionen, durch die eine Verminderung der Kernsymptome der hyperkinetischen Störung erreicht werden sollen, sind häufig weitere kindzentrierte Interventionen zur Behandlung von Begleitsymptomen notwendig, vor allem soziale Kompetenztrainings und Problemlösetrainings, um aggressives oder sozial unsicheres Verhalten abzubauen (Petermann & Warschburger sowie Essau & Petermann in diesem Buch) sowie Übungsbehandlungen zur Verminderung von Entwicklungs- und Schulleistungsdefiziten. Auch die diätetische Behandlung kann als ein kindzentriertes Verfahren betrachtet werden, wenngleich die umfassende Veränderung von Ernährungsgewohnheiten und die notwendige Kontrolle über die Einhaltung der Diät durch die Eltern nachhaltige Veränderungen der familiären Interaktionen bewirken können. Die vorliegenden Ergebnisse über die Effekte von spezifischen Diäten, vor allem der oligoantigenen Diät (Egger, 1985), weisen darauf hin, daß diese Behandlungsform für umschriebene Gruppen möglicherweise hilfreich sein kann.

Familienzentrierte Verfahren versuchen, Interaktionen zwischen Familienmitgliedern, beispielsweise zwischen Mutter und Kind, zu beeinflussen. Auf diese Weise sollen Bedingungen in der Familie verändert werden, die die Symptomatik aufrechterhalten. Analog dazu zielen **kindergarten- und schulzentrierte** Interventionen darauf ab, Verhaltensauffälligkeiten im Kindergarten oder in der Schule zu verringern.

Die Situationsspezifität der Symptomatik und ihre vielfältigen Ausprägungsformen gebieten, daß die Therapie dort anzusetzen hat, wo die Probleme auftreten: beim Kind, in der Familie, in der Schule, bei den Aufmerksamkeitsschwächen, der Impulsivität, der Hyperaktivität oder der Aggressivität. Dieses Prinzip ist deshalb von außerordentlicher Bedeutung, weil eine Generalisierung von Thera-

pieeffekten von einem Lebensbereich auf den anderen oder von einer Störungs-
form auf die andere bestenfalls unvollständig, meist gar nicht gelingt.

Da bei hyperkinetischen Störungen im allgemeinen mehrere Lebensbereiche und
mehrere Störungsformen betroffen sind, ist eine **multimodale Therapie** erforderlich, die mehrere Behandlungsformen kombiniert. Diesem Prinzip wird allgemein
zugestimmt (vgl. Eisert, 1990). Probleme bestehen allerdings in der Spezifikation
der einzelnen Elemente einer multimodalen Behandlung. Die Behandlungsemp-
fehlungen der American Academy of Child and Adolescent Psychiatry (1991) definieren Aufklärung und Beratung der Eltern, des Kindes und der Lehrer als
unverzichtbaren Bestandteil der Behandlung (vgl. Döpfner & Lehmkuhl, 1993a).
Nicht nur die Eltern sind über die Symptomatik, den Verlauf und die Prognose
der Störung aufzuklären, auch das Kind selbst soll über die Störung in altersange-
messener Weise aufgeklärt und zur Selbstbeobachtung angeleitet werden. Die
Eltern sind hinsichtlich möglicher Methoden der Verhaltenssteuerung zu beraten.
Psychotherapie, psychosoziale Interventionen sowie Pharmakotherapie sollen bei
entsprechender umschriebener Indikation durchgeführt werden. Zur Behandlung
der hyperkinetischen Kernsymptome werden verhaltenstherapeutische Interventionen (Elterntraining, kognitive Therapie) und/oder Pharmakotherapie empfohlen. Die bei Störungen der familiären Beziehungen empfohlene Familientherapie
umfaßt, wie im angloamerikanischen Sprachraum üblich, eine breite Palette von
Interventionen in der Familie, vor allem auch verhaltenstherapeutische Ansätze.

4.2 Kindzentrierte Ansätze

4.2.1 Medikamentöse Therapie

In der Pharmakotherapie haben sich vor allem zwei Wirkstoffgruppen als wirkungsvoll erwiesen: Psychostimulantien und Antidepressiva. Die Wirksamkeit
der Stimulantientherapie (hauptsächlich Methylphenidat, Handelsname: Ritalin)
ist von allen Therapieformen am besten belegt (vgl. Gittelman-Klein, 1987). Der
Anteil der Kinder über fünf Jahre, die auf die Behandlung positiv ansprechen (Re-
sponder), liegt bei etwa 70 %, bei jüngeren Kinder liegt die Responder-Rate vermutlich deutlich darunter. Einige Studien weisen darauf hin, daß die Rate der
Kinder, die auf Stimulantien ansprechen, deutlich über 70 % liegt, wenn strikte
diagnostische Kriterien angewandt werden (DuPaul & Rapport, 1993; Döpfner
& Lehmkuhl, 1993b). Bei Kindern im Vorschulalter werden pädagogisch-
psychotherapeutische Interventionen vorgezogen (vgl. Barkley, 1990; Döpfner &
Lehmkuhl, 1993a). Es gibt zudem Hinweise, daß die Medikation auch bei Jugendlichen und Erwachsenen hilfreich sein kann (Coons et al., 1987; Mattes
et al., 1984). Die Effekte sind 30-45 Minuten nach Einnahme beobachtbar und
bleiben zwei bis vier Stunden auf maximalem Niveau. Nach drei bis sieben Stunden ist eine deutliche Verminderung der Effekte zu beobachten. Aufgrund der
kurzen Halbwertszeit eignet sich die Behandlung vor allem dazu, Symptome während der Unterrichtszeit zu verringern. Bei ausgeprägt hyperkinetischem Verhal-

ten in der Familie am Nachmittag kann eine erneute Einnahme um die Mittagszeit notwendig sein (vgl. Barkley, 1990).

Die häufigsten **Nebenwirkungen** sind leichtere Durchschlafstörungen und eine Verminderung des Appetits. Einige Kinder reagieren anfangs mit Bauch- und Kopfschmerzen, die jedoch im Verlauf der Therapie verschwinden. In etwa 1—2% der Fälle treten motorische oder vokale Ticstörungen auf; wenn Ticstörungen bereits vor Beginn der Pharmakotherapie vorhanden sind, können diese sich verschlimmern. Obwohl die Literatur hierzu kontrovers ist, wird in solchen Fällen die Durchführung oder Fortsetzung einer Stimulantientherapie nicht empfohlen (vgl. Barkley, 1990; Döpfner & Lehmkuhl, 1993a).

Insgesamt konnte in einer Vielzahl von Studien belegt werden, daß sich die Kernsymptome — die motorische Unruhe und die Aufmerksamkeitsstörungen — durch eine Stimulantientherapie deutlich vermindern lassen. Eine umfassende Übersicht über die Ergebnisse geben Barkley (1990) und Gittelman-Klein (1987). Solange die Therapie fortgesetzt wird, unterscheiden sich die behandelten Kindern in ihrem Verhalten häufig nicht mehr von unauffälligen Kindern. Darüber hinaus konnte gezeigt werden, daß auch soziale Verhaltensweisen günstig beeinflußt werden und daß diese breite Wirksamkeit auf das Verhalten nicht auf Kosten einer verminderten Lernfähigkeit geht (vgl. Gittelman-Klein & Abikoff, 1989). Angesichts dieser Ergebnisse verwundert es, daß selbst Experten allzu leichtfertig von einer medikamentösen Therapie abraten und so getan wird, als seien andere wirksamere Interventionen vorhanden. Das Nichtbeachten medikamentöser Interventionsmöglichkeiten grenzt nach den vorliegenden empirischen Befunden an einen Kunstfehler, wenn alternative Therapien sich als nicht erfolgreich erweisen. Medikamentöse Interventionen müssen selbstverständlich in jedem Einzelfall einer genauen Effektivitätskontrolle und einer Kontrolle der Nebenwirkungen unterworfen werden.

Dem eindeutigen empirischen Nachweis über die Kurzzeit-Wirksamkeit von Methylphenidat steht eine geringe Anzahl von Untersuchungen über **Langzeiteffekte** gegenüber, die eine bessere Prognose von ausschließlich mit Psychostimulantien behandelten Kindern überwiegend nicht nachweisen konnten (u. a. Charles & Schain, 1981; Satterfield et al., 1982). So kommen beispielsweise Riddle und Rapport (1976) zu dem Ergebnis, daß Kinder, die über zwei Jahre hinweg kontinuierlich mit Methylphenidat behandelt wurden, weiterhin eine geringere Impulsivität und Hyperaktivität als Kinder zeigen, bei denen die Behandlung abgebrochen wurde. Beide Gruppen unterschieden sich jedoch kaum in ihrem (negativen) Status in der Gleichaltrigengruppe und in ihrer (mangelhaften) schulischen Leistungsfähigkeit. Satterfield et al. (1982) fanden eine gegenüber einer unauffälligen Kontrollgruppe um das 10- bis 20fache erhöhte Delinquenzrate bei ausschließlich mit Methylphenidat behandelten Kindern, wobei die Dauer der medikamentösen Behandlung keinen Einfluß auf die Delinquenzrate hatte.

Obwohl die Kurzzeitwirksamkeit von Stimulantienbehandlungen zu den am besten belegten Behandlungseffekten gehört, zeigen die empirischen Studien auch sehr klar die **Grenzen der Behandlung** (vgl. Pelham, 1989):

● Bei mittleren Dosierungen erreichen nur sehr wenige Kinder sowohl in ihrer schulischen Leistungsfähigkeit als auch im Sozialverhalten ein Niveau, das sich von unauffälligen Kindern nicht mehr unterscheidet. Bei Steigerung der Dosierung lassen sich die Effekte zwar häufig verbessern, doch nehmen damit auch die unerwünschten Nebenwirkungen zu.

● Obwohl die medikamentöse Therapie die schulische Leistungsfähigkeit (Genauigkeit und Produktivität) bei einigen Kindern verbessert, gibt es keine hinreichenden Belege dafür, daß sich die schulischen Leistungsdefizite nachhaltig vermindern lassen.

● Die positiven Veränderungen, die mit einer Stimulantientherapie einhergehen, werden nach Beendigung der Therapie häufig nicht aufrechterhalten, so daß eine medikamentöse Langzeitbehandlung in vielen Fällen als unerläßlich erachtet wird. Systematische Untersuchungen zur notwendigen Dauer medikamentöser Langzeittherapien liegen bislang nicht vor.

● Die Wirksamkeit einer Langzeitbehandlung mit Stimulantien ist bislang fraglich, da Lernschwierigkeiten, schulische Defizite und verminderte soziale Kompetenzen bei Jugendlichen und Erwachsenen, die früher mit Stimulantien behandelt wurden, weiterhin vorhanden sind.

● Schließlich spricht ein beachtlicher Anteil hyperkinetischer Kinder nicht auf die Behandlung an oder entwickelt Nebenwirkungen, die eine Fortführung der Behandlung verbieten. Vorsichtige Schätzungen liegen bei etwa 20—30 % (Conners & Werry, 1986; Pelham, 1989).

4.2.2 Selbstinstruktionstraining

In den siebziger Jahren wurden kognitiv-verhaltenstherapeutische Interventionen, basierend auf den Arbeiten von Meichenbaum und Goodman (1971) und Douglas (1975) entwickelt. Entsprechend dem in Abbildung 2 dargestellten Modell von Douglas (1980) ist das zentrale Anliegen dieser als Selbstinstruktions- oder Selbst-Regulationstraining bezeichneten Interventionsformen, die Selbstregulationsfähigkeiten und reflexiven Problemlösestrategien des Kindes zu verbessern, um es dadurch zu einer besseren Verhaltenssteuerung zu befähigen. Die Therapie soll dem Kind helfen, seine Aufmerksamkeit anhaltender zu zentrieren, seine Impulse besser zu kontrollieren und Handlungspläne zu entwickeln, um dadurch Aufgaben besser lösen zu können. Das Kind lernt am Modell des Therapeuten, indem dieser laut denkt, wie man mit Schwierigkeiten umgehen kann,

● die Schwierigkeiten zuerst einmal erkennt,
● verschiedene Lösungsmöglichkeiten überlegt und abwägt,
● abschätzt, ob die Lösungsmöglichkeiten angemessen sind,
● die Richtigkeit der Lösung kontrolliert und
● sich schließlich selbst für seinen Erfolg bestätigt.

Das Kind übernimmt dieses laute Denken vom Therapeuten, das dann im Verlauf der Behandlung ausgeschlichen wird. Anfänglich stehen einfache visuomotorische Aufgaben, z. B. Labyrinthaufgaben oder Puzzles im Vordergrund, um das handlungsanleitende Sprechen einzuüben. Später können komplexere Aufgaben gewählt werden, z. B. Hausaufgabensituationen (vgl. Eisert, 1990). Die einzelnen Problemlöseschritte (siehe Tab. 2) werden durch Signalkarten verdeutlicht. In verschiedenen Trainings wird zu Beginn der Problemlösung eine Stop-Instruktion eingeführt, um impulsive Lösungen zu hemmen.

Tabelle 2:
Problemlöseschritte im Selbstinstruktionstraining.

1. **Problemdefinition:**
   „Was soll ich tun?"

2. **Problem-Annäherung:**
   „Wie könnte ich vorgehen?" „Ich muß alle Möglichkeiten bedenken!"

3. **Fokussierung der Aufmerksamkeit:**
   „Ich soll nur an das denken, was ich gerade mache!"

4. **Überprüfung:**
   „Richtig gemacht?"
   … und Fertigwerden mit Fehlern:
   „Oh, ich habe einen Fehler gemacht. Beim nächsten Mal muß ich besser aufpassen, dann wird es sicher besser!"
   … oder Selbstverstärkung:
   „Gut gemacht!"

Tabelle 3 gibt eine Übersicht über publizierte Selbstinstruktionstrainings. Eisert et al. (1982) führten ein Selbstinstruktionstraining im Rahmen eines multimodalen Behandlungsprogrammes durch und evaluierten es.

Tabelle 3:
Übersicht über Selbstinstruktionstrainings.

Training	Autoren
Think Aloud	Camp & Bash (1981), Bash & Camp (1985)
Cognitve-behavioral therapy for impulsive children	Kendall & Braswell (1985)
Aufmerksamkeitstraining mit impulsiven Kindern	Wagner (1976)
Training mit aufmerksamkeitsgestörten Kindern	Lauth & Schlottke (1993)

Lauth und Schlottke (1993) legen das im deutschen Sprachraum umfassendste Training vor, das auf dem Selbstinstruktionsansatz aufbaut. Tabelle 4 gibt eine Übersicht über die Therapiebausteine des Trainings.

Tabelle 4:
Training mit aufmerksamkeitsgestörten Kindern (Lauth & Schlottke, 1993).

Basistraining (12 Einheiten)
Ziele: — Vermittlung von Wissen über Aufmerksamkeitsstörungen
    — Förderung von Basisfertigkeiten (genau hinschauen, genau zuhören, Wahrgenommenes wiedergeben)
    — Ausbildung von Reaktionskontrolle / Reaktionsverzögerung
    — Entwicklung von Handlungsregulation durch verbale Selbstanweisungen
Strategietraining (13 Einheiten)
Ziele: — Erkennen der Ziele und Elemente von Aufgabensituationen
    — Verhaltensplanung und Orientierung an übergeordneten Problemlösestrategien
    — Verhaltensregulation durch Selbstinstruktionen
    — Erwerb von Strategien zur Bewältigung von Ablenkungen, Fehlern und Frustrationen
Elternanleitung (begleitend zum Basis- und Strategietraining)
Ziele: — Wissensvermittlung über Aufmerksamkeitsstörungen
    — Vermittlung von Strategien zur Unterstüzung des Kindes bei Problemlösungen im Alltag
    — Problemorientierte Erziehungsberatung
Wissensvermittlung
Ziele: — Übertragung der Inhalte des Strategietrainings auf schulrelevante Aufgaben

---

Der anfängliche Enthusiasmus bezüglich des Stellenwertes von Selbstinstruktionstrainings bei hyperkinetisch gestörten Kindern ist im Lichte empirischer Untersuchungen verflogen. Die klinische Wirksamkeit konnte nicht überzeugend nachgewiesen werden (vgl. Abikoff, 1985; 1987). Ausgenommen gelegentlicher Belege über verbesserte Leistungen in Tests zur Erfassung visuomotorischer Fähigkeiten oder kognitiver Impulsivität, liegen keine sicheren Hinweise dafür vor, daß kognitive Interventionen Aufmerksamkeits- oder Gedächtnisprozesse verbessern. Die Leseleistung ließ sich in keiner kontrollierten Studie steigern, wohl aber die Mathematikleistungen (Cameron & Robinson, 1980; Varni & Henker, 1979). Andere Studien konnten keine Effekte auf Schulleistungen belegen (u. a. Billings & Wasik, 1985; Borden et al., 1987; Brown et al., 1985). Diese Studien zeigen, daß gezielte Verstärkungsprogramme eingesetzt werden müssen, um auch im Unterricht entsprechende Effekte zu erzielen. Möglicherweise sind die Methoden der Verstärkung und Selbstverstärkung, die häufig in Selbstinstruktionsprogrammen angewandt wurden, die entscheidenden Interventionselemente (Friedling & O'Leary, 1979).

Im deutschen Sprachraum konnte Schlottke (1984) eine Verbesserung der Aufmerksamkeitsleistungen und auch eine Generalisierung der Therapieeffekte auf einige Bereiche des Alltagsverhaltens nachweisen. Weitere von Lauth und Schlottke (1993) berichtete Studien zur Wirksamkeit ihres Aufmerksamkeitstrainings können Effekte auf die kognitive Leistungsfähigkeit teilweise belegen, jedoch keine Verhaltensänderungen im Alltag nachweisen. Allerdings wurden die Studien offensichtlich nicht bei Kindern mit hyperkinetischen Störungen nach den diskutierten Diagnosekriterien durchgeführt. Durch das Einüben von Selbstinstruktionen für individuelle Problemsituationen in der Familie und die Einbeziehung der Eltern in das Selbstinstruktionstraining konnten Fehlings et al. (1991) auf einigen Maßen zur Erfassung hyperkinetischer Störungen in der Familie Effekte erzielen; außerdem zeigte sich eine Verbesserung des Selbstwertgefühles.

4.2.3 Selbstmanagement-Methoden

Selbstmanagement-Methoden zielen darauf ab, das Kind anzuleiten, in seiner natürlichen Umgebung (in der Schule, in der Familie) auf die eigenen Verhaltensprobleme zu achten und sie zu registrieren. In den kritischen Situationen soll das Kind alternatives, angemessenes Verhalten zeigen, indem es versucht, sich an bestimmte Regeln zu halten und indem es sich für eine erfolgreiche Situationsbewältigung selbst positiv verstärkt. Selbstmanagement-Techniken werden häufig mit Selbstinstruktionsmethoden oder operanten Verstärkungsmethoden kombiniert. Die Wirksamkeit von Selbstbeobachtung auf das eigene Arbeitsverhalten konnte Harris (1986) bei lernbehinderten und aufmerksamkeitsgestörten Kindern nachweisen. Varni und Henker (1979) zeigen jedoch, daß allein durch die Selbstbeobachtung das Arbeitsverhalten hyperkinetischer Kinder nicht verändert wird. Ein Selbstinstruktionstraining war ebenfalls nicht wirkungsvoll, wohl aber die Kombination von Selbstbeobachtung mit Selbst- und Fremdverstärkung. Auch Barkley et al. (1980) konnten eine gegenüber dem Selbstinstruktionstraining erhöhte Wirksamkeit von Selbstbeobachtung und Selbstverstärkung nachweisen. Hinshaw et al. (1984a,b) zeigen, daß die Kombination von Stimulantienbehandlung mit Selbstbeobachtung und Selbstverstärkung wirkungsvoller ist, als Stimulantienbehandlung alleine. Anderson et al. (1981) konnten dagegen keine Effekte von Selbstbeobachtung und Selbstverstärkung nachweisen. Bowers et al. (1985) zeigen, daß Verstärkung durch den Lehrer einerseits und Selbstbeobachtung plus Selbstverstärkung andererseits die Arbeitsqualität im Unterricht in gleicher Weise verbessern, daß aber die Aufmerksamkeitsleistung durch Selbstbeobachtung plus Selbstverstärkung stärker verbessert wird als durch Fremdverstärkung.

Im Rahmen eines umfasenderen Forschungsprojektes zur Wirksamkeit multimodaler Interventionen bei Kindern mit hyperkinetischen Störungen (Döpfner & Lehmkuhl, 1993b) führte Frölich (1993) eine Studie an 18 Patienten im Alter von sechs bis zwölf Jahren mit der Diagnose einer hyperkinetischen Störung durch, bei der in der ersten Behandlungsphase Selbstinstruktion in Verbindung mit Selbstmanagement-Techniken und Verstärkung eingesetzt wurde. Parallel zum

Selbstinstruktionstraining wurden mit den Kindern Verhaltensregeln für bestimmte Situationen in der Familie oder der Schule erarbeitet, deren Einhaltung sie selbst kontrollierten und auf einem Selbstbeobachtungsbogen eintrugen. Zweimal pro Woche, bei einem Telefonkontakt und zu Beginn jeder Behandlungsstunde, berichtete das Kind dem Therapeuten, wie gut es die Regeln einhalten konnte und wurde dafür durch Lob und Zuwendung verstärkt. Gegenüber der Wartezeit konnte mit dieser Intervention die hyperkinetische und die aggressive Symptomatik, sowohl im Urteil der Eltern als auch der Lehrer, verringert werden.

Insgesamt wurden relativ wenige Untersuchungen zur Wirksamkeit von Selbstmanagement-Methoden durchgeführt, meist wurden sie mit anderen Techniken kombiniert (Selbstinstruktion, Fremdverstärkung, Token-Systeme). Die meisten Studien lassen vermuten, daß Selbstmanagement-Methoden möglicherweise eine erfolgversprechende Interventionsform darstellen.

4.2.4 Verhaltenstherapeutische Interventionen im Vorschulalter

Der Behandlung von hyperkinetischen Störungen im Vorschulalter wurde bislang wenig Aufmerksamkeit geschenkt. Dies verwundert umso mehr, da diese Störung meist deutlich vor dem sechsten Lebensjahr beginnt und für das Kind selbst, für seine Familie, sowie das weitere soziale Umfeld eine mitunter erhebliche Problembelastung bedeutet. Aufgrund der entwicklungsbedingten geringeren Autonomie des Vorschulkindes und der höheren Abhängigkeit seines Verhaltens vom unmittelbaren Umfeld, kommt familien- und kindergartenzentrierten Interventionsformen eine bedeutende Rolle zu (Döpfner, 1993c). Unmittelbar auf das Kind zentrierte pädagogisch-therapeutische Interventionen sind demgegenüber für das Vorschulalter kaum entwickelt worden. Kognitive Interventionsformen, wie Selbstinstruktionstraining und Selbstmanagement-Methoden, sind im Vorschulalter aufgrund der mangelhaft entwickelten kognitiven Selbststeuerungsfähigkeit nicht anwendbar. Döpfner und Sattel (1992) stellen ein Behandlungskonzept zur Steigerung von Spiel- und Beschäftigungsintensität und Ausdauer bei hyperkinetisch auffälligen Kindern im Alter von drei bis sechs Jahren vor, das in fünf Phasen unterteilt ist (siehe Tab. 5).

Die Wirksamkeit einzelner Behandlungskomponenten wurde in einem einzelfallanalytischen Vorgehen belegt (Döpfner & Sattel, 1992).

4.3 Eltern- und familienzentrierte Ansätze

Eltern- und familienzentrierte Ansätze versuchen, problematische Verhaltensweisen in kritischen familiären Situationen direkt zu beeinflussen. Ausgehend von Barkleys Modell der Entwicklung von hyperkinetischen Störungen (siehe Abb. 1), das eine mangelhafte Verhaltensregulation durch Hinweisreize, Regeln und Konsequenzen annimmt, zielen diese Interventionen darauf ab, hyperkinetische Störungen durch Methoden des Reiz- und Kontingenzmanagements in konkreten

Tabelle 5:
Kindzentrierte Interventionen bei Aufmerksamkeitsschwächen und motorischer
Unruhe im Vorschulalter (Döpfner & Sattel, 1992).

Phase 1: Gestaltung einer positiven und tragfähigen Beziehung zum Kind
Einzelbeschäftigung mit dem Kind, eventuell Vorstrukturierung der Spielsituation.
Die Interessen und Verhaltenstendenzen des Kindes stehen im Mittelpunkt.

Phase 2: Bestimmung der Ansatzpunkte der Intervention
Beobachtung des Verhaltens in unterschiedlich stark strukturierten und in unterschiedlichem Grade fremdbestimmten Spiel- und Beschäftigungssituationen.

**Phase 3: Aufbau eines konzentrierten und intensiven Spiel- und Beschäftigungs-
verhaltens**
1. Vorstrukturierung der Spielsituation durch Auswahl von Spiel- und Beschäfti-
   gungsmaterialien
2. Ziel- und Regelbesprechung und Erfragen von Handlungsplänen
3. Formulierung von Verhaltensanweisungen
4. Verbalisation von Spielhandlungen und spielbezogenen Äußerungen des Kindes
5. Stimulierung alternativer Denk- und Handlungsprozesse
6. Verbale oder aktionale Rückführung
7. Soziale Verstärkung einzelner Spielhandlungen
8. Tokenverstärkung

**Phase 4: Stabilisierung des Spiel- und Beschäftigungsverhaltens durch Förde-
rung der Selbststeuerung und Ausblendung der Außensteuerung**
Verstärkter Einsatz von Ziel- und Regelbesprechungen, Verhaltensaufgaben und
Tokenverstärkung. Verminderung von aktionaler und verbaler Rückführung, von
Verbalisationen und sozialen Verstärkungen.

**Phase 5: Steigerungen der Anforderungen an das Spiel- und Beschäftigungsver-
halten**
1. Ausdehnung der Spiel- und Beschäftigungsdauer
2. Steigerung der Spiel- und Beschäftigungskomplexität
3. Steigerung der Außenreize, z. B. durch Einbeziehung weiterer Kinder, durch
   potentiell ablenkende Tätigkeiten des Therapeuten, durch geringere Vorstrukturierung

Familiensituationen zu vermindern. In mehreren Laborstudien wurde belegt, daß
die Aufmerksamkeitsleistungen und die Impulskontrolle durch nachfolgende positive wie negative Konsequenzen verbessert werden können (z. B. Firestone &
Douglas, 1977). Die Wirksamkeit von Elterntrainings und die Langzeit-Stabilität
der Effekte konnte in mehreren Studien mit oppositionell auffälligen Kindern
nachgewiesen werden (vgl. McMahon & Forehand, 1984; McMahon & Wells,
1989).

Frühere Studien belegen die Wirksamkeit von Elterntrainings, bei denen vor
allem Methoden des Kontingenzmanagements verwandt wurden (u. a. Dubey
et al., 1983; Firestone et al., 1981). Horn et al. (1990) weisen nach, daß die
Kombination von Elterntraining mit Selbstinstruktionstraining beiden unimodalen
Behandlungsformen (nur Elterntraining, nur Selbstinstruktionstraining) bei der
Verminderung hyperkinetischer Störungen in der Familie überlegen ist. Die Effekte des Elterntrainings und der Kombinationsbehandlung ließen sich auch noch
drei Monate nach Behandlungsende nachweisen. Im Lehrerurteil konnten Therapieeffekte jedoch nur unmittelbar nach Behandlungsende nachgewiesen werden,
sie stabilisierten sich jedoch nicht .

In mehreren Studien wurde den verhaltenstherapeutischen Interventionen die gleiche Wirksamkeit wie einer Stimulantienbehandlung bescheinigt (u. a. O'Leary &
Pelham, 1978; Pelham, 1977). Dies wird jedoch durch neuere, methodisch besser
fundierte Untersuchungen in Frage gestellt (vgl. Gittelman-Klein & Abikoff,
1989). Die Arbeitsgruppe um Gittelman-Klein untersuchte die Wirksamkeit von
Methylphenidat, einer zweimonatigen Verhaltenstherapie alleine (mit Placebo),
die vor allem den Einsatz operanter Techniken in der Familie und Schule umfaßte, und einer Kombinationsbehandlung an insgesamt 86 hyperkinetisch gestörten
Kindern. Multiple Behandlungskontrollen, die Lehrer-, Eltern- und Expertenur-
teile ebenso umfaßten wie direkte Verhaltensbeobachtungen, wurden durchgeführt. Die Stimulantientherapie erwies sich gegenüber der Verhaltenstherapie auf
globalen Beurteilungen der erzielten Verhaltensänderungen als überlegen (80 %
im Vergleich zu 40 % Ansprechrate). Auch die Verhaltensbeobachtungen im Unterricht zeigten bei medikamentös behandelten Kindern deutlich stärkere Verhaltensänderungen als bei verhaltenstherapeutisch behandelten Kindern. In einer
Studie, in der verschiedene Behandlungsmodalitäten kombiniert wurden, konnten
Pelham et al. (1988) die Wirksamkeit einer fünfmonatigen verhaltenstherapeutischen Intervention in der Familie und im Unterricht belegen. Dabei wurde eine
hohe individuelle Variabilität festgestellt: 45 bis 80 % der Kinder zeigten Therapieeffekte (Verbesserung um mindestens 20 %) auf unterschiedlichen Erfolgsmaßen:

- 80 % verbesserten sich im Lehrerurteil,
- 60 % zeigten Verbesserungen bei Verhaltensbeobachtungen während des
  Unterrichts,
- 55 % konnten ihre Popularität bei Gleichaltrigen verbessern und
- 45 % zeigten günstige Verhaltensänderungen in der Familie.

Dennoch zeigten die meisten Kinder weiterhin deutliche Auffälligkeiten. Lediglich zwei von 20 Kindern erreichten auf allen Maßen Werte, die im normalen Bereich lagen. Eine zusätzliche Stimulantienbehandlung verbesserte das
Verhalten in der Schule deutlich, allerdings nur, solange Stimulantien verabreicht wurden. Die Aussagekraft dieser Studie wird jedoch durch eine geringe
Stichprobengröße begrenzt. Erhardt und Baker (1990) konnten anhand mehrerer Einzelfallstudien die Wirksamkeit eines Elterntrainings bei hyperkinetisch

gestörten Vorschulkindern nachweisen, allerdings wurden nicht alle Problemverhaltensweisen wirkungsvoll verringert, und nicht alle Therapieeffekte stabilisierten sich.

In den meisten Studien wurden generelle Elterntrainings durchgeführt, die nicht
auf die Besonderheiten hyperkinetisch auffälliger Kinder eingehen. Barkley
(1987) legt ein spezielles Elterntraining für Eltern von hyperkinetisch und oppositionell auffälligen Kindern vor. Im Rahmen einer Studie zur multimodalen Behandlung hyperkinetisch gestörter Kinder wurde dieses Training für den deutschen Sprachraum adaptiert und erweitert (Döpfner & Frölich, 1993; siehe Tab.
6). Das Training geht davon aus, daß die Verhaltensauffälligkeiten hyperkinetischer Kinder auf einer gestörten Verhaltensregulation durch Hinweisreize,
Regeln und Konsequenzen basieren, die die Entwicklung typischer Eltern-Kind-
Interaktionsstörungen forciert. In der Eltern-Kind-Interaktion werden häufig
positive Verhaltensansätze der Kinder nicht beachtet, und Eltern und Kind tendieren zu einem gegenseitig erzwingenden Verhalten (siehe Abb. 1), wie es in Familien mit oppositionell und aggressiv auffälligen Kindern beschrieben wurde
(Patterson, 1982). Die Ziele des Trainings bestehen im Unterbrechen dieser dysfunktionalen Regelkreise durch:

● erstens den Aufbau positiver Eltern-Kind-Interaktionen,
● zweitens die Anwendung positiver Verstärkung zur Verminderung umschriebener Verhaltensprobleme und
● drittens den Einsatz von negativen Konsequenzen, wenn positive Verstärkung nicht hinreichend erfolgreich ist.

Tabelle 6:
Therapiebausteine des Eltern-Kind-Trainings (Döpfner & Frölich, 1993).

E1)	Warum sich Kinder auffällig verhalten / Interaktionsbilanz.
E2)	Schenken Sie dem Kind ihre Aufmerksamkeit, wenn es spielt.
E3)	Schenken Sie dem Kind ihre Aufmerksamkeit, wenn es folgsam ist. Wie man wir-kungsvolle Aufforderungen gibt.
E4)	Schenken Sie dem Kind ihre Aufmerksamkeit, wenn es Sie bei einer Beschäftigung nicht stört.
E5)	Aufbau eines Punkte-Systems.
E6)	Veränderung und Beendigung des Punkte-Systems.
E7)	Verminderung von Problemen während der Hausaufgabenzeit.
E8)	Das Punkte-Entzugs-System: Ein Wettkampf um lachende Gesichter.
E9)	Auszeit (time-out).
E10)	Problematisches Verhalten in der Öffentlichkeit.

In der ersten Einheit werden den Eltern Informationen zur hyperkinetischen Störung vermittelt. Verhaltensprobleme des Kindes werden als Ergebnis von drei
Faktoren dargestellt:

- Erstens von Merkmalen des Kindes (Prädispositionen, Temperamentsmerkmale, Entwicklungsstand),
- zweitens von Merkmalen der Eltern (Gesundheitsprobleme, psychische
  Probleme, Temperamentsmerkmale) und
- drittens von familiären Belastungen (Eheprobleme, finanzielle und berufliche Probleme usw.).

Diese Faktoren beeinflussen:

- unmittelbar das Verhalten des Kindes,
- die Reaktionen der Eltern auf das Verhalten des Kindes und
- die Wahrnehmung des Verhaltens des Kindes durch die Eltern.

Gemeinsam mit den Eltern wird erarbeitet, inwiefern dieses generelle Modell
auf die konkrete Situation in ihrer Familie zutrifft. Anhand des in Abbildung
1 dargestellten Interaktionsschemas werden danach die typischen Interaktionsprobleme besprochen, die letztlich dazu führen, daß in der Bilanz negative
Eltern-Kind-Interaktionen überwiegen. Damit wird die Notwendigkeit begründet, zunächst positive Interaktionen aufzubauen. Begonnen wird mit einer
Positiv-Liste, anhand derer mit den Eltern positive Verhaltensweisen und
Eigenschaften des Kindes erarbeitet werden. Fortgesetzt wird diese Betonung
positiver Interaktionen in der zweiten Einheit, in der mit den Eltern erarbeitet
und eingeübt wird, auf welche Weise sie mit dem Kind spielen können. Die
Eltern werden dabei zu einer weitgehend nondirektiven Haltung in Spielsituationen angeleitet. Diese besonderen Spielzeiten sollen dann regelmäßig zu
Hause durchgeführt werden. In den Einheiten 3 und 4 werden die Eltern angeleitet, dem Kind gezielt Aufmerksamkeit und Zuwendung zu schenken, wenn
es in Situationen, die typischerweise problematisch sind (Befolgen von Anweisungen, Störverhalten), positive Verhaltensansätze zeigt.

Danach folgen vier Einheiten (E5 bis E8), in denen Verstärker-Systeme gemeinsam mit den Eltern aufgebaut und in der Familie angewandt werden. Für
Hausaufgabensituationen, die typischerweise besonders problematisch sind,
wird ein spezielles Vorgehen unter Einschluß eines Verstärker-Systems vorgeschlagen. In der neunten Einheit werden Time-out-Methoden als negative
Konsequenzen bei problematischem Verhalten vermittelt und schließlich geht
es in der zehnten Einheit um die Anwendung der einzelnen Methoden bei problematischem Verhalten in der Öffentlichkeit. Döpfner und Lehmkuhl (1995)
stellen das Training ausführlich vor.

Die Abfolge der Einheiten hat eine gewisse innere Logik, doch müssen nicht
alle Einheiten nacheinander bearbeitet werden, vielmehr werden sie entsprechend der individuellen Problemkonstellation zusammengestellt. Der allgemeine Ablauf einer Eltern-Kind-Trainingsstunde gestaltet sich wie folgt:
Zunächst werden die in der vorangegangenen Stunde besprochenen Inhalte
noch einmal zusammengefaßt und die Ergebnisse der dabei erarbeiteten Interventionen besprochen. Daran schließt die neue Einheit an. Häufig werden die
besprochenen Methoden vom Therapeuten demonstriert, wenn nötig im Rol-

lenspiel eingeübt und eine spezifische Intervention entwickelt, die bis zur folgenden Sitzung erprobt wird. Die Trainingsdauer liegt nach den bisherigen Erfahrungen zwischen fünf und 18 Stunden.

Die Wirksamkeit dieses Trainings bei hyperkinetisch auffälligen Kindern wurde bislang nicht geprüft (vgl. DuPaul et al., 1991). Erste Ergebnisse aus der Kölner Studie weisen darauf hin, daß das Training bei der Verminderung individueller Verhaltensprobleme hyperkinetisch gestörter Kinder in der Familie wirkungsvoll ist. In der bereits erwähnten Studie von Frölich (1993) konnte nachgewiesen werden, daß durch das Elterntraining in Verbindung mit einem Selbstinstruktions- und Selbstmanagement-Training die Verhaltensauffälligkeiten in der Familie (vor allem Hyperaktivität und Aufmerksamkeitsstörungen) gegenüber der ersten Behandlungsphase (Selbstinstruktion plus Selbstmanagement) noch einmal deutlich vermindert werden. Das Verhalten in der Schule änderte sich jedoch nicht im gleichen Maße. Dies läßt auf einen spezifischen, auf das Verhalten in der Familie begrenzten Effekt des Elterntrainings schließen (vgl. auch Breiner & Forehand, 1981). Pisterman et al. (1989) überprüften die Wirksamkeit eines vergleichbaren Trainingsprogrammes bei hyperkinetisch auffälligen Vorschulkindern und konnten eine deutliche Verminderung des oppositionellen Verhaltens nachweisen, während sich die hyperkinetischen Verhaltensweisen nicht änderten.

4.4 Kindergarten- und schulzentrierte Ansätze

Analog zu den familienzentrierten Ansätzen werden durch kindergarten- und schulzentrierte Ansätze problematische Verhaltensweisen hyperkinetischer Kinder in diesen Lebensbereichen direkt beeinflußt. Kindergarten und Schule stellen im Vergleich zur Familie die strukturierteren Lebensbereiche mit höherem Ablenkungspotential dar. Deshalb treten in diesen Lebensbereichen hyperkinetische Störungen häufig auch intensiver zutage. In einer größeren Anzahl von Studien konnte gezeigt werden, daß sich diese Auffälligkeiten im Kindergarten und in der Schule durch die Verstärkung reduzierter Aktivität oder erhöhter Ausdauer schnell vermindern lassen (vgl. Döpfner, 1993b). Meist finden Token-Systeme Anwendung, da einige Studien zeigen, daß Lob alleine hyperkinetische Symptome nicht deutlich beeinflußt (Pfiffner et al., 1985a,b). Allerdings verbessert die Verstärkung von ruhigem und ausdauerndem Beschäftigen mit Aufgaben nicht automatisch auch die schulischen Leistungen (Marholin & Steinman, 1977). Wird jedoch die korrekte Leistung verstärkt, dann verbessern sich nicht nur die Schulleistungen, sondern auch die Aufmerksamkeitsschwächen und die Hyperaktivität (u. a. Pfiffner et al., 1985a,b; Robinson et al., 1981). Die Aussagekraft dieser Studien wird jedoch dadurch begrenzt, daß weder die Stabilität der Erfolge noch die Generalisierung auf andere Schulsituationen geprüft wurden.

Döpfner und Sattel (1992) können zeigen, daß sich hyperkinetische Störungen durch ein Response-Cost-Verfahren in der Beschäftigungssituation, in der das Verfahren eingesetzt wurde, reduzieren lassen und daß die Therapieeffekte auf Spielsituationen generalisieren. Bei Response-Cost-Verfahren werden zuvor zugeteilte Verstärker (z. B. Punkte, die in Belohnungen eingetauscht werden können) dem Kind entzogen, wenn ein bestimmtes Problemverhalten auftritt (z. B. Aufstehen vom Stuhl während der Hausaufgaben). Generell ist die unmittelbare Wirksamkeit von Response-Cost-Methoden gut gesichert. Meist erwies sich Response-Cost im Vergleich zu positiver Token-Verstärkung als wirkungsvoller (u. a. Rapport et al., 1982; Pfiffner & O'Leary, 1987). Response-Cost-Methoden erlauben eine unmittelbare Reaktion auf auffälliges Verhalten, geben dem Kind also eine direkte Rückmeldung, während positive Verstärkung mit einer zeitlichen Verzögerung einhergeht, beispielsweise wenn das Kind dafür verstärkt wird, daß es 15 Minuten im Unterricht auf seinem Platz sitzt. Die Kontingenzverhältnisse sind bei Response-Cost-Verfahren also enger und deshalb wirksamer (vgl. Döpfner, 1993a; 1993b). Dieses Ergebnis läßt sich gut mit Barkleys Theorie der verminderten Wirkung von Verstärkern bei hyperkinetischen Kindern in Einklang bringen und weist darauf hin, daß wirkungsvolle Interventionen ein kontinuierliches und unmittelbares Reagieren auf auffälliges Verhalten erfordern. Gerade dies ist aber in Gruppensituationen (Unterricht, Kindergarten) besonders problematisch, wenn die Bezugsperson nicht andere Aufgaben vernachlässigen will. Diese Schwierigkeit läßt sich möglicherweise mit einem technischen Hilfsmittel, dem Attention Trainer (Gordon et al., 1991), vermindern (siehe Kasten). Rapport et al. (1982) konnten anhand einer Einzelfallstudie zeigen, daß diese Methode der Stimulantienbehandlung überlegen ist. Eine weitere, in mehreren Studien bewährte Methode sind tägliche Verhaltensbeurteilungen von Lehrern / Erzieherinnen, die zu Hause mit einem Verstärkersystem gekoppelt werden (u. a. Barkley, 1981; Pelham et al., 1988).

Der Attention Trainer (nach Gordon et al., 1991)
Am Tisch des Schülers steht ein Empfangsgerät, das dem Schüler die erworbene Punktzahl anzeigt. Diese steigt jede Minute um einen Punkt, solange nicht der Lehrer einen Sender betätigt, der einen Punktabzug bewirkt. Der Sender wird immer dann betätigt, wenn der Schüler eine zuvor mit ihm gemeinsam definierte Verhaltensregel (z. B. am Platz sitzen zu bleiben) verletzt. Die am Ende der Stunde/ des Unterrichtstages gewonnenen Punkte werden in Verstärker eingetauscht.

4.5 Multimodale Behandlung

Die unterschiedlichen therapeutischen Ansatzpunkte von Stimulantientherapie und verhaltenstherapeutischen Interventionen haben zu der weit verbreiteten Erwartung geführt, daß jede dieser Behandlungsmodalitäten etwas zu bieten habe, das die Wirksamkeit der anderen Therapieform verbessere. In mehreren Studien wurde die Wirksamkeit einer Kombination von Stimulantienbehandlung mit verhaltenstherapeutischen Interventionen in der Familie und im Unterricht (u. a. Firestone et al., 1981; Pelham et al., 1985) oder mit kognitiven Trainings (u. a. Abikoff & Gittelman, 1985a; Cohen et al., 1981) oder durch eine Kombination aller drei Interventionsformen (Horn et al., 1991; Ialongo et al., 1993) unter-

sucht. Die Mehrzahl dieser Untersuchungen weist auf eine gegenüber einer
ausschließlichen Stimulantientherapie geringfügig erhöhte Wirksamkeit multimodaler Interventionen hin. Zwar können Pelham und Murphy (1986) anhand
einer Übersicht über Einzelfall- und Gruppenstudien nachweisen, daß 13 von 19
Studien eine Überlegenheit einer multimodalen Therapie gegenüber Einzelbe-
handlungen auf zumindest einem Erfolgsmaß zeigen; Kontrollgruppenstudien geben jedoch nur marginale Hinweise auf eine höhere Wirksamkeit multimodaler
Therapien (vgl. Gittelman-Klein & Abikoff, 1989). In der bereits zitierten Studie
von Gittelman et al. (1980) ließ sich eine größere Effektivität der Kombinationsbehandlung (verhaltenstherapeutische Interventionen in der Familie und der
Schule plus Stimulantientherapie) gegenüber Stimulantientherapie alleine weder
durch Verhaltensbeobachtungen im Unterricht noch bei den durch Lehrer beurteilten Aufmerksamkeitsstörungen und den Auffälligkeiten im Sozialverhalten belegen. Lediglich bei der Verminderung der durch Lehrer beurteilten motorischen
Unruhe war die multimodale Behandlung der Stimulantientherapie überlegen. In
der Untersuchung von Pelham et al. (1988) verbesserte eine zusätzliche Stimulantienbehandlung die Wirksamkeit fünfmonatiger verhaltenstherapeutischer Interventionen (in der Familie und im Unterricht) auf das Verhalten in der Schule
deutlich, allerdings nur solange Stimulantien verabreicht wurden. Andererseits
zeigt die Studie von Pollard et al. (1983), daß eine multimodale Behandlung
(Stimulantien- plus Verhaltenstherapie) **beiden** unimodalen Therapieformen (nur
Stimulatientherapie bzw. nur Verhaltenstherapie) nicht überlegen ist.

Auf die Komplexität der Interaktionen zwischen Verhaltens- und Stimulantientherapie weisen die Studien von Pelham et al. (1980) und Horn et al. (1991) hin. Pelham und Mitarbeiter zeigen, daß eine Stimulantienbehandlung nach einer
13wöchigen verhaltenstherapeutischen Intervention wirksamer ist als eine bei Be-
handlungsbeginn durchgeführte Stimulantientherapie. Ein maximaler kombinierter Behandlungseffekt läßt sich möglicherweise, so Pelham et al. (1988), erst bei
einer acht Wochen deutlich übersteigenden Behandlungsdauer belegen. Horn
et al. (1991) konnten ebenfalls keine bessere Wirksamkeit einer kombinierten
Behandlung gegenüber einer Stimulantienbehandlung mit höherer Dosierung
nachweisen. Bei niedriger Stimulantiendosierung erwies sich die Behandlungskombination bei der Veränderung von Verhaltensauffälligkeiten im Unterricht
jedoch als effektiver. Die Behandlungskombination mit niedrig dosierten Stimulantien war im Vergleich zu einer Stimulantienbehandlung mit niederer Dosierung alleine und im Vergleich zu Verhaltenstherapie (Interventionen in der
Familie und Selbstinstruktionstraining) alleine wirkungsvoller. Darüber hinaus
erwies sich die Behandlungskombination mit niedrig dosierten Stimulantien als
ebenso wirkungsvoll wie hoch dosierte Stimulantientherapie alleine und in Kombination mit Verhaltenstherapie. Eine Nachuntersuchung, neun Monate nach
Beendigung der Therapien, belegte vor allem, daß sämtliche durch die medikamentöse Therapie erzielten Effekte verschwunden waren. Im Elternurteil erwiesen sich die verhaltenstherapeutischen Interventionen der medikamentösen
Therapie überlegen. Diese Effekte konnten aber durch andere Maße (Verhaltensbeobachtung, Lehrerurteil, Konzentrationsleistung) nicht bestätigt werden.

Trotz der schwachen Belege für eine Wirksamkeit **kognitiver Interventionen** wurde eine Kombinationsbehandlung mit Methylphenidat als erfolgversprechend betrachtet. Es wurde erwartet, daß durch die medikamentös bedingte Verbesserung des Verhaltens und vor allem der Aufmerksamkeitsleistungen die Aneignung von Selbstkontroll- und Problemlösefähigkeiten nachhaltig unterstützt werden könnte. Cohen et al. (1981) konnten bei Vorschulkindern keine stärkeren Effekte einer Kombinationsbehandlung aus kognitivem Training plus Stimulantientherapie gegenüber einer ausschließlichen Stimulantientherapie nachweisen. Brown und Mitarbeiter untersuchten in zwei Studien die Wirksamkeit von Stimulantientherapie und kognitiver Therapie alleine und in Kombination (kognitives Training drei Monate bzw. zwölf Trainingssitzungen) und konnten eine differentielle Wirksamkeit weder bei kognitiven Maßen noch bei den schulischen Leistungen und Verhaltensbeurteilungen belegen (Brown et al., 1985). Abikoff und Gittelman (1985a) überprüften ein Programm über vier Monate zur Verbesserung von kognitiven und interpersonellen Problemlösefähigkeiten und konnten ebenfalls keine Überlegenheit einer Kombinationsbehandlung mit Methylphenidat gegenüber ausschließlicher Stimulantientherapie belegen. Die Therapieeffekte des kognitiven Trainings stabilisierten sich bei Absetzen der Stimulantienbehandlung nicht. Ein kognitives Training bei hyperkinetisch gestörten Kindern mit schulischen Defiziten zusätzlich zur Stimulantienbehandlung verbesserte die Wirksamkeit der Stimulantientherapie nicht (Abikoff et al., 1988). Hinshaw et al. (1984b) konnten keine Effekte von Methylphenidat auf die durch ein Selbstkontrolltraining verbesserte Fähigkeit zur Kontrolle von Ärger belegen. Wird jedoch statt einer Dosierung von 0,3 mg eine Dosierung von 0,6 mg/kg gewählt, dann läßt sich der Effekt eines Selbstkontrolltrainings verbessern (Hinshaw et al., 1989).

Bei der Beurteilung der **Langzeitwirksamkeit** zeichnet sich eine Überlegenheit multimodaler Interventionen gegenüber einer Stimulantientherapie ab. Satterfield et al. (1981) konnten in einer Nachuntersuchung drei Jahre nach Beginn einer multimodalen Behandlung nachweisen, daß weniger intensiv behandelte Kinder (durchschnittlich neun Monate), von ihren Lehrern als aufmerksamkeitsschwächer beurteilt wurden, in höherem Maße antisoziale Verhaltensweisen zeigten, größere Leistungsdefizite aufwiesen und in der Schule und zu Hause weniger angepaßt waren, als intensiver behandelte Kinder (durchschnittlich 35 Monate). In einer weiteren Nachkontrolle untersuchten Satterfield et al. (1987) die Langzeitwirksamkeit einer multimodalen Behandlung im Vergleich zu einer ausschließlichen Stimulantientherapie. Die durchschnittliche Katamnese-Zeit lag bei 9,3 bzw. 8,7 Jahren, das Durchschnittsalter bei 17 Jahren. Die Delinquenzrate der multimodal behandelten Jugendlichen lag mit 8 % deutlich unter der von ausschließlich mit Methylphenidat behandelten Patienten (22 %). Patienten, die weniger als zwei Jahre eine multimodale Behandlung erhielten, zeigten einen weniger günstigen Verlauf als Patienten, die 2-3 Jahre lang behandelt wurden. Die Wirksamkeit einer teilstationären Langzeitbehandlung von Vorschulkindern mit überwiegend hyperkinetischer und aggressiver Symptomatik konnten Döpfner et al. (1989a) nachweisen (siehe auch Döpfner, 1993d).

Insgesamt erweist sich die hyperkinetische Störung als eine Störung mit hohem Chronifizierungsrisiko, die durch kurzzeitige pharmako- oder psychotherapeutische Interventionen im allgemeinen dauerhaft nicht zu beeinflussen ist. Die Effekte psychotherapeutischer Intensiv- und Langzeitinterventionen sind bislang allerdings nicht hinreichend untersucht worden. Nahezu alle Studien sind in der Therapiedauer nicht wesentlich über zwölf Sitzungen / Behandlungswochen hinausgegangen, was allerdings für die gesamte Psychotherapieforschung im Kindes- und Jugendalter typisch ist.

Die Schlußfolgerungen aus den Ergebnissen der Therapieforschung für die klinische Praxis fallen je nach Standort der Autoren unterschiedlich aus. So resümieren Gittelman-Klein und Abikoff (1989), daß die Frage, ob Verhaltenstherapie eine alternative Behandlungsstrategie zu Methylphenidat ist, klinisch nicht relevant sei. Entscheidend sei dagegen, ob zusätzliche verhaltenstherapeutische Interventionen die Wirksamkeit der Stimulantienbehandlung verbessern. Bis auf einige Ausnahmen scheine es jedoch keinen Unterschied zwischen medikamentöser Behandlung und einer Kombination mit Verhaltenstherapie zu geben. Eine Verhaltenstherapie solle daher nur bei jenen Kindern in Betracht gezogen werden, die trotz Stimulantientherapie weiterhin Auffälligkeiten zeigten. Aus mehreren Gründen erscheint die Sichtweise von Gittelman-Klein und Abikoff (1989) jedoch verkürzt. Selbst wenn eine Stimulantientherapie als die Methode der Wahl betrachtet wird, so stellt sich die Frage nach der Verhaltenstherapie als Behandlungsalternative bei Kindern,

● die nicht auf eine Stimulantienbehandlung ansprechen,
● bei denen eine Stimulantientherapie kontraindiziert ist und
● bei denen eine Zustimmung der Eltern für eine medikamentöse Behandlung nicht erwirkt werden kann.

Zudem können Verhaltensprobleme, die am späten Nachmittag auftreten, nicht durch Stimulantien behandelt werden, da sich eine Medikamentengabe am späten Nachmittag wegen der Beeinträchtigung des Nachtschlafes verbietet. Da eine kurzzeitige Stimulantientherapie selten ausreicht, ist bei vielen Kindern eine Langzeittherapie, häufig über mehrere Jahre hinweg, notwendig. Die Medikamenten-Compliance ist bei einer Langzeittherapie jedoch häufig stark beeinträchtigt (Firestone, 1982). Außerdem muß die Langzeitwirkung von alleiniger Stimulantienbehandlung günstigenfalls als unklar bezeichnet werden. Der gegenwärtige Forschungsstand läßt den Schluß zu, daß multimodale, den individuellen Problemen angepaßte Interventionen, wenn sie nur lange genug durchgeführt werden, die wirkungsvollste Behandlung darstellen.

Die Probleme verhaltenstherapeutischer Interventionen in der Familie und der Schule sind denen der Stimulantienbehandlung vergleichbar (vgl. Pelham, 1989). Ein beträchtlicher Anteil der Patienten, vergleichbar zu der Rate bei einer Stimulantientherapie, zeigt keine Behandlungserfolge, nicht selten aufgrund mangelnder Kooperation von Eltern und Lehrern (z. B. Rapport et al., 1982; Firestone et al., 1981). Alleinerziehende Eltern mit geringem Bildungsgrad haben die größten Schwierigkeiten bei der Durchführung verhaltenstherapeutischer Interventionen (Firestone & Witt, 1982; Wahler, 1980). Bislang konnte außerdem nicht nachgewiesen werden, daß die schulische Leistungsfähigkeit sich durch verhaltenstherapeutische Interventionen verbessert. Zudem

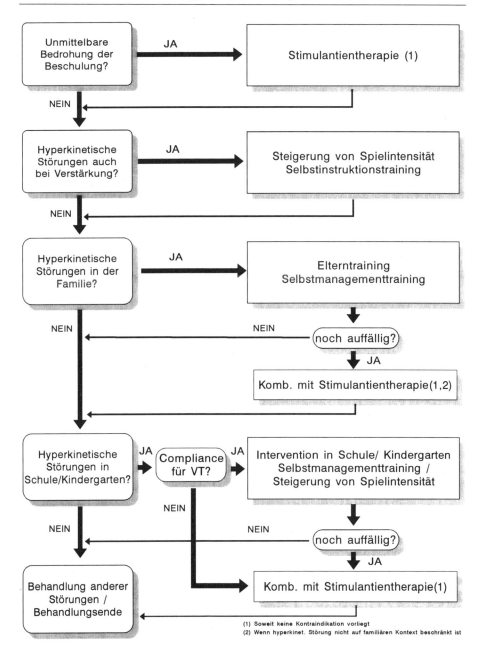

Abbildung 4:

Entscheidungsbaum: multimodale Therapie bei hyperkinetischen Störungen.

stabilisierten sich die Therapieeffekte in mehreren Studien nicht über das Behandlungsende hinaus.

Die große interindividuelle Variabilität der Behandlungseffekte und die Abhängigkeit der Effekte von den Erfolgsmaßen wird bei aller Widersprüchlichkeit der Ergebnisse zur Wirksamkeit von Stimulantientherapie, Verhaltenstherapie und multimodaler Behandlung immer wieder bestätigt (z. B. Conners & Wells, 1986; Pollard et al., 1983). Daraus ergibt sich die Notwendigkeit, **differentielle und sukzessive Therapie-Strategien** zu entwickeln. Durch den sukzessiven Einsatz einzelner Behandlungsformen kann im Einzelfall bestimmt werden, welche zusätzlichen Interventionen notwendig sind, um einen maximalen Therapieerfolg zu erzielen. Die globale Frage nach der Effektivität multimodaler Behandlung im Vergleich zu Stimulantien- oder Verhaltenstherapie wird dann durch Fragestellungen zur differentiellen Wirksamkeit ersetzt (Döpfner & Lehmkuhl, 1993b).

Die Notwendigkeit einer multimodalen Behandlung wird immer wieder betont. Allerdings fehlt es an Richtlinien darüber, welche Interventionen auf welche Weise zu kombinieren sind. Abbildung 4 stellt einen Entscheidungsbaum dar, der bei der Wahl der Interventionsformen hilfreich sein kann.

Eine primäre Stimulantientherapie ist dann notwendig, wenn die weitere Beschulung des Kindes unmittelbar bedroht ist, die Symptome also so massiv ausgeprägt sind, daß die Situation von der Klassenlehrerin/dem Klassenlehrer nicht mehr bewältigt werden kann. Solche Situationen erfordern möglichst rasche Symptomminderung, die durch Stimulantientherapie am ehesten erreicht werden kann, zumal die Therapieansprechbarkeit bei extremeren Ausprägungen offenbar besser ist. Erfolge verhaltenstherapeutischer Interventionen sind mit einer größeren Zeitverzögerung verbunden und bei massiveren Störungen im allgemeinen schwieriger zu erzielen. Prinzipiell sind bei der Stimulantientherapie die medizinischen und psychosozialen Kontraindikationen zu beachten (z. B. Ticstörungen, Anfallsleiden, Gefahr des Mißbrauchs im Umfeld des Kindes).

Sind Aufmerksamkeitsstörungen und Impulsivität auch unter günstigen Randbedingungen zu beobachten (z. B. unter Verstärkungsbedingungen in einer Untersuchungssituation), dann sind Interventionen angezeigt, die darauf abzielen, diese Störungen direkt zu beeinflussen — zum Beispiel Selbstinstruktionstraining im Schulalter und kindzentrierte Interventionen zur Steigerung der Spiel- und Beschäftigungsintensität. Zeigen sich die Aufmerksamkeitsprobleme in solchen Situationen nicht (was bei älteren Kindern eher die Regel ist), dann sind Interventionen angezeigt, die unmittelbar in dem Lebensbereich ansetzen, in dem die Probleme auftreten. Zeigen die Kinder hyperkinetische (und oppositionelle/ aggressive) Störungen in der Familie, dann erfolgt ein Elterntraining (Eltern-Kind-Training) und mit dem Kind wird ein Selbstmanagementtraining durchgeführt, das die Selbstkontrollfähigkeit des Kindes in dieser Situation verbessern soll. Zeigt das Kind weiterhin massive hyperkinetische Auffälligkeiten in der Familie, dann kann die Kombination mit Stimulantien indiziert sein. Dies erscheint jedoch nur dann angezeigt, wenn hyperkinetische Auffälligkeiten auch in der Schule auftreten. Ist das nicht der Fall, wird die Störung vermutlich durch spezifische familiäre Bedingungen aufrechterhalten, die es mit psychotherapeutischen Interventionen zu behandeln gilt. Treten hyperkinetische Verhaltenstörungen im Kindergarten/Unterricht auf, und kann dort eine Compliance für verhaltenstherapeutische Interventionen erreicht werden, dann sind verhaltenstherapeutische Maßnahmen angezeigt. Mit dem Kind wird zusätzlich ein entsprechendes Selbstmanagementtraining bzw. werden kindzentrierte Interventionen zur Steigerung der Spiel- und Beschäftigungsintensität durchgeführt. Sind diese Maßnahmen nicht hinreichend erfolgreich oder aufgrund mangelnder Kooperation nicht durchführbar, dann wird (bei Kindern über vier Jahren) die Wirksamkeit von Stimulantien geprüft und die Stimulantientherapie gegebenenfalls durchgeführt. Die Weiterführung der Stimulantientherapie wird in halbjährlichen Rhythmus geprüft. Schließlich sind häufig weitere Interventionen zur Behandlung anderer Störungen (Aggressivität in Gleichaltrigengruppen, Schulleistungsdefizite, emotionale Störungen) notwendig. Mittels dieser Interventionen können die Kinder und die Familien befähigt werden, die anstehenden Entwicklungsaufgaben zu bewältigen. Spätere Entwicklungsphasen können neue Probleme aufwerfen, die dann erneute Interventionen notwendig machen. Eine Langzeitbetreuung der Kinder und ihrer Familien ist daher notwendig. Die Intensität der Betreuung und Behandlung wird durch das Ausmaß der Probleme der Kinder und ihrer Familien definiert.

Weiterführende Literatur

Barkley, R. A. (1990). *Attention deficit hyperactivity disorder: A handbook for diagnosis and treatment.* Hove, East Sussex: Guilford.
DuPaul, G. J., Guevremont, D. C. & Barkley, R.A. (1991). Attention-Deficit Hyperactivity Disorder. In T. R. Kratochwill & R.J. Morris (Eds.), *The practice of child therapy,* 2nd edition (115—145). New York: Pergamon.
Taylor, E., Sandberg, S. & Thorley, G. (1991). *The epidemiology of childhood hyperactivity.* Oxford: Oxford University Press.
Whalen, C. K. (1989). Attention deficit and hyperactivity disorders. In T. H. Ollendick & M. Hersen (Eds.), *Handbook of child psychopathology* (131–170). New York: Plenum.

Literatur

Abikoff, H. (1985). Efficacy of cognitive training interventions in hyperactive children: A critical review. *Clinical Psychology Review, 5,* 479—512.
Abikoff, H. (1987). An evaluation of cognitive behavior therapy for hyperactive children. In B. B. Lahey & A. E. Kazdin (Eds.), *Advances in clinical child psychology, 10* (171—216). New York: Plenum.
Abikoff, H., Ganeles, D., Reiter, G., Blum, C., Foley, C. & Klein, R. G. (1988). Cognitive training in academically deficient ADDH boys receiving stimulant medication. *Journal of Abnormal Child Psychology, 16,* 411—432.

Abikoff, H. & Gittelman, R. (1985). Hyperactive children treated with stimulants: Is cognitive training a useful adjunct? *Archives of General Psychiatry, 42,* 953—961.

Achenbach, T.M. (1991). *Integrative guide for the 1991 CBCL/4—18, YSR, and TRF profiles.* Burlington, VT: University of Vermont Department of Psychiatry.

Ackerman, P. T., Anhalt, J. M., Dykman, R. A. & Holcomb, P. J. (1986). Effortful processing deficits in children with reading and/or attention disorders. *Brain and Cognition, 5,* 22—40.

Aman, M. G. (1980). Psychotropic drugs and learning problems — a selective review. *Journal of Learning Disabilities, 13,* 87-97.

American Academy of Child and Adolescent Psychiatry (1991). Practice parameters for the assessment and treatment of attention-deficit hyperactivity disorder. *Journal of the American Academy of Child and Adolescent Psychiatry, 30,* I-III.

American Psychiatric Association (1991). *DSM-IV Options Book.* Washington D. C.: American Psychiatric Association.

Anderson, E. C., Clement, P. W. & Oettinger, L. (1981). Methylphenidate compared with behavioral self-control in attention deficit disorder. *Developmental and Behavioral Pediatrics, 2,* 137-141.

Anderson, J. C., Williams, S., McGee, R. & Silva, P. A. (1987). DSM-III-R disorders in preadolescent children: Prevalence in a large sample from the general population. *Archives of General Psychiatry, 44,* 69—76.

Atkins, M. S., Pelham, W. E. & Licht, M. H. (1989). The differential validity of teacher ratings of inattention/overactivity and aggression. *Journal of Abnormal Child Psychology, 17,* 423—435.

Barkley, R.A. (1981). *Hyperactive children: A handbook for diagnosis and treatment.* New York: Guilford.

Barkley, R. A. (1987). *Defiant children. A clinician's manual for parent training.* New York: Guilford.

Barkley, R. A. (1989). The problem of stimulus control and rulegoverned behavior in attention deficit disorder with hyperactivity. In L. M. Bloomingdale & J. M. Swanson (Eds.), *Attention deficit disorder, Volume IV* (203—234). Oxford: Pergamon.

Barkley, R. A. (1990). *Attention deficit hyperactivity disorder: A handbook for diagnosis and treatment.* Hove, East Sussex: Guilford.

Barkley, R. A., Copeland, A. & Sivage, C. (1980). A self-control classroom for hyperactive children. *Journal of Autism and Developmental Disorders, 1,* 75—89.

Barkley, R. A. & Cunningham, C. E. (1980). The parent-child interaction of hyperactive children and their modification by stimulant drugs. In R. M. Knigths & D. J. Bakker (Eds.), *Treatment of hyperactive and learning disordered children* (219—236). Baltimore: University Park Press.

Barkley, R. A., DuPaul, G. J. & McMurray, M.B. (1990a). Comprehensive evaluation of attention deficit disorder with and without hyperactivity as defined by research criteria. *Journal of Consulting and Clinical Psychology, 58,* 775—789.

Barkley, R. A., Fischer, M., Edelbrock, C. S. & Smallish, L. (1990b). The adolescent outcome of hyperactive children diagnosed by research criteria: I. An 8-year prospective follow-up study. *Journal of the American Academy of Child and Adolescent Psychiatry, 29,* 546—557.

Barkley, R. A., Fischer, M., Edelbrock, C. & Smallish, L. (1993). The adolescent outcome of hyperactive children diagnosed by research criteria — III. Mother-child interactions, family conflicts and maternal psychopathology. *Journal of Child Psychology and Psychiatry, 32*, 233—255.

Barkley, R. A., Karlsson, J., Pollard, S. & Murphy, J. V. (1985). Developmental changes in the mother-child interactions of hyperactive boys: Effects of two dose levels of Ritalin. *Journal of Child Psychology and Psychiatry, 24*, 705—715.

Barkley, R. A., Karlsson, J., Strzelecki, E. & Murphy, J. V. (1984). Effects of age and Ritalin dosage on the mother/child interactions of hyperactive children. *Journal of Consulting and Clinical Psychology, 52*, 750—758.

Bash, M. A. & Camp, B. W. (1985). *Think aloud. Classroom program grades 3—4.* Champaign, Ill.: Research Press.

Befera, M. & Barkley, R. A. (1985). Hyperactive and normal boys and girls: Mother-child interactions, parent psychiatric status, and child psychopathology. *Journal of Child Psychology and Psychiatry, 26*, 439—452.

Biederman, J., Munir, K. & Knee, D. (1987). Conduct and oppositional disorder in clinically referred children with attention deficit disorder: A controlled family study. *Journal of the American Academy of Child and Adolescent Psychiatry, 26*, 724—727.

Billings, D. C. & Wasik, B. H. (1985). Self-instructional training with preschoolers: An attempt to replicate. *Journal of Applied Behaviour Analysis, 18*, 61—67.

Blank, R. & Remschmidt, H. (1992). Subgruppen hyperkinetischer Störungen — explorative Untersuchungen unter Berücksichtigung von Fragebogenverfahren und immunologischen Parametern. *Zeitschrift für Kinder- und Jugendpsychiatrie, 20*, 34—45.

Borden, K. A., Brown, R. T., Wynne, M. E. & Schleser, R. (1987). Piagetian conservation and response to cognitive therapy in attention deficit disordered children. *Journal of Child Psychology and Psychiatry, 28*, 755—764.

Bowers, D. S., Clement, P. W., Fantuzzo, J. W. & Sorensen, D. A. (1985). Effects of teacher-administered and self-administered reinforcers on learning disabled children. *Behavior Therapy, 16*, 357—369.

Breiner, J.L. & Forehand, R. (1981). An assessment of the effects of parent training on clinic-referred children's school behavior. *Behavioral Assessment, 3*, 31—42.

Brown, R. T., Wynne, M. E. & Medenis, R. (1985). Methylphenidate and cognitive therapy: A comparison of treatment approaches with hyperactive boys. *Journal of Abnormal Child Psychology, 13*, 69—87.

Cadoret, R. J. & Gath, A. (1980). Biologic correlates of hyperactivity: Evidence for a genetic factor. In S. Sells, R. Crandall, M. Roff, J. Strauss & W. Pollin (Eds.), *Human functioning in longitudinal perspective* (103—114). Baltimore: Williams & Wilkins.

Cameron, M. I. & Robinson, V. M. J. (1980). Effects of cognitive training on academic and on task behavior of hyperactive children. *Journal of Abnormal Child Psychology, 8*, 405—420.

Camp, B. W. & Bash, M. A. (1981). *Think aloud. Increasing social and cognitive skills — A problem solving program for children.* Champaign, Ill: Research Press.

Campbell, S. B. (1987). Parent-referred problem three-year-olds: Developmental changes in symptoms. *Journal of Child Psychology and Psychiatry, 28*, 835—845.

Campbell, S. B. (1990). *Behavior problems in preschool children.* New York: Guilford.

Campbell, S. B., Breaux, A. M., Ewing, L. J. & Szumowski, E. K. (1986a). Correlates and predictors of hyperactivity and aggression: A longitudinal study of parent-referred problem preschoolers. *Journal of Abnormal Child Psychology, 14*, 217—234.

Campbell, S. B., Breaux, A. M., Ewing, L. J., Szumowski, E. K. & Pierce, E. W. (1986b). Parent-identified problem preschoolers: Mother-child interaction during play at intake and 1-year follow-up. *Journal of Abnormal Child Psychology, 14,* 425—440.

Campbell, S. B., Ewing, L. J., Breaux, A. M. & Szumowski, E. K. (1986c). Parent-referred problem three-year-olds: Follow-up at school entry. *Journal of Child Psychology and Psychiatry, 27,* 473—488.

Charles, L. & Schain, R. (1981). A four-year follow-up study of the effects of methylphenidate on the behavior and academic achievment of hyperactive children. *Journal of Abnormal Child Psychology, 9,* 495—505.

Cohen, N. & Minde, K. (1983). The 'hyperactive syndrome' in kindergarten children: Comparison of children with pervasive and situational symptoms. *Journal of Child Psychology and Psychiatry, 24,* 443—455.

Cohen, N. J., Sullivan, J., Minde, K., Novack, C. & Helwig, C. (1981). Evaluation of the relative effectiveness of methylphenidate and cognitive behavior modification in the treatment of kindergarten-aged hyperactive children. *Journal of Abnormal Child Psychology, 9,* 43—54.

Conners, C. K. (1980). *Food additives and hyperactive children.* New York: Plenum.

Conners, C. K. & Wells, K. C. (1986). *Hyperkinetic children.* Beverly Hills: Sage.

Conners, C. K. & Werry, J. S. (1986). Psychopharmacology. In H. C. Quay & J. S. Werry (Eds.), *Psychopathological disorders of childhood — third edition.* New York: Wiley.

Coons, H. W., Klorman, R. & Borgstedt, A.D. (1987). Effects of methylphenidate on adolescents with childhood history of attention deficit order: I and II. Clinical findings and information processing. *Journal of the American Academy of Child and Adolescent Psychiatry, 26,* 363—374.

Cunningham, C. E. & Barkley, R. A. (1979). The interactions of hyperactive and normal children with their mothers during free play and structured task. *Child Development, 50,* 217—224.

Cunningham, C. E. & Siegel, L. S. (1987). Peer interactions of normal and attention-deficit-disordered boys during free-play, cooperative task, and simulated classroom situations. *Journal of Abnormal Child Psychology, 15,* 247—268.

DeHaas, P. A. (1986). Attention styles and peer relationships of hyperactive and normal boys and girls. *Journal of Abnormal Child Psychology, 14,* 457—467.

Deutsch, C. K. & Kinsbourne, M. (1990). Genetics and biochemistry in attention deficit disorder. In M. Lewis & S. M. Miller (Eds.), *Handbook of developmental psychopathology* (93—107). New York: Plenum.

Döpfner, M. (1989). Soziale Informationsverarbeitung — ein Beitrag zur Genese von Verhaltensstörungen. *Zeitschrift für Pädagogische Psychologie, 3,* 1—8.

Döpfner, M. (1993a). Grundlegende Interventionsmethoden und ihre Integration. In M. Döpfner & M. Schmidt (Hrsg.), *Kinderpsychiatrie — Vorschulalter* (74—103). München: Quintessenz.

Döpfner, M. (1993b). Interventionen bei extraversiven Auffälligkeiten. In M. Döpfner & M. Schmidt (Hrsg.), *Kinderpsychiatrie — Vorschulalter* (104—119). München: Quintessenz.

Döpfner, M. (1993c). Verhaltensstörungen im Vorschulalter. *Kindheit und Entwicklung, 2,* 177—190.

Döpfner, M. (1993d). Wirksamkeit teilstationärer Behandlung. In M. Döpfner & M. Schmidt (Hrsg.), *Kinderpsychiatrie — Vorschulalter* (165—183). München: Quintessenz.

Döpfner, M., Berner, W., Fleischmann, T. & Schmidt, M. H. (1993a). *Verhaltensbeurteilungsbogen für Vorschulkinder* (VBV). Weinheim: Beltz.

Döpfner, M., Berner, W. & Schmidt, M. H. (1989). Effekte einer teilstationären Behandlung verhaltensauffälliger und entwicklungsrückständiger Vorschulkinder. *Zeitschrift für Kinder- und Jugendpsychiatrie, 17,* 131—139.

Döpfner, M. & Frölich, J. (1993). *Problemkinder. Ein Elterntraining für Eltern von Kindern mit expansiven Verhaltensauffälligkeiten.* Manuskript, Klinik für Kinder- und Jugendpsychiatrie der Universität zu Köln.

Döpfner, M. & Lehmkuhl, G. (1993a). Zur Notwendigkeit von Qualitätsstandards in der Kinder- und Jugendpsychiatrie. *Zeitschrift für Kinder- und Jugendpsychiatrie, 21,* 188—193.

Döpfner, M. & Lehmkuhl, G. (1993b). *Evaluation multimodaler Therapie bei Kindern mit hyperkinetischen Störungen.* Arbeitsbericht an die Deutsche Forschungsgemeinschaft.

Döpfner, M. & Lehmkuhl, G. (1994). Entwicklung von diagnostischen Instrumenten für die Kinder- und Jugendpsychiatrie. In H. Dilling, E. Schulte-Markwort, H. J. Freyberger (Hrsg.), *Von der ICD-9 zur ICD-10: Neue Ansätze der Diagnostik psychischer Störungen in der Psychiatrie, Psychosomatik und Kinder- und Jugendpsychiatrie* (251–260). Bern: Huber.

Döpfner, M. & Lehmkuhl, G. (1995). Elterntraining bei hyperkinetischen Störungen. In H. C. Steinhausen (Hrsg.), *Hyperkinetische Störungen im Kindes- und Jugendalter* (178–208). Stuttgart: Kohlhammer.

Döpfner, M., Lehmkuhl, G., Berner, W., Flechtner, H., Schwitzgebel, P., von Aster, M. & Steinhausen, H.C. (1993b). Die Psychopathologische Befund-Dokumentation: Ein Verfahren zur Beurteilung psychischer Störungen bei Kindern und Jugendlichen. *Zeitschrift für Kinder- und Jugendpsychiatrie, 21,* 90-100.

Döpfner, M., Lorch, R. & Reihl, D. (1989). Soziale Informationsverarbeitung in Konfliktsituationen — eine empirische Studie an Vorschulkindern. *Zeitschrift für Pädagogische Psychologie, 3,* 239—248.

Döpfner, M. & Sattel, H. (1992) Verhaltenstherapeutische Interventionen bei hyperkinetischen Störungen im Vorschulalter. *Zeitschrift für Kinder- und Jugendpsychiatrie, 19,* 254—262.

Douglas, V. (1975). Are drugs enough? To treat or train the hyperactive child. *International Journal of Mental Health, 4,* 199—212.

Douglas, V. (1980). Treatment and training approaches to hyperactivity: Establishing internal or external control. In C. K. Wahlen & B. Henker (Eds.), *Hyperactive children. The social ecology of identification and treatment* (283—318). New York: Academic Press.

Douglas, V. (1988). Cognitive deficits in children with attention deficit disorder with hyperactivity. In L. M. Bloomingdale & J. A. Sergeant (Eds.), *Attention deficit disorder. Criteria, cognition, intervention* (65—82). Oxford: Pergamon.

Douglas, V. (1989). Can Skinnerian theory explain attention deficit disorder? -A reply to Barkley. In L. M. Bloomingdale & J. M. Swanson (Eds.), *Attention deficit disorder,* Volume IV (235-254). Oxford: Pergamon.

Douglas, V. I. & Parry, P. A. (1983). Effects of reward on delayed reaction time task performance of hyperactive children. *Journal of Abnormal Child Psychology, 11,* 313—326.

Dubey, D. R., O'Leary, S. G. & Kaufman, K.F. (1983). Training parents of hyperactive children in child management: A comparative outcome study. *Journal of Abnormal Child Psychology, 11,* 229—246.

DuPaul, G. J., Guevremont, D. C. & Barkley, R. A. (1991). Attention-Deficit Hyperactivity Disorder. In T. R. Kratochwill & R. J. Morris (Eds.), *The practice of child therapy,* 2nd edition (115—145). New York: Pergamon.

Egger, J., Carter, C. M., Graham, P. J., Gumley, D. & Soothill, J. F. (1985). Controlled trial of oligoantigenic treatment in the hypercinetic syndrome. *The Lancet, I,* 540—555.

Eisert, H.G. (1990). Interventionen bei hyperaktiv-aggressiven Kindern. *Praxis der Klinischen Verhaltensmedizin und Rehabilitation, 9,* 22—28.

Eisert, H. G., Eisert, M. & Schmidt, M. H. (1982). Stimulantientherapie und kognitive Verhaltensmodifikation bei hyperaktiven Kindern. *Zeitschrift für Kinder- und Jugendpsychiatrie, 10,* 196—215.

Erhardt, D. & Baker, B. L. (1990). The effects of behavioral parent training on families with young hyperactive children. *Journal of Behavior Therapy and Experimental Psychiatry, 21,* 121—132.

Esser, G. & Schmidt, M. (1987). *Minimale cerebrale Dysfunktion.* Stuttgart: Enke.

Fehlings, D. L., Roberts, W., Humphries, T. & Dawe, G. (1991). Attention deficit hyperactivity disorder: Does cognitive behavioral therapy improve home behavior? *Developmental and Behavioral Pediatrics, 4,* 223—228.

Feingold, B. F. (1975). *Why your child is hyperactive.* New York: Random House.

Firestone, P. (1982). Factors associated with children's adherence to stimulant medication. *American Journal of Orthopsychiatry, 52,* 447—457.

Firestone, P. & Douglas, V.I. (1977). The effects of verbal and material reward and punishers on the performance of impulsive and reflective children. *Child Study Journal, 7,* 71—78.

Firestone, P., Kelly, M. J., Goodman, J. T. & Davey, J. (1981). Differential effects of parent training and stimulant medication with hyperactives. *Journal of the American Academy of Child Psychiatry, 20,* 135—147.

Firestone, P. & Witt, J. E. (1982). Characteristics of families completing and prematurely discontinuing a behavioral parent-training program. *Journal of Pediatric Psychology, 7,* 209—222.

Fischer, M., Barkley, R. A., Edelbrock, C. S. & Smallish, L. (1990). The adolescent outcome of hyperactive children diagnosed by research criteria: II. academic, attentional, and neuropsychological status. *Journal of Consulting and Clinical Psychology, 58,* 580—588.

Fischer, M., Barkley, R. A., Fletcher, K. E. & Smallish, L. (1993). The adolescent outcome of hyperactive children: III. predictors of psychiatric, academic, social, and emotional adjustment. *Journal of the Academy of Child and Adolescent Psychiatry, 32,* 324—332.

Fox, P. T. & Raichle, M. E. (1985). Stimulus rate determines regional brain blood flow in striate cortex. *Annals of Neurology, 17,* 303—305.

Friedling, C. & O'Leary, S.G. (1979). Effects of self-instructional training on second-and-third-grade hyperactive children. *Journal of Applied Behaviour Analysis, 12,* 211—219.

Frölich, J. (1993). *Möglichkeiten des pädagogischen Umgangs mit hyperkinetischen Kindern mit Störungen des Sozialverhaltens im Alter von 6—12 Jahren.* Universität Bonn: Dissertation.

Gillberg, C. & Gillberg, C. (1988). Generalized hyperkinesis: Follow-up study age 7 to 13 years. *Journal of the American Academy of Child and Adolescent Psychiatry, 27,* 55—59.

Gittelman, R., Abikoff, H., Pollack, E., Klein, D.F., Katz, S. & Mattes, J. A. (1980). A controlled trial of behavior modification and methylphenidate in hyperactive children. In C. K. Wahlen & B. Henker (Eds.), *Hyperactive children: The social ecology of identification and treatment* (221—243). New York: Academic Press.

Gittelman, R., Mannuzza, S., Henker, R. & Bonagura, N. (1985). Hyperactive boys almost grown up: I. Psychiatric status. *Archives of General Psychiatry, 42,* 937—947.

Gittelman-Klein, R. (1987). Pharmacotherapy of childhood hyperactivity: an update. In H. Y. Meltzer (Ed.), *Psychopharmacology; the third generation of progress* (1215—1224). New York: Raven Press.

Gittelman-Klein, R. & Abikoff, H. (1989). The role of psychostimulants and psychosocial treatments in hyperkinesis. In T. Sagvolden & T. Archer (Eds.), *Attention deficit disorder* (167—180). N.J. Hillsdale: Erlbaum.

Goldberg, J. O. & Konstantareas, M. M. (1981). Vigilance in hyperactive and normal children on a self-paced operant task. *Journal of Abnormal Child Psychology, 22,* 55—63.

Gordon, M., Thomason, D., Cooper, S. & Ivers, C.L. (1991). Nonmedical treatment of ADHD/hyperactivity: The attention training system. *Journal of School Psychology, 29,* 151—159.

Greenhill, L. L. (1990). Attention-deficit disorder in children. In B. Garfinkel, G. Carlson & E. Weller (Eds), *Psychiatric disorders in children and adolescents* (149—170). Philadelphia: Saunders.

Grenell, M. M., Glass, C. R. & Katz, K. S. (1987). Hyperactive children and peer interaction: knowledge and performance of social skills. *Journal of Abnormal Child Psychology, 15.* 1—13.

Hafer, H. (1986). *Die heimliche Droge Nahrungsphosphat.* Heidelberg: Kriminalistik Verlag.

Harris, K. R. (1986). Self-monitoring of attentional behavior versus self-monitoring of productivity: Effects on task-behavior and academic response rate among learning disabled children. *Journal of Abnormal Child Psychology, 13,* 417—423.

Hartsough, C. S. & Lambert, N. M. (1985). Medical factors in hyperactive and normal children: Prenatal, developmental, and health history findings. *American Journal of Orthopsychiatry, 55,* 190—201.

Hechtman, L., Weiss, G. & Perlman, T. (1984). Young adult outcome of hyperactive children who received long-term stimulant treatment. *Journal of the American Academy of Child Psychiatry, 23,* 261—269.

Hinshaw, S.P. (1987). On the distinction between attentional deficits/hyperactivity and conduct problems/aggression in child psychopathology. *Psychological Bulletin, 101,* 443—463.

Hinshaw, S. P. (1992). Externalizing behavior problems and academic underachievement in childhood and adolescence: Causal relationships and underlying mechanisms. *Psychological Bulletin, 111,* 127—155.

Hinshaw, S. P., Henker, B. & Wahlen, C.K. (1984a). Cognitive-behavioral and pharmacologic interventions for hyperactive boys: Comparative and combined effects. *Journal of Consulting and Clinical Psychology, 52,* 739—749.

Hinshaw, S. P., Henker, B. & Wahlen, C.K. (1984b). Self-control in hyperactive boys in anger-inducing situations: Effects of cognitive-behavioral training and of methylphenidate. *Journal of Abnormal Child Psychology, 12,* 55—77.

Hinshaw, S. P., Henker, B., Wahlen, C. K., Erhardt, D. D. & Dunnington, R.E. (1989). Aggressive, prosocial, and nonsocial behavior in hyperactive boys: Dose effects of methylphenidate in naturalistic settings. *Journal of Consulting and Clinical Psychology, 57,* 636-643.

Holborow, P. L. & Berry, P. S. (1986a). Hyperactivity and learning difficulties. *Journal of Learning Disabilities, 19,* 426—431.

Holborow, P. L. & Berry, P. S. (1986b). A multinational cross-cultural perspective on hyperactivity. *American Journal of Orthopsychiatry, 56,* 320—322.

Horn, W. F., Ialongo, N., Greenberg, G., Packar, T.H. & Smith-Winberry, C.H. (1990). Additive effects of behavioral parent training and self-control therapy with attention deficit hyperactivity disordered children. *Journal of Clinical Child Psychology, 19,* 98—111.

Horn, W. F., Ialongo, N. S., Pascoe, J. M., Greenberg, G., Packard, T., Lopez, M., Wagner, A. & Puttler, L. (1991). Additive effects of psychostimulants, parent training, and self-control therapy with ADHD Children. *Journal of the American Academy of Child and Adolescent Psychiatry, 30,* 233—240.

Ialongo, N. S., Horn, W. F., Pascoe, J. M., Greenberg, G., Packard, T., Lopez, M., Wagner, A. & Puttler, L. (1993). The effects of a multimodal intervention with attention — deficit hyperactivity disorder children: A 9-month follow-up. *Journal of the American Academy of Child and Adolescent Psychiatry, 32,* 182—189.

Kendall, P. C. & Braswell, L. (1985). *Cognitive-behavioral therapy for impulsive children.* New York: Guilford.

Klein, R. & Mannuzza, S. (1991). Long-term outcome of hyperactive children: A review. *Journal of the American Academy of Child and Adolescent Psychiatry, 30,* 383—387.

Lahey, B. B., Piacentini, J. C., Mcburnett, K., Stone, P., Hartdagen, S. & Hynd, G. 1988). Psychopathology in the parents of children with conduct disorder and hyperactivity. *Journal of the American Academy of Child and Adolescent Psychiatry, 27,* 163—170.

Lambert, N. M., Hartsough, C. S., Sassone, D. & Sandoval, J. (1987). Persistence of hyperactivity symptoms from childhood to adolescence and associated outcomes. *American Journal of Orthopsychiatry, 57,* 22—32.

Landau, S. & Milich, R. (1988). Social communication patterns of attention-deficit-disordered boys. *Journal of Abnormal Child Psychology, 16,* 1134—1144.

Lauth, G. W. & Schlottke, P. F. (1993). *Training mit aufmerksamkeitsgestörten Kindern.* Weinheim: Psychologie Verlags Union.

Lempp, R. (1980). Organische Psychosyndrome. In R. Harbauer, G. Lempp, P. Nissen & A. Strunk (Hrsg.), *Lehrbuch der speziellen Kinder- und Jugendpsychiatrie,* 2. Auflage. Berlin: Springer.

Loney, J. (1974). The intellectual functioning of hyperactive elementary school boys: A cross-sectional investigation. *American Journal of Orthopsychiatry, 44,* 754—762.

Loney, J. (1987). Hyperactivity and aggression in the diagnosis of attention deficit disorder. In B. B. Lahey & A. E. Kazdin (Eds.), *Advances in clinical child psychology,* Vol. 10 (99—136). New York: Plenum.

Lou, H. C., Henriksen, L. & Bruhn, P. (1984). Focal cerebral hypoperfusion in children with dysphasia and/or attention deficit disorder. *Archives of Neurology, 41,* 825—829.

Mannuzza, S., Klein, R. G. & Addalli K. A. (1991). Young adult mental status of hyperactive boys an their brothers: A prospective follow-up study. *Journal of the American Academy of Child and Adolescent Psychiatry, 30,* 743—751.

Marholin, D. & Steinman, W. M. (1977). Stimulus control in the classroom as a function of the behavior reinforced. *Journal of Applied Behaviour Analysis, 10,* 465—478.

Marshall, P. (1989). Attention deficit disorder and allergy: A neurochemical model of the relation between the illness. *Psychological Bulletin, 106,* 434—446.

Mash, E. J. & Johnston, C. (1983). Parental perceptions of child behavior problems, parenting self-esteem, and mother's reported stress in younger and older hyperactive and normal children. *Journal of Consulting and Clinical Psychology, 51,* 86—99.

Mattes, J. A. & Gittelman, R. (1981). Effects of artificial food colorings in children with hyperactive symptoms. *Archives of General Psychiatry, 38,* 714—718.

McGee, R., Partridge, F., Williams, S. & Silva, P.A. (1991). A twelve-year follow-up of preschool hyperactive children. *Journal of the American Academy of Child and Adolescent Psychiatry, 30,* 224—232.

McGee, R., Williams, S. & Silva, P. A. (1984). Behavioral and developmental characteristics of aggressive, hyperactive, and aggressive-hyperactive boys. *Journal of the American Academy of Child Psychiatry, 23,* 270—279.

McGee, R., Williams, S., Bradshaw, J., Chapel, J., Robins, A. & Silva, P.A. (1985). The Rutter Scale for completion by teachers: Factor structure and relationships with cognitive abilities and family adversity for a sample of New Zealand children. *Journal of Child Psychology and Psychiatry, 26,* 727—739.

McMahon, R. J. & Forehand, R. (1984). Parent training for the noncompliant child: Treatment outcome, generalization, and adjunctive therapy procedures. In R. F. Dangel & R. A. Polster (Eds.), *Parent training: Foundations of research and practice* (298—329). New York: Guilford.

McMahon, R. J. & Wells, K. C. (1989). Conduct disorders. In E. J. Mash & R. A. Barkley (Eds.), *Treatment of childhood disorders* (73—132). New York: Guilford.

Meichenbaum, D. & Goodman, J. (1971). Training impulsive children to talk to themselves: A means of developing self-control. *Journal of Abnormal Psychology, 77,* 115—129.

Milich, R., Loney, J. & Roberts, M. A. (1986). Playroom observations of activity level and sustained attention: Two-year stability. *Journal of Consulting and Clinical Psychology, 54,* 272—274.

O'Leary, S. G. & Pelham, W. E. (1978). Behavior therapy and withdrawal of stimulant medication with hyperactive children. *Pediatrics, 61,* 211—217.

Paternite, C. E. & Loney, J. (1980). Childhood hyperkinesis: Relationships between symptomatology and home environment. In C. K. Wahlen & B. Henker (Eds.), *Hyperactive children. The social ecology of identification and treatment* (105—144). New York: Academic Press.

Patterson, G. R. (1982). *A social learning approach to family intervention. Coercive family processes.* Eugen, Oregon: Castalia.

Pelham, W. E. (1977). Withdrawal of a stimulant drug and concurrent behavioral intervention in the treatment of a hyperactive child. *Behavior Therapy, 8,* 473—479.

Pelham, W. E. (1989). Behavior therapy, behavioral assessment and psychostimulant medication in the treatment of attention deficit disorders: An interactive approach. In L. M. Bloomingdale & J. M. Swanson (Eds.), *Attention deficit disorder,* Vol. IV. Oxford: Pergamon.

Pelham, W. E. & Bender, M. E. (1982). Peer relationships in hyperactive children: Description and treatment. In K. Gadow & I. Bialer (Eds.), *Advances in learning and behavioral disabilities: A research annual,* Vol. 1. Greenwich, CT: JAI Press.

Pelham, W. E., Bender, M. E., Caddell, J., Booth, S. & Moorer, S. H. (1985). Methylphenidate and children with attention deficit disorder. *Archives of General Psychiatry, 42,* 958—952.

Pelham, W. E., Gnagy, E. M., Greenslade K. E. & Milich, R. (1992). Teacher ratings of DSM-III-R symptoms for the disruptive behavior disorders. *American Academy of Child and Adolescent Psychiatry, 31,* 210—218.

Pelham, W. E. & Murphy, H. A. (1986). Attention deficit and conduct disorders. In M. Hersen (Ed.), *Pharmacological and behavioral treatment: An integrative approach* (108—148). New York: Wiley.

Pelham, W. E., Schnedler, R. W., Bender, M. E., Nilsson, D. E., Miller, J., Budrow, M.S. & Ronnei, M. (1988). The combination of behavior therapy and methylphenidate in the treatment of attention deficit disorders: A therapy outcome study. In L. Bloomingdale (Ed), *Attention deficit disorder,* Volume 3 (29—48). Oxford: Pergamon.

Pelham, W. E., Schnedler, R. W., Bologna, N. C. & Contreras, J. A. (1980). Behavioral and stimulant treatment of hyperactive children: A therapy study with methylphenidate probes in a within-subject design. *Journal of Applied Behaviour Analysis, 13,* 221—236.

Petermann, F. & Petermann, U. (1993). *Training mit aggressiven Kindern. Einzeltraining, Kindergruppen, Elternberatung.* 6. überarb. Auflage. Weinheim: Psychologie Verlags Union.

Pfiffner, L. J. & O'Leary, S. G. (1987). The efficacy of all-positive management as a function of the prior use of negative consequences. *Journal of Applied Behavior Analysis, 20,* 265—271.

Pfiffner, L. J., O'Leary, S. G., Rosen, L. A. & Sanderson, W. C. (1985a). A comparison of the effects of continuous and intermittent response cost and reprimands in the classroom. *Journal of Child Psychology and Psychiatry, 14,* 348—352.

Pfiffner, L. J., Rosen, L. A. & O'Leary, S. G. (1985b). The efficacy of an all-positive approach to classroom management. *Journal of Applied Behaviour Analysis, 18,* 257—261.

Pisterman, S., McGrath, P., Firestone, P., Goodman, J. T., Webster, I. & Mallory, R. (1989). Outcome of parent mediated treatment of preschoolers with attention deficit disorder with hyperactivity. *Journal of Consulting and Clinical Psychology, 57,* 628—635.

Pliszka, St. R. (1992). Comorbidity of Attention-deficit Hyperactivity Disorder and Overanxious Disorder. *American Academy of Child and Adolescent Psychiatry, 32,* 197—203.

Pollard, S., Ward, E. M. & Barkley, R. A. (1983). The effects of parent training and ritalin on the parent-child interactions of hyperactive boys. *Child and Family Behavior Therapy, 5,* 51—69.

Prior, M. & Sanson, A. (1986). Attention deficit disorder with hyperactivity. *Journal of Child Psychology and Psychiatry, 27,* 307—319.

Rapport, M. D., Murphy, A. & Bailey, J. S. (1982). Ritalin versus response cost in the control of hyperactive children: A within-subject comparison. *Journal of Applied Behavior Analysis, 15,* 20—31.

Reeves, J. C. & Werry, J. S., Elkind, G. S. & Zametkin, A. (1987). Attention deficit, conduct, oppositional, and anxiety disorders in children: II. Clinical characteristics. *Journal of the American Academy of Child and Adolescent Psychiatry, 26,* 144—155.

Riddle, K. D. & Rapoport, J. L. (1976). A 2-year follow-up of 72 hyperactive boys. *Journal of Nervous and Mental Disease, 2,* 126—134.

Robinson, P. W., Newby, T. J. & Ganzell, S. L. (1981). A token system for a class of underachieving hyperactive children. *Journal of Applied Behavior Analysis, 14,* 307—315.

Rosen, L. A., Both, S. R., Bender, M. E., McGrath, M. L., Sorell, S. & Drabman, R. S. (1988). Effects of sugar (sucrose). on children's behavior. *Journal of Consulting and Clinical Psychology, 56,* 583—589.

Ross, D. M. & Ross, S. A. (1982). *Hyperactivity: Current issues, research, and theory* (2nd edition). New York: Wiley.

Roth, N., Beyreiss, J., Schlenzka, K. & Beyer, H. (1991). Coincidence of attention deficit disorder and atopic disorders in children : Empirical findings and hypothetical background. *Journal of Abnormal Child Psychology, 19,* 1—13.

Roth, N., Schlottke, P. F. & Klepel, H. (1992). Hyperaktive und aufmerksamkeitsgestörte Kinder: Erklärungsansätze, psychophysiologische Korrelate und Behandlungskonzepte. *Zeitschrift für Medizinische Psychologie, 2,* 77—84.

Rowe, K. J. & Rowe, K. S. (1992). The relationship between inattentiveness in the classroom and reading achievement (part b): An explanatory study. *American Academy of Child and Adolescent Psychiatry, 31,* 357—368.

Rutter, M. (1989). Attention deficit disorder/hyperkinetic syndrome: Conceptual and research issues regarding diagnosis and classification. In T. Sagvolden & T. Archer (Eds.), *Attention deficit disorder* (1—24). London: Erlbaum.

Satterfield, J. H., Hoppe, C. M. & Schell, A. M. (1982). A prospective study of delinquency in 110 adolescent boys with attention deficit disorder and 88 normal adolescent boys. *American Journal of Psychiatry, 139,* 795—798.

Satterfield, J. H., Satterfield, B. T. & Cantwell, D. P. (1981). Three-year multimodality treatment study of 100 hyperactive boys. *Pediatrics, 98,* 650—655.

Satterfield, J. H., Satterfield, B. T. & Schell, A. M. (1987). Therapeutic interventions to prevent delinquency in hyperactive boys. *Journal of the American Academy of Child and Adolescent Psychiatry, 26,* 56—64.

Schlottke, P. F. (1984). *Psychologische Behandlung von Aufmerksamkeitsstörungen bei Kindern.* Universität Tübingen: Unveröffentlichte Habilitationsschrift.

Schmidt, M. H., Esser, G. & Moll, G. H. (1991). Der Verlauf hyperkinetischer Syndrome in klinischen und Feldstichproben. *Zeitschrift für Kinder- und Jugendpsychiatrie, 19,* 240—253.

Shaffer, D. & Greenhill, L. (1979). A critical note on the predictive validity of the hyperactive syndrome. *Journal of Child Psychology and Psychiatry, 20,* 61—72.

Shaywitz, S. E., Shaywitz, B. A., Cohen, D. J. & Young, J. G. (1983). Monoaminergic mechanism in hyperactivity. In Rutter, M. (Ed.), *Developmental neuropsychiatry* (330—347). New York: Guilford.

Stewart, M. A., Cummings, C., Singer, S. & Dedlois, C. S. (1981). The overlap between hyperactive and unsocialized aggressive children. *Journal of Child Psychology and Psychiatry, 22,* 35—45.

Szatmari, P., Offord, D. R. & Boyle, M. H. (1989). Ontario child health study: Prevalence of attention deficit disorder with hyperactivity. *Journal of Child Psychology and Psychiatry, 30,* 219—230.

Tallmadge, J. & Barkley, R. A. (1983). The interaction of hyperactive and normal boys with their mothers and fathers. *Journal of Abnormal Child Psychology, 11,* 565—579.

Taylor, E., Everitt, B., Thorley, G., Schachar, R., Rutter, M. & Wieselberg, M. (1986a). Conduct disorder and hyperactivity: II. A cluster analytic approach to the identification of a behavioral syndrome. *British Journal of Psychiatry, 149,* 768—777.

Taylor, E., Sandberg, S. & Thorley, G. (1991). *The epidemiology of childhood hyperactivity.* Oxford: Oxford University Press.

Thorley, G. (1984). Review of follow-up and follow-back studies of childhood hyperactivity. *Psychological Bulletin, 96,* 116—132.

Trites, R. L., Blouin, A. G. & Laprade, K. (1982). Factor analysis of the Conners teacher rating scale based on a large normative sample. *Journal of Consulting and Clinical Psychology, 50,* 615—623.

Trites, R. L., Ferguson, H. B. & Tryphonas, H. (1980). Diet treatment for hyperactive children with food allergies. In R. M. Knights & D. Bakken (Eds.), *The rehabilitation, treatment and management of learning disabilities* (151—163). Baltimore, MD: University Park Press.

Tryphonas, H. & Trites, R. (1979). Food allergy in children with hyperactivity, learning disabilities and/or minimal brain dysfunction. *Annals of Allergy, 42,* 22—27.

Varni, J. W. & Henker, B. (1979). A self-regulation approach to the treatment of three hyperactive boys. *Child Behavior Therapy 1,* 171—192.

Wagner, I. (1976). *Aufmerksamkeitstraining mit impulsiven Kindern.* Stuttgart: Klett.

Wahler, R. G. (1980). The insular mother: Her problems in parent-child treatment. *Journal of Applied Behaviour Analysis, 13,* 207—219.

Weiss, G., Hechtman, L., Milroy, T. & Perlman, T. (1985). Psychiatric status of hyperactives as adults: A controlled perspective 15-year follow-up of 63 hyperactive children. *Journal of the American Academy of Child Psychiatry, 24,* 211—220.

Weiss, G., Hechtman, L. & Perlman, T. (1978). Hyperactives as young adults: School, employer, and self-rating scales obtained during ten-year follow-up evaluation. *American Journal of Orthopsychiatry, 48,* 438—445.

Weiss, G., Hechtman, L., Perlman, T., Hopkins, J. & Werner, A. (1979). Hyperactives as young adults: A controlled prospective ten-year follow-up of 75 children. *Archives of General Psychiatry, 36,* 675—681.

Weltgesundheitsorganisation (1991). *Internationale Klassifikation psychischer Störungen — ICD 10, Kapitel V (F)*. Bern: Huber.

Wender, P. H. (1971). *Minimal Brain Dysfunction in Children*. New York: Wiley.

Werry, J. S., Elkind, G. S. & Reeves, J. C. (1987). Attention deficit, conduct, oppositional, and anxiety disorders in children: III. Laboratory differences. *Journal of Abnormal Child Psychology, 15,* 409—428.

Werry, J. S., Reeves, J. C. & Elkind, G. S. (1987b). Attention deficit, conduct, oppositional, anxiety disorders in children: I. A review of research on differentiating characteristics. *Journal of the American Academy of Child and Adolescent Psychiatry, 26,* 133—143.

Whalen, C. K. (1989). Attention deficit and hyperactivity disorders. In T. H. Ollendick & M. Hersen (Eds), *Handbook of child psychopathology* (131—170). New York: Plenum.

Whalen, C. K., Henker, B., Swanson, J. M., Granger, D., Kliewer, W. & Spencer, J. (1987). Natural social behaviors in hyperactive children: Dose effects of methylphenidate. *Journal of Consulting and Clinical Psychology, 55,* 187—193.

Willis, T. J. & Lovaas, I. (1977). A behavioral approach to treating hyperactive children: The parent's role. In J. B. Millichap (Ed.), *Learning disabilities and related disorders* (119—140). Chicago: Year Book Medical.

Wittchen, H. U., Sass, H., Zaudig, M. & Koehler, K. (Hrsg.). (1989). *Diagnostisches und Statistisches Manual Psychischer Störungen DSM-III-R*. Weinheim: Beltz.

World Health Organization (1993). *The ICD-10 classification of mental and behavioural disorders. Diagnostic criteria for research*. Genf: World Health Organization.

Zametkin, A. J. & Rapoport, J. L. (1987). Neurobiology of attention deficit disorder with hyperactivity:where have we come in 50 years? *Journal of the American Academy of Child and Adolescent Psychiatry, 26,* 676—686.

Angststörungen

Cecilia Ahmoi Essau und Ulrike Petermann

1. Beschreibung und Klassifikation der Störungen

Angst bei Kindern und Jugendlichen wurde in ihrer Entwicklung als normal angesehen (Graziano, DeGiovanni & Garcia, 1979). Dennoch gibt es unter Kindern und Jugendlichen mit Ängsten einen hohen Anteil, der behandlungsbedürftig ist (Cytryn et al., 1984). Weitere Hinweise für die hohe Prävalenz von Angststörungen bei Kindern und Jugendlichen ergeben sich aus neueren epidemiologischen Studien, die Ängste als eine der häufigsten psychopathologischen Störungen in dieser Altersgruppe darstellen (Bird et al., 1988; Costello, 1989; Kashani & Orvaschel, 1990; McGee, Feehan, Williams, Partridge, Silva & Kelly, 1990).

Das DSM-III-R (1989) führt drei Arten von Ängsten auf, die für Kinder und Jugendliche typisch sind. Diese umfassen die Störung mit Trennungsangst, mit Kontaktvermeidung und mit Überängstlichkeit. Zusätzlich umfaßt das DSM-III-R (1989) fünf Angststörungen, die auf Kinder und Jugendliche ebenso wie auf Erwachsene zutreffen können: Panikstörung, Phobische Störungen, Zwangsstörung, Posttraumatische Belastungsstörung und Generalisierte Angststörung.

Zunächst wird auf die für Kinder typischen Angststörungen eingegangen, und die diagnostischen Kriterien werden ausgeführt. Anschließend wird kurz über die anderen Angststörungen berichtet, die für Kinder wie Erwachsene gelten.

Störung mit Trennungsangst. Das zentrale Merkmal dieser Angststörung besteht in einer exzessiven Angst vor der Trennung von Bezugspersonen; in der Regel sind es die Eltern. Im einzelnen zeigt sich die Angst in:

- unrealistischer und anhaltender Besorgnis darüber, daß engen Bezugspersonen etwas zustoßen oder ein Unglück das Kind von einer Bezugsperson trennen könnte;
- anhaltender Abneigung oder Weigerung, zur Schule zu gehen, ohne Anwesenheit einer vertrauten Person zu schlafen, weg von zu Hause zu schlafen oder einmal allein zu sein;
- wiederholten Alpträumen mit Trennungsthemen;
- Klagen über körperliche Symptome oder Wutanfälle, Schreien und Jammern, wenn eine Trennung von engen Bezugspersonen bevorsteht oder erfolgt, beispielsweise an Schultagen, bei Besuchen.

Die Störung mit Trennungsangst wird diagnostiziert, wenn von neun aufgelisteten Symptomen mindestens drei für vier Wochen auftreten, das Kind unter 18 Jahren alt ist und die Symptome sich nicht ausschließlich zeitgleich mit einer tiefgreifenden Entwicklungsstörung, Schizophrenie oder einer anderen psychotischen Störung zeigten.

Bei der Differentialdiagnose muß berücksichtigt werden, daß Trennungsangst in der Entwicklung von Kindern in einem gewissen Umfang eine normale Erscheinung darstellt. Es gilt also, eine normale Entwicklungsphase von einer exzessiven Reaktion auf Trennung zu unterscheiden.

Bei tiefgreifenden Entwicklungsstörungen oder Schizophrenie muß Trennungsangst als Bestandteil dieser Erkrankungen und nicht als getrennte Störung angesehen werden. Die Störung mit Trennungsangst muß von Schuleschwänzen unterschieden werden. Beim Schuleschwänzen lehnt das Kind die Schule ab und kann sich auch von Zuhause entfernen; bei der Trennungsangst hingegen ist das Ziel der Schulverweigerung, die Trennung von den Eltern zu vermeiden. Trennungsangst sollte auch von einer Panikstörung mit Agoraphobie unterschieden werden; nicht die exzessive Angst vor Trennung von einer engen Bezugsperson, sondern die Furcht vor Panikattacken führt zur Unfähigkeit eines Kindes, sein zu Hause zu verlassen. Zudem ist die Panikstörung mit Agoraphobie unter 18 Jahren eher ungewöhnlich. Kinder, die die Kriterien einer Trennungsangst und einer Major Depression erfüllen, sollten mit beiden Störungen diagnostiziert werden.

Störung mit Kontaktvermeidung. Hierbei bezieht sich die Angst auf den Kontakt mit unbekannten Personen. Die übermäßige Scheu führt zur Vermeidung von Kontakten sowohl zu Gleichaltrigen als auch Erwachsenen, die unbekannt sind. Die Störung mit Kontaktvermeidung muß mindestens sechs Monate oder länger auftreten und so stark ausgeprägt sein, daß die Sozialentwicklung und Fähigkeit im Umgang mit Gleichaltrigen beeinträchtigt ist (vgl. DSM-III-R, 1989). Zu vertrauten Personen, Erwachsenen wie Kindern, besteht Kontaktwunsch und Kontaktfähigkeit. Das heißt, daß sich die Beziehung zu Familienmitgliedern und anderen vertrauten Personen herzlich und befriedigend gestaltet.

Ein Kind, bei dem diese Störung diagnostiziert wird, muß mindestens zweieinhalb Jahre alt sein. Die Diagnose wird nicht gestellt, wenn die Störung so massiv und anhaltend ist, daß eine Selbstunsichere Persönlichkeitsstörung die Diagnose der Wahl ist.

Sozial zurückhaltende Kinder sind von denen mit einer Kontaktvermeidungsstörung zu trennen. Sie werden zwar mit ihnen unbekannten Personen nur langsam vertraut, verweigern aber nicht den Kontakt. Nach einiger Zeit können sie reagieren und erleiden daher keine Einschränkungen in ihrer Sozialentwicklung. Eine Differentialdiagnose muß auch abklären, ob eine Störung mit Kontaktvermeidung, mit Trennungsangst oder ob beide vorliegen. Bei einer Trennungsangst beruht der Hauptgrund für die Angst auf der Trennung von engen Bezugspersonen und nicht auf dem Kontakt mit unvertrauten Menschen. Bei einer Störung mit Überängstlichkeit konzentriert sich die Angst nicht auf den Kontakt mit unvertrauten Menschen; es können aber beide Störungen vorhanden sein. Sozialer Rückzug tritt häufig bei der Major Depression und der Dysthymen Störung auf, stellt jedoch ein generalisiertes Phänomen im Rahmen dieser Erkrankungen dar. Abzugrenzen ist schließlich die Störung mit Kontaktvermeidung von der Anpassungsstörung mit Rückzug, bei der keine ängstliche Stimmung feststellbar ist, die auf psychosoziale Belastungsfaktoren zurückführbar ist und weniger als sechs Monate andauert.

Störung mit Überängstlichkeit. Charakteristisch für diese Angststörung ist eine übermäßige, unrealistische Angst oder Sorge, die sich mindestens über eine Zeit von sechs Monaten erstrecken muß. Laut DSM-III-R (1989) müssen von sieben wenigstens vier Kriterien erfüllt sein, die in den folgenden Punkten zusammengefaßt dargestellt werden:

● Übermäßige oder unrealistische Besorgnis zum einen um die Zukunft, zum anderen über die Angemessenheit früheren Verhaltens und zum weiteren über die eigene Kompetenz (beispielsweise Sport, Schule, Freizeit, Freunde).

● Somatische Beschwerden, wie Kopf- und Bauchschmerzen, für die kein körperlicher Befund festgestellt werden kann.

● Ausgeprägte Befangenheit und/oder exzessives Bedürfnis nach Bestätigung in verschiedensten Situationen.

● Massive Angespanntheit oder die Unfähigkeit, sich zu entspannen.

Die aufgeführten Symptome erfüllen die Kriterien für eine Störung mit Überängstlichkeit nicht, wenn das Kind 18 Jahre oder älter ist. Weiter wird die Diagnose nicht gestellt, wenn die Angst ein Symptom einer Psychotischen oder Affektiven Störung ist. Trennungsangst und Überängstlichkeit sind voneinander abzugrenzen; bei einer Trennungsangst alleine beziehen sich die Symptome ausschließlich auf Trennungssituationen; treten beide Störungen gemeinsam auf, dürfen sich die Symptome der Überängstlichkeit nicht nur auf Trennungssituationen beziehen. Differentialdiagnostisch ist weiterhin von Bedeutung, daß sich hinsichtlich Angespanntheit, Unruhe und Zappeligkeit überängstliche sowie aufmerksamkeits- und hyperaktivitätsgestörte Kinder gleichen; die wesentliche Unterscheidung liegt jedoch darin, daß sich hyperaktive Kinder nicht um die Zukunft sorgen. Allerdings können beide Störungen komorbid sein. Der Unterschied zwischen einer Überängstlichkeits- und einer Anpassungsstörung mit Ängstlicher Gestimmtheit besteht dahingehend, daß die Anpassungsstörung eine Reaktion auf eine oder mehrere feststellbare psychosoziale Belastungen darstellt und weniger als sechs Monate andauert.

Andere Angststörungen

Panikstörung. Zentral bei dieser Störung sind Panikattacken, die einmal oder wiederholt auftreten können; sie sind spontan, das heißt, sie werden nicht von einer phobischen oder lebensbedrohenden Situation oder durch körperliche Anstrengung ausgelöst. Panikattacken wurden als intensive Angst oder massives Unbehagen definiert und durch beispielsweise folgenden Symptome charakterisiert:

- Atemnot oder Erstickungsgefühle
- Benommenheit oder Ohnmachtsgefühl
- Herzklopfen oder erhöhte Herzschlagrate
- Beben und Zittern
- Schwitzen, Übelkeit, Fieberanfälle, Schüttelfrost
- Brust- oder Bauchschmerzen
- Angst vor Kontrollverlust
- Furcht, verrückt zu werden oder zu sterben

Bei Panikattacken kann ein organischer Faktor mit auslösender oder aufrechter-haltender Wirkung nicht nachgewiesen werden. Die Attacken haben in der Regel eine Länge von zehn Minuten. Berücksichtigt werden muß besonders die Angst vor Panikattacken.

Phobische Störungen. Sie werden als anhaltende und irrationale Furcht vor be-stimmten Objekten, Handlungen oder Situationen definiert; die Angst führt zu dem starken Wunsch, den gefürchteten Auslöser zu vermeiden. Ist dies nicht möglich, steht die Person die Situation nur mit intensiver Angst durch. Das Ver-meidungsverhalten schränkt die Person je nach Art der Phobie in unterschiedli-chen Lebensbereichen erheblich ein; bei Kindern ist deren Entwicklung stark gefährdet, sei es in sozialer, sei es in schulischer, sei es in emotionaler Hinsicht.

Das DSM-III-R (1989) unterscheidet drei Typen der Phobischen Störungen: So-ziale Phobie, Einfache Phobie und Agoraphobie ohne Panikstörung. Die Soziale Phobie wird durch anhaltende Furcht vor Situationen charakterisiert, in denen die Person der Aufmerksamkeit anderer ausgesetzt ist. Das Kind hat Angst davor, sich in einer Weise zu verhalten, die demütigend oder peinlich sein könnte, bei-spielsweise nicht antworten zu können, sich beim Essen zu verschlucken. Die Einfache Phobie wird durch anhaltende Furcht vor einem begrenzten Auslöser definiert. Davon ausgenommen ist die Angst vor Panikattacken (wie bei der Pa-nikstörung) sowie vor Peinlichkeiten oder Demütigungen in sozialen Situationen (wie bei der Sozialen Phobie). Die Agoraphobie ist die Furcht davor, sich an Or-ten oder in Situationen zu befinden, denen schwer zu entkommen oder in denen keine Hilfe verfügbar wäre, falls plötzlich Symptome erlebt werden, die nicht be-wältigbar oder extrem peinlich erscheinen (beispielsweise Schwindelgefühl, Herzbeschwerden, Verlust der Blasenkontrolle beim Aufenthalt in einem Zug, einer Menschenmenge und ähnliches).

Zwangsstörung. Sie besteht aus Zwangsgedanken oder Zwangshandlungen, die erhebliches Leid verursachen und eine Person stark in ihrer Lebensführung hin-dern, da sie zeitraubend und/oder schädigend sind. Der Tagesablauf ist einge-schränkt, schulische, berufliche Leistungen und soziale Aktivitäten sowie Be-ziehungen sind beeinträchtigt. Zwangsgedanken bestehen aus wiederholten und andauernden Ideen oder Impulsen, die als lästig bis sinnlos erlebt werden und die eine Person zu ignorieren oder auszuschalten versucht. Zwangshandlungen treten wiederholt auf und sind zielgerichtet sowie absichtlich. Die Ausführung erfolgt, auf einem Zwangsgedanken basierend, stereotyp oder regelgeleitet, um starkes Unbehagen oder vermeintlich schreckliche Situationen zu verhindern bzw. unwirksam zu machen. Die Handlungen stehen in keinem angemessenen Verhältnis zu deren Ziel und Ergebnis, und die Person weiß in der Regel, daß sie übertrieben und unsinnig sind; letzteres mag für Kinder nicht zutreffen (vgl. DSM-III-R, 1989).

Posttraumatische Belastungsstörung. Es handelt sich um eine Angstreaktion aufgrund eines belastenden Ereignisses, das sich außerhalb des Bereiches der gewöhnlichen menschlichen Erfahrung befindet und für fast jeden eine starke Belastung darstellen würde; beispielsweise handelt es sich um die Erfahrung körperlicher oder sexueller Gewalt oder um die Bedrohung der eigenen Person oder nahestehender Personen. Die Posttraumatische Belastungsstörung wird durch verschiedene Arten quälenden Wiedererlebens charakterisiert: wiederholte, sich aufdrängende, quälende Erinnerung an das Ereignis; wiederkehrende, belastende Träume; plötzliches Handeln oder Empfinden, als ob das Ereignis wiederholt aufträte; intensives psychisches Leid, wenn Ereignisse auftreten, wie Jahrestage des traumatischen Ereignisses, die mit ihm in irgendeiner Weise in Verbindung stehen oder ihm ähneln. Um quälendes Wiedererleben zu verhindern, werden verschiedenste Situationen und Auslöser gemieden. Bei kleinen Kindern allerdings können wiederholte Spiele, die das belastende Ereignis zum Inhalt haben oder es ausdrücken, beobachtet werden.

Neben Vermeidungsverhalten kann die allgemeine Reaktionsbereitschaft, Empfindung positiver Gefühle oder das Interesse für Aktivitäten eingeschränkt sein; beispielsweise können Kinder neu in ihrer Entwicklung angeeignete Fähigkeiten wie Sprache oder Saubersein wieder verlieren. Schließlich kann als weitere Folge einer traumatischen Belastung ein erhöhtes Erregungsniveau auftreten, wie z. B. Schlafstörungen, Wutausbrüche oder Konzentrationsschwierigkeiten (vgl. DSM-III-R, 1989).

Generalisierte Angststörung. Das grundlegende Merkmal ist unrealistische oder exzessive Angst und Besorgnis hinsichtlich zweier oder mehrerer Lebensumstände. Bei Kindern bezieht sich die Angst auf schulische, sportliche und soziale Kompetenz und Leistungsfähigkeit. Angst und Sorge bestehen über sechs Monate oder länger; und die überwiegende Zahl der Tage wird eine Person von diesen Sorgen geplagt. Eine Reihe von Symptomen treten im Zustand dieser Angst auf; von insgesamt 18 müssen mindestens sechs gegeben sein. Die 18 Symptome sind drei Bereichen zugeordnet, nämlich: motorische Spannung wie Zittern, Muskelspannung, Ruhelosigkeit, leichte Ermüdbarkeit; vegetative Übererregbarkeit wie Durchfall, häufiges Harnlassen, Kloßgefühl im Hals; sowie Hypervigilanz und erhöhte Aufmerksamkeit wie übermäßige Schreckhaftigkeit, sich angespannt fühlen, Konzentrationsschwierigkeiten, Schlafstörungen, Reizbarkeit (vgl. DSM-III-R, 1989).

2. Epidemiologie, Risikofaktoren und Verlauf

2.1 Epidemiologie

Nach neueren epidemiologischen Studien weisen 10 % der Kinder und Jugendlichen Angststörungen auf. So zeigten in einer Studie von Kashani und Orvaschel (1988) 8,7 % der Jugendlichen mindestens eine Angststörung, die einer Intervention bedurfte. Ebenso fand Costello (1989) bei Kindern in 8,9 % der Fälle mindestens eine Angststörung. Auch in der Studie von McGee et al. (1990) hatten 10,7 % der Jugendlichen Angststörungen; und in einer neueren Studie von Fergusson, Horwood und Lynskeyl (1993) wiesen zwischen 10,7 und 12,8 % der Kinder Angststörungen auf.

Am häufigsten ist die Störung mit Überängstlichkeit im Kindes- und Jugendalter verbreitet; die Prävalenz schwankt zwischen 2,9 und 4,6 % (Anderson, Williams, McGee & Silva, 1987; Costello, 1989). Die Störung mit Trennungsangst bewegt sich zwischen 2,4 und 4,7 % (Bird et al., 1988; Bowen, Offord & Boyle, 1990); Costello (1989) gibt bei der Störung mit Kontaktvermeidungsverhalten eine Rate von 1,6 % an.

Die Prävalenzangaben für Phobische Störungen sind wenig konsistent und schwer interpretierbar; sie variieren für die Einfache Phobie von 2,4 bis 36 % und für Soziale Phobie von ein bis 51 % (Anderson et al., 1987; Reinherz, Giaconia, Lefkowitz, Pakiz & Frost, 1993). Die Zwangsstörung tritt weniger häufig auf (von 0,4 bis 2,1 %; Flament et al., 1988; Reinherz et al., 1993; Whitaker et al., 1990). Die Prävalenz der Posttraumatischen Belastungsstörung beträgt nach Reinherz et al. (1993) 6 %.

Auch bei der Panikstörung variieren die Prävalenzraten erheblich. Whitaker et al. (1990) berichteten von 0,6 % Panikstörungen und Warren und Zgourides (1988) von 4,7 %. In einer Studie von Macaulay und Kleinknecht (1989) wiesen 10,4 % der Jugendlichen eine mittlere und 5,4 % eine schwere Panikstörung auf. Panikattacken sind sogar mit Raten von 5,3 bis zu 63 % noch häufiger (Hayward, Killen & Taylor, 1989; Hayward et al., 1992; King, Gullone, Tonge & Ollendick, 1993; Macaulay & Kleinknecht, 1989; Warren & Zgourides, 1988). Diese Angaben sind jedoch kritisch zu beurteilen, wenn sich die Behauptung von Nelles und Barlow (1988) als richtig erweisen würde, daß kleinere Kinder nicht die Arten der Kognition erzeugen können, die nötig sind, um spontan Panik zu erfahren. Eine Person muß nämlich psychophysiologische Symptome als selbstverursacht erkennen können, um Panik spontan zu erleben.

Betrachtet man Kinder, die sich in psychiatrischer Behandlung befinden, dann erfüllen 47 % die Kriterien für die Störung mit Trennungsangst, 52 % für die Störung mit Überängstlichkeit (Last, 1988) und 1,3 % für die Zwangsstörung (Thomsen & Mikkelsen, 1991). Zwischen 9,6 und 16 % der Kinder und Jugendlichen hatten eine Panikstörung (Alessi, Robbins & Dilsaver, 1987; Last & Strauss, 1989) und zwischen drei und 41 % hatten Panikattacken (Bradley & Hood, 1993; Moreau, Weissman & Warner, 1989). Bei der Panikstörung treten

Schulverweigerung und Aggression als Leitsymptome am häufigsten auf; zusätzlich beobachtet man Depression und somatische Beschwerden (Alessi & Magen, 1988).

Komorbidität zwischen Angststörungen. Verschiedene Studien haben gezeigt, daß ein hoher Prozentsatz der Kinder nicht nur eine Angststörung, sondern mindestens eine weitere besaßen. So erfüllten in der Studie von Kashani und Orvaschel (1990) 36,4 % der ängstlichen Kinder die Kriterien für zwei oder mehr Angststörungen. Nach diesen Autoren kann die Komorbidität zwischen Angststörungen durch verschiedene Faktoren erklärt werden:

● Ängstliche Verhaltensweisen einer Angststörung können einen Risikofaktor für eine andere darstellen.
● Unterschiedliche Ängste weisen dieselbe Ätiologie auf.
● Die Symptome verschiedener Ängste überlappen sich und führen zu Störungen, die die Kriterien für mehr als eine Diagnose erfüllen.

Die meisten Jugendlichen mit einer Panikstörung litten vorher unter einer Störung mit Trennungsangst (Alessi et al., 1987; Alessi & Magen, 1988). Diese Befunde bestätigen die Annahme, daß die Störung mit Trennungsangst bei einigen Kindern einen Hinweis auf oder sogar eine Vorform der Panikstörung bildet.

Komorbidität mit Depression. Die Major Depression tritt am häufigsten mit Angststörungen auf. Die Prävalenz bewegt sich zwischen 0,8 und 15,9 % (Anderson et al., 1987; Bird et al., 1993; Costello et al., 1988; Fergusson et al., 1993). Unter den verschiedenen Angstformen ist die Störung mit Überängstlichkeit am häufigsten mit Depression verknüpft (21 %; Bowen et al., 1990).

Noch häufiger sind Angst und Depression bei Kindern gekoppelt, die sich in psychiatrischer Behandlung befinden; hier schwanken die Raten zwischen 28 und 55 % (Kovacs et al., 1989; Moreau et al., 1989; Strauss et al., 1988). Kinder, die sowohl Angst als auch Depression aufwiesen, waren in der Regel älter und hatten mehrere schwere Angstsymptome (Bernstein, 1991; Strauss et al., 1988). Bei Kindern mit Panikstörung und Depression traten eine depressive Episode und eine Panikattacke zeitgleich auf (Alessi & Magen, 1987). Auch eine Zwangsstörung kann bei Jugendlichen gemeinsam mit einer Depression vorkommen (Toro, Cervera, Oseja & Salamero, 1993). Auch wenn die Zwangssymptome zunehmen, bleiben Angst und Depression untereinander verknüpft (Swedo, Rapoport, Leonard, Lenane & Cheslow, 1989).

Komorbidität mit anderen Störungen. Angststörungen und Hyperaktivität treten miteinander auf (Biederman, Faraone, Keenan, Steingard & Tsuang, 1991; Bird, Gould & Staghezza, 1993; Keller, Lavori, Wunder, Beardslee, Schwartz & Roth, 1992; vgl. Döpfner in diesem Buch). Insbesondere Kinder mit Trennungsangst und/oder mit Überängstlichkeit zeigten zwischen 15 und 24 % hyperaktives Verhalten (Bowen et al., 1990; Keller et al., 1992). In 36 bis 62,4 % überlappen sich Angststörungen und Störungen des Sozialverhaltens (Trotzverhalten; Bird et al., 1993; Cohen et al., 1993).

2.2 Risikofaktoren

Geschlecht. Geschlecht und Ängste stehen hinsichtlich einiger, jedoch nicht aller Angststörungen in einem deutlichen Zusammenhang. In den meisten Studien wiesen Mädchen zwei- bis viermal höhere Raten von Angststörungen auf als Jungen (Fergusson et al., 1993; Kashani & Orvaschel, 1990). Die höheren Angstraten der Mädchen waren etwa ab dem zwölften Lebensjahr augenscheinlich (Cohen et al., 1993). Es wurde angenommen, daß die Ängste teilweise mit der weiter vorangeschrittenen biologischen Reife der Mädchen im Zusammenhang stehen (Fergusson et al., 1993).

Bei der Trennungsangst waren Mädchen überrepräsentiert (Bowen et al., 1990); die Verteilung von Mädchen zu Jungen betrug sechs zu eins (Bowen et al., 1990). Neuere Studien von Cohen et al. (1993) zeigten jedoch vergleichbare Raten der Störung mit Trennungsangst für Jungen und Mädchen. Bei der Störung mit Überängstlichkeit ist das Geschlechterverhältnis bis zur Adoleszenz in etwa gleich; danach tritt die Störung bei Mädchen häufiger auf (Werry, 1991). In der Studie von Bowen et al. (1990) liegt die Verteilung von weiblich zu männlich für die Störung mit Überängstlichkeit bei vier zu eins. Im Gegensatz zu diesen beiden Studien fanden Anderson et al. (1987) höhere Raten der Störung mit Überängstlichkeit bei Jungen als bei Mädchen. Bei der Generalisierten Angststörung hingegen zeigten Mädchen signifikant höhere Raten als Jungen (Whitaker et al., 1990).

Einige Studien berichteten eine höhere Rate für die Zwangsstörung bei Jungen als bei Mädchen (Swedo et al., 1989; Toro et al., 1992); in anderen Studien konnte dies jedoch nicht bestätigt werden (Allsopp & Verduyn, 1990; Thomsen, 1993; Thomson & Mikkelsen, 1991; Whitaker et al., 1990). Die Prävalenz der Posttraumatischen Belastungsstörung war für Mädchen etwa fünfmal höher als für Jungen (Reinherz et al., 1993), obwohl es für beide Geschlechter gleichermaßen wahrscheinlich war, ein traumatisches Ereignis zu erleben, welches die Störung auslösen könnte. Auch die Panikstörung tritt bei Mädchen doppelt so häufig wie bei Jungen auf (Last & Strauss, 1989), obwohl Jungen ebenso schwere Panikattacken erlebten wie Mädchen (Macaulay & Kleinknecht, 1989).

Das Risikoalter und Erstmanifestation. Die Prävalenz der unterschiedlichen Angststörungen ändert sich mit dem Alter. Kashani und Orvaschel (1990) berichteten beispielsweise höhere Raten der Störung mit Trennungsangst einmal für Achtjährige und einmal für Siebzehnjährige. In der Studie von Cohen et al. (1993) gab es einen 23prozentigen Rückgang der Störung mit Trennungsangst mit jedem Jahr ab dem zehnten Lebensjahr (Cohen et al., 1993); dieser Rückgang ist vermutlich eine Folge der wachsenden Bestrebungen zur Unabhängigkeit während der späten Kindheit.

Cohen et al. (1993) berichteten für Jungen vom zehnten bis zum 20. Lebensjahr einen kontinuierlichen Rückgang bei der Störung mit Überängstlichkeit; ein geringerer Rückgang wurde bei Mädchen beobachtet. Die Tatsache, daß bei Mädchen mit steigendem Alter die Störung mit Überängstlichkeit weniger ausgeprägt zurückgeht als bei Jungen, weist daraufhin, daß die biologischen und sozialen Veränderungen bei Mädchen in der Pubertät die Störung nicht grundlegend beeinflussen. Der deutliche Rückgang bei Jungen mit zunehmendem Alter kann damit im Zusammenhang stehen, daß diese Fertigkeiten und Selbstkontrolle entwickeln und soziale Anerkennung erfahren. Weiter wird vermutet, daß Jungen durch die zunehmende Anpassung an ihre Geschlechtsrolle eine rückläufige Überängstlichkeit zeigen (Cohen et al., 1993).

Panikattacken scheinen nicht unmittelbar mit dem Alter zusammenzuhängen, sondern eher mit der Pubertät (Hayward et al., 1992). Die Autoren interpretieren die höheren Raten von Panikattacken mit zunehmender sexueller Reife. Die verstärkt produzierten Geschlechtshormone in der Pubertät könnten dazu beitragen, daß Panikattacken vermehrt auftreten, auch in späteren Pubertätsphasen. Panikattacken traten ab dem 13. Lebensjahr auf (Macaulay & Kleinknecht, 1989; Warren & Zgourides, 1988). Im psychiatrischen Bereich liegen nicht nur schwerere Formen von Panikstörungen vor, sondern diese manifestieren sich schon zwischen dem fünften und elften Lebensjahr (Bradley & Hood, 1993; Vitiello, Behar, Wolfson & McLeer, 1990).

Eine Zwangsstörung manifestiert sich etwa mit elf Jahren (Toro et al., 1992). Es ist unklar, ob die Störung bei Jungen oder bei Mädchen früher auftritt (Swedo et al., 1989; Toro et al., 1992).

Kritische Lebensereignisse. Bernstein, Garfinkel und Hoberman (1989) stellten fest, daß Jugendliche mit hoher Angst im Vergleich zu solchen mit niedriger Angst wesentlich mehr kritische Lebensereignisse in den vorausgegangenen Monaten erfuhren. Die häufigsten kritischen Lebensereignisse, die in einem erhöhten Ausmaß vorkommen, bestanden in:

● Auseinandersetzungen mit den Eltern
● Schwierigkeiten mit einem Geschwister
● Probleme im Umgang mit Klassenkameraden
● schlechte Schulnoten
● Verlust eines Freundes bzw.
● Beenden einer (gegengeschlechtlichen) Freundschaft
● körperliche und/oder sexuelle Mißhandlungen
● chronische körperliche Erkrankungen

Zwischenmenschliche Konflikte, Verluste wie Trennung oder Scheidung der Eltern, Schulleistungsprobleme und Schulstreß, Konflikte mit der Familie oder den Gleichaltrigen sowie Tod eines Verwandten wurden häufig als kritische Lebensereignisse gefunden, die den ersten Panikattacken bei Kindern mit einer Panikstörung vorausgingen (vgl. Macaulay & Kleinknecht, 1989; Warren & Zgourides, 1988; Bradley & Hood, 1993).

Soziale Herkunft. Je nach Angstart werden unterschiedliche Ergebnisse berichtet. Für die Störung mit Trennungsangst sowie Phobien stellte ein niedriger sozio-ökonomischer Status einen bedeutenden Risikofaktor dar (vgl. Reinherz et al., 1993; Velez, Johnson & Cohen, 1989). Hingegen konnte von Whitaker et al. (1990) kein signifikanter Zusammenhang zwischen sozialer Herkunft und den folgenden Störungen gefunden werden: Panikstörung, Generalisierte Angststörung und Zwangsstörung.

Familiäre Faktoren. Weisen Eltern Angststörungen auf, dann besitzen auch Kinder ein erhöhtes Risiko, solche Störungen zu entwickeln. So ist die Wahrscheinlichkeit für Kinder um siebenmal höher, deren Eltern eine Agoraphobie ohne Panikstörung oder Zwangsstörung besitzen (Turner, Beidel & Costello, 1987). Entsprechend weisen Mütter ängstlicher Kinder mehr Angststörungen auf als Mütter, deren Kinder an anderen psychiatrischen Störungen erkrankt sind (Last & Strauss, 1989; Toro et al., 1989). In einer Studie von Last, Hersen, Kazdin, Francis und Grubb (1987) hatten 83 % der Mütter von Kindern mit Trennungsangst und/oder mit Überängstlichkeit chronische Angststörungen. Die Hälfte dieser Mütter zeigte in dem Zeitraum Angststörungen, in dem ihre Kinder eine stationäre Angstbehandlung erhielten.

Neuere Studien von Last, Hersen, Kazdin, Orvaschel und Perrin (1991) und Vitiello et al. (1990) belegen, daß Angststörungen stabil über Generationen auftreten. Diese Stabilität wird in der Regel durch genetische Befunde erklärt, obwohl ein spezifisches, mit dem Risiko für eine Angststörung verbundenes Gen noch nicht identifiziert ist. Carey und Gottesman (1981) berichten eine Konkordanz von 88 % für Phobien bei eineiigen und von 38 % bei zweieiigen Zwillingen. Die Konkordanzrate für eine Zwangsstörung lag für eineiige Zwillinge bei 87 % und für zweieiige bei 47 %.

In einer Studie von Torgersen (1983) besaßen eineiige Zwillinge deutlich höhere Konkordanzraten für Panikstörungen oder Agoraphobie ohne Panikstörung als zweieiige. Torgersen (1988) kommt in einer Übersicht zu dem Schluß, daß phobische, Panik- und Zwangsstörungen offensichtlich durch genetische Faktoren beeinflußt werden. Im Gegensatz dazu besitzen die Generalisierte Angst- und Posttraumatische Belastungsstörung keine genetischen Komponenten.

Soziale Unsicherheit. Sozial unsicheres Verhalten bezieht sich auf die Tendenz, in neuen Situationen, scheu, ängstlich und gehemmt zu reagieren (Kagan, 1989; Petermann & Petermann, 1994). Soziale Unsicherheit erhöht nach Rosenbaum et al. (1988) das Risiko, Angststörungen zu entwickeln. Drei Aspekte sind dabei zu beachten:

- Sozial unsichere Kinder weisen gehäuft Eltern mit Panikstörungen und Agoraphobie ohne Panikstörung auf; diese Eltern haben noch ein erhöhtes Risiko für eine soziale Phobie und chronische Angststörungen (vgl. Rosenbaum, Biederman, Hirshfeld, Bolduc & Chaloff, 1991).
- Sozial unsichere Kinder besitzen nach Biederman et al. (1990) eine erhöhte Rate für phobische Störungen.
- Bleibt die soziale Unsicherheit bei den Kindern langfristig bestehen, dann erhöht sich nach Hirshfeld et al. (1992) das Risiko für Angststörungen.

2.3 Verlauf

Angststörungen weisen einen stabilen Verlauf und eine geringe Remissionsrate auf. Nach Keller et al. (1992) zeigen 46 % der Kinder mit Angststörungen auch nach acht Jahren das Symptombild; dies trifft auch für die Zwangsstörung zu (Zeitlin, 1986). Flament et al. (1990) belegten, daß auch noch nach zwei bis fünf Jahren die Kriterien für eine Zwangsstörung nach der ersten Manifestation erfüllt sind. Selbst wenn es Kindern mit Trennungsangst gelang, nach einer Behandlung die Schule regelmäßig wieder aufzusuchen, so waren sie doch sozial und affektiv in wichtigen Lebensbereichen eingeschränkt (vgl. Berg & Jackson, 1985). Cohen et al. (1993) berichten ähnliches für eine Störung mit Überängstlichkeit; 47 % der Jugendlichen wiesen diese Störung auch noch nach zweieinhalb Jahren auf.

Psychosoziale Beeinträchtigung. Jugendliche mit Angststörungen besaßen kaum ausgeprägte Kontakte zu Gleichaltrigen und hatten vermehrt Schul- und familiäre Schwierigkeiten (Kashani & Orvaschel, 1990). Bowen et al. (1990) berichteten, daß

- 20,5 % der Kinder mit Angststörungen Probleme mit ihren Bezugspersonen hatten,
- 10,3 % eine geringe Kompetenz im Sport- und Freizeitbereich besaßen,
- nur 10,8 % Sport betrieben und
- nur 2,5 % schlechte Schulleistungen aufwiesen.

Nach Whitaker et al. (1990) sind Kinder mit Generalisierter Angststörung am meisten beeinträchtigt (84,2 %); dann folgen Panik- und Zwangsstörung (71 bzw. 60 %). Toro et al. (1993) belegen, daß viele Jugendliche mit einer Zwangsstörung sich sozial isolieren und keine engen Freundschaften besitzen (Allsopp & Verduyn, 1990). Während einer Zwangsepisode verringern sich in 60 % der Fälle, besonders bei Jungen, die Schulleistungen (vgl. Toro et al., 1993). Nach Reinherz et al. (1993) lassen sich Jugendliche mit einer Posttraumatischen Belastungsstörung durch eine deutlich geringere Selbstachtung, vermehrte Beziehungsprobleme und schlechtere Schulleistungen beschreiben.

3. Erklärungsansätze von Angststörungen

Es existieren im Rahmen des Neurotransmitter-Modells der Angst eine Reihe von Erklärungsansätzen, die sich auf das Noradrenerge-, das Serotonerge- und das Benzodiazepin-System beziehen. Informationen darüber können in einschlägigen Veröffentlichungen nachgelesen werden (Birbaumer & Schmidt, 1990).

3.1 Konditionierungsansätze

Nach der klassischen Konditionierungstheorie von Angst erlangen neutrale Stimuli, die zeitgleich mit furchterregenden Reizen auftreten, die Qualität, selbst Angst auszulösen. Die Stärke der Angstreaktion hängt von drei Faktoren ab:

● die Anzahl der neutralen Stimuli, die mit dem furchterregenden, unkonditionierten Reiz verknüpft sind;
● die Häufigkeit, mit der eine Assoziation von konditioniertem mit unkonditioniertem Reiz auftritt;
● die Intensität der Emotion „Angst", die durch den unkonditionierten Stimulus hervorgerufen wird.

Reize, die den konditionierten Stimuli ähneln, können ebenfalls Angst hervorrufen. Die Theorie des klassischen Konditionierens wurde kritisiert, weil sich Phobien trotz der wiederholten Erfahrung mit konditionierten Stimuli, die ja für sich genommen ohne Folgen sind, nicht löschen ließen; eine weitere Kritik beruhte auf der Tatsache, daß Ängste und Phobien stellvertretend erworben werden können (Rachman, 1978).

Eine Modifikation der klassischen Konditionierungstheorie stellte das Modell des Vermeidungslernens dar (Mowrer, 1947). Das Modell besagt, daß Ängste und Phobien sich dann nicht löschen lassen, wenn man erfolgreich lernt, den gefürchteten Stimulus zu vermeiden. Das Vermeidungsverhalten verhindert nämlich ein Umlernen, daß der konditionierte Reiz objektiv keinen Anlaß zu Angst gibt.

3.2 Kognitive Theorien

Nach Becks kognitivem Ansatz (1988) besteht das Problem bei einer Angststörung in kognitiven Schemata, nach denen die Realität als gefährlich interpretiert wird. Die Information über sich selbst, die Welt und die Zukunft wird auf verzerrte Art als bedrohlich bewertet und verarbeitet. Als Ergebnis dieser Informationsverarbeitung resultieren Angstzustände, die eng mit irrationalen Gedanken und Vorstellungen verknüpft sind; dadurch wird ein neutrales Ereignis negativ und gefährlich eingeschätzt. Die Auswirkungen zeigen sich in unangemessenen motorischen, physiologischen und affektiven Komponenten der Angstreaktion.

3.3 „Angstspezifische" Modelle

Verschiedene ätiologische Modelle wurden für die spezifischen Angststörungen entwickelt, besonders für die Panikstörung und Agoraphobie ohne Panikstörung. Einige Beispiele umfassen Clarks kognitives Modell (1986), Stamplers integriertes konzeptuelles Modell (1982), das Modell von Brehony und Geller (1981), das Modell von Mathews, Gelder und Johnston (1981) und das psychophysiologische Modell der Panikattacken von Margraf, Ehlers und Roth (1986). Eine aktuelle Übersicht zur Erklärung von Ängsten findet sich in Deuchert und Petermann (1994).

4. Interventionsverfahren

4.1 Pharmakotherapie

Antidepressiva. Zur Gruppe der trizyklischen Antidepressiva gehören Imipramin (vgl. auch den Beitrag von Petermann & Essau in diesem Buch) und Clomipramin. Verschiedene plazebo-kontrollierte Studien wurden zur Behandlung von Trennungsangst durchgeführt, wobei keine eindeutigen Ergebnisse erzielt wurden (vgl. Bernstein, Garfinkel & Borchardt, 1990; Klein, Mannuzza, Chapman & Fyer, 1992). Obwohl die erste Studie von Gittelman-Klein und Klein (1971) mit Imipramin die Symptome von Kindern reduzierte, konnte eine neuere Studie nicht belegen, daß Imipramin einer Plazebo-Behandlung überlegen war (vgl. Klein et al., 1992). Berney et al. (1981) konnten ebenfalls keinen eindeutigen Effekt für Clomipramin gegenüber der Plazebo-Behandlung nachweisen. Nach Bernstein et al. (1990) besteht kein Unterschied hinsichtlich der Symptome bei Kindern und Jugendlichen mit Schulverweigerung, die Imipramin, Alprazolam und Plazebo erhielten. Obwohl diese plazebo-kontollierten Studien den Gebrauch von trizyklischen Antidepressiva zur Behandlung von Angststörungen im Zusammenhang mit Schulverweigerung nicht rechtfertigen konnten, haben eine Anzahl von Fallberichten die Wirksamkeit trizyklischer Antidepressiva zur Behandlung einer Panikstörung bei Kindern und Jugendlichen dargestellt (Black & Robbins, 1990; Garland & Smith, 1991).

Benzodiazepin. Zur Gruppe der Benzodiazepine gehören Alprazolam und Clonazepam. Mit Alprazolam konnte bei der Störung mit Kontaktvermeidung und der mit Überängstlichkeit nur etwa die Hälfte der Kinder ihre Symptome verbessern (Simeon & Ferguson, 1987). Allerdings konnten in einer Doppel-Blind-Studie von Simeon et al. (1992) keine Unterschiede zwischen Alprazolam und der Plazebo-Behandlung entdeckt werden.

Fallberichte haben gezeigt, daß Clonazepam für die Behandlung von Kindern mit Trennungsangst und Überängstlichkeit (Biederman, 1987) und von Jugendlichen mit einer Panikstörung (Kutcher & Mackenzie, 1988) geeignet ist. Häufige Nebenwirkungen von Benzodiazepinen umfassen Sedierung und Schläfrigkeit (Bernstein et al., 1990; Biederman, 1990; Simeon et al., 1992); Benzodiazepine sollten aus diesen Gründen und der Gefahr, von ihnen abhängig zu werden, nur kurzfristig eingesetzt werden.

4.2 Psychologische Interventionen

Systematische Desensibilisierung. Dieses Vorgehen beruht darauf, die Kinder allmählich der furchterregenden Situation auszusetzen, während sie zeitgleich mit einer Handlung beschäftigt sind, die mit Angst unvereinbar ist. Dadurch wird die Angst von einer positiven Reaktion und Emotion überlagert und in der Folge davon gehemmt; dies nennt man das Prinzip der reaktiven Hemmung. Die Methode beinhaltet drei Schritte: Entspannungstraining, Entwicklung einer Angsthierarchie und die eigentliche Systematische Desensibilisierung (vgl. Deuchert & Petermann, 1994).

Das Kind wird beispielsweise in der Progressiven Muskelentspannung geschult, da Entspannungsreaktionen Angst hemmen. Für Kinder wurden weitere Formen von Entspannungstrainings entwickelt, die die Phantasie, eine einfache Sprache und symbolhafte Begriffe nutzen, um das Verständnis für und das Interesse an Entspannungsvorgängen bei Kindern zu fördern (Ollendick & Cerny, 1981; Petermann & Petermann, 1993). Kind und Eltern entwickeln mit Hilfe eines Therapeuten eine Angsthierarchie, in der angsterregende Ereignisse geordnet sind. In der Behandlung beginnt man mit dem am wenigsten angstauslösenden Reiz und arbeitet schrittweise die Hierarchie ab. Werden die angsterregenden Situationen dem Kind präsentiert, wird das Kind zuvor aufgefordert, sich zu entspannen.

Die Systematische Desensibilisierung kann in vivo oder in der Vorstellung durchgeführt werden. Einige Autoren berichten, daß Erfahrungen in vivo wirksamer seien als eine Bewältigung von angstauslösenden Situationen in der Vorstellung (Ultee, Griffioen & Schellekens, 1982); wahrscheinlich sind Kinder, vor allem je jünger sie sind, aufgrund ihrer kognitiven Entwicklung mit dem letztendlich insgesamt kognitiven Verfahren überfordert. Sind jedoch Kinder zur Vorstellung angsterregender Reize während der Desensibilisierung in der Lage, so kann mangelndes Vertrauen in die eigenen Fertigkeiten die Kinder daran hindern, die Konfrontation mit einer angstauslösenden Situation im Alltag zu bewältigen.

Überflutung und Implosion. Sowohl bei der Überflutung (flooding) als auch bei der Implosion werden die gefürchteten Reize auf einem intensiven Niveau für eine bestimmte Zeit präsentiert. Während der Überflutung wird ein Kind tatsächlich dem angsterregenden Reiz ausgesetzt. Als Wirkungsprinzip wird eine Löschung der konditionierten Angstreaktion angenommen; die Löschung soll dadurch möglich sein, daß trotz wiederholter Konfrontation mit einem angstauslösenden Reiz aversive Ereignisse nicht eintreten. Eine andere Erklärung geht von der physiologischen Gewöhnung aus; danach soll die Überflutung die Erregungskapazität erschöpfen, so daß nur noch ein minimales bis kein Angstempfinden möglich ist.

Die Implosionstechnik unterscheidet sich von der Überflutung dahingehend, daß ein Kind aufgefordert wird, sich vorzustellen, es befände sich in der angsterregenden Situation. Es darf in seiner Vorstellung die Situation nicht verlassen und muß in der Vorstellung größtmögliche Ängste aushalten (Stampfl & Levis, 1967). Damit wird beabsichtigt, das Vermeidungsverhalten zu löschen.

Nur wenige Studien haben diese Ansätze in der klinischen Praxis verwandt. Dies hat damit zu tun, daß es kontroverse Ansichten darüber gibt, ob man Kinder in höchstem Maße angstauslösenden Situationen aussetzen darf. Was die Implosion angeht, muß zusätzlich die kognitive Entwicklung eines Kindes berücksichtigt werden, um erfolgreich Vorstellungsübungen realisieren zu können. Die Empfehlung lautet deshalb, Überflutung oder Implosion dann anzuwenden, wenn andere Methoden versagt haben (Carlson, Figueroa & Lahey, 1985).

Operante Ansätze. Die operanten Ansätze, wie beispielsweise positive Verstärkung, Shaping oder Löschung, werden benutzt, um angemesseneres Verhalten zur Angstbewältigung zu stärken und gleichzeitig Ängste sowie Vermeidungsverhalten zu reduzieren. Mit positiver Verstärkung wird angemessenes Verhalten gelobt und belohnt. Beim Shaping erfolgt Lob und Belohnung nach schrittweiser erfolgreicher Annäherung an das gewünschte Verhalten. Durch das Entfernen verstärkender Konsequenzen für Vermeidungsverhalten wird dieses gelöscht.

Modellernen. Mit Hilfe des Modellernens werden einem Kind neue, angemessene Verhaltensweisen vermittelt und Angstreaktionen gelöscht; ein Kind beobachtet ein Verhalten eines anderen, dessen affektive Reaktionen sowie die Konsequenzen für das angemessene Bewältigungsverhalten (Bandura, 1979). Modellernen ist auf drei Wegen möglich, nämlich symbolisch, stellvertretend und teilnehmend. Beim symbolischen Modellernen beobachtet ein Kind ein anderes oder ein erwachsenes Modell in einem Film; das Filmmodell nähert sich erfolgreich an die gefürchtete Situation oder das gefürchtete Objekt an. Stellvertretendes Modellernen bezieht sich darauf, daß ein Kind einem Modell in vivo zuschaut, wie dieses mit dem angstauslösenden Objekt und Vermeidungsverhalten umgeht. Beim teilnehmenden Modellernen imitiert ein Kind ein Verhalten, das eine schrittweise Annäherung an den angstauslösenden Reiz ermöglicht und zuvor von einem Modell gezeigt wurde.

Kognitive Prozeduren. Sie beziehen sich einmal auf das Erlernen positiver Selbstinstruktionen, und einmal wird auf ein Streß-Immunisierungs-Training hingewiesen. Solche kognitiven Methoden werden zur Behandlung von Angst im Kindesalter häufig angewandt.

● Um positive Selbstinstruktionen aufzubauen, wird ein Kind trainiert, Selbstgespräche zu führen, die seine Kompetenz betreffen (Kanfer, Karoly & Newman, 1975). Dazu werden die Kinder angeleitet, Verhaltensweisen zu beschreiben, die zur Bewältigung angstauslösender Situationen führen.
● Ein Streß-Immunisierungs-Training wurde beispielsweise von Meichenbaum (1975) gegen Ängste vor einer Zahnarztbehandlung entwickelt. In diesem Training lernt ein Kind sich selbst so zu instruieren, daß die Angst vor Zahnarztbesuchen verringert wird. So konfrontiert sich zur Vorbereitung eines Zahnarztbesuches ein Kind in Selbstgesprächen mit möglichen Schmerzempfindungen und mit dadurch bedingten Streßsituationen (vgl. Breuker & Petermann, 1994). Positive Instruktionen zum Umgang mit Schmerz und zur Bewältigung der damit verbundenen Gefühle lernt ein Kind zu äußern. Instruktionen und Übungen zur Ruhe und Entspannung sind zusätzlich unterstützend.

Kompakte Trainings. In ihnen werden verschiedene psychologische Behandlungsmethoden kombiniert, häufig kognitive Ansätze mit Modellernen und Verhaltensübung; selbstverständlich integriert sind verstärkende Bedingungen. Kompakte Trainings setzen in der Regel daran an, unterschiedliche soziale Fertigkeiten aufzubauen. Sie zielen bei Kindern auf die Störung mit Trennungsangst und auf die mit Kontaktvermeidung ab. Vergleichende und Einzelfallstudien erbrachten meistens sehr günstige Ergebnisse (Blagg & Yule, 1984; Garziano & Mooney, 1982; Mansdorf & Lukens, 1987; Petermann, 1997; Phillips & Wolpe, 1981; Ross & Petermann, 1987; Ultee et al., 1982).

Beispielhaft wird auf das Taining mit sozial unsicheren Kindern eingegangen, das aus einem Einzel- und Gruppentraining besteht und neben der Behandlung eines Kindes die Eltern einbezieht (vgl. Petermann & Petermann, 1994). In diesem Training kommen folgende Methoden zum Einsatz:

● Modellernen mit Hilfe von Videosituationen.
● Diskriminationslernen mit Hilfe verschiedener Arbeitsblätter, die Comics, Fotogeschichten u. ä. enthalten; es soll die Wahrnehmung für gerechtfertigt und ungerechtfertigt bedrohlich erlebte Situationen sensibilisiert sowie Verhaltensmöglichkeiten für eine Situation unterschieden werden.
● Differentielle Verstärkung für angemessene Verhaltensschritte zur Bewältigung einer angstauslösenden Situation; neben sozialen kommen Handlungsverstärker zum Einsatz, also Lob und Anerkennung sowie gemeinsame Spielaktivitäten.
● Selbstbeobachtung und Selbstinstruktion mit Hilfe von sogenannten Detektivbögen und Instruktionskärtchen; ein Kind soll dadurch lernen, sich selbst einzuschätzen und zu steuern, um Bewältigungsverhalten auszuführen.
● Verhaltensübungen mit Hilfe von Rollenspielen und in-vivo-Aufgaben; am Anfang stehen Teilfertigkeiten, die zu immer komplexeren Handlungen ausgebaut werden.

Wovor hat
Superman Angst?
Schreibe oder male es hinein,
dann weißt und siehst Du es!

Abbildung 1:
Das Superman-Spiel (vgl. Petermann & Petermann, 1994, S. 108).

Abschließend wird ein Beispiel für ein Material aus dem Training mit sozial unsicheren Kindern gegeben (Petermann & Petermann, 1994, S. 108), und zwar das Arbeitsblatt „Wovor hat Superman Angst?", das diese eigentlich stark erscheinende Figur ängstlich und fluchtergreifend zeigt. Es soll damit eine Reaktionserleichterung beim Kind bewirkt werden, eigene Ängste einzugestehen und darüber zu sprechen. Bedeutend ist in einer kindangemessenen Behandlung, materialgeleitet vorzugehen, was Abbildung 1 zu illustrieren versucht.

5. Abschließende Bemerkungen

Angststörungen sind bei Kindern und Jugendlichen häufig, mit einer Prävalenz von etwa 10 %. Verschiedene Angsttypen treten häufig sowohl kombiniert als auch zusammen mit anderen psychiatrischen Störungen auf, wie etwa mit Depression oder Aufmerksamkeits- und Hyperaktivitätsstörung. Der Verlauf der Angststörungen ist chronisch und mit psychosozialen Beeinträchtigungen sowie einem hohen Behandlungsaufwand verbunden. Obwohl neuere Studien unsere Kenntnis über Angststörungen bei Kindern und Jugendlichen erhöht haben, werden weitere Studien benötigt, um die Ätiologie zu erkunden sowie die Behandlung von Angststörungen und Prävention in dieser Altersgruppe zu optimieren.

Weiterführende Literatur

Emmelkamp, P.M.G., Bouman, T.K. & Scholing, A. (1992). *Anxiety disorders. A practitioner's guide.* Chicester: Wiley.
Leitenberg, H. (Ed.) (1990). *Handbook of social and evaluation anxiety.* New York: Plenum.
Petermann, U. & Petermann, F. (1996). *Training mit sozial unsicheren Kindern.* Weinheim: Psychologie Verlags Union, 6. veränd. Auflage.

Literatur

Alessi, N.E. & Magen, J. (1988). Panic disorders in psychiatrically hospitalized children. *American Journal of Psychiatry, 145*, 1450—1452.
Alessi, N.E., Robbins, D.R. & Dilsaver, S.C. (1987). Panic and depressive disorders among psychiatrically hospitalized adolescents. *Psychiatric Research, 20*, 275—283.
Allsopp, M. & Verduyn, C. (1990). Adolescents with obsessive compulsive disorders: A case note review of consecutive patients referred to a provincial regional adolescent psychiatry unit. *Journal of Adolescence, 13*, 157—169.
Anderson, J.C., Williams, S., McGee, R. & Silva, P.A. (1987). DSM-III disorders in preadolescent children: Prevalence in a large sample from the general population. *Archives of General Psychiatry, 44*, 69—76.

Bandura, A. (1979). *Sozial-kognitive Lerntheorie.* Stuttgart: Klett-Cotta.

Beck, A.T. (1988). Cognitive approaches to panic disorder: Theory and therapy. In S. Rachman & J.D. Maser (Eds.), *Panic: Psychological perspective.* Hillsdale: Erlbaum.

Berg, I. & Jackson, A. (1985). Teenage school refusers grow up: A follow-up study of 168 subjects, ten years on average after inpatient treatment. *British Journal of Psychiatry, 147,* 366—370.

Berney, T., Kolvin, I., Bhate, S.R. et al. (1981). School phobia: A therapeutic trial with clomipramine and short-term outcome. *British Journal of Psychiatry, 138,* 110—118.

Bernstein, G.A. (1991). Comorbidity and severity of anxiety and depressive disorders in a clinic sample. *Journal of the American Academy of Child and Adolescent Psychiatry, 30,* 43—50.

Bernstein, G.A., Garfinkel, B.D. & Hoberman, H.M. (1989). Self-reported anxiety in adolescents. *Journal of Psychiatry, 146,* 384—386.

Bernstein, G.A., Garfinkel, B.D. & Borchardt, C.M. (1990). Comparative studies of pharmacotherapy for school refusal. *Journal of the American Academy of Child and Adolescent Psychiatry, 29,* 773—781.

Biederman, J. (1987). Clonazepam in the treatment of prepubertal children with panic-like symptoms. *Journal of Clinical Psychiatry, 48,* 38—41.

Biederman, J. (1990). The diagnosis and treatment of adolescent anxiety disorders. *Journal of Clinical Psychiatry, 51,* 20—26.

Biederman, J., Rosenbaum, J.F., Hirschfeld, D.F. et al. (1990). Psychiatric correlates of behavioral inhibition in young children of parents with and without psychiatric disorders. *Archives of General Psychiatry, 47,* 21—26.

Biederman, J., Faraone, S.V., Keenan, K., Steingard, R. & Tsuang, M.T. (1991). Familial association between attention deficit disorder and anxiety disorders. *American Journal of Psychiatry, 148,* 251—256.

Birbaumer, N. & Schmidt, R.F. (1990). *Biologische Psychologie.* Berlin: Springer.

Bird, H.R., Canino, G., Rubio-Stipec, M. et al. (1988). Estimates of the prevalence of childhood maladjustment in a community survey in Puerto Rico. *Archives of General Psychiatry, 45,* 1120—1126.

Bird, H.R., Gould, M.S. & Staghezza, B.M. (1993). Patterns of diagnostic comorbidity in a community sample of children aged 9 through 16 years. *Journal of the American Academy of Child and Adolescent Psychiatry, 32,* 361—368.

Black, B. & Robbins, D.R. (1990). Panic disorder in childhood and adolescents. *Journal of the American Academy of Child and Adolescent Psychiatry, 26,* 36—44.

Blagg, N.R. & Yule, W. (1984). The behavioral treatment of school refusal. A comparative study. *Behavioral Research and Therapy, 22,* 119—127.

Bowen, R., Offord, D.R. & Boyle, M.H. (1990). The prevalence of overanxious disorder and separation anxiety disorder: Results from the Ontario Child Health Study. *Journal of the American Academy of Child and Adolescent Psychiatry, 29,* 753—758.

Bradley, S. & Hood, J. (1993). Psychiatrically referred adolescents with panic attacks: Presenting symptoms, stressors and comorbidity. *Journal of the American Academy of Child and Adolescent Psychiatry, 32,* 826—829.

Brehony, K.A. & Geller, E.S. (1981). Agoraphobia: Appraisal of research and a proposal for an integrative model. In M. Hersen, R.M. Eisler & P.M. Miller (Eds.), *Progress in behavior modification, Vol. 12.* New York: Academic Press.

Breuker, D. & Petermann, F. (1994). Angst und Schmerz in der pädiatrischen Zahnheil-kunde: Verhaltensmedizinische Behandlungsansätze. In F. Petermann, S. Wiede-busch & T. Kroll (Hrsg.), *Schmerz im Kinderalter* (345—367). Göttingen: Hogrefe.

Carey, G. & Gottesman, I.I. (1981). Twin and family studies of anxiety, phobia, and obsessive disorder. In D.F. Klein & J. Rabkin (Eds.), *Anxiety: New research and changing concepts.* New York: Raven Press.

Carlson, C.L., Figueroa, R.G., & Lahey, B.B. (1985). Behavior therapy for childhood anxiety disorders. In R. Gittleman (Ed.), *Anxiety disorders of childhood.* New York: Plenum.

Clark, D.M. (1986). A cognitive approach to panic. *Behavior Research and Therapy, 24,* 461—470.

Cohen, P., Cohen, J., Kasen, S. et al. (1993). An epidemiological study of disorders in late childhood and adolescence — I: Age- and gender-specific prevalence. *Journal of Child Psychology and Psychiatry, 34,* 851—867.

Costello, E.J. (1989). Child psychiatric disorders and their correlates: A primary care pediatric sample. *Journal of the American Academy of Child and Adolescent Psychiatry, 28,* 851—855.

Costello, E.J., Costello, A.J., Edelbrock, C. et al. (1988). Psychiatrc disorders in pe-diatric primary care. *Archives of General Psychiatry, 45,* 1107—1116.

Cytryn, L., McKnew, D.H., Zahn-Waxler, C. et al. (1984). A developmental view of affective disturbances in the children of affectively ill parents. *American Journal of Psychiatry, 141,* 219—222.

Deuchert, M. & Petermann, U. (1994). Angststörungen. In F. Petermann & D. Vaitl (Hrsg.), *Handbuch der Entspannungsverfahren, Band 2* (19—56). Weinheim: Psy-chologie Verlags Union.

DSM-III-R (1989). *Diagnostisches und Statistisches Manual Psychischer Störungen.* Revi-sion der dritten Auflage. Weinheim: Beltz.

Fergusson, D.M., Horwood, L.J. & Lynskeyl, M.T. (1993). Prevalence and comorbidity of DSM-III-R diagnoses in a birth cohort of 15 year olds. *Journal of the American Academy of Child and Adolescent Psychiatry, 32,* 1127—1134.

Flament, M.F., Withaker, A., Rapoport, J.L. et al. (1988). Obsessive compulsive dis-order in adolescence. An epidemiological study. *Journal of the American Academy of Child and Adolescent Psychiatry, 27,* 764—771.

Flament, M.F., Koby, E., Rapoport, J.L. et al. (1990). Childhood obsessive-compulsive disorder: A prospective follow-up study. *Journal of Child Psychology and Psychia-try, 31,* 363—380.

Garland, E.J. & Smith, D.H. (1991). Simultaneous prepubertal onset of panic disorder, night terrors, and somnambulism. *Journal of the American Academy of Child and Adolescent Psychiatry, 30,* 553—555.

Gittelman-Klein, R. & Klein, D. (1971). Controlled imipramine treatment of school phobia. *Archives of General Psychiatry, 25,* 204—214.

Graziano, A., DeGiovanni, I.S. & Garcia, K. (1979). Behavioral treatment of children's fears: A review. *Psychological Bulletin, 86,* 804—830.

Hayward, C., Killen, J.D., & Taylor, C.B. (1989). Panic attacks in young adolescents. *American Journal of Psychiatry, 146,* 1061—1062.

Hayward, C., Killen, J.D., Hammer, L.D. et al. (1992). Pubertal stage and panic attack history in sixth- and seventh-grade girls. *American Journal of Psychiatry, 149,* 1239—1243.

Hirshfeld, D.R., Rosenbaum, J.F., Biederman, J. et al. (1992). Stable behavioral inhibition and its association with anxiety disorder. *Journal of the American Academy of Child and Adolescent Psychiatry, 31*, 103—111.

Last, C.G. (1988). Anxiety disorders of childhood or adolescence. In C.G. Last & M. Hersen (Eds.), *Handbook of child psychiatric diagnosis* (156—169). New York: Wiley.

Last, C.G., Hersen, M., Kazdin, A.E., Francis, G. & Grubb, H.J. (1987). Psychiatric illness in the mothers of anxious children. *American Journal of Psychiatry, 144*, 1580—1583.

Last, C.G., Hersen, M., Kazdin, A.E., Orvaschel, H. & Perrin, S. (1991). Anxiety disorders in children and their families. *Archives of General Psychiatry, 48*, 928—934.

Last, C.G. & Strauss, C.C. (1989). Panic disorder in children and adolescents. *Journal of Anxiety Disorders, 3*, 87—95.

Kagan, J. (1989). Temperamental contributions to social behavior. *American Psychologist, 44*, 668—674.

Kanfer, F., Karoly, P. & Newman, A. (1975). Reduction of children's fears of the dark by competence-related and situational treat-related verbal cues. *Journal of Consulting and Clinical Psychology, 43*, 251—258.

Kashani, J.H. & Orvaschel, H. (1988). Anxiety disorders in mid-adolescence: A community sample. *American Journal of Psychiatry, 145*, 960—964.

Kashani, J.H. & Orvaschel, H. (1990). A community study of anxiety in children and adolescents. *American Journal of Psychiatry, 147*, 313—318.

Keller, M.B., Lavori, P.W., Wunder, J., Beardslee, W.R., Schwartz, C.E. & Roth, J. (1992). Chronic course of anxiety disorders in children and adolescents. *Journal of the American Academy of Child and Adolescent Psychiatry, 31*, 596—599.

Klein, D.F., Mannuzza, S., Chapman, T. & Fyer, A. (1992). Child panic revisited. *Journal of the American Academy of Child and Adolescent Psychiatry, 31*, 112—113.

King, N.J., Gullone, E., Tonge, B.J. & Ollendick, T.H. (1993). Self-reports of panic attacks and manifest anxiety in adolescents. *Behavior Research and Therapy, 31*, 111—116.

Kovacs, M., Gatsonis, C., Paulauskas, S.L. et al. (1989). Depressive disorders in childhood. IV: A longitudinal study of comorbidity with and risk for anxiety disorders. *Archives of General Psychiatry, 46*, 776—782.

Kutcher, S.P. & MacKenzie, S. (1988). Successful clonazepam treatment of adolescents with panic disorder. *Journal of Clinical Psychopharmacology, 8*, 922—300.

Macaulay, J.L. & Kleinknecht, R.A. (1989). Panic and panic attacks in adolescents. *Journal of Anxiety Disorders, 3*, 221—241.

Mansdorf, I.J. & Lukens, E. (1987). Cognitive-behavioral psychotherapy for separation anxious children exhibiting school phobia. *Journal of the American Academy of Child and Adolescent Psychiatry, 26*, 222—225.

Margraf, J., Ehlers, A. & Roth, W.T. (1986). Biological models of panic disorder and agoraphobia: A review. *Behaviour Research and Therapy, 24*, 553—567.

Mathews, A.M., Gelder, M.G. & Johnston, D.W. (1981). *Agoraphobia: Nature and treatment.* New York: Guilford.

McGee, R., Feehan, M., Williams, S., Partridge, F., Silva, P.A. & Kelly, J. (1990). DSM-III disorders in a large sample of adolescents. *Journal of the American Academy of Child and Adolescent Psychiatry, 29*, 611—619.

Meichenbaum, D. (1975). A self-instructional approach to stress management: A proposal for stress innoculation training. In C.D.Spielberger & I. Sarason (Eds.), *Stress and anxiety, Vol. 2.* New York: Wiley.

Moreau, D.L., Weissman, M. & Warner, V. (1989). Panic disorder in children at high risk for depression. *American Journal of Psychiatry, 146,* 1059—1060.

Mowrer, O.H. (1947). On the dual nature of learning: A reinterpretation of "conditioning" and "problem solving". *Harvard Educational Review, 17,* 102—148.

Nelles, W.B. & Barlow, D.H. (1988). Do children panic? *Clinical Psychology Review, 8,* 359—372.

Ollendick, T.H. & Cerny, J.A. (1981). *Clinical behavior therapy with children.* New York: Plenum.

Petermann, U. (1997). Training mit sozial unsicheren Vor- und Grundschulkindern. In F. Petermann (Hrsg.), *Kinderverhaltenstherapie* (244-269). Baltmannsweiler: Schneider.

Petermann, U. & Petermann, F. (1993). Entspannungsverfahren bei Kindern und Jugendlichen. In D. Vaitl & F. Petermann (Hrsg.), *Handbuch der Entspannungsverfahren, Band 1* (316—334). Weinheim: Psychologie Verlags Union.

Petermann, U. & Petermann, F. (1994). *Training mit sozial unsicheren Kindern.* Weinheim: Psychologie Verlags Union, 5. veränd. Auflage.

Phillips, D. & Wolpe, S. (1981). Multiple behavioral techniques in severe separation anxiety of a twelve-year-old. *Journal of Experimental and Behavioral Psychiatry, 12,* 329—332.

Rachman, S. (1978). *Fear and courage.* San Francisco: Freeman.

Reinherz, H.Z., Giaconia, R.M., Lefkowitz, E.S., Pakiz, B. & Frost, A.K. (1993). Prevalence of psychiatric disorders in a community population of older adolescents. *Journal of the American Academy of Child and Adolescent Psychiatry, 32,* 369—377.

Rosenbaum, J.F., Biederman, J., Gersten, M. et al. (1988). Behavioral inhibition in children of parents with panic disorder and agoraphobia. A controlled study. *Archives of General Psychiatry, 45,* 463—470.

Rosenbaum, J.F., Biederman, J., Hirshfeld, D.R., Bolduc, E.A. & Chaloff, J. (1991). Behavioral inhibition in children: A possible precursor to panic disorder or social phobia. *Journal of Clinical Psychiatry, 52,* 5—9.

Ross, A.O. & Petermann, F. (1987). *Verhaltenstherapie mit Kindern und Jugendlichen.* Stuttgart: Hippokrates.

Simeon, J.G. & Ferguson, H.B. (1987). Alprazolam effects in children with anxiety disorders. *Canadian Journal of Psychiatry, 32,* 570—574.

Simeon, J.G., Ferguson, H.B., Knott, V. et al. (1992). Clinical, cognitive, and neurophysiological effects of alprazolam in children and adolescents with overanxious and avoidant disorders. *Journal of the American Academy of Child and Adolescent Psychiatry, 31,* 29—33.

Stampfl, T. & Levis, D. (1967). Essentials of implosive therapy: A learning theory-based psychodynamic behavioral therapy. *Journal of Abnormal Psychology, 72,* 496—503.

Stampler, F.M. (1982). Panic disorder: Description, conceptualization, and implications for treatment. *Clinical Psychology Review, 2,* 469—486.

Strauss, C.C., Lahey, B.B., Frick, P. et al. (1988). Peer social status of children with anxiety disorders. *Journal of Consulting and Clinical Psychology, 56,* 137—141.

Swedo, S.E., Rapoport, J.L., Leonard, H., Lenane, M. & Cheslow, D. (1989). Obsessive compulsive disorder in children and adolescents. *Archives of General Psychiatry, 46*, 335—341.

Thomsen, P.H. (1993). Obsessive-compulsive disorder in children and adolescents. *Acta Psychiatrica Scandinavica, 88*, 212—217.

Thomsen, P.H. & Mikkelsen, H.U. (1991). Children and adolescents with obsessive-compulsive disorder: The demographic and diagnostic characteristics of 61 Danish patients. *Acta Psychiatrica Scandinavica, 83*, 262—266.

Torgersen, S. (1983). Genetic factors in anxiety disorders. *Archives of General Psychiatry, 40*, 1085—1089.

Torgersen, S. (1988). Genetics. In C.G. Last & M. Hersen (Eds.), *Handbook of anxiety disorders* (159—170). New York: Pergamon.

Toro, J., Cervera, M., Oseja, E. & Salamero, M. (1993). Obsessive compulsive disorder in childhood and adolescence: A clinical study. *Journal of Child Psychology and Psychiatry, 33*, 1025—1037.

Turner, S.M., Beidel, D.C. & Costello, A. (1987). Psychopathology in the offspring of anxiety disorders patients. *Journal of Consulting and Clinical Psychology, 55*, 229—235.

Ultee, C.A., Griffioen, D. & Schellekens, J. (1982). The reduction of anxiety in children: A comparison of the effects of "systematic desensitization in vivo" and "systematic desensitization in vivo". *Behavior Research and Therapy, 20*, 61—67.

Warren, R. & Zgourides, G. (1988). Panic attacks in high school students: Implications for prevention and intervention. *Phobia Practice and Research Journal, 1*, 97—113.

Whitaker, A., Johnson, J., Shaffer, D. et al. (1990). Uncommon troubles in young people: Prevalence estimates of selected psychiatric disorders in a nonreferred adolescent population. *Archives of General Psychiatry, 47*, 487—496.

Velez, C.N., Johnson, J. & Cohen, P. (1989). Longitudinal analyses of selected risk factors for childhood psychopathology. *Journal of the American Academy of Child and Adolescent Psychiatry, 28*, 861—864.

Vitiello, B., Behar, D., Wolfson, S. & McLeer, S.V. (1990). Diagnosis of panic disorder in prepubertal children. *Journal of the American Academy of Child and Adolescent Psychiatry, 29*, 782—784.

Zeitlin, H. (1986). *The natural history of psychiatric disorder in children.* Oxford: Oxford University Press.

Depression

Cecilia Ahmoi Essau und Ulrike Petermann

1. Beschreibung und Klassifikation der Störung

Noch in den letzten Jahren galt die vorherrschende Annahme, daß Depression bei Kindern und Jugendlichen kaum vorkommt (Puig-Antich & Gittelman, 1982). Diese Ansicht ergibt sich aus der theoretischen Erwägung, daß Kinder nicht die hinlängliche kognitive Reife besitzen, um depressiv zu sein (Rie, 1966), und aus dem Konzept, daß psychopathologische Erscheinungsformen zur normalen Entwicklung im Kindes- und Jugendalter gehören.

In Anbetracht der Möglichkeit, daß Depression bei Kindern und Jugendlichen vorkommen kann, war während der späten 60er und frühen 70er Jahre dieses Jahrhunderts das Konzept der „larvierten Depression" vorgeschlagen worden. Übereinstimmend mit diesem Postulat kam Depression bei Kindern zwar vor, doch depressive Symptome manifestierten sich primär als somatische Symptome, Verhaltensstörungen, Enuresis oder Enkopresis (Cytryn & McKnew, 1972).

Trotz dieser frühen Annahmen wurde zunehmend anerkannt, daß Kinder und Jugendliche die grundlegenden Merkmale von Depression zeigen, die auch Erwachsene aufweisen. Dieser Standpunktwechsel spiegelt sich im Gebrauch derselben Kriterien für depressive Störungen sowohl für Erwachsene als auch für Kinder im DSM-III-R (1989) wider. Besonders bei der Major Depression (ICD-10: F32), der Zyklothymen Störung (ICD-10: F34.0) sowie der Dysthymen Störung (ICD-10: F34.1) wird explizit bei den diagnostischen Kriterien auf Kinder und Jugendliche hingewiesen. Beispielsweise kann bei Kindern und Jugendlichen statt der depressiven Verstimmung eine reizbare Verstimmung auftreten. Ebenso unterscheiden sich teilweise die Angaben zur Dauer der Depression bei Kindern und Jugendlichen von denen bei Erwachsenen. Für Kinder und Jugendliche halbieren sich die Zeitspannen, in denen depressive Symptome auftreten müssen; bei der Dysthymen Störung beispielsweise ist das Zeitkriterium nicht zwei Jahre, sondern ein Jahr.

Im Folgenden wird begrifflich nicht zwischen den verschiedenen Formen der Affektiven Störungen (vgl. DSM-III-R, 1989) unterschieden. Die meisten Untersuchungen beziehen sich bei Kindern und Jugendlichen auf die Major Depression, oder sie lassen nicht eindeutig die Form der Affektiven Störung erkennen. Deshalb wird in den Ausführungen einheitlich der Begriff Depression Verwendung finden.

Die Depression betrifft depressive Stimmungen und das Vorhandensein damit einhergehender, bleibender Symptome. Die Depressive Episode verlangt, daß wenigstens fünf der folgenden Symptome vorhanden sind:

● Depressive Stimmung (oder auch gereizte Stimmung bei Kindern und Jugendlichen),
● merklich vermindertes Interesse oder Vergnügen an allen oder fast allen Aktivitäten,
● signifikanter Gewichtsverlust oder -zunahme; Ab- bzw. Zunahme des Appetites (bei Kindern ist das Ausbleiben der erwarteten Gewichtszunahme symptomatisch),
● Insomnia (Schlaflosigkeit) oder Hypersomnia (Schlafsucht),
● psychomotorische Unruhe oder Hemmung,
● Müdigkeit oder Energieverlust,
● Gefühle der Wertlosigkeit sowie übermäßiger oder unangemessener Schuld,
● verminderte Denk- oder Konzentrationsfähigkeit; Unentschlossenheit,
● wiederkehrende Gedanken an den Tod; wiederholte Selbstmordvorstellungen ohne einen genauen Plan; Selbstmordversuch oder einen genauen Plan zum Begehen eines Selbstmordes.

Eines dieser Symptome muß entweder depressive Verstimmung (bei Kindern und Jugendlichen kann es gereizte Stimmung sein) oder der Verlust an Interesse und Vergnügen sein. Die Symptome müssen für einen Zeitraum von zwei Wochen fast täglich und die meiste Zeit eines Tages vorhanden gewesen sein und eine Veränderung gegenüber der bisherigen Leistungsfähigkeit darstellen. Dieses Zeitkriterium wird für die Major Depression angegeben.

Die Diagnose der Depression wird nur gestellt, nachdem nachgewiesen wurde, daß kein organischer Faktor die Störung ausgelöst bzw. gefördert hat oder daß der Zustand nicht die normale Reaktion auf den Tod einer geliebten Person ist („einfache Trauerreaktion"). Die Diagnose ist auch unangebracht, wenn die Störung von einer Schizophrenie, Schizophreniformen Störung, Wahnhaften oder Psychotischen Störung überlagert wird.

Eine Depressive Episode kann in leicht, mittel, ohne psychotische Merkmale oder schwer mit psychotischen Merkmalen unterteilt werden. Wenn die Störung keinem der Schweregrade entspricht, dann ist sie entweder teilweise oder völlig remittiert. Zusätzlich können Depressive Episoden als melancholischer oder chronischer Typ spezifiziert werden.

Im Sinne der Differentialdiagnose wird die Diagnose der Depression nur gestellt, wenn nicht nachgewiesen werden kann, daß ein organischer Faktor die Störung auslöste oder unterstützte. Allgemeine organisch-ätiologische Faktoren schließen die Anwendung psychoaktiver Medikation (z.B. Phenobarbital), exogener Steroide und Alkoholmißbrauch, aber auch Reizentzug (z.B. Entzug von Alkohol oder Drogen) mit ein. Andere Ätiologien, wie etwa Thyroidleiden, können bei

Kindern und Jugendlichen auch vorkommen, sind jedoch nicht so häufig wie bei
Erwachsenen.

2. Epidemiologie, Risikofaktoren und Verlauf

2.1 Epidemiologie

Die Prävalenzen der Depression bei Kindern und Jugendlichen wurden in ver-
schiedenen Ländern untersucht, wobei die einzelnen Studien unterschiedliche
Auftretensraten erbrachten. Eine gründliche Prüfung dieser Studien läßt für die
Unterschiede eine Reihe von Gründen vermuten:

- verschiedenartige Techniken der Erhebung (Selbstbeurteilungsfragebogen,
  strukturiertes oder halbstrukturiertes Interview),
- unterschiedliche Informationsquellen (Eltern, Lehrer, Gleichaltrige, Kinder
  oder Jugendliche selbst),
- der Gebrauch unterschiedlicher Diagnosekriterien (DSM-III, DSM-III-R,
  Research Diagnostic Criteria) und
- das Alter der Versuchsperson.

Strukturierten Interviews zufolge ist die Verbreitung von Depression bei Vor-
schulkindern ziemlich niedrig, nämlich weniger als 1 % (Kashani, Holcomb &
Orvaschel, 1986; Kashani & Carlson, 1987). Die Depression ist häufiger bei Kin-
dern im Schulalter, mit einer Prävalenz von etwa 2 % (Anderson, Williams,
McGee & Silva, 1987; Kashani & Simonds, 1979; Kashani et al., 1983). Die
Depressionsstörung ist mit einer Prävalenz von 4,7 % sogar noch häufiger bei
Jugendlichen (Kashani et al., 1987).

Höhere Prävalenzen bei Depression wurden in Studien berichtet, die Selbstbeur-
teilungfragebögen benutzten. Studien, die mit dem Beck Depression Inventory ar-
beiteten, konnten von Depressionsraten berichten, die von 8,6 bis 32 % reichten
(Gibbs, 1985; Kaplan, Hong & Weinhold, 1984; Siegel & Griffin, 1984; Sullivan
& Elgin, 1986; Teri, 1982; Weinberg & Emslie, 1988). Die Depressionsraten,
die auf der Depressionsskala des Centre for Epidemiologic Studies beruhen, sind
ähnlich hoch und reichen von 33 bis 50 % (Schoenbach et al., 1982; Swanson,
Linskey, Quintero-Salinas, Pumariega & Holzer, 1992; Well, Klerman & Deykin, 1987).

Die Depressionsraten im klinischen Bereich sind höher als in der Normalbevölkerung, wobei sich die Raten von 13 bis 15 % erstrecken (Kashani, Cantwell,
Shekim & Reid, 1982; Kazdin, French, Unis & Esveldt-Dawson, 1983).

Die Komorbidität. Depression bei Kindern und Jugendlichen tritt häufig kombiniert mit anderen psychiatrischen Störungen auf. Es scheint jedoch Entwick-
lungs- und Geschlechtsunterschiede in der Art der komorbiden Störungen zu
geben, die mit der Depression gemeinsam auftreten. Bei Kindern kommt Depression gewöhnlich mit Verhaltensstörungen, Trotzverhalten und Angstsyndromen,
insbesondere Trennungsangst, vor (Ryan et al., 1987) und bei Jugendlichen mit

Eßstörungen und Drogen- oder Alkoholmißbrauch. Aggressives Verhalten und andere Verhaltensstörungen treten mit größerer Wahrscheinlichkeit komorbid mit Depression mehr bei Jungen als bei Mädchen auf (McGee & Williams, 1988; Mitchell, McCauley, Burke & Moss, 1988).

In einer Reihe von Gutachten hatten 25 bis 75 % der depressiven Fälle Angstsyndrome, 21 bis 50 % komorbide Verhaltensstörungen oder Trotzverhalten und etwa 25 % wiesen komorbiden Alkohol- oder Drogenmißbrauch auf (Kashani et al., 1987; Goodyer & Cooper, 1993). Bei klinischen Stichproben hatten 16 bis 37 % der depressiven Kinder (Carlson & Cantwell, 1980; Puig-Antich, 1982) und 11 bis 25 % der Jugendlichen Verhaltensstörungen (Puig-Antich, 1982; Ryan et al., 1987). In der Studie von Ryan et al. (1987) hatten 58 % der depressiven Kinder und 37 % der Jugendlichen Trennungsängste. Bei Jugendlichen mit Depression war die Wahrscheinlichkeit des Alkoholmißbrauchs 4,5 mal höher und die Wahrscheinlichkeit, andere Drogen zu mißbrauchen, 3,3 mal höher als bei Jugendlichen ohne psychiatrische Störungen (Deykin, Levy & Wells, 1987).

Der Verlauf der Depression bei Kindern mit komorbiden nicht-affektiven Störungen (z. B. Angststörungen) wurde von Keller et al. (1988) als chronisch beschrieben. Kinder, die an Depression mit anderen psychischen Störungen leiden, weisen eine größere Häufigkeit suizidalen Verhaltens und Behandlungssuche auf als Kinder, die nur depressiv sind (Rohde, Lewinsohn & Seeley, 1991). In den meisten Fällen gingen dem Ausbruch der Depression Angststörungen voraus (Keller et al., 1988; Kovacs, Gatsonis, Paulauskas & Richards, 1989). Diese neigten dazu, auch nach den Episoden der Depression weiterzubestehen (Kovacs et al., 1989).

Trotz der hohen Komorbiditätsrate von depressiven Störungen mit anderen psychiatrischen Störungen bleibt die Bedeutung der Komorbidität für die Psychopathologie und die Klassifikation unklar. Darüberhinaus gibt es noch immer keine allgemein akzeptierten Konzepte zum Studium der Komorbidität, so daß Komorbiditätsbefunde weit interpretiert werden können.

2.2 Risikofaktoren

Geschlecht. Während keine signifikanten Geschlechtsunterschiede bei Präadoleszenten berichtet wurden (vgl. Anderson et al., 1987; Fleming, Offord & Boyle, 1989), haben Studien mit Jugendlichen zwei- bis dreimal höhere Depressionsraten und depressive Symptome bei Mädchen als bei Jungen erbracht (Fleming et al., 1989; Kandel & Davies, 1982; Kashani et al., 1987; Lewinsohn, Hoberman & Rosenbaum, 1988; Rutter, 1986, 1989; Ryan et al., 1987). Das Verhältnis von Jungen und Mädchen hinsichtlich der Depressionsrate, das in der Vorpubertät noch ausgewogen ist, verändert sich mit Beginn der Pubertät zuungunsten der Mädchen (Harrington, Fudge, Rutter, Pickles & Hill, 1990; Peterson, Sarigiani & Kennedy, 1991). Peterson et al. (1991) konnten beispielsweise zeigen, daß Mädchen in der 12. Klasse deutlich depressiver sind als Jungen, wobei die Geschlechtsunterschiede etwa in der 8. Klasse aufzutreten beginnen und mit der

Zeit zunehmen. Je weniger schwer die Depression ausgeprägt war, um so häufiger trat sie bei Mädchen auf (Fleming et al., 1989).

Die meisten Autoren betrachteten diese Geschlechtsunterschiede nicht als Artefakte, sondern als reale Gegebenheiten. Sie erklären die Unterschiede nicht mit der Art oder verschieden vorhandener Offenheit, auf Fragen zu reagieren (Nolen-Hoeksema, 1987; Nolen-Hoeksema, Girgus & Seligman, 1991). Vielmehr werden zur Erklärung einmal die geschlechtsspezifische Sozialisation von Mädchen und Jungen in der frühen Adoleszenz und einmal Unterschiede in den biologischen Veränderungen während der Pubertät herangezogen (Petersen et al., 1991; Simmons & Blyth, 1987). Eine andere Erklärung ist, daß Mädchen in der frühen Adoleszenz mehr Anforderungen erfahren (Petersen et al., 1991) und daß sie von belastenden Lebensereignissen, wie etwa die Scheidung der Eltern, stärker belastet werden als Jungen (Block, Block & Gjerde, 1986; Petersen et al., 1991).

Risikoalter und Erstmanifestation. Die Prävalenz der Depression und depressiver Symptome nimmt mit dem Alter zu (vgl. Angold, 1988; Fleming et al., 1989; Harrington et al., 1990; Kashani, Rosenberg & Reid, 1989) und die meisten Studien berichten höhere Raten der Depression bei Jugendlichen als bei Kindern. Beispielsweise erbrachte eine wiederholte Befragung der Zehnjährigen in der Isle-of-Wright-Studie nach vier Jahren, daß Depressionen um das Zehnfache zunahmen (Rutter, 1986).

Bestimmte Arten depressiver Symptome sind häufiger in einer Altersgruppe als in einer anderen. Eine neuere Studie von Goodyer und Cooper (1993) hat beispielsweise gezeigt, daß elf bis zwölf Jahre alte Mädchen, verglichen mit depressiven Fällen in den anderen Altersgruppen, größere Hoffnungslosigkeit berichteten; die zwölf bis 14 Jahre alten Mädchen berichteten einen höheren Gewichtsverlust und mehr Schuldgefühle; und die 15 bis 16 Jahre alten Mädchen äußerten größere Gereiztheit und Unruhe. Depressive Symptome wie depressive Stimmung, sozialer Rückzug, Unruhe, Schlafstörungen und nihilistische Ideen waren vom Alter nicht beeinflußt. Andere Autoren haben berichtet, daß depressive Erscheinungen, somatische Beschwerden und psychomotorische Unruhe bei Kindern vorherrschender waren; bei Jugendlichen schließen die häufigsten depressiven Symptome Antriebsschwäche, Hoffnungslosigkeit, Gewichtsveränderungen und Drogen- bzw. Alkoholkonsum mit ein (Carlson & Kashani, 1988; Ryan et al., 1987).

Verschiedene Studien legen nahe, daß die erste Episode der Depression in der späten Kindheit oder der frühen Adoleszenz auftritt. Bei Jugendlichen aus der Normalbevölkerung war das Durchschnittsalter des Ausbruchs der Depression 14,3 Jahre. Ein früheres Ausbruchsalter wurde für klinische Stichproben berichtet, wobei das Durchschnittsalter für den Ausbruch elf Jahre betrug (Kovacs, Feinberg, Crouse-Novak, Paulauskas & Finkelstein, 1984). Bei Kindern depressiver Eltern bricht die Depression eher aus als bei Kindern nichtdepressiver Eltern (Weissman, Prusoff, Gammon, Merikangas, Leckman & Kidd, 1984).

Kinder oder Jugendliche, bei denen die Depression in jungem Alter ausbrach, wiesen einen langwierigen Verlauf der Störung auf (Kovacs et al., 1984). Der Grund für diese Verbindung ist unklar, obwohl einige Autoren behaupten, daß ein früher Ausbruch der Depression eine ernstere Form dieser Störung darstellen könnte (Weissman, Warner, Wickramaratne & Prusoff, 1988). Andere machen geltend, daß der frühe Ausbruch eine starke Vulnerabilität signalisieren würde, die genetisch, perinatal und/oder konstitutionell determiniert ist; zusätzlich können nachteilige Umweltbedingungen wirken (Kovacs et al., 1984). Ein anderes Argument ist, daß ein Kind in jungem Alter über weniger Kompetenzen verfügt, die Depression zu bewältigen oder soziale sowie professionelle Hilfe von sich aus in Anspruch zu nehmen. Folglich kann die emotionale und intellektuelle Unreife des Kindes den Verlauf der Depression verlängern (Kovacs et al., 1984).

Familiäre Faktoren. Ein depressiver Elternteil gilt als Hauptrisikofaktor für Depression im Kindes- und Jugendalter (Downey & Coyne, 1990; Hammen, 1991). Zahlreichen Familienstudien zufolge wiesen Kinder depressiver Eltern etwa eine sechsfache Depressionsrate auf als die Kinder der Kontrollgruppe (Billings & Moos, 1983; Klein, Depue & Slater, 1985; Weissman et al., 1984). Die häufigste Erklärung für diesen Tatbestand besteht in der direkten genetischen Übertragung der Störung. Es gibt jedoch keinen eindeutigen Beweis für eine genetisch übertragene depressive Erkrankung, da nicht bekannt ist, was übertragen werden könnte oder wie biologische Vulnerabilität aktiviert werden könnte. Aufgrund der Ergebnisse einiger Studien könnte eine Anzahl von psychosozialen Faktoren an der Übertragung der Depression von den Eltern auf das Kind beteiligt sein; hierin sind dysfunktionale Eltern-Kind-Interaktionen, Ehekonflikte oder mangelnde emotionale Ausdrucks- und Reaktionsfähigkeit der Eltern eingeschlossen. Normalerweise nehmen Eltern Einfluß auf die Entwicklung ihrer Kinder, und zwar durch die Art des Umgangs miteinander, Anleitung zum Üben von Verhaltensweisen, Erklären, Zeigen sowie Lenken sozialer Aktivitäten (Dodge, 1990; Parke, MacDonald, Beitel & Bhavnagri, 1988). Diese elterlichen Kompetenzen können durch eine Depression beeinträchtigt sein; dabei kann die Hospitalisierung des kranken Elternteils, sein mit der Depression einhergehendes Desinteresse, auch am Kind, oder die Unfähigkeit im Strukturieren sozialer Aktivitäten eine Rolle spielen. Es wird auch berichtet, daß sich depressive Mütter negativ gegenüber den Anforderungen der Elternschaft äußern, ihre Elternrolle als wenig positiv ansehen und sich selbst als wenig kompetent sowie mit ausreichender Angemessenheit wahrnehmen (Colletta, 1983; Davenport, Zahn-Waxler, Adland & Mayfield, 1984; Webster-Stratton & Hammond, 1988).

Die Eltern-Kind-Beziehung depressiver Kinder wurde durch mangelnde Kommunikation, Feindseligkeit, Ablehnung und Zurückweisung, unsichere Bindungen, Wut, Gleichgültigkeit, Bestrafung oder sogar Mißhandlung und Vernachlässigung charakterisiert (Puig-Antich, Lukens, Davies, Goetz, Brennan-Quattrock & Todak, 1985; Armsden, McCauley, Greenberg, Burke & Mitchell, 1990). Depressive Mütter sind weniger aktiv, locker sowie zugänglich und zeigen weniger wechselseitiges Sprechen und liebevollen Kontakt mit ihren Kindern, wie Beobachtungen der Eltern-Kind-Interaktionen zeigten (Field, 1984; Field et al.,

1988; Field, Healy, Goldstein & Guthertz, 1990). Depressive Mütter neigen dazu, ihren Kindern gegenüber negativ, kritisch, wenig positiv und bestätigend zu sein (Gordon et al., 1989). Somit scheint sich Depression störend auf die Aufgeschlossenheit von Müttern gegenüber ihren Kindern auszuwirken.

Kritische Lebensereignisse. Depressive Jugendliche waren vor dem Ausbruch der depressiven Episode häufiger kritischen Lebensereignissen ausgesetzt als die Jugendlichen einer Kontrollgruppe (Goodyer, Cooper, Vize & Ashby, 1993; Kashani et al., 1986; Nolen-Hoeksema, Girgus & Seligman, 1986). Ein hohes Depressionsniveau war mit besonderen Lebensereignissen verbunden, wie etwa „Arbeitslosigkeit eines Familienmitgliedes", „Besuch einer neuen Schule" und „Beenden einer gegengeschlechtlichen Freundschaft" (Adams & Adams, 1991). Im Umgang mit diesen Lebensereignissen neigen depressive Jugendliche mit größerer Wahrscheinlichkeit zu ungünstigem Bewältigungsverhalten, wie Sich-Betrinken, Sich-selbst-Isolieren oder Von-Zuhause-Weglaufen; hingegen nutzen wenig depressive Jugendliche eher positive Alternativen, beispielsweise wird die Bedeutung des kritischen Lebensereignisses umgedeutet.

Bei Kindern, die einem hohen Streßniveau ausgesetzt waren, stieg die Wahrscheinlichkeit depressiv zu werden besonders dann, wenn die Mütter selbst momentan eine depressive Episode hatten (Hammen & Goodman-Brown, 1990). Folgender Zusammenhang wurde vermutet: Eine für das Kind verfügbare Mutter hilft ihm, die nachteiligen Effekte von Stressoren abzubauen. Dies ist bei depressiven Müttern nicht mehr selbstverständlich gegeben, was das Risiko, eine Depression in Folge von Streßeinwirkung zu entwickeln, erhöht. In einer neueren Studie von Goodyer et al. (1993) sind Jugendliche mit Müttern, deren Krankengeschichte psychiatrische Störungen aufweist, häufiger kritischen Lebensereignissen ausgesetzt als jene, deren Mütter keine solche Krankengeschichte haben. Das bedeutet, daß psychiatrisch auffällige Mütter nicht nur keine Hilfe bei der Streßbewältigung für ihre Kinder sind, sondern auch kritische Ereignisse nicht minimieren können oder sogar durch ihre eigene Krankheit zu zusätzlich belastenden Lebensereignissen beitragen (beispielsweise wenn mit einem Krankenhausaufenthalt der Mutter eine Fremdunterbringung für das Kind verbunden ist). Somit führen sowohl psychiatrische Störungen der Mutter als auch der Umstand, kritischen Lebensereignissen erhöht ausgesetzt zu sein, zu einem deutlich erhöhten Risiko für Depression bei Jugendlichen.

Soziale Herkunft. Höhere Raten für Depression und depressive Symptome wurden für Jugendliche mit niedrigerem sozioökonomischem Status berichtet (Kaplan et al., 1984; Schoenbach et al., 1982). Eine Studie von Kandel und Davies (1982) konnte jedoch keine Verbindung zwischen dem Familieneinkommen oder der Bildung des Vaters und der Zahl der depressiven Symptome bei Highschool-Kindern finden. Eine Studie von Berney et al. (1991) zeigte sogar, daß depressive Kinder eine höhere soziale Herkunft aufweisen.

Beziehungen zu Gleichaltrigen. Depressive Präadoleszente haben deutliche Probleme in sozialen Beziehungen mit Geschwistern und Freunden; sie haben weniger Kontakt zu Freunden und sind eher Gegenstand von Hänseleien Gleichaltriger (Puig-Antich et al., 1985). Geringere Nähe zum sogenannten besten Freund, weniger Kontakt zu Freunden, häufigere Erfahrung mit Ablehnung (Vernberg, 1990) und geringe Popularität unter Gleichaltrigen (Jacobsen, Lahey & Strauss, 1983) hängen scheinbar mit Depression und depressiven Symptomen zusammen.

Während schlechte Beziehungen zu Gleichaltrigen zwar einen Risikofaktor für Depression in der frühen Adoleszenz darstellen, besitzen gute soziale Beziehungen in diesem Alter keinen positiven Einfluß. Später in der Adoleszenz neigen enge Beziehungen zu Gleichaltrigen jedoch dazu, protektiv zu wirken; dies ist besonders dann der Fall, wenn die Beziehung zu den Eltern beeinträchtigt ist (Petersen et al., 1991; Sarigiani, Wilson, Petersen & Vicary, 1990).

2.3 Verlauf

Dauer. Im Regelfall verläuft die Depression bei Kindern und Jugendlichen chronisch. Die durchschnittliche Länge der depressiven Episode beträgt etwa 30 Wochen (von 23 bis 36 Wochen reichend). Bei Nachuntersuchungen waren 21 bis 41 % der depressiven Patienten noch depressiv, 41 % dieser Kinder waren noch nach einem Jahr depressiv, zwischen 8 und 10 % nach zwei Jahren (Lewinsohn et al., 1988; McCauley, Myers, Mitchell, Caldron, Schloredt & Treder, 1993). Eine Studie von McGee und Williams (1988) zeigte sogar, daß 31 % der depressiven Kinder anhaltende depressive Symptome hatten, als sie zwei bis vier Jahre später befragt wurden.

Die längere Dauer einer erstmalig auftretenden depressiven Episode kann von folgenden Faktoren abhängig sein (Kovacs et al., 1984; McCauley et al., 1993):

● dysfunktionales familiäres Umfeld
● hoher Schweregrad der erstmaligen Depression
● umfangreiche Interventionsmaßnahmen
● weibliches Geschlecht

Auch ein hoher Grad an Emotion, den Eltern zum Ausdruck bringen, hing mit der länger andauernden Episode zusammen (Asarmov & Horton, 1990). Kinder, die beim ersten Ausbruch der depressiven Episode älter waren, erholten sich schneller als jüngere Kinder (Kovacs et al., 1984). McCauley et al. (1993) konnten jedoch nicht beweisen, daß das Alter ein signifikanter Faktor für die Dauer der depressiven Episode ist.

Der Rückfall. Der Rückfall tritt bei depressiven Kindern und Jugendlichen mit großer Häufigkeit auf. Innerhalb eines Jahres, in dem sich die Kinder von ihrer Depression erholten, hatten 26 bis 35 % von ihnen eine erneute depressive Episode, die in den meisten Fällen wieder einer stationären Behandlung bedurfte (Asarnow, Goldstein, Carlson, Perdue, Bates & Keller, 1988). Höhere Rückfallraten wurden in Studien berichtet, die eine längere Beobachtungsperiode benutzten: Innerhalb einer Beobachtungsperiode von zwei bis fünf Jahren ergab sich ein

40- bis 72%iges Risiko für das Wiederauftreten der Depression (Asarnow et al., 1988; Garber, Kriss, Koch & Lindholm, 1988; Hammen et al., 1990; McCauley et al., 1993; Ryan et al., 1987). In der Studie von Harrington et al. (1990) erfuhren 60 % der depressiven Jugendlichen zumindest eine Wiederholung der Depression bis zu ihrem Erwachsenenalter.

Das Risiko des Wiederauftretens war nicht betroffen von Geschlecht, Alter, Länge des erstmaligen Auftretens oder dem Vorhandensein komorbider Angstsyndrome oder Verhaltensstörungen (Kovacs et al., 1984). Die kürzeste Zeitspanne für einen Rückfall hing mit dem frühen Ausbruch der Depression (McGee & Williams, 1988) und dem Vorhandensein komorbider Dysthymie (Kovacs et al., 1984) zusammen.

Psychosoziale Beeinträchtigungen. Depressive Kinder hatten, verglichen mit der Kontrollgruppe und nicht-depressiven Kindern, die schlechteste psychosoziale Anpassung (Hofmann, 1991; Puig-Antich et al., 1985). Depressive Kinder und Jugendliche hatten verglichen mit nicht-depressiven größere Schulschwierigkeiten (Hammen, Andrian, Gordon, Burge, Jaenicke & Hiroto, 1987; Puig-Antich et al., 1985), niedrigere Durchschnittsnoten (Forehand, Brody, Long & Fauber, 1988) und eine beeinträchtigte Lehrer-Kind-Beziehung. Bei der Erholung verbesserten sich ihre schulischen Leistungen deutlich und unterschieden sich nicht von denen nicht-psychiatrischer Kinder (Puig-Antich et al., 1985).

Nach einigen Längsschnittstudien zeigten depressive Jugendliche ein erhöhtes Ausmaß an psychosozialen Beeinträchtigungen bei Nachuntersuchungen (Fleming, Boyle & Offord, 1993; Harrington et al., 1990; Kandel & Davies, 1986). Bei einer Nachuntersuchung nach vier Jahren hatte etwa ein Viertel der depressiven Jugendlichen Probleme mit ihrer Familie und ihren Freunden; die Hälfte war von der Schule abgegangen und ein Drittel hatte mit der Polizei oder dem Gericht zu tun gehabt (Fleming et al., 1993). In einer Studie von Kandel und Davies (1986) war es für „hochgradig depressive" Jugendliche wahrscheinlicher als für „nicht hochgradig depressive" Jugendliche, daß sie neun Jahre später verschiedene Arten nachteiliger psychischer und sozialer Folgen erfuhren. Erhöhte psychosoziale Belastungen und vermehrter familiärer Streß traten gemeinsam auf (McCauley et al., 1993).

3. Erklärungsansätze

Es wurde eine Anzahl von Depressionsmodellen entwickelt; allerdings sind die meisten von ihnen auf Erwachsene bezogen und berücksichtigen die für Kinder und Jugendliche bedeutsamen Entwicklungsunterschiede oder Charakteristiken nicht.

3.1 Biologische Modelle

Die Katecholamin-Hypothese. Der Katecholamin-Hypothese zufolge hängt Depression mit einem Mangel an Katecholaminen, insbesondere Noradrenalin, zusammen (Schildkraut, 1965). Die Hypothese entstand aus der Beobachtung, daß Antidepressiva, wie etwa Monoaminooxydase-Hemmer (MAO-Hemmer) und die trizyklischen Verbindungen, dazu neigen, die Verfügbarkeit von Noradrenalin an den Hirnsynapsen zu erhöhen. Eine andere Bestätigung ergibt sich aus der Beobachtung, daß die antihypertensive Arznei Reserpin die synaptischen Speichervesikel von Noradrenalin entleert und bei Patienten, die eine Behandlung wegen hohen Blutdrucks erhalten, depressive Reaktionen auslöst.

Die Indolamin-Hypothese. Nach dieser Hypothese kann ein Mangel an zentralem Serotonin zu Depression führen (Coppen, 1967). Eine Bestätigung für diese Hypothese ergibt sich aus der Beobachtung, daß MAO-Hemmer die Verfügbarkeit von Serotonin und Noradrenalin im Gehirn erhöhte. Der MAO-Hemmer erhöhte seine Effektivität in der Behandlung Depressiver durch die Zugabe von Tryptophan, dem Aminosäure-Vorläufer für die Serotonin-Bildung. Eine weitere Bestätigung der Rolle von Serotonin bei der Pathogenese der Depression ergibt sich aus postmortalen Untersuchungen an depressiven Patienten und Suizidopfern, die ein verringertes Niveau von Serotonin oder seinen Metaboliten aufwiesen.

Psychobiologische Korrelate. Plasma-Cortisol, ein Hormon, das die Nebennierenrinde absondert, wird bei depressiven präpubertären Kindern nachweislich übermäßig produziert (Puig-Antich, Blau, Marx, Greenhill & Chambers, 1978). Allerdings konnten die folgenden Studien von Puig-Antich et al. (1978) dies nicht bestätigen, da keine signifikanten Unterschiede in der Plasma-Cortisol-Konzentration zwischen depressiven präpubertären Kindern und der Kontrollgruppe bemerkt werden konnten.

Der Dexamethason-Suppressions-Test (DST). Obwohl dieser Test bei Erwachsenen häufig eingesetzt wird, haben nur wenige Studien seine Nützlichkeit bei Kindern und Jugendlichen untersucht. Bei präadoleszenten Kindern in ambulanter Behandlung liegt seine Empfindlichkeitsangabe zwischen 14 und 56 % (Geller, Perel, Knitter, Lycaki & Farooki, 1983; Posznanski, Carroll, Banegas, Cook & Grossman, 1982) und geht bei stationärer Behandlung bis zu 70 % (Weller & Weller, 1984).

Die Ausschüttung von Wachstumshormonen. Bei depressiven Kindern wurde eine atypische Ausschüttung von Wachstumshormonen aufgespürt. Puig-Antich et al. (1984) fanden signifikant mehr Wachstumshormone bei depressiven pubertären Kindern während des Schlafes als bei der Kontrollgruppe. Die Ausschüttung von Wachstumshormonen ist eine Reaktion auf eine insulin-induzierte Hypoglykämie. In der Gruppe der Jugendlichen konnte kein Unterschied zwischen den Depressiven und der Kontrollgruppe hinsichtlich der Ausschüttung beobachtet werden (Puig-Antich, 1986).

EEG-Schlafstudien. Anders als depressive Erwachsene zeigten depressive vor-
pubertäre Kinder keine Verringerung beim langsamwelligen Schlaf, keine Verringerung bei der Schlafeffizienz, keine Verkürzung der Latenz zur ersten REM-
Episode, keinen Anstieg in der REM-Dichte und keine Abnormität in der temporalen Einteilung des REM-Schlafs während der Nacht (Puig-Antich, Goetz, Hanlon, Tabrizi, Davies & Weitzman, 1982; Young, Knowles, MacLean, Boag &
McConville, 1982). Lahmeyer, Poznanski und Bellur (1983) berichteten im Gegensatz dazu eine verringerte REM- Latenz bei depressiven Jugendlichen im Vergleich zur Kontrollgruppe; und in der Studie von Goetz, Puig-Antich, Ryan,
Rabinovich, Ambrosini, Nelson und Krawiec (1987) wird die REM-Latenz abnormal, wenn die depressiven Patienten in die späte Adoleszenz eintreten. Von
den negativen Befunden beim EEG-Schlaf vorpubertärer Kinder wird angenommen, daß diese den Unterschied in der Neurologie bei der Auslösung oder beim
Erhalt depressiver Episoden im Vergleich zu gesunden widerspiegeln (Puig-
Antich et al., 1982).

3.2 Psychologische Modelle

Behaviorale Modelle. Depression wird als Reaktion auf mangelnde positive Verstärkung in wichtigen Lebensbereichen betrachtet (Lewinsohn & Arconad, 1981).
Das Ergebnis dieser verringerten Rate positiver Verstärkung ist, daß die betreffende Person an Aktivitäten, die ihr positive Verstärkung einbringen, weniger
teilnimmt. Dies führt zu Dysphorie und Depression. Die Abnahme reaktionsbe-
dingter positiver Verstärkung könnte eine Funktion dreier Faktoren sein:

● Die Person verfügt nicht über angemessene Fertigkeiten, um Verstärker zu erlangen oder aversive Situationen zu bewältigen.
● Es könnte einen Mangel an positiven Verstärkern in der Umwelt geben oder
  einen Überschuß an aversiven Erfahrungen.
● Es könnte sein, daß die Fähigkeit einer Person, positive Erfahrungen zu ge-
  nießen, abgenommen oder ihre Empfindsamkeit negativen Ereignissen gegenüber zugenommen hat.

Lewinsohn postulierte auch, daß depressive Personen über solche sozialen Fertigkeiten zu verfügen scheinen, die es ihnen erschweren, positive Verstärkung von
ihrem sozialen Umfeld zu erhalten.

Das Selbstkontrollmodell. Dieses Modell betrachtet die Depression als eine
Konsequenz aus Defiziten in der Selbstkontrolle (Rehm, 1981), und zwar hinsichtlich der Selbstüberprüfung, der Selbstbeurteilung und der Selbstverstärkung.
Bei der Selbstüberprüfung scheinen sich depressive Personen eher gezielt um negative als um positive Ereignisse oder Ergebnisse zu kümmern. Solche kognitiven
Stile könnten für den Pessimismus und die melancholischen Ansichten depressiver Personen verantwortlich sein. Bei der Selbstbeurteilung von depressiven Personen liegt die Tendenz vor, sich selbst unrealistische, perfektionistische und
hohe internale Standards zu setzen. Dadurch wird es unwahrscheinlich, die Ziele

zu erreichen. Dies führt wiederum dazu, daß sie sich selbst negativ und auf globale, generalisierende Art bewerten. Das letzte Defizit hat mit Selbstverstärkung zu tun; und zwar gelingt es depressiven Personen nicht, sich hinreichend zu belohnen, um ihr adaptives Verhalten zu bewahren. Darüberhinaus neigen depressive Personen zu übermäßigen Selbstbestrafungen; dies unterdrückt die Möglichkeit, produktives Verhalten zu zeigen.

Erlernte Hilflosigkeit. Die Depressionstheorie der erlernten Hilflosigkeit wurde reformuliert, um Attributionsprozesse für Erfolg und Versagen zu erfassen (Abramson, Seligman & Teasdale, 1978). Sie wurde auch bei der Betrachtung der Depression von Kindern berücksichtigt (Seligman & Peterson, 1986). Die reformulierte Theorie geht davon aus, daß Depression einerseits aus der Überzeugung resultiert, Ereignisse seien mit negativen Folgen verknüpft; andererseits besteht zugleich die Erwartung, die Ereignisse bzw. die negativen Folgen seien unkontrollierbar. Eine ungünstige Kausalattribution, nämlich internal im Sinne von „ich kann ein Ereignis nicht beeinflussen", stabil über die Zeit und global bezüglich aller Lebensumstände, führt zu generalisierten und chronischen Hilflosigkeitserwartungen mit ungünstigen Auswirkungen auf die Selbstachtung. Attribuieren also zur Depression neigende Personen internal, stabil und global bei negativen, unkontrollierbaren Ereignissen, statt external, variabel und spezifisch nach Erklärungen zu suchen, so sind sie verletzbarer.

Integratives Modell. Dieses Modell erklärt das Auftreten von Depression sowohl als ein Ergebnis umweltbedingter als auch dispositioneller Faktoren (Lewinsohn, Hoberman, Teri & Hautzinger, 1985). Situative Faktoren sind wichtige Auslöser einer Depression, und kognitive Faktoren sind Mittler zwischen Umweltereignissen und deren Wirkung. So können kritische Lebensereignisse auf hormonale Bedingungen treffen, welche die Depression begünstigen und damit die Erkrankung auslösen. Der Ausbruch der Depression bleibt in der Regel nicht ohne Auswirkungen auf die Umwelt bzw. persönliche Beziehungen. Dies führt wiederum dazu, daß positive Erfahrungen zurückgehen oder sogar aversive an ihre Stelle treten. Erkennt eine depressive Person den Zusammenhang zwischen ihrer Erkrankung und den Reaktionen ihrer Umwelt, dann attribuiert sie dies eventuell als Versagen und kann damit internalen Standards nicht gerecht werden. Die Selbstbewertung führt konsequenterweise zu erhöhter Dysphorie und anderen depressiven Symptomen. Somit betrachtet das Modell depressive Episoden als das Ergebnis vielfältiger Ereignisse und Prozesse.

Problemlösemodelle. Dieses Modell geht davon aus, daß ineffektive und defizitäre Fertigkeiten beim Problemlösen einen wichtigen Faktor sowohl für den Ausbruch als auch für die Aufrechterhaltung einer Depression darstellen (Nezu, Nezu & Perri, 1989). Problemlösefähigkeiten bestehen aus fünf Komponenten; sind einige oder sogar alle fünf Komponenten defizitär, dann kann nach dem Modell die Folge eine Depression sein. Bei den fünf Komponenten des Problemlösens handelt es sich um die Fähigkeit:

- ein Problem zu definieren und zu formulieren,
- alternative Problemlösungen zu finden,
- sich für eine Problemlösung zu entscheiden,
- die Problemlösung auszuführen und
- den Erfolg der realisierten Problemlösung zu überprüfen.

Während die erste Komponente überwiegend von der Motivation einer Person geprägt wird, beziehen sich die anderen Komponenten auf spezifische Fertigkeiten einer Person, die sie befähigen, ein Problem effektiv zu lösen.

Die Fähigkeit, soziale Probleme zu lösen, wird sowohl durch direkte Erfahrungen mit anderen Menschen erlernt als auch durch stellvertretendes Lernen erworben. Manche Personen sind deshalb ineffektive Problemlöser, weil sie die notwendigen Fähigkeiten dazu nicht erlernt haben; andere schlechte Problemlöser haben zwar die Fertigkeiten erworben; sie sind aber aufgrund ungünstiger Emotionen, z. B. starker Angst, unfähig, Problemlöseverhalten auszuführen.

Unabhängig von den spezifischen Problemlösedefiziten einer Person nimmt man an, daß Depression dann ausgelöst wird, wenn die Person erlebt, daß sie die ihr begegnenden Probleme nicht bewältigen und lösen kann. Eine mangelhafte oder nicht ausgeführte Problemlösung kann zu negativen Konsequenzen führen; dies wiederum geht damit einher, daß positive Bekräftigungen abnehmen. Der gesamte Prozeß kann schwere und lang andauernde depressive Episoden begünstigen oder auch Rückfallraten erhöhen.

Irrationale Kognitionen. Das Konzept, daß irrationale Kognitionen und kognitive Verzerrungen ursächlich oder aufrechterhaltend mit einer depressiven Erkrankung im Zusammenhang stehen, geht auf die kognitive Theorie von Beck (1976) zurück. Beck stellt dabei im Rahmen seiner kognitiven Theorie die folgenden drei Elemente als bedeutend heraus:

- Kognitive Triade

Sie besteht aus negativen Einstellungen über die eigene Person, die Welt an sich und die Zukunft. Solche negativen Einstellungen können für viele depressive Symptommuster verantwortlich sein; sie wirken sich auch auf den affektiven, motivationalen, behavioralen und physiologischen Bereich defizitär aus.

- Negative Schemata

Sie stellen ein stabiles Gedankenmuster dar, das generalisierte Erfahrungen einer Person beinhaltet. Solche negativen Schemata beeinflussen entscheidend, welchen Situationen sich eine Person stellt, wie sie soziale Informationen entschlüsselt und wie sie Situationen organisiert und bewertet. Nach Beck haben die negativen Schemata, die zur Depression beitragen, auch Wahrnehmungen zum Inhalt, welche sich auf einen persönlichen Verlust oder eine Schädigung des Selbstwertes beziehen.

● Kognitive Irrtümer

Kognitive Irrtümer beziehen sich auf die Informationsverarbeitung. Diese ist durch willkürliche Schlüsse, selektive Abstraktionen, Übergeneralisierungen, Über- oder Untertreibungen, Personalisierungen sowie absolutistisches, dichotomes Denken charakterisiert. Diese ungünstige Informationsverarbeitung führt zu Irrtümern im logischen Denken; dadurch werden die Kognitionen von depressiven Personen einseitig negativ, extrem, kategorisch und absolut. Schließlich dient eine solche verzerrte Wahrnehmung und Informationsverarbeitung einer depressiven Person dazu, ihre negativen Ansichten über sich selbst, über ihre Umwelt und Zukunft aufrechtzuerhalten.

4. Interventionsverfahren

Die am meisten angewandten Behandlungsmethoden bei depressiven Kindern und Jugendlichen sind zum einen Pharmakotherapien und zum anderen kognitive sowie behaviorale Interventionen. Sie haben viele empirische Untersuchungen nach sich gezogen, die es erlauben, ihre Wirksamkeit zu beurteilen.

4.1 Pharmakotherapie

Trizyklische Antidepressiva. Die meisten pharmakologischen Studien im Rahmen der Behandlung von Depression bei Kindern und Jugendlichen konzentrierten sich auf trizyklische Antidepressiva (TCA) wie beispielsweise Imipramin, Amitriptylin, Nortriptylin und Desipramin. Eine Reihe von Doppel-Blind-Studien, in denen Depression mit TCA-Medikamenten behandelt wurde, konnte nicht belegen, daß diese einem Placebo-Medikament überlegen waren (Boulos, Kutcher, Marton, Simeon, Ferguson & Roberts, 1991; Kramer & Feiguine, 1983; Puig-Antich et al., 1987). Eine Studie von Hughes et al. (1990) konnte zeigen, daß Imipramin bei Kindern mit Depression und Ängsten besser wirkte als bei Kindern mit Depression und Verhaltensstörungen. Die Behandlung mit TCA-Medikamenten scheint prinzipiell dann weniger effektiv zu sein, wenn neben der Depression komorbide Störungen vorhanden sind; diesen Zusammenhang zeigen einige Studien von Ryan et al. (1986) auf. Auch scheint die Behandlung mit TCA-Medikamenten bei depressiven Jugendlichen weniger wirksam zu sein als bei Kindern. Neben dem Schweregrad der depressiven Störung könnte dafür der Unterschied zwischen Kindern und Erwachsenen hinsichtlich des Gleichgewichtes cerebraler Neurotransmitter, auf die Antidepressiva wirken könnten (Strober, Freeman & Rigali, 1990), verantwortlich sein; auch die Unterschiede im hormonellen Milieu des Gehirns könnten eine Rolle spielen (Ryan et al., 1986).

TCA-Medikamente weisen eine Reihe von Nebenwirkungen wie Schläfrigkeit, Übelkeit, Verstopfung und Mundtrockenheit auf (Blau, 1978). Deshalb sollte ein TCA-Medikament nur bei Kindern und Jugendlichen mit schweren Depressionen oder bei solchen, die auf andere Behandlungsmethoden nicht ansprechen, verwendet werden. Weitere ernste Nebenwirkungen während der Behandlung mit Imipramin äußern sich in zunehmenden negativen Effekten wie erhöhtem Ärger, Aggression und Feindseligkeit (Law, Petti & Kazdin, 1981).

Monoaminooxydase-Hemmer (MAO-Hemmer). Nur in wenigen Studien wurden bei der Behandlung depressiver Jugendlicher MAO-Hemmer eingesetzt; es besteht nämlich die Gefahr der Hypertonie, wenn mit der Einnahme von MAO-Hemmern gleichzeitig Nahrungsmittel gegessen werden, die einen hohen Tyramingehalt aufweisen. Eine offene Versuchsstudie von Ryan, Meyer, Dachille, Mazzie und Puig-Antich (1988) konnte bei 74 % der depressiven Jugendlichen einen mittleren bis guten Behandlungserfolg zeigen; die meisten Jugendlichen hatten auf eine vorherige trizyklische Antidepressiva-Behandlung nicht angesprochen. In einer weiteren Studie haben mehr als 50 % der depressiven Jugendlichen auf MAO-Hemmer gut angesprochen (Ryan, 1990). Einschränkend weist Ryan darauf hin, daß MAO-Hemmer nicht bei Jugendlichen eingesetzt werden sollten, die nicht in der Lage sind, die notwendigen Diätbeschränkungen einzuhalten.

4.2 Psychologische Interventionen

Selbstkontrolltherapie. Ihre Merkmale bestehen darin, daß gesetzte Ziele schrittweise erreicht werden, Selbstverstärkung angewendet wird, Strategien zur Anwendung von Selbstkontrolltechniken erarbeitet und erfolgreiche Handlungen gesteigert werden (Antonucci, Ward & Tearnan, 1989). Selbstkontrolltherapie verläuft strukturiert und wird häufig in Gruppen durchgeführt; sie gliedert sich in drei Teile, die typische Defizite bei depressiven Personen darstellen. Es handelt sich dabei um Selbstbeobachtung, Selbstbewertung und Selbstverstärkung.

In der Phase der Selbstbeobachtung werden die Patienten gebeten, täglich ihre positiven Erfahrungen sowie die damit verbundenen Stimmungen zu protokollieren. In der Phase der Selbstbewertung werden die Patienten angeleitet, sich verschiedene Ziele zu setzen und zwar im Hinblick auf positive Aktivitäten aber auch allgemein im Hinblick auf spezifische Pläne und Vorhaben. In der Phase der Selbstverstärkung werden die Patienten darauf hingewiesen, persönliche Verstärker zu erkennen und sie für sich zu nutzen, d. h. sich selbst zu belohnen, wenn sie ihre einzelnen Ziele erreicht haben.

Problemlösetraining. Mit dem Problemlösetraining werden vier Ziele verfolgt:

- Depressiven Personen soll geholfen werden, vergangene und zukünftige Lebenssituationen zu erkennen, die die depressive Episode wahrscheinlich herbeigeführt haben.
- Sie sollen befähigt werden, die negativen Auswirkungen bestehender depressiver Symptome auf gegenwärtige und zukünftige Bewältigungsversuche zu minimieren.
- Sie sollen in die Lage versetzt werden, die Effektivität ihrer Anstrengungen zur Problemlösung aktueller Situationen zu erhöhen.

● Depressive Personen sollen allgemeine Fertigkeiten lernen, damit sie mit zukünftigen Problemen besser umgehen können und dadurch vor depressiven
Reaktionen geschützt sind (Nezu et al., 1989).

Damit Patienten diese Ziele erreichen, berücksichtigt ein Problemlösetraining die
vorher ausgeführten fünf Komponenten des Problemlösens (vgl. Abschnitt 3.2
Psychologische Modelle). Bei den fünf Komponenten handelt es sich vor allem
um die Beschreibung eines bestehenden Problems, um das Erarbeiten von verschiedenen Problemlösungen, um das Treffen einer Entscheidung, um das Umsetzen der Entscheidung in Handlung und die Überprüfung der Handlung, ob sie
erfolgreich war. Dazu werden eine Reihe kognitiver und behavioraler Techniken
angewendet, wie Instruktion und Prompting, Modellernen, kognitives Einüben,
Hausaufgabentechnik, Shaping, Verstärkung und Feedback.

Therapie der sozialen Fertigkeiten. Dieser Therapieansatz geht davon aus, daß
depressive Personen soziale Fertigkeiten durch ihre Passivität und Initiativelosig-
keit verloren haben oder, daß sie nie über solche Verhaltensweisen verfügten
(Bellack, Hersen & Himmelhoch, 1983; Petermann & Petermann, 1994). Die
meisten Behandlungsprogramme erstrecken sich über zehn bis fünfzehn Wochen,
in der Regel mit einer einstündigen Sitzung. Dieser Behandlung können sechs bis
acht Sitzungen zur Stabilisierung der Effekte folgen, die sich über eine Zeitspanne
von einem halben Jahr verteilen.

Die Struktur der Trainingsprogramme konzentriert sich meistens auf drei Fertig-
keitsbereiche:

● Negative Selbstbehauptung
  Der Patient wird darin trainiert, entweder Ansprüche anderer zurückzuweisen
  oder Kompromisse zu verhandeln und zu finden.
● Positive Selbstbehauptung
  Patienten lernen, positive Gefühle anderen gegenüber auszudrücken.
● Konversationsfertigkeiten
  Patienten lernen, wie sie Unterhaltungen beginnen, fortsetzen und beenden
  können, wie sie Fragen stellen und eine angemessene Selbstöffnung praktizie-
  ren können.

Eine soziale Fertigkeit kann nicht beliebig generalisiert werden, d. h. in jedem
Kontext angewendet werden; soziale Fertigkeiten sind also situationsspezifisch;
deshalb wird die Interaktion mit verschiedenen Personen in unterschiedlichen
Situationen trainiert, z. B. mit Fremden, Familienmitgliedern, Freunden, in der
Schule, während der Arbeit, in der Freizeit oder zu Hause. Für jeden sozialen
Kontext kann sich ein Training aus beispielsweise folgenden vier Komponenten
zusammensetzen:

● Soziale Fertigkeiten einschließlich spezifischer Reaktionsmöglichkeiten werden trainiert.
● Es wird die soziale Wahrnehmung trainiert, das heißt, die Bedeutung verschiedener sozialer Signale wird gelernt. Die Aufmerksamkeit für bedeutende
  Aspekte in einer Interaktion wird erhöht; und schließlich soll die Fähigkeit

aufgebaut werden, die Folgen zwischenmenschlichen Handelns genau voraus-
zusagen (Petermann & Petermann, 1994).
● Nachdem Stufe eins und zwei durchlaufen sind, werden die neuen Verhaltensweisen in verschiedenen Situationen des Alltags geübt.
● Schließlich wird der Patient angeleitet, sein Verhalten und seine Reaktionen
selbst realistisch zu bewerten und sich in angemessener Form selbst zu verstärken.

Kognitive Therapie. Dieser Ansatz setzt an der Wahrnehmung an, da diese den
affektiven Zustand einer Person entscheidend beeinflußt (Beck, 1976). Deshalb
besteht das Ziel dieser Therapie darin, Patienten zu lehren, daß:

— ihr emotionaler Distress durch den Inhalt und den Prozeß ihrer Denkstile
vermittelt wird;
— sie lernen können, negative kognitive Muster zu erkennen und zu beobachten;
— sie ihre Gedanken verändern können, damit sie systematischer und realitäts-
näher werden (Beck, Rush, Shaw & Emery, 1986).

Die Techniken der Kognitiven Therapie nach Beck bestehen aus Thought-
Catching, kognitive Restrukturierung sowie Identifikation und Hinterfragen
negativer Schemata. Die kognitive Umstrukturierung automatischer negativer
Gedanken (Thought-Catching und kognitive Restrukturierung) wird damit begonnen, daß die Patienten den Zusammenhang zwischen ihren Gedanken und ihren
Gefühlen beobachten und erkennen sollen; sie sollen Erlebnisse, die bei ihnen
Emotionen auslösten, protokollieren; ebenso werden die damit verbundenen
negativen Gedanken aufgezeichnet. Im nächsten Schritt werden die Patienten an-
gewiesen, jeden negativen Gedanken zu hinterfragen. Fragetechniken dazu sind
z. B.:

,,Gibt es eine Verzerrung?''
,,Wie ist dieser Gedanke beweisbar?''
,,Kann man diesen Sachverhalt auch anders sehen und wenn ja, wie?''
Ziel ist bei den Fragestrategien, jeden dysfunktionalen Gedanken durch einen
realistischeren zu ersetzen.

Die meisten dieser psychologischen Interventionen sind für die Therapie einer
Depression recht verheißungsvoll. Studien, die verschiedene Kombinationen
kognitiver und behavioraler Therapien verwandt haben, bewirkten bei depressiven Jugendlichen signifikante Verbesserungen (Fine, Forth, Gilbert & Haley,
1991; Kahn, Kehle, Jenson & Clark, 1990; Lewinsohn, Clark, Hops & Andrews,
1990; Stark, Reynolds & Kaslow, 1987).

5. Zusammenfassung

Depression ist bei Vorschulkindern selten und kommt unter ihnen in weniger als
1 % vor. Die Prävalenz von Depression bei Kindern im Schulalter liegt bei etwa
zwei und bei Jugendlichen bei 4,7 %. Die Prävalenz von Depression steigt also

mit zunehmendem Alter an, was auch neuere Studien zeigten. Während bei Kindern keine Geschlechtsunterschiede auftraten, hatten Mädchen im Jugendalter zwei- bis dreimal höhere Depressionsraten als gleichaltrige Jungen. Der Verlauf der Depression ist chronisch und anhaltend, die durchschnittliche Dauer der depressiven Episode beträgt etwa 30 Wochen. Depressive Kinder und Jugendliche weisen psychosoziale Beeinträchtigungen und schulische Probleme auf. Rückfälle sind bei depressiven Patienten, die eine erneute depressive Episode ein Jahr nach der Erholung erleben, häufig. Die hohe Rate des Wiederauftretens legt nahe, daß die Behandlung depressiver Kinder und Jugendlicher einer langfristigen Strategie bedarf.

Weiterführende Literatur

Beck, A.T., Rush, A.J., Shaw, B.F. & Emery, G. (1986). *Kognitive Therapie der Depression*. München: Psychologie Verlags Union, 2. Auflage.
Hammen, C. (1991). *Depression runs in families: The social context of risk and resilience in children of depressed mothers*. New York: Springer.
Simmons, R.G. & Blyth, D.A. (1987). *Moving into adolescence: The impact of pubertal change and school context*. Hawthorne, NY: Aldine de Gruyter.

Literatur

Abramson, L.Y., Seligman, M.E.P. & Teasdale, J.D. (1978). Learned helplessness in humans: Critique and reformulation. *Journal of Abnormal Psychology, 87*, 49—74.
Adams, M. & Adams, J. (1991). Life events, depression, and perceived problem solving alternatives in adolescents. *Journal of Child Psychology and Psychiatry, 32*, 811—820.
American Psychaitric Association (1989). *Diagnostisches und Statistisches Manual Psychischer Störungen DSM-III-R*, Revision. Weinheim: Beltz.
Anderson, J.C., Williams, S., McGee, R. & Silva, P.A. (1987). DSM-III disorders in preadolescent children. Prevalence in a large sample from the general population. *Archives of General Psychiatry, 44*, 69—76.
Angold, A. (1988). Childhood and adolescent depression: I. Epidemiological and aetiological aspects. *British Journal of Psychiatry, 152*, 601—617.
Antonucci, D.O., Ward, C.H. & Tearnan, B.H. (1989). The behavioral treatment of unipolar depression in adult outpatients. In M. Hersen, R.M. Eisler & P.M. Miller (Eds.), *Progress in behavior modification, Vol. 24* (152—191). New York: Sage.
Armsden, G., McCauley, E., Greenberg, M., Burke, P. & Mitchell, J. (1990). Parent and peer attachment in early adolescent depression. *Journal of Abnormal Child Psychology, 18*, 683—697.
Asarmov, J.R. & Horton, A.A. (1990). Coping and stress in families of child psychiatric inpatients: Parents of children with depressive and schizophrenia spectrum disorders. *Child Psychiatry and Human Development, 21*, 145—157.
Beck, A.T. (1976). *Cognitive therapy and the emotional disorders*. New York: International Universities Press.

Beck, A.T., Rush, A.J., Shaw, B.F. & Emery, G. (1986). *Kognitive Therapie der Depression.* München: Psychologie Verlags Union, 2. Auflage.

Bellack, A.S., Hersen, M. & Himmelhoch, J. (1983). A comparison of social skills training, pharmacotherapy, and psychotherapy for depression. *Behavior Research and Therapy, 21,* 101—107.

Berney, T.P., Bhate, S.R., Kolvin, I., Famuyima, M.L., Barrett, T., Fundudis, T. et al. (1991). The context of childhood depression. *British Journal of Psychiatry, 11,* 28—35.

Billings, A.G. & Moos, R.H. (1983). Comparisons of children of depressed and non-depressed parents: A social-environmental perspective. *Journal of Abnormal Child Psychology, 11,* 463—485.

Blau, S. (1978). A guide to the use of psychotropic medication in children and adolescents. *Journal of Clinical Psychiatry, 39,* 766—772.

Block, J.H., Block, J. & Gjerde, P.F. (1986). The personality of children prior to divorce: A prospective study. *Child Development, 57,* 827—840.

Boulos, C., Kutcher, S., Marton, P., Simeon, J., Ferguson, B. & Roberts, N. (1991). Response to desipramine treatment in adolescent major depression. *Psychopharmacology Bulletin, 27,* 59—65.

Carlson, G.A. & Cantwell, D.P. (1980). Unmasking masked depression in children and adolescents. *American Journal of Psychiatry, 137,* 445—449.

Carlson, G.A. & Kashani, J.H. (1988). Phenomenology of major depression from childhood through adulthood: Analysis of three studies. *American Journal of Psychiatry, 145,* 1222—1225.

Colletta, N.D. (1983). At risk for depression: A study of young mothers. *Journal of Genetic Psychology, 142,* 301—310.

Coppen, A. (1967). The biochemistry of affective disorder. *British Journal of Psychiatry, 113,* 1237—1243.

Cytryn, L. & McKnew, D.H. (1972). Proposed classification of childhood depression. *American Journal of Psychiatry, 129,* 149—155.

Davenport, Y.B., Zahn-Waxler, C., Adland, M.L. & Mayfield, A. (1984). Early child-rearing practices in families with a manic-depressiv parent. *American Journal of Psychiatry, 141,* 230—235.

Deykin, E.Y., Levy, J.C. & Wells, V. (1987). Adolescent depression, alcohol and drug abuse. *American Journal of Public Health, 77,* 178—182.

Dodge, K.A. (1990). Developmental psychopathology in children of depressed mothers. *Developmental Psychology, 26,* 3—6.

Downey, G. & Coyne, J.C. (1990). Children of depressed parents: An integrative review. *Psychological Bulletin, 108,* 50—76.

Field, T. (1984). Early interactions between infants and their postpartum depressed mothers. *Infant Behavior and Development, 7,* 517—522.

Field, T., Healy, B., Goldstein, S. & Guthertz, M. (1990). Developmental psychopathology in children of depressed mothers. *Developmental Psychology, 26,* 7—14.

Field, T., Healy, B., Goldstein, S., Perry, S., Bendell, D., Schanberg, S. et al. (1988). Infants of depressed mothers show "depressed" behavior even with nondepressed adults. *Child Development, 59,* 169—1579.

Fine, S., Forth, A., Gilbert, M. & Haley, G. (1991). Group therapy for adolescent depressive disorder: A comparison of social skills and therapeutic support. *Journal of the American Academy of Child and Adolescent Psychiatry, 30,* 79—85.

Fleming, J.E., Boyle, M.H. & Offord, D.R. (1993). The outcome of adolescent depression in the Ontario Child Health Study follow-up. *Journal of the American Academy of Child and Adolescent Psychiatry, 32*, 28—33.

Fleming, J.E., Offord, D.R. & Boyle, M.H. (1989). Prevalence of childhood and adolescent depression in the community: Ontario Child Health Study. *British Journal of Psychiatry, 155*, 647—654.

Forehand, R., Brody, G.H., Long, N. & Fauber, R. (1988). The interactive influence of adolescent and maternal depression on adolescent social and cognitive functioning. *Cognitive Therapy and Research, 12*, 341—350.

Garber, J., Kriss, M.R., Koch, M. & Lindholm, L. (1988). Recurrent depression in adolescents: A follow-up study. *Journal of the American Academy of Child and Adolescent Psychiatry, 27*, 49—54.

Geller, B., Perel, J.M., Knitter, E.F., Lycaki, H. & Farooki, Z.Q. (1983). Nortriptyline in major depressive disorder in children: Response, steady-state plasma levels, predictive kinetics, and pharmacokinetics. *Psychopharmacology Bulletin, 19*, 62—65.

Gibbs, J.T. (1985). Psychosocial factors associated with depression in urban adolescent females: Implications for assessment. *Journal of Youth and Adolescence, 14*, 47—60.

Goetz, R.R., Puig-Antich, J., Ryan, N., Rabinovich, H., Ambrosini, P.J., Nelson, B. & Krawiec, V. (1987). Electroencephalographic sleep of adolescents with major depression and normal controls. *Archives of General Psychiatry, 44*, 61—68.

Goodyer, I. & Cooper, P.J. (1993). A community study of depression in adolescent girls II: The clinical features of identified disorder. *British Journal of Psychiatry, 163*, 374—380.

Goodyer, I.M., Cooper, P.J., Vize, C.M. & Ashby, L. (1993). Depresssion in 11—16-year-old girls: The role of past parental psychopathology and exposure to recent life events. *Journal of Child Psychology and Psychiatry, 34*, 1103—1115.

Gordon, D., Burge, D., Hammen, C., Adrian, C., Jaenicke, C. & Hiroto, D. (1989). Observations of interactions of depressed women with their children. *American Journal of Psychiatry, 146*, 50—55.

Hammen, C. (1991). *Depression runs in families: The social context of risk and resilience in children of depressed mothers.* New York: Springer.

Hammen, C., Adrian, C., Gordon, D., Burge, D., Jaenicke, C. & Hiroto, D. (1987). Children of depressed mothers: Maternal strain and symptom predictors of dysfunction. *Journal of Abnormal Psychology, 96*, 190—198.

Hammen, C. & Goodman-Brown, T. (1990). Self-schemas and vulnerability to specific life stress in children at risk for depression. *Cognitive Therapy and Research, 14*, 215—227.

Harrington, R., Fudge, H., Rutter, M., Pickles, A. & Hill, J. (1990). Adult outcomes of childhood and adolescent depression: I. Psychiatric status. *Archives of General Psychiatry, 47*, 465—473.

Hofmann, V. (1991). *Die Entwicklung depressiver Reaktionen in Kindheit und Jugend.* Berlin: Max-Planck-Institut für Bildungsforschung.

Hughes, C.W., Preskorn, S.H., Weller, E., Weller, R. et al. (1990). The effect of concomitant disorders in childhood depression on predicting treatment response. *Psychopharmacology Bulletin, 26*, 235—238.

Jacobsen, R.H., Lahey, B.B. & Strauss, C.C. (1983). Correlates of depressed mood in normal children. *Journal of Abnormal Child Psychology, 11*, 29—39.

Kahn, J.S., Kehle, T.J., Jenson, W.R. & Clark, E. (1990). Comparison of cognitive-behavioral, relaxation, and self-modeling interventions for depression among middle-school students. *School Psychology Review, 19*, 196—211.

Kandel, D.B. & Davies, M. (1982). Epidemiology of depressive mood in adolescents: An empirical study. *Archives of General Psychiatry, 39*, 1205—1212.

Kandel, D.B. & Davies, M. (1986). Suicidality, depression, and substance abuse in adolescence. *American Journal of Psychiatry, 43*, 255—262.

Kaplan, S.L., Hong, G.K. & Weinhold, C. (1984). Epidemiology of depressive symptomatology in adolescents. *Journal of the American Academy of Child Psychiatry, 23*, 91—98.

Kashani, J.H., Cantwell, D.P., Shekim, W.O. & Reid, J.C. (1982). Major depressive disorder in children admitted to an inpatient community mental health center. *American Journal of Psychiatry, 139*, 671—672.

Kashani, J.H. & Carlson, G.A. (1987). Seriously depressed preschoolers. *American Journal of Psychiatry, 144*, 348—350.

Kashani, J.H., Carlson, G.A., Beck, N.C., Hoeper, E.W., Corcoran, C.M., McAllister, J.A. et al. (1987). Depression, depressive symptoms, and depressed mood among a community sample of adolescents. *American Journal of Psychiatry, 144*, 931—934.

Kashani, J.H., Holcomb, W.R. & Orvaschel, H. (1986). Depression and depressive symptoms in preschool children from the general population. *American Journal of Psychiatry, 143*, 1138—1143.

Kashani, J.H., McGee, R.O., Clarkson, S.E., Anderson, J.C., Walton, L.A., Williams, S. et al. (1983). Depression in a sample of 9-year-old children: Prevalence and associated characteristics. *Archives of General Psychiatry, 40*, 1217—1223.

Kashani, J.H., Rosenberg, T.K. & Reid, J.C. (1989). Developmental perspectives in child and adolescent depressive symptoms in a community sample. *American Journal of Psychiatry, 146*, 871—875.

Kashani, J.H. & Simonds, J.F. (1979). The incidence of depression in children. *American Journal of Psychiatry, 136*, 1203—1205.

Kazdin, A.E., French, N.H., Unis, A.S. & Esveldt-Dawson, K. (1983). Assessment of childhood depression: Correspondence of child and parent rating. *Journal of the American Academy of Child Psychiatry, 22*, 157—164.

Keller, M.B., Beardslee, W.R. Lavori, P.W., Wunder, J. et al. (1988). Course of major depression in non-referred adolescents: A retrospective study. *Journal of Affective Disorders, 15*, 235—243.

Klein, D.N., Depue, R.A. & Slater, J.F. (1985). Cyclothymia in the adolescent offspring of parents with bipolar affective disorder. *Journal of Abnormal Psychology, 94*, 115—127.

Kovacs, M., Feinberg, T.L., Crouse-Novak, M., Paulauskas, S.L. & Finkelstein, R. (1984). Depressive disorders in childhood: I. A longitudinal prospective study of characteristics and recovery. *Archives of General Psychiatry, 41*, 229—237.

Kovacs, M., Gatsonis, C., Paulauskas, S.L. & Richards, C. (1989). Depressive disorders in childhood: IV. A longitudinal study of comorbidity with and risk for anxiety disorders. *Archives of General Psychiatry, 46*, 776—782.

Kramer, A.D. & Feiguine, R.J. (1983). Clinical effects of amitriptyline in adolescent depression: A pilot study. *Journal of American Academy of Child Psychiatry, 20*, 636—644.

Lahmeyer, H.W., Poznanski, E.O. & Bellur, S.N. (1983). EEG sleep in depressed adolescents. *American Journal of Psychiatry, 19*, 239—240.

Law, W., Petti, T.A. & Kazdin, A. (1981). Withdrawal symptoms after graduated cessation of imipramine in children. *American Journal of Psychiatry, 138*, 647—650.

Lewinsohn, P.M. & Arconad, M. (1981). Behavioral treatment of depression: social learning approach. In J.F. Clarkin & A.I. Glazer (Eds.), *Depression: Behavioral and directive intervention strategies* (33—67). New York: Garland STPM Press.

Lewinsohn, P.M., Clark, G.N., Hops, H. & Andrews, J. (1990). Cognitive-behavioral treatment for depressed adolescents. *Behavioral Therapy, 21*, 385—401.

Lewinsohn, P.M., Hoberman, H.M. & Rosenbaum, M. (1988). A prospective study of risk factors for unipolar depression. *Journal of Abnormal Psychology, 97*, 251—264.

Lewinsohn, P.M., Hoberman, H.M., Teri, L. & Hautzinger, M. (1985). An integrative theory of depression. In S. Reiss & R. Bootzin (Eds.), *Theoretical issues in behavior therapy* (331—359). New York: Academic Press.

McCauley, E., Myers, K., Mitchell, J., Calderon, R., Schloredt, K. & Treder, R. (1993). Depression in young people: Initial presentation and clinical course. *Journal of the American Academy of Child and Adolescent Psychiatry, 32*, 714—722.

McGee, R. & Williams, S. (1988). A longitudinal study of depression in nine-year-old children. *Journal of the American Academy of Child Psychiatry, 27*, 342—348.

Mitchell, J., McCauley, E., Burke, P.M. & Moss, S. (1988). Phenomenology of depression in children and adolescents. *Journal of the American Academy of Child and Adolescent Psychiatry, 27*, 12—20.

Nezu, A.M., Nezu, C.M. & Perri, M.G. (1989). *Problem-solving therapy for depression: Theory, research, and clinical guidelines.* New York: Wiley.

Nolen-Hoeksema, S. (1987). Sex differences in unipolar depression: Evidence and theory. *Psychological Bulletin, 101*, 259—282.

Nolen-Hoeksema, S., Girgus, J.S. & Seligman, M.E.P. (1986). Learned helplessness in children: A longitudinal study of depression, achievement, and explanatory style. *Journal of Personality and Social Psychology, 51*, 435—442.

Nolen-Hoeksema, S., Girgus, J.S. & Seligman, M.E.P. (1991). Sex differences in depression and explanatory style in children. *Journal of Youth and Adolescence, 20*, 233—246.

Parke, R.D., MacDonald, K.B., Beitel, A. & Bhavnagri, N. (1988). The role of the family in the development of peer relationships. In R. Peters & R.J. McMahan (Eds.), *Social learning systems: Approaches to marriage and the family* (17—44). New York: Brunner-Mazel.

Petermann, U. & Petermann, F. (1994). *Training mit sozial unsicheren Kindern.* Weinheim: Psychologie Verlags Union, 5. veränd. Auflage.

Petersen, A.C., Sarigiani, P.A. & Kennedy, R.E. (1991). Adolescent depression: Why more girls? *Journal of Youth and Adolescence, 20*, 247—271.

Posznanski, E.O., Carroll, B.J., Banegas, M.C., Cook, S.C. & Grossman, J.A. (1982). The dexamethasone suppression tests in prepubertal depressed children. *American Journal of Psychiatry, 139*, 321—324.

Puig-Antich, J. (1982). Major depression and conduct disorder in prepuberty. *Journal of the American Academy of Child Psychiatry, 21*, 118—128.

Puig-Antich, J. (1986). Possible prevention strategies for depression in children and adolescents. In J.T. Barter & S.W. Talbott (Eds.), *Primary prevention in psychiatry: State of the art* (69—84). Washington, DC: American Psychiatric Press.

Puig-Antich, J. & Gittelman, R. (1982). Depression in childhood and adolescence. In E.S. Paykel (Ed.), *Handbook of affective disorders* (379—392). New York: Guilford Press.

Puig-Antich, J., Blau, S., Marx, N., Greenhill, L.L. & Chambers, W. (1978). Prepubertal major depressive disorder: A pilot study. *Journal of American Academy and Child Psychiatry, 17*, 695—707.

Puig-Antich, J., Goetz, R., Hanlon, C., Tabrizi, M.A., Davies, M. & Weitzman, E. (1982). Sleep architecture and REM sleep measures in prepubertal major depressives during an episode. *Archives of General Psychiatry, 39*, 932—939.

Puig-Antich, J., Lukens, E., Davies, M., Goetz, D., Brennan-Quattrock, J. & Todak, G. (1985). Psychosocial functioning in prepubertal children with major depressive disorders: I. Interpersonal relationships during the depressive episode. *Archives of General Psychiatry, 42*, 500—507.

Puig-Antich, J., Perel, J.M., Lupatkin, W., Chambers, W.J., Tabrizi, M.A., King, J. et al. (1984). Growth horomone secretion in prepubertal major depressive children: I. Sleep related plasma concentrations during a depressive episode. *Archives of General Psychiatry, 41*, 455—460.

Rehm, L.P. (1981). A self-control therapy program for treatment of depression. In J.F. Clarkin & A.I. Glazer (Eds.), *Depression: Behavioral and directive intervention strategies* (68—109). New York: Garland STPM Press.

Rie, H.E. (1966). Depression in childhood: A survey os some pertinent contributions. *Journal of the American Academy of Child Psychiatry, 5*, 653—685.

Rohde, P., Lewinsohn, P. & Seeley, J. (1991). Comorbidity of unipolar depression: II. Comorbidity with other mental disorders in adolescents and adults. *Journal of Abnormal Psychology, 100*, 214—222.

Rutter, M. (1986). The developmental psychopathology of depression: Issues and perspectives. In M. Rutter, C.E. Izard & P.B. Read (Eds.), *Depression in young people* (3—30). New York: Guilford Press.

Rutter, M. (1989). Isle of Wright revisited: Twenty-five years of child psychiatric epidemiology. *American Academy of Child and Adolescent Psychiatry, 28*, 633—653.

Ryan, N. (1990). Pharmacotherapy of adolescent major depression: Beyond TCAS. *Psychopharmacology Bulletin, 26*, 75—79.

Ryan, N.D., Puig-Antich, J., Cooper, T., Rabinovich, H., Ambrosini, P., Davies, M. et al. (1986). Imipramine in adolescent major depression: Plasma level and clinical response. *Acta Psychiatrica Scandinavia, 73*, 275—288.

Ryan, N.D., Puig-Antich, J., Cooper, T.B., Rabinovich, H., Ambrosini, P., Fried, J. et al. (1987). Relative safety of single versus divided dose imipramine in adolescent major depression. *Journal of the American Academy of Child and Adolescent Psychiatry, 26*, 400—406.

Ryan, N.D., Meyer, V., Dachille, S., Mazzie, D. & Puig-Antich, J. (1988). Lithium antidepressant augmentation in TCA-refractory depression in adolescents. *Journal of the American Academy of Child Psychiatry, 27*, 371—376.

Sarigiani, P.A., Wilson, J.L., Petersen, A.C. & Vicary, J.R. (1990). Self-image and educational plans for adolescence from two contrasting communities. *Journal of Early Adolescence, 10*, 37—55.

Schildkraut, J.J. (1965). The catecholamine hypothesis of affective disorders: A review of supporting evidence. *American Journal of Psychiatry, 122*, 509—522.

Schoenbach, V.J., Kaplan, B.H., Grimson, R.C. et al. (1982). Use of a symptom scale to study the prevalence of a depressive syndrome in young adolescents. *American Journal of Epidemiology, 116*, 791—800.

Seligman, M.E.P. & Peterson, C. (1986). A learned helplessness perspective on childhood depression: Theory and research. In M. Rutter, C.E. Izard & P.B. Read (Eds.), *Depression in young people: Developmental and clinical perspectives* (223—249). New York: Guilford.

Siegel, A.W. & Griffin, O.S. (1984). Correlates of depressive symptoms in adolescents. *Journal of Youth and Adolescence, 13*, 475—487.

Simmons, R.G. & Blyth, D.A. (1987). *Moving into adolescence: The impact of pubertal change and school context.* Hawthorne, NY: Aldine de Gruyter.

Stark, K.D., Reynolds, W.M. & Kaslow, N. (1987). A comparison of the relative efficacy of self-control therapy and a behavioral problem-solving therapy for depression in children. *Journal of Abnormal Child Psychology, 15*, 91—113.

Strober, M., Freeman, F. & Rigali, J. (1990). The pharmacotherapy of depressive illness in adolescence: I. An open label trial of imipramine. *Psychopharmacology Bulletin, 26*, 80—84.

Sullivan, W.O. & Elgin, A.W. (1986). Adolescent depression: Its prevalence in high school students. *Journal of School Psychology, 24*, 103—109.

Swanson, J.W., Linskey, A.O., Quintero-Salinas, R., Pumariega, A.J. & Holzer, C.E. (1992). A binational school survey of depressive symptoms, drug use, and suicidal ideation. *Journal of the American Academy of Child and Adolescent Psychiatry, 31*, 669—678.

Teri, L. (1982). The use of the Beck Depression Inventory with adolescents. *Journal of Abnormal Child Psychology, 10*, 277—284.

Vernberg, E.M. (1990). Psychological adjustment and experiences with peers during early adolescence: Reciprocal, incidental, or unidirectional relationships? *Journal of Abnormal Child Psychology, 18*, 187—198.

Webster-Stratton, C. & Hammond, M. (1988). Maternal depression and its relationship to life stress, perceptions of child behavior problems, parenting behaviors, and child conduct problems. *Journal of Abnormal Child Psychology, 16*, 299—315.

Weinberg, W.A. & Emslie, G.J. (1988). Adolescents and school problems: Depression, suicides, and learning disorders. *Advances in Adolescent Mental Health, 3*, 181—205.

Weissman, M.M., Prusoff, B.A., Gammon, G.D., Merikangas, K.R., Leckman, J.F. & Kidd, K.K. (1984). Psychopathology in the children (ages 6—18) of depressed and normal parents. *Journal of the American Academy of Child Psychiatry, 23*, 78—84.

Weissman, M.M., Warner, V., Wickramaratne, P. & Prusoff, B.A. (1988). Early onset major depression in parents and their children. *Journal of Affective Disorder, 15*, 269—277.

Weller, R.A. & Weller, E.B. (1984). Use of tricyclic antidepressants in prepubertal depressed children. In E.B. Weller & R.A. Weller (Eds.), *Current perspectives on major depressive disorders in children* (50—63). Washington, DC: American Psychiatric Press.

Young, W., Knowles, J.B., MacLean, A.W., Boag, L. & McConville, B.J. (1982). The sleep of childhood depressives. *Biological Psychiatry, 17*, 1163—1168.

II.

Modelle psychischer Störungen

B. Kognitive und Entwicklungsstörungen

Umschriebene Entwicklungsstörungen

Günter Esser

1. Einleitung

Umschriebene Entwicklungsstörungen kennzeichnen Leistungsdefizite in begrenzten Funktionsbereichen, die aufgrund der allgemeinen Intelligenz, Förderung sowie körperlicher und seelischer Gesundheit des Betroffenen nicht erklärt werden können. Solche Entwicklungsstörungen betreffen die Sprache und das Sprechen, die Motorik sowie spezifische Formen der Lese-, Rechtschreib- oder Rechenschwäche. Allen Entwicklungsstörungen wird eine hohe Bedeutung für Schulleistungsprobleme und meist sekundär auch für psychische Störungen zugeschrieben.

Der Begriff umschriebene Entwicklungsstörung ist der ICD-10 entlehnt und beruht auf dem Begriff des umschriebenen Entwicklungsrückstandes des multiaxialen Klassifikationsschemas für psychiatrische Erkrankungen im Kindes- und Jugendalter (Rutter, Shaffer & Shepherd, 1975; Deutsche Bearbeitung: Remschmidt & Schmidt, 1986). Im Diagnostischen und Statistischen Manual psychischer Störungen (DSM-III-R; Wittchen, Saß, Zaudig & Koehler, 1989) findet sich eine identische Beschreibung. Eine enge Beziehung dieser Konzepte zu Teilleistungsschwächen (Graichen, 1973; 1979a; 1979b), Learning Disabilities (eingeführt von Kirk, 1962) und einer Reihe verwandter Begriffe läßt sich aufzeigen (Steinhausen, 1986).

Zu diesen verwandten, häufig synonym gebrauchten Begriffen zählen:

- solche, die vor allem eine organische Ursache der Störung betonen: Organic brain disease, organic brain dysfunction, minimal brain damage, minimal brain injury, minimal cerebral damage, minimal brain dysfunction, und
- solche, die vor allem den Verhaltensaspekt mitbetonen: Hyperkinetic syndrome, dyslexia, perceptually handicapped, specific reading disability, aphasoide syndrome, learning disorders, educationally handicapped.

Dabei muß betont werden, daß Teilleistungsschwächen und umschriebene Entwicklungsstörungen mit vielen der genannten und synonym gebrauchten Begriffe nichts oder nur am Rande etwas zu tun haben. Insbesondere hyperkinetische Störungen werden in den diagnostischen Klassifikationsschemata deutlich abgegrenzt. Der Begriff Minimale Cerebrale Dysfunktion ist, so wie er von einigen Klinikern verwendet wird (als Hirnfunktionsstörung mit spezifischen Teilleistungsschwächen und Verhaltensauffälligkeiten, meist nach frühkindlicher Hirnschädigung), nicht haltbar (Esser & Schmidt, 1987; vgl. Döpfner in diesem Buch) und sollte mit den spezifischen Auffälligkeiten umschriebener Entwicklungsstörungen nicht verwechselt werden.

Zwei Annahmen liegen dem Konzept der umschriebenen Entwicklungsstörung zugrunde: die Normalitäts- und Diskrepanzannahme.

(1) Die Normalitätsannahme beinhaltet, daß Kinder mit umschriebener Entwicklungsstörung über eine normale Intelligenz verfügen, keine Sinnesschädigung oder eine umschriebene neurologische Störung aufweisen. Darüber hinaus dürfen evtl. bestehende emotionale Probleme nur Folge und nicht Ursache der Störung sein. In neueren Ansätzen wird außerdem eine angemessene Förderung der Kinder verlangt.

(2) Die Diskrepanzannahme fordert eine bedeutende Differenz zwischen allgemeinem Leistungsniveau und der spezifischen Teilleistung bzw. zwischen den aufgrund von Intelligenz und Lerngeschichte zu erwartenden und den realisierten Leistungen.

Die angeführten Klassifikationssysteme beschreiben die verschiedenen Formen umschriebener Entwicklungsstörungen auf einem eher komplexen Niveau des Verhaltens (Sprechen, Sprache, Motorik, Lesen, Rechtschreiben und Rechnen). Anstelle dieser Klassifikation könnte prinzipiell eine Zuordnung auch nach neuropsychologischen Grundfunktionen (z.B. Gedächtnis, Wahrnehmung, Motorik, integrative Prozesse der Verarbeitung sowie der Input- und Outputkontrolle) treten. Diese an informationstheoretischen Modellen (z.B. Luria, 1970) orientierten Ansätze scheinen auf den ersten Blick wesentlich systematischer. Die Zahl isolierbarer neuropsychologischer Prozesse der Informationsverarbeitung ist jedoch nahezu unbestimmbar, außerdem werden gestörte Grundfunktionen häufig durch andere Prozesse der Informationsverarbeitung kompensiert, so daß aus ihnen nicht zwangsläufig komplexe Leistungsstörungen resultieren (Schmidt, 1988). Sie erreichen erst dann (vor allem für die Therapieplanung) Relevanz, wenn sie zusammen mit komplexeren Störungen auftreten. Völlig sauber ist die Klassifikation in der ICD-10 oder dem DSM-III-R jedoch auch nicht gelungen, denn Störungen der Sprache führen häufig zu Lese-Rechtschreibschwächen, d. h. zwischen diesen beiden Störungsarten ergibt sich ein deutlicher Überschneidungsbereich, wobei die früher auftretende Sprachstörung als eine Ursache für die spätere Störung des Lesens und Schreibens angesehen werden muß.

Die Bestimmung der Diskrepanz zwischen gestörter Teilleistung und dem übrigen (ungestörten) Gesamtniveau muß drei Aspekte berücksichtigen:

● Die Diskrepanz sollte bedeutend sein, für die klinische Praxis wird eine Differenz von mindestens 1 1/2 Standardabweichungen gefordert.
● Die Teilleistung soll sich im Bereich klinisch relevanter Störung befinden, d.h. mindestens 1 1/2 Standardabweichungen unter dem Mittelwert der Altersgruppe liegen.

● Der Bezugspunkt (Gesamtniveau) für die Berechnung der Differenz zur Teilleistung soll aus den von der Teilleistung unabhängigen Intelligenzbereichen bestimmt werden. So für Störungen aus dem sprachlichen Bereich die nonverbale Intelligenz und für solche aus dem mathematischen Bereich die verbale Intelligenz.

2. Formen umschriebener Entwicklungsstörungen

Es wird im weiteren auf folgende Störungen eingegangen:

● Artikulationsstörung
● expressive und rezeptive Sprachstörung
● Rechenstörung
● umschriebene Störung der motorischen Funktionen

Die umschriebene Störung des Lesens und Rechtschreibens wird in dem Kapitel von Warnke in diesem Buch behandelt.

2.1 Artikulationsstörung

2.1.1 Beschreibung der Störung

Die korrekte Artikulation aller Sprachlaute muß von Kindern zunächst erlernt werden. Die Entwicklungsfortschritte sind dabei unterschiedlich rasch, die Variation der Verläufe groß. Von einer umschriebenen Entwicklungsstörung der Artikulation wird erst dann gesprochen, wenn das Kind in seinen Artikulationsleistungen deutlich von der Norm abweicht.

Bis zur Vollendung des vierten Lebensjahres sind die meisten Kinder in der Lage, den gesamten Lautbestand korrekt zu artikulieren. Artikulationsfehler (sog. Stammelfehler oder Dyslalie) sind in diesem Alter vor allem noch im Bereich der Zisch-Laute (s, sch, st, sp, ch) zu erkennen. Ein kleinerer Teil der Kinder weist Probleme bei der korrekten Artikulation von g und k auf (werden durch d und t ersetzt, z.B. dut statt gut) oder bei bestimmten Lautkombinationen (bl, nk, fl, br, kr, dr oder kn). Sind nur die Zisch-Laute betroffen, sind die Chancen gut, daß bis zum Einschulungsalter die Artikulationsstörung „ausreift".

Artikulationsstörungen treten im Zusammenhang mit verschiedenen organischen Erkrankungen und Leistungsminderungen auf, so z.B. infolge von Kiefern-Gaumen-Spalte oder anderer anatomischer Anomalitäten, als Folge eines Hörverlustes, im Rahmen eines allgemeinen Entwicklungsrückstandes (einer Intelligenzminderung) oder im Zusammenhang mit weiteren Störungen der expressiven oder rezeptiven Sprache. Störungen der Artikulation mit einem der genannten Hintergründe werden nicht zu den umschriebenen Entwicklungsstörungen der Artikulation gezählt. In einer Pilotversion der 10. Revision der International Classification of Diseases (WHO, 1991) wurde daher der Begriff „einfache" Artikulationsstörung gewählt, der unterstrich, daß es sich bei der fraglichen Entwicklungsstörung lediglich um eine isolierte (reine) Artikulationsstörung handeln darf.

Die Diagnose darf also nur dann gestellt werden, wenn die übrigen Grunderkrankungen ausgeschlossen sind. Die Artikulationsleistung des Kindes sollte mindestens eineinhalb Standardabweichungen hinter seiner Intelligenzleistung zurückbleiben und ebenfalls eineinhalb Standardabweichungen unter dem Mittelwert der Artikulationsleistungen der Altersgruppe liegen. Für Forschungsansätze werden jeweils zwei Standardabweichungen Differenz gefordert (Research Diagnostic Criteria der ICD-10). Relevanz besitzt die Diagnostik insbesondere im Vorschulalter, da dort ggf. notwendige Sprachheilbehandlungen erfolgversprechend sind. Zur Erfassung der Artikulation wird der Möhring-Test empfohlen (Normen für die Kurzversion beim Autor erhältlich) sowie der Lautbildungstest für das Vorschulalter (Fried, 1980). Die Referenzmessung der nonverbalen Intelligenz kann mit Hilfe der Kartenform der Columbia-Mental-Maturity-Scale (Burgemeister, Blum & Lorge, 1972) sowie nonverbaler Untertests (z.B. Bilderzuordnen) aus dem Psycholinguistischen Entwicklungstest erfaßt werden. Bei Einhalten der genannten diagnostischen Vorgaben ist mit Prävalenzraten zwischen 5-6% zu rechnen.

2.1.2 Epidemiologie, Verlauf und Nosologie

In einer großen epidemiologischen Untersuchung, die 399 achtjährige Mannheimer Kinder umfaßte, die prospektiv bis zum Alter von 18 Jahren nachuntersucht wurden (Esser, 1991), zeigte sich, daß Kinder mit Artikulationsstörungen in keiner Weise vermehrte Schulleistungsprobleme aufwiesen. Dies galt sowohl für das Grundschulalter als auch für die weitere Entwicklung auf weiterführenden Schulen. Immerhin 70% der artikulationsgestörten Kinder besuchten das Gymnasium oder die Realschule. Die Durchschnittsnote in den Hauptfächern entsprach weitgehend derjenigen von normal begabten Kindern ohne umschriebene Entwicklungsstörung.

Nonverbale Intelligenz (Mittelwert = 102) und verbale Intelligenz (Mittelwert = 106) weichen nicht von der normal entwickelter Kinder ab. Auch beim Lösen kognitiver Aufgaben waren artikulationsgestörte Kinder nicht etwa impulsiver als andere, sie blieben jedoch in ihrer Konzentrationsleistung hinter den normal entwickelten Gleichaltrigen zurück. Die Besserungsrate der Artikulationsstörung war zwischen acht und 13 Jahren mit 62% im Vergleich zu anderen umschriebenen Entwicklungsstörungen ungewöhnlich hoch.

Ein Drittel der Kinder mit Artikulationsstörungen weist jedoch zusätzliche klinisch bedeutende psychische Störungen auf und unterscheidet sich damit deutlich von normal entwickelten Kindern. Diese zusätzlichen psychischen Auffälligkeiten der artikulationsgestörten Kinder betreffen vor allem hyperkinetische Symptome, also Aufmerksamkeitsstörungen und motorische Unruhe. Außerdem treten weitere entwicklungsabhängige psychische Auffälligkeiten gehäuft auf, so z.B. Einnässen, Eß- oder Schlafstörungen. Bis zur Pubertät halten diese Auffälligkeiten an, um sich dann im Jugendalter deutlich zurückzubilden. An der Schwelle zum Erwachsenenalter unterscheiden sich Kinder mit Artikulationsstörungen nicht mehr in der Häufigkeit zusätzlicher psychischer Auffälligkeiten von normal entwickelten Gleichaltrigen.

2.1.3 Erklärungsansätze

Biologische Faktoren. Jungen sind unter den Kindern mit Artikulationsstörungen (mit 87%) weit überrepräsentiert. Die Händigkeit als grobes Indiz für Lateralisationsprobleme unterscheidet sich bei Artikulationsgestörten nicht von normal entwickelten Kindern, wir finden vergleichbar viele Linkshänder und Beidhänder. Es gibt ebenfalls keinen Hinweis auf eine höhere Rate frühkindlicher Hirnschädigungen als Folge von schwerwiegenden Schwangerschafts- und Geburtskomplikationen. In die gleiche Richtung weist eine nicht erhöhte Rate feinneurologischer Zeichen (sog. soft signs). Auch Reifeparameter der Grundaktivität des Elektroenzephalogramms ergaben keine Störungshinweise, genausowenig wie Parameter visuell evozierter Potentiale.

Psychosoziale Faktoren. Im Bereich psychosozialer Belastungen unterscheiden sich artikulationsgestörte Kinder nicht von ihren normal entwickelten Altersgenossen. Dies gilt sowohl für die frühe Entwicklung der ersten Lebensjahre als auch für spätere chronische Belastungen. Der Bildungshintergrund der Eltern weist keine Besonderheiten auf.

2.1.4 Interventionsverfahren

Die langfristige Entwicklung artikulationsgestörter Kinder ist also insgesamt günstig. Einschränkend müssen die vermehrten hyperkinetischen und entwicklungsabhängigen Verhaltensauffälligkeiten genannt werden, die zumindest vorübergehend beeinträchtigende Wirkung haben. Es kann gezeigt werden, daß sowohl die psychischen Auffälligkeiten als auch die Artikulationsstörungen gemeinsamer Ausdruck einer partiellen Entwicklungsverzögerung sind. Es gibt keinen Hinweis darauf, daß die Verhaltensauffälligkeiten Folge der Artikulationsstörung sind oder sie gar bedingen. Nach dem jetzigen Kenntnisstand ist eine genetisch bedingte milde Form zentralnervöser Entwicklungsverzögerung für die Gesamtheit der Auffälligkeiten verantwortlich. Der insgesamt günstige Verlauf fordert eine differenzierte Betrachtung therapeutischer Interventionen. Behandelt werden sollten nur Kinder, deren Artikulationsstörung so erheblich ist, daß sie von ihrer Umgebung nur schwer verstanden werden können. Ein Therapiebeginn vor Vollendung des vierten Lebensjahres ist wegen der erforderlichen Kooperation des Kindes nicht ratsam.

Die nach ICD-Definition „einfache Artikulationsstörung", also das Vorliegen von Stammelfehlern ohne gleichzeitige rezeptive oder expressive Sprachstörung ist als das Beibehalten abweichender Artikulationsbewegungen aufgrund von Gewöhnung oder eingeschränkter artikulomotorischer Leistungen anzusehen. Störungen der auditiven Lautunterscheidung liegen bei diesen Kindern meist nicht vor. Die Kinder sind sich ihrer Fehler bewußt, können sie aber ohne fremde Hilfe nicht korrigieren. Die Behandlung durch den Logopäden zielt daher darauf, dem Kind durch neue Bewegungen und Stellungen der Artikulationsorgane (Lippen, Zunge, Gaumen) die korrekte Lautbildung zu ermöglichen. Bewährt hat sich die Bildung des Ziellautes aus einem benachbarten Laut, z.B. das -s- aus dem -f-Laut. Dabei soll das logopädische Training dem Kind eine möglichst eindeutige auditive Rückmeldung über den zu korrigierenden Laut geben.

● Anfangs artikulieren Therapeut und Kind z.B. abwechselnd den zu erlernenden Laut. Das Kind hat dabei die Aufgabe, seine Artikulation möglichst genau der des Therapeuten anzupassen.
● Das Kind spricht eine Serie von Wörtern mit diesem Laut (am Wortanfang, in der Wortmitte, am Wortende) und entscheidet, welcher Ausspracheversuch sich am besten angehört hat.
● Danach benennt es eine Reihe von Bildern, die den betreffenden Laut enthalten und ordnet diese Bilder den Kategorien „gute", „mittelmäßige" und „schlechte" Aussprache zu.
● Das Kind kontrolliert einen von ihm selbst auf Tonband gesprochenen Text, indem es die Zahl der korrekt ausgesprochenen Ziellaute zählt.
● Zur Erhöhung der Motivation des Kindes wird zusätzlich anfangs jede, später jede dritte oder jede fünfte korrekte Artikulation des Ziellautes durch die Vergabe von Tokens verstärkt.

Die ggf. zusätzlichen psychischen Auffälligkeiten der Kinder, die in ihrem Schweregrad im übrigen eher milde Formen darstellen, sind in der großen Mehrzahl durch gezielte Beratung der Eltern, in schwerwiegenderen Einzelfällen vorzugsweise durch verhaltenstherapeutische Ansätze anzugehen. Dabei sind die verwendeten Verfahren von der Art der Auffälligkeit abhängig. So kommen bei expansiven Störungen Techniken der Verstärkerrückgabe, des Verstärkerausschlusses (time-out) oder der Streßimpfung infrage, während bei ängstlichen Kindern Methoden der Desensibilisierung, und bei sozial unsicheren Kindern Sozialtrainigs angewendet werden (vgl. Petermann & Petermann, 1994).

2.2 Expressive und rezeptive Sprachstörung

2.2.1 Beschreibung der Störung

Die Erscheinungsformen rezeptiver und expressiver Sprachstörungen verändern sich mit dem Alter des Kindes. Erste Hinweise können sich im Alter von zwei Jahren ergeben, wenn die Sprachproduktion bis dahin völlig fehlt (von einzelnen Wörtern wie Mama, Papa und Ball abgesehen) oder das Sprachverständnis so schlecht ist, daß auch einfachste Anweisungen ohne begleitende Gestik nicht verstanden werden. In der weiteren Entwicklung sind die expressiven Sprachstörungen durch folgende Merkmale gekennzeichnet:

- ein eingeschränktes aktives Vokabular
- Schwierigkeiten in der Auswahl passender Begriffe
- durch zahlreiche grammatikalische Fehler (z.B. bei der Pluralbildung, der Auswahl von Pronomen, der Bildung von Komperativ und Superlativ, von Perfekt, Imperfekt und Futur).

Kinder mit expressiver Sprachstörung vermeiden das aktive Sprechen und ersetzen häufig sprachliche Kommunikation durch nichtsprachliche Kommunikation, also insbesondere Gesten.

Die Störung des Sprachverständnisses (rezeptive Sprachstörung) zeigt sich vor allem darin, daß nur eine im Vergleich zum Alter geringe Zahl von Begriffen verstanden wird, insbesondere inhaltsähnliche Begriffe häufig verwechselt werden. Im weiteren Verlauf ist insbesondere das Verständnis grammatikalischer Strukturen sowie von Präpositionen beeinträchtigt. Dies wird insbesondere dann deutlich, wenn der übliche Satzaufbau verändert wird und überraschende Inhalte auftreten (z.B. den Hund beißt der Mann). Neben dem Verständnis von Sprachinhalten und Sprachaufbau wird der Einfluß der Prosodie (Sprachmelodie) auf den Sinngehalt der Sprache nicht ausreichend verstanden. Störungen der rezeptiven und expressiven Sprache sind in Zusammenhang mit anderen Entwicklungsstörungen oder organischen Erkrankungen zu beobachten. Am häufigsten ist der Spracherwerb durch eine geistige Behinderung beeinträchtigt. Auf der anderen Seite werden Kinder mit Sprachstörungen in ihren intellektuellen Fähigkeiten eher unterschätzt. So bedarf es stets einer umfassenden Diagnostik der verschiedenen intellektuellen Funktionen, um Kinder mit umschriebenen Sprachentwicklungsstörungen von allgemein retardierten Kindern zu unterscheiden. Abgegrenzt werden rezeptive und expressive Sprachstörungen ebenfalls gegen Taubheit und ausgeprägte Formen der Schwerhörigkeit. Erhebliche Störungen der Sprachentwicklung sind auch ein Kennzeichen autistischer Kinder, bei denen jedoch außerdem Störungen im Kontaktverhalten sowie spezifisches stereotypes Verhalten im Vordergrund stehen, die bei Kindern mit rezeptiven und expressiven Sprachstörungen fehlen. Leichter fällt die Abgrenzung gegen mutistische Störungen, obwohl bei einigen mutistischen Kindern Sprachentwicklungsverzögerungen im Hintergrund stehen. Trotz mangelhafter Kooperation dieser Kinder in der Untersuchungssituation läßt sich mit Hilfe der anamnestischen Daten die Diagnose meist zweifelsfrei erstellen.

2.2.2 Epidemiologie, Verlauf und Nosologie

Das Glossar der ICD-10 legt fest, daß bei Vorliegen von rezeptiven und expressiven Sprachstörungen die Diagnose rezeptive Sprachstörung gestellt wird. Die Diagnose einer expressiven Sprachstörung kommt also nur dann in frage, wenn nachweislich keine rezeptive Sprachstörung besteht. Die Diagnosestellung erfordert den Einsatz standardisierter psychologischer Testverfahren, um die erforderliche Diskrepanz von eineinhalb Standardabweichungen zum Mittelwert der Altersgruppe in Sprachproduktion oder Sprachverständnis sowie eine gleichgroße Differenz zur individuellen Intelligenzleistung des Kindes abzusichern. Als Testverfahren kommen im Alter von zwei Jahren die entsprechenden Untertests der Münchner Funktionellen Entwicklungsdiagnostik (Köhler & Egelkraut, 1984) oder der Griffith-Skalen (Brandt, 1983) in frage. Diese Leistungen müssen dann in Relation zur nonverbalen Intelligenz, die ebenfalls mit den genannten Verfahren gemessen werden kann, gesetzt werden. Im Vorschulalter sind zur Erfassung der rezeptiven Sprachstörung die Untertests Wortverständnis und Wörterergänzen aus dem Psycholinguistischen Entwicklungstest von Angermaier (1974) zu empfehlen, zur Erfassung der expressiven Sprachfunktionen der Grammatiktest sowie eingeschränkt das Sätzeergänzen aus der gleichen Testbatterie. Im Grundschulalter kann neben dem Psycholinguistischen Entwicklungstest mit gleicher Effizienz der Heidelberger Sprachentwicklungstest eingesetzt werden (Grimm & Schöler, 1978). Als Referenzgrößen zur Messung der nonverbalen Intelligenz ist im Vorschulalter die Columbia Mental Maturity Scale von Burgemeister, Blum und Lorge (1972) in der Kartenform sowie im Grundschulalter die CMM 1-3 von Schuck, Eggert und Raatz (1975) sowie der Grundintelligenztest CFT 1 von Cattell, Weiß und Osterland (1977), zu empfehlen. Bei Einhalten der genannten diagnostischen Vorgaben ist mit Prävalenzraten um 5 % zu rechnen, wobei der größere Teil den rezeptiven Sprachstörungen zuzuordnen ist, da ihnen der Überschneidungsbereich zu expressiven Störung zugeschlagen wird.

Sprachstörungen sind häufig Vorläufer von Lese-Rechtschreibschwächen, daher sind vermehrt Schulleistungsprobleme zu erwarten (Cantwell & Baker, 1987). Nach Schätzung der Autoren haben 60% der Kinder mit einer Lesestörung auch eine irgendwie geartete Sprech- oder Sprachstörung. In einer eigenen epidemiologischen Untersuchung (Esser, 1991) waren 60% der rezeptiv Sprachgestörten auch lese-rechtschreibschwach. Über 90% dieser Kinder hatten gravierende Schulleistungsprobleme. In anderen Untersuchungen schwankt das Ausmaß der Schulleistungsstörungen in klinischen Stichproben zwischen 50 und 80% (King, Jones & Lasky, 1982; Aram, Ekelman & Nation, 1984). Auch im langfristigen Verlauf ist der Schulerfolg dieser Kinder schlecht, in der genannten eigenen Untersuchung besuchten 50% die Sonderschule für Lernbehinderte und nur 9% erreichten Gymnasium oder Realschule. Möglicherweise als Folge der schlechten Schulkarriere waren die Zukunftsvorstellungen bezüglich des eigenen Berufes weniger konkret und weniger realistisch als in der Kontrollgruppe. Neben den Sprachstörungen bestanden weitere gravierende Leistungsdefizite, die auch eine insgesamt niedrigere allgemeine Intelligenz mit einem Durchschnitts-IQ von knapp 90 umfaßten. Charakteristisch ist eine extrem hohe Differenz zwischen verbaler und nonverbaler Intelligenz (in der vorgelegten Untersuchung waren dies 24 IQ-Punkte zugunsten nonverbaler Anteile). Die Behinderung im Sprachbereich wurde durch einen durchschnittlichen Verbal-IQ von 65 dokumentiert. Weitere Auffälligkeiten ergaben sich im Bereich des Kurzzeitgedächtnisses, der

Konzentrationsfähigkeit sowie im Lösungsstil von kognitiven Aufgaben. Die Besserungsrate von Sprachstörungen war zwischen acht und 13 Jahren mit nur 12% ausgesprochen gering.

Uneinheitlich sind die bisherigen Ergebnisse aus Untersuchungen zu kinderpsychiatrischen Folgen von Sprachentwicklungsverzögerungen. Rutter (1972) postulierte noch, daß diese Kinder im Schulalter eher schüchtern, leicht frustriert und sozial isoliert seien. Neuere Nachuntersuchungen an epidemiologischen Stichproben (Fundudis et al., 1983; Klackenberg, 1980; Stevenson, Richman & Graham, 1985) erbrachten entweder eine insgesamt erhöhte psychische Auffälligkeit ohne spezifischen Diagnoseschwerpunkt oder Tendenzen zu dissozialem Verhalten. In der eigenen epidemiologischen Untersuchung waren ca. 60% im Alter von acht und ungefähr die Hälfte der Kinder im Alter von 13 Jahren psychisch auffällig. Im Alter von 18 Jahren reduzierte sich diese Rate auf ca. ein Drittel. Im Grundschulalter waren mit Ausnahme von emotionalen Problemen in allen Symptombereichen, also der der Sozialstörungen, hyperkinetischer Syndrome und der entwicklungsabhängigen Störungen (wie z.B. Einnässen, Eßstörungen, Tics) vermehrt Auffälligkeiten zu beobachten. Im weiteren Verlauf verwischte sich die hyperkinetische Symptomatik in der Adoleszenz, während die entwicklungsabhängigen Auffälligkeiten bestehen blieben, und die Sozialstörungen deutlich anstiegen. Dieser Anstieg setzte sich bis zum beginnenden Erwachsenenalter fort. Daneben waren hier auch erstmals vermehrt emotionale Probleme zu beobachten.

2.2.3 Erklärungsansätze

Biologische Faktoren. Jungen sind unter den Kindern mit rezeptiven und expressiven Sprachstörungen (mit 70%) weit überrepräsentiert. Hinweise auf eine höhere Rate frühkindlicher Hirnschädigungen als Folge schwerwiegender Schwangerschafts- und Geburtskomplikationen ergaben sich nicht, es waren in der Gruppe der Sprachgestörten jedoch vermehrt feinneurologische Zeichen festzustellen. Die Grundaktivität des Elektroenzephalogramms war unauffällig, genauso wie die Parameter visuell evozierter Potentiale.

Psychosoziale Faktoren. Kinder mit Sprachstörungen zeigten deutlich vermehrt Belastungen in den ersten Jahren der Entwicklung. Die Schwangerschaft war häufiger unerwünscht, die Geburt nicht-ehelich. In den ersten Jahren waren Bezugspersonenwechsel gehäuft. Auch im Grundschulalter war die Zahl familiärer Belastungsfaktoren deutlich höher als in Vergleichsgruppen, daneben blieben die Schulbildung sowohl der Mutter als auch des Vaters deutlich hinter dem Bevölkerungsmittelwert zurück.

Die langfristige Entwicklung von sprachgestörten Kindern ist also als ausgesprochen ungünstig zu bezeichnen. Dies gilt sowohl für die Schulkarriere als auch für die zusätzlichen psychischen Probleme, deren Schwerpunkt langfristig im dissozialen Bereich liegt, wobei jedoch auch zusätzliche emotionale Probleme bei den jungen Erwachsenen festzustellen sind. Es kann darüber hinaus gezeigt werden, daß das Vorliegen von rezeptiven Sprachstörungen einen eigenen Beitrag zur Verstärkung der psychischen Symptomatik leistet, im Gegensatz zu den Artikulationsstörungen sind hier umschriebene Entwicklungstörung und psychische Auffälligkeiten nicht allein auf eine gemeinsame Ursache rückführbar. Als Ursache für umschriebene Sprachentwicklungsstörungen werden überwiegend genetische Faktoren angenommen (Bishop, 1987). Wegen der engen Verknüpfung mit späteren Lese-Rechtschreibschwächen wird die genetische Verursachung durch andere Studien (Childs & Finucci, 1984, Stevenson; Graham, Fredman & McLoughlin, 1987) gestützt. Die hohe Bedeutung psychosozialer Belastungen, insbesondere auch der frühen Kindheit, könnte auch über die Kovarianz von psychosozialen mit genetischen Faktoren erklärt werden. Wahrscheinlicher ist jedoch ein Vulnerabilitätsmodell, das bei leichter oder mittlerer Beeinträchtigung des Spracherwerbs insbesondere dann zu manifesten Störungen führt, wenn eine angemessene Förderung, wahrscheinlich gerade in den ersten Lebensjahren, fehlt.

2.2.4 Interventionsverfahren

Der insgesamt ungünstige Verlauf verstärkt den Ruf nach Frühdiagnostik und Frühtherapie der Sprachentwicklungsstörungen. Mit Hilfe der genannten psychologischen Testverfahren ist eine Diagnosestellung bereits im Vorschulalter weitgehend zuverlässig möglich. Die frühe Zuweisung zu einer Sprachheilbehandlung soll einerseits die späteren schulischen Probleme mildern und andererseits den zumindest teilweise sekundären Verhaltensstörungen vorbeugen. Mit einer höheren Rate von Verhaltensauffälligkeiten ist nach der Untersuchung von McGee, Williams, Share, Anderson und Silva (1986) bereits zum Zeitpunkt der Einschulung zu rechnen, so daß nicht allein die Folgen von Schulversagen für Verhaltensstörungen verantwortlich gemacht werden können. Ein Teil der Verhaltensstörungen ist nach heutigem Kenntnisstand auf die infolge der Sprachstörungen erschwerte Kommunikation mit Gleichaltrigen und Erwachsenen zurückzuführen.

Sprachheilbehandlungen differieren in Abhängigkeit und vom Ausmaß der vorliegenden Störungen und vom allgemeinen Entwicklungsstand des Kindes. Sprachheilbehandlungen folgen dem Ablauf der ontogenetischen Sprachentwicklung, also den Stufen, die der Erwerb der phonologischen, grammatikalischen und semantischen Struktur beim normalen Kind durchläuft. Hierbei gilt, daß aktive Sprache erst aufgrund des Sprachverständnisses entsteht, Sprachperzeption bzw. -rezeption also der Sprachproduktion vorausgeht. Als besonders günstige Phase der Förderung gilt das Alter zwischen eineinhalb und vier Jahren, wobei in diesem Alter Sprachentwicklungsstörungen nur bei einer extremen Ausprägung zuverlässig diagnostiziert werden können. In der Praxis konzentriert sich daher die Behandlung auf die Zeit nach Vollendung des vierten Lebensjahres, spätestens dann ist jedoch eine abwartende Haltung nicht mehr anzuraten. Der Erfolg der pädagogischen Bemühungen ist entscheidend von der Qualität der Therapeut-Kind-Beziehung abhängig. In gleichem Maße ist entscheidend, inwieweit die

Eltern des Kindes in die Behandlung miteinbezogen werden können, d.h. inwieweit sie im Alltag die Behandlungsprinzipien einhalten. Sprachförderung kann sich nur in realen Handlungssituationen vollziehen. Unter Berücksichtigung der Motivation des Kindes sollte Sprache zur Verwirklichung konkreter Absichten, Interessen oder Bedürfnisse verwendet werden. Die betroffenen Kinder müssen die Erfahrung machen, daß der Gebrauch der Sprache ihnen das alltägliche Leben erleichtert. Der Gebrauch der Sprache sollte daher in der Übungssituation unmittelbar verstärkt werden, z.b. indem den sprachlich geäußerten Wünschen des Kindes unmittelbar entsprochen wird.

Die einzelnen Therapieschritte können hier nur skizzenhaft dargestellt werden, ausführlich sind sie dem Band VII des Handbuchs der Sonderpädagogik (Bach, Bleidig, Kanther, Klauer, Kröhnert & Reinartz, 1980) zu entnehmen.

● Der Therapeut begibt sich auf das Sprachniveau des Kindes, um dem Kind das Verständnis von Sprache zu erleichtern.
● Der Therapeut initiiert bei stark retardierten Kindern die Selbstnachahmung, indem er die Äußerungen des Kindes in dessen Tonfall und Rhythmus wiederholt.
● Der Therapeut stärkt Versuche des Kindes, den Therapeuten nachzuahmen.
● Der Therapeut kommentiert in einfachen Sätzen die Tätigkeiten des Kindes.
● Der Therapeut kommentiert in einfachen Sätzen Abläufe im Umfeld des Kindes, auf die das Kind gerade seine Aufmerksamkeit richtet.
● Der Therapeut kommt nur noch sprachlich geäußerten Wünschen des Kindes nach.
● Der Therapeut expandiert die sprachlichen Äußerungen des Kindes (Beispiel Kind: Mama Bett; Therapeut: Die Mama liegt auf dem Bett).
● Das Kind wird für das Wiederholen der Expansion verstärkt.
● Der Therapeut erweitert die sprachlichen Äußerungen des Kindes semantisch (Beispiel Kind: Hund bellen; Therapeut: ja, aber er beißt nicht).
● Das Kind wird für das Wiederholen der semantischen Erweiterung verstärkt.

2.3 Rechenstörung

2.3.1 Beschreibung der Störung

Unter einer Rechenstörung wird eine Beeinträchtigung der Rechenfertigkeit verstanden, die nicht durch eine Minderung der allgemeinen Intelligenz oder eine mangelnde Förderung (im Sinne einer unangemessenen Beschulung) erklärt werden kann. Besonders hervorstechend sind Probleme in den grundlegenden mathematischen Operationen Addition, Subtraktion, Multiplikation und Division, Beeinträchtigungen in höheren mathematischen Funktionen (z.B. Algebra oder Trigonometrie) werden seltener berichtet, dies vielleicht jedoch nur, weil entweder die Kinder mit spezifischer Rechenschwäche keine weiterführenden Schulen besuchen oder im späteren Schulalter eben nur noch ein geringes Interesse an umschriebenen Rechenstörungen besteht.

2.3.2 Epidemiologie, Verlauf und Nosologie

Zum Thema Rechenstörungen gibt es weit weniger gesicherte Erkenntnisse als zum Thema Lese-Rechtschreibschwäche. Die Forschung hat in der Vergangenheit das Thema umschriebene Rechenstörungen weitgehend vernachlässigt. Erst in den letzten Jahren (von Aster & Göbel, 1990; von Aster, 1992) wurden neuere Forschungsansätze dem umfassenden Überblick von Grissemann und Weber (1982) hinzugefügt. Bislang wurden die meisten Studien an kleineren klinischen Stichproben durchgeführt, epidemiologische Ansätze fehlen bislang völlig. Desgleichen fehlt noch eine befriedigende neuropsychologische Beschreibung der verschiedenen Rechenvorgänge. Als Ursachen für allgemeine Rechenschwächen werden neben unangemessenen Lehrplänen, einer pathologischen Ängstlichkeit, insbesondere Intelligenzdefizite aber auch Störungen im sprachlichen und visuoräumlichen Bereich angenommen. Die ausschließliche Verwendung von klinischen Stichproben hat die Repräsentativität der Befunde gemindert. Außerdem stammen die Befunde von Gruppen, die keine umschriebene Rechenstörung aufweisen, also von Kindern, deren Intelligenzniveau die Mathematikleistungen nicht bedeutend übertrifft.

Traditionell wird unterschieden zwischen Kindern, deren Rechenschwäche als Folge einer ausgeprägten Lese-Rechtschreibschwäche bzw. der ihr zugrunde liegenden neuropsychologischen Defizite anzusehen ist und Rechenschwächen, die bei guten Lese- Rechtschreibleistungen auftreten. Während im ersten Fall nicht von einer echten Rechenschwäche ausgegangen werden kann, sondern eine generalisierte Sprachschwäche als Ursache angenommen werden muß, werden für die letztgenannte Gruppe die oben zitierten visuoräumlichen Defizite gefunden (Rourke & Strang, 1983).

Grissemann und Weber (1982) sehen verschiedene neuropsychologische Funktionsstörungen als Grundlage für Rechenschwächen:

● Fehlendes operatives Verständnis bei der mechanisch assoziativen Automatisierung des Rechenvorgangs,
● auditive Kurzzeitgedächtnisschwäche,
● Richtungsstörungen im Umgang mit den Ziffern sowie
● Schwierigkeiten des Sprachverständnisses beim Übertragen von Textaufgaben in den praktischen Rechenvorgang.

Differentialdiagnostisch ist insbesondere die Abgrenzung gegen Intelligenzminderungen und gegen schwere Formen der Lese-Rechtschreibschwäche erforderlich. Die Diagnostik sollte zunächst die allgemeinen Intelligenzleistungen bestimmen, hierzu ist unbedingt ein Verfahren notwendig, das auch das sprachlich-schlußfolgernde Denken erfaßt. Solche Verfahren sind im Kindesalter eher selten. Zu empfehlen ist der Untertest Sätzeergänzen aus dem Psycholinguistischen Entwicklungstest, ersatzweise kann der Verbalteil des HAWIK-R zur Schätzung des schlußfolgernden verbalen Denkens verwendet werden. Zur Intelligenzleistung muß dann die Rechenleistung in Beziehung gesetzt werden. Sie kann mit Hilfe von Schultests (z.B. MT 2 oder DRE 3) gemessen werden. Damit ist jedoch eine Diagnostik erst frühestens Ende der zweiten Klasse möglich. Zur früheren Diagnostik von Rechnen und Mengenbegriff eignet sich der Untertest Rechnen aus der Kaufman Assessment Battery for Children (K-ABC, Deutsche Fassung von Melchers & Preuss, 1991). Nicht empfohlen werden kann der Untertest Mengen und Zahlen aus dem French-Bilder-Intelligenztest wegen seiner nicht zufriedenstellenden Normierung (deutliche Überschätzung des wahren Leistungsstandes). Zur ergänzenden Diagnostik visuoräumlicher Gedächtnisfunktionen kann der Untertest Räumliches Gedächtnis aus der Kaufman ABC empfohlen werden. Daneben sollte das Kurzzeitgedächtnis über entsprechende Verfahren zum Zahlennachsprechen geprüft werden sowie Verfahren, die die Reihenfolge von Symbolen berücksichtigen (Symbolfolgengedächtnis aus dem Psycholinguistischen Entwicklungstest) oder solche, die die Zuordnung von Zahlen zu Symbolen erfassen (wie der Zahlensymboltest aus dem HAWIK-R).

2.3.3 Erklärungsansätze

Über den Langzeitverlauf von Kindern mit Rechenschwäche ist nichts bekannt. Desgleichen gibt es keine verläßlichen Angaben über die Häufigkeit weiterer Verhaltensauffälligkeiten bzw. deren Art. Die biologischen Hintergrundfaktoren von Rechenstörungen sind gleichfalls weitgehend unbekannt. Das Geschlechtsverhältnis ist wahrscheinlich im Gegensatz zu allen anderen umschriebenen Entwicklungsstörungen eher mädchenlastig. Von Aster (1990) hat in einer allerdings klinischen Stichprobe von einem ausgeglichenen Geschlechtsverhältnis berichtet. Immer wieder diskutiert wurden rechtshemisphärische oder auch linkshemisphärische spezifische Defizite, beim derzeitigen Kenntnisstand muß vor einer Neuromythologisierung der Rechenstörung jedoch nachdrücklich gewarnt werden (Yule & Rutter, 1985).

2.3.4 Interventionsverfahren

Die pädagogischen Therapieansätze bei Rechenstörungen sind bei Grissemann und Weber ausführlich dargestellt und umfassen vier Stufen:

● den konkreten Handlungsvollzug unter Beachtung quantitativer Strukturen (z.B. die Förderung anschaulich praktischer Intelligenzleistungen, ein visuelles Wahrnehmungstraining, die Sicherung des Zahlbegriffs und die Förderung der Einsicht in das dekadische Positionssystem),
● Verstehen der bildlichen Darstellung von Operationen unter Vorstellung des Vollzuges (insbesondere Training des anschaulichen Gedächtnisses),
● Verstehen der Ziffergleichungen unter Ausblendung der Vorstellung und
● Maßnahmen zur Festigung und Automatisierung arithmetischer Grundbeziehungen.

Auch wenn die wissenschaftlichen Ergebnisse zur Rechenschwäche noch unzureichend sind, sollte im Interesse der betroffenen Kinder eine Diagnostik nach den allgemeinen Richtlinien für umschriebene Entwicklungsstörungen (Rechenleistung bleibt eineinhalb Standardabweichungen hinter der Norm der Altersgruppe und der individuellen Intelligenz zurück) rechtzeitig erfolgen. Das therapeutische Angebot ist bislang eher spärlich, viele betroffene Eltern müssen mit ihren Kindern in die wenigen privaten Therapiezentren reisen. In der Schule, in der in den letzten Jahren die Lese-Rechtschreibschwäche mühsam ihre bereits einmal erlangte Anerkennung zurückgewinnt, wird das Phänomen häufig genug nicht ernst genommen. Für die schätzungsweise 2 % betroffenen Kinder ist jedoch von einer Therapiedauer von mindestens ein bis zwei Jahren, vergleichbar derjenigen bei lese-rechtschreibschwachen Kindern, auszugehen.

Die zukünftigen Forschungsbemühungen sollten die Bedeutung der umschriebenen Rechenschwäche für die weitere schulische Entwicklung, das Auftreten von Verhaltensstörungen und emotionalen Problemen, neuropsychologische und neurophysiologische Korrelate sowie Faktoren der Genese abklären.

2.4 Umschriebene Entwicklungsstörungen der motorischen Funktionen

2.4.1 Beschreibung der Störung

Kinder mit einer umschriebenen Entwicklungsstörung der motorischen Funktionen gelten als motorisch ungeschickt, unbeholfen, schlecht koordiniert. Handlungen, die fein- oder grobmotorisches Geschick verlangen, werden von diesen Kindern nur mangelhaft ausgeführt (z.B. Hüpfen, Ballwerfen und -fangen, Anziehen, Zeichnen). Beim Erlernen des Laufens, Fahrradfahrens, Schwimmens, Rollschuh- und Schlittschuhfahrens sowie im Sportunterricht fallen diese Kinder durch staksige, plumpe Bewegungen, fehlende Geschmeidigkeit und Gleichgewicht auf. Sie vermeiden deshalb häufig körperliche Anstrengungen und werden leicht Opfer von Hänseleien.

2.4.2 Epidemiologie, Verlauf und Nosologie

Differentialdiagnose. Besonders gravierende Koordinationsprobleme treten im Rahmen von neurologischen Erkrankungen (z.B. cerebrale Bewegungsstörung oder Muskeldystrophie) auf sowie als Folge von Schädel-Hirn-Traumen. Die motorischen Störungen dieser Krankheitsbilder fallen nicht unter die umschriebenen Entwicklungsstörungen der motorischen Funktionen. Da auch leichtere Formen cerebraler Bewegungsstörungen vorkommen, fällt die Abgrenzung nicht immer leicht, sie ist nur mit Hilfe einer sorgfältigen neurologischen Untersuchung möglich, wobei Kinder mit umschriebenen Entwicklungsstörungen der motorischen Funktionen lediglich sogenannte neurologische soft signs aufweisen dürfen. Neurologische soft signs (weiche Zeichen) erfassen eine mangelhafte fein- oder grobmotorische Koordination, die auch bei normal entwickelten jüngeren Kindern häufig zu beobachten ist. Dagegen darf keine diagnostizierbare spezifische neurologische Erkrankung vorliegen.

Bei Kindern mit geistiger Behinderung werden im Rahmen einer harmonischen mentalen und motorischen Retardierung gleichfalls gehäuft motorische Koordinationsstörungen beobachtet, die keiner neurologischen Erkrankung zuzuordnen sind. Geistig behinderte Kinder mit erheblichem motorischen Entwicklungsrückstand sind gleichfalls von einer umschriebenen Entwicklungsstörung der motorischen Funktionen abzugrenzen.

Diagnostisches Vorgehen. Nach Ausschluß einer neurologischen Erkrankung und einer geistigen Behinderung ist der motorische Leistungsstand mit Hilfe eines standardisierten Testverfahrens festzustellen. Im Schulalter empfiehlt sich zur Erfassung der motorischen Koordination der Körperkoordinationstest von Kiphard und Schilling (1974). Alternativ kann die Kurzform der Lincoln Oseretzky Scale (LOS-KF 18) von Lüer, Cohen und Eggert (1970) angewendet werden. Für das Vorschulalter ist der von Zimmer und Volkamer (1984) entwickelte Motoriktest (MOT 4-6) geeignet. Zu berücksichtigen ist, daß die Normen des KTK eindeutig zu streng sind. Bei einer Zufallsstichprobe achtjähriger Kinder (Esser, 1991) lag der Mittelwert des Körperkoordinationstests bei einem MQ = 85, bei einer Streuung von s = 13. Bei Verwendung der Normen des KTK wird die Zahl der Kinder mit umschriebener Entwicklungsstörung um ein Vielfaches überschätzt. Während der Körperkoordinationstest nur grobmotorische Koordinationen erfaßt, gehen sowohl in die Lincoln Oseretzky Scale als auch in den MOT 4-6 auch feinmotorische Übungen mit ein, machen jedoch beim MOT 4-6 an der Gesamtzahl der Übungen nur einen geringen Teil aus. Zeigt das Kind in dem für es angemessenen Testverfahren zur Erfassung der motorischen Funktionen eine Leistung, die mindestens eineinhalb Standardabweichungen unter dem Mittelwert der Altersnorm liegt und gleichzeitig eine Intelligenzleistung, die mindestens eineinhalb Standardabweichungen über die Leistung des Motoriktests hinausragt, so sind die Voraussetzungen für eine umschriebene Entwicklungsstörung der motorischen Funktionen erfüllt. Unter den gegebenen Voraussetzungen ist mit einer Prävalenzrate von ca. 3% zu rechnen.

Kinder mit umschriebenen motorischen Störungen weisen keine erhöhte Rate von Schulleistungsproblemen auf. Die unauffällige Schulentwicklung hält auch in der Adoleszenz und im Jugendalter an. Der Anteil derjenigen, die Gymnasium oder Realschule besuchen, ist genauso hoch wie bei Normalbegabten ohne umschriebene Entwicklungsstörung und unterscheidet sich damit deutlich von Kindern mit rezeptiven und expressiven Sprachstörungen sowie Kindern mit Lese-Rechtschreibschwäche. Auch Defizite in kognitiven Leistungstests sind bei motorisch Entwicklungsgestörten kaum zu beobachten. Die nonverbale und die verbale Intelligenz weichen nicht von der normal entwickelter Kinder ab. Die Besserungsrate der motorischen Störungen lag zwischen dem achten und 13. Lebensjahr bei ca. 50%. Zusätzliche psychische Auffälligkeiten sind bei motorisch entwicklungsverzögerten Kindern vor allem in der Adoleszenz zu beobachten. Der diagnostische Schwerpunkt liegt dabei im introversiven Bereich, d.h. motorisch gestörte Kinder haben mehr Kontaktschwierigkeiten, sind scheu, zurückgezogen, ängstlich.

Mit den vermehrten emotionalen Problemen der motorisch entwicklungsgestörten Kinder geht eine geringere Reife einher, die sie sehr viel später eine Partnerin oder einen Partner finden läßt und die Ablösung vom Elternhaus erschwert.

2.4.3 Erklärungsansätze

Zwei Drittel der motorisch gestörten Kinder sind Jungen. In der Anamnese finden sich vermehrt prä- und perinatale Belastungen als Hinweise auf eine frühkindliche Hirnschädigung. Erwartungsgemäß zeigen motorisch entwicklungsgestörte Kinder eine erhöhte Rate feinneurologischer Zeichen. In bezug auf Reifeparameter der Grundaktivität des EEG sowie Parameter visuell evozierter Potentiale ergaben sich keine signifikanten Unterschiede.

Im Bereich psychosozialer Belastungen unterscheiden sich motorisch gestörte Kinder nicht von ihren normalentwickelten Altersgenossen. Dies gilt sowohl für die frühe Entwicklung der ersten Lebensjahre als auch für spätere chronische Belastungen. Der Bildungshintergrund der Eltern weist keine Besonderheiten auf.

2.4.4 Interventionsverfahren

Die langfristige Entwicklung motorisch gestörter Kinder muß differenziert betrachtet werden. Entgegen früher geäußerter Überzeugungen, daß motorisch gestörte Kinder in ihren Schulleistungen deutlich beeinträchtigt seien, findet sich ein ungestörter schulischer Verlauf, während die Verhaltensentwicklung vermehrt emotionale Probleme aufweist. Diese Probleme beeinträchtigen vor allem die weitere Entwicklung. Nach dem jetzigen Kenntnisstand sind motorische Entwicklungsstörungen mit prä- und perinatalen Belastungen assoziiert, sie sind häufig im Schulalter das letzte Indiz einer schweren prä- und perinatalen Belastung (z.B. eines Geburtsgewichts unter 1500 g).

Die Behandlung motorisch entwicklungsgestörter Kinder mit krankengymnastischen und mototherapeutisch übenden Verfahren ist vor allem deshalb angezeigt, um durch eine verbesserte motorische Koordination sozialen Benachteiligungen entgegenzuwirken bzw. diese zu mindern. Zur Vorbereitung des Therapieprogramms wird die kinetische Quantität und Qualität, die Dynamik, das Tempo, die Metrik und die Innervations- und Denervationsablösung der Bewegungsabläufe des Kindes beurteilt. Das Therapieprogramm orientiert sich an den herausgefundenen Störungen und soll weniger vorgegebene Übungsaufgaben bereitstellen, als vielmehr die Kreativität des Kindes fördern, indem ihm die Möglichkeit gegeben wird, eigene Bewegungsabläufe durchzuführen und so Körpererfahrungen zu sammeln. Die Therapie sollte in kleinen Schritten erfolgen mit der Tendenz, das Kind zu unterfordern, um dem Kind eine hohe Erfolgsquote zu garantieren. Ausführliche Darstellung finden sich bei Kiphard (1984).

Wenn bereits ausgeprägte emotionale Probleme vorliegen, ist z.B. ein Selbst-sicherheitstraining (vgl. Petermann & Petermann, 1994), vorzugsweise mit einer Kindergruppe zu empfehlen. Besondere Bedeutung kommt auch der Beratung der Eltern zu, die aufgrund des Wissens um die motorische Ungeschicklichkeit ihres Kindes häufig zu einer überbesorgten Erziehungshaltung neigen und damit die Bewegungsentwicklung ihres Kindes zusätzlich hemmen.

Weiterführende Literatur

Cantwell, D.P. & Baker, L. (1987). *Developmental speech & language disorders*. New York: The Guilford Press.

Esser, G. (1991). *Was wird aus Kindern mit Teilleistungsschwächen? — Der langfristige Verlauf umschriebener Entwicklungsstörungen*. Stuttgart: Enke.

Grissemann, H. & Weber, A. (1982). *Spezielle Rechenstörungen. Ursachen und Thera-pie*. Bern: Huber.

Neuhäuser, G. (1988). Störungen der Psychomotorik. In H. Remschmidt & M.H. Schmidt (Hrsg.), *Kinder- und Jugendpsychiatrie in Klinik und Praxis. Band I*. Stuttgart: Thieme.

Literatur

Angermaier, M. (1974). *Psycholinguistischer Entwicklungstest*. Weinheim: Beltz.

Aram, D.M., Ekelman, B. & Nation, J.E. (1984). Preschoolers with language disorders: 10 years later. *Journal of Speech and Hearing Research, 27*, 232—244.

Aster, v. M.G. (1992). Neuropsychologie der Dyskalkulie. In H.C. Steinhausen (Hrsg.), *Hirnfunktionsstörungen und Teilleistungsschwächen*. Berlin: Springer.

Aster, v. M.G. & Göbel, D. (1990). Kinder mit umschriebener Rechenschwäche in einer Inanspruchnahmepopulation. *Zeitschrift für Kinder- und Jugendpsychiatrie, 18*, 23—28.

Bishop, D.V.M. (1987). The causes of specific developmental language disorder ("devel-opmental dysphasia"). *Journal of Child Psychology and Psychiatry, 28*, 1—8.

Brandt, J. (1983). *Griffith-Entwicklungsskalen (GES)*. Weinheim: Beltz.

Burgemeister, B., Blum, L. & Lorge, J. (1972). *Columbia Mental Maturity Scale*. New York: Harcourt Brace Jovanovich.

Cantwell, D.P. & Baker, L. (1987). *Developmental speech & language disorders*. New York: The Guilford Press.

Cattell, R.B., Weiss, H. & Osterland, J. (1977). *Grundintelligenztest CFT 1*. Braun-schweig: Westermann.

Childs, B. & Finucci, J.M. (1984). Genetics, epidemiology and specific reading retarda-tion. In M. Rutter (Ed.), *Developmental neuropsychiatry*. Edinburgh: Churchill Livingstone.

Esser, G. & Schmidt, M.H. (1987). *Minimale cerebrale Dysfunktion — Leerformel oder Syndrom?* Stuttgart: Enke.

Esser, G. (1991). *Was wird aus Kindern mit Teilleistungsschwächen?* Stuttgart: Enke.

Feller, G. (1981). *Mathematiktest für 2. Klassen (MT 2)*. Weinheim: Beltz.

Fried, L. (1980). *Lautbildungstest für Vorschulkinder (4—7 Jahre)*. Weinheim: Beltz.

Fundudis, T., Kolvin, I., Garside, R. (1980). A follow-up of speech retarded children. In L. Hersov, M. Berger & A. Nicol (Eds.), *Language and language disorders in childhood*. New York: Pergamon Press.

Graichen, J. (1973). Teilleistungsschwächen, dargestellt an Beispielen aus dem Bereich der Sprachbenutzung. *Zeitschrift für Kinder- und Jugendpsychiatrie, 1*, 113—122.

Graichen, J. (1979a). Zum Begriff der Teilleistungsstörungen. In R. Lempp (Hrsg.), *Teilleistungsstörungen im Kindesalter*. Bern: Huber.

Graichen, J. (1979b). Teilleistungsschwächen. *Sprache-Stimme-Gehör, 3*, 158—166.

Grimm, H. & Schöler, H. (1978). *Heidelberger Sprachentwicklungstest (H-S-E-T)*. Weinheim: Beltz

Grissemann, H. & Weber, A. (1982). *Spezielle Rechenstörungen. Ursachen und Therapie*. Bern: Huber.

King, R., Jones, C. & Lasky, E. (1982). In retrospect a 15 year follow-up of speech-language-disordered children. *Language, Speech and Hearing Services in Schools, 13*, 24—32.

Kiphard, E.J. (1983/84). *Psychomotorische Entwicklungsförderung — Band I bis Band III*. Dortmund: Modernes Lernen.

Kiphard, E.J. & Schilling, F. (1974). *Der Körperkoordinationstest für Kinder (KTK)*. Weinheim: Beltz.

Kirk, S.A. (1962). *Educating exceptional children*. Boston: Houghton Mifflin.

Klackenberg, G. (1980). What happens to children with retarded speech at 3? Longitudinal study of a sample of normal infants up to twenty years of age. *Acta Paediatrica Scandinavica, 69*, 681—685.

Köhler, G. & Egelkraut, H. (1984). *Münchner Funktionelle Entwicklungsdiagnostik für das 2. und 3. Lebensjahr*. München: Institut für soziale Pädiatrie und Jugendmedizin der Universität.

Lüer, G., Cohen, R. & Eggert, D. (1970). Zur Erfassung der motorischen Begabung bei minderbegabten Kindern durch eine Hamburger Version der Lincoln Oseretzky Motor Developmental Scale. *Praxis der Kinderpsychologie und Kinderpsychiatrie, 19*, 18—29.

Luria, A.R. (1970). *Die höheren kortikalen Funktionen des Menschen und ihre Störungen bei örtlichen Hirnschädigungen*. Berlin: VEB Deutscher Verlag der Wissenschaften.

McGee, R., Williams, S., Share, D. L., Anderson, J. & Silva, P. A. (1986) The relationship between specific reading retardation, general reading backwardness and behavioral problems in a large sample of Dunedin boys: A longitudinal study from five to eleven years. *Journal of Child Psychology and Psychiatry, 27*, 597—610.

Melchers, P. & Preuss, U. (1991). *Kaufman Assessment Battery for Children: K-ABC*, deutschprachige Fassung. Frankfurt a.M.: Swets & Zeitlinger.

Petermann, U. & Petermann, F. (1994). *Training mit sozial unsicheren Kindern* (5. veränd. Auflage). Weinheim: Psychologie Verlags Union.

Remschmidt, H. & Schmidt, M.H. (1986) *Multiaxiales Klassifikationsschema für Psychiatrische Erkrankungen im Kindes- und Jugendalter nach Rutter, Shaffer und Sturge*. Bern: Huber.

Rourke, B.P. & Strang, J.D. (1983). Subtypes of reading and arythmatic disabilities: A neuropsychological analysis. In M. Rutter (Ed.), *Developmental neuropsychiatry*, (473—488). New York: Gilford Press.

Rutter, M. (1972). Clinical assessment of language disorders in young children. In M. Rutter & J.A.M. Martin (Eds.), *The child with delayed speech. Clinics in Developmental Medicine no 43.* London: SIMP/Heinemann.

Rutter, M., Shaffer, D. & Shepherd, M. (1975). *A multi-axial classification of child psychiatric disorders.* Genf: World Health Organization.

Samstag, K., Sander, A. & Schmidt, R. (1981). *Diagnostischer Rechentest für 3. Klassen (DRE 3).* Weinheim: Beltz.

Schmidt, M.H. (1988). Teilleistungsstörungen aufgrund von Entwicklungsstörungen. In K.P. Kisker, H. Lauter, J.-E. Meyer, C. Müller & E. Strömgren (Hrsg.), *Psychiatrie der Gegenwart, Bd. 7, Kinder- und Jugendpsychiatrie.* Berlin: Springer.

Schuck, K.-D., Eggert, D. & Raatz, U. (1975). *Columbia Mental Maturity Scale* (CMM 1—3). Weinheim: Beltz

Steinhausen, H.C. (1986). Der langfristige Verlauf von hyperkinetischen Syndromen und Teil leistungsstörungen. In M.H. Schmidt & S. Drömann (Hrsg.), *Langzeitverlauf kinder- und jugendpsychiatrischer Erkrankungen.* Stuttgart: Enke.

Stevenson, J., Graham, P., Fredman, G. & McLoughlin, V. (1987). A twin study of genetic influences on reading and spelling ability and disability. *Journal of Child Psychology and Psychiatry 28,* 229—247.

Stevenson, J., Richman, N. & Graham, P. (1985). Behaviour problems and language abilities at three years and behavioural deviance at eight years. *Journal of Child Psychology and Psychiatry 26,* 215—230.

Titze, I. & Tewes, U. (1983). *Hamburg-Wechsler-Intelligenztest für Kinder (HAWIK-R).* Bern: Huber.

WHO (1991). *Internationale Klassifikation psychischer Störungen ICD-10.* H. Dilling, W. Mombour & M.H. Schmidt (Hrsg). Bern: Huber.

Wittchen, H.-U., Saß, H., Zaudig, M. & Koehler, K. (1989). *Diagnostisches und Statistisches Manual Psychischer Störungen DSM-III-R.* Weinheim: Beltz.

Yule, W. & Rutter, M. (1985). Reading and other learning difficulties. In M. Rutter & L. Hersov (Eds.), *Child and Adolescent Psychiatry. Modern approaches.* Oxford, Blackwell Scientific Publications.

Zimmer, R. & Volkamer, M. (1984). *Motoriktest für vier- bis sechsjährige Kinder.* Weinheim: Beltz.

Umschriebene Lese-Rechtschreibstörung

Andreas Warnke

1. Einleitung

Schriftsprache ist die nur dem Menschen gegebene Fähigkeit, Visuelles mit Sprachlichem zu verknüpfen und visuomotorisch abzubilden (Rechtschreiben) sowie zu entschlüsseln (Lesen). Beim Lesen werden bildhafte oder graphische Zeichen oder Zeichenfolgen in akustisch-sprachliche Informationen übersetzt; beim Rechtschreiben wird akustisch wahrgenommene Sprache (z. B. beim Diktat) oder dem Gedächtnis zugängliche Spontansprache (z. B. beim Aufsatzschreiben) in Visuell-Graphisches transformiert (Földes-Papp, 1987). Mit visuell-räumlich geordneten Mitteln wird etwas akustisch-zeitlich Geordnetes verschlüsselt. Mit dem lauten Lesen wird Sichtbares wieder hörbar gemacht, mit der Rechtschreibung wird Gehörtes sichtbar. Auge (Sehen), Ohr (Hören) und Hand (Graphomotorik) sind funktionell verknüpft. Dabei sind im Gedächtnis zu speichernde Lese- und Rechtschreibregeln, der Sinn von Wort und Satz, zu erlernen (zur Geschichte der Schriftsprachentwicklung siehe Haarmann, 1991).

Störungen der Schriftsprache wurden in der Medizin des 19. Jahrhunderts wissenschaftlicher Gegenstand. Erkrankungen des Gehirns und Hirnverletzungen im Bereich des Lesezentrums können dazu führen, daß Menschen die bereits beherrschte Fähigkeit des Lesens und Rechtschreibens mehr oder weniger (Dyslexie, Dysgraphie) oder völlig verlieren (Alexie, Agraphie). Kussmaul (1877) beschrieb dieses Verlustsyndrom in seiner noch heute sehr lesenswerten Übersichtsarbeit „Die Störungen der Sprache". Der Verlust der bereits erworbenen Fähigkeit des Lesens und/oder Rechtschreibens ist aber nicht das Thema dieses Kapitels.

Der Gegenstand dieses Kapitels ist die Beeinträchtigung des Erlernens der Schriftsprache. Sie ist eine Entwicklungsstörung (kein Verlustsyndrom) und eine Teilleistungsstörung, also eine diagnostisch isolierbare Schwäche im Erlernen des Lesens und Rechtschreibens. Als solche umschriebene Entwicklungsstörung ist sie eine Entdeckung, die Augenärzte, Chirurgen, Schulärzte und Neurologen im deutschen und angelsächsischen Sprachraum Ende des 19. Jahrhunderts und Anfang des 20. Jahrhunderts machten.

Der gestörte Schriftspracherwerb wurde im deutschen Sprachraum erstmals von Oswald Berkhan im „Archiv für Psychiatrie" (1885, 1886) beschrieben. Berkhan beobachtete, daß entstellt geschriebene Worte von einem zum anderen Tag von den rechtschreibschwachen Kindern immer wieder in anderer Weise entstellt geschrieben wurden. Als klinisches Syndrom wurde die umschriebene Lese-Rechtschreibschwäche von dem englischen Augenchirurgen Pringel Morgan (1896) mit dem Begriff der „angeborenen Wortblindheit" (congenital wordblindness) gekennzeichnet. Wesentliche Kriterien sowie seine ätiologische Hypothese sind bis heute gültig bzw. von höchster Aktualität:

● Die umschriebene Schwäche im Erlernen des Lesens und Rechtschreibens läßt sich als ein Syndrom kennzeichnen, das bei gesunden, nicht sinnesgeschädigten, ausreichend intelligenten und normal unterrichteten Personen vorkommt;
● die Annahme einer angeborenen visuellen Informationsverarbeitungsstörung, die sich auf das visuelle Wortgedächtnis auswirkt, und linkshemisphärisch verortet ist (im Bereich des Gyrus angularis).

Hinshelwood (1904) führte die Lese-Rechtschreibschwäche auf eine embryonale Entwicklungsstörung zurück. Stephenson (1907) beschrieb die familiäre Häufung und stützte damit die frühe Hypothese einer genetischen Veranlagung, die den Erwerb der Schriftsprache behindere. Stephenson hatte 1904 den Befund von Morgan bestätigt, daß bei diesen Kindern das Schreiben von Zahlen, Rechenoperationen, Buchstabenkenntnisse sowie das Abschreiben von Worten unbeeinträchtigt sein könne und die Anzahl der Jungen die der betroffenen Mädchen übertreffe.

Die Kriterien der normalen Intelligenz, körperliche und neurologische Normalbefunde sowie diskrepant bessere Leistungen in anderen Schulfächern sind als diagnostische Kriterien bis zur Gegenwart gültig.

Bachmann (1927) beschrieb das Phänomen als Schwäche in einem „Teilgebiet der geistigen Leistungen", womit er im Grunde den heutigen Begriff der Teilleistungsschwäche vorwegnahm. Die korrelative Verknüpfung von Lese- und Rechtschreibschwäche hat der Budapester Neurologe Paul Ranschburg (1928) in seiner Monographie „Die Lese- und Schreibstörungen des Kindesalters" bereits nachgewiesen und den Begriff „Legasthenie" eingeführt: „Den Zustand der Lesefähigkeit, der dadurch gekennzeichnet wird, daß ein Kind für das Verständnis des seiner geistigen Entwicklung angepaßten Lesestoffs erforderte Lesefähigkeiten nicht erreicht, habe ich 1916 als Leseschwäche (Legasthenie) bezeichnet und diesen Zustand der physiologischen oder auch pathologischen Unreife von der seit Jahrzehnten schon bekannten verbalen Alexie des Kindesalters abgetrennt" (Ranschburg, 1928, S. 33). Ranschburg grenzte die Legasthenie ausdrücklich von der allgemeinen Intelligenzminderung ab. Empirisch stellte er bereits damals einen Zusammenhang zwischen Intelligenzniveau und Lesefähigkeit sowie zwischen Schulfortschritt und Lesefähigkeit fest.

Die Terminologie der umschriebenen Lese- und Rechtschreibschwäche hat ihre eigene Geschichte. Die wichtigsten Bezeichnungen des deutschen und angelsächsischen Sprachraums seien angeführt (vgl. Tab. 1):

Tabelle 1:
Umschriebene Lese- und Rechtschreibschwäche: Deutsche und angloamerikanische
Bezeichnungen.

Schreibstammeln, Störung der Schriftsprache (Berkhan, 1885; 1886)
Leseschwäche, Lese-Rechtschreibschwäche (Kirchhoff, 1964)
Legasthenie, Kongenitale Wortblindheit, Familiäre Wortblindheit, Eigentliche infantile
Leseblindheit (Ranschburg, 1928)
Kongenitale Legasthenie (Weinschenk, 1965)
Verbale und literale Legasthenie (Schenk-Danzinger, 1991)
Umschriebene Lese-Rechtschreibschwäche (Remschmidt & Schmidt, 1986)
Entwicklungsbedingte Lesestörung (DSM-III, Koehler & Sass, 1984)
Entwicklungsbezogene Lesestörung (DSM-III-R, Wittchen et al., 1989)
Lese- und Rechtschreibstörung (ICD-10, Dilling, Mombour & Schmidt, 1991)

Congenital word blindness (Morgan, 1896; Hinshelwood, 1904)
Congenital alexia (Stephenson, 1904)
Congenital dyslexia (Hinshelwood, 1917)
Strephosymbolia (Orton, 1928)
Developmental alexia, Developmental agraphia (Orton, 1937)
Specific dyslexia (Hallgren, 1950)
Familial congenital word blindness, Familial dyslexia (Drew, 1956)
Backward readers (Vernon, 1960)
Reading disability, Dysgraphia, Dyslexia (Hermann, 1959; Benton & Pearl, 1978)
Developmental Dyslexia (Critchley, 1964)
Specific reading disability (Vellutino, 1978)
Developmental reading disorder (Pirozzolo, 1979)

---

2. Beschreibung der Störung

2.1 Das Störungsbild des Lesens

Beim Erlernen des Lesens einer alphabetischen Schrift kann die Lesestörung zu
Beginn des Lese-Lernprozesses sich in der Schwierigkeit äußern, das Alphabet
aufzusagen, Buchstaben korrekt zu benennen, trotz normaler Hörfähigkeit Laute
akustisch zu unterscheiden und den entsprechenden Buchstabenzeichen zuzuordnen. Im späteren Leselernstadium treten dann beim lauten Vorlesen Schwierigkeiten zutage (Dilling et al., 1991, S. 258):

a) Auslassen, Ersetzen, Verdrehungen oder Hinzufügungen von Worten oder
   Wortteilen,
b) niedrige Lesegeschwindigkeit,
c) Startschwierigkeiten beim Vorlesen, langes Zögern oder Verlieren der Zeile
   im Text, ungenaues Phrasieren und

d) Vertauschen von Wörtern im Satz oder von Buchstaben in den Wörtern.

Ebenso zeigen sich Defizite im Leseverständnis in:

e) einer Unfähigkeit, Gelesenes wiederzugeben,
f) einer Unfähigkeit, aus Gelesenem Schlüsse zu ziehen oder Zusammenhänge zu sehen und
g) in der Verwendung allgemeinen Wissens als Hintergrundinformation anstelle von Information aus einer besonderen Geschichte beim Beantworten von Fragen über diese Geschichte.

Schwerer betroffene Kinder sind manchmal nicht in der Lage, auch nach einem Hinweis auf einen Lesefehler, diesen zu erkennen und sich zu korrigieren. Ein einmal richtig gelesenes Wort kann bei seinem nächsten Erscheinen falsch gelesen werden, dann u. U. wieder richtig oder in anderer Form fehlerhaft, so daß also gelesene Worte offensichtlich nicht korrekt wiedererkannt bzw. nicht korrekt gelesen werden können. Die Lesestörungen sind häufig mit Rechtschreibstörungen verknüpft.

2.2 Das Störungsbild der Rechtschreibung

Die Rechtschreibfehler sind abhängig vom schulischen Entwicklungsstand des Kindes; bei der Rechtschreibstörung treten extreme Abweichungen zur schulischen Lern-Leistungsnorm auf. Eine charakteristische Fehlertypologie gibt es nicht. Es lassen sich in der deutschen Sprache aber immer wieder folgende Rechtschreibfehler erkennen (vgl. Abb. 1):

● Reversionen: Verdrehungen von Buchstaben im Wort: b—d, p—q, u—n (z. B.: „Kunstbünger" = Kunstdünger);
● Reihenfolge oder Sukzessionsfehler: Umstellungen von Buchstaben im Wort (z. B.: „Mraburg" = Marburg);
● Auslassungen: ein Buchstabe wird ausgelassen (z. B.: „Hrborn" = Herborn; „Butrus" = Buderus);
● Einfügungen: falsche, nicht gehörte und nicht selbst artikulierte Buchstaben werden eingefügt (z. B.: „Rotharngektügi" = Rothaargebirge; „Leztz" = Leitz; „Weichlar" = Wetzlar; „Biedenkoft" = Biedenkopf);
● Regelfehler und andere (z. B. Dehnungsfehler; „Wahrnehmungsfehler": d-t, g-k, n-m werden vertauscht): „Giesen" = Gießen; „Rein" = Rhein; „Röntgenstrale" = Röntgenstrahlen; „Westerwalt" = Westerwald; „Giesenr Grunt" = Gießener Grund; „Linburg" = Limburg; „Fergenknotenpunct" = Verkehrsknotenpunkt;
● Fehlerinkonstanz: ein- und dasselbe Wort wird in schweren Fällen auch nach jahrelanger Übung auf ein und derselben Seite unterschiedlich fehlerhaft geschrieben (z. B.: „Mraburg" und „Marbug"; „Rotharngektügi" und „Rotargebüge").

Diese Fehler werden auch von Kindern gemacht, die sich die Worte korrekt artikuliert vorsprechen können und sich das Wort Buchstabe für Buch-

Abbildung 1:

Rechtschreibbeispiel eines 10-jährigen Jungen mit schwerer Legasthenie in einer Klassen-arbeit. Der vorgegebenen Kartenskizze mit Flußverläufen und Orten hatte er aus dem Gedächtnis Fluß- und Ortsnamen zuzuordnen. Er löste nahezu alle Aufgaben richtig mit guter Note, während kaum ein Name orthographisch richtig geschrieben ist. HAWIK-R: IQ-Gesamt = 93; Verbal-IQ = 104; Handlungs-IQ = 83; Rechtschreibprozentrang < 1; Note in Mathematik: 2.

stabe korrekt (lautierend) selbst diktieren können. Wie im Beispiel der Abbildung 1 beim Ortsnamen „Marburg" erkennbar, wird ein- und dasselbe Wort mal richtig und falsch geschrieben. Den Kindern gelingt es auch nach einer Korrektur nicht immer, den Fehler zu erkennen und zu verbessern. In den allermeisten Fällen sind die Fortschritte im Lesen deutlicher, während die Rechtschreibstörungen überwiegend bis in die Jugend und auch in das Erwachsenenalter hinein andauern. Inwieweit es in nicht-alphabetischen Schriften eine vergleichbare Lese- und Rechtschreibstörung gibt und welche Fehlertypen dabei bestehen, ist nicht hinreichend bekannt.

Insbesondere bei Kindern, die schnell auswendig lernen, kann die Schwäche des Lesens und Rechtschreibens in den ersten beiden Schuljahren kompensiert werden, so daß diese Schüler erst in der dritten Klasse, wenn ungeübte Schriftsprachleistungen und Aufsätze gefordert werden, als lese-rechtschreibschwach erkannt werden.

2.3 Vorbestehende Begleitstörungen

Kinder mit Lese- und Rechtschreibstörungen haben häufig umschriebene Entwicklungsstörungen, die teilweise im Vorschulalter diagnostizierbar sind. Etwa 60 % der betroffenen Kinder weisen anamnestisch Entwicklungsstörungen des Sprechens oder der Sprache auf. Bei sorgfältiger Sprachdiagnostik lassen sich oft noch mehr oder weniger unscheinbare anhaltende sprachliche Schwierigkeiten nachweisen. Dazu gehören Schwächen der akustischen Reizverarbeitung, der Lautdiskriminierung oder des Behaltens akustischer Sequenzen. Bei etwa fünf bis zehn Prozent der betroffenen Kinder können visuelle und visuomotorische Symptome bestehen, die sich zum Beispiel in mangelhafter visueller Buchstabenunterscheidung äußern. Darüber hinaus werden Aufmerksamkeitsschwierigkeiten, Überaktivität und Impulsivität etwas häufiger in der Vorgeschichte registriert (weiterführend Warnke, 1990; Schulte-Körne, Remschmidt & Warnke, 1991; Valtin, 1972; Müller, 1974; Angermaier; 1974, Klicpera, 1985).

2.4 Sekundäre Begleitstörungen

Schüler, die im Erlernen des Lesens und/oder Rechtschreibens versagen, haben erhebliche allgemeine schulische Nachteile und stehen in Gefahr, chronisch überfordert und irrtümlich als allgemein minderbegabt eingeschätzt zu werden. Schulischer Mißerfolg, emotionale und soziale Anpassungsstörungen sind Komplikationen. Die Schüler erfahren, daß sie Fehler machen, die korrigiert werden, die sie aber nicht erkennen können; daß sie Strafe für eine Leistung erleben, deren Fehlerhaftigkeit sie nicht wahrzunehmen vermögen. Täglich erleben sie das gleiche Problem; die meisten Schüler beginnen, unter dem täglichen Lese- und Rechtschreibversagen zu leiden. Symptome können bereits in der ersten Schulklasse insbesondere durch Verlust der schulischen Lern-Leistungsmotivation, durch Schulverweigerungstendenzen, durch Unruhesyndrome und Diszplin-schwierigkeiten, insbesondere auch durch scheinbare „Konzentrationsstörungen" Ausdruck finden. Hinzu kommen psychosomatische Beschwerden wie Kopf- oder Bauchschmerzen. Die sekundären und reaktiv zu verstehenden Störungen äußern sich 1) als intrapsychisches Problem mit psychopathologischen Symptomen im Sinne einer „sekundären Symptombildung" und als 2) innerfamiliäres und 3) innerschulisches „Erziehungsproblem".

In einer Stichprobe von 151 Kindern mit umschriebener Lese- und Rechtschreibschwäche, die in der kinder- und jugendpsychiatrischen Poliklinik vorstellig wurden, ließ sich folgende Symptomatologie aufschlüsseln (Niebergall, 1987):

● Störungen im Lern-Leistungsverhalten: Überwiegend mangelnde Lern-Leistungshaltung (59%) seltener Überehrgeiz (21,8%);
● Emotionale Störungen: Vorwiegend Angstsymptome (49,7%) und Verstimmungen (45%); depressive Verstimmungen und schulische Versagensängste sind nach klinischem Eindruck überwiegend;
● Hyperaktive Symptomatik: Motorische Unruhe und Konzentrationsschwächen (47,7%), die regelhaft reaktive Folge der chronischen Überforderung sind, wohl seltener primär;
● Psychosomatische Symptome: Hierzu gehören Kopf- und Bauchschmerzen, Übelkeitsgefühle bis hin zum Erbrechen im Zusammenhang mit Schulleistungsanforderungen (39,1%);
● Enuresis und Enkopresis;
● Störungen des Sozialverhaltens: Bei dieser Gruppe standen vor allem Aggressivität (39,8%), Kontaktstörungen (33,1%) und dissoziale Verhaltensauffälligkeiten wie Lügen und Stehlen (26,5%) im Vordergrund.

Diese Ergebnisse dieser Inanspruchnahmepopulation können zu einer Überschätzung des Risikos einer „sekundären Symptombildung" im Zusammenhang mit der Lese-Rechtschreibschwäche führen. Die Frage bleibt, inwieweit diese Gefährdung in der Gesamtgruppe der Kinder mit Lese-Rechtschreibstörung besteht. Aufschlußreich ist daher die repräsentative Stichprobe, die Esser (1991) untersuchte. Demnach wiesen vier Fünftel der Schüler mit umschriebener Lese-Rechtschreibstörung im Alter von acht Jahren mangelhafte Leistungen in einem der Kernfächer auf, und die Hälfte hatte bei durchschnittlicher Intelligenz bereits eine Schulklasse wiederholt. Im Vergleich zu Schülern mit anderen umschriebenen Entwicklungsstörungen hatten die Kinder mit Lese- und Rechtschreibstörungen im Alter von 13 Jahren den ungünstigsten schulischen Entwicklungsstand, nur 27% besuchten das Gymnasium (demgegenüber besuchten Kinder mit Sprachentwicklungsstörungen und motorischen Entwicklungsstörungen zu 58% das Gymnasium). Im Alter von 18 Jahren hatten nur 12% der Kinder mit Lese-Rechtschreibstörung Gymnasial- oder Realschulniveau erreicht, jedoch 59% der Restgruppe mit umschriebenen Entwicklungsstörungen. Die Häufigkeit psychiatrischer Symptome war in den Gruppen mit unterschiedlichen Entwicklungsstörungen (Sprache, Motorik,

Lesen und Rechtschreiben) nicht verschieden. Die Quote von 61 % psychisch auffälliger Kinder mit Entwicklungsstörungen im Alter von acht und 13 Jahren sowie
von 41 % im Alter von 18 Jahren war jedoch im Vergleich zur Quote der Normal-
population (hier sind Quoten von 5 bis 7 % anzunehmen; Remschmidt & Walter,
1990) signifikant erhöht. Bemerkenswert ist vor allem das Ergebnis, daß im Alter
von acht, 13 und 18 Jahren die durchschnittliche Anzahl dissozialer Symptome
mindestens dreimal höher war als in der Gruppe Normalbegabter ohne umschriebene Entwicklungsstörung (Esser, 1991, S. 105). Dabei ist zu beachten, daß die
Gruppe der Kinder mit Lese- und Rechtschreibstörungen signifikant häufiger um-
weltbedingten Belastungen (z. B. Bedingungen der unteren sozialen Schicht) ausgesetzt waren als alle übrigen Kinder mit umschriebenen Entwicklungsstörungen.

Familiäre Erziehungsschwierigkeiten eskalieren bei Kindern mit Lese- und
Rechtschreibstörungen häufig in der Hausaufgabensituation. Durchschnittlich
sitzen Kinder mit Lese- und Rechtschreibstörung wesentlich länger an den täglichen Hausaufgaben als die übrigen Schüler. Eine dem Schüler zu schwere schulische Hausaufgabe überfordert: Die Schüler werden ärgerlich, mißmutig,
unkonzentriert und suchen verstärkt Hilfe bei den Eltern, so daß diese aktiv in
die Lern-Leistungssituation einbezogen werden. Die von den Eltern verstärkt ein-
setzenden Bemühungen bleiben jedoch relativ erfolglos. Die hohe Fehlerquote
der Kinder einerseits und das erhöhte jedoch vergebliche Bemühen der Eltern
andererseits ist eine der Triebfedern für die Eskalation von Konflikten bei den
Hausaufgaben (Warnke et al., 1987; 1989).

2.5 Klassifikation

Die Begriffsdiskussion um die umschriebene Lese-Rechtschreibschwäche ist leb-
haft, teils kontrovers, geführt worden (zur Übersicht vgl. Warnke, 1990). In den
beiden international anerkannten Klassifikationsschemata ICD-10 (1991) und
DSM-III-R (1989) ist die umschriebene Lese- und Rechtschreibstörung als diagnostischer Begriff anerkannt und als Entwicklungsstörung klassifiziert. Im sogenannten multiaxialen Klassifikationsschema (Remschmidt & Schmidt, 1994) sind
die Störungen des Lesens und Rechtschreibens auf der zweiten Achse klassifiziert. Die Einordnung der Lese- und Rechtschreibstörungen in die Gruppe der
Entwicklungsstörungen ist aus Tabelle 2 zu ersehen.

Die Lese- und Rechtschreibstörung wird im ICD-10 unter den ,,umschriebenen
Entwicklungsstörungen schulischer Fertigkeiten (F 81.0)" klassifiziert, in DSM-
III-R unter den Schulleistungsstörungen. Analog unterscheiden beide Klassifikationssysteme eine Lese- und Rechtschreibstörung (ICD-10 F 81.0) bzw.
entwicklungsbezogene Lesestörung (DSM-III-R 315.00) von der isolierten Rechtschreibstörung (ICD-10 F 81.1) bzw. entwicklungsbezogenen Schreibstörung
(DSM-III-R 315.80).

Lese- und Rechtschreibstörung (ICD-10 F 81.0; entspricht entwicklungsbezogener Lesestörung nach DSM-III-R 315.00). Das Hauptmerkmal ist eine deutlich

Tabelle 2:
Einteilung der Entwicklungsrückstände und -störungen nach psychiatrischen Klassifikationsschemata.

ICD-10 Entwicklungsstörungen	DSM-III-R Entwicklungsstörungen
Umschriebene Entwicklungsstörungen des Sprechens und der Sprache (F 80)	**Sprach- und Sprechstörungen**
Artikulationsstörung (F 80.0)	Entwicklungsbezogene Artikulationsstörung (315.39)
Expressive Sprachstörung (F 80.1)	Expressive Sprachentwicklungsstörungen (315.31)
Rezeptive Sprachstörung (F 80.2)	Rezeptive Sprachentwicklungsstörungen (315.31)
Erworbene Aphasie mit Epilepsie (F 80.3)	
Andere (F 80.8)	
Nicht näher bezeichnete (F 80.9)	
Umschriebene Entwicklungsstörungen schulischer Fertigkeiten (F 81.0)	**Schulleistungsstörungen**
Lese- und Rechtschreibstörung (F 81.0)	Entwicklungsbezogene Lesestörung (315.00)
Isolierte Rechtschreibstörung (F 81.1)	Entwicklungsbezogene Schreibstörung (315.80)
Rechenstörung (F 81.2)	Entwicklungsbezogene Rechenstörung (315.10)
Kombinierte Störung schulischer Fertigkeiten (F 81.3)	
Andere (F 81.8)	
Nicht näher bezeichnete (F 81.9)	
Umschriebene Entwicklungsstörungen der motorischen Funktionen (F 82)	**Entwicklungsbezogene Störung der Koordination (315.40)**
Kombinierte umschriebene Entwicklungsstörung (F 83)	Nicht näher bezeichnete Entwicklungsstörung (315.90)
Tiefgreifende umschriebene Entwicklungsstörung (F 83) (Frühkindlicher Autismus, Asperger-Syndrom, Rett-Syndrom, u. a.)	Tiefgreifende Entwicklungsstörung
	Geistige Behinderung

beeinträchtigte Entwicklung der Lesefertigkeiten, die sich nicht durch eine geistige Behinderung, unzureichenden Unterricht, Hör- oder Sehstörungen oder neurologische Erkrankungen erklären läßt. Dabei können Leseverständnis und das Wiedererkennen gelesener Worte beeinträchtigt sein. Das laute Lesen ist verlangsamt, stockend oder fehlerhaft. Für die Diagnose ist vorausgesetzt, daß sich die Beeinträchtigung deutlich auf die schulischen Leistungen auswirkt. Auch im DSM-III-R schließt die „entwicklungsbezogene Lesestörung" eine gleichzeitige Rechtschreibstörung ein. Die Lese- und Rechtschreibleistungen müssen unter dem Niveau liegen, das aufgrund des Alters, der allgemeinen Intelligenz und der Beschulung zu erwarten ist.

Die Diagnose ist gewöhnlich im zweiten Schuljahr zu stellen, in schweren Fällen zeichnet sie sich bereits im ersten Schuljahr deutlich ab. Insbesondere bei Kindern mit hohen Intelligenztestwerten kann die Lese- und Rechtschreibstörung bis in das vierte Schuljahr hinein kompensiert werden und erst dann zum Vorschein kommen. In der späteren Kindheit und im Erwachsenenalter treten in der Regel die Leseschwierigkeiten stärker zurück als die Rechtschreibprobleme, die meist bis zur späteren Kindheit und in den schweren Fällen lebenslang bestehen bleiben.

Isolierte Rechtschreibstörung (ICD-10 F 81.1; entspricht der entwicklungsbezogenen Schreibstörung nach DSM-III-R 315.80). Hauptmerkmal dieser Störung ist eine umschriebene und eindeutige Störung in der Entwicklung der Rechtschreibung ohne vorher aufgetretene umschriebene Lesestörung. Wiederum wird vorausgesetzt, daß sie nicht durch eine geistige Behinderung, unzureichende Unterrichtung, Hör- oder Sehstörungen oder neurologische Erkrankungen erklärt ist. Die Symptomatik entspricht der oben beschriebenen Rechtschreibfehler (vgl. Abb. 1). Graphomotorische Handschriftschwierigkeiten gehören jedoch nicht dazu. Die Rechtschreibfehler sind meist phonetisch richtig im Vergleich zu den kombinierten Lese-Rechtschreibstörungen.

Die Störung ist selten, ohne daß bekannt ist, wie verbreitet sie ist.

Von der Lese- und Rechtschreibstörung und isolierten Rechtschreibstörung sind klassifikatorisch abzugrenzen:

● die (erworbene) Dyslexie, also alle Verlustsyndrome,
● die infolge emotionaler Störung oder anderer psychiatrischer Erkrankungen entstandene Lesestörung (ICD-10 F 93) sowie
● Lese- und Rechtschreibschwierigkeiten, die infolge fehlenden oder unangemessenen Unterrichts erklärt werden (ICD-10 Z 55.x; = Analphabetismus).

3. Epidemiologie und Verlauf

3.1 Epidemiologie

In einer vollständigen Inanspruchnahmepopulation von Kindern und Jugendlichen zwischen sechs und 18 Jahren, d. h. bei allen Schulkindern, die in einer repräsen-

tativen Region eine psychosoziale Beratungsstelle aufsuchten, wurde die Lese-
und Rechtschreibschwäche bei 8% der Kinder diagnostiziert (Remschmidt &
Walter, 1989). Am häufigsten wird die Diagnose bei den Neun- bis Zwölfjährigen gestellt. Die Prävalenzschätzungen für Schulkinder liegen zwischen 2 bis
8%. In der von Esser (1991) untersuchten Zufallsstichprobe ergab sich eine Häufigkeit von 2,7% für die Lese- und Rechtschreibstörung. Interessanterweise fand
sich in dieser Stichprobe kein einziger Fall einer isolierten Rechtschreibschwäche, was der klinischen Erfahrung entspricht. Seit der Entdeckung der umschriebenen Lese-Rechtschreibstörung wird immer wieder auf die familiäre Häufung
hingewiesen. Heute kann als gesichert gelten, daß die Störung bei Verwandten
ersten Grades häufiger auftritt als in der Allgemeinbevölkerung.

3.2 Verlauf und Prognose

Zur Prognose der Primärsymptomatik: Entwicklung der Lese- und Recht-
schreibfähigkeit

Aufgrund der definitorischen Unschärfen und ungleichen Kriterien katamnestischer
Studien lassen sich nur Näherungswerte hinsichtlich der Prognose nennen. Die
Wiener Verlaufsstudie von Klicpera und Gasteiger-Klicpera (1989; 1993) belegt,
daß das Niveau der Lese- und Rechtschreibentwicklung eines Schülers hochgradig
stabil erscheint. Die meisten Kinder, die zum Ende der ersten Klasse bzw. zu Beginn der zweiten Klasse als lese- und rechtschreibschwach diagnostiziert wurden,
waren auch am Ende der Volksschulzeit noch schriftsprachlich beeinträchtigt. Die
schwächsten Leser hatten in der Wiener Studie am Ende der Pflichtschulzeit „erst
jenen Leistungsstand erreicht, den Kinder gewöhnlich nach der ersten oder zweiten
Klasse Volksschule erreichen" (Klicpera & Gasteiger-Klicpera, 1993, S. 170).
Schüler mit umschriebener Lese- und Rechtschreibschwäche verbessern sich absolut in der Lese- und Rechtschreibleistung, bleiben jedoch im Vergleich zu den Mitschülern mit normaler Schriftsprachentwicklung immer weiter zurück (vgl. Kurzweil, 1992). Nur etwa 10 bis 25 % der lese-rechtschreibschwachen Grundschüler
gelangen zu altersgemäßen Rechtschreibleistungen (Watson et al., 1982; Cockburn, 1973; Wimmer et al., 1991). Personen mit Lese- und Rechtschreibstörungen, die Patienten einer kinderpsychiatrischen Ambulanz waren, wurden von
Strehlow und Mitarbeitern (1992) untersucht. In einem Katamnesezeitraum von
zwölf Jahren über die Schulzeit hinaus war die Rechtschreibleistung im Vergleich
zur Altersnorm noch einmal um eine Standardabweichung schlechter geworden.
Bei den Patienten, die eine spezifische Therapie über mehr als ein halbes Jahr erhalten hatten, ließ sich kein Therapieeffekt über den Katamnesezeitraum hinweg
nachweisen.

Zur Prognose psychischer Entwicklung und schulischer, beruflicher sowie
sozialer Integration

Drei Verlaufsaspekte sind zu unterscheiden:

● psychische,
● schulische und berufliche sowie
● soziale.

Hinsichtlich der psychischen Entwicklung werden betroffene Kinder von Lehrern häufiger als emotional auffällig und verhaltensgestört beurteilt (weiterführend Marx, 1992; McGee et al., 1986; Casey et al., 1992). Die Rate der Verhaltensstörungen bei Jugendlichen mit Legasthenie bezifferte Korhonen (1984) mit 50%. Eine katamnestische Studie bei kinderpsychiatrisch stationär behandelten Patienten (Klicpera et al., 1981) ergab, daß die Legastheniker zwei bis zehn Jahre nach dieser Behandlung im Vergleich zu anderen Diagnosegruppen eine relativ erhöhte Rate psychopathologischer Symptome aufwiesen (vgl. Büttner, 1983).

Die schulische und berufliche Entwicklung ist ebenfalls gefährdet. Unabhängig davon, ob eine spezifische schulische Förderung oder Therapie erfolgt, stehen Kinder mit Lese-Rechtschreibschwierigkeiten in Gefahr, auch in weiteren Fächern sowie in ihrer allgemeinen geistigen Leistungsfähigkeit relativ zu ihrem primären Vermögen schlecht abzuschneiden. Die Schullaufbahn verlief in der Gruppe der lese-rechtschreibschwachen Patienten in der Studie von Strehlow und Mitarbeitern (1992) relativ ungünstig. Bei einem zum Katamnesezeitpunkt überdurchschnittlichen IQ von 112 hatten nur sechs von 59 ehemaligen Patienten mit Lese- und Rechtschreibstörung das Abitur erreicht, wobei die soziale Herkunft nicht ausschlaggebend war. Beruflich überwogen Ausbildungen, in denen Lese- oder Rechtschreibfähigkeiten keine wesentliche Rolle spielen. Bei einer repräsentativen Stichprobe (vgl. Esser, 1991) zeigte sich, daß Schüler mit Lese- und Rechtschreibschwierigkeiten trotz ihrer normalen oder überdurchschnittlichen allgemeinen Begabung im Vergleich zu Schülern mit anderen Teilleistungsstörungen (wie z. B. Sprachentwicklungsstörungen) ein geringeres schulisches und berufliches Ausbildungsniveau erreichten. Die Rate der Schulabbrüche, geringerer Berufsausbildung und geringerer Beschäftigung mit Lesestoff korreliert mit dem Schweregrad der Lese-Rechtschreibstörung (Finucci et al., 1985). Neben den beruflichen Ausbildungschancen sind auch andere Weiterbildungsqualifikationsmöglichkeiten beeinträchtigt (Herjanic & Penick, 1972; Schonhaut & Satz, 1984; Gottfredson et al., 1984).

Die soziale Entwicklung kann ebenfalls beeinträchtigt sein. In Untersuchungen von dissozialen delinquenten Jugendlichen und Gefängnisinsassen ergaben sich in unabhängigen Studien Anteile zwischen 26 bis 73% mit spezifischen Entwicklungsstörungen, wobei die Lese- und Rechtschreibschwierigkeiten eine vorrangige Bedeutung hatten (z. B. Weinschenk, 1965; 1981; Übersichten bei Schonhaut & Satz, 1984; Maughan et al., 1985). In der repräsentativen Längsschnittstudie von Esser (1991) erschien die Quote der Straffälligkeit im Jugendalter signifikant erhöht.

Die schulischen, beruflichen und sozialen Probleme betreffen vor allen Dingen lese-rechtschreibschwache Schüler, die in sozioökonomisch schwachen Familienverhältnissen aufwachsen, in denen ihnen die familiäre Unterstützung fehlt.

Umgekehrt sind Schullaufbahn und Berufschancen weniger beeinträchtigt, wenn der familiäre Sozialstatus sehr hoch ist (Esser, 1991; Rubin & Balow, 1979; Robinson & Smith, 1962).

Diese Ergebnisse unterstreichen die Notwendigkeit einer familiär orientierten Hilfe, wenn Kinder schwergradig von der Lese-Rechtschreibstörung betroffen sind. Die Gesamtprognose ist für die Mehrzahl der betroffenen Personen durchaus günstig, obwohl die Prognose bezüglich der Funktionsstörungen im Lesen und Rechtschreiben ungünstig ist, und die Teilleistungsschwäche auch die schulische, berufliche und soziale Integration der Kinder beeinträchtigt. Die Mehrzahl der Legastheniker gelangt zu einem normalen Schul- und Berufsabschluß.

3.3 Früherkennung

Die Hoffnung, daß zukünftig, zumindest in Einzelfällen, bereits im vorschulischen Alter eine Früherkennung möglich sein könnte, so daß eine Prävention durch Frühfördermaßnahmen für das einzelne Kind bereits gezielt ermöglicht wurde, konnte bisher nicht hinreichend erfüllt werden (Übersicht bei Marx, 1992). Weitgehend übereinstimmend zeigt sich in unabhängigen Studien, daß Schwächen im phonematischen Bewußtsein (Definition siehe Abschnitt 5), die vorschulisch und in der ersten Grundschulklasse meßbar sind, ein relativ wichtiger prognostischer Faktor sind. Im Kindergartenalter erfaßbare phonologische Bewußtheit, Sprachgedächtnisfähigkeiten und allgemeine sprachliche Fähigkeiten tragen dazu bei, spätere Leseleistungen im Schulalter statistisch vorherzusagen, ohne daß dies für den Einzelfall sicher genug erfolgen könnte. Im deutschen Sprachraum haben zu dieser Fragestellung die Bielefelder Längsschnittstudie (Skowronek & Marx, 1989; Marx, 1992) und die Münchner Längsschnittstudie „Logic" (Schneider, 1989, 1993; Näslund & Schneider, 1991) die prognostische Bedeutung des phonologischen Bewußtseins herausgearbeitet (vgl. Übersicht bei Mann, 1984; Adams, 1990; Bruck, 1992; Schneider, 1993; Feshbach et al., 1974, 1977; Lewis, 1980).

4. Kennzeichen umschriebener Lese- und Rechtschreibschwäche (Nosologie)

Die diagnostischen Kriterien der Lese- und Rechtschreibstörung sind nach DSM-III-R folgendermaßen definiert (Wittchen et al., 1989, S. 71 ff):

„A) Die mit Hilfe eines standardisierten, individuell durchgeführten Tests ermittelten Leseleistungen sind deutlich geringer, als dies im Hinblick auf den Unterricht und die (durch einen individuell durchgeführten Intelligenztest ermittelten) intellektuellen Leistungen zu erwarten wäre.

B) Die unter A) beschriebene Störung behindert deutlich die schulischen Leistungen oder alltägliche Aktivitäten, bei denen Lese-Leistungen vorausgesetzt werden.

C) Die Störung ist nicht bedingt durch eine Seh- oder Hörstörung oder durch eine neurologische Erkrankung''.

Diesen Kriterien entsprechen die diagnostischen Leitlinien nach ICD-10 (Dilling et al., 1991, S. 258): „Die Leseleistungen des Kindes müssen unter dem Niveau liegen, das aufgrund des Alters, der allgemeinen Intelligenz und der Beschulung zu erwarten ist. Dies wird am besten auf der Grundlage eines individuell angewendeten standardisierten Testverfahrens zur Prüfung des Lesens, der Lesegenauigkeit und des Leseverständnisses beurteilt''.

Diese Definitionskriterien beinhalten in der Praxis einige Unschärfen; so liegt im deutschen Sprachraum kein geeigneter Lesetest vor. Für die Diagnostik lassen sich folgende Regeln aufstellen:

● Der Lese- bzw. Rechtschreibtestwert liegt außerhalb der Entwicklungsnorm, wenn er um mindestens zwei Standardabweichungen nach unten abweicht. In der Praxis ist dabei allerdings zu bedenken, daß bereits Prozentrangwerte unter 25 einer mangelhaften Diktatnote entsprechen.
● Die Lese-Rechtschreibschwäche soll von klinischer Relevanz sein. So kommt es nicht nur auf die Diskrepanz des Lese-Rechtschreib-Testwertes gegenüber der allgemeinen Intelligenz an, sondern auch darauf, inwieweit der Schüler durch seine Lese-Rechtschreibschwäche in seinen schulischen Leistungen und alltäglichen Aktivitäten beeinträchtigt ist.
● Die Lese- und Rechtschreibschwäche sollte deutlich vom allgemeinen Niveau der Intelligenzentwicklung abweichen. Dabei ist davon auszugehen, daß der Intelligenzquotient nicht unter 70 IQ-Punkten liegt. Je nach der zugrundeliegenden Teilleistungsstörung ist zu entscheiden, ob der Bezug zum Verbal-IQ oder zum Handlungs-IQ angemessener ist. So sind jene Schüler mit umschriebener Lese-Rechtschreibschwäche, die im Verbal-IQ signifikant schlechter als im Handlungs-IQ sind, zweckmäßiger nach dem Handlungs-IQ zu beurteilen.

In schweren Fällen wird die Lese-Rechtschreibschwäche durch Elternbeobachtung und Lehrerurteil oft bereits nach wenigen Wochen in der ersten Schulklasse vermutet und in der zweiten zur Gewißheit. Es stellt sich dann heraus, daß auch gesonderte schulische Bemühungen und verstärkte Hausaufgabenhilfe ein Versagen im Diktat und beim lauten Vorlesen nicht verhindern können. Die Lese- und Rechtschreibschwäche läßt sich durch genormte Lese- und Rechtschreibtests objektivieren. Ein Prozentrang von „3'' entspricht dem Definitionskriterium. Aufgrund der Unschärfe der standardisierten Lese- und Rechtschreibtests ist in der Praxis neben dem Rechtschreibtestwert immer auch die Schulnote im Diktat und die Rechtschreibleistung bei Aufsätzen und die Lesenote zu beachten. Ein Vorschlag zum praktischen diagnostischen Vorgehen ist in Tabelle 3 zusammengefaßt:

Tabelle 3:
Diagnostik der Primärsymptomatik der Lese- und Rechtschreibstörung (Friese, Schleider & Warnke, 1993; Niebergall, 1987).

Basisdiagnostik

1. Leseprüfung (z. B. Züricher Lesetest)
2. Rechtschreibprüfung (z. B. standardisierte Rechtschreibtests)
3. Buchstabenlesen
4. Buchstabendiktat
5. Abschreiben von Wörtern und Texten
6. Zahlenlesen

Zusatzdiagnostik

1. Intelligenzdiagnostik
2. Sprachentwicklungsdiagnostik
3. Diagnostik weiterer Teilleistungsbereiche: Motorische Entwicklung, Visuomotorik, Konzentration
4. Internistische und neurologische Untersuchung, z. B. Seh- und Hörfunktion, Ausschluß einer Cerebralparese etc.
5. Anamnese und Exploration

Für die Bewertung der einzelnen Leistungen sind immer Alters-, Klassen- und auch Schultypnormen heranzuziehen. So kann in der ersten Klasse das Abschreiben von Wörtern und Texten, das Zahlenlesen, Buchstabenlesen und das Lautieren von Buchstaben fehlerhaft sein. Diagnostisch entscheidend ist, daß das Kind mit umschriebener Lese- und Rechtschreibstörung beim Lesen und Rechtschreiben des Wortes versagt. Die Analyse eines Wortes in Buchstaben bzw. in Laute oder die Synthese von Buchstabenfolgen zum Wort mißlingt. In den ersten Grundschulklassen ist normalerweise gleichzeitig die Lese- und Rechtschreibfähigkeit beeinträchtigt. In den schwereren Fällen bleibt die Leseleistung auch in den späteren Schuljahren verlangsamt, stockend und fehlerhaft. Die Korrelationen zwischen Lese- und Rechtschreibleistung schwanken in der Literatur zwischen r = .65 und r = .85, wobei die Korrelation bei Schülern mit Lese- und Rechtschreibstörung höher gemessen wird als in der schriftsprachlich normal entwickelten Kontrollgruppe (Warnke, 1990; Klicpera et al., 1993).

In der Entwicklung eines Kindes sprechen folgende Merkmale für eine umschriebene Lese- und Rechtschreibstörung:

● unauffällige psychische und soziale vorschulische Entwicklung,
● Sprachauffälligkeiten und/oder Störungen der visuomotorischen Koordination im Vorschulalter,

- ein Zusammenhang zwischen psychischen Symptomen, psychosomatischen Beschwerden und Schulunlust bzw. Lern-Leistungsängsten im Laufe der ersten Schulklasse bzw. in den späteren Grundschuljahren,
- eine psychische und körperliche Gesundung in den Ferien, erneutes Aufbrechen der genannten Symptome in der Schulzeit und
- die Leistungen im Lesen und in der Rechtschreibung sind sowohl diskrepant zu dem Leistungsstand in anderen Schulfächern als auch zu den übrigen Fähigkeiten des Kindes im Alltag.

Diese Hinweise sind durch eine Intelligenztestung sowie standardisierte Lese- und Rechtschreibtests zu ergänzen. Eine ärztliche Untersuchung, die eine Beeinträchtigung der Hör- und Sehfähigkeit ebenso ausschließt wie entwicklungsneurologische Beeinträchtigungen des Kindes, sollte obligatorisch sein. Auf andere Teilleistungsschwierigkeiten im Bereich der Sprache, der Motorik, der Konzentration und Wahrnehmung ist zu achten. Desweiteren sind die psychischen Schwierigkeiten des Kindes und die Hausaufgabensituation abzuklären sowie Informationen darüber einzuholen, wie sich Kind und Eltern selbst über die Lese- und Rechtschreibschwierigkeiten hinweghelfen können und mit welchen Strategien das Kind Lernfortschritte zu erreichen vermag. Die Analyse der Lese- und Rechtschreibschwäche orientiert sich an der normalen Entwicklung des Lesens und Rechtschreibens (Scheerer-Neumann, 1987).

5. Erklärungsansätze

Im Rahmen der Diskussion um die Ätiologie der umschriebenen Lese- und Rechtschreibschwächen herrschen zwei übergeordnete Sichtweisen: Erstens eine somatogene Begründung, die von konstitutionellen Faktoren ausgeht, die aus einer Veranlagung und prä-, peri- und postnatal entstandenen Hirnfunktionsstörungen resultieren. Zweitens eine psychogene und soziokulturelle Begründung, die psychosozialen Einflüssen, psychogenen Lernhemmungen und einer defizitären Förderung kausale Effekte zuschreiben.

Übereinstimmung dürfte heute weitestgehend darüber bestehen, daß die Lese- und Rechtschreibstörung ein heterogenes Syndrom ist, dem eine Polyätiologie entspricht. Die allein psychosozial begründete und durch defizitären Unterricht entstandene Lese-Rechtschreibschwäche ist definitorisch ausgeschlossen; ebenso das Lese- und Rechtschreibversagen infolge einer primären psychischen Erkrankung. Selbstverständlich beeinflußten Übung und die Qualität des Unterrichts das Ausmaß der Beeinträchtigung (Klicpera & Gasteiger-Klicpera, 1989). Für genetische Faktoren sprechen Konkordanzwerte aus Zwillingsstudien und familiäre Häufungen (vgl. Wadsworth et al., 1989; Warnke, 1990; Nass, 1991; Schulte-Körne et al., 1993). Die Annahme minimaler zerebraler Dysfunktion als Ursache umschriebener Lese- und Rechtschreibstörung wird durch relativ hohe Raten von biologischen Risikofaktoren und die häufige Verknüpfung mit anderen Hirnfunktionsstörungen gestützt (Lempp, 1979; Klasen, 1970). Dieser Zusammenhang ist aber weder spezifisch noch zwingend (Warnke, 1990). Rutter und Yule (1975) fanden bei Kindern mit intelligenzdiskrepanter umschriebener Lese- und Rechtschreibschwäche signifikant weniger neuropsychiatrische Auffälligkeiten als bei unterdurchschnittlich begabten leseschwachen Kindern (zur Kritik vgl. Klicpera et al., 1993).

Ein Modell über die Ätiologie und Pathogenese von Teilleistungsschwächen wie es Schmidt (1977) zusammengefaßt hat, trifft auch für die Lese- und Rechtschreibstörung zu (vgl. Abb. 2).

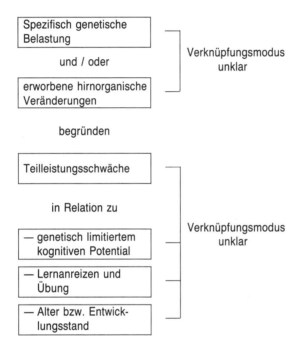

Abbildung 2:
Ätiologie und Pathogenese von Teilleistungsschwächen (erläutert im Text nach Schmidt 1977, S. 210).

Neuropsychologische und neurophysiologische Erklärungsmodelle lassen die Ursachenfrage offen, sie gehen von zentralnervösen Korrelaten aus. Der neuropsychophysiologische Erklärungsansatz postuliert nicht das Vorliegen einer Hirnschädigung, ,,vielmehr wird das Wissen um die Entwicklung zentralnervöser Funktionen und um die Organisation des Zentralnervensystems benutzt, um den Beitrag konstitutioneller Faktoren zu den individuellen Schwierigkeiten der Kinder zu erklären'' (Klicpera, 1985, S. 14). Inwieweit dabei eine ,,nachweisbare strukturelle bzw. funktionale Störung des zentralen Nervensystems'', eine ,,zentralnervöse Funktionsstörung'', für die sich aber kein strukturelles Korrelat finden läßt, eine „verlangsamte oder andersartige Reifung von zentralnervösen Funktionen" oder schließlich eine „individuelle Variation zentralnervöser Funktionen" kausal bedeutsam ist, bleibt dabei zunächst offen. Dabei wäre die zentralnervöse funktionelle und strukturelle Entwicklung wiederum als durch neuronale Aktivität bestimmt zu verstehen, sei dies nun genetisch oder durch Umwelteinflüsse determiniert (Singer, 1986). Die Erklärungsansätze unterscheiden sich in den Ebenen, ob strukturell oder funktionell sowie in den Inhalten bzw. Modalitäten, ob es sich also um sprachliche, visuelle Dysfunktionen, ob es sich um Aufmerksamkeit oder Gedächtnisstörungen handelt.

Zwei neuropsychologische Erklärungsansätze sind heute dominierend; und zwar die Annahme einer Dysfunktion sprachlicher Informationsverarbeitung und der Verarbeitung visuell vorgegebener Informationen.

5.1 Hypothese gestörter sprachlicher Informationsverarbeitung

Die Hypothese gestörter sprachlicher Informationsverarbeitung wird durch den Befund gestützt, daß 30 bis 70 % der lese-rechtschreibgestörten Kinder sprachliche Entwicklungsauffälligkeiten zeigten oder noch davon beeinträchtigt werden. Die Zusammenhänge mit Sprachentwicklungsstörungen, die bereits Berkhan (1885, 1886) und Hinshelwood (1904) festgestellt haben, begründen entsprechende Subgruppenbildungen: "Language-Disorder-Dyslexics" (Mattis et al., 1975) oder "Auditory-linguistic-Dyslexics" (Pirozzolo, 1979). Kinder dieser Subgruppen haben tendentiell einen niedrigeren Verbal-IQ als Handlungs-IQ. Die Defizite im Spracherwerb erscheinen unspezifisch und sehr variabel. Die Entwicklung des Wortschatzes kann beeinträchtigt sein. Schwierigkeiten können darin bestehen, grammatikalische und syntaktische Unterschiede zwischen Worten und Sätzen zu erkennen. Den Kindern kann es schwerfallen, sprachliche Repräsentationen, die im Langzeitgedächtnis gespeichert sind, abzurufen. Es können Defizite im phonologischen Kodieren bestehen, das heißt die Kinder sind dann unfähig, den Klang eines Wortes abzurufen, um ein Wort erinnern zu können. Es sind Defizite in der phonematischen Segmentation möglich, so daß Worte nicht in ihre lautlichen Komponenten zerlegt werden können. Die betroffenen Kinder erlangen kein Bewußtsein darüber, daß gesprochene und gedruckte Worte in einzelne Phoneme zerlegt werden können: Sie haben Schwierigkeiten in der phonematischen Dekodierung (Frith; 1985; Klicpera et al., 1993; Rott & Zielinski, 1986; Schneider, 1993). Dieser Schwäche phonematischer Dekodierung wird heute auch eine wichtige prognostische Bedeutung beigemessen. Sie läßt sich bei den Betroffenen auch noch im Erwachsenenalter nachweisen (Bruck, 1992, Übersicht bei Adams, 1990; Schneider & Näslund, 1991, 1993; Schneider, 1993). Maße phonematischer Dekodierungsfähigkeit sind: Erkennung der Anzahl der im Wort enthaltenen Silben und Phoneme, Erkennen der Ähnlichkeit bzw. Unterschiedlichkeit der Laute vorgesprochener Worte oder sinnloser Worte, Lautdiskriminierung, Reime erkennen. Lese-rechtschreibgestörte Kinder sind relativ häufiger langsamer und fehlerhafter als schriftsprachlich normal entwickelte

Kinder darin, Einzelbuchstaben und Worte, aber auch gewöhnliche Gegenstände, Farben oder Zahlen zu benennen. Sie sind relativ schlechter im sprachlichen Gedächtnis (Klicpera, 1982; Schneider & Näslund, 1993). Kinder mit Legasthenie können Satzzusammenhänge weniger nutzen, um einzelne geschriebene Worte zu identifizieren (Rego & Bryant, 1993). Wenn komplexe, in Wortform gegliederte abstrakte Symbole, die keinerlei linguistische Assoziationen ermöglichen, vorgegeben werden, so sind die lese-rechtschreibgestörten Kinder den schriftsprachlich normal entwickelten Kindern nicht unterlegen. Eigene Befunde zeigen deutlich, daß lese- und rechtschreibgestörte Kinder (im mittleren Alter von zehn Jahren) in der Unterscheidung visuell vorgegebener Zeichenfolgen im Vergleich zu schriftsprachlich normal entwickelten Kindern umso schwächer abschneiden, je mehr die visuell vorgegebene Information sinnvoller alphabetischer Schriftsprache gleicht (Warnke, 1990; Gupta, Ceci & Slater, 1978; Valtin, 1972; Vellutino, 1980). Die betroffenen Kinder können u.U. einzelne Buchstaben völlig unbeeinträchtigt wahrnehmen und reproduzieren; sie können auch die Einzelbuchstaben eines Wortes in korrekter Folge benennen und doch beim Lesen des Wortes scheitern.

Das linguistische Modell wird durch neurophysiologische und neuroanatomische Befunde gestützt. Hirnelektrische Auffälligkeiten wurden vor allem linkshemisphärisch in Regionen gefunden, die mit der Verarbeitung sprachlicher Informationen verknüpft sind (Warnke, 1990; Remschmidt & Warnke, 1992). Die neuroanatomischen Befunde von Galaburda und Kemper (1979) sowie Galaburda et al. (1985) verweisen ebenfalls auf vorwiegend linkshemisphärische und sprachrelevante Areale. Allerdings ist bei einem beachtlich hohen Anteil schriftsprachlich gestörter Kinder keine Sprech- oder Sprachentwicklungsstörung nachweisbar und umgekehrt sind Kinder mit Sprachentwicklungsstörungen durchaus nicht gleichzeitig im Erlernen des Lesen- und Rechtschreibens gestört; darauf hat bereits Linder (1951) hingewiesen.

5.2 Hypothese gestörter Verarbeitung visuell vorgegebener Information

Die Hypothese einer gestörten visuellen Informationsverarbeitung hat gleichfalls eine lange Tradition (Morgan, 1896; Orton, 1925, 1928). Bei 5 bis 10 % der Kinder mit Lese- und Rechtschreibstörung sind visuell-räumliche Wahrnehmungsschwierigkeiten diagnostizierbar, wobei Defizite sowohl bei der Analyse als auch Kodierung visueller Informationen in Frage kommen (Klicpera, 1985). Subgruppenbildungen ranken um die Begriffe "Dyseidetic dyslexics" (Boder, 1973), "Visual-perceptual-dyslexic" (Mattis et al., 1975) oder "Visual-spatial-dyslexic" (Pirozzolo, 1979). Die Erklärung mit Hilfe einer visuellen Informationsverarbeitungsstörung wurde wiederholt in Frage gestellt (Müller, 1974; Oehrle, 1975; Valtin, 1970; insbesondere Vellutino, 1980). Eine Übersicht zur Subgruppendiskussion findet sich bei Warnke (1990). Bei aller Kritik hat offensichtlich doch ein kleinerer Teil der Schüler mit einer Legasthenie Schwierigkeiten bei der visuellen

Informationsverarbeitung. In einer eigenen Untersuchung war bei einer Gruppe
von durchschnittlich zehnjährigen Schülern mit Lese-Rechtschreibstörung die
einfache visuelle Reaktionszeit im Mittel konstant um 28 Millisekunden langsamer als bei der schriftsprachlich normal entwickelten Gruppe. Vermutlich gibt es
altersabhängige Defizite als Korrelat (Ursache?) der LRS, da man die verlangsamte visuelle Verarbeitung bei der Gruppe der 13jährigen nicht mehr finden
konnte. Demgegenüber erschienen die sprachabhängigen Defizite der lese-
rechtschreibschwachen Schüler über die Altersspanne hinweg konstant (Warnke,
Remschmidt & Henninghausen, 1994). Bei der Untergruppe der Kinder mit
Legasthenie, deren Rechtschreibleistung hochgradig niedriger lag als ihre Intelligenzleistung (T-Wert-Differenz > 15), konnten im visuell evozierten Potential
linkszentral abnorme Potentialverläufe gefunden werden (Warnke & Remschmidt, 1992). Heute ist auch bei der Dominanz der beiden Erklärungsansätze
grundsätzlich davon auszugehen, daß es nicht nur „die eine Lese-Rechtschreibstörung" mit ausschließlich „nur eindeutiger Symptomatik" und „nur einer
einzigen Ursache" gibt, sondern daß Lese-Rechtschreibstörungen unterschiedlicher Ätiologie und Ausprägung bestehen, so wie es analog auch für organische
Erkrankungen wie Lungenentzündung oder Anämie zutrifft. Dabei könnten den
einzelnen Subgruppen unterschiedliche Ursachenfaktoren zugrundeliegen (Doehring, 1978).

5.3 Weitere Hypothesen zur Pathogenese

Unter diesen zwei, heute dominierenden übergeordneten Erklärungsansätzen,
wurden im Rahmen der Legasthenieforschung folgende pathogenetische Hypothesen untersucht:

● Abnorme anatomische, strukturelle zerebrale Entwicklung. Hierfür sprechen Autopsie-Befunde, die in lese-rechtschreibrelevanten Hirnarealen
unwahrscheinliche Symmetrieverhältnisse und zusätzlich histologisch
nachgewiesene strukturelle Veränderungen (abnorme Zellstrukturen der
Hirnrinde und Gefäßabnormitäten) aufzeigten (Galaburda et al., 1978,
1979, 1985). Widersprüchliche Befunde durch bildgebende Verfahren lassen vorläufig noch keine endgültige Beurteilung dieser anatomischen Zusammenhänge zu.
● Gestörter Aufbau funktioneller Hemisphärendominanz von an sich laterali-
sierten Hirnfunktionen bzw. eine abnorme Entwicklung der Lateralisie-
rung schriftsprachlicher Informationsverarbeitung (Orton, 1925; Bakker,
1979; Schenk-Danzinger, 1991). Auch hier sind die Untersuchungsbefun-
de widersprüchlich (Pirozzolo, Rayner & Hynd, 1983).
● Eine Störung des intra- und interhemisphärischen Informationsflusses wird
dadurch plausibel gemacht, daß es den lese-rechtschreibgestörten Kindern
schwerfällt, visuelle und akustische Informationen angemessen schriftsprachlich zu verknüpfen (Schenk-Danzinger, 1991; Warnke, 1990, 1991).
Insbesondere hat Vellutino (1980) herausgearbeitet, daß die Schwierigkeit,

visuelle Informationen in sprachliche zu transformieren, die Problematik der lese-rechtschreibgestörten Kinder kennzeichnet.

● Eine gestörte Sehfunktion — ob peripher oder in zentralen Sehfeldern begründet — könnte eine Legasthenie verursachen. Bislang ist diese Annahme nicht bewiesen. Visusstörungen, Refraktionsanomalien, Interferenzen der visuellen Reizverarbeitung sowie Störungen der Augenmotilität werden nach wie vor diskutiert (Pavlidis, 1986; Rayner, 1986).

● Störungen der selektiven Aufmerksamkeit. Viele Kinder mit Lese- und Rechtschreibstörungen erscheinen im Unterricht konzentrationsgestört. Selektive Aufmerksamkeit meint im Lese- und Rechtschreibprozeß die Fähigkeit, aus dem komplexen Reizgefüge — wie etwa dem Text einer Buchseite — in korrekter zeitlicher Aufeinanderfolge auf einen relevanten Reiz (z. B. Buchstabenfolge) richtig zu reagieren (das Wort zu lesen). Angermaier (1974) hat der Problematik der Konzentration von Personen mit Legasthenie eine Monographie gewidmet und Marx (1985) in einer empirischen Studie auf unterschiedliche Strategien der Aufmerksamkeit hingewiesen. In einer eigenen Studie fanden wir signifikante Hinweise für eine Beeinträchtigung der selektiven Aufmerksamkeit, jedoch keine Beeinträchtigung der Daueraufmerksamkeit (Schulte-Körne, Remschmidt & Warnke, 1991).

● Die Beeinträchtigung in der sequentiellen Reizverarbeitung ist zweifellos bei einer Reihe der Kinder mit Legasthenie nachweisbar. Die Kinder scheitern zum Beispiel daran, beim Rechtschreiben die Lautzeichen (Phoneme) in die richtige Folge der Schriftzeichen (Grapheme) zu transformieren. Dieses Defizit, Aufgaben, die genaues Einhalten von Reihenfolge abfordern, zu bewältigen, tritt umso deutlicher zutage, je ähnlicher das Reizmaterial der Schriftsprache ist (Gantzer, 1979).

● Dysfunktionen des Gedächtnisses hat bereits der Erstbeschreiber Morgan (1896) als pathogenetisch bedeutsam postuliert. Wortfindungsstörungen und nicht optimale Gedächtnisstrategien, wie zum Beispiel ein zu geringer Zeitaufwand für das Memorieren schriftsprachlicher Information sowie ungenügende Wiederholungsstrategien, wurden bei Kindern mit Lese-Rechtschreibstörungen beobachtet (Klicpera, 1985; Jorm, 1983; Schleider, Zoeke & Warnke, 1994; Schneider & Näslund, 1993; Gathercole & Baddely, 1993).

Zusammenfassend sprechen die neuropsychologischen und -physiologischen Ergebnisse für die Annahme, daß zur Genese einer Störung des Lesens und Rechtschreibens bei einem Kind gleichzeitig unterschiedliche Defizite zusammentreffen können, die zeitliche, sequentielle, visuelle und verbale Funktionen der Verarbeitung schriftsprachlicher Informationen betreffen. Dabei ist es möglich, daß pathogenetisch bedeutsame Korrelate (wie z. B. eine verlangsamte visuelle Informationsverarbeitung) in späteren Altersstufen nicht mehr als defizitär nachgewiesen werden können (Warnke, Remschmidt & Henninghausen, 1994). Der Schriftspracherwerb ist ein komplexer Entwicklungsvorgang; viele Funktionen sind dabei integriert (Sehen, Hören, Motorik etc.).

Denkbar ist, daß Störungen jeweils einzelner Komponenten des Lese-Recht-
schreibprozesses oder von Kombinationen solcher Störungen jene spezifische
Disposition ausmachen, welche die Lese-Rechtschreibstörung als Entwicklungs-
störung und Teilleistungsschwäche manifest werden läßt (weiterführend Schenk-
Danzinger, 1991; Warnke, 1990). Klassifikatorische Subgruppenbildungen sind
Versuche, der Polyätiologie und unterschiedlichen Symptomatologie gerecht zu
werden (zum Beispiel Klicpera, 1985; Warnke, 1990; Nass, 1991; Benton &
Pearl, 1978).

6. Interventionsverfahren

Die Lese-Rechtschreibstörung beeinträchtigt die Betroffenen in der Schule und im
Alltag überall, wo Lesen und Rechtschreiben vorausgesetzt wird. Die psychische
Belastung kann überfordern; die Familien sind in die Sorgen und Bewältigungsbemühungen einbezogen. Daher ist in schweren Fällen Beratung, Förderung und
Therapie notwendig. Die Behandlung ist auch von allgemeiner bildungs- und be-
rufspolitischer Bedeutung mit sozialrechtlichem Regelungsbedarf. Inzwischen
gibt es ausreichend Vorschläge und Erfahrungsberichte über Behandlungs- bzw.
Förderansätze. Im Gegensatz dazu mangelt es im deutschen Sprachraum an systematischen Therapiestudien. Die Behandlungsrichtlinien, die im folgenden skizziert werden, entsprechen daher einer Auswertung von Erfahrungen, die zwar
unabhängig gewonnen wurden, allgemein als wirksame Hilfen anerkannt, aber
nur zum geringen Teil experimentell überprüft sind. Die Darstellung bezieht sich
nicht auf die Lese-Rechtschreibschwierigkeit als ein ,,gewöhnliches Problem'',
sondern als eine Beeinträchtigung, die einer speziellen pädagogischen Förderung
und Führung des Kindes und der Therapie bedarf.

Drei Behandlungsziele liegen vor:
- Die funktionelle Behandlung des Lesens und Rechtschreibens,
- die Unterstützung des Kindes bei der psychischen Bewältigung der bestehenden und ggfs. bleibenden Lese- bzw. Rechtschreibschwäche sowie
- die Behandlung der begleitenden psychischen Symptome.

Als Ansatzpunkte bieten sich an:
- Die Therapie mit dem Kind,
- Elterntraining und Familienberatung,
- Maßnahmen in Schule und Beruf sowie
- sozialrechtliche Maßnahmen, die zu einer umfassenden Betreuung führen,
  die von Krankenkassen, der Sozial- oder Jugendhilfe getragen werden.

Die Behandlung beinhaltet einerseits die schulische Förderung, andererseits
außerschulische ambulante, teilstationäre und in den schwersten Fällen stationäre therapeutische Vorgehensweisen. Teilstationäre und stationäre Interventionen sind im Rahmen kinder- und jugendpsychiatrischer Einrichtungen in
den Fällen angezeigt, in denen eine schwere psychische Begleitsymptomatik
(schwere Schulangst mit chronischer Schulverweigerung; Depression mit

Suizidalität; drohende dissoziale Entwicklung bzw. drohende Ausschulung) besteht. Stationäre Fördermöglichkeiten bieten auch Internate, die sich auf die schulische und heilpädagogische Förderung der betroffenen Schüler spezialisiert haben (zu erfragen beim Bundesverband Legasthenie).

6.1 Die Therapie mit dem Kind

Die Therapie hat vorrangig die Funktionsstörung des Lesens und Rechtschreibens anzugehen; gleichzeitig sind psychische Verarbeitungsprozesse sowie die psychosozialen Konsequenzen der Lese-Rechtschreibschwäche ins Auge zu fassen. Die Indikation der Behandlung ergibt sich aus dem Schweregrad der Lese-Rechtschreibschwäche, dem sich daraus ergebenden schulischen bzw. beruflichen Versagen und den psychischen Begleitproblemen.

Allgemeine Richtlinien

Bei aller Unterschiedlichkeit der methodischen Zugänge in der Behandlung der Legasthenie lassen sich doch allgemeine Richtlinien erkennen:

● Voraussetzung einer Therapie und Förderung ist eine umfassende Diagnostik. Sie beinhaltet die in Abschnitt 4 benannten Diagnoseschritte.
● So früh wie möglich sollten spezifische schulische Fördermaßnahmen gewährt sowie in schwereren Fällen und bei Ausbildung psychischer Begleitsymptome eine therapeutische Hilfe gegeben werden.
● Die spezifische Übungsbehandlung sollte möglichst häufig (ein- bis zweimal wöchentlich) erfolgen.
● Bei schweren Ausprägungsformen ist eine Einzeltherapie unerläßlich; eine Förderung in Kleingruppen und im Klassenverband ist nur bei entsprechender personeller Kapazität und günstiger Unterrichtsgestaltung hilfreich.
● In der Praxis erfolgt die Behandlung durch entsprechend qualifizierte Lehrer der Regelschulen, durch Sonderpädagogen, durch Psychologen und Pädagogen in Erziehungsberatungsstellen, freien Praxen und anderen Therapieeinrichtungen sowie in kinder- und jugendpsychiatrischen Praxen und klinischen Einrichtungen. Dabei sind Kenntnisse des Erstlese- und Rechtschreibunterrichts, der funktionellen Übungsbehandlung, von verhaltenstherapeutischen Verfahren und heilpädagogischen Methoden vorauszusetzen.
● Eltern und Lehrer sind in Planung, Organisation und Durchführung der Hilfsmaßnahmen einzubeziehen. Die Eltern kommen als ,,Lehrer'' oder ,,Therapeuten'' ihres Kindes mit Lese-Rechtschreibstörung dann nicht in Frage, wenn die Hausaufgaben bzw. Übungssituationen zu einem Dauerkonflikt zwischen Kind und Eltern führen und die Eltern-Kind-Beziehung dadurch Schaden nimmt.

● Die Förderung des Lesens und Rechtschreibens entspricht der Systematik
einer Übungsbehandlung. Sie erfolgt stetig und systematisch nach einem
Behandlungsplan. Im Einzelfall sind motivationale und verhaltenskorrigierende Maßnahmen zusätzlich notwendig.

● Die Übung des Lesens und Rechtschreibens beachtet die Ergebnisse einer
individuellen Fehleranalyse beim jeweiligen Kind; die Arbeitsschritte beginnen auf einem Schwierigkeitsniveau, das dem Kind ein Arbeiten an der
„Nullfehlergrenze" ermöglicht und Erfolgserlebnisse vermittelt; die Arbeitsschritte gliedern sich vom Leichten zum Schweren. Beim ganzheitlich-analytischen Vorgehen, der Ganzwortmethode, wird die Wortbildung
geschult, ohne daß vollständige Buchstabenkenntnisse vorausgesetzt werden. Beim synthetischen Vorgehen werden Einzelbuchstaben eingeführt,
um dann die Synthese von Buchstaben zu Silben und Worten zu vollziehen;
beide Methoden ergänzen sich.

● Das Training spezifischer Teilleistungsfunktionen, die als Begleitsymptome der Lese- und Rechtschreibschwäche diagnostiziert sind, wird nur dann
als hilfreich für den Erwerb des Lesens und Rechtschreibens gewertet,
wenn die Übungen in einem unmittelbaren Bezug zum Lesen und Rechtschreiben stehen. Die Förderung der Raum-Lage-Erkennung und Konzentration sowie der Abbau von Sprachentwicklungsstörungen sollten also mit
dem Lesen und Rechtschreiben kombiniert erfolgen.

Methodische Ansätze der Übungsbehandlung

Die Erklärung der Diagnose der Lese-Rechtschreibstörung für Kind und
Eltern steht am Anfang der Behandlung. Die Information, daß die Lese-
Rechtschreibstörung weder „Faulheit" noch „Dummheit" ist, kann das Kind
beflügeln. Eltern entlastet es, daß nicht ein „erzieherisches Versagen" und
keine „elterliche Schuld" oder „Lehrerversagen" vorliegt. Auf diese Weise
können auch bestehende Spannungen zwischen Schule und Elternhaus gelöst
und dem verantwortlichen Lehrer eine pädagogische Orientierung gegeben
werden.

Eine Evaluation systematischer Förderprogramme zur Rechtschreibung haben
im deutschen Sprachraum Kossow (1979) und für den Zeitraum nach der
Grundschulzeit jüngst Reuter-Liehr (1991, 1992, 1993) vorgelegt. Diese Studien zeigen, daß eine systematische Behandlung erfolgreich sein kann. Als
Beispiel seien die Grundsätze der Vorgehensweise von Kossow und Reuter-
Liehr kurz skizziert. Vorausgesetzt wird, daß dem Kind mit Lese-Rechtschreibstörung das Prinzip der Lautschrift bewußt werden muß. Dazu bedarf
es analytisch-synthetischer Lernstrategien: die Verbindung von Ganzwortmethode mit dem Erlernen des Alphabets zur Analyse und Synthese von
Silbe und Wort aus Einzelbuchstaben. Die Kinder müssen die Lautbildung und
Lautunterscheidung lernen, wobei Laute nicht nur isoliert, sondern in ihrer
Beziehung innerhalb eines sinnvollen Wortes zu begreifen sind. Ziel ist es,
zwischen Lauten und Buchstaben, den akustischen Wortklängen und optischen

Schriftbildern sowie zur Sprechmotorik und dem semantischen Gehalt der Worte Verbindungen herzustellen. So muß das Kind lernen, das zunächst synthetisch beim Lesen hergestellte Klangbild aus der Bedeutung des Wortes zum richtigen Klangbild zu korrigieren. Das Kind wird lernen müssen, Worte zu analysieren und Laute zum Wort zu synthetisieren (Kossow, 1979). Betont wird, daß das Lese-Rechtschreibtraining im lautgetreuen Bereich beginnen müsse, da jedes Kind zunächst auf der Stufe der phonetischen Verschriftung zu schreiben beginnt, d. h. es schreibt zunächst so, wie es glaubt zu sprechen. Man sollte vom Leichten zum Schweren und vom Häufigen zum Seltenen vorangehen. So beschränkt sich zunächst das Lesen und Rechtschreiben auf lautgetreues Wort und Textmaterial. Wichtiges didaktisches Hilfsmittel ist die Silbensegmentierung. Darunter versteht man, daß das Silbensprechen mit körperlichen Schwingübungen (,,Sprechschwingen'', ,,Sprechschreiben'' vgl. Reuter-Liehr, 1993; Tacke et al., 1992) verbunden wird. Rechtschreibregeln hat Scheerer-Neumann (1987) einbezogen (zum Beispiel: ,,Gibt es ein verwandtes Wort mit ,,a''? Wenn ja, dann schreibe ,,ä''; denn ,,a'' wird zu ,,ä''. Beispiel: Kamm-Kämmen). Die Verbesserung des Regelbewußtseins kann hilfreich sein (Tacke et al., 1987). Kossow (1979) gab dem Trainingsprogramm folgenden Aufbau:

● Die Erarbeitung der Laute und Buchstaben: Sie erfolgt durch Sprech- und Hörübungen. Dabei werden Laute zunächst aus dem Wort herausgestellt, um dann als isolierter Laut geübt zu werden. Mit diesem Schritt übt man, zwischen ähnlichen Buchstaben zu unterscheiden. Dieser Lernschritt ist verknüpft mit Übungen zur Unterscheidung ähnlicher Buchstaben.
● Die eigentliche Lese- und Rechtschreibübung beginnt mit dem Lesen und Schreiben der sogenannten lauttreuen Wörter. Danach werden mehr und mehr Rechtschreibregeln mit ihren Abweichungen eingeführt.
● Prinzipiell wird also das Aufgliedern des gesprochenen Wortes in seine phonologischen Bestandteile, Lautbildung und Lautunterscheidung innerhalb des Wortes, die Analyse des Wortes in Laute und die Synthese des Wortes aus Einzellauten bzw. Einzelbuchstaben, die Assoziation zwischen Laut (Phonem) und Buchstaben (Graphem) geübt sowie eine Silbenschulung vorgenommen. Dies wird ergänzt durch Regeln der Groß- und Kleinschreibung und andere Rechtschreibregeln.

Die didaktischen Hilfsmittel sind vielfältig. Grundsätzlich sollen sie kleine Lernschritte ermöglichen und abgeschlossene Lernabschnitte mit eindeutigem Lernziel anbieten. Die Lernabschnitte lassen sich optisch oder akustisch kennzeichnen. Die Darbietung erfolgt nach dem individuellen Lerntempo des Kindes, wobei sich die Lehrmethode nach der Lernfähigkeit des einzelnen Kindes richtet. Spielerische Hilfsmittel sind dann nötig, wenn das Kind motiviert werden muß. Gerade auch aus motivationalen Gesichtspunkten hat das Training mittels rechnergesteuerter Lese- und Rechtschreibprogramme seinen Platz im Rahmen der Gesamtbehandlung (Masendorf et al., 1991). Ein wichtiges Hilfsmittel kann das Erlernen der Gebärdensprache sein (Dummer-Smoch, 1989). Manchen Kindern gelingt es zunächst nur, über das Mittel der Handzeichensprache zwischen Buchstaben (Graphem) und dem Laut (Phonem) zu verknüpfen. Weitere Anleitungen zur Behandlung finden sich bei Schenk-Danzinger (1991), Grissemann (1984, 1986), Firnhaber (1990), Gäbe (1990), Breuninger und Betz, (1989), Naegele und Portmann (1982), Dummer und Hackethal (1984) Naegele et al. (1981, 1982), Rathenow und Vöge (1980), Scheerer-Neumann (1979) und Warnke (1987).

Zur Behandlung psychischer Folgen

Treten psychische Symptome als Begleitstörung auf, die die soziale Integration und eine begabungsangemessene Lernleistung eines Kindes behindern, sind psychotherapeutische Hilfen nötig. Solche Maßnahmen haben dabei unterschiedliche Schwerpunkte:

● Abbau von leistungsbezogenen Ängsten und Aufbau von Lernmotivation; d. h. die Verbesserung des Lernverhaltens, Gestaltung des Arbeitsplatzes, Übungen zur Konzentration und Entspannung, die Erarbeitung von Selbsthilfemethoden (z. B. der Gebrauch von Lexika; selbständige Absprachen mit dem Lehrer) und Techniken der Fehlerkontrolle (z. B. inneres Verbalisieren von Kontrollschritten: ,,Ich lese das Wort noch einmal", ,,ich achte auf Großschreibung") und Selbstbestätigung (sich selbst Lob zusprechen).
● Einübung von Bewältigungsstrategien: Das Kind übt, Fehlererfahrungen zu verarbeiten und trotz Versagenserlebnissen den Mut nicht zu verlieren (vgl. dazu den Einsatz von Techniken der Selbstkontrolle, der Selbstbestärkung und der Entspannung).
● Die Behandlung spezifischer psychopathologischer Symptome wie z. B. Schulangst, sekundäres Einnässen oder schulische Disziplinschwierigkeiten und Störungen im Sozialverhalten. Aufgrund der Breite der möglichen Begleitsymptome lassen sich spezielle psychotherapeutische Maßnahmen nur aus der individuellen Problemanalyse ableiten. Das Spektrum umfaßt neben kindzentrierter Behandlung im wesentlichen Eltern- und Lehrerberatung. Insbesondere bewährt haben sich Elterntrainings in Gruppen, unter Umständen unter Einbezug des Deutschlehrers (Innerhofer, 1977; Warnke, 1993). Die Evaluation der Therapieerfolge hinsichtlich der Langzeitwirkung ist bislang unbefriedigend. Fördermaßnahmen haben bei älteren Schülern mit Legasthenie eher selten dauerhafte Erfolge, auch kurzfristige Erfolge ließen sich nicht immer sicher nachweisen (vgl. Keller, 1988; Arnold et al., 1977; Hewison, 1988; Yule, 1976; Sheaver, 1967; Gasteiger-Klicpera & Klicpera, 1989; Gittelmann & Feingold, 1983).

Medikamentöse Behandlung

Eine spezifische Medikation zur Behandlung der Lese- und Rechtschreibschwäche gibt es nicht; dennoch kann eine Medikation im Einzelfall sinnvoll sein. Multizentrische Doppelblindstudien belegten, daß die Leseflüssigkeit sich durch den Einsatz von Nootropika (Medikamente zur Steigerung der zerebralen Durchblutung, z. B. Pirazetam in der täglichen Dosierung von 3 g) verbessern kann (Wilsher, 1985). Die Indikation einer medikamentösen Hilfestellung wird durch den entsprechend erfahrenen Kinder- und Jugendpsychiater gestellt werden müssen. Bei schweren depressiven psychischen Begleitstörungen können vorübergehend Antidepressiva indiziert sein. Stimulantien kommen dann in Frage, wenn ein hyperkinetisches Syndrom vorliegt (z. B. Medikation von Ritalin in der Tagesdosierung bis zu 30 mg, vgl. Warnke, 1993).

6.2 Hilfestellung für die Familie

Zunächst muß die Diagnose den Eltern erklärt werden; die Eltern werden über Möglichkeiten der familiären, schulischen und therapeutischen Hilfe sowie schul- und sozialrechtlichen Gegebenheiten informiert. Eine Erziehungsberatung, die insbesondere auch die Hausaufgabensituation beachtet, ist angezeigt. Sie ist unerläßlich, wenn die Lese-Rechtschreibstörung mit einer erheblichen psychischen Störung einhergeht. Auf Besonderheiten der Hilfe für die Familie gehen zum Beispiel Breuninger und Betz (1989), Firnhaber (1990) und Warnke (1987) ein.

Eine Hausaufgabenhilfe durch Eltern bei schweren Formen der Lese-Rechtschreibstörung ist nur unter bestimmten Voraussetzungen anzuraten:

- Eltern müssen die Eigenart der Lese-Rechtschreibstörung des Kindes kennen.
- Eltern müssen Zeit und Geduld aufbringen, dem Kind langfristig Hilfen zu geben. Dies belastet Eltern, insbesondere dann, wenn sich trotz aller Bemühungen die Erfolge nur spärlich einstellen.
- Die elterliche Hilfe muß pädagogisch zweckmäßig sein, so daß eine Entlastung des Kindes resultiert und zugleich chronische Hausaufgabenkonflikte vermieden werden. Kommt es zu ständigen Hausaufgabenstreitigkeiten (vgl. Warnke, Remschmidt & Niebergall, 1989; Innerhofer et al., 1978), ist es günstiger, die Hausaufgabenbetreuung durch eine außerfamiliäre Fachkraft zu gewährleisten. Wesentlich ist, daß die Eltern das Selbstwertgefühl des Kindes stärken, es gegenüber negativen Erfahrungen schützen und unabhängig von der Lese-Rechtschreibförderung die Entwicklung des Kindes insgesamt stützen. Dabei kommt es darauf an, alternative Begabungen und Interessen des Kindes zu fördern und ihm Erfolge zu vermitteln. Regelmäßige Absprachen zwischen Elternhaus und Schule sind notwendig.

6.3 Hilfe im schulischen Bereich

Nach der Empfehlung der Kultusministerkonferenz vom 20.04.1978 sollen die Bundesländer Verordnungen und Richtlinien zur besonderen Förderung von Schülern mit Lese- und Rechtschreibstörungen formulieren; diese wurden inzwischen auch für die neuen Bundesländer entwickelt. Die Verordnung des Landes Mecklenburg-Vorpommern kann dabei als vorbildlich gelten. Grundsätzlich werden die Schulen in die Pflicht genommen, schulpädagogische Möglichkeiten zur Lese-Rechtschreibförderung optimal auszugestalten und auszuschöpfen. Sie sollen sicherstellen, daß ein Kind seiner allgemeinen Begabung entsprechend beschult wird und dies nicht von der isolierten Lese-Rechtschreibschwäche abhängt. Den Verordnungen und Richtlinien sind weitgehend folgende Bestimmungen gemeinsam:

● Schüler mit Lese- und Rechtschreibschwäche haben Anspruch auf eine besondere Förderung in der Schule, zum Beispiel durch innere Differenzierung und Förderkurse.

● Entscheidungen über die Nicht-Versetzung, Sonderschuleinweisung oder hinsichtlich des Übergangs in eine weiterführende Schule, sollten nicht von der Rechtschreibleistung abhängig gemacht werden.

● Bei schriftlichen Arbeiten, die nicht die Rechtschreibfähigkeit überprüfen (z. B. Aufsätze), sollten die Rechtschreibfehler nicht in die Notenbewertung eingehen. In den meisten Bundesländern kann auf die Benotung der Rechtschreibleistung verzichtet werden. Über die pädagogische Diagnostik der Lese-Rechtschreibschwäche hinaus werden zusätzliche psychologische und fachärztliche diagnostische Maßnahmen und schließlich auch außerschulische Therapiemaßnahmen empfohlen.

Neben dem Regelschulsystem gibt es Internate, die sich auf die besondere Förderung lese-rechtschreibschwacher Kinder spezialisiert haben.

Im Rahmen einer Tagesklinik hat sich folgendes Vorgehen bewährt (Warnke, 1987):

● Kleine Klassen mit bis zu zehn Schülern;

● ein den Interessen und der Lernfähigkeit (Lernvoraussetzungen) des Kindes angepaßter Lernstoff;

● ein individuelles Leistungsniveau, das die Leistungsanforderung nach dem jeweiligen Leistungsvermögen des Kindes in den verschiedenen Fächern bemißt;

● eine indviduelle Lehrweise: So lernen manche Kinder zunächst nur mit Hilfe der Gebärdensprache, andere profitieren von der Silbenrhythmisierung; bei entmutigten Kindern können spielerische Lernmaterialien (z. B. Buchstabenwürfel) den Lese-Rechtschreibprozeß anbahnen. Bei anderen Kindern gilt es, spezifische Neigungen und Interessenfelder (z. B. Interesse an Tieren) zu nutzen;

● eine individuelle Instruktion, so daß sichergestellt ist, daß das einzelne Kind seine Aufgabe verstanden hat und eigenständig bearbeiten kann;

● die zeitliche Strukturierung: Der Wechsel zwischen Lernarbeit und Erholungsphase bestimmt sich nach Ausdauer des Kindes;

● die räumliche Strukturierung: Der Klassenraum läßt sich in einen Raum für Gruppenarbeit, Einzelarbeit und Erholung gliedern. Damit lassen sich Abschnitte der Einzelarbeit, Gruppenarbeit und der individuellen Pause räumlich trennen und eine unerwünschte Vermischung von Unterrichts- und Erholungsphase vermeiden (Innerhofer, Friedrich & Warnke, 1976);

- kennzeichnend ist eine grundsätzlich bestärkende pädagogische Grundhaltung: Unmittelbare Leistungskontrolle, die unzweckmäßiges fehlerhaftes Arbeiten weitestgehend verhindert und richtige Leistungen des Kindes möglichst kurzfristig bestärkt; systematische Wiederholung des Geübten; Lernen in kleinen Schritten vom Leichten zum Schwierigen und
- die Anwendung der Lehrmethode des Unterrichts in der Hausaufgabensituation.

6.4 Sozialrechtliche Hilfen

Die Finanzierung der Behandlung der umschriebenen Lese- und Rechtschreibstörung ist nach wie vor nur unbefriedigend geregelt. Aufgrund mehrerer gerichtlicher Entscheidungen ist davon auszugehen, daß für die Behandlung einer Lese-Rechtschreibstörung eine Eingliederungshilfe zu gewähren ist, wenn eine (drohende) seelische Behinderung im Sinne des § 39 Abs. 1 BSHG durch ein entsprechendes fachärztliches Gutachten festgestellt ist. Dies ist dann der Fall, wenn eine entsprechend schwergradige Lese-Rechtschreibschwäche mit einer psychischen Symptomatik, die eigens psychotherapeutischer Behandlung bedarf, einhergeht. Seit 1. 1. 1995 ist die finanzielle Sicherung der Behandlung einer „seelischen Behinderung" über die Jugendhilfe (KJHG) abzuwickeln. Die vorläufige Praxis läßt erkennen, daß eine Behandlung der Lese-Rechtschreibstörung durch die Jugendhilfe übernommen wird, wenn eine seelische Behinderung im Sinne des § 39 Abs. 1 BSHG fachärztlich diagnostiziert wird.

In einigen Fällen haben Gerichte die umschriebene Lese-Rechtschreibstörung im Sinne des Krankheitsbegriffes der Reichsversicherungs-Ordnung (RVO) anerkannt, so daß zum Beispiel auch die Beihilfefähigkeit der Therapie unter den oben genannten Voraussetzungen bejaht wurde (Bayerischer Verwaltungsgerichtshof, 1989). Zukünftig wird es wichtig sein, Kriterien der Qualitätssicherung für Diagnostik und Therapie zu entwickeln.

Weiterführende Literatur

Grissemann, H. (1986). *Pädagogische Psychologie des Lesens und Schreibens.* Bern: Huber.

Klicpera, C. & Gasteiger-Klicpera, B. (1993). *Lesen und Schreiben. Entwicklung und Schwierigkeiten.* Bern: Huber.

Warnke, A. (1990). *Legasthenie und Hirnfunktion.* Bern: Huber.

Literatur

Adams, M. J. (1990). *Beginning to read: Thinking and learning about print.* Cambridge, MA: MIT Press.

Angermaier, M. (1974). *Sprache und Konzentration bei Legasthenie.* Göttingen: Hogrefe.

Arnold, L. E., Barnebey, N., McManus, U. J., Smeltzer, D. J., Conrad, P., Winer, G. & Desgranges, L. (1977). Prevention by specific perceptual remediation for vulnerable firstgraders. *Archives of General Psychiatry, 34,* 1279—1294.

Bachmann, F. (1927). *Über kongenitale Wortblindheit.* Berlin: Karger.

Bakker, D. J. (1979). Hemispheric differences and reading strategies: two dyslexias? *Bulletin of Orton Society, 29,* 84—100.

Bayerischer Verwaltungsgerichtshof: *Zu Legasthenie und Beihilfe.* AZ 3 B88.02040 vom 19. Juli 1989.

Benton, A. L. & Pearl, D. (1978). *Dyslexia. An appraisal of current knowledge.* New York: Oxford University Press.

Berkhan, O. (1885). Über die Schriftsprache bei Halbidioten und ihre Ähnlichkeit mit dem Stammeln. *Archiv für Psychiatrie, 16,* 78—86.

Berkhan, O. (1886). Über die Störung der Schriftsprache bei Halbidioten und ihre Ähnlichkeit mit dem Sprachgebrechen. 2. Stammeln und Stottern. *Archiv für Psychiatrie, 17,* 897—861.

Boder, E. (1973). Developmental dyslexia: a diagnostic approach based on three atypical reading spelling patterns. *Developmental Medicine and Child Neurology, 15,* 663—687.

Breuninger, H. & Betz, D. (1989). *Jedes Kind kann schreiben lernen.* Weinheim: Beltz.

Bruck, M. (1992). Persistence of dyslexics' phonological awareness deficits. *Developmental Psychology, 5,* 874—886.

Büttner, M. (1983). Legasthenie — Langzeitverlauf einer Teilleistungsschwäche. Versuch einer Bilanz anhand einer Längsschnittbeobachtung. *Praxis der Kinderpsychologie und Kinderpsychiatrie, 32,* 45—53.

Casey, R., Levy, S. E., Brown, K. & Brooks-Gunn, J. (1992). Impaired emotional health in children with mild reading disability. *Developmental and Behavioral Pediatrics, 4,* 256—260.

Cockburn, J.M. (1973). Annual surveys of reading disability in a Scottish country. *British Journal of Educational Psychology, 43,* 188—191.

Critchley, M. (1964). *Developmental dyslexia.* Springfield: Thomas.

Dilling, H., Mombour, W. & Schmidt, M. H. (Hrsg.) (1991). *Internationale Klassifikation psychischer Störungen* (ICD-10 Kapitel V). Bern: Huber.

Doehring, D. G. (1978). The tangled web of behavioral research on developmental dyslexia. In A. Benton & D. Pearl (Eds.), *Dyslexia. An appraisal of current knowledge.* New York: Oxford University Press.

Drew, A. (1956). A neurological appraisal of familial congenital word blindness. *Brain, 79,* 440—460.

Dummer, L. & Hackethal, R. (1984). *Kieler Leseaufbau.* Kiel: Veries.

Dummer-Smoch, L. (1989). *Mit Phantasie und Fehlerpflaster. Hilfen für Eltern und Lehrer legasthenischer Kinder.* München: Reinhardt.

Esser, G. (1991). *Was wird aus Kindern mit Teilleistungsschwächen?* Stuttgart: Enke.

Feshbach, S., Adelman, H., Williamson & Fuller, W. (1974). Early identification of children with high risk of reading failure. *Journal of Learning Disabilities, 10,* 639—644.

Feshbach, S., Adelman, H. & Fuller, W. (1977). Prediction of reading and related academic problems. *Journal of Educational Psychology, 4,* 299—308.

Finucci, J. M., Gottfredson, L. S. & Childs, B. (1985). A followup study of dyslexic boys. *Annual Dyslexia, 35,* 117—136.

Firnhaber, M. (1990). *Legasthenie. Wie Eltern und Lehrer helfen können.* Frankfurt: Fischer.

Földes-Papp, K. (1987). *Vom Felsbild zum Alphabet. Die Geschichte der Schrift.* Stuttgart: Belser.

Friese, H. J., Schleider, K. & Warnke, A. (1993). *Leitlinien zur Diagnostik einer Lese- und Rechtschreibstörung.* Unveröffentliche Handanweisung. Würzburg: Klinik für Kinder und Jugendpsychiatrie der Universität.

Frith, U. (1985). Beneath the surface of developmental dyslexia. In K.E. Patterson, J.L. Marshall & U. Coltheart (Eds.), *Surface dyslexia.* London: Erlbaum.

Gäbe, I. (1990). *Schwere Legasthenie. Einzelbehandlung bei Kindern und Jugendlichen.* Freiburg: Lambertus.

Galaburda, A. M., Sanides, F. & Geschwind, N. (1978). Human brain: cytoarchitectonic leftright asymmetries in the temporal speech region. *Archives of Neurology, 35,* 812—817.

Galaburda, A. M. & Kemper, T. L. (1979). Cytoarchitectonic abnormalities in developmental dyslexia: a case study. *Annual Neurology, 6,* 94—100.

Galaburda, A. M., Sherman, G. F., Rosen, G. D., Aboitiz, F. & Geschwind, N. (1985). Developmental dyslexia: four consecutive patients with cortical anomalies. *Annual Neurology, 18,* 222—233.

Gantzer, S. (1979). Sequentielle Informationsverarbeitung lese-gestörter Kinder. *Zeitschrift für Entwicklungspsychologie und Pädagogische Psychologie, 11,* 77—87.

Gasteiger-Klicpera, B. & Klicpera, C. (1989). Legasthenieförderkurse an den Grundschulen: Ein geeignetes Fördermodell? Ergebnis einer Evaluationsstudie an den Wiener Schulen. In I. Dummer-Smoch (Hrsg.), *Legasthenie. Bericht über den Fachkongreß 1988.* Hannover: Bundesverband Legasthenie.

Gathercole, S. E. & Baddeley, A. D. (1993). Phonological working memory: A critical building block for reading development and vocabulary acquisition ? *European Journal of Psychology of Education, 3,* 259—273.

Gittelmann, R. & Feingold, I. (1983). Children with reading disorders. I. Efficacy of reading remediation. *Journal of Child Psychology and Psychiatry, 24,* 167—191.

Gottfredson, L. S., Finucci, J. M. & Childs, B. (1984). Explaining the adult careers of dyslexic boys: Variations in critical skills for highlevel jobs. *Journal of Vocation Behavior, 24,* 355—373.

Grissemann, H. (1984). *Spätlegasthenie und funktionaler Analphabetismus.* Bern: Huber.

Grissemann, H. (1986). *Pädagogische Psychologie des Lesens und Schreibens.* Bern: Huber.

Gupta, R., Ceci, S. J. & Slater, A. M. (1978). Visual discrimination in good and poor readers. *Journal of Special Education, 12,* 409—416.

Haarmann, H. (1991). *Universalgeschichte der Schrift.* Frankfurt: Campus.

Hallgren, B. (1950). Specific dyslexia ("congenital word blindness"): a clinical and genetic study. *Acta Psychiatrica et Neurologica Scandinavica, 65,* 12—87.

Herjanic, B. M. & Penick, E. C. (1972). Adult outcome of disabled child readers. *The Journal of Special Education, 4,* 397—410.

Hermann, K. (1959). *Reading disability: a medical study of wordblindness and related handicaps.* Copenhagen: Munksgaard.

Hewison, J. (1988). The longterm effectiveness of parental involvement in reading: A follow-up to the Haringey Reading Project. *British Journal of Educational Psychology, 58,* 184—190.

Hinshelwood, J. (1904). A case of congenital wordblindness. *British Medical Journal, 2,* 1303—1304.

Hinshelwood, J. (1917). *Congenital word-blindness.* (zit. nach Vellutino).

Innerhofer, P., Friedrich, M. & Warnke, A. (1976). Veränderung des Schülerverhaltens durch räumlich-zeitliche Veränderungen im Klassenzimmer. In M. Cramer, P. Gottwald & H. Keupp (Hrsg.), *Verhaltensmodifikation in der Schule.* München: Deutsche Gesellschaft für Verhaltenstherapie.

Innerhofer, P. (1977). *Das Münchner Trainingsmodell. Beobachtung, Interaktionsanalyse, Verhaltensänderung.* Berlin: Springer.

Innerhofer, P., Haisch, W., Saaly, E., Seus-Seberich, E. & Warnke, A. (1978). Hausaufgabenprobleme (acht Fallstudien). *Zeitschrift für Klinische Psychologie, 7,* 256—294.

Jorm, A. F. (1983). Specific reading retardation and working memory: a review. *British Journal of Psychology, 74,* 311—342.

Keller, G. (1988). Wie wirksam ist schulpsychologische Lernförderung ? *Psychologie in Erziehung und Unterricht, 35,* 230—233.

Kirchhoff, H. (1964). Verbale Lese- und Rechtschreibschwäche im Kindesalter. *Psychologische Praxis, 14.*

Klasen, E. (1970). *Das Syndrom der Legasthenie.* Bern: Huber.

Klicpera, C. (1982). Ansätze zu einer diagnostischen Differenzierung von Kindern mit Lese- und Rechtschreibschwierigkeiten. *Heilpädagogische Forschung, 10,* 43—69.

Klicpera, C. (1985). *Leistungsprofile von Kindern mit spezifischen Lese- und Rechtschreibschwierigkeiten.* Heidelberg: Schindele.

Klicpera, C., Warnke, A., Kutschera, G., Heyse, I. & Keeser, W. (1981). Eine Nachuntersuchung von verhaltensgestörten Kindern 2–10 Jahre nach stationärer kinderpsychiatrischer Behandlung. *Nervenarzt, 52,* 531–537.

Klicpera, C. & Gasteiger-Klicpera, B. (1989). Die Entwicklung des Lesens und Schreibens bei Kindern mit Lese- und Rechtschreibschwäche. In L. Dummer-Smoch (Hrsg.), *Legasthenie. Bericht über den Fachkongreß 1988.* Hannover: Bundesverband Legasthenie.

Klicpera, C. & Gasteiger-Klicpera, B. (1993). *Lesen und Schreiben. Entwicklung und Schwierigkeiten.* Bern: Huber.

Klicpera, C., Schabmann, A. & Gasteiger-Klicpera, B. (1993). Lesen- und Schreibenlernen während der Pflichtschulzeit: Eine Längsschnittuntersuchung über die Häufigkeit und Stabilität von Lese- und Rechtschreibschwierigkeiten in einem Wiener Schulbezirk. *Zeitschrift für Kinder- und Jugendpsychiatrie, 21,* 214—225.

Koehler, K. & Sass, H. (1984). *Diagnostisches und statistisches Manual psychischer Störungen. DSM-III.* Weinheim: Beltz.

Korhonen, T. (1984). A followup study of finnish children with specific learning disabilities. *Acta Paedopsychiatrica, 50,* 255—263.

Kossow, H. J. (1979). *Zur Therapie der Lese-Rechtschreibschwäche.* Berlin: VEB Deutscher Verlag der Wissenschaften.

Kurzweil, S. (1992). Developmental reading disorder: Predictors of outcome in adolescents who received early diagnosis and treatment. *Developmental and Behavioral Pediatrics, 6,* 399—404.

Kussmaul, A. (1877). Die Störungen der Sprache. In H. v. Ziemssen (Hrsg.), *Handbuch der speziellen Pathologie und Therapie. Bd. 12.* Leipzig: Vogel.

Lempp, R. (Hrsg.) (1979). *Teilleistungsstörungen im Kindesalter.* Bern: Huber.

Lewis, A. (1980). The early identification of children with learning difficulties. *Journal of Learning Disabilities, 2,* 51—57.

Linder, M. (1951). Über Legasthenie. *Zeitschrift für Kinderpsychiatrie, 18,* 97—143.

Mann, V. A. (1984). Longitudinal prediction and prevention of early reading difficulty. *Annual Dyslexia, 34,* 117—136.

Marx, H. (1985). *Aufmerksamkeitsverhalten und Leseschwierigkeit.* Weinheim: Edition Psychologie.

Marx, H. (1992). Methodische und inhaltliche Argumente für und wider eine frühe Identifikation und Prädiktion von Lese-Rechtschreibschwierigkeiten. *Diagnostica, 38,* 249—268.

Masendorf, F., Kullik, U., Bernsmann, S. & Benölken, M. (1991). Erfolgskontrolle eines computerunterstützten Rechtschreibtrainings bei ,,funktionalen Analphabeten''. *Psychologie in Erziehung und Unterricht, 38,* 22—27.

Mattis, S., French, J. H. & Rapin, I. (1975). Dyslexia in children and young adults: Three independent neuropsychological syndromes. *Developmental Medicine and Child Neurology, 17,* 150—163.

Maughan, B., Gray, G. & Rutter, M. (1985). Reading retardation and antisocial behaviour: a followup into employment. *Journal of Child Psychology and Psychiatry, 26,* 741—758.

McGee, R., Williams, S., Share D. L., Anderson, J. & Silva, Ph. A. (1986). The relationship between specific reading retardation, general reading backwardness and behavioural problems in a large sample of Dunedin Boys: a longitudinal study from five to eleven years. *Journal of Child Psychology and Psychiatry, 27,* 597—610.

Morgan, W. P. (1896). A case of congenital wordblindness. *British Medical Journal, 2,* 13—78.

Müller, R. (1974). *Leseschwäche, Leseversagen, Legasthenie (Bd. 1 und 2).* Weinheim: Beltz.

Naegele, J., Haarmann, D., Rathenow, P. & Warwel, K. (1981). *Lese- und Rechtschreibschwierigkeiten. Orientierungen und Hilfen für Grundschüler.* Weinheim: Beltz.

Naegele, J. & Portmann, R. (Hrsg.) (1982). *Lese- und Rechtschreibschwierigkeiten in der Sekundarstufe I.* Weinheim: Beltz.

Näslund, J.C. & Schneider, W. (1991). Longitudinal effects of verbal ability, memory capacity, and phonological awareness on reading performance. *European Journal of Psychology of Education, 6,* 375—392.

Nass, R. (1991). *Development dyslexia — an update. Vol. 1. Pediatric and Adolescence Medicine.* Basel: Karger.

Niebergall, G. (1987). Diagnostische Aspekte der Legasthenie. *Monatsschrift Kinderheilkunde, 135,* 297—301.

Oehrle, B. (1975). *Visuelle Wahrnehmung und Legasthenie.* Weinheim: Beltz.

Orton, S. T. (1925). Wordblindness in school children. *Archives of Neurology and Psychiatry, 14,* 581—615.

Orton, S. T. (1928). Specific reading disability — strephosymbolia. *Journal of the American Medical Association, 90,* 1095—1099.

Orton, S. T. (1937). *Reading, writing and speech problems in children.* New York: Norton.

Pavlidis, G. T. (1986). The role of eye movements in the diagnosis of dyslexia. In G.T. Pavlidis & D. Fischer (Eds.), *Dyslexia. Its neuropsychology and treatment.* Chichester: Wiley.

Pirozzolo, F.J. (1979). *The neuropsychology of developmental reading disorders.* New York: Praeger.

Pirozzolo, F. J., Rayner, K. & Hynd, G. W. (1983). The measurement of hemispheric asymmetries in children with developmental reading disabilities. In J.B. Hellige (Ed.), *Cerebral hemispheric asymmetry. Methodic, theory and application.* New York: Praeger.

Ranschburg, H. (1928). *Die Lese- und Schreibstörungen des Kindesalters.* Halle: Marhold.

Rayner, K. (1986). Eye movements and the perceptual span: evidence for dyslexic topology. In G. T. Pavlidis & D. F. Fischer (Eds.), *Dyslexia: Its neuropsychology and treatment.* Chichester: Wiley.

Rathenow, P. & Vöge, J. (1980). *Erkennen und fördern lese-rechtschreibschwacher Schüler.* Hessisches Institut für Lehrerfortbildung.

Rego, L. L. & Bryant, B. (1993). The connection between phonological, syntactic and semantic skills and children's reading and spelling. *European Journal of Psychology of Education, 3,* 235—247.

Remschmidt, H. & Schmidt, M. H. (Hrsg.) (1986). *Multiaxiales Klassifikationsschema (MAS) für psychiatrische Erkrankungen im Kindes- und Jugendalter nach Rutter, Shaffer und Sturge.* Bern: Huber, 2. Auflage.

Remschmidt, H. & Walter, R. (1989). *Evaluation kinder- und jugendpsychiatrischer Versorgung. Analysen und Erhebungen in drei hessischen Landkreisen.* Stuttgart: Enke.

Remschmidt, H. & Walter, R. (1990). *Psychische Auffälligkeiten bei Schulkindern.* Göttingen: Hogrefe.

Remschmidt, H. & Warnke, A. (1992). Visual information processing and cerebral activation in dyslexic boys: Quantitative EEG analysis during discrimination reading tasks. *European Child and Adolescent Psychiatry, 1,* 42—53.

Remschmidt, H. & Schmidt, M. (1994). *Multiaxiales Klassifikationsschema für psychiatrische Erkrankungen im Kindes- und Jugendalter nach ICD-10.* Bern: Huber.

Reuter-Liehr, C. (1991). Erfahrungen mit einer förderungsbezogenen Fehleranalyse. In L. Dummer-Smoch (Hrsg.), *Legasthenie. Bericht über den Europäischen Fachkongreß Aachen 1990.* Hannover: Geschäftsstelle des Bundesverbandes.

Reuter-Liehr, C. (1992). *Lautgetreue Rechtschreibförderung. Stundenplanungen und Materialien.* Bochum: Winkler.

Reuter-Liehr, C. (1993). Behandlung der Lese-Rechtschreibschwäche nach der Grundschulzeit: Anwendung und Überprüfung eines Konzeptes. *Zeitschrift für Kinder- und Jugendpsychiatrie, 21*, 135—147.

Robinson, H. M. & Smith, H. D. (1962). Reading clinic: Clients ten years after. *Elementary School Journal, 63*, 22—27.

Rott, C. & Zielinski, W. (1986). Entwicklungsstufen der Lesefertigkeit in der Grundschule. *Zeitschrift für Entwicklungspsychologie und Pädagogische Psychologie, 18*, 165—175.

Rubin, R. A. & Balow, B. (1979). Measures of infant development and socioeconomic status as predictors of later intelligence and school achievement. *Developmental Psychology, 15*, 225—227.

Rutter, M. & Yule, W. (1975). The concept of specific reading retardation. *Journal of Child Psychology and Psychiatry, 16*, 181—197.

Scheerer-Neumann, G. (1979). *Interventionen bei Lese-Rechtschreibschwäche. Überblick über Themen, Methoden und Ergebnisse.* Bochum: Kamp.

Scheerer-Neumann, G. (1987). Ein Entwicklungsmodell zur Analyse der Rechtschreibschwäche. In L. Dummer (Hrsg.), *Legasthenie. Bericht über den Fachkongreß Hannover 1986.* Hannover: Geschäftsstelle des Bundesverbandes.

Schenk-Danzinger, L. L. (1991). *Legasthenie. Zerebral-funktionelle Interpretation. Diagnose und Therapie.* München: Reinhardt.

Schleider, K., Zoeke, B. & Warnke, A. (1994). Zur Bedeutung entwicklungspsychologischer Gedächtnisforschung für die Konzeption und Diagnostik von primären Lernstörungen. *Zeitschrift für Kinder- und Jugendpsychiatrie, 22*, 47—60.

Schmidt, M. H. (1977). Verbale und nicht-verbale Teilleistungsschwächen und ihre Behandlung. In G. Nissen (Hrsg.), *Intelligenz, Lernen und Lernstörung.* Berlin: Springer.

Schneider, W. (1989). Möglichkeiten der frühen Vorhersage von Leseleistungen im Grundschulalter. *Zeitschrift für Pädagogische Psychologie, 3*, 157—168.

Schneider, W. (1993). The early prediction of reading and spelling. *European Journal of Psychology of Education, 8*, 199—205.

Schneider, W. & Näslund, J. G. (1991). Longitudinal effects of verbal ability, memory capacity, and phonological awareness on reading performance. *European Journal of Psychology of Education, 6*, 375—392.

Schneider, W. & Näslund, J. C. (1993). The impact of early metalinguistic competences and memory capicity on reading and spelling in elementary school: Results of the Munich Longitudinal Study on the Genesis of Individual Competences (LOGIC). *European Journal of Psychology of Education, 8*, 273—289.

Schonhaut, S. & Satz, P. (1984). Prognosis for children with learning disabilities: A review of followup studies. In M. Rutter (Ed.), *Developmental neuropsychiatry.* Edinburgh, Churchill: Livingstone.

Schulte-Körne, G., Remschmidt, H. & Warnke, A. (1991). Selektive visuelle Aufmerksamkeit und Daueraufmerksamkeit bei legasthenen Kindern. Eine experimentelle Untersuchung. *Zeitschrift für Kinder- und Jugendpsychiatrie, 19*, 99—106.

Schulte-Körne, G., Remschmidt, H. & Hebebrand, J. (1993). Zur Genetik der Lese-Rechtschreibschwäche. *Zeitschrift für Kinder- und Jugendpsychiatrie, 21*, 242—252.

Sheaver, E. (1967). The longterm effects of remedial education. *Educational Research, 9*, 219—222.

Singer, W. (1986). The brain as a selforganizing system. *European Archives of Psychiatry and Neurology Science, 236*, 49.

Skowronek, H. & Marx, H. (1989). Die Bielefelder Längsschnittstudie zur Früherkennung von Risiken der Lese-Rechtschreibschwäche: Theoretischer Hintergrund und erste Befunde. *Heilpädagogische Forschung, 16*, 38—49.

Stephenson, S. (1904). Congenital wordblindness. *Lancet*, 827—828.

Stephenson, S. (1907). Six cases of congenital wordblindness affecting three generations of one family. *Ophthalmoscope, 5*, 482—484.

Strehlow, U., Kluge, R., Möller, H. & Haffner, J. (1992). Der langfristige Verlauf der Legasthenie über die Schulzeit hinaus: Katamnesen aus einer kinderpsychiatrischen Ambulanz. *Zeitschrift für Kinder- und Jugendpsychiatrie, 20*, 254—265.

Tacke, G., Nocke, H. & Staiber, W. (1987). Rechtschreibförderkurse in der Schule: Wie erfolgreich sind sie, und welche Faktoren tragen zu Leistungsverbesserungen bei? *Zeitschrift für Pädagogische Psychologie, 1*, 45—52.

Tacke, G., Brezing, H. & Schultheiss, G. (1992). Zur Überwindung von Rechtschreibfehlern in der Grundschule. *Psychologie in Erziehung und Unterricht, 39*, 28—32.

Valtin, R. (1970). *Legasthenie — Theorien und Untersuchungen.* Weinheim: Beltz.

Valtin, R. (1972). *Empirische Untersuchungen zur Legasthenie.* Hannover: Schroedel.

Vellutino, F.R. (1978). Toward an unterstanding of dyslexia: psychological factors in specific reading disability. In T. Benton & C. Pearl (Eds.), *Dyslexia: an appraisal of current knowledge.* New York: Oxford University Press.

Vellutino, F. R. (1980). *Dyslexia. Theory and research.* Cambridge: The MIT Press.

Vernon, M.D. (1960). *Backwardness in reading. A study of its nature and origin.* London: Cambridge, University Press.

Wadsworth, S. J., Gillis, J. J., Defries, J. C. & Fulker, D. W. (1989). Differential genetic aetiology of reading disability as a function of age. *The Irish Journal of Psychology, 10*, 509—520.

Warnke, A. (1987). Behandlung der Legasthenie im Kindesalter. *Monatsschrift Kinderheilkunde, 135*, 302—307.

Warnke, A., Faller, K., Müller H. G., Müller-Egloff, E. & Vogel, B. (1987). Wie steuern teilleistungsgestörte Kinder das erzieherische Handeln bei leichter und schwerer Aufgabe? Die interaktive Bedeutung von Fehlern und Blickzuwendung. In O. Speck, F. Peterander & P. Innerhofer (Hrsg.), *Kindertherapie.* München: Reinhardt.

Warnke, A., Remschmidt, H. & Niebergall, G. (1989). Legasthenie, sekundäre Symptome und Hausaufgabenkonflikte. In L. Dummer-Smoch (Hrsg.), *Legasthenie.* Bericht über den Fachkongreß 1988. Hannover: Bundesverband Legasthenie.

Warnke, A. (1990). *Legasthenie und Hirnfunktion.* Bern: Huber.

Warnke, A. (1991). Legasthenie. Diagnostik, Therapie und neue neuropsychologische Befunde zur Ätiologie. *Pädiatrische Praxis, 42*, 11—22.

Warnke, A. & Remschmidt, H. (1992). Visual information processing in developmentally dyslexic boys: A neuropsychological study. In H. Remschmidt & M. H. Schmidt (Eds.), *Developmental psychopathology.* Göttingen: Hogrefe & Huber Publishers.

Warnke, A. (1992). Neuere Entwicklungen zur Diagnose der Teilleistungsschwächen. In F. J. Freisleder & M. Linder (Hrsg.), *Aktuelle Entwicklungen in der Kinder- und Jugendpsychiatrie.* München: MMV Medizin Verlag.

Warnke, A. (1993). Psychopharmakologische Behandlung bei Kindern mit hyperkinetischer Störung. In H. Hippius, D. Naber & E. Rüther (Hrsg.), *Alte und neue Medikamente in der psychiatrischen Therapie.* Berlin: Springer.

Warnke, A., Remschmidt, H. & Hennighausen, K. (1994). Verbal information processing in dyslexia data of a followup experiment to neuropsychological aspects and EEG. *Acta paedopsychiatrica* (in Druck).

Watson, B. U., Watson, Ch. & Fredd, R. (1982). Followup studies of specific reading disability. *Journal of the American Academy of Child Psychiatry, 21*, 376—382.

Weinschenk, C. (1965). *Die erbliche Lese-Rechtschreibschwäche und ihre sozialpsychiatrischen Auswirkungen.* Bern: Huber, 2. Auflage.

Weinschenk, C. (1981). *Entschluß zur Tat, Schuldfähigkeit, Resozialisierung, Prävention.* Königstein: Athenäum.

Wilsher, C. R. (1986). The nootropic concept and dyslexia. *Annual Dyslexia, 26,* 118—137.

Wimmer, H., Zwicker, T. & Gugg, D. (1991). Schwierigkeiten beim Lesen und Schreiben in den ersten Schuljahren: Befunde zur Persistenz und Verursachung. *Zeitschrift für Entwicklungspsychologie und Pädagogische Psychologie, 23,* 280—298.

Wittchen, H. U., Saß, H., Zaudig, M. & Koehler, K. (Hrsg.) (1989). *Diagnostisches und statistisches Manual psychischer Störungen (DSM-III-R).* Weinheim: Beltz.

Yule, W. (1976). Issues and problems in remedial education. *Developmental and Medicine Child Neurology, 18,* 674—682.

Tiefgreifende Entwicklungsstörungen

Michael Kusch und Franz Petermann

1. Beschreibung und Klassifikation Tiefgreifender Entwicklungsstörungen

Ungeachtet der vielen Verhaltensprobleme, die während der letzten 40 Jahre als autismusspezifisch angesehen wurden, zeigt es sich, daß allein die frühe Entwicklung des Sozialverhaltens als Grundlage autistischer Störungen angesehen werden kann (Baron-Cohen, 1992; Dawson, 1989; Sigman & Mundy, 1989). Seit der ersten Beschreibung autistischer Störungen von Kanner (1943) werden Kinder diagnostiziert, die schwere Beeinträchtigungen der zwischenmenschlichen Interaktion, der nonverbalen und verbalen Kommunikation und der Phantasietätigkeit sowie ungewöhnliche Aktivitäten aufweisen, die beherrscht sind von wiederholten, stereotypen Routinen (Wing & Attwood, 1987). Rutter und Schopler (1987) haben zu diesen Merkmalen autistischer Störungen verhaltensnahe, diagnostische Kriterien aufgelistet. So ist die zwischenmenschliche Beziehung wie folgt beeinträchtigt:

- Augenkontakt, Gesichtsausdruck, Körperhaltung und Gestik, werden kaum zur Regulation der sozialen Interaktion eingesetzt;
- andere Personen werden selten gesucht, um Zuneigung oder Trost zu erhalten;
- Interaktionen mit anderen Personen werden vom Kind selten initiiert;
- Trost wird selten gegeben bzw. wird auf Freude oder Trauer anderer nicht reagiert;
- andere Personen werden selten gegrüßt oder deren Verhalten nachgeahmt.

Die verbale und nonverbale Kommunikation zeigt folgende Auffälligkeiten:

- Verzögertes oder völliges Fehlen der gesprochenen Sprache, die nicht durch alternative kommunikative Mittel wie Mimik und Gestik kompensiert wird — häufig fehlt zunächst das kommunikative Babbeln im Säuglingsalter;
- ein Fehlen der Reaktion auf die Kommunikationsversuche anderer, zum Beispiel beim Rufen des Namens des Kindes;
- Störung in der Gesprächsführung, das heißt, der Einleitung und Aufrechterhaltung des kommunikativen Austausches und der Berücksichtigung des Wissens um den Gesprächspartner in den eigenen sprachlichen Äußerungen;

- prompte oder verzögerte Echolalie (= Nachsprechen von Wörtern oder Sätzen);
- idiosynkratischer Wortgebrauch, der nur aus der individuellen Lerngeschichte des Kindes heraus verständlich ist;
- Gebrauch von „Du", wenn „Ich" gemeint ist; und
- Veränderungen paralinguistischer Aspekte wie der Tonhöhe, Akzentuierung usw.

Ein deutlich beschränktes Repertoire an Aktivitäten und Interessen:

- Völliges Eingenommensein von stereotypen und begrenzten Interessen,
- Verhaftetsein an ungewöhnlichen Objekten (z.B. Sammeln von Hemdkragen),
- Festhalten an zwanghaften Ritualen,
- stereotype und sich wiederholende motorische Manierismen sowie
- Verunsicherung bei Änderungen in unwesentlichen Aspekten der Umgebung.

Gegenwärtig ist noch unklar, ob es sich bei den verschiedenen Formen der Tiefgreifenden Entwicklungsstörungen um unterschiedliche Syndrome handelt oder um verschiedene Ausprägungen einer Störung. Es wird daher die Frage diskutiert, ob es sich beim Autismus um eines von mehreren Syndromen im Rahmen der Tiefgreifenden Entwicklungsstörungen handelt (ICD-10) oder um eine prototypische Form einer Spektrumstörung (DSM-III-R). Brook und Bowler (1992) argumentieren, daß es durchaus möglich und für die klinische Praxis auch sinnvoll sein kann, unterschiedliche Syndrome auf dem Hintergrund einer Dimension oder eines Störungsspektrums zu beschreiben. Da sich die Diagnostik und Klassifikation autistischer Störungen am beobachtbaren Verhalten orientiert, ist es angebracht, die Probleme autistischer Kinder dimensional auf einem Spektrum anzuordnen. Für wissenschaftliche Bemühungen ist es zudem von Vorteil, wenn verschiedene Störungsgruppen oder Syndrome klassifiziert werden können (Rutter & Schopler, 1992).

1.1 Syndrome im Rahmen Tiefgreifender Entwicklungsstörungen

Tiefgreifende Entwicklungsstörungen weisen Kinder auf, wenn ihnen die Kompetenzen (= Fähigkeiten) fehlen, spezifische kognitive, sprachliche und motorische Fertigkeiten zu erwerben. Primär handelt es sich dabei um mangelhafte sozialkognitive Kompetenzen (Kusch & Petermann, 1991a), wobei die neurobiologischen Zusammenhänge derzeit noch ungeklärt sind (Rubinstein et al., 1993). Die Bezeichnung „Tiefgreifende Entwicklungsstörung" entspricht der Auffassung, daß es sich um eine Störung mit einer schweren qualitativen Abweichung vom normalen Entwicklungsverlauf handelt, die in keinem Entwicklungsstadium normal ist, wogegen beispielsweise bei der „Geistigen Behinderung" eine quantitative Verzögerung des Entwicklungsverlaufes vorliegt (Burack, 1992; DSM-III-R, 1989; Kusch, 1993). Im DSM-III-R werden in der Kategorie der „Tiefgreifenden Entwicklungsstörungen" nur die „Autistische Störung" (299.00) und die „Nicht Näher Bezeichnete Tiefgreifende Entwicklungsstörung" (299.80) kodiert.

In der Kategorie autistischer Störungen werden vier Hauptmerkmale unterschieden:

● Qualitative Beeinträchtigungen der zwischenmenschlichen (reziproken) Beziehungen,
● qualitative Beeinträchtigungen der verbalen und nonverbalen Kommunikation sowie der Phantasie,
● deutlich beschränktes Repertoire an Aktivitäten und Interessen sowie
● Beginn in der Kindheit (nach Vollendung des dritten Lebensjahres).

Im ICD-10 (1991) können auch andere Formen der Tiefgreifenden Entwicklungsstörungen klassifiziert werden. Hierzu zählen unter anderem das Rett-Syndrom, die Desintegrative Störung, die Hyperkinetische Störung mit Intelligenzminderung und Bewegungsstereotypien sowie das Asperger-Syndrom. Kinder mit diesen Störungen weisen einige diagnostische Kriterien auf, die für autistische Störungen kennzeichnend sind, haben darüber hinaus aber auch zusätzliche Merkmale:

Rett-Syndrom. Das Rett-Syndrom ist bisher nur bei Mädchen beobachtet worden. Die Ursache dieser Störung ist nicht bekannt. Der Beginn liegt zwischen dem siebten und 24. Lebensmonat. Nach einer weitgehend oder scheinbar normalen frühen Entwicklung setzt ein teilweiser oder vollständiger Verlust der erworbenen Fähigkeiten im Gebrauch der Hände und der Sprache ein. Es kommt zu Stereotypien in Form von windenden Handbewegungen und Hyperventilation. Die sozial-kognitive Entwicklung bis zum Vorschulalter ist verlangsamt. Ein geringes soziales Interesse bleibt meist auch während der Kindheit bestehen. Während der Kindheit entwickeln sich verschiedene Störungen wie Rumpfataxie (= Koordinationsstörung mit ausfahrenden, mangelhaft kontrollierten Bewegungsabläufen) und Apraxie (= zentralnervös bedingte Unfähigkeit zum zweckmäßigen Handeln trotz erhaltener Wahrnehmungs- und Bewegungsfähigkeit) sowie eine Skoliose oder Kyphoskoliose (= spezifische Verformungen oder Krümmungen der Körperachse). Die Störung resultiert unter anderem in einer schweren Intelligenzminderung.

Desintegrative Störung. Die desintegrative Störung des Kindesalters wird nicht nur im ICD-10 berücksichtigt. Volkmar (1992) nennt verschiedene gut gesicherte Kriterien, die zukünftig auch eine Klassifikation der desintegrativen Störung im DSM-IV ermöglichen sollen. Hierzu zählen:

● Normale Entwicklung bis zum zweiten Lebensjahr. Altersentsprechende Fertigkeiten treten vor Störungsbeginn in der Kommunikation, der Sozialentwicklung, im Spielverhalten und im Anpassungsverhalten auf.
● Ein endgültiger und klinisch signifikanter Verlust zuvor erworbener Fähigkeiten in mindestens zwei der folgenden fünf Bereiche:
— Sprache (expressive und/oder rezeptive Sprache)
— Sozialverhalten
— Anpassungsverhalten und/oder Selbständigkeit
— Spielverhalten
— motorische Fertigkeiten

● Qualitativ abweichendes Verhalten in mindestens zwei der folgenden vier Bereiche (Bereich 1 bis 3 repräsentiert Symptome der autistischen Störung):

— Soziale Interaktion
— Kommunikation
— eingeschränkte, sich wiederholende und stereotype Aktivitäten und Interessen
— deutliches Desinteresse an der Umwelt

● Die Störung ist nicht mit anderen Tiefgreifenden Entwicklungsstörungen wie Autismus, Rett-Syndrom und Elektiver Mutismus (= anhaltende Weigerung, in einer oder mehreren wichtigen sozialen Situationen zu sprechen) vergleichbar.

Kinder mit einer desintegrativen Störung haben einen ungünstigen Verlauf und eine schlechte Prognose, da die Störung in eine schwere Intelligenzminderung mündet.

Hyperkinetische Störung mit Intelligenzminderung und Bewegungsstereotypien. Das ICD-10 (1991) spricht hierbei von einer schlecht definierten Störung, die noch nicht zu genüge untersucht wurde. Die diagnostischen Kriterien dieser Kategorie sind:

● Mittelgradige bis schwere Intelligenzminderung (IQ unter 59),
● schwere Hyperaktivität und Aufmerksamkeitsstörungen mit stereotypen Verhaltensweisen,
● Kinder mit dieser Störung reagieren nicht so auf Stimulantien, wie dies Kinder mit vergleichbaren Intelligenzdefiziten tun.
● Im Jugendalter verändert sich die Hyperaktivität in verminderte Aktivität; was für Kinder mit vergleichbarer Hyperaktivität nicht typisch ist und
● zusätzlich treten Symptome sämtlicher anderer Entwicklungsstörungen auf.

Asperger-Syndrom. Hier zeigen sich neben den Störungen, die für den Autismus typisch sind, zusätzliche Symptome, wie:

● der Sprachgebrauch ist relativ unbehindert, jedoch können sich die Kinder nicht an die unterschiedlichen sozialen Kontexte oder an die Bedürfnisse des Zuhörers anpassen (pragmatische Störung),
● es besteht der Wunsch nach Sozialkontakt, der jedoch nicht umgesetzt werden kann, da auf Kontaktangebote unangemessen reagiert wird,
● die Kinder sind auffallend ungeschickt und
● entwickeln idiosynkratische, aber fesselnde Interessen,
● der nonverbale Ausdruck, die Stimmlage, der Gesichtsausdruck, die Gestik, der Blickkontakt und die Körperposition ist beeinträchtigt oder verändert.

Die Störungen überdauern bis in das Jugendalter und sind durch Umwelteinflüsse nicht wesentlich zu verändern. Im Jugendalter und frühen Erwachsenenalter können diese Kinder auch Symptome der Depression aufweisen.

Tabelle 1:
Spektrumsstörung des Sozialverhaltens autistischer Kinder nach Prizant (aus Kusch &
Petermann, 1991a, S. 164ff).

1. Soziale Zurückgezogenheit

a) Zurückgezogen und indifferent in den meisten Situationen; außer, wenn spezielle
    Bedürfnisse vorliegen
b) Interaktionen kommen ausschließlich mit Erwachsenen zustande und begrenzen
    sich auf körperliche Bereiche (Kitzeln, körperliche Exploration)
c) geringes offenkundiges Interesse an sozialen Aspekten des Kontaktes
d) geringe Anzeichen für verbale oder nonverbale Austauschprozesse und
e) für gemeinsame Aktivitäten oder wechselseitige Aufmerksamkeit
f) wenig Augen-/Blickkontakt; aktive Blickvermeidung
g) sich wiederholende, stereotype Verhaltensweisen können vorliegen
h) Veränderungen in der Umwelt (z.B. wenn eine Person den Raum betritt) werden
    kaum berücksichtigt
i) mittlere bis tiefgreifende kognitive Störungen

2. Soziale Passivität

a) Wenige, spontane soziale Kontaktaufnahme
b) akzeptiert die Annäherung anderer Personen, die von Erwachsenen initiiert und/
    oder Kindern initiiert wird
c) die Passivität mag andere Kinder ermuntern, Interaktionen aufzunehmen
d) Sozialkontakt wird zwar nicht positiv angenommen, jedoch ist aktiver Wider-
    stand selten
e) das Kind kann verbal und/oder nonverbal kommunizieren
f) sofortige Echolalie ist häufiger als verzögerte
g) verschiedene Grade der kognitiven Beeinträchtigung liegen vor

3. Aktive, aber sonderbare Interaktionen

a) Spontane Sozialkontakte sind vorhanden, jedoch häufiger mit Erwachsenen als
    mit anderen Kindern
b) Interaktionen können sich um wiederholende, idiosynkratische Interessen drehen,
    wie unablässiges Befragen und verbale Routineäußerungen
c) Sprache kann kommunikativ oder nicht-kommunikativ eingesetzt werden, wenn
    sie vorhanden ist; verzögerte und direkte Echolalie ist häufig
d) es liegen geringe oder gestörte Rollenübernahmefähigkeiten vor; man findet eine
    geringe Wahrnehmung der Bedürfnisse des Hörers
e) stärkeres Interesse an Routinen der Interaktion als am sozialen Austausch
f) das Kind kann sich sehr bewußt über die Reaktionen anderer sein, insbesondere
    über extreme Reaktionen
g) das Sozialverhalten ist sozial weniger akzeptabel als in der sozial passiven
    Gruppe

1.2 Spektrum Tiefgreifender Entwicklungsstörungen

Im Rahmen des DSM-III-R werden die „Nicht Näher Bezeichneten Tiefgreifenden Entwicklungsstörungen" als Spektrum autistischer Störungen verstanden. Auf Grundlage klinisch-experimenteller Analysen lassen sich neben der autistischen Störung nur noch das Asperger-Syndrom sowie autistische Kinder mit geringem (IQ<70) und hohem kognitiven Funktionsniveau (IQ>70) differenzieren (Kusch & Petermann, 1991a; Szatmari, 1992b). Wing und Gould (1978) gruppierten autistische Störungen auch nach deren Sozialverhalten (Wing & Attwood, 1987). In verschiedenen neueren Analysen des Sozialverhaltens autistischer Kinder konnten drei Gruppen unterschieden werden (Brook & Bowler, 1992); diese scheinen nicht nur während eines Zeitpunktes beobachtbar zu sein, sondern unterliegen einem spezifischen Verlauf (Borden & Ollendick, 1992; vgl. Tab. 1).

Das Ausmaß der mitbeteiligten geistigen Behinderung ist für die verschiedenen Formen des Spektrums Tiefgreifender Entwicklungsstörungen verantwortlich, während die Besonderheiten im Sozialverhalten das Gemeinsame ausmachen, das sich in allen Formen widerspiegelt (Burack & Volkmar, 1992). Wir haben in diesem Zusammenhang eine Klassifikation autistischer Störungen vorgestellt (Tab. 2); diese erfolgt auf dem Hintergrund einer Entwicklungs- und einer Intelligenzachse und ist zu rechtfertigen, da das gestörte Sozialverhalten bei jüngeren autistischen Kindern ausgeprägter ist als bei älteren (Volkmar et al., 1992) und die meist mitbeteiligte geistige Behinderung, das heißt, der Schweregrad der Störung, vom kognitiven Funktionsniveau der Kinder abhängt.

Tabelle 2:
Klassifikation autistischer Störungen (nach Kusch & Petermann, 1991a, S. 169).

Verhaltensklassen	Geringes Funktionsniveau	Hohes Funktionsniveau
sozial zurückgezogen	Autistische Störung nach DSM-III-R	Infantiler Autismus nach ICD-10
sozial passiv	IQ < 70, sozial passiv	IQ > 70, sozial passiv
sozial aktiv, aber sonderbar	IQ < 70, sozial aktiv, aber sonderbar	Asperger Autisten

Neben diesen Gruppierungen wird auch der Nachweis geführt, daß das gestörte soziale und kommunikative Verhalten entwicklungsgestörter Kinder selbst ein gewisses Spektrum aufweist, unabhängig von der mitbeteiligten geistigen oder autistischen Behinderung (Brook & Bowler, 1992).

Seit Beginn der 80er Jahre wird neben der Spektrumsstörung Autismus auch die Frage diskutiert, ob es ein separates Kontinuum der Störungen des sozial-kommunikativen Verhaltens gibt (Brook & Bowler, 1992). Im unteren Extrem dieses Kontinuums sind die schwer gestörten Kinder vorzufinden, die sozial zurückgezogen, autistischen Kinder mit geistiger Behinderung. Im mittleren Bereich liegen die durchschnittlich-intelligenten autistischen Kinder mit sonderbarem Sozialverhalten (Asperger Autisten) und im oberen Extrem sind Kinder vorzufinden, die „semantisch-pragmatische Beeinträchtigungen" aufweisen (Brook & Bowler, 1992). Die letztgenannten Kinder besitzen eine entwicklungsbedingte Sprachstörung, bei der die wichtigsten Merkmale Störungen der angemessenen Verwendung der Sprache betreffen und weniger solche der Phonologie und Syntax (Adams & Bishop, 1989). Hierzu zählen beispielsweise Verständnisschwierigkeiten der Bedeutung verbaler Botschaften (Semantik) und solche zwischen der Hörer- und Sprecherrolle zu wechseln (Pragmatik), bei gleichzeitig vorhandenem großen Wortschatz und korrektem Sprachgebrauch (Syntax).

Wir haben in diesem Zusammenhang Kriterien aufgeführt (vgl. Kusch & Petermann, 1991a), anhand derer die Ausprägung der sozial-kommunikativen Störung der betroffenen Kinder bestimmt und entschieden werden kann, ob sie im unteren, mittleren oder oberen Bereich des Kontinuums anzusiedeln sind.

Tabelle 3:
Merkmale einer sozial-kommunikativen Störung bei Vorschulkindern.

Intentionale Kommunikation. Probleme, dem Interaktionspartner seine Absicht mittels gestischer oder lautlicher Äußerungen mitteilen zu können, z. B. etwas zu kommentieren, zu protestieren, das Verhalten des Partners zu lenken oder einen Wunsch zu äußern.

● **Kommunikativer Akt**
  Probleme, die Intentionen des Interaktionspartners, die Bedeutung der Äußerung und ihren Effekt auf den Hörer zu unterscheiden bzw. eigene Intentionen in der Kommunikation so umzusetzen, daß ein gewünschter Effekt erzielt wird.

● **Kommunikative Mittel**
  Probleme, konventionalisierte Mittel wie Gestik, Mimik, Laute, Sprache oder Zeichen im sozialen Austausch zu verwenden. Diese werden im extremen Fall durch idiosynkratische Mittel wie Weinen, Schreien, Selbststimulation oder Autoaggression ersetzt.

● **Kommunikative Funktionen**
  Fehlen einer kommunikativen Absicht; präintentionale (instrumentelle), semiintentionale (funktionale) und intentionale (expressive) Mittel in den kommunikativen Funktionen des Bittens, Kommentierens, Protestierens, Bestätigens usw.

Gesprächsvoraussetzungen. Diese enthalten Informationen, die nicht explizit in der Kommunikation enthalten sind, die dennoch berücksichtigt werden müssen, damit eine Äußerung verstanden werden kann.

● **Hintergrundwissen**
  Fehlende oder veränderte Annahmen über die Absichten und das Wissen des Gesprächspartners. Vorhandenes Wissen über den Gesprächspartner (Geschlecht, Alter, gemeinsame Erfahrungen, Interessen usw.) wird im Gespräch nicht berücksichtigt.

● **Ereignisstruktur**
  Beeinträchtigte geistige Repräsentation der aktuellen Situation und vergleichbarer gespeicherter Ereignisse. Gestört sind insbesondere die repräsentierten Erfahrungen der Bedeutung, der Ereignisabfolge und der Konsequenzen ähnlicher Interaktionen.

● **sozialer Kontext**
  Physikalische Aspekte der Situation (Räumlichkeiten, Anzahl der Personen und Objekte usw.), soziale Aspekte der Situation (Spielsituation, Essenssituation usw.) und thematische Aspekte der Situation (Bedeutung des Verhaltens in der aktuellen Situation) werden in der verbalen und nonverbalen Interaktion nicht berücksichtigt.

Gesprächsführung. Gestörte Kompetenzen, die eine soziale Kommunikation herbeiführen, aufrechterhalten oder beenden:

● Austauschprozesse
● Gesprächsverlauf
● themenbezogener Austausch
● Zusammenbrüche und Wiederherstellungsstrategien

Zur Diagnostik autistischer Störungen stehen derzeit umfangreiche Methoden bereit, die sowohl die sozial-kognitiven als auch die sozial-emotionalen und sozial-kommunikativen Defizite dieser Kinder erfassen. Während die Diagnostik der Kompetenzen und Defizite autistischer Kinder im Vorschulalter bereits anhand standardisierter Verfahren durchgeführt werden kann (Kusch & Petermann, 1991a; Phelps & Grabowski, 1991), ist die Früherkennung von Säuglingen (bis zum 18. Lebensmonat) und Kleinkindern (vom 18. bis zum 36. Lebensmonat), die bereits eine Vorform oder ein erhöhtes Risiko für eine autistische Störung aufweisen, noch nicht mit standardisierten Verfahren möglich.

Die Früherkennung autistischer Störungen vor dem 36. Lebensmonat stellt eine der wichtigsten Aufgaben der 90er Jahre dar. Könnten gefährdete Kinder bereits im Säuglings- und Kleinkindalter identifiziert werden, wäre eine Prävention oder Frühförderung bereits zu einem günstigen Zeitpunkt möglich (Dawson, 1991). Die Früherkennung autistischer und gefährdeter Kinder ist zudem notwendig, da die Diagnose „Autismus" häufig erst zwei bis zweieinhalb Jahre, nachdem die Eltern erste Auffälligkeiten feststellen, erfolgt. Es konnte gezeigt werden, daß 54% der autistischen Kinder bereits im ersten Lebensjahr von ihren Eltern als auffällig beschrieben werden und weitere 34% im zweiten Lebensjahr.

Dies bedeutet, daß 76% bis 88% der Kinder, die im Vorschulalter diagnostiziert werden, bereits im Säuglings- und Kleinkindalter in ihrem Sozialverhalten Hinweise für diese Störung aufweisen (Kusch & Petermann, 1991a).

Die Identifikation gefährdeter Kinder müßte demnach bereits während der ersten zwei Lebensjahre möglich sein. Die bereits um den 18. Lebensmonat identifizierbaren Kinder zeichnen sich durch eine geringere Intelligenz aus als die Kinder, die nach dem 24. Lebensmonat identifiziert werden (Kusch & Petermann, 1991a). Die meisten der bereits im ersten Lebensjahr identifizierbaren Kinder weisen irgendeine Hirnstörung auf (Gillberg et al., 1990). Bei den Kindern, die erst während der ersten zwei Lebensjahre eine autistische Störung entwickeln, das heißt, ein hohes neurologisches Risiko besitzen, scheint dagegen eine (noch) nicht nachweisbare zentralnervöse Störung vorzuliegen, die vermutlich erst im späteren Entwicklungsverlauf zum Tragen kommt (Dawson, 1989). Neben diesen Kindern scheint es auch solche zu geben, die keine neurologischen Entwicklungsrisiken haben, jedoch ein hohes Risiko für eine sozial-kommunikative (Prizant & Wetherby, 1990) oder semantisch-pragmatische Störung (Brook & Bowler, 1992).

Zu beachten ist jedoch, daß die dramatischen Verhaltensprobleme autistischer Kinder häufig erst während des Vorschulalters auftreten. Viele dieser Kinder zeigen in den ersten drei Lebensjahren keinerlei auffälliges Verhalten (Howlin & Rutter, 1987) oder deren Verhaltensprobleme sind nicht mit denen während des Vorschulalters vergleichbar. Die wenigen Beschreibungen des frühen Sozialverhaltens autistischer Kinder (Ornitz, 1987) beruhen zudem auf retrospektiven Elternangaben, deren Zuverlässigkeit in Frage gestellt wird (Howlin & Rutter, 1987). Längsschnittstudien werden dagegen erst in den letzten Jahren vermehrt durchgeführt (Gillberg et al. 1990; Mundy et al., 1990; Tager-Flusberg et al., 1990). Um solche Einflüsse berücksichtigen zu können, muß eine entwicklungspsychologisch fundierte und störungsspezifische Diagnostik erarbeitet werden.

2. Epidemiologie, Verlauf und Nosologie

Berücksichtigt man die verschiedenen Definitionen und Untersuchungsansätze epidemiologischer Studien, so zeigen sich folgende Prävalenzraten (Tab. 4).

Tabelle 4:
Prävalenzrate autistischer Störungen (mod. nach Kusch & Petermann, 1991).

Diagnosegruppe	Alter	Prävalenz	Häufigkeit
Frühkindlicher Autismus	0—18 Jahre	2 pro 10000	ca. 2200
DSM-III-R	0—18 Jahre	10 pro 10000	ca. 11000
Sozial gestörte Kinder (nach Wing & Gould, 1978)	0—18 Jahre	21 pro 10000	ca. 23200

Die Neuerkrankungen belaufen sich auf 100-150 pro Jahr, das sind 3-5 autistische Kinder pro 10000 Neugeborene. Genetische Untersuchungen konnten zeigen, daß der Autismus bei Jungen vier Mal häufiger als bei Mädchen auftritt (Lord & Schopler, 1987). Zwei autistische Kinder in einer Familie werden bei 4,5 % der Familien mit einem autistischen Kind beobachtet. Das ist 215 Mal häufiger als erwartet (Ritvo et al., 1989). Das fragile-X-Chromosom wird bei autistischen Kindern (bis 25 %; Rubinstein et al., 1993) häufiger vorgefunden als bei geistig Behinderten (4 bis 7 %; Boolmquist et al., 1985). Nicht alle autistischen Kinder haben jedoch eine genetische Disposition (Folstein & Rutter, 1988).

Bereits in der mittleren Kindheit zeigt sich das volle Bild der autistischen Störung, bestehend aus der sozialen Zurückgezogenheit, der gestörten sozialen Kommunikation und dem Beharren auf Gleichförmigkeit und stereotypes motorisches Verhalten. Charakteristisch ist dabei der autismusspezifische Entwicklungsverlauf von der sozialen Zurückgezogenheit über die soziale Passivität hin zur sozialen, aber sonderbaren Aktivität, die vor allem von den intelligenteren autistischen Kindern erreicht wird. Bei kognitiv weniger funktionstüchtigen Kindern endet der Entwicklungsverlauf bereits im Stadium der sozialen Passivität. Größte Probleme in der mittleren Kindheit stellen Verhaltensstörungen wie Aggression, Autoaggression, Mutismus oder reduzierte Sprachfähigkeit sowie die Hyperaktivität dar.

In der Adoleszenz zeigen 10 bis 35 % Symptomverschlechterungen deren Ursache bisher nur auf die Pubertät selbst zurückgeführt werden kann. Die Verhaltensprobleme werden um so massiver je geringer das allgemeine kognitive Funktionsniveau ist. Intelligente autistische Kinder entwickeln ein gewisses Bewußtsein ihrer „Andersartigkeit" und leiden mitunter an ihrer fehlenden Kompetenz zur Kontaktaufnahme. 20 bis 30 % der geistig behinderten autistischen Kinder entwickeln zwischen dem 11. und 14. Lebensjahr ein Anfallsleiden. Normalerweise geht das Epilepsie-Risiko mit zunehmendem Alter zurück. Stark übergewichtig werden vorwiegend die sozial passiven Kinder, die sozialen Kontakt zwar zulassen, ihn jedoch von sich aus nicht aufnehmen.

Für das Erwachsenenalter lassen sich folgende prognostische Aussagen treffen:

- 1 bis 2 % der Betroffenen können im Erwachsenenalter ein relativ normales Leben führen.
- 5 bis 20 % leben im Beruf und der Freizeit relativ normal, nehmen jedoch keine persönlichen Beziehungen auf.
- 15 bis 20 % zeigen deutliche Verhaltensauffälligkeiten und müssen daher zum Teil in Heimen mit pflegerischer Betreuung leben.
- 60 bis 70 % der Betroffenen leben ständig in Institutionen und sind sehr pflegebedürftig.

Generell zeigt sich, daß Kinder mit einem Intelligenzquotienten von > 55 (Gesamtintelligenz) und > 70 (in der handlungsgebundenen Intelligenz) und Kinder, die vor dem 5. Lebensjahr sprachfähig sind (Voraussetzung dafür ist zumeist ein IQ über 50), eine gute Verlaufsprognose haben.

3. Erklärungsansätze

Die Frage nach den Ursachen und Risiken einer Tiefgreifenden Entwicklungsstörung kann erst dann beantwortet werden, wenn geklärt ist, welche neurobiologischen und Umweltfaktoren für die Entstehung des Störungsbildes verantwortlich sind. Für die Erklärung der Entwicklung dieser Kinder ist jedoch vorwiegend die Wechselwirkung der biologischen und Umweltfaktoren zu beachten, die nach der Geburt ihren Verlauf bestimmt (Borden & Ollendick, 1992; Dawson, 1991; Rogers & Pennington, 1991).

3.1 Biologische Faktoren

Neurologisch-neuroanatomische Untersuchungen fanden bei 14 von 18 autistischen Kindern eine durch Zellvermehrung bedingte Organvergrößerung in zwei Bereichen des Kleinhirns sowie eine Verkleinerung einer Kleinhirnhälfte (Courchesne, 1989). Diese Befunde sind bedeutsam, da die Fortsätze des Kleinhirns eng mit dem Hirnstamm und limbischen Regionen verbunden sind und komplexe Verhaltensabläufe und Affekte kontrollieren (Supple et al., 1987). Gaffney et al. (1989) fanden bei 13 nicht behinderten autistischen Kindern eine Verkleinerung des gesamten Hirnstamms und subtile Veränderungen des Frontalhirns. Abnorme Hirnstrukturen sind jedoch in vielen verschiedenen Hirnbereichen vorzufinden (Sussman & Lenwandowski, 1990), so daß es unwahrscheinlich ist, daß spezifische Veränderungen der Hirnstruktur eine direkte Rolle in der Entstehung Tiefgreifender Entwicklungsstörungen spielen.

Neurophysiologische Studien zeigen, daß kaum Unterschiede zwischen autistischen und Kindern gleichen Entwicklungsalters vorliegen (Rubinstein et al., 1993). Ornitz (1987) führt Studien an, die auf eine Störung im Hirnstamm hinweisen, insbesondere im aufsteigenden retikulären System (ARAS), welches die Hypo- und Hyperaktivitätszustände autistischer Kinder erklären könnte. EEG-Untersuchungen zum erlebniskorrelierten Potential zeigen eine reduzierte P300 Wellenamplitude (Courchesne, 1989). Sie ist ein neurophysiologischer Indikator der Aktivität sekundärer sensorischer Hirnbahnen und eine Komponente der Aufmerksamkeitslenkung auf bedeutsame, neue und unvorhersagbare Informationen. Dawson (1991) nennt Untersuchungen, in denen eine Störung autonomer·Regulationsprozesse nachgewiesen wird, insbesondere der Habituation an neue Reize. Zudem sollen autistische Kinder ungewöhnliche Aktivitätsmuster beider Hirnhemisphären während der Verarbeitung verbaler Informationen zeigen. Es handelt sich zumeist um eine verstärkte rechtshemisphärische Aktivität, was im Gegensatz zu einer verstärkten linkshemisphärischen Aktivität bei normalen Kindern und Erwachsenen steht. Bei nicht sprachgebundenen, visuellen und räumlichen Lernaufgaben zeigen sich keinerlei Unterschiede zwischen den zentralnervösen Aktivitätsmustern autistischer und normaler Kinder.

Die neurobiologischen Studien zur autistischen Störung können keine eindeutigen Hinweise auf eine autismusspezifische, neurologische oder neurophysiologische

Beeinträchtigung geben. Auch wenn gewisse neurologische Korrelate autistischen Verhaltens (Kleinhirn, P300, ARAS) identifizierbar sind, so begrenzen sich diese stets auf Einzelaspekte autistischen Verhaltens (Courchesne, 1989).

3.2 Psychogenetische Faktoren

Die meisten psychogenetischen Modelle entstammen der Psychoanalyse und gehen im wesentlichen davon aus, daß autistische Kinder ursprünglich gesund zur Welt kommen und ihre Symptomatik erst während der frühen Entwicklung als eine Reaktion auf schädliche Umwelteinflüsse erwerben. Insbesondere die Bindungsstörung wurde lange Zeit als spezifisch für die Entstehung autistischer Störungen angesehen. Neuere Studien konnten jedoch zeigen, daß, verglichen mit Kindern gleichen Entwicklungsalters, autistische Kinder keine besonderen Auffälligkeiten im Bindungsverhalten zeigen. Sigman und Mundy (1989) berichten von unabhängig voneinander durchgeführten Studien, in denen gezeigt werden konnte, daß autistische Kinder ihre Mutter anderen Personen vorziehen, daß sie auf eine Trennung von ihr mit Unbehagen und nach der Trennungsphase positiv reagieren. Shapiro et al. (1987) fanden, daß 50 % ihrer untersuchten autistischen Kinder eine Bindung zeigten, die als sicher beschrieben werden muß, unabhängig vom Schweregrad ihrer Störung.

Auch wenn autistische Kinder eine Störung der Mutter-Kind-Bindung aufweisen, darf diese jedoch nicht als Ursache des Autismus angesehen werden. Schon seit Ende der 70er Jahre gilt es als erwiesen, daß die Persönlichkeit der Eltern autistischer Kinder und deren Umgang mit ihren Kindern nicht die Ursache des Autismus sein kann (DeMyer et al., 1981). (Die Frage einer psychogenen Mitverursachung Tiefgreifender Entwicklungsstörungen muß jedoch von der Annahme einer psychogenetischen Verursachung getrennt werden.)

Autistische Störungen resultieren zwar aus einer neurobiologischen Beeinträchtigung (Rubinstein et al., 1993), dies bedeutet jedoch nicht, daß diese das Verhalten der Kinder determinieren oder gar erklären können. Stets müssen die entwicklungsabhängigen Risiken und Vulnerabilitäten näher charakterisiert werden, die der neurobiologischen Beeinträchtigung im weiteren Entwicklungsverlauf folgen (Kusch & Petermann in diesem Band). Hiermit befassen sich vor allem die Studien zur Kind-Umwelt-Interaktion.

3.3 Entwicklungsbezogene Faktoren

Kind-Umwelt-Interaktionen beziehen sich auf die kurzfristigen und überdauernden wechselseitigen Einflüsse, die zwischen einem Kind und seiner (sozialen) Umwelt stattfinden. Im Falle Tiefgreifender Entwicklungsstörungen wird davon ausgegangen, daß das gestörte Sozialverhalten der Kinder eine Störung in der sozialen Interaktion verursacht und somit die Erwartungen und das Erziehungsverhalten der Eltern überdauernd verändert (Dawson, 1991). Dies wiederum hat zur

Folge, daß neben der Entwicklung auch die Sozialisation des autistischen Kindes einen abweichenden Verlauf nimmt (Borden & Ollendick, 1992). Bezogen auf die Ätiopathogenese autistischer Störungen muß die Frage untersucht werden, inwieweit die frühen Interaktionen zwischen dem autistischen Kind und seinen Bezugspersonen an dem Störungsbild beteiligt sind. Zu bemerken ist, daß:

● auch wenn die grundlegende Störung autistischer Kinder durch die frühen Eltern-Kind-Interaktionen nicht verursacht und auch nicht grundsätzlich beeinflußt wird, könnte die frühe Eltern-Kind-Interaktion dennoch kompensierend oder zusätzlich schädigend auf die Entwicklung wirken, und
● die frühen Eltern-Kind-Interaktionen nicht die grundlegende Störung, aber die zusätzlichen Verhaltensprobleme autistischer Kinder beeinflussen könnten.

Folgende Befunde zeigen den Einfluß der Eltern-Kind-Interaktion auf die Entwicklung Tiefgreifender Entwicklungsstörungen:

Behaviorale Studien. Das Verhalten autistischer Kinder ist deutlich gestört, wenn sie die Abfolge der Ereignisse in ihrer Umwelt nicht vorhersagen können. In dem Maße, wie sie das Verhalten anderer, beispielsweise von Gleichaltrigen, vorhersagen können, zeigen autistische Kinder deutlich kompetentere soziale Interaktionen. Gleiches gilt bezüglich der Häufigkeit selbststimulierenden Verhaltens und von Echolalieäußerungen, die deutlich öfter in der sozialen Interaktion mit unbekannten als mit bekannten Personen gezeigt werden. Werden soziale Interaktionsprozesse vorhersagbarer gemacht, indem das Sozialverhalten der autistischen Kinder imitiert wird, so steigt die Anzahl des Augenkontaktes und der sozialen Reaktion sprunghaft an (Dawson, 1989).

Untersuchungen zur Imitation. Die Probleme autistischer Kinder, andere zu imitieren, gehören zu ihren deutlichsten Störungen. Zu den Schwierigkeiten der Imitation zählen Defizite der Bewegungsimitation, der gestischen, motorischen und verbalen Imitation und der Imitation sensomotorischer und symbolischer Handlungen. Die Kinder haben besonders dann Probleme, wenn sie emotionale Äußerungen imitieren sollen, wie beispielsweise die pantomimische Darstellung von Gefühlen. Obwohl manche Autoren die Störungen der Imitationsfähigkeit auf die symbolische Imitation begrenzen, zeigen andere Studien deutlich, daß auch grundlegende Imitationsleistungen beeinträchtigt sind, die nicht auf kognitive Defizite zurückgeführt werden können (Kusch & Petermann, 1991a).

Neuheit und Vorhersagbarkeit in der Informationsverarbeitung. Seit langem ist bekannt, daß autistische Kinder zwar in der Verarbeitung sehr einfacher sozialer Informationen beeinträchtigt sind, dagegen in nicht-sozialen Aufgaben, wie der Objektpermanenz, räumlich visuellen Aufgaben und anderen kognitiven Aufgaben durchaus normale oder überdurchschnittliche Leistungen zeigen können (Cohen et al., 1987).

Die Diskrepanz zwischen dem Verständnis von Personen und Gegenständen wird auf die geringe Bandbreite optimaler Stimulation autistischer Kinder zurückgeführt. Da in sozialen Interaktionen viele neue und unvorhersagbare Reize auftreten, und der Umgang mit der physikalischen Welt eher durch Vorhersagbarkeit und geringe Veränderungen gekennzeichnet ist, ziehen autistische Kinder den Umgang mit Gegenständen demjenigen mit Personen vor. Ein anderer Bereich, in dem vorhersagbare Reize verarbeitet werden, sind selbstgerichtete Verhaltensweisen, beispielsweise Stereotypien oder die Selbststimulation. Während fremdgerichtetes Verhalten sehr variable und unvorhersagbare soziale Reaktionen hervorruft, ist die Selbststimulation mit eindeutigem Feedback verbunden. Normalen Kindern gelingt eine Differenzierung, wenn sie Hinweise zur Unterscheidung zwischen anderen Personen und der eigenen Person (Selbst) erhalten.

Emotionale Reaktionen während der Interaktion. Autistische Kinder zeigen deutlich weniger positive Reaktionen als normale Kinder. Sie äußern während sozialer Interaktionen, die normalerweise mit positiven Gefühlsäußerungen einhergehen, vermehrt negative Reaktionen. Sie neigen auch dazu, verschiedene Emotionen miteinander zu vermischen, so daß ihre emotionalen Signale nicht eindeutig interpretiert werden können. Ebenso zeigt sich, daß fremde Personen die Gesichtsausdrücke autistischer Kinder nicht so eindeutig einordnen können wie diejenigen normaler Kinder (Hobson, 1990).

Emotionales Verständnis. Autistische Kinder haben Schwierigkeiten, Photographien bezüglich ihrer emotionalen Inhalte zu sortieren. Sie sind nicht in der Lage zu bemerken, daß andere Personen Gefühle haben, die von ihren eigenen abweichen (Hobson, 1990).

Selbst- und Fremdrepräsentation. Insgesamt werden fünf verschiedene Arten der Selbstrepräsentation beschrieben, die als Voraussetzung der Selbst-Anderer-Differenzierung angesehen werden können. Ein Aspekt, der in der Autismusforschung untersucht wurde, bildet das körperliche Selbst. Die entsprechenden Studien verwendeten die standardisierte Spiegelbild-Wahrnehmungs-Aufgabe, in der bei normalen Kindern ab dem 18. bis 20. Lebensmonat die Selbstwahrnehmung beobachtbar wird. Verschiedene Studien konnten zeigen, daß autistische Kinder ihr Spiegelbild erkennen. Auf Ebene der sensorischen Wahrnehmung des Selbst und anderer Personen scheinen autistische Kinder daher durchaus zu denselben Leistungen fähig zu sein, wie Kinder gleichen Entwicklungsalters. Diese Befunde widersprechen älteren Autismustheorien, die den Kindern die Fähigkeit abgesprochen haben, sich selbst und andere Personen anhand sensorischer Wahrnehmungs- und Verarbeitungsprozesse zu unterscheiden (Dawson, 1991). Die grundlegende soziale Fähigkeit der Differenzierung von Selbst und Anderen ist bei autistischen Kindern unbeeinträchtigt. Es ist daher davon auszugehen, daß autistische Kinder über grundlegende Konzepte des Selbst, des Anderen und der Objekte der physikalischen Welt verfügen. Beeinträchtigungen zeigen sich dagegen in komplexeren Formen der Selbst- und Fremdwahrnehmung (Rogers & Pennington, 1991).

Soziale Bezugnahme. In sozial-kommunikativen Situationen zeigen autistische Kinder keine zusammenhängenden Verhaltensweisen, die eine Reaktion auf die Signale des Interaktionspartners darstellen, wie motorische Passivität, Lächeln und Beobachten der expressiven Gestik der Eltern oder Lächeln als Reaktion auf angelächelt werden (Mundy et al., 1992).

Aufmerksamkeitslenkung. Autistische Kinder sind nicht dazu in der Lage, die Aufmerksamkeit ihres Interaktionspartners durch nonverbale und verbale Verhaltensweisen zu lenken. Sie zeigen beispielsweise nicht auf einen Gegenstand während sie ihre Mutter ansehen oder können nicht zwischen ihr und dem Gegenstand hin und her blicken. Sie reagieren auch nicht mit Freude, wenn sie etwas erhalten, um das sie gebeten haben (Mundy et al., 1990).

Intentionale Kommunikation. In sozialen Interaktionen kommunizieren autistische Kinder ebenso oft wie normale Kinder. Ihre Kommunikation hat aber häufiger die Funktion, Objekte zu erhalten, den Interaktionspartner zu Handlungen aufzufordern oder zu protestieren. Die verbalen Äußerungen autistischer Kinder verfolgen kaum soziale Funktionen, wie etwas kommentieren, nach Informationen fragen oder um Erlaubnis bitten. Autistische Kinder verwenden häufiger idiosynkratische kommunikative Signale, um ihre Absichten mitzuteilen. Diese Signale können nur ihnen sehr vertraute Personen eindeutig interpretieren. Sind die Kinder nicht sprachfähig, so verwenden sie selbstverletzendes Verhalten, um zu protestieren oder sie bewegen die Hand des Interaktionspartners, um etwas zu erhalten. Sind die Kinder dagegen sprachfähig, so verwenden sie die direkte oder verzögerte Echolalie, um ihre Absichten zu äußern (Prizant & Wetherby, 1987).

Pragmatik. Autistische Kinder sind kaum in der Lage, ihre Gesprächsführung den sozialen Gegebenheiten anzupassen, um etwa auf eine Mitteilung über ein Mißgeschick einer Person mit Sympathie zu reagieren. Sie können ebenso kaum von der Sprecher- zur Hörerrolle wechseln oder bestimmte Vorannahmen über das Wissen des Gesprächspartners in ihrer Konversation berücksichtigen (Baron-Cohen, 1988).

Symbolisches Spiel. Autistische Kinder zeigen in der kognitiven Entwicklung Defizite, die irgendeine Form des Symbolgebrauches betreffen. Insbesondere die Fähigkeit des „So-tun-als-ob" ist beeinträchtigt. Sensomotorische Fähigkeiten und die Kategorienbildung sind dagegen nicht autismusspezifisch gestört. Man geht davon aus, daß diejenigen Konzepte und Fähigkeiten autistischer Kinder beeinträchtigt sind, für deren Entwicklung die soziale Interaktion wichtig ist. Im Sozialverhalten müssen die Kinder nämlich die Absichten und Annahmen ihrer Interaktionspartner beachten (s. u. Theory of Mind). Diejenigen Kompetenzen, die das autistische Kind ohne Hilfe anderer Personen erwerben kann, sind dagegen nicht spezifisch gestört. Hierzu gehört insbesondere die Bewältigung der materiellen Umwelt (Sigman et al., 1987).

Theory of Mind. Metarepräsentation ist die kognitive Fähigkeit, sich von den sensorischen Wahrnehmungseindrücken (primäre Repräsentation) zu lösen und diese zum Zwecke einer besseren Anpassung an die Umwelt neu zu verknüpfen (Leslie, 1987). Eine Fragestellung bezieht sich darauf, ob autistische Kinder die „Theory of Mind" entwickeln. Gefragt wird, ob diese Kinder in der Lage sind, in ihrem Denken zu berücksichtigen, was eine andere Person denkt, weiß, fühlt oder beabsichtigt. Baron-Cohen, Leslie und Frith (1985) beschäftigen sich mit dieser Fähigkeit, indem sie autistische, geistig behinderte (Down-Syndrom) und normale Kinder untersuchten. Sie wollten herausfinden, ob autistische Kinder das

Konzept, welches eine andere Person von einer Situation herstellt, in ihrem Handeln berücksichtigen können. Die Studien zur Theory of Mind orientieren sich an sogenannten Puppenspiel-Szenen (siehe Kasten).

Sally und Anne

Den Kindern wird wie folgt eine Puppenspiel-Szene vorgespielt: Eine Puppe (Sally) besitzt einen Korb, in dem sich eine Murmel befindet; die andere Puppe (Anne) hat eine verschlossene und leere Schachtel, die nicht einsehbar ist. Während der Szene geht Sally aus dem Puppenzimmer, und Anne nimmt aus Sallys Korb die Murmel und versteckt diese in ihrer Schachtel. Nachdem Sally ins Puppenzimmer wieder zurückkommt, wird die Spielszene unterbrochen, und die Kinder werden gefragt, wo Sally ihre Murmel wohl suchen würde (Glaubensfrage). Der Spielverlauf wird in drei verschiedenen Durchgängen gespielt, wobei sich die Murmel einmal in Annes Schachtel, einmal in Sallys Korb und einmal in der Tasche des Untersuchers befindet. Zeigte ein Kind nach der Glaubensfrage auf denjenigen Ort, an welchem Sally in der dargestellten Spielszene suchen würde, nachdem sie wieder in das Spielzimmer zurückkommt (Sallys Korb), so wurde dieser Glaubensfrage eine Realitätsfrage (Wo ist denn die Murmel wirklich?) und eine Gedächtnisfrage (Wo war die Murmel am Anfang des Spiels?) nachgeschoben. Zu Beginn des Spiels vergewissert sich der Untersucher, ob alle Kinder die Puppen voneinander unterscheiden konnten.

Die Ergebnisse der Studie von Baron-Cohen et al. (1985) fielen wie folgt aus:

● Alle Kinder konnten die beiden Puppen voneinander unterscheiden.
● Alle Kinder konnten auf die Realitäts- und die Gedächtnisfrage korrekt antworten.
● Fast alle der normalen und der geistig behinderten Kinder beantworteten die Glaubensfrage korrekt, während diese nur von vier der 20 autistischen Kinder korrekt beantwortet wurde. Der Unterschied ist hochsignifikant (p = .001).
● Alle autistischen Kinder, die die Glaubensfrage falsch beantworteten, zeigten auf die Schachtel, das heißt, auf den Ort, an dem die Murmel tatsächlich lag und nicht auf irgendeinen anderen Ort (p = .006).

Alle Kinder wußten zu den Kontrollfragen die richtige Antwort, so daß es ihnen klar war, daß die Murmel von dem Korb in die Schachtel gelegt wurde, nachdem die Puppe Sally den Raum verließ (primäre Repräsentation). Zur kritischen Frage „Wo wird Sally die Murmel suchen?" gaben die autistischen Kinder eine andere Antwort als die geistig behinderten und die normal entwickelten Kinder. Die geistig behinderten und die normalen Kinder beantworteten die Glaubensfrage, indem sie auf diejenige Stelle zeigten, an welcher sich die Murmel anfänglich befand (Korb), bevor Sally das Puppenzimmer verlassen hatte. Diese Kinder müssen Annahmen darüber entwickelt haben, daß ihr eigenes Wissen über den gegenwärtigen Ort, an dem die Murmel tatsächlich lag, als Sally wieder in das Puppenzimmer kam (Schachtel), von dem, was die Puppe Sally wissen konnte (Murmel liegt im Korb), zu unterscheiden ist. Dies bedeutet aber, daß diese

Kinder das Verhalten der Puppe Sally auf Grundlage dessen voraussagten, was die Puppe annahm und nicht aufgrund dessen, was sie selbst wußten. Die autistischen Kinder hingegen zeigten auf den Ort, an dem die Murmel sich tatsächlich befand (Schachtel). Wesentlich ist, daß die autistischen Kinder dies in konsistenter, das heißt überzufälliger Weise machten. Auch im zweiten Versuch, als die Murmel in der Tasche des Untersuchers verschwand, deuteten sie auf diese, als sie nach dem Ort, wo Sally die Murmel suchen würde, befragt wurden. Dies bedeutet, daß die autistischen Kinder nur ein Abbild dessen herstellten, was sie beobachten konnten, das heißt, eine primäre Repräsentation. Die Ergebnisse von Baron-Cohen et al. (1985) wurden in vielen Studien bestätigt (Baron-Cohen, 1992) und gelten als eine wichtige Erklärung der Verhaltensbesonderheiten autistischer Kinder, auch wenn die aktuellen Erklärungsmodelle der abweichenden Entwicklung autistischer Kinder darüber hinaus gehen.

3.4 Erklärungsmodelle der abweichenden Entwicklung autistischer Kinder

Derzeit werden drei soziale Verhaltenskompetenzen diskutiert, die sich bereits kurz nach der Geburt entwickeln und bei Kindern mit einer Tiefgreifenden Entwicklungsstörung in spezifischer Weise beeinträchtigt sein sollen (Dawson, 1991; Rogers & Pennington, 1991), die:

- Imitation des Verhaltens von Interaktionspartnern,
- emotionale Anteilnahme und die
- „Theory of Mind".

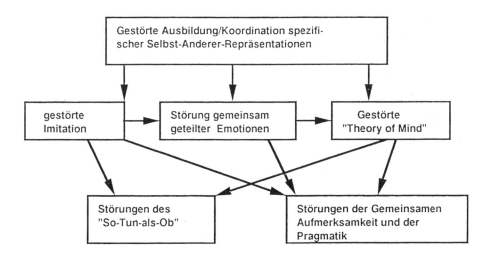

Abbildung 1:
Die Intersubjektivitäts-Theorie (Rogers & Pennington, 1991).

Neben den grundlegenden sind auch diejenigen sozialen Verhaltenskompetenzen beeinträchtigt, die im Entwicklungsverlauf aus den primären Störungen resultieren:

● die gemeinsame Aufmerksamkeit und Pragmatik und
● das symbolische Spiel (So-tun-als-ob).

Andere soziale Verhaltenskompetenzen sind bei näherer Betrachtung nicht autismusspezifisch gestört. Hierzu zählen:

● das Bindungsverhalten,
● die einfache Selbst-Andere-Repräsentation und
● einfache soziale Reaktionen.

Rogers und Pennington (1991) gehen davon aus, daß der Imitation, der emotionalen Anteilnahme und der ,,Theory of Mind'' die Ausbildung und Koordination sozialer Repräsentationen von Selbst und Anderen zugrundeliegen. Sie entwickeln sich ab dem Zeitpunkt der Geburt und zeigen im Entwicklungsverlauf immer komplexere Organisationsformen (Cicchetti & Beeghly, 1990).

Die dargestellte psychologische Autismustheorie gibt den aktuellen Stand der Forschung wieder. Kontrovers werden gegenwärtig jedoch die neurobiologischen Grundlagen dieser Störung diskutiert (Bishop, 1993). Unterschieden werden sogenannte Bottom-Up- und Top-Down-Ansätze (Dawson, 1991; Pennington & Ozonoff, 1991). Beide neurobiologischen Ansätze sind bemüht, Erklärungen für die gleichen klinisch-experimentellen Befunde zu geben, greifen dabei jedoch auf jeweils andere Grundannahmen zurück.

Bottom-Up-Ansätze. Dawson (1991) geht davon aus, daß autistische Kinder bereits von Geburt an Schwierigkeiten aufweisen, Erregungszustände psychophysiologisch zu regulieren und neue und unvorhersagbare Informationen zu verarbeiten. Diese verändern die sich im ersten Lebensjahr entwickelte Fähigkeit, Interaktionen dauerhaft positiv zu gestalten. Sigman und Mundy (1989; Mundy et al., 1992) gehen ebenso von einer zugrundeliegenden psychophysiologischen Störung aus, an der sowohl kognitive als auch affektive Aspekte beteiligt sind. Autistische Kinder sind demnach während sozialer Austauschprozesse nicht in der Lage, Kontingenzen (= Zusammenhänge) zwischen ihren eigenen affektiven Zuständen und denen anderer Personen herzustellen. Somit sind sie auch unfähig, die aus derartigen Austauschprozessen resultierenden Repräsentationsstrukturen zu bilden, insbesondere, daß die emotionalen Zustände des Interaktionspartners absichtlich beeinflußt werden können (Sigman & Mundy, 1989).

Top-Down-Ansätze. Rogers und Pennington (1991) sehen eine neurologisch verursachte Störung der Ausbildung und Koordination der Konzepte der eigenen und anderer Person(en) als zentral für das Verständnis autistischer Störungen an. Diese betrifft vor allem diejenigen Vorstellungen und Annahmen über sich und andere Personen, die mit der Planung und Ausführung des eigenen Sozialverhaltens verbunden sind (Bishop, 1993). Baron-Cohen (1988; 1992) und Leslie (1987) gehen ebenso von einer angeborenen höher-kortikalen Störung aus, in welcher die primäre Repräsentation (direkt erfahrbare Umwelt) von der Metarepräsentation entkoppelt ist, das heißt, der Reorganisation von direkt wahrnehmbaren Erfahrungen. Es resultieren entweder:

● Beeinträchtigungen der Fähigkeit sich vorstellen zu können, was der Interaktionspartner weiß, glaubt oder denkt,
● Störungen der Fähigkeit eine Verhaltensweise intentional-kommunikativ einzusetzen oder
● die Unfähigkeit, sich die nicht direkt wahrnehmbaren, sondern erst zu erschließenden Aspekte der Interaktion vorstellen zu können.

Gegenwärtig kann noch nicht eindeutig entschieden werden, welchem dieser Ansätze der Vorzug zu geben ist (Bishop, 1993). Daher ist auch auf der Ebene psychologischer Erklärungsansätze noch nicht zu entscheiden, welcher der beiden Ansätze gültig ist (Kusch & Petermann, 1991c).

4. Interventionsverfahren

Die Behandlung autistischer Kinder hat in den letzten Jahren einen großen Wandel erfahren (Dawson & Galpert, 1986; Elbing & Rohmann, 1994). Ergebnisse der Therapieforschung zeigen die Mängel und Stärken bestehender Behandlungsmethoden auf (Moll & Schmidt, 1991) und führen zu einer entwicklungsbezogenen Verhaltenstherapie autistischer Störungen (Kusch & Petermann, 1991a). Die entwicklungsbezogene Verhaltenstherapie ist bemüht, Konzepte zu erarbeiten, die spezifische Vorgehensweisen der Prävention, Frühförderung und Behandlung ermöglichen. Die entwicklungsbezogene Verhaltenstherapie ist bestrebt folgende grundlegende Aspekte zu beachten:

● **Verlaufsspezifität.** Ziel entwicklungsbezogener Ansätze ist es, gezielt diejenigen Aspekte einer abweichenden Entwicklung zu verhindern, die einer Abweichung vorausgehen, diejenigen Aspekte zu fördern, die eine Normalisierung begünstigen und diejenigen zu verändern, die diesen Bemühungen im Wege stehen. So sind autistische Kinder möglichst frühzeitig und nicht erst im Vorschulalter zu behandeln, ihre Förderung sollte im Rahmen alltäglicher Anforderungen erfolgen und die Bezugspersonen sollen sich auf die ungewöhnlichen Sozialisationsbedingungen dieser Kinder einstellen.
● **Phasenspezifität.** Ziel ist es, gezielt Methoden auszuwählen und auf die Bedingungen anzuwenden, die eine Störung während bestimmter Entwicklungsperioden kontrollieren (Dawson & Galpert, 1986). So sind beispielsweise während der ersten drei Lebensjahre vor allem absichtsvolle Eltern-Kind-Interaktionen und im Vorschulalter zusätzlich die Gleichaltrigenbeziehungen zu fördern. In den folgenden Jahren kommen schulische Fertigkeiten und die Selbständigkeit hinzu.
● **Störungsspezifität.** Es sollen Behandlungsansätze eingesetzt werden, die auf das konkrete Störungsbild bezogen sind. Eine störungsspezifische Therapie autistischer Kinder würde die beobachtbare Symptomatik eines Kindes stärker

gewichten und der Störung der Imitation, der Aufmerksamkeitslenkung und
der intentionalen Kommunikation größere Bedeutung zusprechen als der Förderung einzelner Fertigkeiten wie Sprache, Wahrnehmung oder Motorik,
(Greenspan, 1992; Prizant & Wetherby, 1988).

● **Kontextspezifität.** Ziel ist es, das Störungsbild unter denjenigen bio-psycho-
sozialen Bedingungen zu behandeln, in denen es tatsächlich beobachtbar ist.
Das therapeutische Setting darf beispielsweise nicht aus einem Therapieraum
bestehen, in dem nur mit Puppen oder anderem symbolischen Spielzeug gespielt wird oder nur klassische Verstärkerpläne eingesetzt werden. Vielmehr
sind natürliche oder quasi-natürliche Situationen (Kusch, 1993) und störungsspezifische Austauschprozesse (Greenspan, 1992) zu konstruieren, in denen
die Freude an einer gelungenen Interaktionssequenz als natürlicher Verstärker
fungiert (Kusch & Petermann, 1991a).

Bislang sind Interventionsverfahren bei Tiefgreifenden Entwicklungsstörungen
nur wenig effektiv (Moll & Schmidt, 1991; Kusch & Petermann, 1991a). Dies
liegt wahrscheinlich daran, daß eine Behandlung zumeist erst nach dem fünften
Lebensjahr erfolgt (Lovaas, 1987). Werden die Kinder vor dem fünften Lebensjahr behandelt, so verbessert sich ihr Sozialverhalten und ihre schulische Leistungsfähigkeit deutlich (Simeonson et al., 1987). Während der ersten beiden
Lebensjahre werden kaum Risikokinder behandelt (Greenspan, 1992; Prizant &
Wetherby, 1988). Dies ist auch nicht verwunderlich, da bislang therapieorientierte Diagnoseverfahren und Interventionsmethoden zur Behandlung derartiger
Kinder weitestgehend unbekannt sind (Greenspan, 1992; Kusch, 1993; Wetherby
& Prizant, 1990). Dennoch können bereits während der ersten Lebensmonate
beobachtbare Probleme der Eltern-Kind-Interaktion identifiziert (McLean, 1990;
Wetherby & Prizant, 1990) und gezielt behandelt werden (Ghuman & Kates,
1992; Kalmanson, 1992).

Kleinkinder, die ein Risiko für die Entwicklung einer Tiefgreifenden Entwicklungsstörung aufweisen, haben gravierende Schwierigkeiten die einfachsten sozialen Austauschprozesse durchzuführen. Das größte Problem der Therapie
dieser Kinder besteht daher darin, den sozial-kommunikativen Kontakt zum Kind
herzustellen. Eine genaue, sogenannte Feinabstimmung auf die sozialen Kompetenzen des Kindes bildet die Vorbedingung jeder Intervention. Die entsprechenden Aspekte der therapieorientierten Diagnostik und der Therapie sozialer
Kompetenzen haben wir an anderer Stelle ausführlich dargestellt (Kusch & Petermann, 1991a, S. 193ff). Im folgenden sollen daher nur die wichtigsten Prinzipien
der sozialen Interaktion mit tiefgreifend entwicklungsgestörten Kindern dargestellt werden, mit denen der Sozialkontakt hergestellt werden kann:

● Berücksichtige die psychophysiologische Regulation, bevor eine soziale Interaktion mit dem Kind begonnen wird; achte darauf, daß sich das Kind in einem
ausgeglichenen Zustand befindet. Es sollte in diesem Moment weder hypo-
noch hyperaktiv sein.
● Berücksichtige die sensorische und motorische Aufmerksamkeitsfokussierung. Achte darauf, wohin das Kind seine Aufmerksamkeit lenkt. Befindet

sich das Kind beispielsweise weit entfernt und wendet es sein Gesicht und seinen Oberkörper zu, so ist seine sensorische Aufmerksamkeit gegeben. Steht
es dagegen nah und berührt es den Therapeuten, ohne ihn anzusehen, so ist
es motorisch aufmerksam.

- Richte die Kommunikation an den jeweils geöffneten Kommunikationskanälen
des Kindes aus. Sensorische und akustische Signale kann des Kind nur aufnehmen, wenn es seine sensorische Aufmerksamkeit, taktile und kinetische
(= die Bewegung betreffende) nur, wenn es seine motorische Aufmerksamkeit fokussiert.

- Achte auf die sensorischen und motorischen Reaktionen des Kindes. Alle
Reaktionen, die das Kind unmittelbar auf das Kommunikationsangebot zeigt,
sollten als Signale interpretiert werden, das heißt, als absichtliches Verhalten.
Die kommunikativen Signale des Kindes können in einer Variation seines
aktuellen Verhaltens bestehen, in Lautäußerungen, in einer Wiederholung
einer Verhaltenssequenz, im plötzlichen Innehalten, aber auch in Blickkontakt
und emotionalen Äußerungen.

- Wiederhole die Kommunikationsangebote. Überprüfe jede Reaktion des Kindes auf seinen Signalcharakter. Wiederhole dazu die Kommunikationsangebote, die unmittelbar vor einer Reaktion des Kindes gemacht wurden.

- Stell die Voraussetzungen einer sozialen Routineinteraktion her. Kommt es
dazu, daß beim Kind eine charakteristische Reaktion hervorgerufen wird oder
das Kind ein Kommunikationsangebot beim Therapeuten hervorruft, so
kommt den Reaktionen Signalcharakter zu und soziale Routineinteraktionen
können initiiert werden. Der Beginn einer sozialen Routineinteraktion besteht
aus sogenannten Ausgangsstrategien, etwa dem Handausstrecken, Blickkontakt, der körperlichen Nähe, dem in die Hände klatschen, lautlichem Signalisieren oder an der Hand nehmen und ziehen.

- Führe eine soziale Routineinteraktion durch. Versuche anfänglich das Thera-
peutenverhalten oder die kommunikativen Signale des Kindes zu variieren
oder zu modellieren, indem beispielsweise die Intensität, die Häufigkeit, die
Dauer oder das Tempo des Verhaltens verändert wird. Erstelle danach eine
sinnvolle Interaktionssequenz, etwa das Geben und Nehmen von Gegenständen, den Ball hin- und herrollen, oder das gegenseitige Berühren an verschiedenen Körperteilen. Versuche im nächsten Schritt, die Komplexität der
Interaktionssequenzen zu verändern, indem grundlegendes Sozialverhalten
eingeübt wird. Hierzu zählen sogenannte Duchführungsstrategien, wie das
Bitten (Verknüpfung von Blickkontakt und in die Hände klatschen), das Kommentieren (Verknüpfung von Blickkontakt/ Nähe, zeigen eines Gegenstandes
und lautliche/sprachliche Äußerungen) oder das Abwarten-können (Verzicht
des Kindes darauf, einen Gegenstand direkt zu nehmen; statt dessen Bitten und
so lange abwarten, bis die Erlaubnis erfolgt).

- Achte darauf, daß jede soziale Routineinteraktion beendet wird. Anfänglich
beendet das Kind eine Interaktionssequenz, indem es sich körperlich abwen-
det. Es muß jedoch lernen, daß ein soziales Signal eine Interaktion beendet,
und letztlich auch erfahren, daß emotionale Äußerungen mit dem Ende eines
positiven Sozialkontaktes einhergehen. Diese sogenannten Beendigungsstrate-

gien müssen mit dem Ende jeder Interaktionssequenz verbunden werden, da das Kind ansonsten soziale Kompetenzen erwirbt, die es unablässig äußert.

Verhaltenstherapeutische Interventionen mit tiefgreifend entwicklungsgestörten Kindern bleiben uneffektiv, wenn es nicht gelingt, diese grundlegenden Kompetenzen des Sozialverhalten herzustellen. Der Aufbau und die Einübung dieser sozialen Kompetenzen besitzt zudem einen entscheidenden Vorteil: Sozial-kommunikative Interaktionen sind in allen sozialen Situationen und mit allen Personen möglich und werden häufig positiv verstärkt.

Weiterführende Literatur

Cohen, D.J., Donnellan, A.M. & Paul, R. (1987). *Handbook of autism and pervasive developmental disorders*. New York: Wiley.
Dawson, G. (1989). *Autism: Nature, diagnosis, and treatment*. New York: Guilford.
Kusch, M. & Petermann, F. (1991a). *Entwicklung autistischer Störungen* (2. erweiterte Auflage). Bern: Huber.

Literatur

Adams, C. & Bishop, D.V.M. (1989). Conversational characteristics of children with semantic-pragmatic disorder. I: Exchange structure, turntaking, repairs and cohesion. *British Journal of Disorders of Communication, 24*, 211—239.
Baron-Cohen, S. (1988). Social and pragmatic deficits in autism: Cognitive or affective? *Journal of Autism and Developmental Disorders, 18*, 379—402.
Baron-Cohen, S. (1992). Debate and argument: On modularity and development in autism: A reply to Burack. *Journal of Child Psychology and Psychiatry, 33*, 623—629.
Baron-Cohen, S., Leslie, A.M. & Frith, U. (1985). Does the autistic child have a theory of mind. *Cognition, 21*, 37—46.
Bates, E., O'Connell, B. & Shore, C. (1987). Language and communication in infancy. In J. Osofsky (Ed.), *Handbook of infant development* (2nd. ed.). Hillsdale, NJ: Erlbaum.
Bishop, D.V.M. (1993). Annotation: Autism, executive functions and theory of mind: A neuropsychological perspective. *Journal of Child Psychology and Psychiatry, 34*, 279—293.
Bloomquist, H.K., Bohman, M., Edvinasson, S.O., Gillberg, C. et al. (1985). Frequency of the fragil X syndrome in infantil autism. A swedish multicenter study. *Clinical Genetics, 27*, 113—117.
Borden, M. & Ollendick, T.H. (1992). The development and differentiation of social subtypes in autism. In B.B. Lahey & A.E. Kazdin (Eds.), *Advances in clinical child psychology, Vol. 14* (61—106). New York: Plenum.
Brook, S.L. & Bowler, D.M. (1992). Autism by another name? Semantic and pragmatic impairments in children. *Journal of Autism and Developmental Disorders, 22*, 61—81.

Burack, J.A. (1992). Debate and argument: Clarifying developmental issues in the study of autism. *Journal of Child Psychology and Psychiatry, 33,* 617—621.

Burack, J.A. & Volkmar, F.R. (1992). Development of low- and high-functioning autistic children. *Journal of Child Psychology and Psychiatry, 33,* 607—616.

Cicchetti, D. & Beeghly, M. (1990). *The self in transition: Infancy to childhood.* Chicago: University of Chicago Press.

Courchesne, E. (1989). Neuroanatomical systems involved in infantile autism: The implications of cerebellar abnormalities. In G. Dawson (Ed.), *Autism: Nature, diagnosis, and treatment* (119—143). New York: Guilford.

Dawson, G. (1991). A psychobiological perspective on the early socio-emotional development of children with autism. In D. Cicchetti & S.L. Toth (Eds.), *Rochester symposium on developmental psychopathology, Vol. 3: Models and integrations* (207—234). Hillsdale, NJ: Erlbaum.

Dawson, G. & Galpert, L. (1986). A developmental model for facilitation the social behavior of autistic children. In E. Schopler & G.E. Mesibov (Eds.), *Social behavior in autism* (237—256). New York: Plenum Press.

DeMyer, M.K., Hingtgen, J.N. & Jackson, R.K. (1981). Infantil autism reviewed: A decade of research. *Schizophrenia Bulletin, 7,* 388—451.

DSM-III-R (1989). *Diagnostisches und Statistisches Manual Psychischer Störungen.* Weinheim: Beltz.

Elbing, U. & Rohmann, U.H. (1994). Evaluation eines Intensivtherapie-Programms zur Behandlung schwerer Verhaltensstörungen bei geistig Behinderten mit autistischen oder psychotischen Verhaltensweisen. *Praxis der Kinderpsychologie und Kinderpsychiatrie, 43,* 90—97.

Folstein, S.E. & Rutter, M. (1988). Autism: Familial aggregation and genetic implications. *Journal of Autism and Developmental Disorders, 18,* 3—30.

Gaffney, G.R., Kuperman, S., Tsai, L.Y. & Minuchin, S. (1989). Forebrain structure in infantile autism. *Journal of the American Academy of Child and Adolescent Psychiatry, 28,* 534—537.

Ghuman, J.K. & Kates, W.G. (1992). Approaches to the development of social communication in forster children with pervasive developmental disorder. *Zero to Three, 13,* 27—31.

Gillberg, C., Ehlers, S., Schaumann, H., Jakobsson, G. et al. (1990). Autism under age 3 years: A clinical study of 28 cases reffered for autistic symptoms in infancy. *Journal of Child Psychology and Psychiatry, 31,* 921—934.

Greenspan, S. (1992). Reconcidering the diagnosis and treatment of very young children with autistic spectrum or pervasive developmental disorder. *Zero to Three, 13,* 1—9.

Hobson, R.P. (1990). On the origins of self and the case of autism. *Development and Psychopathology, 2,* 163—181.

Howlin, P. & Rutter, M. (1987). *The treatment of autistic children.* Chichester: Wiley.

ICD-10 (1991). *Internationale Klassifikation psychischer Störungen.* Bern: Huber.

Kanner, L. (1943). Autistic disturbance of affective contact. *Nerveous Child, 2,* 217—250.

Kalmanson, B. (1992). Diagnosis and treatment of infants and young children with pervasive developmental disorders. *Zero to Three, 13,* 21—26.

Kusch, M. (1993). *Entwicklungspsychopathologie und Therapieplanung in der Kinderverhaltenstherapie.* Frankfurt: Lang.

Kusch, M. & Petermann, F. (1991a). *Entwicklung autistischer Störungen* (2. erweiterte Auflage). Bern: Huber.

Kusch, M. & Petermann, F. (1991b). Autistische Kinder mit geistiger Behinderung: Differentialätiologische, -diagnostische und therapiebezogene Grundlagen. *Zeitschrift für Klinische Psychologie, Psychopathologie und Psychotherapie, 39*, 2—32.

Kusch, M. & Petermann, F. (1991c). Entwicklungspsychopathologie autistischer Störungen: Was ist primär? *Acta Paedopsychiatrica, 54*, 38—51.

Leslie, A.M. (1987). Pretense and representation: The origins of theory of mind. *Psychological Review, 94*, 412—426.

Lord, C. & Schopler, E. (1987). Neurobiological implications of sex differences in autism. In E. Schopler & G.B. Mesibov (Eds.), *Neurobiological issues in autism* (191—211). New York: Plenum Press.

Lovaas, O.I. (1987). Behavioral treatment and normal educational and intellectual functioning in young autistic children. *Journal of Consulting and Clinical Psychology, 55*, 3—9.

McLean, L.K.S. (1990). Communication development in the first two years of life: A transactional process. *Zero to Three, 11*, 13—19.

Moll, G.H. & Schmidt, M.H. (1991). Entwicklungen in der Therapie autistischer Störungen — Ergebnisse der Therapieforschung. *Zeitschrift für Kinder- und Jugendpsychiatrie, 19*, 182—203.

Mundy, P., Kasari, C. & Sigman, M. (1992). Nonverbal communication, affective sharing and intersubjectivity. *Infant Behavior and Development, 15*, 377—381.

Mundy, P., Sigman, M. & Kasari, C. (1990). A longitudinal study of joint attention and language development in autistic children. *Autism and Developmental Disorders, 20*, 115—128.

Ornitz, E.M. (1987). Neurophysiological studies in infantile autism. In D.J. Cohen, A.M. Donnellan & R. Paul (Eds.), *Handbook of autism and pervasive developmental disorders* (148—165). New York: Wiley.

Paul, R. (1987). Communication. In D.J. Cohen, A.M. Donnellan & R. Paul (Eds.), *Handbook of autism and pervasive developmental disorders* (61—84). New York: Wiley.

Pennington, B.F. & Ozonoff, S. (1991). A neuroscientific perspective on continuity and discontinuity in developmental psychopathology. In D. Cicchetti & S.L. Toth (Eds.), *Rochester symposium on developmental psychopathology, Vol. 3: Models and integrations* (117—160). Hillsdale, NJ: Erlbaum.

Phelps, L. & Grabowski, J.-A. (1991). Autism: Etiology, differential diagnosis, and behavioral assessment update. *Journal of Psychopathology and Behavioral Assessment, 13*, 107—125.

Prizant, B. & Wetherby, A.M. (1990). Assessing the communication of infants and toddlers: Integrating a socioemotional perspective. *Zero to Three, 9*, 1—12.

Prizant, B. & Wetherby, A.M. (1988). Providing service to children with autism (0-2years) and their families. *Topics in Language Disorders, 9*, 1—13.

Prizant, B.M. & Wetherby, A.M. (1987). Communicative intent: A framework for understanding social-communicative behavior in autism. *Journal of the American Academy of Child Psychiatry, 26*, 472—479.

Ritvo, E.R., Jorde, L.B., Mason-Brothers, A., Freeman, B.J. et al. (1989). The UCLA-University of Utha epidemiology survey of autism: Recurrence estimates and genetic counseling. *American Journal of Psychiatry, 146*, 1032—1036.

Rogers, S.J. & Pennington, B.P. (1991). A theoretical approach to the deficits in infantile autism. *Development and Psychopathology, 3*, 137—162.

Rubinstein, J.L., Lotspeich, L. & Ciaranello, R.D. (1993). The neurobiology of developmental disorders. In B.B. Lahey & A.E. Kazdin (Eds.), *Advances in clinical child psychology* (1—52), New York: Plenum.

Rutter, M. & Schopler, E. (1992). Classification of pervasive developmental disorders: Some concepts and practical considerations. *Journal of Autism and Developmental Disorders, 22*, 459—182.

Rutter, M. & Schopler, E. (1987). Autism and pervasive developmental disorders: Concepts and diagnostic issues. *Journal of Autism and Developmental Disorders, 17*, 159—186.

Seibert, J.M., Hogan, A.E. & Mundy, P. (1982). Assessing interactional competencies: The Early Social-Communication Scales. *Infant Mental Health Journal, 3*, 244—258.

Shapiro, T.D., Sherman, M., Calamari, G. & Koch, D. (1987). Attachment in autism and other developmental disorders. *Journal of the American Academy of Child Psychiatry, 26*, 480—484.

Simeonson, R.J., Olley, J.G. & Rosenthal. S.L. (1987). Early intervention for children with autism. In M. Guralnick & F. Bennett (Eds.), *The effectiveness of early intervention for at-risk and handicapped children*. New York: Academic Press.

Sigman, M. (1989). The application of developmental knowledge to a clinical problem: The study of childhood autism. In Cicchetti, D. (Ed.), *Rochester symposium on developmental psychopathology* (165—188). Hillsdale: Erlbaum.

Sigman, M. & Mundy, P. (1989). Social attachments in autistic children. *Journal of the American Academy of Child Psychiatry, 28*, 74—81.

Sigman, M., Ungerer, J.A., Mundy, P. & Sherman, T. (1987). Cognition in autistic children. In D.J. Cohen, A.M.Donnellan & R. Paul (Eds.), *Handbook of autism and pervasive developmental disorders* (103—120). New York: Wiley.

Supple, W.F., Leaton, R.N. & Fanselow, M.S. (1987). Effects of cerebellar vermal lesions on species-specific fear reactions, neophobia and taste aversion learning in rats. *Physiology and Behavior, 39*, 579—586.

Sussman, K. & Lenwandowski, L. (1990). Left-hemisphere dysfunction in autism: What are we measuring? *Archives of Clinical Neuropsychology, 5*, 137—146.

Szatmari, P. (1992a). A review of the DSM-III-R criteria for autistic disorder. *Journal of Autism and Developmental Disorders, 22*, 505—523.

Szatmari, P. (1992b). The validity of autistic spectrum disorders: A literature review. *Journal of Autism and Developmental Disorders, 22*, 583—600.

Tager-Flusberg, H., Calkins, S., Nolin, T., Baumberger, T. et al. (1990). A longitudinal study of language acquisition in autistic and Down Syndrome children. *Journal of Autism and Developmental Disorders, 20*, 1—21.

Volkmar, F.R. (1992). Childhood desintegrative disorder: Issues for DSM-IV. *Journal of Autism and Developmental Disorders, 22*, 625—642.

Volkmar, F.R., Cicchetti, D.V., Cohen, D.J. & Bregman, J. (1992). Developmental aspects of DSM-III-R criteria for autism. *Journal of Autism and Developmental Disorders, 22*, 657—662.

Volkmar, F.R., Cohen, D.J., Bergman, J.D., Hooks, M.Y. & Stevenson, J.M. (1989). An examination of social typologies in autism. *Journal of the American Academy of Child Psychiatry, 28*, 82—86.

Wetherby, A.M. & Prizant, B. (1990). *Communication and symbolic behavior scales.* San Antonio: Special Press.

Wetherby, A.M., Cain, D., Yonglas, D. & Walker, V. (1988). Analysis of intentional communication on normal children from the prelinguistic to the multi-word stage. *Journal of Speech and Hearing Research, 32,* 240—252.

Wilmert, H. (1991). *Autistische Störungen: Aspekte der kognitiven Entwicklung autistischer Kinder.* Frankfurt: Peter Lang.

Wing, L. & Attwood, A. (1987). Syndroms of autism and atypical development. In D.J. Cohen, A.M. Donnellan & R. Paul (Eds.), *Handbook of autism and pervasive developmental disorders* (3—19). New York: Wiley.

Wing, L. & Gould, J. (1978). Systematic recording of behaviors and skills of retarded and psychotic children. *Journal of Autism and Childhood Schizophrenia, 8,* 79—97.

Psychische Störungen infolge von Intelligenzminderungen

Beeinträchtigungen der intellektuellen Funktionen bei Kindern und Jugendlichen ziehen — bis auf wenige Ausnahmen später erworbener Intelligenzminderungen — eine Veränderung in praktisch allen Entwicklungsbereichen nach sich. Das gilt nicht nur für ausgeprägte Intelligenzminderungen, sondern auch für die Minusvarianten im Übergang vom unteren Normbereich zu pathologischen Ausprägungen. Wegen ihres primären Charakters sind sie häufig mit anderen umfassenden Entwicklungsstörungen verbunden, zeigen aber auch eine regelhafte Häufung für das Kindesalter typischer psychopathologischer Auffälligkeiten. Wer sich mit solchen Auffälligkeiten beschäftigt, muß um die Regeln des gemeinsamen Auftretens wissen. Er muß weiter über mögliche Mechanismen der Verknüpfung von Intelligenzminderung und psychischer Auffälligkeit informiert sein. Die Kombination beider Auffälligkeiten erfordert Aufmerksamkeit bei der Intelligenzdiagnostik, aber auch bei der Diagnose psychischer Störungen. Interventionen bei psychischen Auffälligkeiten intelligenzgeminderter Kinder müssen der Intelligenzminderung angepaßt werden. Ebenso wichtig sind aber Überlegungen zur Verhütung psychischer Störungen beim Vorliegen des Risikofaktors Intelligenzminderung.

1. Beschreibung der Störungen

1.1 Störungen bei Intelligenzminderung

Kinder mit intellektuellen Fähigkeiten im Grenzbereich zwischen niedriger Intelligenz und leichter Intelligenzminderung sind bis zum Schuleintritt keineswegs von Kindern mit mittlerer Intelligenz zu unterscheiden. Im Grundschulalter erlernen sie die Umkehrbarkeit bestimmter Operationen verspätet. Erst wenn Beeinträchtigungen des formalen Denkens (im Sinne Piagets) an der Schwelle zur Adoleszenz deutlich werden, läßt sich die Beeinträchtigung aus dem klinischen Bild, d. h. ohne psychometrische Verfahren erkennen.

Verhaltensbesonderheiten bei leichter Intelligenzminderung bestehen in einem verzögerten Spracherwerb, einem verzögerten Lernen von Alltagsroutinen, Abstraktionsschwierigkeiten und einem erschwerten Erwerb der Kulturtechniken. Demgemäß bestehen Schulprobleme. Emotionale und soziale Unreife erschweren die Anpassung an gesellschaftliche Rollen in der Adoleszenz.

Bei mittelgradiger Intelligenzminderung ist die Entwicklung der passiven wie der aktiven Sprache verlangsamt. Die sozialen Fertigkeiten sind auf einfache beschränkt. Motorische Fertigkeiten, Blasen- und Mastdarmkontrolle sowie Fertigkeiten der Selbstversorgung werden verzögert erlernt. Nur ein Teil der Betroffenen erwirbt die Kulturtechniken. Die Beeinträchtigungen begrenzen später eine unabhängige Lebensweise dieser Gruppe.

Schwere Intelligenzminderungen weisen beschränkte Lernmöglichkeiten auf. Die Sprachentwicklung ist aktiv wie passiv auf basale Kommunikationsfunktionen beschränkt, sie wird teilweise durch Handzeichen kompensiert. Begleitende motorische Schwächen sind bei diesem Ausprägungsgrad oft nicht mehr Folge der Entwicklungsverzögerung, sondern sie resultieren aus Beeinträchtigungen des Zentralnervensystems. Der begrenzte Erwerb von Möglichkeiten der Selbstversorgung macht lebenslange Hilfen erforderlich.

Die von schwerster Intelligenzminderung Betroffenen weisen keine Sprachentwicklung auf. Ohne das Verstehen von Aufforderungen oder Anweisungen sind ihre Lernmöglichkeiten auf Imitation und Lernen durch Versuch und Irrtum beschränkt. Nicht nur die nonverbale Kommunikation ist begrenzt, auch die motorischen Fertigkeiten einschließlich der Blasen- und Mastdarmkontrolle. Demgemäß sind Hilfe und Überwachung ständig notwendig.

Unter Demenz wird eine erworbene, auf organischer Hirnschädigung beruhende Geistesschwäche verstanden. Demenz ist nur nach einer gewissen Zeit unauffälliger Entwicklung zu diagnostizieren. Am Anfang ist die Anamnese ein hilfreicheres Instrument als die unmittelbare Beobachtung. Demenzprozesse beginnen mit Einbußen beim kritischen Urteilen und der sprachlichen Darstellung komplizierter Beziehungen sowie einem Verlust von Planungsfähigkeiten. Es folgen Einschränkungen des schlußfolgernden Denkens bzw. der Abstraktionsfähigkeit und des Sprachverständnisses; die Wahrnehmungsgeschwindigkeit sinkt, das Behalten wird reduziert. Dysphasien (zentral bedingte Sprachausdrucksstörung) und Dyspraxien (zentral bedingte Unfähigkeit, sinnvolle Bewegungen auszuführen) leiten über zur Einschränkung der Motorik und erhöhter cerebraler Erregbarkeit. Damit sind nicht nur die Fähigkeiten zum schulischen Lernen und zur Alltagsbewältigung beeinträchtigt, sondern auch Fertigkeiten der Selbstversorgung.

Posttraumatische Demenzzustände, die nicht fortschreitend sind, gehen häufig mit hirnorganischen Psychosyndromen einher. Beeinträchtigte Konzentration, erhöhte Reizbarkeit, vermindertes Gedächtnis und Leistungstempo werden von körperlichen Symptomen wie Kopfschmerzen, Schwindel und Schlafstörungen begleitet. Die Empfindlichkeit für affektive Einflüsse steigt.

Andere Hirnerkrankungen führen zu leichteren Intelligenzminderungen in Kombination mit der sogenannten organischen Persönlichkeitsstörung, bei der man gelnde Ausdauer, Belastbarkeit, verminderte Frustrationstoleranz, emotionale Labilität und schlechte Impulskontrolle — auch zu Lasten der Umwelt — im Vordergrund stehen. Logorrhoe (vermehrtes Sprechbedürfnis) wird von unscharfen Formulierungen und viskösem Denken sowie thematischer Fixierung begleitet.

1.2 Umfassende Entwicklungsstörungen

Die Kombination von Intelligenzminderung mit autistischen Syndromen ist häufig, sie liegt bei 70 % der autistischen Menschen vor. Das Vollbild des frühkindlichen Autismus (sogenannter Kanner'scher Autismus) wird vor dem 30. Lebensmonat entwickelt, betrifft bei einer Gesamthäufigkeit von 4 : 10.000 Jungen häufiger als Mädchen (vgl. Kusch & Petermann in diesem Buch). Vordergrundsymptome sind die Unfähigkeit, wechselseitige soziale Beziehungen einzugehen und aufrechtzuerhalten (vorzugsweise bedingt durch den kaum möglichen Wechsel der sozialen Perspektive) und sprachliche und nicht-sprachliche Kommunikation herbeizuführen, sowie ein eingeengtes Spektrum an Verhaltensweisen und Interessen. Damit hängen eine Häufung von (nicht nur motorischen) Verhaltensstereotypien und zwanghaftes Haften an bestimmten Reaktionen und Umfeldern zusammen. Symptomatisch ist im frühen Kindesalter der fehlende oder verkürzte Blickkontakt. Zur Differentialdiagnose tragen bei: qualitative Besonderheiten der immer — entsprechend der Intelligenzminderung — verzögerten Sprachentwicklung (vor allem die pronominale Umkehr, bei der die Anrede „du" statt „ich" verwendet wird), Wortneuschöpfungen, Echolalien (Nachsprechen gehörter Wörter ohne Rücksicht auf deren Inhalt), bizarre Haltungen, fehlendes Lächeln, Fehlen der körperlichen Kontaktbereitschaft (Kind streckt die Arme nicht aus, wenn es aus dem Bett aufgehoben werden soll) und das Fehlen gekoppelter gemeinsamer Aktionen (autistische Kinder weisen nicht auf Dinge hin, die ein anderer sehen soll oder folgen mit ihren Blicken nicht dem ausgestreckten Arm). Die Sprachmelodie wird nicht durch Heben und Senken der Stimme verändert, und das Sprechen ist kaum von Gesten begleitet. Häufig fällt ein spezifisches Interesse für Teilaspekte von Objekten (deren Geruch oder Oberfläche) auf. Andere Merkmale, die nicht zur Differenzierung gegenüber Intelligenzminderungen dienen können, sind hier nicht aufgeführt. Zu den Bewegungsstereotypien (s.u.) gehören auch solche mit Selbstverletzungen.

Atypisch werden Autismusformen genannt, die entweder nach dem 30. Lebensmonat beginnen oder bei denen eines oder zwei der drei diagnostischen Kriterien fehlen. Bei intelligenzgeminderten Kindern besteht bei autistischen Zügen am häufigsten das Symptom des stereotypen und repetitiven Verhaltens mit eingeschränktem Interessensspektrum. Natürlich ist diese Symptomatik mit dem kognitiven Entwicklungsstand verbunden, der weniger Verhaltensvarianten zuläßt.

Das praktisch nur bei Mädchen beschriebene Rett-Syndrom entspricht bezüglich der Intelligenzminderung einem Demenzprozeß; in der Regel um die Mitte des ersten Lebensjahres (aber auch früher beginnend oder erst gegen Ende des zweiten Lebensjahres) gehen die bisher erworbenen Fertigkeiten im Gebrauch der

Hände und der sprachlichen Kommunikation zunehmend zurück. Zielgerichtete Handlungen werden durch stereotype, windende Handbewegungen ersetzt. Ein Interesse an der Kommunikation besteht in den ersten Jahren des Krankheitsverlaufes noch, reduziert sich aber mit dem Verlust der intellektuellen Fähigkeiten. Selbstverständlich täuscht der Sprachverlust, zumal bei frühem Beginn, leicht eine verzögerte Sprachentwicklung vor. Oft bestehen Episoden von Hyperventilation und Eßstörungen, der Gebrauch der Mundorgane wird verlernt. Blasen- und Mastdarmkontrolle werden in der Regel nicht erworben. Die Sozialentwicklung ist gehemmt und ähnelt im Kommunikationsmuster autistischen Verhaltensweisen. Komplexe stereotype Bewegungen sind ebenso selten wie Selbstbeschädigungen und dienen zur differentialdiagnostischen Abgrenzung gegenüber dem Autismus.

Das Asperger-Syndrom kommt bei intelligenzgeminderten Kindern nicht häufiger vor, als es der Zufallsverteilung der Intelligenz entspricht. Eine entsprechende Verdachtsdiagnose ist demgemäß stets sorgfältig zu prüfen, zumal das Krankheitsbild bei normaler Intelligenz deutlich häufiger ist als der Kanner'sche Autismus (sicher 1:1000, nach Ehlers & Gillberg, 1993, sogar bis zu 2:1000).

Bei Störungen mit hyperkinetischem Verhalten bestehen zwei Varianten, von denen die letztbeschriebene bei Intelligenzminderungen überzufällig häufig auftritt (hyperkinetisches Verhalten mit Intelligenzminderungen und Bewegungsstereotypien). Das klassische hyperkinetische Syndrom beginnt vor dem Ende des sechsten Lebensjahres. Seine Leitsymptome sind Beeinträchtigungen der Aufmerksamkeit und eine schlecht modulierte, überschießende Aktivität, auch im Bereich der Motorik. Diese Symptome treten nicht nur situationsabhängig auf (Details der Störung vgl. Döpfner in diesem Buch) und dürfen nicht in einem Mißverhältnis zum Alter und Intelligenzniveau des betroffenen Kindes stehen, denn eingeschränkte kognitive Fähigkeiten begünstigen mangelnde Ausdauer in der Beschäftigung mit irgendwelchen Objekten oder Aufgaben. Daneben können Distanzstörungen, auffallende Angstlosigkeit, verschiedene spezifische Lernstörungen und Symptome von Störungen des Sozialverhaltens bestehen. Die Störung tritt nie akut auf und ist praktisch nicht vor dem vierten Lebensjahr erkennbar; in dieser Frühzeit sind differentialdiagnostische Erwägungen besonders wichtig. Hyperkinetische Syndrome kommen gehäuft nach Alkoholembryopathien (durch Alkoholabusus während der Schwangerschaft hervorgerufene kindliche Störung) vor.

Von dem bisher berichteten ist die Kombination hyperkinetischen Verhaltens mit Intelligenzminderung und Bewegungsstereotypien zu unterscheiden, die vorzugsweise bei wenigstens mittlerer Intelligenzminderung, also einem IQ von weniger als 50, auftritt. Die motorische Unruhe solcher Kinder ist häufig dranghaft ausgeprägt (Erethie) und hat geringe, nicht wechselnde Ziele. Häufig bestehen hohe Ablenkbarkeit und geringe Ausdauer. Anfallsleiden vor der Pubertät häufen sich bei diesen Kindern. Für den Verlauf dieser Störung ist typisch, daß die Hyperaktivität mit Eintritt der Adoleszenz häufig in verminderte Aktivität umschlägt. Eine Therapie ist in der Regel nicht mit Stimulanzien möglich, da bei Stimulanziengabe dysphorische Reaktionen auftreten können. Ein Einsatz bestimmter Neuroleptika ist möglich. Das Syndrom ist häufig von anderen Entwicklungsverzögerungen begleitet, Klarheit über einen Zusammenhang mit hirnorganischen Beeinträchtigungen besteht nicht. Eine Aufmerksamkeitsstörung zählt nicht zu den die Diagnose bestimmenden Merkmalen.

Ausgeprägte Entwicklungsstörungen der rezeptiven Sprache sind sowohl gegenüber der Intelligenzminderung als auch gegenüber autistischen Syndromen schwierig abgrenzbar. Umschriebene Entwicklungsstörungen sollen wegen der besseren Differenzierbarkeit nur bei intellektuellen Fähigkeiten, die wenigstens unterhalb des Prozentrangs 3 der gesamten Intelligenzverteilung liegen, diagnostiziert werden. Ausgenommen von dieser Regel sind die sprachlichen Entwicklungsstörungen. Diese Ausnahme beruht darauf, daß das Ausmaß der Sprachentwicklungsverzögerung bzw. Sprachbehinderung auch bei niedrigen Intelligenzgraden noch gut differenzierbar ist. Ausgenommen sind die schwersten Intelligenzminderungen, bei denen Sprachentwicklung praktisch nicht möglich ist. Bis zu einem IQ von 35 ist sprachliche Kommunikation in der Regel jedoch gegeben, auch wenn sie sich nur auf das Mitteilen basaler Bedürfnisse bzw. das Verstehen basaler Informationen bezieht. Besondere differentialdiagnostische Probleme bereitet die rezeptive Sprachstörung, weil bei ihr die expressive Sprache praktisch immer beeinträchtigt ist und Störungen der Wort- bzw. Lautproduktion häufig sind. Betroffene Kinder reagieren nicht auf vertraute Bezeichnungen oder Namen, selbst wenn sie das Entwicklungsniveau eines Einjährigen erreicht haben. Auf einem Entwicklungsniveau entsprechend einem Kind von 18 Monaten können sie häufig vorkommende Gegenstände nicht bezeichnen und auf einem Entwicklungsniveau entsprechend einem Kind von ca. zwei Jahren können sie einfachen, aber häufigen Instruktionen nicht folgen. Später ist das Verständnis grammatikalischer Strukturen eingeschränkt. Die Symptomatik kommt unabhängig vom Kanner'schen Autismus vor, mit dem sie leicht verwechselt werden kann und wird aufgrund der nichtsprachlichen Kommunikation von dieser Störung abgegrenzt. Andere Entwicklungsverzögerungen sind dabei häufig, die Rate begleitender emotionaler und anderer Verhaltensauffälligkeiten ist hoch und die soziale Entwicklung wird dadurch verzögert. Echolalien können auftreten, wobei die Kinder Als-Ob-Spiele beherrschen, elterlichen Zuspruch in Anspruch nehmen und Gestik und Mimik überwiegend richtig gebrauchen.

Artikulationsstörungen sind bei den motorischen Beeinträchtigungen Intelligenzgeminderter häufig bzw. das sogenannte physiologische Stammeln dauert über lange Zeit an.

1.3 Intelligenzminderungen bei Erkrankungen, die typischerweise im Kindesalter beginnen

Störungen, deren Qualität oder Quantität durch die Intelligenzminderung nicht verändert wird, werden hier nicht behandelt (z. B. Ticstörungen, spezifische Entwicklungsstörungen schulischer Fertigkeiten), ebenfalls nicht neurologische Störungen. Unter den motorischen Phänomenen finden sich vorzugsweise Bewegungsstereotypien. Sie bestehen in gleichförmigen repetitiven, oft rhythmischen Bewegungen, die willkürlich in Gang gesetzt werden und keine Funktion haben. Sie sind von unterschiedlicher Komplexität und können mit Selbstbeschädigung einhergehen, was bei intelligenzgeminderten Kindern häufiger ist als bei anderen, bei denen die Häufigkeit nach dem frühen Schulalter deutlich abfällt. Eine erhöhte Prävalenz wird mit verminderter Stimulation, aber auch mit geringer Schmerzempfindlichkeit (bei Selbstverletzung) und mit unerkannten Mittelohrentzündungen in Zusammenhang gebracht. Bei Kindern in Institutionen sind Stereotypien häufiger. Da sie jederzeit willkürlich eingesetzt werden können, verstärken sie sich selbst. Zu den Symptomen zählen seitliches Hin- und Herwerfen des Kopfes, Stoßen des Kopfes gegen Bett oder Wand, Auf- und Abbewegen des Körpers im Knien, Drehen von Haaren zwischen den Fingern, gelegentliches Ausreißen von Kopfhaaren oder Wimpern, Schlagen ins eigene Gesicht oder Faustschläge gegen den Kopf, Beißen in Hände und Arme, Augenbohren, auch Finger- und Nägelabbeißen oder -abreißen gehören zu den Bewegungsstereotypien. Bei freudiger Erregung ist eine Kombination von Hüpfen auf der Stelle und Wedeln mit den Händen bzw. Schnipsen mit den Fingern häufiger. Die Abgrenzung gegen Ticerkrankungen gelingt leicht; letztere betreffen gewöhnlich eine ganze Muskelgruppe und werden nicht willkürlich herbeigeführt, sind auch nicht rhythmisch. Manchmal ist die Abgrenzung gegen Zwangssymptome notwendig, die gerade bei jüngeren intelligenzgeminderten Kindern keinen Krankheitswert haben, sondern als Wiederholungszwänge der Sicherung und der Affektbewältigung dienen.

Der verzögerte Erwerb der zum Essen notwendigen Fertigkeiten bedingt bei intelligenzgeminderten Kindern häufig längeres Füttern. Damit rücken störbare Interaktionsprozesse zwischen Kind und Umwelt in den Vordergrund, die sich durch Nahrungsverweigerung oder extrem wählerisches Essen als Ausdruck für oppositionelles Verhalten eignen. Dies um so mehr, je geringer die Flexibilität und je höher die Erwartungshaltung der Umwelt ist. Die Verweigerung kann sich auch auf feste Nahrung beziehen. Die Störung kann völlig einseitig durch gestörte Erwachsenen-Kind-Interaktionen ausgelöst sein und läßt sich eher als Fütterdenn als Eßstörung bezeichnen. Das willkürliche Wiederheraufwürgen von bereits geschluckter Nahrung und anschließende erneute Kauen und Schlucken wird als Rumination bezeichnet und gilt u.a. als Ausdruck deprivierender Bedingungen, steht also den Stereotypien nahe. Das häufigere Auftreten von Pica (Essen nicht-eßbarer Substanzen) hängt mit den kognitiven Beeinträchtigungen zusammen, kann aber gleichzeitig Ausdruck einer Deprivation sein, kommt also gemeinsam mit Bewegungsstereotypien vor. Die Symptome älterer Kinder sind Polydipsie oder Polyphagie (vermehrte Flüssigkeits- oder Nahrungsaufnahme), die u. a. nach Hirnschädigungen beobachtet werden. Übergewicht ist ein häufiges Symptom ebenfalls älterer intelligenzgeminderter Kinder. Zu den Fütterstörungen im engeren Sinne gehören das Erbrechen im Schwall nach dem Füttern oder auch nach hastigem Essen sehr begehrter Speisen.

Einkoten und Einnässen sind als definierte Störungen an ein Entwicklungsalter von mindestens vier Jahren gebunden. Einkoten und Einnässen können also beim sechsjährigen geistig Behinderten durchaus noch physiologisch sein. Beide Störungen sind erst recht bei intelligenzgeminderten Kindern häufiger Ausdruck von Lernproblemen, nicht aber von intrapsychischen Konflikten. Primäre Störungen kommen deutlich häufiger vor als sekundäre, d.h. Darm- und Blasenkontrolle wurden in der Regel noch nie erreicht. Zur Symptomatik gehören das Absetzen des Stuhls an dafür nicht vorgesehenen Orten, das sich bei geringen Mengen als Einschmieren äußert (abzugrenzen gegen unzureichende Reinigung nach dem Stuhlgang). Je geringer die intellektuellen Fähigkeiten, um so häufiger ist die Kombination mit Enuresis, um so häufiger auch das Kotschmieren an Körper oder Wände. Der unwillkürliche Urinabgang bei der Enuresis erfolgt bei Intelligenzminderung zwar immer noch häufiger nachts als tags, jedoch ist die Häufigkeit des Tageinnässens erhöht; ebenfalls gehäuft kommt die Kombination von Enuresis nocturna und diurna vor. Bei manchen Syndromen, die mit Intelligenzminderung einhergehen, ist die Differentialdiagnose gegen die Inkontinenz, aber auch gegen neurogene Blasenstörungen wichtig. Schließlich kann nächtliches Einnässen Ausdruck nächtlicher Krampfanfälle sein.

Trennungsängste als Symptom mangelnder Autonomie sind entsprechend der psychischen Entwicklung bei intelligenzgeminderten Kindern häufiger als bei anderen. Sehr enge Bindungen an Hauptbezugspersonen werden dabei verstärkt durch den erhöhten Schutz- und Aufsichtsbedarf. Die Symptomatik besteht in der Angst vor Trennung von der Bezugsperson, also auch der Verweigerung, an anderen Orten zu bleiben, in fremden Wohnungen zu schlafen, trotz vorhandener kognitiver Voraussetzungen nicht allein daheim bleiben zu wollen und massiven Befürchtungen vor bevorstehenden Trennungen. Als körperliche Begleitsymptome kommen wie bei gesunden Kindern Übelkeit, Brechreiz, Bauchschmerzen vor. Neben der für Intelligenzgeminderte spezifischen Pathogenese spielen natürlich auch hier bedrohliche Zustände bei bzw. zwischen den Hauptbezugspersonen (Alkoholmißbrauch, ernste Krankheiten, Tätlichkeiten) eine zusätzliche Rolle.

Die Tatsache, daß spezifische Phobien bei intelligenzschwachen Kindern häufiger sind, ergibt sich ebenfalls aus der Unreife der Bewältigungsfunktionen, entsprechend beziehen sich die Ängste häufig auf fremde Personen, neue Situationen, Dunkelheit und Naturerscheinungen. Unsicherheit besteht bezüglich des häufigeren Auftretens von Geschwisterrivalität.

Eindrucksmäßig häufiger bei Intelligenzminderungen sind reaktive Bindungsstörungen wegen des höheren Risikos relativer Vernachlässigung solcher Kinder. Die sozialen Reaktionen sind ambivalent. Die Kinder lassen sich halten, wenden aber ihr Gesicht ab, sind für Zuspruch häufig nicht zugänglich, interessieren sich zwar für Gleichaltrige, kommunizieren aber auf negative Weise. Zusätzlich treten Rückzugsverhalten, depressive Verstimmungen und aggressive sowie auto-aggressive Symptome auf. Dauert dieses Verhalten an, dann entsteht ein qualitativ abnormes Interaktionsverhalten: Solche Kinder klammern sich an Fremde an, suchen diffus Kontakt und Aufmerksamkeit, d.h. ohne eine ihrer Altersstufe angemessene Distanz. Die Betroffenen können soziale Interaktionen schlechter initiieren, emotionale und dissoziale Begleitstörungen sind häufig.

Wie erwähnt, hat aggressives Verhalten bei Intelligenzgeminderten häufig Symptomcharakter. Bekommt es Störungswert, dann zeigt es häufig die spezifische Färbung oppositionellen Verhaltens, das also mehr als aufsässig denn als dissozial erscheint. Im Hintergrund bestehen Beziehungs- und Sozialisationsmängel; die Haltung der Kinder im Kontakt ist häufig negativistisch bis feindselig, das gilt für Erwachsene wie Gleichaltrige, vor allem auch für bekannte Personen mit Autoritätsanspruch. Wenn aus mangelnder Kooperation Widerstand wird, dann zeigen sich im Verhalten Trotz, Aufsässigkeit, Provokationen und Wutanfälle. Es kommt zur aktiven Mißachtung sozialer Regeln und zum gezielten Ärgern der Sozialpartner. Die niedrige Frustrationstoleranz kann im weiteren Verlauf zu dissozialem Verhalten (bei vorhandenen oder fehlenden sozialen Bindungen) führen. Bei diesen Bildern stehen dann Streiten und Tyrannisieren, Sachbeschädigungen, Lügen, Stehlen, Regelübertretungen, verbale und körperliche Aggressionen sowie auch Zündeln im Vordergrund.

1.4 Intelligenzminderungen bei nicht alterstypischen Störungen

Die Störungen beginnen entweder in der Kindheit oder Adoleszenz, gleichen aber in Symptomatik und Verlauf denen, die im Erwachsenenalter ihren Ausgangspunkt haben. Auch hier werden Störungen, bei denen infolge der Intelligenzminderung keine Besonderheiten zu beobachten sind, nicht beschrieben.

Belastungsreaktionen und Anpassungsstörungen zeigen bei Intelligenzminderungen mit zunehmendem Alter steigende Prävalenzraten, weil die Unterstützung bei der Verarbeitung belastender Lebensereignisse bzw. der Anpassung an langfristige Veränderungen abnimmt. Unter diesen Umständen sind bei Kindern und Jugendlichen mit Intelligenzminderungen Selbstbeschädigungen im Sinne suizidaler oder parasuizidaler (alle geplanten Selbstverletzungen ohne Selbsttötungsabsicht) Handlungen seltener als unter Altersgleichen. Der im Anschluß an die initiale Starre und Desorientierung häufig auftretende Rückzug ist angesichts von Intelligenzminderungen ausgeprägter. Motorische Reaktionen werden häufig als bizarrer erlebt. Anstelle depressiver Reaktionen herrscht eher Angst vor. Empirische Erkenntnisse über den Verlauf posttraumatischer Belastungsstörungen bei reduzierter Intelligenz liegen nicht vor. Anpassungsstörungen nach entscheidenden Veränderungen in den Lebensumständen, vor allem nach Eingriffen in das Netz der persönlichen Unterstützung, zeigen sich bei Jugendlichen häufig als aggressiv-dissoziales Verhalten; es ist unklar, ob diese Tendenz bei Intelligenzminderungen verstärkt ist. Regressive Phänomene (Zurückgehen von bereits entwickelten Verhaltensweisen auf infantilere Stufen) werden jeweils in akuten Belastungen vermehrt gesehen, gehäuft scheint auch eine Mischung von Angst mit Symptomen einer Störung des Sozialverhaltens aufzutreten.

Unter den somatoformen und dissoziativen Störungen treten die diffuseren Syndrome in den Vordergrund, während klassisch hypochondrische Störungen mit der stetigen Vorstellung einer schweren oder progredienten Erkrankung mit Depression und Angst seltener beobachtet werden. Wie bei Kindern ohne Intelligenzminderung wird eine Häufung von Funktionsstörungen vegetativ kontrollierter Organsysteme registriert. Sie sind häufig mit klassischen dissoziativen Symptomen kombiniert, seltener sind es reine dissoziative Störungen. Unter den autonomen Funktionsstörungen stehen Störungen des Gastrointestinaltraktes im Vordergrund (Schluckstörungen, Kloßgefühl, Übelkeit, Bauchschmerzen, Erbrechen, Nahrungsverweigerung), unter den dissoziativen Störungen Hyperventilation bei psychogenen Anfällen, Koordinationsstörungen und sensorische Störungen. Das begleitende Verhalten ist eher aufmerksamkeitssuchend als die für Erwachsene typische belle indifference (unangemessene Distanz des Patienten zum eigenen Leiden). Häufig fehlt die Fixierung auf ein Organsystem bei den somatoformen Störungen, statt dessen sind die berichteten Beschwerden diffuser. Teilweise ist die Abgrenzung gegen Wahnsymptome wegen der geringen Äußerungsfähigkeit der Betroffenen erschwert.

Der Nachweis der klassischen Anorexia nervosa bei Jugendlichen mit deutlicher Intelligenzminderung gelingt kaum. Einschlägige Bilder, die beschrieben wurden, lassen sich in der Regel als anorektische Reaktionen deuten, die häufig nach Auflösung übermäßig enger Mutter-Tochter-Beziehungen auftreten. Unter differentialdiagnostischen Gesichtspunkten ist stets die Nahrungsverweigerung aufgrund verzerrten Körpergefühls kennzeichnend. Bei begleitenden Depressionen ist es schwierig, diese als primär oder als Folge des Fastens zu identifizieren.

Bei Angststörungen entsprechen die Angstinhalte älterer Kinder häufig denen jüngerer. Die Frage der Angemessenheit eigenen Verhaltens an die Erwartungen anderer oder sexuelle und politische Probleme werden seltener als Angstquellen beobachtet. Bei leichten Intelligenzminderungen ist Schulangst als Auslöser zu erwägen und von den alterstypischen Trennungsstörungen zu unterscheiden. Bei niedriger Intelligenz gelingt die Differenzierung zwischen Panikstörung und generalisierten Angststörungen nur unzureichend, weil die Plötzlichkeit und die Situationsunabhängigkeit von Panikattacken nicht beschrieben werden können. Agoraphobische Symptome sind in der Regel gut differenzierbar. Diese Symptome bedürfen der frühzeitigen Behandlung, weil die Vermeidungstendenz bei intelligenzgeminderten Kindern und Jugendlichen häufig ausgeprägter ist als bei anderen. Schwierigkeiten bestehen auch bei der Differenzierung der Primär- und Sekundärsymptomatik bei sozialen Phobien. Angststörungen treten häufiger in Lebensphasen auf, in denen die Unterstützung erwachsener Bezugspersonen vermindert wird. Zwangssyndrome scheinen bei Kindern und Jugendlichen mit Intelligenzminderungen seltener vorzukommen.

Erschwert ist wegen des geringeren Äußerungsspektrums und der beschränkten Introspektion die Diagnose für Persönlichkeitsstörungen. Sie sind häufig mit einem hohen Ausmaß von Unreife bzw. infantilen Verhaltensweisen verknüpft, was die klassische Diagnostik einschränkt. Soweit Erkenntnisse vorliegen, treten abnorme Gewohnheiten mit Impulskontrollstörungen (pathologische Brandstiftung, pathologisches Stehlen) bei intelligenzgeminderten Jugendlichen nicht häufiger auf als bei anderen. Unklar sind die Verhältnisse bezüglich der Trichotillomanie (krankhafte Sucht, sich die Haare auszureißen). Bezüglich isolierter dissozialer Verhaltensweisen (Zerstörungen, Angriffe auf andere) ist aber unklar, wie häufig sie dem Typ der Impulskontrollstörungen zuzuordnen sind, d. h. wieweit es sich nicht um gezielte Regelübertretungen, sondern um Handlungen dreht, denen eine Anspannung vorausgeht, der während des Handlungsablaufes Erleichterung folgt.

Unter den affektiven Störungen zeigen die manischen Syndrome keine wesentlichen Besonderheiten, die depressiven Störungen weisen phänomenologische Abweichungen auf, die auch die Diagnose erschweren. Symptome, die sich auf Stimmung, Aktivität, Ermüdbarkeit, Interessenspektrum, Schlafrhythmik, Psychomotorik, Appetit und Libido beziehen, können gut registriert werden; wesentlich schwieriger festzustellen sind Grübeln, Perspektivlosigkeit und Wertlosigkeitsvorstellungen ohne Suizidgedanken. Dysphorische Gereiztheit (mißmutig-gereizte Verstimmung) scheint häufiger aufzutreten, desgleichen Rückzugssymptomatik. Schwierigkeiten bereitet häufig die Differenzierung zwischen Appetitverlust, psychotischer Essensangst und anorektischer Symptomatik. Die Kombination von Angst und Depression ist bei ausgeprägten depressiven Zuständen ebenfalls gehäuft. Unklar ist, ob Klagen über körperliche Beschwerden zunehmen. Entsprechend schwierig ist die Diagnose dysthymer Störungen (chronisch depressive Verstimmungen).

Unter den schizophrenen und schizoaffektiven Erkrankungen scheint es keine Unterschiede bezüglich des leichten bzw. akuten Beginns zu geben. Frühsymptome sind bei intelligenzgeminderten Jugendlichen schwer deutbar. Ob tatsächlich ein Typ schizophrener Erkrankungen häufiger angetroffen wird, ist empirisch nicht geklärt. Bezüglich des Symptomspektrums überwiegen aber stärker als bei Ersterkrankungen Jugendlicher Angstsymptome gegenüber Wahnsymptomen. Katatone Symptome (nicht Syndrome!) werden häufiger beobachtet, desgleichen körperliche Symptome. Eßstörungen und ausgeprägter Rückzug bereiten häufig diagnostische Schwierigkeiten. Bizarre Bewegungen werden auch bei nichtkatatonen Schizophrenien registriert. Unklar ist ebenfalls, ob Negativsymptome wirklich häufiger auftreten. Leicht übersehen werden postschizophrene Depressionen. Residualsymptome werden häufig unzureichend gegen die Symptome der Intelligenzminderung differenziert. Die Diagnose schizotyper Störungen (Persönlichkeitsstörung mit kaltem Affekt, sozialem Rückzug, Denken und Sprache umständlich) gelingt schlechter, desgleichen die akuter, passagerer psychotischer Störungen (Symptome einer Schizophrenie, die nur über einen kurzen Zeitraum bestehen).

2. Epidemiologie und Klassifikation

2.1 Ergebnisse der deskriptiven Epidemiologie

Überdurchschnittliche Intelligenz stellt selten ein Risiko für psychische Störungen dar. Hinter den in Tabelle 1 zusammengestellten Häufigkeitsdaten verbergen sich selbstverständlich unterschiedlichste psychopathologische Mechanismen (vgl. Abschnitt 3). Aussagen wie in Tabelle 1 lassen sich nur für Gruppen machen, die durch ihre intellektuellen Leistungsfähigkeit definiert sind. Die Prävalenzraten schwanken auch danach, ob sich die Falldefinition auf Symptome, aus diesen faktoriell ermittelte Syndrome, deskriptive Diagnosen oder Diagnosen unter Berücksichtigung von Schweregrad, Beeinträchtigung oder Behandlungsbedürftigkeit stützt. Wie frühere Untersuchungen weisen auch die in Tabelle 1 angegebenen Daten eine deutliche Steigerung der Varianz bei Kindern mit einem IQ unter 50 aus.

Tabelle 1:
Raten kinderpsychiatrischer Störungen bei unterschiedlichem IQ (erweitert nach Schmidt, 1986).

IQ	Häufigkeit (in %)	Alter (in Jahren)	Autoren
> 114	13	3—14	Castell et al. (1981)
≥ 85	16	8	Schmidt et al. (1982)
70—84	21,4	8	Schmidt et al. (1982)
50—69	24,5	< 16	Birch et al. (1970)
≥ 60	29,1	7—16	Liepmann (1977)
≥ 50	47	< 14	Corbett (1983)

Die Daten aus Tabelle 1 stützen sich auf repräsentative Stichproben. In der Praxis wird jedoch häufig auf Daten aus administrativ definierten Gruppen zurückgegriffen; so werden in der Regel die Gruppen nach der Art der besuchten Schule definiert. Da in der Bundesrepublik bis zu 5 % aller Kinder Schulen für Lern- und geistig Behinderte besuchen, ist dies gerechtfertigt. Prävalenzangaben über psychische Störungen bei geistig behinderten Kindern, also mit einem IQ häufig unter 60 (bei strenger Definition unter 50), liegen wesentlich häufiger vor als Angaben über Kinder aus Schulen für Lernbehinderte. Hier sind die Befunde erwartungsgemäß uneinheitlicher, setzen sich doch diese Schüler nicht nur aus denen mit leichten Intelligenzminderungen (mit einem IQ zwischen 50 und 70) zusammen, sondern schöpfen auch aus einem weiteren Grenzbereich, nämlich dem zwischen der unteren Normgrenze und der als pathologisch eingestuften Intelligenzminderung, also zwischen einem IQ von 85 und 70. Mit 14 % ist diese Gruppe für die jeweilige Altersstufe nicht unwesentlich. In Schulen für Lernbehinderte findet sich allerdings ein deutlicher Anteil von Schülern mit umschriebenen Entwicklungsstörungen, also definitionsgemäß mit uneingeschränkter Intelligenz, die jedoch in deutlich höherem Maße psychiatrische Komplikationen aufweisen. Außerdem werden diese Schulen von mehr Ausländerkindern besucht, was auf Förderprobleme, aber auch auf diagnostische Schwierigkeiten hinweist (vgl. Abschnitt 4.1).

Geht man davon aus, daß 4 % aller Kinder eine Schule für Lernbehinderte besuchen, dann muß die Hälfte von ihnen aus der Gruppe mit einem IQ 70 bis 85 stammen, dabei gibt es eine starke Streuung, die sich im unteren Bereich konzentriert. Bei der Gruppe der Schüler mit einem IQ $\leq$ 80, die immerhin 10 % der Schüler umfaßt, wird die Sonderschulaufnahme durch gleichzeitiges Bestehen psychischer Störungen wahrscheinlicher, insbesondere wenn Aggression und Hyperaktivität vorliegen, was den höheren Anteil von Jungen in dieser Schulform bedingt; eine solche Geschlechtsverschiebung finden wir in Schulen für geistig Behinderte nicht. Umgekehrt ist der Verbleib in der Regelschule auch mit einem IQ $\leq$ 75 umso wahrscheinlicher, je unauffälliger sich ein Kind verhält. Demgemäß fanden Castell et al. (1993) in Förderklassen für 6—10jährige im ländlichen wie im großstädtischen Bereich 33 % mit psychischen Auffälligkeiten. Das sind doppelt soviele, wie zu erwarten waren. Die bisherigen Ergebnisse unterscheiden sich nochmals von Befunden aus Inanspruchnahmestichproben klinischer Einrichtungen, in denen Kinder mit Intelligenzminderungen häufig zur Klärung ihrer intellektuellen Leistungsfähigkeit und einer angemessenen Förderung vorgestellt werden und nicht nur wegen psychischer Auffälligkeiten. Aus solchen Stichproben lassen sich Informationen über die Inanspruchnahmegründe ableiten. Marcus und Schmidt (1993) konnten bei einer Stichprobe 5—16jähriger psychiatrischer Patienten in 70 % psychische Auffälligkeiten nachweisen; der IQ lag bei diesen Patienten zwischen 50 und 84, wobei geringgradige Intelligenzminderungen deutlich überrepräsentiert waren. In der Inanspruchnahmeuntersuchung geistig Behinderter fand Reid (1980) 90 % psychisch Auffällige und bestätigte damit die Ergebnisse von Phillips und Williams (1975) mit 87 %.

2.2 Ergebnisse der analytischen Epidemiologie

Mit zunehmender Intelligenzminderung steigt die Aufklärungsquote für deren Ursachen (von 25 % bei lernbehinderten auf über 50 % bei geistig behinderten Kindern). Parallel dazu nehmen genetische Einflüsse und erworbenen Beeinträchtigungen des Zentralnervensystems zu, insbesondere durch Hirnschädigungen und Chromosomenaberrationen (Abweichung der Chromosomen von der normalen Struktur). Auch geht damit die Geschlechterverschiebung bei den leichteren Intelligenzminderungen zugunsten der Jungen von 1,8—2,1:1 auf 1:1 zurück, ebenso vermindert sich die bei den leichteren Intelligenzminderungen angetroffene Zugehörigkeit zu niedrigen sozialen Schichten bzw. der deutliche Einfluß adversiver familiärer und sozialer Bedingungen auf die kognitive Entwicklung; die Rate von Zusatzbehinderungen nimmt zu (vgl. Tab. 2 und 3). Tabelle 2 zeigt insbesondere die hohe Rate von Sprech- und Sprachstörungen.

Die Ätiologie der Intelligenzminderung ist kaum für die Art der psychischen Auffälligkeit von Belang, sie beeinflußt jedoch die kognitive Beeinträchtigung. Bei hirngeschädigten Kindern trägt sie in der Regel deutlich den Stempel eines hirnorganischen Psychosyndroms, was mit Schwächen auch im Bereich der Wahrnehmungsorganisation und des Gedächtnisses einhergeht. Generell sind Störungen

Tabelle 2:
Zusatzbehinderungen bei geistig behinderten Kindern (modifiziert nach Liepmann, 1977).

Art der Zusatzbehinderung	Häufigkeit (in %)
Motorik	17
Sehen	50
Hören	8
Sprache	77
Anfälle	14

Tabelle 3:
Anzahl der Zusatzbehinderungen bei geistig behinderten Kindern (modifiziert nach Liepmann, 1977).

Anzahl der Zusatzbehinderungen	Häufigkeit (in %)
Keine	12
Eine	26
Zwei	39
Drei	20
Vier	3

häufiger, die sich aus Entwicklungsverzögerungen ergeben. Sie weisen auf ein größeres Maß an Unreife hin. Solches Verhalten kann also auch bei jüngeren Kindern ohne Intelligenzminderung gefunden werden. Manche Krankheitsbilder bekommen durch die gleichzeitig bestehende Intelligenzminderung eine typische Färbung, zum Beispiel Pfropfpsychosen (Überlagerung von Intelligenzminderung und schizophrener Psychose). Bei Kindern mit Intelligenzminderungen infolge chromosomaler Störungen ist die Rate psychischer Auffälligkeiten eher niedrig.

Die klinische Symptomatik zeigt kein einheitliches Bild. Sicher ist, daß bei ausgeprägter Intelligenzminderung autistische Syndrome und hyperkinetische Störungen sowie Stereotypien und Pica häufiger als Hauptdiagnosen auftreten. Bei abnehmender Intelligenzminderung treten Stereotypien und Pica mehr als Begleitsymptome auf. Aggressives Verhalten stellt bei einer ausgeprägten Störung oft eine Begleiterscheinung dar, wobei sie bei leichteren Intelligenzminderungen eher den Charakter einer Störung des Sozialverhaltens annimmt. Dabei tritt oft der Typ mit oppositioneller Störung auf (ICD-10: F 92.3).

2.3 Klassifikation

Intelligenzminderungen als solche sind psychische Störungen; sie werden in der Internationalen Klassifikation psychischer Störungen, in der zur Zeit gültigen zehnten Revision (Dilling et al., 1993), in Kapitel V unter F 70 bis F 79 klassifiziert und zwar in einer Vierfachabstufung (bei Anwendung ausreichend standardisierter Intelligenztests):

F 70 Leichte Intelligenzminderung

Hierunter fällt der IQ-Bereich von 50 bis 69 mit den dazugehörigen Bezeichnungen: Schwachsinn, leichte geistige Behinderung, leichte Oligophrenie oder Debilität.

F 71 Mittelgradige Intelligenzminderung

Diese Diagnose umschreibt in der Regel einen IQ-Bereich zwischen 35 und 49 mit den dazugehörigen Begriffen: Mittelgradige geistige Behinderung, mittelgradige Oligophrenie oder Imbezilität.

F 72 Schwere Intelligenzminderung

Hier wird ein IQ-Bereich von 20 bis 34 angenommen, dazugehörig sind die Begriffe: Schwere geistige Behinderung oder schwere Oligophrenie.

F 73 Schwerste Intelligenzminderung

Unter dieser diagnostischen Kategorie wird der Intelligenzquotient auf weniger als 20 geschätzt, dazugehörige Begriffe sind: Schwerste geistige Behinderung, schwerste Oligophrenie oder Idiotie (im Sinne der „Privatisierung", d. h. des völligen Abgeschlossenseins von der Außenwelt).

F 78 Sonstige Intelligenzminderung

Mit dieser Klassifikation werden Störungen belegt, bei denen Intelligenzbeurteilungen mit den üblichen Verfahren wegen der begleitenden sensorischen oder körperlichen Beeinträchtigungen, d. h. Taubheit, Stummheit, Körperbehinderungen oder schwere Verhaltensstörungen praktisch nicht möglich sind.

F 79 Nicht näher bezeichnete Intelligenzminderung

Diese Kategorie ist dann anzuwenden, wenn die Informationen nicht genügen, um die Intelligenzminderung einer der umliegenden Kategorien zuzuordnen. Dazugehörige Begriffe sind: Nicht näher bezeichneter Schwachsinn, nicht näher bezeichnete geistige Behinderung, nicht näher bezeichnete Oligophrenie.

Definitionsgemäß sind Störungen der „Anpassung an die Anforderungen des alltäglichen Lebens" Voraussetzungen der genannten Diagnosen, es besteht also im weiteren Sinne des Wortes ein gewisses Maß an „Verhaltensstörungen". Das eindimensionale Klassifikationsvorgehen von ICD-10 sieht vor, den Grad der

Augenfälligkeit dieser Störung zusätzlich zu erfassen und reserviert dafür die vierte Stelle der Klassifikation:

F 7x.0	Keine oder geringfügige Verhaltensstörung
F 7x.1	Deutliche Verhaltensstörung, die Beobachtung oder Behandlung erfordert
F 7x.2	Sonstige Verhaltensstörung
F 7x.9	Nicht näher bezeichnete Verhaltensstörung

Diese Klassifikation bezieht sich auf für intelligenzgeminderte Kinder und Jugendliche typische Verhaltensweisen, die nicht als psychopathologische Symptome als solche aufgefaßt werden können. Die Abgrenzung kann gelegentlich Schwierigkeiten bereiten. Bei konsequentem Vorgehen nach ICD-10 wird eine zusätzliche psychische Störung auch zusätzlich klassifiziert, sofern sie eine eigene diagnostische Kategorie bildet, also eine depressive Störung, ein autistisches Syndrom oder eine stereotype Bewegungsstörung darstellt. Damit werden so viele Diagnosen verschlüsselt, wie für die Beschreibung des klinischen Bildes notwendig sind. Die Diagnose, der die größte aktuelle Bedeutung zukommt, wird als Hauptdiagnose betrachtet; in der Regel die Störung, die zum Kontakt mit der in Anspruch genommenen Institution geführt hat. Das kann bei einem Kind oder einem Jugendlichen mit einer Intelligenzminderung diese selbst oder die zusätzliche psychische Störung sein. Chronische oder rezidivierende Störungen können jedoch Vorrang haben, zum Beispiel eine Intelligenzminderung oder ein autistisches Syndrom, weil sich aus ihr möglicherweise die spezifische Färbung oder Bedeutung der aktuellen Diagnose ableiten läßt. Im Zweifelsfalle empfiehlt die ICD-10 die Reihung der Diagnosen in der im F-Kapitel vorgesehenen Diagnosenziffern.

Soweit Parallelerkrankungen bestehen — bei Intelligenzminderungen vor allem aber soweit Grunderkrankungen bekannt sind — werden diese in den entsprechenden Kapiteln für körperliche Erkrankungen separat klassifiziert, also etwa eine cerebrale Lähmung, eine Stoffwechselstörung, eine Chromosomenaberration oder ein Anfallsleiden. Für Symptome, die nicht die Qualität einer Diagnose erreichen, steht speziell Kapitel R zur Verfügung, desgleichen für Verletzungen, Vergiftungen oder andere Folgen äußerer Einwirkungen wie Mißhandlungen oder sexueller Mißbrauch. Die äußeren Ursachen von Morbidität und Inanspruchnahme, wie zum Beispiel Mißhandlung, Vernachlässigung, Schul- oder Erziehungsprobleme, auch suizidale Handlungen werden in den Kapiteln X, Y und Z klassifiziert.

Die ICD-10 klassifiziert Demenzprozesse unter F 0 als Folge von chronischen oder progredienten zentralnervösen Erkrankungen (wie etwa der Chorea Huntington, einer erblichen degenerativen Erkrankung des zentralen Nervensystems) oder bei Erkrankungen, die unter den körperlichen Erkrankungen klassifiziert werden (wie zum Beispiel Epilepsien oder Zustände nach Schädel-Hirn-Trauma).

Die in der Kinder- und Jugendpsychiatrie seit Ende der 60er Jahre übliche multiaxiale Klassifikation geht von vornherein von einer unabhängigen Bewertung der
kognitiven Fähigkeiten und psychiatrischen Symptome, körperlichen Störungen
und potentiell auslösenden Umstände aus. Die analog zur zehnten Revision der
ICD erschienene Neufassung sieht sechs Achsen zur Klassifikation psychischer
Störungen vor (siehe Remschmidt in diesem Buch).

Die Klassifikation auf den verschiedenen Achsen erfolgt unabhängig voneinander. Sollten neben einer Intelligenzminderung mehrere psychische Störungen
bestehen, die der ersten Achse zuzuordnen wären, ergäben sich Probleme in der
Reihenfolge der Klassifikation. In diesen Fällen ist der die Konsultation verursa-
chenden Störung Vorrang einzuräumen. Dieses Vorgehen vermeidet die Mehr-
fachklassifikation psychischer Störungen (neben der Intelligenzminderung und
der umschriebenen Entwicklungsverzögerung) und beschränkt sich auf eine Diagnose, während andere behandlungsrelevante Symptome in einem diagnoseer-
gänzenden Symptomkatalog klassifiziert werden.

Das DSM-III-R, das Diagnostische und Statistische Manual psychischer Störungen in der dritten revidierten Fassung, geht von einer multiaxialen Klassifikation
aus, die bei Kindern und Jugendlichen fünf Achsen umfaßt (siehe Remschmidt in
diesem Buch). Da für Intelligenzminderung keine eigene Achse reserviert ist,
sind Mehrfachklassifikationen bei DSM-III-R häufig notwendig, so etwa bei der
Kombination von Intelligenzminderung und autistischem Syndrom. Mehrfach-
diagnosen treten im DSM auch deswegen auf, weil kombinierte Störungen vermieden werden, während die ICD-10 bei spezifischem Verlauf solche Diagnosen
zuläßt, wie zum Beispiel hyperkinetische Störung des Sozialverhaltens, Angst-
und Depressionsstörung.

Die Klassifikationen der Intelligenzminderungen erfolgt analog zur ICD-10. Verlangt wird eine bedeutsame Minderung des generellen Intelligenzniveaus, begleitet von eindeutigen Beeinträchtigungen der Anpassung, vor dem 18. Lebensjahr
beginnend. Die Diagnose erfolgt unabhängig von parallel bestehenden körperlichen oder psychischen Störungen und beschreibt die Unterform mit folgenden
Zusätzen:

317.00 Leichte Intelligenzminderung

Umfaßt etwa 85 % aller Intelligenzgeminderten, wobei der IQ zwischen 50 bis 55
und etwa 70 liegt und die Betroffenen sich im Vorschulalter oft nicht von gesunden Kindern unterscheiden.

318.00 Mäßige Intelligenzminderung

Umfaßt etwa 10 % aller Betroffenen, gemessener IQ zwischen 35—40 und
50—55.

318.10 Schwere Intelligenzminderung

Diese Kategorie umfaßt 3—4 % aller Intelligenzgeminderten, wobei die Grenzen
für den IQ zwischen 20—25 und 35—40 liegen.

318.20 Schwerste Intelligenzminderung

Bis 2 % aller Betroffenen einschließend, mit einem geschätzten IQ unter 20 bis 25.

319.00 Unspezifische Intelligenzminderung

Bei mit standardisierten Intelligenztests wegen Behinderungen oder mangelnder Kooperation nicht untersuchbaren Personen oder Fehlen geeigneter Tests, vor allem bei Unsicherheit bei nicht schwerst intelligenzgeminderten, jüngeren Kindern.

Ausdrücklich wird vermerkt, daß 319.00 nicht benutzt werden soll, wenn ein IQ über 70 angenommen wird. Dafür ist als Spezialkategorie eine V-Klassifikation vorgesehen (für Bedingungen, die nicht den psychischen Störungen zugeordnet werden können, aber Aufmerksamkeit, Beobachtung oder Behandlung erfordern) und zwar V 40.00 "Borderline intellectual functioning". Hier liegt der IQ zwischen 71 und 84. Diese diagnostische Einschätzung wird häufig übersehen bei parallel bestehenden psychischen Erkrankungen. In diesen Fällen werden dann die Adaptionsmöglichkeiten der Betroffenen (Anpassungen an Entwicklungsaufgaben) nicht korrekt eingeschätzt, zum Beispiel bei der undifferenzierten oder Residual-Schizophrenie.

Im DSM-III-R wird Demenz unter den psychoorganischen Syndromen (Organic Mental Syndromes) beschrieben. Dort sind auch kindliche Demenzprozesse zu klassifizieren, sobald von einem zuvor stabilen Intelligenzniveau ausgegangen werden kann (nach DSM-III-R bei einem Alter von drei oder vier Jahren). Bei vorangehender Intelligenzminderung werden dann beide Diagnosen vergeben. Für die Klassifikation muß ein spezifischer pathogenetischer organischer Faktor nachgewiesen oder vermutet werden. Die Intelligenzminderung darf beispielsweise nicht auf eine Depression zurückgehen, sie darf außerdem nicht nur während eines deliranten Zustandes (vorübergehende Bewußtseinsstörung) auftreten.

3. Erklärungsansätze

In einem vereinfachten Modell entscheiden fünf Faktoren über das Entstehen psychischer Störungen:

- eine genetisch determinierte Vulnerabilität
- eine erworbene Vulnerabilität
- chronische Streßfaktoren
- akute Streßfaktoren
- die Streßbewältigung

Zunächst muß man von einer genetisch determinierten und/oder erworbenen Vulnerabilität ausgehen, die schon allein zur Krankheitsmanifestation führen kann, erst recht aber in Kombination mit chronischen bzw. akuten Streßfaktoren. Nach heutigen Erkenntnissen kommt den chronischen Faktoren dabei die wichtigere

Rolle zu. Demgegenüber stehen Bemühungen zur Streßbewältigung. Im Wechselspiel von Vulnerabilität, Streß und Streßbewältigung kann sich eine allein nicht
ausreichend pathogene Disposition in einer Krankheit manifestieren. Über den
weiteren Krankheitsverlauf entscheidet das Wechselspiel zwischen krankheitsab-
hängigen Belastungen und kompensatorischen Möglichkeiten (u. a. Therapieange-
boten). Abhängig von der Form des Gleichgewichts kann es zur Genesung oder
Chronifizierung kommen. Intelligenzminderungen können sowohl Risiko- als
auch Schutzfaktoren der psychischen Entwicklung sein. Zunächst können **psychische Auffälligkeiten oder Störungen von Krankheitswert aus der Intelligenzminderung** resultieren.

---

1. Variante:

Grunderkrankung → Intelligenzminderung → Psychische Störung

2. Variante:

Grunderkrankung → Intelligenzminderung
bekannt/unbekannt ↓

        psych. Störung

3. Variante:

Grunderkrankung → Intelligenzminderung

           ↓

Andere Risikofaktoren → Psychische Störung

4. Variante:

Grunderkrankung → Intelligenzminderung → Psychische Störung

           ↓

Andere Risikofaktoren → Psychische Störung

Abbildung 1:
Möglichkeiten für gemeinsames Auftreten von Intelligenzminderung und psychischer
Störung.

Häufiger ist die Konstellation, daß **Intelligenzminderung und begleitende psychische Störungen gleichermaßen Folge einer Grundstörung** sind und sich zusätzlich gegenseitig beeinflussen, vor allem im Sinne einer typischen Färbung der
psychischen Störung (vgl. Abb. 1). Die Komorbidität beruht also auf einer gemeinsamen Ursache. Eine andere Möglichkeit der Komorbidität ist die dritte in
Abbildung 1 dargestellte Variante: die Grunderkrankung verursacht die Intelligenzminderung, ein anderes Risiko die psychische Störung, beide Folgezustände
beeinflussen sich gegenseitig wieder im Sinne einer Überfärbung. Einem ähnlichen Mechanismus folgt die vierte in Abbildung 1 dargestellte Variante: wegen
der durch eine bestimmte Grunderkrankung bedingten Intelligenzminderung

steigt die Wahrscheinlichkeit, daß ein anderes Risiko zur Manifestation einer psychischen Störung führt, weil die Intelligenzminderung ebenfalls als Risikofaktor wirkt; zusätzliche Einflüsse der Intelligenzminderung auf die psychische Störung sind dabei vorstellbar. Diese Mechanismen sagen nichts über die quantitativen Verknüpfungen der Größen miteinander. Wenn Intelligenzminderung und psychische Störung nebeneinander bestehen, können sie sich gegenseitig im Sinne einer Beeinträchtigung des Individuums addieren oder potenzieren, aber im Falle der protektiven Wirkung (ebenfalls dem Schema der letzten Variante in Abbildung 1 folgend) auch abschwächen. Entsprechende Überlegungen sind für die Therapieplanung von Bedeutung.

Intelligenzminderung als Schutzfaktor. Niedrige Intelligenz wirkt immer dann als protektiver Faktor, wenn sie verhindert, daß bestimmte Zusammenhänge erkannt werden, deren Wahrnehmung pathogen wirkt. Die Intelligenzminderung vermeidet in diesem Falle kognitive Dissonanz (zwei oder mehr kognitive Elemente stehen im Widerspruch zueinander, d.h. aus dem Gegenteil des einen ist das andere abzuleiten). Die protektive Wirkung ist umso häufiger, je jünger und auch emotional undifferenzierter ein Kind ist. Sie bleibt in der Adoleszenz nur erhalten, wenn die Forderungen der Umwelt den Handlungsmöglichkeiten des intelligenzgeminderten Jugendlichen angepaßt sind. Wahrscheinlich erstreckt sich die protektive Wirkung vor allem auf emotionale Störungen, also auf solche, für die eine relativ gute Binnendifferenzierung Vorraussetzung ist, weniger auf expansive Verhaltensstörungen, die durch Selbstkontrolle reguliert werden. Bekanntlich ist die Bedeutung von Schutzfaktoren wenig erforscht, dieser Tatbestand trifft auch auf intelligenzgeminderte Kinder und Jugendliche zu.

Verhaltensauffälligkeiten ohne Krankheitswert, die die Intelligenzminderung begleiten. In der Regel handelt es sich um eine unangemessene Bewältigung altersentsprechender Entwicklungsaufgaben wegen kognitiver Mängel. An solchen Symptomen kommen Aufmerksamkeitsstörungen und Pica, altersuntypische Ängste, Einnässen und Einkoten, Stereotypien oder Interaktionsprobleme mit Gleichaltrigen und Erwachsenen vor. Wegen des niedrigen Entwicklungsstandes haben diese Auffälligkeiten lediglich Symptomcharakter, aber keinen Krankheitswert. Solche Auffälligkeiten werden beim Vorgehen nach der ICD-10 auf der vierten Stelle der vierstelligen Klassifikationsziffer benannt, aber nicht durch eigene psychiatrische Diagnosen klassifiziert.

Psychische Störungen von Krankheitswert bei Intelligenzminderung. Mittelbare Folge der Intelligenzminderungen finden oft Ausdruck in Entwicklungsverzögerungen; Funktionen (Handlungskompetenzen oder Abwehrmechanismen) werden verspätet erworben. Folgen sind häufig monosymptomatische Störungen wie Pica, Bewegungsstereotypien mit und ohne Selbstverletzung, Einnässen, Einkoten, spezifische Phobien, sozial ängstliches und ggfs. mutistisches Verhalten, Rivalität gegen Geschwister und oppositionelles Verhalten. Zusätzlich ist eine bestimmte Gruppe von Zwangsphänomenen zu nennen, die keinen Krankheitswert hat, aber Anlaß zu differentialdiagnostischen Erwägungen gibt. In der Regel sind die genannten Störungen nicht unmittelbare Folge der Intelligenzminderung. Sie werden aber durch sie begünstigt.

Komorbidität von Intelligenzminderung und psychischer Störung einheitlicher Pathogenese. Komorbidität von Intelligenzminderung und psychischer Störung kann aufgrund einer gemeinsamen Grundstörung entstehen. Cerebrale Erkrankungen, die zur Demenz und zu Verhaltensauffälligkeiten oder zu Residuen im Sinne einer „Hirnschädigung" (z. B. nach Meningitis) führen, sind dafür klassische Beispiele. Häufigster Mechanismus sind Hirnschädigungen in früher Lebenszeit, die als Ursachen oder Mitursachen für Intelligenzminderungen und autistische Syndrome gelten. Exemplarisch für Grundstörungen und Folgeerkrankungen sind zu nennen:

- Störung des Aminosäurestoffwechsels/Phenylketonurie

- Störung des Kohlenhydratstoffwechsels/Galaktosämie

- Störung des Sphingolipid-Stoffwechsels/Morbus Gaucher

- Störung des Hormonhaushaltes/angeborene Hypothyreose

- Störung des Elektrolythaushaltes/chronische idiopathische Hypercalcämie

- Störung der Plasmaproteine/Morbus Wilson

- Chromosomenaberration/Klinefelter-Syndrom

- Fehlbildung des Zentralnervensystems (ZNS)/Dandy-Walker-Syndrom

- hereditäre Erkrankung des ZNS/Morbus Recklinghausen

- hereditäre Erkrankung des ZNS mit primären Zusatzbehinderungen/Möbius-Syndrom

- infektiöse Erkrankungen während der Schwangerschaft/Rötelnembryopathie

- externe, während der Schwangerschaft erworbene Schädigung/Alkoholembryopathie

- perinatale Komplikationen/infantile Zerebralparese

- Erkrankungen in der Frühkindheit/Slow-Virus-Infektion

Komorbidität von Intelligenzminderung und psychischer Störung bei unterschiedlicher Pathogenese. Weniger als die Hälfte der psychischen Erkrankungen dürfte diesem Mechanismus folgen, bei dem allfällige Verursachungsfaktoren in Kombination mit einer (aufgrund einer anderen Erkrankung bestehenden) Intelligenzminderung zu einer psychischen Störung führen, wobei der Manifestationsmechanismus durch die Intelligenzminderung begünstigt wird. Dissoziale Störungen oder Depressionen, Konversionssyndrome, nicht altersspezifische Angststörungen und Phobien, schizophrene Erkrankungen oder Eßstörungen folgen diesem Muster. Die psychische Störung kann dabei durch die Intelligenzminderung spezifisch gefärbt sein. Oft ist die Dynamik solcher Störungen aber wahrscheinlich die gleiche wie ohne eine Intelligenzminderung, und sie sind nur aufgrund der geringen Äußerungsfähigkeit mancher intelligenzgeminderter Kinder schwerer zu diagnostizieren.

Intelligenzminderung als Folge anderweitiger psychischer Störungen. Dieser Mechanismus soll der Vollständigkeit wegen erwähnt werden. Für ihn ist aufgrund der kurzen Entwicklungsspannen im Kindes- und Jugendalter schon rein von der biographischen Spanne, aber auch aufgrund der Wahrscheinlichkeit, an entsprechenden psychischen Störungen zu erkranken, wenig Raum. Wesentliches Beispiel sind Verluste der Denkfähigkeit infolge früh einsetzender schizophrener Störungen. Für chronische Folgen von Drogen- und Alkoholmißbrauch reicht die Zeitspanne bis zum Ende der Adoleszenz häufig nicht aus. Das gleiche gilt für die Folge chronifizierter Depressionen oder Eßstörungen. Ob leichte Intelligenzminderung als Folge chronischer hyperkinetischer Syndrome vorkommen, ist noch unklar.

4. Diagnostik

4.1 Diagnostik kognitiver Beeinträchtigungen

Die Diagnose kognitiver Beeinträchtigungen will langfristige Voraussagen treffen und nötigenfalls Interventionen festlegen, die in der Regel in den Bildungsgang der Betroffenen eingreifen. Ziel dabei ist eine frühestmögliche Intervention, während die Prognose erst mit dem Alter genauer wird. Der Versuch einer möglichst punktgenauen Bestandsaufnahme verführt überwiegend zu einer Defizitdiagnostik, die aber nicht die Fähigkeiten, sondern die Bilanz der bisherigen Förderung abbildet. Für die Entwicklungsprognose und Interventionsentscheidungen wäre aber eine Förderdiagnostik (was müßte und was kann gelernt werden?) optimal. Ein Schulsystem mit definierten Terminen für die Entscheidung über Wiederholung einer Klasse führt dabei leicht zu unangemessenem Entscheidungsdruck und verhindert ein gestuftes Vorgehen, wie es im Sinne einer Förderdiagnostik nötig wäre. Vor allem bei ausgeprägteren Intelligenzminderungen übersieht eine solche Diagnostik die Abhängigkeit der Prognose von der sozialen Kompetenz eines Kindes und von seiner Lernfähigkeit. Lernfähigkeit ihrerseits hängt sowohl von der Förderung als auch der Lern- und Leistungsmotivation ab. Ein gestuftes Vorgehen ist der Tragweite entsprechender diagnostischer Prozeduren angemessen. Verfahren, die sowohl in den oberen wie in den unteren Extrembereichen der Leistungsfähigkeit zu differenzieren versuchen, beschreiben die Leistungsfähigkeit eines kognitiv beeinträchtigten Kindes nur näherungsweise. Ergeben sich dabei Hinweise auf Leistungsschwächen, bedarf es der Klärung derselben mittels gezielter Verfahren, um somit auch im unteren Leistungsbereich ausreichend differenzieren zu können. Sie beziehen heute zunehmend Aufgaben ein, die an Stelle schulisch erworbener Fertigkeiten die soziale Anpassung berücksichtigen. Sie versuchen außerdem, verschiedene Dimensionen kognitiver Leistungsfähigkeit zu betrachten.

Unabhängig davon muß sich der Diagnostiker erst recht bei schwachen Ergebnissen für die Motivation des Untersuchten interessieren, damit nicht „Lernbehinderung" (als Behinderung beim Lernen) mit eingeschränkter Leistungsfähigkeit verwechselt wird. Die Lernmotivation hängt von der Förderung ab. Der Förderung sind besonders sprachliche Fertigkeiten zugänglich. Höhere Schichtzugehörigkeit, weibliches Geschlecht, gute muttersprachliche Fähigkeit der Eltern und der Umgang mit Gleichaltrigen erhöhen die sprachliche Kompetenz von Kindern mit Intelligenzminderungen. Der aktive, erst recht der passive Wortschatz, wie er häufig mittels der PPVT (Peabody Picture Vocabulary Test) als Schätzgröße der intellektuellen Leistungsfähigkeit benutzt wird, sind keine verläßlichen Indikatoren (vgl. Facon et al., 1993, die zeigen, daß der passive Wortschatz auch eine Funktion des Alters ist). Unter diesem Aspekt stellt die Diagnostik und Intelligenzminderungen bei Ausländerkindern ein besonderes Problem dar, weil sie gerade in frühen Entwicklungsstadien häufig nur in der Familie leben und damit die Sprache ihrer Mutter, nicht aber die des Gastlandes lernen. Auch ältere Ausländerkinder mit Kenntnissen der deutschen Sprache haben Probleme beim Verständnis fachlicher Testanweisungen; die an ihnen mit sogenannten Speed-Tests gewonnenen Testergebnisse sind deshalb mit Vorsicht zu betrachten. Zur Absicherung gegen Irrtümer empfiehlt sich dynamisches Testen nach dem Prinzip des Testing-the-Limits, wie es Wiedl und Carlson (1981) vorgeschlagen haben. Verfahren der Lerndiagnostik im engeren Sinne befinden sich derzeit an den Fakultäten in Aachen und Leipzig in Entwicklung (Huber & Guthke). Sprachliche Fertigkeiten führen nicht nur zur Überschätzung intellektueller Fähigkeiten, sondern tragen dann zu deren Unterschätzung bei, wenn bei intelligenzgeminderten Kindern zusätzlich sprachliche Teilleistungsschwächen vorliegen. Die ICD-10 sieht deshalb die Diagnose solcher Schwächen bei einem IQ von weniger als 70 vor. Für den, der das Kind im Alltag kennt, ist die Diskrepanz zur intellektuellen Leistungsfähigkeit offenkundig, für den Diagnostiker häufig nicht. Greift die Diagnostik — wie häufig im Vorschulalter bzw. dem präoperationalen Niveau angemessen — auf Paarbildungen und Seriationsaufgaben (vergleichende Betrachtungen optischer Wahrnehmungen) zurück, dann können sich Fehlurteile bei Kindern mit Beeinträchtigungen der optischen Wahrnehmung ergeben (vgl. Warnke in diesem Buch). Es hat sich nicht als effektiv erwiesen, solche Schwächen über spezifische Tests zur Diagnose von Hirnschädigungen auszuschließen, weil die Spezifizität dieser Verfahren niedrig ist und vor allem in jüngeren Altersstufen mit intellektuellen Fähigkeiten verknüpft ist, so zum Beispiel die Aufgaben aus den Subtests IV und V des Wahrnehmungstests von Frostig (1974).

Die Abgrenzung von Intelligenzminderungen und Teilleistungsschwächen stellt ein weiteres Problem dar, zumal die Nichterkennung teilleistungsschwacher Kinder oft zur ungerechtfertigten Einschulung in Schulen für Lernbehinderte führt. Teilleistungsschwache Kinder können nur schwer Lesen und Schreiben erlernen, und ihre rezeptive Sprache weist Schwächen auf. Bei der Rechenschwäche hingegen erfolgt häufiger eine Überschätzung der intellektuellen Fähigkeiten, weil scheinbar spezifische Rechenschwächen oft nur Indiz generell geminderter intellektueller Fertigkeiten sind. Aufgrund der ungünstigen Entwicklungsprognose von Kindern mit umschriebenen Entwicklungsstörungen (Teilleistungsschwächen) ist die Differentialdiagnose wesentlich. Gerade wegen der zahlreichen sprachlichen Teilleistungsschwächen gilt es deswegen bei scheinbar niedriger

Intelligenz diese stets durch ein auf das schlußfolgernde Denken beschränktes Verfahren zu sichern, das möglichst frei von schulisch erworbenen Fertigkeiten ist.

Die Diagnostik dementiver Prozesse stützt sich auf die Verschlechterung des abstrakten Denkens (vor allem gemessen an expressiv sprachlichen Aufgaben wie Ähnlichkeiten oder Beziehungen zwischen Worten, Problemen bei Definitionen und Konzepten) und auf Beeinträchtigungen der Bewertungsfähigkeit (innerfamiliäre oder Freizeitsituationen, schulische Probleme und auch außerschulische Aufgaben können nicht angemessen geplant, durchgeführt und beurteilt werden). Schließlich entstehen in fortgeschritteneren Stadien dysphasische und dyspraktische (s. o.) Beeinträchtigungen, später agnostische Symptome (Unfähigkeit, Wahrgenommenes zu erkennen, trotz intakter Funktion der Sinnesorgane) und solche der sogenannten konstruktiven Apraxie (Störung, bei der bei intakter Handlungsausführung die räumliche Form nachzubildender Gegenstände mißlingt). Die Alltagsbewältigung sowohl im familiären wie im schulischen Rahmen als auch nur mit Gleichaltrigen sinkt deutlich. Im einzelnen lassen sich bei dementiven Prozessen Beeinträchtigungen der Auffassungsgeschwindigkeit und des Behaltens nachweisen, die zum Teil die obengenannten Symptome begründen. Auch verschlechtert sich die affektive Kontrolle, was jedoch ein vieldeutiges Symptom ist. Auf die Notwendigkeit des Nachweises eines organischen Faktors oder entsprechender Vermutung für die Demenzdiagnose wurde bereits hingewiesen. Die Überlagerung von Intelligenzminderung mit psychopathologischen Syndromen stellt eine spezifische Störungsquelle für die Diagnostik dar, zumal häufig die Frage auftaucht, ob ein spezifisch auffälliges Verhalten Folge der intellektuellen Beeinträchtigung oder die verminderte intellektuelle Leistungsfähigkeit Folge der psychiatrischen Auffälligkeit ist. Autistische Störungen, hyperkinetische Syndrome, psychotische Störungen, emotionale Störungen, Eßstörungen, Epilepsien sind Quellen von Fehleinschätzungen. Für autistische Syndrome besteht bei den Erkrankungen vom Kanner-Typ bei 75 bis 90 % ein IQ von weniger als 70, also eine wenigstens leichte Intelligenzminderung, während beim Asperger-Syndrom die Intelligenzverteilung unbeeinträchtigt erscheint. Autistische Züge allein sagen nichts über intellektuelle Beeinträchtigungen aus, wenngleich sie mit diesen häufig assoziiert sind. Solche Züge kommen gehäuft vor bei der Kombination von Intelligenzminderungen mit therapieresistenten Epilepsien (Steffenburg et al., 1992). Frith (1989) beschreibt ein spezifisches Profil in der Wechsler-Skala für Kinder beim Kanner-Syndrom mit guten Ergebnissen im Mosaik-Test und extrem schlechten im Bilderordnen und in den Verständnisaufgaben, das offensichtlich häufig durch Probleme bei den Ähnlichkeitsaufgaben ergänzt wird. Daraus wurde geschlossen, daß autistische Kinder, unabhängig von ihrem Intelligenzniveau, ein spezifisches kognitives Defizit haben, infolgedessen sie die psychischen Zustände Dritter, die nicht anhand äußerer Handlungen beobachtbar sind, nicht nachvollziehen, also auch nicht in ihre kognitiven Prozesse einbeziehen können. Hyperkinetische Kinder weisen eine geringfügige Intelligenzbeeinträchtigung auf, die aber in unterschiedlichen Subgruppen verschieden ausgeprägt ist. Neben diesem generellen Effekt wirkt eine Aufmerksamkeitsstörung auf das Ergebnis diagnostischer Verfahren. Unabhängig davon sind hyperkinetische Verhaltensweisen, wie erwähnt, bei Intelligenzgeminderten ein häufiges Symptom. Aufmerksamkeit und Impulsivität beeinträchtigen bei diesen Kindern die Intelligenzbeurteilung. Floride Zustände von schizophrenen, manischen, depressiven und anorektischen Störungen beeinträchtigen die intellektuellen Fähigkeiten und erfordern Wiederholungsmessungen für eine solide Beurteilung, erst recht bei einem Verdacht auf Intelligenzminderungen. Bei mittlerem Intelligenzniveau sind emotionale Störungen eine mögliche Irrtumsquelle bei der Intelligenzbeurteilung. Wie weit das auch bei Intelligenzminderungen zutrifft, ist bisher empirisch nicht geklärt.

4.2 Diagnostik psychiatrischer Störungen

Das intellektuelle Niveau beeinflußt die Mechanismen der Verarbeitung intrapsychischer und externer Gegebenheiten. Die nicht altersentsprechende Differenzierung des psychischen Apparates läßt lern- und geistig behinderte Kinder bezüglich Wahrnehmung und Integration (die mehr Piagets Prinzip der Assimilation als dem der Akkomodation folgt), der Abwehrmechanismen und der Bewältigungsstrategien (die häufig kurzfristig angelegt sind) jünger erscheinen. Kinder mit Intelligenzminderungen behalten länger als normal ihr egozentrisches Weltbild bei. Das erschwert Wahrnehmung, Informationsverarbeitung sowie die Entwicklung von Leistungsmotivation und beeinträchtigt den Interaktionsstil.

Demgemäß ähneln psychopathologische Symptome intelligenzgeminderter Kinder häufig denen jüngerer. Als Ausdruck der verlangsamten Entwicklung treten mehr körperliche Symptome auf, hyperkinetisches und anderes destruktives Verhalten ist häufiger, Defizitsymptome erscheinen vermehrt. Das Symptombild ist insgesamt stereotyper und uniformer, einfache Angst- und Kontaktstörungen nehmen zu, während Erkrankungen, denen ein diffizilerer intrapsychischer Mechanismus zugrunde liegt, in ihrer Häufigkeit reduziert sind. Auch die umweltabhängigen pathogenen Mechanismen ergeben teilweise ein anderes Spektrum als bei anderen Kindern: psychische Störungen bei anderen Familienmitgliedern, Zurückweisung durch gesunde Altersgleiche und Überforderung treten ebenso gehäuft auf wie ungünstige soziale Bedingungen und restriktiver Erziehungsstil.

Aus diesen Erkenntnissen lassen sich einige Hilfsregeln für die psychiatrische Untersuchung von Kindern und Jugendlichen mit geminderter Intelligenz ableiten: Die Fremdanamnese ist ein wichtiges Instrument, auch bei älteren Kindern und bei Jugendlichen. In ihrem Rahmen ist auf die genaue Schulkarriere, nicht nur auf die augenblicklichen Schulleistungen Wert zu legen. Häufig ist die Erstellung eines Stammbaumes hilfreich. Beobachtung von Verhalten und Interaktion (auch mit Eltern und Geschwistern) hat einen oft höheren Stellenwert als die Befragung der Betroffenen. Freie oder themengeleitete Zeichnungen sind geeignet, die Beobachtung darüber zu ergänzen, wie gut Kulturtechniken beherrscht werden.

5. Verlauf, Behandlung und Prävention psychischer Störungen bei Intelligenzminderungen

Dieser Abschnitt befaßt sich nicht mit der Therapie der Intelligenzminderung selbst bzw. der ihr zugrundeliegenden Störungen. Letzteres ist, soweit dafür überhaupt Möglichkeiten bestehen, Gegenstand ärztlicher Behandlung, erstere Gegenstand sonderpädagogischen Bemühens. Dafür stehen zahlreiche Entwicklungsprogramme zur Verfügung, die zu einem möglichst optimalen Entwicklungsverlauf führen sollen. Überwiegend stützen sich solche Maßnahmen auf Beiträge der Lernpsychologie (vgl. z. B. Kane & Kane, 1990). Mit zunehmendem Alter gehen sie in sonderpädagogische Maßnahmen über. Mit der Adoleszenz treten Fragen der beruflichen Eingliederung, aber auch der Partnerschaft, Sexualität und Kontrazeption hinzu. Einschlägige Überlegungen beschränken sich aber in der Regel auf Kinder mit wenigstens mäßiger oder schwer ausgeprägter Intelligenzminderung, während sie für solche mit leichteren Intelligenzminderungen oder intellektueller Befähigung im Grenzbereich zur Norm fehlen.

Die Interventionen bezüglich psychiatrischer Störungen beziehen sich teils auf Auffälligkeiten, die lediglich Symptomcharakter haben, teils auf eigenständige Syndrome. Obwohl sich solche Verhaltensweisen bei Kindern und Jugendlichen, die in Heimen betreut werden, häufen, sprechen heutige Erkenntnisse dagegen, daß sie überwiegend Folge deprivierender Lebensbedingungen sind, sondern dafür, daß sie häufig Grund für die außerfamiliäre Betreuung waren, also primär bestanden. Da fachliche Hilfe häufig spät in Anspruch genommen wird, führt dies häufig zu einer stereotypen Verfestigung bestimmter Verhaltensweisen wie Schreien, körperliche Angriffe, Selbstverletzungen, Zerstörungen, Rumination, autistischen Verhaltensweisen, Hyperaktivität, Bewegungsstereotypien, Eßstörungen, Schlafstörungen und Wutausbrüchen. Das psychotherapeutische Repertoire zur Behandlung solcher Störungen ist überwiegend der Verhaltenstherapie entlehnt, auch bei entsprechenden Störungen, die nicht durch die Intelligenzminderung spezifisch beeinflußt sind (vgl. Petermann, 1997). Im Vordergrund steht dabei die Modifikation auslösender Bedingungen (fehlende Beschäftigungsangebote, fehlende Struktur, Lärm). Auf diese Weise werden Erregungszustände, in denen bestimmte Verhaltensweisen auftreten, am ehesten reduziert. Soweit das nicht möglich ist, wird das Erlernen alternativer, mit der Verhaltensauffälligkeit möglichst nicht kompatibler Verhaltensweisen eingesetzt. Auch hierbei steht der Abbau aggressiver und unruhiger Verhaltensweisen im Vordergrund.

Eine weitere Methode bilden sogenannte time-out-Verfahren, womit Belohnungen entzogen werden (vgl. Petermann, 1997). Beim "time-out" wird der Betroffene beim Auftreten bestimmter unerwünschter Verhaltensweisen sofort aus der Gruppe gebracht und darf erst dann zurückkehren, wenn das unerwünschte Verhalten nicht mehr auftritt, wenn zum Beispiel nicht mehr geschrien wird. Bei intelligenzgeminderten Kindern und Jugendlichen, die an Gruppenaktivitäten nicht interessiert sind, versagt dieses Verfahren; vielfach ist es auch zur

Reduktion von Selbstverletzungen geeignet. Weniger wirksam und begrenzter anwendbar sind Verfahren, bei denen die Betroffenen ggf. unter Anleitung angerichtetes Durcheinander oder Schäden beseitigen müssen.

Die Anwendung von Bestrafungsprozeduren ist bei intelligenzgeminderten Kindern und Jugendlichen dann kaum wirksam, wenn auffälliges Verhalten eine spezifische Funktion hat. Aus ethischen Gründen wendet man solche Verfahren heute im wesentlichen an, um selbstverletzendes Verhalten abzubauen, so zum Beispiel durch kurzfristiges In-den-Mund-Nehmen von Eiswürfeln bei sich selbst beißenden Kindern. Alternative Verfahren sind positive und negative Übung. Erstere wird häufig aus einer Korrektursituation ausgeführt, d. h. der Betroffene muß zunächst die Ausgangssituation wiederherstellen (zu diesen Überkorrekturverfahren gehört die Festhaltetherapie), bei negativer Übung muß das unerwünschte Verhalten solange wiederholt werden, bis eine Sättigung eintritt (zu Details der Therapie selbstverletzenden Verhaltens vgl. Brezkovsky, 1985).

Wenn umschriebene Syndrome bei intelligenzgeminderten Kindern und Jugendlichen auftreten, entspricht die Behandlung dem Regelvorgehen, das in anderen Kapiteln dieses Buches beschrieben wird. Die Behandlung muß aber an das kognitive Niveau angepaßt werden, das bedeutet, daß Psychotherapieverfahren, die in höherem Maße Introspektion und logisches Denken erfordern, mit abnehmendem Intelligenzniveau seltener eingesetzt werden können. Die klassischen verhaltenstherapeutischen Verfahren rücken dann in den Vordergrund. Bei der Behandlung autistischer Syndrome sind sie ohnehin üblich. Bei der Behandlung hyperkinetischer Störungen entfällt die Möglichkeit von Selbstinstruktion und die Interventionen werden auf das Kontingenzmanagement beschränkt. Bei Störungen der rezeptiven Sprache stehen Verfahren der Aphasiebehandlung im Vordergrund. Bei der Behandlung entwicklungsgebundener Störungen ist mit langsameren Fortschritten als üblich zu rechnen. Die therapeutischen Schritte müssen entsprechend kleiner sein, auf die Verständlichkeit der ihnen zugrundeliegenden Kontingenzen ist zu achten. In der Regel bedeutet das klare, knappe sprachliche Anweisungen, die gestisch untermauert werden, und den Verzicht auf Nebensächliches, längere Lernzeiten und häufigere Überprüfungen des Gelernten. Beim Einsatz von Verstärkern wirken Verstärker-Entzugsprogramme besser als positive Verstärkung. In jedem Falle muß die Verstärkung aber unmittelbar erfolgen, es muß eindeutig sein, worauf sie sich bezieht. Verstärker- oder Token-Entzugsprogramme, bei denen Belohnungen bzw. Verluste summiert werden, setzen Mengenverständnis bei den behandelten Kindern oder Jugendlichen voraus.

Stereotypes Verhalten von intelligenzgeminderten Kindern produziert stereotype Reaktionen auf seiten der erwachsenen Bezugspersonen. Auch wenn diese nicht Auslöser auffälligen Verhaltens sind, halten sie es häufig aufrecht. Deshalb ist auch im Rahmen von Behandlungen, in denen Eltern häufig als Kotherapeuten mitarbeiten, die Überprüfung ihres Verhaltens vor Ort unumgänglich, d. h. der Behandler muß sich einzelne Therapieschritte vorführen lassen, auch um sich so zu vergewissern, daß das betroffene Kind ausreichend versteht. Primäre Interaktionsprobleme sind als solche zu behandeln; sie bestehen oft bei Fütter- und Trennungsangststörungen. Daher steht hier zunächst die Verhaltensmodifikation bei den Eltern im Vordergrund. Sind verdeckte Konflikte an dem pathogenen Verhalten der Eltern beteiligt, kommt Beratung oder konfliktzentrierte Psychotherapie der Eltern in Frage. Bei Konversionsstörungen (Verlust der normalen Integration, die sich auf die Kontrolle von Körperbewegungen, unmittelbare Empfindungen, Erinnerung an die Vergangenheit bezieht) intelligenzgeminderter Kinder und Jugendlicher sind Suggestivverfahren hilfreich (vgl. Petermann & Petermann, 1993).

Die Intelligenzminderungen selbst sind stabil, ausgenommen die Demenz, bei der ein progredienter Verlauf auftreten kann. Eine ähnlich hohe Stabilität zeigen die psychischen Auffälligkeiten vom Kindes- bis ins junge Erwachsenenalter. Die Stabilität emotionaler Störungen ist bei Mädchen stärker, die Stabilität aggressiv-dissozialer Störungen bei beiden Geschlechtern ähnlich. Hyperkinetisches und autistisches Verhalten sowie Stereotypien nehmen mit zunehmendem Alter ab. Statt dessen ergibt sich eine relative Häufung schizophrener Erkrankungen im Sinne von Pfropfschizophrenien und Persönlichkeitsstörungen. Letztere machen ein Drittel der psychischen Störungen intelligenzgeminderter Erwachsener aus, gefolgt von autistischen und depressiven Störungen, mit denen sie zusammen zwei Drittel der einschlägigen Auffälligkeiten bilden (Reiss, 1982; Koller et al., 1983, wobei nicht bekannt ist, wie häufig eine Therapie erfolgte).

Ein sekundär-präventiver Umgang mit intelligenzgeminderten Kindern und Jugendlichen stellt die wichtigste primäre Prävention für psychische Störungen bei dieser Gruppe dar. Dazu gehören Früherkennung der Beeinträchtigung, frühe Information der Eltern und Frühförderung für die Betroffenen. Angemessene Forderungen stellen vor allem bei gering ausgeprägten Intelligenzminderungen vielleicht die wichtigste präventive Maßnahme dar. Sie tragen auch zur — ohnehin verspäteten — Entwicklung überdauernder Leistungsmotivation bei. Unterforderung und Leerlauf begünstigen Verhaltensauffälligkeiten. Mit zunehmendem Alter werden für Jugendliche mit Intelligenzminderungen trotz aller Integrationsbemühungen Kontakte mit ebenfalls beeinträchtigten Gleichaltrigen wichtig, weil speziell in der Adoleszenz sozialer Austausch mit Nichtbehinderten eher schwierig ist.

Weiterführende Literatur

Dosen, A. (1993). Diagnosis and treatment of psychiatric and behavioural disorders in mentally retarded individuals: the state of the art. *Journal of Intellectual Disability Research, 37,* 1—5.

Kusch, M. & Petermann, F. (1991). *Entwicklung autistischer Störungen.* Bern: Huber, 2. erweit. Auflage.

Whitman, T. & Johnston, M. (1987). Mental retardation. In M. Hersen & V. van Hasselt (Eds.), *Behaviour therapy with children and adolescents.* New York: Wiley.

Literatur

American Psychiatric Association (1987). *Diagnostic and statistical manual of mental disorders*. Third edition revised. Cambridge: University Press.

Birch, H. G., Richardson, S. A., Baird, D., Horobin, G. & Illsley, R. (1970). *Mental subnormality in the community: A clinical and epidemiological study*. Baltimore: Williams & Williams.

Brezkovsky, P. (1985). *Diagnostik und Therapie selbstverletzenden Verhaltens*. Stuttgart: Enke.

Castell, R., Biener, A., Artner, K. & Dilling, H. (1981). Häufigkeit von psychischen Störungen und Verhaltensauffälligkeiten bei Kindern und ihre psychiatrische Versorgung. Ergebnisse einer repräsentativen Querschnittsuntersuchung 3—14jähriger. *Zeitschrift für Kinder- und Jugendpsychiatrie, 9*, 115—125.

Castell, R. (1992). Persönliche Mitteilung.

Castell, R., Mall, W., Beck, B. & Amon, P. (1993). Diagnose- und Förderklassen in München und Rosenheim. In R. Castell (Ed.), *Lernbehinderungen*. Rimpar: Edition von Freisleben.

Corbett, J. (1982). An epidemiological approach to the evaluation of services for children with mental retardation. In M. H. Schmidt & H. Remschmidt (Eds.), *Epidemiological approaches in child psychiatry, Vol. II*. Stuttgart: Thieme.

Dilling, H., Mombour, W. & Schmidt, M.H. (1991). *ICD-10. Internationale Klassifikation psychischer Störungen*. Bern: Huber.

Ehlers, S. & Gillberg, C. (1993). The epidemiology of Asperger syndrome. A total population study. *Journal of Child Psychology and Psychiatry and allied disciplines, 34*, 1327–1350.

Facon, B., Bollengier, T. & Grubar, J.C. (1993). Overestimation of mentally retarded persons IQs using the PPVT: A re-analysis and some implications for future research. *Journal of Intellectual Disability Research, 37*, 373—379.

Frith, U. (1989). Autism and theory of mind. In C. Gillberg (Ed.), *Diagnosis and treatment of autism* (33—52). New York: Plenum Press.

Frostig, M. (1974). *Frostigs Entwicklungstest der visuellen Wahrnehmung* (bearb. von O. Lockowandt). Weinheim: Beltz.

Kane, G. & Kane, N. (1990). Psychologische Maßnahmen. In G. Neuhäuser & H.-Ch. Steinhausen (Hrsg.), *Geistige Behinderung* (220—234). Stuttgart: Kohlhammer.

Koller, H., Richardson, S. A., Kolz, M. & McLaven, J. (1983). Behavior disturbance since childhood among a 5-year-birth cohort of all mentally retarded young adults in a city. *American Journal of Mental Defiency, 87*, 386—395.

Liepmann, M. C., Marker, K. R., Matt, W., Krzyszycha, K. & Schieber, P. (1977). *Geistig behinderte Kinder in Mannheim. Eine epidemiologische, klinische und sozialpsychologische Studie*. Bericht an die Deutsche Forschungsgemeinschaft über Stufe I des Projekts A6 im SFB. Mannheim: Zentralinstitut für seelische Gesundheit.

Liepmann, M. C. (1979). *Geistig behinderte Kinder und Jugendliche. Eine epidemiologische, klinische und sozialpsychologische Studie in Mannheim*. Bern: Huber.

Marcus, A. & Schmidt, M.H. (1993). Lernbehinderungen und psychische Auffälligkeiten. In R. Castell (Hrsg.), *Lernbehinderung*. Rimpar: Edition von Freisleben.

Petermann, F. (Hrsg.) (1997). *Kinderverhaltenstherapie. Grundlagen und Anwendungen*. Baltmannsweiler: Schneider.

Petermann, U. & Petermann, F. (1993). Entspannungsverfahren bei Kindern und Jugendlichen. In D. Vaitl & F. Petermann (Hrsg.), *Handbuch der Entspannungsverfahren,
Bd. 1.* Weinheim: Psychologie Verlags Union.

Phillips, I. & Williams, N. (1975). Psychopathology and mental retardation: A study of
100 mentally retarded children: I. Psychopathology. *American Journal of Psychiatry,
132,* 1265—1271.

Reid, A. H. (1980). Psychiatric disorders in mentally handicapped children: A clinical
and follow-up study. *Journal of Mental Deficiency Research, 24,* 287—298.

Reiss, S. (1982). Psychopathology and mental retardation — survey of a developmental
dissatified mental health program. *Mental Retardation, 20,* 128—132.

Schmidt, M. H. , Esser, G., Allehoff, W. H., Geisel, B., Laucht, M. & Voll, R. (1982).
Bedeutung cerebraler Dysfunktion bei Achtjährigen. *Zeitschrift für Kinder- und Jugendpsychiatrie, 10,* 365—377.

Schmidt, M. H. (1986). Psychopathologie bei geistiger Behinderung. In G. Neuhäuser
(Hrsg.), *Entwicklungsstörungen des ZNS.* Stuttgart: Kohlhammer.

Steffenburg, S., Gillberg, C. & Steffenburg, U. (1992). *Psychiatric problems in children
with mental retardation and seizure disorder. A population-based study.* Göteborg:
WHO 6th Invitational Child and Adolescent European Research Group Meeting.

Wiedl, K. H. & Carlson, J. S. (1981). Dynamisches Testen bei lernbehinderten Sonder-
schülern mit dem farbigen Matrizentest von Raven. *Heilpädädagogische Forschung,
11,* 19.

World Health Organization (Hrsg.) (1991). *Internationale Klassifikation psychischer
Störungen.* Deutsche Bearbeitung von Dilling, H., Mombour, W. & Schmidt, M. H.
Bern: Huber.

Neuropsychologische Störungen

Gerhard Neuhäuser

1. Einleitung

Die Neuropsychologie untersucht Zusammenhänge zwischen Hirnfunktion und Verhalten. Bei umschriebenen Veränderungen cerebraler Strukturen werden „funktionelle Hirnsysteme" (Anochin, 1978) beeinträchtigt. Die Störung spezifischer Hirnfunktionen äußert sich in Schwierigkeiten beim Sprechen, Lesen, Schreiben oder Rechnen, in der Wahrnehmung, beim Planen oder Ausführen von Handlungen. Als cerebrale Werkzeugstörungen werden verschiedene neuropsychologische Syndrome abgegrenzt, wie Aphasien (Sprachstörungen) oder Apraxien (Handlungsstörungen). Meist sind dann eindeutige Beziehungen zwischen betroffener Struktur (cerebrales Areal) und Symptomkombination (neurologisch-neuropsychologischer Befund) festzustellen (Creutzfeld, 1983). Es treten aber auch unspezifische Hirnfunktionsstörungen auf, die unter dem Begriff des hirnorganischen Psychosyndroms zusammengefaßt, auch als frühkindliche Hirnschädigung (Lempp, 1978) oder minimale cerebrale Dysfunktion (Bauer, 1986) bezeichnet werden. Dabei können Grundfunktionen, wie Merkfähigkeit und Gedächtnis, Antrieb und Psychomotorik, verändert sein.

Im Kindesalter ist immer der Entwicklungsaspekt zu beachten. Die verschiedenen cerebral repräsentierten Fähigkeiten werden allmählich erworben. Sie sind Resultat der strukturell-funktionellen Differenzierung von „Zentren", die sich in Auseinandersetzung mit der Umwelt und ihren mannigfaltigen Einflüssen vollzieht. Während zunächst die Kompensationsmöglichkeiten beträchtlich sind bei noch wenig gefestigten Funktionen („Plastizität"), können später in bestimmten cerebralen Arealen spezifische Hirnleistungen fest repräsentiert sein. Über diese Entwicklungsvorgänge ist noch wenig bekannt, viele unserer Annahmen von den Beziehungen zwischen Struktur und Funktion beruhen auf Spekulation. Da genetische und epigenetische (umweltabhängige) Faktoren in komplexer Weise zusammenspielen, sind Analysen im Entwicklungsverlauf schwierig. Wohl auch deshalb müssen unsere Kenntnisse von den neuropsychologischen Störungen bei Kindern als lückenhaft bezeichnet werden (Njiokiktjien, 1988).

2. Beschreibung der Störungen

Um spezifische Hirnfunktionsstörungen zu erfassen, müssen Abweichungen bei der Tätigkeit von Hirnsystemen genau registriert, aber auch von reaktiv bedingten Störungen differenziert werden. Durch eine detaillierte Verhaltensanalyse sind beobachtete Symptome auf bestimmte Hirnleistungen zu beziehen, dabei auch mit festgestellten Strukturveränderungen (Anomalien) zu korrelieren. Beziehungen sind einfach zu erkennen, wenn gut definierte Symptomkombinationen auftreten, deren strukturell-funktionelle Grundlagen (Lokalisation) bekannt sind. In der Praxis fällt allerdings oft die Entscheidung darüber schwer, ob gewisse Befunde Ausdruck „organischer Störung", Folge reaktiver Vorgänge oder Resultat einer Kombination mehrerer Faktoren sind.

Hirnpathologische oder neuropsychologische Syndrome (cerebrale Werkzeugstörungen) wurden bei Erwachsenen seit mehr als 100 Jahren vielfach dokumentiert; Struktur und Funktion sind dabei ziemlich eindeutig aufeinander zu beziehen (Kleist, 1934; Luria, 1970; Creutzfeld, 1983). Im Kindesalter hat man es jedoch nur selten mit derart umschriebenen Syndromen zu tun, da die Funktionen noch nieht „ausgereift" und fest an bestimmte Strukturen gebunden sind. Nach manchen Störungen (Läsionen) können gewisse Symptome wegen der „Plastizität" des kindlichen Gehirns relativ rasch kompensiert werden. Die bei Erwachsenen erhobenen Befunde sind nicht ohne weiteres auf das Kindesalter zu übertragen: Es ist ein Unterschied, ob „etablierte" Hirnleistungen beeinträchtigt werden oder ob Störungen im Verlauf der Entwicklung funktioneller Systeme auftreten und die Ausbildung von Fähigkeiten behindern.

Spezifische Hirnfunktionsstörungen werden bei Kindern auch als Teilleistungsschwächen oder umschriebene Entwicklungsrückstände bezeichnet (s. die Kapitel von Esser bzw. Warnke in diesem Buch). Der Begriff minimale cerebrale Dysfunktion (MCD) soll besagen, daß es neben eindeutigen Hirnläsionen, die morphologisch faßbar sind, auch Funktionsstörungen gibt, deren strukturelle Basis (noch) nicht nachweisbar ist. Kritische Untersuchungen haben allerdings erwiesen, daß dieses Konzept wenig hilfreich ist (Esser & Schmidt, 1987). Besser sollten einzelne Funktionsebenen differenziert betrachtet und genau beschrieben werden, um sie mit festgestellten Strukturveränderungen in Beziehung setzen zu können.

Der Begriff Teilleistungs- oder Entwicklungsstörung vermeidet die Zuordnung zu bestimmten Arealen, die bei Kindern ohnehin nicht oder nur begrenzt möglich ist. Er umgeht damit auch den Bezug auf eine bestimmte Ätiologie: Es kann sich um „echte Retardierung", um anlagebedingte „Schwächen" oder um Folgen einer Schädigung („Residuum") handeln. Der Begriff ist deskriptiv und setzt die Normalitäts- wie die Diskrepanzannahme voraus (siehe Esser in diesem Buch). Bei neuropsychologischen Störungen wird demgegenüber eine Spezifizierung hinsichtlich betroffener Strukturen (Lokalisation) nötig, auch die Berücksichtigung ätiologischer bzw. pathogenetischer Faktoren, soweit diese nachzuweisen sind.

2.1 Störungen der motorischen Entwicklung

Verzögerte oder abweichende Ausbildung grob- und feinmotorischer Fähigkeiten und Fertigkeiten kann isoliert oder im Rahmen allgemeiner Entwicklungsstörungen vorkommen. Eindeutig beeinträchtigte Funktionen findet man bei den neurologischen Syndromen infantiler Cerebralparesen mit Tonusveränderung (Spastik, Dystonie, Hypotonie), Seitendifferenzen, abnormen Reflexen oder Reaktionen sowie dyskinetischen Bewegungen. Gewisse Beziehungen zu den Funktionsebenen des motorischen Systems können zu erkennen sein; mit bildgebenden Verfahren sind strukturelle Veränderungen in entsprechenden Arealen nachzuweisen, wenn auch keineswegs regelhaft. Im Erscheinungsbild gibt es gewissermaßen eine „Verdünnungsreihe" von ausgeprägten Störungen bis hin zu einer nur leicht abnormen motorischen Funktion, beispielsweise bei ungeschickten Kindern (Gordon & McKinlay, 1985).

Ein wesentliches Merkmal umschriebener Störungen der Bewegungsentwicklung ist die motorische Dyskoordination mit Schwierigkeiten bei der Gleichgewichtserhaltung und in der Bewegungssteuerung, beim Ablauf motorischer Aktionen (rasche Aufeinanderfolge, Anpassung an veränderte Umweltbedingungen) sowie in feinmotorischen Fertigkeiten. Nicht immer sind derartige Funktionsstörungen eindeutig von Varianten der normalen Entwicklung bzw. von Grenzwerten einer beträchtlichen intra- und interindividuellen Variabilität zu unterscheiden. Vielfach bringen erst Motodiagnostik und Verlaufskontrolle Klarheit.

Die motorische Entwicklung kann in ihrem Ablauf verzögert sein, man spricht dann oft von einer stato- oder psychomotorischen Retardierung. Dieser Begriff ist besonders für Eltern problematisch, wenn sich nämlich die Verzögerung als Ausdruck einer bleibenden Störung erweist.

Im Rahmen umschriebener Entwicklungsrückstände treten auch abnorme Symptome auf, die normalerweise nicht oder nur kurzfristig vorkommen bzw. von vornherein als pathologisch zu betrachten sind (Tab. 1). Dann handelt es sich oft um bleibende Abweichungen im motorischen Funktionssystem, deren morphologische Grundlage nicht selten auch durch bildgebene Verfahren sichtbar zu machen ist.

Tabelle 1:
Abnorme motorische Symptome bei umschriebenen Entwicklungsrückständen.

Tonusveränderungen: Hypertonie, Dystonie, Hypotonie

Reflexabweichungen: Hyperreflexie, Asymmetrie, Abschwächung

Dyskinesien: hyperkinetisch, choreatisch, choreiform, athetotisch, myoklonisch, Tremor, Tic

Ataxie: Koordinationsstörung von Rumpf oder Extremitäten, Dysmetrie, Dysdiadochokinese, Asynergie

---

Neuropsychologische Störungen (im engeren Sinn) bei der Planung und Ausführung von Handlungen werden als Apraxie bezeichnet. Die von Erwachsenen bekannte Differenzierung (Tab. 2), die in ihrer Einteilung nicht unumstritten ist, kann nur schwer auf das sich entwickelnde Nervensystem übertragen werden. Bei Kindern spricht man von einer konstruktiven Dyspraxie, wenn es zu Störungen bei „gestaltenden Handlungen" kommt, verbunden mit einer Beeinträchtigung der räumlichen Orientierung und des Körperschemas sowie einer ungenügend ausgebildeten Lateralität. Bei der räumlichen Dyspraxie kann die zeitliche Abfolge von Bewegungen, welche räumliche Orientierung erfordern, nicht eingehalten werden, sind die Imitation von Bewegungsfolgen erschwert und das Körperschema gestört (Remschmidt, 1987). Kinder mit Dyspraxie fallen zuerst durch eine verzögerte motorische Entwicklung auf, sie haben ungeschickte Bewegungen und vermeiden bestimmte Tätigkeiten, die ihnen offenbar Mühe bereiten. Es kann schwierig sein, die einzelnen Funktionen genau zu differenzieren und auf bestimmte Hirnareale zu beziehen (Parietalregionen). Entsprechende Testergebnisse müssen kritisch interpretiert werden.

Tabelle 2:
Syndrome mit Apraxie (nach Poeck, 1982).

Ideomotorische Apraxie

Beeinträchtigung in der Auswahl der motorischen Elemente, die eine Bewegung konstituieren und in der korrekten sequentiellen Anordnung dieser Elemente

Gesichtsapraxie, bilaterale oder einseitige Gliedmaßenapraxie

Ideatorische Apraxie

Unfähigkeit, komplexe Handlungsfolgen auszuführen
Apraxie der Handlungsfolgen (Liepmann)

Bukkofaziale Apraxie, Gliedmaßenapraxie

Ob Entwicklungsstörungen der Motorik durch Einflüsse von außen wesentlich zu verändern sind, ist nach verschiedenen Studien strittig. Obwohl es sicher gelingt, Sekundärsymptome und reaktive Folgen, die im Vordergrund des Störungsbildes stehen können, zu mindern oder ganz zu beseitigen, deuten Verlaufsuntersuchungen eher darauf hin, daß motorische oder dyspraktische Befunde relativ konstant bleiben (Esser, 1991).

2.2 Störungen der Sprachentwicklung

Man unterscheidet Sprachentwicklungsverzögerung und Sprachentwicklungsstörung (Leischner, 1987), auch wenn die Differenzierung oft erst nach geraumer Zeit gelingt. Es kann der Ablauf des Spracherwerbs lediglich retardiert und später eine normale Funktion vorhanden sein (Abb. 1). Andererseits werden verschiedene Symptome beobachtet, welche die verbale Kommunikation behindern und nicht selten zu einer bleibenden Funktionsschwäche führen (Sprachbehinderung). Wie bei der motorischen gibt es auch in der sprachlichen Entwicklung eine beträchtliche Variationsbreite. Äußere Einflüsse sind dafür ebenso verantwortlich wie konstitutionell-genetische Faktoren. Nach größeren Untersuchungen ist davon auszugehen, daß im Alter von etwa drei Jahren gute sprachliche Funktionen bei mehr als 90 % gesunder Kinder vorhanden sind (Neligan & Prudham, 1969).

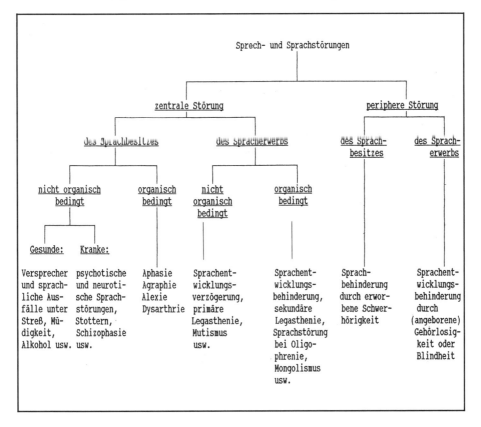

Abbildung 1:
Klassifikation von Sprech- und Sprachstörungen unter Berücksichtigung ätiologischer Kriterien (aus Remschmidt & Niebergall, 1981, S. 250).

Für die Entwicklung der Sprache sind nicht nur cerebrale Funktionssysteme erforderlich, die Sprache perzipieren und produzieren, verarbeiten und in motorische Aktion umsetzen. Wichtig ist vielmehr auch die Möglichkeit zur Interaktion und Kommunikation, die bereits in den ersten Lebenswochen einsetzen. Entscheidend ist ferner ein ungestörtes Hörvermögen, da Imitationsvorgänge bedeutsam sind und Rückkoppelung über den auditiven Sinneskanal voraussetzen.

Nach der Beobachtung von erwachsenen Patienten, die durch Verletzungen, Tumoren oder Durchblutungsstörungen umschriebene Hirnläsionen erlitten haben, kennt man isolierte Ausfallerscheinungen von Sprachfunktionen: Bei der expressiven oder motorischen Aphasie (Broca) ist die sprachliche Produktion betroffen, bei der rezeptiven oder sensorischen Aphasie (Wernicke) mehr das Sprachverständnis. Übergeordnete Systeme sind bei der Leitungsaphasie und bei der amnestischen Aphasie oder Anomie (Wortfindungsstörung) beeinträchtigt (Tab. 3). Aufgrund der Symptome, die gegebenenfalls mit speziellen Tests zu differenzieren sind, wird eine lokalisatorische Zuordnung versucht (motorisches Sprachzentrum im Bereich der dritten Stirnwindung der sprachdominanten Hemisphäre, sensorisches Sprachzentrum (Wernicke) im Bereich der ersten Temporalwindung und am rückwärtigen Anteil des Schläfenlappens). Mit der Aphasielehre nach den grundlegenden Beobachtungen von Broca (1861) und Wernicke (1874) ist die neuropsychologische Betrachtungsweise eingeführt worden. Moderne Möglichkeiten der Durchblutungs- oder Aktivitätsmessung haben die Zusammenhänge zwischen Struktur und Funktion vielfach bestätigt (Birbaumer & Schmidt, 1990).

Tabelle 3:
Klassifikation der Aphasien und ihrer Hauptsymptome
(nach Heilmann & Valenstein, 1985).

Aphasietyp	spontanes Sprechen	Paraphasien	Verstehen	Wiedergabe	Benennen
Broca-Aphasie	stockend	selten	gut	schlecht	schlecht
Wernicke-Aph.	flüssig	häufig	schlecht	schlecht	schlecht
Leitungsaph.	flüssig	häufig	gut	schlecht	schlecht
Globale Aph.	stockend	variabel	schlecht	schlecht	schlecht
Anomie	flüssig	fehlen	gut	gut	schlecht
Subcortikale Aphasie	flüssig oder stockend	häufig	variabel	gut	variabel

Auch bei Sprachentwicklungsstörungen können vorwiegend expressive oder hauptsächlich rezeptive Funktionen betroffen sein (siehe Beitrag Esser in diesem Band). Die Pathogenese der Störung ist aber völlig anders, da nicht eine bereits ausgebildete Funktion verlorengeht, sondern deren Entwicklung von Beginn an gestört wird. Deshalb trifft auch der Begriff Aphasie nicht zu. Man spricht von Entwicklungsdysphasie und versucht, durch linguistische Analysen festzustellen, welche Funktionen betroffen sind; dabei müssen natürlich Hörvermögen und Intelligenzentwicklung berücksichtigt werden (Tab. 4). Auch im Verlauf unter-

Tabelle 4:
Linguistische Gesichtspunkte bei der Diagnose von Sprachentwicklungsstörungen
(nach Rapin, 1982; Rapin & Allen, 1991).

Aufgrund der Untersuchung von Sprachverständnis, sprachlichem Ausdruck und Imitationsfähigkeit (Anwendung geeigneter Testverfahren)

- allgemeine Schwäche (Verständnis und Ausdruck gering)
- starke Imitation (Verständnis gestört, Papageiverhalten)
- mangelndes Verständnis (Ausdruck und Imitation relativ gut)
- phonologisch Verständnis, Formulierung und Imitation mangelhaft (Syntax deutlich besser als Phonologie)
- unspezifische Schwäche bei Formulierung und Imitation (Verständnis besser als Ausdruck)
- fehlende Formulierung und Imitation bei gutem Verständnis

Aufgrund des Gebrauchs von Sprache sind Syndrome zu differenzieren

- Verbale auditive Agnosie (Worttaubheit)
  stumm, kein Verständnis, unterschiedliches Verhalten
  visuelle Verarbeitung von Sprache möglich
- Semantisch-pragmatisches Syndrom, lexikalisch-syntaktisches Syndrom
  flüssiges Sprechen, Echolalie, Anomie, mangelndes Verständnis bei Diskussionen, oft hyperverbal und tangential, Verhalten unterschiedlich
- Gemischt phonologisch-syntaktisches Syndrom (rezeptiv-expressiv)
  kein flüssiges Sprechen, Verständnis besser als Ausdruck, oromotorische Funktionen unterschiedlich gestört
- Phonologische Programmstörung (verbale Dyspraxie)
  schwere Störung des Ausdrucks, angemessenes Verständnis, oromotorische Funktionen unterschiedlich gestört
- Flüssig — vorwiegend expressives Syndrom
  Prosodie, Phonologie und Verständnis verschieden, Pragmatik schwer gestört, Echolalie, autistisches Verhalten

scheiden sich Aphasie und Dysphasie: Tritt Sprachverlust bei Kindern nach einer Verletzung des Gehirns auf, beobachtet man eine „gemischte" Aphasie, die sich meist rasch zurückbildet (Remschmidt & Stutte, 1980). Demgegenüber ist die Prognose einer Entwicklungsdysphasie weniger günstig, wenn sie Folge einer Hirnläsion vor dem Spracherwerb ist. Von Dysphasien abzugrenzen sind autistische und mutistische Sprachstörungen: Autismus ist mit einer tiefgreifenden Veränderung im sozialen Verhalten verbunden, beim selektiven Mutismus handelt es sich um willentliche Sprachverweigerung in bestimmten Situationen, die psychoreaktive Ursachen hat.

Störungen der rezeptiven Sprachentwicklung führen zu mangelndem oder fehlendem Sprachverständnis. Nicht immer ist es einfach, eine Beeinträchtigung der geistigen Entwicklung eindeutig abzugrenzen. Kinder mit Hörstummtheit (akusti-sche Agnosie, Audimutitas) zeigen besondere Verhaltensweisen, die als autistisch verkannt werden können. Wichtig ist immer, die Funktion des Ohres genau zu prüfen, gegebenenfalls mit objektiven Methoden.

Die expressive Sprache setzt Verarbeitung des Gehörten, aber auch intakte Sprechwerkzeuge voraus. Das Sprachverständnis ist gut entwickelt, auch für komplexe Zusammenhänge. Kinder mit expressiver Sprachstörung haben auch Schwierigkeiten, Wörter nachzusprechen und Sätze zu bilden. Man beobachtet Dyslalie (Stammeln mit Schwierigkeit bei der Aussprache von verschiedenen Buchstaben) und Dysgrammatismus (häufige Fehler im Satzbau). Die in einem sprachfreien Test ermittelten Leistungen sind gut, auch wenn nicht selten weitere Schwächen nachzuweisen sind, z. B. Schreib-, Lese- oder Rechenstörung (siehe Beitrag Warnke in diesem Band). Untersuchungen mit bildgebenden Verfahren deuten darauf hin, daß hauptsächlich die motorischen Sprachareale der dominan-ten Hemisphäre in ihrer Tätigkeit gestört sind.

Tabelle 5:
Funktionen und Bereiche, die bei der Diagnose von Sprachentwicklungsstörungen berücksichtigt werden sollten (aus Amorosa, 1984).

Perzeption im Bereich der
    Semantik
    Syntax
    Phonologie

Produktion im Bereich der
    Semantik
    Syntax
    Phonologie

Pragmatik

Artikulation, Phonation, Atmung

nichtsprachliche Mundmotorik

Gehör

kognitive Faktoren
    nichtverbale Intelligenz
    auditives und visuelles Gedächtnis

neurologischer Befund

motorische Entwicklung

Verhaltensstörung

abnorme psychosoziale Umstände

In der Praxis werden Kinder mit verzögerter oder gestörter Sprachentwicklung häufig vorgestellt. Immer muß zuerst eine Hörminderung mit allen verfügbaren Möglichkeiten ausgeschlossen werden (Tab. 5). Bei der Beobachtung des Kindes in Spielsituationen ist dann zu analysieren, ob mehr das Sprachverständnis oder eher die Sprachproduktion betroffen ist. Dabei kann auch der Entwicklungsstand des Kindes hinsichtlich seiner motorischen, geistigen und sozialen Fähigkeiten beurteilt werden. Schließlich sind mit geeigneten Tests Sprachverständnis, Sprachproduktion und Artikulation differenziert zu überprüfen (siehe Beitrag Esser in diesem Band). Eine EEG-Untersuchung kann zum Nachweis epileptisch bedingter Sprachstörungen (Landau-Kleffner-Syndrom) angezeigt sein. Bei umschriebenen Funktionsausfällen sind bildgebende Verfahren (Computer- und Magnetresonanztomographie usw.) erforderlich. Damit werden die Voraussetzungen für eine möglichst effiziente, an der Ursache orientierte Therapie geschaffen.

2.3 Störungen der Informationsverarbeitung und Wahrnehmung

Aus der Hirnpathologie bzw. Neuropsychologie des Erwachsenen sind verschiedene Agnosie-Syndrome (Störungen des Erkennens) bekannt, die bei Läsion bestimmter cerebraler Areale auftreten (Tab. 6). Im Kindesalter ist eine vergleichbare Differenzierung nicht möglich. Entwicklungsstörungen können zwar zu Veränderungen von kognitiven Funktionen, bei der Informationsverarbeitung und Wahrnehmung führen, sie sind aber im allgemeinen nicht auf die Beeinträchtigung bestimmter Hirnfunktionen zu beziehen. Über die neurophysiologischen Grundlagen der sensorischen Integration, bei Abstimmung der aus verschiedenen Sinneskanälen einlaufenden Informationen, weiß man noch wenig. Übliche Vorstellungen, die auch verschiedenen Therapieprogrammen zugrundegelegt werden, beruhen vielfach auf Spekulationen. Dabei ist unbestritten, daß mit gewissen Testverfahren bestimmte Störungen bei der Raumwahrnehmung oder Figur-Hintergrund-Differenzierung bzw. in der Körperorientierung nachgewiesen

Tabelle 6:
Syndrome mit Agnosie (nach Orgass, aus Poeck, 1982).

Visuelle Objektagnosie

Akustische und taktile Agnosie

Farbagnosie

Simultanagnosie

Agnosien im weiteren Sinne
    Räumliche Agnosien
    Prosopagnosie

werden können. Welche Grundfunktionen dabei betroffen und wo die dafür verantwortlichen Strukturen lokalisiert sind, ist jedoch unbekannt. Man hat allerdings davon auszugehen, daß dem Gebiet des Hirnstamms und der basalen
Kerngebiete eine wichtige Bedeutung zukommt.

Die visuellen Funktionen sind frühzeitig ausgebildet. Für die zentrale Verschal-
tung ist eine ungestörte Tätigkeit des Auges wichtig, wie Deprivationsexperimen-
te oder Beobachtungen bei Schwachsichtigkeit (Amblyopie) zeigen: Fehlt der
visuelle Input, bleiben für die spätere Funktion wichtige Entwicklungen aus.
Durch eine differenzierte Analyse sind die einzelnen Abschnitte des optischen
Systems genau zu prüfen: Brechende Medien des Auges, Netzhaut, Sehnerv,
Schaltstellen im Mittelhirn, Sehbahn und Rindenareale. Bei Kindern werden oft
durch die notwendige Mitarbeit gewisse Grenzen gesetzt.

Von optischer Agnosie (Seelen- oder Rindenblindheit) spricht man, wenn durch
eine Läsion im Bereich der Sehstrahlung oder des Cortex (Rindenareal 19) bei
intaktem Auge und ungestörter Informationsleitung bis zum Mittelhirn (normaler
Pupillenreflex) keine visuelle Perzeption erfolgt. Mittels bildgebender Verfahren
oder neurophysiologischer Methoden (visuell evozierte Potentiale) kann eine gute
Korrelation der Befunde erreicht werden. Gesichtsfeldausfälle (z. B. homonyme
Hemianopsie, Quadrantenhemianopsie) weisen auf bestimmte Lokalisation von
Läsionen hin (Tab. 7).

Tabelle 7:
Störung visueller Funktionen (nach von Cramon et al., 1993).

Sehschärfe und Kontrastsehen

Hell- und Dunkeladaptation

Gesichtsfeldausfälle und -störungen (Hemianopsie, visueller Hemineglekt)

Visuelle Explorationsstörungen

Visuell bedingte Lesestörungen

Visuell-räumliche und räumlich-konstruktive Störungen

Visuelle Gesichter- und Objektwahrnehmung

Cerebrale Farbsinnstörungen

Zu den neuropsychologischen Grundfunktionen gehören Merkfähigkeit und Gedächtnis. Sie werden bei unterschiedlich lokalisierten Hirnläsionen in Mitleiden-
schaft gezogen, aber auch bei diffusen Störungen, beispielsweise im Rahmen des
psychoorganischen Syndroms.

2.4 Affektiv-emotionale Störungen

Die kindliche Entwicklung wird in besonderer Weise von Gefühlsbeziehungen, von Affekten und Emotionen geprägt. Da diese im limbischen System des Gehirns ihre strukturelle und funktionelle Repräsentanz haben, sind sie auch für spezifische Hirnleistungen bedeutsam. Selten kommen Störungen isoliert vor, z. B. nach temporal lokalisierten Erkrankungen (Encephalitis vom temporalen Typ, limbische Encephalitis). Ausgeprägte Verhaltensänderungen erinnern dann an eine akute Psychose des Erwachsenen. Werden bei Kindern derartige Symptome beobachtet, sind sie eher Folge exogener Faktoren (psychoorganisches Syndrom), seltener Ausdruck einer endogenen Erkrankung.

Affektiv-emotionale Voraussetzungen bestimmen gewissermaßen die Verfügbarkeit der funktionellen Hirnsysteme, wirken damit gleichsam als Katalysatoren oder aber als störende Einflüsse, beispielsweise auch bei neuropsychologischen Untersuchungen. Oft ist schwierig, ihren Anteil am Ergebnis bestimmter Prüfungen genau festzulegen. Dies gilt auch für umschriebene Hirnläsionen, bei denen das Auftreten von Verhaltensauffälligkeit bekannt ist (Frontalhirnsyndrom mit Antriebsstörung und Enthemmungsphänomenen).

2.5 Reaktive und neuropsychologische Störungen

Bei der Beurteilung von Hirnfunktionsstörungen bzw. spezifischen Entwicklungsstörungen ist immer zu bedenken, daß die beobachteten Verhaltensäußerungen von zahlreichen Faktoren beeinflußt sind und letztlich als Reaktionsbildung komplexer Interaktionsprozesse angesehen werden müssen. Zu Reaktionen kommt es schon während der pränatalen Entwicklung; damit wird die Differenzierung des Nervensystems beeinflußt, können möglicherweise Funktionen geändert werden. Allerdings sind unsere Kenntnisse von diesem Aspekt der ,,pränatalen Psychologie" noch recht lückenhaft, sie beruhen meist auf Spekulation. Kritische Studien bestätigen jedoch, daß Interaktionen zwischen Mutter und Kind stattfinden (Nijhuis, 1992).

Sobald das Kind nach der Geburt mit seinen Beziehungspersonen Kontakt aufnimmt und Interaktionen auftreten, sind auch Reaktionen ständig zu beobachten, ausgelöst von endogenen wie von exogenen Reizen (Papousek & Papousek, 1990). Das Kind wird dabei auch eine Funktionsstörung bemerken und auf sie reagieren, so daß rasch komplexe Wechselwirkungen entstehen. Diese können durch additive oder gar potenzierende Effekte Entwicklungsstörungen verstärken, andererseits aber Kompensationsvorgänge begünstigen und zum Ausgleich von Schwächen führen.

Die Ausprägung reaktiver Störungen ist unspezifisch, so daß sie von manchen Symptomen einer Hirnfunktionsstörung nicht eindeutig zu unterscheiden sind. Die Frage, die Eltern in diesem Zusammenhang oft stellen, ob nämlich das Kind nicht könne oder nicht wolle, ist deshalb meist nicht eindeutig zu beantworten.

Bei gegenseitiger Beeinflussung wird man nur von einem mehr oder weniger starken Gewicht des einen oder anderen Faktors sprechen können. Trotzdem muß versucht werden, bei Beurteilung umschriebener Entwicklungsstörungen den reaktiven Anteil zu bestimmen. Dabei sind entwicklungsdynamische Aspekte zu berücksichtigen, nachdem Interaktionsmuster vom Alter des Kindes und der jeweils gegebenen Umweltkonstellation abhängen. Auch wenn keine sichere Differenzierung gelingt, kann mit therapeutischen und fördernden Maßnahmen versucht werden, Verhaltensänderung zu erreichen. Durch Wirkung auf reaktive Störungen wird nämlich nicht selten die Situation des Kindes in einer Weise verändert, daß sich neue Möglichkeiten der Kompensation und Integration eröffnen, selbst wenn die vorhandene Hirnfunktionsstörung nur wenig beeinflußt wird (Esser, 1991).

3. Epidemiologie, Verlauf und Nosologie

Spezifische Hirnfunktionsstörungen, bei denen neuropsychologische Beziehungen im eigentlichen Sinn festgestellt werden, sind bei Kindern selten. Dies hängt mit den Besonderheiten des sich entwickelnden Nervensystems und den dabei wirksamen Umwelteinflüssen zusammen. Hingegen werden Teilleistungsstörungen bzw. umschriebene Entwicklungsstörungen bei Kindern mit Verhaltensauffälligkeiten und Leistungsproblemen relativ oft beobachtet. In epidemiologischen Untersuchungen sind vor allem Schreib-Lese-Schwäche und Sprachentwicklungsstörungen genannt (Tab. 8). Die Angaben sind auch davon beeinflußt, durch welche Symptome die Kinder erfaßt wurden, z. B. in Folge psychiatrischer Störungen (vgl. Remschmidt & Walter, 1989).

Untersuchungen zum Verlauf neuropsychologischer Störungen im Kindesalter sind spärlich. Bei traumatisch entstandenen Aphasien wurde beobachtet, daß die Symptome sich rasch zurückbilden, wenn es nicht zu einem schweren psychoorganischen Syndrom kommt (Remschmidt & Stutte, 1980). Umschriebene Entwicklungsstörungen der Sprache können eine günstige Prognose haben, während motorische Auffälligkeiten wenig Veränderung zeigen (Esser, 1991). Trotzdem werden Sekundärsymptome verändert und bessere Integration erreicht, wenn man die Ergebnisse mototherapeutischer Bemühungen analysiert.

Spezifische Entwicklungsstörungen werden auf der zweiten Achse des multiaxialen Klassifikationsschemas codiert; hier sind auch die spezifischen Hirnfunktionsstörungen bezüglich ihrer Auswirkungen einzuordnen. Nach ICD-10 werden umschriebene Entwicklungsstörungen (F 8) in solche des Sprechens und der Sprache (F 80), von schulischen Fertigkeiten (F 81) oder der motorischen Entwicklung (F 82) differenziert.

4. Erklärungsansätze

Grundlage für ein Verständnis neuropsychologischer Störungen ist die Kenntnis der funktionellen Hirnsysteme und der strukturell-funktionellen Beziehungen

Tabelle 8:
Häufigkeit von Hirnfunktionsstörungen bei Kindern nach einer Erfassung umschriebener Entwicklungsrückstände in einer vollständigen kinder- und jugendpsychiatrischen Inanspruchnahmepopulation. (In der ersten Zeile Anzahl der Nennungen, in der zweiten relativer Anteil an der Zeilensumme in Prozent, in der dritten relativer Anteil an der Spaltensumme. Prozentzahlen beziehen sich auf die Anzahl der jeweiligen Personen, für die das Zeilen- bzw. Spaltenkriterium zutrifft; Möglichkeit von Mehrfachnennungen; aus Remschmidt, 1987).

	Alter							
	0-<3 Jahre	3-<6 Jahre	6-<9 Jahre	9-<12 Jahre	12-<15 Jahre	15-<18 Jahre	<18 Jahre	
Keine Störung	142	183	351	356	470	579	216	2297
	6,2	8,0	15,3	15,5	20,5	25,2	9,4	70,3
	50,9	53,7	60,2	66,2	79,0	86,4	83,1	
umschriebene Lese-Recht-schreibschwäche	0	0	40	74	60	21	6	201
	0,0	0,0	19,9	36,8	29,9	10,4	3,0	6,2
	0,0	0,0	6,9	13,8	10,1	3,1	2,3	
Umschriebene Rechenschwäche	0	0	14	17	6	3	2	42
	0,0	0,0	33,3	40,5	14,3	7,1	4,8	1,3
	0,0	0,0	2,4	3,2	1,0	0,4	0,8	
Andere umschriebene Lernschwächen	0	3	14	10	3	2	0	32
	0,0	9,4	43,8	31,3	9,4	6,3	0,0	1,0
	0,0	0,9	2,4	1,9	0,5	0.3	0,0	
Umschriebener Rückstand in der Sprachentwicklung	25	110	111	31	12	22	19	330
	7,6	33,3	33,6	9,4	3,6	6,7	5,8	10,1
	9,0	32,3	19,0	5,8	2,0	3,3	7,3	
Umschriebener Rückstand in der motorischen Entwicklung	65	57	96	46	22	25	18	329
	19,8	17,3	29,2	14,0	6,7	7,6	5,5	10,1
	23,2	16,7	16,5	8,6	3,7	3,7	6,9	
Multiple Entwicklungsrückstände	54	34	38	24	14	10	12	186
	29,0	18,3	20,4	12,9	7,5	5,4	6,5	5,7
	19,4	10,0	6,5	4,5	2,4	1,5	4,6	
Unbekannt	2	7	6	19	21	23	8	86
	2,3	8,1	7,0	22,1	24,4	26,7	9,3	2,6
	0,7	2,1	1,0	3,5	3,5	3,4	3,1	
Anzahl insgesamt	279	341	583	538	595	670	260	3266
	8,5	10,4	17,9	16,5	18,2	20,5	8,0	100,0

cerebraler Areale oder Zentren; beim Kind muß immer der Entwicklungsaspekt
berücksichtigt werden. Nach Untersuchungen an Erwachsenen mit umschriebenen Hirnläsionen gibt es ein detailliertes Wissen auf dem Gebiet der Hirnpathologie (Kleist, 1934; Luria, 1970), das auch durch experimentell gewonnene
Ergebnisse gestützt wird. Demgegenüber fehlen vielfach noch Informationen
über Prozesse und Veränderungen, die sich während der Entwicklung vollziehen.
Möglichkeiten bildgebender Diagnostik und differenzierte neuropsychologische
Methoden haben in den letzten Jahren zwar neue diagnostische Möglichkeiten
eröffnet, um Beziehungen zwischen Struktur und Funktion zu analysieren; beim
Studium von Entwicklungsvorgängen sind trotzdem viele methodische Hindernisse zu überwinden und der Analyse gewisse Grenzen gesetzt. Die Spezialisierung
der Hirnhälften (Hemisphärendominanz) ist weitgehend genetisch determiniert;
beim Neugeborenen weist das Planum temporale der linken Hemisphäre einen
größeren Umfang auf, offenbar Ausdruck für die Aufgabe, die Sprachfunktion zu
übernehmen. Trotzdem sind Umwelteinflüsse bedeutsam, kommen Veränderungen während der Entwicklung vor, noch in den ersten Lebensjahren. Die Bedeutung der Hemisphärendominanz für verschiedene Entwicklungsstörungen ist oft
untersucht worden, auch im Zusammenhang mit der Handpräferenz. Viele Studien sind allein wegen methodischer Mängel zu kritisieren; so kann Linkshändigkeit keinesfalls als Hinweis für eine Hirnfunktionsstörung angesehen werden,
obwohl es „pathologische Linkshänder" gibt, bei denen die eigentlich dominante
Hirnhälfte eine Schädigung erlitten hat (Bishop, 1990).

4.1. Störungen der linken Hemisphäre

Neuropsychologisch faßbare Symptome, die auf Funktionen der linken Hemisphäre zu beziehen sind, werden häufiger beobachtet als solche der rechten.
Dies hängt möglicherweise damit zusammen, daß die im allgemeinen links lokali-
sierte Sprachfunktion besonders störanfällig ist. Bei Läsionen beobachtet man
also eine Beeinträchtigung sprachlicher Fähigkeiten, daneben auch dyspraktische
Störungen (ideomotorische oder konstruktive Dyspraxie mit Veränderungen bei
der Ausführung von Handlungen). Selten ist bei Kindern nur ein Areal allein
betroffen, häufiger kommt es zu globalen Funktionseinbußen, weshalb es auch
nur schwer gelingt, Funktionen der linken Hemisphäre detailliert und isoliert zu
erfassen (Tab. 9).

4.2. Störungen der rechten Hemisphäre

Während die linke Hirnhälfte vorwiegend Aufgaben im Zusammenhang mit
den Sprachfunktionen hat, kommen der rechten hauptsächlich Wahrnehmung,
Informationsverarbeitung und Speicherung zu. Sie hat aber auch Anteil an der
Handlungsplanung und Verständigung, jeweils im Zusammenwirken mit der
dominanten Seite. Beziehungen zum limbischen System erklären die Bedeutung emotionaler Faktoren bei verschiedenen Leistungen, beispielsweise auch
beim Erkennen mimischer und gestischer Signale (Tab. 10).

Tabelle 9:
Neuropsychologische Befunde bei Störung von Funktionen der linken Hemisphäre
(nach Njiokiktjien, 1988).

Entwicklungs-Dysphasie und -Dyslexie
Syntax und Morphe der Sprache gestört
Sequenzieren in sprachlichen und motorischen Funktionen beeinträchtigt
Wortfindung und verbale Flüssigkeit gestört

Verbal-IQ kleiner als Handlungs-IQ
Verbales Kurzzeitgedächtnis gestört
Agnosie für Objekte, Farben, Kennzeichen

Motorische Funktionen von Gesicht und Mund rechts vermindert
Zentrale Bewegungsstörung der rechten Seite (Arm stärker als Bein)
Ipsilaterale Synkinesien rechts, Spiegelbewegungen links

Ideomotorische Dyspraxie beider Hände
Phantasie-Spiel schwach oder fehlend
Pathologische Linkshändigkeit oder inkomplette Rechtshändigkeit
Motorischer Neglekt nach rechts

Asymmetrischer optokinetischer Nystagmus oder rechtsseitige Hemianopsie
Selten räumlicher Neglekt auf der rechten Seite
Gelegentlich Begabung für Zeichnen oder besonders gutes visuelles bzw. räumliches
Gedächtnis

Introvertiert, gelegentlich paranoid oder aggressiv; manchmal autistisch anmutendes Kontaktvermeiden

4.3 Störung von Verbindungsstrukturen

Die Hemisphärenspezialisierung macht es notwendig, Informationen auszutauschen. Dies ermöglichen Verbindungsbahnen (Kommissuren), hauptsächlich die Struktur des Balkens (Corpus callosum). Störungen bei Läsion des Balkens sind im Rahmen von "split-brain"-Experimenten (Sperry, 1985) ausführlich untersucht und analysiert worden. Beim Kind sind wiederum entwicklungsspezifische Voraussetzungen die Folge davon, daß sehr unterschiedliche Symptome beobachtet werden, z. B. eine Beeinträchtigung der bimanuellen Koordination, im Transfer kinästhetischer Informationen, beim Kreuzen der Mittellinie oder bei der Fingererkennung (Tab. 11). Im Rahmen von Teilleistungsstörungen bzw. umschriebenen Entwicklungsstörungen dürfte Veränderungen der Balkenstruktur, die heute mittels Magnetresonanztomographie gut nachweisbar sind, Bedeutung zukommen (Ramaekers & Njiokiktjien, 1991).

Tabelle 10:
Neuropsychologische Befunde bei Störung von Funktionen der rechten Hemisphäre
(nach Njiokiktjien, 1988).

Fehlen des Gesichtsausdrucks auf der linken Seite
Prosopagnosie
Vermindertes Erkennen von Mimik

Rechtshändigkeit, selten pathologische Rechtshändigkeit
Spastische Parese der linken Seite; linkes Bein, selten auch Arm, kürzer und dünner
Motorischer Neglekt der linken Hand, Neglekt des Raumes nach links
Hemianopsie der linken Seite
Niedriger Handlungs-IQ, gelegentlich niedriger Verbal-IQ
Wiederholung-rückwärts von Buchstaben schwach
Motorische Unruhe und Unbeständigkeit

Agnosie für visuell-räumliche Beziehungen und für Muster

Konstruktive Dyspraxie
Gelegentlich verzögerte Sprachenwicklung
Geringes Zeichentalent, Dysgraphie
Expressive oder rezeptive Dysprosodie
Bizarre Sprachinhalte
Hypoemotionelle ästhetische Wahrnehmung
Anosognosie für negatives Verhalten

Extreme Stimmungsschwankungen, Aggressivität
Affektive Psychosen

4.4 Störung von Funktionen des Frontallappens

Bei Läsionen frontaler Areale (z. B. nach frontobasalen Verletzungen) werden
Störungen der motorischen Koordination, bei der Handlungsplanung (Dyspraxie)
und in sprachlichen Fähigkeiten beobachtet (Sprachzentrum von Broca, prämoto-
rischer Cortex). Verhaltensänderungen mit Antriebsschwäche und emotionalen
Störungen sind auch durch Verbindungen mit limbischen Strukturen zu erklären.

4.5 Störung von Funktionen des Temporallappens

Hier sind hauptsächlich akustische, visuelle und limbische Funktionen lokalisiert,
so daß es zu Sprachstörungen (vorwiegend rezeptiv), zu Beeinträchtigung der
optischen Analyse und Verhaltensänderungen kommt. Gedächtnisstörungen treten besonders bei Läsion des rechten Temporallappens auf.

Tabelle 11:
Neuropsychologische Befunde bei Störungen der interhemisphärischen Konnektion
(nach Njiokiktjien, 1988).

Störungen bei der bimanuellen Koordination
Beeinträchtigter Transfer kinästhetischer Informationen
Schwierigkeiten beim Kreuzen der Mittellinie
Synkinesien und Spiegelbewegungen
Gestörtes Fingererkennen, verminderte Topognosis

Ätiopathogenese der interhemisphären Diskonnektion

Klassische Balkendysgenesie (frühe Fehlbildung; genetisch, chromosomal, infektiös o. a.)	Dysgenesie gelegentlich ohne Symptome Meist somatische Anomalien und/oder verminderter IQ
Atrophie (prä- oder perinataler Gefäß- verschluß, Asphyxie, frühe postnatale Läsion, Deformierung)	Meist verminderte IQ-Werte und neuropsychologische Störungen
Störung des physiologischen neuronalen Retraktionsprozesses (kortikale Entwicklungsstörung oder Läsion)	Noch hypothetisch, evtl. wie Atrophie
Myelinisierungsstörung	Noch hypothetisch Corpus callosum meist vorhanden
Störung der Synaptogenese	Noch hypothetisch Corpus callosum meist normal

4.6 Störungen des Parietal- und Occipitallappens

Parietal sind verbale, visuelle, somästhetische und somatognostische Funktionen
(Körpergefühl) lokalisiert, bei deren Störung verschiedene Formen der Agnosie
(Informationsverarbeitung und Wahrnehmung) sowie Apraxie auftreten. Störun-
gen des Schreibens und Lesens sind ebenfalls in diesem Bereich zu lokalisieren
(Gyrus angularis), was durch Untersuchungen mit bildgebenden Verfahren bestä-
tigt wird. Läsionen der Sehrinde (Occipitallappen, Area 19) haben funktionelle
Sehstörungen (visuelle Agnosie, Rindenblindheit) zur Folge (Tab. 12).

Tabelle 12:
Funktionsausfälle nach Läsion umschriebener Hirnabschnitte
(nach Kolb & Whishaw, 1993).

Läsion des Parietallappens

Störung der taktilen Wahrnehmung
Visuelle und taktile Agnosie
Apraxie
Konstruktive Apraxie
Sprachstörungen (Alexie, Aphasie)
Akalkulie
Gestörtes cross-modales Vergleichen (matching)
Kontralateraler Neglekt, Aufmerksamkeitsstörung
Schlechtes Kurzzeitgedächtnis
Körpergefühlsstörungen
Rechts-Links-Verwechslung
Störung der räumlichen Fertigkeiten und des Zeichnens
Augenbewegungen gestört
Fehlerhafte Zielbewegung (misreaching)

Läsion des Temporallappens

Störung der akustischen Wahrnehmung
Störung der Selektion visueller und akustischer Reize
Störung der visuellen Wahrnehmung
Gestörte Organisation und Kategorisierung
Störung der Sprachwahrnehmung
Schlechtes Langzeitgedächtnis
Änderung der Persönlichkeit und des Affektes
Änderung sexuellen Verhaltens

5. Interventionsverfahren

Bei Störungen umschriebener Hirnfunktionen werden hauptsächlich übende Verfahren eingesetzt. Man versucht, mit gezieltem Training die Ausbildung bestimmter Fähigkeiten zu unterstützen bzw. Kompensationsmechanismen zu fördern. Inwieweit dies wirklich erreicht werden kann, ist bisher nicht sicher anzugeben; manche Verlaufsuntersuchungen sprechen eher dagegen. Es dürfte beim Kind nur selten möglich sein, mit gezielten Maßnahmen spezifische „neurophysiologische" Wirkungen zu erzielen. Bei der Auswahl geeigneter Interventionsverfahren sollte deshalb nicht nur die durch neuropsychologische Tests festgestellte Störung, sondern vor allem die Gesamtsituation des Kindes berücksichtigt werden, insbesondere auch in Hinblick auf reaktive Störungen. Training isolierter Funktionen kann außerordentlich demotivierend sein. Werden Ablehnung, Rückzug oder gar aggressives Verhalten begünstigt, ist der gewünschte Effekt nicht zu erreichen. Methoden der neuropsychologischen Rehabilitation, die für Erwachsene entwickelt wurden (von Cramon & Zihl, 1988), sind für Kinder meist nicht geeignet. Demgegenüber kommt bewegungsorientierten Verfahren, die motivierend und kindgemäß sind (z. B. psychomotorische Übungsbehandlung oder Mototherapie; vgl. Kiphard, 1980) eine wichtige Bedeutung zu. Dabei können in geeigneten Übungen wesentliche Bereiche des Körpergefühls, der Handlungsplanung, sprachlicher und kommunikativer Fähigkeiten neben motorischen Aspekten angesprochen werden.

Bei verschiedenen Hirnfunktionsstörungen sind auch physio- und ergotherapeutische sowie logopädische Maßnahmen einzusetzen, wobei die Indikation ebenfalls unter Berücksichtigung der Gesamtsituation des Kindes und seiner Eltern bzw. Betreuer gestellt werden sollte. Immer ist durch beratende Unterstützung sicherzustellen, daß pädagogische und psychologische Hilfen sinnvoll koordiniert werden, beispielsweise auch im Rahmen von Frühfördermaßnahmen bzw. bei der Kooperation in Sozialpädiatrischen Zentren oder Rehabilitationseinrichtungen.

Weiterführende Literatur

Birbaumer, N. & Schmidt, R. F. (1990). *Biologische Psychologie.* Berlin: Springer.
Kolb, B. & Whishaw, I. Q. (1993). *Neuropsychologie.* Heidelberg: Spectrum.
Rapin, I. & Segalowitz, S. J. (Eds.) (1992). *Handbook of neuropsychology. Vol. 6, Sect. 10. Child neuropsychology (Part I).* Amsterdam: Elsevier.
Remschmidt, H. & Schmidt, M. H. (Hrsg.) (1988). *Kinder- und Jugendpsychiatrie in Klinik und Praxis. Band I. Grundprobleme, Pathogenese, Diagnostik, Therapie.* Stuttgart: Thieme.

Literatur

Amorosa, H. (1984). Die diagnostische Klassifikation kindlicher Sprachentwicklungsstörungen. *Zeitschrift für Kinder- und Jugendpsychiatrie, 12,* 379—390.
Anochin, P. K. (1978). *Beiträge zur allgemeinen Theorie des funktionellen Systems.* Jena: VEB Gustav Fischer.
Bauer, A. (1986). *Minimale cerebrale Dysunktion und/oder Hyperaktivität im Kindesalter. Überblick und Literaturdokumentation.* Berlin: Springer.
Bishop, D. V. M. (1990). Handedness and developmental disorders. *Clinics in developmental medicine. No. 110.* London: MacKeith Press.
Broca, P. (1861). Remarques sur siège de la faculté du langage articulé; suivies d'une observation d'aphémie. *Bulletin Sociale Anatomique, 6,* 330—356.
Cramon, D. Y. von, Mai, N. & Ziegler, W. (Hrsg.) (1993). *Neuropsychologische Diagnostik.* Weinheim: VCH-Verlagsgesellschaft.
Cramon, D. Y. von, Zihl, J. (Hrsg.) (1988). *Neuropsychologische Rehabilitation, Grundlagen, Diagnostik, Behandlungsverfahren.* Berlin: Springer.
Creutzfeld, C. D. (1983). *Cortex cerebri. Leistung, strukturelle und funktionelle Organisation der Hirnrinde.* Berlin: Springer.

De Sonneville, L. & Njiokiktjien, Ch. (1988). *Pediatric Behavioural Neurology. Vol. 2, Information Processing.* Amsterdam: Suyi Publications.

Eggert, D. & Kiphard, E. J. (1976). *Die Bedeutung der Motorik für die Entwicklung normaler und behinderter Kinder.* Schorndorf: Hofmann, 3. Auflage.

Esser, G. (1991). *Was wird aus Kindern mit Teilleistungsschwächen? Der langfristige Verlauf umschriebener Entwicklungsstörungen.* Stuttgart: Enke.

Esser, G. & Schmidt, M. (1987). *Minimale cerebrale Dysfunktion — Leerformel oder Syndrom? Empirische Untersuchung zur Bedeutung eines zentralen Konzepts in der Kinderpsychiatrie.* Stuttgart: Enke.

Faber, D. & Njiokiktjien, Ch. (1993). *Pediatric behavioural neurology, Vol. 4. Developing brain and cognition.* Amsterdam: Suyi Publications.

Gaddes, W. H. (1991). *Lernstörungen und Hirnfunktion. Eine neuropsychologische Betrachtung.* Berlin: Springer.

Gordon, N. & McKinlay, I. (Hrsg.) (1985). *Das ungeschickte Kind.* Stuttgart: Hippokrates.

Graichen, J. (1973). Teilleistungsschwächen, dargestellt an Beispielen aus dem Bereich der Sprachbenutzung. *Zeitschrift für Kinder- und Jugendpsychiatrie, 1,* 113—143.

Heilman, K. H. & Valenstein, E. (Eds.) (1985). *Clinical neuropsychology.* New York: Oxford University Press, 2. Aufl.

Kiphard, E. J. (1980). *Mototherapie I und II.* Dortmund: Verlag modernes Lernen.

Kleist, K. (1934). *Gehirnpathologie.* Leipzig: Barth.

Leischner, A. (1987). *Aphasien und Sprachentwicklungsstörungen,* Stuttgart: Thieme, 2. Auflage.

Lempp, R. (1978). *Frühkindliche Hirnschädigung und Neurose.* Bern: Huber, 2. Auflage.

Luria, A. R. (1970). *Die höheren kortikalen Funktionen des Menschen und ihre Störungen bei örtlichen Hirnschädigungen.* Berlin: VEB Deutscher Verlag der Wissenschaften.

Negligan, G. & Prudham, D. (1969). Potential value of four early developmental milestones in screening children for increased risk of later retardation. *Developmental Medicine and Child Neurology, 11,* 423—431.

Neuhäuser, G. (1988). Neurophysiologische Aspekte von Bewegung und Sprache. In T. Irmischer & E. Irmischer (Hrsg.), *Bewegung und Sprache. Reihe Motorik Band 7* (13—22). Schorndorf: Hofmann.

Neuhäuser, G. (1990). Minimale cerebrale Dysfunktion. Kritische Betrachtung eines medizinischen Konzeptes. In R. Voss (Hrsg.), *Pillen für den Störenfried?* (79—96). München: Reinhardt, 2. Auflage.

Niebergall, G. (1989). *Sprachentwicklungsstörungen — Funktionelle Hemisphärenasymmetrien.* Stuttgart: Enke.

Nijhuis, J. G. (Ed.) (1992). *Fetal Behaviour. Developmental and Perinatal Aspects.* Oxford: Oxford University Press.

Njiokiktjien, Ch. (1988). *Pediatric behavioural neurology, Vol. 1. Clinical principles.* Amsterdam: Suyi Publications.

Obrzut, J. E. & Hynd, G. (Eds.) (1986). *Child neuropsychology. Vol. 1. Theory and research. Vol. 2. Clinical practice.* Orlando: Academic Press.

Papousek, M. & Papousek, H. (1990). Intuitive elterliche Früherziehung in der vorsprachlichen Kommunikation. *Sozialpädiatrie, 12,* 579—583.

Poeck, K. (Hrsg.) (1982). *Klinische Neuropsychologie.* Stuttgart: Thieme.

Rapin, I. (1982). *Children with brain dysfunction. Neurology, cognition, language, and behavior.* New York: Raven.

Rapin, I. & Allen, D. A. (1991). Preschool children with inadequate language acquisition. Implications for differential diagnosis and clinical management. In N. Amir, I. Rapin & D. Branski (Eds.), *Pediatric neurology. Behavior and cognition of the child with brain dysfunction. Pediatric adolescent medicine, Vol. 1* (110—128). Basel: Karger.

Ramaekers, G. & Njiokiktjien, Ch. (1991). *Pediatric behavioural neurology, Vol. 3. The child's corpus callosum.* Amsterdam: Suyi Publications.

Remschmidt, H. (1987). Was sind Teilleistungsschwächen? *Monatsschrift für Kinderheilkunde, 135*, 290—296.

Remschmidt, H. & Schmidt, M. (Hrsg.) (1981). *Neuropsychologie des Kindesalters.* Stuttgart: Enke.

Remschmidt, H. & Niebergall, G. (1981). Störungen des Sprechens und der Sprache. In H. Remschmidt & M. Schmidt (Hrsg.), *Neuropsychologie des Kindesalters,* (248—279). Stuttgart: Enke.

Remschmidt, H. & Stutte, H. (Hrsg.) (1980). *Neuropsychiatrische Folgen nach Schädel-Hirn-Traumen bei Kindern und Jugendlichen.* Bern: Huber.

Remschmidt, H. & Walter, R. (1989). *Evaluation kinder- und jugendpsychiatrischer Versorgung.* Stuttgart: Enke.

Rourke, B. P., Bakker, D. J., Fisk, J. L. & Strang, J. D. (1983). *Child neuropsychology. An introduction to theory, research, and clinical practice.* New York: Guilford.

Rourke, B. P., Fisk, J. L. & Strang, J. D. (1986). *Neuropsychological assessment of children. A treatment-oriented approach.* New York: Guilford.

Rutter, M. (Ed.) (1984). *Developmental neuropsychiatry.* Edinburgh: Churchill Livingstone.

Spreen, O., Tupper, D., Eisser, A., Tuokko, H. & Edgell, D. (1984). *Human developmental neuropsychology.* New York: Oxford University Press.

Sperry, R. (1985). Consciousness, personal identity, and the decided brain. In D. F. Benson & E. Zaidel (Eds.), *The dual brain* (11—26). New York: Guilford.

Touwen, B. C. L. (1993). How normal is variable, or how variable is normal? *Early Human Development, 34*, 1—12.

Wernicke, C. (1874). *Der aphasische Symptomcomplex. Eine psychologische Studie auf anatomischer Basis.* Breslau: Cohn & Weigert.

Neurophysiologische Störungen

Gerhard Neuhäuser

1. Einleitung

Neuropädiater, Kinderpsychiater und Klinische Psychologen haben in der Praxis oft mit Kindern zu tun, die bestimmte Störungen des Nervensystems aufweisen; diese sind während der Entwicklung entstanden oder als Folge von Erkrankungen, Verletzungen bzw. anderer Ursachen.

Die folgende Darstellung ist an ätiologisch-pathogenetischen Aspekten orientiert, obwohl es nur selten „noxenspezifische" Symptome gibt. Sie soll gewissermaßen eine Brücke schlagen zwischen den Ursachen, die zu Hirnfunktionsstörungen führen, und den Auswirkungen, die „neurophysiologische Veränderungen" auf Verhalten, Fähigkeiten und Fertigkeiten des Kindes haben.

2. Beschreibung

Abhängig vom Entstehungszeitpunkt, von der Ausdehnung und Lokalisation neurophysiologischer Störungen findet man Funktionsausfälle auf unterschiedlichen Ebenen des Verhaltens und der Leistungsfähigkeit, in der Motorik und Perzeption, bei der Informationsverarbeitung und Speicherung.

2.1 Fehlbildungen und Dysgenesien des Nervensystems

Fehlbildungen entstehen während der Embryogenese in den ersten drei Monaten der Schwangerschaft. Als Strukturveränderungen sind sie heute mit bildgebenden Verfahren gut nachzuweisen, manchmal schon vor der Geburt. Ist gleichzeitig die Differenzierung (Feinaufbau des Nervensystems) gestört, kommt es zu Auswirkungen auf die im weiteren Verlauf der Schwangerschaft bzw. die nach der Geburt sich abspielenden Entwicklungsprozesse. Deshalb sind meist umfassende Funktionseinbußen die Folge; es entstehen geistige Behinderung, Cerebralparesen und cerebrale Anfälle.

Bei der Holoprosencephalie ist die Ausbildung der vorderen Hirnabschnitte verändert, die Hemisphären sind nicht getrennt, es gibt nur einen Ventrikel. Gleichzeitig beobachtet man Fehlbildungen des Gesichts, beispielsweise Lippen-Kiefer-Gaumenspalten. Betroffene Kinder sind im allgemeinen schwer und mehrfach behindert.

Die Lissencephalie, ein Gehirn ohne Furchenbildung, ist Folge einer Störung der zwischen dem zweiten und vierten Schwangerschaftsmonat sich abspielenden Wanderung (Migration) der Nervenzellen. Weil diese ihren Bestimmungsort in der Hirnrinde nicht erreichen, bleibt die typische Schichtung und das Entstehen von Furchen sowie Windungen aus. Meist resultiert eine schwere Mehrfachbehinderung mit Mikrocephalie (Kopfumfang unterhalb der altersentsprechenden Norm, Mißverhältnis zwischen Gehirn- und Gesichtsschädel), geistiger Behinderung, cerebralen Anfällen und Bewegungsstörung (vgl. den Beitrag von Schmidt in diesem Buch). Durch bildgebende Verfahren können die Strukturveränderungen nachgewiesen werden, die Folge von Genmutationen, Chromosomenstörungen oder exogenen Faktoren sind.

Weniger stark ausgeprägte Migrationsstörungen oder Fehler beim Entstehen der Verbindungen zwischen den Neuronen (Synaptogenese), auch bei Rückbildungsvorgängen (,,cell death''), die sich schon vor der Geburt abspielen, können eine strukturelle Grundlage von Teilleistungsschwächen oder umschriebenen Entwicklungsstörungen darstellen.

Dysgenesien sind histologisch faßbare Differenzierungsstörungen bestimmter Gewebe. Sie treten als Folge von Genmutationen bei den neurocutanen Syndromen auf, wobei Symptome am Nervensystem und an der Haut zu beobachten sind. So kommt es bei der tuberösen Sklerose (Bourneville-Pringle) zum Auftreten depigmentierter Flecken, später zu einem Adenoma sebaceum der Haut (knötchenförmige Veränderungen im Bereich der Wangen), zusätzlich zu kleinen Tumoren im Gehirn, besonders an der Wand der Ventrikel. Bei der Neurofibromatose (von Recklingshausen), die ebenfalls autosomal dominant vererbt wird, entstehen braune Hautflecken (Café-au-lait-Flecken) und Knötchen entlang peripherer Nerven, aber auch Tumoren im Bereich von Hirnnerven bzw. in der Hirnsubstanz. Je nach Ausprägung der dysgenetischen Veränderungen, einer Differenzierungsstörung von Hirnstrukturen, resultieren unterschiedlich stark ausgeprägte Funktionseinbußen, die von einer schweren Mehrfachbehinderung bis zu umschriebenen Schwächen reichen. Dysgenesien können auch Tumoren bedingen, was wiederum Hirnfunktionsstörungen zur Folge hat.

Als isolierte Fehlbildung kann der Balkenmangel (Agenesie des Corpus callosum) auftreten; die große Verbindungsstruktur zwischen den Hirnhälften ist dann nicht vorhanden. Ursache sind verschiedene Störungen während der Entwicklung. Ein Balkenmangel muß nicht immer Symptome verursachen, ist aber oft mit anderen Differenzierungsstörungen verbunden, was dann verschiedene Befunde erklärt, die bei Kindern mit einer derartigen Fehlbildung festgestellt werden. Durch neuropsychologische Tests sind verschiedene Funktionen zu erfassen, die eine ungestörte Zusammenarbeit der Hirnhälften voraussetzen und im Rahmen von

Diskonnektionssyndromen bei Balkenmangel beeinträchtigt sind (Ramaekers & Njiokiktjien, 1991).

Die Mikrocephalie ist Ausdruck einer das Hirnwachstum bremsenden Entwicklungsstörung (Mikroencephalie). Der Wert des Kopfumfangs liegt unterhalb der zweiten Perzentile, der Gesichtsschädel erscheint gegenüber dem Hirnschädel vergrößert. Ursache sind Genmutationen, Chromosomenanomalien (dann meist mit bestimmten Syndromen) oder exogene Störungen (Rötelninfektion, Alkoholembryopathie). Selten ist die Hirnfunktion bei Mikrocephalie normal, meist beobachtet man eine mehr oder weniger stark ausgeprägte Intelligenzminderung, seltener umschriebene Entwicklungsstörungen.

2.2 Perinatale Komplikationen („Geburtstrauma")

Gefahrensituationen in der Zeit vor, bei oder kurz nach der Geburt haben selten umschriebene, meist diffuse Schäden am Gehirn zur Folge, wenn sie nicht dank der Kompensationsfähigkeit des kindlichen Nervensystems überwunden werden. Bestimmte Strukturen können stärker betroffen sein als andere, so daß eine unterschiedliche Ausprägung von Intelligenzminderung oder Perzeptionsstörung, cerebralen Bewegungsstörungen oder Anfällen resultiert. Ob es eine Abstufung der Symptome im Sinne einer Verdünnungsreihe gibt, was auch leichtere Störungen erklären könnte, ist fraglich. Somit ist die retrospektive Bewertung von perinatalen Komplikationen bei Kindern mit umschriebenen Entwicklungsstörungen oder Teilleistungsschwächen immer problematisch. Ultraschalluntersuchungen und andere bildgebende Verfahren haben bestätigt, was seit den neuropathologischen Studien Sigmund Freuds (1897) bekannt ist, daß nämlich nur geringe Korrelationen zwischen beobachteten Strukturveränderungen und Funktionsstörungen festgestellt werden können. Manchmal sind bei großen Gewebsdefekten die Symptome erstaunlich gering, während bei schwer behinderten Kindern das Gehirn selbst in der feingeweblichen Analyse mitunter keinerlei Veränderungen aufweist. Dies erklärt auch, weshalb prognostische Aussagen so schwierig sind und eine sorgfältige Kontrolle des Entwicklungsverlaufs notwendig ist, bevor ein zuverlässiges Urteil über die Folgen perinataler Komplikationen abgegeben werden kann.

Neben Störungen der geistigen Entwicklung, infantilen Cerebralparesen und cerebralen Anfällen können auch umschriebene Entwicklungsstörungen auftreten. Wie erwähnt, ist bei retrospektiver Betrachtung oft schwer zu beweisen, daß Entwicklungsstörungen auf perinatale Komplikationen zurückzuführen sind. Vielfach wirken im Sinn einer „Noxenkette" mehrere Faktoren ein, wobei die nach der Anamnese vermuteten Ereignisse nicht immer die wirklich entscheidenden sein müssen (vgl. Michaelis et al., 1979). Bedeutsam sind auch psychosoziale Einflüsse auf die Entwicklung des Kindes nach perinatalen Komplikationen (Neuhäuser et al., 1990). Ergebnisse verschiedener Längsschnittuntersuchungen zeigen, daß es dabei zu komplexen Interaktionen und Wechselbeziehungen kommt (Kalverboer et al., 1993). Die Situation von Eltern und Familie, das soziale

Netzwerk und andere Kompensationsmöglichkeiten sind von Bedeutung. Ebenso wie nachteilige psychosoziale Bedingungen ungünstige biologische Voraussetzungen noch verstärken, tragen positive Umweltfaktoren dazu bei, biologische Schwächen weitgehend oder ganz auszugleichen.

2.3 Entzündliche Erkrankungen des Zentralnervensystems

Viren, Bakterien, Pilze u. ä. können Entzündungen am Nervensystem verursachen. Häufig sind nur die Hirnhäute betroffen (Meningitis), der Prozeß kann aber auf das Gehirn übergreifen (Meningoencephalitis) oder dieses primär erfassen (Encephalitis). Manche Erreger haben sogar eine Vorliebe für bestimmte Areale, zum Beispiel das Herpesvirus für die temporalen Strukturen.

Akute Symptome sind Fieber, Bewußtseinsstörung (organisches Psychosyndrom), Anfälle, motorische Störungen sowie Liquor- und EEG-Veränderungen, auch Befunde nach Anwendung bildgebender Verfahren. Bei manchen Erkrankungen stehen psychische Symptome ganz im Vordergrund, so bei der Encephalitis vom temporalen Typ.

Oft kann die Diagnose nur aufgrund der klinischen Symptome gestellt werden, nachdem andere Erkrankungen ausgeschlossen wurden (Vergiftungen, Tumoren, Durchblutungsstörungen). Der Nachweis verantwortlicher Erreger, zum Beispiel von Viren, kann Zeit erfordern und nicht immer gelingen. Somit ist auch retrospektiv die Annahme einer encephalitischen Erkrankung ohne Nachweis der Ätiologie unsicher, muß die Diagnose von postencephalitischen Leistungs- und Verhaltensstörungen kritisch betrachtet werden.

Eine spezifische Ausprägung der nach encephalitischen Erkrankungen beobachteten Hirnfunktionsstörungen gibt es nicht, auch wenn sie gelegentlich eine bestimmte Akzentuierung aufweisen (Neuhäuser, 1972; 1986). So haben die nach Encephalitis lethargica beobachteten Verhaltensstörungen mit impulsiven Reaktionen, starker Unruhe, Triebausbrüchen und verändertem Schlaf-Wach-Rhythmus das Konzept der „Hirnschädigung" als Ursache von psychischen Symptomen wesentlich geprägt.

Neben cerebralen Bewegungsstörungen und Anfällen (neurologisches Defektsyndrom) können verschiedene psychische Funktionen von den durch eine Encephalitis verursachten Läsionen betroffen sein, vor allem kognitive, perzeptive, psychomotorische und affektive. Das Alter des Kindes und der Entwicklungsstand des Nervensystems spielen dabei eine Rolle: Bei Säuglingen ist die Prognose besonders ungünstig, entsteht oft ein schweres Defektsyndrom, weil Entwicklungspotenzen gestört werden. Eine untergeordnete Rolle spielen Lokalisation und Ausdehnung des Krankheitsprozesses und damit auch der Erreger, wenn er bestimmte Hirnstrukturen bevorzugt.

In verschiedenen Studien wurde nachgewiesen, daß Teilleistungsschwächen und umschriebene Entwicklungsstörungen Folge entzündlicher Erkrankungen des Zentralnervensystems sein können (Taylor et al., 1992). Sie machen sich gelegentlich erst einige Zeit nach der akuten Infektion bemerkbar, was die Beurteilung des kausalen Zusammenhangs erschwert.

2.4 Verletzungen des Zentralnervensystems

Schädel-Hirn-Traumen sind bei Kindern relativ häufig und haben nicht selten bleibende Folgen. Gewalteinwirkung auf den Kopf bei Verkehrsunfällen, Sportverletzungen, häuslichem Unglück, mitunter auch als Mißhandlungsfolge, führt zu Erschütterung, Quetschung, Schwellung und Verlagerung von Hirngewebe, zu Blutungen (intracerebral, subarachnoidal, epi- oder subdural) und Gewebeläsionen. Man unterscheidet leichte, mäßige und schwere Traumen (Commotio oder Contusio bzw. Compressio cerebri), wobei als Kriterien hauptsächlich Tiefe und Dauer der Bewußtseinsstörung sowie Folgeerscheinungen gelten. Als verläßliches Maß hat sich die Ausprägung der posttraumatischen Amnesie erwiesen (Rutter et al., 1980), die allerdings bei Kindern nicht ganz einfach zu erfassen ist. Nach einer Verletzung des Gehirns wird meist unmittelbar das Bewußtsein beeinträchtigt. Eine Quantifizierung mittels der Glasgow-Coma-Skala (Tab. 1) hat Konsequenzen für Therapie und Prognose. Im akuten Stadium werden auch Lähmungen und Anfälle beobachtet; Lage und Haltung des Patienten geben Hinweise auf die Schädigungsebene.

Tabelle 1:
Glasgow-Koma-Skala für Kinder zum Erfassen der posttraumatischen Bewußtseinsstörung.

Verhalten bzw. Reaktion		Punktebewertung
Augenöffnen	Spontan	4
	Auf Anruf	3
	Auf Schmerzreiz	2
	Nicht vorhanden	1
Verbale Antwort	Orientiert	5
	Verwirrt	4
	Unzusammenhängende Worte	3
	Unverständlich	2
	Nicht vorhanden	1
Motorische Antwort	Führt Befehle aus	5
	Lokalisiert Schmerzreize	4
	Beugung bei Schmerzreiz	3
	Strecksynergismen	2
	Nicht vorhanden	1

Entscheidend für die Folgen von Hirnverletzungen ist das posttraumatische Ödem (Hirnschwellung). Es entwickelt sich bei Kindern meist rasch und kann durch Blutungen kompliziert werden. Folge ist eine Drucksteigerung im Schädelinnern, was eine verminderte Durchblutung zur Folge hat und damit die Gefahr sekundärer Läsionen beinhaltet. Man bemüht sich deshalb, dem Entstehen und der Zunahme des Hirnödems durch geeignete Behandlungsmaßnahmen zu begegnen.

Als Folge einer Dysfunktion im Bereich des Hirnstamms treten vegetative Regulationsstörungen auf (Temperatur, Blutdruck, Atmung). Beim apallischen Syndrom (Coma vigile) sind die vegetativen Funktionen wieder stabilisiert, bewußte Reaktionen aber bleiben aus, offenbar infolge einer funktionellen Trennung zwischen basalen Strukturen und Hirnrinde. Dabei kann es sich um ein Durchgangssyndrom handeln, das überwunden wird, oder aber um einen Endzustand mit schwerer bleibender Behinderung. Frühe Rehabilitationsmaßnahmen, die differenziert auf gestörte Funktionen eingehen, können erfolgreich sein.

Schädel-Hirn-Traumen führen zu neurologisch definierten Ausfallerscheinungen, wie Lähmungen, Koordinationsstörungen, Dyskinesien oder posttraumatischen Anfällen, aber auch zu psychischen Defektsyndromen in unterschiedlicher Ausprägung (Neuhäuser, 1986; 1989).

Leistungsprobleme und Verhaltensauffälligkeiten, die nach Traumen beobachtet werden, haben wiederum keine noxenspezifische Ausprägung (Lehmkuhl & Thoma, 1987; Rutter et al., 1980). Vielmehr sind Alter und Entwicklungsstand, Schwere und Lokalisation von Läsionen bedeutsam. Wichtig sind aber auch Möglichkeiten der Kompensation sowie posttraumatische Strukturveränderungen, nicht zuletzt Reaktionen seitens der Umwelt. Verschiedene Untersuchungen zeigen, daß die weitere Entwicklung hirnverletzter Kinder sowohl von biologischen wie auch von psychosozialen Faktoren bestimmt wird (Fennell & Mickle, 1992). Wesentlich für das Entstehen bleibender Folgen sind Dauer und Tiefe der Bewußtseinsstörung bzw. der posttraumatischen Amnesie, wodurch die Schwere der Verletzung angezeigt wird. Jüngere Kinder haben eine ungünstigere Prognose, der Entwicklungsstand des Nervensystems ist von Bedeutung. Je nach der Lokalisiation umschriebener Läsionen können neuropsychologische Störungen beobachtet werden, zum Beispiel Aphasie oder Frontalhirnsyndrom. Wesentlich sind aber auch die psychosozialen Bedingungen, die ein Kind nach dem Unfall vorfindet, wie sich die Eltern mit einer Behinderung auseinandersetzen und welchen Erfolg Rehabilitationsmaßnahmen haben.

Die Häufigkeit von Symptomen, die psychiatrischer Behandlung bedürfen, ist nach Schädel-Hirn-Traumen vermehrt (Lehmkuhl & Thoma, 1987). Bei ihrer Ausprägung spielen auch Faktoren mit, die vielleicht den Unfall begünstigten. Hauptsächlich werden Antrieb und Aktivierungsniveau, Konzentration und Aufmerksamkeit sowie Gedächtnisleistungen betroffen; Anpassungsmöglichkeiten sind nicht selten vermindert. Teilleistungsstörungen werden mit geeigneten Testverfahren nachgewiesen (Tab. 2).

Tabelle 2:
Hirnschädigung nach Schädel-Hirn-Traumen und ihre Folgen.

Primäre und umschriebene Folgen

Offene Verletzungen
Kontusionsherde (Coup oder Contrecoup)
Intrakranielle Blutungen

Diffus-allgemeine Folgen

Primär:	Abscheren oder Dehnen von Axonen
Sekundär:	Hirnödem und Hirnschwellung
	Zunahme des intrakraniellen Druckes
	Fokales Ödem um traumat. oder hämorrhag. Läsionen
	Ischämie durch Blutverlust, Herz-Kreislauf- oder Atemstörung
	Axonale Degeneration
	Posttraumatischer Hydrocephalus

Schwere des Schädel-Hirn-Traumen

Leicht	Commotio cerebri	Bewußtlosigkeit bis 1 Stunde, keine neurologisch faßbaren Symptome
Schwer	Contusio cerebri Compressio cerebri	Bewußtlosigkeit länger als 1 Stunde, Anfälle, Lähmungen u.a. neurologisch faßbare Symptome

Neuropsychologische Störungen

Kognitve Störungen	— Abfall im Gesamt- und Handlungs-IQ
	— Aufmerksamkeits- und Konzentrationsstörung
	— Gedächtnisstörung
	— Sprachstörungen
	— Motorische Verlangsamung
	— Abfall der Schulleistungen
Emotionale Störungen, Verhaltensauffälligkeiten	

Folgen von Schädel-Hirn-Traumen können sich bei Kindern ändern: Entwicklungsprozesse haben Besserung zur Folge, meist innerhalb von ein bis zwei Jahren nach dem Trauma, sie können aber auch zu neuen Symptomen führen, beispielsweise infolge einer „Fehlverschaltung". Selbst nach leichten Verletzungen sind bleibende Folgen möglich. Manche Teilleistungsstörungen machen sich erst dann bemerkbar, wenn die Anforderungen steigen. Dies ist bei Haftpflichtansprüchen zu berücksichtigen (auch posttraumatische Anfälle können noch fünf bis zehn Jahre nach einem Trauma auftreten). Reaktive Störungen schränken ebenfalls die Leistungsfähigkeit ein; es ist jedoch schwer zu beweisen, daß sie mit dem Trauma im Zusammenhang stehen.

2.5 Folgen von Tumoren des Zentralnervensystems

Bei Krebserkrankungen im Kindesalter stehen Hirntumoren in der Häufigkeit hinter Leukämie und Nieren- bzw. Nebennierengeschwülsten an dritter Stelle. Mit Ausnahme des Säuglings- und Jugendalters überwiegen Tumoren der hinteren Schädelgrube (Kleinhirn, Hirnstamm), während bei Erwachsenen Großhirntumoren häufiger sind. Symptome werden von der Lokalisation bestimmt. Bei Kindern kommt es meist rasch zu Hirndruckerscheinungen (Kopfschmerz, Erbrechen, Bewußtseinsveränderung), weil die Liquorzirkulation verlegt wird oder ein zunehmendes Hirnödem raumfordernd wirkt. Symptome des psychoorganischen Syndroms führen zu Aktivitätsminderung, Aufmerksamkeits- und Gedächtnisstörungen: Die Kinder werden ruhiger, erscheinen oft besonders brav und angepaßt; es können auch Verhaltensänderungen auftreten, die als psychoreaktiv angesehen werden (Enuresis).

Hirnlokale Symptome sind vom Sitz des Tumors geprägt. Geschwülste des Kleinhirns verursachen Koordinationsstörungen (Ataxie), Tumoren im Bereich der Mittellinienstrukturen führen zu Sehstörungen und hormoneller Dysfunktion, Tumoren der Hemisphären vor allem zu partiellen oder komplex-partiellen Anfällen, zu Werkzeugstörungen und Lähmungen. Für die Diagnose sind heute bildgebende Verfahren entscheidend, die bei entsprechendem Verdacht unverzüglich eingesetzt werden müssen.

Nach der Tumorbehandlung durch Operation, Bestrahlung oder Chemotherapie bleiben nicht selten Folgen zurück, wiederum bestimmt von Lokalisation und Ausdehnung des Krankheitsprozesses, aber auch vom Entwicklungsstand des Nervensystems. Sie gleichen den Symptomen, die man nach Verletzungen beobachtet. Längsschnittstudien haben gezeigt, daß nach Bestrahlung des Nervensystems (wegen Leukämien oder Tumoren) vor allem bei jüngeren Kindern die cortikalen Funktionen bleibend gestört werden können. Vor allem kognitive Leistungen sind betroffen, die Minderung des Intelligenzquotienten kann 15 Punkte oder mehr betragen. Die Radiotherapie muß deshalb einer strengen Indikationsstellung unterliegen und bei Kindern besonders schonend durchgeführt werden.

2.6 Neurodegenerative Erkrankungen

Stoffwechselstörungen (neurometabolische Erkrankungen) und neurodegenerative Störungen (Abbauvorgänge), deren metabolische Grundlage noch nicht geklärt ist, führen am Zentralnervensystem zu Veränderungen beim chemischen Aufbau oder zu vorzeitigem Verlust von Strukturen (Degeneration, Demyelinisierung) und damit meist zu globalen Funktionseinbußen; ihre Pathogenese ist verschieden, je nach der zugrundeliegenden Störung meist genetisch bedingt.

Prinzipiell beeinträchtigen neurodegenerative Erkrankungen entweder die weiße Hirnsubstanz mit ihren der Leitungsfunktion dienenden Strukturen und verursachen zuerst neurologisch faßbare Ausfälle, zum Beispiel Bewegungsstörungen, oder sie verändern die Funktionen der Nervenzellen in der grauen Substanz des

Cortex bzw. der Stammganglien, haben dann Verhaltensänderung und Leistungsstörungen bzw. Dyskinesien (abnorme Bewegungen) zur Folge. Sie führen zu einem Verlust bereits erworbener Fähigkeiten, zur Demenz. Beim Kind sind sie durch einen Entwicklungsknick mit einer deutlichen Veränderung im Entwicklungsverlauf charakterisiert. Zusätzliche Symptome, wie Störungen an den Sinnesorganen, an der Haut oder an inneren Organen, geben weitere diagnostische Hinweise. Vielfach werden Stoffwechselanalysen und bioptische Untersuchungen (Entnahme von Gewebsproben) erforderlich.

Demenzprozesse sind vor allem mit einem Verlust kognitiver Funktionen verbunden, von Merkfähigkeit und Gedächtnis, Konzentrations- und Abstraktionsvermögen. Am Beginn einer derartigen Erkrankung kann es schwierig sein, psychoreaktiv bedingte Symptome abzugrenzen. So werden manchmal Verhaltensänderungen falsch gedeutet, wenn nicht eine sorgfältige neurologische Untersuchung erfolgt.

2.7 Infantile Cerebralparesen

Verschiedene Ursachen, die eine funktionelle Störung des sich entwickelnden Gehirns, speziell seiner bewegungssteuernden Zentren zur Folge haben, führen zu infantilen Cerebralparesen:

● Pränatal kommen Entwicklungsstörungen durch genetische Einflüsse, Infektionen oder andere Noxen zustande,
● perinatal Veränderungen nach Hirnblutungen, Sauerstoffmangel (hypoxisch-ischämische Encephalopathie) oder Entzündungen,
● postnatal durch Verletzungen oder Erkrankungen.

Infantile Cerebralparesen sind Störungen der Beweglichkeit und der Körperhaltung, ihre Symptome sind bleibend, aber nicht unveränderlich, oft mit anderen Zeichen der Hirnfunktionsstörung kombiniert (Intelligenzminderung, Wahrnehmungsstörung, Anfälle). Es handelt sich um klinische Syndrome, deren Ätiologie und Pathogenese durch zusätzliche Untersuchungen, vor allem mit bildgebenden Verfahren geklärt werden müssen.

Nach der Ausprägung neurologischer Symptome werden verschiedene Formen infantiler Cerebralparesen unterschieden (vgl. Tab. 3). Sie sind durch Veränderung der Muskelspannung (Spastik bzw. Tonusvermehrung, Hypotonie, Dystonie), durch abnorme Bewegungen (Dyskinesien) oder Koordinationsstörungen (ataktische Symptome) charakterisiert. Gewisse Korrelationen sind dabei zwischen strukturellen und funktionellen Veränderungen nachzuweisen, jedoch keineswegs regelhaft. Im Verlauf der Entwicklung kann sich das klinische Bild ändern, deshalb ist eine Frühdiagnose schwierig. Oft ist erst im zweiten Lebensjahr eindeutig zu bestimmen, welche Form der Cerebralparese vorliegt. Bei manchen Kindern treten Symptome nur vorübergehend auf, bei anderen verstärken sie sich im Verlauf der Entwicklung. Mit Behandlungsmaßnahmen sind gewisse Veränderungen zu erreichen, auch wenn die zugrundeliegende cerebrale Läsion nicht

Tabelle 3:
Klinische Differenzierung der infantilen Cerebralparesen (nach Hagberg, 1973; Michaelis & Edebol-Tysk, 1987).

Spastische Tetraplegie-Syndrome (bilaterale Hemiplegie)

Spastische Paresen an den oberen Extremitäten ebenso oder stärker ausgeprägt als an den Beinen; häufig Beugekontrakturen. Oft hochgradige geistige Behinderung, auch Epilepsie, schwere Sprachstörung; Schluckstörung (Pseudobulbärparalyse)

Spastische Diplegie-Syndrome (beinbetonte Tetraplegie)

Mehr oder weniger symmetrische spastische Paresen der Extremitäten; Beine und Füße stärker betroffen als Arme und Hände. Bei bevorzugtem Befall der Beine (Paraplegie) durch sorgfältige Untersuchung fast immer auch leichte Dysfunktion der Hände nachzuweisen. Mitunter hochgradige Behinderung an allen Extremitäten, Arme jedoch immer etwas weniger betroffen als Beine

Spastische Hemiplegie-Syndrome

Spastische Halbseitenlähmung mit entsprechenden Symptomen; mitunter leicht dyskinetischer Charakter; nicht selten unterschiedlich starke Ausprägung an oberer und unterer Extremität

Hypotonie-Syndrome

Allgemeine Verminderung des Muskeltonus mit Überstreckbarkeit der Gelenke bei meist normalen oder gesteigerten Muskeleigenreflexen; statische Funktionen oft stark beeinträchtigt (atonisch-astatisches Syndrom Foerster); häufig geistige Behinderung, mitunter cerebrale Anfälle

Dyskinetische Syndrome (Syndrom des Tonuswechsels)

Schwere Tetraplegie; motorische Entwicklung auf neonataler oder frühkindlicher Stufe; abnormer Wechsel des Muskeltonus (Dystonie oder veränderliche Rigidität); deutliche Persistenz neonataler oder frühkindlicher Reflexmuster und Reaktionen; athetotische Hyperkinesie, jedoch nicht immer (mitunter auch choreatische, dystone oder ballistische Bewegungsstörung); häufig keine abnormen Pyramidenbahnzeichen

Kongenitale Ataxie-Syndrome

Kongenitale cerebellare Ataxie: Unfähigkeit, Willkürbewegungen zu koordinieren (Dyssynergie), mit Gangunsicherheit, Dysmetrie, Intentionstremor; verzögerte statomotorische Entwicklung; Muskelhypotonie
Ataktische Diplegie: Dyssynergie-Symptome hauptsächlich an den oberen Extremitäten; spastische Zeichen an den Beinen
Syndrome mit Gleichgewichtsstörung (Dysäquilibrium-Syndrom): Schwierigkeiten im Beibehalten der aufrechten Körperposition bei gestörter Lageempfindung des Körpers im Raum

zu beeinflussen ist. Diese hat zur Folge, daß auch andere Hirnfunktionsstörungen auftreten können. Cerebrale Anfälle kommen bei etwa 30 % der Kinder mit infantilen Cerebralparesen vor. Wahrnehmungs- und Perzeptionsstörungen, beeinträchtigte Sinnesfunktionen, Intelligenzminderung und Teilleistungsschwächen sowie Verhaltensauffälligkeiten werden ebenfalls häufig beobachtet. Bei der Bewertung von Testergebnissen ist die motorische Behinderung zu berücksichtigen. Leistungsstörungen findet man vor allem im sprachlichen, perzeptiven und kognitiven Bereich (vgl. Tab. 4); ihre Ausprägung kann von psychoreaktiven Faktoren mitbestimmt sein.

Tabelle 4:
Neuropsychologische Störungen bei infantilen Cerebralparesen.

Beeinträchtigung von Intelligenzfunktionen
● Störung im logisch-abstrahierenden Denken
● Störung von Aufmerksamkeit und Konzentration
● Störung visuell-motorischer Funktionen
● Störung von Gedächtnisleistungen
● Diskrepanz zwischen Verbal- und Handlungs-IQ

Beeinträchtigung der psychomotorischen Geschwindigkeit

Spezifische Entwicklungsstörungen (Sprache usw.)

Störung von Sinnesfunktionen (Hören, Sehen)
Störung von integrativen Funktionen (sensorische Integration)
Störung von sensomotorischen Funktionen
Emotional-affektive Störungen
Verhaltensauffälligkeit

2.8 Cerebrale Anfälle

Cerebrale oder epileptische Anfälle sind Folge einer übermäßig synchronen Entladung von Nervenzellen; sie äußern sich in recht unterschiedlichen Symptomen. Bei epileptischen Erkrankungen treten sie rezidivierend auf; es sind verschiedene Anfallssyndrome und Verlaufsformen zu unterscheiden (Klassifikation der Internationalen Liga gegen Epilepsie). Zur Klärung der Ursache sind vor allem bildgebende Verfahren und Stoffwechselanalysen erforderlich. Dann werden Residualepilepsien als Folge abgeschlossener Läsionen (Residuum einer Verletzung oder Erkrankung) von Prozessepilepsien unterschieden, die durch fortschreitende Krankheiten verursacht sind. Bei den idiopathischen Epilepsien spielen genetische Faktoren und (noch) nicht faßbare Strukturveränderungen ursächlich eine Rolle. Die Gruppe der kryptogenetischen (ungeklärten) Epilepsien wird dank verbesserter diagnostischer Möglichkeiten immer kleiner.

Nach den klinischen Erscheinungen und mit Hilfe des elektroencephalographischen Befundes sind verschiedene Epilepsie-Formen zu differenzieren:

● Generalisierte Anfälle, bei denen die pathologische Erregung das gesamte Gehirn erfaßt, werden von

● fokalen (partiellen) Anfällen unterschieden, bei denen die Entladung von umschriebenen Stellen ausgeht.

● Große Anfälle (grand mal, primär oder sekundär generalisiert) gehen mit unvermittelt oder allmählich eintretender Bewußtlosigkeit einher, mit einer tonischen und klonischen Phase, wobei es zu Verkrampfung bzw. zu Zuckungen kommt, mit Zungenbiß, vermehrter Speichelproduktion, Einnässen, Einkoten oder Verletzungen. Nach etwa fünf bis zehn Minuten hört der Anfall langsam auf, der Patient fällt dann in einen tiefen Erholungsschlaf. Der Anfall wird nicht erinnert, es besteht Amnesie; die Erkrankung ist also nur durch Reaktionen der Umwelt bzw. an ihren Folgen zu erleben, was sehr belastend sein kann.

● Kleine Anfälle (petit mal) verlaufen ohne Bewußtseinsstörung (fokale oder partielle Anfälle) mit motorischen oder sensorischen Erscheinungen (Muskelzuckungen bzw. Mißempfindungen), führen zu kurzen Bewußtseinspausen (Absencen) oder zu verengter Wahrnehmung und eingeschränktem Reaktionsvermögen mit abnormen Verhaltensweisen (komplex-partielle oder psychomotorische Anfälle).

Bestimmte kleine Anfälle sind altersgebunden, kommen also bevorzugt in Entwicklungsphasen vor: Neugeborenenkrämpfe zeigen wenig charakteristische (amorphe) Symptome und können zu bleibenden Folgen führen, für die Blitz-Nick-Salaam-Krämpfe (BNS-Krämpfe oder West-Syndrom) des Säuglings sind nach vorne gerichtete (propulsive) Zuckungen charakteristisch, die in Serie auftreten und mit relativ typischen EEG-Veränderungen einhergehen; sie führen nicht selten zu einer deutlichen Entwicklungsstörung infolge der verantwortlichen Ursache. Bei den myoklonisch-astatischen Anfällen des Kleinkindalters (Lennox-Gastaut-Syndrom) treten vor allem Muskelzuckungen (Myoklonien) und plötzliche Stürze auf; auch dabei kommen bleibende Entwicklungsstörungen vor. Absencen, bevorzugt im Schulalter auftretend, werden manchmal zuerst an nachlassenden Schulleistungen bemerkt, bevor die kurzen Bewußtseinspausen oder ein Verdrehen der Augen nach oben auffallen. Das Impulsiv-Petit mal des Jugendlichen (Janz-Syndom) geht mit besonders morgens auftretenden, heftigen Zuckungen einher und ist mit psychoreaktiven Störungen verbunden.

Neuropsychologisch faßbare Symptome werden von der Art der cerebralen Funktionsstörung, vom Alter des Kindes, von Ätiologie und Lokalisation, aber auch von der erforderlichen Behandlung der Epilepsie geprägt. Antikonvulsiv wirkende Medikamente sind nötig, um Anfälle zu kontrollieren, aber auch anfallsbedingte Schäden zu vermeiden. Sie können abnorme Erregungen von Nervenzellen beeinflussen, eine übermäßige Ausbreitung der Entladung verhindern oder Hemmungsvorgänge verstärken, die im Nervensystem wichtige Aufgaben haben. Dabei werden neben den „epileptischen" Neuronen aber auch andere Nervenzellen beeinflußt. So ist vielfach die Frage nicht einfach zu beantworten, welche Faktoren für Leistungsprobleme oder Verhaltensauffälligkeiten bei anfallskranken Kindern verantwortlich sind. Es werden detaillierte Untersuchungen nötig, wobei auch psychosoziale Probleme und Belastungen der Familie durch die Krankheit Berücksichtigung finden müssen.

Tabelle 5:
Neuropsychologische Störungen bei cerebralen Anfällen und verursachende Faktoren.

Störung von Intelligenzfunktionen (Diskrepanz zwischen Verbal- und Handlungs-IQ)
Demenz (ESES)
Aufmerksamkeits- und Konzentrationsstörungen
Gedächtnisstörungen
Sprachstörungen (Landau-Kleffner-Syndrom)
Verlangsamte Reaktionsfähigkeit
Emotionale Störungen, Verhaltensauffälligkeit

Mögliche Ursachen

Neurologische Faktoren	— Lokalisation und Ausdehnung cerebraler Läsionen
	— Hypersynchrone Aktivität (EEG-Befunde)
Soziale Faktoren	— Einstellung zur Epilepsie in Familie und Gesellschaft
	— Einengen spontaner Aktivität
	— Störung der Familienstruktur
	— „Etikettierung"
Psychosoziale Faktoren	— Intelligenzminderung
	— Spezifische Lernstörungen
	— Empfinden der Anfälle (verändertes Körperschema)
Pharmakologische Faktoren	— Antikonvulsiva
	— andere Medikamente

Mit neuropsychologischen Verfahren sind einzelne Leistungsbereiche differenziert zu prüfen (vgl. Tab. 5). In verschiedenen Studien wurden bei anfallskranken Kindern vor allem kognitive Störungen und Teilleistungsschwächen nachgewiesen (Curley, 1992); Unterschiede zwischen den Anfallsformen werden auch durch ätiologische und therapeutische Differenzen erklärt. Mit den üblichen Intelligenztests wird vielfach eine Diskrepanz zwischen dem Ergebnis im Verbal- und im Handlungsteil gefunden.

Spezifische Hirnfunktionsstörungen treten beim Landau-Kleffner-Syndrom auf, das zu einer epileptisch bedingten Sprachstörung führt. Neben einer Beeinträchtigung vor allem expressiver Sprachfunktionen findet man hypersynchrone Aktivität bei der EEG-Untersuchung. Wenn im Rahmen von Anfallskrankheiten nächtliche, langdauernde Anfälle auftreten (ESES-Syndrom mit kontinuierlicher hypersynchroner Aktivität im EEG), kann es zu einem fortschreitenden Verlust kognitiver Fähigkeiten (zur Demenz) kommen.

Vielfach ist eine Entwicklungsstörung zugleich Ursache für die cerebralen Anfälle wie für die Leistungs- und Verhaltensprobleme. Aber auch häufig auftretende Anfälle können ungünstig sein, ebenso Nebenwirkungen der erforderlichen Medikamente. Immer sind differenzierte Untersuchungen nötig, um diese Zusammenhänge zu klären. Dabei können neuropsychologische Befunde hilfreich sein.

3. Epidemiologie, Verlauf und Nosologie

Die erwähnten neurophysiologischen Störungen werden unterschiedlich oft beobachtet. Für die wichtigsten, infantile Cerebralparesen und epileptische Anfälle, werden 0,2 bis 0,3 % bzw. 0,3 bis 0,5 % bezüglich der Prävalenz angegeben. Nach verschiedenen Statistiken ist damit zu rechnen, daß neurophysiologische Störungen also bei ein bis zwei Prozent aller Kinder vorkommen. Neuropsychologische Störungen dürften häufiger sein (5—10 %), wenn man Teilleistungsschwächen und umschriebene Entwicklungsstörungen einbezieht.

Der Verlauf hängt von der verantwortlichen Ursache und der jeweils wirksamen Pathogenese ab, von endogenen und exogenen Faktoren, muß also individuell betrachtet werden. Bei den früh entstandenen Störungen sind trotz der „Plastizität" des Nervensystems die Möglichkeiten der Kompensation begrenzt, wenn Entwicklungspotenzen geschwächt wurden, andererseits kann bei umschriebenen Läsionen auch eine erstaunliche Erholung auftreten. Immer wird der Verlauf durch Umwelteinflüsse mitbestimmt; psychosoziale Faktoren spielen in Auseinandersetzung mit den „organischen" Komponenten eine wichtige Rolle.

Im multiaxialen Klassifikationsschema werden neurophysiologische Symptome auf der vierten Achse mit den körperlichen Befunden codiert, sofern nicht ihre Auswirkungen auf der ersten Achse zu vermerken sind. ICD-10 bzw. DSM-III-R erfassen sie unter den organischen Störungen bzw. bei Entwicklungsstörungen.

4. Erklärungsansätze

Neurophysiologische Störungen führen zu bestimmten Symptomkombinationen, je nach den von einer Schädigung betroffenen Strukturen, nach deren Lokalisation und Ausdehnung. Man unterscheidet globale Funktionseinbußen, die fast alle Hirntätigkeiten betreffen, und umschriebene Störungen, die zu spezifischen Symptomen führen. Es ist hilfreich, die Befunde auf verschiedenen Ebenen zu definieren: Die morphologische Ebene entspricht den Strukturabweichungen, die mittels bildgebender Verfahren heute relativ einfach festgestellt und genau beschrieben werden können, wenn auch nur in einem relativ groben Raster. Die eigentlich neurophysiologische Ebene betrifft die mittels neurologischer Untersuchung und elektrophysiologischer Methoden ermittelten Befunde; sie gestatten vielfach eine Lokalisation der Läsionen, wenn auch nur in funktioneller Hinsicht.

Auf der neuropsychologischen Ebene werden die mit geeigneten Testverfahren festgestellten Resultate zusammengefaßt; sie sind mit der Lokalisation von Läsionen zu korrelieren. Die Verhaltensebene schließlich repräsentiert Leistungen, Fähigkeiten und Fertigkeiten sowie emotionale und affektive Äußerungen, damit auch psychoreaktive Komponenten. Verhaltensauffälligkeiten und Leistungsstörungen sind letztlich ein unspezifischer Ausdruck beeinträchtigter Hirnfunktionen. Es gibt nur wenig Symptome, die für eine bestimmte Ätiologie und Pathogenese charakteristisch sind.

5. Interventionsverfahren

Bei bestimmten neurophysiologischen Störungen werden Medikamente eingesetzt: Die Behandlung epileptischer Anfälle erfordert eine differenzierte Auswahl der am besten geeigneten Mittel, bestimmt von der Anfallsform, vom EEG-Befund und vom Alter des Kindes. Sorgfältige Kontrollen sind erforderlich, da alle Antikonvulsiva Nebenwirkungen haben können, die recht unterschiedlich sind, gelegentlich auch das Verhalten oder die Leistungsfähigkeit beeinflussen. Dabei ist jeweils genau zu prüfen, welche Faktoren beim einzelnen Kind in Betracht zu ziehen sind.

Medikamente können auch andere Funktionen des Nervensystems verändern, zum Beispiel die Regulation des Muskeltonus oder bestimmte Verhaltensäußerungen. Bei kritischer Indikation sind Psychopharmaka (Tranquilizer oder milde Neuroleptica, gegebenenfalls auch Psychostimulantien) in der Lage, einen günstigen Effekt zu erzielen, indem sie andere Behandlungsmaßnahmen unterstützen; ihre Anwendung sollte sorgfältig überwacht und immer zeitlich begrenzt werden.

Wesentlich für die Therapie neurophysiologischer Störungen sind übende Verfahren, vor allem Physiotherapie, Ergotherapie und Logopädie, aber auch Verhaltens- und Mototherapie. Dabei hängt es von der jeweiligen Diagnose und von der Situation des Kindes ab, welcher Methode der Vorzug zu geben ist. Auch das familiäre Umfeld ist zu berücksichtigen. Selbst wenn es nicht gelingt, die Hirnfunktionsstörung zu verändern, also primäre Wirkungen zu erzielen, so kann doch der reaktiven, sekundären Symptomatik begegnet und damit nicht selten wesentliche Besserung erzielt werden. Zur Effizienz physiotherapeutischer Verfahren sind in den letzten Jahren mehrere Untersuchungen und Metaanalysen durchgeführt worden; die Ergebnisse sind uneinheitlich, sprechen aber eher dafür, daß den Sekundärwirkungen die wesentliche Bedeutung zukommt. Damit ist der „Methodenstreit" hinfällig: Es kommt weniger auf die Art der Behandlung, sondern mehr auf den Therapeuten und ein umfassendes Interventionsprogramm an (Schlack, 1994).

Neurophysiologische Störungen, die zu einer mehr oder weniger stark ausgeprägten Behinderung führen, haben immer mehrere ursächlich verantwortliche Faktoren. Dementsprechend sind auch Maßnahmen der Therapie und Förderung zu planen, sie müssen vielseitig und vielfältig sein, erfordern deshalb oft auch die Mitwirkung verschiedener Fachdisziplinen. Um Kind, Eltern und Familie zu unterstützen, ihnen zu einer echten Integration zu verhelfen, sind aber die Maßnahmen auch sinnvoll aufeinander abzustimmen. Es erweist sich als günstig, so früh als möglich zu beginnen, weil dann nicht nur die größeren Kompensationsfähigkeiten des Nervensystems ausgenützt werden, sondern auch der Entstehung und Verfestigung reaktiver Störungen wirksam zu begegnen ist. Deshalb hat interdisziplinäre Frühförderung, die am besten familiennah geschieht, einen wichtigen Stellenwert unter den Interventionsmaßnahmen. Diese müssen sich realitätsbezogen an den Möglichkeiten des einzelnen Kindes orientieren, haben die Belastbarkeit, aber auch die Ressourcen der Familie zu berücksichtigen, um Kind wie Eltern zum „Leben so normal wie möglich" zu verhelfen.

Weiterführende Literatur

Aicardi, J. (1992). *Diseases of the nervous system in childhood.* Clinics in Developmental Medicine No. 113/118. London: MacKeith Press.

Kalbe, U. (1993). *Cerebral-Parese im Kindesalter. Kurzer Leitfaden für ärztlich, therapeutisch, pädagogisch und sozialberatend Tätige.* Stuttgart: Fischer (2. Auflage).

Matthes, A. & Schneble, H. (1992). *Epilepsien. Diagnostik und Therapie für Klinik und Praxis.* Stuttgart: Thieme (5. Auflage).

Neuhäuser, G. & Steinhausen, H.-Chr. (Hrsg.) (1990). *Geistige Behinderung. Grundlagen, Klinische Syndrome, Behandlung und Rehabilitation.* Stuttgart: Kohlhammer.

Literatur

Birbaumer, N. & Schmidt, R. F. (1990). *Biologische Psychologie.* Berlin: Springer.

Curley, A. D. (1992). Behavioral disturbance in children with seizures. In M. G. Tramontana & S. R. Hooper (Eds.) *Advances in child neuropsychology*, Vol. 1 (109—136). Berlin: Springer.

Fennel, E. B. & Mickle, J. P. (1992). Behavioral effects of head trauma in children and adolescents. In M. G. Tramontana & S. R. Hooper (Eds.), *Advances in child neuropsychology,* Vol. 1 (24—49). Berlin: Springer.

Forssberg, H. & Hirschfeld, H. (Eds.) (1992). *Movement disorders in children.* Medicine and sport sciences Vol. 36. Basel: Karger.

Freud, S. (1897). Die infantile Cerebrallähmung. In H. Nothnagel (Hrsg.), *Spezielle Pathologie und Therapie*, Band 9, II. Teil, II. Abteilung. Wien: Hölder.

Hagberg, B. (1973). Klinische Syndrome bei Zerebralparese: Eine umfassende neuropädiatrische Studie. *Monatsschrift für Kinderheilkunde, 121,* 259—263.

Kalverboer, A. F., Hopkins, B. & Geuze, R. (Eds.) (1993). *Motor development in early and later childhood: Longitudinal approaches.* Cambridge: Cambridge University Press.

Lehmkuhl, G. & Thoma, W. (1987). Langfristige Verhaltens- und Leistungsänderungen nach einem Schädel-Hirn-Trauma im Kindesalter. *Monatsschrift für Kinderheilkunde, 135*, 402—405.

Michaelis, R., Dopfer, R., Gerbig, W., Dopfer-Feller, P. & Rohr, M. (1979). Erfassung obstetrischer und postnataler Risikofaktoren durch eine Liste optimaler Bedingungen. *Monatsschrift für Kinderheilkunde, 127*, 149—155.

Michaelis, R. & Edebol-Tysk, K. (1987/88). Zerebralparesen. Definitionen, Nosologie, Neuorientierung. *Pädiatrische Praxis, 35*, 199—203.

Miller, G. & Ramer, J. C. (Eds.) (1992). *Static encephalopathies of infancy and childhood.* New York: Raven Press.

Neuhäuser, G. (Hrsg.) (1985). *Entwicklungsstörungen des Zentralnervensystems.* Stuttgart: Kohlhammer.

Neuhäuser, G. (1972). *Folgen enzephalitischer Erkrankungen bei Kindern. Untersuchungen zum Problem der sogenannten frühkindlichen Hirnschädigung.* Stuttgart: Enke.

Neuhäuser, G. (1982). Pädiatrische Aspekte zerebraler Bewegungsstörungen. In H. Thom (Hrsg.), *Die infantilen Zerebralparesen. Diagnose, Therapie, Rehabilitation und Prophylaxe.* Stuttgart: Thieme (2. Auflage).

Neuhäuser, G. (1986). Langzeitverlauf und Therapie neuropsychiatrischer Erkrankungen. In M. H. Schmidt & S. Drömann (Hrsg.), *Langzeitverlauf kinder- und jugendpsychiatrischer Erkrankungen* (22—33). Stuttgart: Enke.

Neuhäuser, G. (1989). Akute Schädel- und Hirntraumen im Kindesalter. Therapie und Prognose von psychischen Folgeerscheinungen. *Zeitschrift für Allgemeinmedizin, 65*, 683—687.

Neuhäuser, G., Beckmann, D. & Pauli, U. (1990). Zur Entwicklung sogenannter Risikokinder. Ergebnisse einer Längsschnittuntersuchung. *Frühförderung interdisziplinär, 9*, 1—11.

Njiokiktjien, Ch. (1988). *Pediatric behavioural neurology, Vol. 1. Clinical principles.* Amsterdam: Suyi Publications.

Ramaekers, G. & Njiokiktjien, Ch. (1991). *Pediatric behavioural neurology, Vol. 3. The child's corpus callosum.* Amsterdam: Suyi Publications.

Remschmidt, H. & Schmidt, M. H. (Hrsg.) (1985). *Kinder- und Jugendpsychiatrie in Klinik und Praxis. Band II, Entwicklungsstörungen, organisch bedingte Störungen, Psychosen, Begutachtung.* Stuttgart: Thieme.

Remschmidt, H. & Stutte, H. (Hrsg.) (1980). *Neuropsychiatrische Folgen nach Schädel-Hirn-Traumen bei Kindern und Jugendlichen.* Bern: Huber.

Rutter, M., Chadwick, O., Shaffer, D. & Brown, G. (1980). A prospective study of children with head injuries. I. Design and methods. *Psychological Medicine, 10*, 633—645.

Rutter, M. (Ed.) (1984). *Developmental neuropsychiatry.* Edinburgh: Churchill Livingstone.

Sarnat, H. B. (1992). *Cerebral dysgenesis. Embryology and clinical expression.* New York: Oxford University Press.

Schlack, H.G. (1994). Interventionen bei Entwicklungsstörungen. Bewertende Übersicht. *Monatsschrift Kinderheilkunde, 142*, 180—184.

Schmidt, R. F. (1987). *Grundlagen der Neurophysiologie.* Berlin: Springer (6. Auflage).

Speckmann, E.-J. (1981). *Einführung in die Neurophysiologie.* Darmstadt: Wissenschaftliche Buchgesellschaft.

Spreen, O., Tupper, D., Eisser, A., Tuokko, H. & Edgell, D. (1984). *Human develop-mental neuropsychology.* New York: Oxford University Press.
Taylor, H. G., Schatschneider, C. & Rich, D. (1992). Sequelae of haemophilus in-fluenzae meningitis: Implications for the study of brain disease and development. In M. G. Tramontana & R. S. Hooper (Eds.), *Advances in child neuropsychology,* Vol. 1 (50—108). Berlin: Springer.
Ten Bruggencate, G. (1984). *Medizinische Neurophysiologie. Zellfunktionen und Senso-motorik unter klinischen Gesichtspunkten.* Stuttgart: Thieme.
Tramontana, M. G. & Hooper, S. R. (Eds.) (1992). *Advances in child neuropsychology.* Vol. 1. Berlin: Springer.

II.

Modelle psychischer Störungen

C. Psychosomatische Störungen

Psychosomatische Störungen

Hans-Christoph Steinhausen

1. Einleitung

Der Begriff der psychosomatischen Störungen bezieht sich gemäß aktuellem Stand der wissenschaftlichen Diskussion auf eine Klasse von Störungen, bei der psychologische Faktoren eine bedeutsame Rolle bei der Entstehung und Aufrechterhaltung von Organpathologien bzw. pathophysiologischen Prozessen des Organismus spielen. Die Untersuchung der Wechselwirkung von psychosozialen und biologischen Faktoren bei Krankheit und Gesundheit wie auch die Behandlung entsprechender Störungen ist gemäß traditionellem Verständnis Gegenstand und Auftrag der psychosomatischen Medizin. Dieser seit etwa 60 Jahren präsenten Wissenschaftsdisziplin mit traditionell vornehmlich psychoanalytischer Ausrichtung ist in den letzten zwei Jahrzehnten mit der Verhaltensmedizin bzw. Verhaltenspädiatrie ein bedeutsamer Konkurrent erwachsen. Von Anbeginn der Entwicklung der psychosomatischen Medizin seit den 30er Jahren dieses Jahrhunderts sind ihre Modelle und Konzepte vornehmlich an Erwachsenen entwickelt worden. Erst in der Verhaltenspsychiatrie, die sich noch vor der Verhaltensmedizin gegen Ende der 60er Jahre konstituierte, und später der systemischen Familientherapie ist es gelungen, eigenständige Beiträge zu einer Konzeption sogenannter psychosomatischer Störungen im Kindesalter zu leisten.

In einer historischen Perspektive (Lipowski, 1986a) entstand die psychosomatische Medizin als eine Gegenposition gegen die dualistische und reduktionistische Praxis der somatischen Medizin, welche in einer ausschließlich naturwissenschaftlichen Orientierung die psychosozialen von den biologischen Faktoren in den Krankheitsprozessen abgespalten hatte. Vorläufer der modernen psychosomatischen Medizin fanden sich in der Tradition einer ganzheitlichen Betrachtung der Medizin im alten Griechenland sowie auch im Konversionsmodell, in dem Sigmund Freud das körperliche Symptom als Ausdruck und Ersatz eines verdrängten Triebimpulses betrachtete, dessen Bewußtwerdung im analytischen Therapieprozeß die Heilung einleiten sollte.

Der eigentliche Begründer der modernen psychosomatischen Medizin, Franz Alexander, setzte sich von diesem Modell der hysterischen Konversionsneurose kritisch ab und postulierte, daß ungelöste unbewußte Konflikte zwischen aggressiven oder abhängigen Wünschen einerseits und den opponierenden Kräften des

Ichs und Über-Ichs andererseits chronische emotionale Spannungen hervorrufen, deren physiologische Korrelate zu Dysfunktionen und schließlich strukturellen Veränderungen spezifischer Organe führen. Diese sogenannte Spezifitätstheorie wurde von ihm auf einen Kreis von Organerkrankungen angewandt, die seitdem als sogenannte Organneurosen bzw. psychosomatische Störungen bezeichnet wurden: die essentielle Hypertonie, die rheumatoide Arthritis, die Thyreotoxikose, das Ulcus pepticum, die Colitis ulcerosa, das Asthma bronchiale und die Neurodermitis (atopische Dermatitis). Diese psychoanalytische Theorie war über zwei bis drei Jahrzehnte äußerst einflußreich, bis sie ähnlich wie die psychobiologische Theorie von Flanders Dunbars, welche Verknüpfungen zwischen bestimmten Persönlichkeitstypen und körperlichen Krankheiten postulierte, theoretisch erstarrte und mit dem allgemeinen Bedeutungsrückgang der Psychoanalyse in Theorie und Praxis einem stärker empirischen Forschungsansatz weichen mußte. Dieser berücksichtigte nunmehr neben biologischen und psychologischen Faktoren zunehmend auch soziale Bedingungen. Die Psychoanalyse entwickelte hinfort nur noch einmal ein relativ zentrales und breit diskutiertes Konzept: das der Alexithymie, welches die Unfähigkeit der Selbstwahrnehmung und Entäußerung von emotionalen Zuständen als das Charakteristikum bei Patienten mit psychosomatischen Störungen betrachtet (Nemiah, 1978).

Die Abkehr von psychoanalytischen Modellen in der psychosomatischen Medizin, die im deutschsprachigen Bereich nicht in vergleichbarer Weise wie in den angelsächsischen Ländern vollzogen wurde, führte zu neuen Brennpunkten der Forschung. Diese befaßten sich nunmehr mit den physiologischen Mechanismen als Mediatoren zwischen psychologischen Befindlichkeiten und körperlichen Zuständen sowie der Bedeutung von Lebensereignissen für die Entwicklung und den Verlauf von Krankheiten. Die Theorie der psychosomatischen Medizin wurde nun von den Konzepten des psychosozialen Streß, psychophysiologischen Reaktionsspezifitäten, des Coping und der Adaptation sowie der sozialen Unterstützung bestimmt. Praktisch entstanden aus diesen wissenschaftlichen Entwicklungen die Anwendungsfelder der Liaison-Psychiatrie und der Verhaltensmedizin (Lipowski, 1986b). Auch die Verhaltensmedizin und mit ihr die Verhaltenspädiatrie — als die spezifisch auf das Kindes- und Jugendalter fokussierte Schwesterdisziplin — sind von dem dualen Anspruch gekennzeichnet, eine Forschungsrichtung mit spezifischen auf die Praxis bezogenen Anwendungs- und Interventionsmethoden zu verbinden. Verhaltensmedizin ist demgemäß ein multidisziplinärer Forschungsansatz, welcher verhaltenstheoretische und biomedizinische Methoden in der Erforschung von Krankheiten und Gesundheitsverhalten verbindet. Sie ist ferner die klinische Anwendung von Methoden der Verhaltensmodifikation und -therapie im Rahmen von Diagnose, Prävention und Behandlung körperlicher Krankheiten sowie physiologischer Funktionsstörungen (Steinhausen, 1991; Steinhausen & von Aster, 1993).

Trotz dieser positiven Entwicklungen ist die Formulierung von Modellvorstellungen über die Entstehung und Perpetuierung psychosomatischer Störungen spezifisch bei Kindern und Jugendlichen in den letzten Jahrzehnten nicht wesentlich vorangekommen. Angesichts dieses Defizites seien daher an dieser Stelle eigene

Konzeptansätze als abschließende theoretische Anmerkungen zitiert, die an anderer Stelle bereits vorgestellt wurden (Steinhausen, 1984a). Dieser theoretische Rahmen ist in Abbildung 1 skizziert.

Das Modell berücksichtigt die für das Kindes- und Jugendalter wichtige Dimension der *Entwicklung* und beschränkt sich nicht nur auf Entstehungsbedingungen von Krankheitsprozessen, sondern integriert angesichts des chronischen Charakters vieler psychosomatischer Störungen auch die Verlaufsperspektive. Die Entwicklungsperspektive des Modells zeigt die Wertigkeit von psychologischen Faktoren wie Kognitionen, Emotionen und *Persönlichkeitskomponenten* für den Prozeß der Krankheitsadaptation. Die Interaktion von biologischen und psychosozialen Faktoren muß dabei als fließender Prozeß mit Veränderungscharakter betrachtet werden.

Ausgangspunkt des Modells ist die in vielen psychosomatischen Theorien als unverzichtbar angesehene *Vulnerabilität* von Organen und biologischen Funktionssystemen. Ein zweites wichtiges Element der Beschreibung der Entstehung von Störungen ist das Prinzip der *multiplen Ätiologie* mit der Berücksichtigung von biologischen, psychologischen und psychosozialen *Antezedenzien* (Vorbedingungen) bzw. Stressoren. Die Entwicklung der modernen psychosomatischen Forschung hat gezeigt, daß nicht nur eine Vielzahl von hormonalen, infektiösen, immunologischen und anderen biologischen Parametern zu berücksichtigen ist, sondern auch unter den psychologischen Antezedenzien mehr als nur unbewußte Faktoren im Sinne der eher tradionell psychoanalytischen Betrachtungsweise bedeutsam sind. Ähnlich ist eine breite Klasse von psychosozialen Antezedenzien von Lebensereignissen bis Interaktionsstilen relevant. Eine detaillierte Beschreibung der als bedeutsam identifizierten Antezedenzien und Stressoren wird bei den einzelnen Störungen vorgenommen.

Ein drittes wichtiges Element des Modells für die Erklärung der Entstehung von psychosomatischen Störungen wird in *Mediatormechanismen* gesehen. Sie stellen die Verknüpfungen zwischen biologischen, psychologischen und psychosozialen Antezedenzien einerseits und pathophysiologischen Prozessen andererseits dar. Hier sind verschiedene psychobiologische Systeme wie psychophysiologische oder neuroendokrinologische Mediatoren ebenso beteiligt wie die psychosoziale Mediation, in der z. B. individuelle wie auch sozial vermittelte Erfahrungen im Umgang mit Stressoren für die Adaptation verfügbar gemacht wird.

Die aus den drei Elementen der Vulnerabilität, der Antezedenzien und der Mediatoren erklärten Symptome, Dysfunktionen und Krankheiten werden in der Verlaufsperspektive in dem Modell sodann als *Krankheitsadaptation* konzipiert. Dieser Begriff wird als die Summe der Bewältigungsstrategien verstanden, die sich in Konstrukten wie Selbstkonzept, Rollentüchtigkeit, Kompetenz oder auch Psychopathologie analysieren läßt. Die Krankheitsadaptation steht dabei mehrheitlich im Sinn einer Wechselwirkung zu einer Reihe bedeutsamer Faktoren in Beziehung. Sie wird einseitig durch krankheitsbezogene Faktoren und Erfahrungen determiniert, indem z. B. die Notwendigkeit der Hospitalisierung oder einschränkende therapeutische Maßnahmen verarbeitet werden müssen.

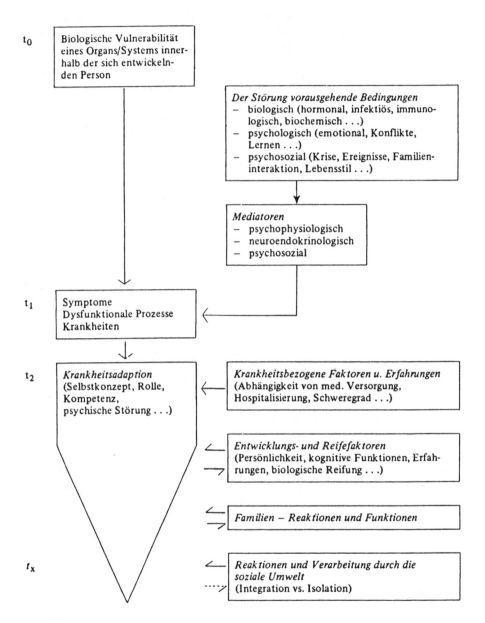

Abbildung 1:
Ein Modell der Entstehung und Entwicklung psychosomatischer Symptome und Krankheiten.

Hingegen ist die Beziehung von Entwicklungs- und Reifefaktoren mit Krankheitsadaptation wechselseitig angelegt. Emotionale und kognitive Funktionen sowie
die Persönlichkeit des sich entwickelnden Kindes wirken nicht nur auf die Art der
Krankheitsbewältigung ein, sondern werden von ihr auch geformt. Ebenso kann
das Krankheitsgeschehen mit seinem oft chronischen Charakter auf biologische
Funktionen wie z. B. das Wachstum hemmend zurückwirken. Analog stehen auch
die Organisations- und Funktionsstile von *Familien* mitsamt ihren Interaktions-
mustern in einer Wechselbeziehung zum Prozeß der Krankheitsbewältigung
durch das Kind. Die Adaptation bezieht sich nicht nur in Reaktion auf z. B. dysfunktionale Kommunikationsmuster in der Familie, wie sie von der systemischen
Familientherapie (Minuchin, Rosman & Baker, 1978) als vermeintlich typisch für
psychosomatische Störungen bei Kindern herausgestellt wurde. Der jeweilige
Stand der Krankheitsverarbeitung hat vielmehr auch Rückwirkungen auf das Or-
ganisationsniveau der Familie, die angesichts des oft bedrohlichen und chronischen Charakters psychosomatischer Störungen bei Kindern und Jugendlichen
besondere Ressourcen ihrer eigenen Bewältigung aktivieren muß und in der Gefahr steht, daß möglicherweise auch andere Familienmitglieder dekompensieren
bzw. dysfunktional reagieren.

Schließlich spielt die erweiterte *soziale Umwelt* nicht nur als allgemeiner Entwicklungskontext bei Kindern und Jugendlichen eine bedeutsame Rolle. Vielmehr
wird über sie auch die Krankenrolle als ein wichtiger Bestandteil der Krankheitsadaptation vermittelt. Hier besteht erneut wegen des Schweregrades und der
Chronizität psychosomatischen Störungen die Gefahr der Ausgrenzung des kranken Kindes und Jugendlichen aus sozialen Gruppen und Beziehungsnetzen. Vergleichsweise weniger stark sind die Rückwirkungen, die das kranke Kind auf die
soziale Umwelt nimmt, indem es z. B. die soziale Wahrnehmung des kranken
Menschen und seine Akzeptanz beeinflußt.

Diese allgemeinen Überlegungen zu einem theoretischen Rahmen für die Entwicklung und den Verlauf psychosomatischer Störungen werden bei der Abhandlung einzelner klinischer Störungen noch zu spezifizieren sein. Bevor in diesen
Abschnitt eingetreten wird, sind jedoch noch einige Anmerkungen zum Stand der
Klassifikation psychosomatischer Störungen zu machen.

2. Klassifikation

In den 80er Jahren ist der Begriff der psychosomatischen Störungen als einer
bestimmten nosologischen Einheit weitgehend verlassen worden. Die Gründe
wurden z. B. in dem Umstand gesehen, daß der Ganzheitsanspruch der psychosomatischen Medizin nicht nur für einen begrenzten Kreis ausgewählter Störungen,
sondern für Krankheit und Gesundheit schlechthin gelte (Lipowski, 1984; Steinhausen, 1981a, 1984a, 1985a, 1989, 1993a). Dabei hat sich die Forderung, den
Begriff der psychosomatischen Störungen durch den der psychophysiologischen
Störungen zu ersetzen, nicht durchsetzen können. Tatsächlich enthielten schon
die in der Zwischenzeit revidierten internationalen Klassifikationssysteme der

ICD-9 und des DSM-III keine separate Klasse sogenannter psychosomatischer Störungen.

Auch das bestimmende Klassifikationssystem der 90er Jahre, die ICD-10, kennt keine psychosomatischen Störungen. In der allgemeinen Einleitung zur ICD-10 (Dilling, Mombour & Schmidt, 1991) wird lediglich unter dem Abschnitt „Probleme in der Terminologie" festgestellt, daß die Begriffe „psychogen" und „psychosomatisch" als Bezeichnung diagnostischer Kategorien wegen ihrer unterschiedlichen Bedeutung in verschiedenen Sprachen und psychiatrischen Schulen in der ICD-10 nicht verwendet werden. In diesem Zusammenhang werden dann aber eine Reihe von Störungen aufgelistet, die in anderen Klassifikationssystemen als psychosomatisch bezeichnet werden. Dabei handelt es sich um somatoforme Störungen, Eßstörungen, sexuelle Funktionsstörungen sowie psychische und Verhaltensstörungen bei andernorts klassifizierten Störungen und Erkrankungen. Letztere werden als körperliche Störungen mit einer psychischen Verursachung, wie z. B. das Asthma bronchiale, verstanden.

Sowohl die Kritik an der Reservierung des biopsychosozialen Krankheitsmodells für eine kleine Zahl von ausgewählten Störungen wie auch die fehlende Berücksichtigung einer separaten Klasse von psychosomatischen Störungen in den modernen Klassifikationssystemen lassen den Begriff der psychosomatischen Störung somit zu einer bloßen sprachlichen Konvention geraten. An ihrer Stelle ließe sich auch der vom Verfasser benutzte Begriff der psychischen Störungen mit körperlicher Symptomatik (Steinhausen, 1993a) setzen, zu dem die in Tabelle 1 aufgeführten Störungen zu zählen sind. Diese Gruppierung bildet auch teilweise den Leitfaden für die folgende Abhandlung klinischer Störungen. Von dieser sind die in einem separaten Kapitel dargestellten Eßstörungen ausgeschlossen. Ferner werden die Ausscheidungsstörungen Enuresis und Enkopresis (vgl. den Beitrag von Petermann & Essau in diesem Buch), die Schlafstörungen, die Bewegungsstörungen (Tics und Stereotypien) sowie die Deprivationssyndrome als eigenständige nosologische Einheiten betrachtet, die ebenfalls in diesem Kapitel nicht zur Darstellung kommen. Sie sind andernorts vom Verfasser abgehandelt worden (Steinhausen, 1993a).

3. Klinische Störungen

3.1 Asthma bronchiale

3.1.1 Beschreibung

Die *klinische Symptomatik* des Asthma bronchiale besteht aus einer reversiblen Veränderung der peripheren Luftwege, so daß es zu einer Behinderung der Ausatmung kommt. Ödeme der Schleimhaut, verstärkte Schleimsekretion und Spasmen der Bronchialmuskulatur auf dem Boden eines hyperreagiblen Bronchialsystems sind die pathophysiologischen Grundlagen der Symptomatik. Diese kann sich sowohl schleichend wie auch abrupt entwickeln und trägt den Charakter eines Anfalls mit Beeinträchtigung der Lungenventilation und der Herz-Kreislauf-Funktionen. Häufig beginnt das Krankheitsbild bereits in der frühen Kindheit. Verlauf und Schweregrad variieren intra- und interindividuell.

Kinder mit Asthma bronchiale haben eine deutlich erhöhte *psychopathologische Vulnerabilität* (Kashani, König, Shepherd, Wifley & Morris, 1988; Steinhausen, 1993b, 1984b; Steinhausen et al., 1983a, b) als Kinder mit anderen chroni-

Tabelle 1:
Psychische Störungen mit körperlicher Symptomatik.

---

(1) *Krankheiten mit Organveränderungen*
Asthma bronchiale
Ulcus pepticum
Colitis ulcerosa
Neurodermitis

(2) *Dissoziative Störungen*
(z. B. Lähmungen, Gangstörungen, Krampfanfälle)

(3) *Somatoforme Störungen*
(z. B. Bauchschmerzen, hypochondrische Störungen)

(4) *Eßstörungen*
Anorexia nervosa
Bulimia nervosa
Adipositas
Eßstörungen des Kindesalters (z. B. Appetitstörungen)

(5) *Enuresis*

(6) *Enkopresis*

(7) *Schlafstörungen*
Ein- und Durchschlafstörungen
Parasomnien
Hypersomnie
Symptomatische Schlafstörungen bei psychiatrischen Störungen
(z. B. Depression)

(8) *Bewegungsstörungen*
Tics
Stereotypien

(9) *Deprivationssyndrome*
Frühkindliche Gedeihstörung
Psychosozialer Minderwuchs

---

schen Krankheiten. Die Annahme eines spezifischen Persönlichkeitsprofiles ließ
sich jedoch nicht bestätigen. Insofern ist die Psychopathologie unspezifisch. Die
erhöhte Rate von psychischen Störungen findet sich insbesondere bei Kindern mit
häufigen frühen Krankenhausaufnahmen (Mrazek, 1984) und bei ausgeprägter
Familienpathologie (Steinhausen, 1984b). Eine klare Beziehung zum klinischen
Schweregrad des Asthma bronchiale ließ sich bei sehr unterschiedlichen Definitionen dieses Merkmales nicht nachweisen (Kashani et al., 1988; Steinhausen,
1984b; Steinhausen et al., 1983a).

3.1.2 Epidemiologie, Verlauf und Nosologie

Nach neueren Erhebungen betrug die *Prävalenz* des Asthma bronchiale in den
USA in den späten 70er Jahren 6,7 % für Kinder und Jugendliche zwischen 3 und
17 Jahren, wobei Jungen häufiger als Mädchen und Stadtkinder häufiger als
Landkinder betroffen waren. Die meisten asthmakranken Kinder hatten ihren
ersten Anfall bereits vor ihrem dritten Geburtstag. Es ließen sich keine Sozial-
schichteffekte auf die Prävalenzrate nachweisen, während zeitlich ein Trend der
Zunahme in der 70er Jahren beobachtet werden konnte (Gergen, Mullaly &
Evans, 1988). Eine Übersicht über die Prävalenz in westlichen Industrieländern
kommt zu einer Gesamtschätzung von etwa 10 % (Nowak, Wiebicke & Magnusson, 1989).

Der klinische *Verlauf* des Asthma bronchiale zeigt bei etwa 30 % eine längerfristige stabile Remission, bei weiteren 20 % eine Symptomremission unter Vermeidung von anfallsauslösenden Allergenen, bei 20 % die Entwicklung anderer
allergischer Symptome bzw. Krankheiten und bei etwa einem Viertel der Kranken
eine Chronifizierung. Nur etwa die Hälfte der chronischen Asthmakranken sind
schwerkrank. Die Mortalität beträgt 1 %. In prognostischer Hinsicht läßt sich der
Stellenwert psychologischer Faktoren in der Verursachung des Asthma bronchiale ebensowenig wie die Wertigkeit von psychologischen Interventionen abschät-
zen, zumal es an entsprechenden wissenschaftlichen Erkenntnissen noch mangelt.
Prognostisch ungünstig sind familienanamnestische Belastungen mit Asthma
bronchiale, begleitende Allergien, Ekzeme, hoher Schweregrad bei Erkrankungsbeginn und in der Adoleszenz, eine hohe unspezifische Atemwegsempfindlichkeit
sowie aktives und passives Rauchen (Nowak et al., 1989).

Das Asthma bronchiale wird in der ICD-10 in spezifischer Weise *klassifiziert*.
Dem psychosomatischen Aspekt, der einerseits in ätiologischer Hinsicht als bedeutsam anerkannt, andererseits aber im Sinne einer unspezifischen Psychopathologie gekennzeichnet wird, trägt die ICD-10 mit einer Doppelkodierung
Rechnung. Demgemäß werden der Code „psychologische Faktoren oder Verhaltensfaktoren bei andernorts klassifizierten Erkrankungen" (F 54) und zusätzlich
der Code für die somatische Symptomatik des Asthma bronchiale (J 45.9) verwendet. Diese Eigentümlichkeit rührt aus dem Verzicht der ICD-10 auf eine gesonderte Klasse sogenannter psychosomatischer Störungen.

3.1.3 Erklärungsansätze

Die neuere Forschung konvergiert in der Annahme, daß für die *Ätiologie* des Asthma bronchiale ein multikausales Modell angenommen werden muß. Ein Versuch, die verschiedenen beteiligten Elemente zu integrieren, ist vom Verfasser unlängst erneut unternommen worden (Steinhausen, 1993a, b) und in Abbildung 2 graphisch dargestellt. Die erste Stufe des Modells berücksichtigt eine *genetisch determinierte Organvulnerabilität*, die in Verbindung mit der *Allergenexposition* eine *Sensibilisierung* schafft. Aus dieser entwickelt sich in Verbindung mit *adjuvanten (unterstützenden)* Faktoren wie Infekten oder Belastungen aus der Umwelt eine *bronchiale Hyperreagibilität*. Aus dem Zusammenwirken verschiedener Klassen von Auslösefaktoren und der bronchialen Hyperreagibilität kann schließlich das Symptom der *Bronchioobstruktion,* d. h. die Verengung der Luftwege, resultieren.

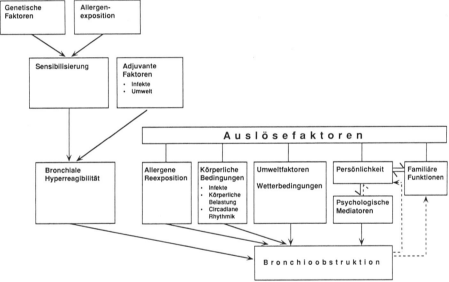

Abbildung 2:
Multikausales Ätiologie-Modell für das Asthma bronchiale.

Unter den vielfältigen *Auslösefaktoren* sind die psychosozialen Bedingungselemente an dieser Stelle von besonderem Interesse. Aspekte der Persönlichkeit können nur über psychologische *Mediatoren,* nicht aber direkt wirksam werden. Ebenso haben im Gegensatz zu den empirisch nicht validierten Postulaten der systemischen Familientherapie (Minuchin et al., 1978) familiäre Funktionen einschließlich der Persönlichkeit der Eltern keine direkten, sondern nur indirekte, d. h. über die Persönlichkeit vermittelte Auslösefunktionen. Wie in dem eingangs skizzierten allgemeinen Modell dargestellt, sind also psychologische Mediatoren die zentralen Stellglieder, welche Emotionen und Kognitionen mit autonomvegetativen, zentralnervösen, neuroendokrinen, psychophysiologischen und anderen Funktionen verknüpfen. Auf diese Weise können z. B. emotionale Stressoren die Endorphine aktivieren, welche wiederum biologische Mediatoren in den Mastzellen stimulieren, die ihrerseits zum Symptom der Bronchioobstruktion beitragen. Dieses Symptom hat über das z. B. ängstlich getönte Erleben wiederum Rückwirkungen auf die Persönlichkeit und die Funktionen der Familie. Insofern berücksichtigt das Modell zusätzliche Rückkopplungsschleifen.

Dieses Modell integriert eine Reihe empirischer Befunde, die bei asthmakranken Kindern erhoben wurden. So konnten bestimmte psychische, über die *Persönlichkeit* des Kindes vermittelte Befindlichkeiten im Sinne von *Affektzuständen* identifiziert werden, welchen eine Auslösefunktion als Stressoren zukommt (Thal & Miklich, 1976; Weiss, Lyness, Molk & Riley, 1976). Derartige Auslöser sind Affekte wie Ärger, Angst und Sorge, Trauer und Depression oder Erregung. Sie stehen typischerweise in einer engen zeitlichen Beziehung — wenige Minuten bis zu einer halben Stunde — zum Beginn des Asthmaanfalls (Purcell, Weiss & Hahn, 1972). Der Stellenwert von psychologischen Auslösern zu Beginn der Erkrankung läßt sich nicht sicher ausmachen. Ältere Untersuchungen haben zwar hohe Raten emotionaler Stressoren identifiziert, sind jedoch in ihrer Aussagekraft durch eine retrospektive Analyse beeinträchtigt (Rees, 1966). Aufschluß über diese Zusammenhänge werden erste prospektive Studien an Risikopopulationen, d. h. Kindern asthmakranker Eltern, ermöglichen.

In ähnlicher Weise sind Beobachtungen bisher nicht zweifelsfrei belegt, daß aus der *Familie* resultierende Belastungen für das Kind mit einem Asthma bronchiale als Stressoren fungieren können. So haben Purcell, Muser, Miklich und Dietiker (1969) angenommen, daß eine rasche und dauerhafte Symptomremission nach Krankenhausaufnahme und Trennung von den Eltern im Gegensatz zu einer weiteren Steroidabhängigkeit einen Hinweis auf inadäquate elterliche Verhaltensweisen in der Familie liefern könnte. Die naheliegende Erklärung, daß die medikamentöse Versorgung dieser Kinder im Krankenhaus besser und die Compliance hinsichtlich der Therapiedurchführung im Elternhaus schlechter war, wurde nicht in Erwägung gezogen.

Gegenwärtig mangelt es an jeglicher empirischer Evidenz, daß es eine ätiopathogenetisch bedeutsame Konstellation von frühen Mutter-Kind-Konflikten oder gar eine spezifische familiäre Kommunikationsstruktur gibt. Hingegen zeigen neuere Untersuchungen, daß Probleme in der Übernahme der Elternrolle sowie der Bewältigung der frühen Erziehungsaufgaben mit der Erstmanifestation von Symptomen eines Asthma bronchiale im Säuglingsalter bei einer Risikogruppe von Kindern asthmakranker Mütter bedeutsam korrelierten (Mrazek, Klinnert, Mrazek & Macey, 1991). Ferner konnte in eigenen Untersuchungen nachgewiesen werden, daß Störungen der Familienfunktionstüchtigkeit den Grad der psychiatrischen Störungen bei asthmakranken Kindern besser als Lebensereignisse, Sozialschicht und Schweregrad des Asthma bronchiale vorhersagen (Steinhausen, 1984b; Steinhausen et al., 1983b).

Die möglichen Interdependenzen der verschiedenen Auslöseklassen sind schließlich nur ungenügend bekannt. Eine zunächst empirisch festgestellte reziproke

Beziehung von Allergiepotential und Psychopathologie (Block, Jennin, Harvey & Simpson, 1964) ist sowohl bestätigt (Mrazek & Strunk, 1984; Purcell et al., 1969) wie auch relativiert bzw. widerlegt worden (Kagan & Weiss, 1976; Thal & Miklich, 1976; Gauthier et al., 1977).

3.1.4 Interventionsverfahren

Im Zentrum psychosomatischer bzw. verhaltensmedizinischer Interventionen bei asthmakranken Kindern muß heute die *Krankheitsbewältigung* stehen. In dieser Hinsicht stellt das Asthma bronchiale den Prototyp einer chronischen Erkrankung dar (vgl. Steinhausen, 1993a, 1988a, b, 1985b, 1984b). Demgemäß haben neben den Verfahren, die bei Kindern und Jugendlichen mit psychischen Störungen Verwendung finden (Einzel- und Gruppenpsychotherapie sowie Familientherapie), vor allem verhaltenstherapeutische Interventionen einen breiten Indikations- und Anwendungsbereich. Sorgfältige Evaluationen der vorliegenden Literatur zum Einsatz dieser Methoden bei asthmakranken Kindern (Könning, Gehert, Niggemann & Wahn, 1993; Steinhausen, 1985a, 1981b) zeigen, daß der Einsatz von *muskulärer Entspannung* und *Biofeedback* auf Lungenfunktionsparameter nicht immer zweifelsfrei effizient ist. Der Anwendungsbereich für *operante Techniken* ist relativ begrenzt, wenn z. B. im Rahmen der Selbstversorgung ein Kind für die selbständige Einnahme der Medikation kontingent verstärkt wird.

Das gegenwärtig attraktivste Therapiemodell der Verhaltensmedizin bei asthmakranken Kindern stellen zweifellos die Schulungsprogramme (vgl. Könning et al., 1993; Petermann, Walter, Köhl & Biberger, 1993 sowie das Kapitel von Wiedebusch & Petermann in diesem Band). In derartigen Programmen werden sowohl Wissensinhalte wie auch Fertigkeiten vermittelt, die dazu dienen, Asthmaanfällen vorzubeugen bzw. die Krankheit zu kontrollieren, die Krankheitsversorgung in die Eigenverantwortung des Kindes zu geben und damit den Einfluß der Krankheit auf das Leben des Kindes und seiner Familie zu verringern. Entsprechend werden unter dem Gesichtspunkt der medizinischen Information z. B. Wissensinhalte aus Anatomie und Physiologie, über die klinische Symptomatik und den Stellenwert der Medikamente vermittelt. Ferner werden die Wahrnehmung von Auslösern (z. B. Allergene oder körperliche unangemessene Anstrengungen) und vor allem die Selbstwahrnehmung der Atmung und vorhandener Warnsignale spezifisch angesprochen, um in Notfallsituationen kompetent handeln zu können. Diesem Zweck dient auch die Einführung in Hilfstechniken wie z. B. atemerleichternde Körperstellungen oder die Handhabung von Inhalationsgeräten.

Ein weiterer Schwerpunkt von Schulungsprogrammen liegt bei der Krankheitsbewältigung. Hier sollen nicht nur mißlungene Bewältigungsversuche erkannt und eine realistische Einschätzung des eigenen Krankheitszustandes vermittelt werden. Vielmehr werden vor allem aktive Bewältigung, Eigenverantwortlichkeit und Kooperation bei der Durchführung der Behandlung (compliance) angestrebt. Den differenzierten Programmen ist ferner eigen, daß neben den handlungsorientierten und kognitiven Kompetenzen der Bewältigung zusätzlich über Sport und

Bewegung die Motorik ebenso wie das Sozialverhalten und die Persönlichkeit des
Kindes in seinem jeweils bedeutsamen sozialen Kontext angesprochen werden.
Insofern werden auch Sozialfertigkeiten sowie kompetentes Verhalten aufgebaut
und dysfunktionale Verhaltensweisen abgebaut. Die vorhandenen Übersichten zu
Evaluationsstudien (vgl. Könning et al., 1993; Petermann et al., 1993) zeigen,
daß Schulungsprogramme diesen Zielen tatsächlich dienen.

3.2 Ulcus pepticum

3.2.1 Beschreibung

Die im Kindes- und Jugendalter seltenen Geschwüre des Magens (Ulcus ventriculi) und des Zwölffingerdarms (Ulcus duodeni) werden unter dem Begriff des
Ulcus pepticum zusammengefaßt. Bei älteren Kindern ist wie bei Erwachsenen
der sogenannte epigastrische Schmerz, der im Winkel der beiden Rippenbögen
unter dem Brustbein lokalisiert ist, das Leitsymptom. Dieser manifestiert sich
charakteristischerweise nachts und zwischen den Mahlzeiten als sogenannter
Nüchternschmerz, während die Einnahme einer Mahlzeit zu einem Nachlassen
des Schmerzes führt. Bei jüngeren Kindern ist die Symptomatik weniger typisch:
der Schmerz zeigt keinen charakteristischen Tagesverlauf, wird durch Nahrungsaufnahme verstärkt und ist stärker in der Nabelgegend lokalisiert. Komplikationen können in Blutungen, blutigem Erbrechen und Magenperforation bestehen.
Die klinische Diagnose wird wesentlich durch Röntgenkontrastaufnahmen des
Magens bzw. Zwölffingerdarms gesichert.

Die Theorienbildung über die *Psychopathologie* des ulcuskranken Patienten war
gleichermaßen für Erwachsene wie für Kinder und Jugendliche lange durch die
psychodynamische Theorie von Franz Alexander geprägt, welche einen Konflikt
zwischen dem Wunsch nach Geborgenheit und Versorgung einerseits und Ab-
wehrbildungen des Ichs gegen diese regressiven Wünsche andererseits postulierte. Dieser Konflikt werde verdrängt und in Form einer äußeren Fassade von
Genügsamkeit, Leistungsorientierung und Ehrgeiz überkompensiert. Im Symptom würden sich die widerstreitenden Impulse von Abhängigkeits- und Unabhän-
gigkeitsstrebungen Bahn brechen.

Die insgesamt sehr spärliche Literatur zur Psychopathologie des Ulcus pepticum
im Kindes- und Jugendalter ist tatsächlich von Beobachtungen zu dieser zentralen
Thematik der Abhängigkeitsproblematik bestimmt. Dabei muß allerdings offen
bleiben, inwiefern die ungeprüfte Übernahme dieses theoretischen Konzeptes die
Wahrnehmung der Untersucher gelenkt hat. Zusammengefaßt wird bei den ulcuskranken Kindern und Jugendlichen ein Persönlichkeitsmuster beschrieben, das
sich aus einem starken Anlehnungsbedürfnis, einer ängstlich-sensiblen und tendenziell depressiven Grundstimmung, Verlustängsten, fehlender Autonomie und
sozialer Beziehungsschwäche sowie Leistungsehrgeiz zusammensetzt (Jungmann,
1978; Christodoulou, Gargoulas, Papaloukas, Marinopolou & Sideris, 1977;
Purcell et al., 1972; Millar, 1969).

Der *familiäre Kontext* stellt sich in der psychodynamischen Betrachtungsweise dahingehend dar, daß feindselig-abwehrende oder überprotektiv-ambivalente Haltungen bei den Müttern postuliert werden, welche für die Abhängigkeit des Kindes verantwortlich gemacht werden. Diese enge Bindung kann beim ulcuskranken Kind häufig zu einer Schulphobie als Ausdruck der Trennungsangst von der Mutter führen (Millar, 1969). Unabhängig von dieser eher psychodynamischen Betrachtungsweise ist die Schulentwicklung dieser Kinder tatsächlich beeinträchtigt (Christodoulou et al., 1977). Schulische Fehlzeiten und Verbleib im Elternhaus sind in einer sparsameren Erklärung möglicherweise eher Folge eines Krankheitsgeschehens, das schmerzhaft und belastend ist und das Kind die Nähe der versorgenden Mutter suchen läßt (Purcell et al., 1972).

Der geschilderte relativ schmale Erkenntnisstand über die Psychopathologie und die Familienfunktion bei ulcuskranken Kindern und Jugendlichen basiert auf sehr selektiv gewonnenen Erfahrungen. Es fehlen Untersuchungen an unausgewählten Kollektiven, die nicht primär den Psychiater konsultieren und deren Diagnose bei der Untersuchung nicht bekannt ist. Methodische Aspekte wie eine reliable und valide psychopathologische Befunderhebung sowie Kontrollgruppenpläne sind bisher ungenügend in der Forschung berücksichtigt worden.

3.2.2 Epidemiologie, Verlauf und Nosologie

Neuere epidemiologische Zahlen zur *Häufigkeit* der Ulcuskrankheit im Kindes- und Jugendalter liegen nicht vor. Möglicherweise werden Ulcera bei unspezifischer Symptomatik eher unterdiagnostiziert. Die meisten älteren Angaben der Literatur beziehen sich auf Krankenhauspopulationen und sind von daher nicht repräsentativ (Übersicht bei Steinhausen, 1985a). In der einzigen systematischen, auf Fallregistern beruhenden Studie in Monroe County im Staate New York wurde zwischen 1947 und 1961 ein Ansteigen der Inzidenzraten von 0,5 auf 3,6 % pro 100 000 Kinder und Jugendliche bis zu einem Alter von 16 Jahren festgestellt (Sultz, Schlesinger, Feldmann & Mosher, 1970). Adoleszente Jungen aus höheren Sozialschichten hatten das höchste Erkrankungsrisiko. Insgesamt ist das männliche Geschlecht deutlich häufiger betroffen.

Auch zum *Verlauf* der Ulcuskrankheit im Kindes- und Jugendalter mangelt es an systematischen Beobachtungen. Gemäß klinischen Erfahrungen kann von einem jahrelangen chronifizierten Verlauf bei knapp der Hälfte der Klientel ausgegangen werden, welche bis in das Erwachsenenalter reicht. Dabei ist angesichts fehlender Therapiestudien offen, inwieweit Psychotherapie den Verlauf der Ulcuskrankheit bei Kindern und Jugendlichen beeinflussen kann.

Die *Klassifikation* der Ulcuskrankheit erfolgt in der ICD-10 mit der bereits erwähnten Doppelkodierung für den psychiatrischen Anteil (F 54: psychologische Faktoren oder Verhaltensfaktoren bei andernorts klassifizierten Erkrankungen) und die körperliche Störung (K 25: Magenulcus).

3.2.3 Erklärungsansätze

Neuere Erkenntnisse der Grundlagenforschung, daß es sich beim Ulcus pepticum in biologischer Hinsicht nicht um eine einzige Krankheitseinheit, sondern um eine Gruppe heterogener Krankheiten mit 29 verschiedenen Formen handelt, machen eine Neubewertung aller Studien über psychologische Charakteristika und soziale Kontexte bei diesen Patienten dringend erforderlich (Weiner, 1991). Die Pathophysiologie und Ätiologie dieser Krankheit ist daher nicht einheitlich. Erhöhte und normale Pepsinogenspiegel bedeuten ein Risiko für die Entwicklung vor allem von Zwölffingerdarmgeschwüren. Ferner ist gesichert, daß drei häufige Pepsinogen-Phänotypen (sogenannte PG-I) durch separate Gene bestimmt sind. Erhöhte und normale PG-II-Spiegel sind Kennzeichen für einige Formen des Magenulcus und stellen prädisponierende Faktoren dar.

Erhöhte Pepsinogenspiegel und andere genetische Faktoren klären 50 % der Varianz auf. Die übrigen ätiologischen Faktoren sind ungenügend aufgeklärt. An dem Prozeß der Pathogenese sind komplexe Regulationsmechanismen einer Vielzahl von Parametern beteiligt, die schädigende Wirkungen (z. B. Pepsin), die Schädigung verstärkende Effekte (z. B. exzessive Magensäuresekretion) und schützende Wirkungen (Schleim) bzw. den Schutz herabsetzende Wirkungen (z. B. bestimmte entzündungshemmende Medikamente) haben.

Die kritische Analyse von Weiner (1991) kommt zu der Feststellung, daß die Rolle von belastenden Erfahrungen, Verhalten und Gehirn in der Ätiologie und Pathogenese der Ulcuskrankheit zwar angenommen, jedoch empirisch nicht genügend fest verankert ist. Angesichts der Heterogenität der Ulcuskrankheit müsse sich die Fragestellung für die Forschung dahingehend verschieben, bei welchen Formen diese verschiedenen Manifestationen eine größere oder eine geringere Rolle spielen würden.

3.2.4 Interventionsverfahren

Die somatische Therapie der Ulcuskrankheit bei Kindern und Jugendlichen umschließt Bettruhe, gegebenenfalls Krankenhausaufnahme, diätetische Maßnahmen und säureneutralisierende Medikamente, bei gleichzeitiger Meidung aller schleimhautschädigenden Medikamente. Hochakute Komplikationen wie eine Magenperforation können eine chirurgische Intervention erforderlich machen.

Eine begleitende stützende Psychotherapie sollte sich auf den Abbau von Ängsten beim ulcuskranken Kind und möglichen Fehlhaltungen bei den Eltern beziehen. Das Ziel muß ferner in einer Stützung der Krankheitsbewältigung bei den eher chronisch verlaufenden Fällen bestehen. Millar (1969) sieht die Aufgabe des Therapeuten in der akuten Krankheitsphase darin, die nach Meinung des Autors ursächliche Angst des Kindes abzubauen. Das therapeutische Medium stelle sowohl das Gespräch wie auch das Spiel dar, um über den Weg der Gefühlsentlastung die an der Entstehung des Ulcus beteiligten Auslöser zu identifizieren und zu verändern. Diesem Ziel könne auch eine begleitende medikamentöse Behandlung mit Tranquilizern dienen. Diesem allgemeinen Ziel der Psychotherapie stellt der Autor ferner die Absicht zur Seite, die Anpassungsfähigkeit des Kindes zu fördern, die überfürsorglichen Erziehungshaltungen der Eltern abzubauen und gegebenenfalls den ungenügend beteiligten Vater stärker zu integrieren. Die insgesamt eher anekdotische Literatur zur Psychotherapie läßt keine spezifische Bewertung von Indikationen und Effektivität psychotherapeutischer Maßnahmen zu.

3.3 Colitis ulcerosa

3.3.1 Beschreibung

Die Kennzeichen dieser chronisch-entzündlichen Erkrankung sind die Geschwürsbildungen am Dickdarm sowie die blutig-eitrigen Durchfälle, wobei pathogene Mikroorganismen fehlen. Die Erkrankung kann hochakut mit hohem Fieber, heftigen Abdominalbeschwerden, anhaltenden Durchfällen sowie rapidem Kräfte- und Gewichtsverfall beginnen. Als Komplikation droht die Darmperforation mit lebensbedrohlichem Zustand. Mehrheitlich ist der Krankheitsbeginn jedoch allmählich, wobei die Durchfälle dominieren und der Gewichtsverlust nicht so ausgeprägt wie bei fulminantem Beginn ist. Die Diagnose wird rektoskopisch gesichert.

Eine verwandte Krankheit, der Morbus Crohn, kann in Form einer regionalen Entzündung jeden Abschnitt des Gastrointestinaltraktes befallen. Beide Krankheiten werden in der anglo-amerikanischen Literatur auch zusammenfassend als entzündliche Darmerkrankung (inflammatory bowel disease IBD) bezeichnet.

In der älteren Literatur zur *Psychopathologie* bei der Colitis ulcerosa im Kindes- und Jugendalter sind eine Reihe von klinischen Beobachtungen zusammengetragen worden, die wiederum vielfach stark von psychodynamischen Betrachtungsweisen geprägt waren (Übersicht bei Steinhausen, 1985a). Dabei wird die Persönlichkeit dieser Kinder als zwanghaft-rigide, depressiv-gehemmt und abhängig-unreif beschrieben. Nur wenige Studien haben systematisch die Ausprägung und Variation emotionaler Störungen bei diesen Patienten erfaßt. Als Korrelat bzw. sogar als ätiologischer Faktor wurde in Ergänzung der kindlichen Persönlichkeitsstruktur das Verhalten bzw. die Einstellung der Eltern betrachtet. Psychodynamisch seien die aggressiv-dominanten, perfektionistisch-zwanghaften Grundhaltungen der Mütter bedeutsam, welche sich rigide mit der Sauberkeitsgewöhnung und den Darmfunktionen des Kindes beschäftigen würden. In einer affektverdrängenden und rigiden familiären Kommunikationsstruktur und frühgestörten Mutter-Kind-Beziehung würden die Kinder zu infantiler Abhängigkeit und Zwanghaftigkeit und Aggressionsverdrängung erzogen. Die Krankheitsauslösung erfolge im Kontext eines drohenden oder phantasierten Verlustes einer bedeutsamen Beziehungsperson oder bei fehlender elterlicher Unterstützung in Situationen subjektiv erlebter Hilflosigkeit. Unkontrollierte Selektionsfaktoren und methodische Mängel bei der Untersuchung der Patienten lassen diese Feststellungen der älteren Literatur hinsichtlich ihrer Spezifität und Allgemeingültigkeit als äußerst problematisch erscheinen. Mehrheitlich hatten diese frühen Berichte unberücksichtigt gelassen, daß die Colitis ulcerosa als eine schwere, zur Chronifizierung neigende Krankheit erhebliche Probleme der Krankheitsadaptation schafft, welche vielfach in Form von psychischen Störungen mißlingt. Während die prämorbide Entwicklung von Kindern mit Colitis ulcerosa in der Regel eher unauffällig oder bestenfalls in Einzelfällen unspezifisch belastet ist, besteht eher die Gefahr, daß diese Kinder im Verlauf ihrer Krankheit psychopathologische Auffälligkeiten entwickeln.

Für diese Sichtweise liegen aus neuerer Zeit eine Reihe von Belegen aus sorgfältig kontrollierten Untersuchungen vor. So konnten Steinhausen und Kies (1982) als erste an einer repräsentativen Stichprobe aller in West-Berlin an zwei Zentren behandelten Patienten eine gegenüber einer Kontrollgruppe beträchtlich erhöhte Prävalenz psychiatrischer Störungen von 57 % für die Colitis ulcerosa und von 60 % für den Mb. Crohn nachweisen. Dabei dominierten emotionale Störungen erheblich gegenüber Störungen des Sozialverhaltens. Andere Studien haben diese Häufung von psychiatrischen Störungen bei IBD bestätigt (Engström & Lindquist, 1991) und mit anderen Gruppen chronisch kranker Kinder verglichen (Steinhausen, 1984b; Burke et al., 1989; Engström, 1992). Diese vergleichenden Studien haben einheitlich festgestellt, daß Kinder und Jugendliche mit IBD jeweils eine höhere psychiatrische Morbidität als andere chronisch kranke Patienten dieser Altersgruppe aufweisen.

Bei einer differenzierten Betrachtung des Musters psychiatrischer Störungen ließ sich die Beobachtung von Steinhausen und Kies (1982), daß emotionale Störungen vorherrschen, ebenfalls bestätigen. So stellten Burke et al. (1989, 1990) sowie Engström (1992) eine Dominanz von Depression und Angststörungen fest. In der Studie von Burke et al. (1990) waren die depressiven Kinder weniger schwer körperlich krank, hatten andererseits aber mehr Lebensereignisse und mehr Konflikte innerhalb der Familie erfahren. Die Depression wurde bei der kleinen Stichprobe von 13 neuerkrankten Patienten eher als das Ergebnis von sozialen Faktoren und familiärer Prädisposition für eine Depression betrachtet. Interessanterweise konnte keine Beziehung von Krankheitsausbruch und Lebensereignissen festgestellt werden. Schließlich konnte Engström (1991) im Vergleich mit anderen Gruppen chronisch kranker Kinder eine höhere Rate familiärer Dysfunktionen bei IBD-Patienten und eine eher externale Kontrollüberzeugung feststellen, welche mit dem Schweregrad der körperlichen Krankheit und dem Vorliegen einer psychiatrischen Störung korrelierte.

3.3.2 Epidemiologie, Verlauf und Nosologie

Die Colitis ulcerosa kann bis zum 40. Lebensjahr und vereinzelt auch später auftreten. Bei 15 bis 20 % der Fälle liegt der Krankheitsausbruch vor dem Alter von 20 Jahren. Das typische Erkrankungsalter bei Kindern liegt zwischen 10 und

14 Jahren. Systematisch erhobene Daten zur *Prävalenz* und *Inzidenz* aus epidemiologischen Studien oder Fallregistern fehlen. Eine Bevorzugung eines der beiden Geschlechter läßt sich aus den Daten der publizierten Studien nicht ableiten.

Der klinische *Verlauf* ist durch eine Neigung zur Chronifizierung gekennzeichnet. Viele Patienten sind daher von medizinischer Versorgung abhängig, zu der eine oft jahrelange Medikation mit Kortikosteroiden (Nebennierenrindenhormonen) oder immunsuppressiven (die körpereigene Abwehr unterdrückenden) Substanzen sowie diätetische Maßnahmen gehören. Der oft intermittierende Verlauf kann durch plötzliche Rückfälle unterbrochen werden. In einigen Fällen ist die chirurgische Resektion von Darmabschnitten erforderlich. Zwischen 10 bis 25 % der Patienten sterben an ihrer Grundkrankheit; dabei sind Karzinome in einem Drittel der Fälle die Todesursache. Die hoch akuten Verläufe haben eine Mortalitätsrate von mindestens 60%. Nur eine Minderheit von 10 bis 20 % der betroffenen Kinder zeigt eine totale Remission.

Die *Klassifikation* der Colitis ulcerosa erfolgt in der ICD-10 ebenfalls mit der beschriebenen Doppelkodierung für die psychiatrische Komponente (F 54) sowie den somatischen Krankheitsanteil (K 51).

3.3.3 Erklärungsansätze

Auch für die Ätiologie der Colitis ulcerosa kann ein *multikausales Modell* als geeigneter Erklärungsansatz betrachtet werden. Dabei ist allerdings die Annahme biologischer Prädispositionen für eine Systemerkrankung auf einer immunologischen Ebene hypothetisch. Auch der Stellenwert psychologischer Faktoren muß sehr kritisch betrachtet werden, nachdem sich die psychodynamischen Annahmen über spezifische Persönlichkeitsprofile, Beziehungsstrukturen und Auslösesituationen nicht haben verifizieren lassen. Eine neuere kritische Analyse der vornehmlich bei kranken Erwachsenen durchgeführten Studien kommt zu dem Schluß, daß die positive Verbindung von psychiatrischen Faktoren und Colitis ulcerosa mit methodischen Defiziten der Studien konfundiert ist und die wenigen methodisch angemesseneren Studien eine derartige Verbindung nicht aufzeigen (North et al., 1990). Diese kritische Schlußfolgerung läßt sich auf die Studien an Kindern nicht übertragen. Hier ist die hohe psychiatrische Vulnerabilität der betroffenen Kinder zweifels- und selektionsfrei nachgewiesen.

Gleichwohl stützen diese Befunde in erster Linie die Feststellung, daß die Krankheitsadaptation und nicht notwendigerweise die Krankheitsauslösung von psychologischen Faktoren bestimmt wird. Es ist fraglich, ob der Anteil psychologischer Faktoren für die Entstehung der Colitis ulcerosa bei Kindern und Jugendlichen wirklich befriedigend aufgeklärt werden kann. Hierzu wären Risikomodelle erforderlich, zumal sich eine unausgelesene Bevölkerungsgruppe nicht prämorbid und prospektiv erfassen ließe. Derartige Risikomodelle für die Entstehung einer Colitis ulcerosa existieren jedoch nicht.

Ein psychosomatisches Modell dieser Krankheit kann sich schließlich wiederum auf den Stellenwert von psychophysiologischen Mediatoren beziehen. Ältere klinische Einzelfallbeobachtungen wie auch Tierversuche haben gezeigt, daß insbesondere negativ erlebte emotionale Zustände zu einer Veränderung der Durchblutung, Sekretion und Motilität des Darmes führen. Hier sind sowohl neuroendokrine wie zentralnervöse und autonom-vegetative Regulationssysteme beteiligt. Eine detaillierte Aufschlüsselung der pathophysiologischen Mechanismen, die an einer Entstehung der Colitis ulcerosa beteiligt sind, steht jedoch noch weitgehend aus.

3.3.4 Interventionsansätze

Auch für die Colitis ulcerosa muß festgestellt werden, daß Erkenntnisse über Indikation und Wirksamkeit differentieller Psychotherapie weitgehend fehlen. Aus einer klinisch-praktischen Perspektive läßt sich die Notwendigkeit einer stützenden Psychotherapie im Rahmen klinischer Liaison-Arbeit, d. h. in Zusammenarbeit mit der Kinderheilkunde, als ein sinnvolles Konzept ausweisen. Die Bedrohlichkeit der Krankheit, die Dauerabhängigkeit von Behandlungsmaßnahmen und die Gefahr von psychosozialen Beeinträchtigungen einschließlich schwerer emotionaler Störungen machen den Einsatz von einzelpsychotherapeutischen sowie die Eltern und Familien stützenden Interventionen dringend erforderlich. In diese Konzeption sind gleichermaßen Kriseninterventionen wie langfristige psychosoziale Begleitungen der Patienten und ihrer Familien einbezogen.

Die Charakteristika der begleitenden Psychotherapie bei Colitis ulcerosa sind nach den wenigen vorliegenden Berichten vor allem in der stützenden Funktion des Therapeuten zu sehen, der statt einer aufdeckend-analytischen Arbeit eher eine aktive, pragmatische und flexible Rolle einnehmen und sich zugleich kooperativ in das ärztliche Behandlungsteam integrieren muß. Vorschnelle Rückschlüsse von Symptomen auf eventuell vorliegende belastende Lebensereignisse sind ebenso zu vermeiden wie theoretisch ungenügend begründete Ableitungen körperlicher Symptome aus emotionalen Befindlichkeiten. So ist die depressive Verschlossenheit und Gehemmtheit dieser schwer kranken Kinder und Jugendlichen in der Regel eher ein Begleit- und Folgephänomen als Bedingungsfaktor ihrer Krankheit. Auch in der begleitenden Elternberatung besteht das Ziel nicht in der Analyse vermeintlich pathogener Bedingungsmuster, sondern in der Aufgabe, auch der Familie Hilfen bei der Bewältigung der Krankheit zu vermitteln.

In diesem Prozeß der therapeutischen Begleitung und Stützung stellt die Arbeit mit den häufig verschlossenen und von ihrer Krankheit meist schwer gezeichneten Patienten insofern besondere Anforderungen an ihre Therapeuten, als diese sich von der Notwendigkeit einer flexiblen Anpassung an ein sehr wechselhaftes Krankheitsgeschehen leiten lassen müssen. Möglicherweise muß der Therapeut dabei auch die bedrückende Erfahrung aushalten, daß er das Fortschreiten der Krankheit und chirurgische Eingriffe nicht aufhalten kann (McDermott & Finch, 1967). Der Einsatz von Psychotherapie darf sich jedoch nicht von diesen, ihre Effizienz nicht gerade stützenden Feststellungen leiten lassen.

3.4 Atopische Dermatitis

3.4.1 Beschreibung

Die auch als Neurodermitis bezeichnete atopische Dermatitis ist eine chronische, stark juckende Hautkrankheit, die durch Entzündung, Krustenbildung und eine Vergröberung des Hautreliefs (sogenannte Lichenifikation) gekennzeichnet ist. Im Säuglingsalter kommt es zu entzündlichen Rötungen im Gesicht- und Kopfbereich mit sogenannter Milchschorfbildung als Ausdruck der Krustenbildung. Langsam breiten sich die Hautveränderungen auf Stamm und Extremitäten aus. Im Kindes- und Jugendalter sind typischerweise die Armbeugen, Kniekehlen, Hand- und Fußgelenke sowie der Hals betroffen. Der ausgeprägte Juckreiz führt zu Kratzeffekten, wobei sekundäre Infektionen entstehen können.

Ältere psychodynamische Annahmen über Störungen in der frühen *Mutter-Kind-Beziehung* mit feindselig-aggressiven und ängstlich-zurückweisenden Mütterpersönlichkeiten sowie überaktivem, unsicherem, ängstlichem und feindseligem Verhalten der Kinder sind empirisch nicht validiert. Im Gegenteil konnte eine aufwendige neuere Beobachtungsstudie zeigen, daß die Mütter von Säuglingen mit atopischer Dermatitis genauso kooperativ, akzeptierend und warmherzig waren wie die Mütter einer Kontrollgruppe. Ebensowenig wiesen sie ausgeprägte Ängste auf. Auch die Säuglinge waren in beiden Gruppen hinsichtlich des Ausmaßes an Irritabilität, Feindseligkeit, Aggressivität und Angst sowie Aktivität und positiven wie negativen Affekten vergleichbar (Solomon & Gagnon, 1987).

Neuere empirische Studien konnten ferner weder bei Kindern noch bei Erwachsenen mit einer atopischen Dermatitis ein spezifisches *Persönlichkeitsprofil* identifizieren (Gil, Keefe, Sampson, Mc Cashill, Rodin & Grisson, 1987; Ring, Palos & Zimmermann, 1986). Die beträchtlichen Belastungen für Eltern und Kinder durch Versagens- und Resignationsgefühle angesichts eines chronischen Krankheitsverlaufes sind sehr wahrscheinlich eher Folge als Ursache der Krankheit (Gieler, Köhnlein, Schauer, Freiling & Strangier, 1992). Dies könnte auch für die Beobachtung zutreffen, daß in einer weiteren Studie Mütter von ihren Kindern mit atopischer Dermatitis im Vergleich zu einer Kontrollgruppe als weniger emotional zugewandt erlebt wurden (Ring & Palos, 1986).

3.4.2 Epidemiologie, Verlauf und Nosologie

Die atopische Dermatitis betrifft etwa 2 bis 3 % aller Kinder und 0.7 % der Bevölkerung. Sie ist damit eine der häufigsten Hautkrankheiten, die sich meist im frühen Lebensalter manifestiert. In 60 % der Fälle tritt die Symptomatik im ersten Lebensjahr und in weiteren 30 % bis zum fünften Lebensjahr auf. Der chronische Verlauf schafft besondere Probleme der Krankheitsadaptation. Die atopische Dermatitis wird dem Formenkreis der sogenannten atopischen Krankheiten zugerechnet, zu dem ferner die allergische Rhinopathie (Heuschnupfen), die Urtikaria (Nesselsucht) und das Asthma bronchiale gehören.

3.4.3 Erklärungsansätze

Auch für die atopische Dermatitis muß eine mehrfaktorielle Genese angenommen werden. Grundlage bildet eine *polygene Vererbung*, die für die große Variabilität der Symptomatik und die zahlreichen Varianten der Krankheit verantwortlich ist. Bei 50 bis 70 % der Fälle liegen Hinweise auf eine familiäre Belastung mit atopischen Krankheiten vor. Je höher die Atopiebelastung in der Familie ist, desto höher ist die Wahrscheinlichkeit für die Erkrankung des Kindes.

Neben genetischen Faktoren sind weitere immunologische und biochemische Anomalien bedeutsam. Die Wertigkeit von *allergischen Reaktionen* auf Nahrungsmittel wird in der Fachliteratur sehr unterschiedlich beurteilt. Bei gleichzeitig bestehender allergischer Rhinitis wird oft eine synchrone Verschlechterung der Hautsymptome beobachtet, so daß inhalative Allergene (Pollen) zusätzlich bedeutsam sein können. Klimafaktoren sind insofern wichtig, als im Winter saisonal bedingte Verschlechterungen und im allergenarmen Reizklima von Küste und Hochgebirge sowie bei intensiver Sonnenbestrahlung Besserungen beobachtet werden können.

Der Stellenwert *psychologischer Faktoren* in der Pathogenese ist wissenschaftlich unbefriedigend belegt. Die spekulativen Hypothesen der Psychoanalyse werfen eher Fragen auf, als gültige Konzepte zu liefern. Wenige neuere Studien zeigen, daß Wechselwirkungen von psychologischen Faktoren mit dem Krankheitsstatus denkbar sind. Gil et al. (1987) konnten zeigen, daß krankheitsbedingte Probleme beim Kind mit dem Grad der durch die Familie realisierten Unabhängigkeit und Rigidität in einer bedeutsamen Beziehung stehen. Ein niedriges Niveau intrafamiliärer Belastungen korrespondierte mit einem günstigeren klinischen Zustandsbild beim Kind.

Andererseits ist die Hypothese einer spezifischen Charakteristik der Mutter-Kind-Beziehung und des Familienklimas empirisch widerlegt. Bei einer dicht am Erkrankungsbeginn vorgenommenen Untersuchung ließen sich keine Unterschiede gegenüber gesunden Kindern sichern (Langfeldt & Luys, 1993). Die in der gleichen Studie beobachtete höhere Belastung von Müttern mit chronisch-kranken Kindern spiegelt deutlich die Auswirkungen der atopischen Dermatitis wider.

3.4.4 Interventionsverfahren

In der Praxis finden psychologische Verfahren bei der Versorgung von Kindern und Jugendlichen mit atopischer Dermatitis bisher wenig Berücksichtigung. Dies ist angesichts des begrenzten Erkenntnisstandes und Beitrages der klinisch-psychologischen Forschung über die atopische Dermatitis im Kindes- und Jugendalter nicht verwunderlich. Insofern stehen *somatische Therapiemaßnahmen* wie Lokalbehandlung der Haut und Hautpflege sowie begleitende Maßnahmen wie die Gabe von Antihistaminika zur Juckreizstillung, in Ausnahmefällen und bei besonderer Indikation auch die orale Behandlung mit Kortikoiden sowie die

Kontrolle des Milieus im Sinne einer möglichen Meidung von Reizstoffen und Sicherung einer hohen Luftfeuchtigkeit im Vordergrund der Behandlung. Eine allergenarme Ernährung mit günstigen Auswirkungen auf die atopische Dermatitis gibt es nicht. Daher sind die psychologisch oft noch zusätzlich belastenden Diätempfehlungen medizinisch wenig sinnvoll.

Verhaltensmedizinisch sind Erkenntnisse über die Kontextabhängigkeit des Kratzens für die Behandlung umsetzbar. Gil, Keefe, Sampson, Rodin und Grisson (1988) konnten zeigen, daß Kinder mit atopischer Dermatitis vor allem in wenig strukturierten Situationen kratzten. Das empfohlene Elternverhalten zielt darauf, die Aufmerksamkeit für Kratzen zu senken und in derartigen Situationen keine körperlichen Kontakte anzubieten. Im Sinne der operanten Konditionierung soll hingegen die Aufmerksamkeit für ein alternatives angemessenes Verhalten erhöht werden. Im einfachsten Fall können auch Ablenkung oder das Angebot von Aktivitäten eingesetzt werden, um das Kind vom Kratzen abzubringen.

Erste integrierte Beratungskonzepte versuchen im Sinne einer Elternschulung sowohl medizinische Information zu vermitteln wie auch den Umgang mit Juckreiz und Kratzen, die Hautpflege, den Einsatz von Entspannungsverfahren und die Beratung bei Erziehungsfragen als Bestandteile des Programms zu integrieren (Gieler et al., 1992). Es ist zu hoffen, daß derartige Programme durch eine integrierte psychosomatische Betreuung und Beratung der Eltern zu einer Besserung des Hautzustandes und der emotionalen Befindlichkeit der Kinder beitragen können (Koblenzer & Koblenzer, 1988).

3.5 Dissoziative Störungen

3.5.1 Beschreibung

Die dissoziativen Störungen sind gemäß ICD-10 durch einen partiellen oder totalen Verlust der normalen Integration gekennzeichnet, die sich auf Erinnerung an die Vergangenheit, Identitätsbewußtsein und unmittelbare Sinnesempfindungen sowie die Kontrolle von Körperbewegungen bezieht. Dieser Funktionsverlust ist in der Vergangenheit auch mit dem Begriff der Konversionsstörungen oder Hysterie belegt worden. Wegen ihrer nahen zeitlichen Verbindung zu traumatisierenden Ereignissen, belastenden oder unlösbaren Konflikten oder Beziehungsstörungen werden die dissoziativen Störungen auch in der ICD-10 trotz eines allgemeinen begrifflichen Vorbehalts als psychogene Störungen betrachtet. Kennzeichnend ist ferner, daß die Symptome der dissoziativen Störungen nicht durch eine körperliche Krankheit erklärt werden können.

Die typischen *klinischen Symptome* dissoziativer Störungen sind motorische und sensorische Funktionsstörungen sowie Bewußtseinsstörungen. Hierzu zählen Lähmungen, Gangauffälligkeiten (Abasie, Astasie), Blindheit bzw. Sehverlust, Taubheit, Sprechunfähigkeit (Aphonie), Schluckstörungen,

Krampfanfälle sowie Sensibilitäts- und Bewußtseinsstörungen. Differentialdiagnostisch müssen vor allem neurologische Krankheiten ausgeschlossen werden, bei denen die psychologischen Auslösefaktoren fehlen. Gleichwohl ist die klinische Differentialdiagnostik nicht immer einfach. Nicht selten werden falsch positive Diagnosen und vor allem neurologische Krankheiten des Rückenmarks, der peripheren Nerven, der Knochen, der Muskulatur und des Bindegewebes nicht richtig erkannt.

Die Verleugnung von Problemen und Schwierigkeiten, die störungsrelevant sind, kann bis zum Ausdruck eines ausgeprägten Mangels an subjektiver Betroffenheit reichen, der mit dem Begriff der „belle indifférence" bezeichnet wird. Dissoziative Störungen können, müssen aber nicht notwendigerweise mit einer hysterischen Persönlichkeitsstruktur einhergehen.

Dissoziative Störungen erbringen einen *primären* und einen *sekundären Krankheitsgewinn*. Der primäre Gewinn bezeichnet die Tendenz, daß ein innerer Konflikt oder ein Bedürfnis außerhalb des Bewußtseins bleiben. Die gleichzeitige Befreiung von Pflichten und Aufgaben des Alltags durch die Störung wird als sekundärer Krankheitsgewinn betrachtet. Diagnostisch bedeutsam ist die häufig zu beobachtende Inkongruenz von Symptom und körperlichem Befund, d. h. die Diskrepanz zwischen Beschwerden und anatomisch-physiologischen Funktionszusammenhängen. So entsprechen z. B. Sensibilitätsstörungen nicht der Innervation oder sind die Pupillenreaktionen bei einem dissoziativen Sehverlust normal.

Angesichts der relativen Seltenheit von dissoziativen Störungen im klinischen Krankengut liegen nur wenige Beschreibungen von Patientenserien aus neuerer Zeit vor. In der West-Berliner Klientel einer kinder- und jugendpsychiatrischen Universitätsabteilung wurden zwischen 1978 und 1984 insgesamt 26 Fälle gesehen, wobei Krampfanfälle im Sinne einer Pseudoepilepsie und Bewußtseinsstörungen deutlich vor Gangstörungen dominierten, während Seh- und Hörstörungen sowie Armlähmungen nur in Einzelfällen gesehen wurden (von Aster, Pfeiffer, Göbel & Steinhausen, 1987; Steinhausen, von Aster, Pfeiffer & Göbel, 1989). In einer gemeinsamen Studie der Universitätskliniken für Kinder- und Jugendpsychiatrie in Mannheim und Heidelberg wurden zwischen 1977 und 1986 insgesamt 93 Fälle diagnostiziert, wobei ebenfalls Krampfanfälle vor Gangstörungen und Bewußtseinsstörungen am häufigsten waren (Lehmkuhl, Blanz, Lehmkuhl & Braun-Scharm, 1989).

In einer Studie zur Syndromvalidierung konnten folgende Abgrenzungen gegenüber Angststörungen, Zwangsstörungen, emotionalen Störungen sowie einer gesunden Kontrollgruppe vorgenommen werden. Bei den dissoziativen Störungen lagen ein höherer Anteil von Mädchen, ein höheres Alter, ein höherer Anteil von Kindern aus niedriger Sozialschicht sowie Gastarbeiterfamilien und ein höheres Ausmaß an psychiatrischen und medizinischen Krankheiten bei den Eltern vor (Steinhausen et al., 1989). Auch Lehmkuhl et al. (1989) beobachteten eine hohe Rate von psychiatrischen Störungen bei den Eltern von Kindern mit dissoziativen Störungen.

3.5.2 Epidemiologie, Verlauf und Nosologie

Es liegen keine repräsentativen Zahlen über die Häufigkeit dissoziativer Störungen bei Kindern und Jugendlichen vor. Auch in klinischen Inanspruchnahmepopulationen ist die Inzidenzrate niedrig. Sie betrug in Mannheim und Heidelberg 1 bzw. 0,5 % (Lehmkuhl et al., 1989) und in West-Berlin ebenfalls deutlich unter 1 % (Steinhausen et al., 1989).

Die Symptomatik tritt nicht regelhaft hoch akut auf. Alle dissoziativen Störungen tendieren aber dazu, sich nach einigen Wochen oder Monaten zurückzubilden. Dies gilt besonders für jene Manifestationen, die auf ein traumatisches Lebensereignis bezogen sind. Chronische Zustände wie Lähmungen und Sensibilitätsstörungen können sich langsam entwickeln und therapeutischen Maßnahmen hartnäckigen Widerstand entgegensetzen. Derartig chronifizierte Fälle sind häufig durch sekundäre Behinderungen, wie z. B. Inaktivitätsatrophien (Muskelschwund) bei Lähmungen, kompliziert.

Die Klassifikation dissoziativer Störungen gemäß ICD-10 umfaßt die dissoziative Amnesie (Erinnerungsverlust), die dissoziative Fugue (zielgerichtete Ortsveränderung), den dissoziativen Stupor sowie Trance und Besessenheitszustände als für das Kindes- und Jugendalter eher seltene Phänomene. Die häufigsten klinischen Manifestationen dieses Altersabschnittes betreffen die dissoziativen Bewegungsstörungen, die dissoziativen Krampfanfälle sowie die dissoziativen Sensibilitäts- und Empfindungsstörungen, die ebenfalls in der ICD-10 klassifikatorisch erfaßt werden.

3.5.3 Erklärungsansätze

Die ältesten Erklärungsansätze für die Entstehung dissoziativer Störungen stammen aus der Psychoanalyse. Sie betrachtet das körperliche Symptom als symbolischen Ausdruck unbewußter Konflikte, wobei Angst über das normalerweise der Willkür unterworfene Nervensystem in eine körperliche Funktionsstörung konvertiert. Aus dieser Konzeption rührt der Begriff der Konversionsstörung.

Daß psychologische — und damit nicht notwendigerweise ausschließlich unbewußte - Prozesse bedeutsam sind, wird auch aus dem Umstand ersichtlich, daß häufig bei der Entwicklung dissoziativer Störungen begünstigende Faktoren bedeutsam sind. Diese betreffen *Modelle* mit Krankheiten bzw. analogen Störungen in der unmittelbaren Umgebung wie der Familie, eigene vorausgehende oder koexistierende Krankheiten (z. B. eine Epilepsie als Muster für pseudoepileptische Anfälle), in einigen Fällen auch *disponierende Persönlichkeitsanteile* wie hysterieforme Züge und eine erhöhte Suggestibiliät sowie Hinweise auf emotionale und/oder intellektuelle Retardierungen. Das traditionelle Modell der Psychogenese muß neben den extremen *psychosozialen Belastungen* und Lebensereignissen als Auslöser diese bahnenden Faktoren berücksichtigen.

Ergänzende theoretische Konzepte betonen den non-verbalen Ausdrucksgehalt des Symptoms im Sinne eines sozial akzeptierten Symbols in der Sprache der

Krankheit bzw. der Körpersprache (Maisami & Freeman, 1987). Analog ermöglicht die Anwendung des Begriffs der Krankenrolle mit dem daraus abgeleiteten
Krankheitsgewinn ein Verständnis für die charakteristische Vermeidung dieser
Patienten, sich aktiv mit der Verarbeitung der oft sehr offensichtlichen Belastungssituation auseinanderzusetzen. Schließlich dürften soziale und kulturelle
Kontextfaktoren nicht unbedeutend sein, zumal sich dissoziative Störungen häufiger in Übergangsgesellschaften bzw. Migrationspopulationen mit besonderem
kulturellen Druck finden, denen aufgrund ihrer Traditionen bewußtseinsnähere
Auseinandersetzungen mit Konflikten und Belastungen nicht möglich sind.

3.5.4 Interventionsverfahren

Kinder und Jugendliche mit einer dissoziativen Störung bedürfen einer stationären Behandlung. In der Praxis werden sie häufig auf pädiatrischen oder anderen
somatisch orientierten Stationen behandelt. Psychotherapeutische Interventionen
sowie Elternberatung sind aber in jedem Fall unverzichtbare Elemente der Behandlung. Diese können sich angesichts fehlender systematischer Studien nur auf
Erfahrungswissen stützen.

Die vorliegenden Erkenntnisse lassen es sinnvoll erscheinen, sich in der Therapie
von dissoziativen Störungen bei Kindern und Jugendlichen vom *Konzept der
Krankenrolle* leiten zu lassen. In dieser Konzeption können somatische und psy-
chiatrische Behandlungsanteile kombiniert werden, wobei physiotherapeutische
und krankengymnastische Elemente ebenso wie das psychotherapeutische Bemü-
hen um eine Bewältigung der Symptomatik auf einen allmählichen Abbau der
Krankenrolle zielen. Diese Bemühungen werden durch die aktivitätsfördernden
Anteile des Therapieplanes, gegebenenfalls auch durch die Konfrontation mit der
Teilnahme am Alltagsleben und durch die positive Verstärkung kleiner erreichter
Teilschritte besonders unterstrichen. Über eine gleichzeitige Arbeit mit der Fami-
lie bzw. den Eltern sowie dem Krankenpflegepersonal auf der Station wird das
Bemühen um den Abbau des sekundären Krankheitsgewinnes weiter verstärkt.
Auch die Eltern müssen von der übermäßigen Beschäftigung mit der Krankheit
des Kindes abgelöst und wieder verstärkt dem normalen Alltagsleben zugeführt
werden.

Bei Vermeidung überflüssiger medizinisch-diagnostischer Maßnahmen sowie
Aufdeckung von belastenden und die Symptomatik unterhaltenden Faktoren lassen sich die Heilungstendenzen bei dissoziativen Störungen offensichtlich günstig
beeinflussen, indem die gesunden Elemente und das Bewältigungsvermögen in
der Therapie besonders berücksichtigt werden, wie Beschreibungen von Einzelfällen und kleineren Patientenserien belegen (Leslie, 1988; Schulman, 1988;
Maisami & Freeman, 1987). Die Literatur macht aber auch deutlich, daß die Behandlungskonzepte im Detail sehr stark erfahrungsgebunden und eingeschränkt
generalisierbar sind.

Ansätze zu einer Evaluation von Therapieverläufen liegen bisher nur sehr begrenzt vor. In der Serie der von Lehmkuhl et al. (1989) analysierten Fälle wurde

das Therapieergebnis der stationären Behandlung bezogen auf die Symptomatik in 48 % als bedeutsam gebessert, in 30 % als gebessert und in 22 % als unverändert oder verschlechtert beurteilt. Positive Therapieverläufe korrelierten mit längerer Therapiedauer und der Bereitschaft zur Teilnahme an Einzelpsychotherapie, während mütterliche Berufstätigkeit, negative Lebensereignisse und wiederholte Aufnahme in Allgemeinkrankenhäusern wegen akuter Symptome schlechtere Therapieverläufe vorhersagten.

3.6 Somatoforme Störungen

3.6.1 Beschreibung

Neben den dissoziativen Störungen umfassen die somatoformen Störungen eine zweite Klasse von körperlichen Symptomen, die rezidivierend und vielschichtig auftreten, aber nicht körperlich begründet sind. Sie geben zu zahlreichen ärztlichen Untersuchungen Anlaß und neigen zur Chronifizierung. Der den somatoformen Störungen zugrundeliegende Begriff der Somatisierung bringt den psychosomatischen Grundgedanken zum Ausdruck, somatische Symptome in Reaktion auf psychosoziale Belastungen zu erfahren und zu kommunizieren (Lipowski, 1988).

Die *Symptomatik* somatoformer Störungen im Kindes- und Jugendalter ist altersabhängig. Beim Kind stehen rezidivierende Bauchschmerzen, Übelkeit und Erbrechen und eventuell auch Durchfälle im Vordergrund. Diese können von Kopfschmerzen, Fieber, Blässe und Müdigkeit begleitet sein und variieren hinsichtlich Frequenz und Dauer beträchtlich. Kinder mit rezidivierenden Bauchschmerzen sind ungewöhnlich häufig emotional gestört im Sinne von Ängstlichkeit und leichter Verstimmbarkeit bzw. Depression (Garber, Zeman & Walker, 1990; Robinson, Alverez & Dodge, 1990; Livingston,Taylor & Grawford, 1988; Wasserman,Whitington & Rivara, 1988; Steinhausen, 1985c).

Im Jugendlichenalter nähern sich die Symptome somatoformer Störungen denen des Erwachsenenalters an. Nunmehr können sich Somatisierungsstörungen mit Magen-Darm-Beschwerden, abnormen Hautempfindungen (Jucken, Brennen, Prickeln, Taubheitsgefühle, Ausschlag) und vereinzelt auch sexuelle und menstruelle Beschwerden entwickeln. Dabei ist das weibliche Geschlecht sehr viel häufiger betroffen. Eine weitere Manifestation der somatoformen Störungen in diesem Entwicklungsabschnitt ist die Hypochondrie, bei der sich der Jugendliche anhaltend mit der Möglichkeit, an einer körperlichen Krankheit zu leiden bzw. mit körperlichen Beschwerden oder der eigenen körperlichen Erscheinung beschäftigt. Auch die im Jugendlichenalter auftretenden somatoformen Störungen sind häufig von Angst und Depression begleitet.

Die Symptomatik der somatoformen Störungen bei Kindern und Jugendlichen setzt über die Eltern umfangreiche Arztbesuche und medizinische Untersuchungen in Gang, die bei mangelnder Berücksichtigung psychologischer Faktoren häufig frustrierend verlaufen. Umgekehrt widersetzen sich die Eltern häufig auch der Einsicht in ihre eigene Beteiligung an dem Geschehen und brechen daher psychologische Interventionen vorzeitig ab, um das Kind weiteren, oft aufwendigen und ergebnislosen ärztlichen Konsultationen und Untersuchungen zuzuführen.

3.6.2 Epidemiologie, Verlauf und Nosologie

Rezidivierende Bauchschmerzen sind im Kindesalter ein häufiges Phänomen. Neuere Zahlen berichten von 9 % der nordamerikanischen Vorschulkinder (Zukkerman, Stevenson & Bailey, 1987) bzw. geben Schätzungen von 10 bis 15 % der Schulkinder an (Garber et al., 1990). In einer englischen Landarztpraxis fanden sie sich bei 8,4 % der Fälle (Mortimer, Kay & Jaron, 1993) und in einer nordamerikanischen Befragung gaben 13 % der Jugendlichen an, häufig unter Bauchschmerzen zu leiden (Beiter, Ingersoll, Ganser & Orr, 1991). Da das komplexe Bild der Somatisierungsstörungen im Jugendalter seltener diagnostiziert und als diagnostische Kategorie in der ICD-10 und dem DSM-III-R vornehmlich für das junge Erwachsenenalter konzipiert wurde, liegen keine epidemiologischen Daten zur Häufigkeit von Somatisierungsstörungen bei Jugendlichen vor.

Der *Verlauf* somatoformer Störungen im Kindes- und Jugendalter ist sehr vielschichtig und wissenschaftlich ungenügend untersucht. Rezidivierende Bauchschmerzen des Kindesalters können vollständig remittieren, in andere Symptome und dabei häufig in Kopfschmerzen und Migräne übergehen oder bis in das Erwachsenenalter persistieren. Ob diese drei Verlaufstypen einer Drittelregel folgen und inwieweit psychologische Interventionen den Verlauf beeinflussen, läßt sich angesichts fehlender systematischer Studien nicht beurteilen.

Die *Klassifikation* somatoformer Störungen erfolgt in ICD-10 und DSM-III-R leicht abweichend. Während im DSM-III-R der Begriff überordnend auch die Konversionsstörungen einschließt, tritt er in der ICD-10 neben die dissoziativen Störungen und schließt die Konversionsstörungen als eine eigene Klasse aus. Hier umschließt er vielmehr die Somatisierungsstörungen, die Hypochondrie sowie die somatoforme autonome Funktionsstörung, bei der einzelne Organsysteme (z. B. der Gastrointestinaltrakt) jeweils isoliert betroffen sind. Letztere bilden aber eher erwachsenentypische Störungen ab.

3.6.3 Erklärungsansätze

Ein *multifaktorielles Modell* der Entstehung von somatoformen Störungen muß unter biologischen Bedingungen zunächst die Hinweise auf eine genetische Determination berücksichtigen. In Adoptionsstudien konnte festgestellt werden, daß Somatisierungsstörungen fünf- bis zehnmal häufiger bei weiblichen Verwandten ersten Grades von Patienten mit Somatisierungen vorkommen (Cloninger, 1986). Ob mit einer möglichen genetischen Disposition zugleich auch eine unspezifische dysfunktionelle Übererregbarkeit des autonomen Nervensystems korrespondiert, erscheint angesichts widersprüchlicher Forschungsergebnisse bei Kindern mit rezidivierenden Bauchschmerzen als fraglich. Hingegen ist eine Beziehung zum sogenannten schwierigen Temperamentstyp mit irregulärem Verhaltensstil nachgewiesen (Davison, Faull & Nicol, 1986).

Der Stellenwert von *Belastungsfaktoren* und kritischen Lebensereignissen für die Entstehung und Perpetuierung von rezidivierenden Bauchschmerzen ist sowohl klinisch wie auch auf der Basis systematischer Untersuchungen belegt (Walker & Greene, 1991; Robinson et al., 1990; Wasserman et al., 1988). In Ergänzung dürften Elemente eines gelernten Verhaltens bedeutsam sein. Die relativ hohe homologe familiäre Belastung mit Somatisierungen (Walker, Garber & Greene, 1991; Cloninger, 1986) impliziert neben dem postulierten genetischen Faktor auch ein Element des Modellernens, indem Kinder mit den Folgen und Äußerungen von Eltern oder Geschwistern über ihre eigenen Beschwerden direkt konfrontiert werden. Weitere lerntheoretische Elemente können aus dem Paradigma der operanten Verstärkung abgeleitet werden. Kinder mit Somatisierungsstörungen erhalten nicht nur vermehrte Aufmerksamkeit wegen ihrer somatischen Symptome, sondern erleben auch zusätzlich positive Konsequenzen wie z. B. die Freistellung vom Schulbesuch im Rahmen von Schmerzattacken bei rezidivierenden Bauchschmerzen.

3.6.4 Interventionsansätze

Die meisten Kinder mit somatoformen Störungen werden in Praxen von Kinder- oder Hausärzten vorgestellt. Wenn in diesem Rahmen Hinweise auf bedeutsame psychologische Faktoren ermittelt werden, sollten zunächst trotz eines möglichen Druckes von Seiten der Eltern weitere aufwendige medizinisch-diagnostische Maßnahmen eher kritisch bewertet und nach Möglichkeit eingestellt werden. Die potentiell verfügbaren Therapieelemente der *Verhaltenspädiatrie* oder *Liaison-Kinderpsychiatrie*, die stattdessen eingeführt werden sollten, umspannen das gesamte Repertoire von Individuums- sowie familienbezogenen Interventionen einschließlich der Elternberatung.

Die Effizienz derartiger Interventionen läßt sich gegenwärtig angesichts weitgehend fehlender systematischer Studien nur sehr begrenzt bewerten. Vereinzelte Fallstudien belegen allerdings, daß rezidivierende Bauchschmerzen mit Entspannungstraining, kontingenter Verstärkung von Schmerzfreiheit und Aufgabenerfüllung (z. B. regelmäßiger Schulbesuch) sowie Unterweisung in Selbstmanagement-Techniken positiv beeinflußt werden können (Masek, Russo & Varni, 1984). Insbesondere multimodale Interventionen mit einer Methodenkombination der Verstärkung schmerzfreier Intervalle und des Einsatzes kognitiver Bewältigungsfertigkeiten sowie Maßnahmen zur Generalisierung der erzielten Effekte sind hinsichtlich ihrer Effizienz experimentell gut belegt (Sanders et al., 1989).

Weiterführende Literatur

Rutter, M., Hersov, L. & Taylor, E. (Eds.) (1993). *Child and Adolescent Psychiatry — Modern Approaches.* Oxford: Blackwell Scientific Publications. (Third edition).

Steinhausen, H.-C. (1993). *Psychische Störungen bei Kindern und Jugendlichen. Lehrbuch der Kinder- und Jugendpsychiatrie.* München: Urban & Schwarzenberg (2. Auflage).

Steinhausen, H.-C. & von Aster, M. (Hrsg.) (1993). *Handbuch Verhaltenstherapie und Verhaltensmedizin bei Kindern und Jugendlichen.* Weinheim: Psychologie Verlags Union.

Literatur

Beiter, M., Ingersoll, G., Ganser, J. & Orr, D. P. (1991). Relationships of somatic symptoms to behavioral and emotional risk in young adolescents. *Journal of Pediatrics, 118,* 473—478.

Block, J., Jennings, P.H., Harvey, E. & Simpson, E. (1964). Interaction between allergic potential and psychopathology in childhood asthma. *Psychosomatic Medicine, 16,* 307—320.

Burke, P., Meyer, V., Kocoshis, S., Orenstein, D. M., Chandra, R., Nord, D. J., Sauer, J. & Cohen E. (1989). Depression and anxiety in pediatric inflammatory bowel disease and cystic fibrosis. *Journal of the American Academy of Child and Adolescent Psychiatry, 28,* 948—951.

Burke, P., Meyer, V., Kocoshis, S. A., Chandra, R., Whiteway, M. & Sauer, J. (1990). Determinants of depression in recent onset pediatric inflammatory bowel disease. *Journal of the American Academy of Child and Adolescent Psychiatry, 29,* 608—610.

Christodoulou, G. N., Gargoulas, A., Papaloukas, A., Marinopoulou, A. & Sideris, E. (1977). Primary peptic ulcer in childhood. Psychosocial, psychological and psychiatric aspects. *Acta Psychiatrica Scandinavica, 56,* 215—222.

Cloninger, C. R. (1986). Somatoform and dissociative disorder. In G. Winokur & P. Clayton (Eds.), *The Medical Basis of Psychiatry* (123—151). Philadelphia: Saunders.

Davison, I. S., Faull, C. & Nicol, A. R. (1986). Temperament and behaviour in 6-year-olds with recurrent abdominal pain — a follow-up. *Journal of Child Psychology and Psychiatry, 27,* 539—544.

Dilling, H., Mombour, W. & Schmidt, M. H. (Hrsg.), (1991). *Internationale Klassifikation psychischer Störungen. ICD-10 Kapitel V(F).* Bern: Huber.

Engström, I. & Lindquist, B.L. (1991). Inflammatory bowel disease in children and adolescents — A somatic and psychiatric investigation. *Acta Paediatrica Scandinavica, 80,* 640—647.

Engström, I. (1991). Family interaction and locus of control in children and adolescents with inflammatory bowel disease. *Journal of the American Academy of Child and Adolescent Psychiatry, 30,* 913—920.

Engström, I. (1992). Mental health and psychosocial functioning in children and adolescents with inflammatory bowel disease: a comparison with children having other chronic illnesses and with healthy children. *Journal of Child Psychology and Psychiatry, 33,* 563—582.

Garber, J., Zeman, J. & Walker, L.S. (1990). Recurrent abdominal pain in children: Psychiatric diagnosis and parental psychopathology. *Journal of the American Academy of Child and Adolescent Psychiatry, 29,* 648—656.

Gauthier, Y., Fatin, C., Drapeau, P., Breton, J. J., Gosselin, J., Quintal, L, Weisnagel, L., Weisnagel, J., Treteault, L. & Pinard, G. (1977). The mother-child relationship and the development of autonomy and self-assertion in young (14—30 months) asthmatic children. Correlating allergic and psychological factors. *Journal of the American Academy of Child and Adolescent Psychiatry, 16,* 109—131.

Gergen, P. J., Mullally, D. I. & Evans, R. (1988). National survey of prevalence of asthma among children in the United States, 1976 to 1980. *Pediatrics, 81,* 1—7.

Gieler, U., Köhnlein, B., Schauer, U., Freiling, G, & Stangier, U. (1992). Elternberatung bei Kindern mit atopischer Dermatitis. *Hausarzt (Suppl. II), 43,* 37—43.

Gil, K. M., Keefe, F. J., Sampson, H. A., McCaskill, C. C., Rodin, J. & Grisson, J. E. (1987). The relation of stress and family environment to atopic dermatitis symptoms in children. *Journal of Psychosomatic Research, 31,* 673—684.

Gil, K. M., Keefe, F. J., Sampson, H. A., Rodin, J. & Grisson, J. E. (1988). Direct observation of scratching behavior in children with atopic dermatitis. *Behavior Therapy, 19,* 213—228.

Jungmann, J. (1978). Psychogene Faktoren beim Ulcus duodeni et ventriculi im Kindes- und Jugendalter. *Zeitschrift für Kinder- und Jugendpsychiatrie, 6,* 219—236.

Kagan, S. G. & Weiss, J. H. (1976). Allergic potential and emotional precipitants of asthma in children. *Journal of Psychosomatic Research, 20,* 135—147.

Kashani, J. H., König, P., Shepherd, J. A., Wilfley, D. & Morris, D. A. (1988). Psychopathology and self-concept in asthmatic children. *Journal of Pediatric Psychology, 13,* 509—520.

Koblenzer, C. S. & Koblenzer, P. J. (1988). Chronic intractable atopic eczema. Its occurence as a physical sign of impaired parent-child relationships and psychologic development arrest: Improvement trough parent insight and education. *Archives of Dermatology 124,* 1673—1677.

Könning, J., Gebert, N, Niggemann, B. & Wahn, U. (1993). Asthma bronchiale. In H.-C. Steinhausen & M. von Aster (Hrsg.), *Handbuch Verhaltenstherapie und Verhaltensmedizin bei Kindern und Jugendlichen* (461—490). Weinheim: Psychologie Verlags Union.

Langfeldt, H. P. & Luys, K. (1993). Mütterliche Erziehungseinstellungen, Familienklima und Neurodermitis bei Kindern — eine Pilotstudie. *Praxis der Kinderpsychologie und Kinderpsychiatrie, 42,* 36—41.

Lehmkuhl, G., Blanz, B., Lehmkuhl, U. & Braun-Scharm, H. (1989). Conversion disorder (DSM-III 300.11): Symptomatology and course in childhood and adolescence. *European Archives of Psychiatry and Neurological Sciences, 238,* 155—160.

Leslie, S. A. (1988). Diagnosis and treatment of hysterical conversion reactions. *Archives of Diseases in Childhood, 62,* 506—511.

Lipowski, Z. J. (1984). What does the word "psychosomatic" really mean? A historical and semantic inquiry. *Psychosomatic Medicine, 46,* 153—171.

Lipowski, Z. J. (1986a). Psychosomatic medicine — past and present. 1. Historical background. *Canadian Journal of Psychiatry, 31,* 2—7.

Lipowski, Z. J. (1986b). Psychosomatic medicine — past and present. 2. Current state. *Canadian Journal of Psychiatry, 31,* 8—13.

Lipowski, Z. J. (1988). Somatization — The concept and its clinical application. *American Journal of Psychiatry, 145,* 1358—1378.

Livingston, R., Taylor, J. L. & Crawford, S. L. (1988). A study of somatic complaints and psychiatric diagnosis in children. *Journal of the American Academy of Child and Adolescent Psychiatry, 27,* 185—187.

Maisami, M. & Freeman, J. M. (1987). Conversion reactions in children as body language — a combined child psychiatry / neurology team approach to the management of functional neurologic disorders in children. *Pediatrics, 80,* 46—52.

Masek, B. J., Russo, D. C. & Varni, J. W. (1984). Behavioral approaches to the management of chronic pain in children. *Pediatric Clinics of North America, 31,* 1113—1132.

McDermott, J. F. & Finch, S. M. (1967). Ulcerative colitis in children. Reassessment of a dilemma. *Journal of the American Academy of Child and Adolescent Psychiatry, 6,* 512—525.

Millar, T. P. (1969). Peptic ulcers in children. In J. G. Howells (Ed.), *Modern Perspectives in International Child Psychiatry* (471—493). Edinburgh: Oliver & Boyd.

Minuchin, S., Rosman, B. L. & Baker, L. (1978). *Psychosomatic families.* Cambridge, Massachusetts: Harvard University Press.

Mortimer, M. H., Kay, J. & Jaron, A. (1993). Clinical epidemiology of childhood abdominal migraine in an urban general practice. *Developmental Medicine and Child Neurolology, 35,* 243-248.

Mrazek, D. (1984). Effects of hospitalization on early child development. In R. Emde & R. Harmon (Eds.), *Continuity and discontinuities in development* (211—225). New York: Plenum Press.

Mrazek, D. & Strunk, R. (1984). Psychological adjustment of severely asthmatic preschool children: Allergic considerations. *Psychosomatic Medicine, 46,* 85—91.

Mrazek, D., Klinnert, M. D., Mrazek, P. & Macey, T. (1991). Early asthma onset: Consideration of parenting issues. *Journal of the American Academy of Child and Adolescent Psychiatry, 30,* 277—282.

Nemiah, J. C. (1978). Alexithymia. Theoretical considerations. *Psychotherapy and Psychosomatics, 28,* 199—206.

North, C. S., Clouse, R. E., Spitznagel, E. L. & Alpers, D. H. (1990). The relation of ulcerative colitis to psychiatric factors — A review of findings and methods. *American Journal of Psychiatry, 147,* 974—981.

Nowak, D., Wiebicke, W. & Magnusson, H. (1989). Die Prognose des Asthma bronchiale im Kindesalter. *Monatsschrift für Kinderheilkunde 137,* 8—12.

Petermann, F., Walter, H.-J., Köhl, C. & Biberger, A. (1993). *Asthma-Verhaltenstraining mit Kindern und Jugendlichen (AVT).* München: Quintessenz.

Purcell, K., Muser, J., Miklich, D. & Dietiker, E. (1969). A comparison of psychologic findings in variously defined asthmatic subgroups. *Journal of Psychosomatic Research, 13,* 67—75.

Purcell, K., Weiss, J. & Hahn, W. (1972). Certain, psychosomatic disorders. In B. B. Wolman (Ed.), *Manual of child psychopathology* (706—738). New York: McGraw-Hill.

Rees, W. L. (1966). Interrelationships of physical and psychological factors in asthma and allergy. *St Bartholomew Hospital Journal, 70,* 350.

Ring, J. & Palos, E. (1986). Psychosomatische Aspekte der Eltern-Kind-Beziehung bei atopischem Ekzem im Kindesalter. II. Erziehungsstil, Familiensituation im Zeichentest und strukturiertes Interview. *Hausarzt, 37,* 609—617.

Ring, J., Palos, E. & Zimmermann, F. (1986). Psychosomatische Aspekte der Eltern-Kind-Beziehung bei atopischem Ekzem im Kindesalter. I. Psychodiagnostische Testverfahren bei Eltern und Kindern im Vergleich mit somatischen Befunden. *Hausarzt, 37,* 560—567.

Robinson, J. O., Alverez, J. H. & Dodge, J. A. (1990). Life events and family history in children with recurrent abdominal pain. *Journal of Psychosomatic Research, 34,* 171—182.

Salomon, C. R. & Gagnon, C. (1987). Mother and child characteristics and involvement in dyads in which very young children have eczema. *Journal of Developmental and Behavioral Pediatrics, 8,* 213—220.

Sanders, M. R., Rebgetz, M., Morrison, M., Bor, W., Gordon, A., Dadds, M. & Shepher, R. (1989). Cognitive-behavioral treatment of recurrent nonspecific abdominal pain in children: An analysis of generalization, maintenance, and side effects. *Journal of Consulting and Clinical Psychology, 57,* 294—300.

Schulman, J. (1988). Use of a coping approach in the management of children with conversion reactions. *Journal of the American Academy of Child and Adolescent Psychiatry, 27,* 785—788.

Steinhausen, H.-C. (1981a). Einleitende Anmerkungen zum Standort der psychosomatischen Kinderheilkunde. In H.-C. Steinhausen (Hrsg.), *Psychosomatische Störungen und Krankheiten bei Kindern und Jugendlichen* (7—10). Stuttgart: Kohlhammer.

Steinhausen, H.-C. (1981b). Verhaltenstherapie und Familientherapie bei Asthma bronchiale. In H.-C. Steinhausen (Hrsg.), *Psychosomatische Störungen und Krankheiten bei Kindern und Jugendlichen* (130—143). Stuttgart: Kohlhammer.

Steinhausen, H.-C. (1984a). Therapie bei psychosomatischen Störungen. In H. Remschmidt (Hrsg.), *Psychotherapie mit Kindern und Jugendlichen und Familien, Bd. 2* (123—131). Stuttgart: Enke.

Steinhausen, H.-C. (1984b). Chronisch kranke Kinder. In H.-C. Steinhausen (Hrsg.), *Risikokinder* (55—72). Stuttgart: Kohlhammer.

Steinhausen, H.-C. (1985a). Psychophysiologische (psychosomatische) Krankheiten. In H. Remschmidt & M. H. Schmidt (Hrsg.), *Kinder- und Jugendpsychiatrie in Klinik und Praxis* (172—201). Stuttgart: Thieme.

Steinhausen, H.-C. (1985b). Psychische Störungen bei Behinderungen und chronischen Krankheiten. In H. Remschmidt & M. H. Schmidt (Hrsg.), *Kinder- und Jugendpsychiatrie in Klinik und Praxis* (324—348). Stuttgart: Thieme.

Steinhausen, H.-C. (1985c). Eß- und Verhaltensstörungen. In H. Remschmidt & M. H. Schmidt (Hrsg.), *Kinder- und Jugendpsychiatrie in Klinik und Praxis* (61—69). Stuttgart: Thieme.

Steinhausen, H.-C. (1988a). Chronische Krankheiten und Behinderungen bei Kindern. In U. Koch, G. Lucius-Hoene & R. Stegie (Hrsg.), *Handbuch der Rehabilitationspsychologie* (499—517). Berlin, Heidelberg: Springer.

Steinhausen, H.-C. (1988b). Psychologische und psychopathologische Probleme des chronisch kranken Kindes. In K. P. Kisker, H. Lauter, J. E. Meyer, C. Müller &

E. Strömgren (Hrsg.), *Psychiatrie der Gegenwart, Bd. VII, Kinder- und Jugendpsychiatrie* (267—288). Heidelberg: Springer.

Steinhausen, H.-C. (1989). Zur Klassifikation und Epidemiologie „psychosomatischer" Störungen im Kindes- und Jugendalter. *Praxis der Kinderpsychologie und Kinderpsychiatrie, 38,* 195—200.

Steinhausen, H.-C. (1991). Verhaltensmedizin im Kindes- und Jugendalter. In D. Hellhammer & U. Ehlert (Hrsg.), *Verhaltensmedizin: Ergebnisse und Anwendung* (59—65). Bern: Huber.

Steinhausen, H.-C. (1993a). *Psychische Störungen bei Kindern und Jugendlichen. Lehrbuch der Kinder- und Jugendpsychiatrie.* München: Urban & Schwarzenberg (2. Auflage).

Steinhausen, H.-C. (1993b). Allergie und Psyche. *Monatsschrift für Kinderheilkunde, 141,* 285—292.

Steinhausen, H.-C. & Kies, H. (1982). Comparative studies of ulcerative colitis and Crohn's disease in children and adolescents. *Journal of Child Psychology and Psychiatry, 23,* 33—42.

Steinhausen, H.-C., Schindler, H. & Stephan, H. (1983b). Correlates of psychopathology in sick children: an empirical model. *Journal of the American Academy of Child and Adolescent Psychiatry, 22,* 559—564.

Steinhausen, H.-C., Stephan, H. & Schindler-Lembenz, H.-P. (1983a). Vergleichende Studien zur Psychopathologie bei Asthma bronchiale und cystischer Fibrose. *Monatsschrift für Kinderheilkunde, 131,* 145—149.

Steinhausen, H.-C., von Aster, M., Pfeiffer, E. & Göbel, D. (1989). Comparative studies of conversion disorders in childhood and adolescence. *Journal of Child Psychology and Psychiatry, 30,* 615—621.

Steinhausen, H.-C. & von Aster, M. (Hrsg.) (1993). *Handbuch der Verhaltenstherapie und Verhaltensmedizin bei Kindern und Jugendlichen.* Weinheim: Psychologie Verlags Union.

Sultz, H. A., Schlesinger, E. R., Feldmann, J. G. & Mosher, W. E. (1970). The epidemiology of peptic ulcer in childhood. *Journal of Public Health, 60,* 492.

Thal, A. & Miklich, D. R. (1976). Emotionally induced decreases in pulmonary flow rates in asthmatic children. *Psychosomatic Medicine, 38,* 190—200.

von Aster, M., Pfeiffer, E., Göbel, D. & Steinhausen, H.-C. (1987). Konversionssyndrome im Kindes- und Jugendalter. *Praxis der Kinderpsychologie und Kinderpsychiatrie, 36,* 240—248.

Walker, L. S. & Greene, J. W. (1991). Negative life events and symptom resolution in pediatric abdominal pain patients. *Journal of Pediatric Psychology, 16,* 341—360.

Walker, L. S., Garber, J. & Greene, J. W. (1991). Somatization symptoms in pediatric abdominal pain patients: Relation to chronicity of abdominal pain and parent somatization. *Journal of Abnormal Child Psychology, 19,* 379—394.

Wasserman, A. L., Whitington, P. F. & Rivara, F. P. (1988). Psychogenic basis for abdominal pain in children and adolescents. *Journal of the American Academy of Child and Adolescent Psychiatry, 27,* 179—184.

Weiner, H. (1991). From simplicity to complexity (1950—1990): The case of peptic ulceration — I. Human studies. *Psychosomatic Medicine, 53,* 467—490.

Weiss, J. H, Lyness, J., Molk, J. & Riley, J. (1976). Induced respiratory change in asthmatic children. *Journal of Psychosomatic Research, 20,* 115—121.

Zuckerman, B., Stevenson, J. & Bailey, V. (1987). Stomachaches and headaches in a community sample of preschool children. *Pediatrics, 79,* 677—682.

Eßstörungen

Manfred Fichter und Petra Warschburger

Bei der Regulation des Eßverhaltens handelt es sich um einen äußerst komplexen psychophysiologischen Prozeß. Eine Betrachtung des Eßverhaltens und der damit in Verbindung stehenden Störungsbilder muß immer auch auf dem entsprechenden soziokulturellen und ökonomischen Hintergrund erfolgen. So ist beispielsweise Adipositas, verglichen mit den Entwicklungsländern, in westlichen Gesellschaften mit Nahrungsüberfluß prävalenter (Stunkard, 1984). Adipositas ist aber nicht in allen Schichten unserer Gesellschaft gleich häufig anzutreffen: Bei den Frauen existiert eine inverse Beziehung zwischen sozialer Schicht und Adipositas; bei Männern und Kindern lassen sich keine eindeutigen Zusammenhänge mit der sozialen Schicht feststellen (Sobal & Stunkard, 1989).

Ein wichtiges Merkmal unserer westlichen Industriegesellschaften ist, daß Eß- und Gewichtsstörungen nicht mehr ein Problem für die kleine Minderheit der oberen Schichten darstellen; sie haben heute eine weitere Verbreitung als jemals zuvor in der menschlichen Geschichte. Gegenmaßnahmen bezüglich Adipositas werden hauptsächlich in den mittleren und höheren sozialen Schichten ergriffen.

Die Menschheit ist aufgrund ihrer Evolution über die Jahrtausende und durch positive Selektion derer, die Perioden der Nahrungsknappheit und des Hungers am besten überstehen, biologisch gut für Zeiten des Nahrungsmangels gerüstet. Allerdings ist sie nur sehr schlecht für die Bewältigung von permanentem Nahrungsüberfluß ausgestattet. Aus diesem anthropologischen evolutionären Blickwinkel ergibt die Entwicklung eines Ideals übermäßiger körperlicher Schlankheit in den letzten Jahrzehnten durchaus einen Sinn (Garner & Garfinkel, 1980). Ohne derartige Gegenregulationen könnten sich die gesundheitlichen Konsequenzen von Adipositas volkswirtschaftlich sehr schädlich auswirken. Körperideale, die die Schlankheit überbetonen, können den Menschen helfen, den Gefahren von Nahrungsüberfluß entgegenzuwirken. Eßstörungen, wie zum Beispiel Anorexia und Bulimia nervosa, können als der Preis für diese offensichtlich wirksame Gegenmaßnahme gegen Adipositas und ihre Gesundheitsrisiken gesehen werden.

Die folgenden Ausführungen beziehen sich auf die beiden häufigsten Eßstörungen — Anorexia und Bulimia nervosa — und auf Adipositas. Wegen der zahlreichen Gemeinsamkeiten zwischen Anorexia und Bulimia nervosa, werden diese beiden Krankheitsbilder gemeinsam abgehandelt.

Anorexia und Bulimia nervosa

Nach den vorliegenden klinischen Beobachtungen und epidemiologischen Untersuchungen nahmen Eß- und Gewichtsstörungen in den letzten Jahrzehnten zu. Anorexia und Bulimia nervosa sind Eßstörungen, die überwiegend bei Frauen im Jugend- oder jungen Erwachsenenalter beginnen und sich selten bei Knaben oder jungen Männern finden. Geschlechtsspezifische Unterschiede im Erscheinungsbild bestehen nicht. Wegen der Häufung dieser Krankheitsbilder bei Frauen und Mädchen sprechen wir im Folgenden von Patientinnen.

1. Beschreibung der Störungen

1.1 Symptomatik

Anorexia nervosa (auch Pubertäts-Magersucht genannt) wird in erster Linie charakterisiert durch absichtlichen Gewichtsverlust. Das Verhalten der Patientinnen ist darauf ausgerichtet, Gewicht durch Fasten, Diäten, Mißbrauch von Laxantien, Diuretika, Schilddrüsen-Tabletten, übertriebene körperliche Aktivitäten oder Erbrechen zu verlieren. Sie beschäftigen sich übermäßig mit ihrem Körpergewicht und ihrer Figur, definieren ihren Selbstwert darüber und haben große Angst vor einer Gewichtszunahme (Gewichtsphobie). Ihren eigenen Körper nehmen sie als zu fett wahr (Störung der Körperwahrnehmung); infolge des Gewichtsverlusts kommt es zu Amenorrhoe.

Bei Kindern vor der Pubertät unterscheidet sich das Symptombild etwas von obiger Beschreibung. Statt Gewichtsverlust sollte besser von einer fehlenden Gewichtszunahme gesprochen werden. Die infolge reduzierter Nahrungszufuhr bestehenden endokrinen Störungen äußern sich unter anderem in einer verzögerten sexuellen Reifung.

Das klinische Bild der *Bulimia nervosa* weist keine altersspezifischen Unterschiede auf (Schmidt, Hodes & Treasure, 1992). Hauptmerkmal ist das wiederholte Auftreten von sogenannten Heißhungerattacken (*"Binge Eating"*). Die Betroffenen essen in kurzer Zeit große Nahrungsmengen (bis zu 15 000 kcal; Russell, 1989), vorwiegend Nahrungsmittel mit einem hohen Fettgehalt (Woell, Fichter, Pirke & Wolfram, 1989). Diese Heißhungerattacken sind mit dem subjektiven Gefühl verbunden, die Kontrolle über das eigene Eßverhalten verloren zu haben. Um nicht an Gewicht zuzunehmen, werden unmittelbar nach einer Eßattacke gegenregulierende Maßnahmen wie beispielsweise Erbrechen, Mißbrauch von Laxantien, Diuretika oder Appetitzüglern eingeleitet. Mit anorektischen Patientinnen haben sie die übermäßige Beschäftigung mit Körpergewicht und Essen und eine kognitive Fixierung auf diesen speziellen Bereich des Lebens (Nahrungsaufnahme und körperliche Erscheinung gemäß den sozialen Normen) gemeinsam. Verglichen mit asketisch Magersüchtigen sind bulimische Patientinnen impulsiver und extravertiert. Psychodynamisch haben bulimische Patientinnen eine sehr niedrige Selbstachtung und sind extrem abhängig von sozialen Normen und der

Meinung anderer. Ihr Selbstwertgefühl ist stark davon abhängig, wie gut sie es schaffen, diesen sozialen Normen und Idealen von Körpergewicht und Figur nahezukommen. Dichotomes Denken in „Alles-oder-Nichts"-Kategorien ist bei bulimischen Patientinnen sehr häufig. Bulimische Symptome (vor allem Heißhungeranfälle) sind keine spezifische Kennzeichen dieser Eßstörung, sondern können auch bei anorektischen und adipösen Patientinnen auftreten.

1.2 Klassifikation

Nach dem ICD-10-Schlüssel der Weltgesundheitsorganisation (1991) werden generell folgende Eßstörungen unterschieden:

- Anorexia nervosa (F 50.0),
- atypische Anorexia nervosa (F 50.1),
- Bulimia nervosa (F 50.2),
- atypische Bulimia nervosa (in der Regel mit Normalgewicht; F 50.3),
- Eßattacken bei anderen psychischen Störungen (F 50.4),
- Erbrechen bei anderen psychischen Störungen (F 50.5) sowie
- andere und nicht näher bezeichnete Eßstörungen.

Die Diagnose einer *Anorexia nervosa* beschränkt sich auf Patientinnen mit niedrigem Körpergewicht; letzteres wird in den ICD-10-Kriterien (Weltgesundheitsorganisation, 1991) als Body Mass Index von 16 oder weniger definiert und im Entwurf der DSM-IV-Kriterien der "American Psychiatric Association" (1994) als ein Gewicht unter 85% des erwarteten (normalen) Körpergewichts.

Die ICD-10-Diagnose einer "*Bulimia mit Normalgewicht*" betrifft meist Patientinnen mit normalem oder leicht erhöhtem Körpergewicht. Diese „Bulimia bei Normalgewicht" ist eine häufige aber weniger spezifische und weniger schwere Erkrankung als Bulimia nervosa; sie stellt eine heterogene Gruppe dar, und in der Regel haben diese Patientinnen keine Magersuchtepisode in der Anamnese. Die DSM-IV- und die ICD-10-Kriterien für Bulimia nervosa sind etwas unterschiedlich. In den DSM-IV-Kriterien gibt es keine zusätzliche diagnostische Kategorie für „Bulimia mit Normalgewicht" wie im ICD-10.

Die klinischen Merkmale und diagnostischen Kriterien für Anorexia und Bulimia nervosa nach dem amerikanischen "Diagnostic and Statistical Manual of Mental Disorders" (DSM-IV, 1994) sind in Tabelle 1 dargestellt. Wenn die DSM-IV-Kriterien für eine Anorexia nervosa zutreffen und gleichzeitig bulimische Symptome vorliegen, wird die Diagnose „Anorexia nervosa (bulimischer Typ)" und nicht die Diagnose einer Bulimia nervosa gestellt.

Tabelle 1:
Diagnostische Kriterien für die Eßstörungen nach dem "Diagnostic and Statistical Manual DSM-IV" (1994).

Anorexia nervosa, DSM-IV Nr. 307.1 (gekürzt)

A) Weigerung, das Körpergewicht über einer für Alter und Größe minimalen Schwelle zu halten (Gewicht unter 85 % des extrapolierten normalen Gewichts).

B) Ausgeprägte Angst vor einer Gewichtszunahme oder davor, dick zu werden, obgleich Untergewicht besteht.

C) Vorliegen von Körperschemastörungen; Selbstwertgefühl wird übermäßig durch subjektive Wahrnehmung der eigenen Figur und des eigenen Körpergewichts beeinflußt oder Leugnung der Ernsthaftigkeit eines bestehenden Untergewichts.

D) Amenorrhoe bei Frauen nach Eintreten der Menarche, d. h. Aussetzen von mindestens drei konsekutiven Menstruationszyklen.

Zwei spezifische Untertypen werden nach DSM IV unterschieden:

1. asketischer Magersuchttyp (*"restricting type"*). Hier liegen keine ,,Freßattacken" oder *"Purging behaviour"* (selbstinduziertes Erbrechen oder Laxantienmißbrauch, Diuretikaeinnahme) vor.

2. bulimische Magersucht (*"purging type"*). Hier liegen zusätzlich zu den Magersuchtsymptomen ,,Freßattacken" und "Puring behaviour" (selbstinduziertes Erbrechen, Mißbrauch von Laxantien oder Mißbrauch von Diuretika) vor.

Bulimia nervosa, DSM-IV Nr. 307.51 (gekürzt)

A) Wiederholte Episoden von ,,Freßattacken", die charakterisiert sind durch
   1. Essen in relativ kurzer Zeit und
   2. das Gefühl, während der Eßepisode die Kontrolle über das Essen zu verlieren.

B) Wiederholt unangemessene Verhaltensweisen zur Gegensteuerung einer Gewichtszunahme, wie z. B. Einnahme von Laxantien oder Diuretika, Fasten, exzessives Maß an Körperaktivität.

C) Die ,,Freßattacken" und unangemessenen gegensteuernden Maßnahmen erfolgten mindestens zweimal pro Woche über drei Monate.

D) Das Selbstwertgefühl ist übermäßig durch die subjektive Wahrnehmung der eigenen Figur und des Körpergewichts beeinflußt.

E) Die Störung erfolgt nicht ausschließlich während einer Episode von Anorexia nervosa.

Zwei spezifische Untertypen von Bulimia nervosa werden unterschieden:

1. Bulimia nervosa mit Erbrechen oder Laxantien- bzw. Diuretikaeinnahme (*"purging type"*) und

2. Bulimia nervosa ausschießlich verbunden mit Fasten, Diät oder exzessiver körperlicher Bewegung, doch ohne Erbrechen oder Mißbrauch pharmakologischer Substanzen (*"non-purging type"*).

2. Epidemiologie, Verlauf und Nosologie

2.1 Epidemiologie

Während der Jahrzehnte dieses Jahrhunderts hat sich die Prävalenz von *Anorexia nervosa* erhöht. Dieser Anstieg wurde in epidemiologischen Studien in einem schwedischen Bezirk (Theander, 1970) und für den Kanton von Zürich (Willi & Grossmann, 1983) aufgezeigt. Psychiatrisch-epidemiologische Fallregisterstudien, wie sie zum Beispiel im Monroe County durchgeführt wurden, zeigten ebenfalls eine Zunahme anorektischer und bulimischer Eßstörungen. Die jährliche Inzidenz stieg in dieser Studie von Jones, Fox, Babigian und Hutton (1980) von 0,35 pro 100.000 Einwohner in den 60-er Jahren auf 0,64 pro 100.000 Einwohner in den 70-er Jahren. Nielsen (1990) ermittelte zwischen 1973 und 1987 eine jährliche Inzidenzrate von 1,04 pro 100.000 Einwohner (in der Altersgruppe zwischen 10 und 29 Jahren). Anorexia nervosa ist bei jungen Frauen weit stärker als bei jungen Männern verbreitet (etwa im Verhältnis von 12 : 1; Nielson, 1990) und beginnt im Durchschnitt im Alter von 16 Jahren (Nielsen, 1990). Die Jungen erkranken im Schnitt fünf Jahre früher (Nielsen, 1990). In den letzten Jahrzehnten konnte eine zunehmende Verbreitung unter Kindern und Jugendlichen beobachtet werden (Margo, 1985).

Epidemiologische Studien für diese Altersgruppe sind selten. Rathner und Messner (1993) ermittelten bei Mädchen im Alter zwischen elf und 20 Jahren eine Prävalenzrate von 0,58 %. Diese Zahl bezieht sich allerdings auf eine ländliche Umgebung und kann daher nicht unbedingt auf die Allgemeinbevölkerung übertragen werden. In besonders gefährdeten Gruppen (Mädchen zwischen 15 und 19 Jahren) gehen die Schätzungen auf 1—3 % hoch (Joergensen, 1992; Nielsen, 1990); die Zahl der betroffenen Mädchen und Frauen ist in den letzten Jahren noch angestiegen, die der Jungen und Männer blieb unverändert (Nielsen, 1990).

Es gibt derzeit keine gänzlich zufriedenstellenden Studien über die Epidemiologie von *Bulimia (nervosa)* in der Allgemeinbevölkerung. Die meisten vorliegenden Studien haben die weiteren amerikanischen DSM-III—Kriterien benutzt und wurden bei ausgewählten Gruppen (Schüler, Studenten) meist mit einfachen Fragebogenverfahren durchgeführt. Bulimische Symptome scheinen eine höhere Prävalenz als Anorexia nervosa zu haben. Es wird geschätzt, daß etwa 1—3 % der Frauen im kritischen Alter (15 bis 35 Jahre) von Bulimia nervosa (DSM-III-R, DSM-IV) betroffen sind. Johnson-Sabine, Wood, Patton, Mann und Wakeling (1988) schätzen die Verbreitung von Bulimia bei 14- bis 18-jährigen Mädchen auf 0,99 %.

Die Alters- und Geschlechtsverteilung ist ähnlich der bei Anorexia nervosa, aber das Alter zum Zeitpunkt der Diagnosestellung ist meist etwas höher; Bulimia nervosa tritt selten bei Kindern unter 14 Jahren auf (Lask & Bryant-Waugh, 1992). Ein Teil der bulimischen Patientinnen hatte zuvor eine Episode mit Anorexia nervosa (Schmidt et al., 1992).

2.2 Verlauf

Ein wichtiges Modell für das Verständnis bedeutsamer Konsequenzen von Eßstörungen ist das **Modell der reduzierten Kalorienzufuhr** (Fichter, 1992). An gesunden Personen wurde unter Bedingungen experimentell reduzierter Nahrungszufuhr demonstriert, daß totale oder teilweise Nahrungsabstinenz zu drastischen endokrinen Veränderungen führt. Reduzierte Kalorienzufuhr bewirkte:

- Störungen in der Hypothalamus-Hypophysen-Nebennieren-Achse (Hyperkortisolismus, unzureichende Suppression der Kortisolsekretion nach Gabe von Dexamethason),
- Regression des Sekretionsmusters der zentral ausgeschütteten gonadotropen Hormone (LH, FSH),
- Verminderung der nächtlichen Prolaktinausschüttung und
- Verminderung der Sekretion einzelner Schilddrüsenhormone (T3, verminderte Ausschüttung von TSH nach Injektion des Releasinghormones TRH („Sparflamme")) und andere endokrine Störungen (Fichter, Pirke & Holsboer, 1986).

Die gleichen endokrinen Veränderungen wurden bei untergewichtigen Patientinnen mit Anorexia nervosa und normalgewichtigen Patientinnen mit Bulimia nervosa in Zeiten reduzierter Kalorienzufuhr gefunden (Fichter, Pirke, Pöllinger & Wolfram, 1990). Endokrine Störungen bei Anorexia und Bulimia nervosa verschwinden, wenn sich das Eßverhalten normalisiert und die Kalorienzufuhr ausreichend ausfällt. Veränderungen in Neurotransmitter-Funktionen (wie z. B. eine Verminderung des Turnovers von Noradrenalin) wurden bei Anorexia und Bulimia nervosa beschrieben; sie sind im Wesentlichen als Folge einer temporär reduzierten Kalorienzufuhr anzusehen.

Untergewicht und Unterernährung bei *Magersüchtigen* ziehen eine Vielzahl von sekundären medizinischen Symptomen und Komplikationen nach sich, wie zum Beispiel Blutbildveränderungen und zahlreiche hormonelle Veränderungen. Bei bulimisch Magersüchtigen kann es zu Störungen des Elektrolythaushaltes (Hypokaliämie) mit negativen Folgen für Herz und Nieren kommen.

In jüngster Zeit wurden mehrere Langzeitverlaufsuntersuchungen zur Magersucht veröffentlicht. Bei Verläufen über sieben bis 20 Jahre nahm der Anteil remittierter Patientinnen über die Jahre zu, doch fand sich bei diesen vor längerer Zeit behandelten Patientinnen auch eine hohe Sterblichkeit infolge der Magersucht (10-20 % nach 15 bis 20 Jahren; Fichter, 1985; Theander, 1985; Ratnasuriya, Eisler, Szmukler & Russell, 1991). Die Ergebnisse von Hawley (1985) zeigten ein etwas günstigeres Bild: Über durchschnittlich acht Jahre wurden Kinder, die spätestens im Alter von 13 Jahren an Anorexia nervosa erkrankten, beobachtet. In diesem Zeitraum traten keinerlei Todesfälle auf, 67 % der Kinder konnten ihr Gewicht innerhalb 15 % des Normalgewichts (bezogen auf ihr Alter und ihre Größe) halten. Steinhausen und Seidel (1994a) untersuchten prospektiv den Verlauf bei 60 eßgestörten Jugendlichen nach einer stationären Therapie. Sie stellten bei der Mehrzahl der Jugendlichen im vierjährigen Verlauf nicht nur

Besserungen im Eßverhalten, sondern auch der psychosozialen Funktionen fest. Vermutlich haben Patientinnen mit frühem Krankheitsbeginn, die in jungen Jahren einer Therapie zugeführt werden, eine bessere Prognose (Atkins & Silber, 1993; Szumukler & Russell, 1986). Zur Frage, ob mit einer längeren Krankheitsdauer schlechtere Langzeiterfolge einhergehen, liegen widersprüchliche Befunde vor (Jones, Halford & Dooley, 1993; Steinhausen & Seidel, 1994b).

Infolge des *bulimischen Verhaltens* können verschiedene, teils unwichtige, teils gravierende medizinische Komplikationen auftreten. Bedeutungsvoll ist, daß es infolge häufigen Erbrechens zu einer chronischen Verminderung des Kaliumspiegels im Blut und Veränderungen im Säure-Basen-Haushalt kommen kann. Dies kann zu Herzrhythmusstörungen (mit der Gefahr eines Herzstillstandes) und chronischem Nierenversagen führen.

So gut wie alle vorliegenden Untersuchungen beschreiben den Kurzzeitverlauf von Bulimia nervosa mit sehr heterogenen Ergebnissen. Swift, Ritholz, Kalin und Kaslow (1987) sowie Herzog, Hartmann, Sandholz und Stammer (1992) fanden sehr hohe Rückfallraten bei behandelten bulimischen Patientinnen. Günstigere Ergebnisse erbrachte eine längerfristige umfangreiche Verlaufsuntersuchung bei stationär verhaltenstherapeutisch behandelten bulimischen Patientinnen, die zwei und sechs Jahre nach Behandlungsende nochmals untersucht wurden (Fichter, Quadflieg & Brandl, 1993; Fichter, 1993a). Patientinnen mit zusätzlichen impulsiven Syndromen (impulsiver Mißbrauch von Alkohol oder Drogen, häufigeres Stehlen, Promiskuität, wiederholte selbstschädigende Handlungen) sind aufgrund ihres nicht selten provozierenden Verhaltens in der Behandlung nicht einfach und das Vorliegen einer multi-impulsiven Symptomatik ist ein Zeichen eher ungünstigerer Prognose (Fichter, Quadflieg & Rief, 1994).

2.3 Nosologie

Zwangsgedanken und/oder Zwangshandlungen liegen bei etwa einem Drittel der Jugendlichen mit *Anorexia nervosa* vor (Rastam, 1992). Bei Familienstudien fand man, daß affektive Erkrankungen gehäuft auftreten. Atkins und Silber (1993) stellten bei einer Gruppe von neun- bis zwölfjährigen Mädchen in 62 % der Fälle depressive Erkrankungen in der Familie fest. Auch die Anorektikerinnen leiden gehäuft unter Depressionen, die meist nach dem Eintreten der Eßstörung in Erscheinung treten (Rastam, 1992). Allerdings zeigten Familienstudien bei Patientinnen mit affektiven Erkrankungen keine erhöhte Prävalenz von Eßstörungen; dabei ist zu beachten, daß die Häufigkeit von Eßstörungen bei den Müttern der Patientinnen schon alleine deshalb geringer ist, da vor mehreren Jahrzehnten Eßstörungen weniger verbreitet waren.

Wie bei Anorexia nervosa fand sich auch bei Angehörigen von *bulimischen Patientinnen* eine Häufung von affektiven Erkrankungen (familiäre Aggregation; vgl. Überblick bei Laessle, 1989). Impulsives Verhalten, wie zum Beispiel Ladendiebstahl, Selbstmordversuch und impulsiver Konsum von Alkohol und

Drogen, sind bei bulimischen Patientinnen relativ häufig zu beobachten (Herzog, Keller, Sacks, Yeh & Lavori, 1992).

3. Erklärungsansätze

Anorexia nervosa, Bulimia nervosa und Adipositas sind keine nosologischen Entitäten; ihre Ätiologie ist vermutlich multifaktoriell. Sie stellen die gemeinsame Endstrecke einer Vielzahl verschiedener Entstehungsbedingungen und ihrer Wechselwirkungen dar. Folgende, ätiologisch relevante Faktoren werden bezüglich dieser Eßstörungen diskutiert:

● biologische Faktoren (genetisch, neurochemisch und physiologisch),
● soziokulturelle Faktoren (vermittelt durch Familie, Schule und Massenmedien),
● entwicklungsbedingte Faktoren (Störungen in der frühen oder späteren Kindheit und Pubertät),
● gestörte Familienbeziehungen und lebensbedrohende Ereignisse und
● chronische Schwierigkeiten (Verlust von Bezugspersonen, Konflikt mit dem Partner, Einsamkeit).

Bevor näher auf einzelne Untersuchungsergebnisse eingegangen wird, sollen kurz die biologischen Grundlagen des Eßverhaltens dargestellt werden. Bei der Regulation der Nahrungsaufnahme bestehen komplexe Wechselwirkungen zwischen biologischen, umgebungsmäßigen und psychologischen Variablen. Hunger und Sättigung werden hauptsächlich im Hypothalamus geregelt. Dieser steht sowohl mit anderen Gehirnregionen als auch mit dem peripheren Sättigungssystem, welches Peptide in Reaktion auf Nahrungszufuhr ausschüttet, in Verbindung. Bestimmte Substanzen können Hunger und Nahrungszufuhr reduzieren; hierzu zählen unter anderem:

● das Monoamin Serotonin,
● der Cortikotropin-Releasing-Faktor (CRF), der im Hypothalamus ausgeschüttet wird, sowie
● bestimmte Peptide, die sowohl zentral als auch peripher (überwiegend im Verdauungstrakt) freigesetzt werden (z. B. Cholezystokinin, Glukagon, Bombesin und das Gastrin-Releasing Peptid).

Andere Peptide, wie zum Beispiel das Neuropeptid Y und Peptid YY, die beide in der Bauchspeicheldrüse ausgeschüttet werden, erhöhen dagegen den Hunger und die Nahrungszufuhr. Diese biologischen Variablen werden von Charakteristika der Nahrung selbst (Kaloriengehalt, ernährungsmäßige Zusammensetzung und Schmackhaftigkeit) sowie Umgebungsbedingungen beeinflußt. Bei Tieren kann beispielsweise Streß (durch Zufügen von Schmerz) und eine Erhöhung der Schmackhaftigkeit der Nahrung eine experimentelle Adipositas erzeugen. Bei der Regulation der Nahrungsaufnahme spielen aber auch Lernprozesse eine wichtige Rolle: Die Nahrungsaufnahme wird nicht erst dann gestoppt, wenn gastrointestinale Hormone ausgeschüttet werden und ein Völlegefühl entsteht; vielmehr kann eine solche Reaktion antizipatorisch vorweggenommen werden. Booth (1985) beschreibt dies als konditionierte Reaktionen im Hinblick auf Appetit und Sättigung. Bei psychogen eßgestörten Patientinnen besteht eine Störung der Sättigungswahrnehmung; offen bleibt, inwieweit dies Folge oder Ursache des gestörten Eßverhaltens ist.

Diätverhalten wird als Eintrittskarte für die Entwicklung einer Eßstörung betrachtet (Lask & Bryant-Waugh, 1992). Diäten und der Wunsch, dünner zu sein, sind schon in jungen Jahren weit verbreitet: 54 % der Elf- bis 18-jährigen haben schon einmal eine Diät gemacht (Paxton, Wertheim, Gibbons, Szmukler, Hillier & Petrovich, 1991), bei den Sieben- bis 13-jährigen berichten immerhin 37 % über Maßnahmen zur Gewichtsreduktion (Maloney, McGuire, Daniels & Specker, 1989). Solche Versuche, an Gewicht zu verlieren, werden nicht nur von übergewichtigen Kindern eingesetzt: Circa ein Fünftel der untergewichtigen Mädchen in der Studie von Moses, Banilivy und Lifshitz (1989) hielt sich an eine Reduktionsdiät. Dieses Eßverhalten ist insofern bedeutsam, da damit eine erhöhte Wahrscheinlichkeit verbunden ist, eine Eßstörung zu entwickeln (Patton, Johnson-Sabine, Wood, Mann & Wakeling, 1990). Besonders gefährdet sind solche Jugendliche, bei denen sich entwicklungsbedingte Veränderungen (wie Einsetzen der Menstruation und Verabredungen mit dem anderen Geschlecht) kumulieren, die Schlankheit als Schönheitsideal anstreben und einen starken Druck, schlank zu sein, von Eltern und Gleichaltrigen erleben (Levine, Smolak, Moodey, Shuman & Hessen, 1994).

Nach Crisp (1976) besteht bei *Anorexia nervosa* eine phobische Vermeidungsreaktion bezüglich Essen und der damit im Jugendalter verbundenen sexuellen Reifung. In der Regel bestehen sexuelle Ängste und Konflikte sowie Ängste, die mit dem Erwachsensein verbundenen Verantwortungen und Entscheidungen zu meistern. Die physischen Veränderungen im Erscheinungsbild während der Pubertät können diese Ängste bei einem innerlich sehr verunsicherten Jugendlichen auslösen. Bruch (1973) beschrieb bei Magersüchtigen Entwicklungsstörungen während der Kindheit, die von Störungen der Mutter-Kind-Beziehungen ausgelöst werden und zu Störungen des Körperschemas, der Wahrnehmung und zu einem allgemeinen Gefühl der eigenen Unzulänglichkeit führen. Ihre Konzeption ergänzt die von Crisp um eine Perspektive der Psychodynamik und des sozialen Lernens. Die Ergebnisse von Zwillingsstudien zeigen hohe Übereinstimmungsraten für monozygote Zwillinge mit Anorexia nervosa (Holland, Hall, Murray, Russell & Crisp, 1984) und weisen auf die Bedeutung von genetischen Faktoren hin.

Auch für *Bulimia (nervosa)* gibt es sehr wahrscheinlich nicht **den** entscheidenden ätiologischen Faktor, sondern die Genese ist multifaktoriell. Diskutiert wurde unter anderem eine gemeinsame Genese von Bulimia und Abhängigkeitserkrankungen. Ebenso wie Frauen mit Alkohol- oder Drogenmißbrauch zeigen Bulimikerinnen erhöhte Werte in jenen Persönlichkeitsskalen, die Impulsivität, Depression, Aggressivität, Angst und sozialen Rückzug messen (Hatsukami et al., 1982). Ein Abhängigkeitsmodell erklärt jedoch nur einen Teil der Varianz.

Gegenwärtig ist es offen, in welchem Ausmaß Störungen der Wahrnehmung von Hunger und Sättigung bei bulimischen Patientinnen primäre Symptome der Erkrankung sind oder sekundär zu Neurotransmitter- und Peptidveränderungen, als Konsequenz des abnormen Eßverhaltens und der Nahrungsverweigerung, auftreten. Das gleiche gilt für die depressiven Symptome.

Zwillingsuntersuchungen ergaben deutlich höhere Konkordanzraten hinsichtlich Eßstörungen bei eineiigen im Vergleich zu zweieiigen Zwillingen; dies weist auf die Bedeutung genetischer Faktoren (Fichter & Nögel, 1990). Es ist plausibel, eine erhöhte biologische Vulnerabilität bei (anorektischen und) bulimischen Patientinnen anzunehmen. Trotz intensiver Suche ist es bis dato allerdings nicht geglückt, Indikatoren für die vermutete biologische Vulnerabilität zu finden und empirisch zu belegen.

4. Intervention

4.1 Allgemeine Gesichtspunkte bei der Behandlung von Eßstörungen

Hilde Bruch (1973) beschrieb als die wesentlichen gemeinsamen Störungsbereiche für Anorexia nervosa, Bulimia ("Thin Fat People") und (psychogene) Adipositas:

● Körperschema-Störungen,
● Störungen der proprio- und interozeptiven sowie emotionalen Wahrnehmung und
● ein alles-durchdringendes Gefühl von Unzulänglichkeit.

Daraus lassen sich mehrere für diese Eßstörungen wichtige, therapeutische Ansätze ableiten. Bei allen drei Störungen muß die Patientin etwas aufgeben, das ihr geholfen hat, die emotionale Balance wenigstens kurzfristig zu erreichen: Die anorektische Patientin empfindet Stolz, persönliche Befriedigung, Gewicht durch Willensanstrengung trotz vorhandenen Appetites zu verlieren. Bei bulimischen (und vielen hyperphag-adipösen) Patientinnen führt die Nahrungsaufnahme zu einer kurzfristigen Besserung dysphorischer Verstimmungen oder hilft, Gefühle der Leere und Einsamkeit zuzudecken. Bei der Therapieplanung ist es daher wichtig, Therapiemotivation und Ausmaß des Leidensdrucks zu berücksichtigen. Dabei sollten die jugendlichen und erwachsenen Patientinnen aktiv in die Zielsetzung und -realisierung einbezogen werden.

Die Patientin sollte genaue Informationen über Entstehungsbedingungen, Funktion und Folgen von Eßstörungen sowie Behandlungsmöglichkeiten erhalten. Die Therapie sollte ihr transparent gemacht und die relevanten Schritte erklärt werden. Wichtig ist, daß Therapeut und Patientin sich darüber im klaren sind, daß es selten einfache Lösungen gibt, und kognitiv-emotionale Veränderungen meist Zeit brauchen. Daher sollten Ziele in einem realistischen Zeitrahmen gesetzt werden. Parallel zur Reduktion der Symptomatik, die ja auch schützende Funktion hatte, sollten alternative Verhaltensweisen zur besseren Bewältigung von frustrationserzeugenden Problemen geübt werden, die die entstehende Lücke ausfüllen können. Der Therapieaufbau erfolgt in kleinen Schritten, mit konkreten Hilfestellungen und klaren Vereinbarungen.

Im Mittelpunkt der Therapie steht die Verbesserung der körperlichen und emotionalen Wahrnehmung und ein direkter Ausdruck von Gefühlen. Die eingeschränkte Wahrnehmung eigener Körpersignale und Gefühle können in speziellen Übungssitzungen behandelt werden; dabei sollte die Wahrnehmung in verschiedenen Bereichen geschärft werden (Hunger, Sättigung, Gefühle bei der Berührung durch andere, bewußtes Wahrnehmen von Körpersensationen und Gefühlen wie z. B. Ärger und Freude). Mit Hilfe von Rollenspielen kann in Einzel- oder Gruppensitzungen der angemessene Ausdruck von Gefühlen sicher erworben werden; die Patientin übt dabei systematisch, bestimmte Gefühle in vorgegebenen Situationen zum Ausdruck zu bringen. Mangelnde soziale Fähigkeiten und Kompetenz können im Selbstsicherheitstraining behoben werden. Verfügt die Patientin zwar über die erforderlichen sozialen Fertigkeiten, ist aber zu gehemmt, eigene Wünsche, Bedürfnisse und Gefühle auszudrücken, bietet die Therapie einen sicheren Rahmen, um mit dem Ausdruck von Gefühlen zu experimentieren. Dabei ist es ratsam, mit leichteren Übungen zu beginnen und zu schwierigeren Situationen voranzuschreiten; meist beginnt dies mit dem mehr kathartischen Ausdruck „primitiver" Gefühle. Die Patientin lernt zunehmend, verschiedene Situationen besser zu differenzieren, und übt den situationsangemessenen Ausdruck von Gefühlen. Aufgabe des Therapeuten ist es, die relevanten Bereiche herauszuarbeiten und die Sitzungen kreativ den Bedürfnissen der Patientinnen anzupassen.

Ein geringes Selbstvertrauen verbunden mit depressiven Gedanken und einer Tendenz zu selbstabwertenden Aussagen kann mit Verfahren der kognitiven Verhaltenstherapie behandelt werden. Als therapeutische Elemente werden hier „kognitive Umstrukturierung", die „Strategie der kleinen Schritte" oder das Training sozialer Fähigkeiten eingesetzt. Die Behandlung dürfte im Rahmen relativ problem-homogener Gruppen von Patientinnen mit Eßstörungen am wirksamsten sein. Mit Fortschreiten der Therapie sollten anorektische und bulimische Patientinnen zunehmend dazu ermutigt werden, selbst Verantwortung zu übernehmen. Wichtig ist, die Patientin bereits bei kleinen Fortschritten zu ermutigen und positiv zu verstärken.

Patientinnen mit Eßstörungen sind üblicherweise Experten im Zählen von Kalorien, doch wissen sie meist wenig über gesunde Ernährung. Deshalb ist eine Beratung in gesunder Ernährung sinnvoll, so daß ein normales Eßverhalten mit sinnvoller zeitlicher Strukturierung der Essenszeiten und eine Erweiterung des Nahrungsspektrums erreicht werden kann. Die Patientinnen sollten ermutigt werden, ihr selbstauferlegtes Verbot bestimmter Nahrungsmittel aufzugeben. Die Behandlung durch einen professionellen Therapeuten und die Teilnahme an einer Selbsthilfegruppe müssen sich keineswegs ausschließen, sondern können sich gegebenenfalls gut ergänzen. Eine funktionale Analyse dessen, was dem pathologischen Eßverhalten (z. B. Heißhungerattacken) vorausging, wird das Bewußtsein für kritische Situationen verbessern. So kann jemand Ärger fühlen oder eine dysphorische Stimmung durchleben, weil sie von jemand anderem kritisiert oder verletzt wurde. In speziellen Rollenspielen können Patientinnen lernen, mit diesen Problemen auf direkte, annehmbare Weise umzugehen, statt die Probleme zu schlucken und aus Frust zu essen.

Die obigen Ausführungen bezogen sich in erster Linie auf Jugendliche und Erwachsene. Viele der genannten therapeutischen Ansätze lassen sich auf die Arbeit mit Kindern übertragen; dies gilt vor allem für die verhaltenstherapeutischen Elemente (wie Rollenspiel oder Ernährungsprotokolle). Wichtig ist dabei, die Materialien altersangemessen zu gestalten. Zusätzlich sollten die Eltern in die Arbeit einbezogen und familiäre Probleme bearbeitet werden. Ein familienbezogener Ansatz hat sich gerade bei der Behandlung anorektischer Kinder bewährt (Hodes, 1993).

4.2 Psychologische Behandlung

Bei der Behandlung von Eßstörungen empfiehlt Garner (1986) generell ein zweigleisiges Vorgehen ("two-track approach"): In einem ersten Schritt sollen mit Hilfe behavioraler und kognitiver Verfahren das Eßverhalten und Körpergewicht normalisiert werden. Darauf aufbauend können dysfunktionale Kognitionen, die in Zusammenhang mit der Erkrankung stehen, verändert und psychosoziale Belastungen angegangen werden. Die folgenden Darstellungen beziehen sich vorwiegend auf die Therapie mit Jugendlichen und Erwachsenen; bis dato wurden sehr wenige, kontrollierte Studien mit eßgestörten Kindern veröffentlicht.

Eine psychologische Therapie bei *Anorexia nervosa* ist kaum möglich, wenn die Patientin schwer untergewichtig ist. Vielfach wird die Patientin allen Versuchen, das Körpergewicht zu normalisieren, Widerstand entgegensetzen, wenn die erforderliche Gewichtszunahme noch nicht akzeptiert werden kann. Verhaltenstherapeutische Programme zur Erhöhung des Gewichts sind — wenn fachmännisch durchgeführt — sehr wirkungsvoll (Bemis, 1987). Bei extremen Fällen kann eine Sondenernährung im Kontext eines verhaltenstherapeutischen Gewichtsprogrammes helfen, das normale Körpergewicht wiederherzustellen. Patientinnen, die „sich aus dem Krankenhaus herausessen", um den Bemühungen des Therapeuten zu entkommen, haben allerdings keine gute Prognose. Die Behandlung darf sich nicht einseitig auf die Steigerung des Körpergewichts konzentrieren; zusätzlich müssen körperliche und emotionale Wahrnehmung, Körperausdruck und soziale Fähigkeiten aufgebaut werden.

Zusätzlich zu den oben beschriebenen, allgemeinen therapeutischen Ansätzen bei Eßstörungen kann es erforderlich werden, besondere Probleme in die Behandlung der *Bulimia nervosa* mit einzubeziehen. Dies ist der Fall, wenn weitere Probleme, wie zum Beispiel Alkohol- oder Drogenmißbrauch, multi-impulsives Verhalten (wiederholte Diebstähle, selbstverletzendes Verhalten), exzessives Erbrechen

Tabelle 2:
Übersicht über gestörte Funktionen, sinnvolle therapeutische Ziele und Bereiche und spezielle Maßnahmen zur Therapie bulimischer Syndrome.

gestörte Funktionen bzw. Grund für Maßnahmen	therapeutische Bereiche	spezielle Maßnahmen
1 Störung der interozeptiven und emotionalen Wahrnehmung	Wahrnehmungstraining	— körperorientierte Übungen — Schulung der interozeptiven Wahrnehmung — Schulung der emotionalen Wahrnehmung
2 Störung des emotionalen Ausdrucks	Training des emotionalen Ausdrucks	— adäquater Ausdruck von Emotionen — Katharsisübungen — Training der sozialen Kompetenz im Rollenspiel
3 dysfunktionale, irrationale Gedanken, Überzeugungen und Wertungen	kognitive Therapie	— Aufdeckung und Infragestellung — 'Reframing''
4 chronische Belastungen im sozialen Umfeld und ineffiziente Interaktionen	Einbeziehung des sozialen Umfeldes	— Partnertherapie — Familientherapie
5 Informationsdefizite	Vermittlung von Informationen über:	— Streßreaktion — Ernährung — Therapiemöglichkeiten und -grenzen — Selbsthilfe — Rückfallprophylaxe — Folgen bulimischen Verhaltens
6 pathologisches Ernährungsverhalten	Ernährungsberatung	— Antidiätkurs — geordneter Plan für Mahlzeiten — Zusammenhang Streß und pathologisches Eßverhalten
7 Passivität und Mangel an Übernahme von Verantwortung und unzureichendes Vertrauen in die eigenen Fähigkeiten	Aktivierung eigener Initiative und Verantwortung	— aktive Teilnahme an Selbsthilfegruppen — Selbstregulation

Fortsetzung von Tabelle 2:

gestörte Funktionen bzw. Grund für Maßnahmen	therapeutische Bereiche	spezielle Maßnahmen
8 Angst vor Rückfall	"Maintenance Training"	— Antizipation von Problemen — Relevante Belastungen exponieren — Planung weiterer Behandlungen und Teilnahme an Selbsthilfegruppen — Umgang mit Medikamenten

oder Laxantienmißbrauch bestehen. Eine Aufklärung über die Folgen bulimischer Symptome kann dazu beitragen, die Behandlungsmotivation zu erhöhen. Psychologische Therapieansätze bei Bulimia nervosa wurden im Detail von Fichter (1989) dargestellt. Im Rahmen einer verhaltenstherapeutischen Breitbandtherapie können die in Tabelle 2 dargestellten Ansätze je nach Erfordernissen im einzelnen Fall Verwendung finden.

Die Wirksamkeit eines kognitiv-behavioralen Vorgehens konnte in verschiedenen Studien nachgewiesen werden (Craighead & Agras, 1991; Leitenberg, Rosen, Vara, Detzer & Srebnik, 1994; Thackwray, Smith, Bodfish & Meyers, 1993).

4.3 Medikamentöse Behandlung

Eine medikamentöse Behandlung mit Antidepressiva war in den meisten der vorliegenden kontrollierten Untersuchungen bei *Bulimia* wirksam, auch wenn sich die Effektivität in Grenzen hielt (Hudson & Pope, 1989). Antidepressiva sind insbesondere dann indiziert, wenn Depressionen bei der Patientin oder in der Familie vorkommen. Sie können einerseits die Stimmung stabilisieren, andererseits haben sie eine appetit- und gewichtssteigernde Wirkung. Speziell bei Bulimia muß aufgrund der Nebenwirkungen von MAO-Hemmern abgeraten werden.

Bei *Anorexia nervosa* haben sich bisher in kontrollierten Studien weder Antidepressiva noch Neuroleptika noch andere Psychopharmaka als wirkungsvoll erwiesen (Fichter, 1993b). In letzter Zeit fand das hohe Osteoporoserisiko von chronisch untergewichtigen Magersüchtigen starke Beachtung. Die beste Osteoporose-Prophylaxe ist die Normalisierung des Gewichts. Zusätzlich sollten zumindest bei lang bestehendem Untergewicht Medikamente, die die Knochenmineralisation anregen, gegeben werden (z. B. niedrig dosierte Östrogen-Gestagen Kombinationen; Fichter, 1993b).

Adipositas

1. Beschreibung der Störung

1.1 Symptomatik

Adipositas zeichnet sich durch eine übermäßige Vermehrung von Fettgewebe aus. In der Literatur existieren zahlreiche Definitionen von Adipositas, die sich entweder auf den direkt oder indirekt erfaßten prozentualen Fettanteil an der Körpermasse beziehen. Eine direkte Messung der Fettmasse ist zwar möglich, jedoch meist sehr zeit- oder kostenintensiv (vgl. Nichols & Sheng, 1992). In der Regel werden indirekte Schätzungen des Fettanteils durch anthropometrische Messungen (z. B. Hautfaltendicke) vorgenommen (Großklaus, 1990).

Zunehmend üblich wurde die Definition von Unter- beziehungsweise Übergewicht anhand des sogenannten Body Mass Index (BMI). Der BMI berechnet sich durch die Formel: Körpergewicht in kg dividiert durch das Quadrat der in Meter gemessenen Körpergröße. Adipositas liegt vor, wenn der BMI > 30 ist (Bray, 1978). Die Befunde von Rolland-Cachera, Sempé, Guilloud-Bataille, Patois, Péquignot-Guggenbuhl und Fautrad (1982) sprechen dafür, den BMI auch bei Kindern als Kriterium zu verwenden; die Autoren fanden eine enge Beziehung zwischen Hautfaltendicke und BMI der untersuchten Kinder.

Für Kinder liegen weiterhin spezielle Wachstumskurven vor, die einen Vergleich des individuellen Gewichts mit dem anderer Kinder gleicher Körpergröße, gleichen Alters und Geschlechts erlauben (Hartung, 1993; Makosch, Hövels, Bergmann & Dringenberg-Jagar, 1982).

1.2 Klassifikation

Es existiert derzeit keine einheitliche Klassifikation von Adipositas. Zunehmend gebräuchlich wird die Einteilung in verschiedene Schweregrade anhand des prozentualen Übergewichts; auf dieser Grundlage kann dann eine differentielle Therapiezuweisung erfolgen (Brownell & Wadden, 1992). Bisher wurde Adipositas in der Regel nicht als eine psychische Erkrankung angesehen. Auch in der neuen Version des DSM-IV (American Psychiatric Association, 1994) taucht Adipositas nicht als diagnostische Kategorie auf, im ICD-9 der Weltgesundheitsorganisation (1980) dagegen als körperliche Erkrankung. Im ICD-10 (1991) wird eine Untergruppe von Adipositas aufgeführt. Adipositas assoziiert mit anderen psychischen Störungen so wie zum Beispiel:

● als eine Reaktion auf schmerzvolle Ereignisse,
● als eine Ursache für eine psychische Störung und
● als ein unerwünschter Effekt von Langzeitmedikation mit Neuroleptika oder Antidepressiva.

In allerjüngster Zeit wurde erneut Diagnostik, Verlauf und Therapie bulimischer Syndrome, die mit Heißhunger und Hyperphagie einhergehen, aber nicht mit nennenswerten übergewichts-gegenregulierenden Maßnahmen (z. B. Erbrechen) einhergehen, diskutiert. Diese wurden in der anglo-amerikanischen Literatur unter den Begriffen "Binge-Eating Disorder" (Spitzer et al., 1992) oder "Recurrent Overeating" (Fichter et al., 1993) abgehandelt (vgl. auch Tab. 1). In den neuen amerikanischen DSM-IV-Kriterien ist Binge Eating Disorder (Recurrent Overeating) zumindest im Appendix B genannt, auch wenn hierzu noch weitere Entwicklungen ausstehen. Die Kriterien für Binge Eating Disorder nach DSM-IV beinhalten ähnliche Kriterien bezüglich Art und Häufigkeit der „Freßattacken" (wiederholte Episoden von Essen in relativ kurzer Zeit, verbunden mit dem Gefühl, die Kontrolle über das Essen zu verlieren, an mindestens zwei Tagen in der Woche über sechs Monate) wie bei Bulimia nervosa. Die „Freßattacken" werden von "marked distress" begleitet; zudem müssen mindestens drei der folgenden fünf Merkmale vorliegen:

● sehr viel schnelleres Essen als andere Menschen,
● Essen bis zum Auftreten eines unangenehmen Völlegefühls,
● das Essen größerer Nahrungsmengen, obwohl kein Hungergefühl besteht, und/oder
● das Essen wird alleine eingenommen, aus Scham davor wieviel man ißt oder aufgrund von Depressionen oder Schuldgefühlen.
● Gefühl von Ekel vor sich selbst, deprimiert oder von Schuld nach Überessen.

Der wesentliche Unterschied zur Bulimia nervosa nach DSM-IV besteht im Fehlen gegenregulierender Maßnahmen wie selbstinduziertes Erbrechen oder Mißbrauch pharmakologischer Substanzen zur Gewichtsabnahme. Daher sind die meisten Patientinnen, die diese Kriterien erfüllen, übergewichtig. Die Terminologie hinsichtlich des Krankheitsbildes der Hyperphagie mit Adipositas wird im Schrifttum derzeit noch nicht einheitlich gehandhabt, und die Klassifikation befindet sich noch im Entwicklungsstadium.

2. Epidemiologie und Verlauf

2.1 Epidemiologie

Tendenziell deutet sich eine zunehmende Verbreitung von Adipositas an: Zwischen den 60-er und 80-er Jahren nahm in den USA die Häufigkeit von Adipositas bei den sechs- bis elfjährigen Kindern um 54 % und bei den Jugendlichen (12—17 Jahre) um 39 % zu (Gortmaker, Dietz, Sobol & Wehler, 1987). Ähnliche Beobachtungen wurden in Europa gemacht (Sunnegardh, Bratteby, Hagman, Samuelson & Sjölin, 1986). Nach einer Untersuchung der Deutschen Gesellschaft für Ernährung (1984) in den Jahren 1982/83 sind 17 % der Kinder und Jugendlichen übergewichtig (d. h. ihr Gewicht liegt mindestens 15 % über dem empfohlenen Referenzgewicht). Während bei den Jungen mit zunehmendem Alter der Anteil der Übergewichtigen ansteigt, kann bei den Mädchen ein umgekehrter Trend beobachtet werden. Anders als bei Erwachsenen konnte kein eindeutiger

Zusammenhang zwischen sozio-ökonomischem und Gewichtsstatus hergestellt werden (vgl. auch Sobal & Stunkard, 1989). Adipositas ist eine familiäre Erkrankung (Bogardus et al., 1986): Das Risiko eines Kindes, übergewichtig zu werden, steigt proportional zur Zahl der übergewichtigen Familienmitglieder an (Garn & Clark, 1976).

Genaue Angaben zur Verbreitung von Hyperphagie mit Adipositas liegen derzeit nicht vor, nachdem operationale diagnostische Festlegungen erst in jüngster Zeit getroffen wurden.

2.2 Verlauf

Bei Adipositas handelt es sich meist nicht um einen vorübergehenden Zustand, sondern um eine chronische Erkrankung. Kinder mit einem Geburtsgewicht von über 4500g haben eine zwei- bis dreimal so hohe Wahrscheinlichkeit mit 17 Jahren übergewichtig zu sein als Kinder mit einem Geburtsgewicht zwischen 3000 bis 3499 g (Seidman, Laor, Gale, Stevenson & Danon, 1991). Die meisten Kinder behalten ihr Übergewicht bis ins Erwachsenenalter bei; vor allem, wenn sie stark übergewichtig und weitere Familienmitglieder betroffen sind (Mossberg, 1989).

Können noch weitere Faktoren die Gefahr eines chronischen Verlaufs vorhersagen? Die Ergebnisse einer prospektiven Studie von Rolland-Cachera, Deheeger, Bellisle, Sempé, Guilloud-Bataille und Patois (1984) deuten darauf hin, daß der Zeitpunkt des sogenannten 'adiposity-rebound' eine solche Vorhersage leisten kann. Der BMI verändert sich im Entwicklungsverlauf: Bis zum ersten Lebensjahr steigt er an, fällt dann bis zum sechsten Lebensjahr kontinuierlich ab und steigt dann wieder an ('adiposity-rebound"). Kinder, bei denen dieser "rebound" ausgeprochen früh erfolgt, sind eher als Jugendliche übergewichtig als Kinder mit einem späten "rebound" (nach dem siebten Lebensjahr).

Adipositas ist mit einer Reihe von sekundären Erkrankungen verbunden. Adipöse Kinder haben ein erhöhtes Risiko für Herz-Kreislauferkrankungen einschließlich Bluthochdruck (Mossberg, 1989; Must, Jacques, Dallal, Bajema & Dietz, 1992). Bei Erwachsenen ist dieses Risiko besonders hoch für Menschen mit einem sogenannten andromorphen Fettverteilungstyp, bei dem die Fettdepots überwiegend im Bereich des Bauches und weniger im Bereich von Hüften und Extremitäten liegen (Wolfram, 1990); für Kinder fanden sich keine Zusammenhänge zwischen kardiovaskulärem Risiko und Fettverteilungsmuster (Kalker, Hövels, & Kolbe-Saborowski, 1993; Sangi, Mueller, Harrist, Rodriguez, Grunbaum & Labarthe, 1992). Weitere mit Adipositas verbundene körperliche Risiken sind gehäuftes Vorkommen von Diabetes mellitus (Zuckerkrankheit), Gelenkschäden, Hautproblemen und bestimmten Krebsformen (Mossberg, 1989; Must et al., 1992). Neben der erhöhten Morbidität ist im allgemeinen auch die Lebenserwartung bei Adipositas wegen medizinischer Komplikationen verringert (Must et al., 1992). Zudem sind heutzutage adipöse Personen in westlichen Gesellschaften sozialen

Vorurteilen, Ablehnung und Abstempelung ausgesetzt, was psychische Störungen auslösen kann (Wadden & Stunkard, 1985).

3. Erklärungsansätze

Adipositas ist eine sehr heterogene Störung mit zahlreichen Faktoren, die zu ihrer Entstehung beitragen können (Brownell & Wadden, 1992). Die Ursachen reichen von genetisch-metabolischen bis zu psychogenen Faktoren.

3.1 Genetisch-metabolische Faktoren

In den letzten Jahren sind genetische Faktoren zunehmend in den Vordergrund gerückt. Zahlreiche Zwillings- und Adoptionsstudien konnten zeigen, daß Vererbung eine wichtige Rolle bei der Entwicklung von Adipositas spielt. Beispielsweise unterscheiden sich eineiige Zwillinge kaum in ihrem Gewicht voneinander, egal ob sie getrennt voneinander oder gemeinsam aufwuchsen (Stunkard, Harris, Pedersen & McClearn, 1990; Price & Gottesman, 1991). Vererbt wird in erster Linie die Disposition, adipös zu werden; inwieweit diese angeborene Vulnerabilität zum Tragen kommt, beeinflussen Umweltfaktoren (Price & Stunkard, 1989).

Welcher Mechanismus für das ähnliche Gewicht verschiedener Familienmitglieder verantwortlich ist, ist noch unklar. Als mögliche Erklärungsvariable kommt der interindividuell unterschiedliche Energiebedarf in Frage. Der Energiebedarf setzt sich aus drei Größen zusammen: dem Grundumsatz (zur Erhaltung aller lebenswichtigen Körperfunktionen; ca. 60% des Gesamt-Energiebedarfs), dem thermogenetischen Effekt der Nahrung sowie der physischen Aktivität. Ausgangsüberlegung war, daß Übergewichtige einen geringeren Energiebedarf (v. a. Grundumsatz) haben und daher weniger Nahrung bedürfen; essen sie jedoch genauso viel wie Personen mit einem höheren Energiebedarf, wird die überschüssige Energie in Fettdepots angelegt. Das Vorliegen eines verhältnismäßig geringen Energieverbrauchs (''energy effiency'') prädisponiert zur Entwicklung einer Adipositas (Roberts, Savage, Coward, Chew & Lucas, 1988). Normalgewichtige Neugeborene mit geringem Energieverbrauch waren in der prospektiven Studie von Roberts et al. (1988) drei Monate später adipös; die Mütter dieser Kinder waren allesamt selbst übergewichtig. Diese Studie legt nahe, daß der Grundumsatz genetisch determiniert wird; diese Vermutung konnten Bouchard et al. (1989) untermauern: Sie fanden deutliche Übereinstimmungen im Grundumsatz zwischen Eltern und Kind sowie zwischen eineiigen Zwillingspartnern. Die These eines verminderten Energieverbrauchs adipöser Kinder ist jedoch umstritten. In einigen Vergleichsstudien fanden sich keine Unterschiede im Energiebedarf von über- und normalgewichtigen Kindern (Bandini, Schoeller, Edwards, Young, Oh & Dietz, 1989; Maffeis, Schutz, Schena, Zaffanello & Pinelli, 1993). Möglicherweise ist nur eine Untergruppe der adipösen Kinder davon betroffen.

Ein weiteres biologisch-orientiertes Erklärungsmodell geht davon aus, daß die Anzahl der Fettzellen genetisch determiniert ist, und Kinder mit vergleichsweise vielen Fettzellen auch ein höheres Gewicht haben (vgl. auch Pudel, 1982). Solche Zusammenhänge konnten für übergewichtige Erwachsene aufgezeigt werden (Price et al., 1989). Keesey (1986) vertritt den Standpunkt, daß das Gewicht einer Person auf einem — biologisch-determinierten — Niveau, dem Setpoint, reguliert werde. Danach regulieren Adipöse ihr Gewicht lediglich auf einem höheren Niveau.

3.2 Umweltfaktoren

Wie bereits erwähnt, wird nicht das Übergewicht selbst, sondern die Empfänglichkeit dafür vererbt. Ob und in welchem Ausmaß sich Adipositas entwickelt, wird von Umweltfaktoren beeinflußt. Untersucht wurde hier vor allem die Rolle der Nahrungsaufnahme, der physischen Aktivität und des Eßverhaltens.

Eine positive Energiebilanz und damit eine Anreicherung von Fettgewebe kann nicht nur durch eine geringere Energieverwertung, sondern auch durch eine vermehrte Nahrungszufuhr entstehen. Entsprechende Studien fanden keine Unterschiede in der täglichen Nahrungsmenge adipöser und normalgewichtiger Kinder (vgl. Bellisle, Rolland-Cachera, Deheeger & Guilloud- Bataille, 1988; Caviezel, Croci, Tufano, Mazzocchi, Longari & Greco, 1992; Maffeis, Schutz & Pinelli, 1991). Diese Studien weisen allerdings einen gravierenden Mangel auf: Sie berufen sich auf Selbstberichten der Betroffenen. Bandini, Schoeller, Cyr und Dietz (1990) analysierten die Genauigkeit solcher Angaben, indem sie die berichtete Nahrungsaufnahme mit dem absoluten Energieverbrauch verglichen. Sowohl normal- als auch übergewichtige Jugendliche unterschätzten die tägliche Nahrungszufuhr; mit dem Gewicht der Person vergrößerte sich dieser Fehler. Dieser Befund stellt die Genauigkeit von Selbstberichten in Frage. Einen anderen methodischen Zugang wählten Waxman und Stunkard (1980). Sie beobachteten in vier Familien die Nahrungsaufnahme beim Abendessen. Im Vergleich zu ihren normalgewichtigen Brüdern aßen die übergewichtigen Jungen mehr und wurden von ihren Müttern stärker zum Essen ermuntert. Daneben gibt es eine Untergruppe, die aufgrund emotional bedingter Hyperphagie übergewichtig wurde. Einen möglichen Grund für die Entstehung von Übergewicht stellt „Frust- Essen" (ob mit oder ohne Hunger) als Reaktion auf emotionalen Streß und daraus resultierenden dysphorischen Zuständen dar. Die Betroffenen sind nicht ausreichend dazu in der Lage, das Essen rechtzeitig einzustellen und haben meist Störungen in der Hunger- und Sättigungs-Wahrnehmung. Die typische bulimische Patientin benutzt Erbrechen, Appetitzügler, Laxantien und andere „Tricks", um der hohen Anzahl an konsumierten Kalorien entgegenzuwirken. Die hyperphag-adipöse Person tut dies jedoch nicht und sammelt deshalb Körperfett an.

In diesem Zusammenhang ist der Ansatz von Schachter (1968; zitiert nach Pudel, 1982) erwähnenswert: Schachter untersuchte in einer Reihe von Feldstudien, welche Bedingungen zu einer erhöhten Kalorienaufnahme führen. Er geht davon aus, daß für Adipöse Außenreize (wie Uhrzeit, Schmackhaftigkeit des Essens, Nahrungsangebot etc.) einen bedeutenderen Anreiz zur Nahrungsaufnahme darstellen als für Normalgewichtige. Adipöse seien weniger empfänglich für interne Hungersignale („Externalitätshypothese"). Dieses Konzept blieb nicht völlig unwidersprochen: Pudel (1982) sieht die erhöhte Außenreizabhängigkeit Übergewichtiger als Folge, nicht als Ursache der Adipositas an.

Während der Grundumsatz und der thermogenetische Effekt der Nahrung weitgehend genetisch bestimmt sind (Bouchard et al., 1989), kann die Person den bewegungsinduzierten Energieverbrauch stark beeinflussen. Daher wurde vermutet, daß sich übergewichtige Kinder weniger häufig und intensiv bewegen und dadurch einen verminderten Energiebedarf aufweisen. So beobachteten Waxman und Stunkard (1980), daß die übergewichtigen Kinder zu Hause weniger aktiv waren als ihre normalgewichtigen Brüder; solche Unterschiede konnten auf dem Spielplatz jedoch nicht beobachtet werden. Klesges, Eck, Hanson, Haddock und Klesges (1990) beobachteten die physische Aktivität von 222 Vorschulkindern auf dem Spielplatz und im häuslichen Umfeld. Sie analysierten, wie demographische Größen, die Umgebung und die Eltern die physische Aktivität des Kindes beeinflussen. Mit dem Gewicht der Kinder nahm ihre physische Aktivität zu, mit dem Gewicht der Eltern nahm sie hingegen ab. Je häufiger die Kinder draußen spielen konnten, desto mehr bewegten sie sich auch. Im häuslichen Rahmen erwiesen sich vor allem die Kinder übergewichtiger Eltern als gefährdet: Wenn kein Familienmitglied mit ihnen spielte, war diese Gruppe äußerst inaktiv.

Übergewichtige Kinder scheinen nicht nur insgesamt physische Anstrengung zu meiden, sondern sind auch im Vergleich zu normalgewichtigen Kindern eher bereit, hohe Kosten dafür in Kauf zu nehmen. Epstein, Smith, Vara und Rodefer (1991) variierten experimentell die Kosten, die mit anstrengenden (wie Radfahren) oder ruhigen Aktivitäten (wie Videos angucken) verbunden sind. Bei gleichen Kosten für beide Aktivitäten bevorzugten alle Kinder die ruhige Aktivität; stiegen jedoch einseitig die Kosten hierfür an, wechselten nur die Normal- und mäßig Übergewichtigen zu einer anstrengenden Aktivität. Leider erlaubt diese Beobachtung keine Aussage darüber, ob dieses Verhaltensmuster Ursache oder Folge der Adipositas ist. Wie bedeutsam die physische Aktivität für die Entwicklung von Fettleibigkeit sein kann, konnten Berkowitz, Agras, Korner, Kraemer und Zeanah (1985) zeigen. Sie erhoben bei 52 Kindern im Alter zwischen vier und acht Jahren die physische Aktivität mit Hilfe eines Bewegungssensors. 30 % der Variation im individuellen Fettanteil konnten durch das unterschiedliche Aktivitätsniveau der Kinder und das Gewicht der Eltern erklärt werden. Besonders gefährdet sind demnach Kinder, die sich kaum bewegen und deren Eltern übergewichtig sind.

Dietz und Gortmaker (1985) wählten einen völlig anderen thematischen Zugang. Sie untersuchten nicht direkt die physische Aktivität der Kinder, sondern deren Inaktivität in Form von Fernsehkonsum. Für 2153 Kinder lagen prospektive Daten über den Zeitraum von sechs Jahren vor. Von den Kindern, die als Sechsjährige mehr als fünf Stunden täglich vor dem Fernseher saßen, waren sechs Jahre später über 30 % adipös; bei maximal einer Stunde Fernsehkonsum pro Tag lag der Anteil adipöser Jugendlicher bei 15 %. Die positiven Zusammenhänge zwischen Fernsehkonsum und Adipositas blieben erhalten, wenn das frühere Gewicht der Kinder und sozioökonomische Faktoren kontrolliert wurden. Die Autoren betrachten — zumindest für eine Untergruppe — einen hohen Fernsehkonsum als einen bedeutsamen Faktor für die Entwicklung einer Adipositas. Vermittelt werden kann ein solcher Zusammenhang durch einen erniedrigten Energieverbrauch beim Fernsehen (Klesges, Shelton & Klesges, 1993). Weitere Studien zu diesem Gebiet sind sicherlich nötig, zumal Robinson et al. (1993) die Ergebnisse von Dietz und Gortmaker (1985) nicht replizieren konnten.

4. Interventionsansätze

Reine Reduktionsdiäten und die üblichen Abmagerungskuren führen zwar zu kurzfristiger Gewichtsabnahme, doch zeigen sich bei der Evaluation über längere Zeitstrecken zutiefst unbefriedigende Ergebnisse (Stunkard, 1985). Für die längerfristige Aufrechterhaltung der Therapieerfolge haben sich multifaktorielle Programme bewährt; sie setzen sich in der Regel aus drei Elementen zusammen:

- Reduktionsdiät zur Gewichtsreduktion,
- körperliche Übungen zur Steigerung des Energieverbrauchs und Erhöhung der körperlichen Fitness sowie
- verhaltenstherapeutische Strategien zur Veränderung des Eßverhaltens und zum Einüben neuer Verhaltensmuster (Epstein & Wing, 1987).

Wichtig für die Therapieplanung ist eine funktionale Analyse von Auslöserbedingungen abnormen Eßverhaltens (z. B. emotionaler Druck), Reaktion (z. B. Verschlingen hochkalorischer Speisen) und Konsequenzen des Essens (Völlegefühl, Scham, Ärger über Gewichtszunahme). Für hyperphage, psychogen Übergewichtige ("emotional overeater") ist es bedeutungsvoll, die eigene Wahrnehmung und soziale Fähigkeiten zu verbessern. Auch hierzu liegen nur sehr wenige empirische Ergebnisse vor. Eine intensive multimodale Verhaltenstherapie zeigte sowohl hinsichtlich des Eßverhaltens als auch bezüglich der allgemeinen Psychopathologie eine substantielle Besserung. Auch verringerte sich das Gewicht, um im weiteren Verlauf ein bis zwei Jahre nach Behandlung wieder zuzunehmen (Fichter et al., 1993).

Das konkrete verhaltenstherapeutische Vorgehen eines komplexen Eß- und Verhaltenstrainings für Kinder soll am Beispiel des EVT (Eßverhaltenstrainings) von Petermann, Borzel und Bauer (1993) verdeutlicht werden. Tabelle 3 bietet einen Überblick über die eingesetzten verhaltenstherapeutischen Elemente des Programms.

Diskutiert wird zunehmend, ob die Eltern an solchen Programmen beteiligt werden sollten. Diese Frage ist auch auf dem Hintergrund zu sehen, daß das Gewicht der Eltern anscheinend eine wichtige Rolle für den langfristigen Therapieerfolg der Kinder spielt: Kinder übergewichtiger Eltern konnten ihr reduziertes Gewicht weniger gut halten als die normalgewichtiger Eltern (Epstein, Wing, Valoski & Gooding, 1987). Empirische Studien sprechen für eine Teil-

Tabelle 3:
Verhaltenstherapeutische Strategien innerhalb des Eßverhaltenstrainings
(Petermann, Borzel & Bauer, 1993).

Verhaltenstherapeutische Strategie	Praktisches Vorgehen
Selbstbeobachtung	Tagesprotokolle (erlebtes Hungergefühl; Situationen, in denen „nebenbei gegessen wird"); Gewichtskurven
Reiz- und Selbstkontrolle	Strukturierung des Essens (feste Essenszeiten, fester Eßplatz, Vermeiden von weiteren Aktivitäten etc.); Eßgeschwindigkeit reduzieren, indem beispielsweise zwischen den Bissen das Besteck zur Seite gelegt wird
Verstärkung	Selbst- oder Fremdverstärkung für Erreichen bestimmter Therapieziele
Rollenspiele	z.B. alternatives Verhalten für kritische Situationen einüben
Kognitive Techniken	z.B. Gedankenstopp bei unangemessenen Gedankengängen einsetzen

nahme der Eltern. Dabei wirkt sich die Teilnahme nicht unbedingt auf den kurzfristigen Erfolg (Wadden, Stunkard, Rich, Rubin, Sweidel & McKinney, 1990), sondern auf die langfristige Aufrechterhaltung der erzielten Gewichtsreduktion aus (Brownell, Kelman & Stunkard, 1983; Epstein, McCurley, Wing & Valoski, 1987). Wie genau die Teilnahme der Eltern für einen günstigen Therapieerfolg aussehen soll, kann nicht eindeutig beantwortet werden: Brownell et al. (1983) erzielten die besten Effekte, wenn die Sitzungen für Mütter und Kinder (im Alter von 12 bis 16 Jahren) getrennt durchgeführt wurden. Inwieweit sich diese Beobachtung auf andere Altersgruppen übertragen läßt, müssen weitere Studien zeigen.

Die Therapieergebnisse bei adipösen Kindern und Jugendlichen sind erfolgversprechender als die bei Erwachsenen (Epstein, Valoski, Wing & McCurley, 1990). Mit Hilfe verhaltenstherapeutischer Programme lassen sich kurzfristig Gewichtsverluste bis zu 19 % erzielen (Brezinka, 1991). Trotz einer mittel- und langfristigen Gewichtszunahme hatten die behandelten Kinder noch zehn Jahre später ein geringeres prozentuales Übergewicht als die unbehandelten (Epstein et al., 1990). Für Erwachsene wurden in neuerer Zeit zur Verbesserung der Langzeitergebnisse multimodale Vorgehensweisen entwickelt, mit denen sich die Therapieerfolge verbessern lassen. So führte man Auffrischsitzungen nach Ende der Therapie durch und integrierte das Angebot von Selbsthilfegruppen in die Arbeit (Garrow, 1989; Perri, Nezu & Viegener, 1992). Für die zukünftige Forschung gilt zu hoffen, daß trotz der ermutigenden Ergebnisse bei der Aufrechterhaltung der Therapieeffekte solche Konzepte in die Programme für Kinder integriert werden.

Aggressivere Methoden wie chirurgische Eingriffe (z. B. zur Reduktion der Magengröße) werden nur bei sehr schwerer Adipositas empfohlen (vgl. Kral & Kissileff, 1987, für einen Überblick). In den letzten Jahren wurden für die Behandlung serotonerge Medikamente entwickelt (Björntorp, 1992). Solche Methoden werden bei Kindern nur in Ausnahmen eingesetzt.

Weiterführende Literatur

Brownell, K. D. & Fairburn, C. G. (Eds.) (1995). *Comprehensive textbook of eating disorders and obesity.* New York: Guilford.
Halmi, K. A. (Ed.) (1992). *Psychobiology and treatment of anorexia nervosa and bulimia nervosa.* Washington: American Psychiatric Press.
Fichter, M. M. (1985). *Magersucht und Bulimia.* Berlin: Springer.
Fichter, M. M. (Hrsg.) (1989). *Bulimia nervosa. Grundlagen und Behandlung.* Stuttgart: Enke.
Stunkard, A. J. & Wadden, T. A. (Eds.) (1993). *Obesity: Theory and therapy.* New York: Raven.

Literatur

American Psychiatric Association (1994). *Diagnostic and Statistical Manual of Mental Disorders, Forth Edition – DSM IV.* Washington DC: American Psychiatric Press.
Atkins, D. M. & Silber, T. J. (1993). Clinical spectrum of anorexia nervosa in children. *Developmental and Behavioral Pediatrics, 14,* 211—216.

Bandini, L. G., Schoeller, D. A., Cyr, N. H. & Dietz, W. H. (1990). Validity of reported energy intake in obese and nonobese adolescents. *American Journal of Clinical Nutrition, 52,* 421—425.

Bandini, L. G., Schoeller, D. A., Edwards, J., Young, V. R., Oh, S. H. & Dietz, W. H. (1989). Energy expenditure during carbohydrate overfeeding in obese and nonobese adolescents. *American Journal of Physiology, 256,* E357—E367.

Bellisle, F., Rolland-Cachera, M. F., Deheeger, M. & Guilloud-Bataille, M. (1988). Obesity and food intake in children: Evidence for a role of metabolic and/or behavioral daily rhythms. *Appetite, 11,* 111—118.

Bemis, K. M. (1987). The present status of operant conditioning for the treatment of anorexia nervosa. *Behavior Modification, 11,* 432—463.

Berkowitz, R. I., Agras, W. S., Korner, A. F., Kraemer, H. C. & Zeanah, C. H. (1985). Physical activity and adiposity: A longitudinal study from birth to childhood. *Journal of Pediatrics, 106,* 734—738.

Björntorp, P. (1992). Biology of adipose tissue and its effect on the treatment of childhood obesity. In P. L. Giorgi, R. M. Suskind & C. Catassi (Eds.), *The obese child. Pediatric and adolescent medicine* (vol. 2, 106—114). Basel: Karger.

Booth, D. A. (1985). Food-conditioned eating preferences and aversions with interceptive elements: Conditioned appetite and satieties. *Annals of the New York Academy of Sciences, 443,* 22—41.

Bogardus, C., Lillioja, S., Ravussin, E., Abbott, W., Zawadzki, J. K., Young, A., Knowler, W. C., Jacobowitz, R. & Moll, P. P. (1986). Familial dependence of the resting metabolic rate. *New England Journal of Medicine, 315,* 96—100.

Bouchard, C., Tremblay, A., Després, J. P., Nadeau, A., Lupien, P. J., Thériault, G., Dussault, J., Moorjani, S., Pinault, S. & Fournier, G. (1990). The response to long-term overfeeding in identical twins. *New England Journal of Medicine, 322,* 1477—1482.

Bouchard, C., Tremblay, A., Nadeau, A., Després, J. P., Thériault, G., Boulay, M. R., Lortie, G., Leblanc, C. & Fournier, G. (1989). Genetic effect in resting and exercise metabolic rates. *Metabolism, 38,* 364—370.

Bray, G. A. (1978). Definitions, measurements and classification of the syndromes of obesity. *International Journal of Obesity, 2,* 99—112.

Brezinka, V. (1991). Verhaltenstherapeutische Behandlung von Übergewicht bei Kindern und Jugendlichen. *Zeitschrift für Klinische Psychologie, 20,* 205—225.

Brownell, K. D., Kelman, J. H. & Stunkard, A. J. (1983). Treatment of obese children with and without their mothers: Changes in weight and blood pressure. *Pediatrics, 71,* 515—523.

Brownell, K. D. & Wadden, T. A. (1992). Etiology and treatment of obesity: Understanding a serious, prevalent, and refractory disorder. *Journal of Consulting and Clinical Psychology, 60,* 505—517.

Bruch, H. (1973). *Eating Disorders: Obesity, anorexia nervosa and the person within.* New York: Basic Books.

Caviezel, F., Croci, M., Tufano, A., Mazzocchi, M., Longari, V. & Greco, M. (1992). Role of nutrient intake in childhood obesity. In F. Belofiore, B. Jeanrenaud & D. Papalia (Eds.), *Obesity: Basic concepts and clinical aspects. Frontiers in Diabetes* (vol. 11, 85—94). Basel: Karger.

Crisp, A. H., Palmer, R. L. & Kalucy, R. S. (1976). How common is anorexia nervosa? A prevalence study. *British Journal of Psychiatry 128,* 549—552.

Deutsche Gesellschaft für Ernährung e.V. (1984). *Ernährungsbericht 1984*. Frankfurt: Deutsche Gesellschaft für Ernährung e. V.

Dietz, W. H. & Gortmaker, S. L. (1985). Do we fatten up our children at the television set? Obesity and television viewing in children and adolescents. *Pediatrics, 75,* 807—812.

Epstein, L. H., McCurley, J., Wing, R. R. & Valoski, A. (1988). Effects of four maintenance programs on the long-term management of obesity. *Journal of Consulting and Clinical Psychology, 56,* 529—534.

Epstein, L. H., Smith, J. A., Vara, L. S. & Rodefer, J. S. (1991). Behavioral economic analysis of activity choice in obese children. *Health Psychology, 10,* 311—316.

Epstein, L. H., Valoski, A., Wing, R. R. & McCurley, J. (1990). Ten-year follow-up of behavioral, family-based treatment for obese children. *Journal of the American Medical Association, 264,* 2519—2523.

Epstein, L. H. & Wing, R. R. (1987). Behavioral treatment of childhood obesity. *Psychological Bulletin, 101,* 331—342.

Epstein, L. H., Wing, R. R., Valoski, A. & Gooding, W. (1987). Long-term effects of parent weight on child weight loss. *Behavior Therapy, 18,* 219—226.

Fichter, M. M. (1985). *Magersucht und Bulimia. Empirische Untersuchungen zur Epidemiologie, Symptomatologie, Nosologie und zum Verlauf.* Berlin: Springer.

Fichter, M. M. (1989). Psychologische Therapien bei Bulimia. In M. M. Fichter (Hrsg.), *Bulimia nervosa. Grundlagen und Behandlung* (230—247). Stuttgart: Enke.

Fichter, M. M. (1992). Starvation-related endocrine changes. In K. A. Halmi (Ed.), *Psychobiology and treatment of anorexia nervosa and bulimia nervosa.* Washington DC, London: American Psychiatric Press.

Fichter, M. M. (1993a). *Forschungsbericht an den Bundesminister für Forschung und Technologie* (Projekt Nr. FKZ 0701623-8).

Fichter, M. M. (1993b). Die medikamentöse Behandlung bei Anorexia und Bulimia nervosa: Eine Übersicht. *Der Nervenarzt, 64,* 21—35.

Fichter, M. M. & Nögel, R. (1990). Concordance for bulimia nervosa in twins. *International Journal of Eating Disorders, 9,* 255—263.

Fichter, M. M., Pirke, K. M. & Holsboer, F. (1986). Weight loss causes neuroendocrine disturbances: Experimental study in healthy starving subjects. *Psychiatry Research, 17,* 61—72.

Fichter, M. M., Pirke, K. M., Pöllinger, J. & Wolfram, G. (1990). Disturbances in the hypothalamo-pituitary-adrenal and other neuroendocrine axes in bulimia. *Biological Psychiatry, 27,* 1021—1037.

Fichter, M. M., Quadflieg, N. & Brandl, B. (1993). Recurrent overeating: An empirical comparison of binge eating disorder, bulimia nervosa, and obesity. *International Journal of Eating Disorders, 14,* 1—16.

Fichter, M. M., Quadflieg, N. & Rief, W. (1994). Course of multi-impulsive bulimia. *Psychological Medicine, 24,* 591—604.

Fichter, M. M., Quadflieg, N. & Rief W. (unveröffentlichtes Manuskript). *Verlauf bulimischer Eßstörungen.*

Garn, S. M. & Clark, D. C. (1976). Trends in fatness and the origins of obesity. *Pediatrics, 57,* 443—456.

Garner, D. M. & Garfinkel, P. E. (1980). Socio-cultural factors in the development of anorexia nervosa. *Psychological Medicine, 10,* 647—656.

Garrow, J. S. (1989). Criteria of success of weight reduction. In P. Björntorp & S. Rössner (Eds.), *Obesity in Europe 88. Proceedings of the first European congress on obesity* (23—27). London: Libbey.

Gortmaker, S. L., Dietz, W. H., Sobol, A. M. & Wehler, C. A. (1987). Increasing pediatric obesity in the United States. *American Journal of Diseases in Children, 141,* 535—540.

Großklaus, R. (1990). Definition, Klassifikation und Prävalenz des Übergewichtes. *Ernährungsumschau, 37,* 275—282.

Hartung, K. (1993). Wachstumsbeurteilung von Körperlänge und Gewicht. *Sozialpädiatrie, 15,* 43—44.

Hatsukami, J., Mitchell, J. & Eckert, E. (1982). Similarities and differences on the MMPI between women with bulimia and women with alcohol and drug abuse problems. *Addictive Behavior, 7,* 435—439.

Hawley, R. M. (1985). The outcome of anorexia nervosa in younger subjects. *British Journal of Psychiatry, 146,* 657—660.

Herzog, D. B., Keller, M. B., Sacks, N. R., Yeh, C. J. & Lavori, P. W. (1992). Psychiatric comorbidity in treatment-seeking anorexics and bulimics. *Journal of the American Academy of Child and Adolescent Psychiatry, 31,* 810—818.

Herzog, Th., Hartmann, A., Sandholz, A. & Stammer, H. (1992). Prognostic factors in outpatient psychotherapy of bulimia. *Psychotherapy and Psychosomatics, 56,* 48—55.

Hodes, M. (1993). Anorexia nervosa and bulimia nervosa in children. *International Review of Psychiatry, 5,* 101—108.

Holland, A. J., Hall, A., Murray, R., Russell, G. F. M. & Crisp, A. H. (1984). Anorexia nervosa: A study of 34 twin pairs and one set of triplets. *British Journal of Psychiatry, 145,* 414—419.

Hudson, J. I. & Pope, H. G. (1989). Psychopharmakologische Behandlung der Bulimia. In M. M. Fichter (Hrsg.), *Bulimia nervosa. Grundlagen und Behandlung* (284—292). Stuttgart: Enke.

Joergensen, J. (1992). The epidemiology of eating disorders in Fyn County, Denmark, 1977—1986. *Acta Psychiatrica Scandinavica, 85,* 30—34.

Jones, D., Fox, M. M., Babigian, H. M. & Hutton, H.E. (1980). Epidemiology of anorexia nervosa in Monroe County, New York: 1960—1976. *Psychosomatic Medicine, 42,* 551—558.

Jones, L. M., Halford, W. K. & Dooley, R. T. (1993). Long-term outcome of anorexia nervosa. *Behaviour Change, 10,* 93—102.

Kalker, U., Hövels, O. & Kolbe-Saborowski, H. (1993). Adipöse Kinder und Jugendliche. *Monatsschrift Kinderheilkunde, 141,* 36—41.

Keesey, R. E. (1986). A set-point theory of obesity. In K. D. Brownell & J. P. Foreyt (Eds.), *Handbook of eating disorders: Physiology, psychology, and treatment of obesity, anorexia, and bulimia* (63—87). New York: Basic Books.

Klesges, R. C., Eck, L. H., Hanson, C. L., Haddock, C. K. & Klesges, L. M. (1990). Effects of obesity, social interactions, and physical environment on physical activity in preschoolers. *Health Psychology, 9,* 435—449.

Klesges, R. C., Shelton, M. L. & Klesges, L. M. (1993). Effects of television on metabolic rate: Potential implications for childhood obesity. *Pediatrics, 91,* 281—286.

Kral, J. G. & Kissileff, H. R. (1987). Surgical approaches to the treatment of obesity. *Annals of Behavioral Medicine, 9,* 15—19.

Laessle, R. G. (1989). Affektive Störungen und bulimische Syndrome. In M. M. Fichter (Hrsg.), *Bulimia nervosa. Grundlagen und Behandlung* (87—98). Stuttgart: Enke.

Lask, B. & Bryant-Waugh, R. (1992). Early-onset anorexia nervosa and related eating disorders. *Journal of Child Psychology and Psychiatry, 33,* 281—300.

Levine, M. P., Smolak, L., Moodey, A. F., Shuman, M. D. & Hessen, L. D. (1994). Normative developmental challenges and dieting and eating disturbances in middle school girls. *International Journal of Eating Disorders, 15,* 11—20.

Maffeis, C., Schutz, Y. & Pinelli, L. (1991). Meal-induced thermogenesis in lean and obese prepubertal children. In G. Ailhaud, B. Guy-Grand, M. Lafontan & D. Ricquier (Eds.), *Obesity in Europe 91. Proceedings of the 3rd congress on obesity* (323—326). London: John Libbey.

Maffeis, C., Schutz, Y., Schena, F., Zaffanello, M. & Pinelli, L. (1993). Energy expenditure during walking and running in obese and nonobese prepubertal children. *Journal of Pediatrics, 123,* 193—199.

Makosch, G., Hövels, O., Bergmann, K. E. & Dringenberg-Jagar, U. (1982). Eine Graphik zur Beurteilung des normalen und pathologischen Gewichtswachstums im Verhältnis zur Körpergröße als Variable. *Monatsschrift für Kinderheilkunde, 130,* 592—596.

Maloney, M. J., McGuire, J., Daniels, S. R. & Specker, B. (1989). Dieting behavior and eating attitudes in children. *Pediatrics, 84,* 482—489.

Mossberg, H.-O. (1989). 40-year follow-up of overweight children. *Lancet, August 26,* 491—493.

Moses, N., Banilivy, M. M. & Lifshitz, F. (1989). Fear of obesity among adolescent girls. *Pediatrics, 83,* 393—398.

Must, A., Jacques, P. F., Dallal, G. E., Bajema, C. J. & Dietz, W. H. (1992). Long-term morbidity and mortality of overweight adolescents. A follow-up of the Harvard Growth Study of 1922 to 1935. *New England Journal of Medicine, 327,* 1350—1355.

Nichols, B. L. & Sheng, H.-P. (1992). Measurement of body composition in infants. In P. L. Giorgi, R. M. Suskind & C. Catassi (Eds.), *The obese child. Pediatric and adolescent medicine* (vol. 2, 81—105). Basel: Karger.

Nielsen, S. (1990). The epidemiology of anorexia nervosa in Denmark from 1973 to 1987: a nationwide register study of psychiatric admission. *Acta Psychiatrica Scandinavica, 81,* 507—514.

Patton, G. C., Johnson-Sabine, E., Wood, K., Mann, A. H. & Wakeling, A. (1990). Abnormal eating attitudes in London schoolgirls — a prospective epidemiological study: outcome at twelve month follow-up. *Psychological Medicine, 20,* 383—394.

Paxton, S. J., Wertheim, E. H., Gibbons, K., Szmukler, G. L., Hillier, L. & Petrovich, J. L. (1991). Body image satisfaction, dieting beliefs, and weight loss behaviors in adolescent girls and boys. *Journal of Youth and Adolescence, 20,* 361—379.

Perri, M. G., Nezu, A. M. & Viegener, B.J. (1992). *Improving the long-term management of obesity.* New York: Wiley.

Petermann, F., Borzel, B. & Bauer, C. P (1993). Verhaltenstraining mit adipösen Kindern in der Rehabilitation. *Kindheit und Entwicklung, 2,* 107—117.

Price, R. A. & Gottesman, I. I. (1991). Body fat in identical twins reared apart: Roles for genes and environment. *Behavior Genetics, 21,* 1—7.

Price, R. A. & Stunkard, A. J. (1989). Commingling analysis of obesity in twins. *Human Hereditary, 39,* 121—135.

Price, R. A., Stunkard, A. J., Ness, R., Wadden, T., Heshka, S., Kanders, B. & Cormillot, A. (1990). Childhood onset (age < 10) obesity has high familial risk. *International Journal of Obesity, 14,* 185—195.

Pudel, V. (1982). *Zur Psychogenese und Therapie der Adipositas.* Berlin: Springer.

Rastam, M. (1992). Anorexia nervosa in 51 Swedish adolescents: Premorbid problems and comorbidity. *Journal of the American Academy of Child and Adolescent Psychiatry, 31,* 819—829.

Rathner, G. & Messner, K. (1993). Detection of eating disorders in a small rural town: an epidemiological study. *Psychological Medicine, 23,* 175—184.

Ratnasuriya, H., Eisler, I. Szmukler, G. I. & Russell, G. F. M. (1991). Anorexia nervosa: Outcome and prognostic factors after 20 years. *British Journal of Psychiatry, 158,* 495—502.

Roberts, S. B., Savage, J., Coward, W. A., Chew, B. & Lucas, A. (1988). Energy expenditure and intake in infants born to lean and overweight mothers. *New England Journal of Medicine, 318,* 461—466.

Robinson, T. N., Hammer, L. D., Killen, J. D., Kraemer, H. C., Wilson, D. M., Hayward, C. & Taylor, C. B. (1993). Does television viewing increase obesity and reduce physical activity? Cross-sectional and longitudinal analyses among adolescent girls. *Pediatrics, 91,* 273—280.

Rolland-Cachera, M.-F., Deheeger, M., Bellisle, F., Sempé, M., Guilloud-Bataille, M. & Patois, E. (1984). Adiposity rebound in children: a simple indicator for predicting obesity. *American Journal of Clinical Nutrition, 39,* 129—135.

Rolland-Cachera, M. F., Sempé, M., Guilloud-Bataille, M., Patois, E., Péquinot-Guggenbuhl, F. & Fautrad, V. (1982). Adiposity indices in children. *American Journal of Clinical Nutrition, 26,* 178—184.

Russell, G. F. M. (1989). Diagnostik und klinische Meßverfahren bei Bulimia nervosa. In M. M. Fichter (Hrsg.), *Bulimia nervosa. Grundlagen und Behandlung* (12—29). Stuttgart: Enke.

Sangi, H., Mueller, W. H., Harrist, R. B., Rodriguez, B., Grunbaum, J. G. & Labarthe, D. R. (1992). Is body fat distribution associated with cardiovascular risk factors in childhood? *Annals of Human Biology, 19,* 559—578.

Schmidt, U., Hodes, M. & Treasure, J. (1992). Early onset bulimia nervosa: who is at risk? A retrospective case-control study. *Psychological Medicine, 22,* 623—628.

Seidman, D. S., Laor, A., Gale, R., Stevenson, D. K. & Danon, Y. L. (1991). A longitudinal study of birth weight and being overweight in late adolescence. *American Journal of Diseases in Children, 145,* 782—785.

Sobal, J. & Stunkard, A. J. (1989). Socioeconomic status and obesity: A review of the literature. *Psychological Bulletin, 105,* 260—275.

Spitzer, R. L., Devlin, M., Walsh, B. T., Hasin, D., Wing, R., Marcus, M., Stunkard, A., Wadden, T., Yanovski, S., Agras, S., Mitchell, J. & Nonas, C. (1992). Binge eating disorder: A multisite field trial of the diagnostic criteria. *International Journal of Eating Disorders, 11,* 191—203.

Steinhausen, H.-C. & Seidel, R. (1994a). Die Berliner Verlaufsstudie der Eßstörungen im Kindesalter. Teil 2: Die mittelfristige Katamnese nach 4 Jahren. *Der Nervenarzt, 65,* 26—34.

Steinhausen, H.-C. & Seidel, R. (1994b). Die Berliner Verlaufsstudie der Eßstörungen im Kindesalter. Teil 3: Evaluation und Prognose. *Der Nervenarzt, 65,* 35—42.

Stunkard, A. J. (1984). The current status of treatment for obesity in adults. In A. J. Stunkard & E. Stellar (Eds.), *Eating and its disorders* (157—173). New York: Raven Press.

Stunkard, A. J. (1985). Obesity. In H. I. Kaplan & B. J. Sadock (Eds.), *Comprehensive textbook of psychiatry/IV.* Baltimore: Williams & Wilkins.

Stunkard, A. J., Harris, J. R., Pederson, N. L. & McClearn, G. E. (1990). The body-mass index of twins who have been reared apart. *New England Journal of Medicine, 322,* 1483—1487.

Sunnegardh, J., Bratteby, L.-E., Hagman, U., Samuelson, G. & Sjölin, S. (1986). Physical activity in relation to energy intake and body fat in 8- and 13-year-old children in Sweden. *Acta Paediatrica Scandinavica, 75,* 955—963.

Swift, W. J., Ritholz, M., Kalin, N. H. & Kaslow, N. (1987). A follow-up study of thirty hospitalized bulimics. *Psychosomatic Medicine, 49,* 45—55.

Szmukler, G. I. & Russell, G. F. M. (1986). Outcome and prognosis of anorexia nervosa. In K. D. Brownell & J. P. Foreyt (Eds.), *Handbook of eating disorders. Physiology, psychology, and treatment of obesity, anorexia, and bulimia* (283—300). New York: Basic Books.

Theander, S. (1970). Anorexia nervosa. *Acta Psychiatrica Scandinavica, 214,* 1—300.

Theander, S. (1985). Outcome and prognosis in anorexia nervosa and bulimia: Some results of previous investigations compared with those of a Swedish long-term study. *Journal of Psychosomatic Research, 19,* 493—508.

Wadden, T. A. & Stunkard, A. J. (1985). Social and psychological consequences of obesity. *Annals of Internal Medicine, 103,* 1062—1067.

Wadden, T. A., Stunkard, A. J., Rich, L., Rubin, C. J., Sweidel, G. & McKinney, S. (1990). Obesity in black adolescent girls: A controlled clinical trial of treatment by diet, behavior modification, and parental support. *Pediatrics, 85,* 345—352.

Waxman, M. & Stunkard, A. J. (1980). Caloric intake and expenditure of obese boys. *Journal of Pediatrics, 96,* 187—193.

Weltgesundheitsorganisation (1980). *Diagnoseschlüssel und Glossar psychiatrischer Erkrankungen. ICD-9.* Revision. Berlin: Springer.

Weltgesundheitsorganisation (1991). *Internationale Klassifikation psychischer Störungen, ICD-10, Kapitel V (F).* Bern: Huber.

Willi, J. & Grossmann, S. (1983). Epidemiology of anorexia nervosa in a defined region of Switzerland. *American Journal of Psychiatry, 140,* 564—567.

Woell, C., Fichter, M.-M., Pirke, K.-M. & Wolfram, G. (1989). Eating behavior of patients with bulimia nervosa. *International Journal of Eating Disorders, 8,* 557—568.

Wolfram, G. (1990). Fettsucht: Neubewertung des Risikos. Abhängigkeit von relativem Körpergewicht, Lebensalter und Fettgewebsverteilung. *Ernährungsumschau, 37,* 347—354.

Störungen der Ausscheidung: Enuresis und Enkopresis

Ulrike Petermann und Cecilia Ahmoi Essau

1. Beschreibung und Klassifikation der Störungen

Schwierigkeiten in der Sauberkeitserziehung von Kindern sind nichts Ungewöhnliches. Fünf bis zehn Prozent der Anmeldungen in psychologischen Beratungseinrichtungen für Kinder erfolgen wegen Problemen beim Sauberwerden (Roberts, 1986). Es wird jedoch eine Störung der Ausscheidung nur dann in Betracht gezogen, wenn man aufgrund des Alters eines Kindes davon ausgehen kann, daß es Urin und Stuhl kontrollieren und angemessen entleeren kann.

1.1 Enuresis: Symptomatik und Klassifikation

Im klinischen Sprachgebrauch bezieht sich Enuresis auf wiederholtes und unangebrachtes Urinieren in einem Alter, in dem ein Kind die Blasenkontrolle gelernt haben sollte, wobei organische Ursachen von Inkontinenz ausgeschlossen sein müssen. Diagnostische Kriterien für eine funktionelle Enuresis (ICD-10: F98.0) lauten nach dem DSM-III-R (1989) wie folgt:

- Wiederholtes unwillkürliches oder absichtliches Urinieren während des Tages in die Kleidung und/oder nachts in das Bett, und zwar in einem Alter, in dem Blasenkontrolle und Trockensein erwartet werden können.
- Das Einnässen tritt mindestens zweimal im Monat bei Kindern ab dem Alter von fünf bis sechs Jahren auf.
- Biologisches und Entwicklungsalter müssen bei wenigstens vier Jahren liegen.
- Neben den genannten Kriterien ist es für die Diagnose einer funktionellen Enuresis erforderlich, daß das Einnässen nicht auf körperliche Störungen zurückgeführt werden kann, wie beispielsweise Harnwegsinfektionen, Anfallsleiden oder Diabetes mellitus.

Zwei Arten von Einnässen werden unterschieden, nämlich Enuresis nocturna und Enuresis diurna. Die erstgenannte Art bezieht sich auf das nächtliche Einnässen, also das Bettnässen; bei der Enuresis diurna näßt ein Kind tagsüber ein. Eine weitere gängige Unterscheidung wird zwischen der primären und sekundären Enuresis getroffen.

Eine primäre Enuresis liegt vor, wenn ein Kind nicht minimal für ein Jahr trocken war; tritt Einnässen auf, nachdem ein Kind über wenigstens ein Jahr hinaus trocken war, so spricht man von sekundärer Enuresis. Die Definition legt die primäre ab dem fünften Lebensjahr und die sekundäre zwischen dem fünften und achten Lebensjahr fest (DSM-III-R, 1989). Bei nahezu 90 % aller einnässenden Kinder liegt eine funktionelle Störung vor (Doleys, 1983), und davon gehören wiederum 80 % zu den Kindern mit primärer Enuresis (Schmidt & Esser, 1981; Walker, Kenning & Faust-Companile, 1989). Die Kinder weisen mehr nächtliches Einnässen auf als Enuresis diurna; dabei ist noch zu berücksichtigen, daß über ein Drittel der Kinder nachts und tagsüber einnässen (Lovibond & Coote, 1970).

Die Differentialdiagnose von Enuresis muß neben den bereits genannten Möglichkeiten einer Harnwegsinfektion, eines Anfallsleidens oder eines Diabetes mellitus auch berücksichtigen, daß Enuresis bei weiteren Krankheitsbildern als sekundäres Symptom auftreten kann, z. B. bei Überfunktion der Schilddrüse oder Verstopfung (Oregan, Yazbeck, Hamberger et al., 1986). Zudem kann Enuresis aus der Behandlung mit antipsychotischen Medikamenten, die Thioridazine enthalten, resultieren. Es ist deshalb unbedingt notwendig, daß diese Faktoren ausreichend in Erwägung gezogen und geprüft werden, bevor mit einer Intervention begonnen wird.

1.2 Enkopresis: Symptomatik und Klassifikation

Mit Enkopresis (ICD-10: F98.1) wird das wiederholte Absetzen von Fäkalien an einem unpassenden Ort bezeichnet, und zwar jenseits eines Alters, in dem die Sauberkeitserziehung normalerweise abgeschlossen ist. Krankhafte körperliche Veränderungen müssen ausgeschlossen sein. Die Festigkeit des Kotes kann normal oder fast normal, aber auch flüssig sein. Die Kriterien für funktionelles Einkoten nach dem DSM-III-R (1989) umfassen folgende Punkte:

● Wiederholtes Absetzen von Fäkalien an einem Platz, der dafür nicht vorgesehen ist, z. B. auf dem Fußboden, in der Kleidung; Einkoten kann unwillkürlich oder absichtlich auftreten.
● Beschmutzen von Kleidung, Fußboden und ähnlichem; muß mindestens einmal monatlich für einen Zeitraum von wenigstens sechs Monaten vorkommen.
● Biologisches und Entwicklungsalter müssen bei mindestens vier Jahren liegen.
● Körperliche Störungen, wie ein aganglionäres Megakolon (angeborene Dickdarmenge mit fehlender Peristaltik, wodurch der Stuhl nicht weiterbefördert wird und Dickdarmabschnitte geweitet werden), die das unangemessene Stuhlgangverhalten verursachen können, müssen ausgeschlossen sein.

Enkopresis wird in verschiedener Weise klassifiziert: Im DSM- III-R (1989) wird zwischen primärer und sekundärer Enkopresis unterschieden. Primäres Einkoten liegt vor, wenn ein Kind nicht wenigstens für ein Jahr dauerhaft eine angemessene Stuhlkontrolle besaß. Hingegen wird Enkopresis dann als sekundäre Störung bezeichnet, wenn sie nach einer seit über einem Jahr bestehenden Kontinenz auftritt. Festgelegt ist, daß primäre funktionelle Enkopresis nach dem vierten und sekundäre zwischen dem vierten und achten Lebensjahr beginnt (DSM-III-R, 1989).

Eine weitere, allgemein anerkannte Unterscheidung wird zwischen Stuhl zurückhaltender und nicht-zurückhaltender Enkopresis getroffen, wobei letztere weiter in primäre und sekundäre unterteilt wird. Die Störung, bei der der Stuhl zurückgehalten wird, ist für die Kinder offensichtlich mit Verstopfung verbunden. Bei primärer, Stuhl nicht-zurückhaltender Enkopresis tritt Verstopfung nicht auf; diese Form der Störung kommt zudem bei Kindern vor, deren Sauberkeitserziehung nicht erfolgreich war. Kinder mit sekundärer nicht-zurückhaltender Enkopresis weisen ebenfalls keine Verstopfung auf, waren aber bereits erfolgreich im Sauberkeitstraining und erlitten dann einen Rückfall (Levine, 1975). Anders als bei der Enuresis kommt unangemessenes Stuhlgangsverhalten fast nur während des Tages vor (Doleys, 1978).

Bei der Differentialdiagnose sind die Hirschsprungsche Erkrankung (aganglionäres Megakolon), die Verengung des Mastdarmes oder Darmausganges, die Erkrankung der glatten Muskulatur und endokrine Erkrankungen zu berücksichtigen (DSM-III-R, 1989). Eine Reihe weiterer körperlicher Ursachen stehen mit der Enkopresis im Zusammenhang, beispielsweise ein regelmäßiger Gebrauch von Medikamenten, wie Anticholinergika (Stoffe, die die Übertragung am parasympathischen Nervenende hemmen) und Antihistaminen (Anwendung bei allergischen Reaktionen), chronische Analfisur (schmerzhafter, geschwürig veränderter Haut-Schleimhaut-Einriß der Aftergegend) oder vorübergehender Nebenafter (Atresia ani; Schmitt, 1984).

Eine umfassende medizinische Ausschlußdiagnostik ist deshalb notwendig. Bei Kindern treten gekoppelt mit Enkopresis häufig weitere Störungen auf, die behandelt werden müssen, da sie ansonsten den Behandlungsprozeß behindern und den Erfolg stark beeinträchtigen können. Bei den mit Enkopresis gekoppelten Störungen handelt es sich um Lernstörungen und Lernbehinderungen (Stern, Lowitz, Prince, Altshuter & Stroh, 1988), Depression (Kisch & Pfeffer, 1984; Landman, Rappaport, Fenton & Levine, 1986), Angststörungen (Bellmann, 1966; Olatawura, 1973), Verhaltensstörungen (Biswas & Berg, 1986) und Aufmerksamkeitsstörungen mit Hyperaktivität (Bhatia, Nigam, Bohra & Malik, 1991).

2. Epidemiologie und Verlauf

2.1 Epidemiologie

Die Verbreitung von Enuresis und Enkopresis wurde in verschiedenen Ländern untersucht. Die Studien weisen große Unterschiede in Abhängigkeit vom Alter der Kinder und der jeweils verwendeten diagnostischen Kriterien auf. Die meisten Studien berichten jedoch übereinstimmend, daß Jungen in jedem Alter häufiger Enuresis aufweisen als Mädchen (Fergusson, Horwood & Shannon, 1986; Järvelin, Vikevainen-Tervonen, Moilanen et al., 1988; Rutter, Yule & Graham, 1973). Esser, Schmidt und Woerner (1990) untersuchten in ihrer Studie zu psychischen Störungen im Kindesalter unter anderem den Schweregrad von Enuresis; sie fanden heraus, daß von den achtjährigen Kindern 3,7 % schwere und nur 0,9 % mäßige Symptome aufwiesen. Die folgende Tabelle zeigt weitere Ergebnisse zur Prävalenz (vgl. Tab. 1).

Tabelle 1:
Prävalenz von Enuresis.

Land/Region	Prävalenz	Alter	Geschlecht
Isle of Wright (Rutter et al., 1973)	3 % 1 %	10 Jahre 14 Jahre	
Finnland (Järvelin et al., 1988)	9,8 %	7 Jahre	
Neuseeland (Fergusson et al., 1986)	7,4 % (Enuresis nocturna)	8 Jahre	
USA (DSM-III-R, 1989)	7 % 3 % 3 % 2 %	5 Jahre 5 Jahre 10 Jahre 10 Jahre	Jungen Mädchen Jungen Mädchen

Tabelle 2:
Prävalenz von Enkopresis.

Land/Region	Prävalenz	Alter	Geschlecht
Skandinavien (Bellman, 1966)	1,5 %	7 Jahre	
Isle of Wright (Rutter et al., 1973)	1,3 % 0,3 % (wenigstens einmal im Monat)	10—12 Jahre 10—12 Jahre	Jungen Mädchen
USA (DSM-III-R, 1989)	1,0 %	5 Jahre	

Beim Einkoten ist das Verhältnis zwischen Jungen und Mädchen drei zu eins. Die Mannheim-Studie zeigt, daß von achtjährigen einkotenden Kindern 2,3 % mittlere Symptome und 0,6 % der Dreizehnjährigen massive Symptome aufweisen (Esser et al., 1990). Weitere Studienergebnisse zur Prävalenz der eher selten auftretenden Enkopresis zeigt Tabelle 2.

2.2 Verlauf

Enuresis geht mit zunehmendem Alter zurück. Die Mehrheit der einnässenden Kinder wird im Jugendalter trocken; trotzdem weisen über 1 % von ihnen als Jugendliche weiterhin die Störung auf (DSM-III-R, 1989). Betrachtet man die in der Literatur berichteten spontanen Remissionen, so kann man mit Forsythe und Redmond (1974) zusammenfassen, daß es sich bei Kindern im Alter von fünf bis neun Jahren um jährlich durchschnittlich 14 % und bei Kindern im Alter von zehn bis 14 Jahren um 16 % handelt.

Enkopresis vermindert sich wie Enuresis generell mit zunehmendem Alter. Dieser natürliche Prozeß wird gewöhnlich durch eine Behandlung so verkürzt, daß man eine Verbesserung innerhalb eines Jahres in über 90 % der Fälle erwarten kann (Levine & Bakow, 1976). In den Studien von Loening-Baucke (1984; 1989) wird deutlich, daß über die Hälfte der Kinder mit Enkopresis keinen Rückfall innerhalb von zwölf Monaten nach Behandlungsende hatten; sie benötigten auch keine Abführmittel mehr; weitere, nämlich 15 bis 20 % der Kinder benötigten innerhalb von ein bis zwei Jahren keine Abführmittel mehr. In einer anderen Untersuchung hatten nach sieben Jahren noch 14 % der einkotenden Kinder diese Symptomatik, und die Hälfte von ihnen zeigten aggressives Verhalten (Wille, 1984). Steinmüller und Steinhausen (1990) fanden in einer Nachbefragung nach dreieinhalb Jahren nach einem Klinikaufenthalt, daß 76 % der Kinder symptomfrei waren. Von diesen zeigten 46 % eine Spontanremission und 29 % eine nachlassende Symptomatik nach der Therapie.

3. Erklärungsansätze von Enuresis und Enkopresis

Eine Reihe ätiologischer Faktoren sind mit der Enuresis verknüpft (vgl. Tab. 3), die Enkopresis eingeschlossen. Seitdem beim Vorliegen organischer Ursachen eine Diagnose von funktioneller Enuresis und Enkopresis ausgeschlossen wird, müssen diese Ursachen berücksichtigt und gründlich abgeschätzt werden.

3.1 Enuresis

In diesem Abschnitt werden verschiedene psychosoziale Faktoren, kindspezifische Aspekte und pathophysiologische Komponenten zur Erklärung von Enuresis herangezogen.

3.1.1 Psychosoziale Faktoren

Hierunter werden familiäre Faktoren, psychische Störungen einnässender Kinder sowie kritische Lebensereignisse gefaßt. Im Hinblick auf familiäre Faktoren ist bekannt, daß Enuresis oftmals „Familientradition" besitzt, weswegen eine genetische Komponente vermutet wird. Eine Reihe von Autoren berichten darüber, daß 50 bis 70 % der Kinder mit Enuresis Eltern oder nahe Verwandte haben, die ihrerseits das Einnäßproblem als Kinder aufwiesen (Fielding, 1980; Mikkelsen, Rapoport, Nee, Gruenau, Mendelson & Gillin, 1980; Schmidt & Esser, 1981). Das Risiko für ein Kind, an Enuresis zu erkranken, ist siebenmal größer, wenn der Vater über das vierte Lebensjahr hinaus Enuresis hatte; liegt diese Bedingung bei der Mutter vor, dann wächst das Risiko um das Fünffache (Järvelin, 1989).

Trotzdem sollten diese Ergebnisse mit Vorsicht interpretiert werden, da sich Umwelteinflüsse ebenso auf Familienstrukturen auswirken können. Um diesen Punkt abzuklären, wurden Zwillingsstudien durchgeführt. Bakwin (1973) fand bei eineiigen Zwillingen eine Konkordanzrate von 68 %, bei zweieiigen Zwillingen von 36 %, so daß die Annahme einer genetischen Basis für Enuresis gestützt wird.

Eine Reihe von Studien zeigten, daß Kinder mit Enuresis häufiger psychische Störungen aufweisen als Kinder ohne Enuresis (Rutter, 1989; Taylor & Turner, 1975). In der Studie von Mikkelsen et al. (1980) traten bei der Hälfte der Kinder, die einnäßten, auch psychische Störungen auf. Die am meisten gemeinsam auftretende Störung war Enkopresis, gefolgt von aggressivem Verhalten, Überängstlichkeit und Aufmerksamkeitsstörungen mit Hyperaktivität. Die Studie von Schmidt und Esser (1981) zeigt bei über 50 % einnässender Kinder die Kopplung mit Verhaltensproblemen und hier am meisten mit aggressivem Verhalten. Werden einnässende Kinder mit Kontrollgruppen verglichen, dann weisen sie einen höheren Prozentsatz von Aufmerksamkeitsstörungen mit Hyperaktivität auf (Bhatia et al., 1991). Gemeinsam mit primärer nächtlicher Enuresis kann auch eine minimale zerebrale Dysfunktion auftreten (Lunsing, Hadders-Algra, Touwen & Huisjes, 1991). Diese Symptomverknüpfung ist dann besonders eindeutig, wenn die Kinder aus der sozialen Unterschicht, aus Familien mit intergenerativem Einnässen kommen und schließlich zudem Lern- und Verhaltensprobleme vorhanden sind. Obwohl Enuresis gemeinsam mit psychischen Störungen vorkommt, bleibt die Bedeutung dieser Verknüpfung im Dunkeln; ungeklärt ist, ob die Störungen unverbunden nebeneinander auftreten oder in einer Ursachen-Folgen-Relation stehen. Kinder mit Enuresis erfahren generell mehr kritische Lebensereignisse als Kinder, die keine Einnäßproblematik haben (Haug-Schnabel, 1990; Järvelin, Moilanen, Vikevainen-Tervonen & Huttunen, 1990; Rutter, 1989). Kinder, die zwischen ihrem dritten und vierten Lebensjahr vier oder mehr kritische Ereignisse erlebten, z.B. Umzug, Krankenhausaufenthalt, Trennung der Familie bzw. Eltern, hatten verglichen mit Kindern ohne belastendes Lebensereignis das doppelte Risiko, Enuresis zu entwickeln (Douglas, 1973). Järvelin et al. (1990) fanden sogar noch höhere Auftretensraten von kritischen Lebensereignissen bei Kindern mit Enuresis im Vergleich zu einer Kontrollgruppe, obwohl das einzige

Risiko die Trennung oder Scheidung der Eltern bildet. Die Längsschnittuntersuchung, die Rutter (1989) auf der Isle of Wright durchführte, weist eine Häufung von Einnässen bei den Kindern auf, die psychosozialen Streß erfahren und die sozial benachteiligt sind. Krankheit eines Elternteils, Trennung oder Scheidung der Eltern und häufiger Wohnortwechsel wurden als häufige kritische Ereignisse bei einnässenden Kindern gefunden, besonders wenn es sich um psychiatrisch auffällige Kinder mit Enuresis handelte (Mikkelsen et al., 1980). Eine neuere Studie von Haug-Schnabel (1990) zeigt eine enge Beziehung zwischen Bettnässen und alltäglichen belastenden Ereignissen auf. Besondere, kritische Tagesereignisse können dazu führen, daß Bettnässen schlimmer wird; hingegen sind trockene Nächte an die Ferienzeit gekoppelt oder an eine Zeit, zu der sich ein Kind nicht zu Hause aufhält. Obwohl all die Studien einen Zusammenhang zwischen belastenden Lebens- und Alltagsereignissen und Enuresis nahelegen, konnte eine kausale Verursachung nicht nachgewiesen werden.

3.1.2 Kindspezifische Aspekte

In diesem Abschnitt werden einerseits Schwierigkeiten mit der Schlaftiefe und dem Erwachen und andererseits Entwicklungsverzögerungen angesprochen. Tiefes Schlafen wird als wesentlicher Grund dem Bettnässen zugeschrieben. Die meisten Mütter stimmen nach Butler, Brewin und Forsythe (1986) darin überein, daß tiefes Schlafen die Erklärung für das Einnässen ihres Kindes sei. Einige Studien belegten, daß Kinder mit Enuresis schwerer mit einem Wecker aufwachten als andere Kinder und auch generell mehr Probleme mit dem Aufwachen haben (Finley & Besserman, 1973). Schüttelt man Kinder mit Enuresis und ruft nach ihrem Namen, dann wachen sie jedoch schnell auf (Boyd, 1960).

Die Schlaf-Aufwach-Probleme führten zu einer Vielzahl von Studien, die das Verhältnis von Schlafphase und dem Einnässen untersuchten. Zunächst vermutete man, daß das Einnässen im „Tiefschlaf" auftritt; in diesem Kontext vertraten Pierce et al. (1961) die Meinung, das Einnässen sei dem Träumen vergleichbar. Dieses Konzept wurde von Broughton (1968) verworfen, nachdem die Enuresis lediglich eine Aufwach-Störung darstellt. Es wurde vermutet, daß Einnässen im Delta-Schlaf auftritt und durch ein Aufwach-Signal hervorgerufen wird. Die Schlafforschung belegte jedoch, daß Einnässen in allen Schlafphasen vorkommt, wobei die Häufigkeit in einer Phase lediglich mit der Zeitspanne korreliert, die man in einer Phase verbringt (vgl. Gillin, Rapoport, Mikkelsen, Vanskiver & Mendelson, 1982). Insgesamt ist jedoch das Schlafprofil von einnässenden und nicht-einnässenden Kindern vergleichbar (vgl. Mikkelsen et al., 1980).

Entwicklungsverzögerungen liegen bei einnässenden Kindern nahe, da die Blasenkontrolle stark vom Entwicklungsstand abhängt (Steinhausen & Göbel, 1989). So tritt Enuresis gehäuft bei einer verzögerten Sprachentwicklung und retardierten grobmotorischen Fertigkeiten auf (Järvelin, 1989) sowie bei einem verspäteten Pubertätsbeginn (Shaffer, 1977); ebenso gehäuft kommt Enuresis bei körper- und geistigbehinderten Kindern vor (Järvelin et al., 1988).

3.1.3 Pathophysiologische Komponenten

Als pathophysiologische Komponenten werden erstens die Blasenkapazität, zweitens die übermäßige nächtliche Harnausscheidung und drittens die Störung der Harnentleerung betrachtet. Bei der Blasenkapazität unterstellt man, daß die geringere Blasenkapazität, die man häufig bei einnässenden Kindern fand, als Ursache

Tabelle 3:
Erklärungsansätze von Enuresis.

Psychosoziale Faktoren

— Familiäre Faktoren	Enuresis als Familienproblem: 50 bis 70 % der Kinder mit Enuresis haben einen Verwandten ersten Grades, welcher Enuresis hatte oder hat; eine höhere Übereinstimmungsrate besteht bei eineiigen als bei zweieiigen Zwillingen.
— Psychische Störungen	Psychische Störungen treten gekoppelt mehr bei Kindern mit als ohne Enuresis auf; es ist unklar, ob die Komorbidität ein zufälliges Phänomen ist oder die psychischen Störungen als sekundär zu betrachten sind.
— Kritische Lebensereignisse	Kinder mit Enuresis erleben mehr kritische Lebensereignisse in ihrem Leben als Kinder, die nicht einnässen. Jedoch bleibt auch hier der Kausalitätszusammenhang unklar.

Kindspezifische Aspekte

— Schlaftiefe und Erwachen	Tiefes Schlafen wird als Grund für das Bettnässen angenommen; frühe Studien zeigen, daß Einnässen in Tiefschlafphasen auftritt; neue Studien zeigen, daß Enuresis in jeder Schlafphase auftreten kann.
— Entwicklungsverzögerungen	Die Entwicklung des neuromuskulären Systems ist die Voraussetzung der Blasenkontrollfähigkeit; Entwicklungsverzögerungen im ersten zieht solche im zweiten Bereich nach sich.

Pathophysiologische Komponenten

— Blasenkapazität	Besonders beim Bettnässen wird eine zu geringe Blasenkapazität angenommen; dies läßt sich jedoch aufgrund verschiedener Untersuchungsergebnisse nicht einwandfrei belegen.
— Übermäßige nächtliche Harnausscheidung	Das Versagen der Niere, Urin während des Schlafes zu konzentrieren, führt zu einer so hohen Urinmenge, daß die normale Blasenkapazität überschritten wird.
— Störung der Harnentleerung	Enuresis wird als Resultat einer spontanen Kontraktion der Blasenwandmuskulatur mit Harnentleerung gesehen.

---

bedeutsam ist (Zaleski, Gerrard & Shokeir, 1973). So müssen einnässende Kinder häufiger und in kleineren Mengen Harn lassen als normale Kinder (Starfield, 1967). Die Annahme weist jedoch einige Probleme auf:

(1) Nach Rutter (1973) kann aufgrund der Blasenkapazität nicht ausreichend zwischen einnässenden und nicht-einnässenden Kindern unterschieden werden, da sich beide Gruppen überlappen.
(2) Schon Starfield und Mellits (1968) belegten, daß sich nicht alle einnässenden Kinder in ihrer Blasenkapazität durch ein Einhaltetraining verbesserten.
(3) Rutter (1973) berichten, daß die Blasenkapazität von nicht-einnässenden Kindern, die nachts durchschlafen, größer ist als die derjenigen, die aufwachen und zur Toilette gehen. So betrachtet ist die Blasenkapazität eher die Folge als die Ursache der Enuresis.

Die Hypothese der übermäßigen nächtlichen Harnausscheidung geht davon aus, daß Enuresis durch eine Nierenschwäche entsteht, die die Harnkonzentration während des Schlafes beeinträchtigt. Dadurch wird eine Menge von Urin produziert, die die normale Blasenkapazität überschreitet (Houts, 1991). Die Harnkonzentrationsschwäche kann durch einen nachts auftretenden Mangel an Antidiuretika (Stoffe zur Hemmung der Wasserausscheidung aus der Niere) erklärt werden. Rittig, Knudsen, Norgaard, Pedersen und Djurhuus (1989) stellten bei gesunden Kindern — im Gegensatz zu einnässenden — fest, daß die Höhe der Antidiuretika nachts dazu beiträgt, daß wenig Urin produziert wird und sich die Harnkonzentration vergrößert.

Störung der Harnentleerung. Nach dieser Annahme entsteht die Enuresis aufgrund einer spontanen Harnentleerung (Houts, 1991), wobei unterstellt wird, daß einnässende Kinder eine neurogene Blase haben, die sich in einer abnormen Aktivität der Blasenwandmuskulatur (musculus detrusor) ausdrückt.

Die verschiedenen Erklärungsansätze zur Enuresis sind noch einmal in einer Tabelle übersichtlich zusammengefaßt (vgl. Tab. 3).

3.2 Enkopresis

Analog der Enuresis werden drei Ursachenbereiche betrachtet, zum einen psychosoziale Faktoren, zum anderen pathophysiologische Komponenten; anstelle von kindspezifischen Aspekten werden Entwicklungsfaktoren im Sinne von Risikofaktoren dargestellt.

3.2.1 Psychosoziale Faktoren

Kritische Lebensereignisse kommen bei Kindern mit Enkopresis häufig vor, vor allem wenn eine sekundäre Enkopresis vorliegt (Levine, 1975). In einer älteren Studie von Bemporad, Pfeifer, Gibbs, Cortner und Bloom (1971) waren bei der Hälfte der Kinder die Eltern geschieden und bei weiteren 33 % lebte der Vater nicht in der Familie. Bei den restlichen „intakten" Familien hatte der Vater entweder zwei Jobs oder war nicht am Wohnort beschäftigt. Verschiedene Autoren (Krisch, 1982) berichten über die Verknüpfung von Enkopresis und sexuellem Mißbrauch, vor allem, wenn die Kinder anal mißbraucht wurden.

Aussagen zu den Eltern, wie rigide, dominante, gefühlskalte Mutter und schwacher, unbeteiligter Vater (Hoag, Norris, Himeno & Jacobs, 1971) stellen höchst zweifelhafte Beschreibungen dar. Präzise Angaben, beispielsweise zum Erziehungsverhalten und zur kommunikativen Kompetenz der Eltern von einkotenden Kindern, sind nicht zu finden.

3.2.2 Entwicklungsfaktoren

Erst seit kurzem wird die Enkopresis unter der Entwicklungsperspektive diskutiert (vgl. Loening-Baucke, 1992; Levine, 1983). Tabelle 4 gibt eine Übersicht über einige Risikofaktoren, die alle mit einer Enkopresis verknüpft sein können. Im einzelnen handelt es sich um körperliche Krankheiten (z. B. Darmerkrankungen), übermäßige Anforderungen der Eltern beim Stuhlgang oder medizinische

Tabelle 4:
Risikofaktoren für die Entstehung einer Enkopresis (nach Levine, 1983).

Stufe 1	**Kleinkindalter**
	* Einfache Verstopfung
	* Frühe Dickdarmträgheit
	* Eßprobleme
	* Übermäßige Aufforderungen der Eltern (z. B. beim Stuhlgang)
	* Medizinische Zwangsmaßnahmen
Stufe 2	**Kinder der Altersgruppe von zwei bis fünf Jahren**
	* Psychosozialer Streß während der Sauberkeitserziehung
	* Übermäßig strenge oder zu nachgiebige Sauberkeitserziehung
	* Schwer nachvollziehbare Furcht vor dem Toilettengang
	* Schmerzhafter oder schwieriger Stuhlgang
Stufe 3	**Grundschulalter**
	* Meiden der Toiletten in der Schule
	* Chronische oder akute Schleimhautentzündung des Magen-Darm-Traktes
	* Aufmerksamkeitsdefizite (mangelhafte Ausdauer bei der Aufgabenbearbeitung)
	* Essensunverträglichkeit (einschließlich Laktosemangel = Gedeihstörung)
	* Psychosozialer Streß

Zwangsmaßnahmen bei einfachen Darmproblemen (z. B. voreiliger Einsatz von Abführmitteln).

Eine zu strenge und zu frühe Sauberkeitserziehung stellt genauso einen Risikofaktor dar, wie der Einsatz von Strafen, wenn zu Beginn der Sauberkeitserziehung das Kind Mißerfolge erzielt. Auf der dritten Stufe entwickeln sich dann Risikofaktoren, wenn die Umstände des Toilettengangs für das Kind belastend sind; so z. B. penetrante Gerüche in öffentlichen Toiletten, festgelegte Zeiten, zu denen eine Toilette aufgesucht werden kann. Dies kann zum übermäßigen Zurückhalten des Stuhles und in der Folge zu Darmproblemen führen.

3.2.3 Pathophysiologische Komponenten

Bei Enkopresis wurden Beeinträchtigungen im Dickdarmbereich festgestellt. Nach Loening-Baucke (1984) benötigen Kinder mit Enkopresis ein größeres Enddarmvolumen, um die Ausdehnung sowohl bei anfänglichem als auch starkem Stuhldrang überhaupt zu spüren. Viele Kinder mit Enkopresis verstärken während der Ausscheidung den äußeren Afterschließmuskel und die Aktivität des Beckenbodens im Gegensatz zu gesunden Kindern, die diese verringern (vgl. Loening-Baucke & Cruikshank, 1986). Die verstärkte Aktivität des äußeren Afterschließmuskels könnte in einem engen Zusammenhang mit dem Zurückhalten des Stuhlgangs und Enkopresis stehen. Ferner erzeugt die Ausdehnung des Enddarmes bei vielen Kindern mit Enkopresis keine kräftigen Kontraktionen des Enddarmes, die jedoch für die Darmentleerung wichtig sind.

4. Interventionsverfahren

Die Interventionsverfahren sollen in pharmakologische Methoden und verhaltenstherapeutische Verfahren eingeteilt werden. Die Entscheidung für oder gegen eine Behandlungsmethode wird stark davon bestimmt, welche Ursachen man für die Entwicklung und Aufrechterhaltung der Enuresis und Enkopresis annimmt.

4.1 Enuresis

4.1.1 Pharmakologische Behandlung

Nach Foxman, Valdez und Brook (1986) werden ungefähr 38 % der einnässenden Kinder von Kinderärzten behandelt, wobei von diesen 34 % eine pharmakologische Behandlung erhalten. Zur Behandlung werden in den meisten Fällen Psychopharmaka eingesetzt, vorwiegend Imipramin (Tofranil) und Desmopressin-Azetat (Minirin).

Imipramin. Obwohl Imipramin das am häufigsten eingesetzte Medikament bei der Enuresis-Behandlung ist, konnte die Wirkweise bislang nicht geklärt werden. Imipramin ist ein bekanntes Antidepressivum, was zur Depressionsbehandlung eingesetzt wird. Imipramin besitzt einen anticholinergen Effekt, der die Harnausscheidung der Blase hemmt (Weiner, 1985). Weiterhin stimuliert Imipramin den harnaustreibenden Muskel (Detrusor) und trägt zur Kontraktion der Harnblase bei (vgl. Rapoport, Mikkelsen, Zavadil et al., 1980).

Zwischen 10 bis 50 % der Kinder, die mit Imipramin behandelt werden, erreichen das Behandlungsziel. Wird Imipramin ausgeblendet, dann treten Rückfälle bei mehr als 50 % der Kinder auf (vgl. Johnson, 1980). Einige Kinder verbessern sich zu Beginn der Behandlung, jedoch tritt nach einer Phase von zwei bis sechs Wochen ein Gewöhnungseffekt auf. Bei einer Dosissteigerung können sich vielfältige und folgenschwere Nebeneffekte einstellen (z. B. kardiologische und nephrologische Störungen; Herson, Schmitt & Rumack, 1972).

Desmopressin-Azetat. Dieses Medikament wirkt auf die Niere ein und verringert die Harnausscheidung während der Nacht (Houts, 1991). Ähnlich wie beim Imipramin wird das Bettnässen selten völlig verschwinden. Houts (1991) belegt zwar, daß während der Behandlung das Bettnässen deutlich reduziert werden kann, aber bei einer Nachkontrolle — nachdem das Medikament abgesetzt wurde — näßten dann 46 bis 100 % der Patienten wieder ein. Zur Zeit sind beim Desmopressin-Azetat kaum Nebenwirkungen bekannt.

4.1.2 Verhaltenstherapeutische Behandlung

Diese Methoden sind zweifelsfrei am besten untersucht, wobei die am meisten angewandten Methoden der Klingelapparat und das Einhalte-Training bilden. Das sogenannte Dry-Bed-Training und das Breitband-Training kombinieren verschiedene Methoden (vgl. Ross & Petermann, 1987).

Klingelapparat. Eigentlich stammt die Idee zum Klingelapparat von Pflaunder aus dem 19. Jahrhundert, und sie wurde von Mowrer und Mowrer (1938) populär gemacht. Beim Klingelapparat wird zwischen einem Kontaktkissen (der Klingelhose) und einem Wecker, der im Kinderzimmer steht, eine Verbindung hergestellt. Wird die Klingelhose feucht, wird der Kontakt geschlossen, dann läutet der Wecker und das Kind erwacht. Das Kind geht dann zur Toilette und beendet das Harnlassen. Es geht zurück zum Bett, wechselt das Bettuch und stellt die Startbedingungen des Klingelapparates wieder her. Während der Behandlung wird folgendes registriert:

● Anzahl der trockenen Nächte,
● Anzahl des Einnässens pro Nacht,
● Zeitpunkt des Einnässens,
● Durchmesser des feuchten Flecks auf dem Bettuch.

In einer Literaturübersicht gibt Doleys (1977) an, daß sich bei 75 % der Kinder, die an einer Behandlung von zehn bis zwölf Wochen teilnahmen, positive Effekte einstellten. Die ursprüngliche Erklärung für den großen Erfolg des Klingelapparates erfolgte vor dem Hintergrund des klassischen Konditionierens (vgl. Mowrer & Mowrer, 1938). Durch die Kombination mit einem unkonditionierten Reiz (= Weckerton) baut der konditionierte Reiz (= Ausdehnung der Harnblase) allmählich die Fähigkeit auf, bei Harndrang in der Nacht aufzuwachen. Lovibond (1972) betont hingegen die operante Konditionierung, da das Klingeln des Weckers und das nachfolgende Aufwachen eine unangenehme Konsequenz darstellt, die nur verhindert werden kann, wenn gelernt wird, nicht mehr während der Nacht einzunässen.

Obwohl der Klingelapparat sehr effektiv ist, kann man den Zeitaufwand der Methode kritisieren. Die Methode erfordert eine professionelle Anleitung sowie vom Kind und seinen Eltern Geduld und Ausdauer. Bollard (1982) weist darauf hin, daß 40 % der einnässenden Kinder im Zeitraum eines Jahres nach der Behandlung rückfällig werden und erneut behandelt werden müssen. Die hohe Rückfallrate führte dazu, daß zwei Methoden zur Verbesserung des Vorgehens eingesetzt wurden: Überlernen und intermittierende Verstärkungspläne.

(1) Überlernen ist bei Kindern einsetzbar, die schon in einem gewissen Umfang durch den Einsatz des Klingelapparates trocken sind (z. B. in 14 aufeinanderfolgenden Nächten). Die Kinder sollen eine Stunde vor dem Zubettgehen eine große Menge trinken und weiterhin den Klingelapparat benutzen (vgl. Young & Morgan, 1972). Dieses Vorgehen wird solange fortgesetzt, bis das Kind konstant nachts trocken bleibt und das gelernte Verhalten nicht wieder gelöscht werden kann. Zwei Prinzipien tragen dazu bei, daß sich die Rückfälle reduzieren:
● Durch das Zurückhalten des Urins vor der Leerung wird die Blasenkapazität verbessert; und
● das Kind wird durch seine Fähigkeit, nachts die Blase kontrollieren zu können, bekräftigt.
(2) Bei intermittierenden Verstärkungsplänen wird der Klingelapparat in Abhängigkeit der Menge der Harnentleerung eingesetzt (vgl. Finley, Besserman, Bennet, Clapp & Finley, 1973).

Morgan (1978) weist darauf hin, daß Überlernen und intermittierende Verstärkungspläne im Vergleich zum Klingelapparat die Rückfallrate senken; jedoch erhöht sich der Zeitaufwand, der nötig ist, um Trockenheit zu erreichen.

Einhalte-Training. Mit dem Vorgehen wird versucht, das einnässende Kind zu trainieren, den Urin über längere Zeiträume zurückzuhalten, nachdem es einen Harndrang verspürt. Die Methode basiert auf dem Befund, daß einnässende Kinder eine zu geringe Blasenkapazität besitzen (vgl. Starfield, 1967); aus diesem Grunde müssen einnässende Kinder häufiger, aber geringere Mengen Urin lassen als gesunde Kinder. Das Einhalte-Training soll nach Kimmel und Kimmel (1970) die Blasenkapazität stärken und das Bettnässen verringern.

Die Trainingssitzung wird damit begonnen, das Kind auf die Toilette zu schicken und es soll — wenn möglich — Harn lassen. Wenn es zurückkommt, gibt man ihm einen halben Liter Flüssigkeit zu trinken und ermutigt es, den

Toilettengang so lange wie möglich aufzuschieben. Wenn das Kind die Harnleerung nicht mehr aufschieben kann, dann erlaubt man ihm, auf die Toilette zu gehen und bittet darum, den Urin in einem Meßbecher aufzufangen. Jede erfolgreiche Verzögerung des Harnlassens wird von den Eltern gelobt (Fielding, 1980); einige Autoren empfehlen auch den Einsatz attraktiver Verstärker, z. B. Kekse (vgl. Paschalis, Kimmel & Kimmel, 1972). Von Sitzung zu Sitzung kann man das Kind jeweils ermutigen, die Aufschubzeit jeweils um ein bis zwei Minuten zu verlängern. Während die ersten Studien den Trainingserfolg immer belegen konnten (vgl. Kimmel & Kimmel, 1970; Paschalis et al., 1972), ließen nachfolgende Studien Zweifel daran aufkommen (vgl. Doleys, Ciminero, Tollison, Williams & Wells, 1977; Harris & Purohit, 1977); eindeutig ist lediglich die Zunahme der Blasenkapazität.

Dry-Bed-Training. Dieser Ansatz geht davon aus, daß Enuresis gelernt ist und sich auf dem Hintergrund verschiedener Faktoren entwickelt (Azrin, Sneed & Foxx, 1977): Mangelnde Fähigkeit, das Harnlassen zu kontrollieren, eine unzureichende Motivation, trocken zu werden und die mangelnde Anstrengung, das Bettnässen aufzugeben. Bei der Behandlung spielen soziale und motivationale Faktoren eine vergleichbar wichtige Rolle wie das Beherrschen der Blasen- und Darmtätigkeit. Mit großer Konsequenz wird angemessenes Verhalten, wie Trockensein während der Nacht und der nächtliche Toilettengang, positiv verstärkt und ein negativer Verstärker sofort nach dem Einnässen angewandt.

Das Dry-Bed-Training setzt den Klingelapparat, Aufweck-Pläne, Einhalte-Training, Verhaltensübung und Reinlichkeitstraining kombiniert ein:

(a) Der Klingelapparat soll das Kind dazu veranlassen, trocken zu werden.
(b) Der Aufweck-Plan ist so gestaltet, daß er dem Kind helfen soll, leicht aus dem Schlaf aufzuwachen.
(c) Im Einhalte-Training wird das Kind aufgefordert, eine immer größere Menge zu trinken und dann das Harnlassen hinauszuzögern.
(d) Durch Verhaltensübung und Reinlichkeitstraining sollen mittels wiederholtem Üben nach dem Einnässen angemessenes Sauberkeitsverhalten stabilisiert werden. Zur Verhaltensübung liegt das Kind im Bett, zählt leise bis 50, geht dann zur Toilette und versucht, Harn zu lassen. Nach jedem Einnässen muß das Kind dies zwanzigmal hintereinander wiederholen (Bollard & Nettelbeck, 1982). Beim Reinlichkeitstraining muß das Kind den Pyjama wechseln, das nasse Bettuch abziehen und zur Wäsche legen. Es wird danach aufgefordert, sein Bett mit einem sauberen Bettuch zu beziehen und den Klingelapparat wieder anzustellen.

Tabelle 5 beschreibt die Stufen genauer, in denen das Dry-Bed-Training durchgeführt wird.

Dieses Vorgehen zeigt bei 90 % der Kinder — bei einer durchschnittlichen Behandlungszeit von sechs Wochen — Erfolge, wobei bei 25 % Rückfälle auftreten (Bollard & Nettelbeck, 1981; Bollard, Nettelbeck & Roxbee, 1982). Setzt man den Klingelapparat nicht ein, dann beträgt der Erfolg lediglich 60 % und die

Tabelle 5:
Dry-Bed-Training.

---

1. Intensiv-Training
(ab der ersten Nacht)

a) Zu-Bett-geh-Zeit
* Dem Kind wird die Maßnahme beschrieben, und es wird aufgefordert, etwas zu trinken;
* Der Klingelapparat wird installiert.

b) Einsatz des Aufweck-Plans
* Die Eltern wecken ihr Kind nach einer Stunde auf und weisen auf die Toilette hin. Gibt das Kind an, daß es den Urin noch eine Stunde zurückhalten kann, wird es für seine Blasenkontrolle gelobt; muß es Harnlassen, geht das Kind auf die Toilette und wird für den korrekten Toilettengang gelobt.
* Am Bett wird das Kind dann für das trockene Bettuch bekräftigt und dazu ermutigt, es auch weiter trocken zu halten. Vor dem Einschlafen erhält es ein weiteres Getränk. Der gesamte Vorgang wird stündlich wiederholt.

c) Eintreten des Bettnässens
* Tritt das Bettnässen auf, wird das Kind ermahnt und zur Toilette geschickt, um das Harnlassen zu beenden.
* Nachdem das Kind an das Bett zurückgekommen ist, muß es das Reinlichkeitstraining und zwanzig Verhaltensübungen durchführen.

2. Kontrolle der Trainingseffekte
(ab der zweiten Nacht)
* Das Kind wird drei Stunden, nachdem es ins Bett ging, geweckt und aufgefordert, zur Toilette zu gehen, um Harn zu lassen.
* Nach jeder „trockenen Nacht" wird das Kind 30 Minuten früher aufgeweckt und zur Toilette geschickt.
* Das nächtliche Aufwecken wird beendet, wenn das Intervall zwischen dem Einschlafen und der vorgegebenen Aufweck-Zeit eine Stunde beträgt. Tritt das Einnässen innerhalb einer Woche zweimal auf, dann wird der Aufweck-Plan wiederholt.
* Tritt Einnässen auf, dann wird das Kind aufgefordert, das Reinlichkeitstraining und die Verhaltensübung durchzuführen.

3. Normalisierung
(nach sieben aufeinanderfolgenden „trockenen Nächten")
* Der Klingelapparat wird nicht länger eingesetzt.
* Jeden Morgen wird das Kind gelobt, wenn das Bettuch trocken ist. Ist das Bettuch naß, dann wird das Kind sofort zum Reinlichkeitstraining und der Verhaltensübung aufgefordert.

Behandlungszeit verlängert sich auf zehn Wochen. Ein bedeutender Nachteil bei der Durchführung des kompletten Dry-Bed-Trainings besteht darin, daß es komplexe Anforderungen und einen großen Aufwand abverlangt. Nach Bollard et al. (1982) brechen 35 % der Eltern die Behandlung vorzeitig ab, nach Fincham und Spettell (1984) sind es sogar 60 %.

Aus diesem Grunde wurden verschiedene Versuche unternommen, die Komplexität und den Zeitaufwand bei der Durchführung des Dry-Bed-Trainings dadurch zu reduzieren, indem man Teile davon wegläß. Es konnte belegt werden, daß der Aufweck-Plan eine sehr effektive Komponente darstellt und diese, kombiniert mit dem Klingelapparat, fast genauso erfolgreich ist wie das komplette Dry-Bed-Training. So kann man auf das Einhalte-, Reinlichkeitstraining und die Verhaltensübung, so die Überlegung von Bollard et al. (1982), ohne große Nachteile verzichten.

Breitband-Training. Dieses Vorgehen kombiniert Selbstkontrolle, Einhalte- und Reinlichkeitstraining, Klingelapparat und Überlernen (Houts, Liebert & Padawer, 1983). Die Familie erhält alle nötigen Trainingsunterlagen (z. B. einen Wecker, eine Elternanleitung).

Im Selbstwahrnehmungs- und Einhalte-Training soll das Kind jeden Tag die Zeitdauer bis zur Harnentleerung ausdehnen, wobei das Dreiminuten-Intervall gewählt wurde. Konnte das Kind die Harnentleerung erfolgreich hinauszögern, dann wurde es von den Eltern mit Geldbeträgen belohnt. Beim Reinlichkeitstraining muß das Kind den nassen Schlafanzug und die Bettwäsche an einen bestimmten Platz legen. Die Eltern hinterlegen entsprechend die saubere Wäsche, die das Kind zum Beziehen des Bettes benötigt. Ist das Kind in 14 aufeinanderfolgenden Tagen trocken, dann soll es eine Stunde vor dem Zubettgehen ein Getränk zu sich nehmen (= Prinzip des Überlernens).

Alle Verfahren werden von den Eltern zu Hause eingesetzt, wobei sie diese nach einer einstündigen Anleitung beherrschen (vgl. Houts et al., 1983). Whelan und Houts (1990) konnten belegen, daß durch einen zusätzlich eingesetzten Aufweck-Plan das Trainingsziel nicht schneller erreicht werden kann. Die Autoren folgern aus diesem Ergebnis, daß ein Aufweck-Plan nur bei einnässenden Kindern mit Aufwachproblemen nützlich ist.

Das Breitband-Training ist bei mehr als 80 % der Kinder in knapp zehn Wochen erfolgreich, wobei nach Houts et al. (1983) eine Rückfallquote von 25 % auftritt. Positiv ist dabei, daß sowohl die Kinder als auch die Eltern dieses Vorgehen sehr gut akzeptieren (vgl. Houts, Peterson & Whelan, 1986).

Sequentielle Therapiestrategien. Dieses Vorgehen umfaßt nach Schmidt und Esser (1981) drei therapeutische Stufen, die sequentiell angewandt werden. Zunächst wird in der ersten Stufe eine positive Lernsituation für das einnässende Kind hergestellt. Mutter und Kind erhalten in den ersten Sitzungen Informationen über die Therapie und einen Plan mit Hausaufgaben, in den täglich Eintragungen gemacht werden müssen. Tritt bei diesem Vorgehen nach vier Wochen keine Besserung ein, dann wird zur zweiten Stufe übergegangen.

In der zweiten Stufe werden die Aufgaben der ersten fortgeführt; zusätzlich wird ein Verstärkungsplan eingesetzt, dessen Bedingungen in einem schriftlichen Vertrag zwischen Mutter und Kind geregelt sind. Tritt nach vier Wochen immer noch keine Besserung ein, dann wählt man die dritte Stufe, bei der der Klingelapparat verwendet wird.

In klinischen Studien konnte bei allen einnässenden Kindern, die die Therapie abschlossen, ein Erfolg erzielt werden. Nach Schmidt und Esser (1981) trat bei den meisten Kindern erst während der dritten Stufe ein Erfolg ein.

Zusammenfassende Bewertung. Einige der dargestellten Verfahren weisen zwar beachtliche Anfangserfolge auf, jedoch sind diese nicht stabil; andere Vor-

Tabelle 6:
Diagnose-Strategie bei Enuresis.

Bereich	Erläuterungen
Symptombezogene Informationen * Schmerzen während des Harnlassens * Harndrang * Häufigkeit des Harnlassens * Zeitpunkt des Harnlassens (nachts, tagsüber)	* Dies kann ein Hinweis auf eine organische Ursache der Enuresis sein. * Vermutet man eine körperliche Ursache, dann sollte eine umfassende medizinische Untersuchung (inklusive Labortests) erfolgen.
Informationen über die Eltern * Therapieerwartung * Bewertung der Enuresis * Einstellung dem Kind gegenüber * Bereitschaft zur Therapiemitarbeit * Vorliegen von familiären oder Eheproblemen * Familiäre Regeln (z. B. Einschlaf-Rituale)	* Diese Faktoren müssen besonders sorgfältig abgeklärt werden, da sie den Behandlungserfolg, seine Stabilität und gegebenenfalls einen vorzeitigen Therapieabbruch beeinflussen. * Die Wahl des Behandlungsansatzes wird durch familiäre Kontextbedingungen, wie das Vorhandensein eines Einzelzimmers und ähnliches bestimmt.
Informationen über das Kind * Alter * Bisherige Behandlungsversuche * Toiletten-Rituale * Phasen des Trockenseins * Vorliegen von kritischen Lebens- und Alltagsereignissen * Gleichzeitig auftretende psychische Störungen	* Diese Faktoren besitzen ebenfalls Einfluß auf die Erstellung des Therapieplanes, den Erfolg bzw. den vorzeitigen Abbruch der Maßnahme. * Enuresis kann mit anderen psychischen Störungen gemeinsam auftreten, was zur Erweiterung des Behandlungsansatzes führen könnte.

gehen weisen wegen ihrer Komplexität und Aufwendigkeit in vielen Fällen Durchführungsprobleme auf. Tabelle 6 stellt eine Vielzahl von vor allem familienspezifischen Faktoren zusammen, die zu Risiken für eine erfolgreiche Therapie werden können und deshalb bei der Wahl eines Behandlungsplanes beachtet werden sollten. Auch Ross und Petermann (1987) sowie Grosse (1991) listen notwendige Schritte für eine umfassende Diagnostik und Therapieplanung auf.

4.1.3 Prädiktoren des Behandlungserfolges

Ein großes Problem bei der Interpretation der veröffentlichten Behandlungsergebnisse ergibt sich aus den unklaren Definitionen für Erfolg und Rückfall. Hinzu kommen erhebliche Schwankungen hinsichtlich des Zeitraumes, nach dem Nachkontrollen durchgeführt wurden. Zudem bestehen erhebliche Unterschiede zwischen den verhaltenstherapeutischen Behandlungsplänen (z.B dem kompletten Dry-Bed-Training oder modifizierten Versionen). Unterschiedliche Ergebnisse können von diesen Differenzen herrühren.

Tabelle 7 gibt eine Übersicht über Prädiktoren des Behandlungserfolges bei Enuresis. So scheinen folgende Merkmale einen positiven Vorhersagewert zu besitzen:

● Berufstätigkeit der Mutter (Schmidt & Esser, 1981),
● Unterstützung durch die Eltern (Butler, Brewin & Forsythe, 1990a),
● Druck der Gleichaltrigen (Butler, Brewin & Forsythe, 1988) und
● Hänseln seitens der Geschwister (Butler et al., 1988).

Kinder, denen bewußt ist, daß sie durch ihr Bettnässen weniger akzeptiert werden, haben bereits einen Schritt vollzogen, um von der Enuresis loszukommen. Das Hänseln der Geschwister kann bei einem Kind einen Prozeß bewirken, der es in die Lage versetzt, für eine Behandlung empfänglich zu werden. Ist hingegen Bettnässen sozial akzeptiert, fehlt Kindern die Einsicht, warum sie trocken werden sollen; eine solche Haltung bewirkt, daß die Behandlung des Bettnässens vermutlich weniger erfolgreich ist.

Eine Reihe von Faktoren besitzen offensichtlich keinen Einfluß auf den Behandlungserfolg; zu ihnen gehören

● das Alter (Butler et al., 1990a),
● die Stellung in der Geschwisterreihe, die Familiengröße und die soziale Herkunft (Dische, Yule, Gorbett & Hand, 1983),
● das Geschlecht (Butler et al., 1988) und
● die Problembewertung der Eltern und des Kindes, die familiäre Belastung durch Enuresis und vorhergehende medizinische Behandlungen (vgl. Houts et al., 1983).

Familiäre Probleme (vgl. Dische et al., 1983), massive Ängste der Mutter und wenn die Mutter ihr Kind als sozial unsicher bewertet (vgl. Young & Morgan, 1973) beeinflussen den Erfolg negativ. Ähnlich sieht es aus, wenn keine familiäre Unterstützung herrscht (Butler et al., 1990a) und das Kind nicht die

Tabelle 7:
Prädiktoren des Behandlungserfolges.

Ungünstige Prädiktoren	Günstige Prädiktoren	Keinen Einfluß
* familiäre Probleme * wahrgenommene mangelnde familiäre Unterstützung * hochängstliche Mütter * Bewertung des Kindes als sozial unsicher durch die Mutter * Unfähigkeit, den Toilettengang aufzuschieben * mehrmaliges Einnässen pro Nacht * unbefriedigende häusliche Bedingungen * kein eigenes Zimmer zum Schlafen * unzureichende (verfügbare) Toiletten	* Berufstätigkeit der Mutter * Unterstützung durch die Eltern * Hänseln durch die Geschwister * Druck der Gleichaltrigen	* Alter * Geschlecht * Geschwisterkonstellation * soziale Herkunft * Familiengröße * bisherige familiäre Belastung * Bewertung der Enuresis durch die Eltern und das Kind * vorherige medizinische Behandlungen

Fähigkeit besitzt, den Toilettengang aufzuschieben (Fielding, 1981). Ebenso verhält es sich, wenn mehrmals pro Nacht eingenäßt wird (vgl. Finley, Rainwater & Johnson, 1982). Mißerfolge treten auch auf, wenn unbefriedigende häusliche Bedingungen bestehen, das Kind kein eigenes Zimmer besitzt und nur begrenzt Toiletten im Haus verfügbar sind (Dische et al., 1983). Allerdings beeinflussen diese ungünstigen häuslichen Bedingungen nach Dische et al. (1983) nicht den langfristigen Erfolg der Behandlung; es sind lediglich die Durchführungsbedingungen für das Trockenwerden erschwert. Es gibt keine eindeutigen Hinweise dafür, ob eine primäre oder sekundäre Enuresis eine ungünstigere Prognose besitzt. Einige Studien belegen, daß Kinder mit einer sekundären Enuresis schneller einen Behandlungserfolg erzielen (Sack & De Leon, 1983; Schmidt & Esser, 1981). Said, Wilson und Hensley (1991) weisen jedoch daraufhin, daß Kinder mit einer primären Enuresis wahrscheinlicher das Therapieziel erreichen und die Häufigkeit des Bettnässens deutlicher reduzieren können. Taylor und Turner (1975) fanden überhaupt keine Beziehung zwischen der Enuresisform und dem Behandlungserfolg.

Rückfallprädiktoren. Ein Rückfall nach einem verhaltenstherapeutischen Vorgehen weist keine Beziehung zu den folgenden Merkmalen auf (vgl. Bollard et al., 1982; Houts et al., 1983):

● Alter und Geschlecht des Kindes,

● primäres und sekundäres Einnässen,
● bisherige tägliche Häufigkeit des Harnlassens oder des Harndranges,
● Schweregrad der Symptomatik zu Beginn,
● bisherige familiäre Belastetheit mit Enuresis und
● Behandlungslänge.

Die Rückfallneigung hängt von der Häufigkeit des Bettnässens, dem täglichen Harndrang, dem bisherigen Einnässen (tagsüber) nach dem vierten Lebensjahr (vgl. Bollard, 1982) ab sowie von der geringen Tendenz eines Kindes, sich mit dem Einnässen auseinanderzusetzen (vgl. Butler, Brewin & Forsythe, 1990b). Desweiteren treten Rückfälle auf, wenn die Behandlung mit Imipramin mißlang (Houts et al., 1983; Houts, Peterson & Liebert, 1984), familiäre Schwierigkeiten vorlagen und das Lehrerurteil Auffälligkeiten zeigte (Dische et al., 1983). Rückfälle hängen häufig auch von kritischen Lebensereignissen ab; besonders solchen, die eine sozialpädagogische Hilfe bei Familienproblemen erforderlich machen (Morgan, 1978). Fielding (1980) wies darauf hin, daß Kinder, die sowohl tagsüber als auch nachts einnässen, früher einen Rückfall erleiden als diejenigen, die nur nachts einnässen.

Prädiktoren des vorzeitigen Therapieabbruchs. Der Behandlungserfolg wird vor allem durch einen vorzeitigen Therapieabbruch gefährdet. Die Abbruchrate kann bei einigen Behandlungsmethoden 60 % betragen (Fincham & Spettell, 1984). Butler et al. (1988) weisen darauf hin, daß ein Therapieabbruch besonders bei Müttern auftritt, die gegenüber der Enuresis intolerant sind. So übt vermutlich die ärgerliche Mutter schon in der Anfangsphase der Behandlung einen zunehmenden Druck aus und gibt bei ersten Mißerfolgen des Kindes auf. Ähnlich belegten Wagner, Johnson, Walker, Carter und Wittner (1982), daß die elterliche Intoleranz einen Prädiktor dafür bildet, eine verhaltenstherapeutische Behandlung abzubrechen, was hingegen für die Pharmakotherapie mit Imipramin nicht zutrifft.

Eine erfolgreiche Therapieteilnahme wird entscheidend durch die Motivation der Eltern (Griffiths, Meldrum & McWilliams, 1982), ihre Fähigkeiten und ihre Behandlungseinsicht geprägt (Schmidt & Esser, 1991; Quaschner & Mattejat, 1989). Diese Ergebnisse unterstreichen, die Motivation und Kooperationsbereitschaft der Eltern vor der Anwendung einer Behandlung zu prüfen.

Kinder, die eine verhaltenstherapeutische Maßnahme vorzeitig beenden, besitzen ein geringes Selbstwertgefühl (Geffken, Johnson & Walker, 1986) und weisen mehr Verhaltensprobleme auf (Wagner & Johnson, 1988). Es liegt also nahe, daß einnässende Kinder, die Verhaltensprobleme zeigen, weniger gut in einer Behandlung kooperieren; sie enttäuschen damit ihre Eltern und erhöhen die Wahrscheinlichkeit für einen frühzeitigen Abbruch. Therapieabbrecher sind nach Schmidt und Esser (1981) stärker emotional gestört, und sie leben unter Bedingungen, die dem Behandlungsprogramm wenig zuträglich sind.

4.2 Enkopresis

4.2.1 Pharmakologische Behandlung

Die meisten pharmakologischen Behandlungen kombinieren verschiedene Methoden, z. B. Einläufe oder Abführmittel, um den Dickdarm zu entleeren. Für junge Kinder verwendet man osmotische Abführmittel, die man der Milch beimischt; bei älteren mischt man abführende Früchte (z. B. Pflaumen) in das Essen (vgl. Loening-Baucke, 1992). Sollte dies nicht helfen, zieht man andere Abführmittel wie Magnesium-Milch heran. Ältere Kinder können zwischen einem täglich oral verabreichten Abführmittel oder einem täglich anal angewandten Einführzäpfchen (jeweils morgens nach dem Aufwachen) wählen. Die Kinder sollten im Abstand von zwei bis drei Monaten zwischen beiden Verabreichungsformen wechseln (vgl. Loening-Baucke, 1992). Nach der ersten Entleerung des Dickdarms wird der Stuhlgang weicher und die Verdauung gefördert, wobei durch eine Diät einer Verstopfung vorgebeugt werden kann. Bei der Ernährung sollte auf Ballaststoffe in Form von Gemüse und Früchten geachtet werden.

4.2.2 Verhaltenstherapeutische Behandlung

Nach Levine (1983) wird die verhaltenstherapeutische Behandlung meistens mit einem Abführmittel und Diätvorschriften verknüpft. Die meisten Behandlungsprogramme registrieren die Nahrungsaufnahme und den Aufenthalt auf der Toilette, sie verstärken angemessenes Toilettenverhalten und einen erfolgreichen Stuhlgang; die Familien werden über Enkopresis aufgeklärt und Abführmittel sowie Diätpläne werden empfohlen.

Die Levine-Methode. Hier werden pädagogische, psychologische und verhaltenstherapeutische Ansätze miteinander verknüpft. In der ersten Phase (der „Entmystifikation") werden Kind und Eltern aufgeklärt und ihnen versichert, daß die Enkopresis kein außergewöhnliches Problem bei Kindern darstellt. Durch Diagramme werden der Verdauungsprozeß und mögliche pathogene Erscheinungsformen erläutert. In dieser Phase sind psychische Anspannungen zu zerstreuen, die sich in der Familie im Kontext der Enkopresis entwickeln können. Diese Phase schließt mit genauen Ausführungen zum Behandlungsplan ab.

Die nächste Phase (die „Reinigungsperiode") bezieht sich auf die Darmreinigung mit Einläufen und Abführmitteln. Das Kind erhält die tägliche Dosis Abführmittel, um die normale Darmtätigkeit aufrecht zu erhalten. Ein wichtiges Element des Vorgehens bezieht sich auf den Einsatz von Stuhlenthärtern, Ernährungsvorschriften (z. B. mehr Früchte und Gemüse) und Regeln für Toilettengänge. Ein Stuhlenthärter ist erforderlich, um den Darmdurchmesser und -tonus über einen längeren Zeitraum (ca. drei Monate) allmählich auf das übliche Maß zu reduzieren. Die Regeln für die Toilettengänge verlangen vom Kind täglich zwei zehn- bis 15minütige Sitzungen; die Minimalforderung besteht in zehn Minuten

Tabelle 8:
Enkopresis-Behandlung nach Levine (1983).

Phasen	Ziele und Vorgehen
Erstberatungs-Phase	„Entmystifikation" des Problems; Erklärung und Einführung des Behandlungsplanes
Reinigungs-Phase: stationär	An drei von sieben Tagen einer Woche werden Einläufe durchgeführt; ebenso werden Einführzäpfchen eingesetzt, wobei sich nach jeder Mahlzeit ein 15minütiger Toilettengang anschließt.
Reinigungs-Phase: ambulant	In schweren Fällen werden Einläufe und Einführzäpfchen in jeweils dreitägigen Zyklen mehrmals eingesetzt. In mittleren Fällen werden eins bis zwei Wochen lang Tabletten eingesetzt (z. B. aus Sennesblättern).
Erhaltungs-Phase	Das Kind entwickelt ein Toiletten-Ritual, in dem es zweimal täglich (nach dem Essen) versucht, Essen auszuscheiden. Täglich wird Abführöl (Rizinusöl) über einen Zeitraum von vier bis sechs Monaten eingesetzt. Verschiedene Vitamine werden mit dem Abführöl verabreicht. Eine ballaststoffreiche Diät mit Kleie, Getreide, Obst und Gemüse wird durchgeführt. Orale Abführmittel können nach einer gewissen Zeit durch Gleitmittel (Lubricantia) ersetzt werden.
Nachkontroll-Phase	Hausbesuche werden im Abstand von vier bis zehn Wochen durchgeführt, wobei der Zeitraum vom Ausmaß der Problematik, dem Unterstützungsbedarf, der Therapiemitarbeit und den Begleitsymptomen abhängt. Telefonkontakte erfolgen, wenn nötig. Im Falle eines Rückfalles werden folgende Schritte eingeleitet: * Überprüfung der Therapiemitarbeit * Einsatz von oralen Abführmitteln über ein bis zwei Wochen * angemessene Dosierung des Abführöls. Beratung bei psychosozialen Begleitsymptomen; durch Aufklärung nochmals „entmystifizieren" und anhand von Aufzeichnungen die bisherigen Fortschritte dokumentieren.

Toilettensitzung nach einer Mahlzeit. Regelmäßiges und angemessenes Toilettenverhalten wird belohnt (vgl. Tab. 8).

Abschließende Hausbesuche und Telefonanrufe beziehen sich auf die Abstimmung der medikamentösen Behandlung und die Diskussion der Verhaltensfortschritte des Kindes. Das Kind kann schrittweise von den Stuhlenthärtern entwöhnt werden, wenn es in einem Zeitraum von vier bis sechs Monaten täglich zwei- bis dreimal Stuhlgang hat. Die Erfolgsquote dieses Vorgehens ist sehr hoch und beträgt 78 % (Levine, Mazonson & Bakow, 1980).

Die Wright-Methode. Das Vorgehen von Wright und Walker (1978) basiert auf Methoden der operanten Konditionierung, die mit medizinischen Verfahren kombiniert werden. Zunächst wird der Dickdarm mit Einläufen gereinigt. Nach dem Aufwachen am Morgen wird das Kind aufgefordert, auf die Toilette zu gehen, um das Essen auszuscheiden. Erfolgt Stuhlgang, dann wird das Kind gelobt und es erhält eine Belohnung. Hat das Kind keinen Stuhlgang, erfolgt keine Belohnung und es erhält ein Abführzäpfchen, um den Stuhlgang damit einzuleiten. Das Vorgehen ist detailliert in Tabelle 9 beschrieben.

Zwischen zehn bis 15 % der Eltern sind in der Lage, die gesamte Prozedur umzusetzen, bei diesen Eltern beträgt die Erfolgsrate dann 100 % (Wright & Walker, 1978).

Tabelle 9:
Die Wright-Methode.

1. Phase	Mit einem Einlauf wird der Dickdarm gereinigt: * Nach dem Aufwecken geht das Kind zur Toilette und versucht, Stuhl auszuscheiden. * Ist das Kind dabei erfolgreich, wird es gelobt und erhält eine kleine Belohnung. * Erfolgt kein Stuhlgang, wird ein Einführzäpfchen verabreicht.
2. Phase	Nach dem Frühstück begibt sich das Kind zur Toilette. * Erfolgt Stuhlgang, dann wird das Kind belohnt, andernfalls wird ein Einlauf durchgeführt. * Am Abend wird die Kleidung des Kindes geprüft. Ist die Kleidung nicht verschmutzt, erfolgt eine Belohnung. Ist die Kleidung jedoch verschmutzt, dann wird das Kind moderat bestraft, z. B. muß es Hausarbeit verrichten und darf weniger fernsehen.
3. Phase	Die Abschlußphase beginnt, wenn die Kleidung zwei aufeinanderfolgende Wochen nicht verschmutzt ist. In dieser Phase wird die Darmreinigung mittels Einlauf schrittweise ausgeschlichen: * An einem bestimmten Tag in der Woche wird kein Einlauf vorgenommen. * Hat das Kind anschließend für eine Woche keine verschmutzte Wäsche, dann wird in der folgenden Woche an zwei Tagen kein Einlauf gemacht. * Dies wird solange fortgesetzt, bis keine Verschmutzung mehr auftritt und der Darm nicht mehr gereinigt werden muß; an dieser Stelle des Programmes erübrigt sich auch der Einsatz von Lob und Strafe.

Verhaltensmanagement. Dieses Vorgehen entwickelten Liebert und Fischel (1991). Der Behandlungsplan umfaßt folgende Elemente (vgl. Tab. 10):

- Sicherung eines weichen und häufigen Stuhlganges,
- Einsatz von Registriermethoden,
- tägliche Aufzeichnung des Toiletten-Rituals,
- systematische Verstärkung,
- Reinlichkeitstraining und
- Aufbau angemessener Erwartungen

Leider liegen zur Zeit noch keine Ergebnisse zur Wirksamkeit dieser Methode vor.

Tabelle 10:
Verhaltensmanagement.

---

(1) Durch Einläufe oder Einführzäpfchen wird der End- und untere Dickdarm gereinigt; im Ernährungsplan erhalten Ballaststoffe eine bevorzugte Stellung und ein Registriersystem für die täglich eingesetzten Abführmittel wird vermittelt.

(2) Mit Registriermethoden wird festgehalten, ob und wann die Wäsche verschmutzt war; zudem wird jeder erfolgreiche Toilettengang dokumentiert.

(3) Das Toiletten-Ritual wird täglich registriert.

(4) Nach jedem erfolgreichen Toilettengang wird das Kind sozial verstärkt.

(5) Vom Kind wird nach jedem Verschmutzen eine Reinigung verlangt (= Reinlichkeits-Training).

(6) Die Familien werden daran erinnert, daß sich eine vollkommene Darmkontrolle schrittweise entwickelt.

4.2.3 Prädiktoren des Behandlungserfolges

Insgesamt ist wenig über den Erfolg der Enkopresisbehandlung bekannt. Steinmüller und Steinhausen (1990) weisen darauf hin, daß folgende Faktoren einen Erfolg begünstigen:

- Unauffällige psychosoziale Bedingungen,
- höhere Intelligenz,
- Abwesenheit von Verstopfung und
- niedrig ausgeprägte Verhaltensstörungen.

Es bestehen bei Behandlungsmißerfolg keine Beziehungen zum Ausmaß der sozialen Kompetenz, jedoch zu muskulären Funktionseinschränkungen: So zur Unfähigkeit, einen wassergefüllten Ballon aus dem Mastdarm zu drücken und während des Vorganges den äußeren Schließmuskel des Enddarmes zu entspannen (vgl. Loening-Baucke, 1987).

5. Zusammenfassende Bemerkungen

Bei der Enuresis und Enkopresis handelt es sich jeweils um eine Störung, die mit steigendem Alter abnimmt. Jungen sind davon häufiger betroffen als Mädchen. Viele Ursachen werden im Kontext der Enuresis und Enkopresis betrachtet, wobei keine völlig befriedigt. Enuresis und Enkopresis besitzen viele Ursachen; im Einzelfall ist oft mehr als ein Faktor kausal. Vielleicht wäre ein multifaktorielles Modell in der Lage, unser Wissen über diese Ausscheidungsstörung zu verbessern. Die entwickelten Behandlungsverfahren kann man in pharmakologische und verhaltenstherapeutische Methoden untergliedern. Bei der Auswahl eines Behandlungsverfahrens sollte man darauf achten, daß es in der Lage ist, die Störungen einzuschränken und sie dauerhaft zu überwinden. Es wurde sowohl über Faktoren berichtet, die einen Behandlungserfolg begünstigen als auch über solche, die ihn erschweren, wie das Vorliegen einer weiteren gleichzeitig auftretenden psychischen Störung.

Weiterführende Literatur

Grosse, S. (1991). *Bettnässen: Diagnostik und Therapie*. München: Psychologie Verlags Union (2. Auflage).

Krisch, K. (1985). *Enkopresis*. Bern: Huber.

Ross, A. O. & Petermann, F. (1987). *Verhaltenstherapie mit Kindern und Jugendlichen*. Stuttgart: Hippokrates.

Literatur

American Psychiatric Association (1989). *Diagnostisches und Statistisches Manual Psychischer Störungen* DSM-III-R, Revision. Weinheim: Beltz.

Azrin, N. H., Sneed, T. J. & Foxx, R. M. (1974). Dry bed: Rapid elimination of childhood enuresis. *Behavioral Research and Therapy, 12*, 147—156.

Bakwin, H. (1973). The genetics of enuresis. In I. Kolvin, R. C. MacKeith & S. R. Meadow (Eds.), *Bladder control and enuresis* (73—77). London: Heinemann.

Bellman, M. (1966). Studies on encopresis. *Acta Paediatrica Scandinavica, 170* (Suppl.), 1—151.

Bemporad, J. R., Pfeifer, C. M., Gibbs, L., Cortner, R. H. & Bloom, W. (1971). Characteristics of encopretic patients and their families. *Journal of the American Academy of Child Psychiatry, 10*, 272—292.

Bhatia, M. S., Nigam, V. R., Bohra, N. & Malik, S. C. (1991). Attention deficit disorder with hyperactivity among paediatric outpatients. *Journal of Child Psychology and Psychiatry and Allied Disciplines, 32*, 297—306.

Biswas, S. & Berg, I. (1986). Childhood encopresis extended into adult life. *British Journal of Psychiatry, 149*, 794—795.

Bollard, J. (1982). A 2-year follow-up of bedwetters treated by dry-bed training and standard conditioning. *Behavior Research and Therapy, 20*, 571—580.

Bollard, J. & Nettelbeck, T. (1981). A comparison of dry-bed training and standard urine alarm conditioning treatment of childhood bedwetting. *Behaviour Research and Therapy, 19,* 215—226.

Bollard, J. & Nettelbeck, T. (1982). A component analysis of dry-bed training for treatment for bedwetting. *Behaviour Research and Therapy, 20,* 383—390.

Bollard, J., Nettelbeck, T. & Roxbee, L. (1982). Dry-bed training for childhood bedwetting: A comparison of group with individually administered parent instruction. *Behaviour Research and Therapy, 20,* 209—217.

Boyd, M. M. (1960). The depth of sleep in enuretic school children and in nonenuretic controls. *Journal of Psychosomatic Research, 44,* 274—281.

Broughton, R. J. (1968). Sleep disorders: Disorders of arousal? *Science, 159,* 1070—1078.

Butler, R. J., Brewin, C. R. & Forsythe, W. I. (1986). Maternal attributions and tolerance for nocturnal enuresis. *Behavior Research and Therapy, 24,* 307—312.

Butler, R. J., Brewin, C. R. & Forsythe, W. I. (1988). A comparison of two approaches to the treatment of nocturnal enuresis and the prediction of effectiveness using pretreatment variables. *Journal of Child Psychology and Psychiatry, 29,* 501—509.

Butler, R., Brewin, C. R. & Forsythe, W. I. (1990a). Relapse in children treated for nocturnal enuresis: Prediction of response using pretreatment variables. *Behavioural Psychotherapy, 18,* 65—72.

Butler, R. J., Brewin, C. R. & Forsythe, W. I. (1990b). The child's constructing of nocturnal enuresis: A method of inquiry and prediction of outcome. *Journal of Child Psychology and Psychiatry and Allied Disciplines, 31,* 447—454.

Dische, S., Yule, W., Gorbett, J. & Hand, D. (1983). Childhood nocturnal enuresis: Factors associated with outcome of treatment with an enuresis alarm. *Development Medicine and Child Neurology, 25,* 67—80.

Doleys, D. M. (1977). Behavioral treatment for nocturnal enuresis in children: A review of the recent literature. *Psychological Bulletin, 84,* 30—54.

Doleys, D. M. (1978). Assessment and treatment of enuresis and encopresis in children. In M. Hersen, R. Eisler & P. Miller (Eds.), *Progress in behavior modification (Vol. 6).* New York: Academic Press.

Doleys, D. M. (1983). Enuresis and encopresis. In T. H. Ollendick & M. Hersen (Eds.), *Handbook of child psychopathology.* New York: Plenum Press.

Doleys, D. M., Ciminero, A. R., Tollison, J. W., Williams, C. L. & Wells, K. C. (1977). Dry-bed training and retention control training: A comparison. *Behavior Therapy, 8,* 541—548.

Douglas, J. W. B. (1973). Early disturbing events and later enuresis. In I. Kolvin, R. C. MacKeith & S. R. Meadow (Eds.), *Bladder control and enuresis.* London: Spastics International Medical Publications.

Esser, G., Schmidt, M. H. & Woerner, W. (1990). Epidemiology and course of psychiatric disorders in school-age children: Results of a longitudinal study. *Journal of Child Psychology and Psychiatry and Allied Disciplines, 31,* 243—263.

Fergusson, D. M., Horwood, L. J. & Shannon, F.T. (1986). Factors related to the age of attainment of nocturnal bladder control: An 8-year longitudinal study. *Pediatrics, 78,* 884—890.

Fielding, D. (1980). The response of day and night wetting children and children who only wet at night to retention control training and the enuresis alarm. *Behavior Research and Therapy, 18,* 305—317.

Fielding, D. (1981). An analysis of the behavior of day- and night-wetting children: Towards a model of micturition control. *Behavior Research and Therapy, 20,* 49—60.

Fincham, F. D. & Spettell, C. (1984). The acceptability of dry bed training and urine alarm training as treatments of nocturnal enuresis. *Behavior Therapy, 15,* 388—394.

Finley, W. W. & Besserman, R. L. (1973). Differential effects of three reinforcement schedules on the effectiveness of the conditioning treatment for enuresis nocturna. *Proceedings of the American Psychological Association, 8,* 923—924.

Finley, W. W., Besserman, R. L., Bennett, L. F., Clapp, R. K. & Finley, P. M. (1973). The effect of continous, intermittent and placebo reinforcement on the effectiveness of the conditioning treatment for enuresis nocturna. *Behaviour Research and Therapy, 11,* 289—297.

Finley, W. W., Rainwater, A. & Johnson, G. (1982). Effects of varying alarm schedules on acquisition and relapse parameters in the conditioning treatment of enuresis. *Behaviour Research and Therapy, 20,* 69—80.

Forsythe, W. I. & Redmond, A. (1974). Enuresis and spontaneous cure rate. *Archives of Diseases of Childhood, 49,* 259—263.

Foxman, B., Valdez, R. B. & Brook, R. H. (1986). Childhood enuresis: Prevalence, perceived impact, and prescribed treatments. *Pediatrics, 77,* 482—487.

Geffken, G., Johnson, S. B. & Walker, D. (1986). Behavioral interventions for childhood nocturnal enuresis: The differential effect of bladder capacity on treatment progress and outcome. *Health Psychology, 5,* 261—272.

Gillin, J. C., Rapoport, J. L., Mikkelsen, E. J., Vanskiver, C. & Mendelson, W. (1982). EEG sleep patterns in enuresis: A further analysis and comparison with normal controls. *Biological Psychiatry, 17,* 947—953.

Griffiths, P., Meldrum, C. & McWilliam, R. (1982). Dry-bed training in the treatment of nocturnal enuresis in childhood: A research report. *Journal of Child Psychology and Psychiatry and Allied Disciplines, 23,* 485—495.

Grosse, S. (1991). *Bettnässen: Diagnostik und Therapie.* München: Psychologie Verlags Union, 2. Auflage.

Harris, L. S. & Purohit, A. P. (1977). Bladder training and enuresis: A controlled trial. *Behaviour Research and Therapy, 15,* 485—490.

Haug-Schnabel, G. (1990). Das Enuresis-Gespräch: Die Situation von Kindern mit Einnäßkarrieren. *Acta Paedopsychiatrica, 53,* 45—53.

Herson, V. C., Schmitt, B. D. & Rumack, B. H. (1972). Magical thinking and imipramine poisoning in two school-aged children. *Journal of American Medical Association, 24,* 1926—1927.

Hoag, J. M., Norris, N. G., Himeno, E. T. & Jacobs, J. (1971). The encopretic child and his family. *Journal of American Academy and Child Psychiatry, 10,* 242—256.

Houts, A. C. (1991). Nocturnal enuresis as a behavioral problem. *Behavior Therapy, 22,* 133—151.

Houts, A. C., Liebert, R. M. & Padawer, W. (1983). A delivery system for the treatment of primary enuresis. *Journal of Abnormal Child Psychology, 11,* 513—519.

Houts, A. C., Peterson, J. K. & Liebert, R. M. (1984). The effect of prior imipramine treatment on the results of conditioning therapy in children with enuresis. *Journal of Pediatric Psychology, 9,* 505—509.

Houts, A. C., Peterson, J. K. & Whelan, J.P. (1986). Prevention of relapse in full-spectrum home training for primary enuresis: A components analysis. *Behavior Therapy, 17,* 462—469

Järvelin, M. R. (1989). Developmental history and neurological findings in enuretic children. *Developmental Medicine and Child Neurology, 31,* 728—736.

Järvelin, M. R., Moilanen, I., Vikevainen-Tervonen, L. & Huttunen, N. P. (1990). Life changes and protective capacities in enuretic and nonenuretic children. *Journal of Child Psychology and Psychiatry and Allied Disciplines, 31,* 763—774

Järvelin, M. R., Vikevainen-Tervonen, L., Moilanen, I. et al. (1988). Enuresis in seven-year old children. *Acta Paediatrica Scandinavica, 77,* 148—153.

Johnson, S. B. (1980). Enuresis. In R. Daitzman (Ed.), *Clinical behavior therapy and behavior modification.* New York: Garland.

Kimmel, H. D. & Kimmel, E. (1970). An instrumental conditioning method for the treatment of enuresis. *Journal of Behavior Therapy and Experimental Psychiatry, 1,* 121—123.

Kisch, E. H. & Pfeffer, C. R. (1984). Functional encopresis: Psychiatric inpatient reatment. *American Journal of Psychotherapy, 38,* 264—271.

Krisch, K. (1982). *Enkopresis: Ursachen und Behandlung des Einkotens.* Bern: Huber.

Landman, G. B., Rappaport, L., Fenton, T. & Levine, M. D. (1986). Loss of control and self-esteem in children with encopresis. *Journal of Developmental and Behavioral Pediatrics, 7,* 111—113.

Levine, M. D. (1975). Children with encopresis: A descriptive analysis. *Pediatrics, 56,* 412—416.

Levine, M. D. (1983). Encopresis. In M. D. Levine, W. B. Carey & A. C. Crocker (Eds.), *Developmental behavioral pediatrics.* Philadelphia: Saunders.

Levine, M. D. & Bakow, H. (1976). Children with encopresis: A study of treatment outcome. *Pediatrics, 58,* 845—852.

Levine, M. D., Mazonson, P. & Bakow, H. (1980). Behavioral symptom substitution in children cured of encopresis. *American Journal of Diseases in Childhood, 134,* 663.

Liebert, R. M. & Fischel, J. E. (1991). The elimination disorders. Enuresis and encopresis. In M. Lewis & S. M. Miller (Eds.), *Handbook of developmental psychopathology.* New York: Plenum Press.

Loening-Baucke, V. (1984). Sensitivity of the sigmoid colon and rectum in children treated for chronic constipation. *Journal of Pediatric Gastroenterology and Nutrition, 3,* 454—459.

Loening-Baucke, V. (1987). Factors responsible for persistence of childhood constipation. *Journal of Pediatric Gastroenterology and Nutrition, 6,* 915—922.

Loening-Baucke, V. (1989). Factors determining outcome in children with chronic constipation and faecal soiling. *Gut, 30,* 999—1006.

Loening-Baucke, V. (1992). Elimination disorders. In D. E. Greydanus & M. L. Wolraich (Eds.), *Behavioral pediatrics.* New York: Springer.

Loening-Baucke, V. & Cruikshank, B. (1986). Abnormal defecation dynamics in chronically constipated children with encopresis. *Journal of Pediatrics, 108,* 562—566.

Lovibond, S. H. (1972). Critique of Turner, Young, and Rachman's conditioning treatment for enuresis. *Behavior Research and Therapy, 10,* 287—289.

Lovibond, S. H. & Coote, M. A. (1970). Enuresis. In C. G. Costello (Ed.), *Symptoms of psychopathology.* New York: Wiley.

Lunsing, R. J., Hadders-Algra, M., Touwen, B. C. & Huisjes, H. J. (1991). Nocturnal enuresis and minor neurological dysfunction at 12 years: A follow-up study. *Developmental Medicine and Child Neurology, 33*, 439—445.

Mikkelsen, E. J., Rapoport, J. L., Nee, L., Gruenau, C., Mendelson, W. B. & Gillin, J. C. (1980). Childhood enuresis. I. Sleep patterns and psychopathology. *Archives of General Psychiatry, 37*, 1139—1144.

Morgan, R. T. T. (1978). Relapse and therapeutic response in the conditioning treatment of enuresis: A review of recent findings on intermittent reinforcement, overlearning and stimulus intensity. *Behavior Research and Therapy, 273—279.*

Mowrer, O. H. & Mowrer, W. M. (1938). Enuresis — a method for its study and treatment. *American Journal of Orthopsychiatry, 8*, 436—459.

Olatawura, M.O. (1973). Encopresis. *Acta Paediatrica Scandinavica, 62*, 358—364.

Oregan, S., Yazbeck, S., Hamberger, B. et al. (1986). Constipation a commonly unrecognized cause of enuresis. *American Journal of Diseases in Childhood, 140*, 260—261.

Paschalis, A. P., Kimmel, H. D. & Kimmel, E. (1972). Further study of diurnal instrumental conditioning in the treatment of enuresis nocturn. *Journal of Behavior Therapy and Experimental Psychiatry, 3*, 253—256.

Pierce, C. M., Whitman, R. M., Mass, J. W. et al. (1961). Enuresis and dreaming: Experimental studies. *Archives of General Psychiatry, 4*, 116—170.

Quaschner, K. & Mattejat, F. (1989). Kooperation und Behandlungsabbruch: Eine Untersuchung zum Verlauf von Therapien bei Kindern mit Enuresis. *Zeitschrift für Kinder- und Jugendpsychiatrie, 17*, 119—124.

Rapoport, J. L., Mikkelsen, E. J., Zavadil, A. et al. (1980). Childhood enuresis: II. Psychopathology, tricyclic concentration in plasma, and antienuretic effect. *Archives of General Psychiatry, 37*, 1146—1152.

Rittig, S., Knudsen, U. B., Norgaard, J. P., Pedersen, E. B. & Djurhuus, J. C. (1989). Abnormal diurnal rhythm of plasma vasopressin and urinary output in patients with enuresis. *American Journal of Physiology, 256*, F664—F671.

Roberts, M. C. (1986). *Pediatric psychology: Psychological interventions and strategies for pediatric problems.* New York: Pergamon Press.

Ross, A. O. & Petermann, F. (1987). *Verhaltenstherapie mit Kindern und Jugendlichen.* Stuttgart: Hippokrates.

Rutter, M. (1973). Indication for research. III. In I. Kolvin, R. C. MacKeith & S.R. Meadow (Eds.), *Bladder control and enuresis.* London: Spastics International Medical Publications.

Rutter, M. (1989). Isle of Wright revisited: Twenty-five years of child psychiatric epidemiology. *Journal of the American Academy of Child and Adolescent Psychiatry, 28*, 633—653.

Rutter, M. L., Yule, W. & Graham, P.J. (1973). Enuresis and behavioral deviance: Some epidemiological considerations. In I. Kolvin, R. C. MacKeith & S. R. Meadow (Eds.), *Bladder control and enuresis.* London: Spastics International Medical Publications.

Sacks, S. & De Leon, G. (1983). Training the disturbed enuretics. *Behavior Research and Therapy, 16*, 693—694.

Said, J. A., Wilson, P. H. & Hensley, V. R. (1991). Primary versus secondary enuresis: Differential response to urinealarm treatment. *Child and Family Behavior Therapy, 13*, 113.

Schmidt, N. J. & Esser, G. (1981). Einflüsse auf die Effizienz der verhaltenstherapeutischen Behandlung der Enuresis: Eine klinische Studie an 47 Fällen. *Zeitschrift für Kinder- und Jugendpsychiatrie, 9,* 217—232.

Schmitt, B. D. (1984). Encopresis. *Primary Care, 11,* 497—511.

Shaffer, D. (1977). Enuresis. In M. Rutter & L. Hersov (Eds.), *Child psychiatry. Modern approaches.* Oxford: Blackwell Scientific Publications.

Starfield, B. (1967). Functional bladder capacity in enuretic and nonenuretic children. *Journal of Pediatrics, 70,* 777—781.

Starfield, B. & Mellits, E. D. (1968). Increase in functional bladder capacity and improvements in enuresis. *Journal of Pediatrics, 72,* 483—487.

Steinhausen, H. C. & Göbel, D. (1989). Enuresis in child psychiatric clinic patients. *Journal of the American Academy of Child and Adolescent Psychiatry, 28,* 279—281.

Steinmüller, A. & Steinhausen, H. C. (1990). Der Verlauf der Enkopresis im Kindesalter. *Praxis der Kinderpsychologie und Kinderpsychiatrie, 39,* 74—79.

Stern, H. P., Lowitz, G. H., Prince, M. T., Altshuter, L. & Stroh, S. E. (1988). The incidence of cognitive dysfunction in an encopretic population in children. *Neurotoxicology, 9,* 351—357.

Taylor, P. D. & Turner, R. K. A. (1975). A clinical trial of continous, intermittent, and overlearning "bell and pad" treatment for nocturnal enuresis. *Behavior Research and Therapy, 13,* 281—293.

Wagner, W. G. & Johnson, J. T. (1988). Childhood nocturnal enuresis: The prediction of premature withdrawal from behavioral conditioning. *Journal of Abnormal Child Psychology, 16,* 687—692.

Wagner, W., Johnson, S. B., Walker, D., Carter, R. & Wittner, J. (1982). A controlled comparison of two treatments for nocturnal enuresis. *Journal of Pediatrics, 101,* 302—307.

Walker, C. E., Kenning, M. & Faust-Companile, J. (1989). Enuresis and encopresis. In E. J. Mash & R. A. Barkley (Eds.), *Treatment of childhood behavior disorder.* New York: Guilford.

Weiner, N. (1985). Atropine, scopalamine, and related antimuscarinic drugs. In A. G. Gilman, L. S. Goodman, T. W. Rall & F. Murad (Eds.), *The pharmacological basis of therapeutics.* New York: MacMillan.

Wille, A. (1984). *Die Enkopresis im Kindes- und Jugendalter.* Berlin: Springer.

Whelan, J. P. & Houts, A. C. (1990). Effects of a waking schedule on primary enuretic children treated with fullspectrum home training. *Health Psychology, 9,* 164—176.

Wright, L. & Walker, C. E. (1978). A simple behavioral treatment program for psychogenic encopresis. *Behavior Research and Therapy, 16,* 209—212.

Young, G. C. & Morgan, R. T. T. (1972). Overlearning in the conditioning treatment of enuresis: A long-term follow-up study. *Behavior Research and Therapy, 10,* 419—420.

Young, G. C. & Morgan, R. T. T. (1973). Rapidity of response to the treatment of enuresis. *Developmental Medicine and Child Neurology, 15,* 488—496.

Zaleski, A., Gerrard, J. W. & Shokeir, M. K. K. (1973). Nocturnal enuresis: The importance of a small bladder capacity. In I. Kolvin, R. C. MacKeith & S. R. Meadow (Eds.), *Bladder control and enuresis* (95—101). London: Heinemann.

II.

Modelle psychischer Störungen

D. Chronische Krankheiten

Körperlich-chronisch kranke Kinder: Psychosoziale Belastungen und Krankheitsbewältigung

Meinolf Noeker und Franz Petermann

1. Pädiatrische Psychologie — Ein Arbeitsfeld in Entwicklung

Seit etwa einem Jahrzehnt ist in den deutschsprachigen Ländern eine fruchtbare Annäherung zwischen der Kinderheilkunde und der Klinischen Psychologie zu verzeichnen. Mit der „Pädiatrischen Psychologie" entsteht eine Disziplin, die in den angloamerikanischen Ländern schon auf eine längere Tradition zurückgreifen kann ("behavioral pediatrics"). Die zunehmende Zahl chronisch kranker Kinder stellt die Kinderheilkunde vor neue Herausforderungen. Das Anwachsen dieser Patientengruppe ist nun weniger einer natürlichen Steigerung der Morbiditätsrate anzulasten, sondern ergibt sich paradoxerweise gerade aus den medizinischen Fortschritten. Diese Behandlungserfolge haben viele Patienten mit Erkrankungen, die vor Jahrzehnten noch unabwendbar tödlich verliefen, zwar vor einem frühen Versterben bewahren können, dies allerdings zum Preis einer zurückbleibenden chronischen Erkrankung. Bei Krankheitsbildern wie Krebs im Kindes- und Jugendalter (vgl. Petermann et al., 1990b) oder angeborenen operablen Herzerkrankungen können nach einer chronischen Erkrankungsphase Heilungen erhofft werden. Bei Erkrankungen, die in ihrem Verlauf kontinuierlich fortschreiten wie Cystische Fibrose (Patterson et al., 1993), neuromuskulären Erkrankungen (vgl. Neuhäuser in diesem Buch) oder zunehmend auch HIV-Infektionen (Spiegel & Mayers, 1991), können verbesserte symptomatische Behandlungsstrategien die Lebenserwartung der Patienten schrittweise verlängern. Eine andere Gruppe chronischer Erkrankungen zeigt einen stetigen und symptomarmen Verlauf, der aber akut in hochbedrohliche Krisenzustände übergehen kann. Beispielhaft zu nennen sind hier Asthma bronchiale (Noeker, 1991; Petermann & Lecheler, 1993; Petermann et al., 1993), Diabetes mellitus (Hürter, 1992; Petermann, 1994), Hämophilie (Varni & Wallander, 1988), Epilepsie (Dahl, 1992), Phenylketonurie (Slijper et al., 1989), Neurodermitis (Bochmann, 1992; Köhnlein et al., 1993), juvenile chronische Arthritis (Chaney & Peterson, 1992; Wiedebusch, 1992) oder auch ein chronisches Nierenversagen mit Dialyse-

pflichtigkeit (Reichwald-Klugger, 1993). Die Behandlungsstrategie liegt bei diesen Krankheitsbildern in einer Kombination aus einer kontinuierlichen Prophylaxe (Medikation, Diät, Zuführung eines fehlenden Stoffwechselbausteins von
außen) und einer risikogerechten Krisenintervention für den Fall, daß es zu akuten Stoffwechselentgleisungen kommt. Solche Patienten können mittlerweile
eine Lebenserwartung hegen, die an die der gesunden Bevölkerung heranreicht.
Dieses Ziel kann allerdings medizinisch nur dann erreicht werden, wenn die
wiederkehrenden prophylaktischen Behandlungsmaßnahmen dauerhaft in den
Alltag integriert werden, und wenn es gelingt, spontan einsetzende Verschlechterungen des Zustandsbildes durch ein kompetentes und selbstkontrolliertes Management wieder abzufangen. Über diese unmittelbar behandlungsbezogenen
Anpassungsleistungen hinaus ist der junge chronisch Kranke und seine Familie
gefordert, die schwerwiegenden und vielschichtigen Krankheitsbelastungen im
psychosozialen Bereich zu bewältigen (Comittee on Children with Disabilities
and Comittee on Psychosocial Aspects of Child and Family Health, 1993).

Die Ätiologie der meisten chronischen Krankheitsbilder kann nach aktuellem
Kenntnisstand mit einer biomedizinischen Terminologie hinreichend beschrieben
werden. Vor allem der Krankheitsausbruch kann in der Regel mit Hilfe organischer Erklärungsmodelle erklärt oder zumindest hypothetisch schlüssig aufgezeigt werden, die ohne die Annahme psychogener Faktoren bei der Pathogenese
auskommen.

Im Gegensatz zum klassischen psychosomatischen Ansatz rückt die Psychologie
chronischer Krankheiten die umgekehrte Wirkungsrichtung in den Blick, nämlich
die psychosozialen Folgeerscheinungen von körperlichen Störungsbildern:

● Körperlich chronische Erkrankungen bei Kindern stellen ein Risiko für
   sekundäre psychiatrische Störungen bzw. Verhaltensstörungen dar, die
   einen interdisziplinär angelegten Behandlungsansatz erfordern (Comitee on
   Children with Disabilities, 1993; Petermann et al., 1990).
● Die Qualität der Krankheitsbewältigung und die Bereitschaft zur Therapiemitarbeit (Compliance) wirken entweder verschlimmernd oder lindernd
   auf den organischen Erkrankungszustand zurück. Belegt werden konnten
   solche Effekte beispielsweise für den Blutzuckerspiegel des Diabetikers
   (vgl. Halford et al., 1990), die Lungenfunktionswerte beim jungen Patienten mit Cystischer Fibrose (vgl. Patterson et al., 1993) oder mit Asthma.
   Auch die Langzeitprognose des organmedizinischen Krankheitsverlaufs ist
   somit von der Güte der Krankheitsbewältigung abhängig. Sie kann sogar
   indirekt die Sterblichkeitsraten erhöhen (vgl. z. B. Sly, 1988).

2. Definition, Epidemiologie und Klassifikation

2.1 Definition und Abgrenzung chronischer Krankheit

Eine eindeutige Abgrenzung gegenüber der Akuterkrankung ist schwierig, da auch chronische Erkrankungen zu akut behandlungspflichtigen Krisen führen können. Chronische Erkrankungen können andererseits mit dauerhaften funktionellen Einbußen einhergehen, die den Status der Behinderung rechtfertigen. Dies ist eindeutig bei neurodegenerativen Erkrankungen oder Cerebralparesen der Fall (vgl. Neuhäuser in diesem Band). Aber auch Erkrankungen wie Diabetes oder Leukämie liefern in sozialrechtlicher Hinsicht die Voraussetzungen für den Schwerbehindertenstatus. Auch kinder- und jugendpsychiatrische Krankheitsbilder können unter dem Aspekt der Chronifizierung betrachtet werden. An dieser Stelle sollen diese jedoch nicht berücksichtigt werden. Der Begriff „chronische Krankheit" soll hier auf körperliche Krankheiten beschränkt werden.

Perrin et al. (1993) betrachten zwei Hauptkriterien als ausschlaggebend für das Vorliegen einer chronischen Erkrankung: eine Erkrankungsdauer von mindestens drei Monaten und beträchtliche Auswirkungen auf das psychophysische Wohlbefinden des Kindes. Stein et al. (1993) haben jüngst eine Definition chronischer Krankheit vorgeschlagen, die die psychosozialen Erkrankungsfolgen und die Abhängigkeit von ständiger professioneller Hilfe in den Vordergrund rückt (vgl. Kasten).

Definitionsmerkmale einer chronischen Krankheit (nach Stein et al., 1993):

● Vorliegen einer biologischen oder psychologischen Störungsursache
● Dauer von mindestens einem Jahr
● Vorliegen mindestens einer der folgenden Auswirkungen:
  a) Funktionelle Einschränkungen der Alltagsaktivitäten und der sozialen Rollen im Vergleich zu gesunden Gleichaltrigen in den Bereichen des körperlichen, kognitiven, emotionalen und sozialen Reifungs- und Entwicklungsverlaufs.
  b) Angewiesenheit auf eine der folgenden Hilfen zur Kompensation oder Minimierung der funktionellen Einschränkungen:
  — Medikation,
  — spezielle Diät,
  — medizinische Hilfsmittel sowie
  — persönliche Anleitung.
  c) Bedarf nach wiederholten medizinisch-pflegerischen oder psychologisch-pädagogischen Unterstützungsleistungen, die über das altersübliche Maß hinausgehen.

2.2 Prävalenz chronischer Krankheiten

Es liegen mehrere großangelegte Studien vor, die Angaben erlauben

● zur Häufigkeit von chronischen Erkrankungen unter Kindern und Jugendlichen (Prävalenz) und
● zur Rate von zusätzlichen psychopathologischen Krankheitsbildern bei Vorliegen einer körperlichen Krankheit (Komorbidität).

Die Ergebnisse dieser Studien können beträchtlich variieren. Diese Varianz resultiert unter anderem aus der jeweiligen Auswahl der einbezogenen Erkrankungsgruppen, Unterschieden in den Erhebungsgruppen und deren Repräsentativität oder den Erhebungsquellen (Elternangaben, Selbstbeurteilungen beziehungsweise medizinische Befunde; vgl. Canning et al., 1992). So konnten Compas et al. (1992) nachweisen, daß die Schätzungen von kindlichen Verhaltensstörungen, die auf Interviews mit den Müttern basieren, eben mit der psychischen Auffälligkeit der Mutter korrelieren.

Die Häufigkeitsangaben zu chronischen Krankheiten unter Kindern und Jugendlichen variieren von 31 % bei einer maximalen Auslegung des Begriffs „chronische Krankheit" (Newacheck & Taylor, 1992) bis zu einer realistischeren Größenordnung von etwa 10 % (Gortmaker et al., 1990).

Die amerikanischen Daten der repräsentativen National Health Inventory Survey (Gortmaker et al., 1990), die an über elftausend Kindern im Alter von vier bis siebzehn Jahren erhoben werden konnten, ergeben die in Tabelle 1 wiedergegebenen Schätzwerte.

2.3 Prävalenz von Verhaltensstörungen bei chronisch kranken Kindern

Seit über zwei Jahrzehnten ist eine Vielzahl von Studien durchgeführt worden, die der Frage nachgehen, ob chronisch kranke Kinder stärker als ihre gesunden Altersgenossen dazu neigen, Verhaltensstörungen zu entwickeln. Diese Studien kommen zu uneinheitlichen Angaben. Die schwankenden Häufigkeiten liegen vor allem darin begründet, welcher psychologische Störungsbegriff jeweils zugrundegelegt wird und mit Hilfe welcher Indikatoren entsprechende Verhaltensstörungen operationalisert werden. Je nachdem, wie eng oder weit die Kriterien für das Vorliegen einer Verhaltensstörung definiert werden, desto geringer oder höher fallen die Prävalenzraten aus. Die Studien orientieren sich in der Regel an einem der folgenden vier Störungsbegriffe:

● **Psychopathologische Störung mit Krankheitswertigkeit.** In den klassischen Studien der siebziger Jahre galt das Vorliegen einer fachpsychiatrisch gestellten Diagnose als maßgebend (vgl. z. B. Rutter et al., 1970).
● **Psychische Störung im Sinne der Kriterien moderner multiaxialer Klassifikationssysteme (DSM-III; ICD-10).** Erhoben werden solche Stö-

Tabelle 1:
Geschätzte Prävalenz chronischer Krankheiten im Kindesalter (nach Gortmaker et al., 1990, S. 269).

Erkrankung	Häufigkeit pro 1000
Arthritis	3.4
Asthma bronchiale	29.3
Cystische Fibrose (erbliche Stoffwechselerkrankung mit erhöhter Sekretproduktion vor allem in der Lunge)	0.3
Diabetes mellitus	1.0
Epilepsie	3.0
Gastrointestinale Krankheiten (z. B. Colitis ulcerosa, Morbus Crohn)	1.6
Erkrankungen von Hals, Nase, Ohren	0.4
Fehlende Giedmaßen (z. B. als Unfallfolge)	2.1
Kardiale Erkrankungen (z. B. angeborener Herzfehler)	0.7
Körperbehinderung	19.4
Krebserkrankungen (z. B. Leukämie, Lymphome, bösartige Tumoren)	0.6
Orthopädie (z. B. Wirbelsäulenverkrümmung, Klumpfuß)	9.6
Sinnesbehinderungen:	
* Sehfehler	8.4
* Blindheit	3.3
* Hörfehler	6.1
* Taubheit	5.4
Sichelzellanämie (Erkrankung der roten Blutkörperchen)	0.9
Zerebralparese (z. B. mit spastischen Lähmungen)	0.9
Summe der 19 Krankheitsgruppen	86.0

rungen mit aktuellen Erhebungsverfahren, die für Fragestellungen der Kinder- und Jugendpsychiatrie entwickelt worden sind. (vgl. z. B. Thompson et al., 1993). In jüngerer Zeit mehren sich kritische Stimmen, die vor der Anwendung solcher Verfahren bei körperlich chronisch kranken Kindern warnen (vgl. Perrin et al., 1991).

● **Anpassungsstörung (Adaptationstörung).** Dieser Begriff wird verwendet, um den engen Bezug der Verhaltensauffälligkeiten des Kindes zum Gelingen der erforderlichen Anpassungsleistungen an seine chronische Erkrankung zu betonen. Wenn sich in den Studien beispielsweise überdurchschnittliche Beeinträchtigungen des Selbstwertes oder ein hohes

Angstniveau zeigen, so wird dies im Sinne einer unzureichenden Anpassungs-
leistung an die chronische Krankheit gewertet. Sind entsprechende Auffälligkeiten auch bei anderen Familienmitgliedern feststellbar, so wird in
entsprechender Weise von familiären Anpassungsstörungen gesprochen.

● **Psychosoziale Krankheitsbewältigung.** Eine weitere Gruppe von Studien
rückt das Ausmaß der Krankheitsbelastungen, die Anforderungen durch
das Therapieregime und die Qualität der Krankheitsbewältigung in den
Vordergrund. Damit wird der Akzent auf die dauerhafte Bedrohung und
die immensen Streßauswirkungen aufgrund des Krankheitsprozesses gelegt. Mit einem solchen Ansatz soll vermieden werden, das chronisch
kranke Kind zu stark aus einem störungsorientierten Blickwinkel zu betrachten, bei dem die durch die Krankheit vorgegebenen, einschneidenden
Kontextbedingungen aus den Augen verloren gehen. Konsequenterweise
werden theoretische Erklärungsmodelle bevorzugt, die aus der ,,norma-
len" Entwicklungspsychologie, Streßpsychologie und sozial-kognitiven
Lerntheorie stammen und nicht aus der Psychopathologie (vgl. Noeker,
1991; Petermann et al., 1987, 1990; Petermann & Lecheler, 1993).

Der klassischen, psychopathologisch orientierten Studie von Rutter et al.
(1970) zufolge beträgt die Prävalenz kinder- und jugendpsychiatrischer Störungen im Rahmen einer chronischen Erkrankung 17 %. Diese Rate unterscheidet sich damit deutlich von der Kontrollgruppe der körperlich gesunden
Altersgenossen (7 %). Dieses damit zwei- bis dreifach erhöhte Risiko konnte
auch in aktuelleren Studien bestätigt werden und ergibt sich unabhängig von
sozioökonomischen und demographischen Merkmalen (Gortmaker et al.,
1990). Das Nachfrageverhalten nach medizinischer Dienstleistung variiert
allerdings einer umfangreichen amerikanischen Studie zufolge nach ethni-
schen Kriterien (Newacheck et al., 1993).

2.4 Zusätzliche Risikofaktoren für die Entwicklung von Verhaltensstörungen

Es konnten empirisch verschiedene Faktoren herausgearbeitet werden, die das
Risiko von Verhaltensstörungen erhöhen.

Geschlechtsunterschiede. Mit Blick auf die Häufigkeiten ergeben sich nur geringfügige Geschlechtsunterschiede. Jungen zeigen allerdings eher externalisierende, Mädchen eher internalisierende Verhaltensstörungen (Wallander et al.,
1989). Mit zunehmendem Alter der betroffenen Kinder werden von den Müttern
stärkere Abhängigkeitskonflikte und Schwierigkeiten bei erzieherischen Grenzsetzungen berichtet (Eiser et al., 1992).

Mentale Funktionen und Temperament. Die Verhaltensstörungen sind umso
gravierender, wenn die körperliche Erkrankung mit einer Behinderung einhergeht
bzw. wenn das zentrale Nervensystem von ihr betroffen ist (Breslau & Marshall,
1985; Gortmaker et al., 1990; Cadman et al., 1987; Rutter et al., 1970). Eine

hohe Intelligenz des Kindes reduziert das Risiko (Perrin et al., 1993b), ein stark emotionales Temperament des betroffenen Kindes erhöht dagegen das Risiko für Verhaltensstörungen (Varni et al., 1989).

Schweregrad der Erkrankung. Schon Pless und Roghman (1971) stellten in einer klassischen Übersichtsarbeit eine Korrelation zwischen dem Schweregrad einer chronischen Erkrankung und dem Ausmaß von Verhaltensstörungen fest. Der im Bundesstaat New York erhobene Rochester Child Health Survey (Pless & Satterwhite, 1975) ergab, daß 20 % der Eltern einen deutlich negativen Effekt der chronischen Erkrankung auf das kindliche Verhalten und Wohlbefinden erlebten. Die Studie bezog darüber hinaus Verhaltenseinschätzungen der Lehrer und Selbstbeurteilungen der Kinder ein. Diese zeigten, daß das Ausmaß von Verhaltensauffälligkeiten kontinuierlich mit dem Schweregrad körperlicher Krankheit einherging. Der Anteil von Kindern mit Beeinträchtigungen des Selbstwertes und der sozialen Beziehungen zeigte eine stetig steigende Tendenz über die vier folgenden Gruppen:

● Körperlich gesunde Kinder,
● Chronisch kranke Kinder ohne funktionelle Einschränkung,
● Kinder mit einer leichteren chronischen Erkrankung, allerdings mit funktioneller Einschränkung,
● Kinder, die an einer chronischen Erkrankung mit einem ausgeprägten Schweregrad litten.

Aktuell konnte auch der großangelegte, amerikanische National Health Interview Survey (Newacheck & Taylor, 1992) nachweisen, daß bei Kindern mit Asthma ein erhöhter Schweregrad des Krankheitsbildes mit stärkeren funktionellen Einschränkungen und einem intensiveren Belastungserleben einhergeht.

Spezifität der Grunderkrankung. Schon Stein und Jessop (1984) haben belegen können, daß es keine eindeutige Beziehung zwischen einer bestimmten körperlichen Grunderkrankung und spezifischen damit einhergehenden Verhaltensstörungen gibt. Sie führen dazu als Erklärung an, daß die Kinder ungeachtet ihrer verschiedenen Erkrankungen vergleichbare existentielle Belastungen erleben, die entscheidender ins Gewicht fallen als die Eigenheiten der jeweiligen spezifischen Erkrankung. Krankheitsbilder, die sich aus medizinischer Sicht als sehr heterogen darstellen, können psychologisch demnach zu vergleichbaren Folgebelastungen führen, wenn sie sich in einigen der folgenden Dimensionen überschneiden (Stein & Jessop, 1984):

● Sichtbarkeit versus Nicht-Sichtbarkeit der Erkrankung (vgl. die aktuelle Studie von Saddler et al., 1992),
● Grad der Lebensbedrohung,
● Vorhandensein einer sensorischen oder motorischen Behinderung,
● Ausmaß an schon eingetretener oder zukünftig zu erwartender Pflegebedürftigkeit,

● kognitive Einbußen durch Beeinträchtigungen des zentralen Nervensystems.

Sowohl eine Studie von Wallandar et al. (1989) an sechs Patientengruppen
(Diabetes, Spina bifida, Hämophilie, chronisches Übergewicht, Arthritis,
Zerebralparese) als auch eine Untersuchung von Steinhausen (1984) an vier
Gruppen chronisch kranker Kinder (Cystische Fibrose, Asthma bronchiale,
Colitis ulcerosa, Morbus Crohn) kommen übereinstimmend zu dem Ergebnis,
daß die medizinisch-nosologische Klassifikation der Erkrankungen nicht aus-
schlagggebend für das Ausmaß oder die Art der Verhaltensstörungen ist.

Lavigne und Faier-Routman (1992) verglichen die Ergebnisse aus 87 ausgewählten Studien zu unterschiedlichen chronischen Krankheitsgruppen und
schlußfolgern daraus:

● Kinder mit chronisch körperlichen Erkrankungen stehen unter einem
deutlich erhöhten Risiko, Verhaltensstörungen zu entwickeln. Die unzureichende Krankheitsbewältigung kann bei einem Teil der Kinder psychiatrische Diagnosen im engeren Sinne rechtfertigen. Mit Blick auf den
Einzelfall sind solche negativen Auswirkungen jedoch nicht zwangsläufig.
Für eine präzisere Abschätzung dieses Risikos sind Merkmale des Verlaufs, des Schweregrades und zusätzliche Risikofaktoren aussagekräftig.
● Lehrerurteilen zufolge handelt es sich dabei häufiger um internalisierende
als um externalisierende Verhaltensstörungen. Die Einschätzungen der
Eltern können diesen Befund nicht stützen.
● Abhängig von der Wahl der Kontrollgruppen zeigt sich ein Trend zu Beein-
trächtigungen des Selbstkonzepts.
● Die stärksten Auswirkungen ergeben sich bei neurologischen Störungen
und Sinnesbehinderungen.

2.5 Klassifikation von Verhaltensstörungen im Rahmen von körperlich chronischen Erkrankungen

Die Einführung der aktuellen Klassifikationssysteme des ICD-10 und des DSM-
III-R (vgl. Remschmidt in diesem Buch) hat sich als besonders geeignet erwiesen
für die Differentialdiagnostik psychischer Störungen bei körperlichen Erkrankungen. Die Fortschritte zeigen sich besonders in den Kategorien, die speziell für
Störungsbilder des Kindes- und Jugendalters entwickelt worden sind.

Klassifikation nach ICD-10. In der ICD-10 (Kapitel V) beispielsweise finden
diese entwicklungsbezogenen Besonderheiten durch die speziellen kinder- und
jugendpsychiatrischen Abschnitte F8 (Entwicklungstörungen) bzw. F9 (Verhal-
tens- und emotionale Störungen mit Beginn in der Kindheit und Jugend) besondere Berücksichtigung. Vor allem aber wird dem Phänomen der Komorbidität
psychiatrischer Auffälligkeiten in Verbindung mit pädiatrischen Krankheitsbildern klassifikatorisch stärker Rechnung getragen.

In der ICD-10 besteht die Möglichkeit, neben der Verschlüsselung psychischer Störungen im Rahmen des Kapitels V auch die körperlichen Krankheitsbilder zu kodieren, indem auf die entsprechenden anderen Abschnitte des ICD-10 Bezug genommen wird. Im Kapitel VI (Erkrankungen des Nervensystems) ist beispielsweise unter der Ziffer G40 parallel eine Epilepsie oder unter G43 eine Migräne, im Kapitel XI (Erkrankungen des Verdauungssystems) beispielsweise unter K58.x ein Reizkolon (funktionelle Darmerkrankung) klassifizierbar.

Diese Möglichkeit, chronische körperliche Erkrankungen und kinder- und jugendpsychiatrische Störungen parallel zu klassifizieren, bietet den besonderen Vorteil, das klinische Bild nicht einseitig auf eine psychogene oder somatogene Verursachung reduzieren zu müssen.

Für den Fall, daß die organischen oder die psychischen Erkrankungsaspekte besonders gewichtet werden sollen, sieht das ICD-10 die Anwendung einer Hauptdiagnose und einer Neben- bzw. Zusatzdiagnose vor. Dabei steht das akut behandlungsbedürftige Krankheitsbild im Vordergrund.

Bei vielen chronischen Erkrankungen des Kindesalters liegen allerdings Beeinträchtigungen des psychophysischen Wohlbefindens und Verhaltensauffälligkeiten vor, die sich etwa in der unzureichenden Bewältigung alterstypischer Entwicklungsaufgaben zeigen, aber noch keine psychiatrische Störungswertigkeit im engeren Sinne besitzen. In solchen Situationen bietet das ICD die Kategorie F54 an (,,Psychologische Faktoren oder Verhaltensfaktoren bei andernorts klassifizierten Erkrankungen''). Ein Kind mit Asthma beispielsweise, das bei plötzlich eintretender Atemnot Panikzustände entwickelt, könnte ergänzend zu der Verschlüsselung seiner Grunderkrankung Asthma (Ziffer J45.9) mit Hilfe dieser Ziffer F54 klassifiziert werden.

Klassifikation nach DSM-III-R. Noch differenzierter kann man mit dem DSM-III-R Verhaltensauffälligkeiten unterhalb einer psychiatrischen Störungswertigkeit in die Diagnosestellung einbeziehen. Es erlaubt neben der Kodierung der klinisch-psychiatrischen Syndrome (Achse I), den Entwicklungs- und Persönlichkeitsstörungen (Achse II), den körperlichen Störungen und Zuständen (Achse III) auf zwei weiteren Achsen eine Bestimmung des psychischen Anpassungsniveaus. Dazu wird auf der Achse IV der Schweregrad der psychosozialen Belastungsfaktoren quantifiziert. Im Falle chronisch kranker Kinder können hier die psychosozialen Belastungen infolge des Krankheitsgeschehens diagnostisch abgebildet werden. Die Achse V erlaubt eine Skalierung des psychosozialen Funktionsniveaus, also eine Einschätzung der psychischen Anpassung an die Beeinträchtigungen durch die körperliche Erkrankung. Die vierte und fünfte Achse können also gerade bei solchen jungen Patienten mit chronisch körperlichen Erkrankungen sinnvoll eingesetzt werden, bei denen die Erkrankung mit deutlichen Belastungsfaktoren und Anpassungsschwierigkeiten verknüpft ist, diese aber nicht hinreichend die Merkmale der klinischen Störungen im Sinne der Achse I erfüllen.

Vorteile eines mehrdimensionalen Ansatzes. Die Diagnostik chronischer Krankheiten nach den Vorgaben der ICD-10 beziehungsweise des DSM-III-R beschränkt sich darauf, deskriptiv den aktuellen körperlichen wie psychischen Status wiederzugeben. Es werden keine Aussagen zu den Entstehungsursachen verlangt. Eine solche ätiologische Zurückhaltung ist gerade bei chronischen Krankheiten angemessen, deren aktuelles Zustandsbild immer das Ergebnis eines langzeitigen, multifaktoriellen Entwicklungsprozesses ist (Rutter & Sandberg, 1992). Mit Hilfe einer solchen mehrdimensionalen Diagnostik kann vermieden werden, die Entstehung der Störung zu einseitig auf den pädiatrischen oder den psychiatrischen Anteil, die psychosomatischen oder die somatopsychischen Bedingungsfaktoren zu reduzieren.

3. Beschreibung der Störungen und Erklärungsansätze

In diesem Kontext nehmen die Modelle der Krankheitsbewältigung, die wesentlich von der Arbeitsgruppe um Lazarus initiiert wurden (vgl. z.B. Lazarus & Launier, 1978), eine hervorragende Stellung ein. Sie stehen in der Tradition der Psychologie der Streßverarbeitung und der sozial-kognitiven Lerntheorie (vgl. z.B. Bandura, 1986). Nach dieser Sichtweise hängt das Risiko für Verhaltensstörungen infolge von chronischen Erkrankungen entscheidend davon ab, mit welchem Erfolg dem Kind und seiner Familie die Bewältigung der vielschichtigen Krankheitsbelastungen und Therapieanforderungen gelingt (Harper, 1991; Miller & Wood, 1991). Die Daten der epidemiologischen Risikostudien und die Erklärungsmodelle der Bewältigungsforschung stützen sich dabei wechselseitig. Ein bedrohlicher Krankheitsverlauf und ein hoher Schweregrad des Krankheitsbildes erhöhen unweigerlich die zu bewältigenden Belastungen und Anforderungen (vgl. z.B. MacLean et al., 1992). Die Zunahme der krankheitsbedingten Stressoren erhöht wiederum das Risiko des Fehlschlagens dieser Bewältigungsbemühungen und damit wiederum die Wahrscheinlichkeit des Auftretens von Verhaltensauffälligkeiten (LaGreca, 1990). Walker et al. (1992) führte dazu eine Studie an Familien mit Kindern durch, die entweder an Diabetes, cystischer Fibrose oder geistiger Entwicklungsverzögerung litten bzw. als gesunde Kontrollgruppe dienten. Es zeigte sich, daß sich das generelle Belastungserleben in denjenigen Lebensbereichen, die nicht unmittelbar von der Erkrankung berührt waren, bei Familien mit einem chronisch kranken Kind nicht prinzipiell von dem in Familien mit gesunden Kindern unterschied. Die Familien mit einem chronisch kranken Kind fühlten sich jedoch darüber hinaus durch einschneidende krankheitsspezifische Belastungen bedroht. So standen die Familien, deren Kind an cystischer Fibrose erkrankt war, unter dem Druck des Wissens, daß letzlich keine Heilungsmöglichkeit zur Verfügung steht.

3.1 Erkrankungsbezogene Belastungen und Anforderungen

Für die Arbeit im Bereich der Kinderheilkunde ist ein detailliertes Vertrautsein mit den Belastungsfaktoren und Behandlungsanforderungen, mit denen das chronisch kranke Kind konfrontiert ist, von zentraler Bedeutung. Die Ausführlichkeit der Tabelle 2, die diese Belastungen aus der Querschnittsperspektive aufführt, trägt dem Rechnung (vgl. Noeker, 1991; Petermann et al., 1987, 1990 b).

Tabelle 2:
Krankheitsbezogene psychosoziale Belastungen und Anforderungen bei chronisch kranken Kindern und Jugendlichen.

Alltagsbewältigung
● Strukturierung des Tagesablaufs nach Krankheitserfordernissen
● Sonderrolle in der Familie: Erhöhte Abhängigkeitsbeziehung und erschwerte Selbständigkeitsentwicklung
● Konfliktbehaftete soziale Vergleichsprozesse mit den Geschwistern (Rivalität, Eifersucht, Neid, Schuldgefühle, Erleben von Bevorzugung oder Benachteiligung)
● Schulische Leistungseinschränkungen
● Integrationsprobleme im Klassenverband
● Konfrontation mit Vorurteilen in der Bevölkerung
● Einschränkungen sportlicher Aktivitäten
● Einschränkungen bei der Urlaubsgestaltung

Klinikaufenthalte
● Trennung von Bezugspersonen und gewohnter Umgebung
● Auseinandersetzung mit Klinikpersonal
● Einschränkungen der Intimsphäre

Therapieanforderungen
● Kontinuierliche Disziplin im Rahmen der Therapiemitarbeit: Blutzuckermessen, Insulinspritzen (Diabetes); kontinuierliche Inhalation (Asthma); kontinuierliche Einnahme von Medikation (Epilepsie, Asthma)
● Aushalten von wiederholten schmerzhaften Prozeduren: Tägliche Injektionen oder Blutentnahmen (Diabetes, Hämophilie, Krebs), Punktionen (Krebs), Kathederisierungen (Herzerkrankungen), Endoskopien (gastroenterologische Erkrankungen)
● Tolerieren von körperlichen, mentalen oder ästhetischen Behandlungsnebenwirkungen (Kortison bei Asthma, Neurodermitis oder im Anschluß an Transplantationen; Erbrechen und Übelkeit durch Chemotherapie bei Krebserkrankungen)
● Umstellung des Ernährungsverhaltens und Einhaltung von Diätregeln (Diabetes, Phenylketunurie, Cystische Fibrose, Neurodermitis, nahrungsmittelallergisches Asthma, Niereninsuffizienz)
● Kontinuierliches Überwachen der eigenen körperlichen Befindlichkeit (Unter- bzw. Überzuckerung beim Diabetes; Blutungsneigung bei Hämophilie; Atemwegsobstruktion beim Asthma; Prodrome bei Epilepsie)

Fortsetzung von Tabelle 2:

- Mitarbeit bei periodisch anstehenden diagnostischen Check-ups, die eine Verschlechterung des Verlaufs offenbaren können (Lungenfunktion beim Asthma; EKG bei kardiologischen Erkrankungen; EEG bei Epilepsie; Laborparameter bei Dialysepflichtigkeit, Diabetes, Krebserkrankungen)
- Operation (z. B. angeborener Herzfehler) oder auch Transplantation (Niere, Leber oder Lunge)

Entwicklung von Selbstbild und sozialer Kompetenz
- Asynchronizität motorischer, intellektueller, emotionaler, sozialer Entwicklung (z. B. Muskelerkrankungen, Kleinwuchs)
- Beeinträchtigungen des Körperschemas
- Sichtbarkeit der Erkrankung in der Öffentlichkeit (Haarverlust durch Chemotherapie oder Amputation bei Krebserkrankungen, Angewiesensein auf Rollstuhl bei fortgeschrittener Muskelerkrankung, altersdiskrepanter Kleinwuchs unterschiedlicher Genese etc.)
- Angst vor Kontrollverlust in der Öffentlichkeit (Asthmaanfall, diabetische Stoffwechselentgleisung, epileptischer Anfall etc.)
- Soziale Risiken bei der Offenbarung wie bei der Verheimlichung der Erkrankung
- Bedürfnis nach altersgerechter Normalität versus Bedürfnis nach Rücksichtnahme auf Erfordernisse, die sich aus Krankheit und Behandlungsnotwendigkeit ergeben
- Verletzlichere Entwicklung von Sexualität und Intimität

Zukunftsperspektiven
- Quälende Gewißheit über das lebenslange Kranksein oder quälende Ungewißheit über die Unsicherheit der Krankheitsprognose
- Einschränkung schulisch-beruflicher Perspektiven
- Erschwerte Bedingungen für eine altersgerechte Ablösung vom Elternhaus
- Erwartung von späterer Pflegeabhängigkeit
- Antizipation zukünftiger Partnerschaftsprobleme
- Erschwerte Bedingungen für eigene spätere Kinderwünsche

Existentielle Konfrontation mit Krankheit und Sterben
- Konfrontation mit der Begrenztheit, Endlichkeit, Vergänglichkeit der eigenen Existenz zu einem biographisch ungewöhnlich frühen Lebenszeitpunkt. Angst vor unvermittelter Todesbedrohung (Status asthmaticus, status epilepticus, diabetisches Koma, Rezidivangst bei Krebserkrankungen)
- Suche nach dem sich in der Krankheit manifestierenden „Plan" einer höheren Instanz (Gott, Schicksal etc.). Frage nach dem „Warum?" bzw. dem „Warum gerade ich?".

3.2 Krankheitsbelastungen und Entwicklungsaufgaben

Eine Vielzahl der in Tabelle 2 aufgeführten Belastungen wirkt nicht als direkter Stressor auf das kranke Kind, sondern erst dadurch, daß die Bewältigung alterstypischer Entwicklungsaufgaben beeinträchtigt wird (O'Dougherty & Brown, 1990). Gleiche Belastungsmomente infolge der chronischen Erkrankung führen je nach dem vorliegenden Entwicklungsniveau der betroffenen Kinder und Jugendlichen zu unterschiedlichen Entwicklungsrisiken (Harper, 1991; Miller & Wood, 1991).

Die Wechselwirkungen zwischen Krankheitsverlauf und vorgegebenen Entwicklungsaufgaben (vgl. Garrison & McQusiton, 1989) sollen am Beispiel des Diabetes mellitus für die Entwicklungsstufen des Kleinkindes, des Grundschulkindes und des Jugendlichen dargestellt werden. Die Diabetesbehandlung ist in allen Altersstufen gleichermaßen geprägt durch die ständig zu wiederholenden schmerzhaften Blutzuckermessungen, Insulininjektionen sowie die Einhaltung eines bestimmten Diätverhaltens. Nach aktuellen verhaltensmedizinischen Vorstellungen kann dieses sogenannte Diabetesmanagement als eine Form der Selbstregulation verstanden werden (Gonder-Frederick & Cox, 1991). Die physiologische Fähigkeit des Organismus, den Blutzuckerspiegel kontinuierlich an die inneren und äußeren Milieubedingungen anzupassen, ist durch den Verlust der spontanen Insulinsekretion verloren gegangen. Diese Regulationsleistung muß nun beim Diabetes ersatzweise durch planvoll und diszipliniert gesteuerte Verhaltensweisen ersetzt werden. Die Verantwortung für diese kontinuierliche Steuerungsleistung wird ärztlicherseits im Alltag weitgehend an die Eltern des Kindes delegiert. Diese sind ihrerseits bestrebt, mit zunehmendem Entwicklungsstand ihres Kindes Teilaufgaben der komplexen Diabetesbehandlung an die betroffenen Kinder selbst zu übertragen (Wysocki et al., 1992). Die Anforderungen im Sinne eines gelingenden Diabetesmanagements bergen nun je nach Alter und Entwicklungsstand der jungen Patienten spezifische Belastungsmomente und Entwicklungsrisiken in sich (vgl. Burger et al., 1991; Hanson & Onikol-Ross, 1990).

Kleinkindalter. Die Entwicklungsphase des Kleinkindalters wird fundamental durch die Qualität des Kind-Eltern-Bindungsverhaltens geprägt (vgl. Crittenden, 1992). Zu diesem Zeitpunkt spielt die emotionale Akzeptanz durch die Eltern noch eine bedeutsamere Rolle für das spätere Selbstwerterleben als die Erfahrung eigener Kompetenzen. Die Erfahrung des Akzeptiertwerdens ergibt sich für das Kleinkind weniger aus verbalen Botschaften, sondern aus gemeinsamen Aktivitäten, die in befriedigender Weise mit den Eltern geteilt werden (Harter, 1989).

Die mehrmals täglichen Behandlungsmaßnahmen des Blutzuckermessens und Insulinspritzens können nun die Entwicklung eines gesunden Bindungsverhaltens empfindlich stören. Körperliche Nähe und gemeinsame Aktivitäten mit der Mutter, die in dieser Phase dem Kind eigentlich Bindung und Akzeptanz signalisieren sollen, können durch das aktive, wiederholte Zufügen von schmerzhaften Einstichen für das Kind bedrohlich und sogar aversiv werden. Hanson und Onikol-Ross (1990) ziehen sogar den Schluß, daß dieser vom diabetischen Kleinkind subjektiv erfahrene Verlust an mütterlicher Akzeptanz stärker zu späteren Verhaltensstörungen disponiert als die Grunderkrankung selbst.

Trennungssituationen aufgrund erforderlicher Klinikaufenthalte können eine solche Verunsicherung des Mutter-Kind-Bindungsverhaltens verschärfen. Gerade in diesem frühen Alter ist davon auszugehen, daß die fehlende Eindeutigkeit der mütterlichen Signale an das Kind von diesem kognitiv nicht nachvollzogen und verarbeitet werden kann. Denn kontrastierend zu der vermeintlichen Ablehnung erfährt das Kind andererseits auch eine intensivierte Beobachtung und penible Überwachung durch die Mutter, die aus Angst vor plötzlichen Unterzuckerungszuständen das Kind nicht aus den Augen läßt (Golden et al., 1985).

Die gezielte Aufmerksamkeit der Mutter ist zunächst zum Zweck der Eingrenzung von Blutzuckerschwankungen aus gutem Grund erforderlich. Dieses Verhalten kann aber in der alltäglichen Interaktion leicht auf „gesunde" Verhaltensbereiche generalisieren, die durch die Erkrankung eigentlich nicht beeinträchtigt sein müssen. So bildet sich initial eine erhöhte Abhängigkeit heraus, die seine anschließende Selbständigkeitsentwicklung und sein Zutrauen in die eigenen Fertigkeiten blockieren kann. Die Mutter mag sich darüber hinaus uneindeutig verhalten, da sie zwischen den Schuldgefühlen schwankt, entweder ihrem Kind durch das Stechen immer wieder aktiv Leid zuzufügen oder aber andererseits die Stoffwechsellage mit dem Risiko zusätzlicher Komplikationen zu gefährden. Die angstgesteuerten mimischen und gestischen Signale, die die Mutter bei der Überwachung des Stoffwechsels implizit an das Kind sendet, erhöhen die Verhaltensunsicherheit des Kleinkindes (Bush et al., 1988). Da es aufgrund seiner begrenzten kognitiven Entwicklung noch über keine differenzierten Krankheits- und Behandlungskonzepte verfügt, werden diese nonverbalen Signale zu wichtigen Bedeutungsträgern für das Kind. Prozesse des Modellernens ergänzen in solchen Behandlungs- und Überwachungssituaionen die Übernahme ängstlicher, uneindeutiger Grundhaltungen der Eltern.

Eine auf sechs Jahre angelegte Längsschnittuntersuchung (Kovacs et al., 1990) erbrachte Hinweise, daß die initiale Verarbeitung der Diabetesdiagnose schon mitverantwortlich ist für die Güte des späteren Diabetesmanagments.

Grundschulkind. Der Kontakt- und Interessensbereich des Kindes weitet sich mit dem Schuleintritt grundlegend aus. Die alterstypischen Entwicklungsaufgaben liegen im Erwerb der dazu erforderlichen sozialen Kompetenzen, des Regelbewußtseins und der Leistungsmotivation. Die Routinen der Diabetesbehandlung können nun in Konkurrenz geraten mit schulischen Verpflichtungen, der Pflege des Kontaktes zu Klassenkameraden und der Entfaltung von Hobbys. Die oft gehörte Entschuldigung für versäumte Blutzuckermessungen und Insulininjektionen („Ich habe es vergessen") kann somit oft der Wahrheit entsprechen. Das sich entwickelnde Verständnis für Ursache-Wirkungs-Beziehungen kann eingesetzt werden, um Unter- oder Überzuckerungszustände zu provozieren oder sogar zu simulieren, um damit familiäre Regeln zu seinen Gunsten zu verändern (Giordano & Rainwater, 1986). Das Kind macht sich dabei die Erfahrung zunutze, wie sehr sich die Eltern durch schlechte Blutzuckerwerte verunsichern lassen und Belohnungen versprechen, um das Kind wieder zu einer höheren Kooperativität bei der Behandlung zu gewinnen (Lange, 1992).

Die Auseinandersetzungen um die Einhaltung von Alltagsregeln kann so zunehmend in den Diabetesbereich verlagert werden und das familiäre Kommunikationsverhalten belasten. Bobrow et al. (1985) konnten zeigen, daß die Therapiemitarbeit von diabetischen Mädchen sehr niedrig war, wenn die Kommunikation mit der Mutter von wiederkehrenden Konflikten überlagert war. Eine lösungsorientierte Kommunikation mit der Mutter ging mit einer hohen Compliance einher.

Das Schulkind empfindet darüber hinaus viele Ratschläge und Ermahnungen von Eltern und sonstigen Bezugspersonen als lästig und als einen Beleg dafür, noch wie ein ganz unselbständiges Kleinkind behandelt zu werden. Häufig sind aber Schulkinder tatsächlich noch von dem komplexen Diabetesmanagement überfordert, das Grundfähigkeiten zum abstrakten Denken voraussetzt (Cerreto & Tracis, 1984). Möglicherweise mag es dann Stoffwechselentgleisungen verheimlichen, um sein eigenes Überfordertsein zu verbergen, aber auch, um die Eltern vor der Erfahrung zu schützen, in der Erziehung und Gesundheitsfürsorge für ihr Kind versagt zu haben.

So haben Weist et al. (1993) empirisch belegen können, daß ein familiäres Klima, bei dem das Diabetesmanagement in hohem Maße von den Eltern vorstrukturiert und kontrolliert wird, bei Schulkindern mit einer deutlich verbesserten Stoffwechseleinstellung einhergeht. Daher empfehlen sie folgende Strategien für diese Altersgruppe:

- Die elterliche Überwachung der Diabetesbehandlung sollte bis in das Jugendlichenalter aufrechterhalten werden.
- Bei dem Schulkind sollte für das Verständnis geworben werden, daß kompetente Erwachsene Kontrolle über sein diabetesspezifisches Verhalten ausüben.
- Eltern und Schulkind sollten gemeinsam offen aushandeln, welche Behandlungsmaßnahmen zu welchem Zeitpunkt in die Verantwortung des Kindes übertragen werden können.

Jugendlicher. Eine vordringliche Entwicklungsaufgabe besteht darin, ein positives Selbstwertgefühl im Rahmen der Interaktionen mit der Gleichaltrigengruppe herauszubilden. Dabei kommt der Entwicklung eines intakten, sportlichen und attraktiven Körperschemas eine zentrale Stellung zu (Harter, 1990). Das Wissen um den eigenen Diabetes und die Behandlungsanforderungen beinhalten ein Risiko bei der Bewältigung dieser Entwicklungsaufgabe. Das körperbezogene Defiziterleben kann die Selbstsicherheit im sozialen Umgang mit den Gleichaltrigen im allgemeinen und mit ersten heterosexuellen Kontakten im besonderen beeinträchtigen (Spirito et al., 1991). Die Regelhaftigkeit der Meß- und Spritzprozeduren im Tagesablauf kann mit Freizeitgepflogenheiten (z. B. längere Partys am Wochenende) unvereinbar sein. Delamater et al. (1988) untersuchten situative Einflüsse des Diätverhaltens bei diabetischen Jugendlichen und stellten fest, daß es zu Verstößen gegen die Diätregeln vor allem in der Schule, bei Treffen mit Freunden und bei gemeinsamen Restaurantbesuchen kam. Das gemeinsame Kennzeichen dieser Situationen lag für die Jugendlichen in dem erhöhten sozialen Druck zu einem konformen Ernährungsverhalten, dem auf Kosten des Diabetesmanagements nachgegeben wurde.

Auch der Aspekt, daß die ansonsten „heimliche" Erkrankung Diabetes beim Messen und Spritzen in der Öffentlichkeit in der Gruppe unvermutet sichtbar wird, konfligiert mit dem alterstypischen Bedürfnis des Jugendlichen nach Normalität innerhalb seiner Bezugsgruppe. Die Behandlungsrituale führen ihm immer wiederkehrend seine „Andersartigkeit" vor Augen (Petermann et al., 1987). Sie begrenzen das Bemühen, sich als körperlich fit und unbeeinträchtigt zu präsentieren. Beim Jugendlichen mit Diabetes wird die Bewältigung der Entwicklungsaufgaben, sowohl eine Zugehörigkeit zur Gruppe als auch eine Entwicklung zur Eigenständigkeit zu erreichen, zusätzlich noch dadurch erschwert, daß er sich eventuell des Vorurteils erwehren muß, bei seinem Spritzen handele es sich um Drogenkonsum. Soziale Barrieren und unzureichende soziale Kompetenzen des diabetischen Jugendlichen erschweren die Aufgabe, die Therapieerfordernisse mit dem Bedürfnis nach sozialer Integration in Einklang zu bringen. Diese enge Verquickung von Faktoren sozialer Kompetenz und Stoffwechsellage konnte in zwei Studien bekräftigt werden. Grossman et al. (1987) konnten einen Zusammenhang zwischen positiven Selbstwirksamkeitserwartungen und der Güte des Stoffwechsels belegen. Kuttner et al. (1990) fanden auf der anderen Seite eine Korrelation zwischen dem Erleben von erlernter Hilflosigkeit und schlechten diabetologischen Meßwerten. Trainings zur Verbesserung der sozialen Kompetenz, die auf die typischen Konfliktsituationen des jugendlichen Diabetikers zugeschnitten sind, können daher die Therapiemitarbeit optimieren und damit schließlich die Prognose der Grunderkrankung verbessern (Boardway et al., 1993).

Die Orientierung des jugendlichen Diabetikers an seiner Gleichaltrigengruppe wirkt sich aber nicht nur hinderlich auf die Therapiemitarbeit aus. La Greca (1992) konnte ergänzend aufweisen, daß funktionierende Freundschaften auch eine nicht zu unterschätzende Quelle von sozialer Unterstützung darstellen. Dabei unterscheiden beziehungsweise ergänzen sich die Unterstützungsformen aus Familie und Freundeskreis. Während die Familie eher konkrete Hilfe etwa bei der Insulininjektion liefert, bieten engere Freunde die nicht minder wichtige emotionale Unterstützung bei der Akzeptanz des Diabetes und der Aufrechterhaltung einer optimistischen Stimmung und lebensbejahenden Grundhaltung.

Wie zu erwarten ist, steigen mit zunehmendem Alter und über den Krankheitsverlauf das krankheitsspezifische Wissen und die behandlungsbezogenen Fertigkeiten des jungen Diabetikers (Shillitoe, 1988). Im Gegensatz dazu verbessert sich allerdings zur Adoleszenz hin weder die Therapiemitarbeit noch die Güte der Stoffwechsellage. Johnson et al. (1986) konnten anhand einer großen Studie mit 168 diabetischen Jugendlichen zeigen, daß die Therapiemitarbeit in den Bereichen Insulininjektion, angepaßtes Bewegungsverhalten, Diät und Meßprozeduren im Vergleich zu jüngeren Kindern nachgelassen hatte. Als Folge davon verschlechterten sich in Abhängigkeit von dem Alter auch die Stoffwechselparameter (Johnson et al., 1992). Zu diesen altersabhängigen Beinträchtigungen der Therapiemitarbeit können neben den Auswirkungen des sozialen Drucks aus der Gleichaltrigengruppe auch veränderte kognitiv-emotionale Faktoren beitragen. Blanz et al. (1993) konnten herausarbeiten, wie wichtig neben den Faktoren eines ausreichenden Wissens und internaler Kontrollüberzeugungen vor allem die Zufriedenheit des jugendlichen Diabetespatienten mit der medizinischen Versorgung und der Beziehung zu dem Behandler ist.

3.3 Entwicklung subjektiver Krankheits- und Behandlungkonzepte

Die kognitive Entwicklung gibt Aufschluß, wie sich subjektive Krankheits- und Behandlungskonzepte im Kindesalter herausbilden. So wird das Bewältigungsverhalten des chronisch kranken Kindes maßgeblich durch seine kognitiv-emotionalen Konzepte beeinflußt, mit deren Hilfe es sich seine Krankheitssituation zu erklären versucht (Perrin et al., 1991). Verschiedene empirische Studien haben herausgearbeitet, wie sich die folgenden Konzepte differenzieren (vgl. Gutezeit et al., 1993; Lohaus, 1993; Petermann et al., 1987; Schmidt & Altmann- Herz, 1992; Wiedebusch, 1992):

● Körperkonzept: Aufbau und Funktionsweise des Körpers
● Krankheitskonzept: Ursachen und Bewertung von Krankheiten
● Behandlungskonzept: Funktion von medizinischen Maßnahmen und Rolle des medizinischen Personals.

Berry et al. (1993) haben bei Kindern mit rheumatischer Arthritis erneut bestätigen können, daß sich mit Hilfe des jeweiligen kognitiven Entwicklungsstandes die Ausdifferenzierung dieser Konzepte besser vorhersagen läßt als mit der Angabe des kalendarischen Alters.

Vorschulkind. Das präoperationale Denken des Vorschulkindes unterliegt nach Piaget einem ausgeprägten Egozentrismus. Sein Verständnis ist an gegenwärtige und konkret anschauliche Ereignisse gebunden. Die Ursachen einer Erkrankung können kaum begriffen werden; die Krankheit wird als mehr oder weniger identisch mit den spürbaren Symptomen und Körpersensationen empfunden, die mit ihr einhergehen; entsprechend kann der Sinn einer Behandlung vor allem über das anschaulich erfahrene Behandlungsprocedere verstanden werden. Eine Einfühlung in die Behandlungsintentionen des medizinischen Personals oder der Eltern fällt noch sehr schwer. Eine Spritze wird als sensorische Schmerzerfahrung und nicht als wohlmeinende Behandlungsstrategie begriffen. Um Kinder dieser Entwicklungsstufe altersgerecht aufzuklären, sind möglichst konkret die diagnostischen und therapeutischen Verfahrensweisen und Instrumente in ihrem für das Kind sichtbaren Ablauf vorzustellen (Steward & Steward, 1981).

Vorschulkindern fällt es aufgrund ihres begrenzten Ursache-Wirkungs-Denkens schwer, eine passende Erklärung für ihre Symptome zu finden. Wenn eine Behandlungsprozedur für das Kind nicht nachvollziehbar ist und es im Anschluß an deren Einsatz keine kontingente Linderung des Unwohlseins eintritt, so kann es auch krankheitsfremde Schemata zur Interpretation seiner Symptome heranziehen (Siegal, 1988). So geschieht es häufig, daß

Kinder dieses Alters ihre Krankheitsanzeichen aus dem Kontext ihrer sozialen Beziehungen heraus deuten und mutmaßen, daß sie körperlich für vermeintlich begangene Missetaten bestraft werden. Mit solchen kindlichen Erklärungen verlagert sich das medizinische Geschehen auf eine moralische und soziale Ebene (Kister & Patterson, 1980). Es kann sich das Gefühl einstellen, ungerecht behandelt und mit Spritzen malträtiert zu werden. Klinisch äußert sich diese Konstellation schnell in einer Verweigerung der Therapiemitarbeit (Hurley & Whelan, 1988). Diese kann den stillen Protest gegen die vermeintlichen Bestrafungsrituale zum Ausdruck bringen. Es kann aber auch die Haltung des Kindes widerspiegeln, daß nur eine Wiedergutmachung seines Fehlverhaltens, nicht aber eine aus seiner Sicht unsinnige Einnahme von Tabletten zu seiner Gesundung führen kann.

Ein Schutz vor Traumatisierung durch schmerzhafte Behandlungsmaßnahmen ist in dieser Altersstufe nur begrenzt auf dem Wege zu erzielen, daß man versucht, dem Kind kognitiv die Notwendigkeit einer Prozedur zu vermitteln. Entscheidender als das Vertrauen in die Behandlungsnotwendigkeit ist in diesem Entwicklungsabschnitt das Vertrauen in die Personen, die die Prozedur initiieren und seine Kooperation erwarten. Vertrauensbildend ist die Gewißheit des Kindes, daß die beteiligten Eltern, Ärzte wie Krankenschwestern keine eigentliche Schädigungsabsicht verfolgen (Petermann, 1996).

Grundschulkind. Im konkret-operationalen Denkmuster des Grundschulkindes ist jetzt eine Umkehr von gedanklichen Operationen (Reversibilität) und eine Distanzierung von der eigenen Perspektive (Dezentrierung) möglich. Das Kind verfügt nun über klarere Körpergrenzen und erklärt sich seine Erkrankung vor allem über die Einverleibung krankmachender äußerer Stoffe (Gifte, Bakterien etc.). Es wird damit nachvollziehbar, daß man diese krankheitsverursachenden Stoffe, die in den Körper eingedrungen sind, durch eigene oder auch ärztliche Maßnahmen wieder rückgängig machen kann (Bibace & Walsh, 1980). Die fortgeschrittene Fähigkeit zur Perspektivenübernahme erlaubt, die elterlichen Motive für Behandlungsentscheidungen korrekter nachzuvollziehen. So mag ein asthmakrankes Kind, bei dem eine Sensibilisierung gegen Katzenhaare diagnostiziert worden ist, in diesem Alter erkennen, daß die Entscheidung der Eltern gegen ein Haustier nicht auf Willkür beruht, sondern die Gesundheit des Kindes im Auge hat. Unter der Voraussetzung einer vertrauensvollen Beziehungsgestaltung kann in dieser Entwicklungsphase schon eine realitätsnahe Einschätzung der ärztlichen oder pflegerischen Rolle und Aufgabe erreicht werden (Petermann, 1996). Dennoch müssen die logischen Operationen zum Verständnis von Krankheit und Behandlung weitgehend sinnlich nachvollziehbar bleiben. Chirurgische Eingriffe wie ein Beinbruch sind daher sehr viel leichter zu vermitteln als die Notwendigkeit der Substitution eines nur abstrakt vorstellbaren Insulinhormons beim Diabetes mellitus. Für das diabetische Grundschulkind ist daher ein Erklärungsmuster offensichtlicher, das von den körperlich spürbaren Unterzuckerungszuständen ausgeht, die sich konkret durch ein abgestimmtes Ernährungs-, Bewegungs-, und Spritzverhalten in Schach halten lassen. Es sind im letzten Jahrzehnt mit viel Phantasie Schulungsprogramme besonders für diese Entwicklungsphase entwickelt worden, die sich zum Ziel gesetzt haben, physiologisch abstraktes Behandlungswissen in solche didaktischen Aufklärungsmaterialien zu transformieren, die auf die kognitiven Voraussetzungen der chronisch kranken Kinder zugeschnitten sind (vgl. Petermann & Wiedebusch in diesem Buch).

Kinder ab dem elften Lebensjahr. Im formal-operationalen Stadium, das etwa um das elfte Lebensjahr beginnt, nähert sich das kindliche Denken formal dem des Erwachsenen, wenn es auch hinsichtlich des inhaltlichen Wissensumfangs selbstverständlich noch eingeschränkter ist. Das Denken kann sich nun von der gegenständlichen Vorlage lösen und abstrakte Bewegungen in Begrifflichkeiten vollziehen. Es ist daher grundsätzlich offen für einfache physiologische bzw. auch psychophysiologische Zusammenhänge (Bibace & Walsh, 1980). Das Kind mit Diabetes kann nun begreifen, daß es in den Zustand einer Unterzuckerung (Hypoglykämie) geraten kann, wenn es ein Fußballspiel bestreitet, ohne vorher zusätzliche Kohlenhydrate zu sich genommen zu haben. Für Maßnahmen der Patientenschulung kann die Schlußfolgerung gezogen werden, daß eine kontinuierliche Mitarbeit an der Behandlung nicht nur über möglichst kontingent verstärkende Effekte von Behandlungsmaßnahmen zu motivieren ist. Es sind nun die kognitiven Voraussetzungen erfüllt, um die Auswirkungen des individuellen Lebensstils und des eigenen Gesundheitsverhaltens auf die Güte der körperlichen Befindlichkeit nachvollziehen zu können. Mit diesem Entwicklungsniveau steigen daher die Chancen für verhaltensorientierte Selbstkontrollansätze beträchtlich (vgl. Petermann & Wiedebusch in diesem Buch).

3.4 Belastungseinschätzung und Krankheitsbewältigung

Die psychosozialen Belastungen infolge der Erkrankung und die Anforderungen aufgrund des Behandlungsregimes fordern das chronisch kranke Kind zu einem Bewältigungsverhalten heraus. Streß- und Emotionstheorien sind herangezogen worden, um die Regulation von krankheitsbezogenen Belastungen zu erklären (vgl. z. B. Cohen & Lazarus, 1979; Lazarus & Launier, 1978). Diese Ansätze beschreiben die Wechselwirkungen zwischen den situativen Belastungen einerseits und dem subjektiven Verarbeitungs- und Bewältigungsverhalten der Person andererseits. Die Belastungen motivieren die Person zum Handeln; das Handeln der Person verändert wiederum auf mehr oder weniger erfolgreiche Weise die Belastungssituation. Besonders herausgestellt wird dabei das subjektive Belastungserleben und weniger die objektiven Stressoren. Ein Bewältigungsverhalten wird Lazarus zufolge dann initiiert, wenn die erkrankte Person subjektiv zu der Einschätzung gelangt, daß beispielsweise die aktuelle Krankheitssituation eine Bedrohung, eine mögliche Schädigung oder aber auch eine Herausforderung beinhaltet.

Ein Grundschulkind mag beispielsweise eine bevorstehende Computertomographie als bedrohlich wahrnehmen (,,Kann ich eingeklemmt werden?"), als potentiell schädigend erleben (,,Schaden mir die Strahlen?") oder als Herausforderung erfahren (,,Schaffe ich es, die ganze Zeit ruhig stillzuhalten?").

Primärer und sekundärer Einschätzungsprozeß. Die kognitive Einschätzung im Vorfeld des Bewältigungsverhaltens setzt sich immer aus zwei komplementären kognitiven Prozessen zusammen: Der primäre Einschätzungsprozeß richtet sich auf die Wahrnehmung der Bedrohungsanteile der Situation, der nahezu zeitgleiche sekundäre Einschätzungsprozeß richtet sich auf die zur Verfügung stehenden Bewältigungsmöglichkeiten. Die primäre Einschätzung setzt sich aus folgenden Komponenten zusammen (Smith & Lazarus, 1993):

● Inwieweit stimmen die situativen Gegebenheiten mit den eigenen Zielen und Motiven überein? Je nach Passung des Person-Umwelt-Gefüges resultiert diese Einschätzung entweder im Gefühl des Wohlbefindens oder in den „negativen" Emotionen des Geschädigtwerdens oder der Bedrohung.
● Wie wichtig sind die aktuell bedrohten Ziele? Die Wichtigkeit steigert die Intensität der Emotionen und die resultierenden Bewältigungsbemühungen (Zielrelevanz).
● Welche Bedürfnisse sind konkret durch die Belastungen gefährdet? Die jeweiligen Belastungsmerkmale berühren qualitativ unterschiedliche Motivstrukturen (z. B. Bedrohung der Akzeptanz bei den Gleichaltrigen).

Der sekundäre Einschätzungsprozeß richtet sich dagegen auf die Ressourcen und Verhaltensmöglichkeiten, die der Person zur Regulation der wahrgenommenen Bedrohung zur Verfügung stehen. Diese sekundäre Einschätzung umfaßt im wesentlichen vier Komponenten:

● Die Zuschreibung von Verantwortlichkeit für das Zustandekommen der Belastung und damit die Auswahl möglicher Ansatzpunkte zur Einflußnahme.
● Das problemorientierte Bewältigungspotential, das sich auf diejenigen Möglichkeiten bezieht, mit deren Hilfe die Belastungsmomente durch aktive Einflußnahme wieder in Übereinstimmung mit den eigenen Bedürfnissen gebracht werden könnten.
● Das emotionsorientierte Bewältigungspotential, bei der eine Anpassung an die Bedrohung über eine intrapsychische Änderung der eigenen Überzeugungen, Bedürfnisse und Wertvorstellungen versucht wird.
● Die Erwartungen hinsichtlich zukünftiger Ereignisse, die die Belastungen verändern könnten und möglicherweise eine spontane Wendung zum Besseren erhoffen lassen.

Zielsetzungen des Bewältigungsverhaltens. Nach Cohen und Lazarus (1979) hat das Bewältigungsverhalten folgende fünf Zielsetzungen:

● Reduktion der Bedrohung,
● Chance, den Stressor besser meistern zu lernen,
● Stabilisierung eines positiven Selbstwertgefühls,
● Aufrechterhaltung einer emotionalen Balance,
● Etablierung befriedigender sozialer Beziehung.

Die primären und sekundären Einschätzungen steuern dabei auch die Intensität und Qualität der Emotionen, die das Bewältigungsverhalten begleiten (Lazarus, 1991).

Jede der erkrankungsbezogenen Belastungen und Anforderungen (vgl. Tab. 2) ist nun in der Lage, bei dem chronisch kranken Kind dieses Wechselspiel aus primären und sekundären Einschätzungsprozessen in Gang zu setzen (Vasey, 1993). Es können dabei zunächst „krankheitsfremde", also normative Entwicklungsaufgaben durch den Kontext einer vorliegenden chronischen Erkrankung in ihrer Bedrohlichkeit intensiviert werden. Dabei kann das Verhältnis von wahrgenommener Bedrohung zu wahrgenommenen Bewältigungsmöglichkeiten über die verschiedenen Belastungsfaktoren beträchtlich variieren. Entsprechend werden manche Belastungen souverän gemeistert, während andere zu wiederholten Fehlschlägen führen. Im Anschluß an ein Bewältigungsverhalten wird die Bedrohlichkeit der Belastungen einer Neueinschätzung unterzogen. Das Kind, das die Erfahrung macht, daß der Computertomograph weder über ihm einstürzt noch ihm wehtut, wird bei der nächsten anstehenden Untersuchung sowohl eine geringere Bedrohung wahrnehmen (primäre Einschätzung) als auch seine Fertigkeiten im Umgang mit dieser Prozedur als gestiegen erleben (sekundäre Einschätzung).

Ergebniserwartungen und Selbstwirksamkeitserwartungen. Besonders bedeutsam für die Bewältigung zukünftiger Belastungen ist dabei die Veränderung der sogenannten Ergebnis- und Selbstwirksamkeitserwartungen (vgl. Bandura 1986). Ergebniserwartungen beziehen sich in diesem Zusammenhang auf Wenn-Dann-Relationen zwischen einem konkreten Bewältigungsverhalten und dem zu erwartenden Ergebnis. Eine solche Ergebniserwartung kann etwa darin bestehen, daß ein Kind mit Asthma bei einer beginnenden Atemnot damit rechnet, mit Hilfe der Inhalation eines bronchialerweiternden Medikamentes binnen eines gewissen Zeitraumes seine Beschwerden zu lindern. Selbstwirksamkeitserwartungen beziehen sich auf die Überzeugung des Kindes, über die notwendigen Kompetenzen zu verfügen, das wirksame Bewältigungsverhalten tatsächlich auch ausführen zu können. In dem genannten Beispiel bedeutet dies, daß das asthmakranke Kind erwartet, den Inhalator korrekt in Betrieb setzen, die richtige Dosierung ermitteln und die angemessene Atemtechnik ausführen zu können (Noeker, 1991).

3.5 Übersicht zur Krankheitsbewältigung

Die Abbildung 1 stellt das Bedingungsgefüge zwischen den krankheitsbezogenen Risikofaktoren, den psychosozialen Belastungen und Entwicklungsaufgaben, dem Bewältigungsverhalten und möglichen Verhaltensstörungen in einer Übersicht dar.

Demnach sind in psychologischer Hinsicht neben den klinischen vor allem die Verlaufsmerkmale der jeweiligen chronischen Erkrankung relevant, ob und in welchem Ausmaß sich ein Risiko für Verhaltensstörungen ergibt. Vor dem Hintergrund der Krankheitsmerkmale ergeben sich eine Vielzahl von psychosozialen Belastungen und Behandlungsanforderungen. Diese können zusätzlich die Bewältigung der alterstypischen Entwicklungsaufgaben gefährden, die auch das gesunde Kind zu leisten hat.

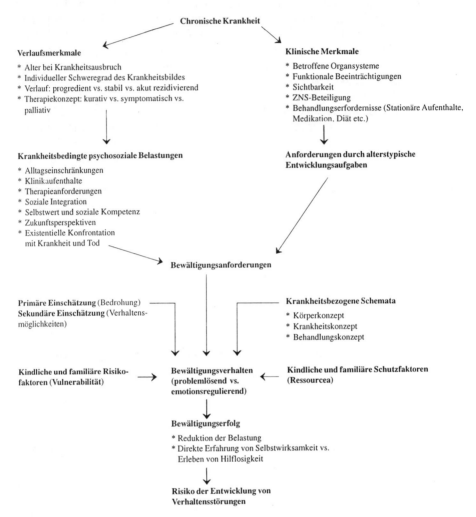

Abbildung 1:
Zusammenhang zwischen Krankheitsmerkmalen, Krankheitsbewältigung und dem Risiko von Verhaltensstörungen.

Krankheitsbelastungen und Entwicklungsaufgaben konfrontieren das chronisch kranke Kind mit einer Vielzahl von Bewältigungsanforderungen. Das Bewältigungsverhalten hängt entscheidend von den kognitiven Einschätzungsprozessen ab, mit denen es die Bedrohlichkeit der Belastung, aber auch seine potentiellen Bewältigungsmöglichkeiten überprüft. Je nach erreichtem kognitiven Entwicklungsniveau des Kindes werden diese Einschätzungen durch spezifische krankheitsbezogene Konzepte überlagert. Ein kompetentes und erfolgreiches Bewältigungsverhalten reduziert nicht nur die konkreten Belastungen, sondern führt auch zu einer Neueinschätzung von dessen zukünftiger Bedrohlichkeit. Darüberhinaus werden die bestehenden Ergebnis- und Selbstwirksamkeitserwartungen an die aktuell erworbenen Bewältigungserfahrungen angepaßt (Jerusalem & Schwarzer, 1992; Noeker, 1991). Je häufiger und intensiver das chronisch kranke Kind dabei in seiner Selbstbewertung zu der Einschätzung gelangt, die Belastungen nicht meistern zu können, desto größer wird letztlich das Risiko von Verhaltensstörungen.

4. Krankheitsbewältigung in der Familie

Eine chronische Krankheit wird im familiären Kontext bewältigt. Patterson (1990) hat in einer Übersichtsarbeit vier typische Aspekte herausgearbeitet, unter denen das Verhältnis von familiären Bedingungen und Krankheitsbewältigung betrachtet werden kann:

- Familie als verursachender beziehungsweise aufrechterhaltender Faktor des Krankheitsprozesses,
- die psychosozialen Auswirkungen von Krankheit und Behandlung auf das familiäre Zusammenleben,
- Familie als kommunikatives Bindeglied zwischen erkranktem Kind und Behandlungspersonal und
- Familie als Medium der Sozialisierung des kindlichen Bewältigungsverhaltens.

Die Familie und natürlich besonders die Eltern besitzen eine wichtige Vorbild- und Orientierungsfunktion für das Bewältigungsverhalten des Kindes (Walker & Zeman, 1992). Das familiäre Bewältigungsverhalten kann aus der gleichen Perspektive analysiert werden wie das individuelle Bewältigungsverhalten des chronisch kranken Kindes (Fiese & Sameroff, 1992).

4.1 Unterstützungsfunktion der Eltern für das kranke Kind

Prinzipiell kann jede der vielschichtigen Krankheitsbelastungen und Therapieanforderungen, mit denen das chronisch kranke Kind konfrontiert ist (vgl. Tab. 2), die Eltern zu einer unterstützenden Bewältigungsleistung herausfordern. Dies gilt vor allem dann, wenn das Kind mit seinen Kompetenzen überfordert ist. Kinder, die auf angemessene Weise von ihrer Familie unterstützt werden, zeigen weniger depressive Reaktionen (vgl. Varni et al., 1989). Verfügt die Familie ihrerseits nicht über hinreichende interne Ressourcen bzw. externe soziale Unterstützung zur erfolgreichen Belastungsregulation, so leitet sich daraus der familiäre Bedarf nach psychologischer Familienberatung ab (vgl. Noeker & Petermann, 1990).

Die Familie ist zunächst für alle mit der Erkrankung verbundenen Anforderungen, Belastungen und Krisenzustände zuständig, insofern diese nicht durch Dritte abgedeckt sind (Kazak, 1989). Die verschiedenen professionell beteiligten Fachkräfte sind zunächst immer „nur" für einen definierten Ausschnitt des komplexen

Behandlungsprozesses (Medikation, Durchführung der Krankengymnastik, psychosoziale Beratung, Diätplan etc.) verantwortlich. Behandler können sich — etwa im Konfliktfall mit der Familie — jederzeit auf dieses Segment zurückziehen, indem sie sich auf ihr Berufsbild oder ihren Behandlungsauftrag berufen. Eltern können sich demgegenüber ihrer Verpflichtungen (Organisieren, Trösten, Schlichten, Überwachen usw.) nur entledigen, wenn sie gleichzeitig das Risiko erhöhter medizinischer Komplikationen oder psychosozialer Konflikte in Kauf nehmen.

4.2 Risiken des Erziehungsprozesses

Die Eltern eines chronisch kranken Kindes müssen in ihrem Erziehungsverhalten feinfühlig ausbalancieren, welche Belastungen und Anforderungen sie durch stellvertretendes Handeln dem Kind abnehmen und welche sie in dessen Selbstverantwortung belassen beziehungsweise wie sie das Kind in einen gemeinsamen Problemlöseprozeß eingebunden halten. Der Erziehungsprozeß des chronisch kranken Kindes unterliegt dabei dem Risiko erstens einer Vernachlässigung, zweitens einer Überfürsorge und drittens einer fehlgesteuerten Hilfe.

Risiko aus Vernachlässigung und Überforderung. Es besteht die Gefahr, daß die Eltern das Kind in seinen Sorgen und Nöten barsch auf dessen eigene Verantwortlichkeit verweisen und ihm erforderliche Unterstützung verwehren. Dem Kind fehlt dann bei der Auseinandersetzung mit Belastungssituationen im Bereich der sekundären Einschätzungsprozesse die Überzeugung, sich auf die Unterstützung und den sozialen Rückhalt der Eltern verlassen zu können (Quittner, 1992). Verfügt das Kind dann nicht über hinreichende Fertigkeiten aus eigener Kraft, so verengt sich die Palette seiner Bewältigungsmöglichkeiten (vgl. Abb. 1). Langfristig besteht die Gefahr, daß seine erkrankungsbezogenen Kontrollüberzeugungen sinken und ein problemorientiertes Bewältigungsverhalten schrittweise durch ein emotionsregulierendes Verleugnungs- und Vermeidungsverhalten ersetzt wird (Delamater, 1992; Compas et al., 1992; Jerusalem, 1990). Ein solches Risiko elterlicher Zurückweisung und Vernachlässigung ist häufig damit verknüpft, daß diese sich nicht aus eigenem Antrieb hinreichend über die Erkrankung und die Behandlungserfordernisse informieren beziehungsweise in ihrem Verständnis der medizinischen Erklärungen selbst überfordert sind (Petermann et al., 1990 b). Es kann sich aber auch bei diesem Erziehungsstil um die Manifestation einer generell wirksamen Tendenz zur Vernachlässigung des Kindes handeln (vgl. Cicchetti & Olsen, 1991).

Risiko aus Überfürsorge. Häufiger droht bei chronisch kranken Kindern jedoch die gegenteilige Entwicklung, bei der sich elterliche Überfürsorge gepaart mit kindlicher Verhaltensunsicherheit herausbildet (vgl. Petermann et al., 1987; Petermann & Lecheler, 1993). Das Kind löst bei den Eltern mit seinen erkrankungsbedingten Einschränkungen, Benachteiligungen und damit einhergehenden besonderen Bedürfnissen spontanes Mitgefühl aus. In seinem Verhalten präsentiert es sich ihnen als schüchtern, hilfsbedürftig, traurig verstimmt, bei Gleichaltrigen stigmatisiert und ausgegrenzt, sozial nicht durchsetzungsfähig. Um das Kind zu schützen, nehmen die Eltern ihm nun über Gebühr die Lösung sozialer Konflikte und die Erfordernisse des Behandlungsregimes ab. Dadurch wird dem Kind die Verantwortung für die alltägliche Belastungsregulation abgenommen. Das Kind entwickelt zunehmende Selbstzweifel (vgl. Petermann et al., 1993). Im Bereich seiner sekundären Einschätzungen dominieren auf Dauer Bewältigungsmöglichkeiten, die sich für den Konfliktfall immer stärker auf die möglichst sofortige Erschließung externer Unterstützung zentrieren. Ist diese Unterstützung situativ nicht verfügbar, resultieren extreme Überforderungsgefühle, die emotional nur durch eine nachhaltigere Einforderung elterlicher Hilfe reguliert werden können. Für die Eltern sind diese Situationen wiederum Beweis genug, daß ihr Kind ohne ihre beständige schützende Präsenz und Fürsorglichkeit seinen Belastungen nicht gewachsen wäre.

Empirisch konnte dieser familiäre Interaktionsstil für ein Viertel der asthmakranken Kinder und Jugendlichen belegt werden (Noeker, 1991). Damit belegen diese Ergebnisse ein Erziehungsverhalten, das weitgehend dem Muster folgt, wie es für die Herausbildung sozial unsicheren Verhaltens verantwortlich ist (vgl. Petermann & Petermann, 1994).

Risiko aus fehlgesteuerter Hilfe. Anderson und Coyne (1991) haben ein Modell vorgestellt, das einen fortschreitend negativen Interaktionsstil zwischen chronisch krankem Kind und Eltern beschreibt. Sie bezeichnen diesen Entwicklungsverlauf als Prozeß der fehlgesteuerten Hilfe ("Miscarried helping"). Zum Ausgangspunkt ihrer Analyse nehmen sie die Beobachtung, daß Eltern aus einer wohlmeinenden, redlichen Unterstützungsbereitschaft heraus einen Interaktionsprozeß mit ihrem Kind in Gang setzen, der letzlich zu einer Beeinträchtigung des kindlichen Bewältigungsverhaltens führt. Dieser Prozeß verläuft in fünf Phasen:

● Mit der Diagnose wird den Eltern ärztlicherseits aufgetragen, für eine konsequente Durchführung der Behandlungsmaßnahmen im Alltag Sorge zu tragen.
● Die Eltern erklären sich bereit, diese Verantwortung zu übernehmen; sie spüren im Alltag aber auch, welche Disziplin, Beobachtungsgenauigkeit und Sorgfalt dazu von ihrer Seite erforderlich ist.
● Die elterliche Überwachung der Therapie vermittelt dem Kind zunehmend das Gefühl, kritisch beobachtet, kontrolliert und eingeschränkt zu werden. Es fühlt sich übermäßig in seiner Entscheidungsfreiheit beschnitten.
● Im Anschluß an einige Nachlässigkeiten bei der Therapiemitarbeit des Kindes steigern die Eltern ihre Verhaltenserwartungen und drohen Sanktionen an. Es findet eine schrittweise kognitive Neudefinition der Situation statt. Das ursprüngliche Thema der Durchführung von Behandlungsmaßnahmen wird nun als Thema der ,,Selbst- oder Fremdbestimmung'' des Kindes verhandelt. Um seine Entscheidungsfreiheit und sein Selbstwertgefühl zu wahren, verweigert das Kind umso deutlicher die Mitarbeit. Die Eltern nehmen nun an, daß ihr Kind nicht in der Lage ist, hinreichend Verantwortung für seinen Gesundheitszustand zu übernehmen. Sie schlußfolgern, daß

es zur Sicherstellung der Behandlung einer noch intensiveren Kontrolle bedarf. Das Kind erlebt dies als erneuten Beleg für den Verlust des elterlichen Vertrauens und Respekts.

● Die Situation ist schließlich eskaliert, wenn die Interaktion im ständigen Kreis zwischen elterlichen Forderungen und Drohungen auf der einen Seite und kindlichem Protest und Widerstand auf der anderen Seite verläuft. Dieser Interaktionsstil ähnelt dem der Entwicklung dissozialen Verhaltens (vgl. Patterson et al., 1990): Den Eltern gelingt es unter Androhung massiver Sanktionen, kurzzeitig eine Kontrolle über das kindliche Verhalten zu erzielen. Langfristig führt der Vertrauensverlust auf Seiten des Kindes jedoch zu einer deutlichen Zunahme des abweichenden Verhaltens und der auslösenden Konfliktsituationen.

4.3 Psychosoziale Belastungen von Eltern und Geschwistern

So wie das erkrankte Kind stehen auch die übrigen Familienmitglieder unter dem Druck am eigenen Leibe erlebter psychosozialer Folgebelastungen (Hamlett et al., 1992; Walker & Zeman, 1992) und dem daraus resultierenden Risiko eigener Überforderungen und Verhaltensstörungen. Über das Eingebundensein in den Bewältigungsprozeß des kranken Kindes sind die übrigen Familienmitglieder in ihren ganz persönlichen Entwicklungschancen betroffen.

Belastungen der Eltern. Bezogen auf die Eltern sind unter anderem folgende ausgewählte Belastungsmomente zu nennen, die sich infolge der chronischen Krankheit ihres Kindes ergeben können: Zusätzliche finanzielle Belastungen, Probleme der Urlaubsgestaltung, Verengung des Freizeitbereiches, Überprüfung von beruflichen Karriereplänen, Angewiesensein auf Flexibilität und Kulanz Dritter bei der Abstimmung mit beruflichen Verpflichtungen, Trennungssituationen bei Krankenhausaufenthalten, Organisation von Behandlungsterminen und bürokratischen Erfordernissen, Neudefinition und Aushandeln innerfamiliärer Rollen, Übernahme von Mitverantwortung bei schwerwiegenden Therapieentscheidungen, emotionale Schwierigkeiten bei der Akzeptanz der Erkrankung und ihrer Chronizität, Angst vor lebensbedrohlichen Krankheitskrisen, religiöse und weltanschauliche Orientierungsverluste (vgl. Petermann et al., 1987; Petermann et al., 1990b; Quittner, 1992).

Belastungen der Geschwister. Die Geschwister chronisch kranker oder behinderter Kinder stellen die Gruppe dar, deren psychosoziale Risikobehaftetheit am leichtesten aus dem Blickfeld gerät (Hackenberg, 1990). Im familiären Bewältigungsprozeß können sie dabei besonders sensitiv auf Verschiebungen der innerfamiliären Balance reagieren und durch Entwicklung von Verhaltensstörungen entsprechende Signale setzen (Daniels et al., 1986). Sie stehen in dem Zwiespalt zwischen der Rücksichtnahme auf die Belange des erkrankten Kindes auf der einen Seite und der Angst, daß ihre eigenen Bedürfnisse und Empfindungen nicht mehr wahrgenommen werden (vgl. Seligman, 1987). Sie fürchten, daß ihre alltäglichen Zuwendungsbedürfnisse keine Geltung mehr beanspruchen dürfen und als trivial gelten im Licht der doch als ungleich dramatischer verhandelten Lebenslage des ernsthaft erkrankten Kindes (Tritt & Esses, 1988). Da der direkte Ausdruck dieser Bedürfnisse tatsächlich sanktioniert ist oder zumindest subjektiv so erscheint, kommunizieren Geschwisterkinder entsprechende emotionale Botschaften an die anderen Familienmitglieder eher auf indirekte Weise (Rückzugsverhalten: vgl. Tritt & Esses, 1988; internalisierende Verhaltensstörungen: Cadman et al., 1988; psychosomatische Reaktionen: vgl. Daniels et al., 1986). Eine Konzeption zur Beratung von Familien mit einem krebserkrankten Kind, die auf eine möglichst umfassende Beteiligung aller Familienmitglieder abzielte, konnte in der empirischen Evaluation die nachhaltigsten Effekte gerade bei den Geschwisterkindern nachweisen (Petermann et al., 1990b).

4.4 Familiäres Bewältigungsverhalten

Die Bewältigung der vielschichtigen Anforderungen und Belastungen erfordert von den Eltern sowohl ein hohes Maß an nach außen gerichteten Organisations- und Kommunikationsfertigkeiten als auch eine nach innen gerichtete Fähigkeit zur Emotionsregulation. Gelingt den Eltern in weiten Bereichen keine zufriedenstellende Bewältigung, so drohen auch bei ihnen — in Analogie zu einem fehlschlagenden Bewältigungsprozeß beim erkrankten Kind — sekundäre Beeinträchtigungen des Wohlbefindens bis hin zu Verhaltensstörungen (Roberts & Wallander, 1992). Ein häufig untersuchtes Merkmal war die Qualität der elterlichen Beziehung chronisch kranker Kinder beziehungsweise die Scheidungsraten. Während in den Studien der siebziger Jahre noch vermehrt eheliche Konflikte festgestellt wurden, haben fundierte Studien diesen Befund nicht mehr belegen können (vgl. Walker et al., 1992). Schon in der klassischen Studie von Lansky et al. (1978) konnte keine erhöhte Scheidungsrate betroffener Familien gefunden werden. Cadman et al. (1991) haben in einer aktuelleren Studie ebenfalls keine gravierenden Abweichungen hinsichtlich der sozio- demographischen Merkmale von Familien mit einem chronisch kranken Kind feststellen können.

Eine Langzeituntersuchung von Timko et al. (1992) zum Bewältigungsverhalten von Eltern arthritischer Kinder kann als repräsentativ gelten auch für viele andere Krankheitsbilder. Die Autoren konnten feststellen, daß die Mütter im Vergleich zu den Vätern über ein höheres Maß an depressiven Symptomen berichteten, obwohl sie über ein effizienteres Bewältigungsverhalten verfügten. Dieses zunächst widersprüchlich erscheinende Ergebnis wird in Übereinstimmung mit einer Studie von Bristol et al. (1988) von den Autoren als Beleg für die höhere Verantwortlichkeit der Mütter für die Behandlungserfordernisse gewertet. Diese hohe Verantwortung kann sowohl zu einer Ausdifferenzierung der Bewältigungsfertigkeiten, in Zeiten von Bewältigungsmißerfolgen aber auch zu depressiven Verhaltensstörungen führen. Depressive Reaktionen waren bei den Eltern jeweils verknüpft mit der individuellen Unzufriedenheit über die Partnerschaftsbeziehung. Ebenso gingen depressive Reaktionen mit Bewältigungsstrategien von Verleugnung und Vermeidung einher. Vermeidungsstrategien zeigten sich vor allem den Eltern, die ein überdurchschnittlich hohes Maß an psychosozialen Belastungen erlebten. Wenn die Arthritis mit stärkeren funktionellen Beeinträchtigungen und starken Schmerzen beim Kind einherging, so war dies auch mit einem reduzierten Wohlbefinden auf Seiten der Eltern verbunden. Je weniger das Kind unter seinen psychosozialen Krankheitsbelastungen litt und je emotional stabiler es sich fühlte, desto weniger empfanden auch die Eltern eine Beeinträchtigung ihres Wohlbefindens. Bei Familien mit befriedigender Unterstützung aus dem sozialen Netzwerk fanden sich weitaus weniger depressive Reaktionen. Insgesamt betonen Timko et al. (1992) die enge wechselseitige Verknüpfung von Belastungserleben, Bewältigungstrategien und depressiven Verhaltensstörungen zwischen Mutter, Vater und arthritiskrankem Kind. Sie schlußfolgern daraus, daß psychologische Interventionen auf der familiären Ebene des Bewältigungsverhaltens anzusetzen haben.

Thompson et al. (1992) untersuchten bei Müttern mit cystischer Fibrose, welche Faktoren mit einer unzureichenden Krankheitsbewältigung einhergehen. Sie fanden einen Zusammenhang mit dem Ausmaß an allgemeinen und krankheitsbezogenen psychosozialen Belastungen, geringeren Selbstwirksamkeitserwartungen, mehr emotions- als problembezogenen Bewältigungsstrategien, eine geringere innerfamiliäre Unterstützung und ein höheres Maß an familiären Konflikten.

Kazak (1992) konnte bei drei weiteren chronischen Krankheitsgruppen die besonders herausgehobene Belastung der Mütter bestätigen. Auch diese Autorin kommt zu der Schlußfolgerung, daß die Mütter vor allem aufgrund der hohen pflegerischen und erzieherischen Verpflichtungen Angstreaktionen und depressive Verhaltensstörungen entwickeln können.

Familiäre Risikofaktoren und Ressourcen. Auch auf der Ebene des familiären Bewältigungsverhaltens ist die Beziehung zwischen der Wirkung psychosozialer Belastungen einerseits und Verhaltensstörungen andererseits moderiert durch Risikofaktoren und Ressourcen. Viele der relevanten familiären Risikofaktoren und Ressourcen sind weitgehend deckungsgleich mit denen, die auch für andere psychische Störungen beschrieben sind. Zu den familiären Ressourcen gehören unter anderem (vgl. Compas & Phares, 1991; Garmezy & Masten, 1991; Kimchi & Schaffner, 1990; O'Dougerthy & Brown, 1990):

● Ein Erziehungsstil, der konsistente Verhaltensorientierungen vermittelt,
● Begrenzung der Kinderzahl in der Familie auf maximal vier,
● hohe sozioökonomische Reserven,
● die Wahrnehmung der Eltern, daß das Kind ein besonders aktives und sozial responsives Temperament hat,
● ein hohes Selbstwertgefühl der Mutter,
● stabiles, konsistentes Verhalten der Eltern während Belastungsperioden,
● positive Geschwisterbeziehungen und
● eine emotional positive Beziehung zum Kind.

Externe soziale Unterstützung. Die sozialen Netzwerke von Familien chronisch kranker Kinder sind in der Regel kleiner, allerdings auch dichter, was die Intensität der Kontakte betrifft (vgl. Quittner, 1992). Die subjektive Einschätzung, bei Bedarf soziale Unterstützung aktivieren zu können, ist entscheidender als das Ausmaß an tatsächlich geleisteter Hilfe (Kessler, 1991). Aus funktionaler Sicht kann soziale Unterstützung bei Familien chronisch kranker Kinder folgende fünf Formen annehmen (Quittner, 1992):

● Emotionale Unterstützung,
● soziale Integration und Vermitteln eines Zugehörigkeitsgefühls,
● Ausdruck persönlicher Wertschätzung,
● konkrete Alltagshilfen und
● Informationsvermittlung.

Innerfamiliäre Ressourcen. Als besonders entscheidende Ressource für die familiäre Krankheitsbewältigung konnten verschiedene Studien den möglichst offenen kommunikativen Austausch unter den Familienmitgliedern herausarbeiten (Kupst & Schulman, 1988; Leventhal et al., 1985; Petermann et al., 1990b). Eine stark gegenwartsorientierte Grundhaltung, bei der sich die Familie auf die Bewältigung der aktuell dringlichsten Belastungen konzentriert, stellt ebenfalls eine erfolgreiche Bewältigungsstrategie dar. Dies gilt besonders, wenn zusätzlich langfristig optimistische Zukunftsperspektiven aufgebaut werden können. Weltanschauliche oder gegebenenfalls auch religiöse Wertorientierungen können dabei unterstützend wirken.

Ein Elternverhalten, bei dem das Kind ungeachtet der lebensbedrohlichen Erkrankung weiterhin möglichst ,,normal'' behandelt wird, beugt innerfamiliären Konflikten vor. Ein solcher Erziehungsstil trägt zu einer günstigen langfristigen Verhaltensentwicklung des Kindes bei, da im Falle der Genesung und Rehabilitation die Rückkehr zur Anpassung an alterstypische Normen sich nicht so schwierig gestaltet (Petermann et al., 1990b).

In der Studie von Petermann et al. (1990b) an Familien krebserkrankter Kinder zeigten sich darüber hinaus folgende positive Bewältigungsstrategien:

● Je intensiver die Eltern sich untereinander austauschen, desto zufriedenstellender ist auch die Eltern-Kind-Kommunikation. Je besser sich die Eltern über die Erkrankung und die Behandlung informieren, desto besser ist auch das Krankheitsverständnis der Geschwister.
● Eine gerechte und möglichst gleiche Verteilung der erkrankungsbedingten Belastungen zwischen den Familienmitgliedern erhöht den familiären Zusammenhalt und minimiert das Risiko der Überforderung Einzelner.

Schwerpunkte von psychosozialer Familienberatung. Die Ergebnisse der genannten Studien können die Aufgabenschwerpunkte begründen, die bei einer psychologischen Beratung von Familien mit chronisch kranken Kindern im Vordergrund stehen. Vorrangige Ziele einer familienorientierten Beratung liegen demzufolge darin, eine offene Kommunikation über das individuelle Belastungserleben zu initiieren, die Erwartungen bezüglich der wechselseitigen Unterstützungsleistungen zu klären und die familiären Rollen an die aktuellen Anforderungen anzupassen (Noeker & Petermann, 1990). Die Eltern krebserkrankter Kinder erlebten psychosoziale Interventionen besonders dann als hilfreich, wenn diese

● konkrete Informationen und Orientierungshilfen in der Zeit der Diagnoseverabeitung und den ersten Behandlungsmonaten bieten,
● in Krisensituationen rasch verfügbar sind und die psychosozialen Fachkräfte in engem Austausch mit dem medizinischen Behandlungspersonal stehen, und
● diese sich darauf konzentrieren, die Ressourcen der Familie im Sinne einer Hilfe zur Selbsthilfe zu mobilisieren.

Stimulation von Reifungsentwicklungen. Die familiären Grundhaltungen eines intensiven kommunikativen Austausches, einer Orientierung an der Gegenwart und eines langfristigen Optimismus waren in den Nachfolgeuntersuchungen von Kupst auch noch sechs Jahre nach der Diagnoseeröffnung nachweisbar, also zu einer Zeit, in der die akut krisenhaften Bedrohungen abgeklungen waren. Es zeigt sich, daß die personalen und innerfamiliären Ressourcen und Bewältigungsstrategien, die in der Auseinandersetzung mit den Krankheitsbelastungen erworben wurden, über die Erkrankungsphase hinaus als wichige Lernerfahrungen in die Biographien der Familienmitglieder einfließen. Die in dieser Krisenzeit angeeigneten Kompetenzen und positiven Erwartungshaltungen stellen Resssourcen für die Regulation von späteren Belastungssituationen dar. Eine chronische Krankheit kann daher nicht nur als Risikofaktor für die Entwicklung von Verhaltensstörungen beim betroffenen Kind, den Geschwistern und Eltern gewertet werden. In ihr liegt gleichermaßen die Chance zu einer beschleunigten individuellen Reifungsentwicklung sowie zu einer Intensivierung der elterlichen Partnerschaft beziehungsweise der innerfamiliären Beziehungen überhaupt (Chesler & Barbarin, 1987; Petermann et al., 1990b).

Weiterführende Literatur

LaGreca, A. M., Siegel, L. J., Wallander, J. L. & Walker, C. E. (1992). *Stress and coping in child health.* New York: Guilford.

Petermann, F., Noeker, M., Bochmann, F. & Bode, U. (1990). *Beratung von Familien mit krebskranken Kindern: Konzeption und empirische Ergebnisse.* Frankfurt: Lang, 2., überarbeitete Auflage.

Petermann, F., Noeker, M. & Bode, U. (1987). *Psychologie chronischer Krankheiten im Kindes- und Jugendalter.* München: Psychologie Verlags Union.

Literatur

Anderson, B. & Coyne, J.C. (1991). "Miscarried helping" in the families of children and adolescents with chronic diseases. In J. H. Johnson & S. B. Johnson (Eds.), *Advances in Child Health Psychology.* Gainesville: University of Florida Press.

Bandura, A. (1986). *Social foundations of thought and action.* Englewood Cliffs: Prentice Hall.

Berry, S. L., Hayford, J. R., Ross, C. K., Pachman, L. M. & Lavigne, J. V. (1993). Conceptions of illness with juvenile rheumatoid arthritis: A cognitive developmental approach. *Journal of Pediatric Psychology, 18,* 83—97.

Bibace, R. & Walsh, M. E. (1980). Development of children's concepts of illness. *Pediatrics, 66,* 912—917.

Blanz, B., Rensch-Riemann, B., Fritz-Sigmund, D. & Schmidt, M. H. (1993). Zur Rolle erkrankungsbezogener kognitiv-emotionaler Faktoren als Determinanten der Compliance bei Jugendlichen mit Diabetes mellitus. *Zeitschrift für Klinische Psychologie, 22,* 264—275.

Boardway, R. H., Delamater, A. M., Tomakowsky, J. & Gutai, J. P. (1993). Stress management training for adolescents with diabetes. *Journal of Pediatric Psychology, 18,* 29—45.

Bobrow, E. S., Ruskin, T. W. & Siller, J. (1985). Mother-daughter interaction and adherence to diabetes regimen. *Diabetes Care, 8,* 146—151.

Bochmann, F. (1992). *Subjektive Beschwerden und Belastungen bei Neurodermitis im Kindes- und Jugendalter.* Frankfurt: Lang.

Breslau, N. & Marshall, I. A. (1985). Psychological disturbances in children with physical disabilities: Continuity and change in a five-year follow-up. *Journal of Abnormal Child Psychology, 13,* 199—216.

Breslau, N., Staruch, K. S. & Mortimer, F. A. (1982). Psychological distress in mothers of disabled children. *American Journal of Diseases in Children, 136,* 682—686.

Brewster, A. B. (1982). Chronically ill hospitalized children's concepts of their illness. *Pediatrics, 69,* 355—358.

Bristol, M., Gallagher, J. J. & Schopler, E. (1988). Mothers and fathers of young developmentally diasbled and nondisabled boys: Adaptation and spousal support. *Developmental Psychology, 24,* 441—451.

Burger, W., Weber, B., Enders, I. & Hartmann, R. (1991). Therapie des Diabetes mellitus im Kindes- und Jugendalter. Ziele, Beurteilungskriterien und Ergebnisse. *Monatsschrift für Kinderheilkunde, 139,* 62—68.

Bush, J. P., Melamed, B. G. & Cockrell, C. S. (1988). Parenting children in a stressful medical situation. In T. W. Miller (Ed.), *Stressful life events: Clinical readings in health care delivery* (579—588). New York: International Universities Press.

Cadman, D., Boyle, M. & Offord, D. R. (1988). The Ontario Child Health Study: Social adjustment and mental health of siblings of children with chronic health problems. *Journal of Developmental and Behavioral Pediatrics, 9,* 117—121.

Cadman, D., Boyle, M., Szatmari, P. & Offord, D. R. (1987). Chronic illness, diability, and mental and social well-being: Findings of the Ontario Child Health Study. *Pediatrics, 79,* 805—813.

Cadman, D., Rosenbaum, P., Boyle, M. & Offord, D.R. (1991). Children with chronic illness: Family and parent demographic characteristics and psychosocial adjustment. *Pediatrics, 87,* 884—889.

Canning, E. H., Hanser, S. B., Shade, K. A. & Boyce, W. T. (1992). Mental disorders in chronically ill children: Parent-child discrepancy and physician identification. *Pediatrics, 90,* 692—696.

Cerreto, M. C. & Travis, L. B. (1984). Implication of psychological and family factors in the treatment of diabetes. *Pediatric Clinics of North America, 31,* 689—710.

Chaney, J. M. & Peterson, L. (1992). Family variables and disease management in juvenile rheumatoid arthritis. In M. C. Roberts & J. L. Wallander (Eds.), *Family issues in pediatric psychology* (111—125). Hillsdale: Erlbaum.

Chesler, M. A. & Barbarin, O. A. (1987). *Childhood cancer and the family. Meeting the challenge of stress and support.* New York: Bruner & Mazel.

Cicchetti, D. & Olsen, K. (1991). The developmental psychopathology of child maltreatment. In M. Lewis & S. M. Miller (Eds.), *Handbook of developmental psychopathology* (261—279). New York: Plenum Press

Cicchetti, D. & Pooge-Hess, P. (1981). The relation between emotion and cognition in infant development: past, present and future perspectives. In M. Lamb & L. Sherrod (Eds.), *Infant social cognition* (205—271). Hillsdale: Erlbaum.

Cohen, F. & Lazarus, R. S. (1979). Coping with the stress of illness. In G. C. Stone, F. Cohen & N. E. Adler (Eds.), *Health psychology: A handbook* (217—254). San Francisco, CA: Jossey Bass.

Comittee on Children with Diabilities (1993). Provision of related services for children with chronic disabilities. *Pediatrics, 92,* 879—881.

Comittee on Children with Disabilities and Comitee on Psychosocial Aspects of Child and Family Health (1993). Psychosocial risks of chronic health conditions in childhood and adolescence. *Pediatrics, 92,* 876—878.

Compas, B. E. & Phares, V. (1991). Stress during childhood and adolescence: Sources of risk and vulnerability. In E. M. Cummings, A. L. Greene & K. H. Karraker (Eds.), *Life span developmental psychology: Perspectives on stress and coping* (111—129). Hillsdale: Erlbaum.

Compas, B. E., Worsham, N. L. & S. Ey (1992). Conceptual and developmental issues in children's coping with stress. In A. M. La Greca, L. J. Siegel, J. L. Wallander & C. E. Walker (Eds.), *Stress and coping in child health* (7—24). New York: Guilford.

Coupey, S. M. & Wager, M. (1990). Issues of sexuality in chronically ill adolescents. *Advances in Developmental and Behavioral Pediatrics, 9,* 59—73.

Crittenden, P. M. (1992). Quality of attachment in the preschool years. *Development and Psychopathology, 4,* 209—242.

Daniels, D., Miller, J. J., Billings, A. G. & Moos, R. H. (1986). Psychosocial functioning of siblings of children with rheumatic disease. *Journal of Pediatrics, 109,* 379—383.

Dahl, J. (1992). *Epilepsy. A behavior medicine approach to assessment and treatment in children. A handbook for professionals working with epilepsy.* Göttingen: Hogrefe.

Delamater, A. M., Smith, J. A., Kurtz, S. M. & White, N. H. (1988). Dietary skills and adherence in children with insulin-dependent diabetes mellitus. *The Diabetes Educator, 14,* 33—36.

Delamater, A. M. (1992). Sress, coping, and metabolic control among youngsters with diabetes. In A. M. La Greca, L. J. Siegel, J. L. Wallander & C. E. Walker (Eds.), *Stress and coping in child health.* New York: Guilford.

Eiser, C. (1989). Children's concepts of illness: Towards an alternative to the "stage" approach. *Psychology and Health, 3,* 93—101.

Eiser, C., Havermans, T., Pancer, M. & Eiser, J. R. (1992). Adjustment to chronic disease in relation to age and gender: mothers' and fathers' reports of their childrens' behavior. *Journal of Pediatric Psychology, 17,* 261—275.

Fiese, B. H. & Sameroff, A. J. (1992). Family context in behavioral psychology: A transactional perspective. In M. C. Roberts & J. L. Wallander (Eds.), *Family issues in pediatric psychology* (239—260). Hillsdale: Erlbaum.

Garmezy, N. & Masten, A. S. (1991). The protective role of competence indicators in children at risk. In E. M. Cummings, A. L. Greene & K. H. Karraker (Eds.), *Life span developmental psychology: Perspectives on stress and coping* (151—174). Hillsdale: Erlbaum.

Garrison, W. T. & McQusiton, S. (1989). *Chronic illness during childhood and adolescence. Psychological aspects.* Newbury Park, CA: Sage.

Giordano, B. P. & Rainwater, N. G. (1986). Factitious hypoglycemia: case report. *The Diabetes Educator, 12,* 37—39.

Golden, M. P., Russell, B. P., Ingersoll, G. M., Gray, D. L. & Hummer, K. M. (1985). Management of diabetes mellitus in children younger than 5 years of age. *American Journal of Diseases of Children, 139,* 448—452.

Gonder-Frederick, L. A. & Cox, D. J. (1991). Symptom perception, symptom beliefs, and blood glucose discrimination in the self-treatment of insulin-dependent diabetes. In J. A. Skelton & R. T. Croyle (Eds.), *Mental representation in health and illness* (217—246). New York: Springer.

Gortmaker, S. L. Walker, D. B., Weitzman, M. & Sobol, A. M. (1990). Chronic conditions, socioeconomic risks, and behavioral problems in children and adolescents. *Pediatrics, 85,* 267—276.

Grossman, H. J., Brink, S. & Hauser S. T. (1987). Self-efficacy in adolescent girls and boys with insulin-dependent diabetes mellitus. *Diabetes Care, 10,* 324—329.

Gutezeit, G., Harbeck, V. & Zorbaci, L. (1993). Zum Wissen über Körperorgane und deren Funktionen bei Kindern. *Kindheit und Entwicklung, 2,* 87—95.

Hackenberg, W. (1990). Risiken und Chancen in der Entwicklung von Geschwistern behinderter Kinder. In F. Petermann, U. Bode & G. Schlack (Hrsg.), *Chronisch kranke Kinder und Jugendliche. Eine interdisziplinäre Aufgabe.* Köln: Deutscher Ärzte Verlag.

Halford, W. K., Cuddihy, S. & Mortimer, R. H. (1990). Psychological stress and blood glucose regulation in type I diabetic patients. *Health Psychology, 9,* 516—528.

Hamlett, K. W., Pellegrini, D. S. & Katz, K. S. (1992). Childhood chronic illness as a family stressor. *Journal of Pediatric Psychology, 17,* 33—47.

Holmes, D. M. (1986). The person and diabetes in psychosocial context. *Dabetes Care, 9,* 194—206.

Hanson, C. L., Henggeler, S. W. & Burghen, G. A. (1987). Model of associations between psychosocial variables and health-outcome measures of adolescents with IDDM. *Diabetes Care, 10,* 752—758.

Hanson, C. L. & Onikol-Ross, S. R. (1990). Developmental issues in the lives of youths with insulin-dependent diabetes mellitus. In S. B. Morgan & T. M. Okwumabua (Eds.), *Child and adolescent disorders: Developmental and health psychology perspectives* (201—240). Hillsdale: Erlbaum.

Harper, D. C. (1991). Paradigms for investigating rehabilitation and adaption to chronic disability and chronic illness. *Journal of Pediatric Psychology, 16,* 533—542.

Harter, S. (1989). Causes, correlates, and the functional role of global self-worth: A life-span perspective. In J. Kolligian & R. Sternberg (Eds.), *Competence considered: Perceptions of competence and incompetence across the life-span* (67—97). New Haven: Yale University Press.

Harter, S. (1990). Processes underlying adolescent self-concept formation. In R. Montemayor, G. R. Adams & T. P. Gullota (Eds.), *From childhood to adolescence: A transitional period ?* (205—239). Newbury Park, CA: Sage.

Hürter, P. (1992). *Diabetes bei Kindern und Jugendlichen.* Berlin: Springer (4. vollständig überarbeitete Auflage).

Hurley, A. & Whelan, E. G. (1988). Cognitive development and children's perception of pain. *Pediatric Nursing, 14,* 21—24.

Jerusalem, M. (1990). *Persönliche Ressourcen, Vulnerabilität und Streßerleben.* Göttingen: Hogrefe.

Jerusalem, M. & Schwarzer, R. (1992). Self-efficacy as a ressource factor in stress appraisal. In R. Schwarzer (Ed.), *Self-efficacy: Thought control of action.* New York: Hemisphere.

Johnson, S. B., Kelly, M., Henretta, J. C., Cunningham, W. R., Tomer, A. & Silverstein, J. H. (1992). A longitudinal analysis of adherence and health status in childhood diabetes. *Journal of Pediatric Psychology, 17,* 537—553.

Johnson, S. B., Pollak, T., Silverstein, J. H., Rosenbloom, A., Carter, R. & W. Cunningham (1986). Assessing daily management in childhood diabetes. *Health Psychology, 5,* 545—564.

Kazak, A. E. (1989). Families of chronically ill children: A systems and social-ecological model of adaptation and challenge. *Journal of Consulting and Clinical Psychology, 57,* 25—30.

Kazak, A. E. (1992). The social context of coping with childhood chronic illness: Family systems and social support. In A. M. La Greca, L. J. Siegel, J. L. Wallander & C. E. Walker (Eds.), *Stress and coping in child health.* New York: Guilford.

Kessler, R. (1991). Perceived support and adjustment to stress: Methodological considerations. In H. O. F. Veiel & U. Baumann (Eds.), *The meaning and measurement of social support.* Washington, D. C.: Hemisphere.

Kimchi, J. & Schaffner, B. (1990). Childhood protective factors and stress risk. In L. E. Arnold (Ed.), *Childhood stress* (475—499). New York: Wiley.

Kister, M. C. & Patterson, C. J. (1980). Children's conceptions of the causes of illness: Understanding of contagion and the use of immanent justice. *Child Development, 51,* 839—846.

Köhnlein, B., Stangier, U., Freiling, G., Schauer, U. & Gieler, U. (1993). Elternberatung von Neurodermitiskindern. In U. Gieler, U. Stangier & E. Brähler (Hrsg.), *Hauterkrankungen in psychologischer Sicht. Jahrbuch der medizinischen Psychologie, Bd. 9* (67—80). Göttingen: Hogrefe.

Kovacs, M., Iyengar, S., Goldston, D., Stewart, J., Obrosky, S. & Marsh, J. (1990). Psychological functioning of children with insulin-dependent diabetes mellitus: A longitudinal study. *Journal of Pediatric Psychology, 15,* 619—650.

Kupst, M. J. & Schulman, J. L. (1988). Long term coping with pediatric leukemia: A six year follow up study. *Journal of Pediatric Psychology, 13,* 7—22.

Kuttner, M., Delamater, A. M. & Santiego, J. V. (1990). Learned helplessness in diabetic youths. *Journal of Pediatric Psychology, 15,* 581—594.

La Greca, A. M. (1990). Social consequences of pediatric conditions: Fertile area for future investigation and intervention? *Journal of Pediatric Psychology, 15,* 285—307.

La Greca, A. M. (1992). Peer influences in pediatric chronic illness: An update. *Journal of Pediatric Psychology, 17,* 775—784.

Lange, K. (1992). Psychosoziale Situation und psychologische Betreuung von Kindern, Jugendlichen und ihren Eltern. In P. Hürter (Hrsg.), *Diabetes bei Kindern und Jugendlichen* (351—390). Berlin: Springer (4. Auflage).

Lansdown, R. (1980). *More than sympathy. The everyday needs of sick and handicapped children and their families.* London: Tavistock Publications.

Lansky, S. B., Cairns, N. U., Hassanein, R., Wehr, B. A. & Lowman, J. T. (1978). Childhood cancer: Parental discord and divorce. *Pediatrics, 62,* 184—188.

Lavigne, J. V. & Faier-Routman, J. (1992). Psychological adjustment to pediatric physical disorders: A meta-analytic review. *Journal of Pediatric Psychology, 17,* 133—157.

Lazarus, R. S. (1991). *Emotion and adaptation.* New York: Oxford University Press.

Lazarus, R. S. & Launier, R. (1978). Stress related transactions between person and environment. In L. A. Pervin & M. Lewis (Eds.), *Perspectives in interactional psychology* (287—327). New York: Plenum.

Leventhal, H., Leventhal, E. A. & Nguyen, T. V. (1985). Reactions of families to illness: Theoretical models and perspectives. In D. C. Turk & E. D. Kerns (Eds.), *Health, illness and families.* New York: Wiley.

Lohaus, A. (1993). Krankheitskonzepte von Kindern: Ein Überblick zur Forschungslage. *Zeitschrift für Klinische Psychologie, Psychopathologie und Psychotherapie, 41,* 117—129.

MacLean, W. E., Perrin, J. M., Gortmaker, S. & Pierr, C. B. (1992). Psychological adjustment of children with asthma: Effects of illness severity and recent stressful life events. *Journal of Pediatric Psychology, 17,* 159—171.

Melamed, B. G. (1993). Putting the family back in the child. *Behavior Research and Therapy, 31,* 239—247.

Miller, B. D. & Wood, B. L. (1991). Childhood asthma in interaction with family, school, and peer systems: A developmental model for primary care. *Journal of Asthma, 28,* 405—414.

Newacheck, P. W. & Taylor, W. R. (1992). Childhood chronic illness: Prevalence, severity, and impact. *American Journal of Public Health, 82,* 364—371.

Newacheck, P. W., Stoddard, J. J. & McManus, M. (1993). Ethnocultural variations in the prevalence and impact of childhood chronic conditions. *Pediatrics, 91,* 1031—1039.

Noeker, M. (1991). *Subjektive Beschwerden und Belastungen bei Asthma bronchiale im Kindes- und Jugendalter.* Frankfurt: Lang.

Noeker, M. & Petermann, F. (1990). Beratungsarbeit mit Familien krebskranker Kinder. In I. Seiffge-Krenke (Hrsg.), *Jahrbuch der medizinischen Psychologie. Bd. 4: Krankheitsverarbeitung bei Kindern und Jugendlichen* (300—315). Berlin: Springer.

Noeker, M., Petermann, F., Walter, H.-J., Bochmann, F., Petermann, U. & Biberger, A. (1993). Asthma bronchiale im Kindes- und Jugendalter. Krankheitsbelastung und Krankheitsbewältigung. *Monatsschrift für Kinderheilkunde, 141,* 323—329.

O'Dougherty, M. & Brown, R. T. (1990). The stress of childhood illness. In L. E. Arnold (Eds.), *Childhood stress* (325—349). New York: Wiley.

Patterson, G. R., Reid, J. B. & Dishion, T. (1990). *Antisocial boys.* Eugene, OR: Castalia.

Patterson, J. M. (1990). Point and counterpoint. Family and health research in the 1980s: A family scientist's perspective. *Family Systems Medicine, 4,* 421—433.

Patterson, J. M., Budd, J., Goetz, D. & Warwick, W. J. (1993). Family correlates of a 10-year pulmonary health trend in cystic fibrosis. *Pediatrics, 91,* 383—389.

Perrin, E. C., Ayoub, C. C. & Willett, J. B. (1993a). In the eyes of the beholder: Family and maternal influences on perceptions of adjustment of children with chronic illness. *Journal of Developmental and Behavioral Pediatrics, 14,* 94—105.

Perrin, E. C., Newacheck, P., Pless, B., Drotar, D., Gortmaker, S. L., Leventhal, J., Perrin, J. M., Stein, R. E. K., Walker, D. K. & Weitzman, M. (1993 b). Issues involved in the definition and classification of chronic health conditions. *Pediatrics, 91,* 787—793.

Perrin, E. C., Sayer, A. G. & Willett, J. B. (1991). Sticks and stones may break my bones ... Reasoning about illness causality in children who have a chronic illness. *Pediatrics, 79,* 805—812.

Perrin, E. C., Stein, R. E. K. & Drotar, D. (1991). Cautions in using the Child Behavior Checklist: Observations based on research about children with a chronic illness. *Journal of Pediatric Psychology, 16,* 411—421.

Petermann, F. (Hrsg.) (1994). *Diabetes mellitus.* Göttingen: Hogrefe.

Petermann, F. (1996). *Psychologie des Vertrauens.* Göttingen: Hogrefe (3. neubearbeitete Auflage).

Petermann, F. & Bode, U. (1986). Five coping styles in families of children with cancer. *Pediatric Hematology and Oncology, 3,* 299—309.

Petermann, F., Bode, U. & Schlack, G. (Hrsg.) (1990 a). *Chronisch kranke Kinder und Jugendliche.* Köln: Deutscher Ärzte Verlag.

Petermann, F. & Lecheler, J. (Hrsg) (1993). *Asthma bronchiale im Kindes- und Jugendalter.* München: Quintessenz (3. überarbeitete und erweiterte Auflage).

Petermann, F., Noeker, M., Bochmann, F. & Bode, U. (1990 b). *Beratung von Familien mit krebskranken Kindern: Konzeption und empirische Ergebnisse.* Frankfurt: Lang (2. überarbeitete Auflage).

Petermann, F., Noeker, M. & Bode, U. (1987). *Psychologie chronischer Krankheiten im Kindes- und Jugendalter.* München: Psychologie Verlags Union.

Petermann, F., Walter, H.-J., Köhl, C. & Biberger, A. (1993). *Asthma-Verhaltenstraining mit Kindern und Jugendlichen.* München: Quintessenz.

Petermann, U. & Petermann, F. (1994). *Training mit sozial unsicheren Kindern.* München: Psychologie Verlags Union (5. Auflage).

Pless, I. B., Power, C. & Peckham, C. S. (1993). Long-term psychosocial sequelae of chronic physical disorders in childhood. *Pediatrics, 91,* 1131—1136.

Pless, I. B. & Roghman, K. (1971). Chronic illness and its consequences: Observations based on three epidemiologic surveys. *Journal of Pediatrics, 79,* 351—359.

Pless, I. B. & Satterwhite, B. (1975). Chronic illness. In R. J. Haggerty, K.J. Roghmann & I. B. Pless (Eds.), *Child health and the community.* New York: Wiley.

Quittner, A. L. (1992). Re-examining research on stress and social support: The importance of contextual factors. In A. M. La Greca, L. J. Siegel, J. L. Wallander & C.E. Walker (Eds.), *Stress and coping in child health* (85—115). New York: Guilford.

Reichwald-Klugger, E. (1993). Aspekte psychosozialer Versorgung von niereninsuffizienten Kindern und deren Angehörigen. *Monatsschrift für Kinderheilkunde, 141,* 277—284.

Roberts M. C. & Walander, J. I. (Eds.) (1992). *Family issues in pediatric psychology.* Hillsdale: Erlbaum.

Rutter, M., Graham, P. & Yule, W. (1970). *A neuropsychiatric study in childhood. London:* Spastics International Medical Publications.

Rutter, M. & Sandberg, S. (1992). Psychosocial stressors: Concepts, causes and effects. *European Child and Adolescent Psychiatry, 1,* 3—11.

Saddler, A. L., Hillman, S. B. & Benjamins, D. (1992). The influence of disabling condition visibility on familiy functioning. *Journal of Pediatric Psychology, 18,* 425—439.

Schwarzer, R. (1992). *Psychologie des Gesundheitsverhaltens.* Göttingen: Hogrefe.

Seligman, M. (1987). Adaptation of children to a chronical ill or mentally handicapped sibling. *Canadian Medical Association Journal, 136,* 1249—1252.

Shillitoe, R. W. (1988). *Psychology and diabetes.* London: Chapman & Hall.

Siegal, M. (1988). Children's knowledge of contagion and contamination as causes of illness. *Child Development, 55,* 1353—1359.

Slijper, F. M. E., Huisman, J., Hendikx, M. M. T., Kalverboer, A. F. & van der Schoet, L. (1989). Intellektuelle Entwicklung von frühbehandelten PKU-Kindern — eine Längsschnittstudie. *Monatsschrift für Kinderheilkunde, 137,* 662—665.

Sly, R. M. (1988). Mortality from asthma in childhood, 1979—1984. *Annals of Allergy, 60,* 433—443.

Schmidt, A. & Altmann-Herz, U. (1992). Krankheitskonzepte bei Kindern. *Zeitschrift für Kinder- und Jugendpsychiatrie, 20,* 243-253.

Smith, C. A. & Lazarus, R. S. (1993). Appraisal components, core relational themes, and the emotions. *Cognition and Emotion, 7,* 233—269.

Spiegel, L. & Mayers, A. (1991). Psychosocial aspects of AIDS in children and adolescents. *Pediatric Clinics of North America, 38,* 153—167.

Spirito, A., DeLawyer, D. D. & Stark, L. J. (1991). Peer relations and social adjustment of chronically ill children and adolescents. *Clinical Psychology Review, 11,* 539—564.

Sroufe, L. A. (1989). Pathways to adaptation and maladaptation: Psychopathology as developmental deviation. In D. Chiccetti (Ed.), *Rochester Symposium on developmental psychopathology. Vol. 1. The emergence of discipline* (13—40). Hillsdale: Erlbaum.

Stein, R. E. K., Baumann, L. J., Westbrook, L. E., Coupey, S. M. & Ireys, H. T. (1993). Framework for identifying children who have chronic conditions: The case for a new definition. *Journal of Pediatrics, 122,* 342—347.

Stein, R. E. K. & Jessop, D. J. (1984). Relationship between health status and psychological adjustment among children with chronic conditions. *Pediatrics, 81,* 195—202.

Steinhausen, H.-C. (1984). Chronisch kranke Kinder und Jugendliche. In H.-C. Steinhausen (Hrsg.), *Risikokinder. Ergebnisse der Kinderpsychiatrie und -psychologie* (55—73). Stuttgart: Kohlhammer.

Steward, M. S. & Steward, D. S. (1981). Children's conceptions of medical procedures. In R. Bibace & M. E. Walsh (Eds.), *Children's concepts of health, illness and bodily functions* (67—83). San Francisco: Jossey-Bass.

Timko, C., Stovel, K. W. & Moos, R. H. (1992). Functioning among mothers and fathers of children with juvenile rheumatic disease: A longitudinal study. *Journal of Pediatric Psychology, 17,* 705—724.

Thompson, R. J., Gil, K. M., Burbach, D. J., Keith, B. R. & Kinney, T. R. (1993). Role of child and maternal processes in the psychological adjustment of children with sickle cell disease. *Journal of Consulting and Clinical Psychology, 61,* 468—474.

Thompson, R. J., Gustafson, K. E., Hamlett, K. W. & Spock, A. (1992). Stress, coping, and family functioning in the psychological adjustment of mothers of children and adolescents with cystic fibrosis. *Journal of Pediatric Psychology, 17,* 573—585.

Tritt, S. G. & Esses, L. M. (1988). Psychosocial adaptation of siblings of children with chronic medical illness. *American Journal of Orthopsychiatry, 58,* 211—220.

Turks, D. C. & Kerns, R. D. (Eds.) (1987). *Health, illness, and families* (1—22). New York: Wiley.

Varni, J. W., Rubenfeld, L. A., Talbot, D. & Setoguchi, Y. (1989). Family functioning, temperament, and psychosocial adaptation in children with congenital or acquired limb deficiences. *Pediatrics, 84,* 323—330.

Varni, J. W. & Wallander, J. L. (1988). Pediatric chronic disabilities: Hemophilia and spina bifida as examples. In D. K. Routh (Ed.), *Handbook of pediatric psychology* (190—221). New York: Guilford Press.

Vasey, M. W. (1993). Development and cognition in childhood anxiety. The example of worry. In T.H. Ollendick & R. P. Prinz (Eds.), *Advances in Clinical Child Psychology, Vol. 15* (1—39). London: Plenum Press.

Walker, D. K., Stein, R. K., Perrin, E. C. & Jessop, D. J. (1990). Assessing psychosocial adjustment of children with chronic illnesses: A review of the technical properties of PARS III. *Journal of Developmental and Behavioral Pediatrics, 11,* 116—121.

Walker, J. G., Manion, I. G., Cloutier, P. F. & Johnson, S. M. (1992). Measuring parental distress in couples with chronically ill children: The dyadic adjustment scale. *Journal of Pediatric Psychology, 17,* 345—357.

Walker, L. S., Van Slyke, D. & Newbrough, D. R. (1992). Family ressources and stress: A comparison of families of children with cystic fibrosis, diabetes, and mental retardation. *Journal of Pediatric Psychology, 17,* 327—343.

Walker, L. S. & Zeman, J. L. (1992). Parental response to child illness behavior. *Journal of Pediatric Psychology, 17,* 49—71.

Wallander, J. L., Varni, J. W., Banbani, L., Banis, H. T. & Wilcox, H. T. (1989). Family resources as resistance factors for psychological maladjustment in chronically ill and handicapped children. *Journal of Pediatric Psychology, 14,* 157—173.

Weist, M. D., Finney, J. W., Barnard, M. U., Davis, C. D. & Ollendick, T. H. (1993). Empirical selection of psychosocial treatment targets for children and adolescents with diabetes mellitus. *Journal of Pediatric Psychology, 18,* 11—28.

Wiedebusch, S. (1992). *Krankheitskonzepte von Kindern und Jugendlichen mit juveniler chronischer Arthritis.* Göttingen: Hogrefe.

Wysocki, T. (1993). Associations among teen-parent relationships, metabolic control, and adjustment to diabetes in adolescents. *Journal of Pediatric Psychology, 18,* 441—452.

Wysocki, T., Meinhold, P. A., Abrams, K., Barnard, M. U., Clarke, W. L., Bellando, B. J. & Bourgeois, M. (1992). Parental and professional estimates of self care independence of children and adolescents with IDDM. *Diabetes Care, 15,* 43—52.

Interventionsverfahren
bei chronisch kranken Kindern

Franz Petermann und Silvia Wiedebusch

1. Betreuungsbedarf bei chronisch kranken Kindern und ihren Familien

Der Eintritt einer chronischen Erkrankung im Kindesalter ist ein kritisches Lebensereignis, das sowohl für das betroffene Kind als auch für seine Familie zahlreiche psychosoziale Belastungen mit sich bringt. Da die Krankheit mit der Bewältigung typischer Entwicklungsaufgaben des Kindes- und Jugendalters interferiert, ergeben sich auf jeder Altersstufe spezifische Auswirkungen (Harper, 1991). Vielen Kindern und Familien gelingt es, den Umgang mit der Krankheit so zu gestalten, daß die resultierenden Probleme weitgehend bewältigt werden. Doch nicht immer werden die auftretenden Belastungen durch ein angemessenes Bewältigungsverhalten und gelungenes Krankheitsmanagement reduziert und im ungünstigen Fall können bei den Betroffenen klinisch bedeutsame und damit auch behandlungsbedürftige psychische Störungen oder Verhaltensauffälligkeiten auftreten (s. Abb. 1). Die häufigsten psychischen Störungen infolge einer chronischen Krankheit sind (in Klammern die Diagnoseschlüssel nach ICD-10, Kapitel V (F); Dilling et al., 1991): Emotionale Störungen (F92, F93, F98), Verhaltensstörungen (F91, F92, F98), Entwicklungsstörungen (F80, F82), Lernstörungen (F81) und neurologische Störungen (vgl. Neuhäuser in diesem Buch).

Eine zusammenfassende Beurteilung zum Gelingen der Krankheitsbewältigung bei chronischen Krankheiten des Kindesalters ermöglicht eine Meta-Analyse von Lavigne und Faier-Routman (1992). Einbezogen wurden 87 Studien, die Patienten im Altersbereich von drei bis 19 Jahren untersuchten. Demnach zeigen Kinder mit chronischen Krankheiten ein erhöhtes Risiko für internalisierende und externalisierende Verhaltensauffälligkeiten, wobei erstere häufiger beobachtet wurden. Einige Studien, in denen eine erhöhte Rate psychischer Störungen bei chronisch kranken Kindern nachgewiesen wurde, sind exemplarisch in Tabelle 1 aufgeführt. Daneben gibt es allerdings auch Untersuchungen, in denen bei chronisch kranken Kindern im Vergleich zu gesunden Gleichaltrigen keine erhöhte Auftretenshäufigkeit psychischer Störungen gefunden wurde; so zum Beispiel bei Kindern mit angeborenen Herzerkrankungen (DeMaso et al., 1991) oder Asthma bronchiale (Peri et al., 1991).

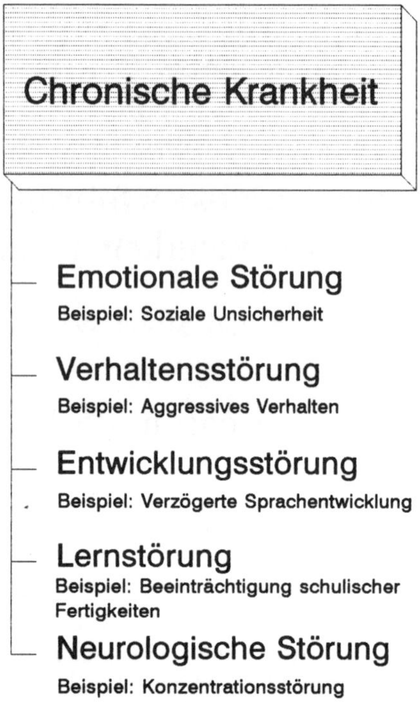

Chronische Krankheit

— **Emotionale Störung**
Beispiel: Soziale Unsicherheit

— **Verhaltensstörung**
Beispiel: Aggressives Verhalten

— **Entwicklungsstörung**
Beispiel: Verzögerte Sprachentwicklung

— **Lernstörung**
Beispiel: Beeinträchtigung schulischer
Fertigkeiten

— **Neurologische Störung**
Beispiel: Konzentrationsstörung

Abbildung 1:
Klassifikation krankheitsbedingter psychischer Störungen.

Die angeführten Ergebnisse können nicht bewertet werden, ohne auf die methodi-schen Probleme von Studien hinzuweisen, in denen die Häufigkeit psychischer Störungen als Folgeproblem einer chronischen Krankheit untersucht wurde. So liegen beispielsweise vielen Studien, die mehrere Krankheitsbilder miteinander vergleichen, nur kleine Teilstichproben der jeweiligen Patientengruppen zugrun-de. Teilweise bringen auch Erhebungsinstrumente, wie zum Beispiel die häufig eingesetzte Child Behavior Checklist (Achenbach & Edelbrock, 1983), Interpre-tationsprobleme mit sich, da sie nicht für chronisch kranke Kinder konzipiert sind (Perrin et al., 1991).

Die chronische Krankheit wirkt sich nicht nur auf das erkrankte Kind aus, son-dern belastet alle Familienmitglieder. In der Regel sind die Mütter stärker in die krankheitsbezogene Alltagsroutine involviert als die Väter: Sie zeigen zum einen eine vergleichsweise größere Sicherheit im Umgang mit der Erkrankung (Timko et al., 1992), sind aber zum anderen stärker durch die Krankheit belastet als ande-re Familienmitglieder (Hallum & Krumboltz, 1993; Ennett et al., 1991). Das Ausmaß der mütterlichen Belastung wird jedoch durch die Anwesenheit eines Lebens- oder Ehepartners gemindert (Fagan & Schor, 1993; DeMaso et al.,

1991). Die krankheitsspezifischen Stressoren, denen die Eltern chronisch kranker Kinder ausgesetzt sind, variieren je nach Krankheitsbild (Walker et al., 1992) und sind abhängig von

● den Aufgaben des Krankheitsmanagements,
● der kognitiven Beeinträchtigung des Kindes,
● den körperlichen Einschränkungen des Kindes,
● der Notwendigkeit lebenslanger Pflege und
● dem Vorliegen einer terminalen Krankheit.

Nur in wenigen Studien wurde bei den Eltern chronisch kranker Kinder der Bedarf an psychologischer Unterstützung bei der Krankheitsbewältigung ermittelt. War dies jedoch der Fall, dann äußerte ein hoher Anteil der betroffenen Familien den Wunsch nach professioneller Fremdhilfe. So wünschte sich ein Drittel der von Walker et al. (1992) befragten 158 Elternpaare chronisch kranker Kinder mit den Krankheitsbildern Cystische Fibrose, Muskeldystrophie, Diabetes mellitus, Asthma bronchiale und nephrologischen Erkrankungen eine Eheberatung. Ebenfalls bei mehreren Krankheitsgruppen, nämlich bei Eltern von Kindern mit Diabetes mellitus, Cystischer Fibrose sowie onkologischen und mobilitätseinschränkenden Erkrankungen, erfaßten Hürter und Otten (1991) den Wunsch nach psychologischer Betreuung. Über alle Krankheitsgruppen hinweg wünschten sich 82 % der Eltern psychologische und soziale Unterstützung, während nur 18 % keine Hilfe für sich oder ihr Kind in Anspruch nehmen würden. Vorerfahrungen mit Psychotherapie innerhalb der Familie sowie ein hohes Ausmaß der psychischen Belastung des Kindes erhöhten den Wunsch nach Fremdhilfe. Bei der Frage nach dem gewünschten Zeitpunkt der Beratung gaben die Eltern ein klares Votum für ein frühzeitiges Intervenieren nach der Diagnosestellung ab.

Aufgrund der zahlreichen Belastungen ist auch von professioneller Seite eindringlich auf die Notwendigkeit eines psychologischen Betreuungsangebotes für chronisch kranke Kinder und Jugendliche sowie ihre Familien hingewiesen worden (u.a. Petermann et al., 1987). Eine interdisziplinäre Versorgung wird beispielsweise gefordert für Kinder mit

● Asthma bronchiale (Noeker, 1991),
● chronischer Niereninsuffizienz (Ehrich, 1992),
● Cystischer Fibrose (Schmitt, 1991; Ullrich, 1993),
● Diabetes mellitus (Regling, 1991),
● entzündlichen Darmerkrankungen (Engström, 1992),
● juveniler chronischer Arthritis (Wiedebusch, 1992),
● Neurodermitis (Bochmann, 1992),
● onkologischen Erkrankungen (Petermann et al., 1990) und
● Phenylketonurie (Weglage, 1993).

Durch eine krankheitsbegleitende Betreuung der Familien wird vor allem eine primäre Prävention psychischer Folgeprobleme der Erkrankung angestrebt, die die Notwendigkeit späterer psychotherapeutischer Interventionen vermin-

Tabelle 1:
Psychische Reaktionen von Kindern als Folge einer chronischen Krankheit.

Autor(en)/Jahr	Krankheitsgruppe(n)	N	Alter	Erhebungsverfahren	Ergebnisse
Wallander & Varni (1989)	Diabetes mellitus, juvenile chronische Arthritis, Spina bifida	153	4—16 J.	Child Behavior Checklist (Elternversion)	— Chronisch kranke Kinder der untersuchten Krankheitsgruppen zeigten signifikant mehr internalisierende und externalisierende Verhaltensstörungen als eine Kontrollgruppe gesunder Kinder.
Vandvik (1990)	juvenile chronische Arthritis	106	1—17 J.	Child Assessment Schedule (klinisches Interview zur Erfassung von Diagnosekriterien des DSM-III; durchgeführt mit Schulkindern), Child Behavior Checklist (Elternversion) u.a	— 51 % der Patienten erfüllten die Diagnosekriterien für eine psychische Störung nach DSM-III, wobei emotionale Störungen überwogen. — Nach den Normen der Child Behavior Checklist wiesen 6,6% der Kinder psychopathologische Auffälligkeiten auf, wobei internalisierende Störungen weitaus häufiger vorlagen als externalisierende Störungen.
Hürter & Otten (1991)	Diabetes mellitus, Cystische Fibrose, mobilitätseinschränkende Erkrankungen (z. B. Muskeldystrophien), onkologisch-hämatologische Erkrankungen	101	4—16 J.	Child Behavior Checklist (Elternversion)	—Psychopathologische Auffälligkeiten wiesen nach den Normen der Child Behavior Checklist 50 % der Patienten mit Cystischer Fibrose, 44,4 % der mobilitätseingeschränkten Patienten, 30,4 % der onkologischen Patienten und 20 % der Patienten mit Diabetes mellitus auf. — Das Ausmaß der psychischen Belastung hing lediglich von der Zugehörigkeit zu einer Krankheitsgruppe, nicht aber von Alter, Geschlecht oder Krankheitsdauer der Patienten ab.

Autoren	Erkrankung	N	Alter	Erhebungsinstrument	Ergebnisse
Thompson, Gustafson, Hamlett & Spock (1992)	Cystische Fibrose	45	7—12 J.	Child Assessment Schedule (klinisches Interview zur Erfassung von Diagnosekriterien des DSM-III), Missouri Children's Behavior Checklist (Elternversion) u.a.	−62 % der Patienten erfüllten die Diagnosekriterien für eine psychische Störung nach DSM-III, wobei internalisierende Störungen häufiger vorlagen als externalisierende. — Nach den Ergebnissen der Missouri Children's Behavior Checklist zeigten 60 % der Kinder Verhaltensstörungen oder eine niedrige soziale Kompetenz.
Engström (1992)	Morbus Crohn, Colitis ulcerosa, Spannungs-Kopfschmerz, Diabetes mellitus	80	9—18 J.	Child Assessment Schedule (klinisches Interview zur Erfassung von Diagnosekriterien des DSM-III-R), Child Behavior Checklist (Elternversion) u.a.	−60 % der Patienten mit entzündlichen Darmerkrankungen (Morbus Crohn, Colitis ulcerosa), 30% der Patienten mit Spannungs-Kopfschmerz und 20 % der Patienten mit Diabetes mellitus erfüllten die Diagnosekriterien für eine psychische Störung nach DSM-III-R. — Nach den Ergebnissen der Child Behavior Checklist zeigten Kinder mit entzündlichen Darmerkrankungen und chronischem Kopfschmerz mehr internalisierende Verhaltensstörungen als diabeteskranke Kinder, während bei externalisierenden Störungen keine signifikanten Unterschiede zwischen den Krankheitsgruppen bestanden.
Kokkonen & Kokkonen (1993)	Asthma bronchiale, Diabetes mellitus, Epilepsie, Wachstumsstörungen, juvenile chronische Arthritis, angeborener Herzfehler, motorische Behinderungen	407	18—25 J.	Present State Examination (klinisches Interview zur Erfassung psychiatrischer Störungen)	−20 % aller Patienten erfüllten die Diagnosekriterien für eine psychiatrische Störung —Prädisponierende Faktoren für eine psychische Störung waren: weibliches Geschlecht, Konflikte mit den Eltern in der Adoleszenz, schwerer Krankheitsverlauf, Schulprobleme. –Es bestanden keine signifikanten Unterschiede zwischen den verschiedenen Krankheitsgruppen.

dern soll. So fordern Daniels et al. (1987) präventive therapeutische Interventionen, durch die familiäre Schutzfaktoren gestärkt und Risikofaktoren verringert werden sollen. Ebenso plädiert Kazak (1989) für psychologische Interventionen, die das familiäre Gleichgewicht stützen. In der Betreuung von Familien mit einem chronisch kranken Kind werden weiterhin Maßnahmen gefordert, durch die vermeidungsbetonte Bewältigungsstrategien vermindert und stattdessen aktive Bewältigungsfertigkeiten im Umgang mit der Erkrankung vermittelt werden (Timko et al., 1992). Indikationen für eine psychiatrische Betreuung chronisch kranker Kinder liegen nach Pfefferbaum (1990) vor, wenn beim Kind psychiatrische Störungen vorliegen, die sich negativ auf die medizinische Behandlung auswirken könnten, beispielsweise bei Kindesmißhandlung oder geistiger Behinderung.

2. Verhaltensmedizinische Interventionen bei chronisch kranken Kindern und ihren Familien

2.1 Familienberatung

Eine psychosoziale Betreuung chronisch kranker Kinder und ihrer Familien wurde zuerst in der pädiatrischen Onkologie umgesetzt. Da in diesem Bereich im Hinblick auf geeignete Versorgungskonzepte und -angebote die längsten Erfahrungen bestehen, werden im folgenden als Beispiel zwei Betreuungskonzepte für krebskranke Kinder vorgestellt.

Petermann et al. (1990) stellen ein Beratungskonzept vor, das auf den Unterstützungsbedarf von Familien mit einem krebskranken Kind reagiert (s. Abb. 2). Eine chronische Erkrankung des Kindesalters führt unweigerlich zu einer familiären Belastung. Das resultierende Bewältigungsverhalten hängt von verschiedenen Familienmerkmalen ab, insbesondere von verfügbaren Ressourcen, die geeignet sind, Belastungen abzufedern. Solche Ressourcen können zum Beispiel eine gute soziale Unterstützung von Freunden und Nachbarn sein oder auch das Bewußtsein, in der Familie schon einmal Krisen erfolgreich überwunden zu haben. Übersteigen die Belastungen jedoch die Selbsthilfekräfte der Familie, kommt es zu einem ineffektiven Bewältigungsverhalten. Dieses kann sich bei den einzelnen Familienmitgliedern in unterschiedlichen Symptomen manifestieren, beispielsweise in einer erhöhten Ängstlichkeit, in depressiven Verstimmungen oder Verhaltensauffälligkeiten. Es entsteht ein Bedarf an Fremdhilfe, dem durch das psychologische Beratungsangebot begegnet wird. Wie die Abbildung zeigt, greift die Beratung an unterschiedlichen Ansatzpunkten in das familiäre Bewältigungsgeschehen ein.

Mit der psychosozialen Betreuung krebskranker Kinder und ihrer Familien werden mehrere Ziele verfolgt (Petermann et al., 1990, s. Tab. 2):

● Zunächst wird die Prävention und Reduktion krankheitsbedingter Belastungen angestrebt. Konkrete Hilfsangebote, deren Entlastungswirkung für die Familien unmittelbar erfahrbar ist, haben sich hier als nützlich er-

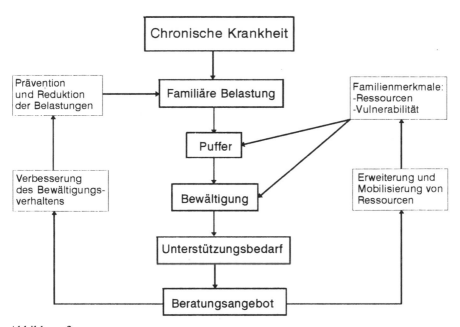

Abbildung 2:
Unterstützungsbedarf bei Familien mit einem chronisch kranken Kind (nach Petermann et al., 1990).

wiesen. So wird beispielsweise zu Beginn der Erkrankung eine sozialrechtliche Beratung von den meisten Familien als hilfreich empfunden.
● Ein weiteres Anliegen ist die Mobilisierung sozialer Unterstützung. Für den innerfamiliären Bereich ist abzuklären, wie die zusätzlichen, teilweise sehr zeitintensiven Aufgaben unter den Familienmitgliedern verteilt werden. Besonders einer einseitigen Belastung der Mütter, zu der es aufgrund traditioneller Rollenverteilungen in vielen Familien kommt, soll vorgebeugt werden. Die wechselseitige Unterstützung in der Familie gelingt am besten, wenn alle Familienmitglieder ihre Probleme im Umgang mit der Erkrankung ansprechen können und Gespräche über die Krankheit nicht vermeiden. Eine offene Kommunikation über krankheitsbezogene Themen wird gefördert, indem sie in den Beratungsgesprächen modellhaft eingeübt wird. Desweiteren wird mit der Familie überlegt, wie Freunde, Bekannte und Mitschüler am besten über die Krankheit des Kindes aufgeklärt und mitleidige oder abweisende Reaktionen dieser Personen vermieden werden können. Durch dieses Vorgehen soll ein Abbruch außerfamiliärer Sozialkontakte möglichst verhindert und die Unterstützung der sozialen Umwelt angeregt werden.
● Eine Förderung der Krankheitsbewältigung erfolgt, indem unangemessenes Bewältigungsverhalten der Kinder und Eltern allmählich verändert

wird. So ist es beispielsweise wichtig, eine unangemessene Überbehütung des Kindes durch die Eltern rechtzeitig abzubauen. Schließlich wird durch die Unterstützung der Krankheitsbewältigung auch eine Erhöhung der Kooperationsbereitschaft für die Langzeittherapie erreicht. Nur wenn das Kind und seine Familie die Erkrankung akzeptieren, ist ein aktives Therapieverhalten zu erwarten.

Tabelle 2:
Ziele der Familienberatung bei chronisch kranken Kindern (nach Petermann et al., 1990).

Ziele psychologischer Betreuung
● Prävention und Reduktion von Belastungen ● Erhöhung der familiären Integration ● Mobilisierung sozialer Unterstützung ● Förderung der Krankheitsbewältigung ● Erhöhung der Langzeitcompliance ● Anleitung zur Selbsthilfe

Auch Adams-Greenly (1990) vertritt ein Betreuungskonzept für krebskranke Kinder, nach dem die betroffenen Familien von einem interdisziplinären und integrativ arbeitenden Team betreut werden. Die Familien sollten je nach Bedarf, also in Abhängigkeit von der Diagnose, dem Krankheitsstadium und der Krankheitsschwere sowie vom Alter des Kindes, verschiedene Mitglieder des Teams in Anspruch nehmen können. Unmittelbar nach der Einweisung in die Klinik beginnt die psychosoziale Mitbetreuung der Patienten. Da das Kind und seine Eltern bei der Ankunft im Behandlungszentrum in der Regel ängstlich und orientierungslos sind, wird ihnen zunächst durch das Pflegepersonal schriftliches Informationsmaterial über die Behandlung und den stationären Tagesablauf ausgehändigt. Zur weiteren Orientierung werden die Behandlungsräume sowie Spiel- und Schulräume gezeigt. Bei Gesprächen über die Erkrankung wird von dem Grundsatz ausgegangen, daß eine offene Kommunikation über die bevorstehende Behandlung günstig ist, weil sie Ängste vermindert und die Compliance erhöht. Ebenso werden die Eltern ermuntert, offen mit ihrem Kind zu sprechen und es weitgehend in pflegerische Maßnahmen einzubeziehen. Die Familienberatung orientiert sich zunächst an praktischen Belangen, zum Beispiel Transport- und Wohnproblemen, Belastungen der Geschwister und der Partnerbeziehung oder Schulproblemen des erkrankten Kindes. Im gesamten weiteren Verlauf der Behandlung, die bisweilen mehrere Jahre andauern kann, bestehen für die Familie folgende psychosoziale Betreuungsangebote:

● fortdauernde oder periodische Aufklärung über die Krankheit, das Behandlungskonzept und spezifische medizinische Prozeduren,
● Förderung einer altersentsprechenden Entwicklung des erkrankten Kindes,

- familienorientierte supportive Beratung,
- im Bedarfsfall psychiatrische Betreuung und
- häusliche Betreuung terminal erkrankter Kinder sowie Nachbetreuung von Kindern, die die Behandlung beendet haben.

Darüber hinaus gibt es spezielle Gruppenangebote, beispielsweise Spielgruppen für Kinder oder Gesprächsgruppen für Jugendliche oder Eltern.

2.2 Entspannungsverfahren

Der Einsatz von Entspannungsverfahren erfolgt bei chronisch kranken Kindern und Jugendlichen mit unterschiedlichen therapeutischen Zielsetzungen (Petermann & Petermann, 1993):

- **Prävention von Belastungen.** Entspannungsverfahren senken das psychophysiologische Erregungsniveau und erzeugen eine affektive Indifferenz. Diese unspezifische Wirkkomponente dient der Streßregulation und wirkt sich günstig auf den Umgang mit Belastungen aus (vgl. Kruse, 1992).
- **Bewältigung akuter Belastungen.** Entspannungsverfahren können gezielt zur Vorbereitung auf und zur besseren Bewältigung akuter Belastungen, die sich aus der chronischen Krankheit und deren Therapie ergeben, eingesetzt werden. So sind Entspannungsverfahren beispielsweise ein integrativer Bestandteil spezifischer Intervention zur Angst- und Schmerzbewältigung bei invasiven medizinischen Prozeduren (Petermann et al., 1992; Petermann et al., 1994a; vgl. Breuker et al. in diesem Buch).
- **Bewältigung chronischer Belastungen.** Entspannungsverfahren dienen der Bewältigung langzeitiger Belastungen, die als primäre oder sekundäre Folge chronischer Krankheiten auftreten. Sie werden sowohl in der Therapie chronischer Schmerzen (vgl. Lavigne et al., 1992) als auch zur Bewältigung von Stressoren, die im Zusammenhang mit Krankheits- oder Krankenhaussituationen auftreten (vgl. Petermann et al., 1987), eingesetzt.

Verschiedene Entspannungsverfahren haben sich in der Anwendung bei Kindern und Jugendlichen bewährt (s. Abb. 3), wobei im Einzelfall für die Auswahl einer geeigneten Methode Kriterien zur differentiellen Indikation herangezogen werden sollten (Petermann & Petermann, 1993). So ist neben dem therapeutischen Ziel der Entspannung die Symptomatik und das Alter des Kindes sowie seine Ansprechbarkeit auf der physiologischen oder kognitiven Ebene zu berücksichtigen. Während beispielsweise das Autogene Training mit seinen suggestiven Formeln von der kognitiven Ebene ausgeht und von dort die Entspannung generalisiert, setzt die Progressive Muskelrelaxation mit dem Wechsel von Anspannung und Entspannung verschiedener Muskelgruppen auf der physiologischen Ebene an.

Eine Kombination von Entspannung und Imagination hat sich bei Kindern als besonders effizient erwiesen. So werden zum Beispiel bei der bildgetragenen Kurzentspannung (Kapitän-Nemo-Geschichte, Petermann & Petermann,

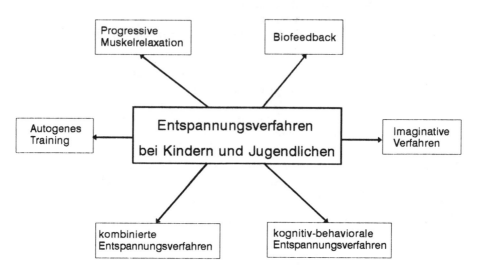

Abbildung 3:
Entspannungsverfahren bei Kindern und Jugendlichen.

1993) Übungen des Autogenen Trainings mit imaginativen Verfahren (vgl. Petermann & Kusch, 1993) kombiniert. Dabei werden sogenannte Einstiegsbilder, die
bei jeder Entspannungsübung wiederkehren und den Kindern Sicherheit vermitteln, sowie wechselnde Erlebnisbilder, die zu einer Intensivierung der Entspannung beitragen, verwendet. Bei imaginativen Übungen mit Kindern hat es sich als
günstig erwiesen, nicht nur passive Vorstellungsbilder zu verwenden (Stimulus-
propositionen), sondern die Kinder zu einer aktiven Beteiligung an den Vorstel-
lungsbildern aufzufordern (Reaktionspropositionen). Eine weitere kombinierte
Methode stellen die kognitiv-behavioralen Entspannungsverfahren dar, deren
Ablauf sich in eine initiale Entspannungsphase, eine Lernphase mit selektiver
Aufmerksamkeit und eine abschließende Erholungsphase gliedert (Petermann &
Petermann, 1993). Während der Lernphase können je nach Lernziel verschiedene
kognitiv-behaviorale Verfahren, beispielsweise Selbstverbalisationen oder -in-
struktionen, eingesetzt werden.

Bei den Entspannungsverfahren, die in der Schmerztherapie zum Einsatz kommen, hat sich vor allem die Progressive Muskelrelaxation bewährt. Die Körperorientierung des Verfahrens erleichtert den Kindern die Wahrnehmung unterschiedlicher körperlicher Zustände und führt bei Jugendlichen zu einer höheren
Akzeptanz (Petermann & Petermann, 1993). Bei Kindern mit juveniler chronischer Arthritis führten Lavigne et al. (1992) ein Schmerzbewältigungsprogramm
durch, das auf dem Erlernen der Progressiven Muskelrelaxation basierte. Im Verlauf der Sitzungen wurde dieses Entspannungsverfahren dann mit weiteren Methoden (Biofeedback, imaginative Übungen, Selbstinstruktionen) kombiniert.

Nach Beendigung des Trainingsprogramms konnte bei 50 % und nach weiteren sechs Monaten bei 88 % der Kinder, die ihre Schmerzen in einem Schmerztagebuch dokumentierten, eine klinisch bedeutsame Schmerzabnahme verzeichnet werden.

Auch bei chronischem Kopfschmerz im Kindesalter wird als Entspannungsverfahren zumeist die Progressive Muskelrelaxation oder Biofeedback eingesetzt (Besken & Mohn, 1984). Kröner und Ehlert (1992) verglichen die beiden Entspannungsverfahren hinsichtlich ihrer Wirksamkeit bei kopfschmerzkranken Kindern. In zwei parallel durchgeführten Trainingsgruppen führte sowohl die Progressive Muskelrelaxation als auch das Biofeedback-Training bei den Kindern zu einer Abnahme der Kopfschmerzen. Ein halbes Jahr nach der Intervention zeigten sich jedoch bei den Kindern, die die Progressive Muskelrelaxation erlernt hatten, deutlichere Langzeiteffekte, während bei den Kindern, die an einem Biofeedback-Training teilgenommen hatten, leichte Verschlechterungen der Kopfschmerz-Symptomatik festgestellt wurden.

In den meisten Patientenschulungsprogrammen für Kinder mit Asthma bronchiale finden ebenfalls Entspannungsverfahren Anwendung (Wigal et al., 1990). Bei asthmakranken Kindern erweist sich nach Creer (1991) vor allem der Einsatz der Biofeedback-Methode als erfolgreich, um in akuten Krankheitssituationen eine Verschlimmerung von Asthmaanfällen zu verhindern. Ein Biofeedback-Training, bei dem asthmakranke Kinder lernten, ihre Stirnmuskulatur zu entspannen, führte zu einer reduzierten Muskelanspannung sowie einem niedrigeren Atemwegswiderstand (Kotses et al., 1991). Weiterhin scheint es vielversprechend, die Entspannungsübungen mit Selbstinstruktionen zu kombinieren, durch die asthmakranke Kinder sich bei einem Anfall selbst auffordern können, bestimmte Bewältigungsversuche zu unternehmen (Creer et al., 1992; Kruse, 1992). Auf eine differentielle Indikationsstellungfür Entspannungstrainings bei Asthma bronchiale weisen Vazquez und Buceta (1993) hin. Während asthmakranke Kinder, deren Anfälle durch emotionale Anspannung und Streß ausgelöst werden, in der Regel von Entspannungsübungen profitieren, können diese bei hochängstlichen Kindern die wahrgenommene Bedrohung durch die Krankheit erhöhen.

2.3 Förderung der Langzeitcompliance

Chronische Erkrankungen des Kindesalters gehen in der Regel mit der Notwendigkeit einer langjährigen und intensiven Therapie einher. Die alltägliche Durchführung von Behandlungen stellt eine zusätzliche Belastung für das Kind dar, sie verändert den gewohnten Tagesablauf und schränkt nicht zuletzt die verbleibende Freizeit drastisch ein. Angesichts dieser außergewöhnlichen Alltagsbelastung verwundert es nicht, daß bei vielen chronisch kranken Kindern im Verlauf der Erkrankung Probleme mit der Therapiemitarbeit auftreten (vgl. Petermann et al., 1987; Schmitt, 1991; Wiedebusch, 1992). So wurde beispielsweise bei der medikamentösen Therapie asthmakranker Kinder eine Non-Compliance-Rate von 27 % (Peri et al., 1991) bzw. 39 % (Tettersell, 1993) ermittelt. Schwankungen in den Häufigkeitsnennungen zur Non-Compliance im Kindesalter sind vor allem auf unterschiedliche Methoden zur Erfassung der Therapiemitarbeit zurückzuführen. Direkte Methoden der Compliance-Messung sind objektiv und quantifizierbar, jedoch aus ökonomischen Gründen nicht bei allen Therapieformen zu realisieren, während indirekte Methoden weniger zeit- und kostenaufwendig sind, jedoch häufiger zu Fehlschlüssen führen (Petermann, 1993, s. Abb. 4).

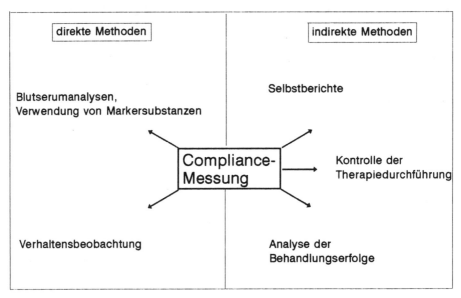

Abbildung 4:
Methoden der Compliance-Messung (nach Petermann, 1993).

Die Therapieanforderungen an chronisch kranke Kinder zeichnen sich in den meisten Fällen durch folgende Besonderheiten aus, die im Alltag häufig zu Problemen führen:

- **Langzeitcompliance.** Häufig sind die betroffenen Kinder aufgrund des chronischen Verlaufs ihrer Krankheit über Jahre hinweg zu einer regelmäßigen Ausführung der therapeutischen Verordnungen, also zu einer Langzeitcompliance, angehalten.
- **Verzögerter Wirkungseintritt.** Bei chronischen Krankheiten führt auch eine konsequente Therapieeinhaltung oft erst nach einer längeren Zeit zu spürbaren therapeutischen Erfolgen. Ein unmittelbare positive Verstärkung der Therapiemitarbeit, die durch die Linderung von Beschwerden hervorgerufen wird und bei den Kindern zu einer Erhöhung der Therapiemotivation führen würde (Varni & Wallander, 1984), bleibt daher in vielen Fällen aus.
- **Therapie in symptomlosen Krankheitsphasen.** Die Therapiedurchführung ist häufig nicht nur zur Behandlung bereits bestehender Krankheits-

schäden, sondern auch zur Vermeidung weiterer Krankheitsfolgen erforderlich und muß daher auch in symptomlosen beziehungsweise beschwerdefreien Krankheitsphasen eingehalten werden.

- **Komplexität des Therapieplans.** Meistens erfordert das Behandlungsregime mehrmals täglich die Durchführung verschiedener Therapien. Einige Behandlungen, beispielsweise physiotherapeutische Maßnahmen, erfordern zudem die aktive Mitarbeit des Patienten.

- **Negative Auswirkungen der Therapie.** Auch die körperlichen und sozialen Folgen der Therapie können sich negativ auf die Bereitschaft zur Therapiemitarbeit auswirken. Die medikamentöse Therapie führt nicht selten zu unerwünschten Nebenwirkungen, die wiederum erfahrungsgemäß mit einer geringen Compliance einhergehen (Rapoff et al., 1984). Darüber hinaus schränken therapeutische Verhaltensregeln, zum Beispiel das Einhalten einer Diät bei Diabetes mellitus, die Handlungsfreiheit des Kindes ein. Das Tragen orthopädischer Hilfsmittel oder die Benutzung eines Rollstuhls bei chronischen Krankheiten des Bewegungsapparates beeinträchtigt die Kinder in ihren motorischen Möglichkeiten, vor allem aber unterscheidet es sie von gesunden Gleichaltrigen.

Tagtäglich müssen chronisch kranke Kinder also zeitaufwendige Therapieanforderungen erfüllen, die mit ihrem kindlichen Bedürfnis nach einer spontanen und freien Tagesgestaltung im Widerspruch stehen und die soziale Integration in eine Gleichaltrigengruppe erschweren.

Grundsätzlich können Therapieprobleme nur in Absprache und Kooperation aller Beteiligten gelöst werden. Das betroffene Kind, seine Eltern sowie die behandelnden Ärzte bzw. Therapeuten sollten gemeinsam nach geeigneten Vorgehensweisen und Kompromissen suchen. Dabei gilt es eine Lösung zu finden, die den Bedürfnissen des Kindes und seiner Familie weitestgehend entgegenkommt, ohne dabei die therapeutischen Anforderungen zu vernachlässigen. Im folgenden wird ein allgemeines Repertoire verhaltensmedizinischer Maßnahmen zur Verbesserung der Langzeitcompliance chronisch kranker Kinder vorgestellt (vgl. Wiedebusch, 1994b). Diese können in Anlehnung an Rapoff (1989) in edukative, organisatorische und verhaltensbezogene Interventionen gegliedert werden (vgl. Abb. 5). Im Einzelfall können die angeführten Maßnahmen, die hier am Beispiel asthmakranker Kinder erläutert werden, auf die Situation des einzelnen Kindes sowie das vorliegende Krankheitsbild abgestimmt werden.

Vermittlung von Krankheits- und Therapiewissen. Viele chronisch kranke Kinder sind unzureichend über ihre Krankheit sowie den Zweck und die Wirkungsweise der verordneten Therapien informiert. Nach elterlicher Einschätzung ist ein Drittel der asthmakranken Kinder nicht in der Lage, den Beginn eines Asthmaanfalls zu erkennen (Peri et al., 1991) und zwei Drittel der betroffenen Kinder fühlen sich nicht befähigt, einen Asthmaanfall zu kontrollieren (Tettersell, 1993). Das Krankheits- und Behandlungswissen der Kinder ist jedoch eine wichtige Bedingung für therapeutische Erfolge. Wenn die Kinder

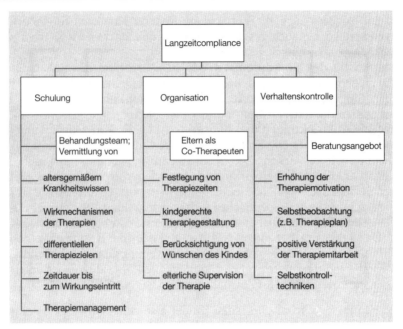

Abbildung 5:
Maßnahmen zur Verbesserung der Langzeitcompliance (aus Wiedebusch, 1994b, S. 34).

verstehen, weshalb sie bestimmte Behandlungen oder therapeutische Verhaltensweisen ausführen sollen und welche Ziele damit angestrebt werden, sind sie vermutlich eher dazu motiviert. Neben unerläßlichen Gesprächen zwischen Kind,
Eltern und Behandlungsteam kann zur Vermittlung von Krankheits- und Therapiewissen auch kindgerecht gestaltetes Informationsmaterial herangezogen werden. Die Einhaltung des Behandlungsplans erfordert von den Patienten neben
dem Wissen aber auch eine spezifische Kompetenz zur Ausführung von Therapien oder Verhaltensregeln. So müssen asthmakranke Kinder therapeutische Fertigkeiten, wie beispielsweise die Durchführung von Peak-flow-Messungen,
Inhalationstechniken oder Atemübungen, erlernen (Petermann et al., 1993a,b).

Einbeziehung kindlicher Krankheitskonzepte. Chronisch kranke Kinder entwickeln im Verlauf ihrer Erkrankung subjektive Konzepte über ihre Krankheit
(Lohaus, 1993) und einzelne Krankheitssymptome, wie etwa den Schmerz (Wiedebusch, 1994a). So erklären sich beispielsweise jüngere Kinder das Auftreten
von Schmerzen auf magische und irrationale Weise, während ältere Kinder sich
den Schmerz als physiologischen Prozeß erklären können. Bei unangemessenen
Krankheitskonzepten besteht die Gefahr, daß die Patienten aus ihren subjektiven
Annahmen ein ungünstiges Krankheitsverhalten ableiten und es folglich zur Non-
Compliance kommt. Eine Berücksichtigung des kindlichen Krankheitskonzeptes
kann in diesen Fällen zu einem besseren Verständnis und zur Lösung von Com-
pliance-Problemen beitragen. So können dem Kind alternative Erklärungsansätze

angeboten werden, die es in sein subjektives Konzept integrieren kann (Petermann et al., 1987).

Kindgemäße Gestaltung der Therapie. Die Therapiemitarbeit chronisch kranker Kinder ist bei aktiven Behandlungsmaßnahmen, wie zum Beispiel beim Inhalieren, geringer als bei passiven Therapien (vgl. Schmitt, 1991). Gerade bei solchen Behandlungsmaßnahmen ist es wichtig, durch eine kindgerechte Gestaltung der Therapie eine andauernde Motivation zur Mitarbeit aufzubauen. Bei jüngeren Kindern kann zum Beispiel die physiotherapeutische Therapie spielerisch gestaltet und dadurch Interesse an den Übungen geweckt werden. Auch Ruhezeiten, die beispielsweise bei asthmakranken Kindern für das Inhalieren erforderlich sind, können durch eine interessante Gestaltung für das Kind verkürzt werden. Dieses Vorgehen erfordert zwar von Eltern und Behandlern Phantasie und Ideenreichtum, hat jedoch in vielen Fällen eine bessere Therapiemitarbeit des Kindes zur Folge.

Elterliche Supervision der Therapie. Eine elterliche Supervision der Therapie und der Ausführung therapeutischer Verhaltensweisen ist vor allem bei jüngeren Kindern erforderlich und sollte sich vorwiegend auf die Behandlungsmaßnahmen richten, bei denen erfahrungsgemäß mehr Therapieprobleme zu erwarten sind. Wenngleich einerseits eine elterliche Unterstützung und Begleitung der Therapie gefordert ist, sollte sich diese andererseits nicht hemmend auf die Entwicklung eines eigenverantwortlichen Umgangs der Kinder mit den therapeutischen Anforderungen auswirken. Das Ausmaß der elterlichen Therapieüberwachung ist also im Einzelfall auf das Alter, die Therapiemotivation und die therapeutischen Fertigkeiten des Kindes abzustimmen.

Positive Verstärkung der Therapiemitarbeit. Seitens der Eltern kann das Compliance-Verhalten gefördert werden, indem die Therapiemitarbeit des Kindes systematisch positiv verstärkt wird. Die Bandbreite der Möglichkeiten reicht hierbei vom Einsatz einfacher verbaler Verstärker, zum Beispiel Lob für die Therapiedurchführung, bis hin zu komplexen Verstärkerprogrammen, bei denen das Kind durch eine regelmäßige Therapiemitarbeit Punkte (token) erwerben und dafür bestimmte Vergünstigungen eintauschen kann (vgl. Ross & Petermann, 1987). Bei asthmakranken Kindern konnte durch die systematische Verstärkung einer regelmäßigen und korrekten Medikamenteneinnahme die Compliance verbessert werden (Creer, 1991). Die Auswahl geeigneter Verstärker muß allerdings nach individuellen Interessen getroffen werden, um das einzelne Kind zu einer Verhaltensänderung motivieren zu können. Um eine erzielte Compliance-Steigerung über längere Zeit aufrechtzuerhalten, können mit dem Kind Therapieverträge abgeschlossen oder strukturierende Erinnerungshilfen, auf die noch näher eingegangen wird, eingesetzt werden (Creer, 1991).

Aufbau von Eigenverantwortlichkeit. Um eine zufriedenstellende Compliance zu erreichen, ist es günstig, beim Therapieverhalten eine weitgehende Selbständigkeit des Kindes zu fördern. Eltern asthmakranker Kinder gaben an, daß 71 % ihrer Kinder die Medikamenteneinnahme selbständig und korrekt handhaben können (Peri et al., 1991). Selbständigkeit bei der Therapiedurchführung setzt aller-

dings voraus, daß dem Kind ein ausreichendes Krankheitswissen sowie die notwendigen therapeutischen Fertigkeiten vermittelt werden. Für den eigenverantwortlichen Umgang mit der Asthmaerkrankung ist es nach Creer et al. (1992)
unerläßlich, daß die betroffenen Kinder nicht nur das Wissen über therapeutische
Fertigkeiten erwerben (acquisition behavior), sondern auch deren Anwendung in
akuten Krankheitssituationen einüben (performance behavior). McNabb et al.
(1986) nennen grundlegende Bewältigungsfertigkeiten, die asthmakranke Kinder
für einen eigenverantwortlichen Umgang mit ihrer Erkrankung erwerben müssen.
Dazu gehören vor allem Verhaltensweisen zur Prävention von Asthmaanfällen
(z. B. Meiden von Allergenen, Kontrollieren anfallsauslösender Emotionen) und
Verhaltensweisen zur Intervention in akuten Anfallssituationen (z. B. Benutzung
des Dosier-Aerosols, Inhalations-Techniken, Entspannungs- und Atemtechniken). Außerdem sollten die Kinder lernen, in Abhängigkeit von Schwere und
Verlauf eines auftretenden Asthmaanfalls zu entscheiden, wann zusätzliche Hilfe
von Erwachsenen in Anspruch genommen werden muß. Gerade hierbei ist neben
der Eigenständigkeit der Kinder auch die Bereitschaft der Eltern gefordert, ihrem
Kind die Therapiedurchführung zuzutrauen und im geforderten Maße Verantwortung abzugeben.

Einsatz von Therapieplänen und Protokollbögen. Strukturierende Erinnerungshilfen können die selbständige Durchführung der Therapien erleichtern und
zu einem konstanten Therapieverhalten beitragen. Hilfreich sind beispielsweise
Therapiepläne, in denen ähnlich wie in einem Stundenplan alle Behandlungsmaßnahmen und -zeiten eingetragen sind. Sie verschaffen dem Kind einen Überblick
über das Therapieprogramm und sollten jederzeit als Orientierungshilfe einsehbar
sein. Neben Therapieplänen sind auch Protokollbögen zur Selbstbeobachtung des
Beschwerdebildes sowie der Therapiedurchführung sinnvoll. Bei asthmakranken
Kindern werden häufig Asthma-Tagebücher eingesetzt, in denen beispielsweise
täglich die aufgetretenen Krankheitssymptome und die gemessenen Peak-Flow-
Werte eingetragen werden (Creer, 1992; Petermann, 1993).

2.4 Patientenaufklärung und -schulung

2.4.1 Patientenbroschüren für chronisch kranke Kinder

Kinder und Jugendliche, die von einer chronischen Erkrankung betroffen sind,
entwickeln aufgrund der Konfrontation und Auseinandersetzung mit ihrer Krankheit individuelle Vorstellungen über das Krankheitsgeschehen in ihrem Körper.
Die Struktur und Inhalte dieser subjektiven Krankheitskonzepte zeichnen sich
durch typische alters- und entwicklungsabhängige Charakteristika aus (Lohaus,
1993; vgl. Noeker & Petermann in diesem Buch). Hieraus leitet sich die Forderung ab, die Krankheitsaufklärung von Kindern ihrem jeweiligen kognitiven
Entwicklungsstand anzupassen und somit die Aufnahme medizinischer Informationen zu erleichtern (Petermann et al., 1987). Eine kindgemäße Patientenaufklärung ist aus zwei Gründen sowohl ein medizinisches als auch ein psychologisches

Anliegen: Zum einen ist die Voraussetzung für eine angemessene Krankheitsbewältigung, daß das chronisch kranke Kind verständliche Informationen erhält und sich realistische Vorstellungen über das Krankheitsgeschehen in seinem Körper machen kann. Zum anderen wirkt es sich förderlich auf die Therapiemotivation und -mitarbeit des Kindes aus, wenn es über ein ausreichendes Krankheits- und Therapiewissen verfügt und die Wirkmechanismen der einzelnen Behandlungsmaßnahmen nachvollziehen kann. Aus didaktischer Sicht sollten Patientenbroschüren für Kinder folgende Gestaltungsmerkmale berücksichtigen (vgl. Bannard, 1987):

● Ausrichtung auf eine Altersgruppe,
● altersentsprechende Auswahl der Inhalte,
● überschaubare Textmenge,
● handliches Format und große Schrift,
● Zeichnungen oder Abbildungen, die den Text visuell unterstützen (bei jüngeren Kindern keine schmematischen Abbildungen physiologischer Prozesse) und
● Möglichkeiten der Mitgestaltung (z. B. Rätsel, Lückentexte, Malflächen, Spiele).

Für einige chronische Krankheitsbilder des Kindesalters liegen bereits Patientenbroschüren vor, die den genannten Anforderungen entsprechen (s. Tab. 3).

Tabelle 3:
Auswahl von Patientenbroschüren für chronisch kranke Kinder.

Krankheitsbild	Titel	Autoren/Herausgeber
Angeborene Herzerkrankungen	Martins Herzoperation	Sticker (1993)
Diabetes mellitus	Diabetes-Kinderbuch	Hürter et al. (1989)
Epilepsie	Epilepsie. Monika, der kleine Detektiv	Rogan & Perret (1989)
Juvenile chronische Arthritis	GeLENKig — Ein Rheumabuch für Kinder	Wiedebusch & Ganser (1992)
Leukämie	Leukämie. Was ist das?	Kremens (1991)
Phenylketonurie	Mit PKU gut leben	Ullrich & Wendel (1992)

Als Beispiel für eine kindgerechte Patientenaufklärung wird nachfolgend eine Broschüre für Kinder mit juveniler chronischer Arthritis vorgestellt.

Die Patientenbroschüre „GeLENKig — Ein Rheumabuch für Kinder" (Wiedebusch & Ganser, 1992) ist für Patienten mit juveniler chronischer Arthritis konzipiert und wendet sich an die Altersgruppe der sieben- bis elfjährigen Kinder. Als Leit- und Identifikationsfigur führt ein personifiziertes Gelenk namens „LENK" durch die Broschüre, das den Lesern aus der Sicht eines Rheumagelenkes wissenswertes über die Krankheit erzählt. Das Hauptziel der Patientenbroschüre liegt darin, grundlegendes Krankheits- und Behandlungswissen zu vermitteln. Folgende Bereiche werden dabei angesprochen:

● Charakteristika des Krankheitsbildes,
● klinische Manifestationsformen (Oligoarthritis, Polyarthritis, systemische Arthritis),
● Krankheitssymptome (Schwellung, Überwärmung, Bewegungseinschränkungen, Gelenkschmerzen),
● Therapiemaßnahmen (Medikamente, Krankengymnastik, Ergotherapie, Kältebehandlung) und
● Kontrolluntersuchungen (Gelenkstatus, Laborwerte).

Die Darstellung der medizinischen Inhalte orientiert sich an den entwicklungspsychologischen Voraussetzungen der Zielgruppe und bezieht sich vorwiegend auf konkret erlebbare Aspekte der Krankheit. Neben den betroffenen Kindern können sich auch gesunde Gleichaltrige, wie etwa Geschwister oder Mitschüler, über das Krankheitsbild informieren.

2.4.2 Patientenschulungsprogramme für chronisch kranke Kinder

Patientenschulungen finden im Rahmen der Betreuung chronisch Kranker in jüngster Zeit eine zunehmende Verbreitung und Anwendung (s. Petermann & Lecheler, 1992). Die übergeordneten Ziele der Schulungsprogramme für chronisch kranke Kinder liegen darin, gezielt Krankheits- und Therapiewissen zu vermitteln, die Krankheitsakzeptanz und die daraus resultierende Behandlungseinsicht des Kindes zu erhöhen und seine Eigenverantwortlichkeit im Umgang mit der Krankheit zu stärken (Petermann, 1993). Dies bildet die Voraussetzung für den Aufbau umfassender sozialer Fertigkeiten zur Krankheitsbewältigung. Die Patientenschulung erhöht damit einerseits die Kooperationsbereitschaft und Therapiemitarbeit des Kindes und fördert andererseits eine angemessene Krankheitsbewältigung. Beides führt letztlich dazu, daß die Lebensqualität, die unter den einschränkenden Bedingungen einer chronischen Krankheit des Kindesalters erreichbar ist, verbessert wird (s. Abb. 6).

Bislang sind leider erst für einige pädiatrische Krankheitsgruppen Schulungskonzepte erarbeitet worden, die zumeist bei stationären Aufenthalten in Fachkliniken, teilweise aber auch in ambulanten Kursen umgesetzt werden. Exemplarisch wird ein Schulungsprogramm für asthmakranke Kinder vorgestellt.

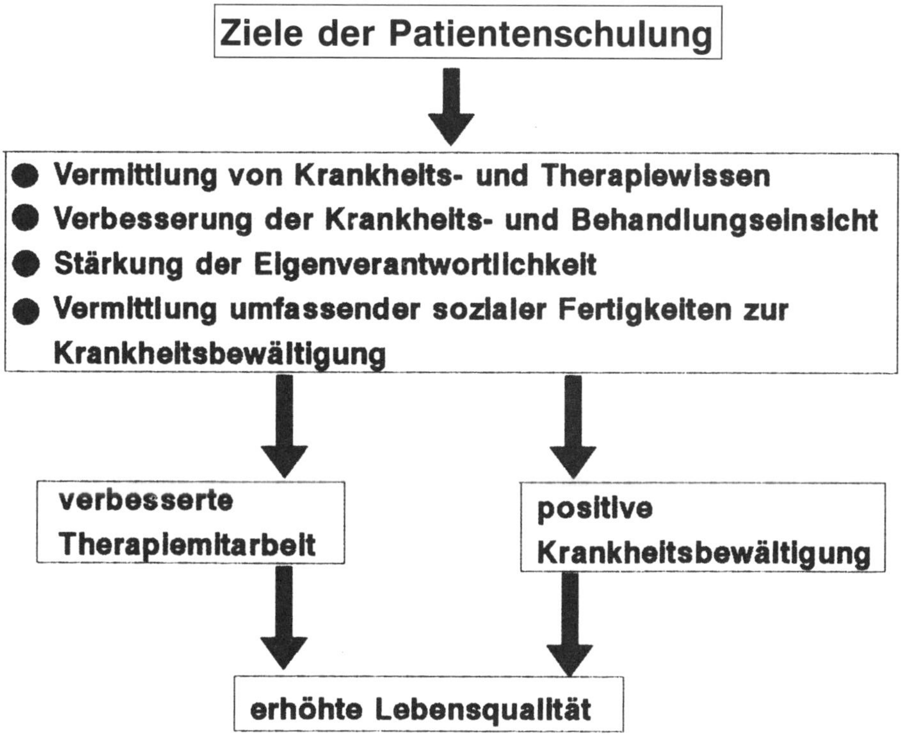

Ziele der Patientenschulung

⬇

- **Vermittlung von Krankheits- und Therapiewissen**
- **Verbesserung der Krankheits- und Behandlungseinsicht**
- **Stärkung der Eigenverantwortlichkeit**
- **Vermittlung umfassender sozialer Fertigkeiten zur Krankheitsbewältigung**

⬇   ⬇

verbesserte Therapiemitarbeit   **positive Krankheitsbewältigung**

⬇   ⬇

erhöhte Lebensqualität

Abbildung 6:
Ziele der Patientenschulung bei chronisch kranken Kindern.

Körperwahrnehmung. Asthma bronchiale kann zwar medizinisch immer besser behandelt werden (vgl. Petermann & Lecheler, 1993), jedoch steigt die Zahl der Krankenhauseinweisungen an, die durch Asthma bedingt sind (vgl. Woolcock, 1991). Die British Thoracic Society erklärte schon im Jahre 1982 diese Entwicklung zum Teil mit den Fehleinschätzungen der Patienten hinsichtlich des Schweregrades ihres Anfalls und einer ungenügenden Medikation. Beim Asthma liegt eine Hyperreagibilität des Atemwegssystems vor, d. h. bei bestimmten Reizen oder Belastungen tritt eine Konstriktion der Atemwege auf (vgl. auch Steinhausen in diesem Buch). Als Auslöser spielen Allergene, körperliche Belastungen, psychische und familiäre Einflüsse eine Rolle (vgl. Peri et al., 1991; Petermann et al., 1993a,b). Die Konstriktion der Atemwege löst körperliche Veränderungen aus. Diese Vorgänge, wie zum Beispiel Husten, Stechen in der Brust, müssen auch von den Betroffenen wahrgenommen werden; in einem zweiten Schritt müssen kausale Verbindungen mit dem Asthma hergestellt werden (vgl. kognitive Informationsverarbeitung in Abb. 7). Mit solchen Fragen beschäftigt sich die sogenannte Interozeptionsforschung (vgl. Noeker, 1991). Interozeption bezieht sich auf die Wahrnehmung von körpereigenen Vorgängen (z. B. Atemfluß und -geräusche); neben den psyiologischen Abläufen spielen soziale Einflüsse und Bewertungen der Patienten eine wichtige Rolle. So hängen Einschätzungen über die Krankheitsschwere bei asthmakranken Kindern entscheidend von subjektiven Urteilen (z. B. hinsichtlich des Atemwiderstandes; vgl. Kotses et al., 1988) ab.

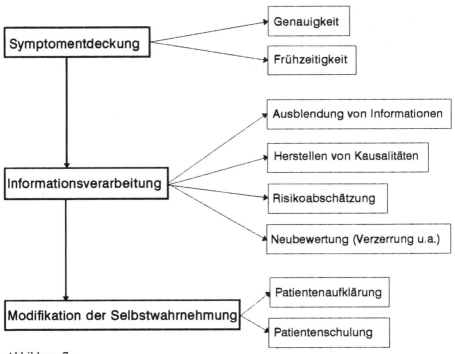

Abbildung 7:
Wahrnehmung von körpereigenen Veränderungen (Interozeption).

Die Interozeption bezieht sich auf die Symptomentdeckung, das heißt auf die Tatsache, daß Vorboten von Atemnot bzw. eines Asthmaanfalls genau und frühzeitig von Patienten registriert und interpretiert werden. Von der Interpretation der Symptome hängt entscheidend die Krankheitsbewältigung und Compliance ab. Hier ergeben sich Hinweise darauf, wie die Selbstwahrnehmung des Asthmatikers durch Aufklärung und Schulung zu verändern ist (vgl. Abb. 7). Beschäftigt man sich differenzierter mit den Prozessen der Selbstwahrnehmung, ergeben sich positive Zusammenhänge zwischen der schlechten Einschätzung und dem Lebensalter der Kinder (jüngere Kinder weisen schlechtere Schätzwerte auf) sowie der Krankheitsdauer (je länger die Kinder erkrankt sind, desto mehr Schwierigkeiten haben sie tendenziell mit der Einschätzung des Atemwegswiderstands).

Hierbei wird die Schwere der Bronchokonstriktion von den Betroffenen tendenziell eher unterschätzt. Von Bedeutung für die Patientenschulung ist in diesem Zusammenhang vor allem die Beobachtung, daß die Genauigkeit der Wahrnehmung — auch bei Kindern — gesteigert werden kann (Creer, 1991).

Creer (1983) hat einen systematischen Überblick darüber erarbeitet, welche Fehler bei der Wahrnehmung und Verarbeitung von körperlichen Symptomen auftreten können. So kann mangelndes Wissen zu einer verzerrten Wahrnehmung der verantwortlichen Auslöser führen; entweder ist dem Betroffenen generell nicht bekannt, welche Reize bei ihm speziell atemnotauslösend wirken oder es gelingt ihm im konkreten Fall nicht, den auslösenden Reiz zu bestimmen. Ein solches Wissen kann jedoch für das asthmakranke Kind von lebenswichtiger Bedeutung sein, da es dadurch in die Lage versetzt wird, bestimmte auslösende Reize zu meiden (Allergenkarenz). Weiterhin kann eine falsche Interpretation erfolgen, das heißt, man hält einen spezifischen Reiz für die Ursache der Atemnot, obwohl ein anderer die Atemnot bewirkte. Auch in diesem Fall kann die Folge sein, daß das betroffene Kind unangemessene — im schlimmsten Fall vielleicht sogar kontraindizierte — Maßnahmen einleitet, die nicht zu einer Verbesserung seiner Atemsituation zu führen vermögen. Auch bei der Wahrnehmung der körperlichen Vorboten einer drohenden Asthmaattacke können Defizite bestehen. So deuten die Befunde von Boner et al. (1992) darauf hin, daß interindividuelle Unterschiede existieren, als wie schwer eine bestimmte Atemwegsobstruktion eingeschätzt wird. Unter Umständen werden körperliche Veränderungen von den Betroffenen erst gar nicht beobachtet und sind damit einer weiteren Verarbeitung nicht zugänglich.

Eine unangemessene Interpretation kann nicht nur auf der Ebene unangemessener spezifischer Auslöser bestehen, sondern auch bei der Einordnung der beobachteten körperlichen Prozesse. Es genügt nicht, daß der Patient bestimmte körperliche Veränderungen bei sich selbst beobachtet, sondern er muß diese Veränderungen auch in Beziehung mit einer bevorstehenden Atemnotsituation sehen. So können beispielsweise in angstauslösenden Situationen Anzeichen der Angst, wie beispielsweise Schwitzen, fälschlicherweise als Signale einer Asthmaattacke betrachtet werden und auf dieser Grundlage unnötige medikamentöse Maßnahmen eingeleitet werden. Welche Bedeutung der Angst bei der Behandlung von Asthma zukommt, konnte Noeker (1991) zeigen: Übermäßige — aber auch ein zu geringes Ausmaß an — Angst, geht mit einer verminderten medikamentösen Compliance einher (vgl. Boner et al., 1992). Schließlich sollte dieser Informationsverarbeitungsprozeß in der Einleitung von angemessenen Handlungsschritten enden, die zum optimalen Asthma-Management beitragen. Hierbei stehen vor allem das Wissen und die konkreten Fertigkeiten in der Umsetzung von Behandlungsmaßnahmen im Vordergrund.

Umgang mit Anfallsituationen. An chronisch kranke Kinder und Jugendliche werden eine Vielzahl von Anforderungen gestellt, die über die gesunder Gleichaltriger hinausgehen. So muß beispielsweise das Kind auf die regelmäßige Einnahme seiner Medikamente achten oder bestimmte Situationen meiden. Es wurde bereits verdeutlicht, daß eine korrekte Symptomwahrnehmung eine notwendige, aber nicht hinreichende Voraussetzung für den angemessenen Umgang mit dem Asthma in der konkreten Situation ist. Das sogenannte Asthma-Management wird zudem von kognitiver Informationsverarbeitung beeinflußt (vgl. Abb. 8). Das Wissen einer Person um geeignete Maßnahmen ist nicht ausreichend für deren Umsetzung in Handeln. In einer Atemnotsituation wird nur das asthmakranke Kind angemessene Handlungsschritte einleiten, das einerseits davon überzeugt ist, daß es in der Lage ist, eine bestimmte Maßnahme (beispielsweise Benutzen eines Dosieraerosols) zu ergreifen, und andererseits auch glaubt, daß diese Intervention zu einer Verbesserung seiner Atemnotsituation führt. Ist das Kind entweder nicht von seinen eigenen Fertigkeiten und/oder von der Wirksamkeit der Handlung überzeugt, wird keine angemessene Handlung ergriffen.

Asthma-Verhaltenstraining. Die Notwendigkeit von psychosozialen Angeboten ergibt sich aus den möglichen Folgen einer chronischen Erkrankung. Langandauernde Belastungen wirken sich auf die Lebensqualität und das familiäre Zusammenleben aus. Eine gezielte Unterstützung erfolgt durch das Asthma-Verhaltenstraining (AVT; vgl. Petermann et al., 1993a; b). Dadurch werden Kompetenzen zur Vermeidung bzw. Steuerung von Atemnotzuständen, z. B. Wahrnehmung und Kontrolle der Auslöser, aufgebaut, um krankheitsbezogene Selbstwirksamkeit zu ermöglichen und zu Krankheits- und Behandlungseinsicht zu gelangen. Die Akzeptanz der Krankheit ist Voraussetzung für die Krankheitsbewältigung im Alltag und für eigenverantwortliches Handeln. Das AVT kombiniert wissensorientierte Patientenschulung mit Verhaltenseinübung. Den asthmakranken Kindern werden somit krankheitsbezogenes Wissen und differenzierte Verhaltensstrategien vermittelt. Das asthmakranke Kind lernt im AVT, seinen körperlichen Zustand selbst richtig einzuschätzen und darauf angemessen zu reagieren. Damit stellt das AVT einen wichtigen Teil zur Optimierung der medizinischen Therapie dar. Das Kind soll die Ursachen des Asthmas, das Krankheitsgeschehen und die Folgen verstehen, sowie u.a. den richtigen Umgang mit dem Dosieraerosol und den Inhaliergeräten lernen. Außerdem wird die Anwendung der Medikamente besprochen. Ebenso werden dem Kind Atemtechniken und Entspannungsübungen für das Streß- und Anfallsmanagement vermittelt. Es geht um die Beherrschung des asthmatischen Notfalls, aber auch um das angemessene psychosoziale Verhalten und das Verhältnis des Kindes zu seinem sozialen Umfeld. Beachtet wird auch die psychische Verfassung des Kindes, die an der Auslösung und Intensität von Asthmaanfällen beteiligt ist.

Verhaltensorientierte Interventionen, wie das AVT, haben zum Ziel, daß trotz der krankheitsbedingten Einschränkung die Erfahrung von Lebensqualität vorrangig ist und daß Selbstmanagement- Fertigkeiten erlernt werden. Mit Hilfe dieser Fertigkeiten gewinnen die Kinder Kontrolle über ihr Verhalten und damit letztendlich über das Asthma. Das Erleben, das eigene Verhalten zu kontrollieren, führt in der Regel zu vermehrter Selbstwirksamkeit in der Anwendung des erworbenen Wissens und der erlernten Fertigkeiten (Abb. 8). Die Basis der Krankheitsbewältigung bildet ein verbessertes krankheitsbezogenes Wissen. Den Kindern und Jugendlichen werden medizinische Informationen (Anatomie, Physiologie, Medi-

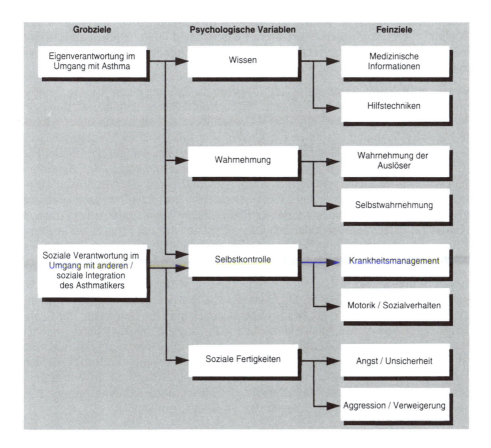

Abbildung 8:

Psychologische Variablen, Grob- und Feinziele des Asthma-Verhaltenstrainings (aus Petermann et al., 1993b, S. 81).

kamente u. a.) und Hilfstechniken (Lippenbremse, atemerleichternde Körperstellungen u. a.) vermittelt. Außerdem werden sie in der Wahrnehmung der Auslöser (Allergene, unspezifische Reize, Anstrengungen usw.) und der Selbstwahrnehmung von körperlichen Symptomen und Beschwerden geschult. Die Patienten lernen, ihre individuellen Krankheitszustände realistisch einzuschätzen und Handlungskompetenzen auszubilden. Das Erkennen und Umstrukturieren mißlungener Bewältigungsversuche, der Aufbau von Bewältigungsmechanismen und kompetenter Eigenverantwortung sowie die Steigerung der Compliance sind weitere Ziele des AVT. Die Kinder und Jugendlichen lernen, die Rahmenbedingungen bei Bewegung und Sport einzuhalten und sich zu entspannen. Das Einüben von Interaktions- und Kommunikationsfertigkeiten sowie der Aufbau von Verantwortungsbewußtsein sind für das Sozialverhalten hilfreich.

Evaluation von Patientenschulungsprogrammen. Bisherige Evaluationen von Patientenschulungsprogrammen bei Asthma bronchiale lassen den allgemeinen Schluß zu, daß diese von den betroffenen Kindern und ihren Familien als hilfreich erlebt werden und eine effektive Maßnahme zur Verbesserung der Compliance und Krankheitsbewältigung darstellen.

Das Asthma-Verhaltenstraining (AVT) wurde im Rahmen eines Asthma-Camps, an dem 44 Kinder im Alter von acht bis sechzehn Jahren teilnahmen, durchgeführt und evaluiert (Beys et al., 1993). Unmittelbar, aber auch noch sieben Monate nach der Schulung verfügten die Kinder über ein größeres Krankheitswissen hinsichtlich der Krankheitsursachen und der Therapie bei Asthma bronchiale. Ein Verhaltenstest zur Überprüfung von Therapiefertigkeiten ergab, daß die Schulungsteilnehmer atemerleichternde Körperstellungen und Atemtechniken (Lippenbremse) besser anwenden und das Dosieraerosol korrekter handhaben konnten als vor der Schulung. Nach elterlicher Einschätzung konnten die asthmakranken Kinder ein halbes Jahr nach der Schulung selbstsicherer mit ihrer Krankheit umgehen, auftretende Atemnot besser bewältigen und eigenverantwortlicher mit der Medikamenteneinnahme umgehen.

Eltern asthmakranker Kinder, die am "Living with Asthma"-Schulungsprogramm (Creer et al., 1988) teilgenommen hatten, wurden von Barnett et al. (1992) fünf Jahre nach Ende des Schulungskurses um eine Bewertung der Schulungsinhalte und dessen Auswirkungen auf den Umgang mit der Krankheit gebeten. Sie bewerteten sowohl die Vermittlung von Krankheitswissen (z. B. über die Physiologie der Lunge) als auch die Vermittlung von Bewältigungsfertigkeiten im Umgang mit Asthmaattacken (z. B. Erkennen von und Reagieren auf Warnsignale) als langfristig nützliche Maßnahmen des zehnwöchigen Schulungsprogramms. Als subjektiv erlebte Auswirkungen des Trainings nannten sie:

● Verminderte eigene und kindliche Krankheitsängste,
● Verbesserung der Kommunikation mit dem behandelnden Arzt,
● Verringerung von Häufigkeit und Schwere der Asthmaanfälle des Kindes und
● Rückgang der Schulfehltage des Kindes.

Von der Evaluation eines stationären Trainingsprogramms mit dem Titel "You can control asthma" berichten Taggart et al. (1991). Die Schulung vermittelte Kindern

● Informationen über das Krankheitsbild (z. B. Auslöser des Asthmas, Warnsignale vor Asthmaanfällen),
● Informationen über die Behandlung (z. B. Medikamenteneinnahme, stationäre Behandlung) und
● Informationen über eigene Kontrollmöglichkeiten (z. B. alltäglicher Umgang mit der Krankheit, Kontrolle von Asthmaanfällen).

In den Schulungssitzungen, die höchstens 25 Minuten dauerten, wurde das jeweilige Thema einleitend von einer Krankenschwester vorgestellt, anschließend wurde schriftliches Schulungsmaterial von den Kindern allein bearbeitet und danach von der Krankenschwester durchgesehen, die das Kind für eine gute Bearbeitung positiv verstärkte. Vor und nach der Schulung wurden 40 asthmakranke Kinder im Alter von sechs bis zwölf Jahren sowie ihre Eltern zum Umgang mit der Erkrankung befragt. Bei den Schulungsteilnehmern erhöhte sich das Wissen über Kontrollmöglichkeiten der Asthmaerkrankung: Sie konnten mehr angemessene Verhaltensreaktionen auf Warnsignale eines drohenden Asthmaanfalls benennen und zeigten zudem höhere internale Kontrollüberzeugungen. Außerdem berichteten 77 % der Eltern, daß sich das Krankheitsverständnis und der Umgang ihres Kindes mit der Erkrankung durch die Schulung verbesserte. So konnten die Kinder nach den elterlichen Angaben besser Auslöser von Asthmaanfällen vermeiden und Warnsignale vor Attacken erkennen. Des weiteren verringerte sich — vermutlich infolge der besseren Bewältigungsfertigkeiten — die Angst der Kinder vor ihrer Krankheit. Hinweise auf eine durch die Schulung hervorgerufene Symptomverbesserung, gemessen an einer niedrigeren Anfallshäufigkeit, ergaben sich allerdings nicht.

Auch spezielle Elternschulungen zeigen positive Effekte im Hinblick auf die Krankheitsbewältigung. Brook et al. (1993) evaluierten ein Elternschulungsprogramm bei Asthma bronchiale. Befragt wurden 54 Eltern asthmakranker Kinder, wovon die Hälfte an einer Elternschulung teilnahm, die über vier Monate hinweg wöchentlich stattfand. Ärzte, Allergologen, Psychologen, Sozialarbeiter und Physiotherapeuten vermittelten jeweils aus fachspezifischer Sicht Informationen über die Asthmaerkrankung. Außerdem erhielten die Eltern während der Schulung schriftliches Informationsmaterial über das Krankheitsbild. Durch die Wissensvermittlung wurde angestrebt bei den Eltern

- krankheitsbezogene Ängste zu vermindern,
- eine objektive Beurteilung der Krankheit zu erreichen,
- die Kooperation bei der Therapie zu verbessern,
- die Familie auf die Erkennung und den Umgang mit Asthmaanfällen vorzubereiten und
- ausgeprägte Asthmaanfälle zu vermeiden.

Nach der Maßnahme verfügten die geschulten Eltern über ein signifikant höheres Krankheitswissen als die Eltern der Kontrollgruppe. Zudem reduzierten sich die jährlichen Krankenhausaufenthalte der Kinder von durchschnittlich 3,6 Aufenthalten vor auf 1,3 Aufenthalte nach der Schulung. In der Kontrollgruppe veränderte sich dagegen die Anzahl der Krankenhausaufenthalte im gleichen Zeitraum kaum (3,6 versus 3,1). Die Autoren belegen mit diesem Ergebnis den nachhaltigen Nutzen von Schulungsmaßnahmen, in denen das Krankheitswissen der Eltern asthmakranker Kinder erhöht wird.

3. Ausblick

Die Pädiatrische Psychologie ist ein interdisziplinäres Fachgebiet, das in den letzten Jahren im Brennpunkt verschiedener medizinischer und psychologischer

Fachdisziplinen, wobei hier vor allem die Pädiatrie, die Klinische Psychologie und die Entwicklungspsychologie zu nennen sind, entstanden ist und zunehmend ein eigenes Profil entwickelt (s. Abb. 9). Ein zentrales Aufgabengebiet der Pädiatrischen Psychologie ist die Entwicklung und Anwendung von Interventionsverfahren bei chronischen Krankheiten des Kindesalters, deren stetige Zunahme einen Handlungsbedarf weckt (vgl. Noeker & Petermann in diesem Buch). Im Zentrum des fachspezifischen Versorgungsangebotes, das sich an chronisch kranke Kinder und ihre Familien richtet, stehen verhaltensmedizinische Interventionsverfahren, die in der Tradition der Behavioral Medicine (Traue, 1993) und Behavioral Pediatrics (Varni, 1983) verankert sind. Um dieses Versorgungsangebot in der Praxis umzusetzen, bedarf es einer fachspezifischen Ausbildung seitens der Anbieter sowie einer entsprechenden Versorgungsstruktur an den klinischen Zentren, die auf die Betreuung chronisch kranker Kinder spezialisiert sind (s. Abb. 9).

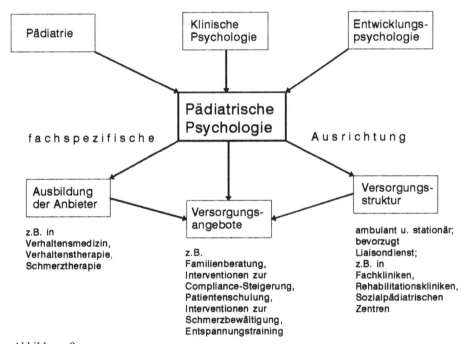

Abbildung 9:
Fachspezifisches Profil der Pädiatrischen Psychologie.

Die bisherigen Betreuungskonzepte und hier vorgestellten Interventionsverfahren für chronisch kranke Kinder und ihre Familien bieten noch viele Möglichkeiten zur Differenzierung. Für die weitere Konzeptentwicklung und den Transfer bestehender Konzepte auf unterschiedliche Krankheitsgruppen ist ein enger Austausch zwischen den beteiligten Fachdisziplinen anzustreben. So ist es beispielsweise wünschenswert, daß weitere Patientenschulungsprogramme für verschiedene chronische Krankheitsbilder des Kindesalters entwickelt werden. Außerdem ist die Pädiatrische Psychologie aufgefordert, vernachlässigte Themengebiete aufzugreifen und mit dem Ziel einer besseren Versorgung chronisch kranker Kinder zu bearbeiten. Als Beispiel kann hier die pädiatrische Schmerzdiagnostik und -therapie genannt werden, die in der Schmerzforschung bisher ein Schattendasein führte. Die Besonderheit der Schmerzproblematik im Kindesalter liegt darin, daß das Schmerzerleben und die Schmerzbewältigung von Kindern auf dem Hintergrund eines sich ständig wandelnden, komplexen Entwicklungsgeschehens stattfindet und hiervon stark geprägt ist. Diagnostische und therapeutische Verfahren, die sich in der Schmerzbehandlung erwachsener Patienten bewährt haben, können somit nicht einfach auf das Kindesalter übertragen, sondern müssen diesen Entwicklungsbedingungen angepaßt werden. Daher gilt es, entwicklungsphysiologische, -biologische, und -psychologische Veränderungen zu berücksichtigen, um eine Behandlungspraxis zu erreichen, die den kindlichen Voraussetzungen und Bedürfnissen gerecht wird (vgl. Petermann et al., 1994b; Breuker et al. in diesem Buch).

Weiterführende Literatur

Petermann, F., Noeker, M., Bochmann, F. & Bode, U. (1990). *Beratung von Familien mit krebskranken Kindern: Konzeption und empirische Ergebnisse.* Frankfurt: Lang, 2. überarb. Auflage.

Petermann, F., Noeker, M. & Bode, U. (1987). *Psychologie chronischer Krankheiten im Kindes- und Jugendalter.* München: Psychologie Verlags Union.

Petermann, F., Walter, H.J., Köhl, C. & Biberger, A. (1993). *Asthma-Verhaltenstraining (AVT) mit Kindern und Jugendlichen.* München: Quintessenz.

Wiedebusch, S. (1994). Langzeitcompliance im Kindesalter — am Beispiel der juvenilen chronischen Arthritis. *Kindheit und Entwicklung, 3,* 31—38.

Literatur

Achenbach, T. M. & Edelbrock, C.S. (1983). *Manual for the Child Behavior Checklist and Revised Child Behavioral Profile.* Burlington: Queen City Printers Inc.

Adams-Greenly, M. (1990). Psychosocial interventions in childhood cancer. In J. C. Holland & J. H. Rowland (Eds.), *Handbook of Psychooncology. Psychological Care of the Patient with Cancer* (562—572). Oxford: Oxford University Press.

Bannard, J. R. (1987). Children's concepts of illness and bodily function: Implications for health service providers caring for children with diabetes. *Patient Education and Counseling, 9,* 275—281.

Barnett, T. E., Fatis, M., Sonnek, D. & Torvinen, J. (1992). Treatment satisfaction with an asthma management program: A "five"-year retrospective assessment. *Journal of Asthma, 29,* 109—116.

Besken, E. & Mohn, U. (1994). Verhaltensmedizinische Behandlung chronischer Kopfschmerzen. In F. Petermann, S. Wiedebusch & T. Kroll (Hrsg.), *Schmerz im Kindesalter* (191—211). Göttingen: Hogrefe.

Beys, M., Brüggemann, S. & Petermann, F. (1993). Asthma-Verhaltenstraining im Sommer-Camp: Konzeption und Ergebnisse. *Kindheit und Entwicklung, 2,* 96—102.

Bochmann, F. (1992). *Subjektive Beschwerden und Belastungen bei Neurodermitis im Kindes- und Jugendalter.* Frankfurt: Lang.

Boner, A. L., De Stefano, G., Piacentini, G. L., Bonizzato, C., Sette, L., Banfi, F. & Hindi-Alexander, M.C. (1992). Perception of bronchoconstrictions of chronic asthma. *Journal of Asthma, 29,* 323—330.

British Thoracic Association (1982). Death from asthma in two regions of England. *British Medical Journal, 285,* 1251—1255.

Brook, U., Mendelberg, A. & Heim, M. (1993). Increasing parental knowledge of asthma decreases the hospitalization of the child: A pilot study. *Journal of Asthma, 30,* 45—49.

Creer, T. L. (1992). Psychological and behavioral assessment of childhood asthma. Part II: Behavioral Approaches. *Pediatric Asthma, Allergy and Immunology, 6,* 21—35.

Creer, T. L. (1991). The application of behavioral procedures to childhood asthma: Current and future perspectives. *Patient Education and Counseling, 17,* 9—22.

Creer, T. L. (1983). Response: Self-management psychology and the treatment of childhood asthma. *Journal of Allergy and Clinical Immunology, 72,* 607—610.

Creer, T. L., Backial, M. A., Burns, K. L., Leung, P., Marion, R. I., Micklich, D. R., Morril, C., Taplin, P. S. & Ullmann, S. (1988). Living with asthma. I. Genesis and development of a self-management program for childhood asthma. *Journal of Asthma, 25,* 335—362.

Creer, T. L., Kotses, H. & Wigal, J.K. (1992). A second-generation model of asthma self-management. *Pediatric Asthma, Allergy and Immunology, 6,* 143—168.

Daniels, D., Moos, R. H., Billings, A. G. & Miller, J. J. (1987). Psychosocial risk and resistance factors among children with chronic illness, healthy siblings, and healthy controls. *Journal of Abnormal Child Psychology, 15,* 295—308.

DeMaso, D. R., Campis, L. K., Wypij, D., Bertram, S., Lipshitz, M. & Freed, M. (1991). The impact of maternal perceptions and medical severity on the adjustment of children with congenital heart disease. *Journal of Pediatric Psychology, 2,* 137—149.

Dilling, H., Mombour, W. & Schmidt, M. H. (Hrsg.) (1991). *Internationale Klassifikation psychischer Störungen: ICD-10, Kapitel V (F).* Bern: Huber.

Ehrich, J. H. H. (1992). Rehabilitation nach Nierenersatztherapie bei Jugendlichen und jungen Erwachsenen in Europa. *Sozialpädiatrie, 14,* 9—13.

Engström, I. (1992). Mental health and psychological functioning in children and adolescents with inflammatory bowel disease: A comparison with children having other chronic illnesses and with healthy children. *Journal of Child Psychology and Psychiatry, 33,* 563—582.

Ennett, S. T., DeVellis, B. M., Earp, J. A., Kredich, D., Warren, R. W. & Wilhelm, C. L. (1991). Disease experience and psychosocial adjustment in children with juvenile rheumatoid arthritis: children's versus mothers' reports. *Journal of Pediatric Psychology, 16,* 557—568.

Fagan, J. & Schor, D. (1993). Mothers of children with spina bifida: Factors related to maternal psychosocial functioning. *American Journal of Orthopsychiatry, 63,* 146—152.

Hallum, A. & Krumboltz, J. D. (1993). Parents caring for young adults with severe physical disabilities: Psychological issues. *Developmental Medicine and Child Neurology, 35,* 24—32.

Harper, D. C. (1991). Paradigms for investigating rehabilitation and adaptation to childhood disability and chronic illness. *Journal of Pediatric Psychology, 16,* 533—542.

Hürter, A. & Otten, A. (1991). Familien mit diabetischen Kindern und Jugendlichen: Psychische und soziale Probleme und der Wunsch nach psychologischer Hilfe im Vergleich mit anderen chronischen Erkrankungen. In R. Roth & M. Borkenstein (Hrsg.), *Psychosoziale Aspekte in der Betreuung von Kindern und Jugendlichen mit Diabetes* (150—159). Basel: Karger.

Hürter, P., Jastram, H. U., Regling, B., Toeller, M., Lange, K., Weber, B., Burger, W. & Haller, R. (1989). *Diabetes-Schulungsprogramm für Kinder.* Köln: Deutscher Ärzte-Verlag.

Kazak, A. E. (1989). Families of chronically ill children: A systems and social-ecological model of adaptation and challenge. *Journal of Consulting and Clinical Psychology, 57,* 25—30.

Kokkonen, J. & Kokkonen, E. R. (1993). Prevalence of mental disorders in young adults with chronic physical diseases since childhood as identified by the present state examination and the catego program. *Acta Psychiatrica Scandinavica, 87,* 239—243.

Kotses, H., Harver, A., Creer, T. L. & Baker, A. D. (1988). Measures of asthma severity recorded by patients. *Journal of Asthma, 25,* 373—376.

Kotses, H., Harver, A., Segreto, J., Glaus, K. D., Creer, T. L. & Young, G. A. (1991). Long-term effects of biofeedback-induced facial relaxation on measures of asthma severity in children. *Biofeedback and Self-Regulation, 16,* 1—21.

Kremens, B. (1991). *Leukämie. Was ist das?* Münster: Universitäts-Kinderklinik.

Kröner-Herwig, B. & Ehlert, U. (1992). Relaxation und Biofeedback in der Behandlung von chronischem Kopfschmerz bei Kindern und Jugendlichen. Ein Überblick. *Der Schmerz, 6,* 171—181.

Kruse, W. (1992). *Einführung in das Autogene Training mit Kindern.* Köln: Deutscher Ärzte-Verlag, 2. überarbeitete Auflage.

Lavigne, J. V. & Faier-Routman, J. (1992). Psychological adjustment to pediatric physical disorders: A meta-analytic review. *Journal of Pediatric Psychology, 17,* 133—157.

Lavigne, J. V., Ross, C. K., Berry, S. L., Hayford, J. R. & Pachman, L. M. (1992). Evaluation of a psychological treatment package for treating pain in juvenile rheumatoid arthritis. *Arthritis Care and Research, 5,* 101—110.

Lohaus, A. (1993). Krankheitskonzepte von Kindern: Ein Überblick zur Forschungslage. *Zeitschrift für Klinische Psychologie, Psychopathologie und Psychotherapie, 41,* 117—129.

McNabb, W. L., Wilson-Pessano, S. R. & Jacobs, A. M. (1986). Critical self-management competencies for children with asthma. *Journal of Pediatric Psychology, 11,* 103—117.

Noeker, M. (1991). *Subjektive Beschwerden und Belastungen bei Asthma bronchiale im Kindes- und Jugendalter.* Frankfurt: Lang.

Peri, G., Molinari, E. & Taverna, A. (1991). Parental perceptions of childhood illness. *Journal of Asthma, 28,* 91—101.

Perrin, E. C., Stein, R. E. K. & Drotar, D. (1991). Cautions in using the Child Behavior Checklist: Observations based on research about children with a chronic illness. *Journal of Pediatric Psychology, 4,* 411—421.

Petermann, F. (1993). Grundlagen des erfolgreichen Asthma-Managements. In F. Petermann & J. Lecheler (Hrsg.), *Asthma bronchiale im Kindes- und Jugendalter* (33—53). München: Quintessenz, 3. veränderte Auflage.

Petermann, F. & Kusch, M. (1993). Imaginative Verfahren. In D. Vaitl & F. Petermann (Hrsg.), *Handbuch der Entspannungsverfahren* (217—244). Weinheim: Psychologie Verlags Union.

Petermann, F., Kusch, M. & Bode, M. (1992). Invasive Prozeduren: Schmerzbewältigung und verhaltensmedizinische Schmerzbehandlung. *Kindheit und Entwicklung, 1,* 48—52.

Petermann, F. & Lecheler, J. (Hrsg.) (1992). *Patientenschulung.* München: Dustri-Verlag.

Petermann, F. & Lecheler, J. (Hrsg.) (1993). *Asthma bronchiale im Kindes- und Jugendalter.* München: Quintessenz Verlag, 3. erweiterte Auflage.

Petermann, F., Mühlig, S. & Breuker, D. (1994a). Verhaltensmedizinische Grundlagen der pädiatrischen Schmerzbehandlung. In F. Petermann, S. Wiedebusch & T. Kroll (Hrsg.), *Schmerz im Kindesalter* (61—110). Göttingen: Hogrefe.

Petermann, F., Noeker, M., Bochmann, F. & Bode, U. (1990). *Beratung von Familien mit krebskranken Kindern: Konzeption und empirische Ergebnisse.* Frankfurt: Lang, 2. überarb. Auflage.

Petermann, F., Noeker, M. & Bode, U. (1987). *Psychologie chronischer Krankheiten im Kindes- und Jugendalter.* München: Psychologie Verlags Union.

Petermann, F., Walter, H. J., Köhl, C. & Biberger, A. (1993a). *Asthma-Verhaltenstraining (AVT) mit Kindern und Jugendlichen.* München: Quintessenz.

Petermann, F., Walter, H. J., Köhl, C. & Biberger, A. (1993b). Asthma-Verhaltenstraining in der Langzeitrehabilitation. In F. Petermann & Lecheler (Hrsg.), *Asthma bronchiale im Kindes- und Jugendalter.* München: Quintessenz, 3. erweiterte Auflage.

Petermann, F., Wiedebusch, S. & Kroll, T. (1994b). Schmerz im Kindesalter — Eine Einleitung. In F. Petermann, S. Wiedebusch & T. Kroll (Hrsg.), *Schmerz im Kindesalter* (15—22). Göttingen: Hogrefe.

Petermann, U. & Petermann, F. (1993). Entspannungsverfahren bei Kindern und Jugendlichen. In D. Vaitl & F. Petermann (Hrsg.), *Handbuch der Entspannungsverfahren* (316—334). Weinheim: Psychologie Verlags Union.

Pfefferbaum, B. (1990). Common psychiatric disorders in childhood cancer and their management. In J. C. Holland & J. H. Rowland (Eds.), *Handbook of Psychooncology. Psychological Care of the Patient with Cancer* (544—561). Oxford: Oxford University Press.

Rapoff, M. A., Lindsley, C. B. & Christophersen, E. R. (1984). Improving compliance with medical regimens: Case study with juvenile rheumatoid arthritis. *Archives of Physical Medicine and Rehabilitation, 65,* 267—269.

Rapoff, M. A. (1989). Compliance with treatment regimens for pediatric rheumatic diseases. *Arthritis Care and Research, 3,* 40—47.

Regling, B. (1991). Diabetes mellitus — für Kinder und Jugendliche mehr als ein medikamentös therapierbarer Organdefekt. In R. Roth & M. Borkenstein (Hrsg.). *Psycho-*

soziale Aspekte in der Betreuung von Kindern und Jugendlichen mit Diabetes (68—73). Basel: Karger.

Rogan, P. & Perret, A. (1989). Epilepsie. Monika, der kleine Detektiv. München: Labaz GmbH.

Ross, A. O. & Petermann, F. (1987). Verhaltenstherapie mit Kindern und Jugendlichen. Stuttgart: Hippokrates.

Schmitt, G. M. (1991). Cystische Fibrose. Leben mit einer chronischen Krankheit. Göttingen: Hogrefe.

Sticker, E. (1993). Martins Herzoperation. Köln: Elterninitiative herzkranker Kinder e.V.

Taggart, V. S., Zuckerman, A. E., Sly, R. M., Steinmueller, C., Newman, G., O'Brien, A. W., Schneider, S. & Bellanti, J. A. (1991). You can control asthma: Evaluation of an asthma education program for hospitalized inner-city children. Patient Education and Counseling, 17, 35—47.

Tettersell, M. J. (1993). Asthma patients' knowledge in relation to compliance with drug therapy. Journal of Advances in Nursing, 18, 103—113.

Thompson, R. J., Gustafson, K. E., Hamlett, K. W. & Spock, A. (1992). Psychological adjustment of children with cystic fibrosis: The role of child cognitive processes and maternal adjustment. Journal of Pediatric Psychology, 17, 741—755.

Timko, C., Stovel, K. W. & Moos, R. H. (1992). Functioning among mothers and fathers of children with juvenile rheumatic disease: a longitudinal study. Journal of Pediatric Psychology, 17, 705—724.

Traue, H. C. (1993). Behavioral Medicine — Verhaltensmedizin. Verhaltenstherapie, 3 (Suppl. 1), 4—14.

Ullrich, G. (1993). Psychosoziale Versorgung bei Mukoviszidose. Frankfurt: Lang.

Ullrich, K. & Wendel, U. (1992). Mit PKU gut leben. Heilbronn: SHS-Gesellschaft für klinische Ernährung mbH.

Vandvik, I. H. (1990). Mental health and psychosocial functioning in children with recent onset of rheumatic disease. Journal of Child Psychology and Psychiatry, 31, 961—971.

Varni, J. W. (1983). Clinical behavioral pediatrics. And interdisciplinary biobehavioral approach. New York: Pergamon.

Varni, J. W. & Wallander, J. L. (1984). Adherence to health-related regimens in pediatric chronic disorders. Clinical Psychology Review, 4, 585—596.

Vazquez, M. I. & Buceta, J. M. (1993). Effectiveness of self-management programmes and relaxation training in the treatment of bronchial asthma: Relationships with trait anxiety and emotional attack triggers. Journal of Psychosomatic Research, 37, 71—81.

Wallander, J. L. & Varni, J. W. (1989). Social support and adjustment in chronically ill and handicapped children. American Journal of Community Psychology, 17, 185—201.

Walker, J. G., Manion, I. G., Cloutier, P. F. & Johnson, S. M. (1992). Measuring marital distress in couples with chronically ill children: The dyadic adjustment scale. Journal of Pediatric Psychology, 17, 345—357.

Walker, L. S., Van Slyke, D. A. & Newbrough, J. R. (1992). Family resources and stress: A comparison of families of children with cystic fibrosis, diabetes, and mental retardation. Journal of Pediatric Psychology, 17, 327—343.

Weglage, J. (1993). *Phenylketonurie. Psychosoziale Aspekte einer chronischen Erkrankung.* Göttingen: Hogrefe.

Wiedebusch, S. (1992). *Krankheitskonzepte von Kindern und Jugendlichen mit juveniler chronischer Arthritis.* Hogrefe: Göttingen.

Wiedebusch, S. (1994a). Die Entwicklung des Schmerzbegriffs im Kindesalter. In F. Petermann, S. Wiedebusch & T. Kroll (Hrsg.), *Schmerz im Kindesalter.* Göttingen: Hogrefe.

Wiedebusch, S. (1994b). Langzeitcompliance im Kindesalter — am Beispiel der juvenilen chronischen Arthritis. *Kindheit und Entwicklung, 3,* 31—38.

Wiedebusch, S. & Ganser, G. (1992). *GeLENKig — Ein Rheumabuch für Kinder.* Erlangen: Kabi Pharmacia.

Wigal, J. K., Creer, T. L., Kotses, H. & Lewis, P. D. (1990). A critique of 19 self-management programs for childhood asthma. Part I. The development and evaluation of the programs. *Pediatric Asthma, Allergy and Immunology, 4,* 17—39.

Woolcock, A. J. (1992). The problem of asthma worldwide. *European Respiratory Review, 1,* 243—246.

Schmerz

Dagmar Breuker, Stephan Mühlig und Franz Petermann

1. Einleitung

Jeder Versuch, Schmerz umfassend und objektiv zu beschreiben, wird erschwert durch die Wechselbeziehung zwischen sensorischer Empfindung, kognitiver Interpretation und Bewertung sowie durch verschiedene Bedeutungen der Schmerzempfindungen. Diese Wechselwirkungen werden u.a. von sozialen Lernprozessen, Vorerfahrungen und dem kognitiven Entwicklungsniveau beeinflußt.

Die Bedeutung empfundener Schmerzen ist kontext- und zeitabhängig. *Akuter Schmerz* hat eine biologische Warn- und Schutzfunktion: Der Körper meldet die Empfindung eines schädigenden Reizes, als Schutzreaktion soll die Schmerzquelle beseitigt bzw. verletzte Körperteile geschont werden. Diese biologische Schutzfunktion läßt sich an einem einfachen Beispiel verdeutlichen: Ein Kind berührt eine heiße Herdplatte, empfindet Schmerzen und zieht reflexhaft seine Hand zurück. Bei *chronischem* oder *wiederholt auftretendem Schmerz* besteht diese Funktion nicht, da die Schmerzursache, z.B. eine chronische Grunderkrankung, nicht behebbar ist. Chronischer Schmerz wird zu einem Leiden, das Krankheitswert besitzt. Es wird von einer *Schmerzerkrankung* gesprochen.

Trotz der Komplexität konnte eine allgemein akzeptierte und bis heute verwendete Definition aufgestellt werden: „*Schmerz ist ein unangenehmes Sinnes- und Gefühlserlebnis, das mit aktueller oder potentieller Gewebsschädigung verknüpft ist oder mit Begriffen einer solchen Schädigung beschrieben wird*" (IASP, 1979). Diese Definition verweist zum einen darauf, daß auch Schmerzen *ohne nachweisbare* Gewebsschädigungen ein körperliches Sinneserlebnis sind. Dies bezieht sich auf Schmerzsyndrome, unter denen die Kinder sehr leiden, für die jedoch keine körperliche Ursache gefunden werden kann. Des weiteren besagt die Definition, daß Schmerz eng mit *Emotionen* verbunden ist. Schmerz wird nicht nur als weitergeleiteter schädigender Reiz *wahrgenommen*, sondern mit meist negativen Emotionen verbunden *erlebt*.

Zwei für die Schmerzforschung wichtige Aspekte werden in der Definition vernachlässigt: Es wird nicht zwischen akutem und chronischem Schmerz unterschieden und es wird nur auf das affektive *Schmerzerleben* verwiesen,

Auswirkungen auf das *Verhalten* werden nicht betrachtet. Die bisherigen Erläuterungen verdeutlichen, daß für ein umfassenderes Verständnis des Phänomens:

● die körperlich-sensorische Wahrnehmung,
● die kognitive Interpretation und Bewertung,
● das emotionale Erleben und
● das hieraus resultierende Verhalten

als Aspekte betrachtet und zu einem Ganzen integriert werden müssen.

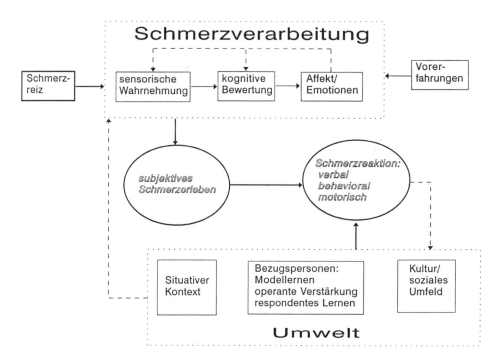

Abbildung 1:
Subjektives Schmerzerleben und Schmerzreaktion.

Lange Zeit wurde Schmerz ausschließlich unter medizinischen Gesichtspunkten betrachtet: Es ging um die Analyse der Gewebsschädigungen und ihre Behandlung. Diese *monokausale Therapie* ist nur für akute und verletzungsbedingte Schmerzen effektiv. Bei chronischen Schmerzen, für die sich zum Teil keine organischen Schädigungen nachweisen lassen, hatten rein medizinische Behandlungen nur wenig Erfolg (vgl. Flor, 1991). Erklärungs- und Behandlungsmodelle, die verschiedene Faktoren berücksichtigen, finden zunehmend stärkere Beachtung. Diese *biopsychosozialen Modelle* gehen davon aus, daß Schmerz eine Reaktion auf mehreren Ebenen ist, in denen psychologische und somatische Faktoren eine Rolle spielen:

- *Verbal-subjektive Schmerzreaktion*: Ausschlaggebend für diese Ebene ist das *Schmerzerleben*. Die Schmerzempfindungen werden wahrgenommen, bewertet und interpretiert sowie z. B. durch Aussagen über die Intensität der Schmerzen, Stöhnen und Weinen ausgedrückt.
- *Motorisch-behaviorale Schmerzreaktion*: Reaktionen wie reflektorische Bewegungen, muskuläre An- und Verspannungen, Mimik, Humpeln und körperliche Schonhaltungen werden als motorisch-behavioraler Schmerzausdruck gewertet.
- *Physiologisch-organische Schmerzreaktion*: Reaktionen sind auf dieser Ebene nicht beobachtbar, lassen sich jedoch apparativ messen. Hierzu zählen die Erregung von Schmerznervenbahnen und Rezeptoren sowie die Freisetzung körpereigener algetischer und analgetischer Substanzen.

Es wird angenommen, daß nicht alle Ebenen an einer spezifischen Schmerzreaktion beteiligt sein müssen; so kann eine physiologisch-organische Schmerzreaktion vorliegen, ohne daß das Kind für Außenstehende beobachtbar reagiert. Die bislang beschriebenen Aspekte des Phänomens Schmerz werden auch in der Nosologie (Klassifikation) verschiedener Schmerzsyndrome berücksichtigt.

2. Klassifikation und Nosologie

Eine präzise Beschreibung und systematische Klassifikation von Schmerzerscheinungen ist zum einen für die Durchführung replizierbarer Studien und zum anderen für eine fundierte Indikationsstellung und Behandlungsplanung unerläßlich (Göbel, Ensink, Krapat, Weigle, Christiani & Soyka, 1993). Insbesondere bei kleinen Kindern, die ihre Schmerzerlebnisse nicht verbal artikulieren können, ergeben sich gravierende diagnostische Unsicherheiten, die nur mittels ausgereifter Beschreibungssysteme behoben werden können.

Die Klassifikation von Schmerzen kann nach sehr unterschiedlichen Kriterien erfolgen. Schmerzen lassen sich drei grundlegenden *Schmerzarten* zuordnen:

- *Akutschmerzen* sind meist durch eine identifizierbare Ursache (verbunden mit einer Gewebsschädigung, z. B. Verletzungen, schmerzhafte medizinische Eingriffe) ausgelöst, gut lokalisierbar, von begrenzter Zeitdauer (selten länger als ein Monat) und i. d. R. kausal therapierbar. Die psychischen Konsequenzen akuter Schmerzen beschränken sich meist auf vorübergehendes Angst- und Streßerleben.

- *Rezidivierende/rekurrierende Schmerzen*, das heißt regelmäßig wiederkehrende Schmerzen (z. B. Migräne, Bauch- und Rückenschmerzen), besitzen eine unklare Ätiologie und treten ohne erkennbare Organschädigung in Episoden mit unterschiedlicher Frequenz, Dauer und Intensität auf. Zwischen diesen Episoden sind die Betroffenen beschwerdefrei und vollständig gesund. Rezidivierende Schmerzen sind i. d. R. schwer zu lokalisieren, in ihrem Auftreten unvorhersehbar und meistens nur symptomatisch zu behandeln. Die Auslöser einer Schmerzepisode sind nicht eindeutig zu bestimmen, es kommen *soziale* (kritische Lebensereignisse, Belastungssituationen in Famile und Schule) *externe* (Wettereinflüsse, Nahrungs- und Genußmittel) und *personale* (Emotionen, Stimmungen, Kognitionen) *Faktoren* dafür in Betracht.

● *Chronische Schmerzen* treten ätiologisch meist klar bestimmbar als Folge von anhaltenden organischen Verletzungen (Unfälle, Verbrennungen) oder Gewebsschädigungen infolge einer chronischen Grunderkrankung (Polyarthritis, Hämophilie, Neuralgien, Krebs) auf. Sie sind für die Patienten recht klar zu lokalisieren und in ihren Intensitätsschwankungen einzuschätzen. Die Pathophysiologie chronischer Schmerzzustände ist weitgehend unbekannt. Man spricht von chronischen Schmerzen, wenn sie über die zu erwartende Heilungszeit hinaus oder mehr als sechs Monate anhalten. In westlichen Ländern leiden bis zu 25 % der Bevölkerung an chronischen Schmerzen. Die sozialen Konsequenzen für die betroffenen Kinder (Schulfehlzeiten, Aktivitätseinschränkungen, familiäre Probleme, soziale Ausgrenzung und Isolation) sind häufig einschneidend. Der subjektive Leidensdruck ist extrem hoch: Gefühle der Ohnmacht, Hoffnungslosigkeit und Verzweiflung münden nicht selten in psychopathologischen Erscheinungen (Depression, generalisierte Angst, Schlafstörungen, Appetitlosigkeit, Medikamentenmißbrauch); jeder fünfte chronische Schmerzpatient unternimmt mindestens einen Suizidversuch. Die Behandlungsmöglichkeiten hängen von der jeweiligen Grundstörung ab; im Falle chronischer Krankheiten ist diese kausal nicht zu beheben, so daß die resultierenden Schmerzen lediglich symptomatisch therapiert werden können (vgl. auch Tryba & Zenz, 1993).

In medizinischen Taxonomien werden Schmerzen meistens nach ihrer *organischen Schmerzquelle* oder *ätiologischen Aspekten* eingeteilt. Eine verbreitete Grobklassifikation unterscheidet

● *nozizeptive* Schmerzen: Schmerzen als Folge von (äußeren) Gewebsbeeinträchtigungen oder -schädigungen (z.B. Verletzungen und Traumen);
● *viszerale* Schmerzen: Schmerzen in inneren Organen (z.B. Bauchschmerzen, Koliken);
● *neuropathische* und *Deafferenzierungsschmerzen*: Schmerzen aufgrund von Nervenschädigungen (z.B. Neuralgien, Nervenkompressionen, Phantomschmerzen).

Eine differenzierte und konsensfähige Schmerz-Systematik wird in der *IASP-(International Association for the Study of Pain)* Klassifikation chronischer Schmerzzustände vorgenommen, die über 300 Schmerzsyndrome *phänomenologisch* erfaßt und *multiaxial* nach Lokalisation, betroffenem Funktionsbereich, Zeitcharakteristik, Intensität, Dauer und Ätiologie codiert. Der Fokus dieser Taxonomie liegt allerdings auf den körperlichen Aspekten des Schmerzprozesses und berücksichtigt psychische und soziale Merkmale nur beiläufig und primär im Zusammenhang mit psychiatrischen Störungsbildern. Ähnliches gilt für die DSM-III-R- und ICD-10-Klassifikationen. Diese Taxonomien bleiben somit dem traditionellen mechanistischen Krankheitsmodell verhaftet und reduzieren das Schmerzgeschehen auf seine körperliche Seite. Damit bleibt die oben beschriebene Mehrdimensionalität des Schmerzphänomens (physiologische, kognitive, affektive, motorische, soziale Komponenten) ungenügend berücksichtigt. Da sie den heutigen systemischen Schmerzkonzepten (Flor, Birbaumer & Turk, 1987; Geissner & Jungnitsch, 1992; Walschburger, 1990) nicht mehr entsprechen, sind sie für eine multifaktoriell orientierte Schmerztherapie, die die verschiedenen Dimensionen des Schmerzgeschehens einbezieht und gezielt verändert, nur von sehr eingeschränktem Nutzen.

Tabelle 1:
Multiaxiale Schmerzklassifikation - MASK-P (modifiziert nach Klinger et al., 1992).

1. Motorisch-verhaltensmäßige Ebene	* Verhaltensauffälligkeiten * verbales/nicht-verbales Schmerzverhalten * Vermeidung körperlicher Aktivitäten * Vermeidung sozialer Aktivitäten * Durchhalteverhalten
2. Emotionale Ebene	* Traurig-niedergeschlagene Stimmung * Ärger, Gereiztheit, Angst * innere Unruhe * Stimmungslabilität * mangelnder Emotionsausdruck
3. Kognitive Ebene	* Hilf- und Hoffnungslosigkeit/Resignation * generalisiertes Katastrophisieren * mangelhafte Wahrnehmung von Körpervorgängen * Bagatellisierung körperlicher Symptome * ausgeprägte körperbezogene Selbstaufmerksamkeit * somatisches Krankheitsmodell * unrealistische Erwartungen an das Behandlungsziel
4. Stressoren	* soziale Probleme (Eltern, Geschwister, Freunde) * Belastungen durch zusätzliche Gesundheitsprobleme * Belastungen im Freizeitbereich
5. Habituelle Personmerkmale	* Selbstüberforderung * mangelnde soziale Kompetenz * Selbstwertdefizite * starre Norm- und Wertevorstellungen * mangelnde Selbstreflexion
6. Diagnose auf ICD-10 bzw. DSM-III-R Basis	* zusätzliche Diagnose kann gestellt werden

Ein Klassifikationsschema zur standardisierten Beschreibung von Schmerzsyndromen, das auf einem *biopsychosozialen* Schmerzverständnis basiert, wird erstmals von Klinger, Hasenbring und Pfingsten (1992) vorgestellt: Das *Multiaxiale Schmerzklassifikationsschema (MASK)*. Das MASK-Schema besteht aus einem *somatischen* (MASK-S) und einem neuen *psychosozialen* (MASK-P) Teil. MASK-S codiert die körperlichen Aspekte der Schmerzproblematik ähnlich wie das IASP-System nach Lokalisation, Dauer, Frequenz, Intensität des Schmerzes, betroffenem Funktionsbereich, ätiologischen Faktoren etc. Der neuartige psychosoziale Teil (MASK-P) bildet psychologische und soziale Aspekte in Bezug auf Entstehung, Aufrechterhaltung und Konsequenzen chronischer Schmerzen explizit ab: z.B. schmerzbezogene psychische Beeinträchtigungen, personspezifische Merkmale, die die Schmerzbewältigung fördern oder hemmen, Stressoren und soziale Faktoren, die das Schmerzgeschehen beeinflussen (vgl. Tab. 1).

Damit wird ein praktikables Klassifikationssystem zur Verfügung gestellt, das eine *differenzierte Therapieindikation* und *-planung* für einen *integrativen* Behandlungsansatz erlaubt, d.h. eine rational begründete Zuordnung einzelner medizinischer wie verhaltensmedizinischer Interventionen zu spezifischen Schmerzsyndromen.

Tabelle 2:
Kategorien kindlicher Schmerzen (vgl. Labouvie, Petermann & Kusch, 1994).

Chronische Erkrankungen	* Arthritis * Krebs * Asthma * Diabetes mellitus * Haltungsstörungen
Physische Verletzungen	* Verbrennungen * Fleischwunden * Frakturen * Erfrierungen
Invasive Prozeduren	* Operationen * Injektionen/Punktionen * Katheterisierungen * Zahnextraktionen
Unklare physiologische Genese	* Migräne * Spannungskopfschmerz * rezidivierender idiopathischer Bauchschmerz
Entwicklungsspezifische Beschwerden	* Zahnen * Wachstums-/Gliederschmerzen * Kinderkrankheiten

Spezielle Klassifikationssysteme für pädiatrische Schmerzen liegen bislang in ausgearbeiteter Form nicht vor. Labouvie et al. (1994) schlagen eine Adaption des MASK-Schemas auf das Kindes- und Jugendalter vor: Im *somatischen* Teil sollen in Anlehnung an Varni (1990) und Ross und Ross (1988) spezifische Schmerzsyndrome und Erkrankungen des Kindes- und Jugendalters nach dem *Schmerzanlaß* katalogisiert werden (vgl. Tab. 2).

Die *psychosoziale Dimension* müßte auf folgende Faktoren ausgeweitet werden:

● *entwicklungspsychologische und reifungsbedingte Aspekte des Schmerzgeschehens*: Alter, kognitiver Entwicklungsstand, Schmerzkonzept, Kausalattribution, Schmerzvorerfahrungen;

● *kindspezifische Belastungssituationen*: Familie, Schule/Kindergarten, Gleichaltrigengruppe;

● *altersgemäße Bewältigungskompetenzen*: Emotionale Regulation, Selbstwirksamkeit, Schmerzkontrolle, Informiertheit, Schmerzbewertung und

● *besondere familiäre und soziale Kontextbedingungen*: Modellernen, Verstärkereinflüsse, elterliches Unterstützungsverhalten, familiäre Krankheitsgeschichte, soziale Anforderungen und Erwartungen.

3. Grundlagen

3.1 Entwicklungsphysiologie

Das *neuronale Schmerzverarbeitungssystem* des Menschen umfaßt ein komplexes Zusammenspiel neuroanatomischer, neurophysiologischer und biochemischer Strukturen.

In allen Organen des menschlichen Organismus befinden sich in unterschiedlicher Dichte sogenannte *Nozizeptoren* (,,Schmerzempfänger''). Dabei handelt es sich um freie Nervenendigungen (periphere Rezeptoren), die auf mechanische, thermische oder chemische Reizung von höherer (noxischer) Reizintensität reagieren. Die Erregbarkeit (Reagibilität) dieser Rezeptoren wird dabei durch biochemische Substanzen (endogene Mediatoren, z.B. Serotonin, Substanz P) moduliert, die u.a. bei der Verletzung von Zellstrukturen freigesetzt werden. Diese *algetischen Stoffe* können die Nozizeption direkt einleiten oder die Reizschwelle für die Nozizeptoren senken. Die sensorischen Reizimpulse werden im peripheren Nervensystem über spezielle Nervenfasern (A-Delta- und unmyelinisierte C-Fasern) zum Hinterhorn des Rückenmarks weitergeleitet. Dabei vermitteln die A-Delta-Fasern den sogenannten *ersten Schmerz* (hell, stechend, lokalisiert, relativ schnell abklingend), der für Akutschmerzen typisch ist, während die C-Fasern den besonders für chronische Schmerzzustände bedeutsamen *Zweitschmerz* (dumpf, bohrend, schwer lokalisierbar, langsam abklingend) auslösen. Auf der *spinalen Ebene* (Rückenmark) wird der Schmerzimpuls mit Hilfe von Neurotransmittern vom peripheren auf das Zentralnervensystem übertragen, während gleichzeitig motorische *Reflexreaktionen* ausgelöst werden (Reflexbogen). Über spezifische *Schmerzbahnen* erfolgt die Weiterleitung zum Gehirn, wo das Schmerzsignal

Neuronale Schmerzmechanismen

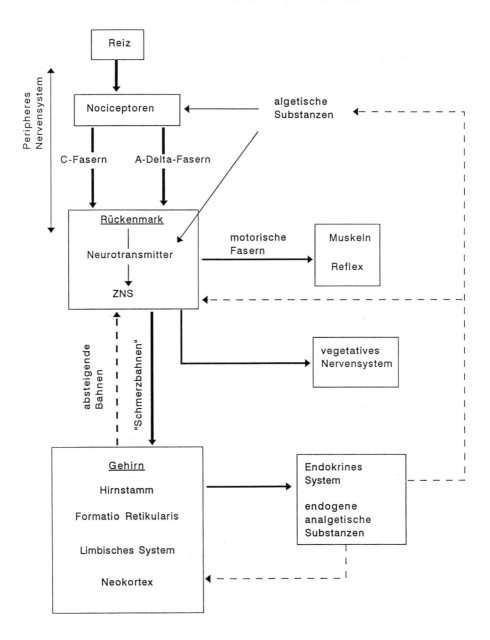

Abbildung 2:
Neuronale Schmerzmechanismen.

einige hundertstel Sekunden nach der Außeneinwirkung im Thalamus eintrifft. Dort werden alle Umgebungsreize zentral erfaßt, an das übrige Gehirn weitergemeldet („Verteilerstation") und notfalls eine Flucht- oder Angriffsreaktion ausgelöst. Die *zentralnervöse Schmerzverarbeitung* ist nur ungenau bekannt. Es gibt im Gegensatz zu anderen Sinnessystemen kein kortikales „Schmerzzentrum", sondern ganz unterschiedliche neuroanatomische und neurofunktionale Strukturen, die an diesem komplexen Prozeß beteiligt sind, u.a.:

● Das *Stammhirn* (Regulation vegetativer Vorgänge wie Atmung und Kreislauf),
● das *Hypothalamus-Hypophysensystem* (Regulation des endokrinen Systems, Ausschüttung von Hormonen und Endorphinen),
● die *Formatio Retikularis* (Aufmerksamkeitssteuerung, Orientierungsreaktion),
● das *Limbische System* („Zentrum der Gefühle", affektive Komponente des Schmerzerlebens, Schmerzqualitäten) und
● der *Neokortex* (Schmerzbewußtsein, Lokalisierung, Interpretation und Bewertung, Handlungssteuerung).

Im Gehirn wird bei Schmerzstimulation ein *Gegenregulationsprozeß* in Gang gesetzt, der die Verarbeitung von Schmerzreizen über *endogene analgetische Mechanismen* moduliert, indem im peripheren Nervensystem z.B. die Ausschüttung erregender Substanzen vermindert oder die hemmender Stoffe gesteigert wird. Bei der Aktivierung bestimmter Hirnareale (im Mittel- und Zwischenhirn) werden biochemische Stoffe (z.B. *Endorphine*) freigesetzt. Diese aktivieren *absteigende Nervenbahnen*, deren elektrische Signale ins Rückenmark gelangen (*absteigende Hemmung im Rückenmark*). Dort werden an den Synapsen andere Substanzen ausgeschüttet (z.B. Serotonin), die wiederum die Freisetzung von Schmerzüberträgerstoffen (z.B. der Substanz P) hemmen. Dadurch wird die Aktivität der für die Schmerzweiterleitung zuständigen Hinterhornneurone im Rückenmark gehemmt. Gleichzeitig werden im Rückenmark und im Gehirn weitere *Endorphine* ausgeschüttet, die zusätzlich die Schmerzübertragung reduzieren.

Schon *Neugeborene* und sogar *Feten* besitzen die neurophysiologischen Voraussetzungen für Schmerzerfahrung (Craig, Whitfield, Grunau, Linton & Hadjistavropoulos, 1993; Grunau & Craig, 1993; Johnston, Stevens, Craig & Grunau, 1993). Die verschiedenen anatomischen, funktionalen und neurochemischen Komponenten des Schmerzsystems reifen während der menschlichen Ontogenese in unterschiedlicher Geschwindigkeit heran und sind bei der Geburt für eine differenzierte Schmerzwahrnehmung ausreichend ausgebildet (vgl. Droste, 1993; Droste & Büttner, 1992; Zimmermann, 1994). Auch die Erinnerungsfähigkeit für Schmerzreize entwickelt sich offensichtlich schon vorgeburtlich. Neuere Untersuchungsergebnisse belegen die Existenz eines *Schmerzgedächtnisses* und *rudimentären Schmerzbewußtseins* bei Neugeborenen und Feten (Droste & Büttner, 1992; McGrath & Craig, 1989). Bei Erwachsenen und älteren Kindern korreliert die meßbare physiologische und behaviorale Streßreaktion auf Schmerzreize eindeutig mit dem subjektiven Schmerzerleben (Owens, 1984; Owens & Todt, 1984). Obwohl die Frage nach der subjektiven Qualität der Schmerzerfahrung von präverbalen Kindern letztlich unbeantwortbar bleibt, besteht kein logisch begründeter Zweifel daran, daß analoge Ausdrucksformen in Physiologie und Verhalten ein vergleichbares inneres Schmerzerlebnis repräsentieren.

3.2 Entwicklungspsychologie

Mit fortschreitender Entwicklung erlangen Kinder zunehmend die Fähigkeit, Schmerzphänome *kognitiv* zu erfassen, zu bewerten und eindeutig darüber zu kommunizieren (Gaffney & Dunne, 1986; Harbeck & Peterson, 1992). Im Alter von 20 Monaten benutzen sie in überwiegender Mehrzahl schon *verbale Schmerzbegriffe* (McGrath & McAlpine, 1993). Vorschulkinder sind bereits in der Lage, mit Hilfe kindgerechter Schmerzerfassungsskalen unterschiedliche Schmerzintensitäten klar zu differenzieren (Belter, McIntosh, Finch & Saylor, 1988). Mittels dieser Erhebungsmethoden konnte belegt werden, daß sich bei verschiedenen Erkrankungen die Prävalenz und Intensität der Schmerzen von Kindern und Erwachsenen kaum unterscheiden (vgl. Zimmermann, 1994). Die Wahrnehmung und *Bewertung* von Schmerzerfahrungen unterliegt im Laufe der kognitiven Entwicklung noch beträchtlichen Veränderungen (McGrath & Craig, 1989; McGrath & Hillier, 1989). Der gleiche Schmerzreiz (z.B. Venenpunktion) wird von sehr kleinen Kindern vergleichsweise als intensiver und bedrohlicher interpretiert (Lander & Fowler-Kerry, 1991, 1993). Ältere Kinder hingegen zeigen im Vergleich zu Erwachsenen keine Tendenz zu erhöhter Schmerzbeurteilung (Manne, Jacobsen & Redd, 1992). Kinder lernen im Verlauf ihrer Entwicklung ein breites Spektrum unterschiedlicher Schmerzen kennen, die nach Intensität, Lokalisation, Ausdehnung, Dauer, Art, Grad des Unwohlseins, sensorischen Qualitäten, affektiven Komponenten und Linderungsmöglichkeiten differieren. Dabei interpretieren und bewerten sie die Stärke und den Belastungsgrad jedes neuen Schmerzerlebnisses auf der Grundlage ihrer bisherigen Schmerzerfahrungen. Auf diese Weise entwickeln sie ein *kognitives Bezugssystem* für Schmerzwahrnehmungen (*Schmerzschema*), mit dessen Hilfe sie neue Schmerzen einordnen und bewerten, und das selbst mit jeder neuen Schmerzerfahrung modifiziert und erweitert wird.

Aufgrund ihrer Schmerzerfahrungen entwickeln Kinder spezifische Vorstellungen über deren Ursachen. Diese subjektiven Konzepte weichen gerade bei jüngeren Kindern von medizinischen Erklärungsmodellen ab. Mit der Entwicklung des abstrakten Denk- und Vorstellungsvermögens werden die Erklärungsmodelle zunehmend differenzierter. Empirische Studien bestätigen, daß mit zunehmendem Alter gegenwartsbezogene und konkrete *Beschreibungen* durch ein abstraktes *Schmerzverständnis* abgelöst werden (Harbeck & Peterson, 1992). Basierend auf dem mehrstufigen Entwicklungsmodell von Piaget wurden gesunde Kinder und Jugendliche zu ihren Vorstellungen von Schmerz, seinen Ursachen und Auswirkungen befragt. Aus ihren Antworten wurde die ,,normale'' Entwicklung des Schmerzkonzeptes abgeleitet.

Kinder zwischen dem *zweiten* und *viertem Lebensjahr* haben eher magische Vorstellungen. Sie bezeichnen Schmerz als ,,irgendetwas, das weh tut''. Ursachen,

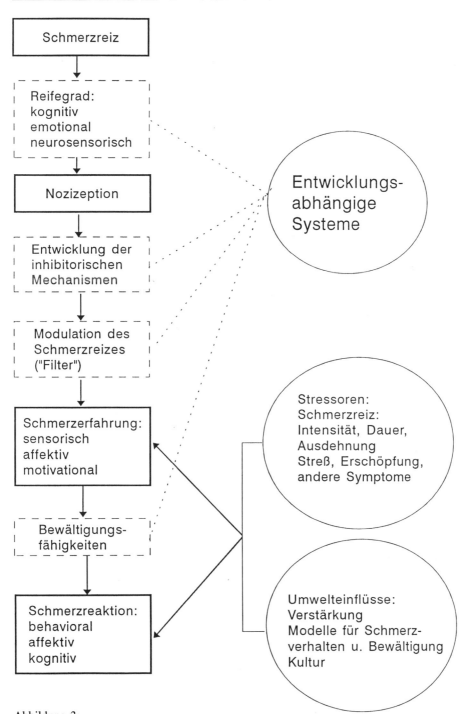

Abbildung 3:
Entwicklungsabhängige Systeme des Schmerzerlebens (modifiziert nach Zeltzer, Barr, McGrath & Schechter, 1992).

soweit sie benannt werden, liegen außerhalb des Körpers (Hurley & Whelan, 1988). Schmerz ist ein ausschließlich körperliches Erlebnis, das die Kinder z.B. bei Verletzungen erfahren. Zwischen dem *vierten* und *siebten Lebensjahr* beginnen die Kinder verschiedene Schmerzintensitäten zu unterscheiden. In diesem Alter entwickeln sie ihre Moralvorstellungen, so daß Schmerz häufig als Bestrafung aufgefaßt wird (Gaffney & Dunne, 1987).

Mit der Weiterentwicklung zu *konkret-logischen Denkprozessen* wächst das Verständnis für Zusammenhänge zwischen Verletzung, Krankheit und Schmerz. Kinder zwischen *sieben* und *elf Jahren* beginnen externe Ursachen von internen Auswirkungen zu unterscheiden. Schmerz kann durch Verletzungen oder Krankheiten verursacht sein und verändert die „normalen" inneren Körpervorgänge. Da Kinder dieses Alters noch keine konkreten Vorstellungen über physiologische Prozesse haben, verwenden sie Metaphern, um interne Ursachen und Wirkungen ihrer Schmerzen zu beschreiben (vgl. Wiedebusch, 1994).

Ab dem *elften Lebensjahr* bildet sich die Fähigkeit zu *formal-logischem Denken* heraus. Es werden psychische und psychosoziale Ursachen für Schmerzen genannt. Die Kinder und Jugendlichen haben ein ausgeprägtes Verständnis für Körpervorgänge und können Schmerzursachen neurologisch/physiologisch erklären. Dieser Zusammenhang zwischen Alter und Komplexität der Schmerzbeschreibungen konnte empirisch bestätigt werden (z.B. Harbeck & Peterson, 1992, vgl. Abb. 3). Ob und wie sich die Konfrontation mit häufigen bzw. anhaltenden Schmerzen auf diesen Prozeß auswirkt, ist nicht bekannt; bislang wurden keine Längsschnittstudien an Kindern mit chronischen Schmerzerkrankungen durchgeführt.

4. Psychologische Modelle zur Entstehung und Aufrechterhaltung chronischer Schmerzen

Schmerzen gehören zu den normalen *Alltagserfahrungen* eines Kindes. Systematische Verhaltensbeobachtungen des freien Spieles von Vorschulkindern ergaben, daß sie sich mindestens alle drei Stunden einmal Schmerzen durch Hinfallen, Stoßen oder bei Raufereien mit anderen Kindern zuziehen (vgl. McGrath & McAlpine, 1993). Fast jedes Kind muß zumindest Impfungsspritzen oder andere schmerzhafte medizinische Maßnahmen über sich ergehen lassen, einige sind von ernsthafteren Verletzungen und Erkrankungen oder operativen Eingriffen betroffen. Kinder, die wegen unterschiedlicher Erkrankungen stationär behandelt wurden, berichteten zu 87%, in den vergangenen 24 Stunden Schmerzen gehabt zu haben (Johnston, Abbott, Gray-Donald & Jeans, 1992).

Chronische Krankheiten, bei denen anhaltende oder rezidivierende Schmerzen im Vordergrund stehen, werden als *Schmerzerkrankungen* bezeichnet. Da eine Heilung häufig nicht möglich ist, treten die Linderung der Symptome und der Umgang mit der Krankheit in den Mittelpunkt der Behandlung. Anhaltende oder rezidivierende Schmerzen beeinflussen über Monate und Jahre hinweg das Leben der Kinder. Der Alltag wird auf die Schmerzen abgestimmt, d.h. die Erfüllung verschiedener sozialer Rollen (Familie, Freizeit, Schule) und die Gestaltung des Alltags werden von den Schmerzen bestimmt. Arztbesuche, Medikamenteneinnahme, Krankenhausaufenthalte und ambulante physiotherapeutische Behandlungen werden als *Schmerzmanagement* bezeichnet, da sie eine Linderung erzielen sollen (vgl. Kröner-Herwig, 1990b). Hiervon wird das *Schmerzverhalten* abgegrenzt, das als *beobachtbarer Ausdruck* erlebter Schmerzen bezeichnet wird (Fordyce, 1976). Hierzu zählen verbale Mitteilungen, Körperhaltungen und Gesten sowie Funktionseinschränkungen und Behinderungen (vgl. Nilges, 1993).

Kinder machen darüber hinaus viele *soziale Lernerfahrungen*, die ihr Schmerzerleben und ihren Umgang damit wesentlich prägen: Sie lernen durch das aufmerksame Beobachten wichtiger Bezugspersonen wie „man" sich in Schmerzsituationen verhält (*Modellernen*), werden durch diese für bestimmtes Schmerz- und Bewältigungsverhalten verstärkt bzw. bestraft (*operante Konditionierung*) oder direkt instruiert (*Chaining, kognitive Vermittlung*), wie sie Schmerzen bewältigen können. Im folgenden werden die wichtigsten Theorien zur Entstehung und Aufrechterhaltung chronischer Schmerzerkrankungen vorgestellt.

4.1 Respondentes Lernmodell

Werden Schmerzen mehrfach mit *einem neutralen*, d.h. nicht-schmerzauslösenden *Reiz gekoppelt* erlebt, kann dieser zum *Auslöser* eines Schmerzerlebens werden. Zur Verdeutlichung ein Beispiel: Kinder, die wiederholt Injektionen bekommen, können beim Anblick eines weißen Kittels oder einer Spritze bereits mit Schmerzäußerungen und Weinen reagieren. Diese *klassische Konditionierung* erfolgt nur, wenn tatsächlich eine Schmerzempfindung ausgelöst wurde. Chronische Schmerzen können nach diesem Erklärungsmodell nur auf der Grundlage eines akuten Schmerzproblems entstehen. Dieses Modell kann jedoch die langsame Entwicklung chronischer Schmerzzustände *ohne* ein akutes Schmerzereignis, z.B. Rückenschmerzen oder idiopathische Bauchschmerzen, nicht erklären (vgl. Flor, 1991).

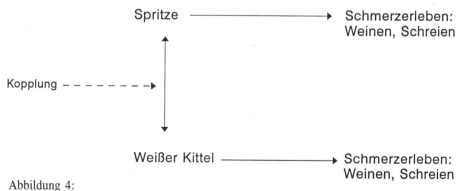

Abbildung 4:
Das Prinzip der klassischen Konditionierung.

4.2 Operantes Lernmodell

Zentrale Aussage des Modells ist, daß die Auftretenswahrscheinlichkeit eines Verhaltens durch seine Konsequenzen gesteuert wird. Wenn regelmäßig auf ein Verhalten eine positive Konsequenz folgt oder eine negative Konsequenz nicht eintritt (*positive bzw. negative Verstärkung*), so steigt die Wahrscheinlichkeit dafür, daß dieses Verhalten wieder auftreten wird. Das operante Schmerzmodell besagt, daß der beobachtbare Ausdruck erlebter Schmerzen *ohne organischen Befund* durch Verstärkermechanismen entsteht und aufrechterhalten wird (Fordyce, 1976). Wie in experimentellen Studien nachgewiesen wurde, können Eltern die Schmerztoleranz ihrer Kinder schon über bloße verbale Verstärkungen deutlich verändern (Linton, Melin & Götestam, 1985).

Das Kind lernt den Annahmen zufolge, daß etwas „Schönes" passiert, wenn es Schmerzen äußert bzw. es sich vor neuen oder ihm unangenehmen Situationen schützen kann. Möglicherweise beginnt es, seinen Schmerz instrumentell einzusetzen, d.h. es versucht, über Schmerzäußerungen positiv bewertete Ziele zu erreichen. Eltern reagieren auf das *Schmerzverhalten* ihrer Kinder häufig mit besonderer Beunruhigung oder Besorgnis und tendieren dazu, sie von unangenehmen Aufgaben (z.B. Schule, Hausaufgaben) zu befreien und zu Hause zu behalten. Zur Schmerzbewältigung ihrer Kinder setzen erwachsene Schmerzpatienten die gleichen Strategien ein, die sie selbst anwenden (Chaturverdi & Kanakalatha, 1989). Die Kinder bekommen dadurch eine Sonderrolle, die sie langfristig von ihren Geschwistern und Gleichaltrigen isoliert.

Fühlt sich die Familie durch die Situation schließlich überfordert und hilflos, bieten operante Techniken zur *Reduktion des Schmerzverhaltens* häufig Entlastung. Sie erlauben, die Schmerzäußerungen mit dem Ziel zu ignorieren, das Schmerzverhalten des Kindes zu löschen. Für das Kind wird die Nicht-Beachtung häufig zu einer Bestrafung, da ihm Liebe und Zuwendung entzogen werden. Dieser familiäre Umgang mit den Schmerzen unterstützt die Kinder nicht bei der *Schmerzbewältigung*, dem Aufbau von sozialen Kontakten und Freizeitaktivitäten sowie dem Erleben von *Selbsteffektivität*. Dies kann nur erreicht werden, wenn die Kinder in ihren Bewältigungsbemühungen unterstützt werden und Zuwendung *auch unabhängig* von ihren Schmerzen erfahren.

Kritikpunkte an diesem Modell sind, daß es ausschließlich Konditionierungen als Auslöser für Schmerzverhalten postuliert; physiologische Ursachen werden nicht beachtet. Von Interesse ist nur das beobachtbare Verhalten; Gedanken, Einstellungen und Emotionen werden vernachläßigt (vgl. Flor, 1991).

4.3 Modellernen

Kinder lernen Schmerzverhalten unter anderem durch Beobachtung von Modellpersonen: Sie verfolgen aufmerksam die Schmerzerfahrungen, das Schmerzverhalten und die Bewältigungsstrategien ihrer Eltern und Geschwister. Dabei übernehmen sie diejenigen Aspekte in ihr eigenes Verhaltensrepertoire, die sie als erfolgreich erkennen bzw. die von ihrer Umwelt verstärkt werden (vgl. Mühlig, Petermann & Breuker, 1994). Harbeck und Peterson (1992) fanden Übereinstimmungen zwischen den von Kindern berichteten Schmerzmerkmalen (Art und Häufigkeit) und dem beobachtbaren Schmerzverhalten ihrer Eltern. Dieser *familiäre Einfluß bei der Entstehung und Aufrechterhaltung kindlicher Schmerzsyndrome* geht so weit, daß sich Schmerzprobleme von älteren Familienmitgliedern auf die Kinder übertragen können. Die Kinder entwickeln dabei über das Modellernen ähnliche Schmerzsymptome (nach Qualität, Lokalisation und Frequenz) wie ihre Eltern oder Geschwister. Die *familiäre Schmerzinzidenz* wurde mehrfach für verschiedene chronische bzw. rekurrierende Schmerztypen nachgewiesen (z.B. Turkat & Rock, 1984; Violin & Giurgea, 1984). In diesen „Schmerzfamilien" entwickelt sich das Schmerzproblem häufig zu einem zentralen Lebensmittelpunkt: Alltagsgestaltung und Aktivitäten der Familie werden primär von der Schmerzproblematik diktiert; die familiäre Kommunikation dreht sich vornehmlich um Krankheit, Schmerzen und Leiden; emotionales Erleben wird in somatisierenden Begriffen beschrieben (Violin, 1985).

Trotz empirischer Belege hat das Prinzip des Modellernens nur wenig Einfluß auf die klinische Praxis gewonnen. Vor allem zur Vorbereitung von Kindern auf akute Schmerzen durch medizinische Prozeduren werden Modellfilme genutzt. Aussagen zu möglichen Auswirkungen des Modellernens bei chronischen Schmerzerkrankungen können aufgrund mangelnder Studien nicht getroffen werden.

4.4 Kognitiv-behaviorales Schmerzmodell

Dieser Ansatz berücksichtigt kognitive Faktoren wie Erwartungen und Einstellungen bei der Entstehung und Aufrechterhaltung chronischer Schmerzzustände. Es wird postuliert, daß Schmerzpatienten *negative Erwartungen* bezüglich ihrer Fähigkeiten mit dem Schmerz umzugehen, des Ausgangs von Behandlungsversuchen, der zukünftigen Stärke ihrer Schmerzen und der Erfüllung von Lebenswünschen haben. Die Gedanken und Emotionen kreisen um die negativen Auswirkungen der Erkrankung und Schmerzen, so daß positive Bewältigungsstrategien nicht entwickelt werden. Die Betroffenen fühlen sich von ihrem Schmerz beherrscht und in ihrem Leben eingeschränkt. Die hieraus resultierenden Gefühle der Hilflosigkeit können u.a. zu Passivität, depressiven Verstimmungen, erhöhter Schmerzempfindlichkeit und einem negativen Selbstbild führen (Turk & Rudy, 1992). Der Einfluß kognitiver Prozesse konnte empirisch durch Studien an *Erwachsenen* bestätigt werden (vgl. Flor, 1991). Im klinischen Alltag werden kognitive Techniken zur Schmerzbewältigung auch bei Kindern und Jugendlichen mit Erfolg angewendet (vgl. Petermann, Mühlig & Breuker, 1994). Sie führen zu einer Veränderung der Interpretation und Bewertung von Schmerzen und erhöhen die Schmerztoleranz.

Kritikpunkte dieses Modells sind der fehlende Bezug zu den Ergebnissen und Theorien der Kognitionspsychologie sowie die geringe Berücksichtigung von physiologischen Reaktionen und Verhaltensaspekten (vgl. Flor, 1991).

4.5 Diathese-Streß-Modell

Dieser Ansatz versucht alle Erkenntnisse der Medizin und Psychologie zu integrieren. Die Entstehung und Aufrechterhaltung chronischer Schmerzzustände soll durch *biologische*, *psychologische* und *soziale Faktoren* sowie deren Wechselwirkungen bedingt sein. Annahme dieses biopsychosozialen Modells ist, daß jeder Mensch die Veranlagung hat, *eine bestimmte Schmerzerkrankung* zu entwickeln. Diese Veranlagung manifestiert sich nur dann in einer Erkrankung, wenn folgende Faktoren gegeben sind (vgl. Abb. 5):

- Eine *physiologische Disposition*, mit Veränderungen in einem spezifischen Körpersystem zu reagieren. Diese Disposition besteht in einer reduzierten Schwelle der Aktivierung des nozizeptiven Systems. Dies bedeutet, daß sensorische Schmerzempfindungen z.B. schon durch Reize geringerer Intensität ausgelöst werden können. Diese Disposition beruht auf einer genetischen Veranlagung, einem vorangegangenen traumatischen Ereignis oder sozialen Lernprozessen.
- *Physiologische Veränderungen* werden als Schmerzen erlebt. Diese Veränderungen und ihre Interpretationen werden als Reaktionsstereotypien bezeichnet und lassen sich objektiv messen (z.B. Muskeltonus über eine Elektromyographie).
- *Reaktionsstereotypien* werden durch aversive externe/interne Reize (z.B. laute Geräusche, Angespanntheit) oder Reaktionen (z.B. Antizipation von Schmerz, mangelnde Kontrollüberzeugung) ausgelöst und führen zu Schmerzverhalten auf den bereits dargestellten drei Ebenen.
- *Lern- und Verstärkerprozesse* (z.B. Angst vor Schmerzen durch Bewegung; Zuwendung und Aufmerksamkeit bei Schmerzäußerungen) halten die Schmerzreaktionen aufrecht (Flor, 1991).

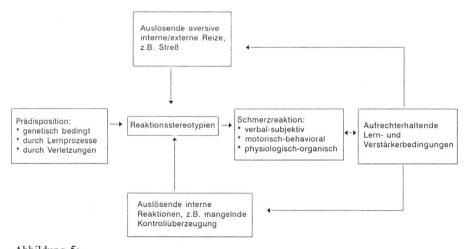

Abbildung 5:
Diathese-Streß-Modell für chronische Schmerzen (modifiziert nach Flor, 1991).

Diathese-Streß-Modelle wurden für verschiedene Störungsbilder und Erkrankungen entwickelt. Aus dem Einfluß verschiedener Faktoren leiten sich Interventionspakete ab, die auf mehreren Ebenen eine Reduktion der Schmerzintensität und Erhöhung der Bewältigungskompetenz erzielen (z.b. McGrath, 1990; Seeger, 1994).

5. Zur Epidemiologie der Schmerzerkrankungen im Kindesalter

Über die Häufigkeit von Schmerzerkrankungen bei Kindern in der BRD liegen keine aktuellen Zahlen vor (schriftl. Mitteilung des Bundesministeriums für Gesundheit, 1994). Es lassen sich nur Angaben zu wenigen spezifischen pädiatrischen Schmerzerkrankungen finden, wobei häufig Zahlen internationaler Untersuchungen unkritisch auf deutsche Verhältnisse übertragen werden (z.b. Pothmann, 1990; Liersch, 1992). Daher kommt es zu stark voneinander abweichenden Angaben, die beim Leser zu Verwirrung führen können. Die im folgenden angeführten Zahlen dienen als Schätzwerte und sollen verdeutlichen, daß schmerzkranke Kinder keine Einzelfälle sind.

Rezidivierende Bauchschmerzen gehören zu den häufigsten Beschwerden des Magen-Darm-Bereiches, mit denen schon sehr junge Kinder beim Arzt vorgestellt werden. Diesem Beschwerdebild kann meist keine eindeutige körperliche Ursache zugeschrieben werden, es wird daher auch als rezidivierender *idiopathischer* Bauchschmerz bezeichnet. Amerikanische Studien kommen zu dem Ergebnis, daß 10-15% aller Schulkinder diese Schmerzen erleben. Dabei sollen Kinder zwischen dem neunten und zwölften Lebensjahr besonders häufig betroffen sein (vgl. Hodges & Burbach, 1991).

Rezidivierende Brustschmerzen stellen ein weniger verbreitetes, aber typisches pädiatrisches Schmerzsyndrom dar. Die Dauer der Beschwerden, ihr zeitliches Auftreten sowie psychosoziale Begleitumstände differenzieren zwischen psychogenen bzw. organischen Ursachen. Zahlen zur Verbreitung können aufgrund mangelnder Untersuchungen nicht angegeben werden (vgl. McGrath & Pisterman, 1991). Der Verweis von Liersch (1992) und Pothmann (1990) auf eine amerikanische Untersuchung kann unseres Erachtens nicht befriedigen, da in dieser Studie die Patientenzahl einer einzelnen pädiatrischen Notfallambulanz als Grundlage zur Hochrechnung der relativen Verbreitungshäufigkeit genommen wurde.

Schmerzen des Bewegungsapparates entstehen durch Erkrankungen und Gelenkfehlbildungen wie z.b. juvenile chronische Arthritis und angeborene Hüftgelenkluxation oder als Folgebeschwerden von Erkrankungen/Unfallverletzungen, z.b. neurale Muskelatrophie und traumatischer Klumpfuß. Zur Verbreitung dieser Schmerzerkrankungen gibt es keine Angaben, da sie an seltene neurologische oder orthopädische Grunderkrankungen gebunden sind bzw. epidemiologische Studien fehlen. Die *juvenile chronische Arthritis* gehört zu den häufiger beschriebenen Krankheitsbildern, die mit chronischen Schmerzen der Gelenke verbunden sind. Unter dem Begriff werden verschiedene rheumatisch-entzündliche Erkrankungen zusammengefaßt, die sich vor allem durch die Anzahl der betroffenen Gelenke unterscheiden. In der BRD sollen 3000-5000 Kinder betroffen sein (vgl. Wiedebusch, 1992).

Eine umfassende Darstellung aller akuten, rezidivierenden/rekurrierenden und chronischen Schmerzphänomene im Kindesalter würde den Rahmen dieses Beitrages sprengen. Die Schmerzerscheinungen sind ätiologisch und hinsichtlich ihrer therapeutischen Zugänge so divergent, daß eine breite Ausführung nur um den Preis der Oberflächlichkeit zu leisten wäre. Psychologische Ansätze zur Angst- und Schmerzreduktion bei *Akutschmerzen* (invasive medizinische Prozeduren, Zahnbehandlung) sind bereits an anderer Stelle ausführlich vorgestellt worden (Mühlig & Petermann, 1994; Breuker & Petermann, 1994). Die wissenschaftliche Basis für einige *chronische* Schmerzsyndrome bei Kindern (z.B. juvenile chronische Arthritis, Hämophilie) und deren psychologische Therapiemöglichkeiten ist zudem eher dürftig. Daher haben wir uns entschlossen, *exemplarisch* ein für das Kindes- und Jugendalter charakteristisches Schmerzsyndrom genauer vorzustellen. Der *rekurrierende Kopfschmerz* gilt als die am häufigsten diagnostizierte und am gründlichsten untersuchte Schmerzerkrankung im Kindesalter. Aus diesem Grund soll in dem folgenden Abschnitt der Kopfschmerz bei Kindern aus biopsychosozialer Perspektive ausführlich, d.h. hinsichtlich Nosologie, Ätiologie, Pathophysiologie, Diagnostik und verhaltensmedizinischen Behandlungsansätzen, vorgestellt werden. Ein allgemeiner Überblick über verhaltensmedizinische Methoden der Schmerzbehandlung bei Kindern findet sich bei Petermann et al. (1994).

6. Kopfschmerzen bei Kindern: Migräne und Spannungskopfschmerz

6.1 Klassifikation und Nosologie

Kopfschmerzen können durch vielfältige interne oder externe Faktoren verursacht werden: z.B. durch Verletzungen und Traumen (Unfälle mit Gehirnerschütterung oder intrakranieller Blutung), Intoxikationen (Medikamente, Alkohol, Stimulantien, Drogen) oder zahlreiche organische Krankheiten (Infektionen, Hirntumoren, Hypertonie, Wirbelsäulenaffektionen, Hals-Nasen-Ohren-Erkrankungen). Diese „*sekundären*" Kopfschmerzformen müssen nosologisch klar von den „*primären*" oder „*idiopathischen*" Kopfschmerzen, die nicht durch andere organische Störungen verursacht sind, sondern selbst die Erkrankung darstellen, abgegrenzt werden. Nach dem Klassifikationsschema der „*International Headache Society (IHS)*" unterscheidet man heute *zwei Haupttypen von primären Kopfschmerzen* im Kindesalter: *Migräne* (vasomotorischer Kopfschmerz) und *Spannungskopfschmerz*. Der sogenannte *Cluster-Kopfschmerz*, der wie die Migräne zu den vaskulären (gefäßbedingten) Kopfschmerzsyndromen zählt, kommt bei Kindern nur relativ selten vor und soll hier daher vernachlässigt werden.

Kernsymptome der (kindlichen) Migräne

* Anfallsartiger Verlauf mit freien Intervallen,
* Dauer von 0,5 bis 3 Stunden (bei Kindern),
* pulsierende Schmerzqualität,
* Übelkeit und Erbrechen,
* Schwindelgefühl,
* Appetitlosigkeit,
* häufig einseitiger Kopfschmerz, der sich im Verlauf des Anfalls auf die andere Seite ausdehnen oder die Seiten wechseln kann,
* mittlere bis hohe Schmerzintensität,
* Schmerzlokalisation im Bereich der Stirn, Schläfen oder dem Auge, am Hinterkopf oder im Nacken,
* Licht- und Lärmüberempfindlichkeit,
* Erhöhung der Schmerzintensität unter körperlicher Belastung,
* Besserung nach Schlaf und
* familiäre Häufung.

Migräne wird in weitere typische *Unterformen* untergliedert:

a) Die sogenannte *einfache Migräne* (ohne Aura) stellt die am häufigsten auftretende Migräneform im Kindesalter dar. Sie ist gekennzeichnet durch einen ein- oder beidseitigen Kopfschmerz von mehrstündiger Dauer, der häufig von Übelkeit und Erbrechen, Schwindel, Stimmungsschwankungen sowie Lärm- und Lichtempfindlichkeit begleitet ist.

b) Die *klassische Migräne* mit *Aura* führt zusätzlich zu reversiblen, ca. 20-40 Minuten andauernden neurologischen Begleitsymptomen (Seh-, Sprach-, Empfindungs- oder Gleichgewichtsstörungen), die dem eigentlichen Schmerzanfall maximal eine Stunde vorausgehen (Prodromalstadium) und mit dem Einsetzen des Kopfschmerzes wieder verschwinden. Die sogenannte *visuelle Aura* kann sich bspw. in visuellen Erscheinungen wie Flimmern, Flecken, Blitzen, Schatten, Unschärfe, eingeschränktem Gesichtsfeld oder Halbseitenblindheit manifestieren.

c) Seltener tritt die *komplizierte Migräne* auf, die durch eine Reihe, z.T. massiver, neurologischer Ausfallerscheinungen charakterisiert ist. Diese reichen von Doppelbildern, Schwindel, Sprachstörungen und Parästhesien über Erinnerungsstörungen, kurzzeitiger Bewußtlosigkeit bis zu Halbseitenlähmung und halten mindestens 24 Stunden, manchmal über Wochen, an.

d) Bei Kindern können *migräneäquivalente Attacken* mit dominierendem Schwindelgefühl, Bauchschmerzen, Übelkeit und Erbrechen auch ohne begleitenden Kopfschmerz vorkommen (*abdominelle Migräne*). Stehen rezidivierende vegetative Symptome sehr stark im Vordergrund, besteht gerade bei kleineren Kindern die Gefahr von Fehldiagnosen. Häufig stellt sich erst im weiteren Verlauf der Erkrankung heraus, daß es sich bei diesen Beschwerden um Migränesymptome handelt.

Im Vergleich zu Erwachsenen treten Migräneattacken bei Kindern häufiger auf, sind aber von deutlich kürzerer Dauer. Frequenz und Intensität der Migräneanfälle unterliegen i.d.R. mehrmonatigen zyklischen Schwankungen. Meist kündigen sich die Attacken durch *unspezifische Vorboten* (z.B. Müdigkeit, Antriebsschwäche, Schweregefühl im Kopf, Heißhunger auf Süßigkeiten) an und treten in den Tages- oder Abendstunden, nur selten nachts oder nach dem Erwachen, auf.

Bei *Spannungskopfschmerzen* bestehen kaum symptomatologische Unterschiede zwischen Erwachsenen und Kindern (Blanchard & Andrasik, 1991). Sie sind durch einen druckartigen kontinuierlichen Schmerz über Stirn, Hinterhaupt und Scheitel oder einen bandförmigen Druckschmerz um den gesamten Schädel charakterisiert. Im Vergleich zur Migräne setzen die Attacken niemals nachts ein, die Schmerzintensität ist insgesamt geringer, die Schmerzqualität nicht pulsierend, sondern dumpf und diffus. Der Schmerz tritt bilateral und symmetrisch auf. Vegetative (Übelkeit, Erbrechen) und neurologische Begleitsymptome (Aura) fehlen weitgehend. Die Schmerzintensität und -dauer steigen bei psychosozialen Streßeinflüssen an. Gemäß der IHS-Klassifikation werden Spannungskopfschmerzen phänomenologisch definiert und nach den Kriterien *episodisch* vs. *chronisch* sowie *mit* vs. *ohne* Störung der Schädelmuskulatur kategorisiert. Der *episodische* Spannungskopfschmerz tritt in Form von meist mehrstündigen Einzelereignissen auf und besitzt einen charakteristischen Verlauf: Das Kopfschmerzereignis beginnt mit relativ niedriger Schmerzintensität, die allmählich bis zu einem Plateau ansteigt und schließlich langsam wieder abflaut. Der *chronische* Spannungskopfschmerz ist definiert durch ein permanentes Vorhandensein, das lediglich in der Intensität schwankt. Entgegen früherer Annahmen liegen nicht jedem Spannungskopfschmerz nachweisbar dysfunktionale Muskelaktivitäten zugrunde. Der mittels EMG-Messungen diagnostizierbare sogenannte *myogene* (muskelbedingte) Kopfschmerz wurde daher als eigene Untergruppe in die Klassifikationskategorie Spannungskopfschmerz aufgenommen. Darüber hinaus wird beim Spannungskopfschmerz eine Kodierung nach identifizierbaren Kausalfaktoren vorgenommen, z.B.: psychosozialer Streß, Angst, Depression, Wahn oder somatoformes Syndrom (vgl. Ahrens, Egle & Merkle, 1993). Eine *differentialdiagnostische Abgrenzung* des Spannungskopfschmerzes von vaskulären Kopfschmerzsyndromen ist wegen der unterschiedlichen Therapieindikation unbedingt erforderlich, obwohl im Einzelfall bei derselben Person mehrere Kopfschmerzarten auftreten können (Korinthenberg, 1994).

Die nach dem heute gültigen Klassifikationsmodell der IHS vorgenommene *Unterteilung in Migräne und Spannungskopfschmerz* ist allerdings verschiedentlich angezweifelt worden. Studien zur Symptomatik und Symptomgenese bei Kopfschmerzpatienten konnten die per definitionem vorgenommene diskrete Einteilung empirisch nur eingeschränkt bestätigen: Die theoretisch exakt abgegrenzten Symptombilder zeigen in der Empirie eher die Tendenz zu vermischtem Auftreten. So treten vaskuläre und muskuläre Erscheinungen bei beiden Kopfschmerzformen und sogar häufig gemeinsam auf. Der überwiegende Teil der Kopfschmerzpatienten zeigt mindestens ein typisches Migränesymptom, aber nur ein Bruchteil davon erfüllt die Diagnosekriterien vollständig (vgl. Bischoff, Traue

& Zenz, 1990). Einige Forscher bezweifeln daher, daß es sich dabei wirklich um eigenständige nosologische Kategorien mit qualitativ unterschiedlichen pathophysiologischen Vorgängen handelt und vertreten die Auffassung, daß sie sich lediglich graduell differenzieren ließen (vgl. Marcus, 1992). Nach dem *Kontinuummodell* von Bakal (1982) stellen Spannungskopfschmerz und Migräne die Pole auf einem Kontinuum der chronischen Kopfschmerzen dar, die eine Vielzahl von Misch- und Übergangsformen (*Kombinationskopfschmerz*) einschließen. Ätiologisch betrachtet bildet der Spannungskopfschmerz dabei eine leichtere und in der Kopfschmerzentstehung frühzeitiger auftretende Störung, aus der sich bei mißlungenen Bewältigungsversuchen später die schwerere Form der Migräne entwickeln kann (Wolf, Traue & Bischoff, 1982).

6.2 Epidemiologie und Verlauf

Kopfschmerzen stellen das verbreitetste endogene Schmerzsyndrom im Kindesalter dar (McGrath & Humphreys, 1989; Mohn, Kröner-Herwig, Besken & Pothmann, 1993). Dabei machen die *primären* Kopfschmerzen mit über 90% den Hauptanteil aus. Lediglich fünf bis zehn Prozent der rezidivierenden Kopfschmerzen sind *symptomatischer* Natur, d.h. auf eine organische Grunderkrankung zurückzuführen (Kröner-Herwig & Ehlert, 1992; Korinthenberg, 1994). Nach den Resultaten epidemiologischer Studien zur *Prävalenz rekurrierender Kopfschmerzen* leiden fünf bis 17 Prozent der Klein- bzw. Schulkinder mindestens ein Mal pro Woche und sechs Prozent sogar täglich unter Kopfschmerzen, wobei eine steigende Tendenz während der letzten Jahrzehnte festzustellen ist (Bille, 1962; Emmen & Passchier, 1987; Frankenberg, Pothmann, Müller, Britzelmeier, Backmerhoff et al., 1991). *Dauerkopfschmerzen* sind im Kindesalter sehr selten.

Der *Leidensdruck*, den Kinder aufgrund *rekurrierender Kopfschmerzen* erfahren, wird häufig unterbewertet: Die betroffenen Kinder fehlen signifikant häufiger in der Schule, 80% müssen normale Alltagsbeschäftigungen wegen ihrer Kopfschmerzen immer wieder ab- oder unterbrechen, 35% müssen sich regelmäßig hinlegen. 12% der Mädchen und 14% der Jungen berichten von hoher Schmerzintensität. Frankenberg et al. (1991) fanden bei jedem zwanzigsten der von ihnen untersuchten Kinder mindestens zwei der folgenden Kriterien erfüllt: Nicht auszuhaltende Schmerzstärke (6%), tägliches Auftreten (6%), mindestens 12stündige Dauer (20%) und Schmerzmitteleinnahme (22%). Jüngere Kinder sind durch die Beschwerden subjektiv stärker beeinträchtigt, d. h., sie berichten häufiger von starken bis nicht auszuhaltenden Schmerzen und zeigen mehr vegetative Begleitsymptome (Übelkeit, Erbrechen, Bauchschmerzen) als ältere Kinder. Zehn bis 15% der von regelmäßigen Kopfschmerzen betroffenen Kinder gelten als dringend behandlungsbedürftig (Frankenberg et al., 1991).

Die *Verbreitung der chronischen Migräne* wird meistens mit fünf bis sieben, je nach Definition auch mit bis zu 20% angegeben. Der *Erkrankungsbeginn* liegt überwiegend zwischen dem sechsten und zehnten Lebensjahr, in Ausnahmefällen aber auch deutlich früher. Bis zum Alter von sieben Jahren sind ca. ein bis zwei

Prozent der Kinder betroffen, mit 15 Jahren liegt die Rate bei mindestens fünf (Bille, 1962) bis elf Prozent (Sillanpää, 1976). Etwa ab dem zehnten Lebensjahr sind Mädchen zunehmend häufiger betroffen als Jungen (Goodman & McGrath, 1991). Nur etwa ein Drittel der von Migräne betroffenen Kinder wird ärztlich behandelt (Kröner-Herwig, 1992a). Dies könnte ein Grund für die relativ *ungünstige Prognose* des kindlichen Kopfschmerzes sein: Bei mehr als der Hälfte aller kindlichen Migräniker chronifiziert die Störung über Jahre bis ins Erwachsenenalter. Die schwedische Forschergruppe um Bo Bille untersuchte den Krankheitsverlauf chronischer Kopfschmerzen in Längsschnittstudien über einen Zeitraum von über 30 Jahren (Bille, 1962, 1982, 1989). Sie stellte fest, daß Personen, die im Kindesalter unter Migräne gelitten hatten, in der Pubertät zu 38% und nach 37 Jahren als Erwachsene sogar zu 53% noch immer oder wieder rezidivierende Migräneanfälle hatten. Im Alter zwischen neun und 16 Jahren tritt häufig eine *Spontanremission* ein, der allerdings im Erwachsenenalter gehäuft *Rezidive* (Rückfälle) folgen. In einer neueren prospektiven Studie an 340 deutschen Kindern im Alter zwischen acht und 18 Jahren (Schmidt, Blanz & Esser, 1992) gaben 23% der Achtjährigen, 49% der 13jährigen und 44% der 18jährigen an, unter regelmäßig wiederkehrenden Kopfschmerzen zu leiden (Prävalenz). Die Persistenz der Kopfschmerzsymptomatik über einen Zeitraum von fünf Jahren (*Fünfjahresstabilität*) lag bei 73% (9.-13. Lebensjahr) bzw. 56% (14.-19. Lebensjahr), die *Zehnjahresstabilität* (9.-19. Lebensjahr) bei 47%. Eine umfangreiche schwedische Untersuchung an knapp 3.000 Kopfschmerzkindern stellte sogar eine *Siebenjahresstabilität* von 78% fest, bei der Hälfte mit progredienter Tendenz (Sillanpää, 1983).

Spannungskopfschmerz tritt im Kindesalter zwar erheblich seltener auf als bei Jugendlichen und Erwachsenen, liegt mit einer Prävalenzrate von etwa sieben (Bille, 1982) bis 48% (Smith, Womack & Chen, 1990) aber noch deutlich über der der Migräne. Die große Spannbreite der epidemiologischen Angaben resultiert aus Unklarheiten in der Klassifikation der Kopfschmerzsyndrome. Der Anteil der Spannungskopfschmerzen am Gesamtaufkommen der Kopfschmerzsyndrome wird je nach Definition auf bis zu 80% beziffert (Bischoff et al., 1990). In einer repräsentativen Befragung an knapp 5.000 Wuppertaler Schülern im Alter von acht bis 16 Jahren gaben über 50% der Kinder an, an Spannungskopfschmerzen (nach IHS-Klassifikation) zu leiden, wobei Jungen hier, im Gegensatz zu der Kopfschmerzverteilung insgesamt, etwas häufiger betroffen waren als Mädchen (Frankenberg et al., 1991). Das *Erstmanifestationsalter* bei Spannungskopfschmerzen liegt mit ca. neun Jahren im Durchschnitt um einige Jahre über dem der Migräne (Mohn et al., 1993) — was möglicherweise auf eine größere ätiologische Relevanz psychosozialer Belastungsfaktoren (Schule) hindeutet. Trotz seiner größeren Verbreitung ist der Spannungskopfschmerz weit weniger intensiv untersucht worden als die Migräne, so daß die epidemiologische und ätiologische Datenbasis vergleichsweise unbefriedigend ist (vgl. Blanchard & Andrasik, 1991; McGrath & Humphreys, 1989).

6.3 Pathophysiologie

Die *Pathophysiologie* der Migräneattacken ist trotz intensiver Forschungsbe-mühungen bis heute erst in Ansätzen bekannt. Der Migräneanfall beginnt mit einem Initialstadium, in dem es aufgrund des komplexen Zusammenspiels bio-chemischer und vaskulärer Prozesse zu einer ein- oder beidseitigen *Vasokonstrik-tion* (Gefäßverengung bzw. -verkrampfung) der Hirngefäße und zur Minder-durchblutung begrenzter Hirnrindenbezirke kommt. Eine zentrale Rolle wird dabei dem Serotonin zugesprochen. In der darauffolgenden Phase erfolgt eine physiologische *Gegenregulation*, bei der sich, vermutlich durch die vermehrte Ausschüttung von Substanz P, vor allem die größeren Hirnarterien übermäßig er-weitern (*Vasodilatation*). Durch diese Überdehnung der Gefäßwände werden die umliegenden Schmerzrezeptoren gereizt, algetische Stoffe freigesetzt und da-durch der charakteristische pulsierende Kopfschmerz ausgelöst. Durch die verän-derte Gefäßdurchlässigkeit und den Gefäßtonusverlust werden die komplizierten Regulationsvorgänge an den Gefäßwänden beträchtlich gestört (*vaskuläre Instabi-lität*) und erzeugen den sich anschließenden dumpfen Dauerkopfschmerz (Ödem-phase). Biochemische Substanzen wie das Serotonin fungieren dabei zusätzlich als Mediatoren bei der neuralen Schmerzauslösung bzw. -sensitivierung (vgl. Abb. 6). Neuerdings wird der schmerzmodulierende Einfluß höherer zentral-

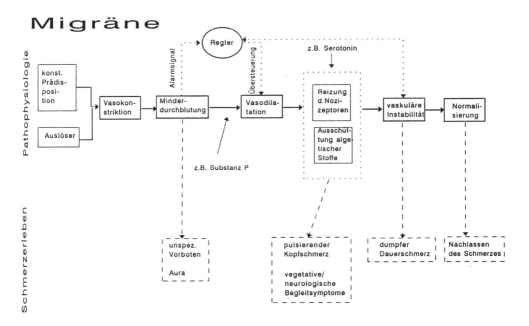

Abbildung 6:
Vereinfachtes hypothetisches Modell der Pathophysiologie der Migräneattacke.

nervöser (supraspinaler) Strukturen, die sowohl bei der Entstehung der Migräne wie auch des Spannungskopfschmerzes eine möglicherweise zentrale Rolle spielen, verstärkt diskutiert (vgl. Ahrens et al., 1993; Olesen & Jensen, 1991).

Die Modellvorstellungen zur Pathophysiologie des Spannungskopfschmerzes sind noch sehr rudimentär. Beim *(myogenen) Spannungskopfschmerz* wird ein Mechanismus motorischer Dysfunktion angenommen: Schon leichte Muskelverspannungen können zur Minderdurchblutung (Ischämie) des betroffenen Gewebes und damit zu Schmerzsensationen führen. Diese können sich vom Entstehungsort (bspw. von der Nackenpartie oder Kaumuskulatur) auf die übrige Schädelmuskulatur ausbreiten, bis zu den schmerzempfindlichen Strukturen innerhalb der Schädelhöhle (Hirnhäute, Hirngefäße) ,,ausstrahlen" und so die eigentlichen Spannungskopfschmerzen verursachen. Gleichzeitig führt die lokale Durchblutungsstörung zu einer Ausschüttung algetischer Stoffe und noxischer Stoffwechselprodukte, die das Schmerzgeschehen verstärken.

Anhaltender manifester Kopfschmerz kann sowohl bei Migräne wie bei Spannungskopfschmerz in einen *Teufelskreis von Muskelverspannung und Schmerz* münden. Der Schmerz selbst löst eine reflektorische Anspannung der Skelettmuskulatur aus, die wiederum das Schmerzerleben verstärkt. Schließlich kann schon die Erwartung bzw. die *Angst vor dem Kopfschmerz* im Sinne eines konditionierten Reflexes Verspannungszustände erzeugen, die dann eine Schmerzattacke erst herbeiführen (Bischoff, Traue & Zenz, 1990).

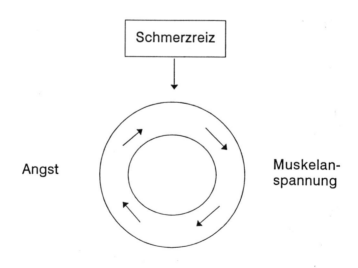

Abbildung 7:
Schmerz-Angst-Spannungs-Kreis.

Migräne und Spannungskopfschmerz lassen sich psychophysiologisch nicht klar voneinander trennen: Offensichtlich sind bei allen primären Kopfschmerzformen sowohl vaskuläre als auch muskuläre Prozesse beteiligt. Olesen und Jensen (1991) formulieren auf der Basis aktueller Befunde ein *integratives Kopfschmerzmodell*, das für jedes Kopfschmerzgeschehen generell vaskuläre, myogene (muskulär bedingte) und supraspinale Prozesse postuliert. Migräne und Spannungskopfschmerz unterscheiden sich danach lediglich in dem Stellenwert der einzelnen psychophysiologischen Prozesse für das jeweilige Kopfschmerzphänomen: Migräne ist durch die Dominanz vaskulärer Prozesse gekennzeichnet, während beim Spannungskopfschmerz muskuläre Dysfunktionen eine größere Rolle spielen.

6.4 Ätiologie und Pathogenese

Die Ätiologie und Pathogenese der rezidivierenden Kopfschmerzen sind noch weitgehend ungeklärt. Entsprechend dem biopsychosozialen Krankheitsmodell werden auch Migräne und Spannungskopfschmerz heute als *multifaktoriell* verursachtes Geschehen betrachtet, das genetische, biochemisch-neurophysiologische, vaskuläre, myogene und psychosoziale Aspekte umfaßt. Bei der *Migräne* besteht wahrscheinlich eine konstitutionelle Disposition für neuro-vaskuläre Funktionsstörungen. Auf dieser Basis können im Zusammenspiel mit bestimmten inneren oder äußeren Faktoren pathologische vasomotorische Reaktionen (Migräneattacken) ausgelöst werden (vgl. Korinthenberg, 1994).

Auslösefaktoren für Migräneattacken

* *Biochemisch-physiologische Einflüsse*: Spezifische Nahrungsmittel (Süßigkeiten, Schokolade, bestimmte Käsesorten, Fette, Zitrusfrüchte), Hunger (Fasten), Infektionen.

* *Situationsbedingungen*: Externe Stressoren, Hektik, Unregelmäßigkeiten im Schlaf-Wach-Rhythmus (sowohl zu wenig als auch zu viel Schlaf), Wetter- oder Klimawechsel, grelle oder flackernde Lichtreize (Fernseher, Neonbeleuchtung), physische oder psychische Überanstrengung oder Überforderung, Lärm, starke Gerüche.

* *Psychische Faktoren*: Seelischer Streß, intrapsychische oder zwischenmenschliche Konflikte in Familie und Schule, psychosoziale Belastung, Ärger, übertriebener Ehrgeiz, Versagensängste, Vorfreude auf angenehme Ereignisse, irrationale Ansprüche an sich und andere.

Obwohl bei 70% bis 90% der kindlichen *Migräniker* eine *familiäre Häufung* besteht, d.h. weitere Familienmitglieder ebenfalls von rekurrierenden Kopfschmerzattacken betroffen sind, konnte in Zwillingsstudien kein eindeutiger

Nachweis für eine *genetische Determination* gefunden werden (Gerber, 1990). Da Migräne auch überproportional häufig bei Kindern aus Familien mit anderweitig chronisch schmerzkranken Mitgliedern auftritt (Craig, 1987; Violin & Giurgea, 1984), werden familiäre *Modellerneffekte* als bedeutsame pathogenetische Einflußgrößen angesehen (Flor & Frydrich, 1990; Harbeck & Peterson, 1992; McGrath, 1990). Erste Ergebnisse belegen zudem die Rolle von *operanten Lernprozessen* als aufrechterhaltende Bedingung des kindlichen Kopfschmerzes (Kröner-Herwig, 1992b). Möglicherweise gewinnen manche Auslösefaktoren erst durch *respondente Konditionierung* ihre Initialfunktion: Kinder tendieren dazu sich unverständliche Phänomene, wie spontan auftretende Schmerzen, in kindgemäßer Weise zu erklären und nach externen Gründen für ihre Kopfschmerzen zu suchen (Wiedebusch, 1994). Dabei kann ein neutraler Situationsaspekt als vermeintliche Schmerzursache identifiziert werden und auf diese Weise zukünftig den Charakter eines Auslösereizes für eine Migräneattacke annehmen. Migräneattacken können durch vielfältige *interne* und *externe Faktoren ausgelöst* werden.

Die Ursachen der *Spannungskopfschmerzen* sind ebenfalls erst ansatzweise aufgeklärt. Vermutlich besteht bei den betroffenen Kindern eine gewisse konstitutionelle Prädisposition für muskuläre Dysfunktionen. Störungen der Muskelaktivität (Verspannungszustände), die zu charakteristischen Schmerzsensationen im Schädelbereich führen, können durch verschiedene Faktoren verursacht werden.

Auslöser für kopfschmerzerzeugende Verspannungszustände

* *Übermäßige, anhaltende oder einseitige muskuläre Beanspruchung*: Beim Spielen, bei ungünstiger Sitzhaltung (Fernsehen, Nintendo, Lesen) oder Schlafstellung (Kopfbettung).
* *Psychosoziale Belastungssituationen*: Als *Auslöser* für myogenen Kopfschmerz gelten in erster Linie soziale Stressoren (z.B. Familienkonflikte, Streit mit Gleichaltrigen) oder anhaltende psychische Belastungen (Schule) und Ängste (einschließlich der Angst vor der nächsten Kopfschmerzattacke).
* Eine *mangelhaft ausgeprägte Fähigkeit, sich zu entspannen*: In Entlastungssituation wird die Muskulatur nicht effektiv gelöst (anhaltend erhöhter Muskeltonus).
* *Hemmungen im emotionalen Ausdrucksverhalten*: Wenn zum Beispiel Wut- und Ärgeräußerungen von der Umwelt ignoriert oder bestraft und schließlich unterdrückt werden, wird die bestehende physiologische Aktivierung nicht mehr „abgeführt", sondern durch zusätzlichen Muskelaufwand gehemmt.
* *Wahrnehmungsdefizite für propriozeptive Reize*: Die natürlichen Selbstregulationsprozesse der muskulären Aktivität können gestört werden, wenn Körpersignale (Erschöpfung, Überforderung) als störend interpretiert und „gelöscht" werden.

Der in einer Studie an einer Schülerstichprobe (N = 2.000) am häufigsten genannte kopfschmerzauslösende Faktor ist mit 30-40% die „Streßbelastung" (Passchier & Orlebeke, 1985). In der Wuppertaler Studie wurden als Auslöser neben banalen Infekten (39%) Ärger in der Familie (41%), Klassenarbeiten (38%), Schulsituation (35%), traurige Gefühle (37%), Wetterwechsel (30%), Ärger (29%) und Schlafmangel (29%) angegeben (Frankenberg et al., 1991).

6.5 Diagnostische Methoden

Zur *Ausschlußdiagnose organischer Grunderkrankungen* (z.B. atypische Hirntumoren) sollte zu Anfang der Kopfschmerztherapie in jedem Fall eine ausführliche *medizinisch-neurologische und allgemeinpädiatrische Untersuchung* erfolgen. Die Ausweitung der apparativen Diagnostik ist insbesondere angezeigt bei andauernden neurologischen Begleitsymptomen, zusätzlichen Krampfanfällen, überwiegend nächtlichem Auftreten der Attacken oder konstanter Unilateralität der Beschwerden ohne Seitenwechsel (vgl. Korinthenberg, 1994). Eine gründliche *Anamneseerhebung* (Schmerzgeschichte, -qualität, -dauer, -frequenz, -intensität, -lokalisation, -auslöser) ist zentraler Bestandteil der medizinischen wie auch der psychologischen Diagnostik. Dabei sind unbedingt vorangegangene Behandlungen und vor allem Eigentherapieversuche des Klienten bzw. seiner Eltern zu beachten, um mögliche Fehlmedikationen, die den *medikamenteninduzierten Kopfschmerz* verursachen können, rechtzeitig zu erkennen. Eine verhaltensmedizinische Schmerzbehandlung ist erst nach der Absetzung unzweckmäßiger Medikamente und ggfs. nach einer entsprechenden Entzugsbehandlung sinnvoll einsetzbar (Diener, Pfaffenroth, Soyka & Gerber, 1992).

Für eine zielgerichtete und effektive Therapieplanung sollte die *Differentialdiagnostik* nach der IHS (*International Headache Society*; Headache Classification, Committee of the International Headache Society, 1988)- bzw. MASK-S-Klassifikation (s.o.) erfolgen und eine klare Zuweisung zu den Diagnoseklassen *Migräne mit* oder *ohne Aura, Clusterkopfschmerz, chronischer* oder *episodischer Spannungskopfschmerz mit* oder *ohne muskuläre Dysfunktion* und *symptomatischer Kopfschmerz* erlauben. Bei kindlichen Kopfschmerzpatienten ist die *Familien-* und *Sozialanamnese* zur Identifizierung familiärer Modelle, des Verstärkungsverhaltens der Bezugspersonen sowie individueller Stressoren von besonderer Bedeutung. Für die Identifizierung psychosozialer Einflußfaktoren bildet das oben dargestellte MASK-Schema einen sinnvollen Orientierungsrahmen. (Zu den in der verhaltenspädiatrischen Schmerzpraxis zum Einsatz kommenden *psychodiagnostischen Instrumenten* vgl. Kroll, 1994).

6.6 Interventionsansätze

Bei *symptomatischen* Kopfschmerzen jeglicher Art (aufgrund von Hirntumoren, intrakraniellen Verletzungen oder Gefäßveränderungen etc.) muß sich die Therapie selbstverständlich auf die organische Ursache konzentrieren, d.h. primär mit medizinischen Methoden (pharmakologisch, operativ, radiologisch) erfolgen. Psychologische Interventionstechniken kommen hier allenfalls als unterstützende Maßnahmen in Betracht. *Primäre* oder *funktionelle* Kopfschmerzen hingegen sind sowohl durch medizinische wie verhaltensmedizinische Methoden zu therapieren. Die medizinisch-pharmakologischen Behandlungsmethoden sollen in diesem Beitrag nicht näher erläutert werden (zusammenfassend s. Zenz & Jurna, 1993). Die Bedeutung einer konsequenten Kopfschmerzbehandlung bei Kindern geht über die aktuelle Therapienotwendigkeit hinaus: Da der rekurrierende Kopfschmerz im Kindesalter ein wichtiger *Prädiktor* für chronische Kopfschmerzen im Erwachsenenalter ist (Kröner-Herwig, 1992a), stellen therapeutische Interventionen bei Kindern zugleich Präventionsmaßnahmen für deren späteres Leben dar.

Obwohl *verhaltensmedizinische Behandlungsverfahren* in der Praxis meist erst nach erfolglosen medikamentösen Therapieversuchen zum Einsatz kommen (Gerber, 1990), sollte ihnen gerade bei Kindern aus mehreren Gründen der Vorzug gegeben werden:

● sie besitzen keine oder geringere unerwünschte Nebenwirkungen und unkontrollierbare Langzeiteffekte;
● der Aufbau unerwünschter Verhaltensmuster („Griff zur Pille") mit einer möglicherweise langfristigen Risikoerhöhung für Substanzmißbrauch im Jugend- und Erwachsenenalter wird vermieden;
● die Lerneffekte einer aktiven Schmerzbewältigung bleiben lebenslang erhalten, die Bewältigungsstrategien lassen sich selbständig jederzeit wieder einsetzen;
● die besondere Bedeutung psychosozialer Einflüsse beim kindlichen Kopfschmerz ermöglicht eine „kausale" psychologische Intervention;
● medikamentöse Verfahren haben sich zwar bei der kindlichen Migräne, nicht jedoch beim Spannungskopfschmerz als wirksam herausgestellt.

Die therapeutischen Maßnahmen richten sich zum einen auf die Bewältigung der einzelnen Kopfschmerzattacken (Akut- oder Anfallsbehandlung) und zum anderen auf die Reduzierung ihrer Auftretensfrequenz (prophylaktische oder Dauerbehandlung). Die verhaltensmedizinische *Akutbehandlung* zielt auf eine Beeinflussung des psychophysiologischen Anfallsgeschehens sowie auf eine Reduktion des Schmerzerlebens und des Grades der subjektiven Beeinträchtigung ab, während die *prophylaktische Therapie* die Auftretenswahrscheinlichkeit der Anfälle durch die Veränderung der auslösenden und aufrechterhaltenden Bedingungen (Trigger-Faktoren, Verhaltensmuster, ungünstige Lebensführung, Stressoren) vermindern soll.

Eine ganze Reihe verhaltensmedizinischer Verfahren sind auf ihre Wirksamkeit bei der Behandlung von Kopfschmerzsyndromen im Kindesalter empirisch überprüft worden.

Komponenten verhaltensmedizinischer Behandlungsverfahren zur Kopfschmerzbehandlung bei Kindern

*   *Information, Aufklärung, Vermittlung eines kindgerechten Schmerzkonzeptes*:
    Die Informationen müssen dem Entwicklungsalter des Kindes entsprechend
    einfach und klar formuliert sein; Metaphern, Analogien, Beispiele aus dem
    Alltag des Kindes, Rollenspiele und kindgerechte Materialien (Bilder, Spielzeug, Puppen) eignen sich zur Veranschaulichung der zu vermittelnden Inhalte; es sollte dabei ständig überprüft werden, was das Kind wirklich verstanden hat, indem man nachfragt oder es bittet, das Gesagte mit eigenen Worten
    noch einmal zu wiederholen;
*   *Ermittlung von Schmerzmittelkonsum* und ggfs. Einstellung von Medikamentenmißbrauch, -fehlbehandlung und -fehldosierung: unter Umständen Entzugsbehandlung, Umstellung der Medikation, falls unverzichtbar, durch den
    Arzt;
*   *Identifizierung und Beseitigung von externen Auslösern*: z.B. unregelmäßiger
    Schlaf-Wach-Rhythmus, physische Überbeanspruchung, Schulangst, diverse
    Stressoren, Nahrungsmittel etc.;
*   *Vermittlung entwicklungsspezifischer Bewältigungsstrategien* zur Anfallskupierung: Entspannungstechniken, Selbstinstruktion etc.;
*   *prophylaktische Streßbewältigung*: z.B. kognitive Umstrukturierung, Selbstkontrollverfahren, Angstabbau etc.;
*   Unterstützung bei *gesundheitsfördernder Lebensführung*: Ernährungsumstellung, Regelmäßigkeit in Essens-, Schlaf-, Aktivitätszyklen, Kompensation
    der schmerzbedingten Beeinträchtigungen;
*   *Elterntraining*: Auflösung von Hilflosigkeits- und Ohnmachtsgefühlen auf
    Seiten der Eltern; Abbau unbeabsichtigter Verstärker für Schmerzverhalten
    (Schonhaltung) des Kindes und angemessene Verstärkung für Schmerzbewältigung; Aufbau förderlichen Modellverhaltens der Eltern; Training der Eltern, wie sie ihrem Kind durch praktische Instruktionen Hilfestellung geben
    können; restriktive Medikamentenkontrolle;
*   *Bearbeitung familiärer Probleme*: Überzogene Leistungsansprüche, Interaktionsschwierigkeiten, Beziehungsprobleme etc.;
*   ggfs. Therapie weiterer *Verhaltensstörungen* oder psychopathologischer Anteile, die für das Schmerzgeschehen relevant sind.

Entspannungsverfahren

Entspannungsverfahren, vor allem die *Progressive Muskelrelaxation (PMR)* und
das *Autogene Training (AT)*, sind die verbreitetsten verhaltensmedizinischen Verfahren zur Behandlung funktioneller Kopfschmerzen bei Kindern. Sie lassen sich
prinzipiell auf drei Ebenen einsetzen:

● Zur *Anfallskupierung:* durch Nutzung des *psychophysiologischen Wirkfaktors* der Entspannungstechniken (vgl. Vaitl & Petermann, 1993) können die dem akuten Anfallsgeschehen zugrundeliegenden physiologischen Dysregulationen gezielt beeinflußt und normalisiert werden (z.B. Senkung des allgemeinen physiologischen Erregungsniveaus, vasomotorische und neuromuskuläre Veränderungen, Veränderungen der hirnelektrischen Aktivität und Verminderung vegetativer Begleitsymptome). Bei *spannungsbedingten Kopfschmerzen* sind *gegensteuernde Entspannungsreaktionen* (Tonussenkung der Skelettmuskulatur) besonders geeignet, da sie gewissermaßen ein kausales Eingreifen erlauben. Bei vaskulär bedingten Kopfschmerzen, wie der *Migräne,* wird versucht, die in der Initialphase auftretende Vasokonstriktion (Gefäßverengung) durch Entspannungsinduktionen zu kompensieren und dadurch den Anfall schon zu Beginn zu *kupieren* (abzustoppen).

● Als *Bewältigungsstrategie zur Schmerzreduktion während der Attacke*: z.B. indem die Wahrnehmungsschwelle für Schmerzreize erhöht, die Aufmerksamkeit durch Konzentration auf angenehme internale Zustände abgelenkt, ein schmerzinkompatibler Bewußtseinszustand und ein subjektives Erleben von Ruhe und Wohlbefinden erzeugt wird.

● Zur *prophylaktischen* Behandlung zwischen den Attacken zur Reduzierung ihrer Auftretensfrequenz: indem die Sensibilität und Aufmerksamkeit für Körpersignale (z.B. Muskelverspannungen, unspezifische Vorboten), psychische Belastungen, Stressoren und externe Auslöser erhöht wird, konkrete Strategien zur Bewältigung streßhafter Situationen bereitgestellt und die Kontrollüberzeugungen (self-efficacy) in Bezug auf autonome Körpervorgänge gestärkt werden.

Die *empirischen Befunde* zur Effektivität bei der Behandlung kindlicher Kopfschmerzen (überwiegend bei Migräne) sind insgesamt sehr ermutigend. Kröner-Herwig und Ehlert (1992) referieren zwölf neuere kontrollierte Studien, die sich in erster Linie auf die Progressive Muskelrelaxation beziehen. Die Mehrzahl der Untersuchungen ergab statistisch signifikante oder deutliche tendenzielle kopfschmerzreduzierende Effekte, die sich zum größten Teil in Erhebungen auch nach einem Jahr noch als *stabil* erwiesen. Als *Erfolgskriterien* gelten i.d.R. die Verminderung der Kopfschmerzfrequenz und die Verlängerung der schmerzfreien Intervalle. Die Intensität und Dauer der Attacken blieb durch psychologische Trainings jedoch meist unbeeinflußt, ein einmal begonnener Anfall war nicht mehr steuerbar. In einer direkten Vergleichsstudie zeigten sich die Progressive Muskelrelaxation und das Autogene Training als ähnlich wirkungsvoll (Engel & Rapoff, 1990). Die Frage der *differentiellen Indikation* für unterschiedliche Kopfschmerzformen ist noch ungeklärt.

Biofeedbackverfahren

Die nach der PMR verbreitetsten Entspannungsmethoden zur Schmerzbehandlung bei Kindern, die *Biofeedbackverfahren* (Kröner-Herwig, 1994), zielen darauf ab, psychophysiologische Dysfunktionen hochspezifisch, effizient und direkt beeinflussen zu können. Dabei werden bestimmte physiologische Parameter und deren Veränderung (wie Muskeltonus, Hauttemperatur, Hautleitfähigkeit) mittels apparativer Technik aufgezeichnet und dem Patienten durch akustische oder optische Signale rückgemeldet. Zwischen den Rückmeldeintervallen soll der Patient in einer *Selbstkontrollphase* versuchen, seinen physiologischen Zustand zu beeinflussen. Dadurch soll ihm eine *bewußte Kontrolle über autonome Funktionsabläufe* ermöglicht werden (vgl. Vaitl & Petermann, 1993). Bei der Therapie primärer Kopfschmerzen sollen auf diese Weise die pathophysiologischen Prozesse durch gegenregulative Beeinflussung gezielt normalisiert werden. Über die tatsächlichen *Wirkmechanismen* des Biofeedback besteht heute noch weitgehende Uneinigkeit (Kröner-Herwig, 1990a, 1992b).

Zur Kopfschmerzbehandlung bei Kindern am häufigsten angewandte Biofeedbackmethoden

* *EMG-Feedback (Elektromyographie)*: Messung des lokalen Muskeltonus; in der Kopfschmerztherapie vor allem Rückmeldung über die Stirnmuskelaktivität (Frontalis-EMG-Feedback); wird vornehmlich bei Spannungskopfschmerz eingesetzt;

* *Hauttemperaturfeedback* (HET): Registriert periphere Durchblutungsveränderungen (lokalen Blutfluß) über den Indikator Hauttemperatur; Einsatz speziell bei vaskulär bedingten Kopfschmerzen wie Migräne.

Biofeedbackverfahren scheinen bei Kindern noch effektiver zu sein als bei Erwachsenen (Blanchard & Andrasik, 1991; Plump, Lykaitis, Pothmann & Kröner-Herwig, 1990). Die Anwendung des *EMG-Frontalis-Feedback* zur Kopfschmerzbehandlung bei Kindern wurde in einer begrenzten Anzahl von kontrollierten Studien überprüft und in seiner kopfschmerzreduzierenden Effektivität (nach KS-Intensität, -dauer und -frequenz) bestätigt. Auch das *Hauttemperaturfeedback* (häufig kombiniert mit Autogenem Training) brachte bei der Behandlung kindlicher Migräne positive Effekte (zusammenfassend Kröner-Herwig & Ehlert, 1992; Mohn et al., 1993). Allerdings wurden fast alle Studien zum HET-Feedback im einfachen Prä-Post-Design (ohne Kontrollgruppe) und in Kombination mit weiteren Interventionen (Autogenes Training, kognitive Elemente) durchgeführt, so daß die Ergebnisse vorsichtig zu bewerten sind. Vergleichende Untersuchungen zur spezifischen Wirksamkeit der verschiedenen Biofeedbackverfahren für Spannungskopfschmerz und Migräne (*differentielle Indikation*) erbrachten keinen Effizienzunterschied des EMG-Biofeedback für die unterschiedlichen Kopfschmerztypen Migräne, Spannungskopfschmerz und kombinierter Kopfschmerz (vgl. Kröner-Herwig, 1990a). Die Effizienz verschiedener *Biofeedbackverfahren im Vergeich zu anderen Entspannungsverfahren* (Progressive Muskelentspannung, ,,autogenes Biofeedback'') ist in mehreren kontrollierten Studien überprüft worden (z.B. Blanchard & Andrasik, 1991; Mohn et al., 1993). Es fanden sich keine signifikanten Unterschiede in der Effektivität zwischen Biofeedback und Entspannungstraining. Angesichts des günstigeren Kosten-Nutzen-Verhältnisses bei vergleichbarer Effektivität sollten nach dem heutigen Erkenntnisstand die einfachen Entspannungsverfahren gegenüber den Biofeedbackverfahren präferiert werden.

Kognitiv-behaviorale Therapieprogramme

Kognitiv-behaviorale Behandlungsansätze basieren auf der Prämisse, daß Migräneanfälle u.a. durch eine defizitäre kognitive und behaviorale Bewältigungskompetenz von Alltagsbelastungen verursacht werden. Irrationale Überzeugungen (überhöhte Leistungsansprüche, Versagensängste, überzogene Forderungen gegenüber anderen), dysfunktionale Gedanken (z.B. katastrophisierend, selbstabwertend, übergeneralisierend) und ein unzureichendes Verhaltensrepertoire gelten demnach als spezifische Entstehungsbedingungen für Kopfschmerzattakken. Zudem wird angenommen, daß Kopfschmerzpatienten i.d.R. eine mangelhaft ausgeprägte Fähigkeit zur emotionalen Ausdrucksfähigkeit besitzen.

McGrath, Cunningham, Lascelles und Humphreys (1990) entwickelten ein speziell für Schulkinder ab zwölf Jahren adaptiertes Behandlungsprogramm (,,Helpyourself''). Das Training, das auch selbständig durchgeführt werden kann, umfaßt acht 45minütige Sitzungen und wird in einem Zeitraum von acht Wochen absolviert. Es kann sowohl bei Migräne als auch bei Spannungskopfschmerz eingesetzt werden. Zu Anfang wird die Kopfschmerzproblematik mit Hilfe spezieller Kopfschmerztagebücher gründlich analysiert (*Diagnostik*) und den Kindern ein entwicklungsgerechtes Schmerzkonzept vermittelt (*Aufklärung*). Nachdem den Kindern die Ziele des Trainings erläutert worden sind, werden sie in Entspannungstechniken trainiert (*Vermittlung von Bewältigungsfertigkeiten*). Dabei wird eine frühzeitige Fokussierung auf Körpersignale (Anspannung, Verkrampfung, ungünstige Körperhaltung) gefördert und so die Körperwahrnehmung geschult. Geichzeitig wird systematisch geübt, persönlich relevante Streßbedingungen zu erfassen. Die Kinder sollen dadurch in die Lage versetzt werden, Stressoren und eigene physiologische Reaktionen rechtzeitig zu registrieren und *aktiv* mit gegensteuernden Entspannungsmaßnahmen zu bewältigen. Im nächsten Schritt lernen sie, negative Gedanken und Überzeugungen zu erkennen und durch kognitive Umstrukturierung oder Gedankenstop zu verändern. Die Bewältigung des Schmerzerlebens wird durch Techniken der Aufmerksamkeitssteuerung, Imaginationen und positiven Selbstinstruktionen unterstützt. Außerdem werden ihnen allgemeine Problemlöse- und konkrete Schmerzbewältigungsstrategien sowie ein angemessener Umgang mit Gefühlen beigebracht. Begleitend zu dem Training der Kinder, das zu Hause mit Hilfe von Audiocassetten fortgeführt wird, werden *Verhaltensregeln für die Eltern* erarbeitet. Diese sind darauf ausgerichtet, normale Alltagsaktivitäten des Kindes aufrechtzuerhalten (keine übertriebene Schonhaltung), positive Verstärker für Schmerzattacken (Fernbleiben von der Schule, Sonderrolle) abzubauen, exzessives Schmerzverhalten zu ignorieren, förderliches Bewältigungsverhalten zu verstärken sowie durch konkrete Hilfestellungen zu unterstützen und dem Kind ein positives Modell für einen angemessenen Umgang mit Schmerzen zu bieten (Plump et al., 1990). Beames, Sanders und Bor (1992) bestätigten die Bedeutung einer aktiven Einbeziehung der Eltern in ein kognitiv-behaviorales Behandlungsprogramm für eine wirksame Symptomreduktion bei Kindern mit chronischen Kopfschmerzen.

Kognitiv-behaviorale Programme zur Kopfschmerzbehandlung bei Kindern sind empirisch noch nicht hinreichend überprüft worden. Womack, Smith und Chen (1988) untersuchten ein komplexes kognitiv-behaviorales Vorgehen in Kombination mit EMG- und/oder Hauttemperaturfeedback an 119 Kindern im Alter von vier bis 20 Jahren mit den Diagnosen Migräne, Spannungskopfschmerz und Kombinationskopfschmerz. In allen Gruppen konnten sie signifikante Verbesserungen im Hinblick auf die KS-Frequenz und vor allem auf die KS-Intensität nachweisen. Ein Großteil der Kinder wurde anschließend als „kopfschmerzfrei" eingestuft: Migräne (48%), Kombinationskopfschmerz (30%) und Spannungskopfschmerz (22%). In direkten Vergleichstudien erwies sich das *kognitive Training* als ähnlich wirksam wie die *Progressive Muskelrelaxation* (Richter, McGrath, Humphreys, Goodman, Firestone et al., 1986).

7. Ausblick

Die Problematik des Schmerzes im Kindesalter wird in den letzten Jahren zunehmend in ihrer *gesundheitspolitischen Bedeutung* erkannt. Leider ist die epidemiologische, ätiologische und pathophysiologische Datenbasis für die meisten Schmerzsyndrome im Kindesalter (z.B. rekurrierende Bauch- oder Rückenschmerzen) noch immer sehr dürftig. Es bedarf weiterer intensiver Forschungsbemühungen, um zu angemessenen Erklärungsmodellen pädiatrischer Schmerzen zu gelangen.

Gerade für Kinder besteht heute vielerorts noch eine eklatante *Unterversorgung* in der Schmerztherapie. Die immer eindringlicher gestellte Forderung nach einer adäquaten Analgesie und Anästhesie in der Pädiatrie stellt allerdings allein noch keine Lösung dar. Pharmakologische Schmerzbehandlungen sind bei Kindern häufig nur von eingeschränktem Nutzen, da sie u.a. das Schmerzempfinden nicht vollständig aufheben und die Angst- und Streßkomponente sowie andere wichtige psychosoziale Einflußfaktoren nicht beeinflussen. Insbesondere im angloamerikanischen Raum sind daher während der letzten Dekade zahlreiche *psychologische Alternativen in der Schmerz- und Angstreduktion bei Kindern* entwickelt worden. Diese verhaltensmedizinischen Interventionsverfahren beziehen sich sowohl auf akute (z.B medizinische Prozeduren), rekurrierende (z.B. Migräne) als auch chronische (z.B. Hämophilie) Schmerzsyndrome und gewinnen in der klinischen Praxis einen wachsenden Stellenwert. *Empirische Effizienzüberprüfungen* haben für eine Vielzahl dieser Interventionstechniken insgesamt beeindruckend positive Ergebnisse erbracht. Allerdings entsprechen nicht alle Studiendesigns dem methodischen Standard (z.B. fehlende Kontrollgruppe, Stichprobenfehler, vermischte Interventionen und mangelnde Standardisierung, unpräzise Klassifikation der Schmerzproblematik, uneinheitliche Erfolgskriterien), so daß einige Ergebnisse weiterer Überprüfungen bedürfen. Außerdem besteht noch deutlicher *Untersuchungsbedarf* zur Beantwortung bislang ungeklärter Fragen, wie z.B. der differentiellen Indikation bzw. Kontraindikation einzelner Verfahren, der ihnen zugrundeliegenden Wirkmechanismen, der vergleichenden Effektivität verhaltensmedizinischer wie medizinischer Interventionen bzw. deren Kombination, der Stabilität der Behandlungseffekte und ihre Langzeitwirkungen.

Komplexe verhaltensmedizinische Schmerztherapien basieren heute auf einem *biopsychosozialen Krankheitsverständnis* und beziehen die Vielfalt psychosozialer Einflußfaktoren auf das Schmerzgeschehen ein. Dabei wird die Notwendigkeit einer präzisen *Klassifikation* und fundierten *Diagnostik* für eine differentielle Indikation und individuelle Therapieplanung immer deutlicher. Die Weiterentwicklung entwicklungsspezifischer diagnostischer Schmerzinventare für den deutschen Sprachraum ist daher dringend notwendig. Ein integrativer Behandlungsansatz erfordert verstärkte *interdisziplinäre Zusammenarbeit* zwischen den verschiedenen Professionen des Gesundheitswesens. Eine besondere Rolle kommt dabei auch einer aktiven Einbeziehung der Eltern oder anderer Bezugspersonen der Kinder zu. Psychologische Interventionen (wie z.B. die Progressive Muskelrelaxation oder das EMG-Biofeedback) müssen noch gezielter für das Kindesalter adaptiert und altersgerecht eingesetzt werden.

Weiterführende Literatur

Basler, H.-D., Franz, C., Kröner-Herwig, B., Rehfisch, H.-P. & Seemann, H. (Hrsg.) (1996). *Psychologische Schmerztherapie.* Berlin: Springer, 3. erweiterte Auflage.
Bush, J.P. & Harkins, S. W. (Eds.) (1991). *Children in Pain.* New York: Springer.
McGrath, P.A. (1990). *Pain in Children.* New York: Guilford.
Mühlig, S. (1997). *Schmerz und Schmerzbehandlung bei Kindern und Jugendlichen.* Weinheim: Psychologie Verlags Union.
Petermann, F., Wiedebusch S. & Kroll, T. (Hrsg.) (1994). *Schmerz im Kindesalter.* Göttingen: Hogrefe.
Zenz, M. & Jurna, I. (Hrsg.) (1993). *Lehrbuch der Schmerztherapie.* Stuttgart: Wissenschaftliche Verlagsgesellschaft.

Literatur

Ahrens, S., Egle, U.T. & Merkle, W. (1993). Chronische Kopfschmerzen. In U.T. Egle & S.O. Hoffmann (Hrsg.), *Der Schmerzkranke* (429—448). Stuttgart: Schattauer.
Bakal, D.A. (1982). *The psychobiology of the chronic headache.* New York: Springer.
Beames, L., Sanders, M.R. & Bor, W. (1992). The role of parent training in the cognitive behavioral treatment of children's headache. *Behavioral Psychotherapy, 20,* 167—180.
Belter, R.W., McIntosh, J.A., Finch, A.J. & Saylor, C.F. (1988). Preschoolers ability to differenciate levels of pain: Relative efficacy of three self-report measures. *Journal of Clinical Child Psychology, 17,* 329—335.

Besken, E. & Mohn, U. (1994). Verhaltensmedizinische Behandlung chronischer Kopfschmerzen. In F. Petermann, S. Wiedebusch & T. Kroll (Hrsg.), *Schmerz im Kindesalter* (191—211). Göttingen: Hogrefe.

Bille, B. (1962). Migraine in school children. *Acta Paediatrica, Supplement 51*, 135—151.

Bille, B. (1982): Migraine in childhood. *Panminerva Medica, 24*, 57—62

Bille, B. (1989). Migraine in childhood: A 30 year follow-up. In G. Lanzi, U. Balottin & A. Cernibori (Eds.), *Headache in children and adolescents* (19—26). Amsterdam: Elsevier.

Bischoff, C. & Sauermann, G. (1985). Nicht-instrumentelles motorisches Verhalten bei Personen mit und ohne Spannungskopfschmerz. In H.U. Wittchen & J.C. Brengelmann (Hrsg.), *Psychologische Therapie bei chronischen Schmerzpatienten* (93—111). Berlin: Springer.

Bischoff, C., Traue, H.C. & Zenz (1990). Spannungskopfschmerz. In H.D. Basler, C. Franz, B. Kröner-Herwig, H.P. Rehfisch, & H. Seemann (Hrsg.), *Psychologische Schmerztherapie* (250—265). Berlin: Springer.

Blanchard, E.B. & Andrasik, F. (1991). *Bewältigung chronischer Kopfschmerzen*. Bern: Hans Huber.

Breuker, D. & Petermann, F. (1994). Angst und Schmerz in der pädiatrischen Zahnheilkunde: Verhaltensmedizinische Behandlungsansätze. In F. Petermann, S. Wiedebusch & T. Kroll (Hrsg.), *Schmerz im Kindesalter* (345—368), Göttingen: Hogrefe.

Chaturverdi, S.K. & Kanakalatha, P. (1989). Pain in children of chronic pain patients. *The Pain Clinic, 2*, 195—199.

Craig, K.D. (1987). Consequences of caring: Pain in the human context. *Canadien Psychology/Psychologie Canadienne, 28*, 311—321.

Craig, K.D., Whitfield, M.F., Grunau, R.V.E., Linton, J. & Hadjistavropoulos (1993). Pain in the preterm neonate: Behavioural and physiological indices. *Pain, 52*, 287—299.

Diener, H.C., Pfaffenroth, V., Soyka, D. & Gerber, W.-D. (1992). Therapie des medikamenteninduzierten Dauerkopfschmerzes. *Münchener Medizinische Wochenschrift, 10*, 159—162.

Droste, H.J. (1993). Neurophysiologische Grundlagen der Schmerzwahrnehmung bei Feten, Neugeborenen und Säuglingen. In H. Meier, R. Kaiser & C.R. Moir (Hrsg.), *Schmerz beim Kind* (3—14). Berlin: Springer.

Droste, H.J. & Büttner, W. (1992). Schmerzphysiologie bei Säuglingen und Kleinkindern. *Kindheit und Entwicklung, 1*, 6—12.

Emmen, H.H. & Passchier, J. (1987). Treatment of headache among children by progressive relaxation. *Cephalaglia, 7*, 387—389.

Engel, J.M. & Rapoff, M.A. (1990). A component analysis of relaxation training for children with vascular, muscle contraction, and mixed headache disorders. In D.C. Tyler & E.J. Krane (Eds.), *Pediatric Pain* (273—290). New York: Raven.

Flor, H. (1991). *Psychobiologie des Schmerzes*. Bern: Hans Huber.

Flor, H. & Frydrich, T. (1990). Die Rolle der Familie bei chronischen Erkrankungen. In H.-D. Basler, C. Franz, B. Kröner-Herwig, H.P. Rehfisch & H. Seemann (Hrsg.), *Psychologische Schmerztherapie* (135—142). Berlin: Springer.

Flor, H., Birbaumer, N. & Turk, D.C. (1987). Ein Diathese-Streß-Modell chronischer Rückenschmerzen: Empirische Befunde und therapeutische Implikationen. In W.D. Gerber, W. Miltner & K. Mayer (Hrsg.), *Verhaltensmedizin*. Weinheim: Edition Medizin.

Frankenberg, S.v., Pothmann, B. , Müller, G., Britzelmeier, A., Backmerhoff, G., Sartory, B., Hellmeier, M. & Wolff, M. (1991). Epidemiologie von Kopfschmerzen bei Schulkindern. In B. Köhler & R. Reimer (Hrsg.), *Aktuelle Neuropädiatrie* (433—435). Berlin: Springer.

Gaffney, A. & Dunne, E.A. (1986). Children's understanding of the causality of pain. *Pain, 29,* 91—104.

Gerber, W.-D. (1990). Migräne. In H.D. Basler, C. Franz, B. Kröner-Herwig, H.P. Rehfisch, & H. Seemann (Hrsg.), *Psychologische Schmerztherapie* (267—289). Berlin: Springer.

Göbel, H., Ensink, F.B.M., Krapat, S., Weigle, L., Christiani, K. & Soyka, D. (1993). Objektive und standardisierte Kopfschmerzdiagnostik mit dem PC auf der Basis der IHS-Klassifikation. In H. Göbel & D. Soyka, *Leitsymptom Kopfschmerz* (1.0). Lünen: Physis-Software.

Goodman, J. & McGrath, P.J. (1991). The epidemiology of pain in children and adolescents: A review. *Pain, 46,* 247—264.

Harbeck, C. & Peterson, L. (1992). Elephants dancing in my head: A developmental approach to children's concepts of specific pains. *Child Development, 63,* 138—149.

Headache Classification Committe of The International Headache Society (1988). Classification and diagnostic criteria for headache disorders, cranial neuralgias and facial pain. *Cephalaglia 8* (Suppl.17).

Hodges, K. & Burbach, D.J. (1991). Recurrent abdominal pain. In J.P. Bush & W. Harkins (Eds.), *Children in pain* (251—273). New York: Springer.

Hurley, A. & Whelan, E.G. (1988). Cognitive development and children's perception of pain. *Pediatric Nursing, 14,* 21—24.

IASP — International Association for the Study of Pain (1979). Pain terms: A list with definitions and notes for usage. *Pain, 6,* 249—252.

Johnston, C.C., Stevens, B., Craig, K.D. & Grunau, R.V.E. (1993). Developmental changes in pain expressions in premature, full-term, two- and four-month-old infants. *Pain, 52,* 201—208.

Johnston, C.C., Abbott, F.V., Gray-Donald, K. & Jeans, M.E. (1992). A survey of pain in hospitalized patients aged 4—14 years. *Clinical Journal of Pain, 8,* 154—163.

Klinger, R., Hasenbring, M. & Pfingsten, M. (1992). Klassifikationsansätze bei chronischem Schmerz. In E. Geissner & G. Jungnitsch (Hrsg.), *Psychologie des Schmerzes* (205—226). Weinheim: Psychologie Verlags Union.

Korinthenberg, R. (1994). Medizinische Aspekte chronischer Kopfschmerzen im Kindesalter. In F. Petermann, S. Wiedebusch & T. Kroll (Hrsg.), *Schmerz im Kindesalter* (181—190). Göttingen: Hogrefe.

Kröner-Herwig, B. & Ehlert, U. (1992). Relaxation und Biofeedback in der Behandlung von chronischem Kopfschmerz bei Kindern und Jugendlichen. *Der Schmerz, 6,* 171—181.

Kröner-Herwig, B. (1990a). Biofeedback. In Basler, H.D., Franz, C., Kröner-Herwig, B., Rehfisch, H.P. & Seemann, H. (Hrsg.), *Psychologische Schmerztherapie* (469—481). Berlin: Springer.

Kröner-Herwig, B. (1990b). Chronischer Schmerz — Eine Gegenstandsbestimmung. In H.-D. Basler, C. Franz, B. Kröner-Herwig, H.P. Rehfisch & H. Seemann (Hrsg.), *Psychologische Schmerztherapie* (1—16). Berlin: Springer.

Kröner-Herwig, B. (1992a). Kopfschmerz bei Kindern und Jugendlichen. *Kindheit und Entwicklung, 1*, 19—26.

Kröner-Herwig, B. (1992b). Kopfschmerz und psychologische Schmerzbehandlung: Übersicht und kritische Würdigung von Biofeedbackverfahren. In E. Geissner & G. Jungnitsch (Hrsg.), *Psychologie des Schmerzes* (329—348). Weinheim: Psychologie Verlags Union.

Kröner-Herwig, B. (1994). Schmerzprobleme bei Kindern. In F. Petermann & D. Vaitl (Hrsg.), *Handbuch der Entspannungsverfahren Band 2 — Anwendungen* (90—105). Weinheim: Psychologie Verlags Union.

Labouvie, H., Petermann, F. & Kusch, M. (1994). *Schmerzklassifikation*. In F. Petermann, S. Wiedebusch & T. Kroll (Hrsg.), *Schmerz im Kindesalter* (111—132). Göttingen: Hogrefe.

Lander, J. & Fowler-Kerry, S. (1993). TENS for children's procedural pain. *Pain, 52*, 209—216.

Lander, J., Fowler-Kerry, S. (1991). Age differences in children's pain. *Perceptual and Motor Skills, 73*, 415—418.

Liersch, R. (1992). Bedeutung des Symptoms Brustschmerz im Kindes- und Jugendalter. *Kindheit und Entwicklung, 1*, 27—30.

Linton, J., Melin, L. & Götestam, K.G. (1985). Behavioral analysis of chronic pain and its management. *Progress in Behavior Modification, Vol. 18*. New York: Academic Press.

Manne, S.L., Jacobsen, P.B. & Redd, W.H. (1992). Assessment of acute pediatric pain: Do child self-report, parent ratings and nurse ratings measure the same phenomenon? *Pain, 48*, 45—52.

Marcus, D.A. (1992). Migraine and tension-type headaches: The questionable validity of current classification systems. *The Clinical Journal of Pain, 8*, 28—36.

McGrath, P.A. & Hillier, L.M. (1989). The enigma of pain in children: An overview. *Pediatrician, 16*, 6—15.

McGrath, P.A. & Humphreys, P. (1989). Recurrent headaches in children and adolescents: Diagnosis and treatment. *Pediatrician, 16*, 71—77.

McGrath, P.A. (1990). *Pain in children*. New York: Guilford.

McGrath, P.J. & Craig, K.D. (1989). Developmental and psychosocial factors in children's pain. *Pediatric Clinics of North America, 36*, 823—836.

McGrath, P.J. & McAlpine, L. (1993). Psychologic perspectives on pediatric pain. *Journal of Pediatrics, 122*, 2—8.

McGrath, P.J. & Pisterman, S. (1991). Developmental issues: Adolescent pain. In J.P. Bush & W. Harkins (Eds.), *Children in pain* (231—248). New York: Springer.

McGrath, P.J., Cunningham, S.J., Lascelles, M.A. & Humphreys, P. (1990). *"Help Yourself". A treatment for migraine headaches*. Ottawa: University of Ottawa Press.

Mohn, U., Kröner-Herwig, B., Besken, E. & Pothmann, R. (1993). Entspannungstraining und EMG-Biofeedback bei der Behandlung von kindlichen Kopfschmerzen: Ergebnisse einer explorativen Studie. In H. Meier, R. Kaiser & C.R. Moir (Hrsg.), *Schmerz beim Kind* (215—222). Berlin: Springer.

Mühlig, S. & Petermann, F. (1994). Verhaltensmedizinische Interventionen bei invasiven Prozeduren. In F. Petermann, S. Wiedebusch & T. Kroll (Hrsg.), *Schmerz im Kindesalter* (249—279). Göttingen: Hogrefe.

Mühlig, S., Petermann, F. & Breuker, D. (1994). Familiäre Einflüsse bei der Bewältigung medizinischer Maßnahmen. In F. Petermann, S. Wiedebusch & T. Kroll (Hrsg.), *Schmerz im Kindesalter* (281—299). Göttingen: Hogrefe.

Nilges, P. (1993). Lerntheoretisches Verständnis von Schmerz. In U.T. Egle & O. Hoffmann (Hrsg.), *Der Schmerzkranke* (107—119). Stuttgart: Schattauer.

Olesen, J. & Jensen, R. (1991). Getting away from simple muscle contraction as a mechanism of tension-type headache. *Pain, 46*, 123—124.

Owens, M.E. & Todt, E.H. (1984). Pain in infancy: Neonatal reaction to a heel lance. *Pain, 20*, 77—86.

Owens, M.E. (1984). Pain in infancy: Conceptual and methodological issues. *Pain, 20*, 213—230.

Passchier, J. & Orlebeke, J.F. (1985). Headache and stress in schoolchildren: An epidemiology study. *Cephalaglia, 5*, 167—176.

Petermann, F., Mühlig, S. & Breuker, D. (1994). Verhaltensmedizinische Grundlagen der pädiatrischen Schmerzbehandlung. In F. Petermann, S. Wiedebusch & T. Kroll (Hrsg.), *Schmerz im Kindesalter* (61—110). Göttingen: Hogrefe.

Plump, U., Lykaitis, M, Pothmann, R. & Kröner-Herwig, B. (1990). Psychologische Behandlungsmöglichkeiten bei Kindern mit chronischen Schmerzen. In Basler, H.D., Franz, C., Kröner-Herwig, B., Rehfisch, H.P. & Seemann, H. (Hrsg.), *Psychologische Schmerztherapie* (539—559). Berlin: Springer.

Pothmann, R. (1990). Ausgewählte chronische Schmerzsyndrome bei Kindern. In H.-D. Basler, C. Franz, B. Kröner-Herwig, H.P. Rehfisch & H. Seemann (Hrsg.), *Psychologische Schmerztherapie* (389—418). Berlin: Springer.

Richter, I.L., McGrath, P.J., Humphreys, P.J., Goodman, P. & Firestone, D. (1986). Cognitive and relaxation treatment of pediatric migraine. *Pain, 25*, 195—203.

Ross, D.M. & Ross, S.A. (1988). Assessment of pediatric pain: An overview. *Issues in Comprehensive Pediatric Nursing, 11*, 73—91.

Seeger, G. (1994). Psychologische Schmerzbewältigungsstrategien bei Kindern mit Brandverletzungen. In F. Petermann, S. Wiedebusch & T. Kroll (Hrsg.), *Schmerz im Kindesalter* (327—343). Göttingen: Hogrefe.

Sillanpää, M. (1976). Prevalence of migraine and other headache in finish children starting school. *Headache, 15*, 288—290.

Sillanpää, M. (1983). Prevalence of headache in prepuberty. *Headache, 23*, 10—14.

Smith, M.S., Womack, W.M. & Chen, A.C.N. (1990). Intrinsic patient variables and outcome in the behavioral treatment of recurrent pediatric headache. In D.C. Tyler & E.J. Krane (Eds.), *Pediatric pain* (305—311). New York: Raven.

Tryba, M. & Zenz, M. (1993). Unterschiede zwischen akutem und chronischem Schmerz. In M. Zenz & I. Jurna (Hrsg.), *Lehrbuch der Schmerztherapie* (335—343). Stuttgart: Wissenschaftliche Verlagsgesellschaft.

Turk, D.C. & Rudy, T.E. (1992). Cognitive factors and persistent pain: A glimpse into Pandora's box. *Cognitive Therapy and Research, 16*, 99—122.

Turkat, I., & Rock, D. (1984). Parental influences on illness behavior development in chronic pain and healthy individuals. *Pain, 2*, 15.

Vaitl, D. & Petermann, F. (Hrsg.) (1993). *Handbuch der Entspannungsverfahren, Bd.1: Grundlagen und Methoden*. Weinheim: Psychologie Verlags Union.

Varni, J.W. (1990). Behavioral management of pain in children. *Advances in Pain Research Therapy, 15*, 215—223.

Violin, A. (1985). Family etiology of chronic pain. *International Journal of Family Therapy, 7*, 235—246.

Violin, A. & Giurgea, D. (1984). Familial models for chronic pain. *Pain, 18*, 199—203.

Walschburger, P. (1990). Biopsychosoziale Aspekte der Gesundheit. In R. Schwarzer (Hrsg.), *Gesundheitspsychologie* (25—34). Göttingen: Hogrefe.

Wiedebusch, S. (1992). *Krankheitskonzepte von Kindern und Jugendlichen mit juveniler chronischer Arthritis.* Göttingen: Hogrefe.

Wiedebusch, S. (1994). Die Entwicklung des Schmerzbegriffs im Kindesalter. In F. Petermann, S. Wiedebusch & T. Kroll (Hrsg.), *Schmerz im Kindesalter* (133—155). Göttingen: Hogrefe.

Wolf, B., Traue, H.C. & Bischoff, C. (1982). Epidemiologische Befunde zur Annahme einer Kontinuität von Spannungskopfschmerz und Migräne. *Medizinische Psychologie, 8,* 194—209.

Womack, W.M., Smith, M.S. & Chen, A.C.N. (1988). Behavioral management of child-hood headache: A pilot study and case history report. *Pain, 32,* 279—284.

Zeltzer, L.K., Barr, R.G., McGrath, P.A. & Schechter, N.L. (1992). Pediatric Pain: Interacting behavioral and physical factors. *Pediatrics, 90,* 816—821.

Zimmermann, M. (1994). Schmerz beim Kind und Fetus. In F. Petermann, S. Wiedebusch & T. Kroll (Hrsg.), *Schmerz im Kindesalter* (25—46). Göttingen: Hogrefe.

Sachregister

Abasie 443
Abbreviated Symptom
— Questionnaire (ASQ) 41
Abführmittel 489, 505
Abstimmung
— affektive 76
Abweichung
— sukzessive 62
Adaptation 424
Adaptationsstörung 521
Adipositas 455, 469
Afterschließmuskel 494
Aggression 127
— angstmotivierte 137
— expressive 127
— instrumentelle 127
Agnosie 389, 390, 397
Agoraphobie 222
Agraphie 287
Akt
— kommunikativer 331
Aktivität
— physische 474
— ungewöhnliche 325
Akutbehandlung 614
Akzeleration 83
Alexie 287
Alexithymie 424
Alkoholmißbrauch 463
Alltagsereignisse 491, 502
Alterseffekt 154
Altersverschiebung 15
Amblyopie 390
Amenorrhoe 456
Analphabetismus 296
Analyse
— funktionale 465

Anamnese 34, 35
— aktuelle 35
— biographische 35
— objektive 35
— subjektive 35
Anamnesendokumentation 21
Anamneseerhebung 613
Anamneseschema 36
Anfälle 414, 417
— cerebrale 413
— epileptische 413
Anfallskupierung 616
Angststörung 15, 177, 219, 438
— generalisierte 223
Anomie 386
Anorexia nervosa 456ff
Anpassungsstörung 521
Anpassungs- und Belastungsreaktion 14
Antezedenzien 425
Antidepressiva 231, 468f, 495
— trizyklische 254
Antidiuretika 492
Antikonvulsiva 417
Aphasie 386, 387, 408
Aphonie 443
Apraxie 384, 397
Ärgerkontrolltraining 151
Artikulationsstörung 269
Arthritis 544
— juveniler chronischer 572
Asperger-Syndrom 295, 327f
Astasie 443
Asthmaattacke 575
Asthma bronchiale 428, 523, 573
Atemtechnik 537
Atemwegsobstruktion 575
Ätiologie 302, 411, 426, 439, 462, 611
— multiple 425

Ätiologiemodell
— komplexes 58, 61
Ätiopathogenese 59f, 66, 337
Asthmaverhaltenstraining 576
Attacken
— migräneäquivalente 605
Audimutitas 388
Auffälligkeit
— emotionale 168
Aufmerksamkeit 42
— gemeinsame 342
— selektive 307
Aufmerksamkeitsfokussierung 344
Aufmerksamkeitslenkung 339
Aufmerksamkeitssteuerung 618
Aufmerksamkeitsstörung 136, 165, 270
Aufweck-Plan 498, 499
Aura 605
Ausdruck
— emotionaler 467
Ausgangszustand 75
Auslassungen 290
Austauschprozesse
— soziale 342, 344
— störungsspezifische 344
Austismus 326, 330, 332, 336, 387
— frühkindlicher 295, 333
Autismustheorie 342
Autistische Störung 326
Autopsie-Befunde 306

Balkenmangel 404
Bauchschmerzen 447f
— rezidivierende 603
Beckenboden 494
Beeinträchtigungen 249
— psychosoziale 229
— semantisch-pragmatische 330
— soziale 32, 33
Beendigungsstrategie 345
Befunddokumentation 21
Begleitstörungen 292
Behandlung
— funktionale 308
— medikamentöse 312, 468
— multimodale 199
— psychischer Folgen 312
Behandlungserfolg
Behandlungskonzept 533

Behinderung 32, 33
— geistige 273, 295, 330
— seelische 315
Belastungen
— perinatale 282
— pränatale 282
— psychosoziale 282
Belastungserleben 544
Belastungsfaktoren 527
— familiäre 275
Belastungsstörung
— posttraumatische 223
belle indifférence 444
Benzodiazepin 231
Beobachtung
— systematische 37
— teilnehmende 37
Beobachtungskategorie 38
Beobachtungstechnik 37
Beschreibung 437, 441, 443, 447
Beschwerden
— psychosomatische 293
Besserungsrate 270
Betrachtung 503, 504
— ganzheitliche 423
Betragensstörungen 66
Betreuungsangebote
— psychologische 557
Bewältigungsstrategien 539, 543, 544, 616
Bewältigungsverhalten 424, 535, 536
Bewegungsapparat
— Schmerzen des 603
Bulimia nervosa 458
Bewegungsentwicklung 383
Bewegungsstereotypien 327, 328
Bezugnahme
— soziale 338
Bezugspersonenwechsel 219, 275
Bindungsstörung 336
Bindungsverhalten 342
Binge-Eating-Disorder 470
Biofeedbackverfahren 433, 616
Blasenkapazität 492, 497
Blasenkontrolle 493, 499
Blasenwandmuskulatur 492, 493
Blutzuckerschwankungen 530
Body Mass Index 457, 471
Breitband-Syndrome 81
Breitband-Training 496, 500

Brustschmerzen
— rezidivierende 603
Bulimia nervosa 458
bulimischer Typ 457

Cerebralparesen 383, 411, 519
Child-Behavior-Checklist (CBCL) 8, 10, 31, 41
Child Screening-Inventory (ESI) 39
Cluster-Kopfschmerz 604
Columbia-Mental-Maturity-Scale 270, 274
Coma vigile 408
Compliance 433, 518, 531, 566
Compliance-Messung 566
Conners Parent Rating Scale (CPRS) 41
Corpus callosum 395, 404

Darmprobleme 494
Daueraufmerksamkeit 307
Dauerkopfschmerz 607
Deafferenzierungsschmerz 590
Deeskalation 84
Defektsyndrom 406, 408
Dekodierung
— phonematische 304
Delinquenz 18
Delta-Schlag 491
Demenz 411
Dendritendifferenzierung 60, 71
Denken
— dichotomes 457
Depression 136, 241, 438
Dermatitis
— atopische 441
Desensibilisierung 148, 272
— systematische 231
Desintegrative Störung 327
Desmopressin-Azetat 495
Desorganisationsgrad
— der Familie 18
Devianz 66
Dexamethason-Suppressions-Test (DST) 250
Dezentrierung 534
Diabetes 532
Diagnosendokumentation 21
Diagnoseverfahren
— therapieorientierte 344

Diagnostik 326, 332
— der Primärsymptomatik 301
— situationsspezifische 131
— störungsspezifische 333
Diagnostic Interview for Children and Addescents (DICA) 39
Diagnostic Interview Schedule for children (DISC) 39
Diathese-Streß-Modell 58, 602
— komplexes 59
Diätverhalten 463
Dickdarm 505, 507
Dickdarmbereich 494
Differentialdiagnose 220, 242
Differenzierung
— innere 23, 314
Diskrepanzannahme 268
Diskriminationslernen 234
Distraktion 81
Diversifikation 83
Dokumentation 21
Drogenmißbrauch 134, 463
Drogenkonsum 112
Dry-Bed-Training 496
DSM-III-R V, 26, 28, 129, 130, 294, 326, 524, 525
DSM-IV 28, 29, 327, 469
DSM-IV-Kriterien 457
Durchführungsstrategie 345
Dysfunktion
— minimale cerebrale 178
Dysgenesien 404
Dysgrammatismus 388
Dysgraphie 287
Dyskoordination 383
Dyslalie 388
Dyslexie 287
Dysphasie 387

EAS (Aggressionstest) 131
Echolalie
— prompte 326
— verzögerte 326
Echolalieäußerungen 337
EEG 271, 275, 282, 381ff
Eigenanamnese 35, 36
Einflüsse
— genetisch-biologische 66
— kulturelle 132

Einfühlungsvermögen 142, 152
Einführzäpfchen 505
Einhalte-Training 496, 498
Einkoten 486
Einläufe 505
Einnässen 271, 485
Einschränkungen
— funktionelle 32, 33
Elektiver Mutismus 328
Elektrolythaushalt 460
Elektromyographie 617
Eltern
— Modellverhalten der 142
Elternberatung und
— schulung 152
Eltern-Kind-
— Interaktionen 67, 246, 344
— Kommunikation 545
— Training 196
— Transaktionen 68
Elterntrainings 145, 146, 195f, 308
Elterntrainingsprogramme 144
EMG-Feedback 617
Enddarmvolumen 494
Emotionen
— gemeinsam geteilte 341
Energieverbrauch 473
Entmystifikation 505, 506
Entspannung
— muskuläre 148, 433
Entspannungstraining 151, 231, 232
Entspannungsverhalten 563
Entwicklung 337, 425
— berufliche 298
— kognitive 154
— langfristige 271, 275
— schulische 298
Entwicklungsabweichung 59, 61, 62
— Verlaufsmodell der 61
Entwicklungsaspekt 6, 24, 381
Entwicklungsaufgaben 528
Entwicklungsausgang 62, 80
— vorprogrammierter 62
Entwicklungsdysphasie 386
Entwicklungsförderung 104
Entwicklungsperioden 60, 61, 72, 73
— sensible 71
Entwicklungsperspektiven 23, 46, 494
Entwicklungsphysiologie 593

Entwicklungsprozesse 59, 526
Entwicklungspsychopathologie V, 46, 53,
    58, 61, 64, 128
Entwicklungsrisiken 529
Entwicklungsrückstände
— Einteilung der 295
— umschriebene
Entwicklungsstörungen 13, 15, 29, 405
— der Sprache 292
— des Sprechens 292
— schulischer Fertigkeiten 294
— tiefgreifende 295, 325, 326, 330,
    335, 337, 341, 344
— umschriebene 267, 280, 295
Entwicklungstest
— psycholinguistischer 270, 274
Entwicklungsverlauf 61, 62, 70, 80, 83,
    84, 85, 541
— autismusspezifischer 334
— einfacher 85
— komplexer 85
Entwicklungsverzögerung 491, 493, 526
— zentralnervöse 271
Enuresis 485ff
Epidemiologie 3, 224, 243, 296, 430,
    435, 438, 441, 445, 448, 459, 470
Epilepsie-Risiko 334
Episode
— depressive 242
Equifinalität 81
Ereignisstruktur 332
Ergebniserwartung 537
Ergotherapie 417
Erhaltungsphase 506
Erklärungsmodelle
— komplexe 60
— neurobiologische 60
— neurophysiologische 303
— neuropsychologische 303
Erkrankungen
— affektive 461
— chronische 433
— neuauftretende 16
— neurodegenerative 519
Ernährungsberatung 467
Ernährungsprotokolle 466
Erstmanifestation 78, 226, 245
Erstmanifestationsalter 608
Erziehungseinstellung 139

Erziehungsprozesse 540
Erziehungsstil 141
Erziehungsverhalten 139
— elterliches 140
Eßstörung 271, 455ff
Encephalitis 406
Enkopresis 486ff
Evolution 455
Exploration 34
Externalisierungssyndrome 31

Faktoren
— biologische 271, 275, 335, 462
— entwicklungsbedingte 462
— entwicklungsbezogene 336
— familiäre 228, 246
— genetische 137, 276
— genetisch-metabolische 472
— psychogenetische 336
— psychosoziale 271, 275
— soziokulturelle 462
Familie 427, 432
Familienanamnese 35, 36, 613
Familienaufgaben 45
Familienberatung 545
Familienbeziehungen 462
Familienbild
— subjektives 45
Familiendiagnostik 43
Familienmerkmale 19
Familienprofile 34
Familientherapie 427, 467
Family-Adversity-Index 67, 69
Fehlbildungen 403
Fehleranalyse 310
Fehlerinkonstanz 290
Fehlertypologie 290
Feinabstimmung 344
Fernsehkonsum 474
Fertigkeiten 256
— soziale 143
Fertigkeitstraining 146
— soziales 149
Fettverteilungsmuster 471
Fettverteilungstyp 471
Finanzierung
— der Behandlung 315
Folgebelastungen 523
— psychosoziale 542

Förderkurse 314
Fördermaßnahmen
— schulische 309
Fragebogenmethode 7, 40
fragile-X-Chromosom 334
Fremdrepräsentation 338
French-Bilder-Intelligenztest 279
Frontalhirn 71
Frontalhirnbereich 66
Frontalhirnsyndrom 391, 408
Frühdiagnostik 276
Früherkennung 299, 332
Frühförderung 332, 343, 418
Frühtherapie 276
Funktionen
— affektive 43
— kommunikative 331
— motorische 280
Funktionsniveau
— geringes 331
— hohes 331
— intellektuelles 24
— kognitives 330
Funktionsstörungen
— neuropsychologische 278

Geburtskomplikationen 271, 275
Gedanken
— irrationale 230
Gedankenmuster 253
Gedankenstop 618
Gedächtnis 42
Gedächtniseffekte 72
Gedächtnisfähigkeiten 73
Geistige Behinderung 326
Gelegenheitsbeobachtung 37
Genetik
— quantitative 66
Gen-Umwelt-Interaktion 62, 67
Gen-Umwelt-Transaktion 62
Geschlechtsrolle 227
Geschlechtsunterschiede 244
Gesprächsführung 325, 332
Gesprächsvoraussetzungen 332
Gesundheitserziehung 106
Gesundheitsförderung 97, 109
— Programme der 103
Gesundheitswesen
— öffentliches 95

Gesundheitswissenschaften 121
Gewichtsphobie 456
Gilles de la Tourette-Syndrom 18
Glasgow-Coma-Skala 407
Globalbeurteilung
— des psychosozialen Funktions-
   niveaus 29
Goodness-of-Fit-Ansätze 67
Griffith-Skalen 274
Grundfunktionen
— neuropsychologische 268
Grundintelligenztest CFT 1 274
Grundprobleme
— bei der Klassifikation 22
Grundschulkind 275, 530, 534
Gruppentraining 150
Gyrus angularis 288

Händigkeit 271
Handlungs-IQ 300
Harnausscheidung 492
Harndrang 502
Harnentleerung 492, 493
Harnkonzentration 492
Harnlassen 502
Hausaufgabenhilfe 313
Hausaufgabensituation 294, 313
Hauttemperaturfeedback 617
HAWIK-R 278
Health-Belief-Model 106
Heidelberger Sprachentwicklungstest 274
Heißhungerattacken 456
Hemisphärendominanz 306, 394
Hemisphärenspezialisierung 395
Hemmung
— absteigende 595
Herkunft
— soziale 227, 247
Hilfen
— im schulischen Bereich 313
— sozialrechtliche 315
Hilfestellung
— für die Familie 313
Hilflosigkeit
— erlernte 252
Hintergrundfaktoren
— biologische 279
Hirnfunktionsstörungen 382, 391, 392,
   399, 403, 406, 415

Hirnschädigung 17, 19
— diffuse 17
— frühkindliche 271, 275, 282
Hirnverletzungen 407, 410
Hörstummtheit 388
Holoprosencephalie 404
Hyperaktivität 66, 166ff
Hyperaktivitätsstörung 136, 166ff, 267,
   327f
Hypochondrie 447, 448
Hypoglykämie 535
Hypothalamus-Hypophysen-Neben-
   nieren-Achse 460
Hysterie 443

ICD-10 V, 24, 26, 128, 267, 294, 326,
   469, 524
Imagination 563, 618
Imitation 337, 341
— symbolische 337
Imipramin 495
Implementation 116
Implosion 232
Impulsivität 165
Inanspruchnahmeverhalten 20
Indikation
— differentielle 565, 616
Information 467
— visuell vorgegebene 305
Informationsverarbeitung 42, 141, 268,
   306
— sprachliche 304
Informationsverarbeitungsmodell
— sozial-kognitives 56, 75
Informationsverarbeitungsstörung 288
Instruktionskarten 153
Intelligenz 43
— nonverbale 270, 274, 281
— verbale 270, 274, 281
Intelligenzminderungen 278, 327, 328
Intelligenzniveau 28, 29
Intelligenztest 302
Intelligenzquotienten 334
Intensivtraining 499
Interaktion
— aktive 329
— soziale 325, 337, 339, 344
— zwischenmenschliche 325
Interaktionsverfahren 45

Interaktionsverhalten 139
Internalisierungssyndrome 31
Interozeption 574
Intersubjektivitäts-Theorie 341
Intervention 98, 343, 433, 436, 440,
    442, 446, 449
— kurative 99
— präventive 98, 153
— psychologische 231, 255
— rehabilitative bzw. kompensatorische
    99
— verhaltenstherapeutische 346
— zur Angst- und Schmerzbewältigung
    563
Interventionsverfahren 308, 344
Interviews
— strukturierte 38
Interview Schedule for Children
    (ISC) 39
Inzidenz 439
Irrtümer
— kognitive 254

Jugendhilfe (KJHG) 315
Jugendliche 531
— delinquente 298
— Verhaltensstörungen 298

Karriere
— delinquente 136
Kaufman Assessment
    Battery for Children 279
Kausalität
— reziproke 59
Katecholamin-Hypothese 250
Kiddie-SADS 39
Kinder
— autistische 273, 338
— geistig behinderte 281, 326
Kinderheilkunde VI, 527
Klassifikation 3, 21, 294, 326f,
    330, 427, 435, 439, 445, 448
— interventionsrelevante 32
— von Behinderungen 32
— von Beziehungen 33
Klassifikationsschema 392, 416
— multiaxiales 24
Klassifikationssysteme 7, 12, 47
— eindimensionale, multikategoriale 24

— multiaxiale, klinischen Ursprungs 25
— multiaxiales, für psychiatrische
    Erkrankungen 26
Kleinkindalter 529
Klingelapparat 498, 499, 501
Kodieren
— phonologisches 304
Körperkonzept 533
Körperkoordinationstest (KTK) 281
Körperschema 42
Körperschema-Störungen 464
Körperwahrnehmung 456
Kognitionen
— irrationale 253
Kombinationskopfschmerz 607
Kommunikation
— nonverbale 273, 325
— verbale 325
Kommunikationsangebot 345
Kommunikationskanäle 345
Komorbidität 81, 131, 136, 225, 243,
    493, 520
— entwicklungsbezogene 81, 82
Komorbiditätsrate 244
Kompetenzen 326, 55,64
— kognitiv-emotionale 79
— sozial-kognitive 326
— soziale 104, 344, 346, 528
Kompetenz-Performanz-
— Debatte 57
— Störungen 79
Kompetenzstörungen 79
Komplikationen
— perinatale 405
Konditionierung
— klassische 599
Konditionierungstheorie 230
Konfliktsituationen 227, 532
Konkordanz 228
Konkordanzrate 228, 490
Kontaktschwierigkeiten 282
Kontaktvermeidung
— Störung mit 220
Kontext
— familiärer 435
— sozialer 332
Kontextbedingungen 502
— biopsychosoziale 65
Kontextspezifität 334

Kontingenz 76
Kontrollparameter 79, 82
— bio-soziale (externe) 65,81
— diskrete 83
— kognitiv-emotionale (interne) 65
— konstante 83
— variable 83
Kontrollüberzeugung 438
Konversionsmodell 423
Konversionsstörungen 443
Konzentrationsfähigkeit 42, 275
Konzentrationsleistung 270
Kooperation 121
Koordinationsprobleme 280, 295
Kopfschmerzen
— funktionelle 614
— idiopathische 604
— medikamenteninduzierte 613
— primäre 604, 614
— rekurrierende 604
— symptomatische 613
Kopfschmerzformen
— sekundäre 604
Korrelate
— psychobiologische 250
Krankenrolle 446
Krankheiten
— atopische 441
Krankheitsadaption 425, 438, 439
Krankheitsbegriff 3f
Krankheitsbelastungen 528, 546
Krankheitsbewältigung 518, 526, 537, 433
— psychosoziale 522
Krankheitsbilder
— monosymptomatische 8
Krankheitseinsicht 4
Krankheitsgewinn
— primärer 444
— sekundärer 444, 446
Krankheitskonzept 533, 568
Krankheitsrisiken 542
Krankheitswahrnehmung 6
Kriterien
— diagnostische 299, 327
Kurzzeitgedächtnis 274

Längsschnittstudien 80, 85, 132, 249, 299
Landau-Kleffner-Syndrom 389, 415

Langzeitcompliance 566
Langzeitgedächtnis 304
Lateralität 42
Lautbildungstest
— für das Vorschulalter 270
Lautdiskriminierung 304
Lebensentscheidungen
— kritische 84
Lebensereignisse 227, 424, 438, 504
— kritische 59, 72, 84, 247, 449, 490
Lebensverhältnisse 104
Legasthenie 288, 298
Leistungsdefizite 267
Lernbehinderte
— Sonderschule für 274
Lerneffekte 72
Lernfähigkeit 76
Lernen 42, 600
Lernerfahrungen 73
— sensible 73
— universelle 73
Lernschwierigkeiten 267, 287ff
Lesen 287
Lese-Rechtschreibförderung 313
Lese- und Rechtschreibschwäche 274, 278, 302, 303
Lese- und Rechtschreibstörung 287ff, 294, 299, 301, 315
Lese- und Rechtschreibtest 302
Lese- und Rechtschreibübung 311
Lesestörung 289
Levine-Methode 505
Liaison-Psychiatrie 424
Lincoln Oseretzky Scale 281
Lissencephahie 404
Logopädie 272, 417
Louisville Behavior Checklist (LBCL) 41
Lungenfunktionsparameter 433

Magersucht
— bulimische 458
Magersuchttyp
— asketischer 458
MAO-Hemmern 250, 255, 468
Mechanismen
— endogene analgetische 595
Mediatoren 55, 56, 424

Mediatormechanismen 425
Meningitis 406
Metarepräsentation 76
Methoden
— experimentelle 40, 42
Microcephalie 405
Migräne 604
— abdominelle 605
— einfache 605
— klassische 605
— komplizierte 605
Migration 404, 446
Migrationsstörungen 404
Minimale Cerebrale Dysfunction (MCD)
   268
Minnesota Kreislauf-Programm 114
Mittel
— kommunikative 331
Modell
— der reduzierten Kalorienzufuhr 460
Modelle 425, 618
— ätiopathogenetische 58, 61
— behaviorale 251
— biopsychosoziale 588
— informationstheoretische 268
— integrative 252
— intermediäre 63
— psychogenetische 336
— psychologische 251
Modellernen 138, 233, 234, 530, 600
Möhring-Test 270
Moment-zu-Moment-Interaktion 77
Morbus Crohn 437
Motivation 504
Motorik 42, 267
Motoriktest MOT 4-6 281
Mototherapie 399, 417
Münchner Funktionelle
   Entwicklungsdiagnostik 274
Multifinalität 81
Muskelrelaxation
— progressive 563, 615
Mutismus 387
Mutter-Kind-Bindungsverhalten 529
Mutter-Kind-Interaktion 134

Nachkontrollphase 506
Netzwerkmodelle
— dynamische 70

Neurobiologie 55
Neurodermitis 441
Neuromythologisierung 279
Neuropsychologie V, 381
Neurotransmitter-Funktionen 460
Neurotransmitter-Modell 229
Neurowissenschaften 58
Non-Compliance 565
Nootropika 312
Noradrenalin 250, 460
Normalbevölkerung 245
Normalitätsannahme 268
Normen
— soziale 456
Nosologie 299, 430, 435, 438, 441,
   445, 448, 461, 589
Nozizeptoren 593
Noxenkette 405

Objektpermanenz 337
Organneurose 424
Osteoporose-Prophylaxe 468

Paartherapie 145
Panikattacken 121
Panikstörung 121
Partnerschaft
— Schwierigkeiten in der 140
Partnerschaftsbeziehung 543
Passivität 467
— soziale 329
Pathogenese 70, 306, 611
Pathophysiologie 609
Patientenaufklärung 570
Patientenbroschüre 571
Patientenschulung VI, 572
Pepsinogen 436
Peptide 462
Performanzen 55, 56, 64
Performanz-Kompetenzstörung 78
Performanzstörung 79
Perioden 84
— erfahrungsabhängige 84
— erfahrungserwartende 84
— genetisch determinierte 84
— kritische 71
— sensible 63
Persönlichkeitskomponenten 43, 425
Phantasietätigkeit 325

Pharmakotherapie 231, 254
Phasenspezifität 343
Phobie
— einfache 222
— soziale 222
Phonem 311
Plastizität 381, 382, 416
Potentiale
— visuell evozierte 271, 275
Prädiktoren 614
— des Behandlungserfolges 503
Prägung 72
Prävalenz 149, 439, 488, 608, 430
— administrative 11
Prävalenzraten 9, 224, 333
Prävention 95, 332, 343
— primäre 557
— spezifische und unspezifische 97
Präventionsprogramme 103
Pragmatik 330, 339, 341, 342
Praktikabilität 23
Primärprävention 97
Primärversorgung 117
Probleme
— im Umgang mit Gleichaltrigen 143
Problemlösetraining 146, 147, 255
Problemverhalten
— dekontextualisiertes 64
Programmentwicklung 116
Programmpakete 115, 151
Progredienz 81
Prosodie 273
Prozeduren
— kognitive 233
Prozeß
— der fehlgesteuerten Hilfe 541
Psychodiagnostik 3, 34
Psychologie
    Pädiatrische 517, 579
Psychopathologie 434, 437
Psychopharmaka 417
Psychostimulantien 187
Psychosyndrom 381
Public-Health 121
§ 39 Abs. 1 BSHG 315

Quasi-Beobachtungsmethoden 44
Querschnittstudien 80

Reaktionen
— emotionale 338
— depressive 539
Reaktionsspezifität
— psychophysiologische 424
Reaktionszeit
— visuelle 306
Rechenschwäche 267
Rechenstörung 277, 295
Rechtschreibfehler 290
Rechtschreibstörung
— isolierte 296
Reduktionsdiät 475
Reflexreaktionen 593
Regelfehler 290
Registriermethoden 508
Regulation
— psychophysiologische 344
Regulationssystem 70
Rehabilitation
— neuropsychologische 399
Reifung 71, 282, 546
Reinigungsperiode 505
Reinlichkeitstraining 498, 499, 508
Reizkolon 525
Reizverarbeitung
— sequentielle 307
Remissionen 488
Remissionsrate 229
REM-Schlaf 251
Ressourcen 544, 560
Retardierung 383
Rett-Syndrom 295
Response-Cost 198
Reversibilität 534
Revised Conners Parent
    Rating Scale (CPRS-R) 41
Risiken 58, 63, 64, 332, 335, 344,
    490
— entwicklungsabhängige 336
— neurologische 333
— neuropsychologische 77
— psychosoziale 77
Risikoalter 226, 245
Risikofaktoren 63, 78, 95, 138, 155,
    226, 244, 524, 544, 546, 560
— entwicklungsabhängige 82
— unabhängige 63

Risikokonzepte 63
Risikomodelle 64
— additive 63
— transaktionale 63
Risikoverhalten 107
Ritalin 313
Rollenspiele 150, 152, 153, 465, 476
Rollenübernahme 149
Routinen
— stereotype 325
Rückenmark 595
Rückfallprädiktoren 248, 503
Rückfallprophylaxe 467
Rückfallrate 497

Sättigungs-Wahrnehmung 473
Säure-Basen-Haushalt 461
Schädel-Hirn-Trauma 17, 407
Schädigungen (impairments) 33
Schemata
— negative 253
Schicht
— soziale 14, 455
Schlafforschung 491
Schlafstörungen 271
Schlaftiefe 491
Schmerz
— akuter 587
— chronischer 587
— des Bewegungsapparates 603
— neuropatischer 590
— nozizeptiver 590
— rezidivierender 587
— viszeraler 590
— widerholt auftretender 587
Schmerzarten 589
Schmerzbewältigung 600
Schmerzbewußtsein 595
Schmerzdiagnostik 581
Schmerzerkrankungen 598
Schmerzgedächtnis 595
Schmerzintensität 596
Schmerzinzidenz
— familiäre 601
Schmerzkonzepte
— systematische 591, 596
Schmerzmanagement 599
Schmerzmodell
— kognitiv-behaviorales 601
— operantes 600

Schmerzquelle 590
Schmerzreaktionen
— motorisch-behaviorale 589
— physiologisch-organische 589
— verbal-subjektive 589
Schmerztherapie 581
Schmerztoleranz 601
Schmerzursachen 598
Schmerzverhalten 599
Schmerzverständnis 596
Schrift
— alphabetische 289
Schriftsprache 287
Schriftsprachentwicklung 287
Schritte
— Strategie der kleinen 465
Schuldgefühle 470
Schulleistungsdefizit 168
Schulleistungsprobleme 267, 270, 274, 281
Schulleistungsstörungen 295
Schulphobie 435
Schulschwierigkeiten 144
Schulungsprogramme 433
Schulunlust 302
Schutzfaktoren 63, 64, 78, 138, 560
— entwicklungsabhängige 82
Schwangerschaftskomplikationen 271, 275
Schweregrad 488
Schwerhörigkeit 273
Screening-Verfahren 9
Segmentation
— phonematische 304
Sehfunktion 307
Sekundärprävention 97
Selbstachtung 143, 456
Selbst-Anderer-Differenzierung 338
Selbst-Anderer-Repräsentation 341, 342
Selbstbehauptung 256
Selbstbeobachtung 234, 476
Selbstbeurteilungsfragebögen 243
Selbstbild 528
Selbsteffektivität 600
Selbsthilfegruppen 467
Selbstinstruktion 234f
— positive 618
Selbstinstruktionskarte 152

Selbstinstruktionsschritte 147
Selbstinstruktionstraining 189
Selbstkontrollmodell 251
Selbstkontrolltherapie 255
Selbstmanagement-Methoden 192
Selbstregulation 70
Selbstrepräsentation 338
Selbstsicherheitstraining 283
Selbststimulation 338
Selbstvertrauen 465
Selbstwirksamkeit 576
Selbstwirksamkeitserwartung 532, 537
Semantik 330
Signale
— idiosynkratische 339
Situationsbedingtheit
— des Verhaltens 6
Sonderschule für Lernbehinderte 274
Sozialanamnese 613
Sozialverhalten 275, 329, 339, 342, 344
— frühes 333
— hyperkinetische Störungen des 175
— Störungen des 129
Spannungskopfschmerz 604, 606
— chronischer 606
— episodischer 606
— myogener 606
Spektrumsstörung 326, 329, 330
Spezifitätstheorie 424
Spiel
— symbolisches 339, 342
Spontanremission 489, 608
Sprachaufbau 273
Sprachbehinderung 385
Sprachentwicklungsstörung 384, 386
Sprachentwicklungsverzögerung 384
Sprache 43, 267, 295
Sprachförderung 277
Sprachheilbehandlung 270, 276
Sprachproduktion 272, 389
Sprachstörungen 388, 396
— entwicklungsbedingte 330
— expressive 272
— rezeptive 272
Sprachverständnis 272, 387, 389
Sprechen 267, 295
Starter
— frühe 77
— späte 77

Stereotypien 338
Stichprobe
— auslesefreie 9
— klinische 11
Störungen
— affektive 177
— autistische 17, 177, 326, 330, 332, 333, 337
— des Sozialverhaltens 14, 19, 167
Störungen
— dissoziative 443
— Dysthyme 241
— emotionale 16, 19
— entwicklungsbezogene 295
— externalisierende 66, 67
— Kontinuum der 339
— mit Kontaktvermeidung 220
— mit Trennungsangst 219
— mit Überängstlichkeit 221
— mutistische 273
— neurodegenerative 410
— neurologische 178
— nicht-persistierende 16
— persistierende 16
— phobische 222
— psychische 5, 77, 428, 429, 520, 555
— psychopathologische 520
— psychophysiologische 427
— psychosomatische 5, 423
— reaktive 177, 241
— semantisch-pragmatische 333
— somatische 5
— somatoforme 447
— somatopsychische 5
— sozial-kommunikative 331, 333
— zyklothyme 241
— Störungsbeginn 77
Störungsbilder
— externalisierende (unterkontrollierte) 128
— internalisierende (überkontrollierte) 128
Störungsmerkmale 81
Störungsspezifität 343
Stoffe
— algetische 593
Stoffwechselentgleisungen 53

Strategie
— präventive 145
— verhaltenstherapeutische 476
Stressoren 526, 535
Streß 522
— psychosozialer 424
Streß-Immunisierungs-Training 233, 272
Streßregulation 563
Streßverarbeitung 526
Strukturen
— kognitiv-affektive 55, 56, 64
— limbische 66
Stuhlenthärter 507
Stuhlgang 507
Subgruppen 306
Suchtprävention 112
Sukzessionsfehler 290
Supervision 569
Symptomatik 447
— klinische 428
— körperliche 28, 428, 429
— multi-impulsive 461
Symptombildung
— sekundäre 293
Symptome 225, 242
— depressive 543
— klinische 443
— komorbide 82
Symptomprävalenz 7
Synapsenentwicklung 71
— erfahrungsabhängige 72
— erfahrungserwartende 71, 72
Synapsenverbindungen 60
Syndrom
— apallisches 408
— klinisch-psychiatrisches 12, 27
— spezielles 14
Syntax 330
Systeme
— episodische 73, 74
— limbische 391
— neurobiologische 71
— prozedurale 73, 74
— psychische 72
— semantische 73, 74
— soziale 76
Systemtheorie 70

Tagesklinik 314
Taubheit 273

Technik
— kognitive 476
Teilleistungsschwäche 267f, 382,
    405f, 415
Teilleistungsstörung 287, 392, 395
Temperament
— schwieriges 66
Tertiärprävention 97
Testen
— dynamisches 46
Testverfahren 40
Therapie
— kognitive 257, 467
— mit dem Kind 308, 309
— prophylaktische 614
Therapieabbruch 502, 504
Therapiedokumentation 21
Therapieerfolge 155
Therapiestrategien
— sequentielle 500
Therapiemitarbeit 532, 534, 541
Therapiepläne 570
Therapieprogramme
— kognitiv-behaviorale 618
Theory of Mind 339, 341, 342
Tics 15
Training 235
— autogenes 563, 615
— der sozialen Kompetenz 467
— kognitiv-behaviorales 148
— kompaktes 233
— logopädisches 272
— sozial-kognitives 150
Trainingsprogramme 256
Transaktionen
— biopsychosoziale 70, 79
Trennungsangst 220
— Störung mit 219
Triade
— kognitive 253
Triggerfaktoren 614

Überängstlichkeit
— Störung mit 127
Überflutung 232
Überlernen 497, 500
Überforderung 540
Überfürsorge 540
Übungsbehandlung 309, 310

Umfeld
— protektives soziales 20
Umstände
— abnorme psychosoziale 28
— psychosoziale 24
Umstrukturierung
— kognitive 257, 465, 618
Umwelt 55
— soziale 427
Umwelteinflüsse 66
Umweltfaktoren 473
Unruhe
— motorische 270
Unsicherheit
— soziale 228
Unterstützung
— soziale 424
Ursachen 63, 335, 336
— einwirkende 54, 58
— entwicklungsabhängige 65, 77
— finale 54
— formale 54
— materielle 53, 58
Ursachenfaktoren
— differentielle 80
Ursachenmodell
— direktes 66
— entwicklungsabhängiges 60

Validitätsproblem 23
Verarbeitung 305
Verbal-IQ 300
Verfahren
— assertive 272
— krankengymnastische 282
— kognitiv-behaviorale 147, 149
— mototherapeutische 282
— "time-out" 154, 272, 376
Vergleich
— transkultureller 30
Verhalten
— delinquentes 130, 132, 135
— dissoziales 18
— externalisiertes 30
— internalisiertes 30
— hyperkinetisches 15
— Risikomodell dissozialen 135
— sozial-kommunikatives 330
Verhaltensauffälligkeit 525, 555

Verhaltensbeobachtung 37
Verhaltensmanagement 508
Verhaltensmedizin 423f, 485ff, 555ff, 587ff
Verhaltensstörungen
— bei Jugendlichen mit Legasthemie 298
— externalisierende 165
— internalisierende 543
— oppositionelle 167
— primäre 128
— sekundäre 128, 276
Verhaltensstabilität 133
Verhaltenstherapie
— entwicklungsbezogene 343
Verhaltenstraining
— für Kinder 475
Verhaltensübungen 234, 498, 499
Verhaltenstraining
— komplexes 155
Verläufe 133, 229, 248, 335, 430, 435, 438f, 441, 445, 448
— diskontinuierliche 86
— kontinuierliche 86
Verlaufsdokumentation 22
Verlaufsprognose 334
Verlaufsspezifität 343
Vernachlässigung 540
Versorgungsstrukturen 119
Verständnis
— emotionales 338
Verstärker 618
Verstärkerausschluß (time-out) 272, 376
Verstärkerrückgabe (response-cost) 272
Verstärkung
— positive 569
Verstärkungspläne 501
— intermittierende 497
Verstopfung 487, 505
Vertrauensverlust 542
Verursachung
— reziproke 59
Videotechnik 38
Völlegefühl 470
Vorhersagemodell
— additives 69
Vorläufer 62, 63

Vorschulalter 270, 533
Vulnerabilität 58, 63, 78, 246, 336, 425
— kompetenzabhängige 64
— psychopathologische 429
Vulnerabilitätsmarker 63, 65
Vulnerabilitätsmodell 276
Vulnerabilitäts-Streß-Modell 58

Wachstumshormone 250
Wahrnehmung 42, 389, 464, 467
— emotionale 467
— interozeptive 467
Wahrnehmungsverzerrung 142
Wechselwirkungen
— biopsychosoziale 60
Werkzeugstörung 381f
Widerstandsfähigkeit 63
Wissenssysteme
— episodische 64
— prozedurale 74
— semantische 74

Wortblindheit 288
Wortgebrauch
— idiosynkratischer 326
Wortschatz 304
Wright-Methode 507

Youth-Self-Report (YSR) 8, 10, 41

Zeichen
— feinneurologische 271, 275, 282
Zurückgezogenheit
— soziale 329
Zusammenhänge
— biopsychosoziale 15
Zwangshandlung 461
Zwangsstörung 222
Zwangssyndrome 15
Zwillingsstudien 463f, 490